漢字
ときあかし
辞典

円満字 二郎
著

研究社

この辞典を手にとってくださった方へ

漢字の世界は、実に〝個性〟豊かです。

たとえば「節」という漢字は、本来は〝竹のふし〟を指しますが、「調節」「季節」「節度」「節《ふし》に合わせて踊る」「あやしい節《ふし》がある」などなど、とても幅広い意味で使われて、まるでマルチ・タレントのような多彩さです。かと思えば、「洪水」の「洪」のように、身近なのに意味も使い道もほとんど一つしかない、頑固な職人さんのような漢字もあります。

また、「実感」「触感」「達成感」「スピード感」「しっとり感」「裏切られた感」のように並べていくと、「感」がいかにいろいろなタイプのことばと結びつくか、やり手の営業マンを思わせる付き合いの広さがよくわかります。一方、「挨拶《あいさつ》」は、ほかのことばたちには目もくれず、お互い同士としか結びつかない漢字で、アツアツの恋人たちみたいです。

「場」は、音読みと訓読みとでガラリと表情を変えます。「工場《こうじょう》」と「工場《こうば》」、「市場《しじょう》」と「市場《いちば》」の違いを見ると、〝二つの顔を持つ男〟とでも呼んでみたくなります。「仏」もそれと似ていますが、〝二足のわらじをはいている〟というべきでしょうか。「ぶつ」と読むときは〝ほとけさま〟を指すのに、「ふつ」と読むと一転して〝フランス〟を意味するからです。

個性豊かな友だちと付き合うのが楽しいように、一つ一つの漢字の〝個性〟を知ると、漢字と付き合うのが格段におもしろくなります。では、漢字の〝個性〟を知るにはどうすればいいか？　それには、辞典を読むのが一番です。漢和辞典や漢字辞典には、それぞれの漢字の意味や読み方・成り立ちなどが詳しく解説されているのですから。

ただ、辞典から漢字の〝個性〟を引き出し、漢字の世界を楽しむためには、ちょっとしたコツが要ります。慣れていない人には、少し取っつきにくいかもしれません。そこで、〝個性〟あふれる漢字たちをぼくなりにスケッチして、一冊の「だれでも読める漢字の辞典」としてまとめてみたのが本書です。名付けて『漢字ときあかし辞典』。それぞれの漢字が持っている〝個性〟豊かな世界を、次から次へと解き明かし、説き明かしてみよう、という意気込みです。その主な特色は、次のとおりです。

1　**日常生活でよく使う二一三六字を収録**。文部科学省が一般社会での「漢字使用の目安」として定めたいわゆる「常用漢字」はすべて含まれています。めったに目にしない特殊な漢字、特殊な読み方、特殊な意味を紹介するよりも、だれもが使う可能性のあるものについてていねいに解き明かすことを主眼としました。

2　漢和辞典に**慣れていない人でも引きやすい、五十音順の配列**。配列にあたっては音読みを基本とし、音読みがあまり使われない漢字では適宜、訓読みを採用しました。読み方が同じ漢字は、画数順に並べてあります。また、参照見出しを設けたほか、音訓索引も用意しましたので、読み方さえわかれば簡単に目的の漢字を見つけることができます。

3　それぞれの**漢字の意味や読み方・成り立ちなどを、ひとつながりの〝読みもの〟として読めるように解説**。その漢字全体の知識が、まとめて頭に入ります。解説文では専門用語は使わず、親しみやすくわかりやすい文章となるように心がけました。

4　意味については、**本来はどんな意味でどのように発展していったのか、また日本語で独自に生まれた用法などをていねいに説明**しました。また、日常生活で使うことばの中から、それぞれの意味で使われた例を取り上げ、理解の助けとなるようにしました。

5　似た意味を持つ漢字ほど、よくよく見てみると〝個性〟が際だつものです。そこで、主に**同じ訓読みをする漢字の使い分けを重点的に記述**しました。◆を付けてある段落がその部分です。

6　読み方については、**見出し字の下に［音読み］［訓読み］を掲げたほか、あまり用いられない読み方についても解説文の中で取り上げました**。また、当て字や名前だけで使われる読み方などについても、適宜、説明しました。

7　漢字の成り立ちについては、さまざまな学説があります。それらに配慮しつつ、**その漢字について理解するのに役に立つ成り立ちの説明を、むずかしくなりすぎない範囲で紹介**しました。

8　漢字の意味を理解する上で、部首は大きな手がかりとなります。そこで、**見出し字の下に［部首］を掲げ、解説文でもできる限りその部首について触れるようにしたほか、部首に**

なる漢字については、特に「部首としては?」という欄を設けて説明を加えました。

この辞典は、漢字という〝個性〟あふれるタレントたちのプロフィールをまとめた「タレント名鑑」のようなものです。一つ一つの漢字たちに、キャッチフレーズならぬ小見出しを付けてみたほか、ときには「辞典」らしからぬ脱線もして、漢字の世界を楽しめるように工夫をしました。特別な知識は要りません。漢字に対するご興味だけをお持ちになって、ページを開いてみてください。きっと、漢字を楽しむヒントが見つかるはずです。

なお、本書の企画から編集に至るまで、研究社編集部の高橋麻古さんにはたいへんお世話になりました。また、研究社のみなさまやすてきなデザインをしてくださった金子泰明さんをはじめ、印刷・製本から宣伝・流通・販売に到るまで、本書が読者の手元に届くまでにお世話になるすべての方に、心からお礼を申し上げます。

二〇一二年二月

円満字　二郎

あ

亜

あ
7画
[音読み]ア
[部首]二(に)

似ているけれど及ばない!

現在、なじみ深いのは、「東亜《とうあ》」に見られる**〝アジア〟**という意味。これは、「亜細亜《アジア》」という当て字に由来する。だが、本来は**〝何かに似ているけれどそれそのものには及ばない〟**ことを表す。「亜熱帯《あねったい》」は〝熱帯に近いが熱帯ではない地帯〟、「亜流《ありゅう》」といえば、〝一流にはなりきれないもの〟。なんとも悔しい漢字である。

とはいえ、「亜鉛《あえん》」は堂々たる金属の一つ、「亜麻《あま》」はアマ科という科を成す植物。昔は〝鉛ではない〟〝麻ではない〟という意識があったのだろうか。

このほか、「白亜《はくあ》の宮殿」のように**〝壁土〟**を指すこともあるが、これは「堊《あ》」の略字として用いられたもの。

なお、以前は「亞」と書くのが正式。

哀

あい
9画
[音読み]アイ
[訓読み]あわ-れ、かな-しい
[部首]口(くち)

思わずもれるかなしみのため息

部首が「衣」ではなく「口」なのは、本来は〝かなしげな声を出す〟という意味だったと考えられているから。とすれば、〝あぁ〟というため息を表す古語「あわれ」を訓読みとしたセンスには、脱帽するしかない。転じて、「哀《あわ》れな最期」「哀《あわ》れむべき存在」「哀《かな》しい結末」「愛と哀《かな》しみ」のように、**〝かわいそうである〟**ことをも表す。

◆「あわれ/あわれむ」と訓読みする漢字には「憐」(p645)もある。「憐」はやや理性的なニュアンスがあるのに対して、「哀」は感情的なのが、異なる点である。

◆また、「かなしい」と訓読みする漢字には「悲」(p512)もあるが、もともと耳に訴える要素があるからか、「哀」は〝かなしさ〟がよりヴィヴィッドに伝わってくる。「哀願《あいがん》」「哀愁《あいしゅう》」「哀惜《あいせき》」「哀悼《あいとう》」などなど、いずれも、その底に流れる深い感情を味わうべきだろう。

挨

あい
10画
[音読み]アイ
[部首]扌(てへん)

こだわらなくていいですよ

現在では「挨拶《あいさつ》」という熟語でしか用いられないが、本来は「拶」(p220)と同様、**〝押しのける〟**ことを表す。「手」が変形した部首「扌」が付いているのは、そのなごり。

「挨拶」はもともと、〝押し合う〟こと。それが禅宗で〝問答し合う〟という意味となり、日本語に入って〝出会ったときに声を掛け合う〟ことを表すようになった。

こうして日常語となった「挨拶」だが、現在ではかな書きされることも多い。意味の変化を考えれば、漢字にはこだわらなくていいのかもしれない。

愛

あい
13画
[音読み]アイ
[訓読み]まな
[部首]心(こころ)

忘れたくても忘れられない…

成り立ちについては諸説があるが、本来の意味は〝気になって前に進めない〟ことだという。「恋愛《れんあい》」「愛妻《あいさい》」「愛児《あいじ》」から「愛国《あいこく》」「愛車《あいしゃ》」「慈愛《じあい》」「親愛《しんあい》」まで、**〝さまざまな対象・さまざまなレベルの好意〟**を指して用いられる。その根源に〝気になってしかたない〟という心の動きがあることには、うなずく方も多いことだろう。

訓読み「まな」は、「愛娘《まなむすめ》」「愛弟子《まなでし》」な

ど**〝深い愛情の対象である〟**ことを示す。そのほか、「めでる」「いとしい」など、**〝好きだ〟〝好ましい〟**という感情を表すいろいろな日本語が訓読みとして使われることがある。ただし、「愛《あい》する」「愛《あい》らしい」など、音読みをそのまま生かした形で使われる方が一般的だろう。

曖

あい
17画
［音読み］アイ
［部首］日（ひへん、にちへん）

愛は太陽もくもらせる?

「愛」（p7）は本来、〝前に進めない〟という消極的なイメージを持つ。それに〝太陽〟を表す部首「日」を組み合わせて、**〝太陽が陰ってうす暗い〟**ことを表す。ただし、現在では、〝はっきりしないようす〟を表す「曖昧《あいまい》」以外では、まず用いられない。

藍

あい
18画
［音読み］ラン
［訓読み］あい
［部首］艹（くさかんむり）

ほかでは出せない深い色

部首「艹」は〝植物〟を表す。**植物の〝あい〟**や、その葉から取れる染料の**深みのある青〝あい色〟**を指す漢字で、「藍染《あいぞ》め」「インド藍《あい》」などがその例。

音読みが使われることは少ないが、中国の古典『荀子《じゅんし》』の一節「青は藍《あい》より出《い》でて藍よりも青し」から、〝すぐれた先生からさらにすぐれた弟子が育つ〟ことを「出藍《しゅつらん》の誉《ほまれ》」という。また、古代インド語に対する当て字で、〝お寺の立派な建物〟を表す「伽藍《がらん》」という熟語もある。

逢

あう
11画
［音読み］ホウ
［訓読み］あ-う
［部首］辶（しんにょう、しんにゅう）

ようやくお目にかかれましたね

〝ある場所で一緒になる〟ことを表す。部首「辶」は〝移動〟を意味する記号。「夆《ほう》」には〝とがった先〟というイメージがある。組み合わせて、〝ある一点でめぐりあう〟という意味合いを持つようである。

◆「あう」と訓読みする漢字には「会」（p60）「遇」（p138）「合」（p198）「遭」（p371）などもある。その中で「逢」は、〝ある一点でめぐりあう〟という独得の雰囲気を持ち、「逢《あ》い引き」「逢瀬《おうせ》」のように男女関係について用いられたり、文学作品などで好んで使われたりする。ちなみに、「逢瀬」の「おう」は、「あう」の変化したもの。

そのせいか、音読みで用いられることは少なく、〝問題などに行き着く〟ことを表す「逢着《ほうちゃく》」があるくらいである。

なお、印刷文字では「逢」の形が標準とされているが、手書きでは「辶」を「辶」と書いても差し支えない。

茜

あかね
9画
［音読み］セン
［訓読み］あかね
［部首］艹（くさかんむり）

明日もいい日でありますように

部首「艹」は〝植物〟を表す。**植物の〝あかね〟**や、その根から取った染料の色**〝あかね色〟**を表す。やや沈んだ赤だが、「西の空が茜《あかね》色《いろ》に染まる」のように夕焼け空を表現するためにも用いられるため、深みとともに鮮やかな印象もある。

なお、現在では、音読みが使われることはほとんどない。

悪

あく
11画
［音読み］アク、オ
［訓読み］わる-い、あ-し
［部首］心（こころ）

二つの顔を使い分ける!

一文字書いてあるだけで、アウトローな雰囲気がプンプン漂ってくる漢字。「悪事《あくじ》」「悪魔《あくま》」「罪悪《ざいあく》」「劣悪《れつあく》」「悪《あく》の枢軸《すうじく》」「悪玉《あくだま》トリオ」などなど、一般的にはアクと音読みして、**〝マイナスの価値を持つ〟**ことを表す。「悪《わる》い奴ら」「悪《わる》さをする」のように「わるい」と訓読みしても、意味は同じ。

しかし、中には「嫌悪《けんお》」「憎悪《ぞうお》」「悪寒《おかん》」「悪血《おけつ》」のように、オと音読みする場合もある。これらでは、**〝憎む〟〝嫌な〟**という意味を表す。この場合にはアクとは音読みしないので、注意が必要である。

以前は「悪」と書くのが正式。部首「心」から考えると、〝憎む〟〝嫌な〟の意味の方が本来に近いのかもしれない。

なお、「悪《あ》しき先例」のように、「わるい」の古語「あし」で訓読みされることもある。また、「悪戯《いたずら》」は、漢字の熟語をそのまま、意味を表す日本語で読む当て字的用法。

あく 握 12画

［音読み］アク
［訓読み］にぎ-る
［部首］扌（てへん）

何でも自分のものにする！

「握手《あくしゅ》」「ハンドルを握《にぎ》る」「鮨《すし》を握《にぎ》る」のように、**〝手のひらの中にしっかり収める〟**ことを表す。部首「扌」は「手」の変形。「屋」が付いているのは、〝屋根をかぶせるように手で包み込む〟からだという。

転じて、**〝自分の思い通りにできるようにする〟**という意味でも用いられる。「権力を握《にぎ》る」「人心を掌握《しょうあく》する」「要点を把握《はあく》する」などが、その例である。

あご 顎 18画

［音読み］ガク
［訓読み］あご
［部首］頁（おおがい）

音読みと訓読みの落差

部首「頁」は〝頭部〟を表す記号。頭部のうち**〝口の下側の部分〟**を表す。「あご」と訓読みすれば日常的に使われることばだが、音読みガクは、「顎関節《がくかんせつ》」などの医学用語以外ではほとんど用いられない。

あずさ 梓 11画

［音読み］シ
［訓読み］あずさ
［部首］木（きへん）

墨を塗って紙を貼ると…

樹木の〝あずさ〟を表す。ただし、これは日本語独自の用法で、中国では〝きささげ〟という別の樹木を指す。

〝きささげ〟は、昔は文字や絵を彫りつけて印刷するのによく使われた。そこから、**〝印刷する〟**という意味ともなる。「上梓《じょうし》」とは、〝出版する〟ことをいう。

あつ 圧 5画

［音読み］アツ
［部首］土（つち）

頭上に土がのしかかる…

「圧力《あつりょく》」に代表されるように、**〝強い力で押さえる〟**ことを表す。以前は「壓」と書くのが正式。部首「土」が付いていることから、もともとは〝土で押しつぶす〟という意味だったと考えられる。現在では「気圧《きあつ》」「血圧《けつあつ》」「指圧《しあつ》」「筆圧《ひつあつ》」など、広く**〝モノで押さえつける〟**ことをいう。「圧巻《あっかん》」とは、本来、昔の中国の試験で、ほかの答案をすべて〝押さえつける〟ように一番上に置かれた、最優秀の答案のこと。転じて、〝一番すぐれたもの〟を指す。

さらには、「威圧《いあつ》」「抑圧《よくあつ》」「圧勝《あっしょう》」「圧倒《あっとう》」「部下を圧《あっ》する威厳」など、**〝精神的に押さえつける〟**ことも表す。巨大な土のかたまりに押し潰されることを想像すると、迫力の増す用法である。

あつ 軋 8画

［音読み］アツ
［訓読み］きし-む、きし-る
［部首］車（くるまへん）

思わず耳をふさぎたくなる！

部首「車」にも現れているように、〝車輪がこすれる〟ことが本来の意味。広く**〝こすれてかん高い音を立てる〟**ことを指す。「台車が軋《きし》む」「雨戸が軋《きし》る」「ワイヤーが軋《きし》る」などがその例。また、「軋轢《あつれき》」では、転じて**〝利害が衝突する〟**ことを表す。なめらかであるべきものがそうでないという、とても苦しい漢字である。

あつかう

扱

6画

［音読み］ソウ
［訓読み］あつか-う
［部首］扌（てへん）

使われてるのはなぜだろう？

部首「扌」は「手」の変形。本来は〝取って収める〟〝はさみ込む〟といった意味を表す。ただし、日本語では、転じて〝**操作したり対応したりする**〟という意味で使われる。「取《と》り扱《あつか》い説明書」「クレームの扱《あつか》い」「手荷物を扱《あつか》う」などがその例。

現在の日本語では、音読みは使われない。そもそも中国の古典でもあまり見かけない漢字で、訓読み「あつかう」だけが多用される、不思議な存在である。

あて

宛

8画

［音読み］エン
［訓読み］あて、あ-てる、ずつ
［部首］宀（うかんむり）

一人ひとりに届けたい

日常的に用いられるのは、「社長宛《あて》の郵便」「あの人に宛《あ》ててメールを出す」のように〝**送り先**〟を示す用法。

ここから〝**それぞれ**〟という意味が生じ、「一人宛《ずつ》」「四つ宛《ずつ》」のように使われるようになったと考えられる。ただし、「ずつ」は、現在ではかな書きする方が自然。

以上は日本語独自の用法で、もとの意味は〝**まるで○○のような**〟。この意味では「あたかも」「さながら」と訓読みすることもあるが、現在ではまず用いられない。

日本語独自の用法は、「あてる」と関係するところから生まれたものか。なお、部首「宀」は〝建物〟を表すが、〝まるで〟の意味が生まれた経緯については、はっきりしない。

◆「あてる」と訓読みする漢字には「充」（p269）「当」（p450）もあるが、「宛」は〝送り先〟を示す場合にしか用いられない。

あや

綾

14画

［音読み］リョウ
［訓読み］あや
［部首］糸（いとへん）

美しさと難解さは紙一重

〝**美しい模様がある薄い織物**〟を表す。現在では、特に目が斜めに浮き出るように織られた〝**斜文《しゃもん》織り**〟を指す。「綾織物《あやおりもの》」「綾絹《あやぎぬ》」「綾錦《あやにしき》」などがその例。音読みの例は少ないが、〝高級な織物〟をいう「綾羅《りょうら》」という熟語がある。

織り方が複雑であるところから〝**入り組んだ事情**〟という意味で使うのは、日本語独自の用法。「人間関係の綾《あや》」「ことばの綾《あや》」などが、その例である。

◆「あや」と訓読みする漢字には「彩」（p211）もある。「彩」が「目にも彩《あや》な料理」のように〝色鮮やか〟なニュアンスを持つのに対して、「綾」は〝入り組んだ〟という意味合いなのが、異なる点。また、名前では、「絢」（p161）「文」（p538）なども「あや」と読むことがある。

あらし

嵐

12画

［音読み］ラン
［訓読み］あらし
［部首］山（やま）

この世の終わりに吹きすさぶ!?

「雪嵐《ゆきあらし》」「砂の嵐《あらし》」「嵐《あらし》が吹く」など、〝**荒れた天候**〟を表す。「嵐《あらし》の前の静けさ」「拍手の嵐」のように、比喩的に用いられて〝**激しいもの**〟を指すこともある。

ただし、これらは日本語独自の用法で、本来は〝**山のすがすがしい空気**〟をいう漢字。「青嵐《せいらん》」がその例だが、現在ではこの意味で用いられることは少ない。また、音読みが使われることもあまりない。

日本語で〝あらし〟を意味するようになったのは、字の形から〝山から吹き下ろす風〟だと誤解したもの。また、世界の終わりに吹くという暴風を表す古代インド語に「毘嵐婆《びらんば》」と当て字したことから、という説もある。

あられ

霰

20画

［音読み］サン
［訓読み］あられ
［部首］雨（あめかんむり）

お菓子にもなるし武器にもなる

〝空から降ってくる氷の粒〟を表す。雪よりも大きく、「雹」（p519）よりは小さいものをいう。ぱらぱらと飛び散るイメージから、日本語「あられ」は、**〝細かく切って干した餅〟**をも指す。また、「霰弾銃《さんだんじゅう》」とは、〝細かい銃弾が飛び散る銃〟。現在では、「散弾銃《さんだんじゅう》」と書く。

あるいは

或

8画

［音読み］ワク
［訓読み］あ-る、ある-いは
［部首］戈（ほこづくり、かのほこ）

簡単には決められない！

〝不特定のもの、不確かなもの〟を指すのが、基本的な用法。「或《あ》る時」「或《あ》る人物」などがその例。ただし、この場合の「ある」は、現在ではかな書きする方がふつう。

転じて、「或《ある》いは彼が犯人かも…」のように、**〝ひょっとすると〟**という意味をも表す。さらに、「お好み焼き、或《ある》いはもんじゃ焼き」のように**〝または〟**という意味でも用いられる。しかし、これらの「あるいは」も、現在ではかな書きされることが多い。

◆「ある」と訓読みする漢字には「在」（p215）「有」（p601）もあるが、「或」は〝はっきりしない〟というニュアンスを根本に持つのが特徴。なお、現在では、音読みを用いることはほとんどない。

部首「戈」は〝武器〟を表す。本来は〝ある地域を守る〟ことを意味していたが、大昔の中国語では不特定のものを指すことばと発音が似ていたことから、当て字的に使われるようになったという。

あん

安

6画

［音読み］アン
［訓読み］やす-らか、やす-い
［部首］宀（うかんむり）

喜ぶのは日本人だけ？

部首「宀」は〝建物〟を表す記号。建物の中で女性が落ち着いているところから、**〝心が落ち着いている〟**こと表すという。「安心《あんしん》」「安全《あんぜん》」「慰安《いあん》」「平安《へいあん》」「安《やす》らかな日々」「安《やす》らぎを求める」などがその例。

それを「安易《あんい》」「安直《あんちょく》」のように**〝簡単な〟**という意味で用いるのは、日本語独特の用法。日本人はさらに、「今日は野菜が安《やす》い」「安売《やすう》り」のように**〝値段が低い〟**という意味までもひねり出した。商店街やチラシなどで見かけると、それだけでうれしくなる漢字だが、〝心が落ち着く〟から〝値段が低い〟への変化には、いろいろと考えさせられるところがある。

あん

杏

7画

［音読み］アン、キョウ
［訓読み］あんず
［部首］木（き）

境目がはっきりしない

果樹の〝あんず〟を表す。「杏子《あんず》」とは、本来は〝あんずの果実〟を指す。アンは、鎌倉時代ごろ以降に生まれた比較的新しい音読み。「子」（p226）は〝実〟のこと。だが、後に「あんず」は日本語として果樹そのものを指すようになったため、「杏」一文字で「あんず」と読まれるようになり、「あんず」は訓読み扱いされるようになった。

もともとの音読みはキョウ。現在でも「杏林《きょうりん》」などにその読み方が残る。「巴旦《はたん》杏《きょう》」は〝すもも〟の一種。

「銀杏《ぎんなん》」でナンと読むのは、アンが直前のンと結びついて変化したもの。また、この熟語を「いちょう」と読むのは、漢字の熟語をそのまま、日本語名で読む当て字的表現。ただし、「いちょう」も語源をたどると中国語だという説もある。なにやら、中国語と日本語の境目がはっきりしない漢字である。

あん

案

10画

［音読み］アン
［部首］木（き）

しっかり練ってくださいね！

「考案《こうあん》」「思案《しあん》」「答案《とうあん》」「名案《めいあん》」など、〝**考え**〟を意味する漢字。「案内《あんない》」も本来は〝考えの内〟で、そこから〝よく知っている〟〝よく知っていることを説明する〟へと変化していったと考えられる。

「議案《ぎあん》」「提案《ていあん》」「腹案《ふくあん》」「案《あん》を練《ね》る」などでは、特に〝**何かを進めるもとになる考え**〟を指す。また、「案《あん》ずるより産むがやすし」「子どもの将来を案《あん》じる」のように〝**いろいろと心配する**〟という意味でも用いられる。

本来の意味は〝木の机〟で、部首「木」はそのなごり。とすれば、この漢字が意味する〝考え〟も、もともとは〝机の上できちんと書き記された考え〟なのだろう。〝思いつき〟も「案」のうちというのは、後世の悪しき傾向なのかもしれない。

あん

暗

13画

［音読み］アン
［訓読み］くら-い
［部首］日（ひへん、にちへん）

見ない、見えない、見せられない

「暗黒《あんこく》」「明暗《めいあん》」「暗《くら》い夜道《よみち》」のように、〝**光が少ない**〟ことを表すのが基本。「暗《くら》い顔つき」「お先真《ま》っ暗《くら》」など、比喩的に用いられて〝**希望が少ない**〟という意味も表す。

さらに熟語では、派生した意味で用いられることが多い。

「暗記《あんき》」「暗算《あんざん》」「暗唱《あんしょう》」などは、〝**目で見ないで**〟という意味。「暗示《あんじ》」「暗黙《あんもく》」などは〝**それとなく**〟。また、「暗号《あんごう》」「暗殺《あんさつ》」「暗躍《あんやく》」のように、〝**人に知られないように**〟という意味で用いられる熟語もある。

なお、「暗愚《あんぐ》」のように〝**才能や知識が乏しい**〟ことを表す場合もあるが、この意味で使われた熟語は少ない。むしろ「政治には暗《くら》い」「最近のアイドル事情には暗《くら》い」のように、訓読みで用いられるのがふつうである。

い

い

井

4画

［音読み］セイ、ジョウ
［訓読み］い
［部首］二（に）

頭の上にも存在している？

「井戸《いど》」「井桁《いげた》」「油井《ゆせい》」のように、〝**水などをくみ上げるために掘った穴**〟を表す。「市井《しせい》」は、井戸の周りに人びとが集まり住むところから、〝街中〟のこと。

音読みはセイを用いるのが原則。ただし、古くはショウという音読みもあり、「天井《てんじょう》」では、それが変化してジョウと読む。ちなみに、「天井」は、棟木を「井」の字型に張り渡したことに由来する。

い

以

5画

［音読み］イ
［訓読み］もっ-て
［部首］人（ひと）

ときどき回りくどいやつ？

最もよく用いられるのは、〝**ある点を含めて、そこから**〟という意味。「以上《いじょう》」「以後《いご》」「以内《いない》」「以北《いほく》」などは、みなこの意味。

ただし、「以外《いがい》」は例外で〃そのもの〃は含まない。

漢文では接続詞として使われることが多く、「もって」と訓読みする。そのため、現在でも「文書で以《もっ》て申し入れる」「美食家を以《もっ》て知られる」「本日を以《もっ》て終了する」のように用いられることがある。これらの「で以て」「を以て」はやや回りくどい表現で、意味としては、「以て」は無視してしまっても問題はない。

い 亥

6画

［音読み］ガイ
［訓読み］い
［部首］亠（なべぶた）

大昔から変わりません！

「子丑寅卯《ねうしとらう》…」と続く**〃十二支の一二番目〃**。

「亥年《いどし》」のように用いるほか、昔の時刻の表し方では、「亥《い》の刻」は現在の午後一〇時前後の時間帯を指す。訓読み「い」は、動物の〃いのしし〃のこと。現在では、音読みを用いることはほとんどない。

古代文字では「」と書き、〃いのしし〃の絵だと考えられている。十二支を表す漢字のほとんどは当て字的に使われたもので、〃ねずみ〃〃うし〃〃とら〃といった動物とは本来は関係がない。その中で、「亥」はもとから〃いのしし〃を指していたとされる珍しい例である。

い 衣

6画

［音読み］イ、エ
［訓読み］ころも、きぬ
［部首］衣（ころも）

きちんとえりを重ね合わせて…

古代文字では「」と書き、〃着物のえりの重なり〃を絵にした漢字。**体を包み込む〃着物〃**を表し、「衣装《いしょう》」「衣服《いふく》」「着衣《ちゃくい》」「白《はく》衣《い》」「衣食住《いしょくじゅう》」などがその例。

訓読みは、「衣《ころも》更《が》え」「衣《ころも》を脱ぐ」「羽《は》衣《ころも》」のように「ころも」を用いるのが一般的。「きぬ」という訓読みもあるが、日常的には「ぬれ衣《ぎぬ》」「衣《きぬ》ずれ」に使う程度。また、「浴衣《ゆかた》」は、漢字の熟語をそのまま、意味を表す日本語で読む当て字的表現。

音読みはイを用いるのが原則。エは奈良時代以前からある古い読み方で、現在では、「法衣《ほうえ》」「作務衣《さむえ》」「衣紋《えもん》」など限られた熟語でしか使われない。

部首としては？

「裁」（p214）「装」（p369）「裂」（p643）など、〃着物〃に関係するさまざまな漢字の部首となる。「襟」（p134）「裸」（p617）など漢字の左側に位置するときには「衤」の形となり、「ころもへん」と呼ばれる。また、「衰」（p323）「裏」（p623）のように、ほかの構成要素を真ん中にはさみ込むこともあって、まるであったかいコートのようである。

い 位

7画

［音読み］イ
［訓読み］くらい
［部首］イ（にんべん）

地味だが多彩な意味を持つ

部首「イ」は「人」の変形。本来は〃人が立つ〃ことや〃立っている場所〃を表す。ただし、具体的な場所というよりは、**〃ある集団の中での役割や序列〃**を指すことが多く、「王位《おうい》」「順位《じゅんい》」「地位《ちい》」「大臣の位《くらい》」「位《くらい》が高い」などがその例である。

また、「位置《いち》」「部位《ぶい》」「水位《すいい》」のように、広く**〃モノが存在している場所〃**という意味でも用いられる。さらに、〃立つべき場所〃から**〃基準となるもの〃**へと変化したのが、「単位《たんい》」「自分本位《じぶんほんい》」「数の位《くらい》取《ど》り」など。地味ながら微妙かつ多彩な意味を持つ、なかなかスミに置けない漢字である。

なお、日本語「くらい」には、〃そのあたり〃というような、**程度・範囲をぼかして表現する**用法がある。そこで、「位」もときに「一か月位《くらい》」「これ位《くらい》」といった使い方がされることもあるが、この場合にはかな書きする方が適切であろう。

音読みは基本的にイだけ。「三位一体《さんみいったい》」

でミと読むのは、直前のンが昔はムと発音されていたため、その影響を受けてイが変化したものである。

い 医 7画

［音読み］イ
［部首］匚（はこがまえ）

アルコールに縁がある？

「医学《いがく》」「医療《いりょう》」「医務室《いむしつ》」のように、〝**病気やけがを治す**〟ことを表す。また、「医者《いしゃ》」「名医《めいい》」「外科医《げかい》」など、〝**病気やけがを治す人**〟を指す場合もある。

以前は「醫」と書くのが正式で、部首は〝お酒〟を表す「酉」。これは薬草酒のことで、昔からお医者さんがみんなお酒好きであったわけではない。現在でも独得な雰囲気を出すために「〇〇醫院《いいん》」などと書かれることがある。

い 囲 7画

［音読み］イ
［訓読み］かこ-む、かこ-う
［部首］囗（くにがまえ）

まわりも中身も隠すのも

以前は「圍」と書くのが正式で、部首「囗」は〝取り巻く〟ことを表す記号。「包囲《ほうい》」「山に囲《かこ》まれた町」など、〝**ある部分を取り巻く**〟ことをいう。やや発展して、「胸囲《きょうい》」「周囲《しゅうい》」のように〝**取り巻く部分**〟を意味したり、「範囲《はんい》」のように〝**取り巻く部分の内側**〟を指したりする。

「囲碁《いご》」は、互いに相手の石を〝取り巻き合う〟ところから来たことば。「囲炉裏《いろり》」は当て字だと考えられているが、この文字遣いにも〝取り巻く〟のイメージが込められていることは、たしかだろう。

なお、「かこう」と訓読みしても、意味は「かこむ」と同じ。とはいえ、「おやつをこっそり囲《かこ》っておく」のように〝**人に知られないように自分のものにしておく**〟という意味で使われることもある。

い 依 8画

［音読み］イ、エ
［訓読み］よ-る
［部首］亻（にんべん）

たよらないでかな書きしたら？

部首「亻」は「人」（p317）の変形で、〝動作や状態〟を表す。「依存《いぞん》」「依頼《いらい》」「依託《いたく》」「年金に依《よ》って生活する」など、〝**たよりにする**〟ことを表す。また、「停電に依《よ》る中断」「金銭に依《よ》る解決」「条件に依《よ》る変化」のように、〝**あるものに基づく**〟**という関係性を示す**用法もある。

《◆似た意味で「よる」と訓読みする漢字は、「因」（p22）「拠」（p117）「由」（p600）など数多い。〝依存〟を表す場合は「依」、〝原因〟を表す場合は「因」、〝根拠〟を表す場合は「拠」、〝由来・経由〟を表す場合は「由」と、一応の区別はできるが、厳密な使い分けはむずかしい。かな書きしておくのがおすすめである。

そのほか、「依然《いぜん》」では〝**状態が変わらない**〟ことを表す。

音読みはイを用いるのが大原則。エは奈良時代以前からある古い読み方で、現在では、「帰依《きえ》」「依怙贔屓《えこひいき》」くらいでしか使われない。

い 委 8画

［音読み］イ
［訓読み］ゆだ-ねる
［部首］女（おんな）

他人任せなのにやたらと細かい

代表的な意味は、〝**他人に任せる**〟こと。「委任《いにん》」「委託《いたく》」「委譲《いじょう》」「結論を部下に委《ゆだ》ねる」などがその例。「委員《いいん》」とは〝何かを他人から任せられた人〟。転じて、〝**放っておく**〟という意味ともなるが、その例は少なく、法律用語の「委棄《いき》」が見られる程度。

一方、以上の二つの意味との関係はよくわからないものの、〝**くわしい**〟ことを意味する場合もある。「委細《いさい》」「委曲《いきょく》を尽くす」などがその例となる。

部首が「禾（のぎ）」でなく「女」であるの

は、本来は〝なよなよとした女性〟を指していたと考えられているから。そこから転じて、〝他人にしてもらう〟という意味が生じたという。

い

易

8画

⇩ えき（p33）

い

威

9画

［音読み］イ
［部首］女（おんな）

そんなことをしていたの?!

部首「女」に、〝大きな刃物〟を表す「戉」（p20）を組み合わせた漢字。女性に刃物を突きつけるところから、〝**恐れさせる**〟という意味になったと説明される。「威圧《いあつ》」「威力《いりょく》」「権威《けんい》」「威勢《いせい》がいい」「猛威《もうい》をふるう」など、すべてこの意味の例。昔は「おどす」とも訓読みしたが、現在では「脅」（p124）を書くのがふつう。

名前で「たけし」「たけ」と読むのは、〝**勇敢な**〟という意味の古語に基づく。それだけに、成り立ちを知るとイメージ・ダウンは避けられない。

い

為

9画

［音読み］イ
［訓読み］ため
［部首］灬（れっか、れんが）

何のために何をするのか?

「行為《こうい》」「作為《さくい》」「人為的《じんいてき》」など、〝**何かをする**〟ことを表す。昔は「する」「なす」と訓読みしたが、現在では、「する」「なす」はかな書きするのが自然。

訓読みとして現役なのは「ため」。**何かの目的や原因を指し示す**はたらきをし、「自分の為《ため》」「確認の為《ため》」のように用いる。ただし、「雨の為《ため》中止」のように、次に漢字が続くと切れ目がはっきりしなくなることもあるので、これもかな書きの方が読みやすい場合が多い。

なお、「為替《かわせ》」は、日本語の意味を漢字で表した当て字的表現。語源としては〝取り替えを為《す》る〟ことで、〝金銭のやりとり〟を意味する。

以前は「爲」と書くのが正式で、部首は〝手〟を表す「爫（つめかんむり）」。古代文字では「」と書かれ、象の鼻先に手を加えた形。〝象を調教する〟のがもともとの意味だったという。

い

畏

9画

［音読み］イ
［訓読み］おそ-れる、かしこ-まる
［部首］田（た）

人知を超えたものと出会って…

理解できないものに出会うと、人間は〝**恐怖と尊敬の入り混じった気持ち**〟になる。その複雑な気持ちを表す漢字。

〝恐怖〟に重点を置いた場合は「おそれる」と訓読みし、熟語では「畏怖《いふ》」がその例となる。〝尊敬〟に軸足を置くと訓読みは「かしこまる」となり、熟語としては「畏敬《いけい》」がある。ただし、「畏縮《いしゅく》」になると、まさに〝恐怖と尊敬の入り混じった気持ち〟としか、説明のしようがない。

◆「おそれる」と訓読みする漢字には「恐」（p123）「怖」（p525）もあるが、この二つと比べて、「畏」には〝尊敬〟の念が含まれるのが、ポイントである。

なお、部首「田」は形の上から便宜的に分類されたもの。意味の関係はない。

い

胃

9画

［音読み］イ
［部首］月（にくづき）

お月さまではふくれない?

部首「月」は〝肉体〟を表す「肉」の変形で、天体の〝月〟とは関係がない。「田」はものの詰まった〝ふくろ〟の形で、これまた〝田んぼ〟とは関係がない。組み合わせて、消化器官の〝**いぶくろ**〟を表す。

昔は「くそぶくろ」などと訓読みしたこともあったが定着せず、中国語の発音に基づく音読みのままで用いられてきた。日本人の医学的な知識に中国文化が与えた影響の大きさがうかがえる。

い　尉

11画

［音読み］イ
［部首］寸（すん）

アイロンをあてた制服がまぶしい？

現在では、軍隊の階級「大尉《たいい》」「中尉《ちゅうい》」「少尉《しょうい》」など以外には、ほとんど使われない。**〝警察や軍事を担当する役職〟**を指す。

部首「寸」（ｐ327）は〝手に持つ〟ことを表す記号。もともとは手に持って使うアイロンの一種〝火のし〟を指す漢字。押さえつけるところから、〝役職〟を意味するようになったという。

い　異

11画

［音読み］イ
［訓読み］こと-なる
［部首］田（た）

良くも悪くも神がかり的！

部首「田」は〝田んぼ〟とは無関係で、〝神事に用いる仮面〟の形。「共」（ｐ120）は、それを〝両手で持っている〟形。合わせて、神がかりのような**〝ふつうとは違う状態〟**を表す。

熟語を見ると、「異常《いじょう》」「怪異《かいい》」「天変地異《てんぺんちい》」のように何らかのマイナス・イメージを伴う場合もあるし、「驚異《きょうい》」「異色《いしょく》の経歴」「異彩《いさい》を放つ」のようにプラスの意味合いになることもある。成り立ちを考えればそれは当然のことで、むしろ「異国《いこく》」「異性《いせい》」「異《こと》なる結果」のように単に〝違う〟ことを意味する方が、この漢字としてはふつうではないのかもしれない。

◆なお、「殊」（ｐ259）も似た意味で「こと」と訓読みするが、「殊《こと》に」の形で〝特別に〟という意味を表す場合にだけ使われる。

い　移

11画

［音読み］イ
［訓読み］うつ-る
［部首］禾（のぎへん）

場所も変わるし時間も過ぎる

「移動《いどう》」「移転《いてん》」「席を移《うつ》る」「お皿に移《うつ》す」のように**〝位置が変わる／位置を変える〟**ことを表す。転じて、「推移《すいい》」「移《うつ》り変わり」のように**〝状態が変わる〟**ことをもいう。また、日本語「うつる」には**〝時が経つ〟**という意味もあるので、「時が移《うつ》る」のようにも用いられる。

◆似た意味で「うつる／うつす」と訓読みする漢字に「遷」（ｐ356）がある。現在ではふつうは「移」を用いるが、〝機能や人間はそのままで、場所や地位が変わる〟場合に、「遷」を書くことがある。また、〝文字や画像などをうつす〟場合には、「映」（ｐ31）「写」（ｐ249）を用いる。

部首「禾」は〝穀物〟を表す記号。そこで、「移」も本来は〝稲穂が風に揺れる〟という意味だ、という説もある。が、ややこじつけめいた印象はぬぐえない。

い　萎

11画

［音読み］イ
［訓読み］な-える、しお-れる
［部首］艹（くさかんむり）

元気はなくても訓読みはいっぱい

部首「艹」は〝植物〟を表す記号。「委」（ｐ14）には〝なよなよした女性〟という意味がある。合わせて、本来は**〝植物の元気がなくなる〟**ことを表し、広く**〝元気がなくなる〟**という意味で用いられる。

訓読みとしては「なえる」「しおれる」を用いることが多いが、「しなびる」や「しぼむ」などと読むこともある。音読みの熟語には「萎縮《いしゅく》」があるが、これ以外の例はあまり見当たらない。

い　偉

12画

［音読み］イ
［訓読み］えら-い
［部首］亻（にんべん）

理由をよく考えましょう

部首「亻」は「人」の変形。**〝他人よりすぐれている〟**ことを表す。「偉大《いだい》」「偉業《いぎょう》」「偉人《いじん》」のように、**〝業績がすぐれている〟**ことを指す場合が多く、訓読み「えらい」はこの意味を日本語で表したもの。ただし、「偉丈夫《いじょうぶ》」「容貌魁偉《ようぼうかいい》」など、ときには**〝外見がすぐれている〟**ことをいう場合もある。

日本語「えらい」には、**〝地位が高い〟**という意味があるので、「会社の偉《えら》い人」のように用いることもあるが、漢字本来の意味からすると微妙な用法である。

◆なお、訓読み「えらい」は、特に〝勢いがいい〟という意味合いで使う場合に「豪」（p199）を書くこともある。

い　椅

12画

［音読み］イ
［部首］木（きへん）

パイプ椅子はちょっと違う？

〝腰かけ〟を表すが、「椅《い》子《す》」以外ではまず用いられない。部首「木」が示すように、本来は木製のものを指したのだろうが、現在ではもちろん、あらゆる素材の〝腰かけ〟をいう。

い　彙

13画

［音読み］イ
［部首］彑（けいがしら、いのこがしら）

たくさんなのに一つでOK

部首「彑」は〝豚などの動物の頭〟を表す。本来は〝はりねずみ〟を意味する漢字で、針のような毛がたくさん生えていることから、**〝集まる〟**という意味で用いられる。

「語彙《ごい》」とは〝ことばの集まり〟。日常的には、この熟語だけ知っておけば十分である。

い　意

13画

［音読み］イ
［部首］心（こころ）

よく考えてから口に出します

基本的な意味は、**〝心の中で考える〟**こと。部首「心」が示すように、ことばや行動として現れる前の〝考え〟を表す。

「意見《いけん》」「意図《いと》」「決意《けつい》」「真意《しんい》」など、**〝考えた結果としての気持ち〟**を表すことが多いが、「好意《こうい》」「熱意《ねつい》」のように単に**〝気持ち〟**をいうこともある。また、「意識《しき》」「意欲《よく》」などでは、**〝考えるという心のはたらき〟**を指していると思われる。

「意味《いみ》」「意義《いぎ》」「文意《ぶんい》」など、**〝ことばや事実に含まれる考え〟**をも表すのは、〝心の中で〟というイメージを持っているからだろう。どこか〝内に秘めたもの〟を感じさせる漢字である。

い　違

13画

［音読み］イ
［訓読み］ちが-う
［部首］辶（しんにょう、しんにゅう）

異なるところを見逃すな！

「値段が違《ちが》う」「重さが違《ちが》う」「時代が違《ちが》う」など、訓読みでは**〝一致しない〟**ことを表すのが基本。

ただし、音読みの熟語になると、純粋に〝お互いが一致しない〟ことを意味するのは、「相違《そうい》」「差違《さい》」がある程度。多くの場合、**〝何かの基準に対して外れている〟**ことを表す。「違反《いはん》」「違法《いほう》」「違憲《いけん》」「違約《いやく》」などはすべてその例で、批判的な意味合いが共通して流れている。

部首「辶」は、以前は「辶」と書くのが正式で、〝移動〟を表す。本来は〝離れていく〟ことや〝すれちがう〟ことを表していたのではないか、と考えられている。

い　維

14画

［音読み］イ
［部首］糸（いとへん）

三つの熟語でそれぞれ異なる！

現在では、「繊維《せんい》」「維持《いじ》」「維新《いしん》」の三つの形以外では、めったに用いられない。ただし、それぞれ意味が違うという、やっかいな漢字である。

本来は**〝つな〟〝ひも〟**を表し、部首「糸」はそのなごり。「繊維」が最もこの意味に近い。そこから〝つなぐ〟という意味となり、それを時間に関して用いて**〝続ける〟**ことを表すのが、「維持」の例。

「維新」はこの二つとはまったく異なり、本来は、大昔の中国語で、**意味を強める感動詞のようなことば**に対して当て字的に用いられたもの。つまり、「維新」とは「新」を強調した表現。特に政治について、〝すべてを新しくする〟ことをいう。

い

慰

15画

［音読み］イ
［訓読み］なぐさ-める
［部首］心（こころ）

〝癒やし系〟の漢字

アイロンの一種〝火のし〟を意味する「尉」（p16）に、部首「心」を組み合わせて、**〝心を落ち着かせる〟**ことを表す。「落ち込んでいる人を慰《なぐさ》める」がその例。

「慰安旅行《いあんりょこう》」では日ごろのストレスを、「慰謝料《いしゃりょう》」では悲しみや怒りや不安を、「辞表を出した人を慰留《いりゅう》する」では辞めようとする決意をと、さまざまな気持ちを〝落ち着かせる〟漢字である。

い

遺

15画

［音読み］イ、ユイ
［訓読み］のこ-す
［部首］辶（しんにょう、しんにゅう）

置いたまま いなくなった…

部首「辶」は、以前は「辶」と書くのが正式で、〝移動〟を表す。本来は〝モノを送り届ける〟という意味だったらしいが、現在では、訓読み「のこす」に現れているように、**〝モノを置いて立ち去る〟**ことを表す。「遺失物《いしつぶつ》」「遺留品《いりゅうひん》」などがその例で、「遺《い》憾《かん》」も〝憾《うら》みをのこす〟こと。ただし、実際には**〝この世から立ち去る〟**ことを指して用いる場合が多い。「遺産《いさん》」「遺体《いたい》」「遺《い》品《ひん》」「遺骨《いこつ》」などはすべて、〝死後にのこされたもの〟。

◆訓読み「のこす」は、現在では「残」（p225）を使うのが一般的。ただし、「財産を遺《のこ》す」のように〝死んだ後にのこす〟場合には、「遺」が用いられる。

音読みはイを使うのが大原則。ユイは奈良時代以前からある古い読み方で、現在では、「遺言《ゆいごん》」以外では用いられない。なお、「遺言」は法律用語では「いごん」と読むことがある。

い

緯

16画

［音読み］イ
［部首］糸（いとへん）

地球は大きな 織物だ！

本来は、**〝織物の横糸〟**を表す漢字。部首「糸」はそのなごり。〝縦糸〟を表すのが「経」（p146）で、「経緯《けいい》」とは、〝縦糸と横糸〟から転じて、〝ものごとのいきさつ〟をいう。

また、地球の表面を織物に見立てて、**〝地表を東西に走る線〟**をも表す。「緯度《いど》」「北緯《ほくい》」「南緯《なんい》」は、その例である。

いき

域

11画

［音読み］イキ
［部首］土（つちへん）

あらゆる分野を カバーする！

〝区切りの内側〟を表す。部首「土」が示すように本来は土地に関して使い、「区域《くいき》」「地域《ちいき》」などがその例。転じて、「水域《すいいき》」「空域《くういき》」など土地以外についても用いられるほか、「音域《おんいき》」「職域《しょくいき》」「芸域《げいいき》」など抽象的なものを指しても使われる。

中には、「領域《りょういき》」「聖域《せいいき》」のように、土地からものの考え方まで、幅広い対象について用いられる例もある。訓読みのないそっけない漢字だが、応用範囲は広い。

いく

育

8画

［音読み］イク
［訓読み］そだ-つ、はぐく-む
［部首］月（にくづき）

生まれ落ちた その瞬間から

「𠫓《とつ》」は「子」を上下逆にした形で、〝頭から先に生まれてきたばかりの子ども〟。部首「月」は「肉」の変形で、〝肉体〟を表す記号。組み合わせて、本来は、肉体的に**〝成長す**

る／させる〟ことを表すが、精神的な面についても用いられる。

「育児《いくじ》」「飼育《しいく》」「寝る子は育《そだ》つ」などは人間の子どもや動植物についていうが、「育成《いくせい》」「教育《きょういく》」「後輩を育《そだ》てる」「愛を育《はぐく》む」となると、おとなや集団、さらには能力や感情にまで対象は広がっていく。活躍の場が多い漢字である。

いち 一

1画

［音読み］イチ、イツ
［訓読み］ひと-つ
［部首］一（いち）

見かけは単純 中身は?

横棒一本で、〝**数の1**〟を表す。単純だが、発展した意味で用いられることも多く、考え出すとなかなか奥が深い漢字である。

「一瞬《いっしゅん》」「一見《いっけん》すると」「一息《ひといき》入れる」などでは、〝**少しだけ**〟という意味。「一時《いちじ》」「一夜《いちや》」「一角《いっかく》を担《にな》う」のように、たくさんのものの中から**ある**〝**ひとつ**〟**を取り出して示す**はたらきもある。これと似た用法として、「一喜一憂《いっきいちゆう》」「一長一短《いっちょういったん》」のように〝**あるときは○○であるときは○○**〟という意味を表すケースがある。

また、複数のものもある観点に立てば〝ひとつ〟に見えることから、〝**同じである**〟ことをも表す。「一律《いちりつ》」「一様《いちよう》」「均一《きんいつ》」「統一《とういつ》」などがその例。また、「一家《いっか》」「一面《いちめん》」「一掃《いっそう》」のように、複数のものをひっくるめて〝**そこにあるすべて**〟を指す場合もある。さらに、「一徹《いってつ》」「一路《いちろ》南へ」「一途《いちず》な想い」では、〝**ひたすら**〟という意味。

音読みイチは、奈良時代以前からある古い読み方。単に〝数の1〟を表す場合にはイチと読むが、そのほかの場合は、イツもよく使われる。

「一日《ついたち》」は、漢字の熟語をそのまま、意味を表す日本語で読む当て字的表現。また、名前で「かず」と読むのは、〝1〟は〝数〟であることから。

なお、小切手や契約書などでは、後から書き換えられるのを防ぐため、「一」の代わりに「壱」（p19）や「壹」を用いる。

部首としては?

漢和辞典では部首として巻頭に立てられるが、「一」を部首とする漢字の多くは、単に形の上から便宜的に分類されたもの。まとまった意味はない。

いち 壱

7画

［音読み］イチ
［部首］士（さむらい）

悪事を防ぐ 貴重な代役!

小切手や契約書などで後から書き換えられるのを防ぐため、「一」（p19）の代わりに用いられる漢字。また、ある種の雰囲気を出すために、「一」の代わりに好んで用いられることもある。

以前は「壹」と書くのが正式。成り立ちには諸説あるが、本来は「壺《つぼ》」と関係が深いと考えられている。

いちご 苺

8画

［音読み］バイ
［訓読み］いちご
［部首］艹（くさかんむり）

やさしく育ててくれそうな…

部首「艹」は〝植物〟を表す記号。**植物の**〝**いちご**〟を指す漢字。現在では音読みが使われることはなく、また訓読み「いちご」もかなで書きされることが多いが、「母」を含むやさしいイメージからか、近年、商品名などでよく見かける。「母」を含む理由については、繁殖しやすいからとか、実が乳首に似ているから、などの説がある。

いつ 逸

11画

［音読み］イツ
［訓読み］そ-れる、そ-らす、はや-る
［部首］⻌（しんにょう、しんにゅう）

枠から出れば 世界は広がる!

以前は「逸」と書くのが正式。〝移動〟を表す部首「⻌／⻍」に、〝うさぎ〟を表す「兔」を組み合わせた漢字。〝うさぎ〟がすばやく逃げることから、本来は〝走り去る〟ことを表す。転じて、「逸脱《いつだつ》」「目標から逸《そ》れる」「ボールを逸《そ》らす」「目を逸らす」など、**〝ある枠の外に出る／出す〟**という意味で用いられる。

〝枠から出たい〟という気持ちが強くなると、**〝何かがしたくてしかたがない〟**という意味となる。「気が逸《はや》る」がその例。また、世間という〝枠〟から外に出ようとすることから、「安逸《あんいつ》」「逸楽《いつらく》」のように**〝気ままにたのしむ〟**ことをも表す。

一方、「逸材《いつざい》」「逸品《いっぴん》」「秀逸《しゅういつ》」などでは、**〝すぐれている〟**という意味。これは、本来の〝走り去る〟が転じて〝足が速い〟という意味になり、それがさらに変化したものだ、と説明される。だが、〝枠を越えてすぐれている〟と見ることもできる。

さらに、「散逸《さんいつ》」「チャンスを逸《いっ》する」などでは、**〝枠から取り逃がす〟**という意味。「逸話《いつわ》」は、〝正式な記録という枠からもれた話〟。

意味・用法は複雑だが、〝枠から出る／出す〟のイメージでとらえると、理解がしやすい。〝わなから逃げるうさぎ〟の姿が目に浮かぶ漢字である。

いつ 溢

13画

［音読み］イツ
［訓読み］あふ-れる
［部首］氵（さんずい）

後始末がたいへんだ！

部首「氵」は「水」の変形。「益」は「益」（p33）の以前の書き方で、〝いっぱいになる〟こと。合わせて、「お風呂のお湯が溢《あふ》れる」のように**〝液体がいっぱいになってこぼれる〟**ことを表す。「脳溢血《のういっけつ》」もその例。

転じて、**〝とてもたくさんある〟**ことをも表す。「観客で溢《あふ》れる」「活気に溢《あふ》れる」「少女趣味が横溢《おういつ》する」などがその例。また、**〝度が過ぎる〟**ことをも指し、「溢美《いつび》」とは〝ほめすぎ〟のこと。世の中、多ければよいというものではないらしい。

なお、印刷文字では「溢」の形が標準とされているが、手書きでは「益」を「益」と書いても差し支えない。

いぬ 戌

6画

［音読み］ジュツ
［訓読み］いぬ
［部首］戈（ほこづくり、かのほこ）

物騒な意味は忘れるのが一番

「子《ね》丑《うし》寅《とら》卯《う》…」と続く**〝十二支の一一番目〟**。「戌年《いぬどし》」のように用いるほか、昔の時刻の表し方では、「戌《いぬ》の刻」は現在の午後八時前後の時間帯を指す。

〝武器〟を表す部首「戈」が付いているように、本来は〝武器〟に関係する意味を持っていたらしい。しかし、大昔の中国語では〝十二支の一一番目〟を表すことばと発音が似ていたことから、当て字的に用いられるようになった。十二支に動物を当てはめるのは後から生まれた習慣で、それによれば〝いぬ〟となり、「いぬ」と訓読みもするが、「戌」に動物の〝犬〟の意味があるわけではない。

なお、現在では音読みはほとんど用いられない。また、横棒が点になった「戍《じゅ》」は、〝守る〟という意味の別の漢字。まぎらわしいので注意が必要である。

いのこ 豕

7画

［音読み］シ
［訓読み］いのこ
［部首］豕（いのこ）

ブタさん人気のその陰で

動物の〝ぶた〟を表す。野性の〝いのしし〟を家畜としたもの。訓読み「いのこ」は〝いのししの子〟という意味で、〝ぶた〟の別名。ただし、現在では「豚」（p469）に押されて、使われることはほとんどない。

部首としては？

〝ぶたに似た動物〟に関係する漢字の部首となる。例としては、「豚」（p469）のほか、〝やまあらし〟を指す「豪」(p199)がある。また、「象」(p373)も、形の上から部首「豕」に分類される。

いばら 茨

9画

［音読み］シ
［訓読み］いばら
［部首］艹(くさかんむり)

とげの中へとやって来る?

部首「艹」は〝植物〟を表す記号。**背が低くてとげのある植物〝いばら〟**を指す漢字で、「茨《いばら》の道」のように使われる。また、「茨城《いばらき》」「茨木《いばらき》」などの固有名詞でも用いられる。

現在では音読みが使われることはめったにないが、〝茨城に帰る／来る〟ことを「帰茨《きし》」「来茨《らいし》」ということがある。

いも 芋

6画

［音読み］ウ
［訓読み］いも
［部首］艹(くさかんむり)

立ち上る土の香り

部首「艹」は〝植物〟を表す記号。「芋煮《いもに》」「じゃが芋《いも》」「さつま芋《いも》」など、農作物の〝**いも**〟を表す。ただし、本来は特に〝さといも〟を表す漢字で、〝じゃがいも〟は「馬鈴薯《ばれいしょ》」、〝さつまいも〟は「甘藷《かんしょ》」のように、それぞれ「薯」「藷」で表す。

なお、現在では音読みが用いられることは、ほとんどない。

いわく 曰

4画

［音読み］エツ
［訓読み］い-わく
［部首］日(ひらび)

これから話すお話は…

現在では、「○○さん曰《い》わく…」のように、だれかが〝**言うことには**〟という意味で使われる。転じて、「曰《い》わくありげ」「曰《い》わく付き」のように、〝**話すと長い事情**〟をも指す。

本来の意味は、〝言う〟こと。「いわく」は「いう」が変化したもので、「恐らく」と似た成り立ちのことば。「曰《いわ》く」のように「く」だけを送りがなとすることもあるが、「いう」に合わせて「わく」を送りがなとするのが適切だろう。

なお、現在では音読みが使われることは、ほとんどない。

部首としては?

漢和辞典では、「曲」(p129)「更」(p186)「書」(p281)「替」(p389)など、「日(ひ、にち)」と同じ形を含むが意味は「日」と関係がない漢字の部首となる。いわば〝寄せ集め集団〟で、部首としてまとまった意味を持つわけではない。「日」と区別するため、〝平たい「日」〟という意味で「ひらび」と呼んだり、「いわく」と言ったりする。

いん 引

4画

［音読み］イン
［訓読み］ひ-く
［部首］弓(ゆみへん)

顔が広くて引く手あまた

部首「弓」が示すように、本来の意味は〝弓の弦を手前に動かす〟こと。転じて、〝**何かを自分の意図する方へ動かす**〟ことを表す。「引《いん》力《りょく》」「吸引《きゅういん》」「牽引《けんいん》」「綱引《つなひ》き」「畑に水を引《ひ》く」などがその例。

とても守備範囲の広い漢字で、「引率《いんそつ》」「チームを引《ひ》っ張《ぱ》る」では〝**人びとを導く**〟という意味。「事件を引《ひ》き起《お》こす」「引火《いんか》」では〝**ある事態を生じさせる**〟ことを指す。「引用《いんよう》」「索引《さくいん》」「例を引《ひ》く」では〝**文章や例などを探して持ってくる**〟こと。また、「注意を引《ひ》く」のように〝**気持ちを向けさせる**〟という意味でも用いられる。

「引退《いんたい》」「引《ひ》き際《ぎわ》」では、〝**自分の身を退ける**〟こと。「支払いは引《ひ》き受《う》けた」「引責辞《いんせきじ》任《にん》」のように、〝**自分の責任で処理する**〟ことを表す場合もある。

「線を引《ひ》く」「会議が長引《ながび》く」「塩味が後に引《ひ》く」などでは、〝**しばらく続く／続ける**〟という意味。「引《ひ》き抜《ぬ》く」「引《ひ》き算」のように〝**全体の中から何かを取り去る**〟ことをもいう。ただし、これらは日本語独自の用法。また、「辞書を引《ひ》く」は〝探し出して持ってくる〟から変化したものだが、これも日本語オリジナルらしい。

◆「ひく」と訓読みする漢字は数多いが、「引」はどんな場合にでも使えるありがたい漢字。ただし例外として、〝楽器をひく〟場合には「弾」(p403)を用いる。また、〝縄やひもを付けてひっぱる〟ときは「牽」(p160)、〝ひきずる〟ときは「曳」(p30)、〝興味や関心をひく〟ときは「惹」(p256)、〝ひっぱり出す〟ときは「抽」(p414)など、それぞれの漢字の意味合いを生かして使うのも、おすすめである。

いん

印

6画

[音読み] イン
[訓読み] しるし
[部首] 卩(ふしづくり)

あなたの胸にも押しつける

ハンコのような〝**型を押しつけて跡を残すもの**〟を表す。「実印《じついん》」「封印《ふういん》」「印鑑《いんかん》」「印肉《いんにく》」「印紙《いんし》」などは、みなその例。「印刷《いんさつ》」も、昔は板に彫って紙に押していたことから。「印象《いんしょう》」は、心の中にあるものの〝型を押しつける〟という、なかなか鮮やかな比喩的表現。

「烙印《らくいん》」「消印《けしいん》」などは、〝**何かを押しつけて残された跡**〟。ここから転じて〝**何かを表す記号**〟の意味ともなる。ただし、「赤で印《しるし》を付ける」「勇気の印《しるし》」「角の魚屋が目《め》印《じるし》です」など、ハンコや印鑑とは関係のない使い方は、日本語独自の用法だろう。

なお、成り立ちには諸説あり、部首「卩」が表す意味もはっきりしない。

いん

因

6画

[音読み] イン
[訓読み] よ-る、ちな-む
[部首] 口(くにがまえ)

一文字だけでも役目は果たせる

「原因《げんいん》」「起因《きいん》」「因子《いんし》」など、基本的な意味は、〝**何かにもとづく**〟こと。特に**一文字だけで**〝**原因**〟**を表す**こともあり、「因果《いんが》」「勝因《しょういん》」「一因《いちいん》」「要因《よういん》」など多くの熟語となる。訓読みでは、「事故に因《よ》る停電」「好きな選手に因《ちな》んで命名する」のように用いる。

また、〝もとづく〟から少し変化して、〝**何かに従う**〟ことをも表す。「因習《いんしゅう》」とは、〝習慣に従う〟こと。

◆似た意味で「よる」と訓読みする漢字は「依」(p14)「拠」(p117)「由」(p600)など数多い。〝原因〟を意味する場合は「因」、〝依存〟を意味する場合は「依」、〝根拠〟を意味する場合は「拠」、〝由来・経由〟を意味する場合は「由」と、一応の区別はできるものの、実際は、その区別はあいまいになりがち。無理して漢字で書こうとしないで、かな書きするのがおすすめである。

成り立ちとしては、〝ふとんの上に大の字になって寝ている人〟の絵だ、と考えられている。〝上にいる〟ところから〝もとづく〟という意味になったという。

いん

咽

9画

[音読み] イン、エツ
[訓読み] のど、むせ-ぶ
[部首] 口(くちへん)

つまってしまうと音も変わるさ!

「咽喉《いんこう》」「咽頭《いんとう》」など、口から胃や肺につながる部分〝**のど**〟を表すのが基本。この場合は、音読みではインと読む。訓読みで「のど」と読むこともあるが、現在では「のど」はかな書きするのがふつう。また、「喉」(p194)も「のど」と訓読みすることがあるが、「咽」と意味の違いはない。

転じて、〝**のどがつまる**〟という意味ともなる。この場合の音読みはエツで、〝泣いてのどがつまる〟ことを表す「嗚咽《おえつ》」がその例。訓読みでは「夜霧に咽《むせ》ぶ」のように「むせぶ」を用いるが、「むせる」と読むこともある。

いん

姻

9画

[音読み] イン
[部首] 女(おんなへん)

迫り来る絶滅の危機!?

部首「女」は、ここでは〝家族〟や〝結婚〟を表す。**〝縁組みする〟**という意味の漢字だが、熟語では「婚姻《こんいん》」「姻戚《いんせき》」くらいしか例はなく、訓読みで用いられることもない。使用範囲が非常に限られていて、「婚姻届《こんいんとどけ》」が「結婚届《けっこんとどけ》」に改称されれば、存在意義がほとんど失われそうである。

いん

員

10画

［音読み］イン
［部首］口（くち）

組織内ではよく使われるが…

「委員《いいん》」「定員《ていいん》」「社員《しゃいん》」「満員《まんいん》」など、熟語の形でよく用いられる。しかし、意味を問われると答えに困ってしまう漢字の一つ。

代表的な意味は、**〝ある集団に所属する人〟**。「会員《かいいん》」「社員《しゃいん》」「隊員《たいいん》」「調査員《ちょうさいん》」などがその例。また、**〝ある集団に所属する人の数〟**を表すこともあり、「定員《ていいん》」「人員《じんいん》」「満員《まんいん》」「欠員《けついん》」のように用いられる。

基本的に人間を指して用いられるが、なぜか「幅員《ふくいん》」だけは、〝道や橋などの横幅〟を表す。この場合の「員」は、**〝幅・周囲〟**という意味だと説明されている。

部首「口」と「貝」から成り立つが、〝口〟や〝貝〟には関係がない。「口」は○《まる》を表し、「貝」は足が付いた大きな容器〝鼎《かなえ》〟の形。合わせて〝口のまるい鼎〟を表し、本来は〝まるい〟という意味だったらしい。ただし、そこから〝人〟〝人の数〟の意味が生じた経緯は、諸説あってはっきりしない。

いん

院

10画

［音読み］イン
［部首］阝（こざとへん）

敷居が高いとはこのことです

部首「阝」は「阜」（p525）の変形で、〝盛り上がった土〟を表す。土を盛り上げて作った壁を周りにめぐらした**〝立派な屋敷〟**を表すのが、本来の意味だという。

昔から、宮殿や役所など**〝権威が高く近寄りがたい建物〟**を指して用いられた。日本史で、上皇や法皇といった**〝位を譲った天皇〟**を「院《いん》」と呼ぶのも、そこに由来する。現在でも、「病院《びょういん》」「寺院《じいん》」「修道院《しゅうどういん》」などにそのイメージは残っており、「衆《しゅう》議院《ぎいん》」「大学院《だいがくいん》」では、**〝権威が高く近寄りがたい人びとが集まるところ〟**を指す。

なお、「入院《にゅういん》」「通院《つういん》」「院外処方《いんがいしょほう》」のように、特に**「病院」の省略形**として用いられるほか、「院生《いんせい》」では**「大学院」の略**、「両《りょう》院《いん》」では**「議院」の略**など、省略形として用いられることが多い。

いん

淫

11画

［音読み］イン
［訓読み］みだ-ら
［部首］氵（さんずい）

水はいったい何なのでしょうね

本来は、〝度を過ごす〟ことを表す漢字。「水」が変形した部首「氵」が付いている理由には諸説があり、〝無理に水に手を入れる〟ことからとか、〝水がどんどんしみこむ〟ことからなどという。

現在では、主に**〝性的な関係で度を過ごす〟**ことについて用いられる。「淫乱《いんらん》」「淫《いん》行《こう》」「姦淫《かんいん》するなかれ」「淫《みだ》らな関係」などは、みなその例である。

◆「猥」（p652）も「みだら」と訓読みするが、現在では「淫」を使うのが一般的。あえて「猥」を書くと〝人間的でない〟というニュアンスが強調される。

なお、印刷文字では「淫」の形が標準とされているが、手書きやパソコンでは「淫」の形が使われることもある。

いん

陰

11画

［音読み］イン、オン
［訓読み］かげ
［部首］阝（こざとへん）

なくてはならぬ引き立て役

部首「阝」は「阜」（p525）の変形で、〝盛り上がった土〟を表す。本来は、**〝盛り上がった土**

の光が当たらない側〟を意味する漢字。広く〝**光が当たらない部分**〟を指して使われる。「木陰《こかげ》」「建物の陰《かげ》に隠れる」「陰《かげ》でこそこそする」などがその例。

転じて、〝**暗くてじめじめしている**〟ことや〝**人目につかない**〟ことをも表す。「陰《いん》気《き》」「陰険《いんけん》」「陰湿《いんしつ》」「陰謀《いんぼう》」などなど、その例は多い。また、「日が陰《かげ》る」のように、〝**暗くなる**〟という意味でも用いる。

「光陰《こういん》矢の如し」「寸陰《すんいん》を惜しむ」のように〝**時間の流れ**〟をいうのは、〝光のうつろい〟から転じた比喩的な用法。

また、「先生のお陰《かげ》です」では、〝日光にさらさない〟ことから、〝**悪い影響から守る**〟という意味となる。この意味の場合、特に「蔭《かげ》」と書くことも多い。

◆同じく「かげ」と訓読みする「影」（p32）は、〝光によって見えるようになる形〟をいう。「月影《つきかげ》」のように〝光っているもの〟を指すこともあるのが、「陰」と異なる点である。

基本的に「陽」（p612）と対になる漢字で、「山陽《さんよう》」「山陰《さんいん》」とは〝山の南側〟と〝山の北側〟。そこで、「陽」とペアになって、太陽に対する〝**月**〟、プラスに対する〝**マイナス**〟、突き出したり色が付いたりした部分に対する〝**へこんだり色のなかったりする部分**〟を表すこともある。「太陰暦《たいいんれき》」「陰《いん》極《きょく》」「陰画《いんが》」「陰刻《いんこく》」などがその例。「検査結果は陰性《いんせい》でした」では、〝**疑われているものではない**〟こと。さらには、男性の生殖器に対する〝**女性の生殖器**〟の意味ともなるが、「陰部《いんぶ》」「陰毛《いんもう》」など男女を問わず〝**生殖器**〟を指すこともある。

音読みはインを用いるのが原則。オンは奈良時代以前からある古い読み方で、現在では、「陰陽道《おんみょうどう》」関係以外では使われない。

いん 飲

12画

［音読み］イン
［訓読み］の-む
［部首］食（しょくへん）

液体だろうと固体だろうと！

〝**モノをかまずに口から体内に入れる**〟ことを表す。訓読みも音読みも一種類だけで、非常にわかりやすい漢字である。

ただし、「のむ／飲《イン》」とだけ言って特に〝**酒をのむ**〟ことを表すことがあるのは、日本も中国も同じ。「飲《の》み屋《や》」「飲《の》み歩《ある》く」「昨晩は痛飲《つういん》した」などが、その例である。

日本語「のむ」は〝タバコをのむ〟場合にも用いられるが、漢字の「飲」にはこの意味はない。そこで、「タバコをのむ」とかな書きするのがふつうである。

◆「のむ」と訓読みする漢字には「呑」（p469）もある。「呑」は〝丸ごとのみ込む〟場合に使うほか、〝酒をのむ〟場合にも「呑」を用いて雰囲気を出すことも多い。なお、以前は「飲」と書くのが正式。

いん 隠

14画

［音読み］イン、オン
［訓読み］かく-す
［部首］阝（こざとへん）

表舞台には立ちません！

部首「阝」は「阜」（p525）の変形で、〝盛り上がった土〟を表す。本来は、〝盛り土や山にさえぎられて見えなくなる〟ことを表す漢字。広く〝**見えなくする／なる**〟という意味で、「貴重品を隠《かく》す」「柱の陰に隠《かく》れる」のように用いられる。

ただし、実際に〝見えなくなる〟以外の場面でも使われる。「隠居《いんきょ》」「隠者《いんじゃ》」「隠《かく》れ住《す》む」のように〝**世の中と接触を絶つ**〟こと、「隠語《いんご》」「隠謀《いんぼう》」のように〝**他人に知られないように行う**〟ことなどがその例。

音読みはインを使うのが大原則。オンは奈良時代以前からある古い読み方で、現在では、時代劇に出てくる「隠密《おんみつ》」以外にはほとんど使われない。また、〝トイレ〟の古語「雪隠《せっちん》」でチンと読むのは、直前のツにつられてインが変化したもの。

◆「かくす／かくれる」と訓読みする漢字には「匿」（p464）もあるが、現在では「隠」を使うのがふつう。ただし、〝見つからないように〟というニュアンスを強めたいときに、「匿」を使うことがある。

なお、以前は「隱」と書くのが正式。

いん 韻

19画

［音読み］イン
［部首］音（おとへん）

真珠を転がすような響き

「員」（p23）には〝まるい〟という意味があり、部首「音」と組み合わせて〝**響きの整った音**〟を表す。「余韻《よいん》」がその例。「韻文《いんぶん》」とは、歌や詩など、〝響きの美しさを追求する文学作品〟。「韻《いん》を踏む」といえば、〝ことばの響きをそろえて調子を整える〟こと。

転じて、〝**整って格調が高い**〟という意味ともなる。〝芸術作品に漂う気品〟のことを表す「気韻《きいん》」、〝気高い雰囲気〟を指す「風韻《ふういん》」などが、その例である。

う

う 卯

5画

［音読み］ボウ
［訓読み］う、うさぎ
［部首］卩（ふしづくり）

動物でもあり植物でもある？

「子《ね》丑《うし》寅《とら》卯《う》…」と続く〝**十二支の四番目**〟。「卯《うさぎ》年《どし》」のように用いるほか、昔の時刻の表し方では、「卯《う》の刻」は現在の午前六時前後の時間帯を指す。

また、日本では、昔は〝四月〟を「卯月《うづき》」と呼んだし、「卯《う》の花」のように**植物の〝うつぎ〟**を指して用いられることもある。

本来の意味には諸説あるが、大昔の中国語では〝十二支の四番目〟を表すことばと発音が似ていたことから、当て字的に用いられるようになったと考えられている。十二支に動物を当てはめるのは後から生まれた習慣で、それによれば〝うさぎ〟となり、「うさぎ」と訓読みもするが、「卯」に動物の〝うさぎ〟の意味があるわけではない。

なお、現在では音読みはほとんど用いられない。

う 右

5画

［音読み］ウ、ユウ
［訓読み］みぎ
［部首］口（くち）

はるかなるフランス革命

古代文字では「」と書き、何かの上に右手を書いた形。〝**みぎ**〟が代表的な意味。〝助ける〟〝とうとぶ〟などの意味もあるが、現在では使われることはまれ。〝助ける〟の意味は、後に「亻（にんべん）」を付して作られた「佑」（p601）が表すようになった。ちなみに、「左」（p207）と「佐」（p207）にも同じような関係があるのは、おもしろい。

また、昔は〝ひだり〟より〝みぎ〟を重んじたことから、〝**すぐれている**〟ことをも表す。「右《みぎ》に出るものはない」がその例。

「右《う》翼《よく》」「右《う》派《は》」「右《みぎ》寄《よ》りの考え」のように、〝**保守的な**〟という意味で用いられるのは、フランス大革命の際の議会の座席取りに由来する。漢字の意味が、ヨーロッパの歴史に影響を受けた例である。

音読みはウを用いる方が圧倒的に多いが、「左右《さゆう》」がよく使われるのでユウもなじみがある。ユウは平安時代ごろに正式とされた読み方だが、ほかの例には「座《ざ》右《ゆう》の銘《めい》」がある程度である。

う 宇

6画

［音読み］ウ
［部首］宀（うかんむり）

世界が一つになりますように…

部首「宀」は〝建物〟を表す。本来は〝大きな屋根〟を指す漢字。転じて〝**大空**〟をいうようになり、さらに〝**全世界**〟という意味が生じた。「宇宙《うちゅう》」がその例。

「宇宙」以外の使用例としては、「気宇《きう》壮大《そうだい》」が挙げられる。ここでの「宇」は、気持ちの〝**大きな広がり**〟を指して比喩的に用いられている。

なお、名前で「たか」と読むのは、〝屋根〟は高いところにあることから。

う 羽

6画

［音読み］ウ
［訓読み］は、はね、わ
［部首］羽（はね）

訓読みが意外とやっかい？

以前は「羽」と書くのが正式。〝鳥の二枚のつばさ〟の絵から生まれた漢字で、〝**つばさ**〟を表す。音読みの例は意外と少なく、日常的には「羽毛《うもう》」「羽化《うか》」がある程度。

日本語「は」は〝**つばさ全体**〟を、「はね」は〝**その一本一本**〟を指すという。「羽」は両方で訓読みできるので、一文字だけでは「は」と読むのか「はね」と読むのか判断できない。そこで、「はね」と読んで欲しい場合は「羽根」と書いておくのがおすすめである。

また、日本語では、主に**鳥を数えることば**としても用いられる。この場合はふつう「は」と訓読みするが、「一羽《いっぱ》」「三羽《さんば》」など、直前の読み方によって「ぱ」や「ば」に変化することがある。また、同じ書き表し方でも「一羽《いちわ》」「三羽《さんわ》」のように「わ」と読む場合もある。全体的に、訓読みの取り扱いがやっかいな漢字である。

部首としては？

〝はね〟に関係する漢字の部首となるが、その例は、「羽」のほかには「翼」（p616）「翻」（p570）くらい。まさしく鳥の巣のような、小さな世帯である。

う 雨

8画

［音読み］ウ
［訓読み］あめ
［部首］雨（あめ）

本人は単純付き合いは多彩

空から落ちてくる水滴〝**あめ**〟を表す。「雨天《うてん》」「降雨《こうう》」「雷雨《らいう》」などがその例。

訓読みは基本的に「あめ」だが、「雨傘《あまがさ》」「雨雲《あまぐも》」のように、続くことばの読み方によっては「あま」と変化したり、「小雨《こさめ》」「霧雨《きりさめ》」のように、直前の読み方によって「さめ」に変わることもある。また、「時雨《しぐれ》」「五月雨《さみだれ》」「梅雨《つゆ》」などは、漢字の熟語をそのまま、意味を表す日本語で読む当て字的表現。これらまで含めると、読み方は多彩である。

部首としては？

〝天候〟に関係する漢字の部首となる。「霰」（p11）「雲」（p30）「雪」（p347）「霜」（p372）「霙」（p579）「霧」（p582）「雷」（p618）「露」（p646）などなど、その数は非常に多い。ほとんどの場合、漢字の上部に置かれ、「あめかんむり」と呼ばれる。

単体では読み方・意味ともにシンプルだが、状況に応じてさまざまな変化を見せるので、じっくりと付き合ってみたい気になる漢字である。

う 烏

10画

［音読み］ウ
［訓読み］からす
［部首］灬（れっか、れんが）

こだわった分類だなあ…

鳥の〝からす〟を表す。全身が真っ黒で目がどこにあるかわからないので、「鳥」（p420）の〝目〟の部分を抜いて書くのだという。ただし、「鳥」よりは画数が少ないので、部首は形の上から「灬」に分類される。「烏合《うごう》の衆《しゅう》」とは、〝からすの群れのように規律の取れていない集まり〟。

　また、漢文では、**ほかのことばの前に置かれて〝そうではない〟ことを強調する**はたらきがある。「烏有《うゆう》」とは〝まったくない〟こと。「烏有に帰《き》す」とは、あったものが〝まったくなくなる〟ことをいう。

　なお、音読みはウだが、いわゆる〝う〟は別種の鳥。漢字では「鵜」と書く。

うかがう　窺

16画

［音読み］キ
［訓読み］うかが-う
［部首］穴（あなかんむり）

気づかれないのが得意技！

　部首「穴」にも現れているように、〝**すきまからこっそり見る**〟ことを表す。転じて、〝**慎重にようすを探る**〟という意味にもなる。「中のようすを窺《うかが》う」「顔色を窺《うかが》う」「チャンスを窺《うかが》う」などがその例。
◆「うかがう」と訓読みする漢字には「伺」（p230）もある。「伺」は「ごきげんを伺《うかが》う」のように〝面と向かってようすを見る〟場合に使うのに対して、「窺」は〝こっそり〟という雰囲気が強いのがポイントである。
　音読みの熟語には「窺知《きち》」「窺見《きけん》」などがあるが、現在ではあまり用いられない。

うさぎ　兎

7画

［音読み］ト
［訓読み］うさぎ
［部首］儿（ひとあし）

角とは関係ありません！


　古代文字では「」と書き、**動物の〝うさぎ〟**を表す。「兎小屋《うさぎごや》」「兎跳《うさぎと》び」のように用いるが、現在では「うさぎ」はかな書きがふつう。また、音読みでは、「白兎《はくと》」「脱兎《だっと》のごとく」「二《に》兎《と》を追う者は一兎《いっと》をも得ず」のような例がある。月に〝うさぎ〟が住むという伝説から、〝**月**〟を指して「玉兎《ぎょくと》」ということもある。

　なお、「兎角《とかく》」「兎《と》に角《かく》」は当て字で、漢字本来の意味とは関係がない。

うし　丑

4画

［音読み］チュウ
［訓読み］うし
［部首］一（いち）

モーと鳴かせないで！


　「子《ね》丑《うし》寅《とら》卯《う》…」と続く〝**十二支の二番目**〟。「丑《うし》年《どし》」のように用いるほか、昔の時刻の表し方では、「丑《うし》の刻」は現在の午前二時前後の時間帯。「草木も眠る丑三《うしみ》つ時《どき》」とは、午前二時過ぎ。

　本来は〝引っかける〟〝ひねる〟といった意味だったらしいが、大昔の中国語では〝十二支の二番目〟を表すことばと発音が似ていたことから、当て字的に使われるようになった。十二支に動物を当てはめるのは後に生まれた習慣で、それによれば〝うし〟となり、「うし」と訓読みもするが、「丑」に動物の〝牛〟の意味があるわけではない。

　なお、現在では音読みを用いることはほとんどない。

うしとら　艮

6画

［音読み］ゴン
［訓読み］うしとら
［部首］艮（うしとら）

二匹の動物が方角を示す

　方角の〝北東〟を表す漢字。

　十二支を方角に当てはめた場合、〝北東〟は「丑《うし》」（p27）と「寅《とら》」（p468）の中間にあたるので、「うしとら」と読む。ちなみに、〝南東〟は「たつみ」で「巽《そん》」、〝南西〟は「ひつじさる」で「坤《こん》」、〝北西〟は「いぬい」で「乾」（p83）と表す。

　成り立ちには諸説あるが、〝目〟に関係する意味を持っていたらしい。方角を指すのは、大昔の中国語で発音が似ていたことから、当て字的に使われたもの。


部首としては？

　漢和辞典では部首の一つだが、形の上から便宜的に分類されたもの。「艮」を部首とする漢字は、日常的なものとしては「良」（p

630）くらい。漢和辞典の中でも、所属する漢字が最も少ない部首の一つである。

うそ
噓
15画
［音読み］キョ
［訓読み］うそ
［部首］口（くちへん）

ため息に真実はあるか？

「嘘《うそ》をつく」「真っ赤な嘘《うそ》」など、**〝真実ではないことば〟**を表す。また、「嘘《うそ》泣《な》き」のように**〝真実ではない〟**という意味になることもある。現在では、音読みではほとんど用いられない。

ただし、これらは日本語独自の用法で、本来は、〝ため息〟や〝深呼吸〟など〝口から息を吐き出す〟ことを表す。「虛」は「虚」（p118）の以前の書き方で〝むなしい〟という意味があるので、日本人はここから〝うそ〟という意味を生み出したようである。

なお、印刷文字では「噓」の形が標準とされているが、手書きでは「虛」を「虚」と書いても差し支えない。

うた
唄
10画
［音読み］バイ
［訓読み］うた
［部首］口（くちへん）

庶民の素朴な祈りの調べ

「小唄《こうた》」「端唄《はうた》」「ゴンドラの唄《うた》」など、**〝庶民がうたう素朴なうた〟**を指す。ただし、これは日本語独自の用法。本来は〝仏教でうたわれるうた〟を意味する古代インド語に当て字するために作られた漢字。それが〝素朴なうた〟を表すようになったことからは、仏教が日本の庶民に深く根を下ろしていったことがうかがえる。

◆「うた」と訓読みする漢字には、ほかに「歌」（p57）がある。広く〝うた〟一般を指す場合には、「歌」を用いるのがふつう。「唄」と書くと、素朴な味わいが出る。また、「詩」（p237）を「うた」と読ませて、詩的なイメージを強調することもある。

なお、現在では、音読みはほとんど使われない。

うつ
鬱
29画
［音読み］ウツ
［部首］鬯（においざけ）

使えるけれどうざったい？

形が非常に複雑なのですらすら書ける人はほとんどいないが、一度見ると記憶には残るという、不思議な漢字。

部首「鬯」は、〝香草で作った酒〟を表す漢字で、音読みするとチョウ。「鬱」は本来、〝香りが立ちこめる〟という意味だという。転じて、〝木がこんもり茂る〟ことを表し、木が茂ると空気がうまく流れないことから、**〝気持ちがふさがっている〟**ことを意味するようになった。「憂鬱《ゆううつ》」「鬱《うっ》屈《くつ》」「鬱積《うっせき》」「鬱憤《うっぷん》」など、日常的にも使える場面は意外とあるが、書くのがめんどうなのでかな書きされることも多い。

うね
畝
10画
［音読み］ホ
［訓読み］うね、せ
［部首］田（た）

区切って広さを測りましょう

本来は**〝土地を区切るための盛り土〟**を表す。部首「田」が付いているのは、そのなごり。転じて、日本では「畑の畝《うね》」「畝《うね》になった斜面」のように、**〝波打った土地〟**をも指す。

また、**土地の広さの単位**としても用いられる。ただし、中国と日本では指す広さがかなり異なるので、中国のものはホと音読みし、日本のものは「せ」と訓読みして区別する。

うら
浦
10画
［音読み］ホ
［訓読み］うら
［部首］氵（さんずい）

ロシア語さえも訓読みで！

部首「氵」は「水」の変形。「甫《ほ》」には〝薄く広がったもの〟という意味がある。**〝水辺〟**を表す漢字で、「浦風《うらかぜ》」「浦伝《うらづた》い」「津《つ》々《っ》浦々《うらうら》」など訓読みで用いられることが圧倒的に多い。音読みは、中国や朝鮮半島の地名を読む時に用いられるくらい。ロシアの地名ウラジオストックに昔は「浦《ウラ》塩《ジオ》斯《スト》徳《ック》」と当て字していたのは、ウラという音の並びから、すぐさまこの字が思い起こされたからだろう。

うり 瓜

5画
［音読み］カ
［訓読み］うり
［部首］瓜（うり）

世界のあちこちからやって来た！

植物の〝うり〟を表す。音読みが使われる例は少なく、当て字的な用法が多い。「胡瓜《きゅうり》」は西の方に住む民族〝胡《こ》〟の国から伝わってきたことから。「南瓜《かぼちゃ》」は南の方から伝わってきたから。「糸瓜《へちま》」はつるが特徴的であることから。いずれも、漢字の熟語をそのまま、意味を表す日本語で読む当て字的表現。ちなみに日本語「かぼちゃ」の語源は〝カンボジア〟である。

なお、画数は6画にも見えるが、本来は「厶」の部分を「ム」のように一続きで書くので、5画とする辞書が多い。「孤」（p171）「弧」（p171）に含まれる「瓜」も同じである。

部首としては？

〝うり〟に関係する漢字の部首となる。その例は非常に少なく、日常的に使われるものとしては、「瓢簞《ひょうたん》」の「瓢」がかろうじて挙げられる程度である。

うるう 閏

12画
［音読み］ジュン
［訓読み］うるう
［部首］門（もんがまえ）

今月は出ないでいいですよ！

〝天体の実際の運行と暦とのずれを調節するために、日や月などを増やすこと〟を表す。現在の暦では、〝四年に一度、二月を一日多くする年〟を「閏年《うるうどし》」と呼ぶのがその代表。訓読み「うるう」は「うるおす」と語源は同じで、〝余分にある〟こと。

昔の暦では、数年に一度、「閏月《うるうづき》」を置いて一年を一三か月にして調整した。昔の中国では、閏月には王は宮殿に閉じこもることになっていた。部首「門」は、宮殿の門だという。

なお、現在では、音読みが用いられることはほとんどない。

うわさ 噂

15画
［音読み］ソン
［訓読み］うわさ
［部首］口（くちへん）

尊くなんてないのになあ…

〝事実かどうかはわからないが、世間で話題になっている話〟を表す。「噂《うわさ》に聞く」「人の噂《うわさ》も七十五日」のように用いられる。現在では、音読みはまず用いられない。

ただし、本来は〝人びとがやがやと話す〟という意味を表す漢字で、その話題そのものを指すのは、日本語独自の用法。「尊」は「尊」（p381）の以前の書き方で、ここでは単に発音を表す。とはいえ、相当、皮肉な組み合わせである。

なお、印刷文字では「噂」の形が標準とされているが、手書きでは「尊」を「尊」と書いても差し支えない。

うん 運

12画
［音読み］ウン
［訓読み］はこ-ぶ
［部首］辶（しんにょう、しんにゅう）

天地はめぐり人もまためぐる

部首「辶」は、以前は「辶」と書くのが正式で、〝移動〟を表す。代表的な意味は、**〝場所を移動させる〟**こと。「運送《うんそう》」「運搬《うんぱん》」「運《うん》輸《ゆ》」「荷物を運《はこ》ぶ」などがその例。ただし、昔は「めぐらす」と訓読みすることもあったように、基本的な意味は〝移動〟ではなく、**〝めぐる〟〝回転する〟**こと。「太陽の運《うん》動《どう》」「バスの運行《うんこう》」などがその例である。

また、「組織の運営《うんえい》」「資産の運用《うんよう》」などでも**〝活動させ続ける〟**という意味で、〝回転〟のイメージがある。さらに、「幸運《こううん》」

「運命《うんめい》」「気運《きうん》」「運《うん》に任せる」など、〝**めぐり合わせ**〟を表す例も、〝めぐる〟のイメージで理解することができるだろう。

このように見てくると、訓読み「はこぶ」は、この漢字の意味のほんの一部を表しているにすぎない。本来は、めぐりゆく宇宙を思わせる、壮大なスケールを持つ漢字なのである。

うん 雲

12画

［音読み］ウン
［訓読み］くも
［部首］雨（あめかんむり）

ことばの空をふんわり漂う

雨を降らせる〝くも〟を表す。「白雲《はくうん》」「積乱雲《せきらんうん》」「夕焼け雲《ぐも》」「うろこ雲《ぐも》」などがその例。「星雲《せいうん》」では〝**形がはっきりしないもの**〟を指し、「戦雲《せんうん》が漂う」では〝**雰囲気**〟をいう。

訓読みは「くも」しかないが、当て字的に用いられる例は多い。「雲脂《ふけ》」は、頭に雲のように現れることから。「雲雀《ひばり》」は、雲の上へ向かって舞い上がることから。「雲丹《うに》」は、「雲」の音読みウンと「丹」の訓読み「に」を組み合わせて、さらに「丹」の〝朱色〟という意味も生かしたもので、なかなか手の込んだ当て字である。

え

え 柄

9画

⇩

がら（p79）

がら（p79）

え 絵

12画

［音読み］カイ、エ
［部首］糸（いとへん）

日本語がお上手ですね！

説明するまでもなく〝**図や模様**〟を表す。

音読みカイは、「絵画《かいが》」以外ではまず使われない。圧倒的に多く用いられるのは、奈良時代以前からある古い音読みエだが、ほかの漢字の音読みと結びつく例は、「絵図《えず》」「絵師《えし》」くらい。その代わり、「絵札《えふだ》」「絵心《えごころ》」「絵空事《えそらごと》」「油絵《あぶらえ》」「挿絵《さしえ》」「似顔絵《にがおえ》」などなど、ほかの漢字の訓読みと一緒になって、さまざまなことばを生む。音読みはもとは中国語、訓読みは日本語だから、「絵」のエは、日本語に完全に溶け込んだ、まるで訓読みのような音読みである。

以前は「繪」と書くのが正式。部首「糸」に〝あわせる〟という意味の「会／會」（p60）を付け加えて、〝さまざまな色の糸を組み合わせて作った刺繍《ししゅう》〟を表すのが本来の意味だという。

えい 永

5画

［音読み］エイ
［訓読み］なが-い
［部首］水（みず）

流れて戻らぬ時の流れ

古代文字では「」と書き、〝水が遠くへと流れるようす〟を表す。転じて、〝**距離がある**〟〝**時間がかかる**〟という意味を表す。

◈現在では「長」（p418）と区別して、〝**時間がながい**〟ことを指して用いられる。ただし、特に「永久《えいきゅう》」「永遠《えいえん》」「永住《えいじゅう》」「永《なが》の別れ」など、「永」は〝**終わりのない時間**〟を表すことが多く、単純に〝ながい時間〟を表す場合には「長話《ながばなし》」「長《なが》い一日」のように「長」が用いられることも多い。

えい 曳

6画

［音読み］エイ
［訓読み］ひ-く
［部首］曰（ひらび）

ずるずる感を出したいときに

「山車《だし》を曳《ひ》く」「地曳《じび》き網《あみ》」「ボートを曳航《えいこう》する」など、〝**ひもや綱などをつないで、重たいものを移動させる**〟ことを表す。

◆訓読み「ひく」は、現在では「引」（p21）を使うのがふつう。あえて「曳」を書くと、〝ひきずる〟という意味合いが強くなる。

なお、部首「曰」は、形の上から便宜的に分類されたもの。意味の関係はない。

えい 泳

8画

[音読み] エイ
[訓読み] およ-ぐ
[部首] 氵（さんずい）

陸上でも使えるか?

部首「氵」は「水」の変形。あえて説明すると〝**手足などを動かして、水面や水中を移動する**〟ことを表す。「水泳《すいえい》」「競泳《きょうえい》」「平《ひら》泳《およ》ぎ」などがその例。

日本語「およぐ」には、〝**不安定な動きをする**〟という意味があるので、「体が泳《およ》ぐ」「目が泳《およ》ぐ」のようにも使われる。ただし、この意味で熟語になるケースはなく、日本語独特の用法だと思われる。

えい 英

8画

[音読み] エイ
[部首] 艹（くさかんむり）

優秀で縁起がよく役に立つ国?

部首「艹」は〝植物〟を表す。本来は〝花〟を意味する漢字だが、現在では、比喩的に用いられて〝**優秀である**〟という意味で用いられる。「英雄《えいゆう》」「英断《えいだん》」「育英《いくえい》」などがその例。名前で「ひで」と読むのは、〝優秀である〟という意味の「ひいでる」に由来する。

また、「イギリス」に「英吉利《イギリス》」と当て字したことから、〝**イギリス**〟をも指す。「英」「吉」「利」というそれぞれよい意味の漢字が当てられたのには、イギリスのイメージに大きな関係があったと思われる。

えい 映

9画

[音読み] エイ
[訓読み] うつ-る、は-える
[部首] 日（ひへん、にちへん）

光の先に見えるものは?

代表的なのは、「映像《えいぞう》」「映画《えいが》」「映写《えいしゃ》」「水面に映《うつ》る」「鏡に映《うつ》す」など、〝**光が反射してそこに別のものが見える**〟という意味。「上映《じょうえい》」「放映《ほうえい》」のように、特に〝**映画やテレビ番組**〟を指すこともある。「目に映《うつ》る」「心に映《えい》じる」になると、〝**意識する**〟〝**理解する**〟といった意味合いをも表す。

「朝日に映《は》える山並み」のように、〝**光があたって明るく見える**〟ことを表す場合もある。また、やや転じて〝**何かと対比して、色などが引き立って見える**〟という意味ともなる。「新緑に白い壁が映《は》える」がその例である。

◆似た意味で「うつる／うつす」と訓読みする漢字には「写」（p249）もあり、「はえる」と訓読みする漢字には「栄」（p31）もある。どちらも〝光〟が関係している場面では「映」を用いる、と考えれば区別は容易。ただし、〝写真を撮る〟場合だけは、〝光〟が関係しているが「写」を用いるので、注意が必要である。

えい 栄

9画

[音読み] エイ
[訓読み] さか-える、は-える
[部首] 木（き）

燃え立つ炎のように…

以前は「榮」と書いたので、本来は〝燃え立つように花が咲いた木〟を表すとか〝さかんに燃えるかがり火〟を指すなどの説がある。転じて、現在では〝**盛んになる**〟という意味で用いられる。「栄光《えいこう》」「栄転《えいてん》」「繁栄《はんえい》」「富み栄《さか》える」「街が栄《さか》える」などがその例。

訓読み「はえる」は、〝盛んになる〟ことを意味するやや古い言い方。現在では、「でき栄《ば》え」「見《み》栄《ば》え」「栄《は》えある第一位は？」などの決まった形で用いられるのがふつうである。

◆なお、「映」（p31）も「はえる」と訓読みするが、〝光の作用で美しく見える〟場合に用いるので、「栄」との使い分けに迷う必要はない。

えい 営

12画

［音読み］エイ
［訓読み］いとな-む
［部首］⺍（つ）

継続は力なり！

基本的な意味は、〝**何かを継続して行う**〟こと。「営業《えいぎょう》」「営利《えいり》」「経営《けいえい》」「国営《こくえい》」など、音読みの熟語では利益を求めるイメージが強いが、「生活を営《いとな》む」「日々の営《いとな》み」など、訓読みでは〝生活〟の臭いがすることも少なくない。

ただし、「兵営《へいえい》」「陣営《じんえい》」「野営《やえい》」のように、本来は〝**軍隊がとどまる**〟ことを表す。以前は「營」と書くのが正式で、部首「火」は軍隊のたく〝かがり火〟を表すという。

「営」の形には「火」が含まれないため、多くの辞書では、便宜的に部首を「⺍」とする。ただし、中には「口（くち）」を部首とするものもある。

えい 詠

12画

［音読み］エイ
［訓読み］うた-う、よ-む
［部首］言（ごんべん）

風流な気分をかもし出す

部首「言」に「永」を組み合わせ、〝声をながく引いて読む〟ところから、〝**調子を付けて朗読する**〟ことを表すのが、本来の意味。転じて、調子も付けず声も出さず〝**詩歌を作る**〟場合にも使う。「吟詠《ぎんえい》」「朗詠《ろうえい》」「詠《えい》歌《か》」などがその例。

◆「うたう」と訓読みするが、〝旋律にのせてうたう〟場合は「歌」（p57）を用いて区別する。また、「よむ」と訓読みすることもあるが、これは詩歌に関係する場面だけで、一般的には「読」（p466）を使う。

なお、「詠嘆《えいたん》」では、〝**深く感じて思わず声を出す**〟という意味で使われている。

えい 影

15画

［音読み］エイ、ヨウ
［訓読み］かげ
［部首］彡（さんづくり）

周囲に応じて意味は変わる

「影法師《かげぼうし》」「影絵《かげえ》」など、〝**光が何かに当たることによって生じる暗い部分**〟を表すのが代表的な意味。「影響《えいきょう》」とは、光が〝かげ〟を生み、音には〝ひびき〟が続くように、〝原因に応じて変化する〟こと。また、「月影《つきかげ》」は〝月の光〟を、「撮影《さつえい》」は〝光をフィルムにあてる〟ことを意味するように、〝**光によって明るく見えるもの**〟を表すこともある。

二つは正反対のようだが、「影」の意味の中心は〝**光によって見える**〟ことにある。まわりが明るければ〝暗い部分〟が、暗ければ〝明るい部分〟が見える。実際、「人《ひと》影《かげ》」「魚影《ぎょえい》」「樹影《じゅえい》」などでは、暗いか明るいかはあまり重要ではない。

◆「かげ」と訓読みする漢字には「陰」（p23）もある。「陰」は〝見えない部分〟を指すのに対して、「影」は〝見える〟ことにポイントがある。「光と影《かげ》」「死の影《かげ》」などは、暗くはあっても〝見える〟〝感じられる〟ことが重要なので、「影」と書く。

部首「彡」は、飾りや模様など〝鮮やかに見えるもの〟を表す記号。ここからも、「影」のポイントが〝見える〟にあることがうかがえる。

音読みはエイを用いるのが大原則。ヨウは奈良時代以前からある古い読み方で、現在、使われるのは、〝はかないもの〟をたとえていう「泡影《ほうよう》」くらいである。

えい 鋭

15画

［音読み］エイ
［訓読み］するど-い
［部首］金（かねへん）

勢いに乗じてあちこちに出没

部首「金」にも現れているように、本来の意味は〝金属の刃がとがっている〟こと。広く〝**とがっている**〟ことを表す。「鋭利《えいり》な刃物」「鋭角《えいかく》」「鋭《するど》い牙《きば》」などがその例。

転じて、〝**勢いがよく、はたらきもいい**〟ことも表す。「鋭意《えいい》努力する」「鋭敏《えいびん》な頭脳」「新進気鋭《しんしんきえい》」「精鋭部隊《せいえいぶたい》」「注意力が鋭《するど》い」「鋭《するど》いツッコミ」など、こちらの意味の方が、使用範囲は幅広い。

なお、以前は「鋭」と書くのが正式。

えい

衛

16画

［音読み］エイ
［訓読み］まも-る
［部首］行（ぎょうがまえ）

周りを回るのは何のため?

部首「行」は〝移動〟を表し、真ん中の「口」は〝城壁〟だという。本来は、**〝敵の侵入を防ぐため、城壁のまわりを歩く〟**という意味で、「衛兵《えいへい》」がその例。転じて、「護衛《ごえい》」「防衛《ぼうえい》」「衛生《えいせい》」など、広く**〝悪い事態が生じるのを防ぐ〟**ことを指す。

おもしろいのは「衛星《えいせい》」で、**〝惑星のまわりを回る星〟**。科学的な用語に、実は古くからの意味が保存されている例である。

◆訓読み「まもる」は、現在では「守」(p258)と書くのがふつう。あえて「衛」と書くと、〝攻撃を防ぐ〟というニュアンスが出ることになる。

えき

易

8画

［音読み］エキ、イ
［訓読み］やさ-しい
［部首］日（ひ、にち）

未来を知るのは簡単だ!?

音読みによって意味が異なるので、注意が必要な漢字。

音読みエキは、**〝変化する〟**ことを表す場合に用いる。「不易《ふえき》」とは〝変化しない〟こと。やや転じて、「貿易《ぼうえき》」「交易《こうえき》」では**〝取り換える〟**という意味。「かわる」「かえる」と訓読みすることもあるが、現在ではあまり用いられない。

また、「易者《えきしゃ》」「易断《えきだん》」の「易《えき》」は、**〝中国に古くから伝わる占い〟**。運勢の〝変化〟を読み解くところからいう。

一方、イと音読みするのは、**〝簡単な〟**という意味の場合。「安易《あんい》」「簡易《かんい》」「平易《へいい》」「容易《ようい》」などがその例。訓読みとしては「やさしい」が用いられる。

◆「やさしい」と訓読みする漢字には「優」(p605)もある。「優」が〝親切でていねいな〟ことを表すのに対して、「易」は〝簡単な〟の意味なので、使い分けには悩まずに済みそうである。

なお、「間違え易《やす》い」「お求め易《やす》い」のように、**〝放っておくとそうなる〟〝抵抗がない〟**という意味で、訓読み「やすい」を使うこともある。ただし、見た目にやや堅苦しい印象があるので、かなで書く方がおすすめである。

成り立ちには諸説あり、部首「日」との関係もはっきりしない。

えき

疫

9画

［音読み］エキ、ヤク
［部首］疒（やまいだれ）

人を打ちのめす病

部首「疒」は、〝心身の不具合〟を表す記号。「殳（るまた）」は〝長い棒を持っている姿〟だといわれ、攻撃的な意味合いがある。合わせて、**〝重い症状を引き起こす伝染病〟**を表す。「疫病《えきびょう》」「免疫《めんえき》」「検疫《けんえき》」「口蹄疫《こうていえき》」などがその例。

音読みはエキを用いるのが原則。ヤクは奈良時代以前からある古い読み方で、現在では、「疫病神《やくびょうがみ》」などでしか用いられない。

えき

益

10画

［音読み］エキ、ヤク
［訓読み］ます
［部首］皿（さら）

増やしたいのはお金だけ?

以前は「益」と書くのが正式。上半分は「水」を横倒しにした形で、部首「皿」と組み合わせて、本来は〝皿を水で満たす〟ことを表す。広く**〝増やす〟**という意味で使われるが、現在では、特に**〝ためになることを増やす〟**際に用いられることが多い。「益鳥《えきちょう》」「利益《りえき》」「有益《ゆうえき》な経験」「益《えき》するところがない」などがその例。また、「収益《しゅうえき》」「損益《そんえき》」「権益《けんえき》」のように、一文字で〝**経済的な利益**〟を意味するケースも目立つ。

音読みはエキを用いるのが大原則。ヤクは奈良時代以前からある古い読み方で、現在では、〝仏や神が与えてくれるためになること〟を表す「ご利益《りやく》」以外には、ほとんど使われない。

訓読みとしては、「成熟度を益《ま》す」のように「ます」を用いることがあるが、現在では「増」（p374）を使うのがふつう。また、「益々《ますます》のご活躍」のように一文字で「ますます」と読ませることもあるが、「益々《ますます》のご活躍」の方が、一般的であろう。

えき 液

11画

［音読み］エキ
［部首］氵（さんずい）

白衣が妙によく似合う？

部首「氵」は「水」の変形。「液体《えきたい》」「血液《けつえき》」「乳液《にゅうえき》」「樹液《じゅえき》」「リンパ液」など、水のように〝**一定の形がなく流動するもの**〟を表す。

なんらかの専門用語として使われることの多い漢字。本来からの日本語としての訓読みはなく、もともとは中国語だった音読みだけで使われる、ちょっと〝よそゆき〟の漢字である。

えき 駅

14画

［音読み］エキ
［部首］馬（うまへん）

文明開化以前の意味は？

乗客や貨物の乗り降りのため〝**鉄道が停車するところ**〟を表す。が、漢字三三〇〇年の歴史に比べて、鉄道の歴史はあまりにも短い。本来は、旅人が馬を休めたり別の馬に取り換えたりする〝**宿場**〟を指す漢字で、部首が「馬」なのはそのなごり。「駅《えき》馬車《ばしゃ》」は本来の意味を忠実に受け継ぐ例だし、馬と人との違いこそあれ、スポーツの「駅伝《えきでん》」もかなり近い。

以前は「驛」と書くのが正式。「睪《えき》」には〝次々につながる〟の意味があるという。

えさ 餌

15画

［音読み］ジ
［訓読み］えさ、え
［部首］飠（しょくへん）

もともとは人間の食べ物！

「犬に餌《えさ》をやる」「野鳥を餌付《えづ》けする」「猛獣の餌食《えじき》となる」のように、現在では〝**動物の食料**〟を指して用いられることが多い。しかし、これは日本語独自の用法。

本来は〝粉を練った食べ物〟を表し、それを食べるのは主に人間。〝**他人をおびき寄せるもの**〟という意味もあり、転じて〝**魚釣りのえさ**〟をいうこともあるが、動物一般について使うことはないらしい。本来の「餌」は、つい食べたくなるようなものだったのだろう。

音読みの例は少ないが、魚釣りで用いる「擬餌《ぎじ》」、〝誘惑の手段〟〝横取りされてしまう利益〟を表す「好餌《こうじ》」などがある。

なお、印刷文字では「餌」の形が標準とされているが、手書きでは「飠」を「食」と書いても差し支えない。

えつ 咽

9画

⇩ いん（p22）

えつ 悦

10画

［音読み］エツ
［訓読み］よろこ-ぶ
［部首］忄（りっしんべん）

奥底からわき上がるもの

部首「忄」は「心」の変形。〝**うれしいと思う**〟ことを表す。「悦楽《えつらく》」「恐悦至極《きょうえつしごく》」「愉悦《ゆえつ》」などがその例。特に「ご満悦《まんえつ》」「悦《えつ》に入《い》る」のように、〝**心の底からうれしいと思う**〟というイメージを持つことが多い。

◆訓読み「よろこぶ」は、現在では「喜」（p100）を使うのが一般的。「悦」は、「信仰の悦《よろこ》び」「性の悦《よろこ》び」のように、より〝**深いよろこび**〟を表したい際に好んで用いられる。また、「歓」（p88）や「慶」（p149）を、それぞれの意味合いを生かして用いることもある。
なお、以前は「悦」と書くのが正式。

えつ 越

12画
［音読み］エツ
［訓読み］こ-す、こ-える
［部首］走（そうにょう）

苦難に打ち勝つ過程には

部首「走」は、〝何かを目がけて行動する〟ことを表す。〝**向こう側へ行く**〟ことを意味する漢字で、「国境を越《こ》す」「壁を越《こ》える」「追《お》い越《こ》す」「越冬隊《えっとうたい》」など、そこに何らかの困難や抵抗があるのがふつうである。「越権行為《えっけんこうい》」「僭越《せんえつ》ながら」では、〝**許された範囲の外側まで**〟という意味。

〝こえる過程〟に重点があるのが特徴。「戉《えつ》」は刃物の〝まさかり〟を意味する漢字だから、本来は〝武器を持って通り抜ける〟ことを表していたのかもしれない。

◆訓読み「こす／こえる」では、「超」（p421）との使い分けが問題となる。「超」は〝こえた後の状態〟にポイントがあり、しばしば〝すぐれている〟という意味となるのが、「越」と異なるところ。ただし、「越」にも「優越《ゆうえつ》」「卓越《たくえつ》」のように〝**すぐれている**〟という意味もある。迷ったらかな書きしておくのがおすすめである。

えつ 謁

15画
［音読み］エツ
［部首］言（ごんべん）

一般人には無関係？

「女王陛下に拝謁《はいえつ》する」「将軍に謁見《えっけん》を賜《たまわ》る」など、〝**高い身分の人に会って話をする**〟ことを表す。現在では、正式な外交の場か、さもなくば時代がかった場面でしか用いられない漢字である。

なお、以前は「謁」と書くのが正式。

えつ 閲

15画
［音読み］エツ
［訓読み］けみ-する
［部首］門（もんがまえ）

根気よく見ていきます

部首「門」にも現れているように、本来は〝門で一人一人を調べる〟ことを意味するという。転じて〝**一つ一つ調べる**〟ことを表す。「検閲《けんえつ》」「校閲《こうえつ》」「閲覧《えつらん》」などがその例。「歳月を閲《けみ》する」では、〝一日一日が過ぎていく〟という意味だが、訓読み「けみする」は、現在ではかなり古めかしい表現。

なお、以前は「閲」と書くのが正式。

えん 円

4画
［音読み］エン
［訓読み］まる-い
［部首］冂（まきがまえ、けいがまえ）

お金なんてほんの一部さ！

「円座《えんざ》」「半円《はんえん》」「円周率《えんしゅうりつ》」など、**平面的な図形の〝まる〟**を表す。**お金の単位**として用いるのは、硬貨が円形をしているところから。また、〝坊主頭〟を「円頂《えんちょう》」といったり、〝ドーム〟のことを「円蓋《えんがい》」というように、**立体的な図形の〝球〟**を指すこともある。

角がないところから、〝**なめらか**〟〝**欠けたところがない**〟という意味にもなる。「円滑《えんかつ》」「円熟《えんじゅく》」「円満《えんまん》」などがその例。

◆「まるい」と訓読みする漢字には「丸」（p91）もあり、一般には「円」は平面的な場合に、「丸」は立体的な場合に用いるとされる。しかし、実際には「二重丸《にじゅうまる》」という例もあるように「丸」を書くのが一般的。特に平面的であることを強調したいときだけ、「円」を用いるようである。

以前は「圓」と書くのが正式で、部首も「囗（くにがまえ）」。「円」には「囗」が含まれないので、便宜的に部首を「冂」とするのがふつうである。

えん 延

8画
［音読み］エン
［訓読み］の-びる、の-ばす、の-べ
［部首］廴（えんにょう）

終わりそうで終わらない

部首「廴」の意味には諸説あるが、ここでは〝引っ張る〟ことを表す。「延長《えんちょう》」「延滞《えんたい》」「締め切りを延《の》ばす」「金の延《の》べ棒《ぼう》」など、時間やモノについて〝**長くなる**／**する**〟ことを表す。「蔓延《まんえん》」は、〝植物のつるが長くなる〟ことから〝はびこる〟ことをいう。

◆訓読み「のびる／のばす」では、「伸」（p309）との使い分けが悩ましい。〝もともと内に持っている力で長くなる〟場合には「伸」を、引っ張ったりたたいたり継ぎ足したりと〝外から手を加えて長くする〟ときには「延」を使うと考えるとわかりやすいか。「髪が伸《の》びる」「手を伸《の》ばす」に対して、「線路を延《の》ばす」「会議が延《の》びる」といった具合。とはいえ、まぎらわしい例も多いので、迷ったらかな書きしておくに越したことはない。

このほか、「延《の》べ日数」「延《の》べ人数」のように、〝**すべてのものや機会を一つずつ数えた場合の合計**〟を表すこともある。これは日本語独自の用法。現在ではひらがなで書かれることが多い。

なお、以前は「𤴓」を「正」とした「延」と書くのが正式。

えん 沿

8画

［音読み］エン
［訓読み］そ-う
［部首］氵（さんずい）

あなたと一緒にどこまでも

本来は、〝川の流れに従って下る〟ことを意味するという。「水」が変形した部首「氵」が付いているのは、そのなごり。転じて、「沿岸《えんがん》」「沿線《えんせん》」「国道沿《こくどうぞ》い」など、広く〝**細長く伸びた何かから離れない**〟ことを表す。また、「意向に沿《そ》う」「慣例に沿《そ》う」など〝**何かの通りにする**〟という意味でも用いられる。〝移り変わり〟をいう「沿革《えんかく》」では、〝それまで通り〟。「革」（p70）は〝新しいものに変わる〟という意味。

◆似た意味で「そう」と訓読みする漢字には「添」（p442）もある。「添」が〝支える〟というニュアンスを持つのに対して、「沿」には〝その通りにする〟というイメージがあるのが、違いである。

えん 炎

8画

［音読み］エン
［訓読み］ほのお
［部首］火（ひ）

上へ上へと立ちのぼれ！

「火」を二つ積み重ねて、〝**燃え上がる火**〟を表す。「火炎《かえん》」「炎上《えんじょう》」「天を焦がす炎《ほのお》」などがその例。転じて、「炎暑《えんしょ》」「炎熱《えんねつ》」「炎天下《えんてんか》」のように、比喩的に〝**火のように熱い**〟という意味でも使われる。「陽炎《かげろう》」は、漢字の熟語をそのまま、意味を表す日本語で読む当て字的表現。

「炎症《えんしょう》」とは、〝体の一部がはれたり痛みや熱を帯びたりする症状〟。「皮膚炎《ひふえん》」「肝炎《かんえん》」「結膜炎《けつまくえん》」など、一文字で**「炎症」の省略形**として使われることも多い。

えん 苑

8画

［音読み］エン
［訓読み］その
［部首］艹（くさかんむり）

ちょっとセレブな雰囲気ですよ

部首「艹」は〝植物〟を表す。本来は〝**植物を育てる場所**〟を指す漢字で、特に〝**宮廷の庭園**〟をいうことが多い。「新宿御苑《しんじゅくぎょえん》」「神宮外苑《じんぐうがいえん》」がその例。

◆「園」（p37）と読み方も意味もほぼ同じだが、現在では「園」を使うのが一般的。ただし、〝宮廷〟風の落ち着いた雰囲気が好まれて、「公苑《こうえん》」「霊苑《れいえん》」「〇〇の苑《その》」のように、固有名詞で使われることがある。

また、〝**似たものがたくさん集まったところ**〟をちょっと高級に表すこともあり、「芸苑《げいえん》」とは〝芸術家の世界〟。辞書の名前に「〇〇苑《えん》」と用いられるのも、その例の一つである。

えん 怨

9画

［音読み］エン、オン
［訓読み］うら-む
［部首］心（こころ）

幽霊さんにお似合いです

「怨恨《えんこん》による犯行」「怨《うら》みを晴らす」など、〝**不満を抱いて相手を責める**〟ことを表す。

◈「うらむ」と訓読みする漢字には「恨」（p204）「憾」（p89）もある。このうち、「怨」と「憾」は〝残念に思う〟ことを表すが、「恨」とは意味が近く、使い分けはむずかしい。「恨」は〝他人に対する不満〟と〝自分に対する後悔〟の両方を表し、「怨」よりも意味の範囲が広いので、現在では「恨」を用いることが多い。

日常的に使われる熟語としては、すでに挙げた「怨恨《えんこん》」のほか、「怨念《おんねん》」「怨霊《おんりょう》」がある程度。オンは、奈良時代以前からある古い音読みである。

えん 宴 10画

［音読み］エン
［訓読み］うたげ
［部首］宀（うかんむり）

お酒が入ってどんちゃん騒ぎ！

「宴会《えんかい》」「酒宴《しゅえん》」「披露《ひろう》宴《えん》」など、〝**集まって飲食をして楽しむ**〟ことを表す。部首「宀」は〝建物〟のこと。漢字としての構成要素の中には酒を示すものは一切ないが、実際には〝**酒盛り**〟を指すところが、酒の力であろう。

「うたげ」と訓読みした場合には、〝酒盛り〟はもちろん、もう少し広く〝**お祭り騒ぎ**〟をも表す。「宴《うたげ》のあと」がそのいい例である。

えん 媛 12画

［音読み］エン
［部首］女（おんなへん）

すました笑みに魅力が宿る

〝**美しい女性**〟を表す。古くは「ひめ」と訓読みし、それは県名の「愛媛《えひめ》」に残っているが、現在ではこれ以外に「ひめ」と読まれることは、ほとんどない。

音読みとしても「才媛《さいえん》」以外で使われることはまれ。使い道が非常に限定されていて、ちょっと近寄りがたいようなところがかえって魅力的な漢字である。

なお、以前は「爫」が「⺤」となった「媛」と書くのが正式。

えん 援 12画

［音読み］エン
［部首］扌（てへん）

困っている人に手をさしのべる

以前は「爫」が「⺤」となった「援」と書くのが正式で、部首「扌」は「手」の変形。〝手を伸ばして引っ張る〟ことから〝**どこかから何かを持ってくる**〟ことを表す。ただし、現在ではこの意味で用いられる例は、「引用《いんよう》」と似た意味の「援用《えんよう》」がある程度。

目立つのは、〝手を伸ばして力を添える〟という意味。広く〝**力添えをする**〟ことをいう漢字として、「救援《きゅうえん》」「援助《えんじょ》」「援軍《えんぐん》」「応援《おうえん》」など多くの熟語になる。

なお、「たすける」と訓読みすることもあるが、「たすける」は、現在では「助」（p284）を書くのがふつうである。

えん 園 13画

［音読み］エン、オン
［訓読み］その
［部首］囗（くにがまえ）

内側をのぞいてみたくなる

部首「囗」は〝囲い〟を表す記号。ある目的のために区切られた〝**囲いの内側**〟を表す。「学《がく》園《えん》」「動物園《どうぶつえん》」「幼稚園《ようちえん》」などがその例。また、特に〝**植物を植えてある区域**〟を指す場合があり、「庭園《ていえん》」「菜園《さいえん》」「農園《のうえん》」「公園《こうえん》」「園芸《えんげい》」など例は多い。そのため、どこかのんびりした、癒やしのムードが漂う漢字である。

訓読み「その」では、ムードはさらに変化する。「桜の園《その》」や「学びの園《その》」にはノスタルジックな雰囲気が感じられるし、「女の園《その》」となると、外側からはうかがい知れない微妙なイメージをまとっている。

◈意味も読みも同じ漢字に「苑」（p36）

がある。一般的には「園」を用いるが、「苑」にはちょっと高級で落ち着いたイメージがあり、それを好んで「苑」を用いることもある。

音読みはエンを用いるのが大原則。オンは奈良時代以前からある古い読み方で、現在では、「祇園《ぎおん》」やお寺の名前で用いられるくらいである。

えん 塩

13画

［音読み］エン
［訓読み］しお
［部首］土（つちへん）

しょっぱいだけではありません

調味料の〝**しお**〟を表す。「塩分《えんぶん》」「食塩《しょくえん》」「塩《しお》気《け》」「塩辛《しおから》」などがその例。「塩化《えんか》ビニール」では、元素の一つ**「塩素《えんそ》」の省略形**。

「塩梅《あんばい》」は、塩と梅酢を用いて料理の味をととのえることから、〝ものごとの加減〟のこと。「いい塩梅《あんばい》」「塩梅《あんばい》が悪い」のように用いられる。この熟語でアンと読むのは、エンから変化した特殊な読み方。

以前は「鹽」と書くのが正式。部首は「鹵（ろのしお）」で、〝岩塩〟を表す。ただし、「塩」も「鹽」の略字として古くから使われており、『徒然草《つれづれぐさ》』には、「しお」という漢字の部首を尋ねられて「土」と答える医師の話がある。

えん 煙

13画

［音読み］エン
［訓読み］けむり、けむ、けむ-る
［部首］火（ひへん）

火がなくっても使えます

火から立ち上る〝けむり〟を表す。「煙突《えんとつ》」「煤煙《ばいえん》」「水《みず》煙《けむり》」「土煙《つちけむり》」「発煙筒《はつえんとう》」「煙《けむ》に巻く」などがその例。「煙霧《えんむ》」のように、広く〝**細かい粒がまとまって空気中を漂う現象**〟を指すこともある。また、「煙《けむ》る」「煙《けむ》たい」では、〝**けむりが漂う**〟ことを表す。

「煙草《たばこ》」は、外来語タバコの意味を漢字で表した当て字的表現。ここから、「煙」だけで特に〝**タバコ**〟を指して用いられることもあり、「喫煙《きつえん》」「禁煙《きんえん》」「分煙《ぶんえん》」のような熟語が生まれた。また、「煙管《きせる》」は〝昔、喫煙に用いた細長い管〟のことで、これまた外来語キセルの意味を漢字で表した当て字的表現である。

「狼煙《のろし》」は漢字の熟語をそのまま、意味を表す日本語で読む当て字的表現。昔は狼《おおかみ》の糞《ふん》を燃やしたからという。

えん 猿

13画

［音読み］エン
［訓読み］さる
［部首］犭（けものへん）

訓読みになると活躍する？

動物の〝さる〟を表す。部首「犭」は「犬」の変形で、〝犬に似た動物〟を意味する。

音読みエンは、日常的には「野猿《やえん》」「類《るい》人猿《じんえん》」「犬猿《けんえん》の仲」くらいしか用いる機会がない。一方、訓読み「さる」は、〝さる〟そのものだけでなく、「猿《さる》まね」「猿楽《さるがく》」「猿《さる》ぐつわ」「猿股《さるまた》」などなど、さまざまな形で用いられる。日本人の〝さる〟への親近感がうかがえる。

えん 遠

13画

［音読み］エン、オン
［訓読み］とお-い
［部首］辶（しんにょう、しんにゅう）

思わずため息が出てしまう

部首「辶」は、以前は「辶」と書くのが正式で、〝移動〟を表す記号。「遠足《えんそく》」「遠洋《えんよう》」「学校まで遠《とお》い」のように、〝**距離が離れている**〟ことを表すのが基本。転じて、「永《えい》遠《えん》」「遠《とお》い未来」のように、〝**時間的に離れている**〟ことをいう場合もあるし、「疎《そ》遠《えん》」「遠慮《えんりょ》」「遠《とお》い親戚」のように〝**関係が薄い**〟ことを指す場合もある。また、「高遠《こうえん》な理想」「深遠《しんえん》な哲学」などでは、〝**レベルが高くてむずかしい**〟という意味。

音読みはエンを用いるのが大原則。オンは奈良時代以前からある古い読み方で、現在では、「久遠《くおん》」のような限られた熟語でしか用いられない。

えん

鉛

13画

［音読み］エン
［訓読み］なまり
［部首］金（かねへん）

人気者の素顔とは？

金属の"なまり"を表す。加工しやすい金属として長く使われてきたが、毒性があって近年はあまり用いられない。そのためか、「鉛」を用いる熟語は、現在では意外と少ない。その中で、「鉛筆《えんぴつ》」という人気者の存在感は圧倒的である。

ただし、「鉛筆」の芯に使われる「黒鉛《こくえん》」は、炭素の一種であって"なまり"ではない。本来の意味とは関係の薄い形でよく使われるという、ちょっと奇妙な運命をたどってきた漢字である。

えん

厭

14画

［音読み］エン、オン
［訓読み］いと-う
［部首］厂（がんだれ）

もうこりごり！ 見たくもない!!

「厭世的《えんせいてき》」「厭戦《えんせん》ムード」「もうひと手間かけるのを厭《いと》う」など、**"それ以上するのをいやがる"**ことを表す。成り立ちには諸説があるが、「犬」が付いているのは"犬の肉を食べあきる"からだという説は、なかなかおもしろい。

音読みはエンを使うのが原則。オンは、仏教で"煩悩《ぼんのう》にまみれたこの世を離れる"ことをいう「厭離穢土《おんりえど》」くらいでしか用いない、特殊な読み方である。

えん

演

14画

［音読み］エン
［部首］氵（さんずい）

川の流れのように

「演技《えんぎ》」「演芸《えんげい》」「公演《こうえん》」「出演《しゅつえん》」などでおなじみ。代表的な意味は、**"人前でやってみせる"**こと。「洗濯機と乾燥機の二役を演《えん》じる」のように、比喩的に用いられることもある。「演習《えんしゅう》」では、やや転じて**"実際を想定してやってみる"**こと。

ただし、本来の意味は**"意味や役割を説明し発展させる"**ことで、"考察を推し広げる"ことを表す「演繹《えんえき》」がその例。"やってみせる"はその変化したものだという。

なお、「水」が変形した部首「氵」が付いているのは、もともとは"川がある方向へ流れる"という意味だったからという。時代とともに、ずいぶん意味が発展してきた漢字である。

えん

縁

15画

［音読み］エン
［訓読み］ふち、へり、えにし、ゆかり
［部首］糸（いとへん）

古風なことばに運命を見る

以前は「緣」と書くのが正式で、「彖《たん》」は"めぐらす"という意味だという。本来は"織物のまわりの部分"を表し、「縁《ふち》どり」「ノートの縁《へり》」のように、広く**"まわりの部分"**を指して用いられる。

一方、**"つながり・関係"**をも指し、「血《けつ》縁《えん》」「良縁《りょうえん》」「由縁《ゆえん》」「縁故《えんこ》」「縁《えん》が深い」「腐れ縁《えん》」などがその例。「縁日《えんにち》」とは、"ある神さまや仏さまに関係のある日"。ただし"表面的なつながり"ではなく**"本質的・運命的なつながり"**というイメージが強い。この場合、「えにし」「ゆかり」とも訓読みするが、どちらもやや古風なことば。

なお、「縁側《えんがわ》」「濡《ぬ》れ縁《えん》」のように**"日本家屋で部屋の外側にめぐらせた板敷き"**を指すのは、"まわりの部分"に由来する日本語独自の用法。また、「因縁《いんねん》」でネンと読むのは、エンが直前のンの影響で変化したものである。

えん

艶

19画

［音読み］エン
［訓読み］つや、あで-やか、なまめ-く
［部首］色（いろ）

光があふれるこの魅力！

部首「色」に「豊」を組み合わせて、**"色が豊かである"**

ことを表すのが基本。「磨《みが》いて艶《つや》を出す」「艶《つや》やか」など、〝**色彩が輝きを帯びている**〟ことを表したり、「艶《あで》やかな装《よそお》い」のように〝**色彩にあふれている**〟ことを指したりする。

「色＝いろ」に〝セクシュアルな魅力〟という意味があるのは、中国も日本も変わらない。そこで、「艶」は特に〝**女性が色っぽい**〟ことをも表す。「艶《なま》めいた魅力」「艶《なま》めかしい寝姿」などが、その例である。

音読みの熟語としては、「妖艶《ようえん》」がよく用いられる。ほかに〝ラブレター〟を意味する「艶書《えんしょ》」や、〝女性にもてる〟ことを表す「艶福《えんぷく》」などもあるが、どちらもかなり古めかしいことば。

なお、以前は「艶」と書くのが正式。

お

お 汚 6画

流れぬ水は腐る

［音読み］オ
［訓読み］きたな-い、よご-れる、けが-れる
［部首］氵（さんずい）

部首「氵」は「水」の変形。本来は〝くぼみにたまった水〟を表す漢字で、広く〝**きれいでない**〟という意味で用いられる。「汚《お》水《すい》」「汚《お》染《せん》」「汚《お》物《ぶつ》」「台所が汚《きたな》い」「汚《よご》れたハンカチ」のように、〝**実際に不純物が混じったり付いたりしている**〟ことも意味するが、〝**気持ちが不純だったり嫌悪を感じたりする**〟ことをもいう。「汚名《おめい》」「汚職《おしょく》」「生涯の汚点《おてん》」「汚《きたな》いやり方」などがその例。

訓読みには「きたない」「よごれる／よごす」「けがれる／けがす／けがらわしい」の三つの系統があるが、基本的に表す意味は同じ。ただし、「けがれる／けがす／けがらわしい」は、「神社で汚《けが》れを払う」「汚《けが》らわしい手で触れないで！」のように、ある種の宗教的な〝神聖さ〟に関する場面で使われることが多い。

なお、「汚れる／汚す」と書いただけでは「よごれる／よごす」と読むのか「けがれる／けがす」と読むのかはっきりしない。そこで、「けがれる／けがす」はひらがなで書いたり、「穢」（p653）を使ったりすることもある。

おい 甥 12画

親が違えば漢字も変わる？

［音読み］セイ
［訓読み］おい
［部首］生（いきる）

〝**兄弟姉妹の息子**〟を表す。ただし、これは日本語独自の用法で、現代中国語では〝姉妹の息子〟だけを指し、〝兄弟の息子〟は「侄《チー》」で表す。

意味からすれば「男」を部首としたいが、漢和辞典にはなぜか「男」という部首はない。そこでやむをえず、部首「生」（p329）の数少ない構成員となっている。

おう 王 4画

時代とともに人数が増えて…

［音読み］オウ
［部首］玉（たま）

〝**世界を支配する者**〟を表す。本来、世界の支配者はただ一人だと考えられ、「王」もそ

の一人だけを指す漢字であった。が、後に世界に複数の「王」が並び立つようになった結果、〝**ある国を支配する者**〟となり、さらに「百獣《ひゃくじゅう》の王《おう》」から「ホームラン王《おう》」まで、〝**ある分野での第一人者**〟をも意味することとなった。

「勤王《きんのう》」「尊王《そんのう》」でノウと読むのは、オウが直前のンと結びついて変化したもの。

また、部首を「玉」（p130）とするのは形の上から便宜的に分類されたもので、意味の関係はない。部首「玉」が漢字の左側に置かれたときに変形して「王」の形になるのも、「王」とは意味の上で関係はない。

おう 凹 5画

［音読み］オウ
［訓読み］ぼこ、くぼ-む、へこ-む
［部首］凵（うけばこ）

人気の理由はやっぱり見た目！

「凹凸《おうとつ》」「凸凹《でこぼこ》」「凹《おう》レンズ」など、〝**まわりと比べて落ち込んでいるようす**〟を表す。反対の意味を表す「凸」（p467）とともに、形のおもしろさで人気の漢字である。

訓読み「くぼむ」「へこむ」はひらがなで書くのがふつうだが、形のわかりやすさから、好んで「凹」を用いることも多い。

なお、部首「凵」は形の上から便宜的に分類されたもの。意味の関係はない。

おう 央 5画

［音読み］オウ
［部首］大（だい）

センターに立つ孤独

〝**真ん中**〟を意味する漢字としておなじみだが、熟語「中央《ちゅうおう》」以外で用いられることはほとんどない。〝北海道の中央部〟を「道央《どうおう》」と言ったり、「首都圏中央《しゅとけんちゅうおう》連絡自動車道《れんらくじどうしゃどう》」を「圏央道《けんおうどう》」と省略したりするのが、数少ない例。

成り立ちとしては、〝両手両足を広げた人間〟を表す「大」の真ん中に、〝首かせ〟を加えたものだという。

おう 応 7画

［音読み］オウ
［訓読み］こた-える
［部首］心（こころ）

いい加減には行動しない

以前は「應」と書くのが正式。「雁《おう》」も部首「心」も、ここでは〝胸〟のことで、本来は〝胸で受け止める〟という意味だったという。〝**ほかからのはたらきかけを受け止めて、変化や行動をおこす**〟ことを表す。

「応答《おうとう》」「応募《おうぼ》」「呼応《こおう》」「対応《たいおう》」「適応《てきおう》」など熟語の例が多く、どれも〝受け止めた結果〟であることにポイントがある。そこで、「応接《おうせつ》」「応対《おうたい》」にはていねいなイメージがあるし、「相応《そうおう》」「応分《おうぶん》」「応急《おうきゅう》」になると〝**ふさわしい**〟という意味が含まれる。「相応《ふさわ》しい」は、日本語の意味を漢字で表した当て字的表現。また、「応用《おうよう》」も、〝適切に用いる〟〝用途にふさわしく変化させる〟ことだと解釈できる。

◆「こたえる」と訓読みする漢字には「答」（p457）もある。「答」が〝問い合わせにこたえる〟のに対して、「応」は、「期待に応《こた》える」「要望に応《こた》える」「手応《てごた》え」など、問い合わせ以外のさまざまなものに〝こたえる〟ことも含めて表す点が異なる。

また、「呼び出しに応《おう》じる」「緊急事態に応《おう》ずる」のように、「応《おう》じる／応ずる」の形で用いられることも多い。

なお、「反応《はんのう》」「順応《じゅんのう》」「感応《かんのう》」などでノウと読むのは、オウが直前のンと結びついたもの。

おう 往 8画

［音読み］オウ
［訓読み］ゆ-く、い-く
［部首］彳（ぎょうにんべん）

前進あるのみ！

部首「彳」は〝移動〟を表す記号。〝**先へ進む**〟ことを表す漢字で、「往復《おうふく》」「往路《おうろ》」「往信《おうしん》」「往診《おうしん》」などがその例。

◆訓読み「ゆく／いく」は、現在では

「行」（p184）を使うのがふつう。ただし、「行」が〝目的地に向かって進む〟ことを広く表すのとは異なり、「往」は、「往《い》きの電車」「往《ゆ》きつ戻《もど》りつ」のように、〝戻る／帰る〟と対比して使われることがある。

「往年《おうねん》の名選手」「往時《おうじ》をしのぶ」などは決して戻らないことを考えると、時間が深い。**〝時間が過ぎ去る〟**ことを表すのは、意味が深い。さらに転じて**〝死んでしまう〟**ことを表す熟語が「往生《おうじょう》」である。

おう 押

8画

⇩

おす（p45）

おう 旺

8画

［音読み］オウ

［部首］日（ひへん、にちへん）

威勢はいいけど使い道は？

本来は、〝太陽がまぶしく輝く〟ことを表す漢字。転じて、**〝勢いがいい〟**という意味となる。「さかん」と訓読みすることもあるが、現在ではあまり用いられない。「旺盛《おうせい》」という熟語以外では、出版社の「旺文社《おうぶんしゃ》」で見かけるくらいである。

おう 欧

8画

［音読み］オウ

［部首］欠（あくび）

生き残る道は海外にあり！

部首「欠」（p152）は〝口を大きく開ける〟ことを表す。以前は「歐」と書くのが正式で、本来は〝口を大きく開けてものを吐き出す〟ことを表すが、この意味は現在ではまず用いられない。

現在よく目にするのは、「欧州《おうしゅう》」「欧米《おうべい》」「北欧《ほくおう》」のような**〝ヨーロッパ〟**を指す用法。これは、当て字「欧羅巴《ヨーロッパ》」に由来する。

当て字に意味を乗っ取られてしまった格好だが、もともと〝吐き出す〟の意味では「嘔《おう》」が使われることが多く、「欧」は活躍の場を奪われていた。とすると、意味を乗り換えてしたたかに生き延びている、というべきなのかもしれない。

おう 殴

8画

［音読み］オウ

［訓読み］なぐ-る

［部首］殳（るまた、ほこづくり）

ほかのやり方があったらなあ…

以前は「毆」と書くのが正式。部首「殳」は、〝棒を手に持つ形〟だという。**〝手や棒などで人を打つ〟**ことを表し、「殴打《おうだ》」「思いっきり殴《なぐ》る」などがその例。

「なぐる」と訓読みする漢字には「撲」（p568）もある。意味に大きな違いはなく、現在では「殴」を用いる方がふつう。

読み方・意味ともにとても限定されていて、それだけに血の気の多いイメージのある漢字である。

おう 桜

10画

［音読み］オウ

［訓読み］さくら

［部首］木（きへん）

日本でこそ花開く

樹木の〝さくら〟を表すが、これは日本語独自の用法。中国では〝ゆすらうめ〟や〝しなみざくら〟という別種の樹木を表す。

そのためもあってか、音読みの例は少なく、〝さくらんぼ〟を意味する「桜桃《おうとう》」を除けば、「桜花《おうか》」「観桜会《かんおうかい》」などやや堅苦しいことばとなる。

一方、訓読みでは、「夜桜《よざくら》」「しだれ桜《ざくら》」「桜《さくら》もち」は もちろん、「桜《さくら》えび」「桜貝《さくらがい》」「同期の桜《さくら》」「客席に桜《さくら》を仕込む」などなど、さまざまな使われ方をする。今さらながら、日本人と〝さくら〟の関係の深さが実感される。

以前は「櫻」と書くのが正式。この字の形の「二階（貝）の女が気（木）にかかる」という覚え方はちょっと有名で、映画『男はつらいよ』では、寅さんが、妹さくらのお見合いの席で披露している。

おう

翁

10画

［音読み］オウ
［訓読み］おきな
［部首］羽（はね）

尊敬の気持ちを忘れない

“年を取った男性”を表す。「老翁《ろうおう》」「竹取《たけとり》の翁《おきな》」などがその例。**年配の男性の名前に添えて敬意を表す**ことも多く、「福翁《ふくおう》自伝」「芭《ば》蕉翁《しょうおう》」などはその例である。

以前は「翁」と書くのが正式。本来は“鳥の首筋の羽”を指す漢字だという。

おう

横

15画

［音読み］オウ
［訓読み］よこ
［部首］木（きへん）

中国の感覚と日本の感覚

上下や前後に対して、**“左右”**の方向を表す。以前は、「艹」が「卄」になった「横」と書くのが正式。本来は、門に横向きにさしわたす“かんぬき”を指す漢字で、部首が「木」なのは、そのなごり。

「横断《おうだん》」「横転《おうてん》」「横糸《よこいと》」「横向《よこむ》き」のように用いられるが、「横着《おうちゃく》」「横暴《おうぼう》」「横領《おうりょう》」「横行《おうこう》」「専横《せんおう》」など、**“勝手放題にする”**ことを表す例も多い。これは、“流れを横切る”イメージから来たものかと考えられるが、「縦」（p272）にも“思いのままにする”の意味があるので、安易な結論は禁物である。

“勝手放題”の意味は、「横《よこ》やりを入れる」「横恋慕《よこれんぼ》する」のように訓読みで現れることもある。しかし、「縦」は訓読みではそのような意味になることはない。日本語と中国語とでは、“たてよこ”の意識に微妙な違いがあるようである。

なお、「横死《おうし》」では、転じて**“予想できない”**という意味で使われている。

おう

謳

18画

［音読み］オウ
［訓読み］うた-う
［部首］言（ごんべん）

なんて素晴らしいんだろう！

本来は“大勢で歌う”ことを表す漢字。転じて、**“高らかにほめたたえる”“はっきりと宣言する”**という意味で用いられる。「謳《おう》歌《か》」は、“おおっぴらに楽しむ”ことをいう比喩的な表現。“大勢の前で堂々と”というニュアンスを持つ漢字である。

◆訓読み「うたう」は、現在では「歌」（p57）を使うのが一般的。「平和の貴《とうと》さを謳《うた》う」「才能を謳《うた》われる」「謳《うた》い文句」のように書くと、“ほめたたえる”“宣言する”という意味合いが強く出ることになる。

なお、印刷文字では「謳」の形が標準とされているが、手書きでは「區」を「区」と書いても差し支えない。

おか

岡

8画

［音読み］コウ
［訓読み］おか
［部首］山（やま）

古風な日本語の中に

“小さな山”を表す。「岡《おか》の上」「なだらかな岡《おか》」のように用いる。同じく「おか」と訓読みする「丘」（p111）との間に大きな違いはない。

ただ、「岡」は音読みの熟語ではほとんど用いられず、また古くからの地名や人名で使われることが多い。

日本語「おか」には**“脇の方”**という意味がある。「岡目《おかめ》」とは“脇の方から見ている”こと。「岡惚《おかぼ》れ」とは“他人の恋人や、自分とは付き合いのない人を好きになる”こと。時代劇に出てくる「岡《おか》っ引《ぴ》き」とは、“捕り物をする侍をそばで手伝う手下”。どれも古風なことばで、「岡」には和風のイメージがあるようである。

おき

沖

7画

［音読み］チュウ
［訓読み］おき
［部首］氵（さんずい）

大海原が誤解のもと？

「沖合《おきあい》」「沖《おき》へ出る」「室戸《むろと》岬沖《みさきおき》」のように、**“海や湖などで、岸から遠く離れたところ”**を表す。ただし、これは日本語独自の用法で、

「水」が変形した部首「氵」と「中」とが組み合わさっていることから生じた、海洋国家日本らしい一種の誤解。

本来の意味は、**〝水の流れがゆっくりになる〟**こと。「沖積《ちゅうせき》」とは、〝水の流れに運ばれてきた土砂が、河口などに堆積する〟ことをいう。現在では、この熟語以外では音読みはまず用いられない。

おく 屋

9画

［音読み］オク
［訓読み］や
［部首］尸（しかばね）

建物は人柄を表す？

「屋根《やね》」「屋上《おくじょう》」のように、**〝建物の上部をおおう部分〟**を指すのが代表的な意味。しかし、実際には「屋内《おくない》」「社屋《しゃおく》」「家屋《かおく》」「母屋《おもや》」「納屋《なや》」「屋敷《やしき》」など、**〝建物そのもの〟**を指して用いられることが多い。

日本語では「薬屋《くすりや》」「床屋《とこや》」「中華料理《ちゅうかりょうり》屋《や》」のように、**〝ある商売を営む建物〟**や**〝ある商売そのもの〟****〝ある商売をする人〟**を指しても用いられる。ただし、この「○○屋」にはときに見下したようなニュアンスが含まれることがある。そこで「○○屋さん」とすると、一気に親しみがわく。

また、「気分屋《きぶんや》」「がんばり屋《や》」「さみしがり屋《や》」など、**〝ある人物の人柄〟**を表すのも、日本語独自の用法。ただし、この場合には、「がんばりや」のようにひらがなで書かれることも多い。

《◆訓読み「や」では、「家」（p53）との使い分けが悩ましい。基本的には「屋」を使うが、特に〝住まい〟を指す場合や屋号を表す場合などは、「家」を書く。

日本語ではさまざまな使われ方を見せるのが、この漢字のおもしろみ。そのため訓読みで読まれることが多く、音読みが使われる例は意外なほど少ない。

おく 奥

12画

［音読み］オウ
［訓読み］おく
［部首］大（だい）

大切なものがここにはあります

「奥《おく》の部屋」「山奥《やまおく》」「引き出しの奥《おく》」「胸の奥《おく》」のように、**〝入り口から遠くて見えにくいところ〟**を表すのが基本。転じて、「奥《おく》が深い」「武術の奥義《おうぎ》」など、**〝簡単にはわからないこと〟**という意味にもなる。

「奥《おく》さん」「奥向《おくむ》きの用事」では、〝家の奥〟から変化して、**〝家政を中心とした私生活〟**を指す。「奥付《おくづけ》」「奥書《おくがき》」では、**〝書物の一番最後〟**。

音読みオウで読まれる例は少ないが、すでに挙げた「奥義《おうぎ》」のほか、「深奥《しんおう》」や、宮城県・岩手県・青森県などを指す「奥《おう》州《しゅう》」などがある。

以前は「米」が「釆」になった「奥」と書くのが正式。部首「大」は、ここでは〝両手〟を表す「廾（にじゅうあし）」が変形したもの。ただし、成り立ちについては諸説がある。

おく 億

15画

［音読み］オク
［部首］イ（にんべん）

考えて手に入る額ならば…

数の位取りの一つ。「一《いち》億《おく》」には0が八つ付く。

また、「億万長者《おくまんちょうじゃ》」のように**〝けた外れに多い〟**ことを表す場合もある。

「人」が変形した部首「イ」に「意」を組み合わせて、本来は〝考える〟という意味の漢字。大昔の中国語で位取りの一つと発音が似ていたことから、当て字的に用いられるようになったと考えられている。

おく 憶

16画

［音読み］オク
［訓読み］おぼ-える、おも-う
［部首］忄（りっしんべん）

心の中にいつまでも…

「記憶《きおく》」「追憶《ついおく》」が代表的な例。「記憶」では**〝忘れないでいる〟**ことを意味し、「追憶」では**〝思い出す〟**ことを表す。基本的には**〝心の中にしっかり留めておく〟**ことで、〝忘れない〟か〝思い出す〟かは、その現れ方の違い。このあたり、英語の remember と似たところがある。

◈訓読み「おぼえる」は〝忘れない〟という意味なので、実際は「憶《おぼ》えている」という形で用いられることが多い。同じ訓読みの「覚」（p 72）とは、そこが異なる。また、「おもう」は現在ではあまり用いられないが、これも〝思い出す〟という意味なので、「憶《おも》い出《だ》す」「憶《おも》い起《お》こす」などの形で使われることが多いのが、「思」（p 233）「想」（p 370）と違う特色である。

なお、「憶測《おくそく》」「憶説《おくせつ》」「憶断《おくだん》」などは、本来は「憶」ではなく「臆」（p 45）を用いるべき熟語である。

おく 臆

17画

［音読み］オク
［部首］月（にくづき）

頼りないのがかえって魅力？

〝推測する〟ことを表す。ただし、「臆測《おくそく》」「臆説《おくせつ》」「臆断《おくだん》」のように、〝**根拠のあやふやな推測をする**〟ことをいう場合が多い。そのイメージを広げて、日本語では、「臆病《おくびょう》」「臆面《おくめん》もない」「気が臆《おく》する」など〝**自信がない**〟という意味でも用いられる。どこか頼りなさそうな漢字である。

部首「月」は「肉」の変形で、〝肉体〟を表す記号。本来は〝胸〟を意味する漢字で、中国の古典では〝胸がどきどきする〟ことを表す例もある。頼りなさそうなイメージは、そこに由来するか。〝推測する〟という頭脳のはたらきが〝どきどきする〟という肉体の反応と結びついているのも、いかにもアンバランス。抱きしめてあげたくなるような漢字である。

おす 押

8画

［音読み］オウ
［訓読み］お-す、お-さえる
［部首］扌（てへん）

あまく見るとケガをするぜ！

部首「扌」は「手」の変形。代表的な意味は、〝**圧力を加える**〟こと。「ボタンを押《お》す」「荷車を押《お》す」など〝**力を加えて動かそうとする**〟場合もあるが、「ふたを押《お》さえる」「押収《おうしゅう》」のように〝**力を加えて動かないようにする**〟こともある。

「押《お》し切《き》る」「押《お》しかける」「押《お》し問答」など、訓読み「おす」は〝**無理強いする**〟という意味にもなる。よく使われて親しまれているが、実はこわもての漢字である。

もともとは〝**はんこをおす**〟ことを指す漢字らしく、「押印《おういん》」「指紋の押捺《おうなつ》」などにその意味が残る。ここから考えると、〝動かないようにする〟のが本来の意味で、〝動かそうとする〟のは日本語独自の用法かもしれない。

◈「おす」と訓読みする漢字には「推」（p 323）もある。基本的には、〝具体的なモノを動かす〟場合は「押」、それ以外は「推」を用いる。まぎらわしいのは「病気をおして出場する」のような例だが、〝無理強いする〟のニュアンスを生かして「押」を使う、と考えるとわかりやすい。また、〝勢いをおさえつける〟という意味の「おさえる」は、「抑」（p 615）を書くことも多い。

おつ 乙

1画

［音読み］オツ
［訓読み］きのと、おと
［部首］乙（おつ）

実は弟と一緒なんです

「甲乙丙丁《こうおつへいてい》…」と続く**十干《じっかん》の二番目**〝**きのと**〟を表す。

本来の意味はよくわからないが、大昔の中国語では、〝きのと〟を表すことばと発音が似ていたため、当て字的に用いられたものと考えられている。「乙種免許《おつしゅめんきょ》」「焼酎乙類《しょうちゅうおつるい》」など、現在でも**分類の〝二番目〟を表す**ために使われる。

また、「乙女《おとめ》」「乙姫《おとひめ》」などでは、〝**若い**〟〝**かわいい**〟ことを表す。これは日本語独自の用法で、「おとうと」の「おと」と語源は同じ。また、「乙《おつ》な話」のように〝**気がきいている**〟ことをいうのも、ここから転じたものかと思われる。

部首としては？

漢和辞典では、「乾」（p83）「九」（p110）などの部首だが、形の上から便宜的に分類されたもの。また、「乳」（p477）「乱」（p619）などの部首「乚（つりばり）」も、やはり形の上から便宜的に分類されたもので、漢和辞典では部首「乙」と合わせて扱われる。

おれ 俺

10画

［音読み］エン
［訓読み］おれ
［部首］亻（にんべん）

そのニュアンスがたまらない！

〝**自分**〟**を指し示すはたらきをする**漢字。

もとは中国大陸北部の方言で、後に広く俗語的に用いられるようになった。そのニュアンスを生かして、やや乱暴な語感を持つ日本語「おれ」を訓読みとしたのは、名訳であろう。

なお、音読みは現在では用いられない。

おろす 卸

9画

［音読み］シャ
［訓読み］おろ-す、おろし
［部首］卩（ふしづくり）

売り物だから特別扱い！

「安値で卸《おろ》す」「卸値《おろしね》」「卸《おろし》売《う》り」のように、〝**問屋が商品を小売店に売る**〟ことを表す。ただし、本来は〝**積んである荷物を移す**〟という意味の漢字。〝在庫品を総点検する〟ことをいう「棚卸《たなおろ》し」が、それに近い。部首「卩」は〝ひざまずいている人〟を表す。

◆「おろす」と訓読みする漢字には「下」（p48）「降」（p191）「堕」（p384）などもあるが、「卸」を用いるのは〝問屋が小売店に売る〟場合だけ。ただし、昔は「腰を卸《おろ》す」「錠を卸《おろ》す」のようにも用いられた。

なお、音読みは現在ではまず用いられない。

おん 音

9画

［音読み］オン、イン
［訓読み］おと、ね
［部首］音（おと）

心地よくてもうるさくても

耳で感じる〝**おと**〟を表す。

成り立ちには諸説あるが、現在では、「和音《わおん》」「音階《おんかい》」のように心地よいものから、「雑音《ざつおん》」「騒音《そうおん》」のようにうるさく感じられるものまで、広く〝おと〟一般を指す。

また、「発音《はつおん》」「音読《おんどく》」のように**人間の**〝**声**〟も含まれる。そこから転じて、「音《おん》信《しん》」「福音《ふくいん》」のように〝**たより・知らせ**〟という意味でも用いられる。

訓読み「ね」は、雰囲気のある〝おと〟を表す。「ピアノの音色《ねいろ》」「秋の夜の虫の音《ね》」など。また、「本音《ほんね》」「弱音《よわね》」のように〝**心で感じていること**〟を指す場合もある。

音読みはオンを用いるのが大原則。インは平安時代ごろに正式とされた読み方だが、現在では、すでに挙げた「福音《ふくいん》」のほか、「母音《ぼいん》」「子音《しいん》」くらいでしか用いられない。また、「観音《かんのん》」のように、オンが直前のンと結びついてノンに変化することがある。

なお、以前は一番上の点が横棒になった「音」と書くのが正式だった、とする立場もある。が、そこまで厳密な区別はしていない辞書も多い。

部首としては？

〝おと〟に関係する漢字の部首となるが、その例は少なく、日常的に使われるのは「韻」（p25）と「響」（p127）くらいである。

おん 恩

10画

［音読み］オン
［部首］心（こころ）

ときには争いのもとになる

〝**ある人にとって利益や幸せだと感じられるもの**〟を表す。部首「心」が示すように、〝感じられる〟というところがポイントで、〝ある人〟が相手である場合は、「恩恵《おんけい》を施《ほどこ》す」「恩情《おんじょう》をかける」「豊かな恩寵《おんちょう》」のように〝**相手を思いやる気持ち**〟が前面に出る。一方、〝ある人〟が自分だと、「謝恩《しゃおん》会《かい》」「恩義《おんぎ》に報いる」のように〝**相手に感謝する気持ち**〟に焦点が当たることになる。

〝思いやり〟と〝感謝〟とが一致していればいいが、そうでない場合には、「恩着《おんき》せがましい」「忘恩《ぼうおん》の徒《と》」といった事態に立ち至る。きわめて日本的な人間関係にも思えるが、その「恩」が、中国語由来の音読みのまま日本語に溶け込んでいるのは、なかなか興味深い事実である。

おん 温

12画

［音読み］オン
［訓読み］あたた-かい、ぬく-い、ぬる-い
［部首］氵（さんずい）

良くも悪くも心地よい

以前は「溫」と書くのが正式で、部首「氵」は「水」の変形。本来は〝水の温度が心地よいくらいに高い〟ことを表す漢字。広く〝**心地よいくらいに温度が高い**／**温度を高くする**〟ことを指して用いられる。「温水《おんすい》」「温帯《おんたい》」「温《あたた》かい料理」「スープを温《あたた》める」「部屋の中が温《ぬく》い」などがその例。また、「温《おん》度《ど》」「低温《ていおん》」「体温《たいおん》」のように、〝**あたたかさの度合い**〟をも指す。

〝心地よいくらい〟というところから、〝**性格がおだやかである**〟ことをも意味する。例としては、「温和《おんわ》」「温厚《おんこう》」「温《あたた》かい笑顔」など。名前で「あつ」と読むのは、ここから転じて〝人情にあつい〟ことから。さらには、〝心地よい温度に保つ〟ことから、〝**大切に取っておく**〟ことをいう場合もある。「温存《おんぞん》」「企画を温《あたた》める」などが、その例である。

◈「あたたかい」と訓読みする漢字には「暖」（p404）もある。「暖」は主に〝空気があたたかい〟場合に使い、〝空気以外のものがあたたかい〟場合には「温」を用いる。困るのは雰囲気についていう場合で、「あたたかい家庭」「あたたかい友情」などは、〝性格がおだやかである〟の意味から「温」を使うべきとされるが、実際には、「暖かい部屋」の連想からか、「暖」を書くことも多い。

なお、〝心地よいくらい〟という点を批判的にとらえて、「温《ぬる》いお風呂」のように「ぬるい」と訓読みすることもあるが、これは日本語独自の用法のようである。

おん 穏

16画

［音読み］オン
［訓読み］おだ-やか
［部首］禾（のぎへん）

荒立てないで行きましょう

〝**目立つ動きがなく、落ち着いている**〟ことを表す。「穏《おだ》やかな天気」「平穏《へいおん》な毎日」のように自然や社会、生活などに関して用いたり、「穏《おだ》やかな表情」「穏和《おんわ》な性格」のように人間に関して用いたりする。また、「穏健《おんけん》派《は》」「穏便《おんびん》に済ませる」など、思想や行動についていうこともある。

以前は「穩」と書くのが正式。部首「禾」は〝穀物〟を表す記号。「穩／穏」も本来は穀物がらみの意味だったと思われるが、現在のような意味になった経緯については、諸説あってよくわからない。

なお、「安穏《あんのん》」でノンと読むのは、オンが直前のンと結びついて変化したもの。

か

か
下

3画

［音読み］カ、ゲ
［訓読み］した、しも、もと、さ-がる、さ-げる、くだ-る、くだ-す、お-りる、お-ろす
［部首］一（いち）

漢字を用いるむずかしさ

横棒の下側に印を付けて、**〝低いところ〟**や**〝低い方へ移動する〟**ことを表す。具体的な場所についていうのが基本。発展して、「下《か》級《きゅう》」「下品《げひん》」「下船《げせん》」「下役《したやく》」「川下《かわしも》」「血圧が下《さ》がる」「判決を下《くだ》す」「お盆を下《さ》げる」「下《くだ》りの列車」「許可が下《お》りる」「貯金を下《お》ろす」のように、程度・序列・価値などなど〝上下〟の感覚で捉えられるさまざまなものについて使う。さらには、「下旬《げじゅん》」「下巻《げかん》」のように**時間や順序としての〝後〟**を表したり、「下見《したみ》をする」「下準備《したじゅんび》」のように、**〝前の段階〟**を表したりもする。

非常に広い意味を持つが、意味よりも、読みの方に問題が多い。

まず、音読みでは、ゲの方が奈良時代以前からある古い読み方。使い分けに一定の規則はないが、「地下《ちか》」「直下《ちょっか》」「配下《はいか》」「降下《こうか》」「低下《ていか》」など、熟語の最後に位置する場合はカで読むことが多く、ゲで読むのは「上下《じょうげ》」「卑下《ひげ》」「乱高下《らんこうげ》」「無下《むげ》にできない」くらいしかない。

訓読みはさらに複雑。送りがななしの一文字だけでも、「した」「しも」「もと」の三種類の読み方をする。この中で、基本となるのは「した」。「しも」は、「下々《しもじも》の者」「下半期《しもはんき》」「下《しも》の世話」など、使われる場面が限定される。

「もと」は、本来は**〝何かが立っているあたり〟**という意味で「灯台の下《もと》」のように使い、比喩的に「法の下《もと》の平等」のようにも用いる。が、「した」と読んでも意味が通じる場合が多いので、どうしても「もと」と読んで欲しい場合には、ルビを振るかかな書きするのが無難である。

◆「もと」と訓読みする漢字には、ほかに「基」（p99）「許」（p118）「元」（p165）「素」（p360）「本」（p569）などがある。厳密な使い分けはむずかしいが、「した」と言い換えられる場合には「下」を使う、と考えておくと便利である。

「さがる」「おりる」「くだる」については、意味の上での顕著な違いはないが、送りがなの付け方による区別がある。「さがる」は「さげる」の形にもなるので「が／げ」から送って「下がる／下げる」、「おりる」は「おろす」の形にもなるので「り／ろ」から送って「下りる／下ろす」、「くだる」は「くだす」の形にもなるので「だ」は送らず「下る／下す」と書き分ける。

◆「おりる／おろす」については、「降」（p191）との違いに、「おろす」では「卸」（p46）「堕」（p384）との使い分けにも悩まされる。「降」は〝乗り物や役割〟などに関する場合、「卸」は〝商品〟に関する場合、「堕」は〝胎児〟に関する場合に使う。が、実際には、「荷物をおろす」のようにまぎらわしいケースも少なくない。「下」が最も一般的に使われるので、迷ったら「下」を書くか、かな書きするのがおすすめである。

◆また、「くだる／くだす」についても、「敵軍に降《くだ》る」「優勝候補を降《くだ》す」のように〝屈服する／させる〟という意味で「降」（p191）を使うことがある。「さげる」についても、「手提《さ》げかばん」のように〝手に持つ〟ことを強調したい場合に「提」（p435）を使うことがある。

「下」の読み方は非常に複雑で、考え出すときりがない。漢字を使って日本語を書き表すことのむずかしさが集約されている、なかなか大変な漢字なのである。

か

化

4画

［音読み］カ、ケ
［訓読み］ば-ける、ば-かす
［部首］イ（にんべん）

そこには必ず驚きがある！

部首「イ」は「人」の変形。「匕」は「人」を上下逆さまにした形が変化したもの。状態の違う二つの「人」を組み合わせた漢字だ、とする説が有力。**〝状態が変わる〟**ことを表す。「変化《へんか》」「進化《しんか》」「化石《かせき》」などがその例。また、「砂漠化《さばくか》」「映画化《えいがか》」「問題化《もんだいか》」「マンネリ化《か》」など、**〝○○の状態に変える〟**という意味で数多くのことばを生み出す。

「幽霊に化《ば》ける」「プロになってから大化《おおば》けした」「廃墟と化《か》す」など、熟語以外の形で使うと、**〝驚くべきものに変わる〟**というニュアンスが加わる。また、「キツネに化《ば》かされる」のような**〝心を迷わせる〟**という意味にも〝驚き〟がある。本来の意味は〝人の状態が生から死へと変わる〟ことだった、という説が有力で、どこか人知を超えた世界を思わせる漢字である。

音読みはカを用いるのが基本。「化粧《けしょう》」でおなじみのケは、奈良時代以前からある古い読み方。現在では、ほかに「化身《けしん》」「権化《ごんげ》」などで使われる。なお、「変化」は「へんか」とも「へんげ」とも読む両刀使いの熟語である。

部首を「匕（さじのひ）」とする辞書もあるが、成り立ちの上からは「イ」の方が適切。また、厳密には、以前は「匕」が「七」となった「化」と書くのが正式。「花」（p51）「貨」（p55）「靴」（p139）などに含まれる「化」も、以前は「化」と書くのが正式であった。

か

戈

4画

［音読み］カ
［訓読み］ほこ
［部首］戈（かのほこ）

横に突き出ているのが特徴！

古代文字では「」で、**〝長い柄の先にカギ型に刃が付いた武器〟**の絵。現在ではあまり使われないが、〝武器〟や〝戦争〟を意味する「干戈《かんか》」「兵戈《へいか》」といった熟語がある。

◆「ほこ」と訓読みする漢字には「矛」（p581）もあるが、「矛」は刃が真っ直ぐに付いているものを指す点が異なる。

部首としては？

〝武器〟に関係する漢字の部首となる。「戒」（p61）「戦」（p353）がその代表。また、「戯」（p106）「成」（p330）なども、本来は〝武器〟に関係する漢字だったと考えられている。部首としては、「矛」（p581）と区別するために音読みカをかぶせて「かのほこ」ということも多い。また、漢字の右側に置かれた場合には「ほこづくり」と呼ぶ。

か

火

4画

［音読み］カ
［訓読み］ひ、ほ
［部首］火（ひ）

冷たいものもあります!?

〝燃え上がる〟ひ〟を表す。「電光石火《でんこうせっか》」のような微細な火花から「戦火《せんか》」「噴火《ふんか》」のような巨大な炎まで、また〝地獄の炎〟を表す「業火《ごうか》」のように熱く苦しいものや「蛍火《ほたるび》」のように冷たくはかないものなど、あらゆる〝火〟を指して用いられる。

このほか、「火星《かせい》」では**惑星の一つ**を指す。また、**Tuesday の訳語**として「火曜《かよう》日《び》」のようにも用いられるが、これは日本語独自の用法。

訓読み「ほ」は「ひ」と同じ意味で、現在では「火影《ほかげ》」くらいでしか用いられない。また、「火傷《やけど》」は、漢字の熟語をそのまま意味を表す日本語で読む当て字的表現。

部首としては？

「煙」（p38）「焼」（p293）「燃」（p481）「爆」（p495）などなど、〝火〟に関係する漢字の部首となる。漢字の左側に置かれると「ひへん」と呼ばれるが、「然」（p358）「熱」（p480）「烈」（p643）のように、下側に置かれると変形して「灬」となることが多く、「れっか（烈火）」「れんが（連火）」などと呼ばれている。

か 加

5画

［音読み］カ
［訓読み］くわ-える
［部首］力（ちから）

もともと数とは関係なし?

代表的な意味は、“**増やす／増える**”。「追加《ついか》」「加算《かさん》」「数を加《くわ》える」などがその例。やや転じて、“**仲間にする／仲間になる**”ことを表す場合もある。例としては、「参加《さんか》」「加盟《かめい》」「チームに加《くわ》わる」など。

ただし、「加工《かこう》」「加害《かがい》」「手を加《くわ》える」「治療を加《くわ》える」「乱暴を加《くわ》える」など、数量とは無関係に使うことも多い。これらの場合は、“**影響力を及ぼす**”という意味。部首が「力」であることから、むしろこれが本来の意味に近く、“増える”はそこから転じた意味だと考えられている。

か 可

5画

［音読み］カ
［部首］口（くち）

二つの意味と一つのことば

最もよく使われるのは、“**○○できる**”という意味。「可能《かのう》」「不可能《ふかのう》」「可燃《かねん》ゴミ」「可処分所得《かしょぶんしょとく》」など、他の漢字と結びついて多くの熟語となる。

次によく用いられるのは、“**○○してよい**”という意味。「許可《きょか》」「認可《にんか》」「可決《かけつ》」などがその例。学校の成績の「可《か》」や、「可《か》もなく不可《ふか》もなく」のように、“**許容できる**”ことをも表す。

また、「可憐《かれん》」のように“**思わず○○してしまう**”という意味を表すこともある。「可愛《かわい》い」は、日本語の意味を漢字で表した当て字的表現だが、この意味の例。

これらの意味はすべて、やや古い表現だが「○○するべし」という日本語で表せる。そこで、「べし」と訓読みすることもあるが、現在ではめったに見かけない。「べし」と書きたい場合も、かな書きするのがふつうである。

なお、成り立ちには諸説があり、部首「口」との関係もはっきりしない

か 仮

6画

［音読み］カ、ケ
［訓読み］かり
［部首］イ（にんべん）

かぶせてみたらあら不思議!

基本的な意味は、“**本物ではない**”こと。ただし、“**にせもの**”を表す例は「仮装行列《かそうぎょうれつ》」「仮死状態《かしじょうたい》」くらいのもので、“**とりあえずの**”という意味で使われることが多い。「仮題《かだい》」「仮眠《かみん》」「仮設住宅《かせつじゅうたく》」のように音読みで使われるだけでなく、「仮免許《かりめんきょ》」「仮《かり》釈放《しゃくほう》」「仮住《かりず》まい」「仮押《かりお》さえ」などなど、訓読み「かり」を頭にかぶせれば何でも“とりあえず”になってしまう、魔法のようなはたらきをする漢字である。

そこから、“**とりあえず○○だとすると**”という意味が生まれた。「仮定《かてい》」「仮説《かせつ》」「仮《かり》に」などがその例。

音読みはカを使うのが大原則。ケは奈良時代以前からある古い読み方。現在では「仮病《けびょう》」「虚仮威《こけおど》し」で用いられる程度。

以前は「假」と書くのが正式。「人」が変形した部首「イ」が付いているのは、本来は“面をかぶって演じる”ことを意味していたからと思われる。その点では、「仮面《かめん》」がもともとの意味に最も近い。

か 何

7画

［音読み］カ
［訓読み］なに、なん
［部首］イ（にんべん）

わからないものを引き受けます!

疑問を表したり、はっきりしないものを指したりする時に用いる漢字。「何《なに》か」「何者《なにもの》」「何《なに》ごと」のように、訓読み「なに」で

読むのが基本だが、「何回《なんかい》」「何秒《なんびょう》」「何《なん》メートル」など、続くことばによっては「なん」と読まれることもある。

疑問を表すことから、「何故《なぜ》」「何時《いつ》」「何処《どこ》」「何方《どっち》」「如何《いか》に」など、さまざまな当て字的な使い方もある。しかし、これらはすべて、現在ではひらがなで書くのが自然である。

なお、音読みが用いられる例は少なく、数学の「幾何《きか》」、〝だれであるかを尋ねる〟ことを表す「誰何《すいか》」くらい。

部首「亻」は「人」の変形。本来は〝モノをかつぐ〟という意味の漢字だったが、大昔の中国語では疑問を表すことばと発音が似ていたので、当て字的に使われるようになった、と考えられている。

か

花

7画

［音読み］カ、ケ
［訓読み］はな
［部首］艹（くさかんむり）

時とともに変わりゆく…

部首「艹」は〝植物〟を表す記号。「花粉《かふん》」「百花繚乱《ひゃっかりょうらん》」「花園《はなぞの》」「花見《はなみ》」など、**植物が咲かせる〝はな〟**を表す。

◆「花嫁《はなよめ》」「花火《はなび》」「花《はな》の都《みやこ》」「花柳界《かりゅうかい》」のように比喩的に用いられることもあるが、同じ訓読みをする「華」（p54）に比べて、植物の〝はな〟を思い起こさせる傾向が強い。そのため、どこか〝うつろいやすい〟というニュアンスがある。また、古くは「はなやか」「はなやぐ」とも訓読みしたが、現在では「花」と「華」のイメージの違いを重んじて、「華《はな》やか」「華《はな》やぐ」と書くのがふつうである。

音読みはカを用いるのが大原則。ケは奈良時代以前からある古い読み方。現在では、花の名前の「沈丁花《じんちょうげ》」「石楠花《しゃくなげ》」などでゲと変化して使われる程度である。

か

価

8画

［音読み］カ
［訓読み］あたい
［部首］亻（にんべん）

やっぱりお金は重要だ！

「価格《かかく》」「物価《ぶっか》」「高価《こうか》」「低い価《あたい》で買い付ける」など、**〝あるものの重要性を金銭的に示したもの〟**を表す。転じて、「価値《かち》」「評価《ひょうか》」「真価《しんか》を問う」「栄養価《えいようか》が高い」のように、**〝あるもののある観点からの重要性〟**をいうこともある。

◆訓読み「あたい」では、「値」（p406）との使い分けに迷わされる。いちおう、金銭に関する場合は「価」、それ以外は「値」を用いるのが原則とされる。また、「あたいする」の場合は「値」を用いる。ただし、もともと「値」にも金銭についての意味があるので、この使い分けにはあまりこだわらなくてよいと思われる。

以前は「價」と書くのが正式。「賈《か》」がもともと〝値段〟の意味。部首「亻」は「人」（p317）の変形だが、深い意味はない。

か

佳

8画

［音読み］カ
［訓読み］よ-い
［部首］亻（にんべん）

スマートでバランスがいい

「圭」（p143）には〝形の整ったもの〟という意味がある。部首「亻」は「人」（p317）の変形で、〝動作や状態〟を表す。広く、**〝均整が取れている〟**ことを指す漢字。「佳作《かさく》」「佳品《かひん》」などがその例。「話が佳境《かきょう》に入る」も、本来は、うまく練り上げられた話がクライマックスに入ることを指す。

◆「よい」と訓読みする漢字には「良」（p630）「善」（p357）「好」（p183）などもある。その中で、「佳」は〝均整が取れた〟というイメージを持つのが特徴で、「人柄が佳《よ》い」「今日の佳《よ》き日」のように落ち着いた〝よさ〟を指して使われることがある。

落ち着いているためにけっして目立つことはないが、常に理知的な雰囲気を漂わせる、おくゆかしい漢字である。

か 果

8画

［音読み］カ
［訓読み］は-たす、は-てる
［部首］木（き）

花が散ったあとに…

〝木の上に実がついている状態〟を絵にした漢字。〝**植物の実**〟を表し、「果実《じつ》」「果汁《かじゅう》」「青果《せいか》」のように用いられる。

実を結ぶのは植物のライフサイクルの最終段階であることから、〝最終的に〟というイメージを持つ。「結果《けっか》」は、本来は〝実を結ぶ〟ことだが、転じて〝**最終的にできあがったものや状態**〟をいう。一文字でこの意味を表すことも多く、「成果《せいか》」「戦果《せんか》」「効果《こうか》」「因果《いんが》」などがその例。

また、〝最終的な決断をする〟ところから、〝**思い切りがいい**〟という意味が生まれた。例としては、「果断《かだん》」「果敢《かかん》」など。

「使《つか》い果《は》たす」「疲《つか》れ果《は》てる」「果《は》たして結末は？」などでは、〝**最終的な段階に行き着く**〟こと。「宇宙の果《は》て」のように〝**最終的に行き着く先**〟を指すこともある。

なお、「果物《くだもの》」は、日本語の意味を漢字で表した当て字的表現。二字で「くだもの」と読むので、「果」に「くだ」という訓読みがあるわけではない。「くだ」は〝木の〟という意味の古い日本語だという。

か 河

8画

［音読み］カ
［訓読み］かわ
［部首］氵（さんずい）

漢字のふるさとを流れる

部首「氵」は「水」の変形。**水の流れる〝かわ〟**を表す。「河川《かせん》」「河口《かこう》」「河岸段丘《かがんだんきゅう》」などがその例。

◆本来は、中国大陸北部を流れる、世界で五番目に長い「黄河《こうが》」を指す漢字。そのため、同じく「かわ」と訓読みする「川」（p349）に比べると〝大きな流れ〟のイメージがある。とはいえ、「川」と「河」に厳密な使い分けがあるわけではない。

音読みはカだけだが、「運河《うんが》」「氷河《ひょうが》」「大河《たいが》」のように、熟語の終わりに置かれた場合にはガと発音されることが多い。

か 苛

8画

［音読み］カ
［訓読み］いじ-める、いら
［部首］艹（くさかんむり）

自分のことしか頭にない？

「苛酷《かこく》」「苛烈《かれつ》」「苛政《かせい》」のように、〝**相手の事情を考えずに厳しく責める**〟ことを表す。「苛性《かせい》ソーダ」は〝水酸化ナトリウム〟のこと。皮膚や目に触れると激しく組織を破壊するので、この名がある。

昔は「さいなむ」と訓読みしたが、現在では古語に近いか。同じ意味の「いじめる」と訓読みすることもあるが、これまた、現在ではかな書きがふつう。「苛立《いらだ》つ」「苛々《いらいら》する」のように、〝**思い通りにいかず機嫌が悪くなる**〟という意味で「いら」と訓読みすることがある。

なお、〝植物〟を表す部首「艹」が付いていることから、本来は〝とげで肌を傷つける植物〟や〝刺激の強い味がする植物〟を表していた、という説がある。

か 架

9画

［音読み］カ
［訓読み］か-ける、か-かる
［部首］木（き）

支えがあって初めて成り立つ

部首「木」にも現れているように、本来は〝**何かと何かの間に木を渡したもの**〟を表す。「書架《しょか》」「担架《たんか》」がこの意味に近い。転じて、「高架《こうか》」「架線《かせん》」など、広く〝**何かと何かの間にものを渡す**〟という意味にもなる。「架《か》空《くう》」は、本来は〝支えのないところにものを渡す〟ことで、転じて〝現実にはないものを想像する〟ことをいう。

◆似た意味で「かける／かかる」と訓読みする漢字には「掛」（p75）「懸」（p164）もある。その中で、「架」は〝何かと何かの間にものを渡す〟場合にしか用いないので、他の二つとの区別は容易である。

か
科
9画
［音読み］カ
［訓読み］とが、しな
［部首］禾（のぎへん）

きちんと分けて整理する

部首「禾」は〝穀物〟を表す記号。「斗」は〝量をはかる器〟。組み合わせて、本来は〝穀物の量をはかって分類する〟ことを表す。

転じて、**〝分類〟を表す**際に用いられる。「国語科《こくごか》」「社会科《しゃかいか》」といった「学科《がっか》」や「教《きょう》科《か》」を始め、「外《げ》科《か》」「小《しょう》児《に》科《か》」「バラ科《か》」「ネコ科《か》」などは、すべてこの例。

厳密な分類が重要なのは、法律の世界。「前《ぜん》科《か》」「スピード違反の科《とが》」では、**〝法律で定められた罪〟**。また、「罰金を科《か》する」では**〝法律によって罪を定める〟**ことをいう。

◆「とが」と訓読みする漢字には「咎」（p464）もある。「咎」が〝責められるべき点〟を広く指すのに対して、「科」は〝法律上の罪〟にだけ用いるという違いがある。

◆また、似た意味で「かする」と読む漢字には「課」（p58）もある。法律に関係する場合は「科」を書くが、法律とは関係がなく〝割り当てる〟場合には、「任務を課《か》する」のように「課」を用いる。

「科白《せりふ》」は漢字の熟語をそのまま、意味を表す日本語で読む当て字的表現。ただし、この場合の「科」は、本来は〝役者の動き〟をいう。ここから転じたものかどうかははっきりしないが、日本語でも、「科《しな》を作る」のように**〝他人の気を惹くようなしぐさ〟**を指すこともある。

か
夏
10画
［音読み］カ、ゲ
［訓読み］なつ
［部首］夊（すいにょう、なつあし）

訓読みの方が雰囲気あり？

四季の〝なつ〟を表す。「初《しょ》夏《か》」「晩《ばん》夏《か》」「夏《か》季《き》休《きゅう》業《ぎょう》」のように音読みを用いる場合もあるが、「常夏《とこなつ》」「真夏《まなつ》」「夏休《なつやす》み」「夏時間《なつじかん》」「夏《なつ》ばて」などなど、訓読みがよく使われる。「今夏」「来夏」「昨夏」も、辞書的には「こんか」「らいか」「さくか」だが、実際には「こんなつ」「らいなつ」「さくなつ」と読まれることが多い。この点は「冬」（p450）も同じで、「春」（p276）「秋」（p265）とは異なる特色となっている。

音読みはカを用いるのが原則。ゲは奈良時代以前からある古い読み方で、現在では「夏至《げし》」のほか、仏教関係のことばでしか使われない。

「夊」はとても珍しい部首で、〝足を動かす〟ことを表す。「夏」は本来は〝踊り〟を意味する漢字で、踊りの躍動感からの連想で〝なつ〟を指すようになったという。なお、「夂（ふゆがしら）」は本来、別の部首だが、現在では、形の上ではそこまで厳密な区別をしないことが多い。

か
家
10画
［音読み］カ、ケ
［訓読み］いえ、や、うち
［部首］宀（うかんむり）

一つ一つがはっきり異なる

部首「宀」は〝建物〟を表す記号。〝ぶた〟を意味する「豕」（p20）が付いている理由については諸説あるが、犠牲として神に捧げられた〝ぶた〟だと考えるのが有力。〝神聖な建物〟〝土地を清めてから建てた建物〟を表すのが、本来の意味。現在では、「家《いえ》に帰る」「広い家《いえ》」のように**〝住まい〟**を表したり、「家中《いえじゅう》が大騒ぎする」のように一緒に住む**〝家族〟**を指したりする。

〝家族〟は他人とは区別されるところから、〝他とははっきり区別できる〟というイメージを持つ。「専門家《せんもんか》」「芸術家《げいじゅつか》」「政《せい》治《じ》家《か》」のような**〝高度な技術を身に付けた人〟**のことを指したり、また、「努力家《どりょくか》」「愛妻家《あいさいか》」のように、**〝あるはっきりした性格を持つ人〟**をいったりするのは、その例。

また、〝外部〟や〝公的な〟ことと区別して、「自家中毒《じかちゅうどく》」「自家用車《じかようしゃ》」など**〝内部〟**や**〝私的な〟**ことをも表す。

音読みはカを用いるのが基本。ケは奈良時代以前からある古い読み方で、「平家《へいけ》」「犬神家《いぬがみけ》」のように姓に付けたり、「王家《おうけ》」「将軍家《しょうぐんけ》」のように高貴な役職名に付けたりして、その**〝一族〟**を表す場合に用いるのが主な用途。「家来《けらい》」も、本来は〝ある一族に仕える者〟をいう。

◆訓読み「や」では、「屋」（p44）との使い分けが悩ましい。基本的には「屋」を使うが、「わが家《や》」「一軒家《いっけんや》」「大家《おおや》さん」など特に〝住まい〟というニュアンスが強い場合や、「林家《はやしや》」「吉野家《よしのや》」のように屋号を表す場合などは、「家」を用いる。

なお、「私の家《うち》」のように「うち」と訓読みすることもある。ただし、「彼女ん家《ち》」のように「ち」と訓読みするのは、一般的とはまだ言いがたかろう。

か

荷

10画

［音読み］カ
［訓読み］に
［部首］艹（くさかんむり）

かついだものははすの花？

本来は〝モノをかつぐ〟という意味だが、現在では、「荷物《にもつ》」「荷台《にだい》」「出荷《しゅっか》」のように、**〝運ばなければならないもの〟**を表す。具体的なモノだけではなく、「私には荷《に》が重い」「肩の荷《に》を下ろす」など、比喩的に**〝負担〟**を指しても用いられる。

「入荷《にゅうか》」「負荷《ふか》」「荷重《かじゅう》」のように音読みで読まれる例も多いが、訓読み「に」もさまざまなことばと結びつくのが特徴。「荷造《にづく》り」「荷車《にぐるま》」「荷札《にふだ》」「初荷《はつに》」「重荷《おもに》」など、例を挙げればきりがない。

〝植物〟を表す部首「艹」が付いているのは、本来は**植物の〝はす〟**を表していたから。もともとは「何」（p50）が〝モノをかつぐ〟という意味の漢字だったが、疑問を表すために使われるようになったので、〝かつぐ〟の意味は「荷」で代用するようになった、と考えられている。

植物の〝はす〟は、現在では「蓮」（p644）と書くのがふつうだが、小説家「永井荷《か》風《ふう》」の「荷」はこの意味。また、薬草の一種「薄荷《はっか》」にもこの字が用いられている。

か

華

10画

［音読み］カ、ケ
［訓読み］はな、はな-やか
［部首］艹（くさかんむり）

あこがれの眼差しが集まる

部首「艹」は〝植物〟を表す。本来は**植物が咲かせる〝花〟**を意味する漢字だが、転じて**〝花のようにすばらしい〟**という意味でも用いられる。「華麗《かれい》」「華美《かび》」「栄華《えいが》」「華《はな》やかな舞台」などがその例。

◆同じく「はな」と訓読みする「花」（p51）と比べると、訓読み「はなやか」のイメージが強い。そのため、**〝すぐれたもの〟〝目立つもの〟**を指して用いられることが多い。「火事とケンカは江戸の華《はな》」「陸上競技の華《はな》」などは、その用法。

また、中国のことを「中華《ちゅうか》」ということから、「華人《かじん》」「華僑《かきょう》」のように、**〝中国〟**を表す漢字としても用いられる。

音読みはふつうはカだが、仏教では、「法華経《ほけきょう》」のように奈良時代以前からある古い音読みケを使うことがある。また、「華奢《きゃしゃ》」の語源ははっきりしないが、日本語独自の当て字だと思われる。

なお、温度の単位の一つ「華氏《かし》」は、考案者のドイツの学者ファーレンハイトの名前に、中国で当て字したもの。

か

蚊

10画

［音読み］ブン
［訓読み］か
［部首］虫（むしへん）

飛ぶときの音が特徴的？

昆虫の〝か〟を表す。「文《ぶん》」が付いているのはその発音で羽音を表したもの、という説が有力。とはいえ、「蚊柱《かばしら》」「蚊取《かと》り線香」など、訓読みで読まれることが多い。

「蚊帳《かや》」は、漢字の熟語をそのまま、意味を表す日本語で読む当て字的表現。二文字で「かや」と読み、「帳」を「や」と読むわけではない。なお、この熟語はまれに「ぶんちょう」と読まれることもある。

か

菓

11画

［音読み］カ
［部首］艹（くさかんむり）

今日のおやつは木の実だよ

もともとは「果」（p52）と同じで、〝**植物の実**〟を表す。「果」にはほかにも多くの意味があるため、〝植物〟を表す部首「艹」を付けて、〝植物の実〟の意味だけを区別して生まれた漢字。

「菓子《かし》」も、本来は〝植物の実〟を表すことば。いわゆる〝おかし〟の意味で用いるのは、日本語独自の用法。さらに発展して、「製菓《せいか》」「氷菓《ひょうか》」「銘菓《めいか》」「茶菓《さか》」など、**「菓子」の省略形**としても用いられる。

か

貨

11画

［音読み］カ
［部首］貝（かい）

ガラクタだって運びます!?

部首「貝」は〝お金や宝物〟を表す記号。本来は〝**金銭的な価値のあるもの**〟を表す漢字で、「財貨《ざいか》」がその例。転じて、「貨幣《かへい》」「金貨《きんか》」「通貨《つうか》」「外貨《がいか》」のように、〝**お金**〟**そのものをも意味**する。また、「雑貨《ざっか》」「百貨店《ひゃっかてん》」などでは、お金で買える〝**商品**〟を表す。

「貨物《かもつ》」の場合は、価値があるものとも限らず、商品とも限らない。〝**お金と引き換えに運ばれる荷物**〟という意味だと考えるしかなさそう。「貨車《かしゃ》」「貨客《かきゃく》」では、**「貨物」の省略形**としても使われている。

か

渦

12画

［音読み］カ
［訓読み］うず
［部首］氵（さんずい）

どんどん引きずり込まれていく…

部首「氵」は「水」の変形。本来は、〝**水が回転しながらまわりを引き込むように流れる**〟ことを表す。「渦潮《うずしお》」「渦巻《うずま》き」などがその例。転じて、水だけでなく「台風の渦《うず》」「人の渦《うず》」「髪の毛の渦《うず》」など、広く〝**まわりを引き込むように回転するもの**〟を指して用いられる。

音読みは、日常的には「渦中《かちゅう》」以外に用いられることはない。ただし、このことばは「疑惑の渦中」「事件の渦中」のように、よく比喩的に用いられる。

か

過

12画

［音読み］カ
［訓読み］す-ぎる、す-ごす、あやま-ち
［部首］辶（しんにょう、しんにゅう）

ちょっとは待って欲しいけど…

部首「辶」は、以前は「辶」と書くのが正式で、〝移動〟を表す記号。「通過《つうか》」「台風一過《たいふういっか》」「交差点を過《す》ぎて三つめの角《かど》」など、〝**ある地点の先まで進む**〟ことを意味するのが、基本的な意味。

転じて、〝**時間が先まで進む**〟ことを表すのが、「過去《かこ》」「過程《かてい》」「経過《けいか》」「空しく時が過《す》ぎる」などの例。「テレビを見て過《す》ごす」のような〝**時間を使う**〟という意味も、ここから変化したもの。さらには、「看過《かんか》する」「やり過《す》ごす」「寝過《ねす》ごす」など、〝**何もしないままに事態が進展する**〟ことをいう場合もある。

一方、〝**ある限度を超える**〟ことをも表す。「過剰《かじょう》」「過激《かげき》」「過敏《かびん》」「超過《ちょうか》」「ことばが過《す》ぎる」「度が過《す》ぎる」などがその例。ただし、「働きすぎる」「小さすぎる」など別のことばの後ろに結びつく場合には、漢字だと前のことばより目立ってしまうので、かな書きすることも多い。

〝限度を超える〟とえてして批判の対象

になる。そこから生まれたのが、「過失《かしつ》」「大過《たいか》なく」「過《あやま》ちを改める」のような〝間違える／間違い〟の意味である。

◆意味と訓読みがよく似た漢字に「誤」（p178）がある。現在では、「あやまち／あやまつ」の場合は「過」、「あやまり／あやまる」の場合は「誤」と使い分けるのが習慣である。

か 嫁

13画

［音読み］カ
［訓読み］とつ-ぐ、よめ
［部首］女（おんなへん）

もともとは〝する〟ことでした

〝女性が結婚する〟ことを表すのが、本来の意味。訓読みでは「とつぐ」と読む。「よめ」と訓読みして**〝結婚する女性〟**を指したり、**〝自分の妻〟〝息子の妻〟**をいったりするのは、厳密には日本語独特の用法。

女性が結婚することは、伝統的にはほかの家の一員となることだと考えられてきた。「責任転嫁《せきにんてんか》」に見られる**〝他人のせいにする〟**という意味は、そこから派生したものと思われる。〝結婚〟と〝女性〟の関係についてはいろいろな考え方があるだろうが、この漢字が「責任転嫁」のようなマイナス・イメージを持つようになったことは、ちょっと後味が悪い。

か 暇

13画

［音読み］カ
［訓読み］ひま、いとま
［部首］日（ひへん、にちへん）

しばらくお会いできません…

「休暇《きゅうか》」「余暇《よか》」「寸暇《すんか》を惜しむ」「暇《ひま》をもてあます」のように、**〝何もすることがない時間〟**を表す。また、「暇《ひま》を出す」「お暇《いとま》をいただく」など、**〝仕事を辞める／辞めさせる〟**という意味でも用いられるが、これは日本語独特の用法だとされている。

訓読み「ひま」「いとま」の意味はほぼ同じ。ただし、「いとま」は、「お暇《いとま》する」「暇乞《いとまご》い」では**〝別れを告げる〟**という意味となる。また、「○○に暇《いとま》がない」の形で、〝○○ばかりしている〟〝○○しだすと終わらない〟ことを表す場合もある。

◆「ひま」と訓読みする漢字には「閑」（p86）もある。「閑」が〝静かな〟という状態に重点があるのに対して、「暇」は、部首「日」が示すように〝時間の経過〟にポイントがあるのが違いである。

か 禍

13画

［音読み］カ
［訓読み］わざわい
［部首］ネ（しめすへん）

やがて神から人間へ…

以前は「禍」と書くのが正式で、部首「ネ／示」は〝神〟を表す記号。本来は、**〝神の意志でもたらされた不幸な事態〟**を表す。「禍根《かこん》を残す」「惨禍《さんか》」「禍《わざわい》を転じて福となす」のような例のほか、〝自動車事故〟を「輪禍《りんか》」、〝戦争の被害〟を「戦禍《せんか》」、〝薬の重い副作用〟を「薬禍《やっか》」というなど、さまざまな**〝不幸な事態〟**を指して用いられる。

◆訓読み「わざわい」では、送りがなは付けないのが習慣。同じ訓読みを持つ「災」（p210）は「災い」と送りがなを付けるので要注意。「災」が主に運命による災害を指すのに対して、「禍」は人間の営みによって引き起こされるものまで含めていうのが、この二つの違いである。

本来の意味と照らし合わせると、〝神の意志〟と〝人間の営み〟の関係について、深く考えさせられる漢字である。

か 靴

13画

⇩ くつ（p139）

か 寡

14画

［音読み］カ
［訓読み］すく-ない
［部首］宀（うかんむり）

身にしみる孤独

部首「宀」は〝建物〟を表す記号。本来は、建物の中で一人でいることから、〝頼るべきものがない〟ことを表す。「寡婦《かふ》」「寡夫《かふ》」はそれに近い意味の例で、〝**配偶者に先立たれた人**〟を指す。この意味で「やもめ」と訓読みすることもあるが、「やもめ」は、現在ではかな書きするのがふつう。

転じて、〝**数がとても限られている**〟という意味ともなる。「寡占《かせん》」「寡黙《かもく》」「寡聞《かぶん》」「多寡《たか》が知れた」などがその例。

◆訓読み「すくない」は、現在では「少」（p286）を書くのがふつう。あえて「寡」を使うと、〝ほとんどない〟というニュアンスが強調される。「欲が寡《すく》ない」「口数が寡《すく》ない」などが、その例である。

か 歌 14画

メロディに想いを乗せて

［音読み］カ
［訓読み］うた-う、うた
［部首］欠（あくび）

例を挙げるまでもなく、**声を出して**〝**うたう**〟ことを意味する。部首「欠」（p152）は〝口を大きく開ける〟ことを表す。

◆日本語「うたう」にはさまざまな意味があるが、「歌」は中でも、〝**音楽に合わせてうたう**〟場合に用いるのが基本。〝詩を作る〟場合は「詠」（p32）、〝謡曲をうたう〟場合は「謡」（p614）を使うことが多い。また、〝ほめたたえる〟〝宣言する〟場合には「謳」（p43）を、〝はっきりとうたう〟場合には「唱」（p291）を使うこともある。

◆一方、「うた」と訓読みする漢字には「唄」（p28）もある。「歌」が広く〝うた〟一般を指すのに対して、「唄」は庶民がうたう素朴な〝うた〟のイメージを持つ。また、「ある愛の詩《うた》」のように、「詩」（p237）をあえて「うた」と読ませて、詩的なイメージを強調することもある。

「うたう／うた」を書き表す漢字にこれだけバリエーションがあるのは、生活のいろいろな場面で〝うた〟が歌われてきた証拠だろう。

なお、日本語では、特に〝**和歌**〟を指すこともある。「歌人《かじん》」「歌壇《かだん》」「歌《うた》を詠《よ》む」などが、その例である。

か 箇 14画

添え物にしてはちょっと大げさ？

［音読み］カ
［部首］竹（たけかんむり）

本来は〝竹の札〟を指すが、現在では「個」（p172）と同じく、**ものを数えるときに添える漢字**として使われる。以前はコとも音読みしたが、現在ではカしか用いず、「何箇所《なんかしょ》」「何箇月《なんかげつ》」「何箇条《なんかじょう》」「箇条《かじょう》書き」などのように用いられる。また、**特にある場所・部分を指し示す**はたらきもあり、「注意すべき箇所《かしょ》」がその例。

なお、一般によく用いられる「何ケ所《なんかしょ》」「何ケ月《なんかげつ》」の「ケ」は、部首「竹」の半分を「箇」の略字として用いたものだという。つまり、「箇」と書く方が由緒正しいが、見た目がおおげさなのが欠点である。

か 稼 15画

汗水垂らして努力はするが…

［音読み］カ
［訓読み］かせ-ぐ
［部首］禾（のぎへん）

部首「禾」は〝穀物〟を表す記号。本来は〝穀物を栽培する〟ことを表すが、日本では転じて〝**収入を得ようと働く**〟という意味で使われる。「副業で稼《かせ》ぐ」「共稼《ともかせ》ぎ」などがその例。また、さらに変化して、「点数を稼《かせ》ぐ」「時間稼《かせ》ぎ」のように〝**そのためだけに努力して手に入れる**〟ことも表す。

「稼業《かぎょう》」は〝収入を得るための仕事〟だが、「サラリーマン稼業」のように苦笑い的なニュアンスを込めて用いられることが多い。また、「稼働《かどう》」は多くは〝**機械が働く**〟ことを指して使われる。

苦笑いだったり、機械だったり。現代社会で〝収入を得ようと働く〟ことの意味合いが、今さらながら思われる。

か

課

15画

［音読み］カ
［部首］言（ごんべん）

オフィスで必ず目にしますが…

基本的な意味は、〝**義務として割り当てる**〟こと。「税金を課《か》す」「宿題を課《か》す」がその例。また、「課題《かだい》」「日課《にっか》」「学課《がっか》」のように〝**割り当てられた義務**〟をも表す。

◆似た意味で「かする」と読む漢字には「科」（p53）もある。「刑罰を科《か》する」のように法律に関係する場合は「科」を書くが、それ以外は「課」を用いる。

転じて、〝**割り当てられた仕事を行う部署**〟の意味でも用いられる。例としては、「総務課《そうむか》」「課長《かちょう》」「すぐやる課《か》」など。さらに変化して、〝**割り当てた義務のでき具合**〟という意味になることもある。「人事考課《じんじこうか》」はその例。

この漢字を目にしないオフィスはなさそうだが、本来はなんとも息苦しいイメージを持っているのである。

が

牙

4画

［音読み］ガ、ゲ
［訓読み］きば
［部首］牙（きば）

鋭さは大将の証

「毒牙《どくが》にかかる」「歯牙《しが》にもかけない」「牙《きば》を抜かれる」など、〝**動物の長く鋭い歯**〟を表す。音読みはガを用いるのが原則。ゲは奈良時代以前からある古い読み方で、現在では「象牙《ぞうげ》」関係にしか使わない。

また、昔は大将の旗に象牙の飾りを付けたことから、〝**大将の旗**〟をも表す。「牙《が》城《じょう》」は本来、〝大将の旗が立つ城〟のことで、現在では〝本拠地〟をいう。

なお、昔から「牙」と書き、画数も4画とするが、「牙」のように「𠃊」を「丨一」と分けて書いて、5画で数えることも多い。

部首としては？

漢和辞典では部首の一つだが、日常的に使われる漢字で「牙」を部首とするものは、「牙」のほかにはない。

が

瓦

5画

［音読み］ガ
［訓読み］かわら
［部首］瓦（かわら）

屋根以外にはどこで使う？

「屋根瓦《やねがわら》」「鬼瓦《おにがわら》」「瓦《かわら》を葺《ふ》く」など、主に屋根をおおうために〝**粘土を焼いて作った陶器の板**〟を表す。ただし、本来は屋根に限らず〝**素焼きの陶器**〟**全般**を意味し、音読みの熟語ではこの意味の例が多い。「瓦礫《がれき》」は、〝素焼きの陶器のかけらや小石〟。「瓦解《がかい》」は、〝素焼きの陶器のようにもろく壊れる〟。「煉瓦《れんが》」も〝素焼きの陶器〟の一種である。

部首としては？

〝陶器〟に関係する漢字の部首となる。例は少ないが、「瓶」（p522）や、〝棟瓦《むねがわら》〟を表す「甍《いらか》」、〝地面に敷き詰める陶器のかけら〟を表す「甃《いしだたみ》」などがある。

が

我

7画

［音読み］ガ
［訓読み］われ、わ-が
［部首］戈（ほこづくり、かのほこ）

〝自分〟へのこだわり

〝**自分自身**〟を指す漢字。ただし、現代日本語では「自我《じが》」「我《が》が強い」「我《われ》を忘れる」のように、〝**自意識**〟の意味で用いることが多い。

「我《わ》が国」「我《わ》が家《や》」「我《わ》が物顔《ものがお》」などでは、〝**自分自身の**〟という意味。「私」（p231）と比べると〝自分のもの！〟というニュアンスが強い漢字である。なお、「吾」（p176）も「われ／わが」と訓読みするが、現在では「我」を使う方が一般的。

部首「戈」は〝刃の付いた武器〟を表す。「我」も本来は〝のこぎり〟の意味で、大昔の中国語で〝自分自身〟を指すことばと発音が似ていたので、当て字的に用いられるようになった、と考えられている。

が
画

8画

［音読み］ガ、カク
［部首］田（た）

描くだけじゃないんだぜ！

「画家《がか》」「画用紙《ようし》」「画面《がめん》」「水彩画《すいさいが》」など、〝**絵**〟や〝**絵を描く**〟ことを表すのが、代表的な意味。「動画《どうが》」「映画《えいが》」「録画《ろくが》」など、〝**動きのある映像**〟を指すこともある。これらの場合はガと音読みする。

一方、「区画《くかく》」のように地面などを〝**区切る**〟ことを表す場合は、カクと音読みする。「画期的《かっきてき》」「一時代を画《かく》する」など、時間について用いられることもある。また、「筆画《ひっかく》」「画数《かくすう》」では、〝**漢字の形をばらばらに区切ったもの**〟を指す。

さらには、区切った結果をもとに〝**いろいろと構想を練る**〟ことをも表す。この場合も、音読みはカク。「計画《けいかく》」「企画《きかく》」「画策《かくさく》」などがその例となる。

なお、〝絵を描く〟の意味で「えがく」、〝区切りをつける〟の意味で「かぎる」などと訓読みすることもあるが、現在ではどちらもあまり用いられない。

以前は「畫」と書くのが正式。部首「田」が付いているのは、本来は〝耕作地を区切る〟という意味だったから。「画」は、その略字として昔から使われてきた。「画」では「凵」が目立つので、部首を「凵（うけばこ）」とする辞書もある。

が
芽

8画

［音読み］ガ
［訓読み］め
［部首］艹（くさかんむり）

秘められた可能性

部首「艹」は〝植物〟を表す。**生えたばかりの植物の**〝**め**〟を意味し、「発芽《はつが》」「麦芽《ばくが》」「芽生《ば》え」「新芽《しんめ》が出る」などがその例。

また、比喩的に用いられて、〝**将来的に発展する可能性**〟をも指す。「苦労を重ねてやっと芽《め》が出た」「成長の芽《め》を摘《つ》む」「現代芸術の萌芽《ほうが》」などがその例。

なお、以前は「牙」を「牙」とした「芽」と書くのが正式。

が
臥

9画

［音読み］ガ
［訓読み］ふ-す、ふ-せる
［部首］臣（しん）

起き上がるのがおっくうだ…

「病臥《びょうが》」「万年床に臥《ふ》す」「一日中、臥《ふ》せっていた」など、〝**横になって休む**〟ことを表す。部首「臣」（p309）は〝下を見る〟という意味。

◆似た意味で「ふす／ふせる」と訓読みする漢字には「伏」（p531）もある。「伏」は〝横たわる／横たえる〟ことを広く表すので、現在では「伏」を使うことが多い。ただし、〝体力がなくて横になる〟場合には、「臥」を書くのが効果的である。

が
賀

12画

［音読み］ガ
［部首］貝（かい）

大切なのは気持ちですよ！

〝**お祝いする**〟ことを表す。「年賀《ねんが》」「賀春《がしゅん》」「祝賀会《しゅくがかい》」「先生の長寿を賀《が》する」など、すべてこの意味の例。「加賀《かが》」「志賀《しが》」「横須賀《よこすか》」など、姓や地名に多く用いられるのも、この意味が喜ばれた結果だろう。

部首「貝」は〝お金や宝物〟を表す記号。もともとは〝お金や宝物を贈ってお祝いする〟という意味だったと考えられるが、だとするとちょっと興ざめである。

が
雅

13画

［音読み］ガ
［訓読み］みやび
［部首］隹（ふるとり）

バタバタはしないはずです

「優雅《ゆうが》」「王朝の雅《みやび》」「雅《みやび》やかな和服の着こなし」など、〝**ゆったりしていて洗練されている**〟ことを表す。名前で「まさ」と読むのは、ほかよりも〝まさっている〟ことから。

本来は〝**宮廷の**〟という意味で、「雅楽《ががく》」とは、宮廷で演奏される音楽をいう。

部首「隹」（p322）は〝鳥〟を表す記号。「雅」ももともとは〝からす〟の一種を指したらしい。それが現在のような意味となった経緯には諸説があるが、〝からす〟から宮廷への転身は、なかなか大胆である。

なお、以前は「牙」を「牙」とした「雅」と書くのが正式。

が 餓

15画

［音読み］ガ
［訓読み］う-える
［部首］飠（しょくへん）

あばら骨がゴツゴツと…


「飢餓《きが》」「餓死《がし》」など、〝**空腹で苦しむ**〟ことを表す。

「我」（p58）は本来は〝のこぎり〟を指し、「食」が変形した部首「飠」を組み合わせて、〝やせてあばら骨がのこぎりの歯のように浮き出る〟ことを表すという。

以前は「餓」と書くのが正式。なお、訓読み「うえる」は、現在では「飢」（p99）を書くのが一般的である。

かい 介

4画

［音読み］カイ
［部首］人（ひとやね）

間に立って人助け

基本的な意味は、〝**間に入る**〟こと。例としては、「紹介《しょうかい》」「仲介《ちゅうかい》」「介在《かいざい》」「介入《かいにゅう》」「人を介《かい》してお願いする」など。

間に入って人助けをすることから、〝**助ける**〟という意味にもなる。「介抱《かいほう》」「介護《ご》」「介助《かいじょ》」「介添《かいぞ》え」などがその例。また、〝**関わりを持つ**〟ことをも表し、「よけいなお節介《せっかい》」「厄介《やっかい》になる」「意に介《かい》さない」のように使われる。名前で「すけ」と読むのは、〝補佐官〟を指す古語に由来する。

ただし、古代文字では「」で、「人」の両側に〝よろい〟を付けた形だと考えられている。「魚介類《ぎょかいるい》」で〝**甲羅**〟を指すのは、そのなごりである。

なお、「一介《いっかい》の平社員」の「一介」は、〝一つ〟の意味。「箇」（p57）の略字「ヶ」が「个」と書かれることがあり、それと間違えて「介」が使われたものだという。

かい 会

6画

［音読み］カイ、エ
［訓読み］あ-う
［部首］人（ひとやね）

人が集まるぴったり集まる

基本的な意味は、〝**一か所に集まる／集める**〟こと。「会合《かいごう》」「会話《かいわ》」「再会《さいかい》」「面会《めんかい》」「友人に会《あ》う」のように、特に〝**人が集まる**〟ことを表す場合が多い。「会員《かいいん》」「会社《かいしゃ》」「国会《こっかい》」「大会《たいかい》」などでは、〝**人が集まるところ**〟。

とはいえ、部首「人」は形の上から便宜的に分類されたもので、意味の関係はない。

「会計《かいけい》」「照会《しょうかい》」では、〝**情報などをぴったり合わせる**〟こと。「会心《かいしん》の一撃」「必殺技を会得《えとく》する」では、〝**心が何かとぴったり一致する**〟という意味。「機会《きかい》」は、〝**何かをするのにちょうどよい**〟という時間的な意味。〝人〟以外では、〝ぴったり〟〝ちょうど〟といったニュアンスが目立つ。

音読みはカイを用いるのが一般的。エは奈良時代以前からある古い読み方で、すでに挙げた「会得《えとく》」のほか、「会釈《えしゃく》」「法《ほう》会《え》」など、仏教のことばで使われることがある。
◆「あう／あわせる」と訓読みする漢字には、「合」（p198）「遇」（p138）「遭」（p371）などもある。その中で、現在では、〝人と人があう〟場合に「会」を用いるのが習慣。ただし、「逢《あ》い引《び》き」のように、特別な雰囲気を出すために「逢」（p8）を用いる場合もある。
以前は「會」と書くのが正式。現在でも、「株式會社《かぶしきがいしゃ》」「大運動會《だいうんどうかい》」のように、古風な雰囲気を出したいときに好んで「會」を使うことがある。

かい 回

6画

［音読み］カイ、エ
［訓読み］まわ-る
［部首］囗（くにがまえ）

じっとしてなどいられない！

見てのとおり、〝ぐるぐるまわる〟ようすを絵にした漢字。「こまの回転《かいてん》」「風車が回《まわ》る」「車輪を回《まわ》す」のように〝**その場でまわる**〟のが基本だが、「旋回《せんかい》」「郵便物の回《かい》送《そう》」「回答《かいとう》」のように〝**向きを変えて進む**／**進ませる**〟ことをいう場合もある。また、「巡回《じゅんかい》」「町内を回《まわ》る」「眺め回《まわ》す」のように〝**全体を一周する**〟ことを表したり、「迂《う》回《かい》」「回避《かいひ》」「遠回《とおまわ》り」のように、〝**予定より遠くなるコースを進む**〟という意味で用いたりもする。

「一回《ひとまわ》り」することから〝**もとに戻る**／**戻す**〟ことをも表す。「回帰《かいき》」「回復《かいふく》」「挽回《ばんかい》」「奪回《だっかい》」などがその例。そこから転じて、「回顧《かいこ》」「回想《かいそう》」のように〝**振り返る**〟という意味で用いられることもある。

また、〝ぐるぐるまわる〟から〝**くり返す**〟という意味ともなり、「使い回《まわ》す」がその例。「今回《こんかい》」「次回《じかい》」では〝**くり返しの一つ**〟を指し、「回数《かいすう》」「最終回《さいしゅうかい》」「三回忌《さんかいき》」など、**度数を数える漢字**としても使われる。

日本語では、さらにいろいろな意味で使われる。「タクシーを回《まわ》す」「利益を投資に回《まわ》す」「手回《てまわ》しがいい」などでは、〝向きを変える〟から転じて、〝**必要なところへ差し向ける**〟こと。また、「賛成に回《まわ》る」「敵に回《まわ》す」のように〝**意見や立場を変える**〟という意味にもなる。

〝全体を一周する〟から変化したのが、「仕事を回《まわ》す」「機械を回《まわ》す」など〝**全体をうまく機能させる**〟という意味。「気が回《まわ》る」「酔いが回《まわ》る」もその一種。また、「逃げ回《まわ》る」「追い回《まわ》す」のように、〝**あちこちを移動する**〟ことを指す場合もある。

ただし、「いじくり回《まわ》す」「こづき回《まわ》す」のように〝**徹底的に○○する**〟という意味合いになると、漢字本来の意味からはかなり離れるようである。

音読みはカイを用いるのが大原則。エは奈良時代以前からある古い読み方で、仏教で〝死者の成仏を願う〟ことを表す「回向《えこう》」以外では、ほとんど用いられない。

◆訓読み「まわり」では、「周」（p264）との使い分けが問題となる。「周」は〝何かを取り巻く部分〟という動かないものを指す場合だけ用い、「回」は「あいさつ回《まわ》り」「大立《おおた》ち回《まわ》り」など、〝動き〟がある場合に使う。「胴回《どうまわ》り」で「回」を書くのは、巻き尺を〝ぐるっと一回り〟させているからか。「身の回《まわ》り」は、本来は「身の周《まわ》り」と書くべきではないかと思われる。

かい

快

7画

［音読み］カイ、ケ
［訓読み］こころよ-い
［部首］忄（りっしんべん）

速さへの憧れ

部首「忄」は、「心」の変形。〝**気持ちがいい**〟ことを表すのが基本。「快調《かいちょう》」「快活《かいかつ》」「豪快《ごうかい》」「痛《つう》快《かい》」「快刀乱麻《かいとうらんま》」「快《こころよ》い眠り」などなど、さまざまな〝気持ちのよさ〟を指して用いられる。「快速《かいそく》」「軽快《けいかい》」などでは、特に〝**気持ちいいくらい速い**〟こと。〝速さ〟のもたらす高揚感が、よく現れている。

なお、仏教の世界では「快楽」を「けらく」と読むことがある。ケは奈良時代以前からある古い読み方である。

かい

戒

7画

［音読み］カイ
［訓読み］いまし-める
［部首］戈（ほこづくり、かのほこ）

危ないから気をつけて！

部首「戈」は、〝武器の一種〟を表す。武器を持って敵に備えることから、〝**不測の事態に備える**〟ことを意味する漢字で、「警戒《けいかい》」「厳《げん》戒態勢《かいたいせい》」などがその例。

転じて、〝**失敗しないために注意する**〟という意味でも用いられる。「自戒《じかい》」「懲《ちょう》戒《かい》」「きつく戒《いまし》める」「今後の戒《いまし》め」を始め、仏教の「戒律《かいりつ》」やモーセの「十戒《じっかい》」など、

“禁止”のイメージが色濃い漢字である。ちなみに、「戒名《かいみょう》」も、本来は“仏教の戒律に従う者に与えられる名前”である。

かい
改
7画
［音読み］カイ
［訓読み］あらた-める
［部首］攵（のぶん）

日本語を中国風に

部首「攵」は“手に棒を持つ形”で、強制的な意味合いがある。“**以前より適切なものにする**”ことを表す。「改良《かいりょう》」「改正《かいせい》」「改《かい》訂版《ていばん》」「契約更改《けいやくこうかい》」「生活習慣を改《あらた》める」などがその例。

ただし、日本語「あらためる」には“**検査する**”という意味がある。そこで、「手荷物を改《あらた》める」といえば“手荷物を検査する”こと。これは日本語独特の用法だが、「改札《かいさつ》」は、それを中国語風に音読みの熟語にして使っている例である。

かい
貝
7画
［音読み］バイ
［訓読み］かい
［部首］貝（かい）

ずっと前からの友だちです

水中に住み、**硬い殻を持つ動物**“**かい**”を表す。

古代文字では「」と書くが、これは、大昔は貨幣として用いられ、現在でもアクセサリーに使われる“たからがい”の絵だと考える説が有力である。

「貝殻《かいがら》」「貝柱《かいばしら》」「巻《ま》き貝《がい》」「二枚貝《にまいがい》」のように訓読みで読むことが多く、音読みを使う例は少ない。多くの「貝塚《かいづか》」が語るように、漢字と出会うずっと前から日本人は「かい」と付き合ってきた。中国語の発音が変化した音読みは、入り込むスキがなかったのかもしれない。

部首としては？

大昔は貨幣として使われたことから、“お金や宝物”を表す漢字の部首となる。その例は、「貨」（p55）「財」（p216）「贈」（p375）「賃」（p426）「買」（p491）「費」（p513）などなどたいへん多く、“お金”の大切さをまざまざと教えてくれる。なお、漢字の左側に置かれた場合は「かいへん」と呼ばれ、それ以外の場合は単に「かい」という。

かい
怪
8画
［音読み］カイ、ケ
［訓読み］あや-しい
［部首］忄（りっしんべん）

理解を超えた驚きの世界

部首「忄」は、「心」の変形。“**異様な気持ちがする**”というのが基本的な意味。「妖怪《ようかい》」「怪《かい》奇《き》現《げん》象《しょう》」「怪文書《かいぶんしょ》」「怪《あや》しい行動」など、“**素性がはっきりせず理解できない**”という意味で用いられる傾向が強い。

ただし、“**驚くほどの**”というプラスのイメージでも使われる。「怪力《かいりき》」は“人並み外れた強い力”。「怪傑《かいけつ》」は“不思議な能力を備えた人物”。「怪物《かいぶつ》」も、“驚くほどの才能の持ち主”という意味にもなる。

◈「あやしい」と訓読みする漢字には「妖」（p609）もある。現在では「怪」を書くのがふつうだが、“不思議で人を惑わせる”場合に「妖」を使うのも効果的である。

音読みは基本的にカイを用いる。ケは奈良時代以前からある古い読み方で、「物《もの》の怪《け》」「怪我《けが》」「怪訝《けげん》な表情」などでしか使われない。しかも、「怪我」は漢字の意味とは関係のない当て字である。

かい
拐
8画
［音読み］カイ
［部首］扌（てへん）

ほかでは使われないからこそ？

本来は、“だまし取る”ことを表す。ただし、現在では、「誘拐《ゆうかい》」以外の形ではまず用いられない。“**人を強制的に連れ去る**”ところから、「かどわかす」と訓読みすることもあるが、現在ではかな書きがふつう。ほかでは使われないことが、かえって「誘拐」に独特の不気味さを与えているように思われる。

悔

かい

9画

［音読み］カイ、ゲ
［訓読み］く-いる、く-やむ、くや-しい
［部首］忄（りっしんべん）

受け入れたくはないけれど…

部首「忄」は「心」の変形。以前は「悔」と書くのが正式で、「毎／毎」（p572）には〝暗い〟という意味があるらしい。**〝そうでなければよかったのに、という気持ち〟**を表す。「後悔《こうかい》」「悔《く》いが残る」「悔《く》やんでもしかたない」などがその例。転じて、「お悔《く》やみ申し上げます」のように、**〝弔いの気持ち〟**を表す日本語独特の用法もある。

後ろ向きのイメージを持つ漢字だが、「負けて悔《くや》しい」「悔悛《かいしゅん》の情」「悔悟《かいご》」のように、**〝反省して出直そうとする〟**という積極的な心情を表すこともある。

音読みはカイを用いるのが大原則。「懺悔《ざんげ》」でゲと読むのは、奈良時代以前からある古い読み方ケが、直前のンと結びついて変化したものである。

海

かい

9画

［音読み］カイ
［訓読み］うみ
［部首］氵（さんずい）

使い方にも広がりあり！

部首「氵」は「水」の変形。**水が広々とたたえられた〝うみ〟**を表す。ただし、「雲海《うんかい》」「樹海《じゅかい》」「血《ち》の海《うみ》」のように、比喩的に**〝広がっているもの〟**を指すこともある。また、〝広い気持ちで受け入れる〟ことを意味する「海容《かいよう》」のような用い方もある。

訓読みは基本的に「うみ」だけだが、続くことばによっては、「海原《うなばら》」のように「うな」と変化することがある。さらに、当て字的に用いられることが多いのが特徴。「海女《あま》」「海苔《のり》」「海豚《いるか》」「海豹《あざらし》」などは、漢字の熟語をそのまま、意味を表す日本語で読む当て字的表現。また、「海老《えび》」「海月《くらげ》」「海鼠《なまこ》」「海胆《うに》」など、日本人が独自に、日本語の意味を漢字で表したものも多い。さすが日本は海洋国家である。

以前は「海」と書くのが正式。「毎／毎」（p572）には〝暗い〟という意味があるらしい。大昔の中国では〝海〟のイメージはあまり明るくはなかったようである。

界

かい

9画

［音読み］カイ
［部首］田（た）

結局は閉じている？

部首「田」に、〝間に入る〟ことを表す「介」（p60）を組み合わせた漢字。〝耕作地の間を区切る〟ことから、広く**〝境目〟**を表すのが基本。「境界《きょうかい》」「限界《げんかい》」「臨界《りんかい》に達する」などがその例。

ただし、実際には〝境目の内側〟つまり**〝ある範囲・領域〟**を表すことが多い。例としては「世界《せかい》」「視界《しかい》」「磁界《じかい》」「界隈《かいわい》」など。さらに、「財界《ざいかい》」「業界《ぎょうかい》」「映画界《えいがかい》」「野球界《やきゅうかい》」「アニメ界《かい》」などなど、現在では**「○○の世界」の省略形**として、さまざまなことばの後に付けて用いられる。

皆

かい

9画

［音読み］カイ
［訓読み］みな
［部首］白（しろ）

例外はありません！

〝すべて残らず〟という意味を表す。「皆勤《かいきん》」「免許皆伝《めんきょかいでん》」「皆既日食《かいきにっしょく》」「係の者は皆《みな》、外出中です」などがその例。

部首「白」（p492）は〝言う〟の意味だとか、もとは「曰」（p21）だとか「自」だとかの説がある。「比」（p508）は〝人が並んだ形〟なので、本来は〝一緒にいる人すべて〟という意味だったと思われる。

晦

かい

11画

［音読み］カイ
［部首］日（ひへん、にちへん）

明日からまた新しくなる！

現在では、〝一年の最後の日〟をいう「大晦日《おおみそか》」の

形で使われるのが最も多い。「みそか」とは「三十日《さんじゅうにち》」の古い言い方で、〝月の最後の日〟のこと。「晦」は、本来は〝**新月**〟を指す。昔の暦では、月の終わりは必ず新月になる。

月のない暗い夜であることから、〝**はっきりしない**〟という意味にもなる。「晦《かい》渋《じゅう》」とは、文章などの〝意味がわかりにくい〟ことをいう。

部首「日」に、「毎」（p572）の以前の書き方「毎」を組み合わせた漢字。「毎／毎」には〝暗い〟という意味があるらしい。印刷文字では「晦」の形が標準とされているが、手書きでは「毎」を「毎」と書いても差し支えない。

かい 械

11画

［音読み］カイ
［部首］木（きへん）

よく見かけるけど実は…？

〝いましめ〟を意味する「戒」（p61）に、部首「木」を組み合わた漢字。本来は、罪人の手足を固定する木製の〝かせ〟を表し、後に広く〝**ものを組み合わせて作った装置**〟を表すようになったという。

現在では、「機械《きかい》」「器械《きかい》」以外ではほとんど用いられない。どちらも〝装置〟だが、「機械」の方がより大がかりなものを表す。なじみがある割には使用場面が極端に限られた、ストイックな漢字である。

なお、「かせ」を書き表す漢字としては、現在では「枷」を使うのがふつうである。

かい 絵

12画

⇩ え（p30）

かい 開

12画

［音読み］カイ
［訓読み］ひら-く、あ-く、あ-ける
［部首］門（もんがまえ）

中を通って新しい世界へ！

本来は〝**門を動かして通れるようにする**〟ことを表す。「開門《かいもん》」「門を開《ひら》く」「ドアが開《あ》く」が、基本に忠実な使い方。転じて、「開放《かいほう》」「開通《かいつう》」「開票《かいひょう》」「ノートを開《ひら》く」「花が開《ひら》く」「カーテンが開《あ》く」「包みを開《あ》ける」のように、〝**通ったり中を見たりできるようになる／する**〟ことを表す。

◆訓読み「あく／あける」では、「明」（p584）「空」（p137）との使い分けが問題となる。「明」は〝新しい期間が始まる〟場合、「空」は〝中身をなくす〟場合に用いるのに対して、「開」は〝通ったり中を見たりできるようになる／する〟場合に使う。

また、〝門が開く〟ところから、〝**広がる／広げる**〟ことをも表す。「散開《さんかい》」「立方体の展開図《てんかいず》」「差が開《ひら》く」などがその例。

一方、〝通れるようにする〟ところから、〝**仕事や業務などを始める**〟という意味にもなる。「開業《かいぎょう》」「開戦《かいせん》」「店を開《ひら》く」などがその例。「開発《かいはつ》」「物語の展開《てんかい》」「文明が開《ひら》ける」「悟りを開《ひら》く」などでは、〝**新しい状態を作り出す**〟こと。新たな〝何か〟の始まりを予感させる漢字である。

◆「ひらく」と訓読みする漢字には「拓」（p394）「啓」（p145）などもある。現在では「開」を書くのがふつうだが、〝開拓する〟場合に「拓」を書いたり、「蒙《もう》を啓《ひら》く」のように〝わからせる〟ことを表すために「啓」を用いることもある。

かい 階

12画

［音読み］カイ
［部首］阝（こざとへん）

はしごの出世物語

部首「阝」は「阜」（p525）の変形で、〝盛り上がった土〟を表す。「階段《かいだん》」に代表されるように、**土手や建物などに上がるための**〝**段**〟を指す。この意味で「きざはし」と訓読みすることもあるが、かなり古風なことば。

転じて、〝**段のように上下に重なってい**

るもの〟をも表す。「段階《だんかい》」「階級《かいきゅう》」「階層《かいそう》」などがその例だが、中には、音楽の「音《おん》階《かい》」や、写真の色合いなどの「階調《かいちょう》」のような例もある。

もっともポピュラーなのは、「二《に》階《かい》建《だ》て」「ビルの最上階《さいじょうかい》」のような〝**建物のフロア**〟の意味。これは日本語独自の用法だが、フロアを結ぶ〝はしご〟が、〝フロア〟そのものを表すようになったというのは、なかなかの出世であろう。

かい
塊
13画
［音読み］カイ
［訓読み］かたまり
［部首］土（つちへん）

そこに確実に存在している…

部首「土」が示すように、本来は〝土がある程度の大きさに固まったもの〟を表す。転じて、広くさまざまな〝**固まったもの**〟を指して用いられる。「金塊《きんかい》」「肉塊《にくかい》」「欲望の塊《かたまり》」などがその例。なんにせよ、独得の存在感のある漢字である。

かい
楷
13画
［音読み］カイ
［部首］木（きへん）

折り目正しい学問の木

本来は**樹木の一種**を表す漢字。中国の聖人、孔子の墓に植えられたことから〝学問の木〟とされ、また、枝ぶりが整っていることから〝**折り目正しい**〟というイメージもある。〝漢字の形をくずさない書き方〟を意味する「楷書《かいしょ》」がその例。現在では、この熟語以外ではまず用いられない。

かい
解
13画
［音読み］カイ、ゲ
［訓読み］と-く、と-ける、と-かす、わか-る
［部首］角（つのへん）

切り分けてきちんと整理！

「刀」と「牛」と「角」の三つから成り立ち、〝刀で牛の体や角を切り分ける〟ことから、〝**細かく分けて整理する**〟ことを表す。「解《かい》体《たい》」「解剖《かいぼう》」「分解《ぶんかい》」などがその例。成り立ちはわかりやすいが、意味も読み方も複雑で、あなどれない漢字である。

まず、〝整理する〟ことから、〝**整理してわかりやすく述べる**〟という意味となる。「解明《かいめい》」「解説《かいせつ》」「図解《ずかい》」「弁解《べんかい》」「謎を解《と》く」などがその例。「理解《りかい》」「誤解《ごかい》」「了解《りょうかい》」「問題が解《と》ける」などでは、〝**整理してはっきりと知る**〟こと。「原因が解《わか》る」「トルコ語を解《かい》する」「どうにも解《げ》せない」などもこの例である。

また、〝細かく分ける〟ところから、ばらばらになって〝**なくなる**／**なくす**〟という意味にもなる。「溶解《ようかい》」「氷解《ひょうかい》」「解散《かいさん》」「解消《かいしょう》」などがその例。「解決《かいけつ》」「和解《わかい》」も、〝**問題などをなくす**〟こと。「解熱《げねつ》」「解毒《げどく》」もその例である。

ばらばらにするところから〝**ゆるめる**〟という意味でも使われる。「結び目を解《と》く」「緊張を解《と》く」などがその例。「解放《かいほう》」「解禁《かいきん》」「解除《かいじょ》」「解脱《げだつ》」などでは、〝**自由な状態にする**〟こと。また、「解任《かいにん》」「解雇《かいこ》」「職を解《と》く」のように、仕事をしている人を〝**辞めさせる**〟ことを指す場合もある。

◆〝わかりやすく述べる〟という意味で「とく」と訓読みする漢字には、「釈」（p255）「説」（p348）もある。「釈」は現在ではあまり用いられないが、「説」は〝伝えてわかってもらう〟という意味で使われる。それに対して、「解」は〝整理する〟というニュアンスを持つのが違いである。

◆また、「とく／とける／とかす」では、「溶」（p612）との使い分けも問題となる。〝液体にとかす〟〝とけて液体になる〟場合には「溶」を用いるのが一般的。そこで、「雪が溶《と》ける」なら〝雪が水になる〟ことに重点があるが、「雪解《ゆきど》け」は〝雪がなくなる〟ことにポイントがある。また、〝加熱してとかす〟場合や〝完全にとけ合う〟場

合には、「融」（p605）を使うこともある。

◆なお、「わかる」については、現在では「分」（p537）を用いて「分かる」と書くのが一般的。ただし、特に〝理解する〟というイメージを強調したいときに、「解」を用いることもある。

音読みはカイを用いるのが一般的。ゲは奈良時代以前からある古い読み方だが、すでに挙げた「解熱《げねつ》」「解毒《げどく》」「解脱《げだつ》」「解《げ》せない」などで、現在でも使われる。

かい 潰

15画

［音読み］カイ
［訓読み］つぶ-れる、つい-える
［部首］氵（さんずい）

とうとう支えきれなくなって…

「堤防が決潰《けっかい》する」のように、**〝堤防がくずれて水があふれる〟**ことを表すのが本来の意味。「水」が変形した部首「氵」はそのなごり。転じて、**〝支えきれずにくずれる〟**という意味を表す。「潰走《かいそう》」「潰瘍《かいよう》」などがその例。「壊滅《かいめつ》」「壊乱《かいらん》」なども、「潰滅《かいめつ》」「潰乱《かいらん》」と書くこともある。

訓読みでは「つぶれる／つぶす」と読んで、「箱が潰《つぶ》れる」「会社を潰《つぶ》す」のように広く**〝こわれる／こわす〟**という意味で用いる。ただし、「夢が潰《つい》える」「野望が潰《つい》える」のように「ついえる」と読むと、本来の〝支えきれなくなる〟のイメージが漂ってくる。とうとう〝つぶれる〟その瞬間に対して、何らかの思い入れを込めて使ってみたくなる漢字である。

◆「ついえる」と訓読みする漢字には「費」（p513）もあるが、「費」は〝むだに使う〟ことを意味する漢字なので、使い分けはそれほどまぎらわしくはない。

かい 壊

16画

［音読み］カイ、エ
［訓読み］こわ-す
［部首］土（つちへん）

あるべき形が失われる

部首「土」にも現れているように、本来は〝土がくずれる〟ことで、広く**〝形がくずれる〟**ことを表す。「破壊《はかい》」「崩壊《ほうかい》」「古い家を壊《こわ》す」などがその例。転じて、「時計が壊《こわ》れる」のように**〝役に立たなくなる〟**こともいう。

音読みはカイを用いるのが大原則。エは奈良時代以前からある古い読み方。現在では、〝体の一部の組織が死ぬ〟ことを表す「壊死《えし》」や、仏教で〝こわれない〟ことをいう「不壊《ふえ》」で用いられる程度である。

◆「こわす」と訓読みする漢字には「毀」（p102）もある。現在では「壊」を書くのがふつうだが、特に〝立派なものを傷つける〟という意味で「毀」を書くこともある。

なお、以前は「壞」と書くのが正式。

かい 懐

16画

［音読み］カイ
［訓読み］なつ-かしい、なつ-く、いだ-く、ふところ
［部首］忄（りっしんべん）

人間の肌のあたたかさ…

部首「忄」は「心」の変形。「懐古《かいこ》」「懐旧《かいきゅう》」「本懐《ほんかい》を遂げる」「懐《なつ》かしい記憶」など、**〝心で大切に感じる〟**ことを表す。転じて、「よく懐《なつ》く猫」「反対派を懐柔《かいじゅう》する」では**〝気を許す／許させる〟**という意味。

◆訓読み「いだく」は、現在では「抱」（p555）を用いるのが一般的。あえて「恋心を懐《いだ》く」のように書くと、〝大切におもい続ける〟というニュアンスが強くなる。なお、「おもう」と訓読みすることもあるが、現在で「思」（p233）を書くのがふつう。

以前は「懷」と書くのが正式。右半分に「衣」が含まれているように、本来は**〝胸から腹にかけての衣服の内側〟**を指し、「懐《かい》中時計《ちゅうどけい》」「懐《ふところ》にしまう」などがその例。〝大切に感じる〟の意味は、〝胸のあたり〟から変化したもの。また、〝腹のあたり〟から転じて、「懐妊《かいにん》」「懐胎《かいたい》」のように**〝身ごもる〟**という意味でも用いられる。

意味は多いが、もとをたどれば、すべ

て〝胸から腹のあたり〟に行き着く。体温のぬくもりを思い出させる漢字である。

かい 諧

16画

［音読み］カイ
［部首］言（ごんべん）

みんなで笑い合いながら

部首「言」が付いているように、〝ことばを交わしてうちとける〟ことが本来の意味。転じて〝**ユーモア**〟をも表す。「諧謔《かいぎゃく》」がその例。「俳諧《はいかい》」とは本来、大勢で集まってユーモアを交えながら作る文芸。

なお、〝調和する〟という意味にもなるが、現在ではあまり用いられない。

がい 外

5画

［音読み］ガイ、ゲ
［訓読み］そと、ほか、はず-す
［部首］夕（ゆうべ）

「内」の反対？「中」の反対？

〝**ある範囲に含まれないところ**〟を表す。「室外《しつがい》」「国外《こくがい》」「外部《がいぶ》」「外食《がいしょく》」のように具体的な場所を指すのが基本。特に「外交《がいこう》」「外資《がいし》」「外車《がいしゃ》」のように、**「外国《がいこく》」の省略形**として使われることも多い。また、「外面《がいめん》」「外見《がいけん》」「外用薬《がいようやく》」などは、〝**あるものの表面**〟を指す例。

このように音読みで用いる場合は、「校外《こうがい》」と「校内《こうない》」のように、「内」（p471）と対になることが多い。ただし、「学校の外《そと》」のように訓読みで用いると、対になるのが「中」（p412）となることもあり、音読みと訓読みで微妙な違いを見せている。「外野《がいや》」「外堀《そとぼり》」などは、「内」とペアになって〝**中側にある方**〟を指す例。

また、「例外《れいがい》」「番外《ばんがい》」「予想外《よそうがい》」のように、〝**考えの範囲に含まれない**〟という意味ともなる。「除外《じょがい》」「疎外《そがい》」「排外的《はいがいてき》」などでは、〝**ある範囲に含まれないところへ動かす**〟こと。この場合、訓読みでは「網戸を外《はず》す」「メンバーから外《はず》れる」のように「はずす／はずれる」を用いる。

◆訓読み「ほか」では、「他」（p383）との使い分けが問題となる。一般に、「外」は〝範囲〟について用い、「他」は、「他《ほか》のお店」「他《ほか》の辞書」など〝一個ずつ独立したモノ〟について使う。が、現在では「外」を「ほか」と読んで用いる例はとても少ない。「思いの外《ほか》」は数少ない例の一つだが、かな書きにしてしまうことも多い。

音読みはガイを用いるのが大原則。ゲは奈良時代以前からある古い読み方で、代表例は「外科《げか》」。ほかには「外道《げどう》」「外法《げほう》」など、仏教の世界で使われることがある。

がい 劾

8画

［音読み］ガイ
［部首］力（ちから）

あいつは悪者だ！

〝**罪を調べて訴える**〟ことを表す。現在では、〝主に政治家や官僚の罪を告発する〟ことを意味する「弾劾《だんがい》」以外に、用いられることはない。

がい 害

10画

［音読み］ガイ
［部首］宀（うかんむり）

悪い結果がいろいろと…

基本的な意味は、〝**悪い結果を与える**〟こと。転じて、「傷害《しょうがい》」「危害《きがい》」「気分を害《がい》する」などでは、さらに進んで〝**命を奪う**〟こと。

〝**傷つける**〟ことを表す。「殺害《さつがい》」「自害《じがい》」ではさらに進んで〝**命を奪う**〟こと。

また、「妨害《ぼうがい》」「障害《しょうがい》」のように、〝**邪魔をする**〟ことによって悪い結果を与えることもある。〝**攻め落としにくい場所**〟をいう「要害《ようがい》」も、この変形と考えられる。

「災害《さいがい》」「損害《そんがい》」「害毒《がいどく》」「害《がい》が及ぶ」などでは、何かによって引き起こされた〝**悪い結果**〟**そのもの**を指す。この意味の場合、「水害《すいがい》」「薬害《やくがい》」「冷害《れいがい》」「煙害《えんがい》」のように、〝引き起こすもの〟を表す漢字の下について さまざまな熟語となる。〝悪い結果〟のオンパレードのような漢字である。

なお、「そこなう」と訓読みすることがあるが、現在では「そこなう」は「損」（p382）を書くのがふつうである。

成り立ちには諸説があり、部首「亠」の表すものもはっきりしない。

がい

崖

11画

［音読み］ガイ
［訓読み］がけ
［部首］山（やま）

山は広がりに乏しい!?

〝山や水際などの険しい斜面〟を表す。「断崖《だんがい》」「崖崩《がけくず》れ」「崖《がけ》を登る」などが代表的な例。意味にほとんど広がりのない漢字で、部首が異なるだけだが広がりそのもののような「涯」（p68）とは、対照的である。

がい

涯

11画

［音読み］ガイ
［訓読み］はて
［部首］氵（さんずい）

ここで陸地は終わりです…

本来は、〝水にえぐられた険しい斜面〟を表す。「水」が変形した部首「氵」は、そのなごり。陸地が終わっている場所であることから、転じて**〝ものごとが終わりになるところ〟**を指し、「世界の涯《はて》」「涯《はて》なき追求」のように用いる。

ただし、熟語では「生涯《しょうがい》」「天涯孤独《てんがいこどく》」「境涯《きょうがい》」のように、**〝終わりまで続く広がりのすべて〟**という意味で使われることが多い。その広大なイメージももとは単なる〝斜面〟だったわけで、漢字の意味とはつくづくおもしろいものである。

がい

街

12画

［音読み］ガイ、カイ
［訓読み］まち
［部首］行（ぎょうがまえ）

整備されて都会的！

部首「行」は〝道路〟を表し、「圭」（p143）は〝整っているもの〟を指す。組み合わせて**〝きちんと整えられた道〟**を表す。「街灯《がいとう》」「街路《がいろ》」などがその例。転じて、「繁華街《はんかがい》」「住宅街《じゅうたくがい》」のように、**〝道沿いの区域〟**をも表す。

◆訓読み「まち」では、「町」（p417）との違いが気になるところ。「町」と比べると、「街」には〝整った〟イメージがあるので、「街角《まちかど》のカフェ」のように都会的な雰囲気を出したいときに使うと効果的である。

なお、音読みはガイが基本。カイは平安時代ごろに正式とされた読み方だが、「街道《かいどう》」以外に用いられる例はない。

がい

慨

13画

［音読み］ガイ
［部首］忄（りっしんべん）

心の底からあふれ出る…

部首「忄」は「心」の変形。以前は「慨」と書くのが正式で、「既／既」（p98）には〝いっぱいになる〟という意味がある。合わせて〝心がいっぱいになる〟ことを表すが、「慨嘆《がいたん》」「憤慨《ふんがい》」など**〝悲しみや怒りで心がいっぱいになる〟**ことを指す場合が多い。訓読みすれば「なげく」だが、「なげく」は現在では「嘆」（p400）を書くのがふつうである。

ただし、「感慨《かんがい》」では**〝なつかしさ〟**や**〝しみじみとした喜び〟**を表す。悲しみや怒りに限らず、感情が胸からあふれていくときの、あの何ともいえない感覚を表す漢字なのである。

がい

蓋

13画

［音読み］ガイ
［訓読み］ふた、けだ-し
［部首］艹（くさかんむり）

二つの意味は無関係？

部首「艹」は〝植物〟を表す記号。「盍《こう》」は〝上からおおう〟という意味。合わせて、本来は〝植物を編んで作ったおおい〟を表す漢字で、転じて広く**物にかぶせる〝ふた〟**を表す。「頭蓋骨《ずがいこつ》」「蓋《ふた》を閉める」などがその例。

また、大昔の中国語では、〝推測する〟という意味のことばと発音が似ていたことから、当て字的に用いられて**〝推測す**

る〟ことも表す。それを日本語に訳したのが訓読み「けだし」。「蓋《けだ》し、名案であろう」のように〝**推測すると**〟という意味で用いるが、現在では古語の部類。また、むずかしい熟語だが、「蓋然性《がいぜんせい》」は〝推測がどれほど確実か〟という意味。「然」(p358)は〝その通りである〟ことを表す。

がい

該

13画

［音読み］ガイ
［部首］言（ごんべん）

ただいま話題沸騰中？

昔の中国の辞書によれば、〝約束〟を表すという。現在では、「該当《がいとう》」のように〝**当てはまる**〟ことを意味したり、「該博《がいはく》な知識」のように〝**広く行きわたる**〟ことを表したりする。この二つの熟語以外で用いられることはあまりないが、主に政治や法律などの分野で、「該《がい》条約」「該《がい》事件」「当該《とうがい》の製品」のように用いて、〝**いま話題にしている**〟**こと**を指す用法もある。

がい

概

14画

［音読み］ガイ
［訓読み］おおむ-ね
［部首］木（きへん）

いっぱいとはこのくらい？

〝**おおよその**〟という意味を表す。「概要《がいよう》」「概略《がいりゃく》」「概括《がいかつ》」「概念《がいねん》」「梗概《こうがい》」など、みなその例。

やや転じて〝**一般的に考える**〟という意味になる場合もあり、「概《がい》して言えば」「一概《いちがい》には言えない」などがその例。訓読みでは「おおむね」と読むが、現在では「おおむね」はかな書きするのが自然である。

また、余分なものを取り払っても最後まで残るところから、〝**堅い意志**〟をも表す。「気概《きがい》」がその例。

以前は「槪」と書くのが正式。「既／既」(p98)には〝いっぱいになる〟の意味がある。部首「木」を加えて、本来は〝容器に入れた穀物をすりきりいっぱいにするための木の棒〟を指す漢字である。

がい

骸

16画

［音読み］ガイ
［訓読み］むくろ
［部首］骨（ほねへん）

魂が抜けたあと

〝**モノとしての肉体**〟を表す。部首「骨」はその象徴。「骸骨《がいこつ》」「死骸《しがい》」「遺骸《いがい》」「骸《むくろ》となって横たわる」などがその例で、多くの場合は〝**死んだ後の肉体**〟を指す。転じて、「残骸《ざんがい》」「形骸化《けいがいか》する」のように〝**本来の能力を失ったもの**〟をいうこともある。

残されたモノを見つめることで、かえって〝失われたもの〟が胸に迫ってくる、そんな漢字である。

かえで

楓

13画

［音読み］フウ
［訓読み］かえで
［部首］木（きへん）

美しければ少々の違いは…

樹木の〝**かえで**〟を表す。

ただし、これは日本語独自の用法で、漢字「楓」がもともと指すのは、〝かえで〟と似てはいるが別種の樹木。紅葉が美しいことに変わりはなく、「楓樹《ふうじゅ》」「楓林《ふうりん》」「楓葉《ふうよう》」などは、秋の風物として漢詩でもよく歌われる。

かき

垣

9画

［音読み］エン
［訓読み］かき
［部首］土（つちへん）

近ごろは立派になりました…

部首「土」が示すように、本来は〝土で築いた囲い〟を表す。現在では、「垣根《かきね》」「生《い》け垣《がき》」「石垣《いしがき》」「人垣《ひとがき》」のように、広くさまざまな〝**囲い**〟についても言う。

「垣間見《かいまみ》る」で「かい」と読むのは、訓読み「かき」が変化したもの。なお、音読みが日常的に用いられることはない。

かき

柿

9画

［音読み］シ
［訓読み］かき
［部首］木（きへん）

おいしいだけじゃないですよ！

果樹の〝**かき**〟を表す。「甘柿《あまがき》」「干《ほ》し柿《がき》」「柿《かき》の種《たね》」などがその例。音読みが使われるのは、「熟柿《じゅくし》」くらいのもの。

また、「柿色《かきいろ》」のように〝**かきの実の色**〟を表したり、「柿渋《かきしぶ》」のように〝**かきから取れる染料**〟を表したりする。晩秋の青空に映える実の色が印象的な樹木である。

かく 各

6画

［音読み］カク
［訓読み］おのおの、おの
［部首］口（くち）

あらゆるものをバラバラに

〝**一つ一つ**〟〝**それぞれ**〟という意味を表す。「各自《かくじ》」「各地《かくち》」「関係各位《かんけいかくい》」「各方面《かくほうめん》」「各個《かっこ》撃破《げきは》」「各《かく》テーブル」などなど、活躍の場が非常に広い漢字である。

訓読みでは、一文字で「おのおの」と読むこともないではないが、「おのおの」は「各々」と書く方が一般的だろう。

なお、成り立ちには諸説あり、部首「口」が指すものもはっきりしない。

かく 角

7画

［音読み］カク
［訓読み］つの、かど、すみ
［部首］角（つの）

鋭いものこそ本物だ！

動物の頭に生えた〝つの〟を表す。「一角獣《いっかくじゅう》」「鹿の角《つの》」「角笛《つのぶえ》」などがその例。「折角《せっかく》」は、〝角を折る〟ことから〝勢いをくじく〟ことを表し、日本語では〝わざわざ〟〝ついでに〟などの意味合いで用いられる。ただし、現在ではかな書きするのが自然。

転じて、〝**突き出した先端**〟を指し、「鋭角《えいかく》」「角《かど》を曲がる」「角張《かくば》る」のように用いられる。また、「角切《かくぎ》り」「角材《かくざい》」「角帽《かくぼう》」のように、特に**「四角《しかく》」の省略形**として用いられることもある。

◆「すみ」と訓読みする場合には、「隅」（p138）との使い分けが気になるところ。「角」は〝とがった先の部分〟で直線的、「隅」は〝入り組んだ奥の部分〟で曲線的、という違いがある。ただし、現在ではどちらの場合も「隅」を使うことが多い。

また、〝つのを付き合わせる〟ところから〝**力を競う**〟ことも表す。「互角《ごかく》」「角逐《かくちく》」がその例。「角力《すもう》」は日本語の意味を漢字で表した当て字的表現。「角界《かくかい》」のように一文字で〝**相撲**〟を指すこともある。

部首としては？

〝つの〟に関連する意味を持つ漢字の部首となる。その数は少ないが、中には「解」（p65）「触」（p306）といったよく使う漢字が含まれる。漢字の左側に置かれて「つのへん」と呼ばれることが多い。

かく 拡

8画

［音読み］カク
［訓読み］ひろ-がる
［部首］扌（てへん）

積極的に打って出る！

以前は「擴」と書くのが正式。部首「扌」は「手」の変形で、〝動作〟を示す。「広／廣」と組み合わせて、「拡大《かくだい》」「拡張《かくちょう》」「拡散《かくさん》」など、〝**広くする**〟ことを表す。

◆訓読み「ひろがる／ひろげる」は、現在では「広」（p181）を書くのが一般的。あえて「販路を拡《ひろ》げる」のように書くと、積極的なニュアンスが出ることになる。

かく 革

9画

［音読み］カク
［訓読み］かわ
［部首］革（つくりがわ）

もとをたどればあの敷物？

古代文字では「[illegible]」と書き、〝動物の毛皮を切り開いた形〟だという。そう言われれば、たしかにクマやトラの毛皮の敷物に見えなくもない。ただし、漢字の意味としては〝**毛を取り去ったあとの動物の表皮**〟を表す。「革靴《かわぐつ》」「革《かわ》のバッグ」など、主に服飾品などの材料となるものをいう。

◆訓読み「かわ」では「皮」（p508）との使い分けが気になるところ。「皮」は毛が付いたままのものや生に近いものを、

「革」は加工したものを指すのが大きな違いである。

一方、「革命《かくめい》」「革新《かくしん》」「改革《かいかく》」では、〝**新しくする**〟という意味。この意味が生じた理由については、革をピンと張って一新するからとか、生の皮が服飾品の材料へと変化するから、などの説がある。

部首としては?

〝革製品〟に関する漢字の部首となる。例としては「靴」（p139）のほか、「鞄」（p78）「鞭」（p583）「鞍《くら》」「鞠《まり》」などがあり、動物の皮が人間の生活にいかに役だってきたかがうかがわれる。なお、「皮」と区別するため、加工品であることをはっきりさせる意味で「つくりがわ」と呼ばれることが多い。

かく 格

10画

［音読み］カク、コウ
［部首］木（きへん）

ほかのものとは違うのだ!

成り立ちには諸説があるが、木を縦横に組んだ「格子《こうし》」のイメージを根底に考えるのがわかりやすい。

「規格《きかく》」「厳格《げんかく》」「格式《かくしき》」「適格《てきかく》」「合格《ごうかく》」などでは、格子のます目のように〝**はっきり定められた決まりや基準**〟を表す。「資格《しかく》」「風格《ふうかく》」「格調《かくちょう》」「格《かく》が違う」のように、〝**他とはっきり区別できる能力や性質**〟を指すこともある。文法でいう「主格《しゅかく》」「所有格《しょゆうかく》」「目的格《もくてきかく》」などもこの例。また、「格納《かくのう》」では〝**きちんと区切られた場所**〟のこと。

一方、「性格《せいかく》」「体格《たいかく》」「人格《じんかく》」などでは、格子の縦横の木のように〝**はっきりわかる骨組み**〟を表す。「格闘《かくとう》」での意味合いはよくわからないが、あるいは〝骨組み〟と関係するのかもしれない。

このように、「格」の基本的なイメージは〝はっきり区別できる〟ところにある。「格段《かくだん》」「格別《かくべつ》」「格安《かくやす》」のような例も、そこから生まれたものだろう。

音読みは、基本的にはカクだけ。「格《こう》子《し》」でコウと読むのは、カクが続く発音に影響されて変化したものである。

かく 核

10画

［音読み］カク
［部首］木（きへん）

真ん中にある大切なもの

〝**果実の中心にあるかたい部分**〟を表すのが本来の意味。部首「木」が付いているのは、そのなごり。転じて、広く〝**ものの中心にある重要な部分**〟を指す。「核心《かくしん》」「中核《ちゅうかく》」がその例。さらに、生物学では「細胞核《さいぼうかく》」、地学では「地核《ちかく》」、物理学では「原子核《げんしかく》」といった用語で用いられる。

原子核の分裂や融合の際に生み出されるのが「核《かく》エネルギー」。「核兵器《かくへいき》」「核不拡散《かくふかくさん》」「反核《はんかく》」「非核《ひかく》」など、現代では**「核エネルギー」の省略形**としてよく用いられる。果実から、地球を破滅させかねない巨大な力へ。思えば人類は、長い道のりを歩いてきたものである。

かく 殻

11画

［音読み］カク
［訓読み］から
［部首］殳（るまた、ほこづくり）

たいせつな中身を守るもの

〝**ものの表面をおおうかたい部分**〟を表す。「卵の殻《から》」「貝殻《かいがら》」「地殻《ちかく》」「甲殻類《こうかくるい》」などがその例。「そば殻《がら》」「茶殻《ちゃがら》」「タバコの吸《す》い殻《がら》」のように〝**中身を使ったあとに残るもの**〟を表すのは、日本語のオリジナル。

なお、部首「殳」は〝武器としての長い棒〟。たたいて脱殻することに関係があると考えられている。

かく 郭

11画

［音読み］カク
［訓読み］くるわ
［部首］阝（おおざと）

中国にあって日本にはない?

部首「阝」は「邑」（p602）の変形で、〝人の住む地域〟を指す。本来は〝都市を取り巻く外壁″を表すが、日本では都市に外壁をめぐらす習慣がないので、**″外壁をめぐらしたとりで″**の意味で用いられる。「城郭《じょうかく》」がその例。また、**″壁に囲まれた地域″**をも表し、「遊郭《ゆうかく》」がその代表。特に訓読みで「くるわ」と読むと、**″遊郭″**のことを指すことが多い。

なお、「輪郭《りんかく》」「外郭団体《がいかくだんたい》」は、転じて**″外枠・周辺″**を意味するようになった例。

かく

覚

12画

［音読み］カク
［訓読み］さ-める、さ-ます、さと-る、おぼ-える、おぼ-しい
［部首］見（みる）

記憶よりも感性だ！

以前は「覺」と書くのが正式。部首「見」が示すように、**″目がはたらくようになる″**ことが基本的な意味。「目が覚《さ》める」「目を覚《さ》ます」がその例。転じて**″感じる／感じ取れるようになる″**という意味にもなる。「覚悟《かくご》」「覚醒《かくせい》」をはじめ、「自覚《じかく》」「錯覚《さっかく》」「聴覚《ちょうかく》」「味覚《みかく》」「相手に覚《さと》られる」「痛みを覚《おぼ》える」「好意を覚《おぼ》える」などは、すべてこの例。「犯人と覚《おぼ》しい人物」のように、**″○○だと考えられる″**という意味で用いられることもある。

「英単語を覚《おぼ》える」のように**″記憶する″**という意味で使うのは、日本語「おぼえる」に″記憶する″の意味があることから生まれた、日本語独自の用法。「腕に覚《おぼ》えあり」のように**″自信″**を指したり、「社長の覚《おぼ》えがめでたい」のように**″信頼″**をいうのも、日本語オリジナルである。

◆「おぼえる」と訓読みする漢字には「憶」（p44）もある。「憶」は″忘れないでいる″ことを表すのに対して、「覚」は″記憶する″ことをいう。

◆また、「さめる／さます」と訓読みする漢字には「冷」（p639）「醒」（p340）もある。「冷」は″温度が下がる″ことや″興奮から落ち着く″こと、「醒」は″酔いが抜ける″ことをいい、「覚」は″感じ取れるようになる″という意味で使う。

◆なお、「悟」（p177）も「さとる」と訓読みするが、″気持ちが動かなくなる″というニュアンスが強い。「覚」は、単に″感じ取る″ことを表す場合が多い。

かく

較

13画

［音読み］カク
［訓読み］くら-べる
［部首］車（くるまへん）

車自慢のくらべ合い？

現在では「比較《ひかく》」「較《くら》べる」以外ではほとんど用いられない漢字。**″複数のものを突き合わせて違いを調べる″**ことを表す。

もともとは、大昔の中国で使われた″車の手すり″を指す漢字。一説には、それが木を交差させて造られていたことから″突き合わせる″の意味が生じたという。

◆訓読み「くらべる」は、現在では「比」（p508）を書くのが一般的。あえて「辞書の較《くら》べ読《よ》み」のように書くと、″直接くらべる″という雰囲気になる。

かく

隔

13画

［音読み］カク
［訓読み］へだ-てる
［部首］阝（こざとへん）

さまざまな距離の取り方

″距離をあける″ことを表す。「隔離《かくり》」「遠隔操作《えんかくそうさ》」「壁を隔《へだ》てる」など物理的な距離を表すこともあれば、「心の隔《へだ》たり」のように精神的な距離を指す場合もある。また、「隔世《かくせい》の感」のように時間的な距離についても用いられ、「隔日《かくじつ》」「隔週《かくしゅう》」「隔年《かくねん》」などでは**″一つおきの″**という意味となる。

部首「阝」は「阜」（p525）の変形で、″盛り上がった土″を表す。ただし、成り立ちには諸説がある。

かく

閣

14画

［音読み］カク
［部首］門（もんがまえ）

〝**立派な高い建物**〟を表す。「金閣《きんかく》」「天守閣《てんしゅかく》」「通天閣《つうてんかく》」などがその例。

中華屋さんとお役人さん

中華料理店の名前によく「○○閣《かく》」とあるのもこの例。転じて〝**役所**〟をも意味し、「閣下《かっか》」は、地位の高い役人を敬意を込めて指すことば。

「内閣《ないかく》」は、もともと中国の皇宮内にあった役所の一つで、現在の日本では国の最高の行政機関。そこで日本では、「閣僚《かくりょう》」「閣議《かくぎ》」「組閣《そかく》」「倒閣《とうかく》」など、**「内閣」の省略形**として用いられることも多い。

かく 確

15画

［音読み］カク
［訓読み］たし-か
［部首］石（いしへん）

〝**しっかりしていてくずれない／間違いがない**〟ことを表す。「確実《かくじつ》」「確認《かくにん》」「正確《せいかく》」「的確《てきかく》」「確《かく》たる証拠」「確《たし》かな話」「答えを確《たし》かめる」などがその例。部首「石」が付いているからには、本来は〝石がかたい〟ことを表していたのだろう。

急に自信がなくなって…

「確《たし》かに払ったはず」というと〝払った〟ことに自信があるが、「に」を抜いて「確《たし》か払ったはず」となると自信は揺らぐ。このような場合は、漢字で「確か」と書くのはやや不似合いかもしれない。

かく 獲

16画

［音読み］カク
［訓読み］と-る、え-る
［部首］犭（けものへん）

部首「犭」は「犬」の変形で、〝犬に似た動物〟を表す。また、〝鳥〟を表す「隹」（p322）を含む「蒦《かく》」は、〝鳥をつかまえる〟という意味。合わせて〝**動物をつかまえる**〟ことを表す。「捕獲《ほかく》」「乱獲《らんかく》」「魚を獲《と》る」「獲物《えもの》」などがその例。

犬もいれば鳥だっている!

◆「とる」と訓読みする漢字は、「採」（p212）「撮」（p221）「執」（p247）「取」（p258）「捕」（p550）など数多い。その中で、「獲」は現在では〝動物をつかまえる〟場合だけ使うのが特徴。悩むとすれば、〝動き回るものをつかまえる〟ことを表す「捕」との使い分けだが、相手が動物である場合は、どちらを書いても間違いではない。

◆また、「える」と訓読みする漢字には「得」（p464）もある。「得」は広く〝手に入れる〟ことを表すのに対して、「獲」は、現在では〝動物をつかまえる〟場合にしか用いないと考えてよい。

かく 嚇

17画

［音読み］カク
［訓読み］おど-す、おど-かす
［部首］口（くちへん）

部首「口」にも現れているように、本来は〝どなりつける〟ことを表す。転じて、〝**恐怖や圧迫感を感じさせる**〟ことを指し、「威《い》嚇《かく》」という熟語で使われることが多い。

どなるくらいはまだ序の口?

◆訓読み「おどす／おどかす」は、現在では「脅」（p124）を使うのが一般的。あえて「嚇」を書けば、〝どなり声〟の雰囲気が出ることになる。

かく 穫

18画

［音読み］カク
［部首］禾（のぎへん）

〝**農作物を取り入れる**〟ことを表す。〝動物をつかまえる〟という意味の「獲」（p73）との違いは、〝動物〟を表す部首「犭」が、〝穀物〟を示す「禾」に置き換わっただけ。

これがなくては生きていけない

よく目にする漢字だが、「収穫《しゅうかく》」以外で用いられることはほとんどない。農作物の「収穫」がいかに大切であるか、改めて考えさせられる。

がく 学

8画

［音読み］ガク
［訓読み］まな-ぶ
［部首］子（こども）

〝**知識を得たり技術を身に付けたりする**〟ことを

おとなになっても続きます…

表す。部首「子」が示すように、本来は〝子どもが先生から教えを受ける〟という意味だったが、現在では、「自動車の運転を学《まな》ぶ」「上司の機嫌の取り方を学《まな》ぶ」などさまざまな場面で用いられる。

熟語としては、大きく分けて三つの意味で用いられる。一つめは、「学者《がくしゃ》」「苦学《くがく》」「留学《りゅうがく》」のように**〝研究する・勉強する〟**という意味。二つめは、「入学《にゅうがく》」「在学《ざいがく》」「学歴《がくれき》」「学年《がくねん》」のように**〝勉強・研究する場所〟**。三つめは、「科学《かがく》」「哲学《てつがく》」「天文学《てんもんがく》」のように**〝勉強・研究〟そのもの**。この場合は「江戸学《えどがく》」「マルクス学《がく》」「人間学《にんげんがく》」「恋愛学《れんあいがく》」のように、さまざまな〝研究〟を指す多くのことばを生み出す。

なお、例は少ないが、**〝研究する人〟**を指すこともある。〝偉大な学者〟を表す「碩学《せきがく》」がその例。ついでながら、「学割《がくわり》」「学帽《がくぼう》」「学《がく》ラン」など、**「学生《がくせい》」の省略形**として使われる場合もある。

以前は「學」と書くのが正式。見た目がおごそかなせいか、「大學《だいがく》」のように、現在でも好んで「學」を書くこともある。

がく 岳

8画

［音読み］ガク
［訓読み］たけ
［部首］山（やま）

神々の住む山

〝高く険しい山〟を表す。比較的なだらかな「丘」に部首「山」を加えて、なぜ〝高い〟の意味となるのかは、よくわからない。ただ、もともとは〝信仰の対象となる山〟を指していたようである。

「山岳《さんがく》」という熟語で用いるほか、「北《きた》岳《だけ》」「駒ケ岳《こまがたけ》」「乗鞍岳《のりくらだけ》」のように、山の名前にも使われる。また、富士山のことを「富岳《ふがく》」というように、その山への畏敬を込めて用いられることもある。

以前は「嶽」と書くのが正式だったが、古くから「岳」も用いられてきた。「獄」（p202）が〝険しい〟というイメージに合うからか、固有名詞では現在でも「嶽」を好んで使うこともある。

なお、語源ははっきりしないが、「岳《がく》父《ふ》」は〝妻の父〟のこと。「岳母《がくぼ》」という言い方もあるが、ほとんど用いられない。

がく 愕

12画

［音読み］ガク
［訓読み］おどろ-く
［部首］忄（りっしんべん）

まさにガーンという感じ

現在では「愕然《がくぜん》」「驚《きょう》愕《がく》」の二つの熟語が代表的。**〝思いがけずびっくりする〟**ことを表す。部首「忄」は「心」の変形。「咢《がく》」には〝出っ張った〟という意味があるらしい。

◆訓読み「おどろく」は、現在では「驚」（p127）を書くのがふつう。あえて「その発見には愕《おどろ》いた」のように書くと、〝おどろき〟が強調される効果がある。

がく 楽

13画

［音読み］ガク、ラク
［訓読み］たの-しい
［部首］木（き）

精神生活の根底にあるもの

二種類の音読みを意味によって使い分ける漢字。「音楽《おんがく》」「楽譜《がくふ》」「楽器《がっき》」など、**〝歌ったり音を奏でたりする〟**ことを表す場合にはガクを、「快楽《かいらく》」「楽観《らっかん》」「楽勝《らくしょう》」のように、**〝気持ちがいい〟〝簡単に〟**という意味を表す場合にはラクを用いる。ただし、「千秋《せんしゅう》楽《らく》」「太平楽《たいへいらく》」など、雅楽の曲名では例外的にラクと読む。

以前は「樂」と書くのが正式。成り立ちとしては、「白」の部分は〝鈴〟の形で、〝木に鈴を付けた楽器〟を表すという説や、「幺（いとがしら）」に着目して〝木に弦を張った楽器〟を表すとする説がある。

どちらにしろ、本来の意味は〝音楽〟で、〝たのしい〟は後から生まれたもの。「楽しい」のもとをたどると「音楽」に行き着くのは、音楽が人間の暮らしに占める位置を示しているようで、興味深い。

◆「たのしい／たのしむ」と訓読みする漢字には「娯」（p177）「愉」（p598）もある。現在では、「楽《たの》しいお話」「明日が楽《たの》しみ」のように「楽」を使うのがふつうだが、〝仕事や勉強とは別に〟という意味合いで「娯」を、〝心から〟というニュアンスを出すために「愉」を書くこともある。

がく

額

18画

［音読み］ガク
［訓読み］ひたい、ぬか
［部首］頁（おおがい）

目立つように書いておけ！

部首「頁」は〝頭部〟を表す記号。頭部前面の上の方、平らな広がりが目立つ〝**おでこ**〟を表すのが、本来の意味。この場合には、「猫の額《ひたい》」「額《ひたい》の傷」など、「ひたい」と訓読みする。「額《ぬか》ずく」などの「ぬか」は、「ひたい」のやや古い言い方。

転じて、〝**建物の正面、上の方の目立つところに文字を書いて掲げた板**〟をも指す。お寺などの名前を記した「扁額《へんがく》」がその例。「額縁《がくぶち》」「額《がく》に入れる」など、〝**芸術作品などを入れて壁などに掛けるもの**〟を表すのは、そこから変化したもの。基本的には〝目立つ〟というイメージがある。「額面《がくめん》」「金額《きんがく》」「高額当選《こうがくとうせん》」のように〝**金銭の量**〟を表すのも、紙幣・貨幣などに目立つように書かれているところから。

もっとも、これを〝金銭〟に限って用いるのは日本語独特の用法で、中国語では〝定められた数量〟全般を表す。江戸時代の終わりごろに流通した「一分銀《いちぶぎん》」「一朱銀《いっしゅぎん》」という貨幣は、額縁の中に金額が書かれているようなデザインだった。日本で「額」が〝金銭〟を指す場合に使われるようになったのは、その影響かもしれない。

かける

掛

11画

［音読み］カイ
［訓読み］か-ける、か-かる
［部首］扌（てへん）

いろんな意味がぶら下がる？

部首「扌」は「手」の変形で、〝動作〟を示す記号。

〝**ぶら下げる／ぶら下がる**〟ことを表すが、現在では音読みはほとんど使われず、「帽子を掛《か》ける」「ロープが引《ひ》っ掛《か》かる」のように訓読みで用いられる。ただし、日本語「かける／かかる」にはさまざまな意味があるので、「掛」もいろいろな意味で使われる。

たとえば、「掛《か》け算《ざん》」「八掛《はちが》けで売る」では〝**数をかける**〟こと。「コストが掛《か》かる」「一日掛《が》かり」では〝**お金や時間・手間を費やす**〟という意味。「迷惑が掛《か》かる」「期待が掛《か》かる」「声を掛《か》ける」など〝**他から作用が及ぶ**〟ことを表したり、「会議に掛《か》ける」「競売に掛《か》ける」のように〝**他に処分を任せる**〟という意味になったりもする。「仕事に掛《か》かる」「気合いを入れて掛《か》かる」のように〝**何かに取り組む**〟場合もある。

◆似た意味で「かける／かかる」と訓読みする漢字には、「架」（p52）「懸」（p164）もある。その中で、「掛」は最も広く使われるので、迷ったら「掛」を書くのが安全策。それでも落ち着かない場合は、かな書きするのがおすすめである。

なお、〝取り組む〟ところから、「かかり」と訓読みして〝**担当の部署**〟を指すこともあるが、現在では「係」（p144）を用いる方が一般的である。

かた

潟

15画

［音読み］セキ
［訓読み］かた
［部首］氵（さんずい）

海のような陸地のような…

部首「氵」は「水」の変形。代表的な例は「干《ひ》潟《がた》」で、〝**潮の満ち引きによって海になったり陸地になったりするところ**〟を指す。地理で「潟湖《せきこ》」といえば、〝海がせき止められてできた湖や沼〟のこと。海と陸地の境目から生まれた漢字である。

かつ 且

5画

［音読み］ショ
［訓読み］か-つ
［部首］一（いち）

三段重ねから生まれた漢字

「オール5で、且《か》つ美少女」「彼女に振られ、且《か》つ雨にも降られた」など、**二つ以上の状況が重なることを表す**はたらきをする。「その上に」と置き換えるとわかりやすい。成り立ちとしても、〝ものを積み上げていく形〟だという説が優勢。

中国の古典では〝今にも○○しそうだ〟という意味でも使われる。名前で「まさ」と読むのは、〝今にも〟という意味の日本語「まさに」に由来する。なお、現在では音読みが使われることはなく、訓読み「かつ」もかな書きが多い。

かつ 括

9画

［音読み］カツ
［訓読み］くく-る、くび-れる
［部首］扌（てへん）

太いものを一息にギュッと！

部首「扌」は「手」の変形で〝動作〟を表す。〝**しばってひとまとめにする**〟ことを意味し、「袋の口を括《くく》る」のように用いられる。転じて、広く〝**まとめる**〟という意味ともなる。「総括《そうかつ》」「統括《とうかつ》」「一括払《いっかつばら》い」などのほか、「括弧《かっこ》」もその例。

なお、日本語独自の用法として、「括《くび》れた花瓶」「胴の括《くび》れ」のように〝**細くなる／細くなった部分**〟を表すことがある。〝しばる〟をうまく変化させた用法である。

かつ 活

9画

［音読み］カツ
［訓読み］い-きる、い-かす、い-ける
［部首］氵（さんずい）

命のリズムに満ちあふれ…

部首「氵」は「水」の変形。成り立ちには諸説あるが、本来は〝水が勢いよく流れるようす〟を表していたらしい。〝**生命力を感じさせる**〟という意味で用いられる。「活発《かっぱつ》」「活力《かつりょく》」「活魚《かつぎょ》」「活火山《かっかざん》」「快活《かいかつ》」「復活《ふっかつ》」などなど、その例は数知れない。

◆訓読み「いきる／いかす」は、現在では「生」（p329）を使うのが一般的。「大自然に活《い》きる」のようにあえて「活」を書くと、〝生命力に満ちている〟というニュアンスが強調される。

「生活《せいかつ》」「自活《じかつ》」のように〝**暮らしていく**〟ことを表す場合もあるが、多くは〝自由に動き回る〟というイメージで用いられる。そこで、「人材を活用《かつよう》する」「資格を活《い》かす」のように、〝**持っている力をうまく発揮させる**〟という意味にもなる。「花を活《い》ける」にも、単に〝命を保つ〟のではなく〝美しさを発揮させる〟という意味合いが込められていよう。なお、「活字《かつじ》」は〝自由に組み直せる文字〟。

また、「部活《ぶかつ》」「学活《がっかつ》」のように**「活動《かつどう》」の省略形**として用いることもある。最近では、「就活《しゅうかつ》」「婚活《こんかつ》」などこの例が増えつつある。就職や結婚をめぐる状況が厳しい中、この漢字の持つ〝生命力に満ちた〟イメージが、なにがしかの役割を果たしているのかもしれない。

かつ 喝

11画

［音読み］カツ
［部首］口（くちへん）

どなるだけではないのです

〝**大声でさけぶ**〟ことを表す。「恐喝《きょうかつ》」「喝采《かっさい》を浴びる」「一喝《いっかつ》」「喝破《かっぱ》」などがその例。また、禅宗で修行者を教え導くときに「喝《かつ》！」と叫ぶことから、〝**相手の向上を願ってあえて大声でしかる**〟ことをもいう。

なお、以前は「喝」と書くのが正式。「曷《かつ》」には〝かすれた〟〝粗末な〟という意味があるらしく、本来は〝声がかすれる〟ことを表すという。

かつ 渇

11画

［音読み］カツ
［訓読み］かわ-く
［部首］氵（さんずい）

生死に関わる大問題

「渇水《かっすい》」「枯渇《こかつ》」「のどが渇《かわ》く」など、〝**生きていくのに必要な水がなくなる**〟ことを表す。

◆「かわく」と訓読みする漢字には「乾」（p83）もある。「乾」が単に〝水分がなくなる〟ことをいうのに対して、「渇」は〝生きていくのに必要な〟という意味合いが含まれるのが、異なる点である。

「渇望《かつぼう》」「心の渇《かわ》き」のような〝**はげしく必要とする**〟という意味も、そこから転じたもの。生死に関わるような、切迫したイメージを持つ漢字である。

以前は「渴」と書くのが正式。部首「氵」は「水」の変形。「曷《かつ》」には〝かすれた〟〝粗末な〟という意味があるらしい。

かつ 割 12画

［音読み］カツ
［訓読み］わ-る、わり、さ-く
［部首］刂（りっとう）

日本の刀は水でも切れる？

部首「刂」は「刀」の変形。本来は〝刀でものを切り分ける〟ことを表す漢字。転じて、広く〝**切り開く**〟ことや〝**分ける**〟ことを意味する。「分割《ぶんかつ》」「割腹《かっぷく》」「均等割《きんとうわり》」「玉子を割《わ》る」「岩が割れる」「時間を割《さ》いて応対する」などがその例。「割愛《かつあい》」では、〝**ある部分を分けて取り除く**〟こと。

◆訓読み「さく」では、「裂」（p643）との使い分けが問題。「裂」は〝無理に〟〝こらえきれずに〟という意味合いが強いのに対して、「割」は、「庖丁《ほうちょう》でお肉を割《さ》く」のように、比較的〝きれいに〟〝ばらばらに〟する場合に用いられる。

日本語では、数に関係して用いられることが多い。「割り算《わりざん》」のように〝**数を分ける**〟ことを表すのはもちろん、「勝率《しょうりつ》三割《さんわり》」のように〝**一〇分の一**〟をも表す。さらには、「株価が一万円を割《わ》り込《こ》む」のように〝**下回る**〟という意味にもなる。「苦労の割《わり》に達成感がない」「割安《わりやす》で提供する」「割合《わりあい》に元気だよ」など、〝**何かと比較して**〟という意味を表す用法も、数に関係するところから生まれたものだろう。

なお、「水割《みずわ》り」のように〝**液体を薄める**〟ことを指すのも、日本語オリジナル。日本人が漢字を自由に使ってきたことが、よく現れている漢字である。

かつ 葛 12画

［音読み］カツ
［訓読み］くず、かずら
［部首］艹（くさかんむり）

からみ合ってほどけない…

〝**つる性の植物**〟〝**くず**〟を表す。「葛粉《くずこ》」「葛餅《くずもち》」「葛湯《くずゆ》」などがその例。「葛藤《かっとう》」は、〝つるのように複雑にからみ合った問題〟。音読みが用いられるのは、この熟語以外では地名の「葛飾《かつしか》」や漢方薬の「葛根湯《かっこんとう》」くらいのもの。また、訓読み「かずら」では、〝**つる性の植物**〟一般を指す。

印刷文字では「葛」が標準とされているが、手書きの場合には「葛」と書いても差し支えはない。「曷《かつ》」には〝かすれた〟〝粗末な〟という意味があるらしい。「葛」も昔は、粗末な衣服の素材であった。

かつ 滑 13画

［音読み］カツ、コツ
［訓読み］なめ-らか、すべ-る
［部首］氵（さんずい）

おもしろい？おもしろくない？

部首「氵」は「水」の変形。水でぬらしたように〝**抵抗なく動く**〟ことを表す。「円滑《えんかつ》」「潤滑油《じゅんかつゆ》」「滑走《かっそう》」「滑空《かっくう》」「滑《なめ》らかな書き味」「滑《すべ》り止め」などがその例。

音読みはカツを用いるのが大原則。コツは「滑稽《こっけい》」でしか用いられない。この「滑」は〝口先がうまく相手を言いくるめる〟という意味で、転じて〝**人を笑わせる**〟ことを表す。最近では〝笑いを取れない〟ことを「すべる」と言うが、「滑」にはもともと、正反対の意味があるのである。

なお、「口が滑《すべ》る」「試験に滑《すべ》る」のよう

に**“思い通りにいかない”**ことを表すのは、日本語独自の用法。

かつ
褐
13画
［音読み］カツ、カチ
［部首］衤（ころもへん）

衣類の名前が色の名に！

本来は“麻などで織った粗末な衣類”を表す漢字。その色合いから、「褐色《かっしょく》」とは**“こげ茶色”**を指す。現在では、この熟語以外ではあまり用いられることはない。

ただし、日本の伝統的な色では、「褐色」は「かちいろ」と読み、**“黒に近い濃い藍色”**を指す。“粗末な衣類”の典型的な色合いが、中国とは違うのだろうか。

以前は「褐」と書くのが正式。部首「衤」は「衣」の変形。「曷／曷」には“かすれた”“粗末な”という意味があるらしい。

かつ
轄
17画
［音読み］カツ
［部首］車（くるまへん）

外れてしまうと大惨事！

大昔の中国の車で、“車輪が外れないよう、車軸の一番外側に取り付ける金具”を指した漢字。部首「車」はそのなごり。

転じて、**“外れないように管理する”**ことを表す。「管轄《かんかつ》」「直轄《ちょっかつ》」「所轄《しょかつ》」などがその例。“取り締まる・監視する”という意識が強い漢字である。

かばん
鞄
14画
［音読み］ホウ
［訓読み］かばん
［部首］革（つくりがわ）

銀座で生まれたハイカラさん

腕や肩から提げてモノを持ち運ぶ“かばん”を表す。昔の中国の辞書によれば、“動物の皮を加工する職人”を表す漢字で、部首「革」は“加工された皮”を表す。“かばん”を意味するのは、“革で包む”ところから、明治になって銀座の職人さんが考え出した用法だという。

なお、印刷文字では「鞄」の形が標準とされているが、手書きでは「巳」を「己」と書いても差し支えない。

かぶ
株
10画
［音読み］シュ
［訓読み］かぶ
［部首］木（きへん）

ほかの場所でも成長する

基本的な意味は、**“切り倒された木の根元の部分”**。「切《き》り株《かぶ》」がその例。「朱」（p258）は、切ったばかりの木の切り口の鮮やかな色を指す。転じて、**“植物の根元の部分”**をも表す。「株分《かぶわ》け」は、“植物を根元から分ける”こと。また、「ほうれん草三株《そうさんかぶ》」のように、**“根が付いた植物を数える単位”**としても用いられる。

分けたり移したりできて、そこからまた成長するところから、江戸時代には、売買の対象になる“武士がある役職に付く資格”や“商人の営業権”などを指すようになった。現在では、「株式《かぶしき》」「株券《かぶけん》」のように、**“企業に出資した額に応じて与えられる権利”**をいう。ちなみに、現代中国語では「株券」のことは「股票《グーピアオ》」という。

また、「株《かぶ》を上げる」のように**“評価”**を意味したり、「お株《かぶ》を奪う」のように**“得意なもの”**を指すのも、日本語オリジナルの比喩的な表現である。

音読みが用いられることは少ない。童謡『待ちぼうけ』で有名な故事成語「守株《しゅしゅ》」や、植物学で「雌雄異株《しゆういしゅ》」のように使われる程度である。

かま
釜
10画
［音読み］フ
［訓読み］かま
［部首］金（かね）

大昔からくっついたまま！

“食べ物を煮炊きする金属製の大型の容器”を表す。現在では、「釜《かま》ゆで」「釜揚《かまあ》げうどん」「圧力釜《あつりょくがま》」など訓読みで読むことが多く、音読みを用いることはまれ。

◆「かま」と訓読みする漢字には「窯」（p614）「鎌」（p79）もあるが、「窯」は〝陶器などを焼く穴ぐら〟、「鎌」は〝金属製の農具の一種〟をいう。

部首「金」に発音を表す「父」を組み合わせた漢字だと思われるが、古代文字の時代から形としては両者がつながってしまっているという、珍しい漢字である。

かま 鎌

18画

[音読み] レン
[訓読み] かま
[部首] 金（かねへん）

お米を炊くならあっちでどうぞ

〝草を刈り取るために用いる金属製の農具〟を表す。訓読みで読むことが多く、現在では、音読みを使うことはほとんどない。

◆同じ訓読みをする漢字に「釜」（p78）「窯」（p614）があるが、「釜」は炊事道具、「窯」は〝陶器などを焼く穴ぐら〟、「鎌」は農具なので、まったく別のもの。間違えるとたいへんなことになる。

なお、以前は「鎌」と書くのが正式。

かもめ 鷗

22画

[音読み] オウ
[訓読み] かもめ
[部首] 鳥（とり）

漢字だろうとひらがなだろうと

鳥の〝かもめ〟を表す。中国の古典では、俗世間を離れた〝欲望がない鳥〟というイメージでよく現れる。文豪「森鷗外《もりおうがい》」の号も、それを下敷きにしたものだろう。

画数が多いので、「かもめ」は現在ではかな書きされるのがふつう。とはいえ、ひらがなで書いても、のんびりした気分が漂う鳥である。

なお、印刷文字では「鷗」の形が標準とされているが、手書きでは「區」を「区」と書いても差し支えない。

がら 柄

9画

[音読み] ヘイ
[訓読み] え、つか、がら
[部首] 木（きへん）

せっかく意味が広がったのに…

「傘の柄《え》」「スコップの柄《え》」「剣の柄《つか》」など、**〝道具などで、細く伸びていて手でつかむ部分〟**を指すのが、基本的な意味。そこをつかんで操作するところから、**〝全体が生じるもととなるもの〟**をも表す。「権柄《けんぺい》」とは〝権力〟。「話柄《わへい》」とは〝話の種〟。

転じて、日本語では、「人柄《ひとがら》」「間柄《あいだがら》」「職業柄《しょくぎょうがら》」「柄《がら》でもない」「本日はお日柄《ひがら》もよく」のように、**〝あるものの基本となる性質〟**をも指す。これが変化すると、**〝あるものの目に見える特徴〟**という意味になる。「大柄《おおがら》」「小柄《こがら》」のように**〝体つき〟**を表すのは、その一例。「身柄《みがら》を拘束する」では**〝体〟そのもの**。「絵柄《えがら》」「花柄《はながら》」「縞柄《しまがら》」のように、**〝模様〟**を意味することもある。

また、「銘柄《めいがら》」では**〝商品の特徴となるブランド〟**。「作柄《さくがら》」では**〝作物などのでき具合〟**。

音読みはあまり使われないが、訓読み「がら」が日本語オリジナルの世界を展開しているのが特徴。ただし、これらの「がら」は、「柄」本来の意味からはかなり遠いので、かな書きされることも多い。

なお、〝ちょうどそのころ〟をいう「折柄《おりから》」では、漢字の意味とは関係がない当て字として使われていると思われる。

かる 刈

4画

[音読み] ガイ
[訓読み] か-る
[部首] 刂（りっとう）

草や枝葉から髪の毛まで

部首「刂」は「刀」の変形。**〝刃物で草などを切り取る〟**ことを表す。「草を刈《か》る」「刈《か》り取《と》り」「刈《か》り上《あ》げ」「丸刈《まるが》り」「柴刈《しばか》り」など使用場面は多いが、訓読みで読まれるのがふつうで、音読みを日常で用いることはない。

◆「かる」と訓読みする漢字には「狩」（p259）もある。「狩」が主に〝動物をとる〟場合に使うのに対して、「刈」は主に〝植物をとる〟ときに用いられる。

かん

干

3画

［音読み］カン
［訓読み］ほ-す、ひ-る
［部首］干（かん）

本来は攻撃的！

代表的な意味は〝**かわかす**〟こと。「干潮《かんちょう》」「干拓《かんたく》」「物干《ものほ》し」「干《ほ》し草」などがその例。訓読み「ひる」も同じ意味だが、「干物《ひもの》」「潮《しお》干狩《ひが》り」「干上《ひあ》がる」のように、現在では主に「ひ」の形で用いられる。

〝かわかす〟を意味するのは、大昔の中国語で読み方が似ている「乾」（p83）の当て字として用いられたもの。もともとは〝武器の一種〟を表す漢字で、そこから、「干渉《かんしょう》」のように〝**相手の領域に踏み込む**〟という意味で用いられる。

また、いわゆる〝えと〟のことをいう「干支《かんし》」は、それぞれ「幹」（p87）「枝」（p232）の当て字のように使われたもので、樹木の幹や枝のように**細かく区分して時間を指す**ことからいう。また、「若干《じゃっかん》」は二文字合わせて〝いくつかの〟という意味。「干」の意味ははっきりしない。

部首としては？

漢和辞典では部首の一つだが、「干」を部首とする漢字には、「幸」（p186）「年」（p480）「平」（p540）のように、形の上から便宜的に分類されたものが多い。とはいえ、いずれもよく使われる漢字。まとまりはないが腕利きがそろった、無頼派の集団のような部首である。

かん

刊

5画

［音読み］カン
［部首］刂（りっとう）

刃物を使わなくなっても…

部首「刂」は「刀」の変形。本来は〝刃物で木を削る〟ことを表す漢字。昔、木の板に文字を彫り、墨を付けて紙に写し取ったことから、〝**印刷物を出版する**〟という意味で用いられる。「刊行《かんこう》」「月刊《げっかん》」「休刊《きゅうかん》」「新刊《しんかん》」「夕刊《ゆうかん》」などがその例。

その後、技術が進歩して印刷の方法は変わったが、「刊」の意味には変化はない。電子出版の時代になっても「刊」は使われ続けるだろう。文化の本質とはどこにあるのか、問いかけているようである。

かん

甘

5画

［音読み］カン
［訓読み］あま-い
［部首］甘（あまい）

微妙な気持ちもわかってほしい…

本来は味覚の〝うまい〟を表す漢字。現在では、「甘栗《あまぐり》」「甘味料《かんみりょう》」「甘露煮《かんろに》」のように、特に〝**あまい**〟味を指す。

転じて、〝**心地よく満足させる**〟という意味にもなる。「甘言《かんげん》にだまされる」「甘美《かんび》な眠り」「甘《あま》やかす」などがその例。また、「甘《あま》える」では〝**心地よさを求める**〟こと。さらには、「詰めが甘《あま》い」「脇が甘《あま》い」のように〝**厳しさが足りない**〟ことを表したり、「判断が甘《あま》い」「ピントが甘《あま》い」のように〝**正確でない**〟ことを指したりもする。

「準優勝に甘《あま》んじる」では、〝**不満であるが満足せざるを得ない**〟というちょっと複雑な意味。音読みの熟語としては「甘受《かんじゅ》」がこれにあたる。

部首としては？

〝あまい〟に関連する漢字の部首となるが、日常的に使われるものとしては「甚」（p318）があるくらいである。

かん

汗

6画

［音読み］カン
［訓読み］あせ
［部首］氵（さんずい）

熱い、苦しい！恥ずかしい!!

体温が上昇したときに**体からにじみ出る水分**〝**あせ**〟を表す。「汗水《あせみず》を垂らす」「冷《ひ》や汗《あせ》をかく」「発汗作用《はっかんさよう》」などがその例。

また、「額《ひたい》に汗《あせ》する」のように、〝**あせをかく**〟という意味で用いられることもある。〝とても恥ずかしい〟ことを表す

「汗顔《かんがん》の至り」も、その例である。

かん 缶

6画

［音読み］カン
［部首］缶（ほとぎ）

ヨーロッパに救われた？

「缶詰《かんづめ》」「空《あ》き缶《かん》」「アルミ缶《かん》」のように日常的に目にするが、一皮むくとちょっと変わった経緯がある漢字である。

本来は、**〝お酒などを入れる素焼きのつぼ〟**を表す漢字で、音読みはフ、訓読みではこの〝つぼ〟を表す古語「ほとぎ」と読んだ。一方、似たような意味だが発音は異なる「罐《かん》」という別の漢字があった。

やがて、ヨーロッパから金属製の容器が入ってくると、それを表す単語と発音も意味も似ていることから、「罐」は**〝水などを入れる金属製の容器〟**を指して使われるようになった。さらに、この容器が多用されるようになると、画数の多い「罐」を省略して、左半分の「缶」が独立して用いられるようになった。

かくして、「缶」は意味も発音もヨーロッパ風にアレンジされてしまった。しかし、「ほとぎ」のままでは現在では使われなくなっていたはず。何が幸いで何が禍かは、わからないものである。

部首としては？

〝素焼きのつぼ〟に関係する漢字の部首となる。が、かなりニッチな「缶」を部首とする漢字のうち、現在でも日常的に使われるものは、「缶」以外には一つもない。

かん 完

7画

［音読み］カン
［部首］宀（うかんむり）

最後までやり切りました！

代表的な意味は**〝最後までやりとげる〟**こと。「完成《かんせい》」「完結《かんけつ》」「完熟《かんじゅく》」「完治《かんち》」「補完《ほかん》」などなど、例は多い。この意味で、「使命を完《まっと》うする」のように「まっとうする」と訓読みすることがあるが、現在では「全」（p357）を書くか、かな書きするのがふつうである。

また、やりとげた結果として**〝欠けたところがない〟**ことも表す。「完全《かんぜん》」がその代表。「完勝《かんしょう》」「完敗《かんぱい》」「完本《かんぽん》」など、**「完全」の省略形**と考えるのがふさわしい熟語もある。この意味の場合も「まったし」と訓読みすることがあるが、現在では古語の部類であろう。

部首「宀」は〝建物〟を表すが、成り立ちには諸説あって、よくわからない。

かん 肝

7画

［音読み］カン
［訓読み］きも
［部首］月（にくづき）

精神的にも大切なところ

部首「月」は「肉」の変形で、〝肉体〟を表す記号。**内臓の一つ〝肝臓〟**を表す。昔から精神力が宿る重要な臓器だと考えられていたことから、**〝精神力〟**をも指す。「肝試《きもだめ》し」「度肝《どぎも》を抜く」がその例。また、「肝《きも》に銘《めい》ずる」では**〝心の奥深く〟**をいう。

なお、「肝心《かんじん》」「肝腎《かんじん》」「肝要《かんよう》」のように、比喩的に用いられて**〝大切な部分〟**を表すのは、日本語独自の用法らしい。

訓読みでは「きも」と読むが、肝臓に付属する臓器に胆嚢《たんのう》があり、「胆」（p399）も「きも」と訓読みする。日本では、「肝」と「胆」は別ものではなく、一体のものと考えられていたのだろう。

かん 函

8画

［音読み］カン
［訓読み］はこ
［部首］凵（うけばこ）

江戸時代にはポストはないよ

現在では「投函《とうかん》」の形で使うのが代表的。この「函」は〝郵便ポスト〟を表すようにも思われるが、昔は〝手紙を運ぶための入れもの〟を指した。また、「函《はこ》入《い》りの文学全集」

のようにも用いられる。〝**何かを収めるため、しっかり作られた四角形の入れもの**〟を指す漢字である。

◆訓読み「はこ」は、現在では「箱」（p496）を用いるのがふつう。あえて「函」と書くと、〝しっかり作られた工芸品〟という意味合いが出ることになる。

官
かん　8画

［音読み］カン
［部首］宀（うかんむり）

お役人さんと刺激的な感覚

部首「宀」は〝建物〟を表す。本来は、**役所ではたらく〝役人〟**を指す漢字。「官僚《かんりょう》」「長官《ちょうかん》」「外交官《がいこうかん》」などがその例。〝ふつうの役人〟を「吏」（p621）で表すのに対して、〝**地位の高い役人**〟を指すことが多い。転じて、「官公庁《かんこうちょう》」「官民格差《かんみんかくさ》」「勝てば官軍《かんぐん》」のように、〝**政府**〟をもいう。

「器官《きかん》」では、比喩的に用いられて〝肉体でさまざまなはたらきをする部分〟を指す。「官能《かんのう》」とは本来、〝器官が何かを感じる力〟のことで、現在は、特に〝性的な感覚を刺激する〟ことをいう。

冠
かん　9画

［音読み］カン
［訓読み］かんむり
［部首］冖（わかんむり）

オレってすごいだろ?

部首「冖」は〝かぶせるもの〟を表す。〝**地位や身分を示すために頭に載せる飾り**〟を指す漢字で、「王冠《おうかん》」「月桂樹《げっけいじゅ》の冠《かんむり》」などがその例。

また、「栄冠《えいかん》に輝く」「三冠《さんかん》を制する」のように、〝**最もすぐれている者に与えられる栄誉**〟をも指す。さらに「世界に冠《かん》たる本社工場」のように、〝**最もすぐれている**〟ことを表す場合もある。

一方、「生産地を冠《かん》した商品名」「企業名を冠《かん》したスポーツ大会」などは、〝**名前の先頭に置く**〟ことを指す例。どの意味にせよ、〝自己アピール〟のイメージが感じられなくもない。

ただし、「冠雪《かんせつ》」は、雪が〝**上をおおう**〟という純粋な自然現象で、〝自己アピール〟とは関係がない。「冠水《かんすい》」になるとれっきとした災害で、「冠」の華々しいイメージも台なしである。

巻
かん　9画

［音読み］カン、ケン
［訓読み］ま-く、まき
［部首］己（おのれ）

ぐるぐるにして一か所に!

〝**うず状に回転する**〟ことを表す。「うず巻《ま》き」「巻《ま》き毛《げ》」「風が巻《ま》く」などがその例。また、〝**薄っぺらいものや細長いものをうず状に丸める**〟ことをも表す。例としては、「巻《まき》物《もの》」「テープを巻《ま》く」「昆布《こぶ》巻《ま》き」など。この二つの意味では、訓読みで用いられることが多い。

「全三巻《ぜんさんかん》」「巻頭《かんとう》」「万巻《ばんかん》の書物」「虎の巻《まき》」のように、〝**一冊ずつの書物**〟を意味するのは、昔の書物は巻物だったから。

音読みはカンを用いるのが原則。ケンは平安時代ごろに正式とされた読み方だが、現在ではかなり特殊にしか使われない。「席巻《せっけん》」の「巻」は、本来は〝巻き込む〟ことを表す「捲《けん》」を書くべき漢字。「巻雲《けんうん》」は、筋状の雲を「巻き髪《がみ》」にたとえた英語cirrusからの翻訳語である。

なお、部首「己」は形の上から便宜的に分類されたもので、意味の関係はない。以前は「卷」と書くのが正式で、部首も「㔾（ふしづくり）」であった。

看
かん　9画

［音読み］カン
［訓読み］み-る
［部首］目（め）

気になるから手を添えて…

部首「目」の上に「手」を組み合わせた漢字。〝手をかざして見る〟ことから、〝**注意して見る**〟という意味を表す。「看護《かんご》」「看病《かんびょう》」「看守《かんしゅ》」「看板《かんばん》」「看破《かんぱ》」などがその例。

◆「みる」と訓読みする漢字には「観」(p90)「見」(p156)「視」(p236)「診」(p315)などもあるので、現在では、「看」を「みる」と訓読みして使うことはあまりない。ただし、「看護」「看病」のイメージから、〝**病人を見守る**〟という意味を表すために特に「看」を使うことがある。

かん 陥

10画

[音読み] カン
[訓読み] おちい-る、おとしい-れる
[部首] 阝(こざとへん)

落とし穴に真っ逆さま！

以前は「陷」と書くのが正式。部首「阝」は「阜」(p525)の変形で、〝盛り上がった土〟を、「臽《かん》」は〝人が落ちる穴〟を表す。合わせて〝**くぼんで穴ができる**〟ことを意味し、「陥《かん》没《ぼつ》」が代表的な例。

転じて、〝**悪い状況から抜け出せなくなる**〟という意味となり、「危機に陥《おちい》る」「ジレンマに陥《おちい》る」のように用いられる。「政敵を陥《おとしい》れる」では〝**計略によって他人を悪い状況に落とし込む**〟こと。「欠陥《けっかん》」では〝**悪い状況**〟そのもの。また、「敵国の都を陥《おとしい》れる」「首位から陥落《かんらく》する」では、〝**重要な場所を奪う／奪われる**〟ことをいう。

「落」(p618)と意味が似ているが、「陥」は〝悪い状況〟だとか〝計略〟だとか、邪悪なイメージが漂う漢字である。

かん 乾

11画

[音読み] カン、ケン
[訓読み] かわ-く、いぬい
[部首] 乙(おつ)

単に蒸発しただけですよ

〝**水分がなくなる**〟ことを表す。「乾燥《かんそう》」「乾杯《かんぱい》」「洗濯物が乾《かわ》く」などがその例。

◆「かわく」と訓読みする漢字には「渇」(p76)もある。「渇」が〝生死に関わる水がなくなる〟ことをいうのに対して、「乾」は単純に〝水分がなくなる〟ことを指す。

また、中国の伝統的な占い〝易《えき》〟では、「乾」は〝**世界の動きを説明する基本要素の一つ**〟をいう。この意味の場合は音読みケンを用い、現在でも時々使われる熟語として、〝世界全体〟を表す「乾坤《けんこん》」がある。

さらに、〝**北西**〟の方角を表す漢字としても用いられる。十二支による方角の表し方では、北西は「戌《いぬ》」(p20)と「亥《い》」(p13)の中間にあたる。「いぬい」と訓読みするのは、そのせいである。

かん 勘

11画

[音読み] カン
[部首] 力(ちから)

日本人は直感的？

〝**よく考える**〟ことを表す。部首「力」が付いているように、ふつうよりは努力して、〝**調べたり比べたりして考える**〟という意味合いを持つ。「諸事情を勘案《かんあん》する」が代表的な例。ただし、日本語では特殊な意味の展開を見せることが多い。

「勘定《かんじょう》」は本来は〝考えて決める〟ことだが、日本語では特に〝確認して数を決める〟という意味。「勘当《かんどう》」は本来は〝法に照らして罪を定める〟ことだが、日本語では〝親が子どもと縁を切る〟こと。〝考えて判断する〟ことをいう「勘弁《かんべん》」は、日本語では〝過ちを許す〟ことになる。

「勘《かん》が鋭い」「勘《かん》ぐる」「勘《かん》どころ」「山勘《やまかん》」のように、〝**直感的な考え**〟を表すのも日本語オリジナル。本来の〝調べたり比べたり〟という意味は、どこかへ行ってしまったようである。

かん 患

11画

[音読み] カン
[訓読み] わずら-う
[部首] 心(こころ)

体だけはたいせつに…

〝**心身に不具合が生じる**〟ことを表す。「患者《かんじゃ》」「患部《かんぶ》」「疾患《しっかん》」「難病を患《わずら》う」など。

◆「わずらう」と訓読みする漢字には「煩」(p505)もある。が、現在では「患」は〝病気にかかる〟ことを、「煩」は〝悩む〟ことを表すので、使い分けはむずかしくない。
ただし、部首「心」が示すように、「患」も本来は〝**悩む**〟という意味。「内憂外患《ないゆうがいかん》」とは、〝内にも外にも心配ごとを抱える〟こと。いつの時代も、体調は最大の心配事なのである。

かん
貫
11画
［音読み］カン
［訓読み］つらぬ-く
［部首］貝（かい）

人間性にもお金が絡む？

部首「貝」は〝お金や宝物〟を表す記号。本来は、〝貨幣の真ん中にあいた穴にひもを通して束ねる〟ことを表し、転じて〝**突き通す**〟という意味となる。「貫通《かんつう》」「縦貫《じゅうかん》」「的《まと》を貫《つらぬ》く」などがその例。また、「貫徹《かんてつ》」「一貫《いっかん》」のように〝**同じことを最後までし続ける**〟ことを指しても使われる。

日本では、本来の意味から転じて**貨幣の単位**として用いられ、また**重さの単位**や**武士の給料の単位**としても使われた。「貫禄《かんろく》」とは〝人間としての重々しさ〟をいうが、本来は〝武士の給料〟を指す。語源を知ると少し幻滅することばである。

かん
喚
12画
［音読み］カン
［訓読み］わめ-く
［部首］口（くちへん）

冷静なのか熱っぽいのか

代表的な意味は〝**呼び寄せる**〟こと。裁判用語の「召喚《しょうかん》」「喚問《かんもん》」がその例。また、「注意を喚起《かんき》する」のように〝**活発にするように促す**〟ことも表すが、どこか〝上から目線〟の冷たさが漂う。「奐《かん》」には〝取り換える〟という意味があるので、相手をモノ扱いにする気分があるのだろうか。

ただし、本来は〝**大声を出す**〟ことを表し、「喚声《かんせい》」「叫喚《きょうかん》」「泣《な》き喚《わめ》く」のように用いられる。こちらはあまり冷静な雰囲気ではない。

かん
堪
12画
［音読み］カン、タン
［訓読み］こら-える、たま-らない、た-える
［部首］土（つちへん）

積極的に我慢せよ！

〝**何かをし続けることができる**〟ことを表すのが基本。その苦しさに重点を置いて、〝**我慢する**〟ことを表す場合が多い。代表例は、「堪忍《かんにん》」「痛みを堪《こら》える」など。「堪《たま》らない」と読んで〝我慢できない〟という意味で使うこともある。

◆訓読み「たえる」では、「耐」（p387）との使い分けが問題。「耐」は〝苦痛に負けない〟という受け身のニュアンスだが、「堪」は〝し続けることができる〟という積極的な意味合いが強い。そこで、「課長の任に堪《た》える」のように〝**仕事などをする能力がある**〟ことを表したり、「鑑賞に堪《た》える作品」のように〝**○○するだけの価値がある**〟という意味で使われたりする。

ただし、「聞くに堪《た》えない」は〝○○するだけの価値がない〟という意味だが、「憂慮に堪《た》えない」では〝思わず○○してしまう〟の意味となる。〝思わず〟の意味は、〝我慢しきれない〟から転じたもの。この二つは形は似ているが意味の方向性はまったく逆なので、注意が必要である。

音読みはカンを用いるのが大原則。タンは、〝十分に味わい尽くす〟という意味の「堪能《たんのう》」でしか用いられない。これは〝足りる〟を意味する古語「足《た》んぬ」の変化したことばだと言われており、「堪能」は当て字だと考えられている。

なお、成り立ちには諸説あり、部首「土」が付いている理由もはっきりしない。

かん
寒
12画
［音読み］カン
［訓読み］さむ-い
［部首］宀（うかんむり）

ぬくもりがない！

〝**気温が低い**〟ことを表す。「寒波《かんぱ》」「寒冷《かんれい》」

「防寒着《ぼうかんぎ》」「夜寒《よさむ》」「寒風《さむかぜ》」などがその例。「悪寒《おかん》」「肌寒《はだざむ》い」のように〝**気温が低く感じる**〟ことをいう場合もある。転じて〝**人の気配がなくさみしい**〟という意味をも表し、「寒村《かんそん》」とは〝人口の少ない村〟。

部首「宀」は〝建物〟を表す記号だが、「寒」の意味と直接の関係はない。以前は最後の点をはねあげて「寒」と書くのが正式だったので、部首を「冫(にすい)」とする辞書もある。「冫」は〝氷〟を表す記号だから、意味の上ではこちらの方が部首としてふさわしい。

かん

換

12画

[音読み] カン
[訓読み] か-える、か-わる
[部首] 扌(てへん)

あっちを使っても大丈夫

「奐《かん》」にはもともと、〝何かを取り出し、別のものを入れる〟という意味がある。それに「手」が変形した部首「扌」を付け加えて、意味をはっきりさせた漢字。広く〝**別のものにする**〟ことを表す。「変換《へんかん》」「交換《こうかん》」「換気《かんき》」「換算《かんさん》」などがその例。

◆「かえる／かわる」と訓読みする漢字には、「変」(p546)「代」(p391)「替」(p389)などもあって、使い分けがややこしい。「変」は「味が変《か》わる」「手続きが変《か》わる」のように〝あるものの状態や性質が変化する〟場合に、「代」は「本人に代《か》わって」「原子力に代《か》わるエネルギー」のように〝あるものの役割を別のものがする〟場合に使う。残る「替」と「換」は意味の上で大きな違いはなく、どちらも〝あるものをやめて新しいものにする〟場合に用いる。実際、「言《い》い換《か》える／言《い》い替《か》える」「取《と》り換《か》える／取《と》り替《か》える」のようにどちらも用いられるケースが多く、この使い分けにはあまりこだわらなくてよいようである。

かん

敢

12画

[音読み] カン
[訓読み] あ-えて
[部首] 攵(のぶん)

困難な状況にあってこそ!

〝**やりにくいことを思い切ってやる**〟ことを表す。訓読み「あえて」は、現在ではかな書きされることが多いが、この意味をよく表している。「敢行《かんこう》」は、〝できないかもしれないことに進んで取り組む〟こと。「敢闘《かんとう》賞《しょう》」は、〝勝てなかったけれどよく闘った者に贈られる賞〟をいう。

転じて、〝**勇気がある**〟ことをも表す。「勇敢《ゆうかん》」「果敢《かかん》」がその例。困難な状況でこそ輝きを増す、頼もしい漢字である。

なお、部首「攵」は〝棒を手に持った形〟。攻撃的な意味合いを持つ部首である。

かん

棺

12画

[音読み] カン
[訓読み] ひつぎ
[部首] 木(きへん)

去りゆく人を悼みつつ…

〝**死体を納める箱**〟を表す。「棺桶《かんおけ》」「納棺《のうかん》」「棺《ひつぎ》を運ぶ」などがその例。「霊柩車《れいきゅうしゃ》」の「柩」も「ひつぎ」と訓読みするが、現在では、「ひつぎ」は「棺」と書くのがふつうである。

〝死〟にまつわる部首には「尸(しかばね)」や「歹(がっへん)」「骨」などがあるが、「棺」「柩」の部首は、シンプルに素材を示す「木」。かえって死者を悼む深い気持ちが込められているような気がする。

かん

款

12画

[音読み] カン
[部首] 欠(あくび)

規則の陰に潜む謎

〝**規則や法律などの文章のひとまとまり**〟を指すのが、代表的な用法。「約款《やっかん》」「定款《ていかん》」「借款《しゃっかん》」などがその例。また、**会計の分類名**として使われたり、「落款《らっかん》」では〝**美術品に作者が押すはんこ**〟を指したりする。

部首「欠」(p152)は〝大きく口を開ける〟ことを表す。「款」は本来は〝他人とうちとける〟という意味だが、〝敵と内通する〟

ことをいう場合もある。それがどうして現在のような意味となったのかは、よくわからない。日常的には用いる場面の少ない、不思議な漢字である。

かん

間

12画

［音読み］カン、ケン
［訓読み］あいだ、ま
［部首］門（もんがまえ）

狭いところを突き抜けると…

以前は「閒」と書くのが正式。〝月光がもれてくる門のすきま〟から、〝**何かにはさまれた部分**〟を表すという。「間隔《かんかく》」「行間《ぎょうかん》」「谷《たに》間《ま》」「歯と歯の間《あいだ》」のように用いる。

〝はさまれた〟というと狭苦しいが、それを〝**広がり**〟ととらえたのが「空《くう》間《かん》」「区《く》間《かん》」のような例。「山間部《さんかんぶ》」「林間学校《りんかんがっこう》」では〝**○○があるあたり**〟という意味。また、〝壁と壁のあいだの広がり〟というところから、「居間《いま》」「応接間《おうせつま》」「間取《まど》り」のように〝**部屋**〟を指しても使われる。

「時間《じかん》」に代表されるように、〝**時の流れ**〟を表すことも多い。この場合、「瞬《しゅん》間《かん》」「絶妙の間《ま》」「鬼のいぬ間《ま》に」のように非常に短いものをいう場合もあれば、「年間《ねんかん》」「夜間《やかん》」「夏休みの間《あいだ》」など、長いものを表すこともある。

さらに転じると、〝**することのない時間**〟という意味が生まれる。「間居《かんきょ》」「間暇《かんか》」がその例だが、現在では「閑居《かんきょ》」「閑暇《かんか》」のように「閑」（p86）を用いる方が一般的。

「家族の間《あいだ》」「間柄《あいだがら》」「日本とドイツの間《あいだ》の問題」などは、〝**関係**〟を指す例。これがもう少し広がると、〝**ある種の社会**〟を意味するようになる。「世間《せけん》」「民間《みんかん》」「小学生の間《あいだ》で大人気」などがその例。「仲《なか》間《ま》」もその一つで、「人間《にんげん》」も、本来は〝人びとの社会〟を指すことば。

〝関係〟がさらに変化すると、「間違《まちが》う」「間《ま》が悪い」「間《ま》が抜けた」のような例となる。これらは日本語独特の用法で、〝**その場その場に応じた正しさ**〟をいう。

そのほか、〝はさまれた〟から転じて〝**ひそかに**〟という意味ともなる。〝スパイ〟を表す「間者《かんじゃ》」「間諜《かんちょう》」、〝抜け道〟を意味する「間道《かんどう》」がその例。

なお、日本では、〝柱と柱にはさまれた部分の長さ〟から**長さの単位**としても用いられる。「一間《いっけん》」は約一・八m。

音読みはカンを用いるのが原則。ケンは奈良時代以前からある古い読み方。すでに挙げた「人間《にんげん》」「世間《せけん》」「一間《いっけん》」のほか、「眉間《みけん》」などで使われる。

このように、「間」の用法は複雑で多彩。狭苦しく見えるものにも、追究すれば意外と大きな世界が広がっていることを、教えてくれる漢字である。

かん

閑

12画

［音読み］カン
［訓読み］ひま、しず-か
［部首］門（もんがまえ）

気持ちだけでものんびりと！

〝**のんびりする**〟ことを表すのが基本。「閑静《かんせい》」「閑散《かんさん》」「閑居《かんきょ》」「閑暇《かんか》」などがその例。〝**することがない**〟点をマイナスに考えると、「閑職《かんしょく》」「安閑《あんかん》」「閑人《ひまじん》」のような例ともなる。また、「閑却《かんきゃく》」のように〝**放っておく**〟という意味で用いることもある。

◆「ひま」と訓読みする漢字には「暇」（p56）もあるが、「暇」が〝何もしない時間〟を表すのに対して、「閑」は〝心の落ち着き〟を強調したい場合によく使われる。

◆また、「しずか」と訓読みする漢字には「静」（p339）もある。現在では「静」が広く用いられるが、あえて「閑《しず》かな午後のひととき」のように書くと、これも〝心の落ち着き〟が強調される。

本来は〝門のしきり〟を表す漢字。「間」（p86）と発音も形も似ていることから、「間」の持つ〝することがない〟の意味で使われるようになった、と考えられている。

かん
勧
13画
[音読み] カン
[訓読み] すす-める
[部首] 力（ちから）

おせっかいと言えばおせっかい?

部首「力」は、〝積極的に何かをする〟ことを表す記号。以前は「勸」と書くのが正式で、**〝他人が何かをするように積極的に導く〟**ことを意味する。「勧誘《かんゆう》」「勧《かん》告《こく》」「入部を勧《すす》める」などがその例。

◆訓読み「すすめる」では、「進」（p314）「薦」（p356）「奨」（p295）などとの使い分けが問題となる。「進」は〝移動させる〟〝変化させる〟場合に使うので、区別は容易。「薦」は〝あるものを選ぶようにはたらきかける〟場合だけ用いられる。残る「奨」「勧」の違いは微妙。「勧」の方が積極的で、もともとやる気のなかった人にまではたらきかけることがある。現在では、「奨」はあまり使わず、〝他人に何かをさせる〟場合には「勧」を書くことが多い。

かん
寛
13画
[音読み] カン
[訓読み] ゆる-やか、くつろ-ぐ
[部首] 宀（うかんむり）

他人に向けても自分に向けても

〝心に束縛がない〟ことを表すのが基本。他人に対する態度に用いて**〝心が広い〟**という意味でよく使われる。「寛容《かんよう》」「寛大《かんだい》」「ご寛恕《かんじょ》ください」などがその例。

◆訓読み「ゆるやか」は、現在では「緩」（p89）を書く方がふつう。あえて「寛《ゆる》やかな政治」のように書くと、〝心が広い〟という意味が強く出ることになる。

また、**〝心の束縛を解き放って過ごす〟**という意味にもなる。「自宅で寛《くつろ》ぐ」「寛《くつろ》ぎの宿」などがその例。

なお、以前は「艹」の真ん中が点が一つ加わった「寛」と書くのが正式。部首「宀」は〝建物〟を表す記号で、本来は〝建物が広い〟ことを表すという。

かん
幹
13画
[音読み] カン
[訓読み] みき
[部首] 干（かん）

こんなところで役割分担

〝ある樹木の中で最も太く中心となる部分〟を表す。この意味では、訓読み「みき」の形で用いられることが多く、音読みの熟語はほとんどない。

音読みが活躍するのは、転じて**〝ものごとの中心となる重要な部分〟**を表す場合。「根幹《こんかん》」「幹線《かんせん》」「幹部《かんぶ》」などがその例。「幹《かん》事《じ》」「主幹《しゅかん》」では、**〝中心となって行う〟**という意味。音読みと訓読みの役割分担が、かなりはっきりした漢字である。

なお、部首「干」は「木」の変形したもの。本来は「榦」と書かれた漢字である。

かん
感
13画
[音読み] カン
[部首] 心（こころ）

くっつきながら大活躍!

〝何かに反応して心が動く〟ことを表す。また、**〝外部からの刺激に対して肉体の器官が反応する〟**こと全般をも表す。例としては、「感覚《かんかく》」「感情《かんじょう》」「感動《かんどう》」「感涙《かんるい》」「感染《かんせん》」「感《かん》冒《ぼう》」「触感《しょっかん》」「違和感《いわかん》」「達成感《たっせいかん》」「愛を感《かん》じる」「迷惑に感《かん》ずる」などなど。

また、「ずっしり感《かん》」「スピード感《かん》」など、さまざまなことばの後にも付く。最近では「やってしまった感《かん》」「取り残された感《かん》」のような表現もあり、くっつくことばの数を増やしながら、活躍の場をどんどん拡げている漢字である。

かん
漢
13画
[音読み] カン
[部首] 氵（さんずい）

流れ流れてあやしい男?

部首「氵」は「水」の変形。本来は、中国大陸中部を流れる川の名前。やがてその流域の地名となり、紀元前三世紀末、そこを根拠地とした王朝「漢《かん》」が中国を統一したことから、〝**中国**〟**全体**を指すようになった。「漢《かん》字《じ》」「漢文《かんぶん》」「漢詩《かんし》」「漢方《かんぽう》」「漢民族《かんみんぞく》」などは、みなその例。

その後、〝漢民族の男性〟の意味から広く〝**男性**〟**一般**を指すようになった。現在では、「痴漢《ちかん》」「悪漢《あっかん》」「門外漢《もんがいかん》」のように悪いイメージで使われる例が目立つ。長い歴史の中で、漢字の意味は時に驚くほどの変遷を見せることがあるが、その象徴ともいえるような一文字である。

なお、以前は「艹」の部分を「廿」とした「漢」と書くのが正式。

かん

慣

14画

［音読み］カン
［訓読み］な-れる、な-らす、なら-わし
［部首］忄（りっしんべん）

くり返しは偉大だなあ…

部首「忄」は「心」の変形。「貫」（p84）は〝同じことをし続ける〟という意味。合わせて、**同じことをくり返した結果、**〝**心身の動揺や抵抗がなくなる**〟ことを表す。「仕事に慣《な》れる」「海の水に体を慣《な》らす」などがその例。

転じて、〝**これまでくり返してきたこと**〟をも表す。「慣例《かんれい》」「習慣《しゅうかん》」「慣用句《かんようく》」「業界の慣《なら》わし」などがその例。物理学の「慣性《かんせい》の法則」では、〝**これまでの動き**〟を指す。

かん

管

14画

［音読み］カン
［訓読み］くだ
［部首］竹（たけかんむり）

筒の中からのぞいてごらん!

「水道管《すいどうかん》」「木管楽器《もっかんがっき》」「ガラスの管《くだ》」のように〝**筒**〟を表すが、それがなぜ「管理《かんり》」「保《ほ》管《かん》」のような熟語で使われるのか、考えてみれば不思議な漢字。

部首「竹」が示すように、本来は〝竹の筒〟をいう。その中をのぞくことを「管《かん》見《けん》」といい、〝視野の限られた見識〟や〝自分の知識の乏しいこと〟をへりくだっていう熟語として用いられる。

そこで一説では、「管」には〝一定の限られた範囲〟という意味があり、それが〝**担当して取りしきる**〟となって「管理」「保管」へとつながるとする。ただし、これらの熟語での「管」は、単に「官」（p82）の代用だとする説もあり、どちらが正しいとも決めがたい。

かん

関

14画

［音読み］カン
［訓読み］せき、かか-わる
［部首］門（もんがまえ）

つなぎ止めるのが基本です

代表的な使用例は「関所《せきしょ》」と「関係《かんけい》」。一見ちぐはぐな二つだが、背後に〝つなぎ止める〟というイメージを置くとわかりやすい。

部首「門」が示すように、本来は、門が開かないようにつなぎ止める〝かんぬき〟を表していたという。ここから転じて、〝**人や物の出入りを管理する施設**〟を表すのが、「関所《せきしょ》」「税関《ぜいかん》」「玄関《げんかん》」「関税《かんぜい》」などの場合。また、「第一関門《かんもん》を突破」「入試の難《なん》関《かん》」など、〝**チェックを受けないと通り抜けられないところ**〟を指すこともある。

一方、〝つなぎ止める〟ところから転じて、〝**つながる**／**つながり方**〟の意味が生じた。「関係《かんけい》」「関連《かんれん》」「関与《かんよ》」「相関《そうかん》」「仕事に関《かん》する問題」「大きな事件に関《かか》わる」などが、その例となる。

「関節《かんせつ》」は、骨と骨を〝つなぎ止めている〟部分。いくつもの部分を複雑に〝つなぎ止めて〟できあがったのが「機関《きかん》」。本来の〝かんぬき〟の意味から考えても、何らかの〝構造物〟のイメージを持つ漢字だといえる。以前は正式だった「關」という複雑な書き方も、そのことを示しているようである。

かん

歓

15画

［音読み］カン
［訓読み］よろこ-ぶ
［部首］欠（あくび）

食べて話して
にぎやかに…

“**たのしい気分になる**”ことを表す。「歓喜《かんき》」「歓声《かんせい》」「歓談《かんだん》」「歓迎《かんげい》」「歓楽《かんらく》」などがその例。以前は「歡」と書くのが正式。部首「欠」（p152）は“大きく口を開ける”ことを表す。

◆訓読み「よろこぶ」は、現在では「喜」（p100）を書くのがふつう。ただし、「歓」にはにぎやかなイメージがあるので、その印象から「歓《よろこ》びの歌」のように書くこともある。

かん

監

15画

［音読み］カン
［部首］皿（さら）

うっとりする
つもりでしたが…

部首「皿」が付いているのは、本来は“たらいに張った水に、自分の姿を映して見る”ことを表していたからだという。転じて、“**おかしなところがないか、細部までよく調べる**”ことを表す。「監視《かんし》」「監督《かんとく》」「監査《かんさ》」などがその例。また、「総監《そうかん》」「舎《しゃ》監《かん》」のように、“**おかしなところがないか見張る人**”を指すこともある。

「監獄《かんごく》」「監禁《かんきん》」などでは、“**見張りを付けて閉じこめる**”という意味。「監房《かんぼう》」「収《しゅう》監《かん》」のように、**「監獄」の省略形**として用いられることもある。

“自分の姿を映して見る”というとナルシスティックな気もするが、意味の展開からすると、むしろマゾヒスティックな漢字なのかもしれない。

かん

緩

15画

［音読み］カン
［訓読み］ゆる-い
［部首］糸（いとへん）

だらりとするのも
いいもんだ！

部首「糸」が示すように、本来は“糸の結び目や張り具合に余裕がある”ことを表す。転じて、広く“**ゆとりがある**”ことを指して用いられる。「緩和《かんわ》」「緩衝地帯《かんしょうちたい》」「筋肉の弛緩《しかん》」「ベルトが緩《ゆる》い」「緊張が緩《ゆる》む」「緩《ゆる》やかに曲がる」「緩《ゆる》やかな罰則」などがその例。

◆「ゆるやか」を漢字で書く場合は「緩」を使うのがふつう。ただし、“心が広い”という意味合いを強めたいときに、あえて「寛」（p87）を書くこともある。

なお、以前は「爫」を「爪」とした「緩」と書くのが正式。

かん

憾

16画

［音読み］カン
［訓読み］うら-む
［部首］忄（りっしんべん）

残念では
ございますが…

部首「忄」は「心」の変形。“**残念に思う**”ことを表す。現在では、「遺憾《いかん》」「憾《うら》みが残る」の形以外では、あまり用いられない。自分が望んでいたのとは異なる結果になり、半ばあきらめながら残念に思う際に、よく用いられる。

◆「うらむ／うらみ」と訓読みする漢字には「怨」（p36）「恨」（p204）もある。この二つは“不満”の意識が強いのに対して、「憾」には“あきらめ”ムードが漂うのが、異なる点である。

かん

還

16画

［音読み］カン、ゲン
［訓読み］かえ-る
［部首］辶（しんにょう、しんにゅう）

いろんな経験を
した後に

部首「辶」は、以前は「⻍」と書くのが正式で、“移動”を表す。「睘《かん》」には“円くする”という意味があり、合わせて“**あるルートをぐるっと回って戻ってくる**”ことを表す。「生還《せいかん》」「帰還《きかん》」「返還《へんかん》」「奪還《だっかん》」「強制送還《きょうせいそうかん》」などがその例。単に“戻ってくる”だけではなく、それまでの経緯も含めて表現する漢字で、「還暦《かんれき》」「円高差益還元《えんだかさえきかんげん》」「還付《かんぷ》金《きん》」などにも、その雰囲気が感じられる。

◆訓読み「かえる／かえす」は、現在では「帰」（p97）「返」（p546）を書くのがふつう。あえて「還」を使うと、“戻ってくる”

までの経緯が意識されることになる。

音読みはカンを用いるのが大原則。ゲンは奈良時代以前からある古い読み方で、現在では〝お坊さんを辞める〟ことをいう「還俗《げんぞく》」で使われるくらいである。

かん

館

16画

［音読み］カン
［訓読み］やかた
［部首］食（しょくへん）

訓読みすると雰囲気が変わる！


〝大きな建物〟を表す。

「食」が変形した部首「食」を含むので、本来は**〝食事をし宿泊する建物〟**を表していたと考えられる。「旅館《りょかん》」がその意味に最も近い。ただし現在では、「本館《ほんかん》」「新館《しんかん》」「商館《しょうかん》」「洋館《ようかん》」「大使館《たいしかん》」「博物館《はくぶつかん》」「公民館《こうみんかん》」などなど、幅広く〝大きな建物〟を指して使われる。

訓読み「やかた」は、もとは**〝身分の高い人の屋敷〟**という意味の日本語。音読みがオールラウンドなのに対して、古めかしい中にも人を惹きつける雰囲気がある。「風見鶏《かざみどり》の館《やかた》」「花の館《やかた》」「恐怖の館《やかた》」のように、観光施設や商店の名称によく用いられるのも、そのためであろう。

かん

環

17画

［音読み］カン
［訓読み］たまき、わ
［部首］王（たまへん）

今でもやっぱり美しい

部首「王」は、〝宝石〟を意味する「玉」（p130）の変形。「睘《かん》」には〝円くする〟という意味がある。組み合わせて、本来は**〝ドーナツ型の宝石〟**を表す。訓読み「たまき」は、古代日本で用いられた装飾品の**〝腕輪〟**のことで、本来の意味にかなり近い。
◆訓読み「わ」は、現在では「輪」（p635）を用いるのが一般的。あえて「環」を使うと、〝装飾品〟という意味合いが強調される。「指輪《ゆびわ》」「耳輪《みみわ》」「花輪《はなわ》」に対して、「指環《ゆびわ》」「耳環《みみわ》」「花環《はなわ》」といった具合である。
また、広く**〝円周状のもの〟**をも表す。「循環《じゅんかん》」「円環《えんかん》」「環状線《かんじょうせん》」などがその例。「環境《かんきょう》」「衆人環視《しゅうじんかんし》」「環太平洋《かんたいへいよう》」のように**〝まわりを取り巻く〟**ことを意味することもある。

現在では〝宝石〟の意味は薄くなっているが、「金環蝕《きんかんしょく》」「サンゴの環礁《かんしょう》」といった使い方もあり、まだまだどこかに〝美〟を宿した漢字である。

かん

簡

18画

［音読み］カン
［部首］竹（たけかんむり）

本来は竹の札

部首「竹」が示すように、本来は、紙が発明されるより前に、文字を書くために使われた**〝竹製の札〟**を表す。「竹簡《ちっかん》」がその意味で、木製のものを「木簡《もっかん》」という。「書簡《しょかん》」のように**〝手紙〟**を指すのは、ここから転じたもの。

ただし、現在、最もよく使われるのは、「簡単《かんたん》」「簡略《かんりゃく》」「簡易《かんい》」「簡素《かんそ》」など、**〝手軽な〟〝おおまかな〟**の意味。この意味が生じたのは、木簡が昔は〝手軽な〟書写材料だったからとか、木簡をつづり合わせるとすきまができるところから〝おおまか〟の意味になった、などの説がある。

なお、以前は「簡」と書くのが正式。

かん

観

18画

［音読み］カン
［訓読み］み-る
［部首］見（みる）

距離を置いた方がよさそうだね

以前は「觀」と書くのが正式。部首「見」が付いているように、**〝ほかのものも意識しながらあるものを見る〟**ことを表す。「観測《かんそく》」「観点《かんてん》」「観光《かんこう》」「参観《さんかん》」「主観的《しゅかんてき》」「客観的《きゃっかんてき》」「事態を楽観《らっかん》する」などは、みなその例。「観察《かんさつ》」「観賞《かんしょう》」には〝近づいて見る〟というイメージがあるが、視野そのものが狭いわけではない。
◆「みる」と訓読みする漢字は、ほかに

も「看」（p82）「見」（p156）「視」（p236）「診」（p315）など数多い。その中で、ほかのものと比較したり、時間的な推移に留意したりしながら〝みる〟ところに、「観」のポイントがある。「美術品を観《み》る」「でき具合を観《み》る」などがその例。

また、転じて〝**離れたところから見える眺め**〟を表すこともある。「外観《がいかん》」「壮観《そうかん》」「景観《けいかん》」などがその例。さらには、「人生《じんせい》観《かん》」「世界観《せかいかん》」「価値観《かちかん》」のように用いて、〝**あるもののとらえ方**〟を意味することもある。近づいて見ているばかりでは、本質を見極めることはできないのである。

かん
韓
18画

［音読み］カン
［訓読み］から
［部首］韋（なめしがわ）

半島と大陸の関係は？

本来は〝井戸の枠〟を表したというが、使用例がなく、よくわからない。大昔の中国で地名として用いられ、現在では〝**大韓民国**〟を指して使われる。「日韓関係《にっかんかんけい》」「韓流《かんりゅう》スター」などがその例。最近では韓国での発音に従って、ハンと読むこともある。

訓読み「から」は、昔の日本から見て〝**外国**〟を指すことば。朝鮮半島だけでなく中国大陸まで含めていうことばなので、〝中国〟を指す「唐」（p454）が同じく「から」と訓読みされるのも、不思議ではない。

かん
艦
21画

［音読み］カン
［部首］舟（ふねへん）

戦いが生みの親

〝**戦争に用いる船**〟を表す。古い文献には見られない漢字で、三世紀ごろ、『三国志』の時代あたりから用いられるようになった。有名な「赤壁《せきへき》の戦い」に出てくるような、〝矢を防ぐ板を張った船〟を指すのが、本来の意味だったようだ。

そのなれの果てが、「戦艦《せんかん》」「巡洋艦《じゅんようかん》」「航空母艦《こうくうぼかん》」「潜水艦《せんすいかん》」といった一連の「軍艦《ぐんかん》」だということになる。戦争は技術の発展をもたらすが、新しい漢字を生み出すこともあったのである。

かん
鑑
23画

［音読み］カン
［訓読み］かんが-みる、かがみ
［部首］金（かねへん）

いつだって気にしています

「監」（p89）には〝自分の姿を水に映す〟という意味がある。それに部首「金」を組み合わせて、主に青銅で作られた〝**金属製の鏡**〟を表すのが、本来の意味。

鏡に照らして自分の姿をチェックするところから、転じて、〝**何かを参考にして細かくチェックする**〟という意味で用いられる。「鑑賞《かんしょう》」「鑑識《かんしき》」「鑑定《かんてい》」「鑑別《かんべつ》」「先例に鑑《かんが》みる」などがその例。

「図鑑《ずかん》」「年鑑《ねんかん》」では、〝**チェックの参考にする書物**〟。「印鑑《いんかん》」「鑑札《かんさつ》」では、〝**チェックしたという証拠**〟。いつもチェックを怠らない、手厳しい漢字である。

◆訓読み「かがみ」は、現在では「鏡」（p126）と書くのがふつう。ただし、〝**参考にすべき模範**〟という意味で、「武士の鑑《かがみ》」のように「鑑」を使うこともある。

がん
丸
3画

［音読み］ガン
［訓読み］まる
［部首］丶（てん、ちょぼ）

漢字とひらがなの境界線

「弾丸《だんがん》」「砲丸《ほうがん》」「丸《まる》いお団子」「頭を丸《まる》める」のように、〝**角張っていない**〟ことを表す。「正露丸《せいろがん》」「毒掃丸《どくそうがん》」のように「**丸薬《がんやく》**」の省略形として用いられることもある。

◆主に〝平面的なまる〟を指す「円」（p35）とは異なり、一般に〝**立体的なまる**〟を表すとされる。しかし、「丸印《まるじるし》」「二重《にじゅう》丸《まる》」のような例もある。「まる／まるい」は、実際には「丸」を使うことが多い。

日本語では、「牛若丸《うしわかまる》」「日本丸《にほんまる》」のよう

に**人や乗り物の名前**に付けたり、「本丸《ほんまる》」「二《に》の丸《まる》」のように〝**お城の中の区画**〟を指して用いられたりする。

また、「丸《まる》ごと」「丸抱《まるがか》え」「丸裸《まるはだか》」のように〝**すべて**〟の意味もあるが、この場合はかな書きされることも多い。「一丸《いちがん》となって」は、この影響で生まれた日本語独自の表現。また、この延長線上に、「まるで恋人みたい」のような言い方があることになる。

部首「丶」は、形の上から便宜的に分類されたもの。辞書によっては「乙（おつ）」を部首とするものもある。

がん

含

7画

［音読み］ガン
［訓読み］ふく-む
［部首］口（くち）

外面だけはとりつくろう？

部首「口」が示すように、〝**口の中に入れる**〟ことを表す。「食べ物を口に含《ふく》む」のように用いるのがその例。

転じて、〝**外からは見えないが存在している**〟という意味にもなる。「含有《がんゆう》」「含蓄《がんちく》」「包含《ほうがん》」「含《ふく》み損《ぞん》」などがその例。「含羞《がんしゅう》」「含《ふく》み笑《わら》い」などでは、〝**外から見えないようにしようとする**〟ことをいう。

「お含《ふく》み置《お》きください」では〝**とりあえず認識しておく**〟こと。「言《い》い含《ふく》める」では〝**とりあえず表に出ないように説得する**〟こと。どちらも日本語独自の用法で、内面と外面を使い分けるという、いかにも日本人好みの漢字である。

がん

岸

8画

［音読み］ガン
［訓読み］きし
［部首］山（やま）

うっかりするとお里がばれる

現在では〝なだらかな砂浜〟をも指すが、部首「山」にも現れているように、本来は〝**水が山をえぐって切り立ったようになっている場所**〟をいう。後に、広く〝**川や海などが陸地と接するところ**〟を表すようになった。「沿岸《えんがん》」「対岸《たいがん》」「岸《きし》に上がる」などがその例。

「傲岸不遜《ごうがんふそん》」のように〝**人柄が取っつきにくいようす**〟を表すのは、もとのイメージを受け継いだもの。根っこにある〝険しさ〟がうっかり顔を出しているわけで、自分も注意しなくては、と思わせられる。

なお、「河岸《かし》」は漢字の熟語をそのままの意味を表す日本語で読む当て字的表現。二文字で「かし」と読み、「岸」に「し」という読み方があるわけではない。

がん

岩

8画

［音読み］ガン
［訓読み］いわ
［部首］山（やま）

もっと大きなものがある！

〝**大きな石**〟を表す。「岩石《がんせき》」「岩盤《がんばん》」「岩登《いわのぼ》り」のように用いるほか、「砂岩《さがん》」「石灰岩《せっかいがん》」「花崗岩《かこうがん》」など岩石の分類名でも使われる。

「巌」（p94）は音読みが「岩」と同じで、昔は意味も同じだった。現在では、「巌」は「いわお」と訓読みし、〝大きな岩〟を指して用いられる。

がん

玩

8画

［音読み］ガン
［訓読み］もてあそ-ぶ
［部首］王（たまへん）

悪いヤツにはなりきれない…

部首「王」は〝宝石〟を表す「玉」（p130）の変形。宝石に夢中になるところから、「愛玩《あいがん》」「賞玩《しょうがん》」「玩味《がんみ》」「玩具《がんぐ》」など、〝**趣味として愛好する**〟ことを表す。

趣味といえば聞こえがいいが、〝**役に立たないことをする**〟というマイナスのイメージもある。「もてあそぶ」と訓読みすると、そちらの面が強く出る。「ピアノを玩《もてあそ》ぶ」は趣味を自嘲的に低く見た表現。「鉛筆を手で玩《もてあそ》ぶ」になると単に〝**いじくる**〟という意味となる。

◆訓読み「もてあそぶ」では、「弄」（p647）との使い分けが微妙。「弄」が〝あやつる〟というニュアンスなのに対して、「玩」は〝心を奪われる〟というイメージ。「玩」の根本には〝趣味〟があって、結局は〝いい人〟の域を出られないのである。

がん 眼

11画

［音読み］ガン、ゲン
［訓読み］まなこ、め
［部首］目（めへん）

目のはたらきを強調する

「艮」（p27）の成り立ちには諸説があるが、本来はこれだけで〝目〟を表すという。それにさらに部首「目」を付け加えて、〝目〟を強調した漢字。あるニュアンスを込めて〝目〟を指す際に用いられる。

「眼球《がんきゅう》」「眼帯《がんたい》」「眼底《がんてい》」「肉眼《にくがん》」などは、〝**視覚器官としての目そのもの**〟。「眼力《がんりょく》」「眼光《がんこう》」「着眼点《ちゃくがんてん》」「眼中《がんちゅう》にない」「眼《がん》を飛ばす」「眼《まなこ》を開く」「血眼《ちまなこ》になる」などでは、〝**見るというはたらき**〟。その発展として、「眼目《がんもく》」「主眼《しゅがん》」のように〝**重要な部分**〟を表すこともある。

このほか、「方眼紙《ほうがんし》」「銃眼《じゅうがん》」では、目のように〝**まわりを囲まれた部分**〟を指す。

◆訓読み「め」は、現在では「目」（p590）と書くのがふつう。ただし、「眼医者《めいしゃ》」「見る眼《め》が違う」のようにあえて「眼」と書いて、〝視覚器官〟や〝見るというはたらき〟という意味を強調することも多い。

音読みはガンを用いるのが原則。ゲンは奈良時代以前からある古い読み方で、現在では、〝仏像に眼を入れる〟ことを表す「開眼法要《かいげんほうよう》」のような、仏教のことばで用いられるくらいである。

なお、「眼差《まなざ》し」では「まな」と読むが、これは「まなこ」「まなじり」の「まな」と同じで、語源的には〝目の〟という意味。

がん 頑

13画

［音読み］ガン
［訓読み］かたく-な
［部首］頁（おおがい）

体は丈夫だけど心は…？

〝簡単にはつぶされない〟ことが、基本のイメージ。それを肉体について用いたのが「頑健《がんけん》」で、〝**がっしりしている**〟こと。精神に対して用いると「頑固《がんこ》」「頑迷《がんめい》」「頑《かたく》なな対応」となり、〝**他人の意見をなかなか受け入れない**〟という否定的なニュアンスで使われる。

「頑丈《がんじょう》」は語源がはっきりせず、当て字だと考えられている。「頑張《がんば》る」は「我《が》に張《は》る」から転じたことばという説が有力で、やはり当て字。とはいえ、どちらも「頑」の意味をよく生かしている。

がん 顔

18画

［音読み］ガン
［訓読み］かお
［部首］頁（おおがい）

鮮やかな化粧や入れ墨

言うまでもなく、**頭部の前面**〝**かお**〟を指す。「笑顔《えがお》」「汗顔《かんがん》の至り」「紅顔《こうがん》の美少年」「厚顔無恥《こうがんむち》」など、〝**かおつき**〟をいうこともある。

以前は「顏」と書くのが正式。成り立ちには諸説あるが、もともと「彦／彥」（p516）が〝化粧や入れ墨をした美しい姿〟を表していて、それに〝頭部〟を表す部首「頁」を付け加えた、という説には説得力がある。そう考えると、「顔料《がんりょう》」のように〝**色彩を施す**〟という意味があることも、説明がつく。

現在でも、独特の鮮やかな化粧や入れ墨をする少数民族は多い。人類の文化の普遍性を思わせる漢字である。

がん 願

19画

［音読み］ガン
［訓読み］ねが-う
［部首］頁（おおがい）

いちずな思いを込めて…

〝**思っていることが実現するよう求める**〟ことを表す。「願望《がんぼう》」「宿願《しゅくがん》」「神様にお願《ねが》いする」などがその例。他の意味で用いられることはなく、音読み・訓読みも一つずつしかない。とてもシンプルな漢字で、そのいちずさは「ねがう」という訓読みにいかにもふさわしい。

◆なお、訓読み「ねがう」は、まれに「希」（p95）を書くことがある。「希」を使うと、〝欲望〟とは無関係のあか抜けた雰囲気が漂うようである。

がん 巌 20画

[音読み] ガン
[訓読み] いわお
[部首] 山（やま）

巨大さに圧倒される！

部首「山」にも現れているように、本来は〝そびえ立つ険しい山〟を表す漢字。転じて**〝巨大な石〟**を指して使われる。

以前は「巌」と書くのが正式。もともとは、「岩」（p92）と音読みも意味も同じ漢字だが、見た目が複雑なせいか、「巌」の方がよりゴツゴツした雰囲気とともに使われる。そこで、訓読みでは「いわお」と読んで、「岩」よりもさらに大きな石をいうことが多い。

き

き 企 6画

[音読み] キ
[訓読み] くわだ-てる、たくら-む
[部首] 人（ひとやね）

読み方次第でがらりと変わる？

「止」（p227）はもともと〝足〟を表す。それに部首「人」を組み合わせて、人がつま先立ちをして何かをしようといるところから、**〝何かを実現しようと計画する〟**ことを表す漢字だという。「企画《きかく》」「企業《きぎょう》」「東京進出を企《くわだ》てる」などがその例。

ただし、「世界征服を企《たくら》む」のように「たくらむ」と訓読みすると、**〝野望を抱く〟**という雰囲気となる。訓読み次第でイメージが変わる漢字である。

き 伎 6画

[音読み] キ、ギ
[部首] イ（にんべん）

さすが伝統芸能！

「技」（p104）の部首「扌（てへん）」を、「人」が変形した「イ」に変えた漢字。**〝人の持つ能力〟**を表す。「伎能《ぎのう》」「伎巧《ぎこう》」などがその例だが、現在では「技能《ぎのう》」「技巧《ぎこう》」と書く。

また、〝ある能力を持つ人〟ということから、特に**〝演劇や音楽・舞踊の能力を持つ人〟**をも指す。古代から伝わる舞踊「伎楽《ぎがく》」がその例。

現在、最もよく目にする例は「歌舞伎《かぶき》」。「かぶき」は〝ふつうとは違う〟ことを意味する古語「かぶく」に由来することばで、「歌舞伎」は当て字。とはいえ、漢字の意味がうまく生かされた当て字である。

き 危 6画

[音読み] キ
[訓読み] あぶ-ない、あや-うい、あや-ぶむ
[部首] 㔾（ふしづくり）

思わずしゃがみこんでしまう…

〝よくない結果が起こりそうである〟ことを表す。「危険《きけん》」「危機《きき》」「危篤《きとく》」「危《あぶ》ない交差点」「危《あや》うく助かる」「結果を危《あや》ぶむ」などがその例。

「厂（がんだれ）」は〝がけ〟を表し、「ク」と部首「㔾」はどちらも〝人がひざまずいている形〟だという。本来は〝がけのそばで不安定な格好をしている〟ことを表すようで、高所恐怖症の人間には、かなりつらい。

き

机

6画

［音読み］キ
［訓読み］つくえ
［部首］木（きへん）

文明の進歩の印？

「勉強机《べんきょうづくえ》」「机上《きじょう》の空論」など、**〝その上で作業をするための台〟**を表す。「几」はその形を示し、部首「木」は木製であることを表すが、現在ではもちろん、素材が何であろうとかまわない。

ただ、「几」は本来は〝腰掛け〟や〝肘掛け〟を表したらしい。たしかに原始社会では、〝つくえ〟に向かってする作業はそれほどありそうにない。そう考えると、「机」の誕生は、文明がその階段を一つ上がった結果だったのかもしれない。

き

気

6画

［音読み］キ、ケ
［部首］气（きがまえ）

形はないがすべてを動かす

いわゆる**〝ガス〟**を表すのが、最もわかりやすい意味。「気体《きたい》」「空気《くうき》」「排気《はいき》ガス」などがその例だが、これは近代科学の産物。中国の昔からの考え方では、**〝この世界に満ちていて、あらゆる現象のもとになるエネルギー〟**を表す。「天気《てんき》」とは元来、〝天に満ちている気〟。「気象《きしょう》」「気候《きこう》」などもその例だが、現在では〝地表をおおうガスの状態〟を指して使われている。

「気力《きりょく》」「元気《げんき》」「活気《かっき》」「気《き》を失う」などは、**〝人間の活動のもとになるエネルギー〟**。本来は肉体・精神の両方が一体となったものを指すが、「気分《きぶん》」「気質《きしつ》」などでは**〝精神的な活動力〟**という色合いが強くなる。現在、よく使われるのはこの意味で、「平気《へいき》」「強気《つよき》」「浮気《うわき》」「やる気《き》」「負《ま》けん気《き》」「気《き》が弱い」など、多くのことばを生む。

エネルギーは、目に見える形は持たない。そこで、**〝なんとなく感じ取れるもの〟**を表すことにもなる。「雰囲気《ふんいき》」「気品《きひん》」「気味《きみ》が悪い」「殺気《さっき》を感じる」「空気《くうき》を読めよ！」などがその例である。

音読みはキを使うのが原則。ケは奈良時代以前からある古い読み方で、熟語の最初で使われるのは「気配《けはい》」「気色《けしき》ばむ」くらい。「湯気《ゆげ》」「産気《さんけ》」「火《ひ》の気《け》」など、ほかのことばの後に付いて活躍する。ただし、「嫌気《いやけ》」「塩《しお》っ気《け》」「男《おとこ》っ気《け》」などの「け」は日本語にもとからあることばで、「気」と書くのは当て字だ、という説もある。

以前は「氣」と書くのが正式。部首「气」は〝立ち上る水蒸気〟を表す記号。「米」が付いている理由には、米を蒸すときに出るから、穀物が育つのに必要だから、などの説がある。

き

岐

7画

［音読み］キ
［部首］山（やまへん）

文化の源流がそこにある

「支」（p227）には〝枝分かれする〟という意味がある。部首「山」を組み合わせて、〝山中の分かれ道〟を表す。広く**〝分かれ道〟**を指して用いられる。「分岐《ぶんき》」「岐路《きろ》」がその例。「多《た》岐《き》にわたる」では、**〝分野〟**をいう。

現在では、「壱岐《いき》」「讃岐《さぬき》」「岐阜《ぎふ》」など、古くからの地名で使われるのが目立つ。中国文化の源流といわれる「周《しゅう》」という王朝は、「岐山《きざん》」という山のふもとから発展した。そのため「岐」にはプラスのイメージがあって、それが日本の地名にも反映しているのかもしれない。

き

希

7画

［音読み］キ、ケ
［訓読み］まれ、ねが-う、のぞ-む
［部首］巾（はば）

めったにいない清純派？

〝非常に少ない〟ことが基本。「希薄《きはく》」「希少《きしょう》」「たぐい希《まれ》な才能」のように用いる。また、**〝何かが実現して欲しいと思う〟**ことも表す。「希望《きぼう》」がその代表的な例。

◆訓読み「ねがう」「のぞむ」は、現在ではそれぞれ「願」（p93）「望」（p564）と書く方が一般的。とはいえ、〝非常に少ない〟のイメージがあり、「希」にはどこかあか抜けた影響からか、それを好んで「愛を希《ねが》う」「自由を希《のぞ》む」などと書かれることもないわけではない。

音読みはキを使うのが大原則。ケは奈良時代以前からある古い読み方で、現在では「希有《けう》」くらいでしか用いられない。

なお、部首「巾」は〝布きれ〟を表し、その上の「メ」「ナ」はもともとは×印二つで、〝布目〟を表すという。ただし、本来の意味については、〝布目が細かくすきまが少ない〟と〝布目そのものが粗く少ない〟の両説がある。また、〝実現して欲しい〟を意味するようになった経緯も、諸説あってはっきりしない。

き 忌

理性ではどうにもならない！

7画

［音読み］キ
［訓読み］い-む、い-まわしい
［部首］心（こころ）

「禁忌《きんき》」「忌引《きび》き」「物忌《ものい》み」のように、〝**宗教的な理由に基づいて、嫌って避ける**〟ことを表すのが、本来の意味。「三回忌《さんかいき》」「芭蕉忌《ばしょうき》」「桜桃忌《おうとうき》」など、〝**亡くなった人をしのぶ日**〟を指すことも多い。

現在では、「忌避《きひ》する」「忌憚《きたん》なく」「忌《い》み嫌《きら》う」「忌《い》まわしい事件」のように、広く〝**嫌って避ける**〟という意味でも使われる。部首「心」が示すように、理性を超えた次元で〝嫌う〟ことを表す漢字である。

き 汽

古きよき時代の…

7画

［音読み］キ
［部首］氵（さんずい）

「气（きがまえ）」は〝水蒸気〟を表す記号。「水」が変形した部首「氵」を加えて、〝**水蒸気**〟の意味をはっきりさせた漢字。現在では、「汽車《きしゃ》」「汽船《きせん》」「汽笛《きてき》」の三つの熟語で用いられるのがほとんど。かつては文明開化の象徴だったのだろうが、今となっては、なつかしい雰囲気である。

ただし、現代中国語では「汽車《チーチャ》」は〝自動車〟、「汽油《チーヨウ》」は〝ガソリン〟。意味する範囲が日本語とは違うようである。

き 奇

驚きと渋みを合わせ持つ

8画

［音読み］キ
［訓読み］あや-しい、く-し
［部首］大（だい）

〝**ふつうとは違っていて目立つ**〟ことを表す。「怪奇《かいき》」「奇声《きせい》」「猟奇的《りょうきてき》」など、マイナス・イメージのある漢字だが、「新奇《しんき》」「奇跡《きせき》」「奇抜《きばつ》」のように〝**並外れてすごい**〟ことをも指す。「好奇心《こうきしん》」「数奇《すうき》な運命」では〝**不思議な**〟〝**珍しい**〟という意味。とにかく人目を驚かすのが基本である。

また、飛び抜けているところから〝不ぞろいな〟というニュアンスにもなる。「奇数《きすう》」は、それが〝**2で割り切れない**〟という意味で使われたもの。

訓読み「あやしい」は、現在では「怪」（p62）を使うのがふつう。むしろ、〝不思議な〟という意味の古語「くし」を用いた「奇《く》しくも」の方が、いまだに使われる。また、「奇《き》なる縁」「奇《き》をてらう」「事実は小説より奇《き》なり」のように音読みを単独で用いる用法も、古めかしい響きがあるものの現役である。

人を驚かす一方で古風な味わいが生き続けているのが魅力。渋い演技で観る者を引き込む俳優さんのようである。

き 季

一か月だったり一年だったり

8画

［音読み］キ
［部首］子（こども）

部首が「禾（のぎ）」でなく「子」なのは、本来は〝**最も年下の子ども**〟を意味したと考えられているから。そこで「すえ」と訓読みすることもあるが、現在では、この意味ではほとんど用いられない。

現在よく使われるのは、「四季《しき》」「雨季《うき》」「季節《きせつ》」のような“**一年のうちのある期間**”を表す用法。古くは“一年を四つに分けた三か月うち、最後の一か月”を指すこともあり、これが“最も年下”と結びつくのだと思われる。また、「年季奉公《ねんきぼうこう》」では“**一年**”の意味で使われている。

き

祈

8画

［音読み］キ
［訓読み］いの-る
［部首］ネ（しめすへん）

宗教を超えた思い

以前は「祈」と書くのが正式で、部首「ネ／示」は“神”を表す。“**神仏に願いをかける**”ことを意味し、「祈願《きがん》」「祈禱《きとう》」「祈念《きねん》」などがその例。

音読みの熟語は、実際に神社やお寺にお参りして行うことを指す場合が多い。それに対して訓読みは、「成功を祈《いの》る」「祈《いの》るような気持ち」のように、神社やお寺から離れたシーンでもよく使われる。日本人の宗教に対する考え方が、現れているようである。

き

紀

9画

［音読み］キ
［部首］糸（いとへん）

糸をたどっていくように

部首「糸」が付いているのは、本来は“糸をきちんと巻き取る”ことを表すからだという。転じて、“筋道が立つように整理する”ことを表すのが基本。

細長い糸のイメージを時間に当てはめて用いられることが多く、「紀元《きげん》」「世紀《せいき》」「ジュラ紀《き》」などでは、“**時の流れをきちんと区分けしたもの**”をいう。また、「紀《き》行《こう》文《ぶん》」「日本書紀《にほんしょき》」などでは、“**時間を追ってきちんと書き記す**”ことを表す。

一方、“筋道”にポイントを置いて、“**規範や指針**”を意味することもある。「風《ふう》紀《き》」「綱紀粛正《こうきしゅくせい》」などがその例。名前で「のり」と読むのも、“決まり”を意味する古語に由来するものである。

き

軌

9画

［音読み］キ
［部首］車（くるまへん）

動いた後から動く前へ

部首「車」にも現れているように、本来は“車輪が通った跡”を指す漢字。転じて、広く“**ものが移動するコース**”を表し、「軌跡《きせき》」「軌《き》道《どう》」などがその例。さらに変化して、「軌《き》を一《いっ》にする」「常軌《じょうき》を逸《いっ》する」のように“**行動のパターン**”を表すこともある。

現在、よく使われるのは鉄道の世界。「軌条《きじょう》」とは“レール”のこと、「軌間《きかん》」とは“レールの間隔”。さらに、「標準軌《ひょうじゅんき》」「狭軌《きょうき》」「広軌《こうき》」のように、一文字で“**レールの間隔**”を表すこともある。

もともとは“動いた後”に残るものだったのが、“動く前”から敷かれるようになったわけで、一文字の中に文明の進歩が宿っているともいえるだろう。

き

帰

10画

［音読み］キ
［訓読み］かえ-る
［部首］巾（はば）

落ち着き先を常に求めて

「帰国《きこく》」「帰路《きろ》」「復帰《ふっき》」「回帰《かいき》」「家に帰《かえ》る」「親元へ帰《かえ》す」のように用いるので、“**出かけたところから戻る**”というイメージが強い。しかし、「帰属《きぞく》」「帰結《きけつ》」「帰化《きか》」「水泡《すいほう》に帰《き》する」など、一方通行の変化を指して使われることも多い。そこで、基本的には“**落ち着く場所に移動する／落ち着く状態に変化する**”という意味だと考えられる。

◆「かえる／かえす」と訓読みする漢字には「返」（p546）もある。「返」は“向きを反対にする〝ところにポイントがあるのに対して、「帰」は〝落ち着くべき場所・状態〟に意識がある。そのため、たとえば「手放したお宝がかえってきた」のような場合に「帰」を用いると、〝本来あるべきところに戻ってくる〟という意識が強く出ることになる。また、〝出かけて戻ってくる過程〟に重点を置いて、「還」（p89）を書くこともできる。

以前は「歸」と書くのが正式で、部首も〝移動〟を表す「止（とめる）」であった。「巾」を部首とするのは、現在の形には「止」が含まれないため便宜的に分類したもの。やはり形の上から便宜的に「刂（りっとう）」を部首とする辞書もある。

き 既

10画

［音読み］キ
［訓読み］すで-に
［部首］旡（すでのつくり）

できすぎは孤独のもと？

以前は「旣」と書くのが正式。部首「旡」は〝右を向いて口を開けている人〟の形、「皀《きゅう》」は〝器に盛られた食事〟を表す。合わせて、本来は〝お腹がいっぱいになって顔をそむけてゲップをする〟ことを表すという。まことによくできた漢字である。

転じて、〝**もう○○し終わっている**〟という意味となる。「既刊《きかん》」「既婚《きこん》」「既製品《きせいひん》」「既《すで》に売り切れです」などがその例。さらには「皆既日食《かいきにっしょく》」のように〝**○○しつくす**〟ことを表す場合もある。

「旡」を部首とする漢字はほかにはほとんどなく、「既」のためだけの部首という感じが強い。あまりによくできているために、仲間の漢字が生まれなかったのか。孤高の漢字である。

き 記

10画

［音読み］キ
［訓読み］しる-す
［部首］言（ごんべん）

ニワトリが先か卵が先か

基本的な意味は、〝**文字で書きとどめる**〟こと。「記入《きにゅう》」「記帳《きちょう》」「ノートに記《しる》す」などがその例。「日記《にっき》」「伝記《でんき》」「探検記《たんけんき》」などでは、〝**書きとどめられたもの**〟。「会議の書《しょ》記《き》」のように〝**書きとどめる係**〟を表すこともあれば、「記号《きごう》」「記章《きしょう》」のように〝**何かを表す印**〟をいうこともある。また、比喩的に用いられて、「記念《きねん》」「記憶《きおく》」のように〝**心の中にとどめる**〟ことをも表す。

しかし、文字のなかった時代からことばは存在することを考えれば、むしろ〝心の中にとどめる〟の方が、本来的な意味なのかもしれない。もっとも、そのころには「記」という漢字もなかったはず。堂々めぐりの議論になりそうである。

き 起

10画

［音読み］キ
［訓読み］お-きる、お-こす、お-こる、た-つ
［部首］走（そうにょう）

スイッチ・オン！

部首「走」は〝何かを目がけて行動する〟こと。〝立ち上がって活動を始める〟ことを表すのが基本。転じて、「起床《きしょう》」「朝早く起《お》きる」のように〝**眠りから覚める**〟という意味でも用いられる。

「起立《きりつ》」「体を起《お》こす」などは、〝**立ち上がる**〟に重点がある例。ここから転じて、「隆起《りゅうき》」「突起《とっき》」など〝**モノが盛り上がる**〟の意味にもなるし、「奮起《ふんき》」のように〝**気分が盛り上がる**〟ことをいう場合もある。

一方、〝**活動を始める**〟の方にポイントがあるのが、「パソコンの起動《きどう》」「起因《きいん》」「提起《ていき》」「発起人《ほっきにん》」「事件が起《お》こる」「騒ぎが起《お》きる」など。「縁起《えんぎ》」とは、〝そもそもの始まり〟〝前触れ〟をいう。

◈訓読み「おこす／おこる」では、「興」（p126）との使い分けが問題となる。一般的には「起」を用いておけば問題ないが、〝力を合わせて盛んにする〟というニュア

ンスが強い場合には、「興」を使う。そこで、「会社を起《お》こす」と書けば〝始める〟ことだけを、「会社を興《おこ》す」と書けば〝盛んにする〟ことまで表すことになる。

◆また、訓読み「たつ」は、現在では「立」（p624）を書く方がふつう。ただし、「病《やまい》の床《とこ》から起《た》つ」「総裁候補として起《た》つ」など、〝**決意して活動を始める**〟という意味では、あえて「起」を使う場合もある。

き
飢
10画
［音読み］キ
［訓読み］う-える
［部首］食（しょくへん）

ハングリー精神はどこから来たか？

〝**空腹に苦しむ**〟ことを表す。「飢餓《きが》」「飢饉《ききん》」「飢《う》え死《じ》に」などがその例。「うえる」と訓読みする漢字には「餓」（p60）もあるが、現在では「飢」を書く方がふつう。

「愛情に飢《う》える」「音楽に飢《う》える」のように〝**欲しくてたまらない**〟という意味もあるが、これは日本語独特の用法と思われる。あるいは英語 hungry に影響されたものかもしれない。

なお、以前は「飢」と書くのが正式。

き
鬼
10画
［音読み］キ
［訓読み］おに
［部首］鬼（おに）

別世界からやって来た…

日本語「おに」は〝**角を生やした怪物**〟を指すが、漢字「鬼」は、本来は〝**霊魂**〟を表す。そこで、音読みでは〝この世のものではない〟というイメージを持つ。「鬼門《きもん》」は〝あの世のものが出入りする方角〟。「鬼気《きき》迫る」といえば〝まるで幽霊のような雰囲気で迫る〟こと。「鬼才《きさい》」は〝人間離れした不思議な才能〟。「殺人鬼《さつじんき》」にも〝人間ではない〟という意識があるのだろう。そこから見れば、〝**何かを並外れて一生懸命やる人**〟をいう「仕事の鬼《おに》」「受験指導の鬼《おに》」「鬼教官《おにきょうかん》」などは、かわいらしいものである。

部首としては？

〝霊魂〟に関する漢字の部首となる。「魂」（p206）「魔」（p572）「魅」（p578）などがその例。また、〝うなされる〟という意味の「魘《えん》」や、〝自然界にうごめく精霊たち〟を表す「魑《ち》魅魍魎《みもうりょう》」など、見た目が強烈な漢字が多い。なお、漢字の左から下にかけて現れる場合は、「きにょう」と呼ぶ。

き
基
11画
［音読み］キ
［訓読み］もと、もと-づく、もとい
［部首］土（つち）

縁の下の力持ち

部首「土」が示すように、本来は〝しっかりと整地した建物の土台〟を表す。広く〝**ものごとを支える土台や根本**〟を指し、「基本《ほん》」「基礎《きそ》」「基盤《きばん》」「データを基《もと》に計算する」などがその例。「実話に基《もと》づく映画」のように〝**土台とする**〟ことをもいう。

◆「もと」と訓読みする漢字は、ほかにも「下」（p48）「許」（p118）「元」（p165）「素」（p360）「本」（p569）など数多く、使い分けがややこしい。その中で、「基」には〝支える〟というイメージがあるのが特色。「基本」「基礎」などに言い換えられる場合には「基」を用いると考えれば、わかりやすい。

訓読み「もとい」は、「もと」の改まった言い方。「繁栄の基《もとい》を築く」のように用いる。

このほか、日本では、お墓から発電所まで、**地面にどっしり据えられているもの**を数える単位としても使われる。

き
寄
11画
［音読み］キ
［訓読み］よ-る、よ-せる
［部首］宀（うかんむり）

離れていても心は届く

〝**何かに頼る**〟ことを表す。部首「宀」は〝建物〟を表す記号なので、壁にもたれたり、建物に入り込んだりするイメージを持つ。「寄生《きせい》」「寄宿《きしゅく》」「寄港《きこう》」「親戚の家に身を寄《よ》せる」

などがその例。

「寄贈《きぞう》」「寄付《きふ》」「寄託《きたく》」などは、転じて〃**信頼して与える**〃という意味で使われた例。また、「寄稿《きこう》」「手紙を寄《よ》せる」「賛辞を寄《よ》せる」など〃**ことばや文章を届ける**〃ことを表したり、「想いを寄《よ》せる」のように〃**よい感情を抱く**〃ことを意味したりもする。

日本語「よる／よせる」にはさまざまな意味があるので、「寄」が日本語独自の活躍を見せる場面も多い。「片寄《かたよ》る」「寄《よ》せ集《あつ》める」などでは、〃**一方向・一か所に集まる／集める**〃こと。「近寄《ちかよ》る」「詰《つ》め寄《よ》る」「最寄《もよ》り」などでは〃**距離を縮める**〃〃**距離が近い**〃こと。「立《た》ち寄《よ》る」「寄《よ》り道《みち》」のように〃**本来のルートを一時的に外れる**〃例もある。日本語では、物理的な距離にこだわって用いられることが多いようである。

なお、「寄席《よせ》」は、日本語の意味を漢字二文字で書き表した当て字的表現。

き

規

11画

［音読み］キ
［部首］見（みる）

昔のことは忘れちまったが…

「定規《じょうぎ》」といえば〃直線を引く道具〃だが、本来は〃直線を引く道具と、円を描く道具〃のこと。「規」はもともと〃**コンパス**〃を表す漢字で、古めかしくは「ぶんまわし」と訓読みする。

〃きちんとした円を描く〃ところから、転じて〃**きちんと統制する**〃という意味が生じた。「規則《きそく》」「規制《きせい》」「規約《きやく》」「法規《ほうき》」などがその例。また、「規準《きじゅん》」「規範《きはん》」のように、〃**参考にすべき模範や手本**〃を指しても用いられる。名前で「のり」と読むのも、〃決まり〃を意味する古語に由来する。

本来の意味は忘れられても、〃きちんとした〃というイメージだけは生き続けている。みごとな生きざまであろう。

なお、部首「見」が付いている理由には定説がなく、よくわからない。

き

亀

11画

［音読み］キ
［訓読み］かめ
［部首］亀（かめ）

動物の〃かめ〃を表す。「亀《かめ》の甲羅」「兎《うさぎ》と亀《かめ》」「鶴亀《つるかめ》算《ざん》」などがその例。

古代からのメッセージ

「亀甲《きっこう》」でキッと読むのは、音読みキが続く発音の影響で変化したもの。

大昔の中国では、〃かめ〃の甲羅を焼いてできるひび割れの形から未来を占った。〃ひび割れ〃を意味する「亀裂《きれつ》」は、そこから生じたことばと言われる。身近なことばの中に数千年前の風習が宿っているというのは、漢字の醍醐味《だいごみ》であろう。

以前は「龜」と書くのが正式。いかにも占いに使われそうな、複雑な形である。

部首としては?

〃かめ〃に関係する漢字の部首となるが、その例は、「亀／龜」以外には皆無に近い。

き

喜

12画

［音読み］キ
［訓読み］よろこ-ぶ
［部首］口（くち）

〃**うれしい気持ちになる**〃ことを表す。

うれしいことなら何だって!

「歓喜《かんき》」「驚喜《きょうき》」「喜色満面《きしょくまんめん》」「喜怒哀楽《きどあいらく》」「ボーナスが出て喜《よろこ》ぶ」などがその例。

◆「よろこぶ」と訓読みする漢字には「悦」（p34）「歓」（p88）「慶」（p149）もある。このうち、最も一般的なのが「喜」。「悦」は〃深いよろこび〃を、「歓」は〃にぎやかな楽しみ〃を、「慶」は〃お祝いの気持ち〃を表す場合に用いられる。

なお、名前で「のぶ」と読むのは、気持ちが〃のびやか〃になることからかと思われる。

き

幾

12画

［音読み］キ
［訓読み］いく
［部首］幺（いとがしら）

わからないときに登場！

数量に関する疑問や、はっきりしない数量を表す際に用いる漢字。「幾《いく》つ」「幾《いく》度《ど》も」「幾《いく》多《た》の経験」「幾《いく》分《ぶん》よくなった」「これ、幾《いく》ら？」のように用いる。ただし、字面が複雑に見えるので、やわらかさを出すために「いくつ」「いくぶん」「いくら」のようにかな書きされることも多い。

音読みが使われるのは、現在では数学の一分野をいう「幾《き》何《か》」くらい。「幾何」は本来は〝どれくらい〟という疑問の意味を表す中国語で、漢文の世界では二文字合わせて「いくばく」と読む。

部首「幺」は〝小さくかすかなもの〟を表すが、「幾」の成り立ちには諸説あり、部首との関係ははっきりしない。

き 揮

12画

［音読み］キ
［訓読み］ふる-う
［部首］扌（てへん）

振り回せば何かが起こる！

部首「扌」は「手」の変形で、〝動作〟を表す。本来は、「剣を揮《ふる》う」「拳《こぶし》を揮《ふる》う」など、〝**振り動かす**〟という意味。「采配を揮《ふる》う」は〝指図に使う旗を振り動かす〟こと。「揮《き》毫《ごう》」は〝筆を振り動かして書《しょ》を書く〟こと。転じて、「指《し》揮《き》」では〝**指図する**〟という意味となる。目的があって〝振り動かす〟という意味合いが強い漢字である。

〝振り動かす〟から変化して、〝**空中にまき散らす**〟ことも表す。〝蒸発しやすい性質〟という意味の「揮《き》発《はっ》性《せい》」はその例。「実力を発《はっ》揮《き》する」の「発揮」も、〝空中にまき散らす〟という意味を比喩的に用いたもの。

◆訓読み「ふるう」は、現在では「振《ふ》るう」と書くのがふつう。ただし、「振」（p312）は「ふる」と訓読みすることもあるので、差をはっきりさせるため、「振《ふ》る」「揮《ふる》う」のように書き分けることも多い。

き 期

12画

［音読み］キ、ゴ
［部首］月（つき）

それは無情にもやって来る…

部首「月」は、天体の〝つき〟を指す。〝つき〟が規則正しく満ちかけするところから、〝**定められた時間**〟を表す。「期《き》間《かん》」「期《き》日《じつ》」「期《き》限《げん》」「時《じ》期《き》」「会《かい》期《き》」「延《えん》期《き》」「繁《はん》忙《ぼう》期《き》」「思《し》春《しゅん》期《き》」などなど、熟語の例は数多い。

時間を決めるところから、〝**約束して待つ**〟という意味も表す。「完成は来年を期《き》する」がその例。「期《き》待《たい》」「予《よ》期《き》」「期《き》せずして」などでは、〝**あてにして待つ**〟こと。

音読みはキを用いるのが大原則。ゴは奈良時代以前からある古い読み方で、現在では、「最《さい》期《ご》」「一《いち》期《ご》一《いち》会《え》」「この期《ご》に及んで」などでしか用いられない。

根本にあるのは、必ずやって来る〝そのとき〟のイメージ。それがいつやって来るのか、自分では決められないことも多い。そう考えると、「適《てき》齢《れい》期《き》」「潜《せん》伏《ぷく》期《き》」「死《し》期《き》」などの「期」は、残酷ですらある。

き 棋

12画

［音読み］キ
［部首］木（きへん）

コマの材質に着目！

本来は、「碁」（p177）とともに囲碁・将棋・すごろくなど〝**ボードゲーム**〟**全般**を表す漢字で、音読みもキ・ゴの二種類があった。現在の日本語では、「棋」はキと読んで〝**将棋**〟を、「碁」はゴと読んで〝囲碁〟を指すことが多い。木の駒と石の駒とが分化した、ちょっとおもしろい例である。

ただし、「棋《き》士《し》」は〝将棋をする人〟と同時に〝囲碁をする人〟をも意味するし、将棋でも囲碁でも〝対局の記録〟は「棋《き》譜《ふ》」という。漢字の世界では、「碁」よりも「棋」の方が優勢のようである。

き

貴

12画

［音読み］キ
［訓読み］とうと-い、たっと-い
［部首］貝（かい）

きっと社会で役に立つ！

部首「貝」は〝お金や宝物〟を表す。本来は、**〝値段が高い〟**ことを表す漢字で、「価格が騰貴《とうき》する」がその例。「貴金属《ききんぞく》」「貴重品《きちょうひん》」「貴《とうと》い経験」など、広く**〝価値が高い〟**という意味で使われる。「貴婦人《きふじん》」「貴《とうと》い生まれ」では**〝身分が高い〟**こと。「専門家の意見を貴《とうと》ぶ」のように、**〝価値が高いと判断する〟**という意味にもなる。

また、「貴社《きしゃ》」「貴意《きい》」「貴《き》グループ」のように、**別のことばの上に付けて、相手に対する敬意を表す**用法もある。

訓読み「とうとい／とうとぶ」と「たっとい／たっとぶ」は、意味に違いはない。が、「たっとい／たっとぶ」の方が言い回しとしてはやや古風。

《◆訓読みでは、「尊」（p381）との使い分けが悩ましい。「尊」はもとは〝神をあがめる〟という精神的な価値観だが、「貴」は〝お金〟という現実的な価値観。そこで、「尊《とうと》い命」「伝統を尊《とうと》ぶ」と書くと対象そのものを〝大切にする〟気持ちが前に出るが、「貴《とうと》い時間」「教えを貴《とうと》ぶ」ならば〝役に立つ〟という意味合いを含む。ただし、微妙な違いなので、この使い分けにはあまりこだわらなくてよいと思われる。

き

棄

13画

［音読み］キ
［訓読み］す-てる
［部首］木（き）

生まれたばかりの赤ちゃんを？

〝無用のものとして手放す〟ことを表す。「廃棄《はいき》」「放棄《ほうき》」「棄権《きけん》」などがその例。

《◆訓読み「すてる」は、現在では「捨」（p251）を書くのがふつう。あえて「名誉欲を棄《す》てる」などと書くと、〝手放してかえりみない〟というニュアンスが強くなる。

部首「木」は、形の上から便宜的に分類されたもので、意味の関係はない。「㐬《とつ》」は「子」を上下逆にしたもので、〝頭から生まれてきたばかりの子ども〟。それ以外の部分は、〝子どもを入れるかごを下から両手で持っている形〟。合わせて、本来は〝かごに入れた子どもを手放す〟ことを表すという。新生児を一度手放してから拾い上げて育てる風習から生まれた漢字だ、と考えられている。

き

毀

13画

［音読み］キ
［訓読み］こわ-す
［部首］殳（るまた、ほこづくり）

〝名誉〟という立派な壁

「名誉毀損《めいよきそん》」が代表的な例。**〝破壊する〟**ことを表す漢字だが、本来は土壁や陶器に対して用いたらしい。部首「殳」は〝武器としての長い棒〟だから、棒で土壁を突きくずすようなイメージかと思われる。

《◆訓読み「こわす」は、現在では「壊」（p66）を書くのがふつう。あえて「伝統を毀《こわ》す」のように使うと、〝立派なものを傷つける〟というニュアンスが強く出ることになる。

なお、「こぼつ」と訓読みすることもあるが、かなり古めかしい表現。

き

旗

14画

［音読み］キ
［訓読み］はた
［部首］方（ほうへん）

方向なんて関係ないのさ

高く掲げて**風になびかせる〝はた〟**を表す。「国旗《こっき》」「旗手《きしゅ》」「白旗《しろはた》」「旗印《はたじるし》」などがその例。大将のいる場所に目印として立てるため、**〝大将のいる場所〟**をも指す。「旗艦《きかん》」「旗下《きか》」などがその例で、江戸時代の「旗本《はたもと》」も、将軍のすぐそばに仕えることに由来する。

部首は「方」（p553）だが、実は「㫃」がひとまとまり。「㫃」は古代文字では「[illegible]」の形で、〝はたが風になびくようす〟を表す。そのため、「旋」(p352)「族」(p379)「旅」(p629)など「方」を部首とする漢字の多くは「㫃」を含み、意味の上で「旗」と関係が深い。

き 器 15画

[音読み] キ
[訓読み] うつわ
[部首] 口(くち)

必ずお役に立ってみせます!

本来は**〝モノを入れるいれもの〟**を表す。「容器《ようき》」「器《うつわ》に盛りつける」などがその例。転じて、「楽器《がっき》」「事務機器《じむきき》」「文明の利器《りき》」のように、**〝道具〟全般**を指す。「器官《きかん》」「臓器《ぞうき》」「呼吸器《こきゅうき》」などでは、**〝肉体の中であるはたらきをする部分〟**。

根底には〝役に立つ〟というイメージがある漢字。そこで、「器用《きよう》」のように〝**上手な**〟という意味で用いられたり、「大器《たいき》晩成《ばんせい》」「器《うつわ》が大きい」のように**〝人間としての才能〟**を表したりもする。「器量《きりょう》」も本来は〝才能と力量〟のこと。〝外見〟の意味で用いられるのは、それが〝役に立つ〟からだろう。

だが、すべてを〝役に立つ〟かどうかで判断するのは、ときにはちょっと息苦しい。『論語』に「君子は器《き》ならず」とあるのは、人間の価値を安易に判断してはいけないという意味なのかもしれない。

なお、以前は「噐」と書くのが正式。なぜ「犬」が付いているかについては、諸説があって、よくわからない。

き 嬉 15画

[音読み] キ
[訓読み] うれ-しい
[部首] 女(おんなへん)

ちょっと羽根を伸ばそうか!

義務を果たすのではなく**〝自由に遊んで楽しむ〟**ことを表す。「嬉々《きき》として」がその例。日本語ではやや転じて、「会えて嬉《うれ》しい」のように、**〝楽しい気分になる〟**という意味でよく使われる。

部首「女」(p283)は、ここでは〝心理状態〟を表す。女性抜きの楽しみだって、悪くはないものである。

き 毅 15画

[音読み] キ
[部首] 殳(るまた、ほこづくり)

気持ちも体も人一倍!

〝意志が強く決断力がある〟ことを表す。部首「殳」は〝武器としての長い棒〟だから、肉体的にも〝強い〟というニュアンスを持つ。「毅《き》然《ぜん》とした対応」「剛毅《ごうき》な人柄」のように使われるほか、名前では「つよし」と読んだり、〝勇ましい〟という意味の古語「たけし」と読んだりする。

き 畿 15画

[音読み] キ
[部首] 田(た)

首都は遠くへ移ったけれど…

現在の日本語では、「近《きん》畿《き》」以外ではほとんど用いられない。本来は、大昔の中国で〝都を中心とした約二〇〇キロ四方の範囲〟を指した漢字。そこから**〝都の周辺地域〟**を表すようになった。昔の日本では、京都周辺の山城《やましろ》・大和《やまと》・河内《かわち》・和泉《いずみ》・摂津《せっつ》の五か国を「畿内《きない》」と言った。現在では、京都・大阪・兵庫・奈良・和歌山・滋賀・三重の二府五県を「近畿」と呼ぶ。

き 輝 15画

[音読み] キ
[訓読み] かがや-く
[部首] 車(くるま)

光があるのに持ちぐされ?

〝まぶしい光を放つ〟ことを表す。「星が輝《かがや》く」「ダイヤの輝《かがや》き」「モニターの輝度《きど》」などがその例。名前で「てる」と読むのは、〝まわりを照らす〟ことから。

また、比喩的に用いられて、「目の輝《かがや》き」「表情が輝《かがや》く」のように**〝生気にあふれる〟**ことや、「輝《かがや》かしい未来」「金賞に輝《かがや》く」「光輝《こうき》あふれる生涯」のように**〝栄誉に**

満ちている〟ことをもいう。

意味の上からは「光」を部首としたいところだが、漢和辞典にはなぜか「光」という部首は存在しない。しかたないので、形の上から「車」が部首とされている。

き 機

16画

［音読み］キ
［訓読み］はた
［部首］木（きへん）

空を飛ぶとはたまげたな！

基本的な意味は、〝**細かく複雑なしくみで動く装置**〟。昔は〝**布を織る装置**〟がその代表で、訓読み「はた」はそれを表す日本語。

部首「木」が示すように「機《はた》織《お》り機《き》」の材料は主に木だったわけだが、現在では、「印刷機《いんさつき》」「掃除機《そうじき》」「耕耘機《こううんき》」など、さまざまな素材の「機械《きかい》」を指して使われる。特に「飛行機《ひこうき》」は金属のかたまりが空を飛ぶのだから、文明の進歩は鮮やか。「旅客《りょかっ》機《き》」「機長《きちょう》」「機内食《きないしょく》」など、**「飛行機」の省略形**として使われるのも、うなずける。

なお、「機構《きこう》」は、〝**複雑なしくみを持つ組織**〟という意味で使われたもの。また、「機関《きかん》」は〝装置〟を表すこともあるが、やはり〝組織〟を指すこともある。

一方、〝細かいしくみ〟を表すところから、〝**核心となる重要な部分**〟という意味が生まれた。「機密《きみつ》」がその代表。ほかには〝活動の中心〟を表す「機軸《きじく》」や、〝細かくてわかりにくいが重要な部分〟をいう「機《き》微《び》」などが挙げられる。

ここから転じた意味が、〝**核心となる重要な瞬間**〟。「機会《きかい》」「時機《じき》」「勝機《しょうき》」「危機《きき》」「機先《きせん》を制する」「機《き》を逸《いっ》する」など、例は数多い。「機転《きてん》」「機知《きち》」「機敏《きびん》」などでは、〝**その瞬間に対応する**〟ことを表す。

それが「機能《きのう》」となると、〝ある目的に対応する能力〟とも取れるし、〝ある装置の能力〟とも取れる。さまざまな意味が複雑に絡み合っていて、探求心を刺激する漢字である。

き 騎

18画

［音読み］キ
［訓読み］の-る
［部首］馬（うまへん）

馬と人が一体になる

「騎乗《きじょう》」「騎馬《きば》」「騎士《きし》」「騎兵《きへい》」「騎手《きしゅ》」のように、〝**馬にまたがって馬を走らせる**〟ことを表す。また、「軽騎《けいき》」「単騎《たんき》」など〝**馬にまたがって馬を走らせる人**〟のことを指したり、**馬にまたがって馬を走らせる人を数える漢字**としても使われる。

◆訓読み「のる」は、現在では「乗」（p300）を書くのが一般的。ただし、〝馬にのる〟場面では、「騎」を使ってもよい。

ぎ 技

7画

［音読み］ギ
［訓読み］わざ
［部首］扌（てへん）

限りない可能性を信じて

部首「扌」は「手」の変形。本来は〝手先をうまく使う能力〟を表したのだろうが、広く〝**訓練によって身に付ける能力**〟をいう。「技巧《ぎこう》」「技能《ぎのう》」「技量《ぎりょう》」「演技《えんぎ》」「格闘技《かくとうぎ》」「職人の技《わざ》」などがその例。

後から〝身に付ける〟ところにポイントがあり、そこで、「裏技《うらわざ》」や「必殺技《ひっさつわざ》」が編み出されることにもなる。科学的な「技《ぎ》術《じゅつ》」の場合も、今までにないものを実現しようとする点では同じ。努力の大切さを思い出させてくれる漢字である。

◆「わざ」と訓読みする漢字には「業」（p128）もある。「技」が〝テクニック〟なのに対して、「業」は〝テクニックを用いた結果〟。「神技《かみわざ》」と「神業《かみわざ》」、「早技《はやわざ》」と「早《はや》業《わざ》」の違いは、そこにある。

ぎ 宜

8画

［音読み］ギ
［訓読み］よろ-しい
［部首］宀（うかんむり）

その場に応じてうまくやる

「便宜《べんぎ》を図る」「時宜《じぎ》に適《かな》う」「適宜《てきぎ》、調整する」

「宜《よろ》しく取りはからう」など、〝**ぴったりしていてちょうどよい**〟ことを表す。

〝ちょうどよい〟は積極的な肯定だが、日本語「よろしい」には、「お風呂に入っても宜《よろ》しい」のように〝**とりたてて問題はない**〟というやや消極的な許容を表す場合がある。そこで、「よろしい」は、現在ではかな書きされることも多い。

部首「宀」は〝建物〟を表す。本来は、〝建物の中にちょうどよいお供えものをする〟という意味の漢字だという。

ぎ

偽

11画

〔音読み〕ギ
〔訓読み〕いつわ-る、にせ
〔部首〕イ（にんべん）

人間のすることは…

部首「イ」は「人」の変形。以前は「僞」と書くのが正式で、「為／爲」（p15）は〝する〟という意味。組み合わせて、本来は〝自然のままでなく、人が手を加える〟ことを表す。転じて、〝**真実ではないもの**〟や〝**真実のように見せかける**〟ことを指して使われる。「偽造《ぎぞう》」「偽名《ぎめい》」「虚偽《きょぎ》」「経歴を偽《いつわ》る」「偽物《にせもの》」などがその例。

◆「詐」（p209）も「いつわる」と訓読みするが、現在では「偽」を書く方がふつう。ただし、〝ことば巧みに〟という意味合いで「詐」を使うこともある。

厳密には成り立ちに異説もあるが、とにかく「イ」が付いているという点で、いろいろと考えさせる漢字である。

ぎ

欺

12画

〔音読み〕ギ
〔訓読み〕あざむ-く、だま-す
〔部首〕欠（あくび）

欲望の行き着くはて

音読みは、現在では「詐《さ》欺《ぎ》」「欺《ぎ》瞞《まん》」以外で使われることはほとんどない。〝**いつわりを真実だと信じ込ませる**〟ことを表す。

一方、訓読みでは「敵を欺《あざむ》く」のように「あざむく」を用いるのが一般的。「だます」も使われるが、どちらで読んでも意味は変わらない。

部首「欠」（p152）は〝大きく口を開けている人〟の形。「欺」では、それが人間の欲望の深さを表しているようで、見つめていると、そら恐ろしくなってくる。

ぎ

義

13画

〔音読み〕ギ
〔部首〕羊（ひつじ）

状況に応じて変化するもの

よく使うが、意味を説明しようとすると困ってしまう漢字の一つ。

基本的な意味は、〝**社会的に正しいと認められていること**〟。「正義《せいぎ》」「大義《たいぎ》」「義務《ぎむ》」「義憤《ぎふん》にかられる」「義《ぎ》によって助太刀《すけだち》いたす」などがその例。〝正しい〟ことは〝よい〟ことであり、名前で用いられる読み方「よし」は、「よい」の古語。

ただし、この漢字のポイントは〝社会的〟の方にある。「義父《ぎふ》」「義姉《ぎし》」「義兄弟《ぎきょうだい》」などでは、〝**血縁ではないが社会的な関係では**〟という意味。「義理《ぎり》」「名義《めいぎ》」などにも〝**実際はともかく社会的には**〟というニュアンスがある。また、「義歯《ぎし》」「義足《ぎそく》」「義《ぎ》眼《がん》」のように〝**人工の肉体**〟を指す例も、その延長線上にあるのだろう。

〝社会的〟のスケールが小さくなると、〝**特定の集団や個人にとってとても重要な考え方**〟となる。「教義《きょうぎ》」「主義《しゅぎ》」「奥義《おうぎ》」などがその例。また、「意義《いぎ》」「定義《ていぎ》」「講義《こうぎ》」「同義語《どうぎご》」などでは、〝**ことばや行動などの意味や内容**〟を表す。

社会的な〝正しさ〟は、状況に応じて変化する。そのことが、「義」の意味を複雑にしているような気もする。

なお、部首「羊」は、〝神に捧げるいけにえのひつじ〟。本来は〝神に対して正しい〟ことを表す、とする説が有力である。

ぎ 疑

14画

［音読み］ギ
［訓読み］うたが-う
［部首］疋（ひき）

訓読みは心配性？

〝判断に迷う〟ことを表すのが、基本的な意味。「疑惑《ぎわく》」「疑念《ぎねん》」「嫌疑《けんぎ》」「懐疑的《かいぎてき》」など多くの場合、**〝悪い推測をしているが結論は出せない〟**ことを指すが、「疑問《ぎもん》」「疑似《ぎじ》」のように、答えや結論のよしあしには関係なく使うこともある。

ただし、「素行を疑《うたが》われる」「目を疑《うたが》う」「疑《うたが》いがある」「疑《うたが》わしい話」など、訓読みでは悪い推測にしか用いない。漢字「疑」と日本語「うたがう」の間には、微妙な意味の違いがあるといえる。

部首「疋」は形が「足」と似ていて、〝足〟を表す。「疑」はもともと、〝迷って足が止まり動けない〟ことを表すという。

ぎ 儀

15画

［音読み］ギ
［部首］亻（にんべん）

堅苦しくてその上、難解？

「儀式《ぎしき》」「礼儀《れいぎ》」「行儀《ぎょうぎ》」「律儀《りちぎ》」など、**〝正しいとされている作法〟**を表す。「婚儀《こんぎ》」「拝謁《はいえつ》の儀《ぎ》」「祝儀袋《しゅうぎぶくろ》」などでは、**「儀式」の省略形**のように使われている。

このほか、理解がむずかしい用法も多い。たとえば、「地球儀《ちきゅうぎ》」「水準儀《すいじゅんぎ》」などでは**〝天体の模型や観測器具〟**を指す。天体が規則正しい動きをすることから生じたものかと思われるが、異説もある。

また、〝妻〟のことを指す古い表現「内儀《ないぎ》」では、**〝連れ添う人〟**のこと。この意味が生じた経緯も、よくわからない。ちなみに、時代小説などでは「内儀」と書いて「おかみ」と読ませることも多い。

日本語としては、「私儀《わたくしぎ》、このたび…」や「その儀《ぎ》ならお断り」のように、やや堅苦しい文章の中で、**話題の中心を指し示すために用いられる**こともある。この場合は、「こと」に置き換えて考えるとわかりやすい。

なお、「義」（p105）は〝社会的に正しい〟こと。部首「人」が変形した「亻」は、ここでは深い意味はないと考えられる。

ぎ 戯

15画

［音読み］ギ、ゲ
［訓読み］たわむ-れる
［部首］戈（ほこづくり、かのほこ）

真剣勝負はいたしませぬ

以前は「戲」と書くのが正式。成り立ちには諸説あるが、部首「戈」は〝武器の一種〟を表すので、〝武器を持って踊る〟ことをいうとする説が優勢。本気で戦うのではないところから、**〝娯楽のために何かをする〟**ことを表す。「遊戯《ゆうぎ》」「子どもと戯《たわむ》れる」「戯《たわむ》れに俳句をひねる」などがその例。「戯曲《ぎきょく》」は〝歌や踊りを交えた庶民の娯楽〟のことで、〝お芝居〟を指す。

音読みはギを用いるのが大原則。ゲは奈良時代以前からある古い読み方で、江戸時代の庶民文学のジャンル「戯作《げさく》」以外には、あまり用いられない。

訓読みは「たわむれる」が代表的だが、ほかにも同じ意味で、「おどける」「ふざける」「ざれる」「じゃれる」「たわける」など、さまざまに読むこともある。また、「悪戯《いたずら》」「調戯《からか》う」は、中国語の熟語をそのまま、意味を表す日本語で読む当て字的表現。こういった使われ方からも、どこか余裕めいたものが感じられる。

ぎ 擬

17画

［音読み］ギ
［訓読み］なぞら-える、もどき
［部首］扌（てへん）

学生時代を思い出す…？

「擬人法《ぎじんほう》」「擬音語《ぎおんご》」「擬態語《ぎたいご》」「擬古文《ぎこぶん》」など、国語の授業でおなじみ。ほかにも「模擬店《もぎてん》」「模擬試験《もぎしけん》」など、なぜか学生生活に縁が深い漢字である。

意味としては、〝**何かに似せる**〟こと。訓読みでは「なぞらえる」と読む。また、〝**似ているけれど異なるもの**〟という意味で「もどき」と読むこともある。動植物の「うめもどき」「あげはもどき」も、漢字で書くとすれば「梅擬」「揚羽擬」となるが、字画が込み入っていて読みにくい。訓読みではちょっと使いにくい漢字である。

ぎ 犠

17画

［音読み］ギ
［部首］牛（うしへん）

野球場にはちょいちょい出現

大昔の中国では、牛などを殺して捧げ、祖先をまつる習慣があった。部首「牛」はその動物のこと。以前は「犧」と書くのが正式で、〝**神に捧げる動物**〟を表す。

現在では「犠牲《ぎせい》」以外で使われるのはまれ。ただし、「成功のために家族を犠牲《ぎせい》にする」のように、〝別の目的のために使ったり、ないがしろにしたりする〟という意味にもなる。また、「事故の犠牲《ぎせい》になる」のように、〝突然の災難によって命を奪われる〟ことをいう場合もある。

なお、**「犠牲」の短縮形**として、野球用語で「犠打《ぎだ》」「犠飛《ぎひ》」のように使われることがある。

訓読みすれば「いけにえ」だが、現在ではまず用いられない。むしろ、「犠牲」の二文字をまとめて、当て字的に「いけにえ」と読ませることの方が多い。

ぎ 議

20画

［音読み］ギ
［部首］言（ごんべん）

国会だけは特別さ！

「義」（p105）には〝正しい〟という意味がある。部首「言」を組み合わせて、〝**正しい結論を求めて話し合う**〟ことを表す。「議論《ぎろん》」「議決《ぎけつ》」「会議《かいぎ》」「審議《しんぎ》」などがその例。また、「異議《いぎ》」「動議《どうぎ》」などでは〝**話し合いの場で出される意見**〟。「抗議《こうぎ》」では〝**意見を出す**〟ことをいう。

また、〝話し合う〟という意味で「はかる」と訓読みすることもあるが、現在ではまず用いられない。

なお、「県議《けんぎ》」「市議《しぎ》」「町議《ちょうぎ》」「村議《そんぎ》」のように、**「議員《ぎいん》」の省略形**として用いることもあるが、なぜか国会議員だけは「国議」とは言わない。やはり、政治家の中では別格のようである。

きく 菊

11画

［音読み］キク
［部首］艹（くさかんむり）

愛されてるけれど意外な過去が？

植物の〝きく〟を表す。日本でも広く栽培されていて、各地で行われる「菊《きく》まつり」「菊人形《きくにんぎょう》」や、「食用菊《しょくようぎく》」というものまである。しかし、原産は中国で、奈良時代から平安時代ごろに渡来したという。

音読みキクのままで定着し、訓読みが存在しないことからも、その経緯がうかがえる。日本の秋を代表する花のちょっと意外な経歴が、漢字にも現れている。

きち 吉

6画

［音読み］キチ、キツ
［部首］口（くち）

めでたいんだからどっちでもよし！

「吉報《きっぽう》」「吉日《きちじつ》」「大吉《だいきち》」などなど、出会うだけで縁起がよく、明るい気持ちにしてくれる漢字。成り立ちには諸説があるが、意味としては〝**めでたい**〟ことを表す。

〝めでたい〟ことは〝よい〟こと。人名や地名で使われる読み方「よし」は、「よい」の古語。また、音読みは二種類あるが、使い分けに決まりや傾向はない。

なお、主に姓で「士《さむらい》」が「土《つち》」となった「𠮷」が使われることがあるが、基本的には「吉」と意味も読みも同じである。

きつ

喫

12画

［音読み］キツ
［部首］口（くちへん）

長居をしても怒られない!?

「喫茶店《きっさてん》」「喫煙《きつえん》」など、〝**口に入れてじっくり味わう**〟ことを表す。現在では主に液体や気体について使われるが、昔は固体についても用いられ、「喫飯《きっぱん》」という熟語もあった。

〝じっくり味わう〟から転じて、〝**しみじみと感じる**〟という意味にもなる。「満《まん》喫《きつ》」は〝心ゆくまで感じ取る〟こと、「大敗を喫《きっ》する」は〝敗北を身にしみて感じること。「喫緊《きっきん》」は〝緊急だと切実に感じる〟ことから、〝急いで解決すべき〟こと。

音読みが同じで似た意味を持つ漢字に「吃《きつ》」があり、「喫」と同様に用いられることが多い。「喫驚《きっきょう》／吃驚《きっきょう》」とは〝驚きを心の底から感じる〟こと。「喫水《きっすい》／吃水《きっすい》」は〝船の水面より下に沈んでいる部分〟。ここまで来ると、〝しみじみと感じる〟からさらに転じて、〝**どっぷり浸る**〟という意味になっているようである。

きつ

詰

13画

［音読み］キツ
［訓読み］なじ-る、つ-める、つ-まる、つ-む
［部首］言（ごんべん）

これ以上はもう無理です

部首「言」が示すとおり、本来は〝**ことばで厳しく問いただす**〟ことを表す。「詰問《きつもん》」「難詰《なんきつ》」などがその例。訓読みでは「なじる」と読むと意味がはっきりするが、「問《と》い詰《つ》める」「詰《つ》め寄《よ》る」のように「つめる」と読むこともできる。

一方、日本語「つめる／つまる」には〝**間隔を短くする**／**間隔が短くなる**〟という意味もあるので、「差を詰《つ》める」「距離が詰《つ》まる」のようにも用いられる。それが高じると、〝**これ以上進めないところまで進む**〟という意味になる。「席を詰《つ》める」「追《お》い詰《つ》める」「思《おも》い詰《つ》める」「煮《に》詰《つ》まる」などがその例。「大詰《おおづ》め」「詰《つ》めが甘《あま》い」は、ここから〝**最後の最後**〟へと転じたもの。

また、「敷《し》き詰《つ》める」「予定が詰《つ》まる」「ぎゅうぎゅう詰《づ》め」「缶詰《かんづめ》」などでは、〝**これ以上入らないところまでいっぱいにする**〟こと。さらに、身動きが取れないところから、「のどが詰《つ》まる」「返答に詰《つ》まる」など〝**つかえる**〟ことを表したり、「事務所に詰《つ》める」「詰《つ》め所《しょ》」のように〝**ある場所から動かない**〟という意味にもなる。

なお、訓読み「つむ」は「つめる」の古い言い方だが、現在でも将棋の世界などで用いられている。全体的に、音読みより訓読みの方が使われる場面が豊富。日本語によく溶け込んだ漢字である。

きゃく

却

7画

［音読み］キャク
［訓読み］かえ-って
［部首］卩（ふしづくり）

土下座したまま帰っていく

部首「卩」は〝ひざまずいている人〟を表す。〝ひざまずいて去る〟ことから、〝**その場から出て行く**／**出て行かせる**〟という意味となる。「退却《たいきゃく》」「却《きゃっ》下《か》」などがその例。

一方、「焼却《しょうきゃく》」「忘却《ぼうきゃく》」「冷却《れいきゃく》」などは、〝出て行く〟と関係があるとは考えにくい。これらの「却」は、**前の漢字を強調して**〝**完全に○○する**〟**という意味を表すはたらき**をしている説明される。とはいえ、「返却《へんきゃく》」「棄却《ききゃく》」のように、どちらの用法なのか判断に迷う熟語もある。

このほか、「却《かえ》ってご迷惑ではありませんか」のように、〝**逆に**〟という意味もある。これは、〝向きを変えて出て行く〟ところから転じたものだと考えられる。

きゃく

客

9画

［音読み］キャク、カク
［部首］宀（うかんむり）

片手におみやげ片手には剣

部首「宀」は“建物”を表す記号。成り立ちには諸説あるが、本来は“他人の家にいる人”をいうらしい。基本的には**“本来いるべき場所を離れている人”**を表す漢字。「来客《らいきゃく》」「乗客《じょうきゃく》」「客間《きゃくま》」などでは**“訪問者”**を意味し、「客車《きゃくしゃ》」「客船《きゃくせん》」などでは**“旅人”**のこと。転じて、「観客《かんきゃく》」「顧客《こきゃく》」のように**“商売の相手”**をも指すようになった。

「客演《きゃくえん》」は、“本来の所属と異なる劇団などで演じる”こと。「客死《きゃくし》」は、“旅先で死ぬ”こと。「客観《きゃっかん》」も、“当事者ではない立場から見る”ことだと解釈できる。

また、「論客《ろんきゃく》」「剣客《けんきゃく》」では**“その道にすぐれている人”**を指すが、これも本来は、“特定の職場を持たず、能力だけを頼りに渡り歩く人”なのだろう。振り返って、手みやげやお財布を手にした「お客《きゃく》さん」を思うと、この漢字のふところの広さには拍手を送りたくなる。

音読みはキャクを用いるのが原則。「刺客《しかく》」「食客《しょっかく》」「主客転倒《しゅかくてんとう》」などでカクと読むことがあるが、現在ではこれらもキャクと読むのが優勢。カクとしか読まないのは、「旅客機《りょかっき》」くらいのもの。カクは平安時代ごろに正式とされた読み方だが、奈良時代以前から居座り続けるキャクには、かなわないようである。

脚

きゃく

11画

[音読み] キャク、キャ
[訓読み] あし
[部首] 月（にくづき）

ふつうはすらりと長いもの？

部首「月」は「肉」の変形で、“肉体”を表す。本来は“ひざから下、くるぶしより上”を指す漢字。転じて、「脚線美《きゃくせんび》」「脚《あし》をのばしてくつろぐ」など、広く股から下の**“あし全体”**を指して用いられる。また、「脚《きゃく》力《りょく》」「健脚《けんきゃく》」のように**“歩く能力”**を指すこともある。

「机の脚《あし》」「カメラの三脚《さんきゃく》」「橋脚《きょうきゃく》」などでは、**“細長い支え”**の意味。そこから、椅子など**細長い支えの付いたものを数える漢字**としても用いられる。また、「立脚《りっきゃく》」「失脚《しっきゃく》」「脚本《きゃくほん》」のように、比喩的に**“支えとなるもの”**を表すこともある。

◆同じく「あし」と訓読みする「足」（p376）と違うのは、「脚」は“くるぶしより下”だけを指すことはない点。また、“短い支え”をいう場合も「足」を使うことが多く、「脚」には“細長い”というイメージがある。なお、「足《あし》が向く」「足《あし》が付く」のような慣用句では、「足」を使うことが多い。

このほか、「雨脚《あまあし》」「船脚《ふなあし》」など、日本語では独自に**“勢い”**を表すことがある。

音読みはキャクを用いるのが大原則。キャは鎌倉時代以降ごろに生まれた新しい読み方で、「行脚《あんぎゃ》」「脚立《きゃたつ》」「脚絆《きゃはん》」くらいでしか使われない。また、「脚気《かっけ》」でカッと読むのは、キャクが変化したもの。

虐

ぎゃく

9画

[音読み] ギャク
[訓読み] しいた-げる、さいな-む、いじ-める
[部首] 虍（とらかんむり）

生々しい傷跡が…

細かい違いだが、以前は「虐」と書くのが正式。部首「虍」は“とら”を表す記号で、「⺕」は“つめ”の形。合わせて“とらがつめでひっかく”ところから、**“ひどく相手を傷つける”**ことを表す。「虐待《ぎゃくたい》」「虐殺《ぎゃくさつ》」「残虐《ざんぎゃく》」「暴虐《ぼうぎゃく》」などがその例。

訓読みでは「しいたげる」が代表的。同じ意味で、やや古風だが「さいなむ」も使われる。「いじめる」とも読むが、本来の意味合いからすると少し弱い。

基本的には、肉体的に傷つけることをイメージさせる漢字。それだけに、精神的に傷つける場合でも、傷の深さが生々しく伝わってくる。

ぎゃく 逆

9画

［音読み］ギャク、ゲキ
［訓読み］さか-らう、さか
［部首］辶（しんにょう、しんにゅう）

ひっくり返ってどこへ行く？

部首「辶」は、以前は「辶」と書くのが正式で、〝移動〟を意味する記号。「屰《ぎゃく》」は〝人が上下ひっくり返っている形〟。合わせて〝**反対の方向に進む**〟ことを表す。「逆行《ぎゃっこう》」「逆流《ぎゃくりゅう》」「風に逆《さか》らう」などがその例。

転じて、「逆転《ぎゃくてん》」「逆襲《ぎゃくしゅう》」「逆輪入《ぎゃくゆにゅう》」「逆《ぎゃく》に言うと」「逆《さか》さま」のように、〝**これまでとは反対の状況になる／する**〟ことをも表す。また、〝**望まれているのとは反対の状況になる／する**〟という意味にもなる。「反逆《はんぎゃく》」「逆境《ぎゃっきょう》」「親に逆《さか》らう」などがその例。

音読みはギャクを用いるのが大原則。ゲキは平安時代ごろに正式とされた読み方だが、現在では、日常で使うのは「逆鱗《げきりん》に触れる」くらいである。

きゅう 九

2画

［音読み］キュウ、ク
［訓読み］ここの-つ
［部首］乙（おつ）

あなたは永遠に悩むでしょう

〝**数の9**〟を表す。成り立ちには諸説があり、部首を「乙」とするのは、形の上から便宜的に分類したもの。

音読みでは、クが奈良時代以前からある古い読み方で、キュウは平安時代ごろに正式とされた読み方。「九個《きゅうこ》」「九千円《きゅうせんえん》」などはキュウとしか読まず、「九月《くがつ》」「十中八九《じっちゅうはっく》」などはクとしか読まない。京都の「九条《くじょう》」はクと読むが、憲法の「九条《きゅうじょう》」はキュウ。そろばんなどの「九段」になると、クなのかキュウなのか。悩ましい漢字である。

なお、小切手や契約書などでは、後から書き換えられるのを防ぐために「玖」を用いることがある。

きゅう 久

3画

［音読み］キュウ、ク
［訓読み］ひさ-しい
［部首］ノ（の）

じっと動かずいてください

〝**時間が長い**〟ことを表す。特に〝**長時間、変化しない**〟ことをいう場合が多い。「持久戦《じきゅうせん》」「耐久《たいきゅう》レース」「悠久《ゆうきゅう》の歴史」「お久《ひさ》しぶり」「久《ひさ》しく連絡がない」などがその例。

成り立ちには諸説あるが、〝変化しない〟というイメージを踏まえると、本来は〝お灸《きゅう》〟を表していたとする説には、なかなかの魅力がある。

音読みはキュウを用いるのが原則。クは奈良時代以前からある古い読み方で、現在では、「久遠《くおん》」以外ではほとんど使われない。が、「久保田《くぼた》」「久米《くめ》」「久留米《くるめ》」など、人名や地名でよく用いられる。

なお、部首「ノ」は形の上から便宜的に分類されたもので、特に意味はない。

きゅう 及

3画

［音読み］キュウ
［訓読み］およ-ぶ
［部首］ノ（の）

単純だなんて思わないでね！

本来は〝追いつく〟ことを表す漢字。転じて、広く〝**何かがどこかに到達する**〟という意味で用いられる。ただし、〝何か〟も〝どこか〟も、実際には多彩である。

「波及《はきゅう》」は〝影響がどこかに達する〟こと。「普及《ふきゅう》」は〝モノや考え方などがある範囲に行き届く〟こと。「追及《ついきゅう》」は〝真相などに到達しようとする〟こと。「及第《きゅうだい》」は〝成績がある水準に到達する〟こと。

また、「被害は広範囲に及《およ》ぶ」では地理的だが、「百年に及《およ》ぶ生涯」では時間的。「話が進路のことに及《およ》ぶ」のように話題に関しても使われる。

このほか、「風呂及《およ》びトイレの掃除」のように、**複数のものを並列する**はたらきもある。ふだんから使っていてよく知っているように思えるが、全体像を理解するのはなかなかむずかしい漢字である。なお、部首「ノ」は形の上から便宜的に分類されたもので、特に意味はない。

微妙な違いだが、以前は「及」と書くのが正式で、画数も4画。「扱」（p10）「吸」（p112）「級」（p114）などに含まれる「及」も、以前は「及」と書くのが正式である。

きゅう　弓

3画

［音読み］キュウ
［訓読み］ゆみ
［部首］弓（ゆみ）

戦いの場でも音楽の場でも

「弓矢《ゆみや》」「弓《ゆみ》を引く」「弓道《きゅうどう》」など、**矢を射るための道具〝ゆみ〟**を表す。また、弦楽器で**弦をこすって音を出す道具〝ゆみ〟**をも表す。

訓読みは基本的には「ゆみ」だけだが、「弓弦《ゆづる》」「弓場《ゆば》」のように、縮まって「ゆ」と読まれることもある。

部首としては？

〝ゆみ〟に関係する漢字の部首となる。「弦」（p167）「弧」（p171）「弾」（p403）「張」（p419）などその数は意外と多く、昔は〝ゆみ〟がいかに重要なものであったか、よくわかる。特に「強」（p124）「弱」（p256）が含まれるのには、要注目。漢字の左側に置かれることが多く、その場合は「ゆみへん」と呼ぶ。

きゅう　仇

4画

［音読み］キュウ
［訓読み］あだ、かたき
［部首］亻（にんべん）

一緒にいるのもほどほどに？

部首「亻」は「人」の変形。「仇敵《きゅうてき》」「仇討《あだう》ち」「江戸の仇《かたき》を長崎で」のように、**〝うらみを晴らしたいと思う相手〟**を指す。ただし、本来は単に〝一緒にいる相手〟を指す漢字で、〝うらみ〟の意味はあとから生じたものらしい。一緒にいるのは憎しみのもとかと思うと、なかなか奥が深い。

なお、訓読み「かたき」は、現在では「敵」（p438）を書く方が一般的である。

きゅう　丘

5画

［音読み］キュウ
［訓読み］おか
［部首］一（いち）

地名としてはけっこうモダン？

〝なだらかな山〟を表す。「丘陵《きゅうりょう》」「砂丘《さきゅう》」「河岸段丘《かがんだんきゅう》」などがその例。〝古墳などの盛り土〟を意味する「墳丘《ふんきゅう》」のように、人工的なものを指すこともある。

同じく「おか」と訓読みする「岡」（p43）との違いは、はっきりしない。ただ、現在の日本語では、「岡」は音読みの熟語ではほとんど用いられず、また古くからの地名や人名での使用が多い。そこで、「羊《ひつじ》ケ《が》丘《おか》」「希望《きぼう》ケ《が》丘《おか》」「ゆうひが丘《おか》」のように「丘」を地名に用いると、モダンな印象が出る。エミリー・ブロンテの名作「嵐《あらし》が丘《おか》」も、翻訳当時はモダンな雰囲気だったのではなかろうか。

ただし、中国の古典では〝お墓〟や〝廃墟〟を表すこともある。

なお、成り立ちとしては、地平線を表す横棒の上に、土が盛り上がった形を加えたものだという。

きゅう　旧

5画

［音読み］キュウ
［部首］日（ひ、にち）

振り返って眺めてみると

基本的な意味は、**〝古い／昔の〟**。ただし、現在では純粋にこの意味を表す例は意外と少なく、「懐旧《かいきゅう》の情《じょう》」「名所旧跡《めいしょきゅうせき》」「旧悪《きゅうあく》を暴露する」などが挙げられるくらい。

転じて、「新」（p315）とペアになって**〝古い方〟**を表す。「旧館《きゅうかん》」「旧暦《きゅうれき》」「旧制中《きゅうせいちゅう》学《がく》」などがその例。「旧《きゅう》市民会館《しみんかいかん》」「旧貿《きゅうぼう》易《えき》センター」などでは、「現」（p168）と対比して**〝昔は○○だったもの〟**を指す。「復旧《ふっきゅう》」では、現在とは異なる**〝以前の状態〟**。

さらには、「旧友《きゅうゆう》」「旧家《きゅうけ》」「旧来《きゅうらい》の慣習」「旧知《きゅうち》の間柄」のように、**〝昔から続い**

ている〟ことを表す場合もある。

どの意味からも、〝現在〟に軸足を置いて〝過去〟を見ている視線が感じられる。そのとき、人びとは何を感じるのか。いろいろ考えさせてくれる漢字である。

なお、以前は「舊」と書くのが正式。まったく違う形に見えることもあって、現在でも、なつかしみをこめてこの字を用いることもある。「旧」は、「舊」の部首「臼」をくずして書いた字から生まれた略字。というわけで、部首を「日」とするのは、本来的なものではない。

きゅう 休

6画

［音読み］キュウ
［訓読み］やす-む
［部首］亻（にんべん）

もうこれでおしまいなの？

「休憩《きゅうけい》」「休息《きゅうそく》」など、代表的な意味は〝**疲れをいやす**〟こと。転じて、〝**仕事や学業などを一時的に中止する**〟ことを表す。「休《きゅう》業《ぎょう》」「休学《きゅうがく》」「休戦《きゅうせん》」「運休《うんきゅう》」「会社を休《やす》む」「一回休《やす》み」などがその例。また、「定《てい》休《きゅう》」「連休《れんきゅう》」「代休《だいきゅう》」のように、**「休日《きゅうじつ》」「休暇《きゅうか》」の省略形**としても用いられる。

ただし、〝一時的〟ではなく〝**最終的におしまいになる**〟という意味もあり、「万事《ばんじ》休《きゅう》す」がその例。「憩」（p149）とは対照的に、〝また始める〟ことより〝やめる〟ことに重点がある漢字だといえる。

成り立ちとしては、部首「亻」は「人」の変形であることから、〝人が木陰でゆっくりする〟ことだと考えられてきた。わかりやすいが、現在では異説もある。

きゅう 吸

6画

［音読み］キュウ
［訓読み］す-う
［部首］口（くちへん）

魔法でもかけたかのように！

部首「口」が示すように、本来は〝**口から気体を体内に取り込む**〟ことを表す。「呼吸《こきゅう》」「吸入《きゅうにゅう》」「新鮮な空気を吸《す》う」などがその例。

転じて、「スープを吸《す》う」「掃除機で吸《す》い込《こ》む」「スポンジが水を吸収《きゅうしゅう》する」「湿気を吸《す》い取《と》る」のように、広く〝**圧力の差を利用して何かを取り込む**〟ことをも表す。「吸着《きゅうちゃく》」「吸盤《きゅうばん》」「吸い付《つ》く」などでは、〝**圧力の差を利用してくっつく**〟こと。

全体的に、〝丸ごと取り込む〟〝相手に自由を許さない〟というイメージがある。「吸収合併《きゅうしゅうがっぺい》」「知識の吸収《きゅうしゅう》」「目が吸《す》い寄《よ》せられる」「ボールがスタンドに吸《す》い込《こ》まれる」などは比喩的に用いられた例だが、そのイメージをよく表している。

きゅう 朽

6画

［音読み］キュウ
［訓読み］く-ちる
［部首］木（きへん）

すべてがいつかはたどる道

部首「木」が示すように、本来は〝木が腐ってぼろぼろになる〟ことを表す。広く〝**ぼろぼろにくずれる**〟という意味となり、「老朽化《ろうきゅうか》」「不《ふ》朽《きゅう》の名作」「朽《く》ち果《は》てる」などがその例。生々しくて残酷だが、だれもがたどる運命を表す漢字でもある。

きゅう 臼

6画

［音読み］キュウ
［訓読み］うす
［部首］臼（うす）

体の中にもたくさんあります！

穀物を中に入れ、棒で突いて細かく砕くのに使う容器〝**うす**〟を表す。現在でも、餅つきに用いられる。また、「石臼《いしうす》」は、二段構造になっていて、上段を回転させて**穀物をすりつぶす道具**だが、これも単に「臼《うす》」と呼ばれることがある。

「臼歯《きゅうし》」は、〝奥歯〟をその形状から〝うす〟にたとえたもの。また、〝関節が外れる〟ことを表す「脱臼《だっきゅう》」でも、骨のつなぎめが〝うす〟にたとえられている。体の一部がたとえられるということは、昔は〝うす〟がよく使われたことの証拠だろう。

漢和辞典では部首の一つだが、〝うす〟に関係する漢字はほとんどない。ただし、形の上から便宜的に、「男」（p273）や「興」（p126）が部首「臼」に分類されている。

部首としては?

きゅう

求

7画

［音読み］キュウ、グ
［訓読み］もと-める
［部首］氺（したみず）

行動しなくちゃ実現しないよ!

単に願っているだけではなく、〝**願いを実現しようと行動を起こす**〟ことを表す。「求人《きゅうじん》」「求婚《きゅうこん》」「要求《ようきゅう》」「請求《せいきゅう》」「お宝を求《もと》める」などがその例。〝じっとしていられない〟という感覚が伴う漢字である。

音読みはキュウを用いるのが大原則。グは奈良時代以前からある読み方で、現在では、「求道者《ぐどうしゃ》」「求法《ぐほう》」など主に仏教のことばでしか用いられない。なお、「経験者を求《もと》む」のように使われる訓読み「もとむ」は、「もとめる」の古い言い方。

部首「氺」は「水」の変形だが、この漢字の場合は形の上から便宜的に分類されたもの。意味とは関係がない。

きゅう

究

7画

［音読み］キュウ
［訓読み］きわ-める
［部首］穴（あなかんむり）

闇の奥へと光をあてる…

部首「穴」が示すように、本来は〝穴の奥深くへと進んでいく〟ことを意味する。転じて、〝**突き詰めて考えていく**〟ことを表す。「研《けん》究《きゅう》」「探究《たんきゅう》」「究明《きゅうめい》」などがその例。

◆訓読み「きわめる」では、「極」（p129）「窮」（p116）との使い分けがとてもむずかしい。「極」は〝頂点に達する〟ような、「窮」は〝身動きが取れなくなる〟ような、「究」は〝頭をとことんはたらかせる〟ようなイメージ。だが、では〝頭をはたらかせて頂点に達する〟ときはどうするのか。判断に迷う場合にはかな書きしておくしかない、というのが正直なところである。

きゅう

泣

8画

［音読み］キュウ
［訓読み］な-く
［部首］氵（さんずい）

感情そのものが流れ出る

部首「氵」は「水」の変形。〝**感情が高ぶって涙を流す**〟ことを表す。

◆「なく」と訓読みする漢字には「哭《こく》」もあるが、「哭」は〝声を上げて悲しむ〟ことを表す。また、やはり同じ訓読みの「鳴」（p586）は、〝動物が声を出す〟ことをいう。

「すすり泣《な》く」「むせび泣《な》く」「もらい泣《な》き」「うれし泣《な》き」「笑い泣《な》き」など、訓読みはさまざまに用いられるが、音読みの例は意外と少ない。日常的に使うのは「号泣《ごうきゅう》」くらい、やや堅苦しい表現を含めても「泣訴《きゅうそ》」「感泣《かんきゅう》」がある程度。感情に直接関わる場面だから、中国語が変化した音読みより、日本語としての訓読みの方が好まれるのかもしれない。

きゅう

急

9画

［音読み］キュウ
［訓読み］いそ-ぐ、せ-く、せ-かす
［部首］心（こころ）

時間ではなく気持ちの問題

「急《きゅう》な用事」「急激《きゅうげき》な変化」「緊急事態《きんきゅうじたい》」「現場へ急《いそ》ぐ」など、〝**短い時間で何かをする／何かが起こる**〟という意味が目立つ。しかし、部首「心」が示すとおり、基本的なイメージは〝**心にゆとりがない**〟ところにある。

「急《きゅう》な坂道」「急《きゅう》カーブ」では、〝**角度がきつい**〟から気持ちのゆとりが奪われる。また、「急所《きゅうしょ》」は、〝**そこを狙われるとおしまいである**〟から気持ちのゆとりがなくなる場所であり、「急先鋒《きゅうせんぽう》」は、気持ちのゆとりもないままに〝**真っ先に**〟攻めていく人間をいう。

このように考えると、訓読みも「いそぐ」よりは「せく／せかす」の方が基本的なイメージには近い。「急《せ》いては事をし損じる」とは、時間の問題というよりは心のもちようなのである。

「急降下《きゅうこうか》」「急転直下《きゅうてんちょっか》」「急《きゅう》ごしらえ」「急《きゅう》テンポ」「救急車《きゅうきゅうしゃ》」「超特急《ちょうとっきゅう》」などなど、さまざまなことばと結びついて、多くのことばを生み出す。何ごとにもゆとりがないこの時代を象徴しているかのようである。

なお、以前は「ヨ」を「ヨ」とした「急」と書くのが正式。また、「急須《きゅうす》」は本来、〝急な場合にお酒を温める器〟だったという。

きゅう

級

9画

［音読み］キュウ
［部首］糸（いとへん）

常に上下関係がつきまとう

「階級《かいきゅう》」「等級《とうきゅう》」「上級《じょうきゅう》」のように、**〝ある序列の一つ一つの段階〟**を表す。「一級品《いっきゅうひん》」「二級《にきゅう》酒《しゅ》」「プロ級《きゅう》」「進級《しんきゅう》」などなど、常に〝序列の中でのある段階〟という意識を持つ漢字である。

例外的なのは、「同級生《どうきゅうせい》」「級友《きゅうゆう》」「級《きゅう》長《ちょう》」のように、**「学級《がっきゅう》」の省略形**として使われる場合。学級はふつう学年を横並びに分けたもので、〝序列〟の意識は弱い。英語 class も本来的には〝分類〟であり、〝序列〟の意識は薄いらしい。「学級」は、その翻訳から来ているのだろう。とすると、ヨーロッパに由来する「階級闘争《かいきゅうとうそう》」なども、案外、実は〝横並びの対立〟なのかもしれない。

なお、部首「糸」が付いているのは、本来は〝糸をつむぐ順序〟を表していたからだという。

きゅう

糾

9画

［音読み］キュウ
［訓読み］あざな-う、ただ-す
［部首］糸（いとへん）

どちらが本当の姿なのか？

部首「糸」が示すように、本来は**〝糸を寄り合わせる〟**ことを表す。訓読みでは「あざなう」と読むが、やや堅苦しいことば。「禍福は糾《あざな》える縄のごとし」とは、〝幸福と不幸は寄り合わせた縄のようなもので、何が幸いで何が災いかはわからない〟ということ。また、「紛糾《ふんきゅう》」のように〝**もつれ合ってはっきりしない**〟ことをもいう。

一方、転じて〝**合わせる**〟ことをも表し、「改革派を糾合《きゅうごう》する」のように用いる。さらに、乱れないようにすることから〝**正しい状態にする**〟ことをもいい、「糾弾《きゅうだん》」「糾明《きゅうめい》」「罪を糾《ただ》す」などがその例。

〝はっきりしない〟と〝正しい〟が同居しているのが、おもしろいところ。まさに「禍福は糾える縄のごとし」を地でいっているようである。

きゅう

宮

10画

［音読み］キュウ、グウ、ク
［訓読み］みや
［部首］宀（うかんむり）

王さまや神々が住むところ

部首「宀」は〝建物〟を表す記号。**〝立派な建物〟**を意味する漢字で、「宮殿《きゅうでん》」「宮中《きゅうちゅう》」「王宮《おうきゅう》」「離宮《りきゅう》」のように**〝君主の一族が住む建物〟**を指したり、日本の「神宮《じんぐう》」や「宮大工《みやだいく》」、道教の「宮観《きゅうかん》」のように、**〝宗教的な建築物〟**を指したりする。

「白羊宮《はくようきゅう》」「天秤宮《てんびんきゅう》」などは、**〝星座〟**を建物にたとえたもの。また、「東宮《とうぐう》」「秩父宮《ちちぶのみや》」のように**〝皇族〟**を指すこともある。

音読みはキュウを用いるのが原則。グウは奈良時代以前からある古い読み方で、すでに挙げた「神宮《じんぐう》」をはじめ「宮司《ぐうじ》」「八幡宮《はちまんぐう》」「参宮《さんぐう》」など神社に関係する場合のほか、「行宮《あんぐう》」「東宮《とうぐう》」「中宮《ちゅうぐう》」など皇室関係の伝統あることばに残っている。クは、現在では「宮内庁《くないちょう》」以外には使われないと考えても差し支えない。

きゅう

救

11画

［音読み］キュウ
［訓読み］すく-う
［部首］攵（のぶん）

なにはともあれ行動的！

〝**助ける**〟ことを表す。「救《きゅう》援《えん》」「救《きゅう》命《めい》」「救《きゅう》出《しゅつ》」「救国《きゅうこく》」「お姫さまを救《すく》う」「温暖化から地球を救《すく》え！」などがその例。部首「攵」は〝手に棒を持った形〟であり、アグレッシブな雰囲気を持つ漢字である。

「済」（p212）も「すくう」と訓読みするが、現在では「すくう」は「救」を書くのが一般的。「済」には〝条件や環境を整えて助ける〟というニュアンスがあるのに対して、「救」は〝直接、手をさしのべて助ける〟というイメージを持つところが異なる。具体的な行動が目に浮かんで、心強い。

なお、「救世観音《くせかんのん》」「救世菩薩《ぐぜぼさつ》」などでク・グと読むのは、奈良時代以前からある古い読み方。現在では、まず用いられない。

きゅう 球

11画

［音読み］キュウ
［訓読み］たま
［部首］王（たまへん）

転がるものを追いかけろ！

部首「王」は〝宝石〟を表す「玉」（p130）の変形。本来は〝丸くて転がる宝石〟を意味する漢字だが、転じて〝**丸くて転がるような形をしたもの**〟一般を指して用いられる。「球根《きゅうこん》」「電球《でんきゅう》」「気球《ききゅう》」「眼球《がんきゅう》」「地球《ちきゅう》」「白血球《はっけっきゅう》」などがその例。

現在では、「球《たま》を蹴《け》る」「速い球《たま》を投げる」など、〝**スポーツのボール**〟をいうことが多い。特に日本では「野球《やきゅう》」の用語で使われることが多く、「速球《そっきゅう》」「飛球《ひきゅう》」「球威《きゅうい》」「球団《きゅうだん》」「球審《きゅうしん》」「球史《きゅうし》」「球春《きゅうしゅん》」などなど、多くのことばがある。

◈似た意味で「たま」と訓読みする漢字には「玉」（p130）「珠」（p260）「弾」（p403）もある。それぞれメインの担当分野があり、「玉」は〝貴重なもの〟、「珠」は〝小さく輝くもの〟、「球」は〝スポーツのボール〟、「弾」は〝弾丸〟。とはいえ、グレーゾーンはある。たとえば「玉入《たまい》れ」「大玉転《おおだまころ》がし」は、運動会の種目だから「球」を使う方がよさそうだが、実際には「玉」を書くことが多い。

きゅう 給

12画

［音読み］キュウ
［訓読み］たま-う
［部首］糸（いとへん）

謙虚な気持ちで差し上げたい！

「補給《ほきゅう》」「支給《しきゅう》」「給水《きゅうすい》」「給油《きゅうゆ》」のように、〝**必要なものを与える**〟ことを表す。部首「糸」が付いているからには、もとは〝糸〟に関する意味だったのだろうが、本来の意味については定説がない。

訓読み「たまう」は「与える」の敬意を込めた言い方で、〝**上の者から下の者に与える**〟という意味。この〝上から〟の意識が漢字「給」に最初から含まれていたかどうかは、判断がむずかしい。日本語の「給付《きゅうふ》」「給与《きゅうよ》」「給料《きゅうりょう》」には〝上から〟の意味合いがあるが、中国の古典では、単に〝与える〟という意味のようでもある。

「たまう」と訓読みする漢字には「賜」（p239）もある。「賜」と「給」に大きな意味の違いはないが、現在では、「賜」を使うことが多い。

また、「見給《みたま》え」「上《あ》がり給《たま》え」のように、何かを〝**しなさい**〟という意味を表す日本語「たまえ」を「給」で書き表すこともある。が、現在ではかな書きするのがふつうである。

なお、「昇給《しょうきゅう》」「薄給《はっきゅう》」「時給《じきゅう》」「基本《きほん》給《きゅう》」などは、**「給与」「給料」の省略形**として使われている例。

きゅう 嗅

13画

［音読み］キュウ
［訓読み］か-ぐ
［部首］口（くちへん）

鼻を使うのはめんどうだ？

「嗅覚《きゅうかく》」「臭いを嗅《か》ぐ」など、〝**意識してにおいを感じ取る**〟ことを表す。部首は「口」だが、においを感じるのはもちろん鼻。大昔には「齅《きゅう》」という漢字も存在したが、さすがに書くのがめんどうだったのか、後になって「嗅」がもっぱら使われるようになった。先人たちも、頭の硬い人ばかりではなかったようである。

なお、印刷文字では「嗅」の形が標準とされているが、手書きでは「臭」の点を取って「臭」と書いても、差し支えない。

きゅう 窮

15画

［音読み］キュウ
［訓読み］きわ-まる
［部首］穴（あなかんむり）

追い込まれて絶体絶命！

部首「穴」に、〝身体を弓のように曲げる〟ことを表す「躬」を組み合わせた漢字。〝穴の中で身をかがめる〟ことを表し、広く**〝身動きが取れない〟**という意味で使われる。「窮屈《きゅうくつ》」「窮地《きゅうち》」「窮余《きゅうよ》の一策」「対応に窮《きゅう》する」「進退に窮《きわ》まる」などがその例。

また、「窮乏《きゅうぼう》」「困窮《こんきゅう》」「学費に窮《きゅう》する」など、特に**〝モノやお金が足りずに苦しむ〟**ことをも表す。「奥義《おうぎ》を窮《きわ》める」では、**〝動かなくなるところまで突き詰める〟**こと。

◆訓読み「きわまる／きわめる」では、「極」（p129）「究」（p113）との使い分けがむずかしい。「極」は〝頂点に達する〟場合に、「究」は〝頭をとことんはたらかせる〟場合に、「窮」は〝動けなくなる〟場合に用いるのが基本。ただし、まぎらわしい場合も多く、迷ったらかな書きしておくのが、安全策である。

ぎゅう 牛

4画

［音読み］ギュウ、ゴ
［訓読み］うし
［部首］牛（うし）

中にはちょっと変わりものも

動物の〝うし〟を表す。

音読みではギュウと読むのが大原則だが、仏教で〝地獄の番兵〟を表す「牛頭馬頭《ごずめず》」や、野菜の「牛蒡《ごぼう》」などでは、奈良時代以前からある古い読み方で、ゴと読むことがある。

部首としては？

「犠」（p107）「牲」（p334）「牧」（p567）など、〝うし〟に関係する漢字の部首となる。その数はさして多くはないが、「特」（p464）「物」（p535）などの幅広く使われる漢字も含まれる。現在の意味とは直接はつながらないが、かえって昔の〝うし〟の重要性を示しているようである。

なお、漢字の左側に置かれることが多く、その場合は「うしへん」と呼ぶ。

きょ 巨

5画

［音読み］キョ
［訓読み］おお-きい
［部首］丨（たてぼう）

そこには必ず驚きがある

〝並外れて大きい〟ことを表す。「巨大《きょだい》」「巨人《きょじん》」「巨石《きょせき》」「巨額《きょがく》の負債」「巨万《きょまん》の富」など、生々しい存在感を、ある種の驚きとともに伝えたい場合に用いられる。転じて、**〝並外れてすぐれている〟**という意味ともなり、「巨匠《きょしょう》」がその例。

◆訓読み「おおきい」は、現在では「大」（p390）を書くのがふつう。あえて「巨《おお》きな体つき」のように書くと、〝並外れた〟というニュアンスが強く出る。

古代文字では「巨」と書き、大きさを測る〝ある種の定規〟の絵だと考えられている。以前は、上下の横棒が左にも突き出した「巨」と書くのが正式で、部首も「工（たくみ）」。現在では左への突き出しがなくなってしまったため、部首を「丨」としたり、「匚（はこがまえ）」としたり、「二（に）」としたりする。また、「拒」（p117）「距」（p119）などに含まれる「巨」も、以前は「巨」と書くのが正式である。

きょ 去

5画

［音読み］キョ、コ
［訓読み］さ-る
［部首］ム（む）

追いかけたってむだですよ

基本的な意味は、**〝ある場所から離れる〟**こと。「退去《たいきょ》」「走《はし》り去《さ》る」などがその例。「去就《きょしゅう》」は〝離れることと居続けること〟、「去来《きょらい》」は〝離れていくこととやって来ること〟、「死去《しきょ》」は〝この世から離れる〟こと。「苦しみが去《さ》る」のように抽象的なものに対して用いることもある。

これを時間に関して用いると、〝**時が過ぎる**〟の意味となる。「去年《きょねん》」「過去《かこ》」「去《さ》る三月一日」などがその例。また、〝離れさせる〟ところから、「撤去《てっきょ》」「除去《じょきょ》」「消去《しょうきょ》」など〝**取り除く**〟ことをも表す。

音読みはキョを用いるのが原則。ただし、仏教の世界では、奈良時代以前からある古い読み方コを使うことがあり、「過去《かこ》」はそのなごり。「過去」とは、もともとは〝前世〟を表す。

なお、「ム」は形の上から便宜的に分類するための部首で、特に意味はない。

きょ

居

8画

［音読み］キョ、コ
［訓読み］い-る、お-る
［部首］尸（しかばね）

意味は忘れてしまったなあ…

基本的なイメージは、〝ある場所にとどまる〟こと。「同居《どうきょ》」「居住《きょじゅう》」「居城《きょじょう》」などでは、〝**ある場所に住む**〟ことを表す。転じて〝**住んでいる家**〟をも指し、「新居《しんきょ》」「転居《てんきょ》」「居《きょ》を構える」などがその例。

また、「居室《きょしつ》」のように単に〝**そこにいる**〟という意味にもなる。この意味では訓読み「いる」が用いられ、「居間《いま》」「居《い》心地《ごこち》」「居《い》候《そうろう》」「居《い》留《る》守《す》」など多くのことばを生み出す。さらには、「起居《ききょ》」「居《い》眠《ねむ》り」「居《い》待《ま》ち月《づき》」「居《い》合《あ》い抜《ぬ》き」などのように、〝**すわる**〟ことを指しても用いられる。

訓読みは「いる」のほか、同じ意味でやや古めかしい「おる」も用いられる。昔は「遊んで居《い》る」「食べて居《お》る」のように、〝**何かをしている**〟ことを表す日本語「いる」「おる」もこの漢字で書くことがあったが、現在ではかな書きするのがふつう。

全体的に見て、「い」と読んで用いられることが非常に多い。「居《い》酒《ざか》屋《や》」「居《い》住《ず》まい」「居《い》直《なお》る」「居《い》残《のこ》り」などなど、例を挙げればきりがない。「鳥居《とりい》」「芝居《しばい》」「仲居《なかい》」「鴨居《かもい》」「敷居《しきい》」などは、語源にさまざまな説があって、当て字である可能性も高い。「い」という発音を表す文字として、意味を離れて使われる便利な漢字である。

音読みはキョを用いるのが大原則。コは奈良時代以前からある古い読み方だが、現在では、男性の戒名に用いられる「居士《こじ》」など、主に仏教の世界でしか使われない。

きょ

拒

8画

［音読み］キョ
［訓読み］こば-む
［部首］扌（てへん）

それ以上近くに寄らないで！

〝**外部からのはたらきかけを押し戻す**〟ことを表す。「拒絶《きょぜつ》」「拒否《きょひ》」「拒食症《きょしょくしょう》」「来客を拒《こば》む」「援助を拒《こば》む」などがその例。

「巨」（p116）はもとは〝定規〟を表す漢字で、ここでは〝一定の長さ〟を表していると考えられる。部首「扌」は「手」の変形で〝動作〟を表す。合わせて、本来は〝押しとどめて距離を保つ〟という意味。部首を「⻊」に変えた「距」（p119）と意味が似通うのも、ちょっとおもしろい。

きょ

拠

8画

［音読み］キョ、コ
［訓読み］よ-る
［部首］扌（てへん）

手ではなくて足のイメージ？

以前は「據」と書くのが正式。成り立ちには諸説ある。部首「扌」は「手」の変形だが、〝**どこかを足場として立つ**〟という意味だと考えるのがわかりやすい。「拠点《きょてん》」「根拠《こんきょ》」「占拠《せんきょ》」「本拠地《ほんきょち》」「拠《よ》り所《どころ》」などがその例。

◆訓読み「よる」では、「依」（p14）「因」（p22）「由」（p600）などとの使い分けがややこしい。〝依存〟を意味する場合は「依」、〝原因〟を意味する場合は「因」、〝根拠〟の場合は「拠」、〝由来・経由〟ならば「由」と、一応の説明はできるものの、実際は区別があいまいになりがち。迷ったらかな書きしておくのが賢明だろう。

音読みはキョを用いるのが大原則。コは奈良時代以前からある古い読み方で、現在では「証拠《しょうこ》」以外では用いられない。

きょ 挙

10画

［音読み］キョ
［訓読み］あ-げる、あ-がる、こぞ-って
［部首］手（て）

みなさん一緒に目立ちましょう！

以前は「擧」と書くのが正式で、「與」と「手」を組み合わせた漢字。「與」は現在では「与」（ｐ606）と書く漢字で、〝一緒に何かをする〟という意味がある。そこで「挙／擧」の意味には、〝両手を一緒に使って持ち上げる〟と〝みんなで一緒に持ち上げる〟の二つの流れがある。

〝両手を〟の流れは、転じて、持ち上げて〝**目立たせる**〟という意味となる。「列挙《れっきょ》」「選挙《せんきょ》」「検挙《けんきょ》」「挙用《きょよう》」「証拠を挙《あ》げる」「候補に挙《あ》がる」などがその例。「挙手《きょしゅ》」「手を挙《あ》げる」も、この意味に含まれる。また、さらに変化して、〝**目立つ行動**〟をも指す。「挙動《きょどう》」「快挙《かいきょ》」「壮挙《そうきょ》」「暴挙《ぼうきょ》」などがその例。「挙止《きょし》」は、〝行動と静止〟。

一方、〝みんなで〟の流れは、転じて〝**力を合わせて行う**〟という意味になる。「祭典を挙行《きょこう》する」「式を挙《あ》げる」「兵を挙《あ》げる」などがその例。また、さらに変化して、「大挙《たいきょ》してやって来る」「一挙《いっきょ》にやっつける」「国を挙《あ》げて祝う」「全力を挙《あ》げる」「みなさん挙《こぞ》ってお出かけください」のように〝**すべてを合わせる**〟ことをも表す。

◆「あげる／あがる」と訓読みする漢字には「上」（ｐ298）「揚」（ｐ611）などもある。このうち、「挙」は〝目立たせる〟〝力を合わせて行う〟の意味でしか使わない。とはいえ、まぎらわしい場合も多いので、迷ったらかな書きするのがおすすめである。

きょ 虚

11画

［音読み］キョ、コ
［訓読み］むな-しい
［部首］虍（とらかんむり）

あるべきものが欠けている！

〝**中身がない**〟ことを表す。「虚空《こくう》」では〝**モノがない**〟こと。ただし、多くは〝**意味や実質がない**〟ことを表す。例としては、「虚《きょ》構《こう》」「虚偽《きょぎ》」「虚栄心《きょえいしん》」「虚勢《きょせい》を張る」「虚飾《きょしょく》に満ちた生活」「空虚《くうきょ》な名声」など。

「謙虚《けんきょ》」「虚心《きょしん》」では、〝**欲がない**〟という意味。また、「虚弱《きょじゃく》」「虚脱状態《きょだつじょうたい》」では〝**体力・気力がない**〟こと。「虚《きょ》を衝《つ》かれる」では〝**備えがない**〟。基本的に、〝あって当然のものがない〟という意味合いを持つ。

◆訓読み「むなしい」は、現在では「空《むな》しい」（ｐ137）を書くのがふつう。「虚《むな》しい生活」「虚《むな》しい恋」のように書くと、〝意味や実質がない〟という意味が生かされる。

音読みはキョを用いるのが原則。コは奈良時代以前からある古い読み方だが、すでに挙げた「虚空《こくう》」のほか、修行僧の一種「虚無僧《こむそう》」くらいでしか用いられない。

以前は「虛」と書くのが正式。部首は「虍」だが、動物の〝とら〟とは関係がない。

きょ 許

11画

［音読み］キョ
［訓読み］ゆる-す、もと
［部首］言（ごんべん）

おっしゃる通りでよいでしょう

「許可《きょか》」「許容《きょよう》」「免許《めんきょ》」「許《ゆる》して下さい」「神の許《ゆる》し」など、〝**願いや申し出を受け入れる**〟ことを表す。転じて、「心を許《ゆる》す」のように〝**信頼する**〟ことや、「わがままを許《ゆる》す」「得点を許《ゆる》す」など〝**したいようにさせる**〟ことをも指す。

◆「赦」（ｐ252）も「ゆるす」と訓読みする

が、現在では「許」を使うのがふつう。ただし、〝罪をゆるす〟場合に特に「赦」を書く場合もある。

一方、「親許《おやもと》」「耳許《みみもと》」「枕許《まくらもと》」では〝**すぐそば**〟という意味。ただし、〝ゆるす〟との関連ははっきりせず、現在では「親元《おやもと》」「耳元《みみもと》」「枕元《まくらもと》」のように「元」(p165)を使うか、かな書きすることが多い。

なお、「許婚《いいなずけ》」「許嫁《いいなずけ》」は、漢字の熟語をそのまま、意味を表す日本語で読む当て字的表現。

きょ

距

12画

［音読み］キョ
［訓読み］へだ-たる
［部首］⻊（あしへん）

使い道が意外とないなあ…

〝**間隔をあける**〟ことを表す。訓読み「へだたる／へだてる」は、現在では「隔」(p72)を使うのがふつう。よく目にするようだが、「距離《きょり》」以外ではまず使われない、というのはちょっと意外である。

なお、部首「足」が付いているのは、本来は〝闘鶏のけづめ〟を表していたからだという。

ぎょ

魚

11画

［音読み］ギョ
［訓読み］さかな、うお
［部首］魚（さかな）

絵から抜け出したかのような

水中を泳ぎ回る動物〝**さかな**〟を表す。〝さかな〟の絵がそのまま漢字となったもので、成り立ちがわかりやすい例としてよく取り上げられる。訓読みには「さかな」「うお」の二種類があるが、どちらで読んでも意味はもちろん同じである。

「秋刀魚《さんま》」「松魚《かつお》」「柳葉魚《ししゃも》」などは、それぞれの特徴を漢字で表して日本で独自に作られた当て字的表現。この種の表現が多いのは、日本語らしい特徴である。

なお、お寿司屋さんなどでは、略字「奐」を見かけることがある。

部首としては？

「鯨」(p151)「鮭《さけ》」「鯉《こい》」「鯛《たい》」「鱗《うろこ》」などなど、〝さかな〟に関係する漢字の部首となる。中には「鰯《いわし》」「鱈《たら》」「鯱《しゃち》」「鱚《きす》」「鰰《はたはた》」など、日本で独自に作られた漢字が多く含まれており、海洋国家日本の面目躍如といったおもむきがある。ほとんどの場合は漢字の左側に置かれ、「さかなへん」と呼ばれる。

ぎょ

御

12画

［音読み］ギョ、ゴ
［訓読み］お、おん、み
［部首］彳（ぎょうにんべん）

多すぎるのも困ったものだ！

最もポピュラーなのは、**ほかのことばの上に付け加えて、敬意やていねいな気持ちを表す**用法。本来は皇帝・天皇にしか用いない最高級の敬語で、「新宿御苑《しんじゅくぎょえん》」「京都御所《きょうとごしょ》」などがその例。現在では、「御殿《ごてん》」「御飯《ごはん》」「御料理《おりょうり》」「御漬け物《おつけもの》」「御曹司《おんぞうし》」「あつく御礼《おんれい》申し上げます」「御輿《みこし》」「御霊《みたま》」などなど、さまざまに用いられる。

読み方が多くて混乱するのが、最大の難点。そこで、現在では訓読みは「おん」のみを用い、「お」「み」と読む場合にはかなで書くのが標準とされている。音読みギョを使う例は少ないので、これに従えばかなり読み分けがしやすくなるが、現実には「御」と書いて「お」と読ませることが少なくない。頭の痛い問題である。

なお、「御者《ぎょしゃ》」「制御《せいぎょ》」のように〝**うまく操る**〟ことをも表すが、これがもとからある意味なのかについては、説が分かれている。また、「防御《ぼうぎょ》」のように〝**守る**〟という意味で用いる例もある。

ぎょ

漁

14画

［音読み］ギョ、リョウ
［部首］氵（さんずい）

音読みがちょっと不思議ですよ

部首「氵」は「水」の変形。〝**魚を捕る**〟ことを表す。「漁業《ぎょぎょう》」「漁港《ぎょこう》」「漁船《ぎょせん》」「漁村《ぎょそん》」などがその例。この意味で「すなどる」と訓読みすることもあるが、現在では古語の部類。

本来の音読みはギョ。しかし、〝山野で獲物を捕る〟ことを表す「猟《りょう》」（p631）が一般化して、〝魚を捕る〟こともリョウと言われるようになった結果、「漁」もリョウとも読まれるようになった。「漁師《りょうし》」「大漁《たいりょう》」「密漁《みつりょう》」「禁漁《きんりょう》」などがその例。

また、〝魚を捕る〟から転じて、**〝無理に探し求める〟**ことをも表す。この意味では訓読みで「あさる」と読むが、やはり現在ではあまり用いられない。熟語としては、〝肉体関係を次々と追い求める〟という意味の「漁色《ぎょしょく》」がその例。ただし、この熟語も、最近ではリョウショクと読まれることもある。

凶

きょう

4画

［音読み］キョウ
［部首］凵（うけばこ）

縁起でもありませんが…

おみくじでおなじみ。「吉」（p107）の反対で、**〝運勢が悪い〟**ことを表す。転じて、「凶作《きょうさく》」「凶暴《きょうぼう》」「凶器《きょうき》」「元凶《げんきょう》」など**〝人に大きな害悪を及ぼす〟**という意味でよく使われ、〝死〟のイメージが色濃い。

成り立ちには二説ある。一つは、部首「凵」が〝穴〟を表し、〝穴に落ちて苦しむ〟ことを表すとする説。もう一つは、〝大昔の中国で、死者の胸に記した印〟とする説。〝死〟のイメージが強いこともあって、後の説が有力である。

共

きょう

6画

［音読み］キョウ
［訓読み］とも、ども
［部首］八（はち）

日本語では独得のニュアンス

〝一緒に〟という意味を表す。「共同《きょうどう》」「共有《きょうゆう》」「共鳴《きょうめい》」「共演《きょうえん》」「共稼《ともかせ》ぎ」「寝起きを共《とも》にする」などがその例。また、「チャイムと共《とも》に駆け出す」のように、**〝同時に〟**という意味でも用いられる。

日本語では、「ども」と訓読みして**人を表すことばの後に付けて複数を表す**はたらきをする。ただし、「野郎共《やろうども》」「悪人共《あくにんども》」のように見下げるニュアンスが強く、「私共《わたくしども》」「店の者共《ものども》」のように**へりくだる気持ちを表す**ためにも使われる。ただし、この意味で「共」を使うと漢字が続くことが多いので、「野郎ども」「私ども」のようにかな書きされることも多い。

なお、古代文字では「」と書き、〝両手を一緒にして何かを支えている形〟。部首「八」は〝両手〟が変形した「六」の一部分で、同じような「八」を含む漢字に、「具」（p136）「兵」（p540）がある。

叫

きょう

6画

［音読み］キョウ
［訓読み］さけ-ぶ
［部首］口（くちへん）

圧倒的な存在感

「叫《さけ》び声《ごえ》」「泣《な》き叫《さけ》ぶ」「愛《あい》を叫《さけ》ぶ」など、**〝大声を出す〟**ことを表す。音読みでは「絶叫《ぜっきょう》」の形で使うのがほとんどで、ほかに「叫《きょう》喚《かん》」もあるが堅苦しいことば。「絶叫」の存在感は、格別のようである。

杏

きょう

7画

⇩

あん（p11）

狂

きょう

7画

［音読み］キョウ
［訓読み］くる-う、くる-おしい
［部首］犭（けものへん）

反転して高みを目指せ！

〝調子がふつうでなくなる〟ことを表す。人間の精神状態に関して用いるほか、機械のはたらきやものごとの見込みなどについても言う。

部首「犭」は「犬」の変形で、〝犬に似た動物〟を表す。そこで、人間に対して「狂」を用いるのはあまりいいイメージではない。ただし、「酔狂《すいきょう》」「風狂《ふうきょう》」「狂歌《きょうか》」などには、**〝俗世間を遠く離れた〟**という意味合いがあり、常識とは異なる高い価値を持ちうる漢字でもある。

きょう
享
8画
［音読み］キョウ
［訓読み］う-ける
［部首］亠（なべぶた）

たっぷりと満たされます

日常的には、「享受《きょうじゅ》」「享《きょう》楽的《らくてき》」「享年《きょうねん》」の三つ以外ではほとんど用いられない。

本来の意味は〝神に捧げものをする〟ことだ、とする説が有力。そこから〝もてなす／もてなされる〟の意味となり、**〝十分にいただく〟**ことを指して用いられる。「享受」がその意味に最も近く、「享楽的」は〝十分に楽しませてもらう〟こと、「享年」は〝神や仏からいただいた年月〟つまり〝亡くなった年齢〟をいう。

◆訓読み「うける」は、現在では「受」（p261）を書くのがふつう。あえて「天から享《う》けた才能」のように書くと、〝ありがたくいただく〟という意味合いとなる。

基本的にめでたいイメージを持つ漢字。そのため、「享保《きょうほう》」「享和《きょうわ》」「永享《えいきょう》」などなど、元号に用いられることも多い。なお、部首「亠」は形の上から便宜的に分類されたもの。特に意味はない。

きょう
京
8画
［音読み］キョウ、ケイ
［部首］亠（なべぶた）

高くそびえる摩天楼

政治や経済・文化の中心となる**大きな都市〝みやこ〟**を表す。「上京《じょうきょう》」「帰京《ききょう》」「平安京《へいあんきょう》」「平城京《へいじょうきょう》」などがその例。

日本では、**「東京《とうきょう》」「京都《きょうと》」の省略形**としても用いる。ただし、その場合は「京阪《けいはん》」「京浜《けいひん》」のように音読みケイを使うことも多い。ちなみに、キョウは奈良時代以前からある古い音読みである。

古代文字では「」と書き、〝屋根付きの高い建物〟の絵だと考えられている。都心に立ち並ぶ超高層ビルに、三〇〇〇年以上前の建物の姿を重ねてみるのも、おもしろいかもしれない。

なお、**数の位取りの一つ**としても用いられ、「一京《いっけい》」には0が一六個も付く。

きょう
供
8画
［音読み］キョウ、ク
［訓読み］そな-える、とも
［部首］イ（にんべん）

だれかの役に立てるように…

〝何かを差し出す〟ことを表す。「供給《きょうきゅう》」「提《てい》供《きょう》」「読者の利便に供《きょう》する」などがその例。「供養《くよう》」「仏前に供《そな》える」などは、神や仏・死者に対して用いた例。

転じて、「自供《じきょう》」「供述《きょうじゅつ》」のように、**〝公に対して事情を述べる〟**ことをも指す。

音読みはキョウを使うのが原則。クは奈良時代以前からある古い読み方で、すでに挙げた「供養」のほか、「供物《くもつ》」など主に神や仏に関係する場合に用いられる。また、「人身御供《ひとみごくう》」でクウと読むのは、クが引き伸ばされたもの。

◆「そなえる」と訓読みする漢字には「備」（p514）「具」（p136）もある。「備」は〝用意をする〟こと、「具」は〝持ち合わせている〟こと。対する「供」は〝差し出す〟ことなので、「備」「具」との違いは比較的はっきりしている。

また、「供《とも》の者」「お供《とも》をする」のように「とも」と訓読みして、**〝だれかに付き従う者〟**を表すこともある。これは、「人」が変形した部首「イ」に「共」（p120）が組み合わさっているところから生じた、日本語独自の用法である。

◆似た意味で「とも」と訓読みする漢字には、「伴」（p502）「朋」（p556）「友」（p600）もある。「朋」「友」は〝仲の良い相手〟を表すのでニュアンスが異なるが、「供」「伴」はほぼ同じ意味なので、どちらを使ってもよい。

また、「共」と同じように、「ども」と訓読みして**人を表すことばの後ろに付けて複数を示す**はたらきもあるが、現在では「子供《こども》」以外にはあまり用いられないし、〝子〟が一人の場合にも使われる。なお、〝お供〟のイメージを嫌って、「子ども」「こども」などと書くのを好む人も多い。

きょう 協

8画

［音読み］キョウ
［部首］十（じゅう）

話し合いで解決しよう！

三つの「力」が示すように、〝**力を合わせる**〟ことが本来の意味。「協力《きょうりょく》」が代表的な例だが、転じて、「協調《きょうちょう》」「協同《きょうどう》」「協議《きょうぎ》」「妥協《だきょう》」など、〝**話し合ってものごとをうまく進める**〟ことを表す。また、「協奏曲《きょうそうきょく》」「不協和音《ふきょうわおん》」のように〝**うまく響き合う**〟という意味になることもある。

また、日本では、「農協《のうきょう》」「体協《たいきょう》」「原水協《げんすいきょう》」のように「**協同組合《きょうどうくみあい》」「協会《きょうかい》」「協議会《きょうぎかい》」などの省略形**としても用いられる。

なお、部首「十」については、力が〝多い〟ことを示すとか、力を〝まとめる〟ことを表すなど、諸説がある。

きょう 怯

8画

［音読み］キョウ
［訓読み］おび-える、ひる-む
［部首］忄（りっしんべん）

盗人にも三分の理？

「人影に怯《おび》える」「怯《ひる》んだすきに取り逃がす」のように、〝**何かをする勇気が出ない**〟ことを表す。「怯懦《きょうだ》」は〝意気地がない〟こと。

部首「忄」は「心」の変形。「去」は〝退く〟こと。基本的に〝何かをしない〟という消極的なニュアンスを持つ漢字。そう考えると、「卑怯《ひきょう》な手段」などは〝何かをする〟だけまだましなのかもしれない。

きょう 況

8画

［音読み］キョウ
［訓読み］いわ-んや
［部首］氵（さんずい）

雲をつかむような状態？

「状況《じょうきょう》」「実況《じっきょう》」「活況《かっきょう》」「現況《げんきょう》」「戦況《せんきょう》」などなど、さまざまな漢字の後に付いて〝**何かのようす**〟を表す。すべて**「状況」の省略形**だと考えることもできる。

また、〝**ようすをたとえる**〟という意味もあり、文法用語の「比況《ひきょう》」がその例。

漢文では、**前に述べたものを踏まえて、これから述べることの方を強調する**用法があり、その場合には「いわんや」と訓読みする。そこで、日本語でも「彼にも払えないのに、況《いわ》んやぼくに払えるはずがない」というような使い方もされるが、現在ではかな書きがふつうであろう。

とてもぼんやりした意味しか持たない漢字なので、なぜ部首「氵」と「兄」から成り立つのか、定説はない。

きょう 峡

9画

［音読み］キョウ
［部首］山（やまへん）

山から来たのに海でも活躍！

以前は「峽」と書くのが正式。「夾《きょう》」には〝両側から迫る〟という意味がある。部首「山」を加えて、本来は〝**山が両側から迫っている場所**〟を指す。「峡谷《きょうこく》」がその例。転じて、〝**何かにはさまれた狭い場所**〟を指しても用いられる。「海峡《かいきょう》」がよく使われる例だが、〝海にはさまれた狭い陸地〟を意味する「地峡《ちきょう》」ということばもある。

きょう 挟

9画

［音読み］キョウ
［訓読み］はさ-む
［部首］扌（てへん）

使ってるうちに意味が逆転？

以前は「挾」と書くのが正式。〝**両側から迫る**〟ことを表す「夾《きょう》」に、「手」の省略形で〝動作〟を表す部首「扌」を付け加えて、意味をはっきりさせた漢字。「挟《はさ》み撃《う》ち」「挟《きょう》撃《げき》」などがその例。「手を挟《はさ》む」も同じ意味だが、「しおりを挟《はさ》む」「休憩を挟《はさ》む」などになると逆転現象が起きて、**〝間に入れる〟**という意味になる。これは日本語独特の用法かと思われる。

きょう 狭

9画

［音読み］キョウ
［訓読み］せま-い、せば-まる
［部首］犭（けものへん）

犬はどこからやって来た？

「狭《せま》い部屋」「狭《せま》い道」のように、**〝スペースが限られている〟**ことを意味する。「知識が狭《せま》い」「交際が狭《せま》い」「狭《きょう》義《ぎ》」のように**〝範囲が限られている〟**ことを表したり、「視野が狭《せば》まる」「間隔を狭《せば》める」など**〝範囲や距離を小さくする〟**ことを指したりもする。また、性格について**〝受け入れられる範囲が限られている〟**という意味にもなり、「心が狭《せま》い」「狭《きょう》量《りょう》」がその例。

以前は「狹」と書くのが正式で、「夾《きょう》」には〝両側から迫る〟という意味がある。一方、部首「犭」は「犬」の変形で〝犬に似た動物〟を表していて、なぜこの部首が付いているのかは、大きな謎。本来は〝けもの道〟を表していたとか、〝犬が両側からはさむ〟のだとかいう説もある。

きょう 恐

10画

［音読み］キョウ
［訓読み］こわ-い、おそ-ろしい、おそ-れる
［部首］心（こころ）

不安とおわびの違い

「恐《きょう》怖《ふ》」「恐《こわ》い上司」「恐《おそ》ろしい事件」「テストの結果を恐《おそ》れる」などとよく使うが、意味には微妙な広がりがある。

基本的には、**〝不安になる〟**ことを表す。「こわい」「おそろしい」「おそれる」の訓読みは、みなこの意味を日本語で表したもの。転じて、「恐《きょう》喝《かつ》」のように**〝不安がらせる〟**ことをいう場合もある。

また、漢文では**〝悪い予測をする〟**場合に用いられることがあり、その場合には「おそらく」と訓読みする。ここから転じて、日本語では〝悪い状態〟に限らず、「恐《おそ》らく明日は雨だろう」「恐《おそ》らくうまくいくでしょう」のように、**〝当たる確率の高い予測〟を表す**ために用いる。ただし、この場合には、〝不安〟のイメージを嫌ってかな書きされることも多い。

また、日本語では、「恐《きょう》縮《しゅく》」「恐《きょう》悦《えつ》」など**〝感謝やおわびの気持ちを強く感じる〟**ことをも表す。この場合には、「恐《おそ》れ入ります」のように訓読みは「おそれる」を用いて、「こわい」「おそろしい」を使うことはない。

◆「こわい」「おそろしい／おそれる」と訓読みする漢字には「怖」（p525）もあるが、「怖」は〝感謝やおわび〟の意味で用いられることはない。そこで現在では、「怖」の訓読みは〝不安〟を表す「こわい」だけとし、「恐」の訓読みは〝感謝やおわび〟をも含む「おそろしい／おそれる」だけとして使い分けるのが標準。合理的な方法だが、残念ながら、実際にはこの使い分けは守られない場合の方が多い。

また、「おそれる」と訓読みする漢字には「畏」（p15）もあって、こちらは〝尊敬〟の気持ちが混じる場合に用いられる。

きょう 恭

10画

［音読み］キョウ
［訓読み］うやうや-しい
［部首］⺗（したごころ）

大げさにやりすぎると…

部首「⺗」は「心」の変形。**〝失礼のないように気をつける〟**ことを表す。「恭《きょう》順《じゅん》」「恭《きょう》賀《が》新《しん》年《ねん》」「恭《うやうや》しく頂《ちょう》戴《だい》する」などがその例。目上の人と接するときの緊張感を表す漢字だが、特に訓読み「うやうやしい」は、現在ではちょっと大げさな表現で、皮肉やユーモアが含まれることも多い。

なお、名前で「やすし」「やす」と読むの

は、〝心が落ち着いて安らかである〟ことから。

きょう 胸

10画

［音読み］キョウ
［訓読み］むね
［部首］月（にくづき）

体の中心は気持ちの中心

部首「月」は「肉」の変形で〝肉体〟を表す。**肉体の一部〝むね〟**を指す漢字。「胸囲《きょうい》」「胸骨《きょうこつ》」「胸《むね》をさする」のように具体的な〝むね〟をいうほか、「胸中《きょうちゅう》」「度胸《どきょう》」「胸《むね》に秘める」のように**〝気持ち〟**を表すことも多い。

なお、「胸板《むないた》」「胸算用《むなざんよう》」「胸《むな》くそ悪い」のように「むな」と読むのは、続く発音の影響で「むね」が変化したものである。

きょう 脅

10画

［音読み］キョウ
［訓読み］おど-す、おど-かす、おびや-かす
［部首］月（にくづき）

微妙に異なる三つの訓読み

「脅威《きょうい》」「脅迫《きょうはく》」「ナイフで脅《おど》す」「幽霊が出たと脅《おど》かす」など、**〝不安に感じさせる〟**ことを表すのが基本。ただし、訓読み「おどかす」は**〝びっくりさせる〟**という意味にもなる。「待ち伏せして脅《おど》かす」がその例。

◆「おどす／おどかす」と訓読みする漢字には「嚇」（p73）もある。現在では「脅」を用いるのが一般的だが、「嚇」を使うと〝どなり声〟の雰囲気が出ることになる。

また、「首位を脅《おびや》かす」「安全を脅《おびや》かす」など、訓読み「おびやかす」では**〝不安定にする〟**ことをも表す。なお、「おどかす」と「おびやかす」はどちらも「脅かす」と書くので、文脈に応じて読み分けなければならず、注意が必要である。

部首「月」は「肉」の変形。〝肉体〟を表すこの部首が付いているのは、本来は肉体の一部〝わき〟を表す漢字だから。〝不安に感じさせる〟の意味は、〝両わきから取り囲んでおどす〟ところから生じたものらしい。日本語では、〝わき〟の意味は「脇」（p653）で表すのが習慣である。

きょう 強

11画

［音読み］キョウ、ゴウ
［訓読み］つよ-い、したた-か、し-いる、あなが-ち、こわ
［部首］弓（ゆみへん）

力があるから無理をする

とてもよく使われて親しみのある漢字だが、意味には大きく二つの系統がある。

基本となるのは、**〝力や勢いがある〟**という意味。「強力《きょうりょく》」「強敵《きょうてき》」「強襲《きょうしゅう》」「風が強《つよ》い」「臭いが強《つよ》い」「強《つよ》いお酒」「ひざを強《したた》か打つ」などがその例。転じて、「屈《くっ》強《きょう》」「強壮《きょうそう》」「強健《きょうけん》」「胃腸が強《つよ》い」など、**〝健康で丈夫である〟**ことをも表す。

さらには、**〝能力がすぐれている〟**という意味にもなり、「計算問題に強《つよ》い」「お酒に強《つよ》い」などがその例。音読みの熟語では、〝知識が広く記憶力がすぐれている〟ことをいう「博覧強記《はくらんきょうき》」がある。「一万円強《きょう》」のように**〝数に余りがある〟**ことを表すのも、ここから生まれたものだろう。

もう一つの系統では、〝力や勢い〟から派生して、**〝無理に何かをする／させる〟**ことを表す。「強奪《ごうだつ》」「強盗《ごうとう》」「強制《きょうせい》」「強弁《きょうべん》」「強行《きょうこう》」などがその例となる。この意味では、「無理《むり》強い」「減量を強《し》いる」のように「しいる」と訓読みすることもある。

「あながち」と訓読みするのも、本来はこの意味。現在ではあとに「ない」を伴って、**〝無理にそうだと考えなくてもよい〟**という意味を表す。「強《あなが》ち不思議でもない」とは、〝ちっとも不思議ではない〟こと。

〝無理に〟のイメージを逆からとらえたのが、**〝簡単には変化しない〟**という意味。「頑強《がんきょう》」「強情《ごうじょう》」「強硬《きょうこう》」「意志が強《つよ》い」などがその例。この意味では、「態度が強《こわ》ばる」「強面《こわもて》」のように「こわ」と訓読みする例もある。また、「したたか」と訓読みす

する場合でも、「強《したた》かな対応」のような例はこの意味に分類できる。

音読みはキョウを用いるのがふつうだが、奈良時代以前からある古い読み方ゴウも少なからず使われる。この二つに意味の違いはないが、すでに挙げた「強奪《ごうだつ》」「強盗《ごうとう》」「強情《ごうじょう》」のほか、「強引《ごういん》」「強欲《ごうよく》」など、ゴウと読む熟語は、ガ行音の響きのせいか、〝無理に〟という意味を表すことが多い。

以前は「强」と書くのが正式。成り立ちには諸説がある。

きょう 教

11画

［音読み］キョウ
［訓読み］おし-える、おそ-わる
［部首］攵（のぶん）

軽い気持ちで使ってね？

以前は「敎」と書くのが正式。部首「攵」は〝手に棒を持った形〟。本来は〝子どもに強制的に何かを習得させる〟ことを意味する漢字だという。転じて、広く〝**知識や知恵・技術などを伝える**／**伝えてもらう**〟ことを表す。「教育《きょういく》」「教室《きょうしつ》」「生徒に教《おし》える」「先生から教《おそ》わる」などがその例。「教訓《きょうくん》」「教示《きょうじ》」「父の教《おし》え」などでは、〝**伝えられた知恵や方法**〟。名前で「のり」と読むのは、〝守るべきやり方〟を意味する古語。

また、「仏教《ぶっきょう》」「キリスト教《きょう》」「教会《きょうかい》」「教祖《きょうそ》」「教団《きょうだん》」「布教《ふきょう》」のように、**「宗《しゅう》教《きょう》」の省略形**として用いられることも多い。「宗教」こそが、人生最大の〝おしえ〟なのだろう。

本来の意味からすると、〝強制〟の雰囲気がある漢字。現代では「道順を教《おし》える」「メルアドを教《おし》えて！」のようにごく軽い意味でも使うが、それでいいのかどうか、ちょっと気になるところである。

きょう 郷

11画

［音読み］キョウ、ゴウ
［訓読み］さと
［部首］阝（おおざと）

なつかしさをかき立てる

以前は「鄕」と書くのが正式。真ん中の「皀《きゅう》」は〝器に盛られた食事〟を表す。両側はもとは左右対称の形をしていて、〝向かい合う人〟を表していたという。合わせて、集まって食事をするところから、〝**人びとが集まって生活する土地**〟を指す。

「故郷《こきょう》」「郷土《きょうど》」「郷里《きょうり》」「郷愁《きょうしゅう》」「帰《き》郷《きょう》」「同郷《どうきょう》」「在郷《ざいごう》」のように、特に〝**生まれ育った土地**〟をいうことが多い。また、「水郷《すいごう》」「近郷《きんごう》」「温泉郷《おんせんきょう》」「やすらぎの郷《さと》」のように都会に対する〝**いなか**〟の意味で用いられたり、「異郷《いきょう》」「理想郷《りそうきょう》」「桃源《とうげん》郷《きょう》」のように〝**ある種の土地や国・世界**〟を表すこともある。全般的には、〝心が惹かれる土地〟というイメージが濃い。

音読みはキョウを用いるのが基本。ゴウは奈良時代以前からある古い読み方で、すでに挙げた「在郷《ざいごう》」「近郷《きんごう》」「水郷《すいごう》」のほか、岐阜県の「白川郷《しらかわごう》」や新潟・長野県の「秋山郷《あきやまごう》」のように、古くからの地名に使われる。現在でもその雰囲気を生かして、リゾート地などの名前ではゴウと読ませることが多い。

きょう 境

14画

［音読み］キョウ、ケイ
［訓読み］さかい
［部首］土（つちへん）

あるラインとその内側

部首「土」にも現れているように、本来は〝**土地の区切り**〟を表す。「国境《こっきょう》」「県境《けんざかい》」「越境《えっきょう》」「入学《にゅうがく》」などがその例。また、広く〝**区切り**〟を指しても用いられる。「善悪の境界《きょうかい》」「勝敗の境目《さかいめ》」などがその例。「辺境《へんきょう》」「秘境《ひきょう》」「魔境《まきょう》」などでは、文明世界とそうでない世界の〝**区切りのあたり**〟をいう。

転じて、「環境《かんきょう》」のように〝**区切りの内側の状態**〟をも表し、さらには〝**何かが置かれている状態**〟という意味でも使われる。「境遇《きょうぐう》」「境地《きょうち》」「心境《しんきょう》」「老境《ろうきょう》」「佳《か》境《きょう》」などがその例である。

　なお、音読みはキョウを用いるのが大原則。ケイは平安時代ごろに正式とされた読み方だが、現在では、日常的に使われるのは「境内《けいだい》」くらいである。

きょう 橋

16画

［音読み］キョウ
［訓読み］はし
［部首］木（きへん）

異なる世界を結ぶもの

「陸橋《りっきょう》」「跨線橋《こせんきょう》」「架《か》け橋《はし》」「橋桁《はしげた》」など、**〝二つの地点の間を渡っていけるようにした通路〟**を表す。部首「木」が付いているからには本来は木製だったのだろうが、現在ではもちろん「鉄橋《てっきょう》」のようにも用いる。

　なお、〝船の司令室〟をいう「船橋《せんきょう》」「艦《かん》橋《きょう》」は、英語 bridge の翻訳語。本来は、外輪船で二つの輪おおいの間をつなぐ場所に設けられたことに由来するという。

きょう 興

16画

［音読み］キョウ、コウ
［訓読み］おこ-す、おこ-る
［部首］臼（うす）

力を合わせて楽しくやろう

「興亡《こうぼう》」「興隆《こうりゅう》」「復興《ふっこう》」「会社を興《おこ》す」「新しい産業が興《おこ》る」のように、**〝力を合わせて盛んにする／盛んになる〟**ことを表す。また、「興奮《こうふん》」のように**〝感情が高ぶる〟**ことから、**〝おもしろみを感じる〟**という意味をも表す。「興味《きょうみ》」「余興《よきょう》」「即興《そっきょう》」「興《きょう》が乗る」「トランプに興《きょう》じる」などがその例。

　音読みは、〝盛ん〟の場合はコウを、〝おもしろみ〟の場合はキョウをと、使い分けるのが習慣。

◆「おこる／おこす」と訓読みする漢字には、ほかに「起」（p98）がある。「起」の方が一般的に使われるが、〝盛んにする〟の意味が強い場合には「興」を用いる。

　部首「臼」は形の上から便宜的に分類されたもの。ただし、形の似た「與」は「与」（p606）の昔の書き方で〝一緒に何かをする〟という意味があり、「興」と意味の関係が深い。

きょう 矯

17画

［音読み］キョウ
［訓読み］た-める
［部首］矢（やへん）

悪い方向にも善い方向にも

「矯正《きょうせい》」に代表されるように、**〝間違ったものを正しく直す〟**ことが代表的な意味。訓読み「ためる」も、**〝曲がったものを真っ直ぐにする〟**ことを表す。しかし、**〝正しい道を外れる〟**という意味もあり、「矯激《きょうげき》」「奇《き》矯《きょう》」は、〝常識を外れている〟こと。

　また、真っ直ぐかどうかを確認する際に片方の目を閉じて見つめることから、日本語では**〝片方の目で見る〟**という意味にもなる。「矯《た》めつ眇《すが》めつ」がその例。

　部首「矢」が付いているので、本来は〝曲がった矢を真っ直ぐにする〟という意味だと考えられてきた。しかし、善悪両方向の意味で使われることから、現在では異説もある。

きょう 鏡

19画

［音読み］キョウ
［訓読み］かがみ
［部首］金（かねへん）

反射するだけが能ではない！

光を反射して姿を映す道具〝かがみ〟を表す。「鏡《きょう》面《めん》」「鏡台《きょうだい》」「三面鏡《さんめんきょう》」などがその例。部首「金」が付いているのは、昔の〝かがみ〟は青銅で作られたから。

◆映して見ておかしなところを直すところから、「彼は主夫の鏡《かがみ》だ」のように**〝模範〟**をも意味することもある。ただし、この場合の「かがみ」は、「鑑」（p91）と書くことも多い。

　転じて、「拡大鏡《かくだいきょう》」「望遠鏡《ぼうえんきょう》」「内視《ないし》鏡《きょう》」など、〝レンズ〟も含めて**〝光の反射や屈折を利用してモノを見る器具〟**をも表す。「眼鏡《めがね》」は、漢字の熟語をそのまま、意味を表す日本語で読む当て字的用法。

中国にも古くからレンズはあったようだが、専用の漢字が作られなかったのは意外。〝かがみ〟ほどの存在価値が認められていなかったのかもしれない。

きょう

競

20画

［音読み］キョウ、ケイ
［訓読み］きそ-う、せ-る、くら-べる
［部首］立（たつ）

お上の方では読み方が変わる?

「競争《きょうそう》」「競技《きょうぎ》」「競《きょう》泳《えい》」「腕を競《きそ》う」「競《せ》り合い」「競《せ》り市《いち》」など、**〝何かを得ようと争う〟**ことを表す。

音読みはキョウを用いる方が一般的。ただし、平安時代ごろに正式とされた読み方ケイも、「競馬《けいば》」「競輪《けいりん》」などで用いられる。また、「競売《きょうばい》」は法律用語では「けいばい」と読む。全般的には公的なものほどケイと読むことが多い。

◆訓読み「くらべる」は、現在では「比」（p508）を書くのが一般的。ただし、「競《くら》べ馬」のように〝優劣をくらべる〟場合には、「競」を用いることがある。

部首「立」は、形の上から便宜的に分類されたもの。古代文字では「[illegible]」で、本来は〝争う二人の人間の姿〟の絵だと考えられることから、部首を「儿（ひとあし）」とする辞書もある。

きょう

響

20画

［音読み］キョウ
［訓読み］ひび-く
［部首］音（おと）

その間に起こること…

基本的な意味は、**〝音が伝わる〟**こと。余韻やエコーなど、伝わっていく間に生じるさまざまな反応まで含めていう。「音響《おんきょう》」「反響《はんきょう》」「残響《ざんきょう》」「ピアノの響《ひび》き」などは、みなその例。転じて、「影響《えいきょう》」「響応《きょうおう》」「心に響《ひび》く」「体に響《ひび》く」のように、**〝反応を引き起こす〟**という意味でも使われる。

なお、以前は「響」と書くのが正式。

きょう

驚

22画

［音読み］キョウ
［訓読み］おどろ-く
［部首］馬（うま）

人間だけじゃないんだよ！

〝びっくりする〟ことを表す。「驚異《きょうい》」「驚嘆《きょうたん》」「驚喜《きょうき》」などがその例。部首「馬」が付いているのは、本来は〝馬がびっくりする〟ことを意味していたからだという。

◆「おどろく」と訓読みする漢字には「愕」（p74）もある。現在では「驚」を書くのがふつうだが、あえて「愕」を使うと、感情表現としての〝おどろき〟がより強調される効果がある。

なお、「吃驚《きっきょう》」は〝心の底からびっくりする〟こと。この二文字で「びっくり」と読むことがあるのは、漢字の熟語をそのまま、意味を表す日本語で読む当て字的表現である。

ぎょう

仰

6画

［音読み］ギョウ、コウ、ゴウ
［訓読み］あお-ぐ、おっしゃ-る、おお-せ
［部首］亻（にんべん）

雲の上から声が聞こえる

〝顔を上に向ける〟ことを表すのが基本。「仰視《ぎょうし》」は〝見上げる〟こと、「仰臥《ぎょうが》」は〝上を向いて横になる〟こと。「仰向《あおむ》け」「山頂を仰《あお》ぐ」などもこの例。「杯を仰《あお》ぐ」「毒を仰《あお》ぐ」のように、比喩的に**〝一気に飲み干す〟**ことをいう場合もある。

転じて、**〝自分よりすぐれたものとして敬う〟**ことをも表す。「信仰《しんこう》」がその代表。また、「援助を仰《あお》ぐ」「指示を仰《あお》ぐ」のように、**〝目上の人に何かを頼む〟**ことを指しても用いられる。

目上の人の話を聞くところから、日本語では「部長が仰《おっしゃ》る」のように**〝言う〟ことを敬意を込めて表す**場合にも用いられる。また、「仰《おお》せに従う」では、**〝目上の人のことば〟**をいう。

音読みはギョウを用いるのが原則。奈

良時代以前からある古い読み方にゴウがあるが、現在では「渇仰《かつごう》」で使われるくらい。また、コウは、すでに挙げた「信仰《しんこう》」などでしか使われない特殊な読み方。

なお、同じ「あおぐ」でも、〝風を起こす〟という意味の「あおぐ」は、「扇」（p352）か「煽《せん》」を書く。

ぎょう
行
6画

⇩ こう（p184）

ぎょう
暁
12画
見えるようになる喜び

［音読み］ギョウ
［訓読み］あかつき
［部首］日（ひへん、にちへん）

〝**太陽が昇るころ**〟を表す。「暁光《ぎょうこう》」「早暁《そうぎょう》」「暁《あかつき》の空」などがその例。明るくなってモノが見えるようになることから、〝**はっきり理解する**〟という意味にもなる。「通暁《つうぎょう》」とは、〝幅広くはっきり理解している〟こと。

「合格した暁《あかつき》には…」のように〝**将来、実現した際**〟を表すのは日本語独自の用法。ただし、これも〝はっきりと実現する〟という意味合いがあるかもしれない。

以前は「曉」と書くのが正式。「堯《ぎょう》」は〝高い〟という意味。部首「日」を組み合わせて、本来は〝日が昇っていく〟ことを表す。見えなかったものが見えるようになる感覚と、夜がしらじらと明けていく情景とが重なった、なんとも詩的な気分の漂う漢字である。

ぎょう
業
13画
継続は力なり！

［音読み］ギョウ、ゴウ
［訓読み］わざ
［部首］木（き）

代表的な意味は、仕事や勉強など〝**やるべきこと**〟。「事業《じぎょう》」「学業《がくぎょう》」「作業《さぎょう》」「営業《えいぎょう》」「卒業《そつぎょう》」「業務《ぎょうむ》」などがその例。ちょっとやれば終わるものではなく、〝**ある期間、継続して進めていくべきこと**〟を指すのが特徴。「生業《なりわい》」は〝生きていくための仕事〟のことで、漢字の熟語をそのまま、意味を表す日本語で読む当て字的用法。

〝継続〟というイメージを含むことから、「産業《さんぎょう》」「工業《こうぎょう》」「商業《しょうぎょう》」「業界《ぎょうかい》」のように〝**継続して行われる仕事全体**〟を表すことにもなる。また、「業績《ぎょうせき》」「偉業《いぎょう》」「覇業《はぎょう》」「功業《こうぎょう》」のように〝**継続してやりとげた結果**〟を意味することもある。

◆訓読みでは「わざ」と読むが、〝継続〟や〝結果〟の感覚がある点が、「技」（p104）とは異なる。「技」が〝テクニック〟であるのに対して、「業」は〝**テクニックを用いた結果**〟だと考えると、わかりやすい。「神技《かみわざ》」と「神業《かみわざ》」、「離れ技《はなれわざ》」と「離れ業《はなれわざ》」の違いは、そこにある。

音読みはギョウを使うのが原則。ゴウは奈良時代以前からある古い読み方で、仏教的な意味合いが濃い。仏教の「業《ごう》」とは、〝**前世での悪行の結果として受ける苦しみ**〟。「業苦《ごうく》」「業病《ごうびょう》」「業火《ごうか》」「自業自得《じごうじとく》」などでも、同じ意味である。

なお、成り立ちには諸説ある。部首「木」は形の上から便宜的に分類されたもの。

ぎょう
凝
16画
寒さも忘れて集中する

［音読み］ギョウ
［訓読み］こ-る、こ-らす
［部首］冫（にすい）

部首「冫」は〝氷〟を表す記号。「疑」（p106）には〝動けない〟という意味がある。合わせて、本来は〝**氷が固まる**〟ことを表し、広く〝**固まって動かなくなる**〟という意味になる。「凝固《ぎょうこ》」「凝結《ぎょうけつ》」「凝縮《ぎょうしゅく》」「肩が凝《こ》る」「息を凝《こ》らす」などがその例。

転じて、「目を凝《こ》らす」「工夫を凝《こ》らす」など〝**一点に集中する**〟ことをも指す。〝集中する〟と熱くなりそうなものだが、実は〝氷〟に由来する漢字だというのは、ちょっとおもしろい。

きょく

曲

6画

［音読み］キョク
［訓読み］ま-がる、ま-げる、くせ
［部首］日（ひらび）

あった方がおもしろいぞ！

基本的な意味は、**〝まっすぐでない〟**こと。「曲《きょく》線《せん》」「曲面《きょくめん》」「湾曲《わんきょく》」「曲《ま》がり角《かど》」などがその例。「棒が曲《ま》がる」「折《お》り曲《ま》げる」のように**〝まっすぐでなくなる／なくする〟**という意味でも用いられる。「紆余曲折《うよきょくせつ》」は、〝ものごとがまっすぐ進まない〟こと。「委《い》曲《きょく》を尽くす」では**〝入り組んでいる〟**こと。また、転じて、「曲解《きょっかい》」「歪曲《わいきょく》」「事実を曲《ま》げる」「曲《ま》がったことが大嫌い」のように、**〝正しくない〟**ことも表す。

「曲《きょく》乗《の》り」「曲者《くせもの》」などでは、**〝まっとうでない〟**という意味。しかし、それをプラスに考えると、〝おもしろみに富む〟こととなる。「作曲《さっきょく》」「歌謡曲《かようきょく》」「交響曲《こうきょうきょく》」など**〝音楽作品〟**の意味は、ここから生じたもの。また、「戯曲《ぎきょく》」のように**〝劇作品〟**を指すこともある。まっすぐなことだけでは、世の中はおもしろくない。そのことをよく示す漢字である。

古代文字では「」。部首「日」は形の上から便宜的に分類されたもので、意味の関係はない。

きょく

局

7画

［音読み］キョク
［訓読み］つぼね
［部首］尸（しかばね）

ここが重要なんだよねえ！

本来の意味は、**〝区切られたスペース〟**。「局《きょく》地的《ちてき》」「局部麻酔《きょくぶますい》」などが代表的な例。転じて、**〝割り当てられた仕事を管理し、行うところ〟**をも表す。「事務局《じむきょく》」「情報局《じょうほうきょく》」「テレビ局《きょく》」などがその例。「薬局《やっきょく》」も、本来は病院内の部署。「局番《きょくばん》」「局《きょく》アナ」のように、**「郵便局《ゆうびんきょく》」「放送局《ほうそうきょく》」などの省略形**としても用いられる。

全体の中で〝ある一部分〟を指すのが、基本的なイメージ。そこから、**〝ある重要な場面〟**をも表す。「破局《はきょく》」「政局《せいきょく》」「難《なん》局《きょく》を迎える」などがその例。「一局《いっきょく》」「対《たい》局《きょく》」など**〝囲碁や将棋の対戦〟**をいうのも、この延長線上にあり、「局面《きょくめん》」「結局《けっきょく》」「大局的《たいきょくてき》」「局外中立《きょくがいちゅうりつ》」などは、そこから生じたことばだという。

一方、訓読み「つぼね」は、**〝区切られた小さな部屋〟**のこと。特に、**〝昔、貴人のお屋敷に勤める女性に割り当てられた個室〟**を指す。個室が割り当てられるのはリーダー格の女性だけだったので、「お局《つぼね》さま」は、現在でも**〝女性たちの間で、リーダー的な存在の女性〟**という意味で使われる。

なお、成り立ちには諸説ある。部首「尸」は形の上から便宜的に分類されたもの。

きょく

極

12画

［音読み］キョク、ゴク
［訓読み］きわ-まる、きわ-み、き-める
［部首］木（きへん）

登りつめたらそこでおしまい

「極限《きょくげん》」「極端《きょくたん》」「極北《きょくほく》」「感極《かんきわ》まる」「栄華を極《きわ》める」「歓喜の極《きわ》み」など、**〝頂点に達する〟**ことを表す。「南極《なんきょく》」「Ｓ極《きょく》」「電極《でんきょく》」などは、転じて**〝頂点〟**や**〝対になるものの一方の端〟**を指す例。

◆訓読みでは「きわまる／きわめる」と読むが、「究」（p113）「窮」（p116）との使い分けがとてもむずかしい。「究」には〝とことん頭をはたらかせる〟、「窮」には〝身動きが取れなくなる〟という意味がある。それに対して、「極」は〝最高度の状態になる〟ことをいう。ただし、実際にはまぎらわしい場合がとても多い。迷ったらかな書きしておくしかないというのが、正直なところである。

それ以上ない状態になることから、日本語では**〝固定する〟**という意味でも用いられる。「月極《つきぎめ》駐車場」のほか、「腕を極《き》

める」のように使うのがその例。
音読みはキョクを使うのが一般的。しかし、「極意《ごくい》」「極悪《ごくあく》」「極道《ごくどう》」「極楽《ごくらく》」「極太《ごくぶと》」「至極簡単《しごくかんたん》」など、奈良時代以前からある読み方ゴクを用いる例も数多い。
本来は〝屋根の一番上に張り渡された棟木《むなぎ》〟を表す、と古くから考えられてきたが、現在では異説もある。

ぎょく 玉

5画
[音読み] ギョク
[訓読み] たま
[部首] 玉（たま）

ありふれた○ではありません！

日本語「たま」は〝**丸いもの**〟一般を表すので、漢字「玉」もその意味で使われるが、これは日本語独特の用法。本来は〝**翡翠《ひすい》などの宝石の一種**〟を表す。転じて、「玉杯《ぎょくはい》」「玉露《ぎょくろ》」のように〝**すばらしく貴重なもの**〟を意味するようになり、「玉座《ぎょくざ》」「玉音放送《ぎょくおんほうそう》」など、**ほかの漢字の前に付けて、王や皇帝・天皇に対する敬意を表す**漢字としても用いられる。

◆似た意味で「たま」と訓読みする漢字には「球」（p115）「珠」（p260）「弾」（p403）もあるが、「玉」は〝貴重な〟という意味合いを持つ点で区別できる。ただし、貴重であっても特に〝輝く〟というイメージを出したい場合には、「珠」を用いることがある。
なお、「善玉《ぜんだま》」「悪玉《あくだま》」は、本来は江戸時代の山東京伝《さんとうきょうでん》作『心学早染草《しんがくはやそめぐさ》』という物語のキャラクター。顔の部分が「善」「悪」と書いてある玉になっていて、〝善い心〟〝悪い心〟の象徴として登場する。

部首としては？

〝宝石〟に関係する多くの漢字の部首となる。
ただし、「玉」の形そのままで現れるのは、「璽」（p244）「璧」（p544）くらいのもの。「環」（p90）「珍」（p425）「理」（p622）など多くの場合、漢字の左側に置かれ、点がない「王」の形となる。そのため、部首の名前としては正確には「たまへん」だが、「おうへん」と呼ばれることも少なくない。また、「琴」（p132）「琵」（p515）「琶」（p651）など〝弦楽器〟を表す一群の漢字も、形の上から便宜的に部首「王」に分類される。

きり 桐

10画
[音読み] トウ
[訓読み] きり
[部首] 木（きへん）

花よりも幹が重宝されます

樹木の〝きり〟を表す。「同」（p460）には〝円柱〟の意味があると考えられるので、「桐」も本来は〝円柱のように伸びる木〟を表す、という説がある。昔から、幹がたんすや琴の材料として使われてきた点に着目した、実用的な説明である。
なお、「梧桐《ごとう》」は〝きり〟とは別種の樹木。日本語名を当てて、二字まとめて「あおぎり」と読むこともある。

きん 巾

3画
[音読み] キン
[訓読み] はば
[部首] 巾（はば）

いろんなところで役に立つ！

〝**布きれ**〟を表す。「布巾《ふきん》」「頭巾《ずきん》」「雑巾《ぞうきん》」「巾着《きんちゃく》」などがその例。「手巾《しゅきん》」は〝手をふく布きれ〟のことだが、当て字的に「ハンカチ」と読むこともある。
なお、日本では「幅」（p532）の略字としても用いられ、「はば」と訓読みされる。

部首としては？

〝布きれ〟に関係する漢字の部首となる。「帯」（p388）「帳」（p418）「帆」（p501）「布」（p524）「幕」（p573）など、その数は意外と多い。なお、漢字の左側に置かれた場合には「はばへん」と呼ばれる。

きん 斤

3画
[音読み] キン
[訓読み] おの
[部首] 斤（おの）

今の職場はパン屋さん！

本来は、木材などを切る刃物〝おの〟を表す。ただし、この意味を表す漢字としては、現在では「斧《おの》」の方が一般的。

昔は天秤《てんびん》のおもりとして使ったことから、**重さの単位**としても用いられた。そこから、現在でも**パンの量を表す単位**として、現役を続けている。

部首としては？

〝おの〟に関係する漢字の部首となる。例としては「斧」のほか、「新」（p315）「斬」（p225）「断」（p403）など。多くの場合、漢字の右側に現れて「おのづくり」と呼ばれる。

きん 均

7画

［音読み］キン
［訓読み］ひと-しい
［部首］土（つちへん）

人工的な美しさ

部首「土」が示すとおり、本来は〝地面を平らにする〟という意味。転じて、〝**数量などをそろえる**〟ことや〝**数量などがそろっている**〟ことを表す。「平均《へいきん》」「均一《きんいつ》」「均等《きんとう》」などがその例。「均衡《きんこう》を保つ」「均整《きんせい》がとれた」では〝**バランス**〟を指す。

◆訓読み「ひとしい」は、現在では「等」（p457）を用いる方がふつう。また、〝数量などをそろえる〟という意味で「ならす」と訓読みすることもあるが、これも現在ではあまり用いられない。

意味の上ではどうしても人工的な雰囲気がする漢字だが、それでも「土」の香りがするのは、ありがたい気がする。

きん 近

7画

［音読み］キン、コン
［訓読み］ちか-い
［部首］⻌（しんにょう、しんにゅう）

距離が縮まり関係も深まる

部首「⻌」は、以前は「⻍」と書くのが正式で、〝移動〟を表す。「駅の近《ちか》く」など〝**すぐそばにある**〟ことを表すのが、基本の意味。「近年《きんねん》」「最近《さいきん》」「近《ちか》い将来」のように〝**時間的にすぐである**〟という意味で用いることもあれば、「親近感《しんきんかん》」「首相に近《ちか》い消息筋」のように〝**関係が濃い**〟ことを表す場合もある。

音読みはキンを用いるのが大原則。コンは奈良時代以前からある古い音読みで、現在でも「近藤《こんどう》」「右近《うこん》」などで用いられている。

きん 金

8画

［音読み］キン、コン
［訓読み］かね
［部首］金（かね）

訓読みの匂いを嗅いでみる？

だれもが思い浮かべるのは、**きらきら輝く金属**〝**金**〟。「金貨《きんか》」「金箔《きんぱく》」「純金《じゅんきん》」「砂金《さきん》」「金《きん》メダル」などがその例。また、「金魚《きんぎょ》」「金《きん》髪《ぱつ》」のように〝**金色の**〟という意味をも表す。訓読みすれば「こがね」だが、現在では「黄金《こがね》」と書くのがふつう。

ただし、本来は広く貴金属を表す漢字だったらしい。現在でも、〝**金属**〟**一般**を指して用いられ、「合金《ごうきん》」「冶金《やきん》」「金管楽器《きんかんがっき》」などがその例。この意味の場合、訓読みでは「かね」と読み、その変化した「かな」を含めて、「金物《かなもの》」「金棒《かなぼう》」「針金《はりがね》」「差《さ》し金《がね》」「留《と》め金《がね》」など、生活に密着した多くのことばとなる。

また、〝**貨幣**〟〝**通貨**〟をも指す。「金額《きんがく》」「金利《きんり》」「貯金《ちょきん》」「罰金《ばっきん》」「金遣《かねづか》いが荒い」「金《かね》儲《もう》けに走る」「有《あ》り金《がね》出せ！」などなど、例を挙げ始めるときりがない。が、ここでも訓読みで使われると、どうも生活の匂いがしてくるようである。

そのほか、「金言《きんげん》」「金科玉条《きんかぎょくじょう》」のように〝**立派で価値が高い**〟ことを表す場合もある。「金星《きんせい》」では、**惑星の一つ**。また、日本では **Friday の訳語**として「金曜日《きんようび》」のようにも使われる。

音読みはキンを用いるのが原則。ただし、「黄金《おうごん》」「金剛《こんごう》」「金堂《こんどう》」「金輪際《こんりんざい》」のように、奈良時代以前からある古い読み方コンを用いる例も少なくなく、「金色」のように「きんいろ」「こんじき」と二種類の読み方を持つものもある。

部首としては?

〝金属〟に関係する漢字の部首となる。その数は非常に多く、漢和辞典の中では最大勢力の一つ。中には「錯」(p219)「録」(p650)のように、一見しただけでは〝金属〟とは関係なさそうな漢字もあって、興味深い。ほとんどの場合は漢字の左側に現れて「かねへん」と呼ばれるが、「釜」(p78)や大工道具の〝のみ〟を表す「鑿《さく》」のような例もあり、これらは単に「かね」という。

きん 菌

11画

[音読み]キン
[部首]艹(くさかんむり)

どんどん小さくなりまして…

「乳酸菌《にゅうさんきん》」「納豆菌《なっとうきん》」「コレラ菌《きん》」「抗菌《こうきん》」「滅菌《めっきん》」などなど、すっかり**「細菌《さいきん》」の省略形**として定着しているが、本来は〝きのこ〟や〝かび〟を表す。昔は手で採ることもできたのに、今では顕微鏡でしか見ることができなくなってしまったという、なかなか興味深い変化を遂げた漢字である。

きん 勤

12画

[音読み]キン、ゴン
[訓読み]つと-める
[部首]力(ちから)

マンネリをきっちりと!

「通勤列車《つうきんれっしゃ》」「会社勤《かいしゃづと》め」「勤続《きんぞく》四〇年」と並べると、えんえんと続く毎日を思い出す人も多いだろう。実は、基本的な意味はそこにあって、**〝手を抜かずに日常の仕事を続ける〟**ことを表す。まるでテレビ『水戸黄門』のような漢字である。

◆「つとめる」と訓読みする漢字には「努」(p448)「勉」(p549)「務」(p581)もある。「努」「勉」は〝力を尽くす〟ことを表すが、「務」との使い分けは微妙。「務」は〝ある役割を果たす〟場合に、「勤」は〝毎日の仕事をする〟場合に用いる。ただし、「勤《きん》務《む》」という熟語もあるように、「勤」と「務」はどちらでも意味が通ることが多い。

音読みはキンを使うのが大原則。ゴンは奈良時代以前からある古い読み方で、「勤行《ごんぎょう》」など仏教の世界で主に使われる。また、「いそしむ」と訓読みすることもあり、この漢字の意味をよく表しているが、現在ではかな書きするのがふつう。

なお、以前は、「艹」の部分を「廿」とした「勤」と書くのが正式。

きん 琴

12画

[音読み]キン
[訓読み]こと
[部首]玉(たま)

はかなくも消え去る音色…

弦楽器の一種〝こと〟を表す。もともとはある特定の種類の〝こと〟だけを指したが、現在では、横たえて演奏する〝こと〟はたいていこの漢字で表す。

「木琴《もっきん》」「鉄琴《てっきん》」は打楽器だが、一つ一つの音がすぐ消え去っていく点が共通するから「琴」と呼んだものか。そう考えると、「洋琴《ピアノ》」という当て字もうなずける。「風琴《オルガン》」は、ピアノから転じたものだろう。

なお、「玨」は〝弦を張ってある形〟。部首を「玉」とするのは形の上から便宜的に分類されたもので、意味の関係はない。

きん 筋

12画

[音読み]キン
[訓読み]すじ
[部首]竹(たけかんむり)

細長いものなら何でも来い!

成り立ちには諸説あるが、本来は〝竹の繊維〟を表していた、と見ておくのが無難。転じて、広く**〝動植物に含まれる繊維状のもの〟**を表す。「筋肉《きんにく》」「筋《すじ》を違える」「鉄筋《てっきん》コンクリート」などがその例。「腹筋《ふっきん》」は、それを比喩的に用いたもの。「背筋《はいきん》」「上腕二頭筋《じょうわんにとうきん》」のように、**「筋肉」の省略形**としても用いられる。

これを発展させて、**〝細長くつながった**

もの〟のイメージでさまざまに用いるのは、日本語独特の発想。その応用範囲はとても広く、「血筋《ちすじ》」「道筋《みちすじ》」「一筋《ひとすじ》の白髪」から始まって、「筋書《すじが》き」「筋《すじ》がいい」「筋《すじ》を通す」「その筋《すじ》のお方」「○○ちゃん一筋《ひとすじ》」まで何でもあり。これほど日本人の想像力を刺激した漢字もめずらしい。

きん
僅
13画
［音読み］キン
［訓読み］わず-か
［部首］亻（にんべん）

才能の豊かな人とかけまして

「僅差《きんさ》」「僅少《きんしょう》」「残り僅《わず》か」など、〝**とても少ない**〟ことを表す。部首「亻」は「人」の変形。なぜこの部首が付いているのかについては、本来は〝才能が豊かな人〟を表すという説と、いや〝才能が乏しい人〟を表すのだという相反する説がある。どちらも〝とても少ない〟わけで、まるで謎かけみたいなお話である。

なお、印刷文字では「僅」の形が標準とされているが、手書きの場合は、「勤」（p132）「謹」（p133）と同じく、「廿」を「艹」として「僅」と書いても差し支えない。

きん
禁
13画
［音読み］キン
［部首］示（しめす）

うっそうと茂る樹木の前で…

部首「示」は〝神〟を表す記号。本来は〝神が住む林〟を表す漢字で、立ち入りが許されなかったところから、広く〝**許さない**〟ことを表す。「禁止《きんし》」「禁煙《きんえん》」「発禁《はっきん》」「出入りを禁《きん》ずる」「禁《きん》じられた遊び」などがその例。「禁錮《きんこ》」「監禁《かんきん》」「軟禁《なんきん》」のように、特に〝**閉じこめる**〟ことをいう場合もある。

また、入ることが簡単には許されないことから、〝**皇居**〟を指すこともある。「禁中《きんちゅう》」「禁門《きんもん》」などがその例。

現在では街中でもよく見かける漢字だが、本来は、神聖な森を前にした厳粛な気持ちが漂う漢字である。

きん
緊
15画
［音読み］キン
［訓読み］し-める、し-まる
［部首］糸（いと）

今にも切れてしまいそう！

部首「糸」が示すように、本来は〝糸がかたく張りつめる〟ことを表す。転じて、〝**状況にゆとりがない**〟ことを指し、「緊張《きんちょう》」「緊迫《きんぱく》」「緊急《きんきゅう》」などがその例。

《◆〝ゆるみをなくす〟という意味の訓読み「しめる／しまる」は、現在では「締」（p437）を書くのがふつう。ただし、〝緊張感〟を出すために「緊」を使うこともある。

きん
錦
16画
［音読み］キン
［訓読み］にしき
［部首］金（かねへん）

色づかいにクラクラする！

さまざまな色の糸を使って作り上げた織物〟にしき〟を表す。部首「金」が付いているのは、金銀のようなきらびやかな色合いをしているから。転じて、「錦絵《にしきえ》」「錦鯉《にしきごい》」「綾錦《あやにしき》」「錦秋《きんしゅう》」など、〝**色とりどりで美しいもの**〟のたとえとしても使われる。

また、〝**身分が高い**〟というイメージもある。「錦《にしき》の御旗《みはた》」とは〝天皇家の旗印〟を指すし、「故郷に錦《にしき》を飾る」は〝出世をして故郷に帰る〟ことを表す。

きん
謹
17画
［音読み］キン
［訓読み］つつし-む
［部首］言（ごんべん）

常に相手を思いやる

「謹慎《きんしん》」「謹賀新年《きんがしんねん》」「謹《つつし》んでお詫《わ》びします」のように、〝**失礼のないように言動に気をつける**〟ことを表す。〝ことば〟を表す部首「言」が付いているように、他人に対する態度についていう漢字で、「謹啓《きんけい》」「謹聴《きんちょう》」「謹呈《きんてい》」「謹製《きんせい》」といった熟語に、そのことがよく現れている。

《◆訓読み「つつしむ」では「慎」（p315）と

の使い分けがむずかしい。「慎」は、〝心の持ちように注意する〟という内面的な意味合いがある。対する「謹」は、他人に対する態度という外面的なニュアンスが強いのが異なる点である。ただし、実際にはまぎらわしいことも多いので、迷ったらかな書きするのがおすすめである。

なお、以前は、「艹」を「廿」とした「謹」と書くのが正式。

きん 襟

18画

［音読み］キン
［訓読み］えり
［部首］衤（ころもへん）

色気を感じますか？

部首「衤」は「衣」の変形。**〝衣服の首回りの部分〟**を表す漢字。「襟元《えりもと》」「詰《つ》め襟《えり》」「開襟《かいきん》シャツ」などがその例。また、「胸《きょう》襟《きん》を開く」のように、**〝心〟**を比喩的に指すこともある。

ただし、「襟首《えりくび》」「襟髪《えりがみ》」では**〝衣服の首の後ろの部分〟**のこと。このように、〝後ろ〟にだけ焦点を当てるのは日本語オリジナルの用法だと思われる。「襟垢《えりあか》」に生活の疲れを感じたり、「襟足《えりあし》」に色気を感じたりするのも、日本人独特の感性なのかもしれない。

ぎん 吟

7画

［音読み］ギン
［部首］口（くちへん）

あわてず気長にいきましょう

「詩吟《しぎん》」「吟詠《ぎんえい》」「長々と吟《ぎん》ずる」のように、**〝詩歌に節を付けてうたう〟**ことを表す。また、**〝詩歌を作る〟**ことをもいい、「苦吟《くぎん》」は〝苦労して詩歌を作る〟こと、「吟行《ぎんこう》」は〝詩歌を作るために出かける〟こと。

転じて、**〝じっくり行う〟**という意味にもなる。「吟味《ぎんみ》」は、〝じっくりと味わう〟ことから、現在では〝じっくり調べる〟ことを表す。お酒などの「吟醸《ぎんじょう》」もこの例の一つか。全体的に〝細く長く〟というイメージが一貫している漢字である。

本来は、〝口を半ば閉じて低く長い声を出す〟ことを表す漢字。そこで、「呻《しん》吟《ぎん》」のように**〝うめく〟**という意味で用いられることもある。

ぎん 銀

14画

［音読み］ギン
［訓読み］しろがね
［部首］金（かねへん）

〝金〟に負けてなるものか！

白く冷たい輝きが美しい金属〝銀〟を表す。「銀《ぎん》貨《か》」「銀《ぎん》時《ど》計《けい》」「銀《ぎん》メダル」などがその例。訓読みでは「しろがね」と読む。

貨幣としてよく用いられることから、**〝通貨〟**を指すこともあるが、この意味では現在では「金」（p131）の方が圧倒的によく使われる。「銀」は、「都《と》銀《ぎん》」「地《ち》銀《ぎん》」「興《こう》銀《ぎん》」のように**「銀行《ぎんこう》」の省略形**として用いられることで、かろうじて財界の一角を占めている程度。

「銀」が本領を発揮するのは、**〝白く冷たく輝くもの〟**を指して比喩的に用いられる場合。「銀河《ぎんが》」「銀世界《ぎんせかい》」「銀幕《ぎんまく》のスター」「銀盤《ぎんばん》の女王」に加え、〝魚のうろこ〟は「銀鱗《ぎんりん》」、〝飛行機の翼〟は「銀翼《ぎんよく》」、〝自転車〟は「銀輪《ぎんりん》」、〝白米のごはん〟は「銀舎利《ぎんしゃり》」といった具合で、こういった比喩的な用法では「金」を圧倒。白く輝く豊かな世界を展開している。

く

区

お隣さんとは違うのだ！

4画

〔音読み〕ク
〔部首〕匚（はこがまえ）

「区域《くいき》」「区間《くかん》」「区画《くかく》」「区分《くぶん》」など、〝**全体を細かく分ける**〟ことを表す。現在では、「千代田区《ちよだく》」「中央区《ちゅうおうく》」など、〝**大都市をさらに分割した行政の単位**〟としても使われる。さらには、「選挙区《せんきょく》」「校区《こうく》」「禁漁区《きんりょうく》」のように、〝**全体を何らかの観点で分けた一部分**〟を指すこともある。

そこから、〝**ほかの部分との違い**〟という意識が生じることになる。「区別《くべつ》」はその例。昔は「区々」と書いて「まちまち」と読むこともあったが、これも〝違い〟の意識あってこその使い方である。

なお、以前は「區」と書くのが正式。部首「匚」は、厳密には左下が丸い「匸」（かくしがまえ）で、〝囲って分ける〟ことを表す。

句

まとまりごとにカギを付ける

5画

〔音読み〕ク
〔部首〕口（くち）

「語句《ごく》」「文句《もんく》」「禁句《きんく》」「絶句《ぜっく》」など、〝**ことばや文章のひとまとまり**〟を表す。「句点《くてん》」とは〝文章のまとまりごとに打つ点〟で、「。」のこと。また、現在の日本では、特に「**俳句《はいく》」の省略形**として用いられる。「句会《くかい》」「名句《めいく》」「秀句《しゅうく》」などがその例。

成り立ちには諸説あるが、本来は〝ぐにゃっと曲がる〟ことを表す漢字。現在のような意味が生じたのは、カギ型に曲がった記号を書き込んで文章を区切ったことから。日本では、〝ぐにゃっと曲がる〟の意味は、「句」の形をくずした「勾」（p180）で表すのが習慣。「勾配《こうばい》」や古代の装身具の一つ「勾玉《まがたま》」などがその例である。

苦

むやみに口に入れないように！

8画

〔音読み〕ク
〔訓読み〕くる-しい、にが-い
〔部首〕艹（くさかんむり）

「苦労《くろう》」「苦心《くしん》」「苦渋《くじゅう》の選択」「四苦八苦《しくはっく》」「病に苦《くる》しむ」「愛の苦《くる》しみ」「苦々《にがにが》しい気持ち」などなど、例を挙げれば挙げるほど、つらい思い出がよみがえる。〝**肉体的・精神的に痛みを感じる**〟ことを表す。

部首「艹」は〝植物〟を表す記号。「苦」は、本来は〝にがな〟という草を指し、その味から、〝**とても不快な味がする**〟ことを意味するようになった。「苦《にが》い薬」「苦汁《くじゅう》をなめる」などがその例。〝くるしい〟の意味は、そこから転じたものである。

垢

ふるさとの雰囲気がある？

9画

〔音読み〕ク、コウ
〔訓読み〕あか
〔部首〕土（つちへん）

「白無垢《しろむく》」「歯垢《しこう》」「手垢《てあか》」「垢《あか》を落とす」など、〝**体や衣服に付いた汚れ**〟を表す。「無垢《むく》な心」のように、比喩的に〝**心の汚れ**〟をいうこともある。

本来は〝土ぼこり〟を指す漢字で、部首「土」はそのなごり。細かい〝土ぼこり〟が多いのは、漢字のふるさと黄土平原の特徴でもある。

音読みクは奈良時代以前からある古い読み方で、コウは平安時代ごろに正式とされた読み方。また、〝神や仏に祈るために冷たい水を浴びる〟ことを「垢離《こり》」というが、これは古代インド語に対する当て字とも、「川降《かわお》り」が変化したことばに対する当て字ともいう。

く

駆

14画

［音読み］ク
［訓読み］か-ける、か-る
［部首］馬（うまへん）

進んでやるの？ やらされるの？

「駆《か》け足《あし》」「駆《か》け込《こ》む」「駆《か》け落《お》ち」「先駆者《せんくしゃ》」など、〝**目標に向けて走る**〟ことを表す。部首「馬」にも現れているように、本来は〝馬を走らせる〟という意味。ときには〝強制〟のイメージを含む漢字である。

「駆使《くし》」「駆《か》り立《た》てる」などは、その意味合いがよく出ている例。「駆逐《くちく》」「駆除《くじょ》」になると〝**追い払う**〟という意味になり、さらに印象が悪くなる。運動オンチの身からすると、体育祭の「駆《か》けっこ」の記憶さえそこに重ねてしまいたくなる。

以前は「驅」と書くのが正式。また、「駈《く》」は「駆」と意味も読み方も同じ漢字で、昔は「駆」の代わりによく使われた。

ぐ

具

8画

［音読み］グ
［訓読み］そな-える
［部首］八（はち）

ズラリと並べることが大事

「道具《どうぐ》」「器具《きぐ》」「用具《ようぐ》」「家具《かぐ》」「文具《ぶんぐ》」などでおなじみ。〝**何かをやりやすくするために用いる器物**〟を表す。「政争の具《ぐ》」のように比喩的に使われることもある。

古代文字では「[illegible]」と書き、〝儀式で使う器〟の下に〝両手〟を添えた形。部首「八」は〝両手〟が変形した「廾」の一部。この器はたくさんあって、そろえて並べないと、儀式は始められなかったらしい。そこで、「具」には〝**完全にそろえる**〟という意味合いがある。「具体《ぐたい》」とは、本来は〝肉体が完全にそろっている〟こと。「具現《ぐげん》」は〝完全な形で現れる〟こと。

◆「そなえる／そなわる」と訓読みする漢字には「供」（p121）「備」（p514）もある。「供」は〝差し出す〟、「備」は〝用意する〟場合に用いるのに対して、「具」は「威厳を具《そな》える」「風格が具《そな》わる」のように、〝十分に持ち合わせている〟という意味が強い。ただし、「具」と「備」の違いは微妙で、使い分けはむずかしい。現在では「備」を書く方が多いので、迷ったら「備」を書くか、かな書きしておくのが無難である。

また、〝細かい点まで完全にそろえて〟というところから、〝**詳しい**〟ことをも表す。「具申《ぐしん》」とは〝詳しく申し上げる〟こと。この意味で「つぶさに」と訓読みすることもあるが、現在ではかな書きする方が自然である。

「みそ汁の具《ぐ》」「ラーメンの具《ぐ》」のような使い方は、日本語のオリジナル。辞書的には〝**料理の副材料**〟と説明されるが、これが加わって初めて〝完全にそろう〟という意識があるのかもしれない。

かなづち一本でも「道具」というが、「七つ道具」のような例もある。〝完全にそろえる〟ことは、さまざまなことを可能にするのである。

なお、以前は「目」と「廾」がつながった「具」と書くのが正式。

ぐ

惧

11画

［音読み］グ
［訓読み］おそ-れる
［部首］忄（りっしんべん）

そう感じるなら行動しよう！

昔は「懼」と書かれることが多かった漢字で、部首「忄」は「心」の変形、「瞿《く》」は〝目をきょろきょろさせる〟こと。合わせて、〝**不安になって落ち着かない**〟ことを表す。「惧」は本来はその略字。

「危惧《きぐ》」という熟語以外では、現在ではほとんど見かけない。「絶滅危惧種《ぜつめつきぐしゅ》」のように、心配が〝何かしなければ〟という思いに結びつく漢字である。

◆「おそれる」と訓読みする漢字には、ほかに「恐」（p123）「怖」（p525）「畏」（p15）があるので、現在では「惧」を用いる必要はあまりない。あえて使うと、〝落ち着かない〟という意味合いが出ることになる。

なお、印刷文字では「惧」の形が標準とされているが、手書きでは、「具」を「具」と書いても差し支えない。

ぐ
愚

13画

［音読み］グ
［訓読み］おろ-か
［部首］心（こころ）

ここにこそ真実がある…


〝**頭のはたらきが鈍い**〟ことを表す。「愚行《ぐこう》」「愚痴《ぐち》」「暗愚《あんぐ》」「愚の骨頂《こっちょう》」「私が愚《おろ》かでした」などがその例。また、「愚弄《ぐろう》」のように〝**バカにする**〟という意味でも用いられる。

「愚考《ぐこう》」「愚作《ぐさく》」のように、**ほかの漢字の前に付けてへりくだった気持ちを表す**こともあるが、「愚妻《ぐさい》」「愚兄《ぐけい》」「愚息《ぐそく》」のように家族に関してまで用いるのは、賛否の分かれるところだろう。

とはいえ、究極的な「愚」の中にこそ人間の真実が宿るともいえる。江戸時代の高僧、良寛《りょうかん》の号は「大愚《たいぐ》」。「愚」をバカにしていると、大切なものに気づかぬまま、一生を終えることになるらしい。

ぐ
虞

13画

［音読み］グ
［訓読み］おそれ
［部首］虍（とらかんむり）

憲法には感謝してます…


〝**悪い事態を予測する**〟ことを表す。訓読みすれば「おそれる」だが、現在では「恐」（p123）を使うのがふつう。ただし、『日本国憲法』に「善良の風俗を害する虞《おそれ》」という一節があり、特に一文字で「おそれ」と訓読みして使われることがある。

音読みで使うことはほとんどないが、「虞美人草《ぐびじんそう》」は〝ひなげし〟のこと。大昔の中国の「虞《ぐ》」という名前の美人にたとえた、印象的な花の名前である。

以前は「虞」と書くのが正式。成り立ちには諸説がある。

くう
空

8画

［音読み］クウ
［訓読み］そら、から、あ-く、あ-ける、むな-しい、す-く
［部首］穴（あなかんむり）

〝何もない〟からすべては始まる

すぐに思い浮かぶのは、**頭上に広がる**〝**そら**〟だろう。だが、本来は、部首「穴」が示すように〝**中に何もない**〟ことを表す漢字。

「空《から》っぽ」「空《あ》き缶《かん》」「家を空《あ》ける」「空《むな》しい気分」など、「そら」以外の訓読みは〝中に何もない〟の意味。「駐車場が空《す》く」では、〝**何もない部分がある**〟こと。音読みでも、「空白《くうはく》」「空席《くうせき》」「空腹《くうふく》」など「空」が最初に付く熟語では、この例が多い。「空想《くうそう》」「空費《くうひ》」「空転《くうてん》」「架空《かくう》」「空頼《そらだの》み」などでは、やや転じて〝**実質が伴わない**〟こと。

それが〝そら〟の意味となったのは、〝そら〟には〝何もない〟から。「天空《てんくう》」「航空《こうくう》」「領空《りょうくう》」「虚空《こくう》」など、「空」が最後に付く熟語では、〝そら〟の意味が多く見られる。
◆「あく／あける」と訓読みする漢字には「開」（p64）「明」（p584）もある。「開」は〝通ったり中を見たりできるようにする〟場合に使うのに対して、「空」は〝中身がなくなる／中身をなくす〟ことを指すので、使い分けは比較的わかりやすい。
◆訓読み「すく」では、「透」（p454）との使い分けが問題。「透」は〝向こう側が見える〟ことを表すのに対して、「空」は、「お腹が空《す》く」のように〝内部に空間がある〟という意味で用いられる。
◆また、「むなしい」と訓読みする漢字には「虚」（p118）もある。現在では「空」を使うのが一般的だが、〝大切なものがない〟という意識を強く出すために、「虚」を書くこともある。
解放感を感じさせる〝そら〟が〝むなしさ〟と同居しているというのは、なんと

も意味ありげ。〝自由〟とはいったい何かについて、考えさせられる。

ぐう
偶
11画
［音読み］グウ
［部首］イ（にんべん）

どうも理由がはっきりしない…

「偶然《ぐうぜん》」「偶数《ぐうすう》」の形でよく見かける。ただし、本来は〝**人形**〟を指す漢字で、「人」が変形した部首「イ」が付いているのはそのなごり。「偶像《ぐうぞう》」がその例。古代の遺跡から出土する「土偶《どぐう》」とは、〝土で作られた人形〟のこと。

「配偶者《はいぐうしゃ》」のように〝**ペアになる**〟という意味が生じた経緯は、人と人形がペアになるからとか、人形をペアにしてまつる習慣があったからとか言われるが、はっきりしない。「偶数《ぐうすう》」でも意味は同じで、〝同じ数同士をペアにした数〟。

「偶然《ぐうぜん》」のように〝**深い理由もなしに**〟という意味が生じた理由は、さらにはっきりしない。この意味の場合に「たまたま」と訓読みすることがあるが、現在ではかな書きするのが自然である。

ぐう
遇
12画
［音読み］グウ
［訓読み］あ-う
［部首］辶（しんにょう、しんにゅう）

その先の付き合い方は？

部首「辶」は、以前は「⻌」と書くのが正式で、〝移動〟を表す記号。本来は〝**思いがけず出会う**〟ことを表し、「奇遇《きぐう》」「遭遇《そうぐう》」などがその例。ただし、〝思いがけず出会う〟を意味する「あう」を漢字で書く場合は、現在では「遭」（p371）を用いるのが習慣。そのため、「遇」が訓読みで実際に用いられることは、あまりない。

むしろ重要なのは、〝出会う〟から発展した〝**もてなす**〟という意味。「待遇《たいぐう》」「優遇《ゆうぐう》」「不遇《ふぐう》」「境遇《きょうぐう》」など、この意味で使われる熟語は多い。〝出会い〟はすべての始まりにすぎないのである。

ぐう
隅
12画
［音読み］グウ
［訓読み］すみ
［部首］阝（こざとへん）

丘を越えたその向こうで

部首「阝」は「阜」（p525）の変形で、〝盛り上がった土〟を表す記号。本来は、起伏のある土地の〝隠れて見えないところ〟を表す漢字で、広く〝**奥まった目立たないところ**〟を指す。「広場の片隅《かたすみ》」「部屋の四隅《よすみ》」「東京の一隅《いちぐう》に居《きょ》を構える」などがその例。

◆「すみ」と訓読みする漢字には「角」（p70）もある。「角」が〝とがった先の部分〟を表すのに対して、「隅」は〝入り組んだ奥の部分〟を表す。「角」は直線的、「隅」は曲線的だともいえる。ただし、現在では、どのような「すみ」でも「隅」を用いることが多い。

くぎ
釘
10画
［音読み］テイ
［訓読み］くぎ
［部首］金（かねへん）

音読みなんてよそよそしい

主に材木を打ち付けるのに使う金具〝くぎ〟を表す。「金釘《かなくぎ》」「五寸釘《ごすんくぎ》」「釘付《くぎづ》け」など訓読みでよく使われ、音読みで用いられることはほとんどない。書籍の「装釘《そうてい》」は音読みの例だが、〝くぎ〟の意味とは合わないことから、現在では「装丁《そうてい》」「装幀《そうてい》」と書かれることが多い。〝くぎ〟はあまりにも身近なので、改まって中国語由来の音読みを使うのは似合わないようである。

くし
串
7画
［音読み］カン
［訓読み］くし
［部首］丨（たてぼう）

一本だけでは支えきれない？

「串焼《くしや》き」「串揚《くしあ》げ」「串《くし》刺《ざ》し」のように、〝**突き刺すのに用いる棒**〟をいうのが一般的だが、これは日本語独特の用法。本来は〝刺し貫く〟ことを表す漢字で、お肉などを焼くときに使う〝くし〟を表すには、別に「弗《さん》」という漢字があった。棒が二本も必要なんだからさぞかし大きなお肉なんだろうと、ちょっとうらやましくなる。

くつ 屈

8画

[音読み] クツ
[訓読み] かが-む
[部首] 尸（しかばね）

心身ともに元気でありたい！

部首「尸」は、〝人体〟を表す記号。「屈伸《くっしん》」「前屈《ぜんくつ》」「前屈《まえかが》み」など、**〝体を曲げる〟**ことを意味する。「屈指《くっし》」は、〝指を折り曲げて順番を数える〟ことから、〝一、二を争うほどすぐれている〟ことをいう。

転じて、広く**〝曲がる／曲げる〟**という意味で用いられる。「光の屈折《くっせつ》」「屈曲《くっきょく》する川の流れ」などがその例。また、「屈託《くったく》」「退屈《たいくつ》」「卑屈《ひくつ》」のように、**〝心が晴れ晴れとしない〟**ことをも表す。

さらには、「屈服《くっぷく》」「不屈《ふくつ》」「ひざを屈《くっ》する」のように、**〝相手の言いなりになる〟**ことをいう場合もある。体の動きと心の動きは、密接に関係しているようである。

なお、「理屈《りくつ》」は〝理論で屈服させる〟ことだとも、本来は「理窟《りくつ》」で、〝道理が詰まっている穴蔵〟のことだともいう。

くつ 掘

11画

[音読み] クツ
[訓読み] ほ-る
[部首] 扌（てへん）

何かが出てくる期待とともに

部首「扌」は「手」の変形で、〝動作〟を表す記号。「掘《ほ》る」など、「掘削《くっさく》」「採掘《さいくつ》」「発掘《はっくつ》」「井戸を掘《ほ》る」など、**〝土をかき出して穴やくぼみを作る〟**ことを表す。「掘《ほ》り当《あ》てる」「掘《ほ》り出《だ》し物《もの》」のように、何かを**〝見つけようとする〟**という意味で用いられることも多い。

◆「ほる」と訓読みする漢字には「彫」（p419）もある。「彫」は〝模様を刻みつける〟〝入れ墨を入れる〟場合に使い、「掘」は〝穴やくぼみを作る〟場合に用いるので、使い分けは比較的簡単である。

なお、「堀」（p568）と形が似ていてまぎらわしいが、日本では「堀」は〝人工の水路〟の意味でしか用いない。

くつ 窟

13画

[音読み] クツ
[部首] 穴（あなかんむり）

いい住人を探しています！

〝ほらあな〟を表す。「洞《どう》窟《くつ》」「石窟《せっくつ》」「巌窟王《がんくつおう》」などがその例。ただし、単なる〝穴〟ではなく、動物や人が住んでいるものを指すのが本来の意味だったらしい。その意味で「いわや」と訓読みすることもあったが、現在ではほとんど用いられない。

転じて、「盗人《ぬすびと》の巣窟《そうくつ》」「アヘン窟《くつ》」のように**〝一般社会を離れた人の住居〟**をも表す。仙人が住む「仙窟《せんくつ》」、隠れた大物が潜む「臥竜窟《がりゅうくつ》」といったことばもある。昔は孤独で気高いイメージでも使われたが、現在では悪人がたむろしている雰囲気がありあり。〝ほらあな〟のうす暗さが影響しているのだろうが、この変化はちょっと残念な気がする。

くつ 靴

13画

[音読み] カ
[訓読み] くつ
[部首] 革（つくりがわ）

あったかそうだなあ…

本来は、〝ふくらはぎあたりまである、革製のはきもの〟を表す漢字。中国北方の遊牧民族がはいていたものらしい。中国語では今でも〝長ぐつ〟を指すが、日本語では広く**〝くつ〟一般**を表す。音読みの例としては、「製靴《せいか》」「隔靴搔痒《かっかそうよう》」など。

冬になって、ブーツをはいて街を歩くおしゃれな女性たちとすれ違うと、自分のはいている薄汚れたものは、たしかに「靴」とは呼びがたいよなあ、などと思ったりする。

くま

熊

14画

［音読み］ユウ
［訓読み］くま
［部首］灬（れっか、れんが）

火とは関係がなさそうですが…

動物の〝くま〟を表す。

音読みは、中華の珍味「熊掌《ゆうしょう》」や、漢方薬の「熊胆《ゆうたん》」で使われるくらい。「火」が変形した部首「灬」がなぜ付いているのか、成り立ちはよくわからないが、「能」（p483）が本来、クマの姿を現していたと考える説もある。

くる

繰

19画

［音読み］ソウ
［訓読み］く-る
［部首］糸（いとへん）

日本人はつながるのが好き?

〝かいこのまゆから糸を引き出す〟ことを表す。転じて、日本語では、**〝つながったものを次々にたどっていく〟**という意味でさまざまに使われる。

例としては、「ページを繰《く》る」「雨戸を繰《く》る」「繰《く》り上《あ》げる」「繰《く》り出《だ》す」「繰《く》り返《かえ》す」「繰《く》り越《こ》す」「資金繰《ぐ》り」などなど。「繰《く》り言《ごと》」は、〝終わることのない嘆きのことば〟。「勘繰《かんぐ》る」は、〝考えをたどっていく〟こと。ただし、部首「糸」のイメージがかえって邪魔になるのか、「ページをくる」「くり返す」「勘ぐる」など、かな書きされることも多い。

なお、音読みソウが使われることは、現在ではほとんどない。

くわ

桑

10画

［音読み］ソウ
［訓読み］くわ
［部首］木（き）

いくつもの恋を見てきた

植物の〝くわ〟を表す。実が食料になり、樹皮は紙の原料になるが、特に葉が〝かいこ〟のえさになる点で人間生活と関係が深い。「桑田《くわた》」「桑原《くわばら》」「桑名《くわな》」など、姓や地名によく用いられるのも、その現れである。

中国の古典では、男女が出会う場として桑畑が出てくることがあり、一般的な農村の風景だったことをうかがわせる。

なお、現在では、音読みが使われることはあまりない。

くん

君

7画

［音読み］クン
［訓読み］きみ
［部首］口（くち）

おとな同士の付き合いだから

「諸君《しょくん》」「〇〇君《くん》」と音読みで使ってもよし、「君《きみ》、お昼済んだ?」と訓読みして相手に呼び掛けることばとして用いてもよし。**同輩や目下の人をていねいに指す**ときに使う漢字である。「細君《さいくん》」は本来、〝自分の妻〟をへりくだってさすことば。

しかし、もともとは**〝国の支配者〟**を表す漢字で、「君主《くんしゅ》」「君《きみ》が代《よ》」がその例。「君臨《くんりん》」は〝支配者のように見下ろす〟こと。後に、「主君《しゅくん》」のように**〝自分が仕える主人〟**を表すようになり、さらに「父君《ちちぎみ》」「母君《ははぎみ》」など**目上の人を指すときに尊敬の気持ちを込めて用いる**ことばとなり、また「君子《くんし》」のように**〝人徳のある立派な人〟**を表すようにもなった。

現在の使い方は、そのなれの果て。もともと尊敬の念とともに用いられたことばが、時代とともにそのニュアンスを薄めていくのはよくあること。「君」の場合は、それでもていねいな気持ちがまだ残されているのが救いである。

くん

訓

10画

［音読み］クン
［部首］言（ごんべん）

一人でやってもダメですよ!

この辞書でも何千回と使っている「訓読《くんよ》み」ということばの影響で、「訓」とは〝読み方〟のことだ、という印象を持たれやすい。しかし、本来は**〝教え／教える〟**という意味。「教訓《きょうくん》」「家訓《かくん》」「校長先生の訓示《くんじ》」などがその例。名前で使う読み方「のり」は、

〝教えられた決まり〟を意味する古語。「訓練《くんれん》」も、本来は〝教えて練習させる〟こと。コーチもなしに「猛特訓《もうとっくん》」をしても、漢字の意味からすれば、それは「訓練」ではないことになる。

また、意味を〝教える〟ところから、〝**意味を解釈する**〟ことをも表す。昔の日本では主に〝中国の文章を解釈する〟ことを指し、そこから、一文字ずつ〝**漢字の意味を明らかにする**〟ことを「訓《くん》」と呼ぶようになった。「訓読み」とは本来、ある漢字の中国語としての意味を日本語に置き換えたもので、その中でも、漢字そのものの読み方として定着していったものを指す。いわば、我々は訓読みを使うたびに、中国語を翻訳しているのである。

くん　勲

15画

［音読み］クン
［訓読み］いさお
［部首］力（ちから）

みんなのお役に立ちました

代表的な例は「勲章《くんしょう》」だが、一般人には縁がないもの。でも、「殊勲《しゅくん》の一打」「殊勲のゴール」ならば、テレビで目にすることもある。〝**立派な手柄**〟を表す漢字で、訓読みは「勲《いさお》を立てる」のように使う。

以前は「勳」と書くのが正式で、部首が「力」であることがわかりやすい。「勲」はだと「灬（れっか）」の方が目立つので、「灬」を部首とする辞書もある。

くん　薫

16画

［音読み］クン
［訓読み］かお-る
［部首］艹（くさかんむり）

恋に悩めるイケメン貴族

部首「艹」は〝植物〟を表す記号。本来は、〝**植物のよい匂い**〟を意味する漢字。「薫風《くんぷう》」は、〝新緑の匂いをのせて心地よく吹く風〟。

◆「香」（p189）も「かおる／かおり」と訓読みするが、「薫」の方がイメージが繊細。はっきりとしたものは「香」を使い、そこはかとなく漂うものは、「風が薫《かお》る」のように「薫」を使う傾向がある。そこには、漢字「薫」の持つ〝植物〟の印象とともに、『源氏物語』後半の主人公「薫大将《かおるたいしょう》」の影響もなしとはいえないだろう。

よいかおりを染み移らせることから、〝**よい影響を与える**〟という意味にもなる。「先生の薫陶《くんとう》を受ける」がその代表。「薫育《くんいく》」「薫化《くんか》」といった熟語もある。

なお、「薫製《くんせい》」では〝**煙でいぶす**〟という意味だが、この意味では、「燻」（p141）を使うことが多い。「薫」も以前は「薰」と書くのが正式で、「熏《くん》」は〝香りや煙を出して燃える〟ことを表す。

くん　燻

18画

［音読み］クン
［訓読み］いぶ-す、くす-べる、くゆ-らす
［部首］火（ひへん）

主役は炎ではありません

「煙で燻《いぶ》す」「松葉を燻《くす》べる」「たばこを燻《くゆ》らす」など、〝**燃やして煙を出す**〟ことが本来の意味。また、「燃え残りが燻《くすぶ》る」のように〝**炎を上げないで燃える**〟ことを表したり、「にしんの燻製《くんせい》」「燻蒸《くんじょう》処理」のように〝**煙を当てて変質させる**〟という意味で使われたりする。ただし、訓読み「いぶす」「くすべる／くすぶる」「くゆらす」などは、現在ではかな書きが一般的。

本来は「熏《くん》」だけで〝香りや煙を出して燃える〟ことを表し、「燻」は意味をはっきりさせるために部首「火」を付け加えたもの。「薫／薰」（p141）も似た成り立ちの漢字で、「燻製」は「薫製《くんせい》」と書かれることもある。

ぐん　軍

9画

［音読み］グン
［部首］車（くるま）

戦い方のスタイル

「軍隊《ぐんたい》」「陸軍《りくぐん》」「海軍《かいぐん》」「将軍《しょうぐん》」など、〝**兵士**

の集団〟を表す。また、〝**戦争**〟そのものをも表す。「軍艦《ぐんかん》」「軍備《ぐんび》」「軍資金《ぐんしきん》」「軍記物語《ぐんきものがたり》」などがその例。

部首「車」が付いているのは、大昔の中国では馬車に乗って戦っていたから。山の多い日本と違い、平地の広がる中国北部ではそれが基本的な戦争のやり方だった。ちなみに、近代的な戦車が登場したのは、第一次世界大戦のころである。

ぐん 郡

10画

［音読み］グン
［訓読み］こおり
［部首］阝（おおざと）

びっくりするほど広いのだ！

部首「阝」は「邑」（p602）の変形で、〝人の住む地域〟を表す。現在の日本では、〝**町村をいくつかまとめたもの**〟を「郡」という。そこで、「都市」とは対比的に、〝いなか〟のイメージがある。

中国では、紀元前三世紀に中国を初めて統一した「秦《しん》」という王朝が、全国を三六の「郡」に分けたのが有名。日本の「郡」とは比較にならないほど広大な行政区画で、「県」はその下に所属するものであった。

訓読み「こおり」は、奈良時代の行政区画「郡《ぐん》」の別名。山口県の「小郡《おごおり》」、兵庫県の「上郡《かみごおり》」、愛知県の「蒲郡《がまごおり》」など、現在でも地名に見ることができる。

ぐん 群

13画

［音読み］グン
［訓読み］む-れ、むら-がる
［部首］羊（ひつじ）

日本人には無理でした！

部首「羊」が示すように、本来は〝羊の集団〟を表す。転じて、広く〝**集団**〟を指し、「群《ぐん》衆《しゅう》」「群像《ぐんぞう》」「大群《たいぐん》」「魚の群《む》れ」などがその例。「群発《ぐんぱつ》する」「アリが群《むら》がる」のように〝**一か所に集まる**〟という意味ともなる。

〝集団〟を表すのに羊を持ち出してきたところが、羊の特性をよくとらえていておもしろい。と同時に、日本で本格的に羊が飼育されるようになったのは明治以降のこと。日本人にはけっして生み出せなかった漢字である。

け

けい 兄

5画

［音読み］ケイ、キョウ
［訓読み］あに
［部首］儿（ひとあし）

やっぱり家族は特別だ

〝**親が同じ男性のうち年上の者**〟を表す。「兄《きょう》弟《だい》」がよく使われるが、キョウと読むのは実は珍しい例。これは奈良時代以前からある古い読み方で、音読みとして一般的なのはケイ。「長兄《ちょうけい》」「父兄《ふけい》」「義兄《ぎけい》」などがその例である。また、歴史で出てくる「中大兄皇子《なかのおおえのおうじ》」のように「え」と読むのは、〝あに〟を意味する古語。

「兄弟子《あにでし》」「兄貴分《あにきぶん》」のように、芸道などで〝**先輩**〟を指すこともある。「兄事《けいじ》する」は〝相手を先輩として付き合う〟こと。

「貴兄《きけい》」「大兄《たいけい》」のように、**男性の友人を敬意を込めて指す**ときに用いるのは、現在ではやや気取った言い方か。家族以外に対して用いるときには、どこか堅苦しい雰囲気が出てしまう漢字である。

部首「儿」は「人」の変形。「口」が付いている理由には諸説ある。

けい

刑

6画

［音読み］ケイ
［部首］刂（りっとう）

痛いことは勘弁してね…

〝法に従って与える罰〟を表す。「刑法《けいほう》」「刑務所《けいむしょ》」「刑事《けいじ》」「減刑《げんけい》」「終身刑《しゅうしんけい》」などがその例。「刑事」は、〝刑法に関することがら〟という意味で、転じて〝主として犯罪の捜査を担当する警察官〟を指して用いる。

部首「刂」は「刀」の変形だから、本来は〝刃物で肉体を傷つける罰〟を指したのだろう。現在から見れば野蛮だが、〝悪いことをしてはいけない〟という気持ちを強く抱かせてくれる点を、買ってやらねばなるまい。

けい

圭

6画

［音読み］ケイ
［部首］土（つち）

美しいものには…

大昔の中国で、〝王が領地を授ける際にその証拠として与えた宝玉〟を指した漢字。先端を円錐《えんすい》形にとがらせた四角柱の形をしていて、**〝形が整って美しいもの〟**の代表的な存在とされる。ただし、〝性格の角だったところ〟を指す「圭角《けいかく》」という熟語もある。美しさにはしばしば、鋭さが伴うものらしい。

けい

形

7画

［音読み］ケイ、ギョウ
［訓読み］かたち、かた
［部首］彡（さんづくり）

見かけも重要ではあるけれど…

部首「彡」は〝模様〟を表す記号。「外形《がいけい》」「円形《えんけい》」「形状記憶《けいじょうきおく》」「整形手術《せいけいしゅじゅつ》」「姿形《すがたかたち》」「跡形《あとかた》もない」などなど、**〝目に見える姿〟**を指すのが、基本的な意味。

転じて、〝内面〟に対する**〝外見〟**、〝実質〟に対する**〝体裁〟**をも表す。「形《かたち》から入る」「形《かたち》だけの謝罪」「形式《けいしき》張った対応」「制度が形骸化《けいがいか》している」などがその例。この意味では、いい印象の漢字ではない。

◆訓読み「かた」では、「型」（p144）との使い分けに悩ませられる。「形」は〝目に見える個別のもの〟なのに対して、「型」は〝何かのもとになる共通したもの〟を表す、と一応は区別できる。しかし、実際には「髪形《かみがた》を流行の髪型《かみがた》に変える」のように厳密に使い分けるのはたいへんだし、「ハート形《がた》／ハート型《がた》」などは区別するのもむずかしい。傾向としては「型」の方が多いようなので、迷ったら「型」を書いておくのが無難かもしれない。

音読みはケイを使うのが原則。だが、「人形《にんぎょう》」はとても身近だし、「形相《ぎょうそう》を変える」のような例もあって、奈良時代以前からある古い読み方ギョウも、一般になじんでいる。

けい

系

7画

［音読み］ケイ
［部首］糸（いと）

きちんと順番に並んでください！

本来は〝引っかけて垂らした糸〟を表していたという。転じて、広く**〝順序に従ってつながったもの〟**を表す。「系統《けいとう》」「系譜《けいふ》」「系列《けいれつ》」「家系《かけい》」「直系《ちょっけい》」など、みなその例。転じて、「文化系《ぶんかけい》」「出会い系《けい》」「N700系《けい》」など**〝分類〟を表す**こともある。

雑然とした〝つながり〟ではなく、一つの始点から枝分かれしていく〝つながり〟を指していて、ある種の〝秩序〟のニュアンスを持つ漢字である。

けい

径

8画

［音読み］ケイ
［訓読み］こみち
［部首］彳（ぎょうにんべん）

急いで行くには便利だけど…

「直径《ちょっけい》」「半径《はんけい》」など、算数の授業でよく出会う。ただし、国語的に意味を説明しようとすると、なかなかむずかしい。

以前は「徑」と書くのが正式。部首「彳」は〝移動〟を表す記号で、「巠《けい》」には〝まっすぐな〟という意味がある。合わせて、本来は**〝まっすぐ横切って行く〟**ことを表す。「直径」「半径」は、〝円をまっすぐ横切る線〟。「直情径行《ちょくじょうけいこう》」では、比喩的に用いられて**〝思ったままに〟**という意味。

転じて**〝近道〟**をも指し、「こみち」と訓読みすることもある。『論語』には「行くに径《こみち》に由《よ》らず」という有名な一節があって、ここでは〝王道〟に対する**〝邪道〟**をいう。「森の径《こみち》」のように使われることもあるが、『論語』での意味からすると「小《こ》道《みち》」と書く方がよさそうにも思われる。

茎 けい

8画

［音読み］ケイ
［訓読み］くき
［部首］艹（くさかんむり）

たった一つの美しい比喩

以前は「莖」と書くのが正式。部首「艹」は〝植物〟を表す記号で、「巠《けい》」には〝まっすぐな〟という意味がある。組み合わせて、**草のまっすぐ伸びた部分〝くき〟**を表す。

「枝」(p232)「幹」(p87)「根」(p204)「花」(p51)などと違って、比喩的に用いられることは少ない。あえて挙げれば、訓読みでは「歯茎《はぐき》」、音読みでは〝男性の生殖器〟を意味する「陰茎《いんけい》」があるが、どちらも無粋。ただ、〝筆書きのなよやかな筆跡〟を表す「水茎《みずぐき》」だけは、日本語の繊細さを示して余りある、美しいことばだろう。

係 けい

9画

［音読み］ケイ
［訓読み］かかり、かか-る
［部首］亻（にんべん）

日本人の思いこみ？

「黒板《こくばん》係《がかり》」「図《と》書《しょ》係《がかり》」「忘《わす》れ物《もの》係《がかり》」「整《せい》とん係《がかり》」など、小学校以来おなじみの**〝何かを担当する人〟**を表す漢字。部首「亻」は「人」の変形。「系」(p143)は〝つながり〟を表すので、〝何かの仕事につながりのある人〟として理解もしやすい。

ただ、このように〝人〟を指すのは日本語独自の用法。本来は**〝つなぐ〟**ことや**〝関連する〟**ことを表す。「関係《かんけい》」「連係《れんけい》」「船を係留《けいりゅう》する」「係争《けいそう》中《ちゅう》の事件」などがその例。「亻」は〝動作や状態〟を表す場合もあり、「係」もその例。それを〝人〟と結びつけたのは、日本人の早合点らしい。

◆「かかる」と訓読みする漢字には「架」(p52)「掛」(p75)「懸」(p164)などもあるが、「係」は〝つなぐ〟〝関連する〟の意味で用いる。ただし、現在ではあまり使われる場面はなく、文法の「係《かか》り結《むす》び」が数少ない例となっている。

型 けい

9画

［音読み］ケイ
［訓読み］かた
［部首］土（つち）

同じものをたくさん作る

「大型《おおがた》」「型紙《かたがみ》」「血液型《けつえきがた》」「型破《かたやぶ》り」「梅雨《つゆ》型《がた》の気圧配置」のように、訓読みでさまざまに用いられるのが特徴。部首「土」に示されているように、本来は〝金属を溶かし込むために、粘土で作った枠〟を表す。転じて、**〝似たようなものを生み出すもと〟**や**〝いろいろなものに共通して見られるパターン〟**を指して用いられる。「模型《もけい》」「類型《るいけい》」「典型《てんけい》」など、音読みの熟語もみなこの意味。

◆同じく「かた」と訓読みする「形」(p143)との違いは、「型」は〝複数のものに共通する〟のに対して、「形」は〝一つひとつ違う〟と考えると、わかりやすい。水泳の「自由形《じゆうがた》」が「型」でないのは、建て前としては泳ぎ方は自由だからなのだろう。ただし、実際にはまぎらわしい例も多く、厳密な使い分けはむずかしい。

契 けい

9画

［音読み］ケイ
［訓読み］ちぎ-る
［部首］大（だい）

ふたりだけが知っていること

時代劇などで、二つに割れた破片を片方ずつ持っておいて、後で本人同士であるという証拠とすることがある。「契」はもともと、そのような〝**割り符**〟を表す漢字。転じて、〝**重大な約束をする**〟ことをいう。「契約《けいやく》」がその代表例。また、「契機《けいき》」では〝**重大な**〟という意味で用いられている。

訓読み「ちぎる」は、〝重大な約束をする〟という意味。「義兄弟の契《ちぎ》り」のようにも用いるが、「夫婦の契《ちぎ》り」のように、〝**恋人同士が将来を誓い合う**〟ことを指す場合が圧倒的に多い。さらには、〝**肉体関係を持つ**〟ことを言う場合もあり、ここまで来ると日本語オリジナルの使い方となるようである。

けい

計

9画

［音読み］ケイ
［訓読み］はか-る
［部首］言（ごんべん）

具体的に考えなくては！

成り立ちには不明の点もあるが、「十」が〝数〟を表し、本来は〝ことばに出しながら数える〟ことだったとするのが、わかりやすい。広く〝**数える**〟ことを表し、「計算《けいさん》」「合計《ごうけい》」「統計《とうけい》」などがその例。また、「時《と》計《けい》」「温度計《おんどけい》」「地震計《じしんけい》」のように、〝**何かを数値で示す器具**〟をいうこともある。

転じて、数を見積もるところから〝**これからどうするかを具体的に考える**〟という意味になる。「計画《けいかく》」「計略《けいりゃく》」「設計《せっけい》」などがその例。「家計《かけい》」「生計《せいけい》」には、〝これまでを数える〟と〝これからを考える〟の両方が含まれていると見るべきだろう。

◆「はかる」と訓読みする漢字はたくさんあるので、どんな場合に「計」を使うかがむずかしい。長さや広さなど〝直線的・平面的にはかる〟ものは「測」（p378）を、重さや分量など〝立体的にはかる〟ものは「量」（p631）を用いるのがふつう。「計」は、〝**時間的にはかる**〟場合に使われる。「タイムを計《はか》る」がその例。また、本来の意味からすれば「計」は〝数〟で示せるものならなんでも使えるので、温度や電圧など〝**目には見えないものをはかる**〟場合に用いられることもある。

また、〝これからを考える〟という意味の「はかる」では、〝何かをしようと考える〟ことを表す「図」（p321）を用いることが多い。ただし、〝具体的に〟というニュアンスを強く出したいときには、「自分の店を持とうと計《はか》る」のように「計」を書くのもいいかもしれない。

けい

恵

10画

［音読み］ケイ、エ
［訓読み］めぐ-む
［部首］心（こころ）

自然に対してはすなおになれる

以前は「惠」と書くのが正式。部首「心」が示すように、本来は〝**困っている人を思いやる**〟ことを表す。だが、実際には「恩恵《おんけい》を施す」「金品を恵《めぐ》む」のように、〝**かわいそうだと思い何かを与える**〟という〝上から目線〟になりかねない。その中で、「天の恵《めぐ》み」「恵《めぐ》みの雨」「恵《めぐ》まれた生活」など、人間を超えた存在に関して使うときには、本来の意味がすなおに響く。

音読みはケイを用いるのが原則。エは奈良時代以前からある古い読み方で、仏教の世界で使われることがある。「知《ち》恵《え》」は、本来は仏教の〝さとり〟のこと。「恵《え》比《び》寿《す》」「恵《え》方《ほう》巻《ま》き」は当て字的な用い方だが、どちらも宗教関係のことばである。

けい

啓

11画

［音読み］ケイ
［訓読み］ひら-く
［部首］口（くち）

ひとつ教えて進ぜましょう

手紙でよく使う漢字。「拝啓《はいけい》」「一筆啓上《いっぴつけいじょう》」など、〝**申し上げる**〟ことを表す。転じて、「啓発《けいはつ》」「神の啓示《けいじ》」「人びとを啓蒙《けいもう》する」など〝**わから**

せる〟という意味にもなる。

成り立ちには諸説あるが、本来は〝口を開いてしゃべる〟ことだとするのがわかりやすい。〝動物が冬ごもりの穴から出てくる〟ことをいう「啓蟄《けいちつ》」では、〝**ふさいだ入り口を開ける**〟こと。

◆訓読み「ひらく」は、一般的には「開」（p64）を書くが、〝わからせる〟という意味の場合に「啓」を使うこともある。特に「啓蒙」から生まれた「蒙《もう》を啓《ひら》く」の形が、慣用句的に用いられる。

けい 掲 11画

一人でも多くの人に！

［音読み］ケイ
［訓読み］かか-げる
［部首］扌（てへん）

部首「扌」は「手」の変形で、〝動作〟を表す。「掲《けい》示板《じばん》」「国旗《こっき》掲揚《けいよう》」「看板を掲《かか》げる」のように、〝**高く上げて目立つようにする**〟ことが本来の意味。広く〝**見えるように示す**〟ことをも表す。「雑誌に掲載《けいさい》する」「前掲《ぜんけい》の表を参照のこと」などがその例。「スローガンを掲《かか》げる」のように〝**人びとに訴える**〟という意味で用いることもある。

どの意味であれ、基本は〝多くの人の目に入るようにする〟こと。とにかく〝目立ってなんぼ〟の漢字である。

なお、以前は「掲」と書くのが正式。

けい 渓 11画

せせらぎの音が響き渡る

［音読み］ケイ
［部首］氵（さんずい）

「渓谷《けいこく》」「雪渓《せっけい》」が代表的な例。また、大分県の「耶馬渓《やばけい》」、愛知県の「香嵐渓《こうらんけい》」、北海道の「定山渓《じょうざんけい》」など、地名にも用いられる。

以前は「溪」と書くのが正式。〝**谷**〟を意味すると思われがちだが、「水」が変形した部首「氵」が示すように、正確には〝**谷川**〟。「渓流《けいりゅう》」とは〝谷川の流れ〟である。

けい 経 11画

どんなときも揺るがない！

［音読み］ケイ、キョウ、キン
［訓読み］へ-る、た-つ
［部首］糸（いとへん）

本来は、〝**織物の縦糸**〟を表す漢字。部首「糸」が付いているのはそのなごり。「神経《しんけい》」がこの意味に近い。〝横糸〟を表すのが「緯」（p18）で、「経緯《けいい》」とは、〝縦糸と横糸〟から転じて、〝ものごとのいきさつ〟のこと。

また、地球の表面を織物に見立てて、〝**地表を南北に走る線**〟をも表す。「経度《けいど》」「経線《せん》」「東経《とうけい》一三五度」は、その例である。

基本的には「緯」とペアになる漢字だが、〝縦糸〟から発展してさまざまな意味を表すのが、「緯」とは異なるところ。

まず、織物は縦糸の方向に織られていくところから、〝**ある地点を通過する**〟ことを表す。「経由《けいゆ》」「経路《けいろ》」「山門を経《へ》て本堂に至る」などがその例。また、「三年が経《た》つ」のように〝**時間が過ぎる**〟という意味でも用いられる。この場合は、「経過《けいか》」「経歴《けいれき》」「経験《けいけん》」「さまざまな職業を経《へ》る」ののように、その間の〝できごと〟に重点を置いて用いられることも多い。

次に、縦糸はいつも同じ方向を向いているところから、〝**常に変わらない**〟ことをも表す。「経常《けいじょう》利益《りえき》」がその例。「経費《ひ》」も本来は〝常に一定してかかる費用〟のことで、〝何かにかかる費用〟全般を指すのは、日本語のオリジナル。「月経《げっけい》」も、定期的であるところから。「源義経《みなもとのよしつね》」のように名前で「つね」と読むのも、この意味に由来する。

転じて、〝**常に変わらないよう安定させる**〟という意味にもなる。「経営《けいえい》」「経済《けいざい》」がその代表。「経理《けいり》」も本来は同じような意味で、〝お金に関する事務〟を表すのは、これまた日本語独特の用法である。

宗教でいう「経典《けいてん》」は、〝常に変わらない真理を説いた書物〟。仏教ではこの意味の場合に奈良時代以前からある古い音読みキョウで読み、「お経《きょう》」「経典《きょうてん》」「経文《きょうもん》」「読経《どきょう》」などと用いる。ただし、〝お経を読む〟ことをいう「看経《かんきん》」では、鎌倉時代ごろ以降に伝わった新しい音読みキンが使われる。

活躍する場面はとても広いが、中心にはいつも〝縦糸〟のイメージがある。まことに一本筋の通った漢字である。

以前は「經」と書くのが正式。「巠《けい》」には〝まっすぐな〟という意味がある。

けい 蛍

11画

［音読み］ケイ
［訓読み］ほたる
［部首］虫（むし）

将来はペンに託された！

昆虫の〝ほたる〟を表す。

以前は「螢」と書くのが正式。「火」を二つ載せたその形がいかにも〝ほたる〟らしいので、現在でも好んで「螢」と書く場合も多い。

「蛍雪《けいせつ》の功」とは、夏は〝ほたる〟の光を、冬は雪の明るさを頼りに勉強をしたという昔のお話から、〝苦学して成功する〟ことを表す故事成語。現在ではあまり人気はないようだ。また、「蛍光灯《けいこうとう》」も最近はLEDに押され気味。この漢字を音読みで用いる機会は、「蛍光《けいこう》ペン」にかかっているようである。

けい 敬

12画

［音読み］ケイ、キョウ
［訓読み］うやま-う
［部首］攵（のぶん）

神さまに対するように

〝相手をすぐれていると認めて重んじる〟ことを表す。「尊敬《そんけい》」「敬語《けいご》」「敬礼《けいれい》」「敬服《けいふく》」「敬意《けいい》」「敬愛《けいあい》」「他人を敬《うやま》う」などなど、社会のあちこちで活躍する。ただし、〝○○をうやまう〟という意味で熟語になるケースは、「敬神《けいしん》」「敬天《けいてん》」があるくらい。その点、「敬老《けいろう》の日」は特別な存在である。

音読みはケイを使うのが大原則。キョウは奈良時代以前からある古い読み方で、現在では「愛敬《あいきょう》」くらいでしか用いられない。また、名前で「たかし」「たか」と読むのは、相手を〝高い〟ところに置くところから。

部首「攵」は〝手に棒を持った形〟。「敬」にも、もとは〝いましめる〟という強制的なニュアンスがあったらしい。

けい 景

12画

［音読み］ケイ
［部首］日（ひ、にち）

五感すべてで感じ取る

部首「日」にも現れているように、本来は〝太陽の輝き〟を指す漢字。転じて〝太陽によって照らし出された眺め〟を表し、さらに、広く**〝目に映る状態〟**を意味するようになった。「風景《ふうけい》」「情景《じょうけい》」「夜景《やけい》」「景物《けいぶつ》」「景観《けいかん》」などがその例。名前で使われる読み方「かげ」は、〝目に映る形〟のこと。

現在では、目に映るものだけでなく**〝雰囲気〟**まで含めて表すことが多い。〝経済活動の状態〟を指す「景気《けいき》」「景況《けいきょう》」は、その最たるもの。「景品《けいひん》」も、本来は〝雰囲気を添えるおまけ〟のことだという。

一方、現在ではあまり使われないが、「景仰《けいこう》」「景慕《けいぼ》」のように**〝偉大だと感じて敬う〟**という意味もある。これは、〝太陽をあおぎ見る〟ところから来たものだろう。

音読みは基本的にケイだけだが、「景色《けしき》」では縮まってケと読まれる。

けい 軽

12画

［音読み］ケイ、キン
［訓読み］かる-い、かろ-やか
［部首］車（くるまへん）

目的地に向かってまっしぐら！

どうして部首「車」が付いているのか、ちょっと不思議な漢字。以前は「輕」と書くのが正式で、「巠《けい》」には〝まっすぐ〟の意味がある。そこで、本来は〝まっすぐ進んでいく車〟を表すというのが一応の定説。だとすれば、「軽快《けいかい》」「軽《かる》い足取り」「軽《かろ》やかに走る」など〝**動きが速い**〟ことを表す例が、本来の意味には最も近い。

転じて、〝**重さが少ない**〟ことを表す。「軽量《けいりょう》」「軽合金《けいごうきん》」「荷物を軽《かる》くする」などがその例。さらに、「負担軽減《ふたんけいげん》」「軽微《けいび》な修正」「軽《かる》い食事」のように、〝**程度が少なく簡単である**〟ことを指しても使われる。

また、「軽々《かるがる》しい」「軽薄《けいはく》」「軽率《けいそつ》」など、〝**慎重さが足りない**〟ことをも表す。かと思えば、「軽妙《けいみょう》」では〝**気が利いている**〟こと。さらには、〝**重要性が低いと判断する**〟という意味で、「軽《かろ》んずる」「軽蔑《けいべつ》」「軽視《けいし》」のようにも用いられる。

守備範囲がとても広く、場面によってプラスにもマイナスにもイメージが変化する。その臨機応変さこそが身上の漢字だといえる。

なお、「剽軽《ひょうきん》」のキンは、鎌倉時代ごろ以降に伝わった新しい読み方。

けい
傾
13画
[音読み]ケイ
[訓読み]かたむ-く
[部首]亻（にんべん）

逆らうのはむずかしい！


「傾斜《けいしゃ》」「前傾姿勢《ぜんけいしせい》」「柱が傾《かたむ》く」に見られるように、〝**モノが斜めになる**〟ことを表すのが基本。「船が傾《かし》ぐ」「首を傾《かし》げる」のように「かしぐ／かしげる」と訓読みすることもあるが、現在ではかな書きが多い。

転じて、「気温の上昇傾向《じょうしょうけいこう》」のように、〝**状態がある方向に推移する**〟ことを表したり、「フランス映画に傾倒《けいとう》する」「気持ちが彼女に傾《かたむ》く」など、〝**心がある方向に惹きつけられる**〟ことを意味したりもする。

まっすぐではなくなるところから、悪いイメージでも使われる。「会社が傾《かたむ》く」「傾国《けいこく》の美女」などは、〝**悪い状態に向かう**〟という意味で用いられた例。

本来は「頃」（p203）だけで〝かたむく〟ことを表したが、「頃」が〝だいたいの時間〟を指すようになったため、「人」の変形で〝動作や状態〟を表す部首「亻」を付け加えて「傾」が作られた、と考えられている。

けい
携
13画
[音読み]ケイ
[訓読み]たずさ-える、たずさ-わる
[部首]扌（てへん）

握りしめたら離さない！


いまや「携帯電話《けいたいでんわ》」ですっかりおなじみ。部首「扌」は「手」の変形。「携行《けいこう》」「十分な食糧を携《たずさ》えて出発する」など、〝**手に持ったり身に付けたりする**〟ことを表す。「必携《ひっけい》」「手下を携《たずさ》えて現れる」のように〝**すぐそばに置く**〟という意味になることもある。

「手を携《たずさ》える」では〝**手をつなぐ**〟こと。ここから転じて、「他社との提携《ていけい》」「連携《れんけい》して対応する」のように〝**協力する**〟ことをも表す。

「辞書の編集に携《たずさ》わる」のように〝**実際にある仕事をする**〟ことをいうのは、日本語独自の用法。やはり、手を動かさないと仕事にはならないようである。

けい
継
13画
[音読み]ケイ
[訓読み]つ-ぐ
[部首]糸（いとへん）

ここで終わるわけには…


部首「糸」が示すように、本来は〝**糸を結び足す**〟ことを表す。以前は「繼」と書くのが正式。ちなみに、部首「糸」を〝刃物〟を表す部首「斤（おの）」に取り換えた「断／斷」（p403）は、〝糸を途中で切る〟という意味。

転じて、〝**後を続ける**〟ことを表す。「継《けい》続《ぞく》」「継承《けいしょう》」「後継《あとつ》ぎ」「受《う》け継《つ》ぐ」などがその例。「継父《けいふ》」「継妻《けいさい》」でも、父や妻という役割の〝後を続ける〟という意味。
◆「つぐ」と訓読みする漢字には「嗣」（p237）「次」（p240）「接」（p346）もある。「嗣」は〝相続する〟場合に使い、「次」は「相次《あいつ》ぐ」の形か、〝二番目の〟という意味でしか用いられない。また、「接」を書くのは「骨を接《つ》ぐ」「接《つ》ぎ木」くらい。たいていの場合は「継」を書いておけば問題ない。

なお、「中継《ちゅうけい》」「継《つ》ぎ目《め》」「中継《なかつ》ぎ投手」のように〝**何かの間をつなぎ合わせる**〟ことを表すのは、日本語独自の用法。

けい 詣 13画

[音読み] ケイ
[訓読み] もう-でる
[部首] 言（ごんべん）

苦しいときの神頼み

「初詣《はつもうで》」「清水寺に参詣《さんけい》する」のように、〝**お寺や神社にお参りする**〟ことを表すのが、代表的な意味。ただし、これは日本語独自の用法。本来は〝**行き着く**〟ことを表す漢字で、〝身分の高い人のところへ参上する〟場合によく使われる。政治の世界での「角栄《かくえい》詣《もう》で」「小沢詣《おざわもう》で」のような使い方は、実はかえって本来の意味に近い。

なお、「造詣《ぞうけい》が深い」とは、〝学問の奥深くまでたどり着く〟こと。ここには、本来の意味が残っている。

けい 慶 15画

[音読み] ケイ
[訓読み] よろこ-ぶ
[部首] 心（こころ）

めでたいことはよいことだ！

〝**お祝いする**〟ことを表す。「慶事《けいじ》」は〝お祝いごと〟、「大慶《たいけい》」は〝大きなお祝いごと〟。「慶弔《けいちょう》」は〝お祝いごととお悔やみごと〟。名前で「よし」と読むのは、〝お祝い〟は〝よいこと〟だから。

◆訓読み「よろこぶ」は、現在では「喜」（p100）を書くのがふつう。「お慶《よろこ》び申し上げます」のように書くと、〝お祝い〟の気持ちが強く出ることになる。

けい 憬 15画

[音読み] ケイ
[部首] 忄（りっしんべん）

探してみても見つからない…

現在では、〝**あこがれ**〟を意味する「憧憬《しょうけい》」以外では、まず用いられない。漢字としては〝はっきり理解する〟とか〝遠くへ出かける〟という意味があるが、〝あこがれ〟には直接は結びつかない。そこで、〝あこがれ〟の意味は、日本語独自の用法だともいう。ただ、関係があるようでないようなところが、まさしく〝あこがれ〟にふさわしいような気もする。

けい 稽 15画

[音読み] ケイ
[部首] 禾（のぎへん）

頭を使うのが本来のやり方

〝**細かく調べて考える**〟ことを表す。「稽古《けいこ》」は本来、〝昔のことを調べて考える〟ことから〝勉強する〟という意味になり、日本では〝練習する〟ことをいう。「荒唐無稽《こうとうむけい》」とは〝調べたり考えたりしておらず、根拠がない〟こと。また、「滑稽《こっけい》」では〝**人を笑わせるようす**〟を表すが、これは本来は中国語の擬態語である。

部首「禾」は〝穀物〟を表す記号。それが〝考える〟とどのようにつながるのかについては、諸説があってよくわからない。

けい 憩 16画

[音読み] ケイ
[訓読み] いこ-う
[部首] 心（こころ）

再び進んでいくために…

成り立ちがちょっと変わっていて、「息」と「舌」に分解する説が有力。「息」（p377）には〝やすむ〟という意味があり、「舌」は「活」（p76）の右半分。合わせて、〝**いったんやめて元気を取り戻す**〟ことを表す。「休」（p112）とは異なり、〝やめる〟ことよりも、〝また始めようとする〟ことに重点がある。

訓読みでは、「木陰で憩《いこ》う」「憩《いこ》いの広場」のように使われるが、音読みでは、「休憩《きゅうけい》」以外に用いられることはほとんどない。逆に考えると、現代の生活の中で「休憩」の必要性がそれだけ高い、ということだろう。

けい 警

19画

［音読み］ケイ
［部首］言（いう、げん）

気をつけろ！と叫ぶこと

だれでもとっさに思い浮かぶのは、「警察《けいさつ》」だろう。しかし、部首「言」にも現れているように、本来は〝**ことばで注意を喚起する**〟ことを表す。「警告《けいこく》」「大雨警報《おおあめけいほう》」などがその例。「警笛《けいてき》」「警鐘《けいしょう》」のように、広く〝**注意を喚起する**〟という意味にもなる。「警句《けいく》」「警抜《けいばつ》な比喩」などでは、〝**人びとに何かを気づかせる**〟ことをいう。

転じて、〝**注意して非常事態に備える**〟ことをも表す。「警戒《けいかい》」「警護《けいご》」「警備《けいび》」「夜警《やけい》」「自警団《じけいだん》」などこの例も多く、「警察」もその一つ。「警官《けいかん》」「警部《けいぶ》」「婦警《ふけい》」「警棒《けいぼう》」「県警《けんけい》」などなど、**「警察」の省略形**のように使われることも多い。

なお、「いましめる」と訓読みすることもあるが、現在ではまず用いられない。

けい 鶏

19画

［音読み］ケイ
［訓読み］にわとり、とり
［部首］鳥（とり）

食材同様、いろいろ使える！

鳥の〝にわとり〟を表す。「鶏卵《けいらん》」「闘鶏《とうけい》」「養鶏場《ようけいじょう》」などがその例。訓読みでは「にわとり」と読むのが基本だが、「鶏《とり》ガラスープ」「尾長鶏《おながどり》」「風見鶏《かざみどり》」など、単に「とり」と読むことも多い。

身近な〝にわとり〟を表すだけに、さまざまな使い方がされる。「鶏頭《けいとう》」は、〝にわとり〟のとさかのような形をした植物の一種。「水鶏《くいな》」は鳥の一種で、中国語の熟語をそのまま日本名で読む当て字的表現。「軍鶏《しゃも》」は〝にわとり〟の一品種で、闘鶏に使われたところから日本で独自に漢字を当てたもの。「棒棒鶏《バンバンジー》」は中華料理の一種で、現代中国語の発音そのままで日本語となっている。

なお、以前は「鷄」と書くのが正式。

げい 芸

7画

［音読み］ゲイ
［部首］艹（くさかんむり）

習得するには忍耐が大事

「芸術《げいじゅつ》」「芸能《げいのう》」「学芸《がくげい》」「武芸《ぶげい》」「文芸《ぶんげい》」など、〝**専門的な技術**〟を表す。

〝植物〟を表す部首「艹」が付いているように、本来の意味は〝**植物を育てる**〟ことで、「園芸《えんげい》」がその例。意味が広がったのは、園芸に特別な高い価値が置かれていたからか。それとも、時間をかけなければ実を結ばないところから来たものか。

以前は「藝」と書くのが正式。「芸」はその略字だが、もともとは音読みではウンと読む、別の漢字だった。そのため、現在でも「藝術《げいじゅつ》」「文藝《ぶんげい》」など、こだわりを持って「藝」と書く場合も多い。

げい 迎

7画

［音読み］ゲイ、ゴウ
［訓読み］むか-える
［部首］⻌（しんにょう、しんにゅう）

とにかく積極的に行け！

部首「⻌」は、以前は「⻍」と書くのが正式で、〝移動〟を表す記号。本来は、やってくる相手を〝**こちらから進んでいって待ち受ける**〟ことを表す。「送迎《そうげい》バス」にその意味が残る。また、けんのんな例だが、「迎撃《げいげき》ミサイル」もイメージは同じ。

やや転じて、「歓迎《かんげい》」「迎賓館《げいひんかん》」「監督として迎《むか》える」など、〝**準備を整えて待つ**〟ことをも表す。「迎春《げいしゅん》」「新年を迎《むか》える」の場合も、〝**楽しみにして待つ**〟というニュアンス。どの場合も〝進んで〟という積極性が共通しているが、「冬を迎《むか》える」「試験の日を迎《むか》える」のように〝**そのときになる**〟という意味でも使われる。世の中、楽しいことばかりではない。「迎合《げいごう》」になるとさらにイメージは悪化。〝**他人の意見にこちらからすり寄る**〟という意味となる。積極的なのはいいことだが、それも時と場合によるのである。

音読みはゲイを使うのが大原則。ただし、〝極楽からお迎えが来る〟ことを表す「ご来迎《らいごう》」の場合だけは、奈良時代以前からある古い読み方でゴウと読む。

げい 鯨

19画

［音読み］ゲイ
［訓読み］くじら
［部首］魚（さかなへん）

伝説と現実の間

海に住む哺《ほ》乳《にゅう》類《るい》〝くじら〟を表す。「捕鯨《ほげい》」「白《はく》鯨《げい》」「鯨油《げいゆ》」のように使われる。

一説によると、「鯨」はオスで、メスは「鯢《げい》」だという。このあたり、「麒麟《きりん》」もやはりオスが「麒」、メスが「麟」であるのと同じ。漢字を生み出した中国北方の内陸部の人びとは、本物の〝くじら〟を見たことはなかっただろう。「麒麟」と同様、伝説的な動物だったと思われる。

それが実在の動物となり、愛されつつも数が減って、絶滅が心配されるようになった。なかなか悩ましい問題である。

げき 隙

13画

［音読み］ゲキ
［訓読み］すき
［部首］阝（こざとへん）

あんなにしっかりしてたのに…

部首「阝」は「阜」（p525）の変形で、〝盛り上がった土〟を表す。本来は〝土手などの割れ目〟のことで、転じて〝**細く開いている部分**〟を指す。「間隙《かんげき》を縫《ぬ》って進む」「隙《す》間風《きま かぜ》」などがその例。

さらに変化して、〝**するべきことがない時間**〟をも表す。「お手《て》隙《すき》の際に」がその例。また、「隙《すき》を突く」「一《いち》分《ぶ》の隙《すき》もない」など〝**気持ちのゆるみ**〟を指すこともある。

そのほか、「隙《げき》を生じる」のように、古めかしい表現では〝**不信感**〟をも表す。

〝しっかりしたものに生じた、傷つき欠けている部分〟を指すのが、基本的なイメージ。〝あってはならないもの〟を表す漢字である。

げき 劇

15画

［音読み］ゲキ
［部首］刂（りっとう）

退屈から抜け出したい！

「劇《げき》団《だん》」「劇《げき》場《じょう》」「演《えん》劇《げき》」「喜《き》劇《げき》」など、現在では〝**お芝居**〟の意味が圧倒的に強い。しかし、本来は〝**はげしい**〟ことを表す漢字で、「劇《げき》薬《やく》」がその例として残る。ただし、この意味は、現在では「激」（p152）で表すことが多い。それが〝お芝居〟を意味するようになったのは、大昔の中国語では「戯」（p106）と発音が似ていたからだ、と考えられている。

日常をたんたんとつづっていくようなふつう、〝短い間にはげしい変化が生じる〟ことを指す。お芝居には、単調な日常を忘れさせてくれる〝はげしさ〟がある。「劇」が〝お芝居〟を表すようになったのは、発音だけが原因ではないのだろう。

げき 撃

15画

［音読み］ゲキ
［訓読み］う-つ
［部首］手（て）

進歩とともに被害も大きく…

以前は「擊」と書くのが正式。部首「手」は〝動作〟を表す記号。本来は〝**強くたたく**〟という意味で、「打《だ》撃《げき》」「衝《しょう》撃《げき》」などが、この意味をはっきり残す例。

転じて、〝**相手に被害を与える**〟ことをも表す。「襲《しゅう》撃《げき》」「攻《こう》撃《げき》」「反《はん》撃《げき》」「撃《げき》退《たい》」「撃《げき》破《は》」などがその例。基本的には〝モノや体を傷つける〟ことだが、〝感情や評判などを傷つける〟場合にも使われる。

さらには、特に〝**弾丸を発射して相手に被害を与える**〟ことをも表す。「射《しゃ》撃《げき》」「銃《じゅう》撃《げき》」「狙《そ》撃《げき》」「砲《ほう》撃《げき》」「爆《ばく》撃《げき》」「撃《げき》墜《つい》」「撃《げき》沈《ちん》」などなど、この例を並べてみると、火薬が人類にいかに大きな被害をもたらしたか、実感されるというものだ。

◆「うつ」と訓読みする漢字には「打」（p383）「討」（p454）「伐」（p499）もあるが、「打」は広く一般的に〝たたく〟ことを表し、「討」「伐」は〝攻め滅ぼす〟ことを表す。これらに対して、「撃」は〝弾丸をうつ〟場合にだけ用いる。

なお、「目撃《もくげき》」は、紀元前の中国ですでに使われていたことば。〝実際に目にする〟ことを表すが、この「撃」は比喩的に用いられたものだろう。

げき 激

16画

［音読み］ゲキ
［訓読み］はげ-しい
［部首］氵（さんずい）

もう誰にも止められない！

部首「氵」は「水」の変形。本来は〝水が勢いよく流れる〟ことを表す。「水」が「放」たれて「白」いしぶきがあがる、とする説もあるが、ちょっとできすぎか。

転じて、広く〝**勢いが強い**〟という意味になる。「激突《げきとつ》」「激闘《げきとう》」「急激《きゅうげき》」「揺れが激《はげ》しい」などがその例。また、「激励《げきれい》」「刺《し》激《げき》」「友人を激《げき》する」では、〝**感情や感覚に強い影響を与える**〟こと。「感激《かんげき》」「憤激《ふんげき》」「心が激《げき》する」「性格が激《はげ》しい」のように、〝**感情が強く反応する**〟という意味にもなる。

「激痛《げきつう》」「激動《げきどう》」「激務《げきむ》」「激《はげ》しいめまい」などは、広く〝**程度がふつうでない**〟ことを指す例。さらに現在では、「激安《げきやす》」「激辛《げきから》」「激写《げきしゃ》」「激走《げきそう》」「激《げき》うま」「激《げき》やせ」から「激《げき》白《はく》」まで、とにかく前にくっつければ〝ふつうでない〟ことを表せる便利な漢字として、大活躍している。

◆「はげしい」と訓読みする漢字には「烈」（p643）もあるが、現在では「激」を使うのがふつう。ただし、〝炎のようなはげしさ〟というイメージで「烈」を用いることもある。

勢いのよさを出すには適した漢字で、広告などで多用されるのもうなずける。それだけに、ふたを開けてみればたいしたことなかった場合には、失望も大きい。

けた 桁

10画

［音読み］コウ
［訓読み］けた
［部首］木（きへん）

願いましては…

「桁数《けたすう》」「桁違《けたちが》い」「下二《しもふた》桁《けた》」のように、〝**数の位取り**〟を指す漢字として、よく用いられる。しかし、「橋桁《はしげた》」の方が本来の使い方で、〝**真っ直ぐに張り渡した木の棒**〟のこと。それが、〝そろばんの玉を貫く棒〟をも表すようになり、そこから〝数の位取り〟の意味が生まれた。

音読みコウは、ほとんど用いられることはない。〝着物を掛けておく道具〟をいう「衣桁《いこう》」がある程度である。

けつ 欠

4画

［音読み］ケツ
［訓読み］か-く、か-ける
［部首］欠（あくび）

それさえあればハッピーなのに

「欠員《けついん》」「欠乏《けつぼう》」「欠落《けつらく》」「補欠《ほけつ》」「緊張感を欠《か》く」「歯が欠《か》ける」など、〝**あるべきものがない**〟ことを表す。「酸欠《さんけつ》」「ガス欠《けつ》」のように**「欠乏」の省略形**として使われることもある。また、「欠席《けっせき》」「欠勤《けっきん》」「病欠《びょうけつ》」では、〝**いるべきところにいない**〟という意味。

以前は「缺」と書くのが正式。「欠」はもともと、〝左を向いて大きく口を開けている人〟の絵から生まれた漢字で、〝**あくびをする**〟ことを表し、音読みもケンであった。「欠伸《けんしん》」はその例で、意味を表す日本語を当てて、二文字で「あくび」と読むこともある。

しかし、「欠」は古くから〝あるべきものがない〟という意味でも使われており、現在では「缺」に代わって用いられる。

〝大きく口を開ける〟ことに関係する漢字の部首となる。「歌」(p57)「歓」(p88)「欲」(p616)はもちろん、「欧」(p42)「欺」(p105)もその例。本来の意味から、部首としては「あくび」と呼ばれる。

部首としては?

けつ

穴

5画

[音読み] ケツ
[訓読み] あな
[部首] 穴 (あな)

日本人はたとえが好き?

古代文字では「」で、〝洞窟の入り口〟の絵だという。〝もののくぼみや、向こうまで突き抜けている部分〟を表す。「穴居《けっきょ》」「墓穴《はかあな》」「抜《ぬ》け穴《あな》」「風穴《かざあな》」などがその例。

◆同じく「あな」と訓読みする漢字に「孔」(p180)がある。「穴」は〝くぼみ〟を、「孔」は〝突き抜けた部分〟を表すと説明することも多いが、実際には、それほど厳密な区別はされていない。

〝突き抜けた部分〟を比喩的に用いて、「仕事に穴《あな》を空ける」「アリバイの穴《あな》を探す」など〝不完全な部分〟を表すのは、日本語独特の用法。日本語では〝くぼみ〟を比喩的に使うこともあり、「穴場《あなば》のレストラン」「競馬で大穴《おおあな》を当てる」のように〝一般には知られていない〟〝一般には予想されていない〟という意味でも用いられる。

部首としては?

〝穴〟に関係する漢字の部首となる。直接的に〝穴〟に関係する意味を持つのは「窟」(p139)「窓」(p368)「窯」(p614)くらいのものだが、「究」(p113)「空」(p137)「突」(p467)なども、もとをたどれば〝穴〟と関係する漢字。漢字の上部に置かれるのがふつうで、「あなかんむり」と呼ばれている。

けつ

血

6画

[音読み] ケツ
[訓読み] ち
[部首] 血 (ち)

たらいの中にぽたぽたと

〝動物の体内を流れる〟〝血液〟を表す。「血管《けっかん》」「血圧《けつあつ》」「鼻血《はなぢ》」などがその例。

古代の中国では、神事の際に動物の血液をたらいに入れて神に捧げたという。そのようすから生まれたのがこの漢字で、「皿」は〝たらい〟を、上の点はそこに入れられた〝血液〟を表す。

転じて、「血族《けつぞく》」「血統《けっとう》」「血《ち》は争えぬ」のように、〝遺伝的なつながり〟をも表す。また、「熱血《ねっけつ》」「血気《けっき》さかん」など、〝元気にあふれている〟という意味にもなる。それが高じて、「血路《けつろ》を開く」「血相《けっそう》を変える」「血眼《ちまなこ》になって探す」「血道《ちみち》を上げる」のように、〝死に物狂いになる〟ことを指す場合もある。

なお、「血税《けつぜい》」は〝国民が苦しんで払う税金〟のことだが、本来はフランス語で〝徴兵〟を意味するimpôt du sang《アンポデュサン》の直訳。impôtが〝税〟で、sangが〝血〟の意味。

部首としては?

〝血液〟に関する漢字の部首となる。が、その例は少ない。「衆」(p267)の部首は「血」だが、この漢字はもともと〝血液〟とは関係がなく、部首を「血」とするのは、形の上から便宜的に分類したもの。

そこで、部首「皿」と合わせてしまってもよさそうなもの。そうはならないのは、「血」はやはり重要なものだ、という意識があるからだろう。

けつ

決

7画

[音読み] ケツ
[訓読み] き-める、き-まる
[部首] 氵 (さんずい)

もう後には引けないぜ!

「決断《けつだん》」「決定《けってい》」「採決《さいけつ》」「メニューを決《き》める」「開催地が決《き》まる」「勝敗を決《けっ》する」などなど、〝最終的な判断が下る〟〝最終的な結果が出る〟ことを表す。転じて、「ビシッと決《き》める」「ポーズが決《き》まる」など〝それ以上動かない形になる〟という意味でも用いられるが、これは日本語独自の表現らしい。

本来は〝**堤防を切ってある方向に水を流す**〟という意味。「水」が変形した部首「氵」は、そのなごり。「堤防が決壊《けっかい》する」がその例で、「交渉が決裂《けつれつ》する」のように〝**支えられなくなって切れる**〟ことを表すのも、そこから転じたもの。一気に水を流す〝思い切りのよさ〟とともに、〝後戻りできない〟という感覚をも伴う。「決《けっ》して迷惑はかけない」のような〝**絶対に**〟という意味も、そのあたりのせっぱ詰まった感覚から生まれたものだろう。

本来は、「なんとなく決《き》める」ことなど、あってはならないのである。

けつ 訣

11画

［音読み］ケツ
［部首］言（ごんべん）

忘れられないことば

代表的な意味は〝**別れる**〟こと。特に、二度と会うことのない別れについていうことが多い。「訣別《けつべつ》」がその例。「永訣《えいけつ》」とは〝死に別れる〟こと。

部首「言」が付いているのは、本来は〝別れのことばを述べる〟という意味だったから。また、〝記憶しやすいようにリズムを整えたことば〟を表すこともあり、転じて〝**非常にすぐれた方法**〟をもいう。「秘訣《ひけつ》」がその例。

日本語ではさらに変化して、「わけ」と訓読みして〝理由〟という意味でも使われたが、現在ではこの訓読み・意味は「訳」（p596）で表すのがふつうである。

けつ 結

12画

［音読み］ケツ
［訓読み］むす-ぶ、ゆ-う
［部首］糸（いとへん）

新たな物語の始まり

「ひもを結《むす》ぶ」「結《むす》び目」のように、本来は、糸などの〝**細長いものをからみ合わせてつなげる**〟ことを表す。

「髪を結《ゆ》う」「帯を結《ゆ》う」など訓読み「ゆう」は、〝**細長いものをからみ合わせて複雑な形を作り上げる**〟こと。また、「ベルトに鍵を結《ゆ》わえておく」のように「ゆわえる」と訓読みして、〝**ひもなどで固定する**〟ことを指す場合もある。ただし、「結納《ゆいのう》」は、〝申し入れる〟という意味の「言《い》い納《い》れ」が「結《ゆ》い納《い》れ」となり、「納」が音読みされるようになったことば。

転じて、広く〝**つなぎ合わせる**〟ことをも意味する。「結合《けつごう》」「連結《れんけつ》」「直結《ちょっけつ》」「大阪と神戸を結《むす》ぶ」などがその例。「結集《けっしゅう》」「結託《けったく》」「団結《だんけつ》」「契約を結《むす》ぶ」「同盟を結《むす》ぶ」などは、〝**人と人をつなぎ合わせてまとめ上げる**〟ことを表す例。

また、〝**しっかりしたものを作り上げる**〟という意味でも使われる。「結晶《けっしょう》」「凝《ぎょう》結《けつ》」「氷結《ひょうけつ》」など〝**固体になる**〟のがその代表。植物が「実を結《むす》ぶ」のもその例だが、ここから「結実《けつじつ》」のように〝**成果を出す**〟という意味が生まれた。さらには、「結果《けっか》」「結末《けつまつ》」「完結《かんけつ》」「文章を結《むす》ぶ」のように〝**締めくくる**〟ことを表す場合もある。

意味の範囲はとても広いが、根底には〝つなぐ／作り上げる〟のイメージが流れている。何かを〝作り上げる〟ことは、次のステップの始まりでもある。「結婚《けっこん》」「結成《けっせい》」「結党《けっとう》」などの先には、いつも新たな物語が待ちかまえているのである。

けつ 傑

13画

［音読み］ケツ
［部首］亻（にんべん）

立派だけどうざったい？

部首「亻」は「人」の変形。〝**人並み外れてすぐれた人物**〟を表す漢字。昔は、ゾロだのハリマオだのライオン丸だの、世の中は「怪傑《かいけつ》」で満ちあふれていたもの。だが、現在では、無骨で少しうざったいイメージがあるのも事実で、「英傑《えいけつ》」「豪傑《ごうけつ》」「女傑《じょけつ》」などにも、そんな雰囲気がある。

また、「傑出《けっしゅつ》」「傑作《けっさく》」のように、広く〝**並外れてすぐれている**〟ことをも表す。ただし、「そいつは傑作だ」のように使うと、からかいの対象となる。本来の〝すぐれもの〟のメッキが少しずつはがれてきているようで、なんとかしてあげたいが、どうしようもない。

けつ 潔

15画

［音読み］ケツ
［訓読み］いさぎよ-い、きよ-い
［部首］氵（さんずい）

〝さっぱり〟がよく似合う

部首「氵」は「水」の変形。本来は〝水を使ってけがれを取り除く〟ことを表す漢字で、転じて、広く〝**けがれがない**〟ことをいう。

モノとして〝よごれがない〟というよりは、感覚として〝けがれがない〟ことを意味していて、「清潔《せいけつ》」「純潔《じゅんけつ》」「潔癖《けっぺき》」などがその例。また、〝**私欲がなくけじめがある**〟という意味でも用いられ、「高潔《こうけつ》」「潔《いさぎよ》く辞職する」などがその例。「潔白《けっぱく》」では、〝**罪がない**〟ことを表す。

転じて、「簡潔《かんけつ》」のように〝**余分なものがない**〟ことをも指す。全体的に〝さっぱりする〟というイメージがよく似合う漢字である。

◆「きよい」を漢字で書く場合は、ふつうは「清」（p335）を用いる。ただし、〝けがれがない〟ことを強調するために、「潔《きよ》い交際」「潔《きよ》き一票」のように書くのも効果的である。

げつ 月

4画

［音読み］ゲツ、ガツ
［訓読み］つき
［部首］月（つき）

世界中でみんなが見上げる

天体の〝つき〟を表すのが本来の意味。その満ち欠けを基準に暦が作られたことから、**暦の〝つき〟**をも表す。この点、英語の moon と month が同源なのと似ている。なお、日本語では **Monday の訳語**として、「月曜日《げつようび》」のように用いられる。

音読みは二種類あるが、ゲツを用いるのが基本。ガツは奈良時代以前からある古い読み方で、「正月《しょうがつ》」や、「一月《いちがつ》」から「十二月《じゅうにがつ》」まで、および「年月日《ねんがっぴ》」などを除けば、特殊な用語でしか用いられない。

部首としては？

天体の〝つき〟に関係する漢字の部首となるが、例としては「期」（p101）「望」（p564）「朗」（p648）がある程度。「朝」（p420）「服」（p532）のほか、辞書によっては「有」（p601）もこの部首に含まれるが、成り立ちとしては〝つき〟とは関係がない。また、「脚」（p109）「脳」（p483）「肺」（p488）などに含まれる「月」は、本来は「肉」（p475）の変形。

これらを区別するため、天体の〝月〟は中の横棒を少し短く「月」、「肉」が変形したものはそのまま「月」と書き分ける考え方もあるが、そこまで区別するのは実用的ではない。

けん 犬

4画

［音読み］ケン
［訓読み］いぬ
［部首］犬（いぬ）

親しき仲に失礼な！

動物の〝いぬ〟を表す。古代文字では「犬」と書き、右上の点は、ピンと立った耳を表すということになるらしい。

大昔から人間と生活を共にしてきたことは、ご存じの通り。そのぶん、人間と比較して〝劣ったもの〟というイメージがあって、「犬馬《けんば》の労」とは〝自分の努力〟をへりくだって言う表現。日本語オリジナルでは「犬死《いぬじ》に」「警察の犬《いぬ》」のような使い方もされる。〝いぬ〟にしてみれば、とんだとばっちりである。

部首としては？

〝犬に似た動物〟に関係する漢字の構成要素となる。「猫」（p480）「狼《おおかみ》」「狐《きつね》」「狸《たぬき》」などがその例だが、「猿」（p38）も含まれていて、大昔の中国人が動物をどのように分類していたかがうかがえる。

「獣」（p272）「献」（p161）のように、漢字の右側に置かれる場合には形は変わらないが、多くの漢字では左側に置かれて「犭」の形となり、「けものへん」と呼ばれる。

けん
件
6画
［音読み］ケン
［訓読み］くだり、くだん
［部首］亻（にんべん）

わからないのがかえって便利！


「事件《じけん》」「物件《ぶっけん》」「用件《ようけん》」「条件《じょうけん》」「人件費《じんけんひ》」など、よく使っているものの、意味を説明するのが実はむずかしい漢字の一つ。部首「亻」は「人」の変形なので本来は人や牛を数える漢字だともいうが、完全には納得しがたい。基本的には〝**ある特定のものごと**〟を示す漢字のようである。

「事件」は話題になるような〝ある特定のできごと〟、「物件」は商品や証拠としての〝ある特定の物〟、「用件」は〝ある特定の用事〟。「条件」は、前提や必要となる〝ある特定のことがら〟。「案件《あんけん》」「別件《べっけん》」「その件《けん》は後回し」などもみな、〝ある特定のものごと〟を指す例である。

特に〝**文章やお話のある特定の部分**〟を指すこともあり、「『忠臣蔵』の切腹の件《くだり》」「前置きの長い件《くだり》」などがその例。この「くだり」が変化したのが「くだん」で、「件《くだん》の事情で欠席です」のように〝**別の部分で説明済みである**〟ことをいう。

〝**あるものごとに関係するもの**〟を指すこともあり、「人件費」とは〝人間に関する費用〟。また、「一件落着《いっけんらくちゃく》」のように〝**ものごと**〟**を数える漢字**としても使われる。

つかみどころのない漢字だが、「部長、例の件《けん》ですが」などと、〝よくわからない〟ことをメリットにして使うこともできる、重宝な漢字でもある。

けん
見
7画
［音読み］ケン
［訓読み］み-る、み-える
［部首］見（みる）

目をつむって考えてみる…


「人」が変形した「儿（ひとあし）」の上に「目」を載せて、〝目〟を強調した漢字。〝**目で感じ取る**〟ことを表すのが基本。「見学《けんがく》」「見物《けんぶつ》」「拝《はい》見《けん》」「空を見《み》る」のように〝**意識して目を止める**〟ことを表す場合もあるし、「外見《がいけん》」「海が見《み》える」のように〝**何かが目に入ってくる**〟ことを表す場合もある。

〝意識して目を止める〟の延長線上には、「会見《かいけん》」「謁見《えっけん》」「見参《けんざん》」のように〝**会う**〟の意味がある。一方、〝目に入ってくる〟が転じると、「露見《ろけん》」「発見《はっけん》」「姿を見《み》せる」のように〝**現れる**〟という意味となる。

また、〝目〟を離れて、〝**頭をはたらかせてものごとをとらえる**〟ことをいう場合も多い。「見方《みかた》を変える」「なりゆきを見《み》る」などのほか、「見解《けんかい》」「見識《けんしき》」「意見《いけん》」「先見《せんけん》」「偏見《へんけん》」「卓見《たっけん》」などなど、音読みの熟語ではこの意味が最大勢力をなしている。
◆「みる」と訓読みする漢字は数多く、使い分けが気になるところ。「視」（p236）は〝ある一点を注意してみる〟、「看」（p82）は〝看護する〟、「観」（p90）は〝広い視野に立ってみる〟、「診」（p315）は〝診察する〟。これらに対して、「見」は最も一般的に使われるので、迷ったら「見」を書いておくのが手っ取り早い。

部首としては？

〝見る〟ことに関係する漢字の部首となる。「観」（p90）「視」（p236）「覧」（p620）が代表例だが、「覚」（p72）「親」（p316）も、本来は〝見る〟ことに関係する。部首としては、「みる」と呼ばれる。

けん
券
8画
［音読み］ケン
［部首］刀（かたな）

半分なのに全体だ!?

「乗車券《じょうしゃけん》」「入場《にゅうじょう》券《けん》」「図書券《としょけん》」「株《かぶ》券《けん》」「旅券《りょけん》」「食券《しょっけん》」「引換券《ひきかえけん》」「万馬券《まんばけん》」「券《けん》売機《ばいき》」などなど、生活のあちこちで、お世話になりっぱなし。**〝お金や権利などの証拠となる紙切れ〟**を表す漢字である。

大昔の中国では紙切れではなく木の札で、必要事項を刻み込んでから二つに切り離し、約束の証拠とした。部首「刀」が付いているのは、そのなごり。つまり、現在の「半券《はんけん》」は、実は昔の「券」だともいえる。ちょっとおもしろい現象である。

なお、以前は「劵」と書くのが正式。

けん

肩

8画

[音読み] ケン
[訓読み] かた
[部首] 月（にくづき）

日中英を比べてみると…

「双肩《そうけん》」「肩車《かたぐるま》」「左肩《ひだりかた》」など、**肉体の一部〝かた〟**を表す。「戸」は〝とびら〟ではなく、人間の〝かた〟から腕が下がっている形。部首「月」は「肉」の変形で、〝肉体〟を表す。

転じて、**〝モノの右上や左上の部分〟**をも指す。「路肩《ろかた》」「右肩上《みぎかたあ》がり」などがその例。「肩書《かたが》き」は、名前の右上や左上に役職などを記すことから。

「肩入《かたい》れ」「肩代《かたが》わり」「肩《かた》の荷《に》を下ろす」などさまざまな比喩表現で用いられるが、多くは日本語独自のもの。ただし、「肩《かた》を並べる」は、同じ意味を表す「比肩《ひけん》」という音読み熟語があるので、中国語由来だと思われる。「肩《かた》を落とす」は、英語に同じ意味の drop one's shoulders という表現があるが、関係性があるのかどうか。ともあれ、〝かた〟に対して抱くイメージは、言語ごとに重なったりずれたりしているようである。

けん

建

9画

[音読み] ケン、コン
[訓読み] た-つ、た-てる
[部首] 廴（えんにょう）

力を合わせないとできないこと

「建築《けんちく》」「建設《けんせつ》」「家が建《た》つ」「一戸建《いっこだ》て」など、**〝家やビルなどを造る〟**ことを表す漢字。ただし、「船の建造《けんぞう》」「会社を創建《そうけん》する」「建国《けんこく》記念日」といった例もある。とすると、基本的なイメージは**〝協力してしっかりしたものを造り上げる〟**ところにある。

「建言《けんげん》」「建議《けんぎ》」などでは**〝政府や上役などに意見を述べる〟**という意味だが、これも、本来は〝協力してしっかりしたものを〟というニュアンスだったのだろう。

◈「たつ／たてる」と訓読みする漢字には「立」（p624）もあって、使い分けがむずかしい。一般的には「立」を使うが、「建設」「建造」などと言い換えられる場合は「建」を使うのが基本。「銅像が立《た》つ」と書くと〝その場所に存在している〟という意味合いになるが、「銅像が建《た》つ」と書けば、〝大勢で協力して造り上げる〟というニュアンスが出ることになる。

音読みはケンを用いるのが大原則。コンは奈良時代以前からある古い読み方だが、現在では、〝寺社を建てる〟という意味の「建立《こんりゅう》」以外では用いられない。

なお、部首「廴」の表す内容については、諸説あってよくわからない。

けん

県

9画

[音読み] ケン
[訓読み] あがた
[部首] 目（め）

怖い過去は忘れてください

行政区画の一つ〝県〟を表す。現在では他の意味で用いられることはないが、ちょっと変わった経歴を持つ漢字である。

以前は「縣」と書くのが正式。「系」（p143）は〝糸でつなぐ〟という意味で、「県」はもともとは「首」を上下逆さまにした形だという。合わせて、本来は〝首を逆さまにして糸でつるす〟ことから、〝引っかけてぶら下げる〟ことを意味する。ただし、中国では紀元前数世紀の昔から、行政区画の一つを指すことばと発音が似ていたことから、当て字的に転用されてきた。そのため、〝ぶら下げる〟の意味は、「懸」（p164）で表すようになったと考えられている。

　一方、六世紀ごろの日本では、朝廷が直接支配する領地のことを「あがた」と呼び、漢字では「県」と書き表した。後に正式な行政区画の呼び名としては用いられなくなったが、明治維新後に「県《けん》」として復活して、現在に至っている。

　中国でも、行政区画としての「県」は現役。ただし、時には「市」の下に置かれることもあって、現代日本の「県」とはだいぶイメージが異なる。

けん 研 9画

［音読み］ケン
［訓読み］と-ぐ、みが-く
［部首］石（いしへん）

一生懸命、細かくする…

本来は〝石でこすってすりつぶす〟ことを表す漢字で、部首「石」はそのなごり。細かくするところから、転じて〝**理解を深めたり技術を高めたりする**〟という意味になった。例としては「研修《けんしゅう》」「研究《けんきゅう》」「研鑽《けんさん》を積む」など。「地震研《じしんけん》」「数研《すうけん》」「クイズ研《けん》」のように、**「研究所《けんきゅうじょ》」「研究室《けんきゅうしつ》」「研究会《けんきゅうかい》」などの省略形**として使われることも多い。

「庖丁《ほうちょう》を研《と》ぐ」「つめを研《と》ぐ」のように〝**こすって先を鋭くする**〟のは、日本語独自の用法。「お米を研《と》ぐ」も、日本語オリジナルで、刃物を〝とぐ〟際に水でぬらすところから生じたものだろう。

◆訓読み「みがく」は、現在では「磨」（p571）を書くのがふつう。ただし、あえて、「シュートに研《みが》きをかける」のように書いて、〝鋭くする〟というニュアンスを強調することもできる。

なお、以前は「硏」と書くのが正式。

けん 倹 10画

［音読み］ケン
［訓読み］つま-しい、つつま-しい
［部首］亻（にんべん）

行き過ぎには気をつけて！

たいていの主夫・主婦にとって、最も重要な課題は〝**むだ遣いをしない**〟こと。それを表すのがこの漢字で、「倹約《けんやく》」という熟語で用いられることが圧倒的に多い。「つましい」「つつましい」「つづまやか」など、辞書にはさまざまな訓読みが載っているが、実際にはあまり用いられない。

なお、〝むだ遣いをしない〟と〝けち〟とは紙一重だが、「倹」には〝けち〟の意味はない。正しい節約のあり方を示してくれる漢字なのである。

以前は「儉」と書くのが正式。部首「亻」は「人」の変形で、〝動作や状態〟を表す。「僉《せん》」は〝一点に集中する〟という意味。何やら気合いのこもった漢字である。

けん 兼 10画

［音読み］ケン
［訓読み］か-ねる
［部首］八（はちがしら）

必殺！二本取り!!

以前は「兼」と書くのが正式だが、古代文字では「秝」と書くので、「兼」の方が成り立ちからすればより正確。並んだ二つの「禾」に「⺕」を重ねた漢字。「禾」は〝穀物〟を表し、「⺕」は〝手〟を表す。二本の穀物を一緒に手に取るところから、本来は〝合わせて持つ〟の意味を表す。

転じて、広く〝**複数のことを同時にする**〟ことをも表す。「兼業《けんぎょう》」「兼務《けんむ》」「兼用《けんよう》」「ハンカチと雑巾を兼《か》ねる」などがその例。

日本語の「かねる」には、「出席しかねる」のように〝できない〟ことを遠回しに表現したり、「家出しかねない」のように〝悪い可能性がある〟ことを表す用法もある。また、「かねて計画の通り」のように〝以前から〟の意味で用いられる「かねて」

もある。これらの場合に「兼」を書くこともあるが、意味から考えれば、かな書きがふさわしい。

なお部首「八」は、「兼」を形の上から便宜的に分類したもの。現在では、「並」(p541)と合わせて「丷(そいち)」という部首を新設したり、さらに「半」(p500)「弟」(p432)「前」(p357)「業」(p128)などを加えて「ソ(そ)」という部首を新設する辞書もある。

けん

剣

10画

[音読み]ケン
[訓読み]つるぎ
[部首]刂(りっとう)

先から気合いがほとばしる！

以前は「劍」と書くのが正式。部首「刂」は「刀」の変形、「僉《せん》」には〝一点に集中する〟という意味がある。合わせて、**〝先端の一点がとがった刃物〟**を表す。「剣道《けんどう》」「剣豪《けんごう》」「短《たん》剣《けん》」「手裏剣《しゅりけん》」「草薙《くさなぎ》の剣《つるぎ》」「両刃《もろは》の剣《つるぎ》」などがその例。

なお、「ものすごい剣幕《けんまく》で怒る」の「剣幕」は当て字。本来は「険悪《けんあく》」で、昔は「けむあく」と発音されていたものが、変化して「けんまく」となったという。

けん

拳

10画

[音読み]ケン、ゲン
[訓読み]こぶし
[部首]手(て)

暴力から非暴力へ

〝指を握った状態の手〟を表す。「拳骨《げんこつ》」「拳《こぶし》を振り下ろす」などがその例。「拳《けん》銃《じゅう》」は、〝片手で握って撃《う》てる銃〟。転じて、「太極拳《たいきょくけん》」「少林寺拳法《しょうりんじけんぽう》」「拳《けん》闘《とう》」など**〝武器を持たずに行う武術〟**をも指す。日本では、**〝指先の形を使って勝敗を決める遊び〟**をも指し、「じゃん拳《けん》」はその一つ。「鉄拳制裁《てっけんせいさい》」のような使い方に比べれば、かわいらしいものである。

音読みはケンを用いるのが大原則。ゲンは奈良時代以前からある古い音読みで、現在では、すでに挙げた「拳骨《げんこつ》」くらいでしか使われない。

なお、以前は「拳」と書くのが正式。

けん

軒

10画

[音読み]ケン
[訓読み]のき
[部首]車(くるまへん)

中国風のあの屋根から？

「軒先《のきさき》」「軒下《のきした》」など、**〝屋根のうち、壁より突き出している部分〟**を指す。また、「来来軒《らいらいけん》」「大勝軒《たいしょうけん》」「精養軒《せいようけん》」のように、**中華料理店などの屋号**で見かけることもある。「大河を前に家二軒《にけん》」のように**家を数える漢字**として使うのは、日本語独自の用法。

本来は、大昔の中国で〝貴人が乗っていた馬車〟を表す漢字。部首「車」はそのなごり。大きくて立派で、馬をつなぐ棒の先が高くそり返っていたらしい。そこで、中国風の建物に見られる〝先がピンとそり返った屋根〟をも指すようになったと考えられる。

〝威勢がいい〟ことを表す「意気軒昂《いきけんこう》」という四字熟語なども〝ピンとそり返った〟イメージなのだろう。名探偵ポアロの口ひげのような、ちょっとお高くとまってはいるが、憎めない漢字なのである。

けん

健

11画

[音読み]ケン
[訓読み]すこ-やか
[部首]亻(にんべん)

元気でいるのが一番の財産！

部首「亻」は「人」の変形。〝しっかりしている〟という意味のある「建」(p157)と組み合わせて、**〝丈夫で元気である〟**ことを表す。「健康《けんこう》」「健在《けんざい》」「健全《けんぜん》」「保健《ほけん》」「健《すこ》やかに育つ」などがその例。肉体面だけでなく精神面も含めていうことも多い。

「健闘《けんとう》」は、結果はともかく〝しっかり闘う〟こと。「健啖《けんたん》」は〝よく食べる〟こと。どちらも**〝疲れを知らない〟**というイメージがある。「健忘《けんぼう》」では**〝程度が激しい〟**ことだが、〝疲れを知らない〟のイメージがほのかな明るさを生んでいて、どこか救いのあることばとなっている。

名前で「たけし」「たけ」と読むのは、〝力強い〟ことをいう古語に由来する。また、「健気《けなげ》」は、語源的には当て字だという。

けん

牽

11画

［音読み］ケン
［訓読み］ひ-く
［部首］牛（うし）

引っ張るか引っ張られるか

部首「牛」にも現れているように、本来の意味は、〝縄を付けた荷物を牛が引く〟こと。転じて、広く〝**縄やひもなどを付けて引っ張る**〟ことを表す。「牽引《けんいん》」「客車を牽《ひ》く機関車」などがその例。「牽牛星《けんぎゅうせい》」とは、七夕の〝彦星《ひこぼし》〟のことで、「牽牛」は〝牛飼いの男性〟。本来の〝牛が引く〟が、ここでは逆に〝牛を引く〟になっている。

◆訓読み「ひく」は、現在では「引」（p21）を書くのがふつう。あえて「牽」を使うと、〝縄やひもを付けて引く〟という意味合いが強調されることになる。

「牽制《けんせい》」とは、本来は〝縄を付けて自由に行動させない〟こと。野球の「牽制球《けんせいきゅう》」も、ベースとランナーの間に〝ひも〟を付けるようなもの。見えない〝ひも〟を想像すると、おもしろいかもしれない。

なお、「牽強付会《けんきょうふかい》」とは〝強引に結びつける〟ことをいう。

けん

険

11画

［音読み］ケン
［訓読み］けわ-しい
［部首］阝（こざとへん）

どちらを向いても断崖絶壁！

「冒険《ぼうけん》」は〝危険を冒《おか》す〟こと。「探険《たんけん》」は〝危険な場所を探りながら進む〟こと。「保険《ほけん》」は〝危険が生じたときに助ける〟こと。「危険《きけん》」に代表される、さまざまな〝**あぶないこと**〟を表す漢字である。

転じて、性格・行動などが〝**他人を傷つける**〟ことをも意味する。「陰険《いんけん》」「邪険《じゃけん》」「険悪《けんあく》」「険《けわ》しい表情」などがその例。

以前は「險」と書くのが正式。部首「阝」は「阜」（p525）の変形で、〝盛り上がった土〟を表す。「僉《せん》」は〝一点に集中する〟という意味。合わせて、〝**まわりが切り立っている場所**〟を表す。「険《けわ》しい山」がその例。鋭い峰のてっぺんにいるような、くらくらするほどの〝あぶなさ〟なのである。

けん

圏

12画

［音読み］ケン
［部首］囗（くにがまえ）

ここより先はダメですよ

「圏外《けんがい》」といえば、現在では〝携帯電話の電波が届かないところ〟。そこからもよくわかるように〝**ある境界線の内側**〟を表す。ただし、「北極圏《ほっきょくけん》」「成層圏《せいそうけん》」のように単なる〝**範囲**〟を指す例は少なく、「安全圏《あんぜんけん》」「合格圏《ごうかくけん》」「通勤圏《つうきんけん》」「生活圏《せいかつけん》」などなど、〝**何かが可能になる範囲**〟をいう場合が多い。

以前は「圈」と書くのが正式。部首「囗」は〝取り巻く〟ことを表す記号。漢字としては〝家畜を閉じこめておく場所〟という意味もあって、閉鎖的なイメージを持つ。そのせいだろうか、「首都圏《しゅとけん》」「ユーロ圏《けん》」「イスラム圏《けん》」「大東亜共栄圏《だいとうあきょうえいけん》」などになると、〝**なわばり**〟の意識が漂ってくる。

けん

堅

12画

［音読み］ケン
［訓読み］かた-い
［部首］土（つち）

信頼しても大丈夫！

部首「土」が示しているように、本来は、踏んだり突いたりして〝簡単にはくずれないようにした土のかたまり〟を表す。転じて、広く〝**簡単にはくずれない**〟という意味で用いられる。「堅固《けんご》」「堅実《けんじつ》」「壁が堅《かた》い」「口が堅《かた》い」「身持ちが堅《かた》い」などがその例。「中堅企業《ちゅうけんきぎょう》」は、業界トップのような派手さはないものの、そう簡単には傾いたりしない。

◆「かたい」と訓読みする漢字には、他にも「固」（p170）「硬」（p194）がある。「固」は〝外からの影響を受けにくい〟こと、「硬」は〝それ自身が変形・変化しにくい〟こと、「堅」は〝簡単にはくずれない〟ことを表す、と一応の区別はできるが、特に「堅」と「固」は、実際の使い分けに迷うことが多い。「固」は「ゆるい」の反対、「硬」は「やわらかい」の反対、「堅」は「もろい」の反対と考えるのも、一つの方法である。

けん

検

12画

［音読み］ケン
［部首］木（きへん）

できれば身近で済ませたい…

「点検《てんけん》」「検討《けんとう》」「検査《けんさ》」「検定《けんてい》」などが身近な例。ネット時代になって「検索《けんさく》」も大人気。〝**細かく調べる**〟ことを表す漢字である。

「車検《しゃけん》」「生検《せいけん》」「精検《せいけん》」などは、**「検査」の省略形**として使われる例。また、「英検《えいけん》」「大検《だいけん》」「漢検《かんけん》」のように、**「検定試験」の省略形**として使われることも多い。

厳しい雰囲気をまとうことが多いのは、しかたのないところ。とはいえ、「検閲《けんえつ》」「検問《けんもん》」「検察《けんさつ》」「検挙《けんきょ》」など〝**取り調べる**〟という意味になると、一般市民としてはあまり関わり合いたくないもの。

この系統では「地検《ちけん》」「送検《そうけん》」のように**「検察」の省略形**として使われることがある。

以前は「檢」と書くのが正式。成り立ちには諸説があるが、本来は〝重要書類をまとめて保存する際、封として用いた木の札〟を指す、とする説が有力である。

けん

絢

12画

［音読み］ケン
［訓読み］あや
［部首］糸（いとへん）

まぶしくって見ていられない！

現在では、「絢爛《けんらん》」の形で使われるのがほとんど。部首「糸」にも現れているように、本来は〝色とりどりの美しい織物〟を指す漢字。広く〝**輝くばかりに美しい**〟ことを表す。視覚効果抜群の漢字である。

「あや」と訓読みすることもあるが、現在では「彩」（p211）を使うのが一般的。ただし、名前ではよく用いられる。

けん

嫌

13画

［音読み］ケン、ゲン
［訓読み］きら-う、いや
［部首］女（おんなへん）

マイナスの中にプラスがひそむ？

「大嫌《だいきら》い」「嫌《いや》がる」「嫌《いや》みたらしい」「嫌気《いやけ》がさす」など、訓読みが印象的。〝**マイナスの感情を抱く**〟ことを表す。音読みの例は多くはなく、「嫌悪《けんお》」「嫌煙権《けんえんけん》」が代表。

「嫌疑《けんぎ》」ではやや異なり、〝**疑わしい**〟という意味。「手を抜きたがる嫌《きら》いがある」のように〝**よくない傾向**〟を指すのは、ここから転じたものか。

「機嫌《きげん》」は、もともと「譏嫌《きげん》」と書いた仏教のことば。「譏」は〝文句を言う〟こと。〝文句を言ったりきらったりする〟ことから転じて、プラスの感情も含めて〝気持ちの状態〟を表すようになったという。現在では「ご機嫌」だけで〝いい気持ち〟を表すこともある。「嫌」の中には〝好き〟が含まれているのかもしれない。

音読みはケンを使うのが大原則。ゲンは奈良時代以前からある古い読み方で、現在では「機嫌」以外では使われない。

以前は「嫌」と書くのが正式。成り立ちには諸説あるが、部首「女」は、ここでは〝心理状態〟を表すと考えられる。

けん

献

13画

［音読み］ケン、コン
［訓読み］ささ-げる、たてまつ-る
［部首］犬（いぬ）

大切な相手のために

「献上《けんじょう》」「献血《けんけつ》」「献花《けんか》」「新作を恩師に献《けん》ずる」など、〝**差し上げる**〟ことを表す。「貢献《こうけん》」「献身的《けんしんてき》」の場合も同じ意味だが、〝**相手のために自分を犠牲にする**〟という意味合いが強い。また、「献杯《けんぱい》」「献酬《けんしゅう》」のように、特に〝**相手にお酒をすすめる**〟ことを表す場合もある。相手を大切に思う気持ちに支えられた漢字である。

「ささげる」「たてまつる」と訓読みできるが、現在ではそれぞれ「捧」(p558)「奉」(p554)を書くのが一般的。

なお、「文献《ぶんけん》」は特殊な例で、〝**知識が豊富な**〟という意味だと説明される。

「献立《こんだて》」は日本語独自の熟語で、〝差し上げる料理の品目〟。音読みはケンを使うのが原則だが、「献立」のほか、〝お酒一杯〟をいう「一献《いっこん》」などでは、奈良時代以前からある古い音読みコンで読む。

以前は「獻」と書くのが正式。部首「犬」は、〝神にささげるために犠牲にされた犬〟。「鬳《けん》」は容器の一種。成り立ちについては、「犬」を調理して「鬳」に入れたのだとする説と、「鬳」を「犬」の血で清めたのだという説がある。

けん 絹 13画

[音読み]ケン
[訓読み]きぬ
[部首]糸（いとへん）

モノと一緒にことばも伝わる

昆虫の一種〝かいこ〟の幼虫は、一本の糸をえんえんと吐き出してまゆを作る。このまゆをお湯に入れてほぐすと、糸に戻すことができる。このようにして〝かいこのまゆから取った糸〟が「生糸《きいと》」であり、「絹《きぬ》」は〝**生糸で作った織物**〟で、いわゆる〝シルク〟。音読みでは「絹布《けんぷ》」「絹糸《けんし》」のように用いられる。

日本に中国から〝絹〟の製法が伝わったのは、弥生時代らしい。そこで、そのころの中国語での「絹」の発音が、日本語「きぬ」の語源となった、と考える説もある。そういわれれば、訓読み「きぬ」と音読みケンは、似ていなくもない。

けん 遣 13画

[音読み]ケン
[訓読み]つか-わす、や-る、つか-う
[部首]辶（しんにょう、しんにゅう）

命じたとおりに行きなさい！

部首「辶」は、以前は「辶」と書くのが正式で、〝移動〟を表す。「派遣《はけん》」「遣唐使《けんとうし》」「先遣隊《せんけんたい》」など、〝**役目を与えてどこかへ行かせる**〟ことが代表的な意味。基本的に〝上から目線〟の漢字である。

それがよく出ているのが、訓読み「つかわす」。「使者を遣《つか》わす」のように〝行かせる〟という意味で用いるほか、かなり時代がかった表現だが、「ほめて遣《つか》わす」のように、上の者が下の者に対して〝**何かをしてあげる**〟**ことを尊大な気持ちをこめて表す**日本語独自の用法もある。

訓読み「やる」も〝行かせる〟ことで、「子どもをおつかいに遣る」のように用いる。「つかわす」に比べるとましだが乱暴さは残るので、使い方には注意が必要だろう。

また、日本語「やる」は広く〝**何かをする**〟ことをも表すので、「遣《や》り方《かた》」「遣《や》り切《き》れない」「遣《や》り損《そこ》なう」などと書くこともある。現在ではこれらはかな書きが自然だが、「遣《や》り繰《く》り」などはたまに見かけることもある。

◆訓読み「つかう」は、現在では「使」(p231)を書くのが一般的。「遣」を「つかう」と読んで用いるのは、「つかわす」から派生した日本語独自の用法。そこで、〝**思ったとおりにつかう**〟という意味合いを含むことが多いようである。「ことば遣《づか》い」「文字遣《づか》い」「仮名遣《づか》い」「気を遣《つか》う」「心遣《こころづか》い」「お小遣《こづか》い」などが、その例である。

けん 権 15画

[音読み]ケン、ゴン
[部首]木（きへん）

しっかりした判断ができてこそ

「権威《けんい》」「権限《けんげん》」「実権《じっけん》」「職権《しょっけん》」「権勢《けんせい》を誇る」

「権柄《けんぺい》ずく」などなど、〝**自分の判断で何かを実行できる**〟ことを表すのが、代表的な意味。「国権《こっけん》」「王権《おうけん》」「政権《せいけん》」のように、**「権力《けんりょく》」の省略形**のように使われることもある。また、**「権利《けんり》」の省略形**として、「人権《じんけん》」「参政権《さんせいけん》」「日照権《にっしょうけん》」「チャンネル権《けん》」などなど、数多くのことばを生む。

部首「木」が付いている理由ははっきりしないが、古くは〝天秤《てんびん》のおもり〟を指した漢字。重さを量るところから〝判断〟の意味が生じたらしい。

そこで、〝**その場に応じた判断**〟をも表す。〝その場その場の方策〟をいう「権謀《けんぼう》術数《じゅっすう》」がその例。転じて〝**一時的な**〟という意味にもなる。「権化《ごんげ》」は、本来は〝仏が一時的に姿を変えてこの世に現れる〟こと。現在では「悪の権化」「資本主義の権化」など、〝性質や思想が凝り固まったようなもの〟をいう。

音読みはケンを用いるのが原則。ゴンは奈良時代以前からある古い読み方で、「権化《ごんげ》」のほか、「権現《ごんげん》」など仏教のことばで使われることがある。

以前は「權」と書くのが正式。手書きでは略字として「权」を使うこともある。

けん 憲

16画

［音読み］ケン
［部首］心（こころ）

自分たちで決めなくちゃ！

現在では「憲法《けんぽう》」のイメージが強く、「合憲《ごうけん》」「違憲《いけん》」「改憲《かいけん》」「憲政《けんせい》」のように**「憲法」の省略形**として使われることも多い。しかし、「市民憲章《しみんけんしょう》」「学生野球憲章《がくせいやきゅうけんしょう》」などもあるように、「憲法」に限らず、〝**みんなで定めた行動の大原則**〟を表す漢字である。

本来は、定め方はともかく〝**行動を取り締まるきまり**〟を意味する漢字。名前で「のり」と読むのは、〝決まり〟を意味する古語に由来する。

ここから、〝**取り締まる**〟という意味が生じ、「官憲《かんけん》」「憲兵《けんぺい》」など、時には自由を圧迫することにもなりかねない。部首「心」が付いているからには〝心の自由〟にも影響しそう。〝行動のきまり〟は、やはり自分たちで決めなくてはならないのである。

けん 賢

16画

［音読み］ケン
［訓読み］かしこ-い
［部首］貝（かい）

頭の良さもお金で買えるか？

「賢者《けんじゃ》」「賢明《けんめい》な選択」「賢《かしこ》い買い物」など、〝**頭がいい**〟ことを表す。現在では〝要領のよさ〟まで含めていうが、大昔の辞書を見ると、〝徳のある行いをする〟という意味合いがあったようである。

ただし、部首「貝」は〝お金や宝物〟を表す記号だから、本来はそちら方面の意味だったと思われる。なにやら意味深な漢字である。

なお、名前で「まさる」「まさ」と読むのは、〝頭の良さがまさっている〟ことから。また、〝頭の程度が高い〟ことから「たか」と読まれることもある。

けん 謙

17画

［音読み］ケン
［訓読み］へりくだ-る
［部首］言（ごんべん）

主張しなくても魅力的！

自信がなくて控えめにするのと、自信があっても控えめにするのとは、同じように見えても大きく違う。「謙」は後の方を表す漢字で、〝**自分を過信しないで行動する**〟こと。「謙虚《けんきょ》」「謙遜《けんそん》」「謙譲語《けんじょうご》」などがその例。訓読み「へりくだる」は、現在ではかな書きすることが多い。

以前は「謙」と書くのが正式。部首「言」が付いているように、本来は〝ことばを控えめにする〟ことをいうようである。

けん 鍵

キーもロックも一緒くた!?

17画

［音読み］ケン
［訓読み］かぎ
［部首］金（かねへん）

「合い鍵《かぎ》」「鍵《かぎ》を置き忘れる」のように、〝**戸やふたなどが開かないようにする仕掛けを、開けたり閉じたりする器具**〟を表すのが、本来の意味。早い話が、英語ならば key に当たる。

ただし、「鍵《かぎ》を開ける」「鍵《かぎ》を閉める」のように、〝**戸やふたなどが開かないようにする仕掛け**〟本体、つまり英語の lock を指して用いられることもある。本来、〝ロック〟を表す漢字には「鑰《やく》」があるが、こちらも〝キー〟を表すことがあって、中国や日本では、〝キー〟と〝ロック〟の区別はあまり気にしないようである。

〝キー〟の意味から転じて、「事件の鍵《かぎ》を握る」「実態解明の鍵《かぎ》となる」など、〝**重要な手がかり**〟をも表すが、これは英語の影響を受けた、日本語独自の用法。また、「鍵盤楽器《けんばんがっき》」の「鍵」は、英語で key と呼ばれているのを翻訳したもの。この漢字は、用法の面では英語の影響を強く受けているようである。

◆なお、「かぎ針《ばり》」「かぎ爪《づめ》」のように〝ぐいっと曲がっている〟ことを意味する「かぎ」は、漢字で書くならば「鉤」で、「鍵」は使わない。

けん 顕

だれが見てもはっきりわかる

18画

［音読み］ケン
［訓読み］あらわ-す
［部首］頁（おおがい）

すぐに思い浮かぶのは「顕微鏡《けんびきょう》」だが、〝拡大する〟という意味があるわけではない。〝**はっきり目立たせる**〟ことを表す漢字で、「顕在《けんざい》」「顕著《けんちょ》」「露顕《ろけん》」などがその例。名前で「あきら」「あき」と読むのは、〝はっきりしている〟ところから。

◆訓読み「あらわす／あらわれる」は、現在では「表」（p518）か「現」（p168）を書くのが一般的。ただし、「忘れられた偉人を世に顕《あらわ》す」のように、〝**世の中にはっきり知らせ、ほめたたえる**〟場合に、「顕」が用いられることがある。これには、中国の古典『孝経《こうきょう》』の最初に出てくる、「名《な》を後《こう》世《せい》に揚《あ》げて以《もっ》て父母《ふぼ》を顕《あらわ》す」という有名な一節が影響を及ぼしていることと思われる。

以前は「顯」と書くのが正式。〝頭部〟を表す部首「頁」が付いている理由は、諸説があってはっきりしない。

けん 験

つべこべ言わずやってみな！

18画

［音読み］ケン、ゲン
［部首］馬（うまへん）

「実験《じっけん》」「試験《しけん》」によく現れているように、〝**実際にやってみて確かめる**〟ことを表す。「体《たい》験《けん》」「経験《けいけん》」などでは、〝**実際にやってみたこと**〟を指す。「受験《じゅけん》」は日本語独自の熟語らしく、**「試験」の省略形**として用いられた珍しい例。

〝やってみた〟結果から、〝**効き目**〟〝**証拠**〟をもいう。「霊験《れいげん》」は、〝神仏に祈った効き目〟。「験《げん》かつぎ」「験《げん》がいい」の「験」も、本来はこの意味。なお、これらの場合だけ、音読みはゲンを用いる習慣。

以前は「驗」と書くのが正式。部首「馬」が付いている理由には諸説があって、よくわからない。

けん 懸

恋もお月さまも宙ぶらりん…

20画

［音読み］ケン
［訓読み］か-かる、か-ける
［部首］心（こころ）

「縣」は「県」（p157）の以前の書き方で、〝ぶら下げる〟こと。「心」を組み合わせて、〝心が宙ぶらりんである〟ところから、本来は〝**気持ちが落ち着かない**〟ことを表す。

「懸念《けねん》」「懸案《けんあん》」「気に懸《か》かる」「思いを懸《か》ける」などがその例。また、「懸賞《けんしょう》」「命が懸《か》かる」「優勝が懸《か》かる」など、**〝どうなるかわからない〟**という意味をも表す。

ところが、紀元前数世紀の昔から「縣」は行政区画の名称として使われるようになったため、**〝ぶら下がる／ぶら下げる〟**という意味も「懸」で表すようになった。ただし、現在ではこの意味で用いられるのは「懸垂《けんすい》」くらい。この意味の「かかる／かける」を漢字で書く場合は、「懸」は使わず、「掛」(p75)を用いることが多い。

◆「かかる／かける」と訓読みする漢字には「掛」(p75)「架」(p52)「賭」(p447)などもあるが、「懸」は〝宙ぶらりん〟のイメージを持つのが異なる点。そこで、これまでに挙げた例のほか、「空に月が懸《か》かる」のように用いることもある。

なお、音読みはケンだけだが、すでに挙げた「懸念《けねん》」のほか、「懸想《けそう》」の場合は、短縮されてケと読む。

けん 鹸

24画

［音読み］ケン
［部首］鹵（ろのしお）

日用品なのに残念だなあ

現在では「石鹸《せっけん》」以外ではまず用いられない。「鹵」は〝岩塩〟を表す珍しい部首。「鹸」は、古くから洗剤として用いられてきた**〝地中に含まれるアルカリ性の物質〟**を指す。

「石鹸」はその伝統を背負った熟語だが、さすがに字の形が複雑なので「石けん」「せっけん」などと書かれることも多い。「鹼」という略字もあるが、もう少し楽に書ければもっと使われるだろうに、と残念な気がする。

げん 元

4画

［音読み］ゲン、ガン
［訓読み］もと
［部首］儿（ひとあし）

見かけは単純中身は複雑

部首「儿」は「人」の変形。その上に横線を加えて頭の部分を強調した漢字で、〝頭〟を表すのが本来の意味。ただし、さまざまな意味が派生していて、単純なようで実はけっこうむずかしい漢字である。

〝頭〟の意味に最も近いのは、「元首《げんしゅ》」「元帥《げんすい》」「元老《げんろう》」「元締《もとじ》め」など、**〝組織の一番上に立つ者〟**を表す例。そこから転じて、**〝一番最初のもの〟**をも指す。「元年《がんねん》」「元祖《がんそ》」「元日《がんじつ》」「元来《がんらい》」などがその例。この二つの区別は実はあいまいで、「網元《あみもと》」「家元《いえもと》」のように、〝一番上〟とも〝一番最初〟とも取れるものもある。

また、**〝原因・基本となるもの〟**を表すこともある。「元素《げんそ》」「元気《げんき》」「元凶《げんきょう》」「元本《がんぽん》」「製造元《せいぞうもと》」などがその例。自然科学でいう「次元《じげん》」もこの意味の例。「多元的《たげんてき》」とは、〝基本となるものがたくさんある〟こと。ただし、これらの意味も、〝一番最初〟と厳密に区別できるものではない。

「還元《かんげん》」「復元《ふくげん》」「元《もと》プロ選手」などでは、**〝以前の段階〟**を表す。「元号《げんごう》」「紀元《きげん》」では**〝新しい時期の最初となる区切り目〟**。昔の〝男性の成人式〟を表す「元服《げんぷく》」も同じ意味。基本的に〝そこから何かが始まるもの〟を表す漢字である。

◆以上のように複雑な意味がある上に、「もと」と訓読みする漢字には、ほかにも「下」(p48)「基」(p99)「許」(p118)「素」(p360)「本」(p569)などがあるので、使い分けにはほとほと困ってしまう。「元」を用いる場面としては、〝一番最初〟〝原因〟〝以前の段階〟が主なもの。加えて、「親元《おやもと》」「手元《てもと》」「口元《くちもと》」のように、**〝すぐそば〟**を表す場合もある。

二種類の音読みはともによく用いられるが、奈良時代以前からある古い読み方ガンの方が少ないことは確か。ガンと読む場合を押さえていって、残りは平安時代ごろに正式とされたゲンを用いる、と覚えるのがよさそうである。

げん 幻

4画

［音読み］ゲン
［訓読み］まぼろし
［部首］幺（いとがしら）

ようこそ、こちらの世界へ

部首「幺」は〝小さくかすかなもの〟を表す。「幻影《げんえい》」「幻覚《げんかく》」「幻惑《げんわく》」など、**〝実際には存在していないのに、まるで存在しているかのようである〟**という意味で用いられる。送りがな抜きで「まぼろし」と訓読みするが、「夢幻」では、ルビなしでは「むげん」か「ゆめまぼろし」かわからない。かな書きの方が伝わりやすい場合もあるので、注意が必要である。

「変幻自在《へんげんじざい》」は、〝実在しているかどうかわからないほど、思いのままに姿を変える〟こと。「幻滅《げんめつ》」は〝過大な思いこみから覚める〟こと。「幻灯《げんとう》」「幻術《げんじゅつ》」はそれぞれ、〝スライド〟〝イリュージョン〟の古風な呼び方。クラッシック音楽では〝ファンタジー〟を「幻想曲《げんそうきょく》」と訳す。

どのことばを取り上げても、独特の香りがする。別世界へと空想の旅をしてみたくなる漢字である。

げん 玄

5画

［音読み］ゲン
［部首］玄（げん）

すべての国民が哲学者？

〝黒い〟ことを表す。「玄《げん》米《まい》」は、精米する前の〝黒みがかったお米〟。また、暗くて見えないところから**〝奥深い〟**という意味にもなる。「幽玄《ゆうげん》」は、〝奥深く微妙な味わいがある〟こと。「玄人《くろうと》」は、読み方では〝黒い〟を、意味では〝奥深くに達する〟ことを表す、掛けことば的な熟語。

〝奥深い〟ところから、東洋の哲学では**〝真理〟**を意味する漢字として重要。それを今に伝えるのが「玄関《げんかん》」。本来は禅のことばで、〝奥深い真理の世界への入り口〟を表す。日本人とは、みな〝真理の世界〟へと帰宅する哲学民族なのである。

成り立ちとしては〝糸巻き〟と関係があると考えられているが、それ以上は諸説あってはっきりとしない。

部首としては？

漢和辞典では部首の一つだが、「玄」を部首とする漢字には、よく使われるものとしては「率」（p625）があるくらい。それでも部首として扱われているところに、〝真理〟がいかに大切にされてきたかを思うべきだろう。

げん 言

7画

［音読み］ゲン、ゴン
［訓読み］い-う、こと
［部首］言（いう、げん）

意外なところで悩みますよね？

〝ことばとして発する〟ことを表す。「言及《げんきゅう》」「断言《だんげん》」「小声で言《い》う」などがその例。また、「言語《げんご》」「格言《かくげん》」「伝言《でんごん》」「寝言《ねごと》」「独《ひと》り言《ごと》」「言伝《ことづて》」のように、**〝ことば〟**そのものも指す。なお、「ことば」の「ば」は本来は〝端〟という意味だと考えられているので、「言葉《ことば》」と書くのは当て字的な用法。

音読みはゲンを使う方がやや一般的。特に熟語の最初に置かれた場合には、「言語道断《ごんごどうだん》」を除けば、日常的にはゴンと読むことはない。ゴンは奈良時代以前からある古い読み方で、すでに挙げた「伝《でん》言《ごん》」のほか、「無言《むごん》」「遺言《ゆいごん》」「他言《たごん》は無用」「過言《かごん》ではない」「悪口雑言《あっこうぞうごん》」「武士に二言《にごん》はない」などで用いられる。

「いう」と訓読みする漢字には「謂《い》」「云《うん》」などもあるが、現在では、「言」を書くのがふつう。ただし、この辞書でもよく出てくる「○○という意味」「○○ともいえる」のような場合に、「いう」「いえる」などを漢字で書くかかなで書くかは、大問題。基本的には〝ことばとして発する〟場合だけ漢字を使い、ほかはかな書きがいいのだが、実際には区別しにくいことも多い。かといってすべてかな書きにすると落ち着かない場合もあって、この辞書でも、使い分けは実は適当である。

部首としては?

〝ことば〟に関する漢字の部首となる。その数はとても多く、漢和辞典の中でも一大勢力となっている。「記」（p98）「語」（p177）「話」（p651）のように漢字の左側に置かれることがほとんどで、「ごんべん」という名称で親しまれている。「警」（p150）「誓」（p338）「誉」（p607）などそれ以外の部分に現れる場合には、「いう」「げん」「ことば」などと呼ぶ。

げん

弦

8画

［音読み］ゲン
［訓読み］つる
［部首］弓（ゆみへん）

平和と戦争の違い

〝**弓に張り渡して矢をつがえる糸**〟を表す。この意味では「弓弦《ゆづる》」「弦音《つるおと》」など訓読みが使われることが多い。「弦楽器《げんがっき》」「管弦楽《かんげんがく》」「ギターの弦《げん》」のように、音読みでは〝**楽器に張り渡して音を鳴らす糸**〟を表すことが多い。ちなみに、ヴァイオリンや胡弓などでは、「弦」をこする道具を「弓」という。「弓」と「弦」の関係が武器とは異なるのは、平和と戦争の差なのだろう。

なお、比喩的に用いられて、〝**半月《はんげつ》**〟のことを「上弦《じょうげん》」「下弦《かげん》」といったり、数学で〝**円周上の二点を結ぶ線**〟を「弦《げん》」といったりすることもある。

◆似た意味で「つる」と訓読みする漢字には「蔓」もある。「蔓」は植物の〝つる〟を指すのに対して、「弦」は弓の〝つる〟に対してしか使わない。

げん

限

9画

［音読み］ゲン
［訓読み］かぎ-る
［部首］阝（こざとへん）

迫ってくると不安になる…

部首「阝」は「阜」（p525）の変形で、〝盛り上がった土〟を表す。本来は、〝堤防や土壁などで土地を区切る〟ことを指し、転じて、広く〝**区切りを付ける**〟ことをいう。「制限《せいげん》」「限定《げんてい》」「時限爆弾《じげんばくだん》」「限《かぎ》られた予算」「先着五名様限《かぎ》り」などがその例。

「権限《けんげん》」「一限目《いちげんめ》は理科」のように〝**区切りの内側**〟を表す場合もあるが、〝**区切り**〟**そのもの**や〝**区切りのぎりぎりのあたり**〟を指すことの方が多い。例としては、「限界《げんかい》」「限度《げんど》」「極限《きょくげん》」「無限《むげん》」「際限《さいげん》がない」「限《かぎ》りない愛」などが挙げられる。

また、〝区切り〟の範囲が狭くなって、「さんまは目黒に限《かぎ》る」「彼女に限《かぎ》ってそんなことは…」など、〝**それが一番**〟〝○○**だけは**〟という意味を表すこともあるが、これは日本語独自の用法である。

げん

原

10画

［音読み］ゲン
［訓読み］はら
［部首］厂（がんだれ）

訓読みと音読みの差

子どものころ遊んだ「原《はら》っぱ」「野原《のはら》」のほか、「関ケ原《せきがはら》」「美ケ原《うつくしがはら》」「高原《たかはら》」「小原《おはら》」といった固有名詞でよく見かけるので、訓読み「はら」の印象が強い。

しかし、音読みの熟語を探してみると、〝**広く平らな土地**〟という意味で用いられた例は、「草原《そうげん》」「平原《へいげん》」「高原《こうげん》」「原野《げんや》」くらいのもの。「原案《げんあん》」「原稿《げんこう》」「原書《げんしょ》」「原型《げんけい》」「原子《げんし》」「原理《げんり》」「病原体《びょうげんたい》」「原生林《げんせいりん》」など、圧倒的に多くの熟語では、〝**本来の**〟〝**最初の**〟という意味。訓読みと音読みで印象がだいぶ異なる漢字である。

大昔は「原」と書き、〝がけ〟を表す部首「厂」に、「泉」を組み合わせた漢字。〝がけの下からわきでる泉〟を表し、転じて〝本来の〟〝最初の〟という意味を表すようになった。後に、大昔の中国語では〝広く平らな土地〟を意味することばと発音が似ていたため、当て字的に用いられるようになったという。

ちなみに、「源」（p168）は、〝泉〟の意味をはっきりさせるため、「水」が変形した部首「氵」を「原」に付け加えて作られた漢字。「起原《きげん》／起源《きげん》」「語原《ごげん》／語源《ごげん》」のように両方で書かれる熟語もある。

なお、「川原《かわら》」「河原《かわら》」は、「かわはら」が縮まって発音されたもの。

げん 現

11画

［音読み］ゲン
［訓読み］あらわ-す、うつつ
［部首］王（たまへん）

目を開けば〝今〟が見える！

部首「王」は「玉」（p130）の変形で、〝宝石〟を表す。「見」と組み合わせて、本来は〝宝石の輝きが見える〟ことを意味する漢字だという。広く〝**目の前に見える**〟ことを表す。「現金《げんきん》」「現象《げんしょう》」「出現《しゅつげん》」「姿を現《あらわ》す」「舞台に現《あらわ》れる」などがその例。「体現《たいげん》する」とは、〝実際の形として見えるようになる〟こと。

〝目の前に見える〟ところから、〝**今の**〟という意味が生じた。例としては、「現《げん》在《ざい》」「現代《げんだい》」「現状《げんじょう》」「現職《げんしょく》」「現存《げんそん》」など。

また、〝**実際の**／**実際に**〟という意味を表すこともあり、「現場《げんば》」「現物《げんぶつ》」「現地《げんち》」「現《げん》に存在している」のように用いる。

訓読み「うつつ」は日本語独自の用法で、本来は〝**目が覚めている**〟〝**正気でいる**〟こと。それが、「夢現《ゆめうつつ》」の形でよく用いられたため、かえって「現《うつつ》をぬかす」のように〝**夢心地**〟の意味でも使われるようになった。

◆訓読み「あらわす／あらわれる」では、「表」（p518）との使い分けに悩まされる。「表」は〝ある人の考えや気持ちなどが他人にもわかるようになる〟場合に用いられることが多い。対する「現」は、「才能を現《あらわ》す」「効果が現《あらわ》れる」など〝考えや気持ち〟以外について使う、と考えるのがよさそう。ただし、〝出版物としてまとめる〟場合だけは「著」（p416）を使う。また、〝世の中に示してほめたたえる〟という意味で「顕」（p164）を書くこともある。

げん 舷

11画

［音読み］ゲン
［部首］舟（ふねへん）

おかの上では使えない？

〝**船の側面**〟を表し、「右《う》舷《げん》」「左《さ》舷《げん》」「舷側《げんそく》」のように用いる。「接舷《せつげん》」は、〝船が側面を岸壁や他の船にくっつける〟こと。

「ふなべり」「ふなばた」とも訓読みできるが、現在では用いられるのはまれ。使用範囲が非常に限られた漢字である。

げん 減

12画

［音読み］ゲン
［訓読み］へ-る、へ-らす
［部首］氵（さんずい）

要は気持ち次第ですよ！

「減少《げんしょう》」「減退《げんたい》」「減点《げんてん》」「削《さく》減《げん》」「節減《せつげん》」「給料が減《へ》る」「人員を減《へ》らす」などなど、〝**少なくなる**／**する**〟ことを表す。「売り上げから経費を減《げん》じる」のように、〝**引き算をする**〟という意味でも用いられる。

文字通りマイナス感の強い漢字だが、「減税《げんぜい》」「負担軽減《ふたんけいげん》」などは元気を与えてくれる。いいところもあるのである。

なお、「水」が変形した部首「氵」が付いているのは、本来は〝水の流れを少なくする〟ことを表していたからだ、とする説が優勢である。

げん 源

13画

［音読み］ゲン
［訓読み］みなもと
［部首］氵（さんずい）

万物は流れゆく…

「原」（p167）は本来、〝水がわき出る泉〟を表す漢字。その意味をはっきりさせるため、「水」が変形した部首「氵」を加えて作られた漢字で、「水源《すいげん》」「源流《げんりゅう》」「川の源《みなもと》を探す」などがその例。

転じて、広く〝**何かが生まれてくるところ**〟をも表し、「光源《こうげん》」「資源《しげん》」「財源《ざいげん》」「情《じょう》報源《ほうげん》」「文化の源《みなもと》」など、さまざまに用いられる。この意味では、〝本来の〟という意味の「原」とよく似ているので、「起源《きげん》」「語源《ごげん》」などは「起原《きげん》」「語原《ごげん》」とも書く。

あらゆるものを〝水の流れ〟にたとえてしまう、詩的な漢字。ただし、税金の「源泉徴収《げんせんちょうしゅう》」は、〝賃金などを支払う際、支払い元であらかじめ税金をさっぴく〟こと。「源泉」の美しい雰囲気に比して、現実は世知辛い。

げん 厳

17画

［音読み］ゲン、ゴン
［訓読み］おごそ-か、きび-しい
［部首］⺍（つ）

感情的にはけっしてならない

基本的な意味は、〝**張りつめた緊張感がある**〟こと。「厳粛《げんしゅく》」「威厳《いげん》」「荘厳《そうごん》」「厳《おごそ》かな儀式」などでは、それが〝**邪魔をしてはならない**〟ような雰囲気となって表れる。

転じて、「厳《げん》として」のように〝**動かしがたい**〟という意味で使われることもある。

「厳禁《げんきん》」「厳重《げんじゅう》」「厳格《げんかく》」「厳《きび》しく注意する」などでは、〝**従うことを強く求める**〟ことを指す。これが転じると、「厳寒《げんかん》の候《こう》」「厳《きび》しい風土」のように〝**苛酷で容赦しない**〟という意味になる。ただし、本来は〝張りつめた緊張感〟なので感情的な要素は少ないはず。ドロドロした気持ちから相手につらく当たるような場合には、使って欲しくない漢字である。

音読みはゲンを用いるのが原則。ゴンは奈良時代以前からある古い読み方で、すでに挙げた「荘厳《そうごん》」のほかは「華厳《けごん》の滝」くらいでしか使われない。

以前は「嚴」と書くのが正式で、部首は「口」。「厳」には「口」が含まれないので、「⺍」の部首を新設してそこに収める辞書が多いが、中には部首を「攵（のぶん）」としたり、「厂（がんだれ）」としたり、「口」のままにしているものもある。

こ

こ 己

3画

［音読み］コ、キ
［訓読み］おのれ、つちのと
［部首］己（おのれ）

転身をくり返して

〝**その人自身**〟を指す漢字。音読みの熟語の例は少なく、「自己《じこ》」「利己的《りこてき》」「知己《ちき》」「克己心《こっきしん》」の四つを知っておけば十分。音読みコは、奈良時代以前からある古い読み方だが、平安時代ごろに正式とされたキとの間に意味の違いはない。

なお、訓読み「おのれ」は、**相手を見下して呼ぶ**ことばとして使われることがあるが、これは日本語独自の用法。

形が単純なだけに、成り立ちには諸説がある。一致しているのは、本来は別の意味を表す漢字だったものが、大昔の中国語では発音が似ていたことから、当て字的に〝その人自身〟を表すようになったという点。「甲乙丙丁《こうおつへいてい》……」と続く**十干《じっかん》の六番目〝つちのと〟**を表すのも、同じく当て字的用法。この漢字はどうも、当て字にされやすいようである。

なお、名前で「み」と読むことがあるのは、形のよく似た「巳」（ｐ577）に影響されたものと思われる。

部首としては？

漢和辞典では部首の一つ。「己」を部首とする漢字には、「巻」（ｐ82）「巳」（ｐ577）のほか、「巴《ともえ》」「巷《ちまた》」「巽《たつみ》」などがあるが、形の上から便宜的に分類されたものばかりで、部首としてのまとまった意味はない。

こ　戸

4画

⇩ と（ｐ445）

こ　古

5画

［音読み］コ
［訓読み］ふる-い、いにしえ
［部首］口（くち）

時の流れをじっくりと…

大きく分けると二つの意味がある。一つは、〝**過去**〟。「古《こ》代《だい》」「古《こ》都《と》」「古《こ》語《ご》」「懐《かい》古《こ》」「復《ふっ》古《こ》」など例は多い。この場合は「今」（ｐ204）と対になる。もう一つは、〝**長い時間を経ている**〟という意味。「古《こ》米《まい》」「古《こ》城《じょう》」「古《こ》参《さん》」などがその例。この場合に対になるのは「新」（ｐ315）である。

「古《ふる》い時代」「古《ふる》い家」のように、訓読みの「ふるい」はどちらの意味も表すが、「いにしえ」は〝過去〟の意味。また、「使い古《ふる》す」「言い古《ふる》された」のように、〝**長い時間を経たような状態にする**〟という意味で「ふるす」と訓読みすることもある。

〝過去〟は〝長い時間を経た〟ものだから、二つの意味は厳密に区別できるものではない。ただ、あえて分けて考えてみると、一文字の中に、〝時の流れ〟をじっくりと感じることができるだろう。

こ　呼

8画

［音読み］コ
［訓読み］よ-ぶ
［部首］口（くちへん）

音のある〝息〟音のない〝声〟

「呼《よ》び掛《か》ける」「大声で呼《よ》ぶ」のように、〝**声を出して相手の注意をこちらに向ける**〟ことを表すのが、代表的な意味。〝声に出す〟ところから「連《れん》呼《こ》」「歓《かん》呼《こ》の叫び」のように、〝**大声を出す**〟という意味になったり、「点《てん》呼《こ》」のように〝**名前を声に出して確認する**〟ことを指したりする。さらに、「呼《こ》称《しょう》」「呼《よ》び名《な》」のように〝**名前をいう**〟ことを表す場合もある。

一方、〝相手の注意をこちらに向ける〟ところからは、「呼《よ》び鈴《りん》」「呼《よ》び出《だ》す」「呼《よ》び戻《もど》す」のように、〝**依頼してこちらに来てもらう**〟という意味が生まれた。転じて、「議論を呼《よ》ぶ」「評判が評判を呼《よ》ぶ」などでは〝**関心を惹きつける**〟こと。さらに「呼《こ》応《おう》」では、もっと漠然と〝**何かにはたらきかける**〟という意味で使われている。

ただ、「呼《こ》吸《きゅう》」では以上のどの意味でもなく、〝**息を吐き出す**〟ことを表す。また、「嗚《あ》呼《あ》」は本来、大昔の中国語でため息の音を表す擬音語で、「ああ」と読むのは、それを日本語に置き換えたもの。漢字の世界では、〝息〟と〝声〟とはほとんど同じものなのである。

こ　固

8画

［音読み］コ
［訓読み］かた-い
［部首］囗（くにがまえ）

自分の道を行くからね！

部首「囗」は、〝取り巻く〟ことを表す記号。〝**外部からの影響を受けにくい**〟ことを表すのが、基本的なイメージ。

モノとして影響を受けにくい場合が「固《こ》体《たい》」「固《こ》定《てい》」「凝《ぎょう》固《こ》」「ボルトが固《かた》い」「血が固《かた》まる」などで、〝**形や位置が変化しない**〟ことを表す。「頑《がん》固《こ》」「固《こ》辞《じ》」「決意を固《かた》める」「固《かた》い約束」などは気持ちとして影響を受けにくい場合で、〝**気持ちが変化しない**〟ことを指す。「固《こ》有《ゆう》」は、〝変化しないで持っている〟こと。

◆「かたい」と訓読みする漢字には「堅」（p160）「硬」（p194）もある。「堅」は〝簡単にはくずれない〟こと、「硬」は〝それ自身が変形・変化しにくい〟こと、「固」は〝外からの影響を受けにくい〟ことを表す、と一応、区別できるが、「かたい守り」の場合など、「堅」と「固」は使い分けに迷うことが多い。「固」は「ゆるい」の反対、「堅」は「もろい」の反対、「硬」は「やわらかい」の反対と考えるのも、一つの方法である。

こ 姑

8画

［音読み］コ
［訓読み］しゅうとめ
［部首］女（おんなへん）

何でもいいから落ち着きたい

〝**配偶者の母**〟を表すのが代表的な意味。また、〝**とりあえずの**〟という意味もある。「姑息《こそく》な手段」とは、〝とりあえず一息つける手段〟。二つの意味の関係がよくわからないので、世の夫婦たちを何とも落ち着かない気分にさせる漢字である。

こ 孤

8画

［音読み］コ
［部首］子（こどもへん）

さみしいけどドラマチック

部首「子」が示すように、本来は〝**親がいなくなった子ども**〟を表す漢字で、「孤児《こじ》」がその例。転じて、広く〝**たった一人／たった一つである**〟ことを意味する。例としては、「孤《こ》独《どく》」「孤高《ここう》」「孤立《こりつ》」「孤軍奮闘《こぐんふんとう》」「孤城《こじょう》の落日」「絶海の孤島《ことう》」など。一つのものに焦点を当てた瞬間、頼るものもなく広がるまわりの空間がくっきりと浮かび上がる。ドラマチックな漢字である。

こ 弧

8画

［音読み］コ
［部首］弓（ゆみへん）

厳密には（　）のこと

〝**弓なりの形**〟を表す。「括弧《かっこ》」「弧《こ》を描く」がその例。つまり、「括弧」は「丸括《まるかっ》弧《こ》」を指すのが本来で、「かぎ括《かっ》弧《こ》」のような使い方は、変といえば変。

このほか、地理では〝弓なりの形に連なった島々〟を「弧状列島《こじょうれっとう》」という。また、数学では〝**円周の一部分**〟を指し、「円弧《えんこ》」のように使われる。

こ 股

8画

［音読み］コ
［訓読み］また、もも
［部首］月（にくづき）

似たような場所ではありますが…

部首「月」は「肉」の変形で、〝肉体〟を表す記号。「股関節《こかんせつ》」「股下《またした》が長い」「大股《おおまた》で歩く」のように、〝**胴体から二本の脚が分かれている部分**〟を表す。転じて、広く〝**モノが二つ以上に分かれる部分**〟を指しても用いられる。「道が二股《ふたまた》に分かれる」「三《み》つ股《また》になった木」などがその例。

ただし、これらは日本語独自の用法らしい。本来は〝**脚のうち、ひざから上の部分**〟つまり〝もも〟を指す。

「もも」を漢字で「股」と書くと、「また」と読み違いされかねないので、「腿」（p390）と書く方がベター。ところが、「ももひき」は「股引」と書くのが習慣。ややこしいので、「もも」はかな書きすることにするのも、一つの考えである。

なお、〝また〟を表す本来の漢字は、「跨」（p174）である。

こ 虎

8画

［音読み］コ
［訓読み］とら
［部首］虍（とらかんむり）

さまざまな形で大活躍！

動物の〝とら〟を表す。「猛虎《もうこ》」「虎退治《とらたいじ》」などがその例。「竜虎《りゅうこ》の争い」「虎穴《こけつ》に入らずんば虎児《こじ》を得ず」「虎視眈々《こしたんたん》」「虎口《ここう》を脱する」「張り子の虎《とら》」「虎《とら》の子」などなど、数多くの慣用句を生み出すのが特徴。

また、当て字的に用いられることも多

い。「猟虎《らっこ》」は、アイヌ語の発音を漢字で表した当て字的表現。植物の「虎杖《いたどり》」、〝竹の垣根〟を意味する「虎落《もがり》」は、中国語の熟語をそのまま、意味を表す日本語で読むもの。「虎列剌《コレラ》」「虎列拉《コレラ》」は中国で作られた当て字で、なかなか強烈である。

慣用句や当て字が多いところには、昔は〝とら〟が身近でとても大きな存在であったことが現れているのだろう。

なお、「虍」は、〝とら〟に関係することを表す部首。「虎」のほか、「虐」(p109)「虚」(p118)「虞」(p137)などが、「虍」を部首とする漢字の例である。

こ

故

9画

[音読み] コ
[訓読み] ゆえ
[部首] 攵（のぶん）

石を投げれば波が立つ

微妙な意味の広がりを持つ漢字だが、基本的には〝**何らかの事情・関係**〟を表すと考えられる。「故障《こしょう》」「事故《じこ》」は、〝**思いがけない事情**〟。「世故《せこ》にたける」では〝**世の中のさまざまな事情**〟を表すし、「縁故採用《えんこさいよう》」では〝**何らかの人間関係**〟をいう。

〝何らかの事情・関係〟を踏まえて何かを行うと、「故意《こい》」「故殺《こさつ》」など〝**意図的に**〟という意味となる。ここから、「怒り故《ゆえ》の犯行」のように〝**原因・理由**〟を指したり、「我思う、故《ゆえ》に我あり」のように**結論を導き出す**はたらきをしたりする。

〝何らかの事情・関係〟が時間をさかのぼる場合は、「故事《こじ》」「有職故実《ゆうそくこじつ》」のように〝**昔の事情**〟を表す。また、「故郷《こきょう》」「故国《ここく》」では〝**昔、暮らした場所**〟を指す。

また、〝思いがけない事情〟から転じて、「故人《こじん》」「物故《ぶっこ》」では、〝**死ぬ**〟ことを表す。

部首「攵」は〝手に棒を持った形〟で、積極的にはたらきかけるイメージがある。静かな湖に小石を一つ投げ入れると、〝日常〟という水面に〝何らかの事情・関係〟という波が広がっていく。そんなイメージを抱かせる漢字である。

こ

枯

9画

[音読み] コ
[訓読み] か-れる、か-らす
[部首] 木（きへん）

元気はなくても見せ場はあるぞ！

部首「木」が示すように、本来は〝**植物の水分がなくなる**〟ことを表す。「枯《か》れ葉《は》」「木が枯《か》れる」「植木を枯《か》らす」「枯木《こぼく》」などがその例。転じて、広く〝**勢いがなくなる**〟ことをも表す。「栄枯盛衰《えいこせいすい》」がその例。

また、いい意味に転じて〝**渋い趣がある**〟ことを表す場合もある。例としては、「枯《か》れた味わい」「枯淡《こたん》の美」など。

◆「かれる／からす」と訓読みする漢字には「涸」(p173)もある。「涸」は〝流水・湧き水や材料などがなくなる〟場合に使うのに対して、「枯」は〝含まれていた水分や生気がなくなる〟場合に用いる。また、〝声がかれる〟場合に、特に「嗄《さ》」を使うこともある。

こ

個

10画

[音読み] コ
[部首] イ（にんべん）

たった一つでほかにはないもの

「一個《いっこ》」「二個《にこ》」のように、**ものを数えるときに添える**漢字。また、「個別《こべつ》」「個室《こしつ》」「各《かっ》個撃破《こげきは》」など、〝**一つずつ**〟という意味でも用いられる。それが「個人《こじん》」「個性《こせい》」「個《こ》の力」になると、〝**全体の中で独立した一つ**〟というニュアンスが強くなる。

◆「箇」(p57)も本来は同じ意味の漢字。現在では、「個」はコと読む場合にだけ使うのに対して、「箇」は「三箇月《さんかげつ》」「箇条書《かじょうが》き」「故障している箇所《かしょ》」など、カと読む場合にしか用いられない。

こ

庫

10画

[音読み] コ、ク
[部首] 广（まだれ）

いっぱいがいいか空っぽがいいか

部首「广」は〝建物〟を表す記号。「車」を組み合わせて、本来は**〝馬車などをしまっておく建物〟**を表す。「車庫《しゃこ》」が最も本来の用法に近い。

転じて、**〝何かを保存しておく入れ物や建物〟**をも指す。「倉庫《そうこ》」「金庫《きんこ》」「冷蔵庫《れいぞうこ》」「格納庫《かくのうこ》」などなど、例は多い。「文庫《ぶんこ》」も、本来は〝書物をしまっておくところ〟。また、「出庫《しゅっこ》」「入庫《にゅうこ》」「在庫《ざいこ》」のように**「倉庫」の省略形**としても使われることも多い。

「庫裏《くり》」は仏教のことばで、〝お寺の中の居住スペース〟を指す。クは奈良時代以前からある古い音読みで、現在ではこのことば以外ではまず用いられない。

こ 涸

11画

［音読み］コ
［訓読み］か-れる、か-らす
［部首］氵（さんずい）

大事なものが出てこない…

部首「氵」は「水」の変形。「井戸が涸《か》れる」「涙が涸《か》れる」「池の水を涸《か》らす」など、**〝川や湖・泉などの水がなくなる〟**ことを表す。転じて、「資源の涸渇《こかつ》」「アイデアが涸《か》れる」のように、**〝これまで出てきていた原材料などが、出てこなくなる〟**ことをもいう。

◆「かれる／からす」と訓読みする漢字には、「枯」（p172）もある。「枯」は〝含まれていた水分や生気がなくなる〟場合に用いるのに対して、「涸」は〝流水・湧き水や材料などがなくなる〟場合に使う。また、〝声がかれる〟場合に、特に「嗄《さ》」を使うこともある。

こ 湖

12画

［音読み］コ
［訓読み］みずうみ、うみ
［部首］氵（さんずい）

〝海〟とたいして違わないぜ！

部首「氵」は「水」の変形。**陸地の中で広々と水をたたえた〝みずうみ〟**を表す。「琵琶湖《びわこ》」「ネス湖《こ》」「白鳥の湖《みずうみ》」などのほか、「湖水《こすい》」「湖上《こじょう》」「湖畔《こはん》」のようにも使われる。

古い日本語では、〝みずうみ〟のことも「うみ」と呼んだので、現在でも古風でみやびな雰囲気を出すために、「志賀《しが》の湖《うみ》」「諏訪《すわ》の湖《うみ》」「いのちの湖《うみ》」のように「うみ」と訓読みすることがある。ちなみに、かつての名横綱「北《きた》の湖《うみ》」の四股名《しこな》は、出身地の洞爺湖《とうやこ》に由来するという。

こ 雇

12画

［音読み］コ
［訓読み］やと-う
［部首］隹（ふるとり）

どのように始まったのやら

「雇用《こよう》」「解雇《かいこ》」「弁護士を雇《やと》う」「雇《やと》われ店長」など、**〝お金を払って仕事をしてもらう〟**ことを表す。部首「隹」（p322）は〝鳥〟を表す記号だが、なぜこの部首が付いているのかは、諸説があってよくわからない。仕事とお金の関係という、人間社会ではとても重要な意味を持つ漢字なのに、成り立ちがはっきりしないというのは、この関係が抱える複雑な問題を暗示しているようで、おもしろい。

こ 誇

13画

［音読み］コ
［訓読み］ほこ-る
［部首］言（ごんべん）

まずはことばに気をつけなさい

「誇示《こじ》」「勝《か》ち誇《ほこ》る」「誇《ほこ》らしげ」「わが町の誇《ほこ》り」のように用いるので、**〝自慢する〟**というイメージが強い。また一方では、「誇張《こちょう》」「誇大宣伝《こだいせんでん》」のように、**〝大げさに表現する〟**ことをも表す。〝自慢〟と〝大げさ〟が背中合わせであることを教えてくれる漢字である。

部首「言」が示しているように、本来は〝大げさに言う〟ことを表す。確かに、〝自慢〟であれ〝大げさ〟であれ、そもそもことばから始まるわけで、どこまでも教訓的な漢字なのである。

こ
跨
13画
［音読み］コ
［訓読み］また-ぐ
［部首］⻊（あしへん）

真上から見下ろすように

部首「足」にも現れているように、**〝両足で上から何かをはさむ〟**ことが、基本的な意味。「敷居を跨《また》ぐ」「らくだに跨《また》がる」などがその例。転じて、「跨線橋《こせんきょう》」「年を跨《また》ぐ」のように、**〝境界となるものを越える〟**という意味でも使われる。

現在の日本語では〝またぐ／またがる〟の意味でしか使わないが、漢字としては、胴体から足が分かれる部分〝また〟をも指す。故事成語「韓信《かんしん》のまたくぐり」の「また」も、原文では「跨下《こか》」。ちなみに、日本語で足の〝また〟を指して使う「股」（p171）は、本来は足の〝もも〟を表す。

なお、訓読み「またがる」は、「跨《またが》る」のように「る」だけを送りがなとすることもあるが、「またぐ」との関係を考えると、「跨《また》がる」の方が適切かと思われる。

こ
鼓
13画
［音読み］コ
［訓読み］つづみ
［部首］鼓（つづみ）

あなたもきっと持っています！

筒の口に膜を張った打楽器〝つづみ〟を表す。「太《たい》鼓《こ》」「小《こ》鼓《つづみ》」のほか、「鼓笛隊《こてきたい》」や心臓の「鼓動《こどう》」、耳の「鼓膜《こまく》」、さらには「舌鼓《したつづみ》を打つ」「腹鼓《はらつづみ》を打つ」など、用いられる場面は意外と多い。また、〝励ます〟という意味の「鼓吹《こすい》」のように、**〝打楽器を打つ〟**ことを指す場合もある。

部首としては？

こんなにも複雑な形をしているのに部首になるのは、ちょっとした驚き。〝つづみ〟に関する漢字の部首となり、「鼓」以外の例としては、〝つづみの音〟を表す「鼛《とう》」、〝振りつづみ〟なるものを表す「鼗《とう》」、〝攻めつづみ〟なるものを表す「鼙《へい》」など。〝つづみ〟の世界も奥が深いようである。

こ
糊
15画
［音読み］コ
［訓読み］のり
［部首］米（こめへん）

役に立つけどごまかしも効く

部首「米」にも現れているように、**〝穀物を煮てどろどろにしたもの〟**を表す。接着剤として用いられるところから、「糊《のり》付《づ》け」「液《えき》状《じょう》糊《のり》」「スティック糊《のり》」など、**〝接着剤〟**一般を指す。ただし、訓読み「のり」はかな書きされることも多い。

また、**〝おかゆ〟**をも指す。「糊口《ここう》をしのぐ」とは、〝おかゆで空腹をしのぐ〟ところから、〝なんとか暮らしていく〟こと。

どろどろしていることから、**〝はっきりしないようす〟**をも表す。「曖昧模糊《あいまいもこ》」がその例。「自分の失敗を糊塗《こと》する」のように使う「糊塗」は、〝うやむやにする〟こと。〝どろどろ〟にも〝いいどろどろ〟と〝悪いどろどろ〟があるようである。

こ
錮
16画
［音読み］コ
［部首］金（かねへん）

一ミリのすき間も許さない！

「禁錮《きんこ》」とは、法律に基づく刑罰の一つ。現在では、「錮」がこれ以外に用いられることはほとんどない。**〝閉じこめる〟**ことを表す漢字である。

本来は、〝溶かした金属を流し込んですき間をふさぐ〟という意味で、部首「金」が付いているのはそのなごり、単に〝閉じこめる〟のではなく、空気の出入りすら許さないわけで、考えるだけで息苦しくなってくる。

こ
顧
21画
［音読み］コ
［訓読み］かえり-みる
［部首］頁（おおがい）

親しくってなつかしい…

部首「頁」は〝頭部〟を表す記号。本来は**〝頭を回して**

見る〟ことを表す漢字で、「観客席を顧《かえり》みる」のように用いる。「後顧《こうこ》の憂《うれ》いがない」は、比喩的に用いられた例。また、「子ども時代を回顧《かいこ》する」のように〝**過去のことを思い出す**〟という意味にもなる。

転じて、〝わざわざ見る〟ところから〝**何かと気にかける**〟ことをも表す。「顧客《こきゃく》」「顧問《こもん》」「顧慮《こりょ》」「ご愛顧《あいこ》を賜《たまわ》る」などがその例。また、「三顧《さんこ》の礼」とは〝何度もこちらから会いに行ってお迎えする〟こと。

◆「かえりみる」と訓読みする漢字には「省」（p335）もある。「顧」と「省」には意味の違いはほとんどないが、「反省」のイメージから、〝自分を批判的にかえりみる〟場合には「省」を用いるのがふつう。「顧」は、「家族のことを顧《かえり》みる」「お金のことは顧《かえり》みない」「青春時代を顧《かえり》みる」など、〝自分以外のものごとや過去の自分〟に対して用いることが多い。なつかしさが漂う漢字である。

ご 五

4画

［音読み］ゴ
［訓読み］いつ-つ
［部首］二（に）

心に雨が降りそそぐ…

〝**数の5**〟を表す。成り立ちには諸説あり、部首「二」は、形の上から便宜的に分類されたもので、意味の関係はない。

「五十嵐《いがらし》」「五十六《いそろく》」のように、固有名詞で「い」と読むことがあるのは、訓読み「いつつ」に由来する。また、「五月《さつき》」は、漢字の熟語をそのまま、意味を表す日本語で読む当て字的表現。二文字まとめて「さつき」と読むのであり、「五」に「さ」という読み方があるわけではない。同様に、「五月雨《さみだれ》」は〝旧暦の五月ごろに降り続く雨〟で、〝梅雨《つゆ》〟のこと。「五月蠅《さばえ》」は〝旧暦の五月ごろに群がって生ずるハエ〟のこと。そこから生まれた「五月蠅《うるさ》い」という当て字は有名である。

他の月では、こういった当て字は目立たない。日本人にとって梅雨はやはり、印象深い〝五番目の季節〟なのだろう。

なお、小切手や契約書などでは、後から書き換えられるのを防ぐために「伍」（p176）を用いることがある。

ご 互

4画

［音読み］ゴ
［訓読み］たが-い
［部首］二（に）

本家よりもふさわしい!?

〝**双方向の関係がある**〟ことを表す。「相互《そうご》」「交互《こうご》」「互《たが》いにほめ合う」「お互《たが》いの利益」などがその例。

「互角《ごかく》」は、本来は仏教のことばで、「牛角《ごかく》」と書き、〝牛の二本の角のように優劣がない〟ことを表す。つまり「互角」は当て字で、ぴったりした当て字が本家をしのいでしまった例である。

ご 午

4画

［音読み］ゴ
［訓読み］うま
［部首］十（じゅう）

そろそろ眠たくなる時間?

「子《ね》丑《うし》寅《とら》卯《う》…」と続く〝**十二支の七番目**〟。「午《うま》年《どし》」のように用いるほか、昔の時刻の表し方では、「午《うま》の刻《こく》」は現在の午後〇時前後の時間帯を表したので、「正午《しょうご》」「午前《ごぜん》」「午後《ごご》」のようにも使われる。ここから〝**お昼どき**／**昼下がり**〟という意味にもなる。「午餐《ごさん》」といえば〝お昼の食事〟、「午睡《ごすい》」といえば〝昼寝〟のこと。また、方角では〝南〟を指し、「子午線《しごせん》」とは〝北極と南極を結んでできる線〟。

本来は穀物をすりつぶしたり脱穀したりするのに用いる棒〝きね〟を表す漢字だった、とする説が有力。大昔の中国語では〝十二支の七番目〟を指すことばと発音が似ていたことから、当て字的に使われるようになった、と考えられている。十二支に動物を当てはめるのは後から生まれた習慣で、それによれば〝うま〟となり「うま」と訓読みもするが、「午」に動物の〝うま〟の意味があるわけではない。

なお、部首「十」は形の上から便宜的に分類されたもので、意味の関係はない。

ご 伍

6画

［音読み］ゴ
［部首］亻（にんべん）

秘密戦隊じゃないけれど…


部首「亻」は「人」の変形。

本来は、軍隊などで〝五人ずつの組〟を指す漢字。軍隊の階級の一つ「伍長《ごちょう》」は、そのなごり。転じて、広く〝**目的を同じくする仲間**〟を意味する。「隊伍《たいご》を組む」「落伍《らくご》する」などがその例。また、「一流選手に伍《ご》する」のように〝**仲間入りする**〟という意味でも使われる。

なお、小切手や契約書などでは、後から書き換えられるのを防ぐために「五」（p175）の代わりに用いられることもある。

ご 呉

7画

［音読み］ゴ
［訓読み］くれ
［部首］口（くち）

大きな河のほとりで

紀元前数世紀の昔に、中国南部、長江の下流にあった国の名前。後に〝長江下流地域〟を指すようになった。日本では、〝**中国**〟**全体**をいう。訓読み「くれ」は、〝中国〟を意味する古語。

そこから〝**中国渡来のもの**〟を指して使われ、「呉服《ごふく》」「呉竹《くれたけ》」などがその例。「くれない」も本来は植物の〝べにばな〟のことで、語源は「呉《くれ》の藍《あい》」だという。

なお、「お小遣いを呉《く》れる」「早くして呉《く》れ」のように、〝**こちらに何かを与える**〟〝**こちらのために何かをする**〟という意味で用いるのは、漢字の意味とは関係のない当て字。現在ではかな書きが自然である。

以前は「吳」と書くのが正式。部首「口」は、形の上から便宜的に分類されたもので、意味の関係はない。

ご 吾

7画

［音読み］ゴ
［訓読み］われ、わが、あ、あが
［部首］口（くち）

古風なところがかえって魅力に？

〝**自分自身**〟**を指す**漢字。「吾輩《わがはい》」がその代表。ただし、「我」（p58）とほぼ同じ意味で、「われ／わが」を漢字で書く場合は、現在では「我」を使う方が多い。
なお、訓読み「あ／あが」は〝**私の**〟という意味の古語。現在でも「吾子《あこ》」「吾妻《あづま》」「吾妻《あがつま》」のように用いられることがある。

ご 後

9画

［音読み］ゴ、コウ
［訓読み］あと、のち、うし-ろ、おく-れる
［部首］彳（ぎょうにんべん）

ことばに表れる文化の違い

部首「彳」は〝移動〟を表す。基本的には〝**順序が遅い方**〟を指す漢字。「後半《こうはん》」「後悔《こうかい》」「今後《こんご》」「後《あと》の祭り」「晴れ後《のち》くもり」などでは、〝**時間的に順序が遅い方**〟を表す。

一方、「後方《こうほう》」「後退《こうたい》」「最後尾《さいこうび》」「列の後《うし》ろ」などでは、〝**空間的に順序が遅い方**〟を表す。転じて、〝**正面とは反対の方向**〟も指し、「後部座席《こうぶざせき》」「教室の後《うし》ろ」「背後《はいご》」などがその例。さらには、「後《うし》ろ指」「敵に後《うし》ろを見せない」のように〝**背中**〟を意味することもある。
◆訓読み「おくれる」では、「遅」（p408）との使い分けが問題。〝時間的におくれる〟場合には「遅」を用い、〝**感覚的・場所的におくれる**〟場合には「後」を書く。「気《き》後《おく》れ」「後《おく》れを取る」「後《おく》れ毛」などがその例で、現在では「後《おく》れ」の形で用いられることが多い。なお、「流行におくれる」は、「後」「遅」の両方が使われるのが習慣。
◆また、似た意味で「あと」と訓読みする漢字には「跡」（p344）もある。「跡」は〝何

かが存在した印〟である点が、〝順序が遅い方〟を表す「後」とは異なる。

音読みでは、ゴが奈良時代以前からある古い読み方。コウとの間に意味の違いはないが、「食後《しょくご》」「直後《ちょくご》」「三年後《さんねんご》」「空《くう》前絶後《ぜんぜつご》」など、熟語の最後に置かれる場合にはゴと読む。

意味は〝順序が遅い〟でほぼ一貫しているのに、訓読みするとさまざまな日本語になる。さらに、「おくれる」や「あと」では別の漢字との意味の違いが問題になる。中国語と日本語のものの見方の違いを、改めて考えさせられる。

ご 娯

10画

［音読み］ゴ
［訓読み］たの-しい
［部首］女（おんなへん）

いてくれないとつまらない

現在では「娯楽《ごらく》」の形で使うのがほとんど。〝**仕事や勉強とは別に、おもしろいことをしてたのしむ**〟ことを表す。特定の場面にしか登場しないのに、いないとみんなが困るという、ちゃっかり者の漢字である。

◆訓読み「たのしい／たのしむ」は、現在では「楽」（p74）を書くのがふつう。あえて「娯」を使うと、〝娯楽〟の雰囲気が出ることはいうまでもない。以前は「娯」と書くのが正式。部首「女」は、ここでは〝心理状態〟を表す。

ご 悟

10画

［音読み］ゴ
［訓読み］さと-る
［部首］忄（りっしんべん）

おサルさんもいつかは気づく？

「自分の過ちを悟《さと》る」「悟《さと》りの境地」「覚悟《かくご》を決める」など、〝**はっきりと理解して、気持ちが動かなくなる**〟ことを表す。仏教では〝**この世の真理を直感的に理解する**〟ことを表す漢字で、『西遊記』に登場する猿の名前「悟空《ごくう》」も、本来は〝この世の一切が空しいと理解する〟という意味。

◆「さとる」と訓読みする漢字には「覚」（p72）もある。「覚」は「敵が来たと覚《さと》る」のように単に〝感じ取る〟場合に用いるのに対して、「悟」は〝気持ちが動かなくなる〟というニュアンスが強い。

ご 御

12画

⇩ ぎょ（p119）

ご 碁

13画

［音読み］ゴ
［部首］石（いし）

あっちでも盛んなんだけどなあ…

本来は、「棊」（p101）とともに、囲碁・将棋・すごろくなど〝**ボードゲーム**〟全般を表す。音読みもキ・ゴの二種類があった。現在では、「碁」はゴと読んで〝囲碁〟、「棋」はキと読んで〝将棋〟を指すことが多い。石の駒と、木の駒とが分化した、おもしろい例である。

ただし、中国語では〝囲碁〟のことも「棋《チー》」で表す。また、日本の〝将棋〟に相当するのは「象棋《シャンチー》」。〝囲碁〟は中国でも盛んなのに、「碁」はほとんど使われない。少なくともこの分野では、日本人の方が漢字に対するこだわりが強いらしい。

ご 語

14画

［音読み］ゴ
［訓読み］かた-る
［部首］言（ごんべん）

いろいろな内容がこの一文字に！

さまざまなレベルの〝**ことば**〟を表す漢字。「単語《たんご》」「語義《ごぎ》」「語尾《ごび》」「語源《ごげん》」などでは、〝**意味として最も小さなまとまりをなす一つのことば**〟で、英語のwordに相当する。「標語《ひょうご》」「語調《ごちょう》」「語勢《ごせい》」になると、英語ならばphraseに当たる〝**ひとつらなりのことば**〟を指す。さらに「言語《げんご》」「国語《こくご》」「英語《えいご》」「中国語《ちゅうごくご》」では、〝**ある集団が話すことば全体**〟の意味。英語ならばlanguageということになる。

また一方で、〝**ことばを話す**〟ことをも表す。「私語《しご》は禁止」「豪語《ごうご》する」などがその例。この場合、訓読みでは「かたる」と読むが、「友だちと語《かた》る」「市民と語《かた》る」「恋人たちの語《かた》らい」など〝**ことばをやりとりする**〟ことを表したり、「サッカーを語《かた》る」「人生を語《かた》る」「弾《ひ》き語《がた》り」のように、〝**まとまった内容のあることを話す**〟という意味になる場合が多い。「語録《ごろく》」「落語《らくご》」「物《もの》語《がたり》」などは、そういった〝**まとまった内容のある話**〟を表す例。英語ならばspeakやtalkのほか、さらにはstoryまですべてが「語」に詰まっている感じである。

これだけ広い範囲が一文字で表されるというのは、漢字の奥深さの表れ。逆に言えば、熟語にしたり、ひらがなを添えて訓読みしたりしないと意味がはっきりしない、ともいえる。両方の意味で、とても漢字らしい漢字である。

ご 誤

14画

［音読み］ゴ
［訓読み］あやま-る
［部首］言（ごんべん）

おわびをするのは次の段階

「誤解《ごかい》」「誤算《ごさん》」「誤植《ごしょく》」「錯誤《さくご》」「判断を誤《あやま》る」などなど、〝**間違える**〟ことを表す。

◆「あやまる」と訓読みする漢字には「謝」（p253）もあるが、「謝」が〝おわびをする〟のに対して、「誤」は〝間違える〟なので、使い分けに迷うことはあまりない。また、似た意味を持つ「過」（p55）との使い分けも気になるが、現在では「あやまる／あやまり」の場合は「誤」、「あやまつ／あやまち」の場合は「過」と書くので、こちらも迷うことはない。

なお、以前は「誤」と書くのが正式。

ご 護

20画

［音読み］ゴ
［訓読み］まも-る
［部首］言（ごんべん）

武器なんか使わなくても！

成り立ちには諸説があるが、部首「言」が付いているからには、本来は〝ことば〟に関する意味を持っていたのだろう。「まもる」と訓読みできるが、〝**暴力の被害を防ぐ**〟ことを表すのは「警護《けいご》」「護衛《ごえい》」「護送《ごそう》」「護身術《しんじゅつ》」くらい。「愛護《あいご》」「保護《ほご》」「援護《えんご》」「救護《きゅうご》」「護憲《ごけん》」「護岸工事《ごがんこうじ》」などなど、〝**危険を取り除いて大切にする**〟という意味で用いられることが多い。

◆訓読み「まもる」は、現在では「守」（p258）を使うのがふつう。あえて「あなたを護《まも》りたい」などと書けば、〝大切にする〟のイメージが強く出ることになる。

こう 乞

3画

［音読み］コツ
［訓読み］こ-う
［部首］乙（おつ）

どうしても必要なのです…

「命乞《いのちご》い」「雨乞《あまご》い」「許しを乞《こ》う」のように、〝**モノや行動を求めて、相手にお願いする**〟ことを表す。「乞食」は、本来は「こつじき」と読み、〝一般の人に食事を求める〟という仏教の修行。現在は「こじき」と読み、〝他人に食事をもらって生活する人〟を指す。マイナスのニュアンスが強いので、注意が必要なことばである。

◆似た意味で「こう」と訓読みする漢字には「請」（p339）もある。一般的には「請」を使うが、〝どうしても欲しい〟という気持ちが強い場合には、「乞」が用いられる。

なお、部首「乙」は形の上から便宜的に分類されたもの。意味の関係はない。

こう 口

3画

［音読み］コウ、ク
［訓読み］くち
［部首］口（くち）

中に収まるさまざまな用法

代表的な意味は、例を挙げるまでもなく、〝**動物が食物を取り入れるところ**〟。また、広く〝**開いているところ**〟や〝**出たり入ったりするところ**〟をも指す。

ことばを発するところでもあることから、〝**ことば**〟の意味ともなる。「口調《くちょう》」「口頭《こうとう》」「口論《こうろん》」「悪口《わるくち》」「陰口《かげぐち》」などがその例。「口外《こうがい》するな」では、〝**しゃべる**〟こと。また、「口当《くちあ》たり」「口《くち》に合わない」のように〝**味覚**〟を指したり、「人口《じんこう》」「口減《くちべ》らし」のように〝**人の数**〟を表したりもする。

このほか、日本語独特の用法も豊富。「秋口《あきぐち》」「肩口《かたぐち》」「序《じょ》の口《くち》」などでは〝**最初の部分**〟。「銀行口座《ぎんこうこうざ》」「一口《ひとくち》二万円」「大口《おおくち》の取引先」などでは、〝**お金や仕事などのひとまとまり**〟。「勤《つと》め口《ぐち》」「売《う》れ口《くち》」のように〝**落ち着き先**〟を意味したり、「手口《てぐち》」「やり口《くち》」のように〝**方法**〟を指すこともある。

音読みはコウを用いるのが大原則。クは奈良時代以前からある古い読み方だが、現在ではすでに挙げた「口調《くちょう》」のほか、「異口同音《いくどうおん》」などでしか用いられない。

部首としては?

漢和辞典で多くのページを占める部首。その中には、「喫」(p108)「吸」(p112)「味」(p578)のように明らかに〝口〟に関係する意味を持つ漢字もあるが、単に「口」という形を含むだけに見えるものも多い。

そこで、それらの多くでは、「口」は〝くち〟を表すのではなく、〝神への祈りを記した文章を納めた箱〟であると解釈する説明が付く、というのが、漢字学者として知られる白川静《しらかわしずか》の説。白川漢字学の大きな特色となっている。

なお、漢字の左側に置かれた場合は「くちへん」、それ以外は単に「くち」という。

工

こう

3画

[音読み] コウ、ク
[訓読み] たくみ
[部首] 工(たくみ)

小さなものから大きなものまで

「工芸《こうげい》」「工具《こうぐ》」「図工《ずこう》」「加工《かこう》」など、〝**上手に物を作り出す**〟ことを表す。また、「名工《めいこう》」「大工《だいく》」「画工《がこう》」などでは、〝**職人**〟を指す。

訓読み「たくみ」は〝職人〟のことだが、現在では「匠」(p286)と書く方がふつう。

「工事《こうじ》」「工場《こうじょう》」「工業《こうぎょう》」「着工《ちゃっこう》」「起工《きこう》」などなど、比較的規模の大きなものを作り出す場合に用いられることが多い。それにともなって、「工員《こういん》」「女工《じょこう》」「熟練《じゅくれん》工《こう》」のように〝**工場で働く人**〟のイメージが強くなっている。

音読みはコウを用いるのが原則。クは奈良時代以前からある古い読み方だが、現在でも、すでに挙げた「大工《だいく》」のほか、「工夫《くふう》」「工面《くめん》」「細工《さいく》」「石工《いしく》」などで使われる。なお、「工夫」は、コウフと読めば〝工事をする人〟の意味となる。

本来は〝直角に曲がった物差し〟の絵だった、とする説が有力。ただし、〝のみ〟だとか〝金属をきたえるときに使う台〟の絵だった、という説もある。

部首としては?

「巧」(p180)「左」(p207)「差」(p208)などの部首となる。どれもさかのぼれば、なんらかの〝技術〟と関係してくる漢字。なお、漢字の左側に現れる場合には、「たくみへん」と呼ばれる。

公

こう

4画

[音読み] コウ、ク
[訓読み] おおやけ
[部首] 八(はちがしら)

ちっぽけな自分はさておいて

国家や社会・企業・団体などで、〝**全体に関わる**〟ことを表す。「公共《こうきょう》」「公用《こうよう》」「公《こう》開《かい》」「公益《こうえき》」「公《おおやけ》のため」などがその例。

転じて、〝**片寄りがない**〟ことをも表す。「公平《こうへい》」「公正《こうせい》」「公明正大《こうめいせいだい》」などがその例。数学の「公式《こうしき》」「公約数《こうやくすう》」などは、〝**全体に共通する**〟という意味で用いられた例。

昔は、〝**君主**〟の意味でも用いられた。名前で使われる読み方「きみ」は、〝君主〟のこと。さらには、国家や組織の中で〝**最も高い地位にある人びと**〟をもいい、「公《こう》爵《しゃく》」「公家《くげ》」がその例。「主人公《しゅじんこう》」は本来、家やお店などの〝一番えらい人〟で、「主《しゅ》人《じん》」と同じ。「奉公《ほうこう》」とは〝主人のために働く〟こと。

「家康公《いえやすこう》」のように、**名前の下に付けて敬意を表す**のは、そこから転じたもの。それがやがて、「熊公《くまこう》」「ハチ公《こう》」など、かなり軽い気持ちで使われるようになった。〝全体＝君主や主人〟という身分社会の考え方に対して、庶民が痛烈なパンチを浴びせているようにも思える。

音読みはコウを用いるのが原則。クは奈良時代以前からある古い読み方で、すでに挙げた「公家《くげ》」のほか、「公卿《くぎょう》」「公《く》事《じ》」「公方《くぼう》」などでしか使われない。

なお、部首「八」は形の上から便宜的に分類されたもので、意味の関係はない。

こう 勾

4画

［音読み］コウ
［訓読み］まが
［部首］勹（つつみがまえ）

刑事ドラマには出てこない？

大昔の日本の装飾品「勾玉《まがたま》」は、弓なりに曲がった宝石に穴を開けて、首飾りなどに用いたもの。これが本来の意味に最も近く、**〝ぐにゃっと曲がる〟**ことを表す漢字。「勾配《こうばい》」は日本語オリジナルの熟語で、〝曲がる〟から転じて**〝坂道の傾斜〟**をいう。

逃げる者を先端がかぎ型に曲がった道具で引っかけてつかまえるところから、「勾引《こういん》」「勾留《こうりゅう》」など、**〝警察や裁判所が引き留める〟**という意味ともなる。時代劇の捕り物のイメージである。

なお、もともとは「句」（p135）の形を少しくずした漢字。部首「勹」は形の上から便宜的に分類されたものである。

こう 孔

4画

［音読み］コウ、ク
［訓読み］あな
［部首］子（こどもへん）

向こう側はわからない…

「瞳孔《どうこう》」「気孔《きこう》」「鼻孔《びこう》」など、**〝くぼんだり、向こう側まで突き抜けたりした部分〟**を表す。

◆「あな」と訓読みする漢字には「穴」（p153）もある。「孔」は〝突き抜けた部分〟を、「穴」は〝くぼみ〟を表すと説明することも多いが、実際には、それほど厳密な区別はされていない。この使い分けは、あまり気にしなくてよいと思われる。

音読みはコウを用いるのが大原則。クは奈良時代以前からある古い読み方。現在では「孔雀《くじゃく》」くらいでしか使われない。

なお、成り立ちには諸説あり、部首「子」が何を表すかもはっきりしない。

こう 功

5画

［音読み］コウ、ク
［部首］力（ちから）

おめでとう よくやった！

「成功《せいこう》」「戦功《せんこう》」「功名《こうみょう》」「功《こう》労者《ろうしゃ》」「年功序列《ねんこうじょれつ》」など、**〝成し遂げた立派な成果〟**を表す。「いさお」と訓読みすることもできるが、現在ではやや古めかしいことば。あえて使う場合も「勲」（p141）と書くことが多い。

転じて、**〝成果を挙げる〟**ことをも表す。「功能《こうのう》」「功利的《こうりてき》」や、仏教で〝よい結果として返ってくるような、よい行い〟を指す「功徳《くどく》」などがその例。

音読みはコウを用いるのが大原則。クは奈良時代以前からある古い読み方。現在、使われるのは「功徳《くどく》」くらいである。

こう 巧

5画

［音読み］コウ
［訓読み］たく-み
［部首］工（たくみへん）

上手なのはいいのですが…

部首「工」は〝技術〟を表す。本来の意味は、**〝手先を器用に使って何かを作る〟**こと。「精巧《せいこう》な機械」「巧緻《こうち》を極《きわ》める」などがその例。転じて、広く**〝ものごとをうまく処理する〟**ことを表す。例としては、「巧妙《こうみょう》なトリック」「試合巧者《しあいこうしゃ》」など。

◆訓読み「たくみ」は、「巧《たく》みな庖丁《ほうちょう》さばき」のように〝器用な〟の意味で用いるのがふつう。「この道四〇年の匠《たくみ》」のように〝すぐれた職人〟を表す場合には「匠」（p286）と書くことが多い。

〝手先が器用〟というイメージから、**〝表面だけうまくとりつくろう〟**という意味にもなる。「巧言《こうげん》」「ことば巧《たく》みに」がその代表例。「悪巧《わるだく》み」では**〝人をおとしいれる計画〟**。また「巧妙《こうみょう》な」「技巧的《ぎこうてき》」なども、あまりよくない意味になることもある。器用すぎるのも、考えものなのである。

こう 広 5画

［音読み］コウ
［訓読み］ひろ-い、ひろ-がる
［部首］广（まだれ）

あちらの方から こちらの方まで

「広域《こういき》」「広大《こうだい》」「広角《こうかく》」「広《ひろ》場《ば》」「庭が広《ひろ》い」「広《ひろ》い通り」「度量が広《ひろ》い」などなど、**〝面積や幅・範囲などが大きい〟**ことを表すのが、本来の意味。**〝面積や幅・範囲などを大きくする〟**ことをもいい、「広告《こうこく》」「タオルを広《ひろ》げる」「被害が広《ひろ》がる」「うわさが広《ひろ》まる」「教えを広《ひろ》める」のように用いられる。

◆「ひろがる／ひろげる」と訓読みする漢字には「拡」（p70）もあるが、現在では「広」を書くのがふつう。あえて「拡」を使うと、積極的なニュアンスが出る。また、「展」（p442）を用いて〝目の前にひろがる〟という感じを出すこともある。また、「ひろめる」でも積極的な意味合いを出すために「弘」（p181）を書くことがある。

以前は「廣」と書くのが正式。部首「广」は〝建物〟を表すので、本来は〝面積の大きな建物〟を意味したと考えられている。

こう 弘 5画

［音読み］コウ
［訓読み］ひろ-める
［部首］弓（ゆみへん）

多ければ多いほど…

現在では名前以外に使われることは少ないが、**〝範囲が大きい〟**ことを表す漢字。**〝より多くの人に影響を与える〟**という意味で使われることが多い。「弘済《こうさい》」は、〝多くの人を救う〟こと。「弘法大師《こうぼうだいし》」の「弘法」は、〝仏教を多くの人に伝える〟こと。

◆訓読み「ひろめる」は、現在では「広」（p181）を書くのがふつう。あえて「教えを弘《ひろ》める」「知識を弘《ひろ》める」のように書くと、積極的なイメージが強調される。

なお、奈良時代以前からある古い読み方にグがあるが、現在では仏教の特殊なことばでしか使われない。

部首「弓」が付いていることから、成り立ちについては、〝弓の音が広がる〟〝引きしぼった弓が広がる〟などの説がある。

こう 甲 5画

［音読み］コウ、カン、カッ
［訓読み］かぶと、きのえ
［部首］田（た）

一番はやっぱり 得だねえ

本来は、**〝かめなどの体をおおう硬い殻〟**を表す。「甲羅《こうら》」「亀甲《きっこう》」「甲殻類《こうかくるい》」などがその例。転じて、「甲冑《かっちゅう》」「装甲《そうこう》」「甲板《かんぱん》」のように**〝中身を守るための硬いおおい〟**をもいう。

ただし、「鎧《よろい》甲《かぶと》」「甲《かぶと》を脱ぐ」のように**〝頭部を守る武具〟**だけを指すのは、日本語独自の用法。「手の甲《こう》」「足の甲《こう》」のように**〝手足の表側の比較的硬い部分〟**を指すのも、日本語のオリジナルである。

このほか、「甲乙丙丁《こうおつへいてい》…」と続く**十干《じっかん》の一番目〝きのえ〟**を指しても用いられる。これは、大昔の中国語で〝十干の一番目〟を表すことばと発音が似ていたことから、当て字的に用いられたものだと考えられている。転じて、「甲乙《こうおつ》を付ける」のように、**〝最もすぐれたもの〟**をも表す。また、「甲種免許《こうしゅめんきょ》」「焼酎甲種《しょうちゅうこうしゅ》」のように、**分類の〝一番目〟**を表す漢字としても使われることもある。

なお、〝音がとても高い〟ことを表す

「甲高《かんだか》い」は、日本の音楽で〝**一番高い音域**〟をこの漢字で表すところから来た用法。十干の一番目であることから、いろいろと使い道が広がっている漢字である。

音読みはコウを用いるのが原則。昔はカフと発音されていたため、続く発音によってはそれが変化して、「甲冑《かっちゅう》」のようにカッと読むことがある。また、「甲高《かんだか》い」「甲板《かんぱん》」のようにカンと読むのも、カフが変化したもの。

なお、部首「田」は形の上から便宜的に分類されたもので、意味の関係はない。

こう

交

6画

［音読み］コウ
［訓読み］まじ-わる、ま-じる、ま-ざる、ま-ぜる、か-う、か-わす
［部首］亠（なべぶた）

二人が出会うと何かが起こる？

訓読みがたくさんあって混乱しやすいが、基本的なイメージは、〝**別々のものが、別々の方向からやって来る**〟こと。二つのものの関係を表す漢字である。

やって来た別々のものが〝**ぶつかり合う**〟のが、「交差《こうさ》」「交戦《こうせん》」「交錯《こうさく》」「線が交《まじ》わる」「剣を交《まじ》える」「入り交《ま》じる」などの場合。相手を〝**間にはさみ込む**〟のが「休憩を交《まじ》える」「部外者も交《まじ》える」などの場合。

〝**すれ違って行き過ぎる**〟のが、「交通《こうつう》」「行《ゆ》き交《か》う人びと」「罵声《ばせい》が飛《と》び交《か》う」などの場合ということになる。また、「交換《こうかん》」「交代《こうたい》」「交易《こうえき》」のように〝**互いの位置を入れかえる**〟という意味になることもある。

一方、二つのものが〝**代わる代わるお互いへと向かっていく**〟ことを表すのが、「交互《こうご》」「交信《こうしん》」「ことばを交《か》わす」など。さらには、〝**代わる代わる生じる**〟という意味で、「悲喜交々《ひきこもごも》」のように二文字重ねて「こもごも」と訓読みすることもあるが、現在ではかな書きするのが自然である。

また、二つのものが〝**お互いに影響を及ぼす**〟ことをも表す。「交際《こうさい》」「交渉《こうしょう》」「外交《がいこう》」「契約を交《か》わす」「友人と交《まじ》わる」などが、その例である。

《◆訓読み「まじる／まざる／まぜる」では、「混」（p205）との使い分けが問題となる。「混」は〝一つになる〟ところに重点があるが、「交」の基本は〝二つのものの関係〟。そこで、見分けがつかなくなる「混」に対して、「交」はもとのものが残っている場合に使われる。「漢字仮名交《かんじかなま》じり文《ぶん》」がその代表例。ただし、この使い分けは意識の置きどころに左右される面が大きい。たとえば、「白髪交《しらがま》じり」と書けば、一本一本の毛の色に注目した表現となるし、「白髪混《しらがま》じり」と書けば、全体をアバウトにとらえた表現となる。

成り立ちとしては、〝人が足を組んでいる姿〟の絵から生まれた漢字だと考えられている。二本の足は、どのように組んでみても一つにはならないのである。

こう

光

6画

［音読み］コウ
［訓読み］ひか-る、ひかり
［部首］儿（ひとあし）

暗い中でこそひときわ目立つ！

例を挙げるまでもなく、**炎や日月・電灯**などの〝**輝き**〟を表す漢字。転じて、「栄光《えいこう》」「威光《いこう》」「光栄《こうえい》」のように〝**輝かしい**〟という意味でも用いられる。

「光景《こうけい》」「観光《かんこう》」「風光明媚《ふうこうめいび》」などでは、光によって見える〝**景色**〟を表す。また、「光陰《こういん》」は本来は〝明るいときと暗いとき〟で、転じて〝月日の流れ〟をいう。

部首「儿」は「人」の変形。上半分は「火」の変形。組み合わせて〝火を持つ人〟の姿を表すという。本来的には〝灯《ともしび》の光〟を表す漢字で、闇あっての明るさであることを、再認識すべきなのだろう。

名前で「てる」と読むのは、〝照らす〟の意味から。「みつ」と読むのは、〝光が満

ちる〟からだという。

こう 向

6画

［音読み］コウ
［訓読み］む-く、む-ける、む-かう、む-こう
［部首］口（くち）

あの窓の灯りを目指して？

「こちらを向《む》く」「目を向《む》ける」「北へ向《む》かう」のように、〝**あるところを目指して移動する／させる**〟ことを表す。転じて、〝**あるところを目指して変化する／させる**〟の意味ともなる。「向上心《こうじょうしん》」「気が向《む》いたらどうぞ」「季節は春に向《む》かう」などがその例。

　また、〝**目指す先がどちらにあるか**〟を示すこともある。例としては、「方向《ほうこう》」「風《かざ》向《む》き」「対向車線《たいこうしゃせん》」「傾向《けいこう》」「安定志向《あんていしこう》」「世論の動向《どうこう》」などが挙げられる。

　「マラソン向《む》きの性格」「お弁当に向《む》くおかず」のように、〝目指す〟から転じて〝**ぴったりする**〟ことを表すのは、日本語独特の用法。「お向《む》かいさん」「山の向《む》こう」など〝**こちらとは反対側**〟を表すのも、日本語オリジナルである。

　古代文字では「」と書き、〝家の窓〟を表す。それが〝目指す〟という意味になったのは、〝窓から風が流れる〟からとも、大昔の中国語で発音が似ていたから当て字的に使われたものともいう。

こう 后

6画

［音読み］コウ、ゴ
［訓読み］きさき
［部首］口（くち）

この世でたった一人の女性

〝**王や皇帝・天皇の正妻**〟を表す。「皇后《こうごう》」がその例。「太后《たいこう》」「皇太后《こうたいごう》」は、〝先代の王や皇帝・天皇の妻〟。

◆「妃」（p509）も同じく「きさき」と訓読みするが、「妃」が〝王族や皇族の妻〟を表すのとは違い、「后」は原則としてただ一人しかいない。

　また、古くから「後」（p176）と同じ意味・読み方を表す漢字として用いられてきた。現在でも「午后《ごご》」と書くことがあるし、現代中国では「后」を使う方が正式。これについては、「後」と発音が同じだから当て字的に用いたとする説と、「后」の本来の意味が〝のち〟なのだとする説がある。成り立ちにも諸説があり、部首「口」が付いている理由もはっきりしない。

こう 好

6画

［音読み］コウ
［訓読み］す-く、この-む、よ-い
［部首］女（おんなへん）

客観的な理由はなくても…

部首「女」は、〝心理状態〟を表す。「好意《こうい》」「好《こう》物《ぶつ》」「愛好《あいこう》」「友好《ゆうこう》」「好《す》きな映画」「好《この》みのタイプ」のように、〝**興味や愛情・親しみを感じる**〟ことが、基本的な意味。

　転じて、〝**気持ちがいい**〟ことをも表す。「好感《こうかん》」「好調《こうちょう》」「良好《りょうこう》」「好《この》ましい感触」などがその例。また、「好演《こうえん》」「好守《こうしゅ》」「好景《こうけい》気《き》」では、〝**すばらしい**〟という意味。

　さらには、〝**ぴったりしている**〟ことをいう場合もある。例としては、「絶好《ぜっこう》のチャンス」「格好《かっこう》の題材」「好敵手《こうてきしゅ》」など。

◆訓読み「よい」は、現在では「良」（p630）を使うことが最も多い。「好」は、「居心地が好《よ》い」「好《よ》い気持ち」など、〝興味や愛情・親しみ〟といった感情をいう場面にふさわしい。その「よい」は客観的な判断なのか自分の気持ちなのか。よく考えてから使いたい漢字である。

こう 江

6画

［音読み］コウ
［訓読み］え
［部首］氵（さんずい）

はるか長江のほとりから

水の流れる〝**川**〟を表す。

　本来は、中国第一の大河「長江《ちょうこう》」を指す漢字。現在では「浙江《せっこう》」「湘江《しょうこう》」「黒竜江《こくりゅうこう》」など中国全域の川の名前に使われ、ソウルを流れる「漢江《ハンガン》」のように朝鮮半島でも用いられる。

「江湖《こうこ》」とは、〝川と湖〟から転じて、広く〝世間〟をいう。日本語では〝川〟の意味で使うのはこれくらいで、訓読みで「え」と読んで、「入《い》り江《え》」のように**〝海や川が入り組んだ岸辺〟**を表すことが多い。島根県の「松江《まつえ》」、愛媛県の「川之江《かわのえ》」、そして「江戸《えど》」など、地名にもよく使われる。

長江下流には水郷が多い。そのあたりからやって来た渡来人が、故郷をなつかしんで〝入り江〟を「江」と呼んだのだろうか。そんなことを考えてみたくなる。

こう 考 6画

［音読み］コウ
［訓読み］かんが-える
［部首］耂（おいがしら）

実は長生きの秘訣!?

「考案《こうあん》」「考慮《こうりょ》」「思考《しこう》」「参考《さんこう》」「突き詰めて考《かんが》える」「新しい考《かんが》え」など、**〝結論を得ようと思いをめぐらす〟**ことを表す。「考査《こうさ》」「選考《せんこう》」「人事考課《じんじこうか》」などでは、**〝実地に調べて思いをめぐらす〟**こと。

部首「耂」は「老」の省略形。「考」は、本来は〝長生きする〟という意味。〝思いをめぐらす〟ことを表すのは、大昔の中国語で発音が似ていたので、当て字的に用いられたからという。当て字的とはいえ、経験が生み出す知恵について、考えさせてくれる成り立ちである。

こう 行 6画

［音読み］コウ、ギョウ、アン
［訓読み］い-く、ゆ-く、おこな-う
［部首］行（ぎょうがまえ）

進めば進むほど意味は広がる

〝ある方向へ進む〟ことを表すのが基本の意味。「急行《きゅうこう》」「直行《ちょっこう》」「飛行《ひこう》」「行進《こうしん》」「図書館に行《い》く」「行方知《ゆくえし》れず」などがその例。少し転じて、「旅行《りょこう》」「紀行《きこう》」「行商《ぎょうしょう》」「行楽《こうらく》」「逃避行《とうひこう》」のように、**〝出かけてあちこちを動き回る〟**ことをも表す。そのバリエーションだと思われるのが「発行《はっこう》」「刊行《かんこう》」「流行《りゅうこう》」「行《ゆ》き渡《わた》る」で、**〝あちこちに届く／届ける〟**という意味。

また、〝ある方向へ進む〟から転じて、**〝並ぶ〟**という意味にもなる。「行列《ぎょうれつ》」がその代表。「行間《ぎょうかん》」「改行《かいぎょう》」などの「行《ぎょう》」も、**〝文字の並び〟**のこと。

一方で、ある方向性を持って**〝何かをする〟**という意味になることも多い。例としては、「行動《こうどう》」「行政《ぎょうせい》」「執行《しっこう》」「品行《ひんこう》」「試合を行《おこな》う」「日ごろの行《おこな》い」など。「修行《しゅぎょう》」「苦行《くぎょう》」「行者《ぎょうじゃ》」のように、特に**〝宗教上の訓練をする〟**ことを指す場合もある。

そのほか、使用例の少ない意味がいくつかある。たとえば「銀行《ぎんこう》」に見られる**〝お店〟**の意味。これは、昔、中国の都市で〝同業者のお店が並んだところ〟を「行《こう》」と呼んだことに由来する。「行員《こういん》」「本行《ほんこう》」「入行《にゅうこう》」などは**「銀行」の省略形**。また、「行書《ぎょうしょ》」は**〝くずし字〟**の一つ。さらには、中国では**〝歌〟の一種**をも表す。日本でも、小林旭が歌った「北帰行《ほっきこう》」は、その例ではないかと思われる。

「学校へ行《い》く」のように**〝何度も通う〟**という意味で用いるのは、日本語独自の用法。**〝状態が変わる〟こと**を意味する「移《うつ》り行《ゆ》く」も日本語オリジナルのようで、「移行《いこう》」も中国語には見られない熟語。また、日本語では「うまく行《い》く」「納得が行《い》く」「行き違《ちが》い」のように、**〝事態が進展する〟**という意味でも用いられる。

なお、中国の古典には〝年を経る〟ことをいう「行年《こうねん》」という表現はあるが、「行《ゆ》く年」「行《ゆ》く春」のように**〝時間が過ぎ去る〟**という意味で用いるのは日本語独特。同様に、「行水《こうすい》」で〝流れる水〟を表すことはあるが、「行《ゆ》く川の流れ」のように**〝流れ去る〟**という意味で使うのは、日本語だけらしい。〝去る〟というニュアンスが付け加わるのは、日本人好みの特徴なのかもしれない。

◆「いく／ゆく」と訓読みする漢字には「逝」（ｐ335）もある。日本語では、〝亡くなる〟場合に「逝」を用い、それ以外の「いく／ゆく」は「行」で表す。また、特に〝かえり〟に対する〝いき〟を表したい場合には、「往」（ｐ41）を書くこともある。

　音読みは三種類あるが、平安時代ごろに正式とされたコウと、奈良時代以前からあるギョウは、どちらもよく用いられる。ただし、〝訓練する〟や〝文字の並び〟などの場合は、ギョウとしか読まない。アンは鎌倉時代ごろ以降に伝わった新しい音読みで、「行灯《あんどん》」「行脚《あんぎゃ》」「行宮《あんぐう》」「行火《あんか》」など、**〝あちこちに移動可能な〟**という意味の場合だけ使われる。

　なお、古代文字では「[illegible]」と書き、本来は〝十字路〟を表すと考えられている。

部首としては？

　〝道路〟や〝移動〟に関係する漢字の部首となる。「街」（ｐ68）「衛」（ｐ33）「衝」（ｐ297）などがその例。左右二つに分かれて、ほかの構成要素を間にはさむという珍しいタイプの部首で、「ぎょうがまえ」と呼ばれる。

こう　坑

7画
［音読み］コウ
［部首］土（つちへん）

地中深くへ伸びていく…

「炭坑《たんこう》」「坑道《こうどう》」「坑夫《こうふ》」のように、**〝石炭や鉱石などを掘り出すための穴〟**を表す。中国の古典では**〝穴に突き落とす〟〝生き埋めにする〟**という意味で用いられることもある。「焚書《ふんしょ》坑儒《こうじゅ》」がその例で、書物を焼いたり学者を生き埋めにしたりして、〝学問や言論の自由を迫害する〟ことをいう。

こう　孝

7画
［音読み］コウ
［部首］子（こども）

おばあちゃんをおんぶしている？

　部首「子」の上に、「老」の省略形「耂（おいがしら）」を載せた形。**〝子どもが親や祖父母などを大切にする〟**ことを表す。「孝行《こうこう》」「孝《こう》養《よう》」「親不孝《おやふこう》」などがその例。名前で「たかし」「たか」と読むのは、それが〝徳の高い〟ことだと考えられたからだろう。

　なお、辞書によっては、部首を「耂」とするものもある。

こう　宏

7画
［音読み］コウ
［部首］宀（うかんむり）

名前の世界で生き続ける

　部首「宀」は〝建物〟を表す記号。本来は〝建物の規模が大きい〟という意味で、広く**〝規模が大きい〟**ことを指す。「宏壮《こうそう》」「宏大《こうだい》」「宏《こう》量《りょう》」などがその例だが、「広」（ｐ181）と読み方・意味ともに似ているので、現在では「広壮《こうそう》」「広大《こうだい》」「広量《こうりょう》」と書かれることが多い。とはいえ、「ひろし」「ひろ」などと読む名前では、今でもよく使われる。

こう　抗

7画
［音読み］コウ
［訓読み］あらが-う
［部首］扌（てへん）

やられたらやり返す！

「抗議《こうぎ》」「抵抗《ていこう》」「反抗《はんこう》」「風に抗《あらが》う」「大勢《たいせい》に抗《こう》しきれない」のように、**〝さからう〟**ことを表す。また、やや転じて、「対抗《たいこう》」「拮抗《きっこう》」「抗争《こうそう》」「抗論《こうろん》」のように**〝対等に競い合う〟**という意味にもなる。

　部首「扌」は「手」の変形で、〝動作〟を表す。〝やって来るものにやり返す〟という、血の気の多い漢字である。

こう　攻

7画
［音読み］コウ
［訓読み］せ-める
［部首］攵（のぶん）

勝利を目指して戦うぞ！

　部首「攵」は〝手に棒を持った形〟。「攻撃《こうげき》」「攻《こう》略《りゃく》」「猛攻《もうこう》」「正攻法《せいこうほう》」「城を攻《せ》める」など、**〝相手に打ち勝とうとする〟**ことを表す。

◆「せめる」と訓読みする漢字には「責」

（p343）もある。「責」は〝罪を問いただす〟ことで、いわば〝善悪〟の問題。「攻」を使うのは、〝勝敗〟が問題となる場合だという違いがある。

一方、「工」（p179）には〝上手にものを作る〟という意味がある。そこで「攻」も、〝宝石をきれいに磨き上げる〟という意味で用いられることがあり、転じて〝**一生懸命に研究する**〟ことを表す。学問でいう「専攻《せんこう》」が、その例である。

こう 更

7画

［音読み］コウ
［訓読み］か-える、さら、ふ-ける、ふ-かす
［部首］日（ひらび）

思い切って捨て去りましょう

本来の意味は、「更《こう》新《しん》」「変《へん》更《こう》」「契約《けいやく》更《こう》改《かい》」のように〝**新しいものに取り換える**〟こと。この場合には「かえる」と訓読みするが、現在では「衣《ころも》更《が》え」のような例以外では、あまり用いられない。

訓読みでよく使うのは、「更《さら》に検討が必要だ」「今更《いまさら》ながら」などの「さら」。この場合は〝**新しいものを付け加える**〟ことを表す。基本的に〝新しいもの〟志向の漢字で、ときにコウという硬い響きとあいまって、〝古いもの〟への非難をも含む。

「修正《しゅうせい》」「訂正《ていせい》」よりは「更正《こうせい》」の方が厳しいイメージがあるし、「大臣を更迭《こうてつ》する」といえば、その大臣が〝辞めさせられる〟ことを意味するのも、そのせいだろう。

一方、〝新しい経験を積み重ねる〟ことをも指し、そこから転じたと思われるのが、〝**夜が深まる**〟という意味。「夜更《よふ》け」「夜《よ》更《ふ》かし」などがその例である。

なお、部首「日」は、形の上から便宜的に分類されたもの。意味の関係はない。

こう 効

8画

［音読み］コウ
［訓読み］き-く
［部首］力（ちから）

期待通りの結果を出させる

以前は「效」と書くのが正式で、部首も「攵（のぶん）」。「攵」は〝棒を手に持った形〟で、「効／效」は、本来は〝強制的に習得させる〟の意味。その結果が出るところから、〝**期待された結果が得られる**〟ことを表す。「効《こう》果《か》」「効用《こうよう》」「有効《ゆうこう》」「肩こりに効《き》く」「効《き》き目《め》が長持ち」などがその例。「時効《じこう》」とは、〝時の経過によって、罪を問われないという結果が得られる〟こと。

◆似た意味で「きく」と訓読みする漢字には「利」（p621）もあって、使い分けがまぎらわしい。「利」は〝うまくはたらく〟場合に、「効」は〝はたらいた結果が出る〟場合に使うのが基本。ただし、この違いは微妙なので、「利用」「効果」のどちらに意味が近いかによって使い分けるのも一つの考えである。

こう 幸

8画

［音読み］コウ
［訓読み］さいわ-い、さち、しあわ-せ
［部首］干（かん）

どんな読み方でもハッピーさ！

「幸福《こうふく》」「ご多幸《たこう》をお祈りします」「もっけの幸《さいわ》い」「君に幸《さち》あれ」「幸《しあわ》せな家族」のように、〝**運に恵まれて満足する**〟ことを表す。訓読みは三種類あるが、どれで読んでも基本的に意味は変わらない。

「幸先《さいさき》がよい」で「さい」と読むのは、「さち」が変化したもの。また、「海の幸《さち》」「山の幸」では〝**大自然の恵み**〟を指すが、これは日本語独得の用法。

このほか、〝**王や皇帝・天皇がある場所に行く**〟ことを表す場合があり、「行幸《ぎょうこう》」「巡幸《じゅんこう》」などがその例。名前で「ゆき」と読むのは、この意味に由来する。また、「みゆき」は「行《ゆ》き」に敬意を表す「み」を付けたことば。名前で使われる読み方「みゆき」の語源である。

なお、部首「干」は形の上から便宜的に分類されたもの。意味の関係はない。

こう
拘
8画
［音読み］コウ
［訓読み］かか-わる、こだわ-る
［部首］扌（てへん）

ひっかかって なかなか取れない…

「句」（p135）には〝ぐにゃっと曲がる〟という意味がある。「手」が変形した部首「扌」を組み合わせて、先端がかぎ型に曲がった道具で引っかけて〝**相手をつかまえる**〟ことを表すのが、基本的な意味。「拘《こう》束《そく》」「拘留《こうりゅう》」「拘置所《こうちしょ》」などがその例。

「勾」（p180）と意味がとてもよく似た漢字で、事実、「拘留」に対して「勾留《こうりゅう》」という熟語もある。現在の日本語では、「拘留」は刑罰の一つ、「勾留」は刑罰ではない場合、と使い分ける。

また、〝引っかける〟ところから、〝**離れがたい関係がある**〟ことも表す。この意味の場合は「かかわる」と訓読みするが、〝離れがたい〟というニュアンスがあるのが、同じ訓読みをする「関」（p88）とは異なるところ。そこから、「値段に拘《かか》わらず買い求める」「嫌がるにも拘《かか》わらず押しつける」のように「拘《かか》わらず」という形で、〝**制約があってもかまわずに**〟という意味を表すことが多い。

さらに、〝引っかかりを感じる〟ところから、〝**心がとらわれて離れない**〟ことをも表す。「拘泥《こうでい》」「血液型に拘《こだわ》る」などがその例。訓読み「こだわる」は、本来は〝自由になれない〟というマイナスのイメージを持つことばで、「職人の拘《こだわ》り」のようにプラスのニュアンスで用いられるのは、最近になって生まれた新しい用法。そのためか、かな書きされることも多い。

こう
肯
8画
［音読み］コウ
［訓読み］うなず-く、うべな-う、うけが-う、がえん-ずる
［部首］月（にくづき）

どう読んだって イエスはイエス

現在では、「肯定《こうてい》」という熟語で用いられるのがほとんど。〝**そうであると認める**〟ことを表す漢字。訓読みでは「問いかけに肯《うなず》く」のように用いる。「うべなう」「うけがう」「がえんずる」も同じ意味の訓読みだが、現在ではどれもやや古めかしい表現だろう。

部首「月」は「肉」の変形で〝肉体〟を表す。もともとは〝骨に付いた肉〟を表したらしいが、〝承諾する〟へと変化した経緯については、よくわかっていない。

こう
侯
9画
［音読み］コウ
［部首］イ（にんべん）

過去の栄光を しのんで

現在では活躍場所が見つけにくい漢字。部首「イ」は「人」の変形。「侯爵《こうしゃく》」は身分の一つで、「公爵《こうしゃく》」に次いで高い爵位。そこから、「諸侯《しょこう》」「列侯《れっこう》」「王侯貴族《おうこうきぞく》」のように、広く昔の〝**領主**〟を指して用いられる。が、どれも歴史上の用語である。

こう
厚
9画
［音読み］コウ
［訓読み］あつ-い
［部首］厂（がんだれ）

豊かさは 落ち着きの始まり

成り立ちには諸説あるが、部首「厂」は〝がけ〟を表し、本来は〝土が積み重なっている〟という意味だとするのが、わかりやすい。広く、〝**ものの深さや幅がある**〟ことを表す。この意味では訓読みが用いられることが多く、例としては「厚紙《あつがみ》」「厚手《あつで》」「肉厚《にくあつ》」「壁が厚《あつ》い」など。

転じて、「濃厚《のうこう》」「重厚《じゅうこう》」のように〝**中身が豊かである**〟ことをも表す。「厚生《こうせい》」は〝生活を豊かにする〟ことで、〝健康を保つ〟という意味でも用いられる。

それを人づきあいについて用いたのが

「厚意《こうい》」「厚遇《こうぐう》」「温厚《おんこう》な人柄」「厚《あつ》く御礼を申し上げます」などで、**〝心がこもっている〟**という意味。ただし、日本語では、「厚《あつ》かましい」「厚顔無恥《こうがんむち》」など**〝遠慮がない〟**という正反対の意味でも用いるという、おもしろい現象が起きている。

◆基本的なイメージは、〝たっぷりある〟。同じく「あつい」と訓読みする「熱」（p480）「暑」（p281）とはそこが違うので、使い分けに迷うことは少ない。ただし、「篤」（p465）は〝一途な〟という意味で用いられるので、〝心がこもった〟ことを表す場合の「厚」との使い分けは、判断がしにくい。迷った場合には、前のめりなニュアンスを強く出したければ「篤」を、落ち着いた雰囲気を出したければ「厚」を使うのが、おすすめである。

こう

垢

9画

⇩ く（p135）

こう

後

9画

⇩ ご（p176）

こう

恒

9画

［音読み］コウ
［訓読み］つね
［部首］忄（りっしんべん）

インドの大地をずっとずっと…

「毎年恒例《まいとしこうれい》」「恒久減税《こうきゅうげんぜい》」のように、**〝いつも変わらない〟**ことを表す。以前は「恆」と書くのが正式。部首「忄」は「心」の変形だから、本来は心の状態を指したのだろうが、現在では広い意味で用いる。

◆訓読み「つね」は、現在では「常《つね》」（p301）を使うのがふつう。「体調には恒に気をつけている」のように書くと、〝変わらずに〟というニュアンスが強調される。

なお、「恒河《ごうが》」は、インドを流れる川「ガンジス」に当て字したもの。聖なる川に〝いつも変わらない〟という漢字が当てられているのは、象徴的。なお、ゴウは奈良時代以前からある古い音読みで、この熟語以外では用いられない。

こう

洪

9画

［音読み］コウ
［部首］氵（さんずい）

神話の時代のなごり

現在では「洪水《こうずい》」以外に用いられることはまれ。**〝川や湖などの水があふれる〟**ことを表す漢字。転じて、「洪恩《こうおん》」のように**〝大きい〟**という意味を表すこともあるが、現在ではほとんど用いられない。

地質学でいう「洪積世《こうせきせい》」は、ノアの洪水によって地層が形成された時代だ、と信じられていたことによる名称。現在では「更新世《こうしんせい》」と呼ぶのが正式である。

こう

皇

9画

［音読み］コウ、オウ
［部首］白（しろ）

人間界最高の地位

本来は〝天上の世界の支配者〟を指す漢字。紀元前三世紀に中国が初めて統一され、それまでの「王」に代えて「皇帝《こうてい》」の称号が使われ始めて以降、**「皇帝」の省略形**として用いられるようになった。日本では、**「天皇《てんのう》」の省略形**として用いる。「皇室《こうしつ》」「皇太子《こうたいし》」「上皇《じょうこう》」などがその例。

「皇帝」は「王」よりも権威が高いので、たとえば英語ならば King ではなく Emperor の訳語として用いられる。そこで、「チャールズ皇太子」のような使い方は厳密には誤りだと考えられるが、現在では、〝次に「王」になる人〟は「皇太子」と呼ぶのが習慣になっている。

音読みはコウを使うのが原則。オウは奈良時代以前からある古い読み方で、〝出家した天皇〟をいう「法皇《ほうおう》」がその例。また、「天皇《てんのう》」でノウと読むのは、オウが直前のンと結びついたものである。

なお、成り立ちには諸説があり、部首「白」が何を表すかもはっきりしない。

こう 紅

9画

［音読み］コウ、ク、グ
［訓読み］べに、くれない、あか
［部首］糸（いとへん）

まるで明かりが灯ったように

色の〝くれない〟を表す。「紅葉《こうよう》」「紅茶《こうちゃ》」「深紅《しんく》」「紅顔《こうがん》の美少年」「口紅《くちべに》」「ほほが紅《くれない》に染まる」などがその例。具体的にどのような色合いを指すかよりも、〝鮮やかで目立つ〟ことに重点を置いて使われる。

◆訓読み「あか／あかい」は、現在では「赤」（p341）を使うのがふつう。ただし、特に〝鮮やか〟なイメージを出すために、「紅《あか》い唇」「夕焼け空が紅《あか》く輝く」のように書くことがある。

また、「紅一点《こういってん》」「紅白《こうはく》歌合戦」のように、**〝女性〟の象徴**としても使われる。「紅涙《こうるい》を絞《しぼ》る」とは、〝女性が涙を流す〟こと。

音読みはコウを用いるのが大原則。クは、〝真っ赤〟を表す「深紅《しんく》」「真紅《しんく》」でしか用いられない特殊な読み方。グは奈良時代以前からある古い読み方で、〝燃え盛る炎〟をいう「紅蓮《ぐれん》」でしか使われない。

「紅葉」を「もみじ」と読むのは、漢字の熟語をそのまま、意味を表す日本語で読む当て字的表現。樹木の「百日紅《さるすべり》」も同様で、夏の約一〇〇日の間、紅色の花を咲かせることからいう。

なお、部首「糸」が付いているので、本来は〝糸〟の色について いう漢字だったと考えられている。

こう 荒

9画

［音読み］コウ
［訓読み］あ-れる、あ-らす、あら-い、すさ-む、すさ-ぶ
［部首］艹（くさかんむり）

まずは雑草を取り除くこと

〝植物〟を表す部首「艹」にも現れているように、本来は**〝草ばかりが茂って、人が住んだり作物を育てたりできない〟**ことを表す。「荒野《こうや》」「荒涼《こうりょう》とした風景」「荒城《こうじょう》の月」「荒《あ》れ野《の》原《はら》」などがその例。

転じて、「荒天《こうてん》のため欠航」「荒廃《こうはい》した社会」「荒唐無稽《こうとうむけい》」「肌が荒《あ》れる」「試合が荒《あ》れる」「荒《すさ》んだ生活」など、広く**〝乱れた状態である〟**という意味で用いられる。

転じて、日本語では**〝暴力的ではげしい〟**ことをも表す。「気が荒《あら》い」「荒療治《あらりょうじ》」「荒々《あらあら》しい」「強盗に荒《あら》される」「秋風が吹《ふ》き荒《すさ》ぶ」などがその例。

◆「あらい」と訓読みする漢字には「粗」（p360）もある。「粗」は〝こまやかさが足りない〟点にポイントがあるのに対し、「荒」は〝乱れて暴力的〟なイメージで用いられる。ただし、「あらい仕事」のようにまぎらわしい場合も多いので、迷ったらかな書きする勇気も必要だろう。

人類は昔から、草ぼうぼうの土地に手を加えながら、文明を築いてきた。そのたいへんさがよくわかる漢字である。

こう 郊

9画

［音読み］コウ
［部首］阝（おおざと）

タヌキやキツネが住むあたり?

部首「阝」は「邑」（p602）の変形で、〝人の住む場所〟を表す。「郊外《こうがい》」「近郊《きんこう》」のように、**〝町はずれ〟**を意味する漢字。

田畑や林が広がっている地域を指すのが、本来の意味。「郊外の静かな住宅地」「東京近郊のとある街」のように、いわゆる**〝ベッドタウン〟**を指すようになったのは、最近の現象であろう。

こう 香

9画

［音読み］コウ、キョウ
［訓読み］かお-る、か
［部首］香（かおり）

女性と仏のせめぎ合い?

「香水《こうすい》」「芳香《ほうこう》」「バラが香《かお》る」「甘い香《かお》り」など、**〝よい匂いがする〟**ことや**〝よい匂い〟**を表す。

「お香《こう》」「香《こう》の物《もの》」のように、音読みが単独で使われることもあるが、「香《こう》ばしい」は、「かんばしい」が変化したことばに「香」を当てたもの。

主に女性が身のまわりに香りを漂わせるところから、色っぽいイメージで使われることが多い。特に訓読みにその例が多く、「色香《いろか》」「移《うつ》り香《が》」「残《のこ》り香《が》」など、ときには官能的な感覚をくすぐる。と同時に、「線香《せんこう》」「お香典《こうでん》」「香華《こうげ》」など、音読みだといわゆる「抹香臭《まっこうくさ》い」仏教のイメージもあるのが、おもしろいところである。

音読みはコウを使うのが大原則。キョウは平安時代ごろに正式とされた読み方だが、将棋の駒の一つ「香車《きょうしゃ》」か、ハーブの一種「茴香《ういきょう》」くらいにしか用いられない。ちなみに「香港《ホンコン》」でホンと読むのは、広東語の発音に基づく。

◆なお、「薫」(p141)も「かおる／かおり」と訓読みするが、「香」の方が直接的。はっきりしたものは「香」、そこはかとなく漂うものは「薫」と使い分ける傾向がある。

部首としては?

〝香り〟に関係する漢字の部首となるが、その例は少ない。「香」のほか、「かおる」という名前で使われることがある「馨《けい》」、「馥《ふく》郁《いく》たる梅《うめ》が香《か》」のように使われる「馥」の二つが挙げられる程度である。

こう 候

10画

[音読み] コウ
[訓読み] そうろう
[部首] イ (にんべん)

スタンバイしております!

代表的な意味は、「天《てん》候《こう》」「気候《きこう》」「兆候《ちょうこう》」のように、**〝注意して見るとわかる状態〟**。本来は、**〝近づいて注意して見る〟**ことを表す漢字で、軍隊で敵の様子を探る「斥候《せっこう》」が代表的な例。

そこから**〝そばにいる〟**という意味が生じた。この意味の古語「さぶらふ」が変化したのが訓読み「そうろう」で、「居候《いそうろう》」がその例。また、**文末に用いるていねいなことば**として昔は手紙などに用いられた。その文章のことを「候文《そうろうぶん》」という。

一方、〝そばにいる〟ということは、すぐに対応できるように**〝準備して待つ〟**ことでもある。「候補《こうほ》」は、この意味を表す代表例。

部首「イ」は「人」の変形で、〝動作や状態〟を表す。なお、形が非常にまぎらわしい漢字に「侯」(p187)があるが、「侯」は使われる場面がとても少ないので、それほど気にすることもないと思われる。

こう 校

10画

[音読み] コウ
[訓読み] あぜ
[部首] 木 (きへん)

三つの世界で三つのイメージ

現在では「学校《がっこう》」のイメージが圧倒的。「校《こう》舎《しゃ》」「校長《こうちょう》」「登校《とうこう》」「校則《こうそく》」「校歌《こうか》」などなど、**「学校」の省略形**として多くの熟語を生んでいる。

しかし、本来は部首「木」と「交」を組み合わせて、**〝木を交差させて組み上げる〟**という意味だったらしい。奈良の正倉院に見られる「校倉造《あぜくらづく》り」は、その例。軍隊の「将校《しょうこう》」は、〝木を組み上げて作った、陣地の仕切り〟に由来することば。

それが「学校」に使われるようになったのは、木を組み上げて校舎を造ったからだとも、大昔の中国語で〝勉強するところ〟を意味することばと発音が似ていたから当て字的に使われたものともいう。

一方、〝木を交差させる〟ところから生じたのが、**〝二つのものを突き合わせて比べる〟**という意味。「校正《こうせい》」「校訂《こうてい》」「校閲《こうえつ》」のように用いられる。出版の世界では、**「校正」の省略形**として、「初校《しょこう》」「再校《さいこう》」「校《こう》了《りょう》」のように用いる。学校と軍隊と出版社、それぞれでこれほどイメージの違う漢字も、珍しいだろう。

こう 浩

10画

［音読み］コウ
［部首］氵（さんずい）

いつだってたっぷりあります！

〝**たくさんある**〟ことを表す。「浩恩《こうおん》」とは〝感謝しきれないくらいの恩〟、「浩《こう》瀚《かん》」は〝書物のページ数が多い〟こと。

部首「氵」は「水」の変形。本来は〝水が遠くまで広がっている〟ことを表す漢字。名前で「ひろし」「ひろ」と読むのは、ここに由来する。

こう 耕

10画

［音読み］コウ
［訓読み］たがや-す
［部首］耒（すきへん）

汗水垂らして働いてる？

部首「耒」は、土を掘り返す道具〝すき〟を表す。「耕作《こうさく》」「農耕《のうこう》」「畑を耕《たがや》す」のように、〝**土を掘り返して作物を育てられるようにする**〟ことを意味する漢字。

転じて、〝**苦労して働く**〟ことを指しても用いられる。「筆耕《ひっこう》」は〝文筆で生計を立てる〟こと、「舌耕《ぜっこう》」は〝弁舌で生計を立てる〟こと。しかし、どちらも知識人の仕事。インテリ特有の余裕が見え隠れする気が、しないでもない。

こう 航

10画

［音読み］コウ
［部首］舟（ふねへん）

海や空は特別扱い

〝**目的地へ向けて船で移動する**〟ことを表す。現在では、〝**目的地へ向けて飛行機で移動する**〟ことをも指し、「航海《こうかい》」「航空《こうくう》」「運航《うんこう》」「就航《しゅうこう》」「密航《みっこう》」などがその例。

「直航《ちょっこう》」「航程《こうてい》」などには、それぞれ似た意味の「運行《うんこう》」「直行《ちょっこう》」「行程《こうてい》」という熟語もあるが、どの場合も船や飛行機について言う場合には「航」の方を用いる。

「難航《なんこう》」も本来は船や飛行機について使う熟語だが、現在では比喩的に用いられて、〝ものごとが期待したようには進まない〟という意味で用いられている。

こう 貢

10画

［音読み］コウ、グ
［訓読み］みつ-ぐ
［部首］貝（かい）

相手を高める？自分を低める？

部首「貝」は〝お金や宝物〟を表す記号。本来は、金銭的な価値の高い物を〝**税として納める**〟ことを意味する漢字で、「年貢《ねんぐ》」がその例。広く〝**地位が上の人に贈り物をする**〟という意味でも用いられる。

ただし、身分制のなくなった現在では、「貢《みつ》ぎ物《もの》」「彼氏に数十万円も貢《みつ》いだ」のように使うと、相手の地位を高めるというよりは、本人の地位を下げてしまう。それでも音読みの熟語「貢献《こうけん》」になると、本人の活躍にスポットが当たる。訓読みと音読みの違いについて、ちょっと考えてみたくなる漢字である。

なお、音読みはコウを用いるのが大原則。グは、奈良時代以前からある古い読み方クが変化したもので、現在では、すでに挙げた「年貢《ねんぐ》」にしか用いられない。

こう 降

10画

［音読み］コウ
［訓読み］お-ろす、お-りる、くだ-る、くだ-す、ふ-る
［部首］阝（こざとへん）

根は単純なんですが…

部首「阝」は「阜」（p525）の変形で、〝盛り上がった土〟を表す。本来は、〝土で築いた壇の上から下へと移動する〟ことをいう漢字で、広く〝**上から下へと動く／動かす**〟という意味で用いられる。基本的にはそれだけだが、実際にはさまざまに用いられる。

基本に忠実なのは、「下降《かこう》」「滑降《かっこう》」「荷物を降《お》ろす」など。転じて、「乗降《じょうこう》」「降《こう》車《しゃ》」「ボートを降《お》りる」のように、〝**乗り物から外に出る**〟ことをもいう。

「降格《こうかく》」「議長を降《お》りる」などは、〝**重要な役割から外れる**〟ことを表す例。「以降《いこう》」では、〝**時間的に遅い方**〟を指す。

また、「降誕《こうたん》」「降臨《こうりん》」「霊が降《くだ》る」のように、〝**神や仏が人間界に表れる**〟ことを表すこともあれば、「降伏《こうふく》」「降参《こうさん》」「投降《とうこう》」「敵陣に降《くだ》る」のように〝**戦って打ち負かされる**〟という意味で使われる場合もある。ただし、「難敵を降《くだ》す」のように「くだす」と訓読みすると、逆転して〝**戦って打ち負かす**〟ことを表す。

◆訓読みでは「下」（p48）との使い分けが悩ましい。「くだる／くだす」については、現在では〝戦い〟に関する場合だけ「降」を用いて、それ以外は「下」を使うのがふつう。やっかいなのは「おりる／おろす」。〝乗り物から外に出る〟〝重要な役割から外れる〟ときは必ず「降」を使うが、それ以外の使い分けははっきりしない。また、〝商品をおろす〟場合には「卸」（p46）を、〝胎児をおろす〟場合には「堕」（p384）を用いることもあるので、さらにややこしくなる。「下」が最も一般的に使われるので、迷ったら「下」と書くか、かな書きするのが無難だろう。

なお、訓読み「ふる」は、「雨が降《ふ》る」「札束が降《ふ》る」など、〝**空中から小さなものがたくさん落ちてくる**〟場合に用いられる。

こう 高

10画

［音読み］コウ
［訓読み］たか-い
［部首］高（たかい）

エラいなぁ エラそうだなぁ

古代文字では「」と書き、〝土台の上に立っている屋根付きの高い建物〟の絵。〝**空間的に上の方にある**〟ことを表すのが、本来の意味。

転じて、ランク・年齢・価格・数値・人格などなど、広く〝上下〟の感覚でとらえられるものについて〝**上の方にある**〟ことを指して用いられる。「政府の高官《こうかん》」「高等教育《こうとうきょういく》」「高齢者《こうれいしゃ》」「高価《こうか》な指輪」「高尚《こうしょう》な趣味」「高熱《こうねつ》」「高血圧《こうけつあつ》」「高速道路《こうそくどうろ》」「評価が高《たか》い」「胸が高《たか》まる」「声高《こわだか》に言う」など、例を挙げればきりがない。

「標高《ひょうこう》」「座高《ざこう》」などは、〝**上下方向の長さ**〟を表す例。そこから転じて、日本語では「取《と》れ高《だか》」「売上高《うりあげだか》」「高《たか》が知れている」など〝**分量・程度**〟を指すことがある。

また、「ご高覧《こうらん》に入れる」「ご高説《こうせつ》を承る」「ご高配《こうはい》をお願いする」など、**別の漢字の前に付けて、相手の行為に対して敬意を表す**はたらきもある。ただし、「孤高《ここう》」「お高《たか》くとまる」では敬意ではなく、〝**人びとと打ち解けた付き合いをしない**〟こと。さらに、「高慢《こうまん》」「高言《こうげん》」「居丈高《いたけだか》」では、ずばり、〝**えらそうな**〟という意味になる。

なお、主に姓で「髙」と書かれることがあるが、漢字としては「高」と同じと考えて差し支えない。

部首としては？

漢和辞典では部首の一つだが、「高」を部首とする漢字はほとんどない。ただし、「京」（p121）「享」（p121）「亭」（p434）「亮」（p630）などは、成り立ちの上では「高」と深い関係のある漢字。「たかかんむり」というような部首でも新設すれば、「高」の孤独も解消されそうである。

こう 康

11画

［音読み］コウ
［部首］广（まだれ）

名前に意味が出ています

「健康《けんこう》」があまりにもポピュラーなため、そのイメージが強い。しかし、本来は広く〝**心配がない**〟ことを表す漢字。「火山活動が小康《しょうこう》状態となる」などというと比喩的な表現のようだが、むしろこの方が本来の意味に近いのかもしれない。

訓読みすれば「やすらか」だが、実際に

用いられることはほとんどない。ただ、名前で「やす」と読む場合に、ちょこっと顔をのぞかせている。

なお、成り立ちとしては「庚《こう》」と「米」が組み合わさった漢字で、穀物の収穫と関係があると考えられている。

こう 控

11画

［音読み］コウ
［訓読み］ひか-える
［部首］扌（てへん）

強い意志と謙虚さと

部首「扌」は「手」の変形。本来は〝手前に引っ張る〟ことを表す漢字。転じて、〝引き留める〟〝コントロールする〟という意味にもなるが、現在ではこの意味で使われることはあまりない。また、これらとの関係ははっきりしないが、「控訴《こうそ》」のように〝**正式に訴え出る**〟ことをも表す。

ただし、日本語では、やや違ったさまざまな意味で用いられる。

まず、〝引き留める〟から転じて、〝**何かをしないでおく**〟ことを表す。「出席を控《ひか》える」「食事を控《ひか》える」などがその例。「控《ひか》えめ」の場合は〝**あまりしないでおく**〟となる。「控《ひか》え室《しつ》」「控《ひか》えの選手」「本番を控《ひか》える」などでは、〝**何かをしようと待っている**〟という意味。「峠を控《ひか》えた宿場町」のように〝**すぐ近くにある**〟ことを表すのは、〝待っている〟から転じたものか。

また、〝手前に引っ張る〟ところから、「控除《こうじょ》」では、お金などを〝**全体から差し引く**〟ことを表す。「控《ひか》えを取る」「要点を控《ひか》えておく」などは、〝**書いたり写したりして手元に取っておく**〟こと。

〝引き留める〟〝コントロールする〟〝訴え出る〟には強い意志を感じるが、日本語独自の用法では、謙虚なイメージが強くなる。そこから何をくみ取るにせよ、不思議な魅力のある漢字である。

こう 梗

11画

［音読み］コウ、キョウ
［部首］木（きへん）

三つの顔がそれぞれ異なる

「梗概《こうがい》」「梗塞《こうそく》」「桔梗《ききょう》」の三つ以外では、まず用いられない漢字。ただし、意味は三者三様なのが困ったところ。

「硬」（p194）と似た作りであることからわかるように、本来は〝**硬い木**〟を表す漢字だったらしい。そこで、〝木の硬い骨組み〟を意味するのが「梗概」で、転じて〝あらすじ〟をいう。さらに〝**硬くなる**〟ことをも表し、「梗塞」は、血管などが〝硬くなってつまる〟こと。「桔梗」は樹木の名前で、漢字そのものには取り立てて意味はない。

こう 黄

11画

［音読み］コウ、オウ
［訓読み］き
［部首］黄（き）

夕焼けはゴールドの輝き

色の〝**きいろ**〟を表す。「黄河《こうが》」「黄砂《こうさ》」「黄金《おうごん》」「卵黄《らんおう》」「黄《き》ばむ」などがその例。

二種類の音読みはそれぞれよく用いられ、意味の違いはない。いま挙げた例のほか、平安時代ごろに正式とされたコウを用いるのは、「黄海《こうかい》」「黄道《こうどう》」「水戸黄門《みとこうもん》」など。オウは奈良時代以前からある古い読み方で、「黄色人種《おうしょくじんしゅ》」「黄疸《おうだん》」「黄熱病《おうねつびょう》」「黄緑色《おうりょくしょく》」などで使われる。なお、「黄土」は、〝中国北部特有の土〟を表す場合は「こうど」と読むが、「黄土色」の場合は「おうど」と読む。

「黄金」を「こがね」と読むことがあるのは、漢字の熟語をそのまま、意味を表す日本語で読む当て字的表現。「黄昏《こうこん》」を「たそがれ」と読むことがあるのも同じ。「黄昏」の「黄」は、〝黄色〟というよりは〝こがね色〟。「昏」は〝暮れる〟という意味。〝夕暮れ〟をいう美しい表現である。

また、「いおう」は「湯泡《ゆあわ》」の変化したこ

とばだと考えられているので、「硫黄《いおう》」と書くのは厳密には当て字である。

　なお、以前は「艹」を「廿」にした「黃」と書くのが正式。古代文字では「」と書き、本来は〝火を付けた矢〟を表すと考える説が有力。火の色から〝きいろ〟を意味するようになったという。


部首としては?

〝黄色〟に関係する漢字の部首となるが、その例はとても少ない。それでも部首として立てられているということは、〝黄色〟が漢字文化圏でいかに重要な色であったかを示している。中国北部の黄色い大地は、漢字の生まれた場所なのである。

こう
喉
12画
[音読み] コウ
[訓読み] のど
[部首] 口（くちへん）

病院で使ってください

動物などの〝**口から食道へとつながる部分**〟や、〝**首の前面**〟を表す。同じく「のど」と訓読みする漢字に「咽」（p22）があるが、意味の違いはない。ただし、「のど」は現在ではかな書きする方が自然だろう。
　現在では、音読みの熟語「咽喉《いんこう》」「喉頭《こうとう》」以外で用いるのは珍しい。主にお医者さんの世界で使われる漢字である。

こう
慌
12画
[音読み] コウ
[訓読み] あわ-てる、あわ-ただしい
[部首] 忄（りっしんべん）

ドタバタしないでも大丈夫

部首「忄」は「心」の変形。それに「荒」を組み合わせて、〝**心が落ち着かない**〟ことを表す。「大慌《おおあわ》て」「突然の来客に慌《あわ》てる」「慌《あわ》ただしい毎日」などがその例。

　音読みの熟語は少なく、「恐慌《きょうこう》」があるくらい。本来は〝心が突然乱れる〟という意味だが、〝経済状況が突然、急速に悪化する〟ことをも指す。

　使用例が少ないので、覚えてしまえば落ち着いて使える漢字である。

こう
港
12画
[音読み] コウ
[訓読み] みなと
[部首] 氵（さんずい）

歴史は意外と新しい

「港湾《こうわん》」「漁港《ぎょこう》」「港町《みなとまち》」など、〝**船が発着する場所**〟を表す。「空港《くうこう》が開港《かいこう》する」のように〝**飛行機が発着する場所**〟をいうこともある。

　本来は〝水路〟を表す漢字だったようで、〝みなと〟の意味で用いられるようになったのは、せいぜいここ一〇〇〇年くらい。富山県の「新湊《しんみなと》」、青森県の「大《おお》湊《みなと》」、神戸市の「湊川《みなとがわ》」など日本の地名では、同じ訓読みをする「湊」がよく用いられるのは、そのせいだろう。ちなみに「湊《そう》」は〝集まる〟という意味があって、にぎやかなイメージを持つ漢字である。

　なお、以前は「己」を「巳」とした「港」と書くのが正式。

こう
硬
12画
[音読み] コウ
[訓読み] かた-い
[部首] 石（いしへん）

壊れもしなけりゃくずれもしない

部首「石」にも現れているように、本来は〝変形しにくい石〟を表す漢字。転じて、広く〝**それ自体が変形・変化しにくい**〟という意味で用いられる。

　「硬貨《こうか》」「硬筆《こうひつ》」「ダイヤモンドが硬《かた》い」などは、**モノとして**〝**変形しにくい**〟の例。「強硬《きょうこう》」「硬直《こうちょく》した態度」「頭が硬《かた》い」のように、**精神的に**〝**変化しにくい**〟の例もある。

　また、「生硬《せいこう》」「硬《かた》い言葉遣い」などでは、表現が〝**こなれていない**〟こと。そのほか、写真や絵画などで〝**色調の差がはっきりしている**〟ことを「硬調《こうちょう》」といったり、水質について〝**カルシウムイオンやマグネシウムイオンが多い**〟ことを「硬水《こうすい》」といったりすることもある。
◆「かたい」と訓読みする漢字には「固」

（p170）「堅」（p160）もある。「固」は〝外からの影響を受けにくい〟こと、「堅」は〝簡単にはくずれない〟こと、「硬」は〝それ自体が変形・変化しにくい〟ことを表す、と一応、区別できるが、まぎらわしいことも多い。「固」は「ゆるい」の反対、「硬」は「やわらかい」の反対、「堅」は「もろい」の反対と考えるのも、一つの方法である。

こう 絞

12画

［音読み］コウ
［訓読み］し-まる、し-める、しぼ-る
［部首］糸（いとへん）

苦しみは忘れて前を向こう！

いきなり縁起でもない話だが、**〝ひもなどで首を強く圧迫して息をできなくする〟**ことを表す漢字。「絞首刑《こうしゅけい》」「えりが絞《し》まって苦しい」「絞《し》め殺《ころ》す」などがその例。

転じて、「手ぬぐいを絞《しぼ》る」のように**〝ねじって液体を出す〟**という意味で用いられるが、これは日本語独自の用法。さらに変化して、**〝出そうにないものを無理して出す〟**ことをも表す。「知恵を絞《しぼ》る」「最後の力を振《ふ》り絞《しぼ》る」などがその例。

また、ねじって細くするところから、**〝せばめる〟〝小さくする〟**という意味ともなる。例としては、「捜索範囲を絞《しぼ》る」「候補者を絞《しぼ》る」「論点を絞《しぼ》る」「音量を絞《しぼ》る」など。この意味では、本来の〝苦しさ〟は姿を消して、積極性すら感じられる。

◆「しまる／しめる」と訓読みする漢字には「緊」（p133）「締」（p437）「閉」（p541）などもあるが、「絞」は〝首をしめる〟場合にしか使わない。

◆問題は「しぼる」の方で、「搾」（p219）との使い分けに頭を悩ませられる。いろいろな説明があるが、どうやら、油・牛乳・果汁など〝自分に役立つものをほかからしぼり出す〟場合には「搾」を使う、と考えるのがよさそう。「絞」を用いるのは、〝不要なものをしぼり出す〟場合や〝自分の中からしぼり出す〟場合。とはいえ、迷った場合にはかな書きが一番であることは、言うまでもない。

こう 項

12画

［音読み］コウ
［訓読み］うなじ
［部首］頁（おおがい）

あんまり雰囲気が出ないよなあ…

「項目《こうもく》」「事項《じこう》」「別項《べっこう》」「要項《ようこう》」など、**〝分類の一つ一つ〟**を表すのが、代表的な使われ方。また、数学では、**〝式を構成する一つ一つのまとまり〟**をもいう。

部首「頁」は〝頭部〟を表す記号で、本来は**〝首の後ろの部分〟**を指す漢字。「うなじ」と訓読みするが、「項垂《うなだ》れる」のように「うな」と訓読みすることもある。

〝うなじ〟から〝一つ一つ〟への変化ははっきりしないが、「項」はどうも、日本語「うなじ」ほどにつやっぽくはなさそうだ。「うなじ」はひらがなで書く方が雰囲気が出るようである。

こう 溝

13画

［音読み］コウ
［訓読み］みぞ、どぶ
［部首］氵（さんずい）

もともとは清潔なんです

「雨水を溝《みぞ》に流す」「道路の側溝《そっこう》」など、**〝人工的な水路〟**を表す。「溝川《どぶがわ》」「溝板《どぶいた》」のように「どぶ」と訓読みすることもあり、イメージのあまりよくない使われ方をすることが多い。しかし、中国では〝堀割〟のことも「溝」で表す。「溝」からすれば、日本でのよくないイメージは洗い流して欲しいに違いない。

また、「日本海溝《にほんかいこう》」「滑り止めの溝《みぞ》」など、広く**〝細長いくぼみ〟**を指すこともある。

以前は、「冉」が「冄」になった「溝」と書くのが正式。部首「氵」は「水」の変形で、「冓《こう》」は〝つなぎ合わせる〟という意味。本来は〝離れた場所をつなぐ水路〟を表す。

こう　鉱

13画

［音読み］コウ
［部首］金（かねへん）

地面の中からざっくざく！

「鉱脈《こうみゃく》」「鉱石《こうせき》」「金鉱《きんこう》」「炭《たん》鉱《こう》」「ダイヤモンド鉱山《こうざん》」など、**〝地中に存在している金属や石炭などの資源〟**を表す。以前は「鑛」と書くのが正式。部首「金」が付いているが、金属以外の資源をもいう。利益をもたらす割には、漢字としての発展性はあまりない。

こう　構

14画

［音読み］コウ
［訓読み］かま-える
［部首］木（きへん）

日本ではよりシンプルに

以前は「冉」が「冉」になった「構」と書くのが正式。「冓《こう》」は〝つなぎ合わせる〟という意味。部首「木」を加えて、本来は〝木を組み合わせる〟ことを表す。転じて、広く**〝何かを組み立てる〟**の意味で用いられ、「構《こう》築《ちく》」「構想《こうそう》」「屋敷を構《かま》える」などがその例。

また、「構造《こうぞう》」「面構《つらがま》え」では**〝組み立て〟**そのものを表し、「機構《きこう》」「虚構《きょこう》」では**〝組み立てられたもの〟**を指す。「大学の構内《こうない》」のように、特に**〝いくつもの建物が立つ敷地〟**をいうこともある。

〝複雑なものを作り上げる〟というイメージがあるが、日本語では、シンプルに**〝形を定めて待ち受ける〟**という意味でも使われる。「ミットを構《かま》える」「のんびり構《かま》える」「音無しの構《かま》え」などがその例。

また、「子どもに構《かま》ってばかり」「私に構《かま》わないで」のように**〝関心を持つ〟**という意味で使うこともあるが、これは日本語「かまう」の意味から生じた用法。漢字本来の意味とは関係が薄いので、この場合にはかな書きの方が穏当だろう。

こう　綱

14画

［音読み］コウ
［訓読み］つな
［部首］糸（いとへん）

両方の役割をお願いします

糸をたくさんより合わせて作った〝つな〟を表す。「綱《つな》引《ひ》き」「命綱《いのちづな》」「手綱《たづな》」などがその例。

本来は、〝あみを広げたときに手元でつかむ太くて強い部分〟を表したようで、そこから**〝全体の土台となる大事なもの〟**という意味でも用いられる。「綱領《こうりょう》」「要《よう》綱《こう》」「大綱《たいこう》」などがその例。また、「綱紀《こうき》粛正《しゅくせい》」では**〝守るべき決まり〟**を指す。

〝つな〟の意味では訓読み、〝土台〟〝決まり〟の意味では音読みと、役割分担がはっきりしているのがおもしろい。ただし、相撲の「横綱《よこづな》」には両方の意味が込められているものと思われる。

こう　酵

14画

［音読み］コウ
［部首］酉（とりへん）

たとえ禁酒法が施行されても

部首「酉」は〝お酒〟を表す記号。本来は**〝お酒を造る際に、ぷつぷつと泡がわき出る現象〟**を指す漢字。現在では、広く**〝微生物のはたらきで分解される〟**ことを表す。訓読みは存在せず、「発酵《はっこう》」「酵母《こうぼ》」「酵素《こうそ》」の三つの熟語でしか用いられない。

現在では食品製造や医療など幅広い分野で活用されている技術なので、かりにお酒がこの世からなくなったとしても、使われなくなる心配は無用である。

こう　稿

15画

［音読み］コウ
［部首］禾（のぎへん）

わらを使って何を作るか？

「草稿《そうこう》」「原稿《げんこう》」「画稿《がこう》」「投《とう》稿《こう》」のように、**〝下書き〟**や**〝印刷物のもとになるもの〟**を表す。

本来は〝わら〟を意味する漢字で、〝穀物〟を表す部首「禾」はそのなごり。〝わら〟から〝下書き〟への変化は、直感的には理解できるが、筋道立った説明はなかなか見当たらない。なお、現在では、「わら」

を漢字で書く場合は「藁」（p654）を用いる。

こう
興
16画

⇩ きょう（p126）

こう
衡
16画

［音読み］コウ
［部首］行（ぎょうがまえ）

長い熟語に昔の意味が…

現在では「平衡《へいこう》」「均衡《きんこう》」の形でよく用いられる漢字。〝**バランスが取れている**〟ことを表す。

部首「行」が付いている理由ははっきりしないが、本来は〝牛の角に張り渡した横棒〟を意味する漢字だと考えられており、転じて〝てんびんの横棒〟となり〝バランス〟の意味が生まれたという。

「度量衡《どりょうこう》」とは〝長さ・容積・重さ〟のこと。「衡」が〝**重さ**〟を指すところに、〝てんびんの横棒〟の意味が残る。また、〝さまざまな勢力が縦横に手を結んだり離れたりする〟ことを表す「合従連衡《がっしょうれんこう》」では、「従」（p271）は〝縦〟のことで、「衡」は〝横〟のこと。ここにも〝横に伸びた棒〟の意味が残っている。

こう
鋼
16画

［音読み］コウ
［訓読み］はがね
［部首］金（かねへん）

いっそう強くなりました！

〝**鉄鉱石から取り出した鉄にさらに手を加えて、硬さや性質を改良したもの**〟を「はがね」といい、漢字では「鋼」で表す。「鋼鉄《こうてつ》」「鋼管《こうかん》」「製鋼《せいこう》」などがその例。ちなみに、手を加える前の鉄が「銑」（p355）である。

同じく「岡」を含む「綱」（p196）「剛」（p199）にも、〝しっかりした〟という意味合いがあるのが注目される。

こう
講
17画

［音読み］コウ
［部首］言（ごんべん）

ことばの持つ重要なはたらき

「講演《こうえん》」「講義《こうぎ》」「講習《こうしゅう》」「講釈《こうしゃく》」「講師《こうし》」のように、〝**ことばで説明する**〟ことを表すのが代表的な意味。「聴講《ちょうこう》」「補講《ほこう》」「休講《きゅうこう》」などでは、**「講義」の省略形**。

また、「講和条約《こうわじょうやく》」のように〝**対立を終結させる**〟ことを意味したり、「対策を講《こう》じる」「手段を講《こう》じる」のように〝**方法を考えて実行する**〟ことを表したりもする。

以前は、「冉」が「冉」になった「講」と書くのが正式。「冓《こう》」は〝つなぎ合わせる〟という意味。〝ことば〟を組み立てることによって何かを成し遂げようとする気持ちが現れた漢字である。

こう
購
17画

［音読み］コウ
［訓読み］あがな-う
［部首］貝（かいへん）

お金では買えないものも

以前は、「冉」が「冉」になった「購」と書くのが正式。部首「貝」は〝お金や宝物〟を表す記号で、「冓《こう》」は〝つなぎ合わせる〟という意味。本来は〝お金によって売買関係が成立する〟ことを表すという。「購買《こうばい》」「購入《こうにゅう》」「食費を削って薬を購《あがな》う」など、〝**買い求める**〟という意味で用いられる。また、「多くの犠牲で購《あがな》われた平和」のように比喩的にも使われるが、この場合はかな書きすることも多い。

◆「あがなう」と訓読みをする漢字には「贖《しょく》」もある。「贖」も部首が「貝」で、本来の意味は〝身代金〟。転じて〝お金を払って釈放してもらう〟ことを表す。そこで、〝罪をあがなう〟の場合は「購」ではなく「贖」を用いるのが習慣である。

ごう
号
5画

［音読み］ゴウ
［部首］口（くち）

まわりにもわかるように…

「受験番号《じゅけんばんごう》」「あずさ二《に》号《ごう》」「指輪のサイズは九号《きゅうごう》」のように、日常生活でよく用いられるが、意味は説明しにくい漢字の一つ。

本来の意味は〝**大声を出す**〟ことで、部首「口」はそのなごり。「号泣《ごうきゅう》」がその例。この意味で「さけぶ」と訓読みすることもあるが、現在ではまず用いられない。転じて、「号令《ごうれい》」のように〝**相手やまわりにわかるように言う**〟という意味になり、ここからさまざまな意味が生じている。

一つは、「信号《しんごう》」「スタートの号砲《ごうほう》」のように**相手やまわりに示す**〝**合図**〟。また、「称号《しょうごう》」「年号《ねんごう》」「屋号《やごう》」など、**まわりに示す**〝**名前**〟をも表す。「ひかり号《ごう》」「流星号《りゅうせいごう》」「タイタニック号《ごう》」のように**乗り物の名前に添える**のもその変形。「『漱石《そうせき》』と号《ごう》する」では、〝**名前を決める**〟こと。

さらには、「記号《きごう》」「符号《ふごう》」「等号《とうごう》」「暗号《あんごう》」など、〝**何かを示す印**〟をも指す。「番号《ばんごう》」とは〝何かを識別するための数字〟。「今月号《こんげつごう》」「号外《ごうがい》」のように、雑誌や新聞など〝**順番に発行されるものの一つ一つ**〟を指したり、指輪や洋服・花火・キャンバスなど、さまざまな**ものの大きさを表す単位**としても用いられたりもする。

以前は「號」と書くのが正式で、部首も「虍(とらかんむり)」。ただし、「号」も古くから「號」の略字として使われてきた。〝虎がほえる〟というイメージがあるせいか、現在でも好んで「號」を使う場合も多い。

ごう 合

6画

［音読み］ゴウ、ガッ、カッ
［訓読み］あ-う、あ-わせる
［部首］口（くち）

生み出される一体感!

「合計《ごうけい》」「混合《こんごう》」「集合《しゅうごう》」「国道と県道が合《あ》うところ」「力を合《あ》わせる」など、〝**二つ以上のものが一か所に集まる**〟ことを表すのが、基本的な意味。転じて、「合格《ごうかく》」「合理的《ごうりてき》」「適合《てきごう》」「サイズが合《あ》わない」などでは、何かに〝**あてはまる**〟ことをいう。「意気投合《いきとうごう》」では、〝**ぴったり一つになる**〟こと。

「照合《しょうごう》」「答《こた》え合《あ》わせ」では、やや転じて〝**あてはまるかどうか調べる**〟という意味。このあたりから日本語独自の用法となり、「誉《ほ》め合《あ》う」「殴《なぐ》り合《あ》う」のように〝**お互いに何かをする**〟ことや、「喜《よろこ》び合《あ》う」「分《わ》かち合《あ》う」など〝**一緒に何かする**〟ことをいうのも、日本語オリジナルである。

◆「あう」と訓読みする漢字には「会」(p60)「遇」(p138)「遭」(p371)「逢」(p8)などもある。その中で、〝人間同士が直接向きあう〟場合は「会」を、〝災難などに襲われる〟場合は「遭」を用いる。それ以外の場合は、「合」を書いておけば問題ない。

また、「あわせる」については、〝二つ以上のものを一つにする〟場合や〝同時に行う〟場合に、特に「併」(p541)を用いることも多い。

このほか、**穀物やお酒などの量の単位**としても使われ、「一合《いちごう》」は約一八〇cc。また、「富士山の五合目《ごごうめ》」のように、**登山道の全体の距離の一〇分の一**をいうこともあるが、これは日本語独自の用法。

音読みはゴウが基本。この読み方は昔はガフと発音されていたため、「合唱《がっしょう》」「合体《がったい》」「合併《がっぺい》」など、続く発音によっては変化してガッと発音される。また、平安時代ごろにはコウ(カフ)という音読みが正式とされていたが、これは現在では、やはり変化したカッの形が「合戦《かっせん》」「合羽《かっぱ》」などで用いられるだけである。

成り立ちとしては、部首「口」の上に「亼」を載せて、本来は〝箱の口にふたがぴったりあう〟ことを表す、と考える説が有力である。

ごう 拷

9画

［音読み］ゴウ
［部首］扌（てへん）

できればご遠慮願いたい…

部首「扌」は「手」の変形で、〝動作〟を表す。現在では「拷問《ごうもん》」以外ではまず用いられない漢字。**〝取り調べのために人を痛めつける〟**ことを意味する。申し訳ないが、お付き合いしたくない漢字である。

ごう 剛

10画

［音読み］ゴウ
［部首］刂（りっとう）

絶対にくじけるもんか!

部首「刂」は「刀」の変形。成り立ちには諸説あるが、本来は〝折れたり曲がったりしない刀〟を表すと考えるのが、わかりやすい。広く**〝強くて変化しにくい〟**ことを表す。「剛毛《ごうもう》」がその例。

「質実剛健《しつじつごうけん》」「剛胆《ごうたん》」「剛勇《ごうゆう》」「剛気《ごうき》」などでは、**〝意志が強くものごとに動じない〟**という意味。ただし、「豪胆《ごうたん》」「豪勇《ごうゆう》」「豪気《ごうき》」のように、ほぼ同じ意味で「豪」（p199）を用いることも多い。なお、名前で「たけし」「たけ」と読むのは、〝勇ましい〟ことをいう古語に由来する。

ごう 傲

13画

［音読み］ゴウ
［訓読み］おご-る
［部首］亻（にんべん）

あってもなくても困るもの

部首「亻」は「人」の変形。「傲慢《ごうまん》」「傲《おご》り高《たか》ぶる」「傲《おご》りを捨てる」など、**〝自分を他人よりすぐれていると思う〟**ことを表す。批判の気持ちを込めて使われることが多く、いいイメージの漢字ではない。

ただし、「嫌がらせにも傲然《ごうぜん》としている」のように、**〝反骨心がある〟**ことを表す場合もある。プライドの高さも、時には必要なのである。

◆「おごる」と訓読みする漢字には「奢」（p252）もある。「奢」には〝ぜいたくする〟の意味があるので、〝自分のお金で他人に食事などをふるまう〟場合には「奢」を用いて、「傲」は使わない。

ごう 豪

14画

［音読み］ゴウ
［訓読み］えら-い
［部首］豕（いのこ）

全身の毛を逆立てて…

部首「豕」は〝いのしし〟を表す。本来は、いのししに似た動物〝やまあらし〟を指す漢字。太くて先がとがった体毛を持ち、それをさか立てて外敵をおどしたり攻撃したりするところから、**〝まわりを威圧するほどの勢いがある〟**ことを表す。「豪快《ごうかい》」「豪華《ごうか》」「豪勢《ごうせい》」「豪族《ごうぞく》」「豪放《ごうほう》」などがその例。「豪《ごう》雨《う》」「豪雪《ごうせつ》」のように比喩的に使われることもある。「強豪《きょうごう》」「文豪《ぶんごう》」「酒豪《しゅごう》」などは、**〝とびぬけて実力のある者〟**を指す例。

◆訓読み「えらい」は、現在では「偉」（p16）を書くのがふつう。ただし、「偉」は本来は〝業績〟に関していうのに対して、「豪」は〝勢い〟についていう。その点に着目して「豪」を用いることもできる。

なお、「豪州《ごうしゅう》」のように、**〝オーストラリア〟**を指す漢字として用いるのは、「濠」（p569）の略字として使われたもの。また、名前で「たけし」「たけ」と読むのは、〝勢いがある〟ことを表す古語に由来する。

ごう 濠

17画

⇩ ほり（p569）

ごう 轟

21画

［音読み］ゴウ
［訓読み］とどろ-く
［部首］車（くるま）

勇士を乗せて駆けめぐれ!

「轟音《ごうおん》」「雷が轟《とどろ》く」など、**〝大きな音を響かせる〟**ことを表す。また、比喩的に用いられて、「名声が世界中に轟《とどろ》く」のように**〝大きな評判となる〟**ことをもいう。

ただし、これらは厳密に言えば日本語独自の用法で、本来は、車の〝大きな音〟そのものを表す漢字。部首「車」からは、大昔の中国の大地を走り回った、馬にひかれた戦車を思い起こすべきだろう。〝地響き〟をイメージさせる漢字である。

こく 克

7画

［音読み］コク
［訓読み］か-つ
［部首］儿（ひとあし）

苦労に苦労を重ねた結果

「苦手なものを克服《こくふく》する」「克己心《こっきしん》」「下克上《げこくじょう》」など、**〝努力して乗り越える〟**ことを表す。

その〝努力〟には、それなりの苦労と時間が伴う。そこで「相克《そうこく》」とは、〝互いに争ってなかなか解決がつかない〟という意味となる。と同時に、〝乗り越えた〟結果として大きく成長することもたしかで、そこから**〝十分にやり遂げる〟**ことをも表す。「克明《こくめい》に描く」とは、〝これ以上ないくらい明らかに描く〟こと。

◆訓読み「かつ」は、現在では「勝」（p292）を書くのがふつう。あえて「欲望に克《か》つ」のように書くと、〝努力して〟という意味合いが強調される。

なお、成り立ちには諸説があり、部首「儿」が指すものもよくわからない。

こく 告

7画

［音読み］コク
［訓読み］つ-げる
［部首］口（くち）

聞いてください！

「告知《こくち》」「告白《こくはく》」「警告《けいこく》」「密告《みっこく》」「別れを告《つ》げる」のように、**〝大事な内容をことばで知らせる〟**ことを表す。また、「告訴《こくそ》」「告発《こくはつ》」「被告《ひこく》」「原告《げんこく》」などでは、特に**〝裁判に訴える〟**という意味で用いられている。

〝知らせる〟とはいっても、相手から求められて知らせるのは「報告《ほうこく》」くらいのもの。「広告《こうこく》」「宣告《せんこく》」「通告《つうこく》」など、自発的に、ある意味では一方的に〝知らせる〟ことが多い。にもかかわらずその反応を期待しているという、自分勝手なところのある漢字である。

訓読みは「つげる」だけだが、「関係者に告《つ》ぐ」のように、古語「つぐ」の形で用いられることも多い。

なお、以前は「吿」と書くのが正式。成り立ちには諸説あり、「牛」は〝うし〟を表すとも〝木の枝〟の絵だともいう。「浩」（p191）「酷」（p202）「造」（p373）などの「告」も、以前は「吿」と書くのが正式である。

こく 谷

7画

［音読み］コク
［訓読み］たに、や、やつ、たん
［部首］谷（たに）

土地によって読み方が変わる

〝両側が高くなっているところ〟を表す。「渓《けい》谷《こく》」「峡谷《きょうこく》」「谷川《たにがわ》」「王家の谷《たに》」「胸の谷間《たにま》」などがその例。

東京都の「谷中《やなか》」「世田谷《せたがや》」、千葉県の「鎌ケ谷《かまがや》」など地名で「や」と読むのは、**〝落ちくぼんで湿った場所〟**を意味する、昔の関東地方の方言。鎌倉市の「扇ガ谷《おうぎがやつ》」のように「やつ」と読むのも、その一種。また、沖縄県では「読谷《よみたん》」「北谷《ちゃたん》」のように「たん」と読む。訓読みに地方色が出る漢字である。

なお、「進退が谷《きわ》まる」のように、**〝両側をはさまれて動けなくなる〟**という意味で「きわまる」とも訓読みするが、現在では「窮」（p116）を使うのが一般的。

部首としては？

〝谷〟に関係する漢字の部首となるが、その例は少ない。あえて挙げるなら、谷間に響く〝こだま〟を表す「谺《か》」がある程度。それでも部首になっているからには、広大な中国大陸のことだから、〝谷〟に独特のイメージを抱いていたにちがいない。

こく 刻

8画

［音読み］コク
［訓読み］きざ-む
［部首］刂（りっとう）

その瞬間を逃さないで！

部首「刂」は「刀」の変形。「彫刻《ちょうこく》」「刻印《こくいん》」「イニシャルを刻《きざ》み付ける」のように、**〝刃物で削って何らかの形を作る〟**ことを表す。また、

「玉ねぎを刻《きざ》む」のように〝**刃物で細かく切り分ける**〟ことをもいうが、これは日本語独自の用法かもしれない。

転じて、〝**苦しみを与える**〟という意味ともなる。「深刻《しんこく》」「刻苦《こっく》」などがその例。

「時刻《じこく》」「夕刻《ゆうこく》」「刻々《こっこく》」「一刻《いっこく》を争う」などでは、時計に刻んだ目盛りから〝**ある短い時間**〟をも表す。この意味で使われる例が実は最も多く、「刻限《こくげん》」「遅刻《ちこく》」「定刻《ていこく》」「先刻承知《せんこくしょうち》だ」のように、特に〝**何かをするべきタイミング**〟を指す例も目立つ。また、「時を刻《きざ》む」では、〝**一瞬一瞬が経過する**〟ことをいう。

このほか、昔は木の板に文字や絵を刻み付けて印刷したことから、〝**印刷する**〟ことをも表す。「復刻版《ふっこくばん》」がその例である。

こく 国

8画

［音読み］コク
［訓読み］くに
［部首］囗（くにがまえ）

全体だったり一部だったり…

部首「囗」は〝取り巻く〟ことを意味する。本来は、〝城壁で取り巻かれた都市〟を表す漢字。大昔の中国の都市は一つ一つが独立した国家だったので、〝**国家**〟をも表すようになった。

そこで、〝国家〟の中での〝**ある地方**〟をいうこともあり、昔の日本では、「大和《やまと》の国《くに》」「筑前《ちくぜん》の国《くに》」のように**行政の単位の一つ**として用いられた。「国分寺《こくぶんじ》」「西国街道《さいごくかいどう》」「雪国《ゆきぐに》」などもこの意味。特に、「お国《くに》はどちらですか」のように〝**出身地**〟を指すこともある。逆に、世界規模でものごとが考えられるようになってからは、「国産《こくさん》」「国粋《こくすい》」「愛国心《あいこくしん》」のように、〝**自分たちの国**〟をも表し、特に〝**日本**〟を指すことも多い。

◆なお、「くに」と訓読みする漢字には「邦」（p554）もあるが、現在では「国」と書くのがふつう。あえて「邦」を使ってもよいが、〝地方〟や〝出身地〟の意味では「国」しか用いない。

以前は「國」と書くのが正式。由緒正しい雰囲気を出すため、現在でも好んで「國」を使うことも多い。

こく 黒

11画

［音読み］コク
［訓読み］くろ
［部首］黒（くろ）

いいこともあれば悪いこともあるさ

以前は「黑」と書くのが正式で、「灬（れっか）」は「火」の変形。本来は、〝火の上に置いた物にすすが付く〟ことを表す漢字。〝すす〟の色から、**色の〝くろ〟**を表す。「黒《こく》板《ばん》」「黒点《こくてん》」「黒《くろ》い煙」などがその例。また、「暗黒《あんこく》」「漆黒《しっこく》の闇《やみ》」のように〝**暗い**〟ことを意味したり、「事件の黒幕《くろまく》」「黒《くろ》いうわさ」「腹黒《はらぐろ》い」など、〝**見えないところで悪事を行う**〟ことを表したりもする。

なお、日本では「黒服《くろふく》」「黒枠《くろわく》」というと〝お葬式〟のイメージがあるが、中国では喪服の色は白。また、「黒星《くろぼし》」は〝負け〟だが「黒字《くろじ》」は〝利益〟。必ずしも「黒」に一定のイメージがあるわけではないので、これらは漢字「黒」の意味ではない、と考えた方がよさそうである。

部首としては?

〝くろい〟に関する漢字の部首となるが、現在でも用いられている例は少ない。あえて挙げれば、昔、お化粧に使った「黛《まゆずみ》」や、「かび」と訓読みし「黴菌《ばいきん》」という熟語ともなる「黴」がある。

こく 穀

14画

［音読み］コク
［部首］禾（のぎ）

大地の恵みのありがたさ

米・麦・豆など〝**殻をかぶった実が食用となる植物**〟を表す。「穀物《こくもつ》」「穀類《こくるい》」「雑穀《ざっこく》」「五穀豊穣《ごこくほうじょう》」などがその例。「脱穀《だっこく》」は〝穀物の実を穂から取り外す〟こと。「穀潰《ごくつぶ》し」とは〝食事するだけで何の役にも立たない人〟のことだが、この漢字を「ごく」と読む例はほかにはなく、当て字かもしれない。

以前は、「禾」の上に横棒が一本多い「穀」と書くのが正式。〝稲の穂〟を表す「禾」に、〝から〟を表す「殻」が組み合わさった漢字で、部首を「殳（るまた）」でなく「禾」とするのは、そのためである。

こく 酷

14画

［音読み］コク
［訓読み］ひど-い、むご-い
［部首］酉（とりへん）

お天道さまも無慈悲だなあ…

「残酷《ざんこく》」「冷酷《れいこく》」「酷使《こくし》」「酷評《こくひょう》」「酷《こく》な言い方」「それはちょっと酷《こく》だろう」のように、**〝相手の苦しみを何とも思わない〟**ことを表す。

「酷暑《こくしょ》」「酷熱《こくねつ》」「酷寒《こっかん》」などでは、特に**〝天候が厳しい〟**こと。また、「酷似《こくじ》」では**〝程度が激しい〟**ことをいう。

訓読みすれば、「ひどい」「むごい」。ただし、「酷い仕打ち」と書いただけではどちらで読むのか伝わらないので、かな書きしておく方が無難である。

部首「酉」は〝お酒〟を表す記号。本来は〝度数のきついお酒〟を意味する漢字で、〝相手の苦しみを何とも思わない〟という意味はそこから変化したものだという。

くれぐれもアルコールの強要はやめて欲しいものである。

ごく 獄

14画

［音読み］ゴク
［部首］犭（けものへん）

現代に生まれてよかった…

部首「犭」は「犬」の変形なので、「言」の左右に「犬」を配した、ちょっとおもしろい漢字。本来は**〝裁判〟**を表し、〝二匹の犬が裁判の場を見張っている〟のだとか、〝吠え合う犬のように言い争う〟のだとか、〝訴え合う双方が犠牲の犬を捧げる〟のだとか、いろいろな説明がある。

〝政治家がからむ大規模な収賄事件〟を指す「疑獄《ぎごく》」は、本来は〝有罪か無罪か判断の難しい裁判〟のことで、「獄」の本来の意味が今でもかすかに残っている例。政治家がからんだ裁判の行方は、昔から不安定だったようである。

転じて、「牢獄《ろうごく》」「監獄《かんごく》」「獄舎《ごくしゃ》」など、**〝牢屋〟**の意味で用いられる。昔は無罪釈放になる裁判はほとんどなかったのか。考えるだに、おそろしい。

なお、「地獄《じごく》」は、悪いことをした者が死後に連れて行かれることからいう。

こつ 骨

10画

［音読み］コツ
［訓読み］ほね
［部首］骨（ほね）

どんなときでも筋を通す

動物の体を支える〝ほね〟を表す。また、比喩的に用いられて、**〝組み立ての中心となるもの〟**をも指す。「鉄骨《てっこつ》」「船の竜骨《りゅうこつ》」「傘の骨《ほね》」「骨抜《ほねぬ》きにする」などがその例。

また、「老骨《ろうこつ》にむち打つ」のように、**〝肉体〟全体**を指すこともあれば、「納骨《のうこつ》」「骨《ほね》を埋める」のように、特に**〝死者の骨〟**を指して言うこともある。「露骨《ろこつ》」は本来、〝戦死して骨をさらす〟ことで、〝あからさま〟という意味はそこから転じたもの。

「気骨《きこつ》がある」「反骨心《はんこつしん》」では、**〝しっかりと持っている性格〟**。「武骨《ぶこつ》」は本来は「無骨《ぶこつ》」で、日本語独自の熟語。〝しっかりした性格がない〟ところから〝無礼な〟という意味になったかと思われる。

なお、「骨《ほね》を折る」「骨惜《ほねお》しみ」など**〝努力や苦労〟**を表すのは、日本語独自の用法である。

部首としては？

〝肉体〟を意味する「月」を含むので、部首を「月」「月（にくづき）」とすればよさそうなものだが、漢和辞典では「骨」そのものが〝ほね〟に関係する漢字の部首として立てられる。その例は、「骸」(p69)「髄」(p325)のほか、「髑《どく》」「髏《ろ》」など。ほとんどは漢字の左側に現れ、「ほねへん」と呼ばれる。

こま 駒

15画

[音読み]ク
[訓読み]こま
[部首]馬(うまへん)

青春がほとばしる！

〝**若い馬**〟を表す。大昔は〝二歳の馬〟を指したという。現在の競走馬は力のピークが四～五歳だというから、成長期まっただ中の馬、といった感じか。そう知ると、川端康成『雪国』のヒロイン「駒《こま》子《こ》」のイメージも、深まるような気がする。

現在では、音読みが用いられるのはまれ。訓読みで「こま」と読み、「将棋の駒《こま》」「すごろくの駒《こま》」など、〝**ボードゲームで、盤上を動かしていく小さな道具**〟を指して用いられることも多い。

こむ 込

5画

[訓読み]こ-む、こ-める
[部首]辶(しんにょう、しんにゅう)

入れば入るほど複雑に…

部首「辶」は、以前は「⻌」と書くのが正式で、〝移動〟を表す。「入」を組み合わせて、〝**中に入る／入れる**〟という意味。「入《はい》り込《こ》む」「振《ふ》り込《こ》む」「弾を込《こ》める」「願いを込《こ》める」などがその例。日本で作られた漢字で、中国語の発音が変化した音読みは存在しない。

転じて、〝**外に出さない**〟という意味にもなる。「敵を取《と》り込《こ》む」「やり込《こ》める」などがその例。さらには、「手の込《こ》んだ細工」「込《こ》み入《い》った事情」のように、中にいろいろ入って〝**複雑である**〟ことをも表す。

◆「映画館が込《こ》む」「人《ひと》込《ご》み」のように〝混雑した〟という意味で「込」を使う例もあるが、この場合は「混」(p205)の方が意味の上ではふさわしい。「込」を使うのは〝複雑〟までに止めておくのがおすすめである。また、「こめる」と訓読みする漢字には「籠」(p649)もあるが、現在では「込」を使うのがふつうである。

これ 此

6画

[音読み]シ
[訓読み]これ、こ-の、か-く
[部首]止(とめへん)

こちら側は苦しみばかり…

書き手から見て〝すぐ近く〟や〝すぐ近くのもの〟などを指す漢字。「此《これ》が欲しい」「此《こ》の本」などのほか、古めかしい表現だが「此《か》くの如《ごと》く」のように用いる。また、「此《こ》処《こ》」は、日本語の意味を漢字二字で書き表した当て字的表現。

ただし、これらはすべて、現在ではかな書きが自然。現在でも漢字が使われる例には、「此岸《しがん》」があるくらい。〝三途《さんず》の川のこちら岸〟つまり〝この世〟のことで、「彼岸《ひがん》」と対になることばである。

なお、昔は「止」の「丄」を続けて書いて、画数を5画と数える習慣があった。「紫」(p236)「雌」(p238)などに含まれる「此」も同じで、注意が必要である。

ころ 頃

11画

[音読み]ケイ
[訓読み]ころ
[部首]頁(おおがい)

正確にはわかりません

「中学生の頃《ころ》」「六《ろく》時《じ》頃《ごろ》」「二《に》月《がつ》頃《ごろ》」など、〝**前後を含むだいたいの時間**〟を指す。また、「頃《ころ》合《あ》い」「食《た》べ頃《ごろ》」のようにちょうどいい〝**タイミング**〟をも表す。現在では、音読みで読むことはほとんどない。

部首「頁」は〝頭部〟を表す記号。本来は〝首をかたむける〟ことを意味する漢字。大昔の中国語で〝だいたいの時間〟を表すことばと発音が似ていたので、当て字的に用いられるようになった。その結果、〝かたむける〟ことを表す漢字として新たに「傾」(p148)が作られた、と考えられている。

こん 今

4画
［音読み］コン、キン
［訓読み］いま
［部首］人（ひとやね）

現在って複雑だ…

「今晩《こんばん》」「今回《こんかい》」「今後《こんご》」「昨今《さっこん》」「今《いま》、終わったところ」など、**〝現在〟**を表す。古代文字では「A」と書き、〝何かを上からかぶせている形〟だと考えられているが、それが〝現在〟を意味するようになった経緯には、諸説がある。部首「人」は、形の上から便宜的に分類されたもの。

音読みはコンを用いるのが原則。キンは平安時代ごろに正式とされた読み方だが、「古今和歌集《こきんわかしゅう》」や〝現在の天皇〟を表す「今上《きんじょう》天皇」などでしか用いられない。「今朝《けさ》」「今日《きょう》」は、漢字の熟語をそのまま、意味を表す日本語で読む当て字的表現。「今日」は、コンニチと読むと〝今の時代〟という意味となることもあるので、文脈によってはルビを振ったり、かなで書いたりするなど、配慮が必要となる。

なお、「今年《ことし》」「今宵《こよい》」は、「この年《とし》」「この宵《よい》」の省略形を漢字の熟語に当てたものだと思われる。「今」に「こ」という読み方があるわけではない。

意味は〝現在〟ではっきりしているが、読み方がやや複雑。〝現在〟にもいろいろな側面があるようである。

こん 困

7画
［音読み］コン
［訓読み］こま-る
［部首］囗（くにがまえ）

右へ伸びるにも左へ伸びるにも…

〝どうすればいいか分からなくなる〟ことを表す。「困難《こんなん》」「困惑《こんわく》」「貧困《ひんこん》」「借金が返せなくて困《こま》る」「やたらともてて困《こま》るなあ」など、すべてこの意味の例。

〝囲い込む〟ことを表す部首「囗」の中に「木」があることから、本来は〝囲みの中の木が成長しにくい〟ことを表す、と考えるとわかりやすい。が、成り立ちには異説も多い。

こん 昆

8画
［音読み］コン
［部首］日（ひ、にち）

あんまり想像したくない？

現在では「昆虫《こんちゅう》」「昆《こん》布《ぶ》」以外ではまず用いられない。どうやら本来は〝群れを成す〟という意味があるらしい。虫嫌いなら卒倒しそうだが、「昆虫」も本来は〝群れを成す虫〟だったと思われる。「昆布」は当て字で、もとはアイヌ語だという。

なお、部首「日」は形の上から便宜的に分類されたもので、意味の関係はない。

こん 恨

9画
［音読み］コン
［訓読み］うら-む
［部首］忄（りっしんべん）

他人も責めるし自分も責める

部首「忄」は「心」の変形。**〝心に不満を抱く〟**ことを表す漢字。「遺恨《いこん》を残す」「恨《うら》みごとを言う」「恨めしや…」のように**〝他人に対する不満〟**を表すこともあるが、「悔恨《かいこん》」「痛恨《つうこん》」のように**〝自分のしたことに対する後悔〟**を表すこともある。

◆「うらむ」と訓読みする漢字には「怨」（p36）「憾」（p89）もある。このうち、「憾」は〝残念に思う〟ことを表すが、「怨」と「恨」とは意味が近く、使い分けはむずかしい。「怨」は〝他人に対する不満〟しか表さず、「恨」の方が指す範囲が広いので、現在では「恨」を用いることが多い。

こん 根

10画
［音読み］コン
［訓読み］ね
［部首］木（きへん）

精神力はすべての基本！

基本的な意味は**〝樹木の一番下の部分〟**で、「球根《きゅうこん》」「根《ね》が枯れる」などがその例。また、「髪の根元《ねもと》」「指の付《つ》け根《ね》」のように、広く〝**何かから生えている一番もとの部分**〟を指しても用いられる。

転じて、〝**ものごとが生じる最初の部分**〟を表す。「根源《こんげん》」「根本《こんぽん》」「禍根《かこん》」「悪の根《ね》を断つ」などがその例。また、「根幹《こんかん》」「根《こん》拠《きょ》」「根底《こんてい》」「根《ね》はいいやつなんだ」のように〝**基礎となるもの**〟を表すこともある。

数学の「平方根《へいほうこん》」もその一例。さらに、「根治《こんち》」「根絶《こんぜつ》」「根《ね》こそぎ」では、〝**原因からすっかり**〟という意味で使われている。

「根気《こんき》」「精根《せいこん》尽き果てる」「根《こん》を詰める」「根性《こんじょう》がない」のように、〝**精神力**〟を表すのは、日本語独特の用法。ただし、「根性」は本来は中国にもある仏教のことばで、〝生まれ持った性質〟のこと。「根性が悪い」はこの意味の例である。

こん 婚

11画

［音読み］コン
［部首］女（おんなへん）

日が暮れてからのおたのしみ？

言わずと知れた〝**夫婦になる**〟ことを表す漢字。「昏」は〝日暮れ〟の意味で、大昔の中国では結婚式が日暮れに行われたという。部首「女」は〝家族〟を表す。

なお、「許婚《いいなづけ》」は、漢字の熟語をそのまま、意味を表す日本語で読む当て字的表現。

こん 混

11画

［音読み］コン
［訓読み］ま-じる、ま-ざる、ま-ぜる、こ-む
［部首］氵（さんずい）

宇宙はここから始まった…

「混雑《こんざつ》」「混乱《こんらん》」「不純物が混《ま》じる」「赤と青の絵の具が混《ま》ざる」「お酒に水を混《ま》ぜる」のように、〝**複数のものが一つになって見分けがつかなくなる**〟ことを表す。部首「氵」は「水」の変形。本来は〝水が勢いよく流れる〟ことを表す漢字で、〝いろいろなものを一緒にして押し流す〟ところから、現在のような意味になったか。「混沌《こんとん》」とは本来、〝この世が始まる前のあらゆるものが入り混じった状態〟をいうことば。世界の存在の根っこにどこかで触れている漢字なのかもしれない。

◆訓読み「まじる／まざる／まぜる」では、「交」（p182）との使い分けが問題となる。もとのものが残っている場合には「交」を、見分けがつかなくなる場合には「混」を使うが、実はこれは、意識の置きどころの問題。たとえば「老いも若きもまじって楽しむ」の場合、〝老い〟と〝若き〟の見分けがつかなくなるはずもないが、〝一体感〟を重視するならば、「混」を使うべきだろう。

◆また、「こむ」と訓読みする漢字には「込」（p203）もある。「込」は〝中に入る〟〝複雑な〟という意味なのに対して、「混」は〝**人やモノがいっぱいで身動きがとれない**〟場合に用いる。「人混《ひとご》み」「道路が混《こ》んでいる」などが、その例である。

こん 痕

11画

［音読み］コン
［訓読み］あと
［部首］疒（やまいだれ）

ひと悶着がありました…

〝心身の不具合〟を表す部首「疒」にも現れているように、本来は〝**怪我や病気などによって残った、肉体の変形や変色**〟を表す。「病気の痕《あと》」「手術の痕《あと》」「傷痕《しょうこん》」などがその例。

また、「血痕《けっこん》」「刀痕《とうこん》」「弾痕《だんこん》」「涙痕《るいこん》」「事故の痕跡《こんせき》」のように、広く〝**過去のできごとによって残された変形や変色**〟をもいう。「墨痕《ぼっこん》」のような例もあるが、事件・事故によるものを指すことが多い。

◆〝残されたもの〟を指す訓読み「あと」は、現在では「跡」（p344）と書くのがふつう。ただし、「痕」を使うと事件性を感じさせる効果がある。「洪水の爪痕《つめあと》」「苦悩の痕《あと》」などがその例である。

こん
紺
11画
［音読み］コン
［部首］糸（いとへん）

白い布を鮮やかに染める

色の〝こん色〟を表す。純粋な青に少しだけ赤を混ぜて、深みを増したもの。

似た色を表す漢字に「藍」（p8）があるが、こちらは本来は植物の名前。「紺」は部首が「糸」なので、染めた糸の色から生まれた漢字だと考えられる。古くから人間が作り出し、身に付けてきた色である。

こん
魂
14画
［音読み］コン
［訓読み］たましい、たま
［部首］鬼（おに）

抜け出したり注ぎ込んだり

人間の精神活動のもととなり、死ぬと肉体から抜け出すという〝たましい〟を表す。「霊魂《れいこん》」「鎮魂《ちんこん》歌《か》」「亡《な》き人の魂《たましい》」「人魂《ひとだま》」などがその例。

この世のものならぬ気配を漂わせる漢字だが、「一球入魂《いっきゅうにゅうこん》」「闘魂注入《とうこんちゅうにゅう》」「魂《たましい》のこもった演奏」などでは、**〝何かの核となるような熱い思い〟**を表す。「魂胆《こんたん》」「商魂《しょうこん》」ではさらに転じて、**〝何かをしようとめぐらす考え〟**をいう。

部首「鬼」は〝この世のものではない〟ことを表す。「云」については諸説あるが、「雨（あめかんむり）」を付け加えて〝「雲」のようなもの〟を表すと解釈する説が有力。〝たましい〟だから見えるはずはないのだが、ヴィジュアルを刺激する説である。

こん
墾
16画
［音読み］コン
［部首］土（つち）

新天地で土にまみれろ！

現在では、「開墾《かいこん》」以外で使われることはまれ。**〝人手の入っていない土地を切り開いて田畑にする〟**ことを表す。似た意味の漢字に「拓」（p394）があるが、「拓」が〝樹木などを切り開く〟ことを表すのに対して、「墾」は〝田畑にする〟ところにポイントがあるのが、異なる点である。

こん
懇
17画
［音読み］コン
［訓読み］ねんご-ろ
［部首］心（こころ）

日本では一線を越える？

基本的なイメージは、**〝飾らない心で他人と接する〟**こと。「懇切丁寧《こんせつていねい》」では、それが**〝まごころを込めて相手に接する〟**ことになるし、「懇願《こんがん》」「懇望《こんもう》」では**〝心の底から思う〟**こととなる。また、「懇談《こんだん》」「懇話《こんわ》」「懇親《こんしん》会《かい》」では**〝うち解ける〟**という意味になって表れる。

訓読み「ねんごろ」はちょっとわかりにくい日本語だが、〝まごころを込めて〟と〝うち解ける〟の両方の意味がある。ただし、「懇《ねんご》ろになる」「懇《ねんご》ろな関係」などでは、**〝プライヴェートに仲良くなる〟**というニュアンスが強くなり、〝うち解ける〟とは一線を画す。「先生に懇意《こんい》にしていただく」「彼とは昵懇《じっこん》の間柄だ」なども含めて、「懇」本来の意味からはやや離れているので、日本語独自の用法かもしれない。

さ

左

さ

5画

［音読み］サ
［訓読み］ひだり
［部首］工（たくみ）

どっちが上でもいいじゃない

説明するまでもなく、**〝ひだり〟**を表す漢字。

また、主人の左側にいて支えるところから、**〝助けとなる〟**ことをも表す。〝証拠〟とよく似た意味の「証左《しょうさ》」がその例。この意味をはっきり表すために後になって作られた漢字が「佐」（ｐ207）。ちなみに、「右」（ｐ25）と「佑」（ｐ601）にも同様の関係がある。

昔の中国では〝左〟よりも〝右〟の方が貴ばれたことから、「左遷《させん》」では**〝低い地位〟**を表す。ちなみに、日本では逆に、「右《う》大臣《だいじん》」より「左大臣《さだいじん》」の方が地位が高い。

「左翼《さよく》」「左派《さは》」「左《ひだり》寄りの考え」などでは、**〝急進的な〟**という意味。これは、フランス革命の際の議会の座席取りに由来する。左右それぞれにどのような政治的意味を持たせるかは、時代や国によって異なるのである。

部首「工」は〝工具〟を表すので、本来は〝何かの道具を持つ手〟を指したと考える説が有力。〝酒好き〟をいう「左党《さとう》」は、左手に工具の〝のみ〟を持つところから「飲《の》み手《て》」と掛けた日本語独自の熟語。成り立ちの説と一致するのは、おもしろい。

佐

さ

7画

［音読み］サ
［部首］亻（にんべん）

役に立つ人びと

「佐藤《さとう》」「佐野《さの》」「佐々木《ささき》」など、お名前で接することがあまりに多いので、意味を考える機会はあまりない。本来は**〝助ける〟**ことを表す漢字で、「補佐《ほさ》」がその代表例。軍隊の「大佐《たいさ》」「中佐《ちゅうさ》」などでは、**〝大将などを助ける将校〟**。

部首「亻」は「人」の変形で、〝動作や状態〟を表す。「左」（ｐ207）にはもともと〝助ける〟の意味があるが、〝ひだり〟の意味と区別するため、「亻」を付け加えて作られた漢字である。

沙

さ

7画

［音読み］サ、シャ
［訓読み］すな
［部首］氵（さんずい）

名前で好まれる理由とは？

部首「氵」は「水」の変形。本来は〝水辺の細かい石の粒〟を表す漢字。広く**〝とても小さな石の粒〟**を指して用いられる。「沙漠《さばく》」「流沙《りゅうさ》」「沙《すな》に埋まる」などがその例。

◆〝すな〟を意味する漢字としては、現在では「砂」（ｐ208）を使うのがふつう。「沙《さ》漠《ばく》」「沙《すな》が舞う」のように書くと、ちょっと特別な雰囲気になる。

〝水辺の細かい石の粒〟から変化して、**〝水中でゆすって細かいものをよりわける〟**ことをも表す。「沙汰《さた》」がその例で、日本では転じて、「地獄の沙汰《さた》」のように〝処置を決める〟という意味となり、「正気の沙汰《さた》」「警察沙汰《ざた》」など〝処置を必要とする行い〟をも表す。また、決めたことを伝えるところから、「ご無沙汰《ぶさた》」「音沙汰《おとさた》がない」のように〝連絡・うわさ〟という意味でも用いられる。

また、外国語に対する当て字としても活躍する。「沙羅《さら》」は古代のインド語で、木の名前。「沙門《さもん》」も同じく〝出家した人〟。これらでは、奈良時代以前からある古い音読みシャと読むこともある。さらに、「沙翁《さおう》」は〝シェイクスピア〟の最初の音を「沙」で表したもの。

全体的に、意味よりも独得の雰囲気が好まれる漢字。最近では女性の名前によく使われるのも、そのせいかと思われる。

査

さ

9画

［音読み］サ
［部首］木（き）

かぶさるところに秘密がある？

「調査《ちょうさ》」「検査《けんさ》」「捜査《そうさ》」「査定《さてい》」など、〝**詳しく調べて明らかにする**〟ことを表す。

本来は〝木を並べて作ったいかだ〟を表したとか、木の名前だったなどという。部首「木」が上部に置かれている漢字は珍しいが、同じような「杏」（p11）と「李《すもも》」がどちらも樹木の名前であるのは、ちょっと気になるところである。

砂

さ

9画

［音読み］サ、シャ
［訓読み］すな
［部首］石（いしへん）

甘いものや高価なものも！

「砂丘《さきゅう》」「砂防《さぼう》ダム」「黄砂《こうさ》」「砂《すな》の嵐」など、〝**とても細かい石の粒**〟を表す。「砂糖《さとう》」のように、〝**細かくてさらさらした粒状のもの**〟を指すこともある。

音読みはサを用いるのが原則。シャは奈良時代以前からある古い読み方で、現在では「土砂《どしゃ》」くらいにしか用いられないが、昔は「砂金《さきん》」「砂岩《さがん》」「白砂青松《はくさせいしょう》」などでもシャと読んだ。なお、「砂利《じゃり》」は本来は当て字で、「さざれ石」の「ざれ」が語源ではないかともいう。

《◆〝すな〟を表す漢字には「沙」（p207）もあるが、意味に大きな違いはなく、現在では「砂」を使うのが一般的である。

唆

さ

10画

［音読み］サ
［訓読み］そそのか-す
［部首］口（くちへん）

三度に一度はいいことを…

現在では「示唆《しさ》」「教唆《きょうさ》」「唆《そそのか》す」の三つの形以外では、まず用いられない。〝**その気になるようしむける**〟ことを表すのが基本で、「教唆」「唆す」はその例。たいていは悪いことについて用いられる。ただし、「示唆」では〝**それとなく教える**〟ことを表す。だれだって、たまにはいいこともするのである。

差

さ

10画

［音読み］サ
［訓読み］さ-す
［部首］工（たくみ）

困ったときにどうぞ！

基本の意味は、〝**複数のものの間の違い**〟。「段差《だんさ》」「格差《かくさ》」「個人差《こじんさ》」「差額《さがく》」「差分《さぶん》」などがその例。算数で〝**引き算の答え**〟を表すのもその一つ。また、「差異《さい》」「交差《こうさ》」のように〝**食い違う**〟という意味にもなる。

「差別《さべつ》」のように、〝**違いを付ける**〟ことを表す場合もある。「差配《さはい》」は、本来は〝税などを、それぞれに応じて違いを付けて割り当てる〟こと。現在の日本語では、〝取り仕切る〟の意味で使われる。

《◆「さす」と訓読みする漢字には、ほかにも「指」（p234）「刺」（p231）「挿」（p367）などがあって、使い分けがむずかしい。中でも「差」は特殊。本来、「差」には〝選ぶ〟という意味があり、日本語「さす」にも同じ意味があったというが、現在ではこの意味ではまず用いられない。ところが、それが幸いしたのか、「嫌気《いやけ》が差《さ》す」「杯《さかずき》を差《さ》す」「傘《かさ》を差《さ》す」「口紅を差《さ》す」「ほおに赤みが差《さ》す」「横綱が左を差《さ》す」「物差《ものさ》し」などなど、さまざまな場面に出没可能。「さす」を漢字で書きたいとき、困ったら「差」を使うと考えれば便利である。

なお、「差《さ》し戻《もど》す」「差《さ》し向《む》ける」「差《さ》し押《お》さえる」のように、**ほかのことばの前に付けてニュアンスを添える**はたらきをする「さし」も、「差」を用いる。

古代文字では「[illegible]」と書くので、本来は「禾（のぎ）」と「左」の組み合わさった漢字だと考えられている。が、成り立ちには諸説があって、よくわからない。

さ 詐 12画

［音読み］サ
［訓読み］いつわ-る
［部首］言（ごんべん）

ことばの悪い用い方

「詐欺《さぎ》」「詐称《さしょう》」が代表的な例。〝**うそを言ってだます**〟ことを表す。

◆訓読み「いつわる」は、現在では「偽」（p105）を書く方がふつう。あえて「詐《いつわ》る」のように書くと、〝ことば巧みに〟というニュアンスが強調される。

さ 鎖 18画

［音読み］サ
［訓読み］くさり
［部首］金（かねへん）

ぐるぐる巻いてガチャン！

金属の**輪がつながった**〝**くさり**〟を表す。転じて、〝**いくつかのものが結びつく**〟という意味にもなる。「連鎖《れんさ》」がその例。「鎖骨《さこつ》」とは、〝胸骨と肩甲骨を結ぶ骨〟。

また、「閉鎖《へいさ》」「封鎖《ふうさ》」「鎖国《さこく》」のように、〝**外部との接触を遮断する**〟ことをもいう。くさりでぐるぐる巻いて南京錠をかける、あのイメージである。

なお、以前は「鎻」と書くのが正式。

ざ 座 10画

［音読み］ザ
［訓読み］すわ-る
［部首］广（まだれ）

立ち話だけでは仲間にはなれない

部首「广」は〝建物〟を表す。「玉座《ぎょくざ》」「上座《かみざ》」「便座《べんざ》」のように、建物の中の〝**腰を下ろす場所**〟を指すのが本来の意味。転じて、〝**モノの定まった位置**〟をも表し、「台座《だいざ》」「星座《せいざ》」などがその例。「主役の座《ざ》」「社長の座《ざ》」のように、〝**重要な地位**〟をもいう。

「座席《ざせき》」「座禅《ざぜん》」「正座《せいざ》」「土下座《どげざ》」「ベンチに座《すわ》る」など〝**腰を下ろす**〟という動作を指すのは、最近になって生じた用法。昔はこの意味の場合には「坐」を使ったので、現在でも「坐席《ざせき》」「坐禅《ざぜん》」「正坐《せいざ》」「坐《すわ》る」などと書く場合もある。

〝腰を下ろす場所〟から転じて、**話し合いや食事会などの**〝**集まり**〟をも表す。「講座《こうざ》」「座談会《ざだんかい》」「座長《ざちょう》」などがその例。「座《ざ》が白ける」では、〝**集まりの雰囲気**〟のこと。

そこから、日本では〝**同業者の団体**〟を指しても使われる。「楽市楽座《らくいちらくざ》」がその例。また、江戸時代には、「金座《きんざ》」「銀座《ぎんざ》」のように〝**特定のものを製造する公設の機関**〟を表したり、〝**幕府公認のお芝居などの興行場**〟を指したりもした。「歌舞伎座《かぶきざ》」「俳優座《はいゆうざ》」など〝**劇団や劇場**〟をいうのは、その流れをくむ使い方である。

意味がたいへん多いのが特徴的な漢字。人づきあいとは、腰を落ち着けなくては始まらないもののようである。

ざ 挫 10画

［音読み］ザ
［訓読み］くじ-く
［部首］扌（てへん）

すぐには立ち直れない…

部首「扌」は「手」の変形。本来は、広く〝折り曲げて傷つける〟ことを表すが、現在では「捻挫《ねんざ》」「挫傷《ざしょう》」「足を挫《くじ》く」のように、〝**不自然な力がかかって骨や組織などが傷つく**〟ことを指す場合が多い。

また、〝折り曲げる〟ところから、〝**勢いを急に失う**／**失わせる**〟ことをも表す。「挫折《ざせつ》」「頓挫《とんざ》」「強きを挫《くじ》く」「出鼻を挫《くじ》く」などがその例。どの意味でも、後に深いダメージが残る漢字である。

さい 才 3画

［音読み］サイ
［部首］扌（てへん）

天からの授かりもの！

「才能《さいのう》」「天才《てんさい》」「多才《たさい》」のように、〝**生まれつきのすぐれた能力**〟を表す。ちなみに、〝努力して身に付ける能力〟は「技」（p104）で表す。

また、**年齢を数える漢字**として使うのは、「歳」（p214）の代用。特に小学生に対するときなど、「歳」ではむずかしいと感じられる場合に使われる。

部首「扌」は形の上から便宜的に分類されたもので、漢和辞典の中でも最も強引な部首。古代文字では「[illegible]」と書き、本来は〝木を組んで作ったもの〟を表したらしいが、それが何かには諸説ある。また、〝能力〟の意味になった経緯も、よくわからない。

さい 再 6画

回数にはこだわるな！

［音読み］サイ
［訓読み］ふたた-び
［部首］冂（まきがまえ、けいがまえ）

「ふたたび」と訓読みするので〝**二度目**〟の印象が強いが、この意味で用いられる例は少ない。印刷で〝二度目の校正刷り〟を意味する「再校《さいこう》」が思いつくくらい。「再放送《さいほうそう》」をくり返しても「三放送」「四放送」にはならないし、〝二回続けての当選〟は「二選《にせん》」であって「再選《さいせん》」ではない。

実際によく用いられるのは、〝**もう一度**〟の意味。「再起《さいき》」「再編《さいへん》」「再生《さいせい》」「再検討《さいけんとう》」「再発見《さいはっけん》」「あいつが再《ふたた》びやって来る」などなど、その例は多く、回数ではなく〝やり直す〟ことこそが重要なのだ、と教えてくれているようである。

なお、「再来週《さらいしゅう》」「再来月《さらいげつ》」「再来年《さらいねん》」でサと読むのは、音読みサイが縮まったもの。また、部首「冂」は形の上から便宜的に分類されたもので、意味の関係はない。

さい 災 7画

運命のせいにしてはいけない

［音読み］サイ
［訓読み］わざわ-い
［部首］火（ひ）

部首「火」が付いているので、本来は〝火が引き起こす不幸な事態〟を指したのだろうが、現在では広く〝**運命が引き起こす不幸な事態**〟をいう。「災害《さいがい》」「災難《さいなん》」「天災《てんさい》」「火災《かさい》」「震災《しんさい》」などがその例。

◆同じく「わざわい」と訓読みする「禍」（p56）が、〝人間が引き起こすもの〟をも含めて用いられるのに対して、「災」は〝運命による〟というニュアンスが強い。なお、「災《わざわ》い」では送りがな「い」を付けるのに対して、「禍《わざわい》」は送りがなしで使うのが習慣である。

「戦災《せんさい》」「労災《ろうさい》」は日本語独自の熟語で、人間のしわざを運命に押しつけているようなところがないでもない。また、「人災《じんさい》」も、「天災」と対になることばとして後になって作られたものである。

さい 妻 8画

建物にも存在する!?

［音読み］サイ
［訓読み］つま
［部首］女（おんな）

例を挙げるまでもなく、「夫」（p523）に対して〝**配偶者の女性**〟を表す。日本語では、「刺身の妻《つま》」「話の妻《つま》」のように〝**添えもの**〟の意味で用いることもあるが、現在ではさすがに印象がよくないので、かな書きすることが多い。

また、日本建築では、「切妻屋根《きりづまやね》」「妻《つま》びさし」「妻戸《つまど》」など、〝**建物の端**〟の意味で用いられることもある。日本語「つま」は〝着物のすそ〟を指すこともあり、もともと何かの〝端〟という意味があるらしい。

さい 采 8画

はっきりしないやつだけど…

［音読み］サイ
［部首］釆（のごめ）

以前は「采」と書くのが正式。「爫」は「爪」（p430）の変形で〝つかむ〟ことを表す。本来は〝木の実をつかみ取る〟ことを指し、広く〝**選び取る**〟という意味になるが、この意味は、後に部首「扌（てへん）」を付け加えた「採」（p212）で表すようになった。ただし、日本の武将が戦いを指揮するときに用いる道具「采配《さいはい》」には、この意味がかすかに残っているかもしれない。

また、〝**いろどり**〟という意味もあるが、これも部首「彡（さんづくり）」を加えた「彩」（p211）で表すようになり、現在では「風《ふう》采《さい》」にかすかにその意味を残すのみ。

このほか、〝**さいころ**〟をも指す。「喝《かっ》采《さい》」とは本来、賭けごとの際に〝さいころの目を大声で読み上げる〟ことだという。

それぞれの意味の関連ははっきりせず、なんともとらえどころがない。部首「采」も形が似ているから分類されただけのことで、現在では「爪」や「木」を部首とする辞書が多い。どこまで行ってもはっきりしない漢字だが、そのふわふわ感が魅力なのかもしれない。

さい

砕

9画

［音読み］サイ
［訓読み］くだ-く
［部首］石（いしへん）

〝心〟と〝話〟では意味が真逆?

本来は〝石を細かくする〟ことを表す漢字。「砕石機《さいせきき》」「砕氷船《さいひょうせん》」「瓦《かわら》を砕《くだ》く」など、広く〝**細かい粒にする**〟という意味で用いられる。「敵を粉砕《ふんさい》する」「希望が打ち砕《くだ》かれる」のように、比喩的に用いられて〝**徹底的につぶす**〟ことを表す場合もある。

「心を砕《くだ》く」も比喩的な用法で、〝**たいへん気を遣う**〟こと。ところが、「砕《くだ》けた話」になると〝**気を遣わないでいい**〟という意味となる。どちらも日本語独自の用法だが、なかなかおもしろい。

なお、以前は「碎」と書くのが正式。

さい

宰

10画

［音読み］サイ
［部首］宀（うかんむり）

焼肉奉行ではないけれど…

現在では、「宰相《さいしょう》」「宰《さい》領《りょう》」「主宰《しゅさい》」以外の形で用いられることはまれ。〝**取り仕切る**〟ことを表す。部首「宀」は〝建物〟を表し、「辛」（p310）はここでは〝庖丁《ほうちょう》〟のことだという。本来は〝お供えの肉を切り分ける〟ことを表した、という説が有力である。

さい

栽

10画

［音読み］サイ
［部首］木（き）

植物の世界はシンプルだ!?

現在では「栽培《さいばい》」「盆栽《ぼんさい》」の形で使われるのがほとんど。「栽培」では、〝**植物を植えて育てる**〟ことを表す。「盆栽」では、〝**植えて育てられる植物**〟を指す。意味・使い方ともにシンプルな漢字である。

なお、「𢦏《さい》」は発音を表す記号。同じ作りの漢字に「裁」（p214）「載」（p215）「哉」（p595）などがある。

さい

彩

11画

［音読み］サイ
［訓読み］いろど-る、あや
［部首］彡（さんづくり）

目に焼き付いて忘れられない…

「彩色《さいしょく》」「水彩画《すいさいが》」「迷彩《めいさい》服《ふく》」「縁《ふち》を赤で彩《いろど》る」のように、〝**色を使って模様を作る**〟ことを表す。また、〝**美しい色の模様**〟をも意味し、「光の彩《あや》」「目にも彩《あや》な」などがその例。

◆「あや」と訓読みする漢字には「綾」（p10）もある。「綾」は主に〝入り組んだ関係〟を表すのに対して、「彩」は〝美しい〟というニュアンスで使われる。また、名前では、「絢」（p161）「文」（p538）なども「あや」と読むことがある。

転じて、「単調な毎日に彩《いろど》りを添える」のように、〝**華やかさ**〟をも表す。また、「異彩《いさい》を放つ」「精彩《せいさい》を欠く」など、〝**活発で目立つ特徴**〟を指しても用いられる。

以前は「彩」と書くのが正式。本来、「采／采」（p210）に〝いろどり〟の意味があったが、その意味をはっきりさせるため、〝模様〟を表す部首「彡」を付け加えて「彩」が作られた。美しい色をさらにはっきりさせたという、鮮やかな漢字である。

さい 採

11画

［音読み］サイ
［訓読み］と-る
［部首］扌（てへん）

必要なので いただきます

以前は「採」と書くのが正式。「采／釆」（p210）には〝つかみ取る〟という意味がある。それに「手」が変形した部首「扌」を組み合わせて意味をはっきりさせたのが、この漢字。転じて、広く**必要に応じて〝選び出す〟〝拾い上げる〟**の意味で用いられる。「採集《さいしゅう》」「採用《さいよう》」「砂金を採《と》る」などがその例。「採血《さいけつ》」「採光《さいこう》」「暖《だん》を採《と》る」のように、モノ以外についても使うことがある。

一方、日本語独自の用法として「採寸《さいすん》」「採点《さいてん》」「採算《さいさん》」「採決《さいけつ》」などがある。これらでは、**〝数によって答えを出す〟**という意味で使われているようである。

◈「とる」と訓読みする漢字には「獲」（p73）「撮」（p221）「執」（p247）「取」（p258）「摂」（p347）「捕」（p550）などもあって、使い分けを突き詰めて考えようとすると、漢字が嫌いになってしまうこと請け合い。その中で「採」を使う判断基準は、〝必要に応じて選び出す〟というニュアンスが強いかどうか。しかし、実際にはまぎらわしい場合が多く、「採用」「採集」などで置き換えが可能な場合は「採」を使う、と考えるのが近道。それでも迷ったら、かな書きしておくのが無難であろう。

さい 済

11画

［音読み］サイ、セイ
［訓読み］す-む、す-ます
［部首］氵（さんずい）

ほんとは危険と 背中合わせ

〝やり終える〟ことを表す。**〝事業を成し遂げる〟**というニュアンスが強く、「返済《へんさい》」「決済《けっさい》」「完済《かんさい》」のように、音読みの熟語ではお金に関するものが多い。「用事が済《す》む」「食事を済《す》ます」など軽い気持ちで用いるのは、日本語独特の用法である。

また、「救済《きゅうさい》」「共済《きょうさい》」のように**〝苦しんでいる人を助ける〟**という意味も表す。この意味の場合に「すくう」と訓読みすることもあるが、現在ではあまり用いられない。「経済《けいざい》」はもともと「経国済民《けいこくさいみん》」の略で、〝国を安定させて民を救う〟という意味。そうと知ると、「経済界《けいざいかい》」にはひとこと言いたくなってくる。

以前は「濟」と書くのが正式。本来は〝川を渡る〟という意味だったと考えられており、「水」が変形した部首「氵」はそのなごり。〝危険を乗り越えて渡り終える〟ところから〝成し遂げる〟〝助ける〟の意味が生まれた、という説が有力である。

音読みはサイを用いるのが基本。セイは平安時代ごろに正式とされた読み方だが、現在では「多士済々《たしせいせい》」で使われるくらい。この場合の「済」は、**〝たくさんのものがそろっているようす〟**をいう。

さい 祭

11画

［音読み］サイ
［訓読み］まつ-る、まつ-り
［部首］示（しめす）

神さまは どこへ行った?

「肉」の変形「夕」と、〝手の動作〟を表す「又」に、〝神〟を表す部首「示」を組み合わせた漢字。本来は、〝手にお供えの肉を持って神にささげる〟ことを表す。**〝神や仏・祖先などの居場所を整えて、その場で儀式を行う〟**という意味で用いられる。

日本では意味が広がって、「祝祭日《しゅくさいじつ》」「文化祭《ぶんかさい》」「パリ祭《さい》」「春のドラえもん祭《まつ》り」のように、広く**〝何か特別なイベント〟**を指すことが多い。

◈そこで、訓読み「まつる」では、〝特別なイベント〟という意味を避けるために「祀《し》」（p233）を使うこともある。が、本来の意味からすれば「祭」を書いても問題はない。

さい 細

11画

［音読み］サイ
［訓読み］ほそ-い、こま-かい
［部首］糸（いとへん）

全体から見たミクロの世界

「細《ほそ》い小道」「腕が細《ほそ》い」「極細《ごくぼそ》のペン」のように、**〝幅が狭くて長い〟**ことが代表的な意味。転じて、「神経が細《ほそ》い」「細《ほそ》い声」「細々《ほそぼそ》と続ける」など、**〝余裕が感じられない〟**こと一般についても用いられる。

しかし、この系統の意味で使われた音読みの熟語は、「毛細血管《もうさいけっかん》」があるくらい。漢字としては、「細工《さいく》」「細胞《さいぼう》」「細《こま》かい雨」のように、**〝小さなモノがたくさん集まっている〟**ことを表す方に重点がある。こちらの意味では、全体を踏まえた上で〝小さなもの〟に焦点を当てるのが基本。「詳細《しょうさい》」「細心《さいしん》」「繊細《せんさい》な感性」「細《こま》かいチェック」など、**〝小さなことまで〟**という意味を表すのは、その現れ。また、「些《さ》細《さい》」「零細《れいさい》」のように**〝全体から見れば取るに足らない〟**ことを表す場合もある。

なお、国歌にも出てくる「細石《さざれいし》」の「さざれ」は、〝こまかい〟ことを表す古語。谷崎潤一郎の小説で有名な「細雪《ささめゆき》」は〝こまかく降る雪〟のこと。「ささめ」はこの場合だけ使われる特殊な訓読みである。

さい 菜

11画

［音読み］サイ
［訓読み］な
［部首］艹（くさかんむり）

お肉だっていただきますよ

以前は「菜」と書くのが正式。「采／釆」（p210）には〝つかみ取る〟という意味がある。〝植物〟を表す部首「艹」を加えて、**〝葉や根などを摘み取って食べる植物〟**を表す。「野《や》菜《さい》」「菜園《さいえん》」「菜食主義《さいしょくしゅぎ》」がその例。

そこから変化して、広く**〝主食と一緒に食べるもの〟**をもいう。「前菜《ぜんさい》」「副菜《ふくさい》」「お惣菜《そうざい》」「菜箸《さいばし》」「一汁一菜《いちじゅういっさい》」など、この例も意外と多い。「お菜」と書いて「おかず」と読むこともあるが、「おかず」は現在ではかな書きするのがふつうである。

「菜《な》の花《はな》」「菜種油《なたねあぶら》」では植物の**〝あぶらな〟**を指す。また、「小松菜《こまつな》」「芥子菜《からしな》」「野《の》沢菜《ざわな》」などは日本のものだが、中国にも「白菜《はくさい》」「青梗菜《チンゲンさい》」などがあって、**野菜の名前を表す漢字**として広く用いられている。

さい 斎

11画

［音読み］サイ
［部首］斉（せい）

心身ともに清らかに

本来は、宗教的な理由で、**〝定められた期間、飲食や行動をつつしんで、けがれを払う〟**ことを表す漢字。訓読みすれば「ものいみ」だが、現在ではほとんど用いられない。

そのためにこもる部屋を表すこともあり、そこから転じて**〝静かに過ごす部屋〟**という意味となったのが、「書斎《しょさい》」の例。「柳生連也斎《やぎゅうれんやさい》」「葛飾北斎《かつしかほくさい》」「山本寛斎《やまもとかんさい》」のように名前に用いられるのも、もとは書斎に付けた名前を雅号としたもの。

また、「斎場《さいじょう》」は〝けがれを取り除いた場所〟のことだが、日本では転じて、〝お葬式を行う場所〟を指して用いられる。

以前は「齋」と書くのが正式。非常に複雑な形をした漢字だが、現在でも、「齋《さい》藤《とう》」さんなどのお名前で用いられる。ちなみに、「斉藤《さいとう》」さんという方もいらっしゃるが、「斎」は本来、この「斉」（p333）と〝神や仏〟を表す「示」を組み合わせた漢字。部首は「斉」だが、意味の上からは「示」を部首とする方がふさわしい。

さい 最

12画

［音読み］サイ
［訓読み］もっと-も、も
［部首］日（ひらび）

いつも一番とは限らない？

「最高《さいこう》」「最愛《さいあい》」「最高値《さいたかね》」「業界最薄《さいうす》」「町内で最《もっと》もお金持ち」「最寄《もよ》りの駅」「不注意の最《さい》た

るもの」「最果《さいは》ての地」などなど、〝**一番である**〟ことを表す。

「最早《もはや》」は〝早くも〟〝今となっては〟という意味。この「最」には〝一番〟の意味はなく、当て字ではないかと思われる。また、「最中」は「サイチュウ」「さなか」「もなか」の三つの読み方がある困った熟語。「最《さ》中《なか》」で「さ」と読むのは、これまた当て字だろうと考えられる。

◆日本語「もっとも」には、「もっともらしい」「笑われるのももっともだ」のように〝いかにも当然だ〟という意味もある。が、この場合には「最」は使わない。現在漢字で書くとすれば「尤《もっと》も」だが、現在ではかな書きが自然である。

なお、部首「曰」は形の上から便宜的に分類されたもの。意味の関係はない。

さい 裁

12画

［音読み］サイ
［訓読み］た-つ、さば-く
［部首］衣（ころも）

やったら後には戻れない

部首「衣」から想像されるように、本来は〝**衣服を作るために布を切る**〟ことを表す。「裁《さい》縫《ほう》」「裁《た》ちばさみ」などがその例。転じて、広く〝**切って形を整える**〟という意味ともなり、「断裁《だんさい》」「体裁《ていさい》」などの例がある。

いったん切ってしまうと、もとに戻すことはできない。「裁定《さいてい》」「独裁《どくさい》」「仲裁《ちゅうさい》」「君の裁量《さいりょう》に任せる」「法廷で裁《さば》く」のように〝**重要なことを判断して決定する**〟という意味は、そこから転じたもの。日本では、「地裁《ちさい》」「高裁《こうさい》」「最高裁《さいこうさい》」のように**「裁判《さいばん》所《しょ》」の省略形**としても使われる。

◆似た意味で「たつ」と訓読みする漢字には「絶」（p348）「断」（p403）もある。が、「裁」は〝布や紙をたつ〟場合にしか使わないので、使い分けで悩む必要はない。

なお、「𢦏《さい》」は発音を表す記号で、同じ作りの漢字に「栽」（p211）「載」（p215）「哉」（p595）などがある。

さい 債

13画

［音読み］サイ
［部首］亻（にんべん）

一方的に誤解しないで！

「国債《こくさい》」「公債《こうさい》」「負債《ふさい》」「債務《さいむ》」など、〝**お金を借りる**〟イメージが強いが、同時に〝**お金を貸して返済を求める**〟ことも表す。「債権《さいけん》」は〝貸した側の権利〟、「債主《さいしゅ》」は〝貸し主〟。〝借金取り〟を意味する「債鬼《さいき》」なるおそろしい熟語もある。

「責」（p343）は〝何かを行うよう求める／求められる〟ことを表す。部首「亻」は「人」の変形だが、「責」と区別するための記号のようなもの。合わせて、〝お金の貸し借りの関係〟を意味する漢字である。

さい 催

13画

［音読み］サイ
［訓読み］もよお-す
［部首］亻（にんべん）

早くその気にさせましょう

部首「亻」は「人」の変形で、〝動作や状態〟を表す。「催促《さいそく》」「催眠術《さいみんじゅつ》」など、〝**何かするようにしむける**〟ことを指す。訓読み「もよおす」もその意味だが、「吐き気を催《もよお》す」「便意を催《もよお》す」のように、〝**肉体的な欲求がつのる**〟ことをいう場合も多い。

日本では、〝何かをする気にさせる〟ところから〝**人を集めるために何かをする**〟という意味でも使われる。「開催《かいさい》」「主催《しゅさい》」「催《もよお》し物《もの》」などがその例である。

さい 塞

13画

⇩ そく（p378）

さい 歳

13画

［音読み］サイ、セイ
［訓読み］とし
［部首］止（とまる）

無情にも過ぎていく…

「歳月《さいげつ》」「歳時記《さいじき》」「歳末《さいまつ》」など、〝**年**〟を表す。また、**年齢を数える漢字**としても用いられる。

◆訓読み「とし」は、現在では「年」（p480）を使うのが一般的。「歳」は、「歳《とし》を重ねる」のように特に〝年齢〟を指す場合に用いられることが多い。

音読みはサイを用いるのが大原則。セイは平安時代ごろに正式とされた読み方だが、現在では「お歳暮《せいぼ》」くらいでしか使われない。また、「千歳《ちとせ》」で「とせ」と読むのは、「とし」の古い言い方。

以前は「小」が「少」になった「歳」と書くのが正式。「歩／歩」に〝大きな刃物〟を表す「戉《えつ》」を組み合わせた漢字だが、本来の意味には諸説がある。

さい 載

13画

［音読み］サイ
［訓読み］の-せる、の-る
［部首］車（くるま）

人間様はご遠慮ください

本来は〝車にものを積み込む〟という意味で、広く〝**乗り物に荷物を積み込む**〟ことを表す。「荷台に載《の》せる」「満載《まんさい》」「積載量《せきさいりょう》」などがその例。転じて、「棚に載《の》せる」のように〝**何かの上に置く**〟ことをも表す。

また、最近では「カメラ機能搭載《とうさい》」「新機能満載《まんさい》」のように、〝**機械がある機能を備えている**〟という意味でも用いられる。

〝積み込む〟から転じたのが、〝**文章や写真などを多くの人が見られるところに示す**〟という意味。「掲載《けいさい》」「連載《れんさい》」「記載《きさい》」「記事を載《の》せる」「写真が載《の》る」「ブログに載《の》せる」など、今ではこの意味の例が多い。

◆「のる／のせる」と訓読みする漢字には「乗」（p300）もあるが、「乗」は主に〝人がのる〟場合に用いるので、使い分けには悩むことはあまりない。

このほか、「千載一遇《せんざいいちぐう》」では「歳」（p214）の当て字のように使われている。

なお、「𢦏《さい》」は発音を表す記号で、同じ作りの漢字に「栽」（p211）「裁」（p214）「哉」（p595）などがある。

さい 際

14画

［音読み］サイ
［訓読み］きわ
［部首］阝（こざとへん）

何かが何かに変わるところ

部首「阝」は「阜」（p525）の変形で、〝盛り上がった土〟を表す。本来は〝堤防や土壁などで作った境界〟をいう漢字で、広く〝**区切りや境目**〟を指す。「際限《さいげん》がない」「水際《みずぎわ》」「土俵際《どひょうぎわ》」などがその例。「実際《じっさい》」はもとは仏教のことばで、〝ある存在をぎりぎりまで突き詰めた姿〟。

また、「この際《さい》だから」「開会に際《さい》して」「出発間際《まぎわ》」「別れ際《ぎわ》」など、〝**あることが起こるぎりぎりの瞬間**〟をいうことも多い。

「分際《ぶんざい》」は、本来は〝区切り〟のことで、現在では〝身分〟に近い意味合い。また、「交際《こうさい》」「国際的《こくさいてき》」のように、〝**境界をまたぐ**〟ことを表す場合もある。

ざい 在

6画

［音読み］ザイ
［訓読み］あ-る
［部首］土（つち）

落ち着いてそこにいて！

「在宅《ざいたく》」「在学《ざいがく》」「滞在《たいざい》」「駐在《ちゅうざい》」など、〝**ある場所から動かないでいる**〟ことを表す。「現在《げんざい》」は、本来は〝目の前に動かないでいる〟こと。「自在《じざい》」は本来、〝自分の意志や力でそこにいる〟こと。

◆「ある」と訓読みする漢字には、ほかに「有」（p601）があって、使い分けが問題。「有」は〝○○がある〟場合に使うのに対して、「在」は〝○○にある〟ことを表す。また、「ある日」「ある男」などでは「或」（p11）を書くこともある。

ただし、日本語「ある」には、「吾輩《わがはい》は猫である」「部屋に彼女を呼んである」「カナダに行ったことがある」など、いろいろな用法があるので、実際はすべてかな書きしておくのがおすすめである。

部首「土」は〝場所〟を表す。「存」（p381）

と意味も形も似ているが、「在」は〝動かない〟のに対して、「存」は〝何かであり続ける〟ことを表す点が異なる。

ざい 材

7画
[音読み] ザイ
[部首] 木（きへん）

丸太ん棒だなんてとんでもない！

「木材《もくざい》」に現れているように、本来の意味は**〝何かを作るために切り出した木〟**。転じて、広く**〝何かを作り出すもとになるもの〟**を指し、「材料《ざいりょう》」「材質《ざいしつ》」「資材《しざい》」「題材《だいざい》」「取材《しゅざい》」などがその例。また、「機材《きざい》」「教材《きょうざい》」のように**〝何かをするために必要な道具〟**という意味で使われることもある。

部首「木」に「才」（p209）を加えて、〝役に立つ木〟を意味する漢字。「人材《じんざい》」「逸材《いつざい》」「適材適所《てきざいてきしょ》」のように**〝才能〟**の意味で使うのは「才」の意味が残っている例。人間を「材木《ざいもく》」扱いしているわけではない。

ざい 剤

10画
[音読み] ザイ
[部首] 刂（りっとう）

漢方薬の作り方

「解熱剤《げねつざい》」「止血剤《しけつざい》」「殺虫剤《さっちゅうざい》」「洗剤《せんざい》」などなど、**〝薬品〟**を表す。「刀」が変形した部首「刂」が付いているように、本来は〝切りそろえる〟という意味。〝薬品〟の意味は、木の実や草の根などを切りそろえて漢方薬を作るところから生じたものという。

なお、以前は「劑」と書くのが正式。

ざい 財

10画
[音読み] ザイ、サイ
[部首] 貝（かいへん）

お金だけで満足できるの？

部首「貝」は〝お金や宝物〟を表す記号。**〝金銭的な価値のあるもの〟**が基本的な意味で、「財産《ざいさん》」「財宝《ざいほう》」「家財道具《かざいどうぐ》」などがその例。転じて、「財政《ざいせい》」「財源《ざいげん》」「財界《ざいかい》」など、**〝経済的な〟**という意味でも用いられる。

また、金銭的だけでなく、**〝人間を満足させるもの〟**一般を表すこともある。「文化財《ぶんかざい》」「消費財《しょうひざい》」「公共財《こうきょうざい》」などがその例。経済の発展とともに、〝満足〟の範囲も広がってきたようである。

音読みはザイを使うのが大原則。サイは平安時代ごろに正式とされた読み方だが、現在では「財布《さいふ》」でしか用いられない。

ざい 罪

13画
[音読み] ザイ
[訓読み] つみ
[部首] 罒（あみめ、よこめ）

いけないことこらしめること

「犯罪《はんざい》」「殺人罪《さつじんざい》」「収賄罪《しゅうわいざい》」「裁判で罪《つみ》を認める」のように用いられることが多いので、**〝法律に反する行い〟**というイメージが強い。しかし、基本的な意味は、**〝してはならないこと〟**。「罪悪《ざいあく》」「謝罪《しゃざい》」などでは、**〝社会道徳から見て、してはならないこと〟**をいう場合も多い。また、「携帯電話の功罪《こうざい》」「美しさは罪《つみ》」など、単に**〝だれかを不幸にすること〟**を表す場合もある。

「死罪《しざい》」「流罪《るざい》」など、昔は「罰」（p499）と同じく**〝悪い行いをこらしめる〟**ことを指しても用いられた。〝罪〟と〝罰〟の関係について考える材料になりそうである。

なお、部首「罒」は〝網〟を表す記号。〝網にかけて捕まえる〟イメージである。

さき 埼

11画
[音読み] キ
[訓読み] さき、さい
[部首] 土（つちへん）

海の男はこちらを使う

〝陸地が海や湖などの中に突き出しているところ〟を表す。日本では、千葉県の「犬吠埼《いぬぼうざき》」、島根県の「日御埼《ひのみさき》」、新潟県の「黒埼《くろさき》」のような地名や、姓で用いられる。

意味や読みは「崎」（p217）と同じで、現在では「崎」が使われることの方が多い。ただし、海図では基本的に「埼」を用いているという。なお、県名の「埼玉《さいたま》」で「さい」

と読むのは、「さき」が変化したもの。

さき 崎

11画

［音読み］キ
［訓読み］さき
［部首］山（やまへん）

姿形は変幻自在

部首「山」が示すように、本来は〝山がけわしい〟ことや、〝山が平野に突き出しているところ〟を表す。転じて、〝**陸地が海や湖の中に突き出しているところ**〟を指してよく用いられる。

現在では、地名や姓以外ではまず用いられない。また、音読みが使われるのは地名の〝長崎〟をいう「崎陽《きよう》」くらいか。

なお、「埼」（p216）「碕」のように部首を取り換えても意味や読みは変わらない。また、組み合わせの位置関係が変わった「嵜」、「大」の部分が変化した「﨑」「嵜」など、さまざまな形に書かれることで有名な漢字である。

さく 作

7画

［音読み］サク、サ
［訓読み］つく-る
［部首］亻（にんべん）

日本の土の香りがする…

代表的な意味は〝**何かを生み出す**〟こと。「作文《さくぶん》」「作家《さっか》」「製作《せいさく》」「模型を作《つく》る」「会社を作《つく》る」「チャンスを作《つく》る」などがその例。また、「大作《たいさく》」「労作《ろうさく》」「新作《しんさく》」「名作《めいさく》」などなど、〝**生み出されたもの**〟を表すことも多い。

一方、単に〝**する**〟〝**動く**〟という意味で使われることもある。「作動《さどう》」「作用《さよう》」「作法《さほう》」「操作《そうさ》」「動作《どうさ》」などがその例。

また、日本では特に〝**農作業**〟を指すこともあり、「稲作《いなさく》」「小作《こさく》」「二毛作《にもうさく》」「作付《さくつ》け面積」などがその例。「作柄《さくがら》」「豊作《ほうさく》」「不作《ふさく》」などでは〝**農作物のできばえ**〟。農作業関係の例は意外と多く、「与作《よさく》」「周作《しゅうさく》」「作兵衛《さくべえ》」など、昔風の男性の名前によく使われることも合わせると、ここには日本的な世界が広がっているようである。

音読みは二種類あるが、基本的には〝生み出す〟〝農作業〟の場合はサクを、〝する〟〝動く〟の場合はサを使う。ただし、中には「作為《さくい》」「作戦《さくせん》」「造作《ぞうさ》」のような例もあり、境界線はあいまいである。

◆訓読み「つくる」では、「造」（p373）との使い分けが悩ましい。一般的には、〝素朴で人間的な〟イメージの場合には「作」を、〝大がかりで工業的な〟雰囲気を持つ場合には「造」を使う傾向がある。「米を作《つく》る」「詩を作《つく》る」「子どもを作《つく》る」に対して、「ビルを造《つく》る」「酒を造《つく》る」「偽物を造《つく》る」。要は書き手が何を表現したいかによるわけで、自分の気持ちに従って書き分ければよい。

また、「時代を創《つく》る」「流行を創《つく》る」など、特に〝新しいものを作り出す〟というニュアンスを強調したい場合に、「創」（p368）を使う場合もある。

なお、部首「亻」は「人」の変形で、〝動作や状態〟を表す。

さく 削

9画

［音読み］サク
［訓読み］けず-る、そ-ぐ
［部首］刂（りっとう）

減らすときには痛みが伴う

以前は「削」と書くのが正式。部首「刂」は「刀」の変形。「肖／肖」（p287）には〝ほんの少しになる〟という意味があるらしい。「ナイフで削《けず》る」「やすりで削《けず》る」「アスパラの皮を削《そ》ぐ」のように、〝**表面を薄く取り除く**〟ことを表す。転じて、広く〝**ある部分を取り除く**〟ことをも表す。「予算削減《さくげん》」「贅肉《ぜいにく》を削《そ》ぎ落《お》とす」がその例。

紙がなかった時代には、木の札に文字を書き、間違えるとその部分だけ削り取って書き直した。そこから、〝**文書を訂正する**〟という意味でも使われる。「作文を添削《てんさく》する」「議事録から削除《さくじょ》する」などがその例である。

さく 咲

9画

［音読み］ショウ
［訓読み］さ-く
［部首］口（くちへん）

笑いよりも力のあるもの

〝花が開く〟ことを表す漢字。最近は女性の名付けでも人気が高い。以前は「咲」と書くのが正式で、部首「口」が付いているのは、本来は〝笑う〟ことを表していたから。

〝花が開く〟の意味で使うのは日本語独特の用法で、「花が咲《わら》う」という比喩表現から転じたものだという。現在ではそれがすっかり定着して、「咲」を見ればすぐさま〝花〟がイメージされる。〝笑う〟は追い出されてしまったわけで、漢字の意味のはかない一面を見せている。

さく 昨

9画

［音読み］サク
［部首］日（ひへん、にちへん）

言わない時間もあるみたい

暦の上で〝この前の〟という意味を表す。「昨《さく》日《じつ》」「昨晩《さくばん》」「昨年《さくねん》」「昨今《さっこん》」などがその例。「昨週《さくしゅう》」「昨月《さくげつ》」といった熟語もあるものの、実際にはたいてい「先週《せんしゅう》」「先月《せんげつ》」を使うのは、興味深いところである。

なお、「昨日《きのう》」「一昨日《おととい》」は、漢字の熟語をそのまま、意味を表す日本語で読む当て字的表現。

さく 柵

9画

［音読み］サク
［部首］木（きへん）

ちょっと使ってみたくなる？

〝移動を防ぐためのしきり〟を表す。部首「木」が示すように本来は木製のものを指したのだろうが、現在ではもちろん、あらゆる素材のものについて用いられる。

また、〝敵の侵入を防ぐ〟ところから**〝とりで〟**をも指す。日本では、「衣川柵《ころもがわのさく》」「厨川柵《くりやがわのさく》」など、主に奈良・平安時代に東北地方に設けられたものをいう。

なお、〝自由には動けなくするもの〟という意味で「しがらみ」と訓読みすることがある。現在ではまず用いられないが、ちょっと魅力のある読み方ではある。

さく 索

10画

［音読み］サク
［部首］糸（いと）

細く伸びたその先には？

「索引《さくいん》」「検索《けんさく》」「探索《たんさく》」「捜索《そうさく》」「思索《しさく》」のように、**〝探し求める〟**ことを表す。部首「糸」が付いているのは、本来は〝縄〟を意味したから。縄のように細くたどっていくところから、〝探し求める〟という意味になったという。〝ケーブルカー〟のことを「索条《さくじょう》鉄道」と言ったり、「そうめん」を「索麺」と書いたりするのは、〝縄〟の意味が残っている例。

なお、「索漠《さくばく》」では**〝とりとめがないようす〟**を表すが、これは本来は中国語の擬態語である。

さく 策

12画

［音読み］サク
［部首］竹（たけかんむり）

若者はやっちゃダメ!?

本来は、まだ紙がなかった時代に〝文字を書き記すための竹の札〟を表した漢字で、部首「竹」はそのなごり。転じて、〝書き記された計画・方針〟の意味となった。

現在では、「対策《たいさく》」「方策《ほうさく》」「秘策《ひさく》」「策《さく》略《りゃく》」「策《さく》を練《ね》る」のように、広く**〝計画・方針〟**の意味で用いられる。「失策《しっさく》」は、〝計画どおりに行かない〟こと。「金策《きんさく》」は〝お金を手に入れる計画〟。

ただし、「散策《さんさく》」はまったく違って、本来は〝杖《つえ》を片手に歩き回る〟こと。ここでの「策」は**〝竹製の杖〟**を表す。「若いカップルが公園を散策する」のは、ちょっと不思議な光景なのかもしれない。

このほか、〝竹製のむち〟を指すことも

あって、「策」は本来、〝竹でできた細長いもの〟を表す漢字だったようである。

酢
さく　12画

⇩ す（p320）

搾
さく　13画

［音読み］サク
［訓読み］しぼ-る
［部首］扌（てへん）

ギュッとしてからいただきます！

部首「扌」は「手」の変形。「牛乳を搾《しぼ》る」「レモンを搾《しぼ》る」「圧搾機《あっさくき》」のように、〝**圧力を加えて液体をしみ出させる**〟ことを表す。「税金を搾取《さくしゅ》する」のように比喩的に〝**無理をして出させる**〟という意味で用いられることもある。

◆「しぼる」と訓読みする漢字には「絞」（p195）もあって、使い分けが悩ましい。いろいろな説明があるが、〝自分に役立つものをほかからしぼり出す〟場合には「搾」を使う、と考えるのがよさそう。「ぞうきんを絞《しぼ》る」のように〝不要なものをしぼり出す〟場合や、「知恵を絞《しぼ》る」のように〝自分の中からしぼり出す〟場合には「絞」を用いる。とはいえ、迷った場合はかな書きしておくのが一番である。

錯
さく　16画

［音読み］サク、シャク
［部首］金（かねへん）

わけがわからん！

「錯乱《さくらん》」「錯綜《さくそう》」「交錯《こうさく》」「倒錯《とうさく》」のように、〝**入り乱れる**〟ことを表す。また、転じて〝**勘違いする**〟ことをも表し、例としては「錯覚《さっかく》」「錯誤《さくご》」などがある。

部首「金」が付いているのは、本来は、工芸品を作るときに〝表面に貴金属をちりばめて模様を付ける〟ことを表していたから。転じて〝入り乱れる〟という意味になったと考えられる。

なお、〝切腹に付き添って首を斬り落とす役〟をいう「介錯《かいしゃく》」では、〝**実行する**〟ことをいうかと思われる。シャクは奈良時代以前からある古い読み方で、現在ではこの熟語でしか用いられない。

冊
さつ　5画

［音読み］サツ、サク
［部首］冂（まきがまえ、けいがまえ）

大昔の書物の形

「冊子《さっし》」「別冊《べっさつ》」「冊数《さっすう》」など、〝**独立した一つの書物**〟を表す。また、**書物や帳簿などを数える漢字**としても使われる。

古代文字では「冊」と書き、〝木や竹の札を並べて、ひもで綴じたもの〟の絵。紙が発明される前の書物の形である。「短冊《たんざく》」では、その**一つ一つの〝札〟**を指す。

本来の音読みはサク。サツは、「冊子《さっし》」の場合など、後に続く音に影響されてサクが変化したもの。ただし、現在ではサツの方が定着して、後に何も続かない場合でも用いられるようになっている。

札
さつ　5画

［音読み］サツ
［訓読み］ふだ
［部首］木（きへん）

そこに何と書いてあります？

部首「木」が付いているように、本来は、紙がなかった時代に文字を書き記すために使われた〝**薄くて細長い木片**〟を表す漢字。日本では、広く〝**薄くて長方形で、文字を記して使われるもの**〟を指して用いる。例としては、「表札《ひょうさつ》」「値札《ねふだ》」「立て札《たふだ》」など。「改札《かいさつ》」「検札《けんさつ》」のように〝**切符**〟を表したり、「一万円札《いちまんえんさつ》」「札束《さつたば》」「札入《さつい》れ」のように〝**紙幣**〟を表すのも、その例である。

刷
さつ　8画

［音読み］サツ
［訓読み］す-る
［部首］刂（りっとう）

表面をさっとひと払い！

ぱっと見て思い浮かぶ熟語は、「印刷《いんさつ》」だろう。「色《いろ》刷《ず》り」「別刷《べつず》り」「校正刷《こうせいず》り」など、〝**インクを使って紙の上に文字や絵などを転写する**〟ことを表す。「増刷《ぞうさつ》」では、転じて〝**書物を製造する**〟こと。

しかし、一文字で〝印刷〟を意味するのは、日本語独自の用法。本来は、〝ナイフで汚れた部分を削り落とす〟ことを表す漢字で、「刀」が変形した部首「刂」が付いているのは、そのなごり。広く〝**表面を払って汚れを落とす**〟という意味で用いられ、例としては「刷新《さっしん》」がある。また、「刷子《ブラシ》」「刷毛《はけ》」は、〝表面を払うもの〟を指す漢字の熟語をそのまま、意味を表す日本語で読む当て字的表現。

「印刷」とは本来、インクを塗った板に紙を載せ、その上を〝さっと払って〟インクを写し取ること。昔の印刷職人の手仕事を今に伝える漢字である。

さつ

刹

8画

⇩ せつ（p345）

さつ

拶

9画

［音読み］サツ
［部首］扌（てへん）

穏やかに済ませましょうね

現在では「挨拶《あいさつ》」という熟語でしか用いられないが、本来は「挨」（p7）と同じく、〝押しのける〟ことを表す。「手」が変形した部首「扌」はそのなごり。

「挨拶」とは本来、〝押し合う〟こと。禅宗では〝問答し合う〟の意味で用いられ、日本語に入って〝出会ったときに声を掛け合う〟ことを表すようになった。ただし、「拶」には〝指をねじり上げて責める〟という拷問の意味もあるらしい。「あいさつ」と書いておく方が、のんびりと安心できるような気もする。

さつ

殺

10画

［音読み］サツ、セツ、サイ
［訓読み］ころ-す、そ-ぐ
［部首］殳（るまた、ほこづくり）

取り扱いにはご注意を！

なんといっても代表的なのは、〝**命を奪う**〟という意味。「殺害《さつがい》」「殺意《さつい》」「雑菌《ざっきん》を殺《ころ》す」などがその例。この意味で「あやめる」と訓読みすることもあるが、現在ではあまり用いられない。それよりも、マンガや小説などで「殺《や》っちまえ！」のように「やる」と読ませる方が、目立つかもしれない。

転じて、「殺伐《さつばつ》」「殺風景《さっぷうけい》」のように、〝**荒々しくて寒々としている**〟という意味でも用いられる。「殺到《さっとう》」も〝荒々しく押しかける〟こと。また、「忙殺《ぼうさつ》」「黙殺《もくさつ》」「悩殺《のうさつ》」などでは、**前の漢字を強調して**〝**徹底的に○○する**〟**ことを表す**はたらきをする。

以上の意味の場合は、音読みはサツを用いるのが大原則。ただし、「殺生《せっしょう》」だけは、奈良時代以前からある古い読み方でセツと読む。

もう一つの音読みサイを使うのは、「相殺《そうさい》」「減殺《げんさい》」など、〝**少なくする**〟ことを表す場合。この意味の場合、「興味を殺《そ》ぐ」のように「そぐ」と訓読みすることもある。ただし、攻撃的な印象を与える漢字なので、使い方には注意が必要である。

以前は、「木」の部分に点を打った「殺」と書くのが正式。部首「殳」は〝武器としての長い棒〟で、〝攻撃的〟な意味合いを表すことが多い。

さつ

察

14画

［音読み］サツ
［部首］宀（うかんむり）

眼光鋭くじっと見つめる

「観察《かんさつ》」「診察《しんさつ》」「推察《すいさつ》」「察知《さっち》」など、〝**何かに基づいて事実を見抜く**〟ことを表す。「警察《けいさつ》」「検察《けんさつ》」も本来はこの意味で、「視察《しさつ》」「査察《ささつ》」「巡察《じゅんさつ》」「監察処分《かんさつしょぶん》」など、〝厳しい目つき〟を伴うことの多い漢字である。

「察《さっ》しが悪い」「お察《さっ》し下さい」などで

は、**〝はっきり示されないでも気づく〟**というニュアンス。「する」を付けて日本語らしくするだけでこうも雰囲気が変わるのか、とびっくりさせられる。

部首「宀」は〝建物〟を表すが、成り立ちには諸説があって、はっきりしない。

さつ 撮

15画

［音読み］サッ
［訓読み］と-る
［部首］扌（てへん）

写真の発明以前から

「写真撮影《さつえい》」「映画を撮《と》る」のように、**〝映像を記録する〟**ことを表す漢字として、なじみが深い。しかし、この漢字は写真の発明より前から存在していて、本来は〝つまみ取る〟ことを表す。「手」が変形した部首「扌」は、そのなごり。〝映像を記録する〟という意味は、現実のほんの一瞬の姿をフィルムの上にとどめるところから生まれた、日本独自の用法である。

◆「とる」と訓読みする漢字は「獲」（p73）「採」（p212）「執」（p247）「取」（p258）「捕」（p550）などたくさんあるが、「撮」は〝カメラで映像を記録する〟以外の場面では使わない。ただし、最近では〝録画する〟場合に「録」（p650）を書くことがある。

さつ 擦

17画

［音読み］サッ
［訓読み］す-る、さす-る、こす-る、かす-る、なす-る
［部首］扌（てへん）

日本語は豊かだけれど？

「摩擦《まさつ》」の形で使うことが多い漢字。**〝あるものを何かの表面に押しつけて動かす〟**ことを表す。音読みの例は少なく、ほかに「擦過傷《かしょう》」がある程度。

訓読みでは、「マッチを擦《す》る」「擦《す》りきれる」のように「する」を使うのが代表的だが、ほかにも「ひざを擦《さす》る」「消しゴムで擦《こす》る」「弾《たま》が的《まと》を擦《かす》る」「罪を擦《なす》り付ける」などさまざまに読まれる。似たような意味を表すことばが日本語にはこんなにあることに、驚いてしまう。

ただし、すべて送りがなが同じ「擦る」の形となってしまうのが、困ったところ。文脈によって読み分けることができないわけではないが、きちんと読んでもらうためには、かな書きが無難であろう。

ざつ 雑

14画

［音読み］ザツ、ゾウ
［部首］隹（ふるとり）

分解したら「集」が出た！

以前は「雜」と書くのが正式。「衣」「木」「隹」の三つに分解できるので、「衣」と「集」を組み合わせた漢字だと考えられている。さまざまな衣服を集めるところから、**〝さまざまなものが集まる〟**ことを表す。「混雑《こんざつ》」「乱雑《らんざつ》」「複雑《ふくざつ》」「雑踏《ざっとう》」などがその例。「雑誌《ざっし》」とは、〝さまざまな記事を集めた刊行物〟。

転じて、**〝とりとめもない〟〝重要度が低い〟**ことをも表す。「雑多《ざった》」「雑談《ざつだん》」「雑草《ざっそう》」「雑音《ざつおん》」「雑務《ざつむ》」などなど、この意味で使われる音読みの熟語は数多い。

音読みはザツを用いるのが一般的。ただし、実は「雑木林《ぞうきばやし》」「雑炊《ぞうすい》」「雑煮《ぞうに》」「悪口《あっこう》雑言《ぞうごん》」などに見られるゾウが本来の読み方。この音読みは古くはザフと発音されたため、続く発音によっては変化してザッとなることがある。ザツはそれが定着したもの。

なお、訓読みすれば「まじる／まざる／まぜる」だが、現在では「混」（p205）を書くのがふつうである。

さら 皿

5画

［音読み］ベイ
［訓読み］さら
［部首］皿（さら）

訓読みさんのおかげです！

古代文字では「」と書き、〝短い支えの付いた

容器〟の絵。広く〝**平たい容器**〟を指して用いられる。音読みの熟語の形になる例はまれ。「大皿《おおざら》料理」「お皿《さら》を割る」「ひざの皿《さら》」など、日本語「さら」と訓読みされることによって、広く使われるようになった漢字である。

部首としては？

〝平たい容器〟に関係する漢字の部首となる。「盤」（ｐ507）「盆」（ｐ570）のほか、「盃《さかずき》」「盥《たらい》」などもその例。また、「監」（ｐ89）「盟」（ｐ586）のように、一見すると〝容器〟とは関係なさそうだが、もとをたどるとしっかり関係している漢字もある。単独の漢字としてよりは、部首としての方が発展性があるようである。

さん

三

3画

［音読み］サン
［訓読み］みっ-つ、み-つ
［部首］一（いち）

いち、に、さん、以下同様！

横棒三本で〝**数の3**〟を表す、シンプルな漢字。

回数を表す場合には、特に〝三回〟に限らず〝**何度も**〟という意味で用いられることがある。「三顧《さんこ》の礼」とは、〝何度も礼を尽くしてお迎えする〟こと。

音読みサンは、昔はサムと発音されていた。名前「三郎《さぶろう》」で「さぶ」と読むのは、その変化したもの。また「ざむ→ざう」と変化した結果、同じく名前では「ぞう」と読まれることもある。

部首「一」は、形の上から便宜的に分類されたもの。「五」（ｐ175）の部首は「二」なのに、「三」の部首はどうして「二」ではないのか、ちょっと不思議である。

なお、小切手や契約書などでは、後から書き換えられるのを防ぐために「参／參」（ｐ222）を用いることがある。

さん

山

3画

［音読み］サン、セン
［訓読み］やま
［部首］山（やま）

もうけ話が埋まってるぜ!?

地面が高く盛り上がった〝**やま**〟を表す。とりたてた説明は不要だろうが、「金山《きんざん》」「銀山《ぎんざん》」のように、特に〝**資源が埋まった山**〟を指すこともある。また、「永平寺の山門《さんもん》」のように〝**お寺**〟をいうこともある。

音読みはサンを用いるのが大原則。センは「須弥山《しゅみせん》」「霊鷲山《りょうじゅせん》」といったインドの伝説上の山の名前で使われるほか、「大山《だいせん》」「蒜山《ひるぜん》」「氷ノ山《ひょうのせん》」など、日本では中国山地の山の名前によく見られる。

「ひと山《やま》当てる」「山勘《やまかん》」「試験で山《やま》を張る」など、〝**偶然の幸運**〟を指すのは、「鉱《こう》山《ざん》」で鉱脈を探すことに由来する、日本語独自の用法。また、「試合の山場《やまば》を迎える」「今夜が山《やま》だ」のように〝**成り行きを左右する重大な場面**〟を意味するのも、日本語のオリジナルである。

部首としては？

「岡」（ｐ43）「崖」（ｐ68）「岳」（ｐ74）「峡」（ｐ122）「峰」（ｐ557）など、〝山〟に関係する多くの漢字の部首となる。「岸」（ｐ92）「島」（ｐ454）「岬」（ｐ578）などは〝海〟との関係の方が深そうだが、もとをたどれば〝山〟に行き着く。漢字のあちこちの位置に現れる部首で、左側に置かれると「やまへん」と呼ばれるが、それ以外は単に「やま」という。

さん

参

8画

［音読み］サン
［訓読み］まい-る
［部首］ム（む）

お仲間に入れていただきます…

以前は「參」と書くのが正式。「ム」が三つ付いているように、古くは〝数の3〟を表していた。そこで、小切手や契約書などでは、後から書き換えられるのを防ぐために「三」（ｐ222）の代わりに用いられることもある。

だからというわけではないが、現在では、大きく分けて三つの意味で使われる。

まずは、「参加《さんか》」「参画《さんかく》」「参与《さんよ》」「参政権《さんせいけん》」など、**〝何かを実行するグループの一員となる〟**という意味。次は、「参考《さんこう》」「参照《さんしょう》」のように、**〝引き合いに出す〟**という意味。最後は、「参拝《さんぱい》」「参賀《さんが》」「参観《さんかん》」「お百度参《ひゃくどまい》り」「すぐに参《まい》ります」のように、**〝敬意を払ってあるところへ出向く〟**という意味。総合すると、〝重要な場に外部から加わる〟というイメージを持つ漢字のようである。

なお、**〝負けを認める〟**ことをいう「降参《こうさん》」「参《まい》りました」や、「あの山道には参《まい》った」「彼女の魅力に参《まい》ってしまう」のように**〝困り果てる〟**ことを表すのは、日本語独自の用法。〝敬意を払って相手のところへ行く〟から転じたものだろう。

さん 桟

10画

［音読み］サン
［部首］木（きへん）

木の感触を確かめながら

部首「木」にも現れているように、本来は**〝木を組み上げて作った通り道〟**を表す。がけに築いた「桟道《さんどう》」がその例。

「桟橋《さんばし》」「桟敷《さじき》」「障子の桟《さん》」も木を組んで作ったものだが、この三つは日本語でしか見られない使い方。その発展のさせ方がおもしろい。

なお、「桟敷」ではサンが縮まってサと読む。また、以前は「棧」と書くのが正式。

さん 蚕

10画

［音読み］サン
［訓読み］かいこ
［部首］虫（むし）

葉っぱをかじり糸を吐き出す

昆虫の〝かいこ〟を表す。

生糸を生み出す虫として、古来、飼育されてきた。「養蚕《ようさん》」は〝かいこを飼って生糸を取る〟こと。また、〝かいこ〟の幼虫は桑の葉をかじって成長するので、〝少しずつ侵略する〟ことをたとえて「蚕食《さんしょく》」という。

なお、以前は「蠶」と書くのが正式。「蚕」は本来、テンと音読みして〝みみず〟を表す漢字だったが、古くから「蠶」の略字として使われている。

さん 惨

11画

［音読み］サン、ザン
［訓読み］みじ-め、むご-い、いた-ましい
［部首］忄（りっしんべん）

思わず目を背けたくなる…

「惨劇《さんげき》」「大惨事《だいさんじ》」「悲惨《ひさん》」「惨《みじ》めな境遇」「惨《むご》い話」「惨《むご》たらしい死に方」のように、**〝ものすごくかわいそうな〟**という意味を表す。「心」が変形した部首「忄」が付いているように、感情の根っこに直接触れてくるような漢字である。

◆訓読み「いたましい」は、現在では「痛」（p429）を使って「痛《いた》ましい」と書くのがふつう。あえて「惨《いた》ましい事件」のように書くと、より感情的なニュアンスが強調される。

音読みはサンを使うのが原則。「惨殺《ざんさつ》」「惨敗《ざんぱい》」「無惨《むざん》」など、習慣的にザンと読まれることがあるのは、その重たい響きが意味に合っているからだろう。

なお、以前は「慘」と書くのが正式。

さん 産

11画

［音読み］サン
［訓読み］う-む、う-まれる、うぶ
［部首］生（いきる）

人としての営み

「出産《しゅっさん》」「産卵《さんらん》」「子どもを産《う》む」のように、基本的な意味は**〝動物が新しい生命を誕生させる〟**こと。しかし、「生産《せいさん》」「国産《こくさん》」「産地《さんち》」「産物《さんぶつ》」など**〝人間が生きていく中で何かを作り出す〟**という意味で使われることも多い。また、「財産《ざいさん》」「資産《しさん》」「破産《はさん》」など、**〝ある人や会社などが、活動を続ける中で手に入れたものや、活動を続けるもとになるもの〟**を表す場合もある。人間の社会活動と深く関わる漢字である。

◆訓読み「うむ／うまれる」では、「生」

（p329）との使い分けが問題となる。現在では、「産」は〝子どもをうむ／子どもがうまれる〟ことをはっきりさせたい場合に使うのが習慣。それ以外の場合は「生」を用いるので、迷ったときには「生」と書いておけば問題ない。

なお、訓読み「うぶ」は「うむ」の変化したもので、〝**誕生したばかり**〟という意味。「産着《うぶぎ》」「産声《うぶごえ》」のように用いる。「いい年をしてうぶなんだから」の「うぶ」は、〝経験に乏しい〟ことをいう別のことばで、かな書きするのがふつうである。

以前は「産」と書くのが正式。成り立ちとしては「彦／彥」（p516）と関係が深いと考えられているが、それ以上は諸説あってよくわからない。

さん 傘

12画

［音読み］サン
［訓読み］かさ
［部首］人（ひとやね）

おまえたちを守ってやるぞ！

「雨傘《あまがさ》」「日傘《ひがさ》」「相合《あいあ》い傘《がさ》」のように、〝**雨や日光などをさえぎるため、頭の上にかざすもの**〟を表す。

「落下傘《らっかさん》」は、形が似ているところから名付けられたもの。「大企業の傘下《さんか》に入る」「核の傘《かさ》」のように、比喩的に〝**力が強く守ってくれるもの**〟を指すこともある。

また、略して「仐」と書くことがあり、これが「八十」と分解できることから、〝八〇歳のお祝い〟のことを「傘寿《さんじゅ》」という。

◆「かさ」と訓読みする漢字には「笠」もあるが、「笠」は直接、頭にかぶるもの。「傘」は、骨と柄がある〝かさ〟の絵から生まれた漢字である。

さん 散

12画

［音読み］サン
［訓読み］ち-る、ち-らす
［部首］攵（のぶん）

乱れていること自由なこと

部首「攵」は〝手に棒を持った形〟で、〝たたく〟ことを表す。「分散《ぶんさん》」「散乱《さんらん》」「散布《さんぷ》」「花びらが散《ち》る」のように、〝**ばらばらになる／する**〟ことを表すのが基本。「解散《かいさん》」「発散《はっさん》」「拡散《かくさん》」「痛みを散《ち》らす」など、結果として〝**なくなってしまう**〟ことも多い。

転じて、〝**まとまりがない**〟ことをも表す。「散漫《さんまん》」「散見《さんけん》」「散発的《さんぱつてき》」「気が散《ち》る」「散《ち》らかった部屋」などがその例。「閑散《かんさん》」では〝人がほとんどいない〟こと。「散薬《さんやく》」「胃散《いさん》」のように〝**粉の薬**〟をいうのは、丸薬に比べてまとまりがないから。

また、いい方向に転じて〝**自由な**〟〝**気ままな**〟という意味にもなる。「散歩《さんぽ》」「散策《さんさく》」などがその例。「散文《さんぶん》」も、漢詩や和歌・俳句のように規則のある「韻文《いんぶん》」に対して、〝規則のない自由な文章〟をいう。

「散髪《さんぱつ》」は、本来は〝髪を振り乱す〟こと。日本では〝髪を切って整える〟という、ある点では正反対の意味で使う。「ちょんまげ」に対する「散切《ざんぎ》り頭」から来たものらしい。とすれば、そこに〝自由〟のニュアンスをかぎ取れるかもしれない。

なお、「散切り」でザンと読むのは、「斬」（p225）の当て字だともいう。

さん 算

14画

［音読み］サン
［部首］竹（たけかんむり）

何をすれば未来がわかるか？

〝**数を使って答えを出す**〟ことを表す。部首「竹」が付いているのは、昔は竹の棒を用いて「計算《けいさん》」したことから。

「勝算《しょうさん》」「誤算《ごさん》」「公算《こうさん》」「算段《さんだん》」など、〝**将来を予測する**〟ことを意味するのは、〝計算する〟から転じたものか。それとも、昔、計算するのに用いた竹の棒が、占いにも使われたことからか。どちらであれ、「占術《せんじゅつ》」と「算術《さんじゅつ》」とが実は深い関係にあることは、間違いない。

なお、「算盤《そろばん》」の「そろ」は、中国語の発

音がなまった特殊な音読みだと考えられている。そろばんが日本に伝わったのは一六世紀ごろと考えられており、そのころの中国語では「算盤」をスワンバンのように発音したという。

さん 酸 14画

［音読み］サン
［訓読み］す-っぱい、す-い
［部首］酉（とりへん）

舌と鼻とにダブルパンチ！

味覚の〝すっぱい／すい〟を表す。また、〝**匂いが鼻をつく**〟ことをもいい、〝ひどくむごたらしい〟という意味の「酸鼻《さんび》を極《きわ》める」が、その例。転じて、「辛酸《しんさん》」のように〝**苦しい**〟ことも表す。

化学では、〝**水に溶けて水素イオンを生じる物質**〟を「酸《さん》」といい、「酸性《さんせい》」「塩酸《えんさん》」「硫《りゅう》酸《さん》」のように用いる。また、**元素の〝酸素〟**を表す漢字としても用いられ、「酸素《さんそ》」のほか、「酸化《さんか》」「酸欠《さんけつ》」のように使われる。

なお、植物の「酸漿《ほおずき》」は、中国語名をそのまま、日本語名で読む当て字的表現。

さん 賛 15画

［音読み］サン
［部首］貝（かい）

物をもらうとついつい肩入れ？

小学校の学級会以来、「賛成《さんせい》」という熟語でおなじみ。「絶賛《ぜっさん》」「称賛《しょうさん》」「賛辞《さんじ》を贈る」のように〝**ほめる**〟という意味で用いることが多いが、「賛成」もそうかと思うと、ちょっと違う。この場合は〝**同意して協力する**〟ことを表し、「協賛《きょうさん》」「賛助会《さんじょかい》員《いん》」「大政翼賛会《たいせいよくさんかい》」などが同じ意味の例。

以前は「贊」と書くのが正式。部首「貝」は〝お金や宝物〟を表す記号。成り立ちには諸説があるが、本来は〝神や君主に対して贈り物をする〟ことを表していたと考えられている。贈り物に弱いのは、人間も神さまも同じようである。

ざん 残 10画

［音読み］ザン
［訓読み］のこ-る
［部首］歹（がつへん）

損なわれてしまったもの…

「残存《ざんぞん》」「残留《ざんりゅう》」「手元に残《のこ》る」「残《のこ》さず食べる」のように、〝**もとのままである**〟ことが、代表的な意味。ただ一方で、「残酷《ざんこく》」「残《ざん》虐《ぎゃく》」「残忍《ざんにん》」のように〝**むごたらしい**〟ことを表す場合も多い。

以前は「殘」と書くのが正式。部首「歹」は〝死体〟を表す。本来は〝肉体を損なう〟ことをいう漢字で、〝むごたらしい〟はそこから生じた意味。また、〝もとのまま〟の場合も、〝**一部はなくなったが、一部はもとのままである**〟ことなので、〝不完全〟のイメージが強い。「残骸《ざんがい》」「残党《ざんとう》」「残飯《ざんぱん》」「敗残《はいざん》の身」などが、そのよい例である。

◆なお、「のこす」と訓読みする漢字には「遺」（p18）もある。現在では「残」を使うのが一般的だが、〝死んだ後にのこす〟場合には「遺」を用いる。

ざん 斬 11画

［音読み］ザン
［訓読み］き-る
［部首］斤（おのづくり）

勢いをつけて振り下ろす

部首「斤」は〝おの〟を表す。「斬首《ざんしゅ》」「斬《き》り込《こ》み隊長」のように、〝**大きな刃物で断ち落とす**〟ことを意味する漢字。「車」が付いている理由には諸説があるが、大昔の〝車裂きの刑〟を表すという恐ろしい説もある。

◆似た意味で「きる」と訓読みする漢字には、「切」（p345）「伐」（p499）もある。「斬」には〝大きな刃物で豪快にきる〟イメージがあるのが特徴。「政界の暗部を斬《き》る」のように、比喩的に〝**隠れているものを表に出す**〟ことをいう場合もある。

なお、「斬新《ざんしん》」では〝**きわだって**〟という意味だが、これは八世紀ごろの中国の方言らしい。この「斬」は、現代の日本ならば、「激」（p152）「超」（p421）のようなものかもしれない。

ざん

暫

15画

［音読み］ザン
［訓読み］しばら-く
［部首］日（ひ、にち）

どれくらい待てばいいの？

「暫定政権《ざんていせいけん》」「暫《しばら》くお待ち下さい」のように〝**とりあえずの間**〟という意味で用いるが、それが具体的にはどれくらいの長さなのかは、なかなかむずかしい問題である。

本来の意味は、〝急に〟〝ちょうど今〟。そこで、「暫定《ざんてい》」「暫時《ざんじ》」などでは、比較的〝**短い時間**〟を指すことになる。

一方、「暫《しばら》く待たされた」「暫《しばら》くぶり」などでは〝**長い時間**〟のニュアンスが顔を出す。どうやら「しばらく」と訓読みする場合は、漢字本来の意味から少しずれることがあるらしい。そこにこだわるならば、「しばらく」はかな書きの方がいい、ということにもなりそうである。

し

し

士

3画

［音読み］シ
［訓読み］さむらい
［部首］士（さむらい）

刀を差していなくても！

「兵士《へいし》」「騎士《きし》」「勇士《ゆうし》」「士官《しかん》」「士気《しき》」など、〝**武器を持って戦う者**〟を表すことが多いが、本来は〝**一人前の男性**〟を指す漢字。「紳士《しんし》」「名士《めいし》」「文士《ぶんし》」「棋士《きし》」などがその例。

訓読み「さむらい」は、〝**日本の武士**〟を指す日本語独自の用法。ただし、現在では「侍」（p242）と書く方が多い。

成り立ちには諸説があり、もとは男性が用いた〝大きな刃物〟の絵だとか、〝男性器〟の絵という説まである。

部首としては？

漢和辞典では部首の一つだが、意味の上で〝一人前の男性〟と関係するのは「壮」（p363）くらいのもの。「壱」（p19）「声」（p331）「売」（p490）「壺《つぼ》」などは、形の上から分類されたものである。

し

子

3画

［音読み］シ、ス
［訓読み］こ、ね
［部首］子（こども）

数が多くて収拾がつかない!?

古代文字では「」と書き、〝**こども**〟の絵から生まれた漢字。ただし、実際にはたいへん多くの意味で使われる。

まず、「卵子《らんし》」「精子《せいし》」では〝**動物の生殖細胞**〟を表し、「種子《しゅし》」「胞子《ほうし》」「杏子《あんず》」などでは〝**植物の種や実**〟を表す。「利子《りし》」「子会社《こがいしゃ》」などでは、〝**何かから生まれ出たもの**〟。「粒子《りゅうし》」「分子《ぶんし》」「因子《いんし》」などでは、〝**小さいもの一つ一つ**〟。また、「帽子《ぼうし》」「扇子《せんす》」「お銚子《ちょうし》」「振り子《ふりこ》」のように〝**道具類**〟に**添える漢字**として用いられたり、「様子《ようす》」「調子《ちょうし》」「骨子《こっし》」のように**響きを整えるために添えるだけの漢字**として使われたりもする。

「孔子《こうし》」「老子《ろうし》」「子曰《しい》わく」のように〝**先生**〟を意味することもあれば、「遊子《ゆうし》」「読書子《どくしょし》」「売り子《うりこ》」などでは〝**何かをする人**〟を指す。「鍵《かぎ》っ子《こ》」「テレビっ子《こ》」などは〝こども〟を表しているが、「江戸っ子《こ》」「なにわっ子《こ》」などでは、〝**ある場所の出身者**〟をいう。さらには、「子爵《ししゃく》」のように**爵位の一つ**を表すこともある。

このほか、大昔の中国語では発音が似

ていたことから、当て字的に用いられて“**十二支の一番目**”をも表す。例としては「子年《ねどし》」のほか、昔の時刻の表し方では、「子《ね》の刻《こく》」は現在の午前〇時前後の時間帯。また、方角では“北”を指し、「子午《しご》線《せん》」とは“地表を北極から南極へとまっすぐ走る線”。なお、十二支に動物を当てはめる習慣は後から生まれたもので、それによれば“ねずみ”となり、「ね」と訓読みもするが、「子」に動物の“ねずみ”の意味があるわけではない。

音読みはシを使うのが基本。スは鎌倉時代ごろ以降に生まれた読み方で、すでに挙げた「扇子《せんす》」「様子《ようす》」「杏子《あんず》」のほか、「椅子《いす》」「金子《きんす》」「柚子《ゆず》」などでしか用いられない。また、「面子《めんつ》」のようにツと読んだり、「餃子《ぎょうざ》」のようにザと読んだりすることもあるが、これらは近現代の中国語の発音が変化したものである。

部首としては?

“こども”に関係する漢字の部首となる。わかりやすい例として「学」(p73)「孫」(p381)があるほか、「季」(p96)「孤」(p171)なども、もとをたどれば“こども”と関わる意味を持つ漢字。なお、漢字の左側に置かれた場合には「こどもへん」という。

し 支

4画

[音読み] シ
[訓読み] ささ-える、つか-える
[部首] 支(し)

助けになるけど邪魔にもなる…

「支店《してん》」「支社《ししゃ》」「支部《しぶ》」のようによく用いるが、これらでは“**枝分かれする**”という意味。「支線《しせん》」「支流《しりゅう》」「気管支《きかんし》」「支離滅裂《しりめつれつ》」などに、そのイメージがよく残っている。「支給《しきゅう》」「支出《ししゅつ》」「支払《しはら》う」などでは、転じて“**分け与える**”こと。また、“**ものごとを分けて考える**”ことも表し、「支配《しはい》」「支度《したく》」がその例だという。

一方、“枝”から転じて“つっかえ棒をする”という意味となり、広く“**落ちたり揺らいだりしないようにする**”ことをも表す。「支援《しえん》」「支持《しじ》」「天井を支《ささ》える」「心の支《ささ》え」などがその例。さらには、「支障《ししょう》」「差《さ》し支《つか》える」のように、“**ひっかかる**”“**邪魔になる**”ことを表す場合もある。

「子丑寅卯《ねうしとらう》…」の“**十二支**”を指すのは、時の流れを“分けて考える”ところから。「干支」を「えと」と読むのは、漢字の熟語をそのまま、意味を表す日本語で読む当て字的表現である。

部首としては?

漢和辞典では部首の一つだが、「支」を部首とする漢字で現在でも使われるものは、ほとんどない。

し 止

4画

[音読み] シ
[訓読み] と-まる、と-める
[部首] 止(とまる)

その訓読みはやめときます

古代文字では「」と書き、“足跡”の絵から生まれた漢字だと考えられている。“移動をやめる”のが基本の意味。広く“**していること／しようとしていることをやめる**”という意味で用いられる。「中止《ちゅうし》」「休止《きゅうし》」「禁止《きんし》」「静止《せいし》」「停止《ていし》」などがその例。

「やめる」とも訓読みできるが、「とめる」と送りがなが同じになるので区別がつかなくなる。そこで現在では「やめる」はかな書きするのが一般的。ただし、“勤め先をやめる”場合には「辞」(p244)を使うこともある。

◆訓読み「とまる／とめる」では、「留《と》」(p627)との使い分けが悩ましい。「目が止《と》まる」と「目に留《と》まる」のように、一般的には“動いていたものがとまる”場合には「止」を、“ある場所や状態のまま動かない”場合には「留」を使う。ただし、まぎらわしい場合も多いので、迷ったらかな書きしておくに越したことはない。

なお、〝乗り物をとめる〟場合に特に「駐」(p416)を書いたり、〝一時的にとめる〟ことを強調するために「停」(p435)を使うこともある。また、〝一夜をすごす〟場合には「泊」(p493)を用いる。

さらに、「止」も「留」も「とどまる／とどめる」とも訓読みできる。が、日本語「とどまる／とどめる」は〝ある場所や状態のまま動かない〟という意味合いが強いので、「留」がぴったりくる場合が多い。

部首としては?

本来は〝足跡〟を表すところから、〝移動する〟ことに関係する漢字の部首となる。「歩」(p549)がその代表例だが、「正」(p329)「武」(p529)「歴」(p642)なども、もとをたどれば〝移動する〟の仲間。なお、部首としては「とまる」「とめる」と呼ばれるが、漢字の左側に置かれた場合には「とめへん」ということもある。

し 氏

4画

［音読み］シ
［訓読み］うじ
［部首］氏（うじ）

ネクタイを着けるみたいに

「氏名《しめい》」「姓氏《せいし》」「氏素性《うじすじょう》」など、**〝同じ血筋の集団〟**を表す。

「源氏《げんじ》」「藤原氏《ふじわらし》」「豊臣氏《とよとみし》」のように、**姓の後に付けてその一族を表す**のは、日本独自の用法。「川端康成氏《かわばたやすなりし》」「太宰氏《だざいし》がお見えです」のように**名前の後につけてその人をあらたまって指す**のも日本語オリジナル。付け足すだけでとたんに立派に見える便利な漢字だが、相手に向かって直接「〇〇氏《し》」とは、あまり言わない。

また、「氏神《うじがみ》」「氏子《うじこ》」は、昔、血筋の同じ人たちが同じ神さまを祭ったことに由来することば。後に、同じ地域の人たちが同じ神さまを祭るように変化した。

古代文字では「」と書く。本来の意味には、〝大昔、血筋が同じ集団のシンボルとして使われた刀〟〝スプーン〟〝目をつぶされた奴隷〟などの説がある。

部首としては?

漢和辞典では部首の一つだが、日常的に使われる漢字で「氏」を部首とするのは、形の上から便宜的に分類された「民」(p580)だけである。

し 仕

5画

［音読み］シ
［訓読み］つか-える
［部首］亻（にんべん）

だれのために働くのか?

「仕草《しぐさ》」「仕業《しわざ》」「仕事《しごと》」「仕《し》分《わ》け」「仕組《しく》み」のようによく使われるが、この「仕」は、日本語「する」の活用形「し」に対する当て字。「しぐさ」「しわざ」「しくみ」のようにかな書きされることも多い。

本来の意味は、**〝だれかの命令に服して働く〟**こと。「部長に仕《つか》える」「教授に仕《つか》える」のようにある個人に対してはもちろん、「宮仕《みやづか》え」「仕官《しかん》」「奉仕《ほうし》」「給仕《きゅうじ》」などでは、その対象は国家だったり社会だったりお客さんだったりする。そう考えると、すでに挙げた「仕事」にも、単なる当て字とはいえない重みが感じられる。

なお、部首「亻」は「人」の変形で、〝動作や状態〟を表す。

し 司

5画

［音読み］シ
［訓読み］つかさ、つかさど-る
［部首］口（くち）

責任を取るのは私です!

「司会《しかい》」「司書《ししょ》」「司法《しほう》」「司令官《しれいかん》」のように、**〝責任を持って担当する〟**ことを表す。また、「上司《じょうし》」「行司《ぎょうじ》」など**〝責任者〟**を指すこともある。訓読み「つかさ」は、〝責任者〟を意味する古語。「つかさどる」は〝責任者として仕事する〟こと。

◆「つかさどる」と訓読みする漢字には「掌」(p293)もある。「掌」は〝その人が担当する〟ことを指す場合が多いのに対して、

「司」には〝部下を率いて担当する〟イメージがあるのが、異なる点である。

史

し

5画

［音読み］シ
［部首］口（くち）

文字を使って書き残す

現在では「歴史《れきし》」の印象が圧倒的に強い。「史実《しじつ》」「史上《しじょう》」「日本史《にほんし》」「郷土史《きょうどし》」「ロケット開発史《かいはっし》」などなど、〝**できごとを時代を追って記録したもの**〟という意味で用いられる。

ただし、本来は広く〝記録された文書〟一般を指す漢字。名前で使われる読み方「ふみ」は、〝文書〟を意味する古語。また、昔は〝**文書を管理する役人**〟を指しても用いられた。教養があって活躍している女性に対するやや古めかしい敬称として「女史《じょし》」があるが、これも本来は〝女性の役人〟のことである。

四

し

5画

［音読み］シ
［訓読み］よ-つ、よっ-つ、よん
［部首］囗（くにがまえ）

方向にだけはこだわるよなあ…

〝**数の4**〟を表す。「四方《しほう》」は〝四つの方向〟だが、〝**すべての方向**〟をもいう。「四散《しさん》」「四囲《しい》」などもその例。部首「囗」は〝取り巻く〟ことを表す記号だが、この漢字では形の上から便宜的に分類されたもので、意味の関係はない、と考える説が優勢である。

なお、訓読み「よん」は、「よっつ」が変化したもの。また、小切手や契約書などでは、後から書き換えられるのを防ぐために「肆」（p237）を用いることがある。

市

し

5画

［音読み］シ
［訓読み］いち
［部首］巾（はば）

そこには人間の暮らしがある

「市場《いちば》」「朝市《あさいち》」「古本市《ふるほんいち》」のように、〝**多くの人が集まって物を売り買いする場所**〟を表すのが、本来の意味。転じて、〝**多くの人が生活する場所**〟をも表す。「都市《とし》」「市街地《しがいち》」「市民《しみん》」「市井《しせい》に暮らす」などがその例。「市長《しちょう》」「市《し》バス」のように、現在では、**行政区画の一つ**としても用いられる。

なお、「株式市場《かぶしきしじょう》」「市場開拓《しじょうかいたく》」「市販《しはん》」「市価《しか》」などでは、具体的な場所というよりは、〝**売買取引**〟**そのもの**を指して使われているようである。

成り立ちには諸説があり、よくわからない。部首「巾」も、形の上から便宜的に分類されたもので、意味の関係はない。

旨

し

6画

［音読み］シ
［訓読み］むね、うま-い
［部首］日（ひ、にち）

真ん中が一番おいしい？

「趣旨《しゅし》」「要旨《ようし》」「論旨《ろんし》」「その旨《むね》、お伝えください」のように、〝**考えの中心となる部分**〟を表す。また、「旨酒《うまざけ》」「旨《うま》み」など〝**おいしい**〟ことをも意味する。二つとも古くからある意味だが、〝おいしい〟とは〝食事の中心〟である、というつながりで、両者が結びつくようである。

部首「日」は「甘」の変形だとか「口」の変形だとかの説があり、〝太陽〟とは関係がない。そのため、辞書によっては部首を「匕（さじのひ）」とすることもある。

死

し

6画

［音読み］シ
［訓読み］し-ぬ
［部首］歹（がつへん）

たとえで使えば怖くない？

言うまでもなく、〝**命を失う**〟ことを意味する漢字。音読みでは比喩的に使われることが多く、「死闘《しとう》」「死守《ししゅ》」「死力《しりょく》を尽くす」などでは、〝**並外れて一生懸命に**〟という意味。「死語《しご》」「死物《しぶつ》」「死文《しぶん》」のように〝**活動していない**〟ことを指す場合もある。

また、「死蔵《しぞう》」「死角《しかく》」のように〝**力が発揮**

できない〟ことを表す場合もあるが、これは日本語独自の用法。

訓読みは「しぬ」だけだが、古風な表現として、「ヴェニスに死《し》す」のように音読みシに「す」を付けて読むこともある。

なお、部首「歹」は〝死体〟を表す。

し

糸

6画

［音読み］シ
［訓読み］いと
［部首］糸（いと）

動植物も作る人間だって作る

本来は、**カイコのまゆから取った〝生糸〟**を表す漢字。現在では、麻や綿から取ったものや、ナイロンや金属のものなど、広くさまざまな〝**いと**〟を指して用いられる。

古代文字では「」と書き、細い〝いと〟を何本かより合わせた形。以前は「絲」と書くのが正式で、「糸」はベキと音読みする別の漢字だったが、意味がよく似ているので古くから「絲」の略字として用いられてきた。

部首としては？

「結」（p154）「絹」（p162）「縄」（p303）「線」（p355）「続」（p380）など、〝いと〟に関係する漢字の部首となる。多くは漢字の左側に置かれ、「いとへん」と呼ばれるが、「緊」（p133）「系」（p143）「累」（p637）のように左側以外に現れる場合は、単に「いと」という。「糸」を部首とする漢字は非常に多く、〝いと〟が人間の暮らしの中でいかに役に立ってきたか、つくづく思い知らされる。

し

至

6画

［音読み］シ
［訓読み］いた-る
［部首］至（いたる）

ここは最高？それとも最低？

「山頂に至《いた》る細道」「宴会が朝にまで至《いた》る」のように、〝**ある地点に到着する**〟ことや〝**ある時間になる**〟ことを表すのが基本。また、「現在に至《いた》る職歴」「交渉決裂は必至《ひっし》」など、〝**ある段階・状態になる**〟ことをも表す。

最終的な段階・状態になるところから、〝**これ以上ない**〟という意味でも用いられる。「至急《しきゅう》」「至近距離《しきんきょり》」「至上命令《しじょうめいれい》」「至難《しなん》のわざ」「至福《しふく》のとき」「至《いた》って簡単」「若気の至《いた》り」などなど、この意味の例は数多い。「夏至《げし》」「冬至《とうじ》」も、一年の中で太陽が〝最も高い／低い位置にある〟こと。

◆「いたる」と訓読みする漢字には「到」（p452）もあるが、現在では「至」を使うのが一般的。あえて「到」を書くと、〝決定的〟というニュアンスが出るかもしれない。

部首としては？

漢和辞典では部首の一つだが、「至」を部首とする漢字は少なく、現在でも使われる漢字としては、ほかに「致」（p407）がある程度である。

し

伺

7画

［音読み］シ
［訓読み］うかが-う
［部首］亻（にんべん）

直接、確かめておきましょう

現在では、「あいさつに伺《うかが》う」「話を伺《うかが》う」「ご機嫌伺《うかが》い」のように用いるのがふつう。〝**直接、会って話をする**〟**ことをへりくだって表す**のに用いる。

部首「亻」は「人」の変形だが、ここでは深い意味はない。本来は〝**直接、見守る**〟という意味を表す漢字。例としては、古いことばで〝目上の人に直接、お世話をする〟ことをいう「伺候《しこう》」、〝実際に様子を見る〟ことをいう「伺察《しさつ》」などがある。

◆「うかがう」と訓読みする漢字には「窺」（p27）もある。「窺」は〝穴からのぞくことを表すので、「ライバルの出方を窺《うかが》う」のように〝こっそり〟というイメージが強い。それに対して、「伺」は〝直接〟というニュアンスを持つのが違いである。

し

志

7画

［音読み］シ
［訓読み］こころざ-す、こころざし
［部首］心（こころ）

気合いを入れて進んで行こう!

「志願《しがん》」「志望《しぼう》」「小説家を志《こころざ》す」のように、〝**ある目標に気持ちを向ける**〟ことを表す。また、「初志貫徹《しょしかんてつ》」「大志《たいし》を抱《いだ》く」「闘志満々《とうしまんまん》」「志《こころざし》が高い」など、〝**ある目標に向かう気持ち**〟をもいう。この場合、訓読みでは送りがな抜きで「こころざし」と読むのが習慣。

また、まれに〝**書き記したもの**〟を指すこともある。「三国志《さんごくし》」「魏志倭人伝《ぎしわじんでん》」がその例。これは、部首「言（ごんべん）」を付けた「誌」（p238）と同じだと考えればよい。

成り立ちとしては、「士」は「之」（p482）の変形で、〝行く〟という意味。「心」と組み合わせて、〝向かって行く心〟を表す。

し 私

7画

［音読み］シ
［訓読み］わたし、わたくし
［部首］禾（のぎへん）

あの人も私?この人も私!?

「犯人は私《わたし》です」「私《わたくし》からあなたへ」のように〝**自分**〟**を指す**ときに使われる漢字。「わたし」とも「わたくし」とも訓読みする。

ただし、これは日本語独特の用法。漢字としては、「私用《しよう》」「私生活《しせいかつ》」「私的《してき》な事情」のように〝**個人の**〟という意味を表すのが基本。「私立《しりつ》」「私鉄《してつ》」「私有地《しゆうち》」など、「公」（p179）と対比して、特に〝**公共のものではない**〟ことをいう場合もある。

また、「私情《しじょう》を挟《はさ》む」「私腹《しふく》を肥《こ》やす」「私利私欲《しりしよく》」のように、〝**自己中心的な**〟という悪いイメージになることもある。かと思えば、〝ひそかに慕う〟ことを表す「私淑《ししゅく》」や、本来は〝こっそり語る〟ことをいう「私語《しご》」など、〝**ひめやかな**〟ニュアンスを持つこともある。〝個人〟にも場面によってさまざまな顔があるのである。

部首「禾」は〝穀物〟を表す記号。「ム」は〝囲い込む〟ことを表し、本来は〝穀物を自分のものにする〟という意味だった、と考える学者が多い。

し 使

8画

［音読み］シ
［訓読み］つか-う
［部首］亻（にんべん）

自分ではできないことを

部首「亻」は「人」の変形。基本的な意味は、〝**他人に命じて何かをさせる**〟こと。「労使《ろうし》関係《かんけい》」「人使《ひとづか》いが荒い」などがこの意味に最も近い。また、人間以外のものも含めて〝**その能力を発揮させる**〟という意味でも用いられる。「はさみを使《つか》う」「お金を使《つか》う」「腕力を使《つか》う」「スマートフォンを駆使《くし》する」「拒否権の行使《こうし》」などがその例。

転じて、「使節《しせつ》」「使者《ししゃ》」「大使《たいし》」「特使《とくし》」など〝**代理となって何かをする人**〟をも表す。「使命《しめい》」は、本来は〝代理人として果たさなければならないこと〟をいう。

◆「つかう」と訓読みする漢字には、ほかに「遣」（p162）もある。基本的には「使」を書くが、「気を遣《つか》う」「ことば遣《づか》い」「お小遣《こづか》い」など〝思った通りにつかう〟という意味合いを含む特定の表現で、「遣」を用いることが多いようである。

し 刺

8画

［音読み］シ
［訓読み］さ-す、とげ
［部首］刂（りっとう）

名前が鋭いわけではありません

部首「刂」は「刀」の変形。〝**先が鋭いもので突く**〟ことを表す漢字で、「針を刺《さ》す」「串刺《くしざ》し」「刺繍《ししゅう》」などがその例。また、「有刺鉄線《ゆうしてっせん》」「刺抜《とげぬ》き」のように、〝**短く先端が鋭いもの**〟を表すこともある。「刺青《いれずみ》」は、漢字の熟語をそのまま、意味を表す日本語で読む当て字的表現。

比喩的に使われることも多い。「風刺《ふうし》」「心に刺《さ》さることば」は〝**鋭く批判する**〟という意味で使われた例。「刺激《しげき》」「辛みが舌を刺《さ》す」では、〝**外部から鋭くはたらきかける**〟こと。野球で〝**ランナーをアウトにす**

る〟ことを「刺《さ》す」「刺殺《しさつ》」というのも、英語からの直訳ではないようで、日本語ならではの感性がうかがえる。

また、鋭い先端を入り込ませることから、〝人を派遣して内情を調べる〟ことをも表す。そこから変化したと思われるのが「名刺《めいし》」で、本来は**〝初対面の人に会う前に、自分の名前を書いて渡す札〟**をいう。

なお、「刺身《さしみ》」では〝庖丁《ほうちょう》を入れる〟という意味で使われていると思われる。

◆「さす」と訓読みする漢字には「差」（p208）「指」（p234）「挿」（p367）などもあるが、「刺」は、〝鋭いもので突く〟というニュアンスを持つ点でほかとは異なる。「指」は〝方向〟のイメージ、「挿」は〝間に入れる〟こと。ただし、これら以外はだいたい「差」を用いる。ただし、まぎらわしい場合も多いので、判断に迷ったらかな書きしておくのがおすすめである。

し 始

8画

［音読み］シ
［訓読み］はじ-まる
［部首］女（おんなへん）

長いドラマがスタートする…

「始業《しぎょう》」「始動《しどう》」「開始《かいし》」「原始《げんし》」など、**〝ものごとが動き出す〟**ことを表す。やや大げさに言えば、〝これから続いていくんだなあ〟という感慨を伴う漢字である。

◆似たような意味を持つ「初」（p280）は、〝スタートする時の新鮮さ〟に重点がある。そこで現在では、〝これからの継続〟の意識を持って「はじまる／はじめる」と訓読みする場合には「始」を用い、〝新鮮さ〟のニュアンスを伴って「はじめて」「はじめに」と訓読みする場合には「初」を用いるのが、習慣となっている。

厄介なのは、「はじめ」を漢字で書き表したい場合。「はじめは怖かったが…」「所長をはじめ所員一同」など、考えれば考えるほど、〝これからの継続〟〝新鮮〟のどちらかわからなくなってしまう。「最初」で置き換えられる場合は「初」を用いると考えるのが、一つの方法。ただし、悩んでしまった場合にはかな書きするという勇気も、ときには必要である。

◆なお、「はじめる」では、特に〝新しいものを〟というニュアンスを強調したいときに、「創」（p368）を使うことがある。

部首「女」が付いている理由については、〝長女〟を表す、〝妊娠〟を表す、〝出産の儀礼〟だった、〝女性として成熟してくる〟の意味などなど、諸説がある。説明はさまざまだが、女性の一生の中で何かの〝はじまり〟を指すと考える点だけは、一致しているようである。

し 姉

8画

［音読み］シ
［訓読み］あね、ねえ
［部首］女（おんなへん）

やっぱり女同士がいい？

〝親が同じ女性のうち年上の者〟を表す。「お姉《ねえ》さん」の場合に「ねえ」と読むのは、「あねさん」が変化したものらしい。

また、**女性に対して敬愛の気持ちを込めて用いる**こともある。「姉御《あねご》」「姉《ねえ》や」「そのお姉《ねえ》さん」「諸兄諸姉《しょけいしょし》」などがその例。

なお、「姉妹校《しまいこう》」「姉妹都市《しまいとし》」のように使うのは英語 sister から翻訳。「姉妹《しまい》」には「兄弟《きょうだい》」よりも仲がよいイメージがあるようである。

し 枝

8画

［音読み］シ
［訓読み］えだ、え
［部首］木（きへん）

折ったり垂れたりはお門違い？

「小枝《こえだ》」「枯《か》れ枝《えだ》」「枝葉末節《しようまっせつ》」など、**木の幹から分かれ出た〝えだ〟**を表す。「楊《よう》枝《じ》」は、もとは〝やなぎ〟の一種「楊《よう》」という木の枝で作られたことからいう。

「支」（p227）には本来、〝枝分かれする〟という意味があり、それに部首「木」を加えて意味をはっきりさせた漢字。訓読みでは「梅《うめ》が枝《え》」のように「え」と読むこともあり、特に「房枝《ふさえ》」「絹枝《きぬえ》」「初枝《はつえ》」など女性の名前でよく使われる。

本にはさむ「しおり」は、本来は「枝《し》折《お》り」と書き、山道を歩く際の目印として枝を折ったことだというが、音読みシに訓読み「おり」が続くのはちょっと不自然。当て字の可能性が高い。また、「しだれ桜」の「しだれ」を「枝《し》垂《だ》れ」と書くのも同様に当て字かと考えられている。どちらも、「枝」の雰囲気をよく生かした、当て字の名作であろう。

し

祉

8画

［音読み］シ
［部首］ネ（しめすへん）

ときには神になり代わって

現在では「福祉《ふくし》」の形以外では用いられない。以前は「祉」と書くのが正式で、部首「ネ／示」は〝神〟を表す記号。本来は〝神によって与えられる幸福〟を指したというが、現在では「公共の福祉《ふくし》」「福祉事《ふくしじ》業《ぎょう》」のように、〝**困っている人を社会全体で助ける**〟ことをいう。神頼みでは得られない幸せというものが、人間界には存在するのである。

し

祀

8画

［音読み］シ
［訓読み］まつ‐る
［部首］示（しめすへん）

やっぱり特別扱いしなくては！

部首「示」は〝神〟を表す記号。〝**神や仏・祖先などの居場所を整えて、その場で儀式を行う**〟ことを表す。「祭祀《さいし》」「豊臣秀吉を祀《まつ》る神社」などがその例。

◆訓読み「まつる」は、現在では「祭」（p212）を書くのがふつう。ただし、「祭」は〝特別なイベント〟を指して広く使われるので、特に〝神をまつる〟場合には「祀」を書いて区別することも多い。

なお、手書きやパソコンでは、「祀」という形が使われることもある。

し

肢

8画

［音読み］シ
［部首］月（にくづき）

両腕両脚から一つを選べ？

部首「月」は「肉」の変形で、〝肉体〟を表す。「支」（p227）には〝枝分かれする〟という意味がある。組み合わせて、肉体の枝分かれした部分ということから、〝**腕と脚**〟を表す。「四肢《しし》」「前肢《ぜんし》」などがその例。

「肢体《したい》」は、狭い意味では〝腕と脚〟を、広い意味では〝腕と脚と胴体〟を指す。また、「選択肢《せんたくし》」は比喩的に用いられたものだろうが、どうして〝腕と脚〟にたとえたのか。「支」や「枝」（p232）で十分のような気もするが、おもしろい発想である。

し

姿

9画

［音読み］シ
［訓読み］すがた
［部首］女（おんな）

学者さんたちの女性観

「姿勢《しせい》」「容姿《ようし》」「姿形《すがたかたち》」など、〝**見かけ**〟を表す。

部首「女」が付いている理由には諸説があって、本来は〝女性がくつろいでいる格好〟だとか、〝身づくろいをしている格好〟〝嘆いている格好〟などという。このあたり、それぞれの学者の女性観がうかがえる気もして、漢和辞典を読むのもなかなかたのしい。

し

思

9画

［音読み］シ
［訓読み］おも‐う
［部首］心（こころ）

頭と心のバランスは？

「田」（p443）はここでは〝田んぼ〟とは関係がなく、本来は〝脳〟の絵だという。部首「心」と組み合わせて、〝**頭で考えたり心で感じたりする**〟ことを表す。

「思考《しこう》」「思索《しさく》」「思案《しあん》」「熟思《じゅくし》」など、音読みでは〝頭〟のイメージが強い熟語が多いが、「思慕《しぼ》」「相思相愛《そうしそうあい》」のような〝心〟に重きを置く例もないわけではない。

一方、訓読みでは、「確率は高いと思《おも》う」「あいつが犯人だと思《おも》う」など〝頭〟のはたらきもあるが、「食べたいと思《おも》う」「故郷を思《おも》う」「あの人を思《おも》う」のように重心が〝心〟に傾いた例が多い。

◆「おもう」と訓読みする漢字には「想」（p370）「憶」（p44）もある。一般的には「思」を書くが、〝おもいやる〟〝おもい浮かべる〟というイメージを強調したい場合には、「想」を使うことも多い。また、〝おもい出す〟場合に「憶」を用いてもよいが、現在では一般的ではない。

し

指

9画

［音読み］シ
［訓読み］ゆび、さ-す
［部首］扌（てへん）

とにかくはっきり示してください

部首「扌」は「手」の変形。説明するまでもなく、本来は**手の〝ゆび〟**を表す漢字。転じて**足の〝ゆび〟**に対しても用いられるほか、〝ゆびで何かを示す〟ことから〝**具体的に示す**〟という意味でも使われる。「指示《しじ》」「指揮《しき》」「指名《しめい》」「目指《めざ》す」「時計の針が一時を指《さ》す」などがその例。「指南《しなん》」は、いつも南を示すように作られた、大昔の中国のしかけから来たことば。

◆「さす」と訓読みする漢字には、「差」（p208）「刺」（p231）「挿」（p367）などもあるが、「指」は、〝ある点や方向を示す〟ところに特徴がある。「刺」は〝鋭いモノで突く〟場合、「挿」は〝間に入れる〟場合。これら以外はだいたい「差」を用いる。ただし、まぎらわしい場合も多いので、迷ったらかな書きしておくのがおすすめ。ちなみに、「ゆびさす」は意味からすれば「指指《ゆびさ》す」だが、さすがに見た目がヘンなので「指差《ゆびさ》す」と書く。

なお、〝**将棋をする**〟ことを「指《さ》す」というのは、具体的な場所へ駒を動かすことから。ちなみに、囲碁では駒は動かさないので、「指す」ではなく「打《う》つ」という。

し

施

9画

［音読み］シ、セ
［訓読み］ほどこ-す
［部首］方（ほうへん）

お役に立てれば幸せ！

「ほどこす」と訓読みするが、それだけでは今ひとつよくわからない漢字。基本的には〝**よりよい状態にしようと手を加える**〟ことを表す。「応急処置を施《ほどこ》す」がその例。

また、「施《ほどこ》し物《もの》」「情けを施《ほどこ》す」などでは、だれかをよりよい状態にしようと〝**めぐみを与える**〟こと。仏教でいう「お布施《ふせ》」もこの例だが、社会のさまざまな人を救済しようとする気持ちまで含む。そのように、〝**社会的に意味のあることを実行する**〟のが、「施行《しこう》」「施策《しさく》」「施政《しせい》」「実施《じっし》」など。その結果、できあがった建物や設備が「施設《しせつ》」である。

個人的なレベルだと、〝**だれかのために自分の技術を用いる**〟ことも表す。例としては「施工《せこう》」「施術《しじゅつ》」など。さらに、「施錠《せじょう》」「化粧を施《ほどこ》す」では〝**手を加えて何かを仕上げる**〟という意味。ここでも〝よりよい状態にしよう〟というニュアンスがある。そこで、「手の施《ほどこ》しようがない」という表現も生まれてくることになる。

音読みはシを用いる方が多い。セは奈良時代以前からある古い読み方で、すでに挙げた「布施《ふせ》」「施工《せこう》」「施錠《じょう》」のほか、「施主《せしゅ》」などで使われる。ただし、「施行《しこう》」「施策《しさく》」「施術《しじゅつ》」などは、分野によっては、「試行《しこう》」「試作《しさく》」「手術《しゅじゅつ》」などと区別するために、「せこう」「せさく」「せじゅつ」と読む習慣がある。

なお、部首は「方」だが「㫃」がひとまとまりで、成り立ちとしては「旗」（p102）と関係が深い。ただし、〝ほどこす〟という意味が生まれた経緯については、諸説があってよくわからない。

し 師

10画

［音読み］シ
［部首］巾（はば）

もとは軍隊のトップでした！

現在では、「師匠《ししょう》」「師範《しはん》」「師事《しじ》」「恩師《おんし》」「三歩下がって師《し》の影踏まず」など、〝**先生**〟のイメージが強い。だが、本来は〝**軍団**〟を表す漢字で、現在でも軍隊の組織の単位として「師団《しだん》」ということばが残る。

転じて、「軍師《ぐんし》」のように〝**軍団を統率する人**〟を指すようになり、さらに変化して〝先生〟を表すようになった。また、「医師《いし》」「牧師《ぼくし》」「技師《ぎし》」「漁師《りょうし》」「庭師《にわし》」「ペテン師《し》」などなど、〝**その道の専門家**〟を指して用いられることも多い。

一方、軍団は多くの人から成るので、昔は〝多くの人びと〟〝もろもろの人びと〟を表すこともあった。人名や地名で「もろ」と読むのは、ここに由来する。

なお、部首「巾」は形の上から便宜的に分類されたもの。意味の関係はない。

し 恣

10画

［音読み］シ
［訓読み］ほしいまま
［部首］心（こころ）

自分勝手には使わないでね

現在、もっともよく使われるのは「恣意的《しいてき》」の形。続いて「放恣《ほうし》」があるくらいで、ほかの形ではほとんど用いられない。〝**自分のしたいようにする**〟ことを表す。

訓読み「ほしいまま」は、現在では「欲《ほ》しいまま」と書くのがふつう。「恣《ほしいまま》」と書いてもよいが、ルビなしでは読みにくいので気をつけたいところである。

し 紙

10画

［音読み］シ
［訓読み］かみ
［部首］糸（いとへん）

前から辞書にはありました！

〝**文字や絵を書き付ける素材**〟〝**かみ**〟を表す。部首「糸」が付いているのは、糸くずや布きれなどを水にどろどろに溶かして作ったことから。

中国の歴史書によれば、紙が初めて皇帝に献上されたのは、紀元一〇五年のこと。だが、その直前に作られた漢字辞書にすでに「紙」の字は載っており、紙の起源がもっと古いことを示している。現在では、紀元前二世紀ごろのものと思われる紙が遺跡から出土している。

なお、「紙面《しめん》」「地方紙《ちほうし》」「本紙記者《ほんしきしゃ》」のように〝**新聞**〟の意味で用いるのは、日本語独自の用法。また、「紙魚《しみ》」は〝古書に付く虫〟で、漢字の熟語をそのまま、意味を表す日本語で読む当て字的表現。〝本好き〟のたとえとしても用いられる。

し 脂

10画

［音読み］シ
［訓読み］あぶら、やに
［部首］月（にくづき）

動物にもあれば植物にもある

「脂肪《しぼう》」「牛脂《ぎゅうし》」「脂身《あぶらみ》」のように、本来は〝**動物の肉体に蓄えられている油分**〟を表す漢字。「肉」が変形した部首「月」は、そのなごり。現在では、「脱脂綿《だっしめん》」のように〝**植物に含まれる油分**〟についても用いられる。また、「樹脂《じゅし》」「松脂《まつやに》」では〝**植物に含まれる粘液**〟のこと。「目脂《めやに》」のように〝**動物の肉体から出る粘液**〟をいうこともある。

◆訓読み「あぶら」では、「油」（p598）との使い分けが問題。常温で固体のものを「脂」、液体のものを「油」と書き分けるのが原則だが、「脂《あぶら》っこい味」「脂《あぶら》ぎった性格」「脂汗《あぶらあせ》」などは、いかにも体内の〝あぶら〟を連想させるので、液体であっても「脂」と書くのがふつうである。

なお、「臙脂《えんじ》」「脂粉《しふん》」などお**化粧に用いる**〝**べに**〟を指すこともあるのは、油分が含まれていることから。

し 視

11画

［音読み］シ
［訓読み］み-る
［部首］見（みる）

思いを込めてじっと見つめる

以前は「視」と書くのが正式。「ネ／示」の意味については諸説あるが、〝ある方向を示す〟ことだと考えるのがわかりやすい。部首「見」と組み合わせて、〝**はっきりと意識を向けて見る**〟ことを表す。「視線《しせん》」「直視《ちょくし》」「無視《むし》」などがその例となる。

転じて、「視力《しりょく》」「視覚《しかく》」「近視《きんし》」など、器官としての〝**目のはたらき**〟を指すこともある。また、「敵視《てきし》」「英雄視《えいゆうし》」「同一視《どういっし》」のように〝**○○であると判断する**〟という意味でも用いられる。

◈「みる」と訓読みする漢字は数多い。〝看護する〟場合は「看」（p82）、〝診察する〟場合は「診」（p315）。「視」とこれらとの使い分けは比較的簡単だが、むずかしいのは「観」（p90）との違い。どちらも〝注意して見る〟ことをいうが、「観」は〝広い視野〟に立っているのに対して、「視」は〝ある方向〟の意識が強い。とはいえ、迷った場合には、一般的に使える「見」（p156）を書いておくのが、安全策である。

し 紫

12画

［音読み］シ
［訓読み］むらさき
［部首］糸（いと）

煙に包まれた別世界

色の〝むらさき〟を表す。部首「糸」が付いているのは、もとは植物の〝むらさき草〟から取った、糸を染めるための染料の色だったから。

昔から高貴な色とされてきたので、**皇帝・天皇や仙人などに関係することばに使われる**ことが多い。北京の「紫禁城《しきんじょう》」、京都御所の「紫宸殿《ししんでん》」、位の高い僧侶が着る「紫衣《しえ》」などがその例。〝タバコの煙〟を「紫煙《しえん》」というのも、この雰囲気にあやかったものか。

「紫陽花」は、中国の詩人、白楽天《はくらくてん》が作品の中で名付けた花の名前。これを「あじさい」と読んで用いるのは、日本語のオリジナル。当て字的用法だが、なかなかすてきな発想である。

し 詞

12画

［音読み］シ
［訓読み］ことば
［部首］言（ごんべん）

どんな役割を果たしているのか？

「名詞《めいし》」「動詞《どうし》」「形容詞《けいようし》」など、いわゆる「品詞《ひんし》」を表す「詞」は、〝**文法的な役割を果たすことば**〟のこと。ただし、昔は〝通訳〟のことを「通詞《つうじ》」といったこともあり、本来は「語」（p177）と同じく、英語のwordから languageまで、さまざまなレベルの〝**ことば**〟を表す。

「品詞」以外によく使われる例としては、〝メロディに対することば〟を表す「歌詞《かし》」がある。〝芝居で役者が発することば〟をいう「台詞《せりふ》」や、〝神に申し上げることば〟を指す「祝詞《のりと》」は、漢字の熟語をそのまま、意味を表す日本語で読む当て字的表現。また、和歌の世界では、「枕詞《まくらことば》」「序詞《じょことば》」「掛詞《かけことば》」などの〝**別のことばを導き出すことば**〟や、「詞書《ことばが》き」のように〝**和歌が作られた事情を説明することば**〟を表したりする。全体として、〝ある役割〟に着目して〝ことば〟を取り上げる場合に、「詞」が用いられることが多いようである。

ただし現在では、「ことば」は漢字ならば「言葉」と書くことが多いし、かな書きが好まれることも少なくない。

し 歯

12画

［音読み］シ
［訓読み］は
［部首］歯（は）

規則正しく並んでいます

以前は「齒」と書くのが正式。古代文字では「[illegible]」と書き、〝口の中に並んでいる歯〟を絵にした、抜け具合がほほえましい漢字。発音を表すため、後から「止《し》」が付け加えられた。「乳歯《にゅうし》」「犬歯《けんし》」「虫歯《むしば》」のように**人間や動物が食べ物をかむのに使う〝は〟**を表すほか、「歯車《はぐるま》」「のこぎりの歯《は》」「くしの歯《は》」のように、**〝細かい凹凸《おうとつ》が規則正しく並んでいるもの〟**を指して使われる。

部首としては？

〝歯〟に関係する漢字の部首となる。代表的な例は「齢」(p641)で、歯によって年齢がわかるところから生まれた漢字だという。そのほか、「齧《げつ》」は〝かじる〟、「齲《う》」は〝虫歯〟、「齠《ちょう》」は〝乳歯〟など。「齟齬《そご》」は本来、〝上下の歯が食い違う〟こと。多くは漢字の左側に置かれ、「はへん」と呼ばれる。

し 嗣 13画

[音読み]シ
[訓読み]つ-ぐ
[部首]口(くち)

世代を超えて伝えていく

「嗣子《しし》」「継嗣《けいし》」「後嗣《こうし》」のように、**〝地位や仕事を相続する〟**ことを表す。部首「口」が付いていているのは、それを祖先に報告するからだという。

◆訓読み「つぐ」は、現在では「継」(p148)を用いるのが一般的。特に〝家業を相続する〟という意味合いを強く出したいときに、「家を嗣《つ》ぐ」のように「嗣」が用いられることがある。

し 肆 13画

[音読み]シ
[部首]聿(ふでづくり)

店よりもおみせらしい？

〝お店〟を表すのが代表的な意味。「書肆《しょし》」とは〝書店〟のこと。部首「聿」は〝筆〟を表すが、この漢字では〝つかまえる〟ことを表す「隶《たい》」が変形したものらしい。本来は〝つかんで広げる〟ことを表し、広げて見せるところから〝お店〟の意味になったという。日本語「みせ」は〝ものを並べて見せる〟ことに由来すると考えられているので、〝建物〟をいう「店」(p441)よりも「みせ」に近い漢字だといえる。

なお、小切手や契約書などでは、後から書き換えられるのを防ぐために「四」(p229)の代わりに用いられることもある。

し 詩 13画

[音読み]シ
[訓読み]うた
[部首]言(ごんべん)

熱き心をていねいに…

文学のジャンルの一つ〝詩〟を表す。ことばの響きやリズムを重視しながら、物語や心情を歌い上げたもの。「詩人《しじん》」「詩集《ししゅう》」「叙事詩《じょじし》」などがその例。「詩歌《しいか》」でシイと読むのは、音読みシが引き伸ばされたもの。

◆ときには「風の詩《うた》」「哀しみの詩《うた》」のように「うた」と訓読みして、文学的な雰囲気を強めることもある。起伏のついたメロディを伴うことの多い「歌」(p57)や、素朴な民謡のイメージがある「唄」(p28)と比較すると、落ち着いた理知的な雰囲気を持つとも言える。

熱い想いを秘めつつも表現はきちんと磨き上げるという、端正な漢字である。

し 試 13画

[音読み]シ
[訓読み]こころ-みる、ため-す
[部首]言(ごんべん)

結果を次のステップに！

「試食《ししょく》」「試用《しよう》」「試練《しれん》」「試写会《ししゃかい》」「試運転《しうんてん》」「説得を試《こころ》みる」「試《ため》し書《が》き」などなど、**〝何かを判断するために、実際にやってみる〟**ことを表す。また、「入試《にゅうし》」「模試《もし》」「追試《ついし》」のように、**「試験《しけん》」の省略形**として用いられることも多い。部首「言」が付いているからには、本来は〝ことば〟に関係する意味だったのだろうが、成り立ちについては諸説があってよくわからない。

なお、「試合《しあい》」はもともと「○○し合《あ》う」

に由来することばで、「試」と書くのは当て字。とはいえ、試合の結果をどう判断して生かすかが重要だ、とさとしてくれているようである。

し

資

13画

〔音読み〕シ
〔部首〕貝（かい）

これがなくては始まらない！

「資金《しきん》」「資材《しざい》」「資格《しかく》」「学資《がくし》」「原資《げんし》」など、**〝何かを成し遂げるため必要となるもの〟**を表す。部首「貝」は〝お金や宝物〟を表す記号なので、「資」も経済的な価値の高いものを表す場合が多いが、「資質《ししつ》」「資料《しりょう》」など、金銭とは違った尺度で重要なものを指すこともある。

転じて、**〝必要なものを提供して助けとなる〟**ことをも表す。「健康増進に資《し》する」「我が社の発展に資《し》する」のように使うのがその例。名前で「すけ」と読むのは、〝助ける〟ことを表す古語に由来する。

し

飼

13画

〔音読み〕シ
〔訓読み〕か-う
〔部首〕食（しょくへん）

食べさせるのはだれのため？

「飼育《しいく》」「飼《か》い犬《いぬ》」「ニワトリを飼《か》う」など、**〝動物にえさをやって育てる〟**ことを表す。基本的に動物に対して用いる漢字なので、「飼《か》い慣《な》らす」「飼《か》い殺《ごろ》し」などを比喩的に人間に対して用いるのは、日本語独得の用法かもしれない。日本語では、〝自分の役に立つように〟というニュアンスが強い漢字である。

なお、以前は「飼」と書くのが正式。

し

誌

14画

〔音読み〕シ
〔部首〕言（ごんべん）

今では〝雑〟が主役の座？

本来は〝書き記す〟ことを表す漢字だが、現在では**〝何かが書き記されたもの〟**という意味で用いられるのが一般的。「日誌《にっし》」「墓誌《ぼし》」「博物誌《はくぶつし》」がその例。

「雑誌《ざっし》」とは、本来は〝さまざまな記事が書き記されたもの〟。日本では、「月刊誌《げっかんし》」「文芸誌《ぶんげいし》」「女性誌《じょせいし》」「情報誌《じょうほうし》」「機関誌《きかんし》」「誌上《しじょう》」「誌面《しめん》」などなど、**「雑誌」の省略形**として使われることが多い。

し

雌

14画

〔音読み〕シ
〔訓読み〕めす、め
〔部首〕隹（ふるとり）

現実の世界はともかく…？

部首「隹」（p322）は〝鳥〟を表す記号。本来は〝めすの鳥〟を表す漢字で、広く**〝動物では卵や子どもを生む方、植物では種をつける方〟**を指す。「雌猫《めすねこ》」「雌牛《めうし》」「雌株《めかぶ》」「雌花《めばな》」などがその例。「雌鳥《めんどり》」で「めん」と読むのは、「め」が続く発音に影響されて変化したもの。

「雌雄《しゆう》を決する」とは、〝勝ち負けをはっきりさせる〟こと。「雌伏《しふく》」は、現在では〝大志を捨てずに耐え忍ぶ〟ことだが、本来は「雄飛《ゆうひ》」の反対語で、〝他人に屈服する〟というマイナスの意味を持つことば。現実には異論もあろうが、「雄」（p604）に対して〝か弱いもの〟というイメージがある漢字である。

し

摯

15画

〔音読み〕シ
〔部首〕手（て）

人づきあいのコツ

本来は、〝しっかりと手に持つ〟ことや〝初対面の人への手みやげ〟などを表す漢字。ただし、現在では〝まじめで思慮深い〟ことを表す「真摯《しんし》」以外では、まず使われることがない。この場合の「摯」は、**〝心配りが行き届く〟**ことだと解釈されていて、だとすれば〝手みやげ〟から変化したものなのだろう。人づきあいは最初が大切なのである。

し　賜

15画

［音読み］シ
［訓読み］たまわ-る、たま-う
［部首］貝（かいへん）

地位なんてどうでもいい！

部首「貝」は〝お金や宝物〟を表す記号。本来は、**〝地位の高い人が地位の低い人に金品を与える〟**ことをいい、大相撲の「賜杯《しはい》」や、「恩賜《おんし》の銀時計」などがその例。

転じて「おことばを賜《たまわ》る」「酒を賜《たま》う」のように金品以外のものについても用いられる。「たまわる／たまう」と訓読みする漢字には「給」（p115）もあるが、現在では「賜」を書くのが一般的である。

「賜物《たまもの》」になると、さらに守備範囲は広がる。「ナイルの賜物」では〝自然のめぐみ〟、「努力の賜物」では〝簡単には達成できない貴重な結果〟。ここまで来ると、地位云々《うんぬん》などとは無関係の世界である。

し　諮

16画

［音読み］シ
［訓読み］はか-る
［部首］言（ごんべん）

困ったらみんなで相談

本来は、〝地位の高い人が地位の低い人に相談する〟ことを表す漢字だが、現在では、広く**〝だれかと相談する〟**という意味で用いる。公的な機関が有識者などに「諮問《しもん》する」例が多いが、「会議に諮《はか》る」「社内で諮《はか》ってお返事します」のように使うこともある。

◆「はかる」と訓読みする漢字には「計」（p145）「図」（p321）「測」（p378）「謀」（p566）「量」（p631）などもあるが、「諮」は〝相談する〟場合にしか用いないので、ほかとの区別はそれほどむずかしくはない。

じ　示

5画

［音読み］ジ、シ
［訓読み］しめ-す
［部首］示（しめす）

神さまだってわかって欲しい？

「指示《しじ》」「展示《てんじ》」「表示《ひょうじ》」「暗示《あんじ》」「示威《じい》行動《こうどう》」「違いを表で示《しめ》す」「好きなら行動で示《しめ》して！」など、**〝具体的にわかるようにする〟**ことを表す。

音読みはジを用いる方が原則。シは平安時代ごろに正式とされた読み方だが、日常的に使うのは「示唆《しさ》」「図示《ずし》」くらいのもの。ただし、地質学の「示準《しじゅん》化石《かせき》」、音楽の「示導動機《しどうどうき》」など、専門用語の中にはシで読むものもある。

成り立ちとしては、〝神に捧げるいけにえを載せる台〟の絵から生まれたと考えられている。そこに神の意志が現れると考えられたところから、〝しめす〟の意味が生まれたという。

部首としては？

もとは〝神の意志を示す〟という意味だったことから、〝神〟に関係する漢字の部首となる。「禁」（p133）「祭」（p212）などがその例。

部首の呼び名としては「しめす」だが、「禍」（p56）「祈」（p97）「社」（p250）「神」（p311）「福」（p533）のように、漢字の左側に置かれて「ネ」の形になることが多く、その場合には「しめすへん」と呼ばれる。ただし、これらの漢字でも、以前は「示」で書くのが正式である。

じ　字

6画

［音読み］ジ
［訓読み］あざな、あざ
［部首］子（こども）

限りなく増えていく!?

言うまでもなく、「文字《もじ》」「漢字《かんじ》」「字《じ》を間違える」のように、**〝ことばを書き記すための記号〟**を表す。部首「子」が付いているのは、一説には、子どもが生まれるように文字がどんどん増えていくからだという。本当かどうかは別として、漢字の特質をよく表すおもしろい説明ではある。

昔の中国では、成人すると本名とは別に通称を用いる習慣があり、その**〝通称〟**を「字」といった。この場合、訓読みでは

「あざな」と読む。「大字《おおあざ》」「小字《こあざ》」のように、日本で**〝町や村の一区画〟**を指すのは、ここから転じたものかと思われる。
なお、部首はふつう「子」だが、「宀（うかんむり）」とする辞書もある。

じ 寺

6画

［音読み］ジ
［訓読み］てら
［部首］寸（すん）

シルクロードを旅して…

仏教の〝おてら〟を表す

漢字ということで何の問題もないはずだが、仏教が中国に伝わったのは、紀元後一世紀ごろ。それ以前には「寺」はなかったのだろうか。

部首「寸」は〝手で持つ〟ことを表すが、「寺」の本来の意味には〝じっとして動かさない〟〝働く〟〝そばで仕える〟などの説があって、よくわからない。ただし、古くは〝役所〟を指して用いられた。〝お寺〟を表すようになったのは、仏教が伝来したころ、「鴻臚寺《こうろじ》」という役所でお坊さんに生活させたことに由来するという。

なお、一説によれば、訓読み「てら」は、本来は朝鮮半島のことばで、仏教とともに日本語に入ってきたという。インドから中国へ、そして中国から朝鮮半島を経て日本へ。「寺」一文字の中に、仏教伝来の歴史を見ることができるのである。

じ 次

6画

［音読み］ジ、シ
［訓読み］つぎ、つ-ぐ
［部首］欠（あくび）

列を乱さないでね！

「目次《もくじ》」「順次《じゅんじ》」「次回《じかい》」「三次会《さんじかい》」「相次《あいつ》ぐ」「東海道五十三次《とうかいどうごじゅうさんつぎ》」など、微妙に違うさまざまな使われ方をする漢字。ただし、基本には〝順番に並んでいる〟というイメージがある。

「目次《もくじ》」「席次《せきじ》」「年次計画《ねんじけいかく》」などでは、**〝順番に並んでいるもの〟**や、その中での**〝順番〟**を表す。「順次《じゅんじ》」「次第《しだい》に」は、**〝順番に〟**という意味。なお、音読みシは、平安時代ごろに正式とされた読み方だが、現在では「次第《しだい》」以外ではまず用いられない。

「次回《じかい》」「次点《じてん》で落選」「次《つぎ》はがんばるぞ！」「社長に次《つ》ぐ地位」などでは、**〝順番からいってその直後〟**。「次男《じなん》」「次女《じじょ》」などでは**〝二番目〟**をいうが、これも「長男《ちょうなん》」「長女《ちょうじょ》」に対して〝その直後〟を表す。ちなみに、戸籍では「二男《じなん》」「二女《じじょ》」と書くのが正式。

〝順番〟からやや転じて**〝回数〟**を表すのが、「三次会《さんじかい》」「二次募集《にじぼしゅう》」などの例。また、「相次《あいつ》ぐ」「次々《つぎつぎ》に優勝する」のように、**〝順番に続く〟**ことを意味する場合もある。

以上と比較すると、**〝宿場町〟**を表す「東海道五十三次《とうかいどうごじゅうさんつぎ》」は特殊な例に見える。ただ、宿場とは街道に〝順番に並んでいる〟もの。部首「欠」は〝大きく口を開ける〟ことを表す記号で、「次」は本来、〝息をついて休む〟という意味だ、という説が有力。とすると、〝順番に並んだ休み場所〟を表す「東海道五十三次」こそが、本来の意味に最も近いのかもしれない。

◆訓読み「つぐ」は、現在では「継」（p148）を書くのが一般的。「次」は、〝その直後〟〝二番目〟を指す場合か「相次《あいつ》ぐ」の形でしか使われない。

なお、微妙な違いだが、以前は「次」と書くのが正式。左側は〝氷〟を意味する「冫（にすい）」ではなく、発音を表す「二《じ》」だというのが、その理由。「姿」（p233）「資」（p238）「諮」（p239）などに含まれる「次」も、以前は「次」と書くのが正式である。

じ 耳

6画

［音読み］ジ
［訓読み］みみ
［部首］耳（みみ）

左でも右でも

動物が音を聞き取る器官〝みみ〟を表す。古代文字では人間の〝みみ〟の絵で、「」「」の

ように左右両方の〝みみ〟がある。
　〝**耳に似た形をしたもの**〟を表すこともある。「木耳《きくらげ》」は、中国語名の形をそのままに、日本語名で読む当て字的表現。また、〝大きな門の両側に付いた小さなくぐり戸〟を「耳門《じもん》」というように、〝**大きなものの両側に付いた小さなもの**〟を表すこともある。ただし、「パンの耳《みみ》」「鍋の耳《みみ》」「耳《みみ》をそろえる」のように〝**モノの端**〟を表すのは、日本語独自の用法。

部首としては？

　〝耳〟に関係する漢字の部首となる。また、「聴」（p423）「聞」（p539）がその代表。また、「職」（p307）「聖」（p337）「聡」（p371）などでは、〝頭脳のはたらきがすぐれている〟ことを表す。漢字の左側に置かれることが多く、その場合には「みみへん」という。

じ 自

6画

［音読み］ジ、シ
［訓読み］みずか-ら、おの-ずから
［部首］自（みずから）

自分の鼻はお好きですか？

　本来は〝正面から見た鼻〟の絵から生まれた漢字。自分のことをいうときに鼻を指すことから、〝**本人**〟を意味するようになった。「鼻」（p515）に「自」が付いているのは、そのなごり。

「自分《じぶん》」「自己《じこ》」「各自《かくじ》」のように〝本人〟を表したり、「自力《じりき》」「自宅《じたく》」「自国《じこく》」のように〝**本人の**〟という意味を表したりもするが、多くは〝**本人が本人を**〟という意味で用いられる。「自信《じしん》」とは、〝本人が本人を信じること〟。「自治《じち》」「自律《じりつ》」「自問自《じもんじ》答《とう》」なども同じ。また、「自発的《じはつてき》」「自白《じはく》」のように〝**本人が進んで**〟という意味となることもあり、そこから転じると「自転《じてん》」「自動《じどう》」「自在《じざい》」のように〝**ほかから影響を受けないで**〟という意味を表すことになる。
　「自《みずか》らの意志」「自《みずか》らを反省する」「自《みずか》ら潔白を証明する」のように、〝本人〟〝本人が本人を〟〝本人が進んで〟の意味では、訓読みは「みずから」を用いる。一方、「おのずから／おのずと」は、「真実は自《おの》ずから明らかになる」「なりゆき上、自《おの》ずとそうなるよ」のように〝ほかから影響を受けないで〟の場合に使われる。
　なお、「おのずから」は「自《おのずか》ら」のように「ら」だけを送りがなとすることもあるが、「自《おの》ずから」と書く方が、「自《おの》ずと」と整合性がとれる。そこで、「みずから」は「自《みずか》ら」と書くようにすると、「自《おの》ずから」との違いがはっきりして便利である。
　また、「自」には**時間や動作の起点を表す**はたらきもある。「自今《じこん》」は〝今から〟。「出自《しゅつじ》」は〝出てきたところ〟。工事現場で見かける「自〇月〇日、至〇月〇日」といった掲示も、その例である。
　音読みはジを用いるのが大原則。シは平安時代ごろに正式とされた読み方だが、現在、使われるのは「自然《しぜん》」くらいである。

部首としては？

　〝鼻〟に関係する漢字の部首となるが、その例は、「自」以外には「臭」（p265）くらいしかない。同じく弱小部首の「鼻」（p515）を合併すればいいのにとも思うが、そんなことをしても弱小であることに変わりはなさそうである。

じ 似

7画

［音読み］ジ
［訓読み］に-る
［部首］イ（にんべん）

まねをするのがうまいなあ

　部首「イ」は「人」の変形で、〝動作や状態〟を表す。「類似《るいじ》」「相似形《そうじけい》」「バラに似《に》た花」「お母さん似《に》」など、〝**形や性質がそっくりである**〟ことを意味する。
　「似而非《えせ》」「似非《えせ》」は、漢字の表す〝そっくりだけれど実は違う〟という意味を日本語に置き換えて読む、当て字的用法。

また、「真似《まね》」は、日本語「まね」に、意味も読み方も近い漢字を当てたもの。うまい当て字である。

じ 児

7画
［音読み］ジ、ニ
［部首］儿（ひとあし）

おとなになるとなくすもの

「児童《じどう》」「乳児《にゅうじ》」「幼児《ようじ》」のように、〝**小さな子ども**〟を表す。かなり幼い子どもを指す印象があるが、「高校球児《こうこうきゅうじ》」は体格は成人に近いし、「反逆児《はんぎゃくじ》」「風雲児《ふううんじ》」「時代の寵児《ちょうじ》」などは、たいていは成人。どうやら、いわゆる〝おとなの世界〟からはちょっと外れた生き方をする人びとを指すことも、あるらしい。

音読みはジを使うのが大原則。ニは奈良時代以前からある古い読み方だが、現在では「小児《しょうに》」でしか用いられない。

以前は「兒」と書くのが正式。部首「儿」は「人」の変形。大昔の中国には子どもの髪の毛を左右に角のように編み上げる習慣があり、古代文字「」には、その雰囲気が見られるようである。

じ 事

8画
［音読み］ジ、ズ
［訓読み］こと、つか-える
［部首］亅（はねぼう）

少しお堅く見えますねえ！

「事情《じじょう》」「事実《じじつ》」「行事《ぎょうじ》」「食事《しょくじ》」「する事《こと》がない」「自分の事《こと》は自分でやれ！」などなど、いわゆる〝**ものごと**〟〝**ことがら**〟を表してさまざまに用いられる。「事件《じけん》」「事故《じこ》」「火事《かじ》」「無事《ぶじ》」「事《こと》が起きてからでは遅い」などでは、特に〝**ふだんとは違ったよくないことがら**〟をいう。

本来は、宗教や政治に関して〝やるべきことがら〟を表す漢字だったらしい。そこで、現在でも「幹事《かんじ》」「知事《ちじ》」「理事《りじ》」「事業《じぎょう》」のように、〝**責任を持ってやらなければならないことがら**〟を指す例も多い。

そこから、〝**上の者の指図に従う**〟という意味ともなる。「師事《しじ》」「兄事《けいじ》」はその意味が残る例。それぞれ〝相手を先生／兄だと思って従う〟ことを表す。この意味で「つかえる」と訓読みすることもあるが、現在では、「つかえる」は「仕」（p228）と書く方がふつうである。

以上のように、漢字「事」はやや堅いイメージを持つことが多い。一方、日本語「こと」は、「私のことが嫌いなの？」「記憶をなくしたことがある」「寝る前には歯を磨くこと」などなど、非常に幅広い使われ方をする。そこで、堅さを出したくない場合は、かな書きするのがおすすめである。

音読みはジを使うのが大原則で、ズは「好事家《こうずか》」以外ではまず使われない特殊な読み方。また、部首「亅」は形の上から便宜的に分類されたもので、まとまった意味を持つ部首ではない。

じ 侍

8画
［音読み］ジ
［訓読み］さむらい、はべ-る
［部首］亻（にんべん）

守るんだか守られるんだか…

「さむらい」と訓読みして〝**日本の武士**〟を表すのは、もちろん日本語オリジナル。本来は〝**地位の高い人のそばで仕える**〟ことを表す漢字で、天皇に仕える「侍従《じじゅう》」や、〝本尊の左右に並ぶ仏像〟を指す「脇侍《きょうじ》」がその例。

訓読み「はべる」は、〝そばで仕える〟ことをいう古語。また、「ある」「いる」のていねいな表現としても使われた。現在では、「いつも役員室に侍《はべ》っている」「まわりにイケメンを侍《はべ》らせる」など、〝**ご機嫌を取る**〟というニュアンスを込めて使われることが多い。

〝そばで仕える〟の意味を表す古語には、ほかに「さぶらふ」があり、「さむらい」

はこれが変化したもの。本来は、〝地位の高い人のそばで警備する人〟を指す。現代でいう〝ＳＰ〟である。

部首「イ」は「人」の変形。「寺」（p240）には本来、〝そばで仕える〟という意味があるとする説がある。

じ 治

8画

⇩ ち（p406）

じ 持

9画

［音読み］ジ
［訓読み］も-つ
［部首］扌（てへん）

中国語からも英語からも…

「手」が変形した部首「扌」が示している通り、〝**手に取る**〟ことが代表的な意味。ただし、純粋にこの意味で用いられることは、実はそれほど多くはない。「持参《じさん》」「所持金《しょじきん》」「お持《も》ち帰《かえ》り」などでは、やや転じて〝**身につける**〟ことを表す。

また、しっかりと手に取るところから、〝**じっとして動かさない**〟ことをも表す。「維持《いじ》」「保持《ほじ》」「支持《しじ》」「堅持《けんじ》」「持続《じぞく》」「持久戦《じきゅうせん》」など、この意味の音読みの熟語は多く、また訓読みでも「持《も》ちこたえる」「来週に持《も》ち越《こ》し」「容態が持《も》ち直《なお》した」のようによく使われる。本来、この意味を表すのは「寺」（p240）で、「持」はその意味をはっきりさせるために作られた漢字だ、とする説もある。

一方、〝身につける〟から広がって、「家を持《も》つ」「才能を持《も》つ」「権限を持《も》つ」「プライドを持《も》つ」などなど、〝**何かを所有する**〟〝**感情や考えを抱く**〟といった意味でも用いられる。だが、これは日本語独自の用法。「責任を持《も》つ」「支払いは彼氏持《も》ち」のように〝**引き受ける**〟ことを表すのも、日本語のオリジナルだと思われる。

このように、日本語「もつ」と漢字「持」の本来の意味の間にはかなりの違いがある。また、「意味を持《も》つ」「機会を持《も》つ」などを考えると、英語 have からの影響もあるかもしれない。外国語の影響を受け続けてきた日本語のあり方について、考えるきっかけとなる漢字である。

じ 時

10画

［音読み］ジ
［訓読み］とき
［部首］日（ひへん、にちへん）

いつも変わらず流れゆく

〝**移り変わっていく**〟〝**とき**〟を表す。「時空《じくう》」「時《とき》の流れ」のように大きなスケールで言う場合もあれば、「時価《じか》」「時局《じきょく》」「時《とき》と場合」「今を時《とき》めく」のように〝**ある瞬間**〟という一点を指すこともある。また、「時節《じせつ》」「時候《じこう》」のように〝**季節**〟に近い意味で用いられたり、「時効《じこう》」「時限爆弾《じげんばくだん》」などでは〝**いずれやって来るそのとき**〟を指したりもする。もちろん、**時間の単位**として「午後一《ごごいち》時《じ》」「三時間《さんじかん》」のようにも使う。さまざまな〝とき〟を幅広く表す漢字である。

ちなみに、「とけい」は本来は「土圭《とけい》」と書き、〝地面に落ちた影の長さで時間を計る日時計〟のこと。「時計《とけい》」と書くのは当て字だが、現在ではまったく違和感がない。また、「時雨《しぐれ》」は、〝短い時間で上がる雨〟という日本語の意味を漢字二文字で表した、当て字的表現である。

じ 滋

12画

［音読み］ジ
［部首］氵（さんずい）

自然の恵みをたっぷり受けて…

「滋賀県《しがけん》」に代表される固有名詞を除けば、現在では「滋養《じよう》」「滋味《じみ》」くらいでしか用いられない。〝**恵みが豊かである**〟ことを表し、「滋養《じよう》」は〝栄養たっぷり〟、「滋味《じみ》」は〝うまみがたっぷり〟という意味。

転じて、〝植物がよく生い茂る〟ことをも表す。名前で「しげる」「しげ」と読むのは、ここに由来する。

部首「氵」が付いているのは、本来は〝水が増える〟ことを表していたからだ、と考えられている。が、果汁や肉汁のイメージの方が、近いような気もする。

じ 慈

13画

［音読み］ジ
［訓読み］いつく-しむ
［部首］心（こころ）

血は愛のもと

「慈愛《じあい》」「慈善《じぜん》」「慈悲《じひ》」「バラを慈《いつく》しむ」のように、〝**愛情を持って接する**〟ことを表す。本来は親の愛情を指す漢字で、〝愛情深い親〟をいう「慈父《じふ》」「慈母《じぼ》」がその典型。

仏教では〝**人びとを救う仏の大きな心**〟を表すので、お寺やお坊さんの名前に好んで用いられる。京都の銀閣寺の正式名称「慈照寺《じしょうじ》」はその例である。

じ 辞

13画

［音読み］ジ
［訓読み］や-める
［部首］辛（からい）

はっきりとことばで告げて！

以前は「辭」と書くのが正式。部首「辛」（p310）は、〝罪人に入れ墨をするための針〟。〝もつれた糸〟を表す「𤔔」と合わせて、本来は〝裁判で有罪か無罪か言い争う〟という意味だったと考えられている。現在では、広く〝**ことば**〟一般を表す。「辞書《じしょ》」「祝辞《しゅくじ》」「美辞麗句《びじれいく》」などがその例。

また、有罪か無罪か決めるところから転じて、〝**別れのことばを言う**〟という意味ともなる。「辞去《じきょ》」「辞世《じせい》」などがその例。「辞退《じたい》」「辞任《じにん》」「固辞《こじ》」「会社を辞《や》める」などでは、さらに変化して、いま行っていることやこれから行う可能性があることを〝**やらないと決める**〟ことを表す。

なお、「止」（p227）も「やめる」と訓読みすることがあるが、「辞」は〝勤め先をやめる〟場合だけ用いられるので、使い分けは比較的わかりやすい。

じ 磁

14画

［音読み］ジ
［部首］石（いしへん）

鉄は吸うけど水は吸わない

「磁石《じしゃく》」に代表されるように、〝**鉄を吸いつける性質を持つ物質**〟を表す。また、〝**鉄を吸い付ける性質**〟そのものも指し、「磁力《じりょく》」「磁場《じば》」「電磁波《でんじは》」のように用いる。

また、「青磁《せいじ》」「白磁《はくじ》」など、**硬くて水をまったく吸わない焼き物**〝**磁器《じき》**〟をも表す。これは本来は「瓷」と書いたが、中国の「磁州《じしゅう》」という町でよく生産されたので「磁」を用いるようになったという。

じ 璽

19画

［音読み］ジ
［部首］玉（たま）

世界に一つしかない印鑑

部首「玉」は〝宝石〟を表す記号。〝宝石を彫って作った印鑑〟を表す漢字で、特に〝**王や皇帝・天皇が持つ印鑑**〟を指して言う。

「御名御璽《ぎょめいぎょじ》」とは、〝天皇の名前と天皇の印鑑〟のこと。現在でも法律が公布される際には、これが必要となる。

しい 椎

12画

⇩ つい（p427）

しお 汐

6画

［音読み］セキ
［訓読み］しお
［部首］氵（さんずい）

すみれの花の咲く国で

部首「氵」は「水」の変形。「夕」と組み合わせて、〝**夕方に見られる海の満ち引き**〟を表す。「潮汐《ちょうせき》」「引《ひ》き汐《しお》」などがその例。また、「汐路《しおじ》」では広く〝**海**〟を指す。

◆〝海の満ち引き〟を表す「しお」は、現在では「潮」（p422）と書くのが一般的。ただし、「潮」は本来は朝に見られるものを指す。時間的な違いはイメージにも反映しているようで、たとえばタカラヅカの芸名では、「潮」より「汐」が好んで使われるようである。

しか

鹿

11画

〔音読み〕ロク
〔訓読み〕しか、か、しし
〔部首〕鹿（しか）

ライオンと間違えないでね！

動物の〝しか〟を表す。

現在では、音読みを使うのは、金閣のある京都の「鹿苑寺《ろくおんじ》」のような特殊な場合だけ。

訓読みでは、「鹿の子《かのこ》まだら」「鹿毛《かげ》」のように「か」と読むこともあり、「鹿児島《かごしま》」「鹿島《かしま》」「鹿屋《かのや》」など、固有名詞ではその例が多い。また、「鹿威《ししおど》し」のように「しし」と読むこともあるが、意味としては〝しか〟を指すことに変わりはない。

部首としては？

動物の〝しか〟に関係する漢字の部首となる。「麗」（p641）がその代表で、本来は〝二本の角が生えそろったしか〟を絵にした漢字。また、〝きりん〟を意味する「麒《き》」「麟《りん》」の部首も「鹿」である。

なお、漢字の左側に現れる場合に「しかへん」と呼ぶことがある。

しき

式

6画

〔音読み〕シキ
〔部首〕弋（しきがまえ、よく）

新鮮さも思い出したい…

「形式《けいしき》」「様式《ようしき》」「格式《かくしき》」「方式《ほうしき》」など、**〝何かを行う際に従うべき決まり〟**を表す。基本的には**〝決まったパターン〟**を指す漢字で、「和式《わしき》」「洋式《ようしき》」から始まって、「トヨタ式《しき》カイゼン」「陰山式《かげやましき》百ます計算」まで、さまざまな〝パターン〟を指して用いられる。

「数式《すうしき》」「化学式《かがくしき》」も、何かを**〝あるパターンによって表したもの〟**。また、「式典《しきてん》」「儀《ぎ》式《しき》」「卒業式《そつぎょうしき》」「結婚式《けっこんしき》」「出初《でぞ》め式《しき》」のように、**〝決まったパターンに従って行われる行事〟**を表すこともある。

とても活躍の場の広い漢字だが、その一方で、この漢字が登場したとたん、どこか〝決まり切った〟というイメージが漂い始めるのは、いかんともしがたい。

なお、部首「弋」は〝くい〟や〝糸をつけた矢〟を表すが、〝パターン〟との関係については、諸説あってはっきりしない。

しき

識

19画

〔音読み〕シキ
〔訓読み〕し-る
〔部首〕言（ごんべん）

違いがわかることが重要

基本的な意味は、**〝あるものを、他のものとは区別して理解する〟**こと。「認識《にんしき》」「識別《しきべつ》」などがその代表。「意識《いしき》」は、〝区別して理解するはたらき〟。「知識《ちしき》」は〝区別して頭脳に蓄えられたもの〟。「面識《めんしき》」は〝相手が何者か、区別できる〟こと。また、「良識《りょうしき》」「見識《けんしき》」「識見《しきけん》」のように、**〝善し悪しを区別する力〟**を表すこともある。

◆訓読み「しる」は、現在では「知」（p406）を使うのがふつう。あえて「音楽の喜びを識《し》る」のように書くと、〝ほかのものとは区別して〟という意味合いが強く出る。

このほか、**〝書き記す〟**という意味もあり、昔は「しるす」と訓読みしても使われた。本のあとがきの最後に「著者識」などと書いてあるのは、何と読めばいいのかはともかく、そのなごりである。

じく

軸

12画

〔音読み〕ジク
〔部首〕車（くるまへん）

これを決めなきゃ動けない！

部首「車」にも現れているように、**〝車輪が回転するときに中心となる棒〟**が本来の意味。「地軸《ちじく》」「軸足《じくあし》」のように、広く**〝回転の中心〟**を表す。「掛《か》け軸《じく》」も、もとは〝巻物を巻くときの中心〟。

転じて、**〝活動の中心〟**をも表す。「チームの中軸《ちゅうじく》」「新機軸《しんきじく》を打ち出す」「二人の関係を軸《じく》に物語は進む」などがその例。

さらに、「座標軸《ざひょうじく》」「対称軸《たいしょうじく》」のように〝**基準になるもの**〟を指しても用いられる。

なお、「ペン軸《じく》」「マッチの軸《じく》」など、〝**何かの本体となる棒状のもの**〟を指すこともあるが、これは日本語独自の用法らしい。考えてみるとおもしろい転用である。

しち
七
2画

［音読み］シチ
［訓読み］なな-つ
［部首］一（いち）

刀を付ければもとの意味

〝**数の7**〟を表す。本来は〝切る〟ことを意味する漢字だったが、大昔の中国語で発音が似ていたことから、当て字的に〝数の7〟の意味で用いられるようになった、と考えられている。そこで〝切る〟の意味を表すため、部首「刀」を付け加えて新たに作られたのが「切」（p345）である。

なお、「七日《なのか》／七日《なぬか》」で「なの／なぬ」と読むのは、「なな」が続く発音に影響されて変化したもの。

部首「一」は、形の上から便宜的に分類されたもので、意味の関係はない。また、小切手や契約書などでは、後から書き換えられるのを防ぐために「漆」（p248）を用いることがある。

しつ
叱
5画

［音読み］シツ
［訓読み］しか-る
［部首］口（くちへん）

そんな細かい違いまで!?

「叱責《しっせき》」「叱咤激励《しったげきれい》」「叱《しか》りつける」のように、〝**欠点を鋭く注意する**〟ことを表す。

「七」は、この漢字では発音を表す記号で、カと音読みする「匕」とは別もの。そこで、部首「口」に「匕」を組み合わせた「叱《か》」は、「叱」とは別の漢字だという。ただし、この二つは非常にまぎらわしいので、現実にはよく混用されている。

しつ
失
5画

［音読み］シツ
［訓読み］うしな-う
［部首］大（だい）

どうやったって逃れられない

基本的には〝なくなる〟ことを表すが、単純に〝**あったものがなくなる**〟ことを意味するのは、「消失《しょうしつ》」くらいのもの。多くの場合、〝**あるべきものをなくす**〟というニュアンスで用いられる。例としては、「紛失《ふんしつ》」「損失《そんしつ》」「失格《しっかく》」「失業《しつぎょう》」「失神《しっしん》」「財産を失《うしな》う」「権利を失《うしな》う」「信頼を失《うしな》う」などなど。「失恋《しつれん》」「チャンスを失《うしな》う」では、〝**手に入れ損なう**〟という意味合いが強い。

また、〝**すべきではないことをする**〟ことをも表す。「失敗《しっぱい》」「過失《かしつ》」はもちろん、〝言ってはいけないことを言う〟のは「失言《しつげん》」、〝費やすべきではないのに費す〟のは「失費《しっぴ》」、〝こらえきれずに笑う〟のは「失笑《しっしょう》」。「失火《しっか》」「失点《しってん》」なども、この延長線上にある。

〝あるべきものをなくす〟はいわば消極的な過ち、〝すべきではないことをする〟のは積極的な過ち。消極的に生きても積極的に生きても、過ちをなくすのはむずかしいのである。

◆「うしなう」と訓読みする漢字には「喪」（p369）もある。現在では「失」を書くのが一般的だが、特に〝親しい人が亡くなる〟場合や、〝なくしたあとの悲しみ・虚脱感〟を強調したい場合には、「喪」を使うことも多い。

なお、成り立ちには諸説があり、部首「大」との関係もはっきりしない。

しつ
室
9画

［音読み］シツ
［訓読み］むろ
［部首］宀（うかんむり）

目的を持って使ってよ!

部首「宀」は〝建物〟を表す記号。「別室《べっしつ》」「密室《みっしつ》」「室温《しつおん》」のように、〝**部屋**〟を表すのが基本的な意味。ただし、「室内《しつない》」「室外《しつがい》」では、〝**建物**〟

そのものを表すこともある。「教室《きょうしつ》」「病室《びょうしつ》」「会議室《かいぎしつ》」「更衣室《こういしつ》」「ボイラー室《しつ》」など、〝**何かの目的のために使われる部屋**〟を指して多くの熟語を生む。そこから、「子《こ》ども電話相談室《でんわそうだんしつ》」「サイバー犯罪対策室《はんざいたいさくしつ》」のように、〝**何かを専門に担当する、比較的小さな部署**〟をもいう。

本来は、家の中でも奥まったところにある〝プライベートな部屋〟を指す漢字だったらしい。「皇室《こうしつ》」「王室《おうしつ》」のように〝**高貴な人の家族**〟を表すのは、そこから来たもの。また、他人の妻を敬って指す「ご令室《れいしつ》」など、〝**妻**〟の意味でも用いられる。

訓読み「むろ」は、〝**密閉された部屋**〟を意味するやや古めかしいことば。「氷室《ひむろ》」「岩室《いわむろ》」のように用いる。また、昔は「へや」と訓読みしたこともあったが、現在ではほとんど用いられない。

しつ

疾

10画

［音読み］シツ
［部首］疒（やまいだれ）

不快感と爽快感

〝心身の不具合〟を表す部首「疒」にも現れているように、「疾病《しっぺい》」「疾患《しっかん》」「悪疾《あくしつ》」など、〝**病気**〟を表す漢字。本来は〝急に病気にかかる〟ことを表し、〝病気が重くなる〟ことは「病」（p520）で表したという。

一方、「疾走《しっそう》」「疾風《しっぷう》」などでは、〝**非常に速く動く**〟という意味で用いられている。爽快なイメージすら感じられるが、この意味ももとは〝急に病気にかかる〟ところから来ているのだろうか。

「やまい」と訓読みすることもあるが、現在では「病」を書くのがふつう。「はやい」とも訓読みできるが、現在ではほとんど用いられず、「疾風」を「はやて」と読む場合に見られるくらい。ちなみに、「て」は〝風〟を意味する古語である。

しつ

執

11画

［音読み］シツ、シュウ
［訓読み］と-る
［部首］土（つち）

つかまえたつもりが逆さまに…!?

「幸」（p186）は本来は〝手かせ〟を意味する漢字で、「執」も〝罪人をしっかりつかまえる〟ことだという。

転じて、〝**仕事のために何かを手に持つ**〟ことを表す。「執刀《しっとう》」「執筆《しっぴつ》」などがその例。さらには、「執務《しつむ》」「執行《しっこう》」「執事《しつじ》」など〝**仕事をする**〟という意味にもなる。

一方、「執着《しゅうちゃく》」「執念《しゅうねん》」「固執《こしつ》」「偏執《へんしゅう》」「狂《きょう》」などでは、〝しっかりつかまえる〟から転じて〝**離さない／離れられない**〟ことを表す。「確執《かくしつ》」は、お互いが〝自分の主張から離れない〟ことから、〝簡単には解消できないほどの対立〟をいう。

◆「とる」と訓読みする漢字は、「獲」（p73）「採」（p212）「撮」（p221）「取」（p258）「摂」（p347）「捕」（p550）など数多い。この中で、「執」は〝仕事をする〟場合に用いる。「事務を執《と》る」「指揮を執《と》る」などがその例。「ペンを執《と》る」「メスを執《と》る」などは、単に〝手に持つ〟だけならば、もちろん「取」を使うことになる。

音読みは二種類あるが、本来の読み方はシュウ。シュウは昔はシフと発音されていて、続く発音によっては変化してシッとなることがあった。シツは、それが後に何も続かない場合でも使われるようになったもの。

なお、部首「土」は形の上から強引に分類されたもの。意味の関係はない。

しつ

湿

12画

［音読み］シツ
［訓読み］しめ-る、しめ-す
［部首］氵（さんずい）

水気があるのもよし悪しで…

部首「氵」は「水」の変形。「湿気《しっけ》」「湿地《しっち》」「除湿《じょしつ》」「湿《しめ》った土」「布を湿《しめ》らす」など、〝**水分を多く含む／含ませる**〟ことを表す。訓読み「しめす」は、「しめらせる」のやや古い言い方で、「のどを湿《しめ》す」のように用いる。

「陰湿《いんしつ》」は〝日当たりが悪くじめじめしている〟ことだが、比喩的に用いられて〝裏でこそこそ行動する〟という意味でも使われる。ほかにも「湿疹《しっしん》」のような例もあって、あまりよくないイメージを持つことがある漢字。そのため、同じく〝水分が多い〟ことを表す場合でも、〝豊か〟というイメージのある「うるおう」は、「潤」(p279)を書く方がふつう。化粧品の宣伝で「保湿《ほしつ》」でなく「保潤《ほじゅん》」ということばを造語することがあるのも、このあたりが理由だろう。

なお、以前は「濕」と書くのが正式。

しつ 嫉

13画

[音読み] シツ
[訓読み] ねた-む、そね-む、や-く
[部首] 女（おんなへん）

急に押さえきれなくなる

熟語としては、現在では「嫉妬《しっと》」以外で用いられることはまれ。**〝他人を強くうらやんで、憎らしく感じる〟**ことを表す。部首「女」は、ここでは〝心理状態〟を表す。

訓読みは「同僚の昇進を嫉《ねた》む」「彼女の幸せを嫉《そね》む」のように用いるが、どちらも「嫉む」の形になって、ルビがないと見分けが付かないのが困ったところ。また、特に**〝恋愛関係について腹を立てる〟**場合に「やく」と読むこともある。意味も使い方も、「妬」(p446)とほとんど違わないと考えてよい。

「疾」(p247)には〝急に病気になる〟とか〝非常に速く動く〟という意味がある。「嫉妬心」が湧き起こるときのあのいやな感覚を、よく表しているような気もする。

しつ 漆

14画

[音読み] シツ
[訓読み] うるし
[部首] 氵（さんずい）

日本の伝統美！

樹木の〝うるし〟を表す。

「水」が変形した部首「氵」にも現れているように、樹液が塗料として用いられ、特に日本の伝統工芸で力を発揮してきた。「漆器《しっき》」「漆黒《しっこく》」「漆塗《うるしぬ》り」などでは、**〝うるしの樹液〟**を指す。

「漆喰《しっくい》」は、日本建築で壁や天井などに用いる塗装の材料。主な原料は石灰で、「石灰《せっかい》」のある時代の中国語での発音に当て字をしたのが「漆喰」だという。

なお、小切手や契約書などでは、後から書き換えられるのを防ぐため、「七」(p246)の代わりに用いられることがある。

しつ 質

15画

[音読み] シツ、シチ、チ
[訓読み] ただ-す
[部首] 貝（かい）

本当の姿を目指して

ものごとの〝状態や特徴〟をいう漢字。

「品質《ひんしつ》」「性質《せいしつ》」「特質《とくしつ》」「悪質《あくしつ》」「筋肉質《きんにくしつ》」「神経質《しんけいしつ》」「質《しつ》が良い」などなど、すべてその例。「気質《きしつ》」を「かたぎ」と読むことがあるのは、漢字の熟語をそのまま、意味を表す日本語で読む当て字的表現。

ただし、「本質《ほんしつ》」「実質《じっしつ》」「素質《そしつ》」「資質《ししつ》」などによく現れているように、〝表面に現れた状態〟というよりは**〝本当の状態〟**を指す傾向がある。そこで、**〝飾り気がない〟**という意味でも使われる。「質素《しっそ》」「質実《しつじつ》」などがその例。さらには**〝状態を明らかにする〟**ことをも表し、「質問《しつもん》」「質疑《しつぎ》」「問《と》い質《ただ》す」などがその例である。

基本的には〝状態〟をいうが、「物質《ぶっしつ》」の場合は**〝もの〟〝そのもの〟**を指す。この系統の例は、「糖質《とうしつ》」「皮質《ひしつ》」「蛋白質《たんぱくしつ》」「電解質《でんかいしつ》」「ゼラチン質《しつ》」など。生物学や化学でよく使われるのは、「質」には〝ものの本当の姿〟に迫る傾向があるからだろう。

一方、「質屋《しちや》」「人質《ひとじち》」「質《しち》に入れる」のように、**〝借金や約束の保証としてものを預け**

る〟という意味にもなる。〝お金や宝物〟を表す部首「貝」が付いているところからすると、これが本来の意味に最も近いとも考えられるが、〝状態〟とのつながりはよくわかっていない。

音読みはシツを用いるのが原則。シチは奈良時代以前からある古い読み方だが、現在では〝借金や約束の保証〟の意味の場合だけ使われる。さらに、「言《げん》質《ち》」の場合だけはチと読む。

じつ

実

8画

［音読み］ジツ
［訓読み］み、みの-る
［部首］宀（うかんむり）

もとは現金なお話でして…

基本となる意味は〝**中身が詰まっている**〟ことだが、その例は「充《じゅう》実《じつ》」くらいしかない。よく用いられるのは、そこから変化した〝**きちんと存在している**〟という意味。「真《しん》実《じつ》」「現《げん》実《じつ》」「事《じ》実《じつ》」「実《じっ》態《たい》」「実《じっ》際《さい》」「実《じつ》例《れい》」などがその例。「実《じっ》行《こう》」「実《じっ》験《けん》」「実《じつ》演《えん》」「実《じっ》践《せん》」「実《じつ》務《む》」などなど、〝**きちんと具体的に行う**〟ことをも表す。「実《じつ》に愉快だ」「実《じつ》にけしからん」などでは、〝**本当に**〟〝**心の底から**〟という意味を表す。

また、「誠《せい》実《じつ》」「忠《ちゅう》実《じつ》」「実《じっ》直《ちょく》」などは、〝中身が詰まっている〟から転じて、〝**心がこもっている**〟という意味で用いられた例。「確《かく》実《じつ》」「堅《けん》実《じつ》」「着《ちゃく》実《じつ》」のように、〝**危なげがない**〟ことを表す場合もある。「口《こう》実《じつ》」は本来は〝話の根拠〟のことだが、現在では〝言い訳〟という悪い意味で用いられる、ちょっと珍しい例である。

一方、〝中身が詰まっている〟ところから、**植物の〝み〟**をも表す。「果《か》実《じつ》」「桃の実《み》」などがその例。また、「トマトが実《みの》る」のように〝**みを付ける**〟ことをも表し、「努力が実《みの》る」「苦労が実《みの》る」のように〝**時間をかけていい結果が出る**〟という意味でも用いられる。

◆「みのる」と訓読みする漢字には「稔」（p481）もあるが、現在では「実」を書くのがふつう。あえて「稔」を使うと〝成熟する〟というニュアンスが強調される。

なお、名前で「さね」と読むことがあるのは、〝果実の中心にある硬い部分〟を指す古語に由来するもの。

以前は「實」と書くのが正式。部首「宀」は〝建物〟を表し、「貝」は〝お金や宝物〟を表す。本来は、〝建物を財宝でいっぱいにする〟という意味だったらしい。やはりお金こそが「現実」なのか。いや、「真実」はお金では買えないはず。などと、いろいろなことを考えてしまう漢字である。

しば

芝

6画

［音読み］シ
［訓読み］しば
［部首］艹（くさかんむり）

見物客のお尻の下

部首「艹」は〝植物〟を表す。本来は**きのこの一種〝まんねんたけ〟**を指す漢字で、漢方薬の「霊《れい》芝《し》」がその例。日本では、「芝《しば》生《ふ》」「天《てん》然《ねん》芝《しば》」のように**植物の〝しばくさ〟**を表す。また、「芝《しば》刈《か》り」などでは、もう少し広く〝**雑草**〟まで含めて用いられているかとも思われる。

なお、「芝《しば》居《い》」は、昔の演劇は庶民が芝生の上に座って見物したことに由来するという。

しゃ

写

5画

［音読み］シャ
［訓読み］うつ-す
［部首］冖（わかんむり）

なんとびっくり！ そのままだ!!

「筆《ひっ》写《しゃ》」「写《しゃ》生《せい》」「写《しゃ》経《きょう》」「ノートを写《うつ》させて！」など、〝**文字や風景などを見たまま書く**〟ことを表す。この〝見たまま〟を発展させて、「写《しゃ》真《しん》」「複《ふく》写《しゃ》」「いつも真ん中に写《うつ》っている」のように、〝**写真を撮ったりコピーを取ったりする**〟場合にも用いるが、これは日本語独自の用法。

◆「うつす／うつる」と訓読みする漢字はたくさんあるが、中でも、「映」(p31)との違いが問題となる。〝光によって影や像がうつる〟場合には「映」を使い、「写」は〝見たままを手で書く〟場合に用いるのが原則。ただし、〝写真をうつす〟場合には「写」を書く。〝光のはたらき〟という原理よりも、風景が紙の上に〝見たまま〟再現されることの方が、インパクトが強かったからだろう。写真に初めて出会った幕末の日本人の驚きが、伝わってくる。
なお、以前は「寫」と書くのが正式で、部首も「宀(うかんむり)」。ただし、「寫」の成り立ちについては、諸説入り乱れているというのが現状である。

しゃ

社

7画

[音読み] シャ
[訓読み] やしろ
[部首] ネ (しめすへん)

どこか土の臭いがする…

以前は「社」と書くのが正式。部首「ネ／示」は〝神〟を表す記号。本来は、「神社《じんじゃ》」「お社《やしろ》」のように、〝**土地の神を祭った場所**〟をいう。

土地の神のために、その土地に住む人びとは協力して祭りを行う。そこから転じて、〝**一緒になって何かをするところ**〟という意味ともなる。「結社《けっしゃ》」「社会《しゃかい》」「社交《しゃこう》界《かい》」などがその例。

日本ではさらに変化して、〝**協力して経済活動を行う近代的な組織**〟を指して用いられる。英語 company の訳語として使われる「会社《かいしゃ》」がその代表。「社長《しゃちょう》」「社《しゃ》屋《おく》」「社用《しゃよう》」「出社《しゅっしゃ》」「社《しゃ》に報告してから対応する」などなど、**「会社」の省略形**として用いられることも多い。

ちなみに、英語 company の訳語としては、中国では「公司《コンス》」を用いる。漢字を比べてみると、日本の「会社」にはどこか土着的・宗教的な雰囲気が残っているのかも、などと言ってみたくなる。

しゃ

車

7画

[音読み] シャ
[訓読み] くるま
[部首] 車 (くるま)

回るものばかりと思いきや?

説明するまでもなく、〝**車輪**〟や〝**車輪のついた乗り物**〟を表す。現在では、「車線《しゃせん》」「車検《しゃけん》」「新車《しんしゃ》」「アメ車《しゃ》」「消防車《しょうぼうしゃ》」「車《くるま》の免許」などなど、**「自動車《じどうしゃ》」の省略形**として使われることも多い。「車座《くるまざ》」では、車輪のように〝**円い**〟ことをいう。

また、「水車《すいしゃ》」「風車《ふうしゃ》」「滑車《かっしゃ》」「歯車《はぐるま》」では〝**回転するもの**〟を表すが、「肩車《かたぐるま》」は、回転する部分がないのに「車」を使う珍しい例。「山車《だし》」は、日本語「だし」に対して、〝山のように大きく飾り立てた車〟という意味の漢字を当てたもの。

部首としては?

「軌」(p97)「軸」(p245)「転」(p442)「輪」(p635)など、〝車輪〟に関係する漢字の部首となる。ただし、「較」(p72)「軒」(p159)「軟」(p473)「輩」(p490)など、〝車輪〟との関係がいまひとつよくわからない漢字も少なからず含まれる、ちょっと変わった部首。多くの場合、漢字の左側に置かれて「くるまへん」と呼ばれる。

しゃ

舎

8画

[音読み] シャ
[訓読み] や
[部首] 人 (ひとやね)

とにかく雨風がしのげれば…

「校舎《こうしゃ》」「駅舎《えきしゃ》」「市庁《しちょう》舎《しゃ》」など、〝**公の建物**〟を表すのが代表的。ただし、古くは〝宿泊する〟という意味もあって、どうやら〝**寝泊まりする建物**〟を表すのが基本らしい。「宿舎《しゅくしゃ》」「兵舎《へいしゃ》」「官舎《かんしゃ》」などがその例。「厩舎《きゅうしゃ》」「牛舎《ぎゅうしゃ》」「鶏舎《けいしゃ》」など〝**家畜を飼うための建物**〟を指すことも多い。

また、特に〝**自分の家**〟を指すこともあり、「舎弟《しゃてい》」にその意味が残る。

「田舎《いなか》」は本来は〝田園にある住まい〟のことで、「いなか」と読むのは、漢字の熟語をそのまま、意味を表す日本語で読む当て字的表現。また、まれに「学《まな》び舎《や》」のように「や」と訓読みすることがある。

以前は「士」を「干」とした「舍」と書くのが正式。部首も「舌」だったが、形の上から便宜的に分類されただけのことで、意味の関係はない。

しゃ

者

8画

[音読み] シャ
[訓読み] もの
[部首] 耂（おいがしら）

ほかの人ではダメなのです！

〝**ある特定の人**〟**を指す**場合に用いる漢字。「この者《もの》」「あの者《もの》」などのほか、別のことばの後に付けて、〝**○○する人**〟〝**○○な人**〟などの意味でよく用いられる。「医者《いしゃ》」「学《がく》者《しゃ》」「読者《どくしゃ》」「婚約者《こんやくしゃ》」「初心者《しょしんしゃ》」などなど、例はいくらでも挙げられる。ただし、「愚《おろ》か者《もの》」「不届《ふとど》き者《もの》」など、訓読みで使う場合は相手を少し低く見るニュアンスが出るので、注意が必要である。

◆「もの」と訓読みする漢字には「物」（p535）もある。現在では、「者」は〝人〟を指す場合だけ使い、そのほかは「物」と書くのが習慣である。

ただし、もともとは〝人〟に限らず、〝**ある特定のものごと**〟**を指す**漢字。「前者《ぜんしゃ》」「後《こう》者《しゃ》」「二者択一《にしゃたくいつ》」などがその例。

以前は点を一つ加えた「者」と書くのが正式。部首「耂」は「老」（p646）の省略形で〝年を取る〟ことを表すが、「者／者」にそういう意味はない。古代文字では「[illegible]」と書き、〝たきぎを集めて燃やす〟形だと考える説が優勢。「耂」は形の上から便宜的に分類された部首である。

しゃ

射

10画

[音読み] シャ
[訓読み] い-る、さ-す
[部首] 寸（すん）

遠くのものをつかまえる！

「矢を射《い》る」のように、本来は〝**弓矢を放つ**〟ことを表す漢字。古代文字では「[illegible]」で、〝弓を構えた形〟。これが誤って「身」に変形し、〝手で持つ〟ことを表す部首「寸」（p327）が付け加えられた。

「射撃《しゃげき》」「射程《しゃてい》」「発射《はっしゃ》」「乱射《らんしゃ》」など、現在では〝**弾丸やミサイルなどを撃つ**〟ことをも指す。転じて、広く〝**勢いよく放つ**〟という意味にもなり、「ロケットの噴射《ふんしゃ》」「光が反射《はんしゃ》する」「放射熱《ほうしゃねつ》」などがその例。

矢を的に当てるところから、「人を射《い》るまなざし」「彼氏の心を射《い》抜《ぬ》く」「賞金を射《い》止《と》める」など、〝**手に入れようとねらう**〟ことも表す。「射幸心《しゃこうしん》」とは、〝幸運をねらう気持ち〟。また、特に〝**光を当てる／光が当たる**〟という意味で用いられることもあり、「直射日光《ちょくしゃにっこう》」「日射病《にっしゃびょう》」「赤外線を照射《しょうしゃ》する」などがその例となる。

なお、矢が突き刺さるところから、〝**針などで突く**〟ことをいう場合もある。「注《ちゅう》射《しゃ》」がその例。

◆訓読み「さす」は、「日が射《さ》す」「影が射《さ》す」のように用いる。「さす」と訓読みする漢字は多いが、「射」を使うのは〝光が当たる〟ことに関係する場合だけ。ただし、現在では、「さす」を書き表す万能の漢字「差」（p208）で書かれることが多い。

しゃ

捨

11画

[音読み] シャ
[訓読み] す-てる
[部首] 扌（てへん）

仏教には救いがある？

部首「扌」は「手」の変形。「ゴミを捨《す》てる」「甘い考えは捨《す》てろ」「仕事のために恋も捨《す》てた」のように、〝**不要だと考えて、取りのけたり放っておいたりする**〟ことを表す。「捨《す》て石《いし》」「使《つか》い捨《す》て」「脱ぎ捨《す》てる」など、訓読みでよく用いられる。

一方、音読みで使われるのは、日常的

なことばでは「取捨《しゅしゃ》」「四捨五入《ししゃごにゅう》」くらい。ただし、〝仏道に入る〟ことを表す「捨身《しゃしん》」、〝お寺や貧者に金品を与える〟ことをいう「喜捨《きしゃ》」など、仏教の世界では音読みも使われることがある。

◆「すてる」と訓読みする漢字には「棄」（p102）もある。「棄」には〝手放してかえりみない〟という強いニュアンスがあるのに対して、「捨」は広く一般的に使われる。仏教での使われ方が、どこかで救いとなっているのかもしれない。

なお、以前は「土」を「干」にした「捨」と書くのが正式。

しゃ 斜

11画

［音読み］シャ
［訓読み］なな-め
［部首］斗（と、とます）

水をくもうと傾ける

「斜面《しゃめん》」「斜線《しゃせん》」「傾斜《けいしゃ》」「斜《なな》めに横切る」のように、**〝水平・垂直方向に対して傾いている〟**ことを表す。「斜《しゃ》に構える」「ごきげん斜《なな》め」など**〝素直でない〟**という意味で用いるのは、日本語独自の比喩表現。

部首「斗」は、水をくむ道具〝ひしゃく〟を指す。本来は〝ひしゃくを傾ける〟ことを表す漢字だったという。

しゃ 赦

11画

［音読み］シャ
［訓読み］ゆる-す
［部首］赤（あか）

広い気持ちになりましょう…

「赦免《しゃめん》」「恩赦《おんしゃ》」「特赦《とくしゃ》」など、**〝罪をそれ以上責めない〟**ことを表す。「容赦《ようしゃ》しない」は〝罪や過ちを厳しく責め続ける〟こと。

◆訓読み「ゆるす」は、現在では「許」（p118）を書くのがふつう。ただし、〝罪をゆるす〟場合には「赦」を使うことがある。

なお、部首は「赤」だが、この漢字に〝赤い〟と関係する意味はない。そこで、部首を「攵（のぶん）」としている辞書もある。

しゃ 奢

12画

［音読み］シャ
［訓読み］おご-る
［部首］大（だい）

今回はちゃんと意味があります！

〝度を超してぜいたくする〟ことを表す。「豪奢《ごうしゃ》な生活」がその例。「奢侈品《しゃしひん》」とは〝ぜいたく品〟。部首「大」は形の上から便宜的に分類されただけの場合が多いが、この漢字では〝たくさん〟の意味。「者」は「者」（p251）の以前の書き方で、〝集める〟という意味がある。合わせて、本来は〝必要以上にものを集める〟ことを表すと考えられている。

◆「おごる」と訓読みする漢字には「傲」（p199）もある。「傲」は〝自分を他人よりもすぐれていると思う〟という意味。対する「奢」は、「今夜は私の奢《おご》りよ」のように、**〝自分のお金で他人に食事や金品などをふるまう〟**場合に用いるが、これは日本語独自の用法である。

なお、印刷文字では「奢」の形が標準とされているが、手書きの場合は「者」を「者」と書いても差し支えない。

しゃ 煮

12画

［音読み］シャ
［訓読み］に-る、に-える、に-やす
［部首］灬（れっか、れんが）

じっくりことこと日本の味

「お魚を煮《に》る」「おいもが煮《に》える」「お茶を煮出《にだ》す」のように、**〝液体を沸騰させて調理する〟**ことを表す。「はらわたが煮《に》えくりかえる」「業《ごう》を煮《に》やす」のように**〝ひどく不満である〟**という意味で使うのは、日本語独特の比喩表現。

「雑煮《ぞうに》」「水煮《みずに》」「佃煮《つくだに》」「甘露煮《かんろに》」など、訓読みではよく用いられるが、音読みの例は「煮沸《しゃふつ》」くらい。本来は中国語の発音だった音読みの例が少ないのは、中華料理は〝炒める〟印象が強いことと関係しているのかもしれない。

なお、以前は点が一つ多い「煮」と書くのが正式。本来は「者／者」（p251）に〝たきぎを燃やす〟の意味があり、それに「火」が変形した部首「灬」を付け加えた漢字だとする説が優勢である。

しゃ 遮

14画
［音読み］シャ
［訓読み］さえぎ-る
［部首］辶（しんにょう、しんにゅう）

次のステージには進ませない！

部首「辶」は、以前は「⻌」と書くのが正式で、〝移動〟を表す記号。「遮断《しゃだん》」「遮光《しゃこう》カーテン」「行く手を遮《さえぎ》る」など、**〝進むのを邪魔する〟**ことを表す。場所を移動する場合だけでなく、「話を遮《さえぎ》る」「予算の審議を遮《さえぎ》る」のように、ものごとの進み具合についても用いられる。

なお、〝後先を考えないで〟という意味の「遮《しゃ》二《に》無《む》二《に》」は、日本語「しゃにむに」に対する当て字。〝二〟には行かせず、二はない〟という漢字の使い方には、それなりの意味がありそうである。

しゃ 謝

17画
［音読み］シャ
［訓読み］あやま-る
［部首］言（ごんべん）

まごころをことばにする

代表的な意味は二つ。「謝《しゃ》罪《ざい》」「陳謝《ちんしゃ》」「約束を守れず謝《あやま》る」などでは、**〝おわびをする〟**ことを表す。また、「感謝《かんしゃ》」「謝礼《しゃれい》」「謝恩会《しゃおんかい》」などでは、**〝お礼をする〟**ことを表す。

「面会謝絶《めんかいしゃぜつ》」は、現在では〝厳しく閉め出す〟ようなニュアンスがあるが、本来は〝おわびしつつお断りする〟こと。また、「謝肉祭《しゃにくさい》」も、宗教的な理由で〝肉を食べない期間〟に由来していて、〝感謝の気持ちを込めて遠ざける〟という意味で使われた例である。

部首「言」が付いているように、基本的なイメージは〝まごころを込めてお礼やおわびを言う〟こと。「ありがとう」と「ごめんなさい」は実は背中合わせなのだ、と気づかせてくれる。

ただし、「新陳代謝《しんちんたいしゃ》」だけは**〝入れ替わる〟**という意味で使われていて、ちょっと例外的。あるいは〝古いものを遠ざける〟ということかとも思われる。

◆「あやまる」と訓読みする漢字には「誤」（p178）もあるが、「誤」が〝間違える〟なのに対して、「謝」は〝おわびをする〟なので、使い分けに迷うことはあまりない。

じゃ 邪

8画
［音読み］ジャ
［訓読み］よこしま
［部首］阝（おおざと）

ワルにはワルの魅力があるさ！

「邪悪《じゃあく》」「邪道《じゃどう》」「邪推《じゃすい》」「邪《よこしま》な考え」など、**〝間違っている〟**ことを表す。「邪魔《じゃま》」も、本来は〝間違った教えを説く魔物〟のこと。「正」（p329）の対極にあるだけに、間違ってはいるがそれなりの存在感・世界観を持つ漢字である。

また、漢方では**〝肉体のバランスがくずれる〟**ことを指して用いられる。「風邪《ふうじゃ》」がその例で、これを「かぜ」と読むのは、熟語の形はそのままにして、病気の名前としての日本語「かぜ」を当てたもの。

以前は、「牙」を「牙」にした「邪」と書くのが正式。部首「阝」は「邑」（p602）の変形で〝人が住む地域〟を表すが、なぜこの部首が付いているかは、よくわからない。

じゃ 蛇

11画
［音読み］ジャ、ダ
［訓読み］へび
［部首］虫（むしへん）

ほんとは好きなんですかねえ

言わずと知れた、**動物の〝へび〟**を表す漢字。「大蛇《だいじゃ》」「毒蛇《どくじゃ》」のように〝へび〟そのものを指すことも多いが、比喩的によく使われるのが特徴。

「蛇行《だこう》」「長蛇《ちょうだ》の列」がその代表。「蛇《だ》蝎《かつ》」は〝へび〟と〝さそり〟で〝憎まれるもの〟のたとえ、「蛇足《だそく》」は〝へびの絵に足を描く〟ことから〝余分なものを付け足す〟こと。一方で、「蛇口《じゃぐち》」「蛇《じゃ》の目《め》」「蛇腹《じゃばら》」といったことばもあって、意外と親しまれている漢字でもある。

音読みでは、ダが奈良時代以前からある古い読み方で、ジャは平安時代ごろに正式とされた読み方。どちらも同じように使われ、意味の違いもない。

部首「虫」が付いているのは、漢字「虫」（p413）は本来、広く〝毛の生えていない動物〟全般を指していたから。実際、「虫」は〝へび〟の絵から生まれた漢字である。

しゃく

勺

3画

［音読み］シャク
［部首］勹（つつみがまえ）

ほんのわずかな分量

液体をくむための長い柄が付いた容器**〝ひしゃく〟**を表す。**容積の単位**ともなり、「一勺《いっしゃく》」は「一合《いちごう》」の一〇分の一、約一八cc。

部首「勹」は形の上から便宜的に分類されたもので、意味の関係はない。また、以前は「勺」と書くのが正式。「酌」（p254）「的」（p437）「約」（p596）「釣」（p431）などの「勺」も、以前は「勺」と書くのが正式であった。

しゃく

尺

4画

［音読み］シャク
［部首］尸（しかばね）

伸びたり縮んだりしながら

「尺度《しゃくど》」「縮尺《しゅくしゃく》」「巻《ま》き尺《じゃく》」など、**〝ものさし〟**を表す。転じて、「尺《しゃく》が足りない」のように**〝長さ〟**を表すこともある。

本来は**昔の長さの単位**で、「一尺《いっしゃく》」は「一寸《いっすん》」の一〇倍、約三〇・三cm。笛の一種「尺八《しゃくはち》」は、長さ一尺八寸を基準とするから。「尺取《しゃくと》り虫《むし》」は、伸び縮みして進む姿が長さを測るように見えるから。

なお、成り立ちには諸説があり、部首「尸」との関係もはっきりしない。また、音読みにはセキもあり、「尺寸《せきすん》」「尺土《せきど》」といった熟語もあるが、現在ではかなり特殊な用語である。

しゃく

借

10画

［音読み］シャク、シャ
［訓読み］か-りる
［部首］亻（にんべん）

あまり重ねたくないけれど…

「借金《しゃっきん》」「借家《しゃくや》」「お手洗いを借《か》りる」「この場をお借《か》りして…」など、**〝自分のものでないものを一時的に使わせてもらう〟**ことを表す。また、「力を借《か》りる」「知恵を借《か》りる」「猫の手も借《か》りたい」などでは、もう少し広く**〝一時的に助けてもらう〟**こと。

本来は〝足りないものに足し重ねる〟ことを表す、とする説が優勢。「昔」（p342）には〝重ねる〟という意味があるという。部首「亻」は「人」の変形で、〝動作や状態〟を表す。

なお、漢文の世界では、〝ちょっと尋ねる〟を意味する「借問《しゃもん》」、〝流用する〟ことを表す「仮借《かしゃ》」など、シャと音読みすることがある。

しゃく

酌

10画

［音読み］シャク
［訓読み］く-む
［部首］酉（とりへん）

人間関係の潤滑油？

部首「酉」は〝お酒〟を表し、「勺」（p254）は〝少量の液体を移し換えるための容器〟。組み合わせて、**〝お酒をつぐ〟**ことを表す。「晩酌《ばんしゃく》」「お酌《しゃく》をする」「酒を酌《く》み交《か》わす」などがその例。「媒酌《ばいしゃく》」は〝結婚の仲人〟のことだが、本来は「媒妁《ばいしゃく》」と書くべきもの。「酌」を書くのは日本独自の用法で、三三九度《さんさんくど》の杯から来たものか。

また、**〝他人の事情をよく考えた上で判断する〟**ことをも表し、「情状酌量《じょうじょうしゃくりょう》」「彼の気持ちを斟酌《しんしゃく》する」のように用いられる。〝お酒をつぐ〟ことが〝相手の事情をよく考える〟ことにつながっているとは、何やら意味ありげである。

◆似た意味で「くむ」と訓読みする漢字には「汲《きゅう》」もある。「汲」は〝液体を移し換える〟ことを全般を指すのに対して、「酌」は〝お酒〟についてしか使わない。

しゃく 釈

11画

［音読み］シャク
［訓読み］と-く
［部首］釆（のごめ）

ゆるめて広がる可能性

代表的な意味は、**〝よくわかるように説明する〟**こと。「解釈《かいしゃく》」「語釈《ごしゃく》」「注釈《ちゅうしゃく》」「釈明《しゃくめい》」などがその例。やや転じて**〝よくわかる〟**という意味ともなり、「釈然《しゃくぜん》」は、〝わかって心がすっきりする〟ようす。「会釈《えしゃく》」はもとは仏教のことばで、〝仏の教えを理解する〟ことから〝相手の気持ちを理解する〟ことになり、さらに転じて〝軽くおじぎする〟という意味となった。

本来は、〝解きほぐす〟ことや〝ゆるめる〟ことを表す漢字。「釈放《しゃくほう》」「保釈《ほしゃく》」では**〝自由にする〟**こと、「希釈《きしゃく》」では**〝水などで薄める〟**の意味で用いられている。

◆訓読み「とく」は、「ことばの意味を釈《と》く」「打《う》ち釈《と》ける」「いましめを釈《と》く」「水で釈《と》く」のように、以上すべての意味を表す便利な日本語。ただし、現在では意味合いに応じて「解」（p65）「説」（p348）や「溶」（p612）を用いるのがふつうである。

なお、「釈迦《しゃか》」は、古代インドの仏教の開祖「シャカ」に対する当て字。

以前は「釋」と書くのが正式。部首「釆」は〝分ける〟という意味だが、「釆」を部首とする漢字は少なく、よく使われるものとしてはほかに「采配《さいはい》」の「采」（p210）があるくらい。しかも、「采」も、形の上から便宜的に分類されただけである。

しゃく 爵

17画

［音読み］シャク
［部首］爫（つめかんむり）

ほうびに酒を取らせよう

「公爵《こうしゃく》」「侯爵《こうしゃく》」「伯爵《はくしゃく》」「爵《しゃく》位《い》」など、**〝君主から与えられる身分〟**を表す。現在では、それ相応の場面でないと、なかなか用いる機会がない漢字である。

本来は、ある種の〝杯〟を指す漢字。大昔の中国では、王が臣下の功績をほめるときにこの杯を用いて酒を与えたことから、〝爵位〟を表すようになったという。

以前は「爵」と書くのが正式。部首「爫／爪」は「爪」（p430）の変形だが、この漢字では単に形の上から便宜的に分類されたもので、意味の関係はない。

じゃく 若

8画

［音読み］ジャク、ニャク、ニャ
［訓読み］わか-い、も-しくは
［部首］艹（くさかんむり）

実はいろんな意味がある

例を挙げるまでもなく、**〝年齢が比較的低く活気にあふれている〟**ことを表す。とてもなじみ深い漢字だが、ときどき見慣れぬ顔をのぞかせる。

たとえば、「若干《じゃっかん》」では**〝不特定の数〟**を表す。また、「泰然自若《たいぜんじじゃく》」のように、**ほかの漢字のあとに付いて状態を表すことばを作る**はたらきをすることもある。「自若」とは、〝他から影響されない〟状態。

さらに、「牛丼若《も》しくは豚丼」のように**選択肢を示す**はたらきもあるが、「もしくは」は、現在ではかな書きするのがふつうである。

漢文の世界では、ほかにも「なんじ」と訓読みして相手を指したり、「ごとし」と訓読みして〝似ている〟という意味で用いられたりする。現在では「わかい」のイメージが強いが、実は、多様な使われ方をする漢字なのである。

音読みはジャクを用いるのが原則。ニャクは奈良時代以前からある古い読み方だが、現在では「老若男女《ろうにゃくなんにょ》」くらいでしか使われない。ニャは、仏教で古代インド語の当て字に使う場合の読み方で、「般若《はんにゃ》」がその代表。また、「若人」を「わこうど」と読むのは、「わかびと」が変化したもの。

古代文字では「[illegible]」と書き、〝巫女《みこ》〟の絵だったと考えられている。だが、そこからさまざまな意味が生じた経緯については、諸説あってはっきりしない。

じゃく 弱

10画

［音読み］ジャク
［訓読み］よわ-い
［部首］弓（ゆみ）

使いにくくても意味はある！

「弱点《じゃくてん》」「弱小《じゃくしょう》」「病弱《びょうじゃく》」「貧弱《ひんじゃく》」「弱《よわ》いチーム」「弱音《よわね》を吐く」「プレッシャーに弱《よわ》い」などなど、例を挙げるだけで元気がなくなる。**〝力や勢いに欠ける〟**ことを表す。

「弱冠《じゃっかん》」は、現在では〝若い〟という意味で用いられるが、本来は、昔の中国で〝二〇歳になった男性が冠を付けること〟をいい、「弱《じゃく》」は〝二〇歳〟のこと。「弱輩《じゃくはい》」「弱年《じゃくねん》」のように「弱」が**〝若い〟**ことを意味する例もあるが、現在では「若輩《じゃくはい》」「若年《じゃくねん》」と書く方が一般的だし、意味も伝わりやすい。

また、「五〇％弱《じゃく》」「一万円弱《じゃく》」など、**〝数が少し欠ける〟ことを示す**こともある。

以前は「弱」と書くのが正式で、〝飾りがついた柔らかい弓〟を二つ並べた形だという。あまり実用的ではない弓だったろうが、それでも存在意義があったからこそ、漢字になったはず。〝強さ〟だけがすべてではないのである。

じゃく 寂

11画

［音読み］ジャク、セキ
［訓読み］さび、さび-しい、さみ-しい、
［部首］宀（うかんむり）

人里を離れ一人たたずむ

「静寂《せいじゃく》」「閑寂《かんじゃく》」「寂《さび》しい村はずれ」「寂《さび》れた温泉宿」「寂《さみ》しい鹿の鳴き声」のように、**〝ひっそり静まっている〟**ことを表す。本来は〝人の気配の乏しい建物〟を指し、〝建物〟を表す部首「宀」はそのなごりだという。

また、日本の伝統的な美的感覚で**〝静かで落ち着いたおもむき〟**をいう「さび」も、漢字では「寂」と書く。

仏教では、**〝悟りの世界〟**を表す漢字として用いられる。「寂光《じゃっこう》」は〝悟りへ導く真理の光〟。「入寂《にゅうじゃく》」は〝悟りの世界に入る〟ことから転じて、〝死ぬ〟こと。「寂《じゃく》滅《めつ》」「示寂《じじゃく》」なども、〝死ぬ〟ことを遠回しに表すことばである。

音読みはジャクを用いるのが原則。セキは平安時代ごろに正式とされた読み方だが、「寂寞《せきばく》たる原野」「寂寥感《せきりょうかん》に悩まされる」くらいでしか用いられない。どちらも〝ふつうではないさみしさ〟を表すことば。なお、「寂寞」は「ジャクマク」と読むこともある。

◆「さびしい／さみしい」と訓読みする漢字には「淋」（p635）もある。「淋」が〝孤独で心細い〟ことをいうのに対して、「寂」を使うと、仏教の〝悟り〟のイメージもあって〝静けさ〟が強調される。この漢字を見つめていると、自分の魂の奥底と向き合っているような気がしてくる。

じゃく 惹

12画

［音読み］ジャク
［訓読み］ひ-く
［部首］心（こころ）

こっちを向いてよ！

「人目を惹《ひ》く」「心が惹《ひ》きつけられる」など、**〝興味や関心を持たせる〟**ことを表す。「惹句《じゃっく》」とは、〝キャッチフレーズ〟。「惹起《じゃっき》」は、〝関心が集まるようなできごとを起こす〟こと。

◆「ひく」と訓読みする漢字には「引」（p21）「曳」（p30）「牽」（p160）などもあるが、

現在では、「惹」は〝興味や関心をひく〟場合にだけ用いるのが習慣。「事件をひき起こす」のような場合に「惹」を使うのは間違いではないが、現在では「引」を書く方が一般的である。

しゅ

手

4画

［音読み］シュ
［訓読み］て、た
［部首］手（て）

どこまでが漢字なのか?

肉体の一部〝**て**〟を表す漢字。「握手《あくしゅ》」「拍手《はくしゅ》」「手《て》錠《じょう》」のように、主に〝**手首から先の部分**〟を表すが、「挙手《きょしゅ》」「手《て》が長い」のように〝**肩から指先まで**〟を指す場合もある。

日本語「手《て》」には実にさまざまな意味があるが、そのどこまでが漢字「手」の本来の意味なのかは、判断がむずかしい。

たとえば、「手《て》仕事《しごと》」「手《て》業《わざ》」のような〝**手で行う**〟という意味は、「手芸《しゅげい》」「手術《しゅじゅつ》」「手《しゅ》話《わ》」など音読みの熟語にもあるので、漢字「手」の意味だと考えられる。「手《て》順《じゅん》」「手《て》口《ぐち》」「その手《て》があったか」のような〝**やり方**〟の意味も、音読み熟語「手《しゅ》段《だん》」「手《しゅ》法《ほう》」があるので同様。「話《はな》し手《て》」「送《おく》り手《て》」「相《あい》手《て》」など〝**ある役割をする人**〟を指すのも、「歌《か》手《しゅ》」「助《じょ》手《しゅ》」「交換手《こうかんしゅ》」といった音読み熟語の例がある。

「手《て》酌《じゃく》」「お手《て》製《せい》」「お手《て》盛《も》り」などは〝**他人ではなく本人が**〟という意味だが、これも音読み熟語に「手《しゅ》記《き》」がある。「手《て》編《あ》み」「手《て》洗《あら》い」「手《て》書《が》き」などは〝**機械ではなく人間が**〟ということを表していて、これも音読み熟語に「手《しゅ》動《どう》」がある。「手《て》帳《ちょう》」「手《て》鏡《かがみ》」「手《て》荷物《にもつ》」のような〝**手に持って使う**〟という意味については、「手榴弾《しゅりゅうだん》」が挙げられる。「手《て》勢《ぜい》」「手《て》下《した》」「手《て》元《もと》」のような〝**自分のところ**〟を表す場合も、音読み熟語では「入手《にゅうしゅ》」「落手《らくしゅ》」がそれに当たる。

「行《ゆ》く手《て》」「山《やま》の手《て》」「大手門《おおてもん》」のような〝**方向**〟という意味は、音読み熟語には現れず中国語にも出てこないから、漢字「手」の意味ではなさそう。そのほか、「厚手《あつで》のコート」「その手《て》の話はお断り」のように〝**性質**〟を表す場合や、「手《て》傷《きず》」「深手《ふかで》」のような〝**傷**〟をいうのも同じ。将棋の「一手《いって》」や相撲の「決《き》まり手《て》」なども同様に日本語独自の用法だとする辞典もあるが、〝やり方〟の一種だとも思われる。

なお、「手折《たお》る」「手向《たむ》け」「手綱《たづな》」など、訓読み「て」が変化して「た」となることがある。また、「手水《ちょうず》」は「てみず」が、「手斧《ちょうな》」は「ておの」が変化したもの。また、「上手《じょうず》」は「じょうしゅ」の変化したものだが、「下手《へた》」は日本語の意味を漢字で表した当て字的表現。この場合の「手」は〝やり方〟の意味である。

部首としては?

「採」（p212）「指」（p234）「持」（p243）「投」（p451）など、〝手〟に関係する漢字の部首となる。ただし、中には「拡」（p70）「授」（p262）「挑」（p418）のように、あえて〝手〟と関連づけるよりは、〝動作〟を表すと考えた方がわかりやすいものも少なくない。

また、漢字の左側に置かれて「扌」の形になることが多く、この場合は「てへん」と呼ばれる。「挙」（p118）「撃」（p151）のように「手」の形がそのまま残っている場合は、単に「て」と呼ばれている。

しゅ

主

5画

［音読み］シュ、ス
［訓読み］ぬし、あるじ、おも
［部首］丶（てん、ちょぼ）

いつでもどこでも注目の的

基本的な意味は、〝**中心となる人**〟。「主役《しゅやく》」「主任《しゅにん》」「主宰《しゅさい》」「君主《くんしゅ》」「世帯主《せたいぬし》」「店の主《あるじ》」などがその例。

転じて、「主観《しゅかん》」のように〝**その人本人**〟を指すこともある。「拾《ひろ》い主《ぬし》」「送《おく》り主《ぬし》」「飼《か》い主《ぬし》」などは、〝**何かをしているその人**〟を表す例。「地主《じぬし》」「株主《かぶぬし》」「船主《ふなぬし》」などは、

〝所有者〟を意味する例である。

また、**〝中心となる〟**ことをも表す。例としては、「主《おも》なメンバー」「主《おも》にお米を食べる」「主《しゅ》たる原因」「主張《しゅちょう》」「主催《しゅさい》」「主《しゅ》成分《せいぶん》」など。

音読みはシュを用いるのが原則。スは奈良時代以前からある古い読み方で、「坊主《ぼうず》」「法主《ほっす》」「座主《ざす》」など、仏教のことばで使われる傾向がある。

また、名前で「かず」と読むのは、本来は〝数を管理して行政の中心となる人〟を指すものかと思われる。

部首「丶」は、形の上から便宜的に立てられた部首。まとまった意味を表すものではない。なお、厳密にいえば、以前は「丶」を短い縦棒にした「主」と書くのが正式。「往」（p41）「住」（p270）「注」（p414）「柱」（p415）「駐」（p416）などに含まれる「主」も、以前は「主」と書くのが正式。これらから考えると、「主／主」には本来、〝一か所にとどまる〟という意味があると思われる。

しゅ 守

6画

［音読み］シュ、ス
［訓読み］まも-る、もり
［部首］宀（うかんむり）

そばについてじっと見つめる

部首「宀」は〝建物〟を表す記号。本来は、〝異変が起きないように建物を見張る〟ことを表す。転じて、「保守点検《ほしゅてんけん》」「守秘義務《しゅひぎむ》」「法令の遵守《じゅんしゅ》」「身を守《まも》る」「約束を守《まも》る」など、**〝あってはならないことが起きないように気をつける〟**という意味で用いられる。転じて、**〝見張り〟**をも指し、「看守《かんしゅ》」「守衛《しゅえい》」「子守《こもり》」「灯台守《とうだいもり》」などがその例。

◆「まもる」と訓読みする漢字には「衛」（p33）「護」（p178）もあるが、現在では「守」を使うのが一般的。ただし、「衛」は〝攻撃を防ぐ〟、「護」は〝大切にする〟というニュアンスを持つので、それを生かして用いることもできる。

音読みはシュを使うのが大原則。スは奈良時代以前からある古い読み方で、現在では「留守《るす》」以外ではまず使われない。

しゅ 朱

6画

［音読み］シュ
［訓読み］あけ
［部首］木（き）

目を射るような鮮やかさ！

色の〝朱色〟を表す。黄色がかった赤。古代文字では「朱」と書き、〝木の中央に横棒を引いた形〟。本来は、切ったばかりの木の切り口の鮮やかな色を指すという。

「朱印《しゅいん》」「朱肉《しゅにく》」のように、特に**〝印肉の色〟**を指すこともある。また、書道では文字を直すのに「朱墨《しゅぼく》」を用いるので、〝文字を直す〟ことを「朱《しゅ》を入れる」という。

訓読み「あけ」は、**〝鮮やかな赤〟**を表す。特定の色を指すというよりは〝鮮やかさ〟に重点のあることばで、「朱《あけ》に染まる」とは〝血まみれになる〟こと。

「朱雀《しゅじゃく》」は伝説上の鳥の名。発音が変化して「すざく」と読まれることもある。また、鳥の「朱鷺《とき》」は、中国語名の形をそのまま、日本語名で読む当て字的表現。

しゅ 取

8画

［音読み］シュ
［訓読み］と-る
［部首］又（また）

とりあえずオレのもの！

大昔の中国では、戦争の際、殺した敵の左耳を切って持ち帰り、手柄の証拠としたという。「取」は本来、そのことを表したと考えられていて、「耳」に〝手の動作〟を表す部首「又」（p574）を組み合わせた漢字。

そこから、広く**〝自分のものにする〟**ことを表す。「取得《しゅとく》」「奪取《だっしゅ》」「採取《さいしゅ》」「受《う》け取《と》る」「利益の三割を取《と》る」などがその例。また、「取材《しゅざい》」「取捨選択《しゅしゃせんたく》」のように**〝選び出す〟**ことを表したり、「聴《き》き取《と》る」「嗅《か》ぎ取《と》る」「感《かん》じ取《と》る」など**〝感覚で理解する〟**ことを指したりもする。

このほか、「睡眠を取《と》る」「許可を取《と》る」「一〇〇点を取《と》る」「手間を取《と》らせる」などなど、日本語では広い意味で〝自分のものにする〟ことを指して、さまざまに用いられる。

さらに、日本語では〝**何かの場所を移動させる**〟ことも表す。この意味では、「棚の上の箱を取《と》る」のように〝**自分の方に持ってくる**〟ことを指すのはもちろん、「汚れを取《と》る」「取《と》り除《のぞ》く」のように〝**どこかへ運び去る**〟場合もある。

◆「とる」と訓読みする漢字は、ほかにも「獲」(p73)「採」(p212)「撮」(p221)「執」(p247)「摂」(p347)「捕」(p550)など数多い。中でも「取」は、最も広い範囲で用いられる漢字。ほかの漢字では当てはまらない場合や使い分けに迷った場合は、「取」と書くか、それでも落ち着かなければかな書きしておくのがおすすめである。

しゅ

狩

9画

[音読み] シュ
[訓読み] か-る、かり
[部首] 犭(けものへん)

見てるだけでも満足できる?

部首「犭」は「犬」の変形で、〝犬に似た動物〟を表す。「狩猟《しゅりょう》」「うさぎを狩《か》る」「鷹狩《たかが》り」「狩《かり》に出る」など、〝**野山で動物をつかまえる**〟ことを表す。訓読み「かり」の送りがな「り」は、付けても付けなくてもよい。

◆「かる」と訓読みする漢字には「刈」(p79)もあるが、「刈」は〝植物をとる〟場合に使い、「狩」は〝動物をとる〟場合に使うのが基本。ただし、日本語では、「潮《しお》干《ひ》狩《が》り」「きのこ狩《が》り」「いちご狩《が》り」のように〝**海や山、畑などに出て動植物を集める**〟という意味でも用いる。さらには「紅葉《もみじ》狩《が》り」「桜《さくら》狩《が》り」など、〝**美しい自然を見に出かける**〟ことに転用したセンスは、ちょっと自慢したくなる。

なお、「狩人」を「かりゅうど」と読むのは、「かりびと」の変化したもの。

しゅ

首

9画

[音読み] シュ
[訓読み] くび
[部首] 首(くび)

しっかりしてると助かるなあ…

「首筋《くびすじ》」「首飾《くびかざ》り」「襟《えり》首《くび》」など、〝**頭と胴体をつなぐ部分**〟を表すのが代表的な意味。「びんの首《くび》を持つ」のように〝**ものの先の方にあるくびれ**〟をも表すが、これは日本語のオリジナルかもしれない。

本来は〝**頭全体**〟を指す漢字で、「窓から首《くび》を出す」がその例。「首級《しゅきゅう》」は、合戦で討ち取った〝敵の頭部〟。転じて、「首位《しゅい》」のように〝**最も上にあるもの**〟や、「首都《しゅと》」「党首《とうしゅ》」など〝**最も重要なもの**〟、「船首《せんしゅ》」「機首《きしゅ》」「首尾一貫《しゅびいっかん》」のように〝**最も前の部分**〟といった意味で使われることが多い。

また、「百人一首《ひゃくにんいっしゅ》」のように、**詩歌を数える単位**としても用いられる。「自首《じしゅ》」は特殊な例で、〝**罪を申し出る**〟こと。

「首《くび》にする」「首《くび》になる」のように〝**仕事を辞めさせる／辞めさせられる**〟ことを表すのは、日本語独自の用法。「びんの首《くび》」のような例と合わせて、日本語では、どこか〝重要だけどもろい〟というイメージがありそうである。

部首としては?

漢和辞典では部首の一つだが、「首」を部首とする漢字はとても少ない。比較的大きな漢和辞典でも、〝首を切る〟ことを意味する「馘《かく》」と、悪病を払う神さま「鍾馗《しょうき》」で使われる「馗《き》」があるくらいである。

しゅ

殊

10画

[音読み] シュ
[訓読み] こと-に
[部首] 歹(がつへん)

そんなに暴力的だったとは!

現在では、「殊勲《しゅくん》」「殊《しゅ》勝《しょう》な心がけ」「会長は殊《こと》にお喜びです」など、〝**特別にすぐれている**〟ことを表す場合が多い。しかし、本来は「特殊《とくしゅ》」「殊更《ことさら》な気配り」のように、単純に〝**ほかとは違っている**〟ことを表す。

〝死骸〟を表す部首「歹」が付いているところから、本来は〝真っ二つに斬り殺す〟ことを表す、と考える説が有力。とすれば、「朱」は〝血の赤さ〟を指すか。体を別々にするところから、〝違っている〟ことを表すようになったという。

◆訓読み「こと」では「異」(p16)との使い分けが気になるが、現在では、「殊」は「ことに」の形で〝特別に〟という意味を表す場合にしか用いられない。

しゅ 珠

10画

[音読み]シュ
[訓読み]たま
[部首]王(たまへん)

その輝きに憧れる…

部首「王」は〝宝石〟を表す「玉」(p130)の変形。「真珠《しんじゅ》」「珠玉《しゅぎょく》」など、〝**球状で小さく輝くもの**〟をいう漢字で、本来は〝真珠〟だけを指したというが、異説もある。「珠算《しゅざん》」では、転じて〝**算盤《そろばん》のたま**〟を指す。

◆似た意味で「たま」と訓読みする漢字には「球」(p115)「玉」(p130)「弾」(p403)もある。「珠」の意味は「玉」の意味に含まれるので、現在では「玉」を使う方が一般的。あえて「珠《たま》のような子ども」「水晶の珠《たま》」のように書くと、〝輝き〟のイメージを強く出すことができる。

なお、「数珠《じゅず》」のズは、音読みシュが変化した特殊な読み方だと考えられる。

しゅ 酒

10画

[音読み]シュ
[訓読み]さけ
[部首]酉(ひよみのとり)

ほかの意味はございません!

言わずと知れた〝**アルコール飲料**〟を表す漢字。部首が「氵(さんずい)」ではなく「酉」なのは、「酉」(p468)が本来は〝お酒をいれるつぼ〟を表す漢字だから。

音読みも訓読みも意味も一種類。酔っ払いを多数生み出してきたとは思えないシンプルさだが、それは逆に、まっすぐに愛されてきた証拠でもあるのだろう。

ただし、訓読み「さけ」は、「酒盛《さかも》り」「酒蔵《さかぐら》」「酒場《さかば》」など、後に続く音によっては変化して「さか」と読むことがある。

しゅ 腫

13画

[音読み]シュ
[訓読み]は-れる、は-らす
[部首]月(にくづき)

治療は早い方がいい

部首「月」は「肉」の変形で、〝肉体〟を表す。〝**病気やけがなどで、肉体の一部がふくれる**〟ことをいい、「腫瘍《しゅよう》」「浮腫《ふしゅ》」「傷口が腫《は》れる」「みみず腫《ば》れ」などがその例。

「目を泣《な》き腫《は》らす」のように使うこともできるが、ちょっとイメージが強すぎる。場合によってはかな書きの方が無難かもしれない。

しゅ 種

14画

[音読み]シュ
[訓読み]たね
[部首]禾(のぎへん)

生み出すもの 生み出されたもの

部首「禾」は〝穀物〟を表す。本来は穀物が育つもとになる〝たね〟を指す漢字で、広く〝**植物のたね**〟の意味で用いられる。

「種類《しゅるい》」「種目《しゅもく》」「業種《ぎょうしゅ》」「職種《しょくしゅ》」などでは、〝**ある共通点を持つものの集まり**〟を表す。この意味が生じたのは、〝たね〟はたくさん集まってできることが多いからか。また、「予防接種《よぼうせっしゅ》」「種痘《しゅとう》」のように、〝**細菌などを植え付ける**〟という意味でも用いられる。

一方、「話の種《たね》」「悩みの種《たね》」「種明《たねあ》かし」など〝**何かを生み出すもとになるもの**〟を指して用いるのは、日本語独自の用法。「子種《こだね》」「一粒種《ひとつぶだね》」のように〝**産み落とされた子ども**〟を指すのも、日本で比喩的に使われたもののようである。

趣

しゅ

15画

［音読み］シュ
［訓読み］おもむき
［部首］走（そうにょう）

思わず走り出したくなる?

「趣向《しゅこう》」「興趣《きょうしゅ》」「深い趣《おもむき》がある」など、**〝内に含まれた味わい〟**を表すのが代表的な意味。「趣味《しゅみ》」とは、ある人にとって〝深い味わいを感じさせるもの〟。

本来は〝ある場所に向かって走る〟ことを表す漢字で、部首「走」はそのなごり。それが心について用いられて、〝ある方向に心が向かう〟ことを意味するようになった。〝味わい〟の意味は、そこから生まれたもの。

また、「趣旨《しゅし》」「趣意《しゅい》」のように、もう少し堅く**〝内に含まれた気持ち・考え〟**を表すこともある。ちなみに、「意趣返《いしゅがえ》し」になると、〝内に持ったうらみ〟という、かなりの鋭さを帯びた意味合いとなる。

寿

じゅ

7画

［音読み］ジュ
［訓読み］ことぶき
［部首］寸（すん）

一文字だけでおめでたい

「寿命《じゅみょう》」「長寿《ちょうじゅ》」のように**〝年齢〟**の意味で用いられるが、本来は一文字で**〝長生き〟**を表す漢字。名前で「ひさし」「ひさ」と読むのは、〝久しく生きる〟ところから。

また、**〝長生きのお祝い〟**をも表し、〝七七歳のお祝い〟の「喜寿《きじゅ》」、〝八八歳のお祝い〟の「米寿《べいじゅ》」などの例がある。訓読み「ことぶき」は、本来は〝お祝いのことばを述べること〟という意味。

結婚式など、広く**〝お祝いごと〟**の意味でも用いるのは日本語独自の用法。また、「寿司《すし》」「恵比寿《えびす》」は当て字だが、ほかにも「寿留女《するめ》」「寿栄広《すえひろ》」のように、おめでたい雰囲気を生かして当て字として用いられることもある。

以前は「壽」と書くのが正式。お祝い袋などでは今でもこの形を見かけることが多い。「壽」の部首は「士（さむらい）」だが、形の上から便宜的に分類されたもので、意味の関係はない。

受

じゅ

8画

［音読み］ジュ
［訓読み］う-ける、う-かる
［部首］又（また）

たまには積極的になってみる?

「爫」は「爪」（p430）の変形で〝下向きの手〟、部首「又」は〝上向きの手〟。本来は〝手でものを与えたりもらったりする〟ことを表す。後に意味が狭まって、**〝渡されたものをもらう〟**ことだけを指すようになった。「受領《じゅりょう》」「拝受《はいじゅ》」「代金を受《う》け取《と》る」などがその例。〝与える〟の意味では、部首「扌」を加えた「授」（p262）を使う。

やや転じて、**〝外からのはたらきかけを自分のところで収める〟**ことを表す場合が多い。「受信《じゅしん》」「受注《じゅちゅう》」「受理《じゅり》」「感受性《かんじゅせい》」「受《う》け付《つ》ける」「受《う》け継《つ》ぐ」「引《ひ》き受《う》ける」などがその例。「受難《じゅなん》」「批判を甘受《かんじゅ》する」「被害を受《う》ける」のように悪い結果になる場合もあれば、「享受《きょうじゅ》」「恩恵を受《う》ける」のようによい結果をもたらす場合もある。

「受《う》け身《み》」「受動的《じゅどうてき》」ということばがあるように、基本的に**〝はたらきかけられる〟**という消極的な意味を持つ漢字。**〝こちらから出向く〟**という積極性が見られる「受診《じゅしん》」「受講《じゅこう》」「受験《じゅけん》」は、日本語のオリジナルらしい。「試験を受《う》ける」「試験に受《う》かる」は、試験をするのは相手側なのにさも自分の積極的な行動であるかのような、考えてみると不思議な表現。また、「受《う》けがいい」のように**〝相手の反応〟**を表すのも、日本語独自の用法である。

◆「請」（p339）も「うける」と訓読みするが、〝実行を約束する〟という意味でだけ用いられるので、それ以外は「受」を書いておけば問題はない。ただし、〝受け入れる〟〝受け継ぐ〟場合には「承」(p288)を、〝ありがたくいただく〟場合には「享」(p121)を用いることがある。

呪

じゅ

8画

魔女っ子たちが行く！

［音読み］ジュ
［訓読み］のろ-う
［部首］口（くちへん）

「呪《のろ》いをかける」「呪術《じゅじゅつ》」など、**〝だれかが不幸になるよう、神や仏などに祈る〟**ことを表す。「呪縛《じゅばく》」は、〝不思議な力でしばられたように、身動きがとれない〟こと。

ただし、本来は「祝」(p273)とほぼ同じ意味の漢字で、単に**〝何かが実現するように神や仏などに祈る〟**ことを表す。後に〝幸福を祈る〟場合は「祝」、〝不幸を祈る〟場合は「呪」と使い分けられるようになった。「呪文《じゅもん》」は本来の意味に近い例で、昔からテレビで魔法使いの女の子たちが呪文を唱えるのは、けっして〝だれかを不幸にする〟ためではないのである。

授

じゅ

11画

後から生まれた専門家

［音読み］ジュ
［訓読み］さず-ける
［部首］扌（てへん）

「授業《じゅぎょう》」「授与《じゅよ》」「伝授《でんじゅ》」「秘策を授《さず》ける」のように、**〝上に立つ者が何かを与える〟**ことを表す。また、「天授《てんじゅ》の才能」「王権神授説《おうけんしんじゅせつ》」「授《さず》かり物《もの》」など、特に**〝神や仏などから与えられる〟**ことをいう場合もある。

本来、「受」(p261)が〝与える〟〝もらう〟の両方の意味を表していたが、後に、「手」の変形で〝動作〟を表す部首「扌」を付け加えて、〝与える〟専用として作られた漢字である。

需

じゅ

14画

天を仰いでお願いします！

［音読み］ジュ
［部首］雨（あめかんむり）

「需要《じゅよう》」「必需品《ひつじゅひん》」によく現れているように、**〝必要とする〟**ことを表す。「需給《じゅきゅう》」は「需要《じゅよう》と供給《きょうきゅう》」の短縮形で、〝必要とすることと、それを満たそうとすること〟。「特需《とくじゅ》」「内《ない》需《じゅ》」「軍需《ぐんじゅ》」「民需《みんじゅ》」など、みな**「需要」の省略形**だと考えられる。

なお、昔は「もとめる」と訓読みすることもあったが、現在では「もとめる」は「求」(p113)を書くのがふつうである。

部首「雨」が付いている理由には諸説あるが、本来は〝雨乞い〟を指す、とする説がわかりやすい。昔の人の切実な〝必要〟が伝わってくる。

儒

じゅ

16画

明けても暮れても本ばっかり

［音読み］ジュ
［部首］亻（にんべん）

「儒学《じゅがく》」「儒教《じゅきょう》」「儒《じゅ》者《しゃ》」のように、紀元前六～五世紀に活躍した孔子に始まる、**道徳や伝統文化、社会の秩序を重視する中国哲学の一派**を指す。また、「大儒《たいじゅ》」「名《めい》儒《じゅ》」などでは、広く**〝文化系の学者〟**を表す。

本ばかり読んでいるところから、**〝体が弱い〟**というイメージもある。〝体の小さな人〟を表す「侏儒《しゅじゅ》」が、その例である。

樹

じゅ

16画

大きくって頼りになる！

［音読み］ジュ
［訓読み］き
［部首］木（きへん）

「樹木《じゅもく》」「樹海《じゅかい》」「果樹《かじゅ》」「街《がい》路《ろ》樹《じゅ》」「落葉樹《らくようじゅ》」「寄らば大《たい》樹《じゅ》の陰《かげ》」など、**〝地面に植わっている木〟**を表す。ちなみに、〝切り出された木〟は「材」(p216)で表す。

また、〝木を植える〟ことから転じて、**〝しっかり立てる〟**ことを表す場合もある。「樹立《じゅりつ》」がその例。

◆〝樹木〟を意味する日本語「き」を漢字で書く場合は、現在では「木」(p566)を使うのが一般的。ただし、〝まっすぐ立つ〟

〝成長する〟〝木陰を作る〟などのイメージを生かして、「樹」を使うこともある。名前でよく用いられるのもその例である。

収

しゅう

4画

［音読み］シュウ
［訓読み］おさ-める
［部首］又（また）

ごっそり自分のものにする？

基本的な意味は、**〝ある場所にまとまる／まとめる〟**こと。「収縮《しゅうしゅく》」「収束《しゅうそく》」「吸収《きゅうしゅう》」「撤収《てっしゅう》」などがその例。「収穫《しゅうかく》」「収納《しゅうのう》」「収容《しゅうよう》」「回収《かいしゅう》」なども〝ある場所にまとめる〟ことだが、**〝管理できるようにする〟**という意味合いが加わる。「事態を収拾《しゅうしゅう》する」は、〝管理できる状態にする〟こと。

そこから転じたのが、「押収《おうしゅう》」「没収《ぼっしゅう》」「買収《ばいしゅう》」「収奪《しゅうだつ》」のような、管理できるように**〝取り上げる〟**という意味。また、「収入《しゅうにゅう》」「収益《しゅうえき》」では、特に**〝お金を自分のものとする〟**ことを指し、「年収《ねんしゅう》」「月収《げっしゅう》」「増収《ぞうしゅう》」のような熟語として用いられる。

◆「おさめる／おさまる」と訓読みする漢字には「修」（p265）「治」（p406）「納」（p483）などもあって、使い分けが悩ましい。その中で「収」を用いるケースは、大きく分けて二つある。

一番目は、「財布に収《おさ》める」「写真に収《おさ》める」「成功を収《おさ》める」など〝自分のものにする〟場合。ただし、〝学問や技術を身に付ける〟場合には「修」を用いるので要注意。また、「税金を納《おさ》める」のように〝しかるべきところに入れる〟場合や、「見納《みおさ》め」「仕事納《しごとおさ》め」など〝終わりになる〟場合には「納」を用いる。

二番目は、「混乱を収《おさ》める」「風が収《おさ》まる」など〝管理できるようにする／なる〟場合。ただし、政治に関する場合には「国を治《おさ》める」のように「治」を用いるし、体調に関する場合にも、「咳《せき》が治《おさ》まる」のように「治」を使うこともある。

実際には、「言いたいことを腹におさめる」では「収」か「納」かなど、判断に迷うことが多い。困ったらかな書きする勇気が、ここでも必要なようである。

以前は「收」と書くのが正式。部首も「攵（のぶん）」だが、「又」も「攵」も〝手の動作〟を表すので、大きな違いはない。

囚

しゅう

5画

［音読み］シュウ
［訓読み］とら-われる
［部首］囗（くにがまえ）

思い通りには行動できない…

部首「囗」は〝取り巻く〟ことを表す。「人」と組み合わせて、**〝人間を閉じこめる〟**という意味となり、「囚人《しゅうじん》」がその例。「虜囚《りょしゅう》」「未決囚《みけっしゅう》」「脱獄囚《だつごくしゅう》」のように**〝閉じこめられた人〟**を指しても用いられる。

◆訓読み「とらわれる」は、現在では「捕」（p550）を使って「捕《と》らわれる」と書くのが一般的。「囚《と》われの身」「目先の利益に囚《と》われる」「恋愛感情に囚《と》われる」のように書くと、〝自由が奪われている〟というイメージが強く出ることになる。

州

しゅう

6画

［音読み］シュウ
［訓読み］す
［部首］川（かわ）

大きさなんて気にならない！

本来は**〝川が運んだ土が積み重なってできた土地〟**を表す。「三角州《さんかくす》」「中州《なかす》」など。

転じて、「本州《ほんしゅう》」では〝島〟を指し、「奥州《おうしゅう》」「信州《しんしゅう》」「紀州《きしゅう》」などでは**昔の日本の〝国〟**を表す。中国でも**地方自治体の一つ**を指し、「杭州《こうしゅう》」「揚州《ようしゅう》」などがその例。

また現在では、「カリフォルニア州《しゅう》」「ケント州《しゅう》」のように、さまざまな国の**〝国家全体に次ぐ行政区画〟**の訳語として使われたり、「欧州《おうしゅう》」のように**〝国家を超えた地域〟**を指すことばとして使われたりもする。まったく、〝陸地〟でさえあれば何でもOK、包容力のある漢字である。

◆なお、部首「氵(さんずい)」を付けた「洲《しゅう》」は、読み方も意味も「州」と同じ。現在では「州」を用いる方が一般的だが、「三角洲《さんかくす》」のように〝水辺〟の雰囲気を出したいときに、「洲」を使うこともある。

しゅう 舟

6画

［音読み］シュウ
［訓読み］ふね
［部首］舟（ふね）

素朴な情緒が漂って…

言うまでもなく、**水に浮かべる〝ふね〟**を表す。

◆同じ訓読みをする「船」(p353)との間に意味の大きな違いはないが、字の形が単純なことから、「舟」には〝比較的小さい素朴なふね〟というイメージがある。「小舟《こぶね》」「渡《わた》し舟《ぶね》」「丸木舟《まるきぶね》」など、そのイメージを生かして使われることが多い。また、この雰囲気には「ふね」という訓読みの響きが合うのか、現在では「舟」が音読みで使われることはあまりない。

なお、「舟遊《ふなあそ》び」「舟小屋《ふなごや》」「舟唄《ふなうた》」などで「ふな」と読むのは、続く発音によって「ふね」が変化したもの。

部首としては？

「船」(p353)「艇」(p436)をはじめとして、〝ふね〟に関係する漢字の部首となる。ただし、「艦」(p91)「航」(p191)「舶」(p494)などは、紀元一世紀ごろの辞書にはない漢字。中国は、北部は乾燥していて、南部に水郷地帯が多い。漢字文明が北部に誕生し、後に南部へと普及していった結果、この部首の漢字が増えたのかもしれない。

なお、多くの場合は漢字の左側に置かれて「ふねへん」と呼ばれる。

しゅう 秀

7画

［音読み］シュウ
［訓読み］ひい-でる
［部首］禾（のぎ）

実った稲穂が風に吹かれて…

「優秀《ゆうしゅう》」「秀才《しゅうさい》」「秀逸《しゅういつ》」「応用力に秀《ひい》でる」など、**〝すぐれている〟**ことを表す。本来は〝イネの穂がのびる〟ことを表す漢字で、〝穀物〟を意味する部首「禾」が付いているのは、そのなごり。単に〝すぐれている〟だけでなく、〝豊かな実り〟をイメージさせる漢字である。

しゅう 周

8画

［音読み］シュウ
［訓読み］まわ-り
［部首］口（くち）

むらなく全てを見てまわる

代表的な意味は、**〝ぐるりと取り巻く部分〟**。「周囲《しゅうい》」「周辺《しゅうへん》」「円周《えんしゅう》」「池の周《まわ》り」などがその例。また、「一周《いっしゅう》」「周遊《しゅうゆう》」「周回《しゅうかい》」「軌道《きどう》」のように、**〝あるコースをぐるりと移動する〟**ことをも表す。「周期《しゅうき》」は、それが時間について用いられた例。

成り立ちには諸説があるが、本来の意味は少し違って、**〝広く行き渡る〟**ことだという。「周知《しゅうち》」「周到《しゅうとう》」などがその例。名前で「あまね」と読むのは、この意味を表す日本語「あまねく」に基づく。

◆訓読みでは「まわり」とだけ読んで、「まわる」とは読まないのが習慣。そこで、「学校の周《まわ》り」「周《まわ》りを気にする」などに対して、「あいさつ回《まわ》り」「火の回《まわ》りが早い」「回《まわ》り道」など〝移動する〟場合は、「回」(p60)を用いることになる。

なお、以前は「土」の部分の縦棒が下に突き出た「周」と書くのが正式。「週」(p267)「調」(p423)「彫」(p419)に含まれる「周」も、以前は「周」と書くのが正式である。

しゅう 宗

8画

［音読み］シュウ、ソウ
［訓読み］むね
［部首］宀（うかんむり）

武将から銘酒まで

「宗派《しゅうは》」「改宗《かいしゅう》」「浄土宗《じょうどしゅう》」「真言宗《しんごんしゅう》」のように、現在では「宗教《しゅうきょう》」のイメージが強い漢字。**〝ある神や仏・教えなどを信じる〟**ことを表す。

部首「宀」は〝建物〟を、「示」は〝神〟を表す。本来の意味は、〝**祖先を祭る建物**〟。「宗族《そうぞく》」は〝共通の祖先を祭る一族〟、「宗《そう》家《け》」は〝祖先を祭る中心となる家〟つまり〝本家〟。転じて、〝**ある芸道などの中心的存在**〟という意味でも使われる。「茶道の宗家《そうけ》」「華道の宗匠《そうしょう》」などがその例。

訓読み「むね」は〝**中心となる重要なもの**〟を表す日本語で、「倹約を宗《むね》とする」のように用いるが、現在では「旨」（p229）を書くのがふつう。ただし、「徳川吉宗《とくがわよしむね》」「正《まさ》宗《むね》の名刀」「菊正宗《きくまさむね》」などなど、固有名詞では人気の高い読み方である。

音読みは、〝宗教〟関係では奈良時代以前からある古い読み方シュウを、それ以外ではソウと使い分ける習慣である。

しゅう 拾

必要だから取り上げる？

9画

［音読み］シュウ、ジュウ
［訓読み］ひろ-う
［部首］扌（てへん）

部首「扌」は「手」の変形。

本来は〝**落ちているものを取り上げる**〟ことを表す漢字で、広く〝**放ったらかしにされたものを回収する**〟という意味で用いられる。「拾得《しゅうとく》」「拾《しゅう》遺《い》」「ゴミ拾《ひろ》い」などがその例。また、「収拾《しゅうしゅう》」「拾《ひろ》い出《だ》す」「拾《ひろ》い読《よ》み」などは、転じて〝**必要なものを選ぶ**〟ことを表す例。

小切手や契約書などでは、後から書き換えられるのを防ぐために「十」（p269）の代わりに用いられることもある。奈良時代以前からある古い音読みジュウはこの場合にだけ使われ、ほかの場合はシュウと音読みするのが大原則である。

しゅう 秋

思いをこめて待ち望む

9画

［音読み］シュウ
［訓読み］あき
［部首］禾（のぎへん）

部首「禾」は〝穀物〟を表す記号。**穀物が実る季節**〟あき〟を表す。

収穫を迎える最も大切な季節であることから、〝**年**〟を代表して使われることもある。「一日千秋《いちじつせんしゅう》」がその例。また、季節に限らず〝**重要な時**〟を指すこともあり、その場合には「とき」と訓読みするが、現在では「危急存亡《ききゅうそんぼう》の秋《とき》」という決まり文句以外では見かけない。どちらも例の少ない使い方だが、昔の人びとが抱いていた〝秋〟への思いが感じ取れる。

しゅう 臭

犬がクンクンさせるもの

9画

［音読み］シュウ
［訓読み］くさ-い、にお-う
［部首］自（みずから）

〝**いやなにおい**〟や〝**いやなにおいがする**〟ことを表す漢字。「悪臭《あくしゅう》」「異臭《いしゅう》」「ガス臭《くさ》い」「靴下が臭《にお》う」などがその例。比喩的に用いられて、「俗臭《ぞくしゅう》」「おじさん臭《くさ》い」のように、あまりよくないものについて〝**それっぽい雰囲気がする**〟ことをいう場合もある。

◆「におう／におい」と訓読みする漢字には「匂」（p475）もあるが、〝よいにおいがする〟場合には「匂」を使う。「臭」は〝いやなにおい〟専門である。

以前は「臰」と書くのが正式。〝鼻〟を表す部首「自」（p241）に「犬」を組み合わせて、本来は〝鼻の鋭い犬〟を表すという。

しゅう 修

中身を正すにはまず外見から

10画

［音読み］シュウ、シュ
［訓読み］おさ-める
［部首］亻（にんべん）

本来は〝見た目を整える〟ことを意味する漢字。そのため、部首を「人」が変形した「亻」ではなく、〝模様〟を意味する「彡（さんづくり）」とする辞書もある。

転じて、「修正《しゅうせい》」「修理《しゅうり》」「修繕《しゅうぜん》」「改《かい》修《しゅう》」「補修《ほしゅう》」など、〝**正しい状態にする**〟ことを表す。また、「修身《しゅうしん》」「修養《しゅうよう》」「修練《しゅうれん》」「必修《ひっしゅう》」「履修《りしゅう》」のように、〝**心身をきたえて、正しい学問や技術などを身に付ける**〟という意味でも用いられる。

また、「修飾《しゅうしょく》」「修辞法《しゅうじほう》」のように〝**文章を整える**〟ことをも指す。そこから〝**書籍をまとめ上げる**〟という意味にもなり、「編修《へんしゅう》」「監修《かんしゅう》」「修訂版《しゅうていばん》」などがその例。

◈「おさめる」と訓読みする漢字には「収」（p263）「治」（p406）「納」（p483）などもある。その中で「修」は、「優秀な成績を修《おさ》める」「武芸を修《おさ》める」のように〝学問や技術などを身に付ける〟場合に用いられる。

音読みはシュウを使うのが原則。シュは奈良時代以前からある古い読み方で、現在では、「修行《しゅぎょう》」「修業《しゅぎょう》」「修験者《しゅげんじゃ》」などでしか用いられない。

しゅう 執

11画

⇩ しつ（p247）

しゅう 終

11画

［音読み］シュウ
［訓読み］お-わる、お-える、つい
［部首］糸（いとへん）

切れることなく最後まで

「終了《しゅうりょう》」「終点《しゅうてん》」「祭りが終《お》わる」「仕事を終《お》える」「終《つい》の住みか」のように、〝**おしまいになる／する**〟ことを表す。やや転じて、〝**最後までずっと**〟という意味になることもあり、「終日《しゅうじつ》」「終夜運転《しゅうやうんてん》」「終生《しゅうせい》変わらぬ友情」などがその例。また、「臨終《りんじゅう》」「終《しゅう》焉《えん》」などでは〝**死ぬ**〟ことを指す。

部首「糸」が付いていることから、本来は〝糸の端の部分〟を指したとか、〝糸巻きに糸を最後まで巻き付ける〟ことを表した、などと考えられている。長く続くからこそ〝終わり〟がある。そんなことを感じさせてくれる漢字である。

なお、以前は「終」と書くのが正式。

しゅう 羞

11画

［音読み］シュウ
［訓読み］は-じる
［部首］羊（ひつじ）

人には言えない心のうち

「羞恥心《しゅうちしん》」「含羞《がんしゅう》」の二つの熟語が代表的で、〝**欠点や失敗などを自覚して、行動する意欲を失う**〟ことを表す。

◈訓読み「はじる」は、現在では「恥」（p407）と書くのがふつう。「羞」には〝心が縮こまって意欲をなくす〟というニュアンスがあるので、あえて「羞」を書くと、それが生かされることになる。

部首「羊」が付いているのは、本来は〝羊の肉をお供えする〟ことを表していたから。〝はじる〟という意味が生まれた経緯ははっきりしないが、〝細く絞った羊の肉〟という意味があるとする説は、〝心が縮こまる〟との関係で、参考になる。

しゅう 習

11画

［音読み］シュウ
［訓読み］なら-う
［部首］羽（はね）

単なるまねでは空は飛べない

基本的な意味は、〝**身に付けようとして何度もくり返す**〟こと。「学習《がくしゅう》」「練習《れんしゅう》」「習熟《しゅうじゅく》」「ピアノを習《なら》う」などがその例。転じて、「常習《じょうしゅう》」「風習《ふうしゅう》」「習慣《しゅうかん》」「昔からの習《なら》わし」のように、〝**ずっとくり返して行っている**〟ことをも表す。

◈「ならう」と訓読みする漢字には「倣」（p557）もある。「倣」が単に〝まねをする〟だけなのに対して、「習」は〝身に付けようとする〟のが、異なる点である。

また、「ならわし」を「慣《なら》わし」と書くこともあるが、「慣」（p88）は現在では「ならう」とは訓読みしないので、「習《なら》わし」と書く方が筋が通る。とはいえ、「習」の〝身に付ける〟というニュアンスを避けるため、実際には「慣わし」と書いたりかな書きしたりすることが多い。

以前は「習」と書くのが正式。部首「羽／羽」が付いていることから、本来は〝ひな鳥が飛び方を身に付ける〟という意味だった、とする説が有力である。

しゅう
週
11画

［音読み］シュウ
［部首］辶（しんにょう、しんにゅう）

実はほかでは使われないぞ！

部首「辶」は、以前は「辵」と書くのが正式で、〝移動〟を表す記号。本来は〝ぐるっとひとめぐりする〟という意味の漢字だが、「周」（p264）にも同じ意味がある。現在では、この意味は「周」で表し、「週」を使うことは少ない。

ただし、日本では、**暦の上での〝週〟**を表す漢字として、バリバリの現役。「月」「日」はさまざまな意味を持つのに、「週」だけは〝週〟専用の漢字。近代になってヨーロッパから入ってきた暦の区切り方だからなのだろう。

ちなみに、現代中国語では、日本語の「週」は「星期《シンチー》」か「周《チョウ》」で表される。

しゅう
就
12画

［音読み］シュウ、ジュ
［訓読み］つ-く、つ-ける
［部首］尢（まげあし）

さて、じっくり取りかかろうか

基本的な意味は、**〝安定した状態になる〟**こと。「就職《しゅうしょく》」「就任《しゅうにん》」「就航《しゅうこう》」「眠りに就《つ》く」などでは、**〝安定して何かを始める〟**こと。「成就《じょうじゅ》」では**〝何かをやり遂げて安定した状態になる〟**という意味。また、「去就《きょしゅう》」では、〝立ち去る〟ことを表す「去」に対して、**〝安定していつづける〟**ことをいう。

音読みはシュウを用いるのが大原則。ジュは奈良時代以前からある古い読み方で、現在では「成就《じょうじゅ》」以外ではまず使われない。

◆「つく／つける」と訓読みする漢字はたくさんあるが、中でも「付」（p523）「着」（p411）との使い分けが悩ましい。どれも〝離れない〟という意味合いがあるが、「就」は〝安定して〟というニュアンスがあるので、「先生に就《つ》いて学ぶ」「家路に就《つ》く」「課長のポストに就《つ》ける」のように用いる。とはいえ、実際にはまぎらわしい場合が多い。迷ったらかな書きしておくのがおすすめである。

また、**〝○○に関して〟**という意味もあり、「環境に就《つ》いての調査」のように用いられる。さらに、「雨に就《つ》き順延」「一回に就《つ》き三〇分」「就《つ》いてはお願いが…」のようにも使われるが、これらはすべて、現在ではかな書きがふつうである。

なお、「尢」は非常に珍しい部首だが、形の上から便宜的に分類されただけのことで、深い意味はない。

しゅう
衆
12画

［音読み］シュウ、シュ
［部首］血（ち）

国民のみなさん！

「観衆《かんしゅう》」「群衆《ぐんしゅう》」「民衆《みんしゅう》」「大衆《たいしゅう》」「衆人《しゅうじん》環視《かんし》」のように、**〝多くの人びと〟**を表す。「衆議院《しゅうぎいん》」は、〝多くの人びとの意見に基づいて政治を行う場所〟。また、やや古めかしい表現だが、「若《わか》い衆《しゅう》」「皆《みな》の衆《しゅう》」「旦那衆《だんなしゅう》」のように、**〝あるグループに属する人びと〟**を指すこともある。

音読みはシュウを用いるのが原則。シュは奈良時代以前からある古い読み方で、現在では、〝生きているものすべて〟を意味する「衆生《しゅじょう》」くらいでしか使われない。ただし、「若《わか》い衆《しゅ》」「皆《みな》の衆《しゅ》」のように、シュウのウが省略されてシュと発音されることがある。

なお、部首「血」は形の上から便宜的に分類されたもので、意味の関係はない。

しゅう
集
12画

［音読み］シュウ
［訓読み］あつ-まる、つど-う
［部首］隹（ふるとり）

ピーチクパーチクやってます

古くは「雧」と書き、〝鳥〟を表す部首「隹」（p322）が三つ、「木」の上にとまっている形。〝たくさんの鳥が一つの木にとまる〟ことから、〝**一か所にまとまる／まとめる**〟ことを表す。「集中《しゅうちゅう》」「集結《しゅうけつ》」「採集《さいしゅう》」「募《ぼ》集《しゅう》」「人が集《あつ》まる」「お金を集《あつ》める」などがその例。また「文集《ぶんしゅう》」「全集《ぜんしゅう》」「珍《ちん》プレー集《しゅう》」のように、特に〝**いくつかの作品をまとめたもの**〟を指すこともある。

なお、訓読み「つどう」は、「喫茶店に集《つど》う」「午後の集《つど》い」など、〝**人が目的を持って集まる**〟場合に用いられる。

しゅう 愁

13画

［音読み］シュウ
［訓読み］うれ-い、うれ-える
［部首］心（こころ）

さみしくなると思い出す…

「哀愁《あいしゅう》」「郷愁《きょうしゅう》」「旅愁《りょしゅう》」「愁《うれ》いを帯《お》びた瞳《ひとみ》」など、〝**心細くなる**〟ことを表す。転じて、〝**激しく悲しむ**〟という意味ともなり、「ご愁《しゅう》傷《しょう》さま」「愁嘆場《しゅうたんば》」などがその例。

◆訓読み「うれい」では、「憂」（p604）との使い分けが問題となる。一般的に「愁」は〝心細さ〟、「憂」は〝心配〟を表すが、この区別は文脈に左右される面が大きい。基本的には「憂」を使うと考えて、〝さみしさ〟を強く出したいときには「愁」を書くのがおすすめである。

なお、日本語「うれえる」は主に〝心配する〟ことを表すので、「愁」より「憂」を使う方がふさわしいことが多い。

しゅう 酬

13画

［音読み］シュウ
［訓読み］むく-いる
［部首］酉（とりへん）

お返しも仕返しも

本来は、〝お酒を勧められた人が相手に勧め返す〟ことを意味する漢字で、〝お酒〟を表す部首「酉」は、そのなごり。

現在では、「報酬《ほうしゅう》」「応酬《おうしゅう》」以外の形で使われることは少ない。「報酬」では〝**お礼として与える**〟、「応酬」では〝**やり返す**〟という意味。お酒を勧め返すことが〝仕返し〟の意味合いを帯びてくるというのは、なかなかにおもしろい。

◆訓読み「むくいる」は、現在では「報」（p559）を使う方が一般的。ただし、「彼女の気持ちに酬《むく》いたい」のように〝お礼〟の意味合いを込めたいときに、あえて「酬」を書くこともできる。

しゅう 醜

17画

［音読み］シュウ
［訓読み］みにく-い
［部首］酉（とりへん）

かっこいい鬼だっているぜ？

基本的な意味は、〝**外見がよくない**〟こと。転じて、〝**不快な気持ちにさせる**〟という意味で用いられる。例としては、「醜《みにく》い争い」「醜悪《しゅうあく》な行動」「醜態《しゅうたい》をさらす」など。「醜聞《しゅうぶん》」は〝スキャンダル〟のこと。

部首「酉」は〝お酒〟を表すので、本来は〝お酒を用いる儀式〟を指したという。また、「鬼」は〝外見がよくない〟ことを表し、「酉《ゆう》」は発音を表すだけとする説もあるが、それは鬼さんにはちょっと申し訳ない気もする。

しゅう 蹴

19画

［音読み］シュウ
［訓読み］け-る
［部首］⻊（あしへん）

スポーツの場で大活躍！

〝**足ではじき飛ばす**〟ことを表す。「ボールを蹴《け》る」はもちろん、鉄棒の「蹴《け》上《あ》がり」や水泳の「蹴《け》伸《の》び」、さらには「蹴《け》落《お》とす」「蹴《け》倒《たお》す」「蹴《け》散《ち》らす」「足蹴《あしげ》にする」など、訓読みで多彩に用いられる。

音読みでは〝サッカー〟を表す「蹴球《しゅうきゅう》」があるが、これは漢字を用いたおもしろさから使われることが多い。ふつうの使われ方となると、「提案を一蹴《いっしゅう》する」があるくらい。訓読み優位の漢字である。

しゅう 襲

22画

［音読み］シュウ
［訓読み］おそ-う、かさね
［部首］衣（ころも）

もとあるものの その上に…

「襲《しゅう》来《らい》」「襲《しゅう》撃《げき》」「奇《き》襲《しゅう》」「逆《ぎゃく》襲《しゅう》」「暴漢に襲《おそ》われる」のように、現在では〝**攻めかかる**〟ことを表す印象が強い。ただし、部首「衣」が示しているように、本来は〝**衣服を重ねる**〟ことを表す漢字。〝和服を重ねるときの色合い〟をいう「襲《かさね》の色目」にその意味が残る。ここから転じて、「世《せ》襲《しゅう》」「踏《とう》襲《しゅう》」「襲名《しゅうめい》」のように、〝**前のものをそのまま引き継ぐ**〟ことをも表す。

それが〝攻めかかる〟の意味になった経緯は、よくわからない。〝不意打ち〟のニュアンスが強いので、〝衣服を重ねて姿を隠す〟ことから転じた、という説もあるが、ちょっと苦しいようである。

しゅう 讐

23画

［音読み］シュウ
［部首］言（いう、げん）

売りことばに 買いことば!?

「復讐《ふくしゅう》」「恩讐《おんしゅう》の彼方《かなた》に」など、〝**晴らしたいうらみ**〟を表す。「隹」（p322）は〝鳥〟のことで、二つ並べて〝対等な相手〟を表す。〝対等にことばをやりとりする相手〟を指すのが、本来の意味。そこから〝うらみ〟への意味の変化には、〝ことば〟の危険性が表れているよう。背筋が寒くなる。

じゅう 十

2画

［音読み］ジュウ、ジッ
［訓読み］とお
［部首］十（じゅう）

読み方が十色に 変化する

〝**数の10**〟を表す。また、「十分《じゅうぶん》」「十全《じゅうぜん》」のように〝**完全な**〟という意味にもなる。

音読みは基本的にジュウだけだが、ジュウは昔はジフと発音されたので、続く音によっては変化してジッとなることがある。「十階《じっかい》」「十発《じっぱつ》」などがその例。

訓読みでは、「十重《とえ》」「二十日《はつか》」のように「と」「つ」と読んだり、「三十日《みそか》」「五十鈴《いすず》」など「そ」「す」と読んだりすることもある。「二十歳《はたち》」「五十嵐《いがらし》」は、三文字合わせた場合にだけそう読むという特殊な例。

また、「十六夜《いざよい》」は、月の出が十五夜より少し遅いことから、〝ためらい〟を意味する古語を当てて読むもの。「十八番《おはこ》」は歌舞伎でよりすぐりの一八の演目を指すことばで、〝箱に入れてあるとっておきのもの〟から来た当て字である。

なお、小切手や契約書などでは、後から書き換えられるのを防ぐために「拾」（p265）を用いることがある。

部首としては?

漢和辞典では部首の一つだが、「協」（p122）「南」（p473）「博」（p494）「半」（p500）などは、形の上から便宜的に分類されたもの。ただし、〝20〟を表す「廿《じゅう》」、〝30〟を表す「卅《そう》」、〝40〟を表す「卌《しゅう》」は、〝10の倍数〟という共通の意味を持っている。

じゅう 汁

5画

［音読み］ジュウ
［訓読み］しる
［部首］氵（さんずい）

溶けてるもので 性格が変わる

部首「氵」は「水」の変形。〝**ある成分を含む液体**〟を表す。「果汁《かじゅう》」「肉汁《にくじる》」のように〝**何かからしみ出してくる液体**〟をいうこともあれば、「墨汁《ぼくじゅう》」「みそ汁《しる》」のように〝**何かを溶かし込んだ液体**〟を指す場合もある。「灰汁《あく》」は、漢字の熟語をそのまま、意味を表す日本語で読む当て字的表現。

なお、「うまい汁《しる》を吸う」のように〝**おこぼれの利益**〟を指すのは、中国の古典にも出てくる比喩表現である。

じゅう 充

6画

［音読み］ジュウ
［訓読み］あ-てる、み-たす、み-ちる
［部首］儿（ひとあし）

空いたところを ねらい撃ち!

「充実《じゅうじつ》」「充満《じゅうまん》」「充足《じゅうそく》」「充分《じゅうぶん》」など、〝**中身がいっぱいである**〟ことを表すのが基本。

「充当《じゅうとう》」「補充《ほじゅう》」のように、特に〝**空いた部分を埋めていっぱいにする**〟ことに重点を置いて用いられる場合もある。

◆訓読み「あてる」は、現在では「当」(p450)を使うのがふつう。ただし、「賞金を借金返済に充《あ》てる」「物置を事務所に充《あ》てる」のように〝**足りないものに振り向ける**〟場合に「充」を用いることがある。また、〝送り先〟を示す場合には「宛」(p10)も用いられる。

◆訓読み「みたす／みちる」は、現在では「満」(p576)を使うのがふつう。あえて「空腹を充《み》たす」のように書くと、〝空いた部分や足りないものを埋める〟という意味合いが強く出るように思われる。

部首「儿」は「人」の変形。成り立ちの上では「育」(p18)と関係が深く、本来は〝しっかり育った人の体〟を表すという。

じゅう 住 7画

[音読み] ジュウ
[訓読み] す-む、す-まう
[部首] イ(にんべん)

腰を落ち着けて暮らしたい…

「住所《じゅうしょ》」「住宅《じゅうたく》」「移住《いじゅう》」「一戸建てに住《す》む」など、〝**ある場所で生活する**〟という印象が強い。「住職《じゅうしょく》」は〝あるお寺で生活しながら勤めを行う僧〟。

しかし、本来は〝**ある場所にとどまる**〟ことを表す。「一所不住《いっしょふじゅう》」とは、〝一か所にとどまらず放浪する〟こと。部首「イ」は「人」の変形で、〝動作や状態〟を表す。「主」(p257)には〝一か所にとどまる〟という意味がある。

訓読み「すまう」は、〝住み続ける〟ことを意味するやや古風なことば。〝住み続けるところ〟が「住《す》まい」で、それに「住《す》居《い》」と当て字したことから生まれたのが「住居《じゅうきょ》」だ、とされている。

じゅう 柔 9画

[音読み] ジュウ、ニュウ
[訓読み] やわ-らかい
[部首] 木(き)

すなおなのもよし悪しで…

「柔軟体操《じゅうなんたいそう》」「柔《やわ》らかいゴム」のように、〝**変形しやすい**〟ことを表す。性格についていうときには、「柔順《じゅうじゅん》」「柔和《にゅうわ》」のように〝**おとなしい**〟ことを指す場合と、「優柔不断《ゆうじゅうふだん》」のように〝**意志が弱い**〟ことを表す場合がある。他人の意見をよく聴くことと決断力がないこととは、紙一重なのである。

また、「懐柔《かいじゅう》」は、〝**おとなしくさせる**〟という意味で用いられた例。

◆訓読み「やわらかい」では、「軟」(p473)との使い分けが問題となる。部首「木」から想像されるように、「柔」は本来は〝曲げやすい木の枝〟を指す漢字で、〝弾力に富む〟というニュアンスを持つ。そこで、「柔《やわ》らかいベッド」「頭が柔《やわ》らかい」のように〝弾力〟のイメージが強い場合には「柔」を使い、〝手応えがない〟場合の「軟」と使い分ける。とはいえ、「やわらかい表情」のようにまぎらわしい場合も多く、迷ったらひらがな書きしておくのが無難である。

なお、音読みはジュウを用いるのが大原則。ニュウは奈良時代以前からある古い読み方で、現在では、すでに挙げた「柔和《にゅうわ》」以外ではまず用いられない。

じゅう 重 9画

[音読み] ジュウ、チョウ
[訓読み] おも-い、かさ-なる、え
[部首] 里(さと)

地球の偉大さを考える

「体重《たいじゅう》」「重量《じゅうりょう》」「重力《じゅうりょく》」に代表されるように、基本的には〝**地球の引力の強さ**〟を表す漢字。「重圧《じゅうあつ》」「加重《かじゅう》」「荷物が重《おも》い」「重《おも》たい袋」などでは、〝**重力に引かれて、上のものが下のものを圧迫する**〟ことを表す。転じて、「鈍重《どんじゅう》」「動作が重《おも》い」のように〝**動きにくい**〟という意味にもなる。

さらには、「気分が重《おも》い」「口が重《おも》い」のように比喩的に用いられることもある。

〝動きにくい〟ことから、「重《じゅう》要《よう》」「重《じゅう》大《だい》」「厳《げん》重《じゅう》」「慎《しん》重《ちょう》」「重《おも》い発言」のように、〝**取り扱いがむずかしい**〟ことも表す。また〝**深刻な**〟という意味ともなり、「重《じゅう》病《びょう》」「負担が重《おも》い」「重《おも》たい雰囲気」などがその例。「重《じゅう》視《し》」「重《じゅう》役《やく》」「貴《き》重《ちょう》」「尊《そん》重《ちょう》」「重《ちょう》宝《ほう》」などでは、〝**大切な**〟という意味。

一方、〝上のものが下のものを圧迫する〟ところから、〝**あるものの上に同種のものを加える**〟ことをも表す。「重《じゅう》箱《ばこ》」「二《に》重《じゅう》窓《まど》」「折《お》り重《かさ》なる」「本を重《かさ》ねる」「二《ふた》重《え》まぶた」などがその例。そこから転じたのが〝**同時に行う**〟という意味で、「重《じゅう》複《ふく》」「重《じゅう》婚《こん》」「二《に》重《じゅう》奏《そう》」などがその例。また、「ミスを重《かさ》ねる」「幸運が重《かさ》なる」のように〝**くり返す**〟ことも表す。固有名詞で「しげ」と読むのは、「足しげく通う」の「しげ」と同じで、〝くり返す〟という意味。

このように、「重」の意味は〝地球の引力〟から始まって複雑に発展していく。そのようすからは、地球の影響力の強さがうかがえる気がする。

◆「かさなる／かさねる」と訓読みする漢字には「累」（p637）もあるが、現在では「重」を書くのがふつう。〝次々に〟というニュアンスを出したいときに、「累」を使うことがある。

音読みはジュウを使うのが原則。チョウは平安時代ごろに正式とされた読み方だが、現在では、すでに挙げた「慎《しん》重《ちょう》」「貴《き》重《ちょう》」「尊《そん》重《ちょう》」「重《ちょう》宝《ほう》」のほか、「自《じ》重《ちょう》」「軽《けい》重《ちょう》」など、特定の熟語でしか使われない。ただし、中には「重複」のようにジュウともチョウとも読まれる熟語もある。

成り立ちには諸説があるが、古代文字では「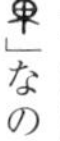」なので、〝口を閉じた袋〟を表す「東」（p452）との関連が深いと考えられている。部首「里」は形の上から便宜的に分類されたもので、意味の関係はない。

じゅう

従

10画

［音読み］ジュウ、ショウ、ジュ
［訓読み］したが-う
［部首］彳（ぎょうにんべん）

すべての組織の原理？

以前は「從」と書くのが正式。「从」は〝人が前後に並んでいる形〟で、「従」の略字として使われることもある。それに〝移動〟を表す部首「彳」、〝足〟を表す「止」を組み合わせて、〝人の後ろをついていく〟ことを意味する漢字。「従《じゅう》者《しゃ》」「従《じゅう》僕《ぼく》」「侍《じ》従《じゅう》」など〝**おともをする**〟ことを表すのがその例。

転じて、「従《じゅう》属《ぞく》」「従《じゅう》順《じゅん》」「服《ふく》従《じゅう》」「命令に従《したが》う」など、〝**他人の言うとおりにする**〟ことをも表す。ここから、〝**ほかから影響を受けて必然的に**〟という意味が生まれた。「従《じゅう》量《りょう》制《せい》の料金」「年月に従《したが》って変化する」などがその例。「従《じゅう》来《らい》」「従《じゅう》前《ぜん》」は、〝**これまでのとおり**〟を表す例。

また、言うとおりに仕事をするところから、「従《じゅう》事《じ》」「従《じゅう》軍《ぐん》」「従《じゅう》業《ぎょう》員《いん》」など〝**職務を果たす**〟の意味ともなる。

◆「したがう」と訓読みする漢字には「随」（p325）もあるが、現在では「従」を書くのが一般的。ただし、〝抵抗がない〟という意味合いが強いときに「随」を使うこともある。

一方、〝おとも〟から変化して〝**一段階下**〟を指しても用いられる。「従《い》兄《と》弟《こ》」「従《い》姉《と》妹《こ》」は、「兄弟」「姉妹」より血縁が一段階薄いことから。また、昔は**役職の序列で「正」の一段階下**を表し、たとえば「従《じゅ》一《いち》位《い》」は、「正《しょう》一《いち》位《い》」の次の位。この場合は特別に、音読みはジュを用いる。

人間の上下関係を表すところから、「縦」（p272）と同じく〝**たて**〟の意味で用いられることもある。「合《がっ》従《しょう》連《れん》衡《こう》」は、〝さまざまな勢力が縦に結び合ったり横に連なったりする〟ことをいう四字熟語。また、やはり「縦」と同じく〝**思いのままに**〟

という意味をも表す。〝ゆったりとしているようす〟をいう「従容《しょうよう》」がその例。これらでは音読みはショウを用いるが、一般的には、奈良時代以前からある古い音読みジュウで読むのが、原則である。

訓読みは基本的に「したがう」一つなのに、音読みではさまざまな意味を表すのが特徴。もともとの〝人の後ろをついていく〟という意味は素朴だが、すべての上下関係の象徴でもあるのである。

じゅう 渋

11画

［音読み］ジュウ
［訓読み］しぶ-い
［部首］氵（さんずい）

足がもつれて進めない！

以前は「澁」と書くのが正式だが、さらにさかのぼると「澀」となる。「刃」はここでは「丌」が変化した形。「止」（p227）は〝足〟のこと。向きが逆の四つの〝足〟を組み合わせて〝うまく進めない〟ことを表し、それに「水」が変形した部首「氵」を加えて、〝水がうまく流れない〟ことを表す、というのが成り立ちの説明である。

現在では、広く〝**ものごとがうまく進まない**〟という意味で用いられる。「渋滞《じゅうたい》」「苦渋《くじゅう》の決断」「交渉が難渋《なんじゅう》する」などがその例。味覚について用いられて、「渋《しぶ》柿《がき》」「お茶が渋《しぶ》い」のように〝**のどを通りにくい味**〟を表す場合もある。

「渋《しぶ》い表情」「寄付金を出し渋《しぶ》る」など、〝**賛成しない**〟ことを表すのは、〝うまく進まない〟から転じた日本語独自の用法。

「渋《しぶ》染《ぞ》め」のように〝**柿から取った黒褐色の染料**〟を指したり、「趣味が渋《しぶ》い」「渋《しぶ》い魅力」など〝**華やかではないが味わいがある**〟という意味で用いられるのも、日本語のオリジナルである。

じゅう 銃

14画

［音読み］ジュウ
［部首］金（かねへん）

中華思想の現れ？

「火《ひ》縄《なわ》銃《じゅう》」「拳《けん》銃《じゅう》」「機《き》関《かん》銃《じゅう》」など、〝**鉄砲**〟を表す漢字。ただし、本来は〝柄を通すため、斧《おの》の刃に空けた穴〟を指していたらしい。それが転用された理由については、その穴が銃口に似ていたからとか、銃に弾を詰めるのがその穴に柄を通すのに似ていたから、などの説がある。

ちなみに、現代中国語では「銃」はあまり用いられず、「槍」（p597）で〝鉄砲〟を表すのが一般的。ヨーロッパで進化を遂げた科学兵器があくまで〝やり〟と同じ扱いだというのも、おもしろい。

じゅう 獣

16画

［音読み］ジュウ
［訓読み］けもの、けだもの
［部首］犬（いぬ）

人間だって仲間である！

本来は、特に〝四本足で歩く哺乳類〟のことを指すが、現在では「獣医《じゅうい》」「猛獣《もうじゅう》」「怪獣《かいじゅう》」など、もう少し広い範囲の〝**動物**〟を表すことも多い。あえて人間に対して用いて、「獣心《じゅうしん》」「獣性《じゅうせい》」「獣欲《じゅうよく》」など〝**荒々しい本能**〟という意味で使うこともある。

訓読みは「けもの」だが、〝荒々しい〟というニュアンスを強調したいときには、「けだもの」と訓読みすることもある。ただし、どちらも「獣」一文字となり区別がつかないので、必ずどちらかで読んで欲しい場合には、ルビを振るか、かな書きするしかない。

なお、以前は「獸」と書くのが正式。

じゅう 縦

16画

［音読み］ジュウ、ショウ
［訓読み］たて
［部首］糸（いとへん）

日本ではひかえめかな？

左右に対して〝**上下や前後**〟を表す。「縦断《じゅうだん》」「縦列《じゅうれつ》」「縦《たて》書《が》き」などがその例。「従」（p271）は〝人の後ろについていく〟という意味で、それに部首「糸」を加えて、本来は

"たてに伸びていく糸"を表す。

　「横」（p43）に"勝手放題にする"という意味があるのに似て、「縦」にも**"思いのままにする"**という意味がある。「放縦《ほうしょう》」は"好きなようにふるまう"こと。また、「操縦《そうじゅう》」は"思いのままに操る"こと。ただし、日本語「たて」にはこのような意味はなく、「横」に比べると、日常的に使う音読み熟語でもこの意味の例は少ない。

　音読みはジュウを用いるのが大原則。昔は、"思いのまま"の意味では平安時代ごろに正式とされた読み方ショウで読む習慣もあったが、その区別は失われつつあり、現在では「放縦」も「ほうじゅう」と読まれることもある。

　なお、以前は「縱」と書くのが正式。

しゅうと　舅

13画
［音読み］キュウ
［訓読み］しゅうと
［部首］臼（うす）

居場所はここでいいのかなあ…

"配偶者の父"を表す。
　意味からすれば「男」を部首としたいところだが、漢和辞典には昔からなぜか「男」という部首はない。そこでやむをえず、部首「臼」（p112）の数少ない構成員となっている。

しゅく　叔

8画
［音読み］シュク
［部首］又（また）

気にするのは向こうの風習

"年下の兄弟・姉妹"を表す漢字。現在ではふつう「叔父《おじ》」「叔母《おば》」の形で用いる。ともに漢字の熟語をそのまま、意味を表す日本語で読む当て字的表現。ただし、日本語「おじ」「おば」は"父母の兄弟・姉妹"を指すが、「叔」を使うと"弟や妹"に限定される。"兄や姉"を指す場合には、「伯」（p492）を用いて「伯父《おじ》」「伯母《おば》」と書く。
　日本語にはもともと"父母の兄弟姉妹"を年の上下で区別する表現はなかったわけで、年功序列社会と言われる日本に暮らす身としては、意外な気もする。

しゅく　祝

9画
［音読み］シュク、シュウ
［訓読み］いわ-う
［部首］ネ（しめすへん）

いい神さまだといいなあ…


　以前は「祝」と書くのが正式。部首「ネ／示」は"神"を表し、本来は"神や仏に祈る"ことを意味する漢字。実は「呪」（p262）もほぼ同じ意味で、後に"幸福を祈る"場合は「祝」、"不幸を祈る"場合は「呪」と使い分けられるようになった。神さまの性格も変わったのかもしれない。

　転じて、現在では「祝福《しゅくふく》」「祝電《しゅくでん》」「祝賀会《しゅくがかい》」「合格を祝《いわ》う」「前途を祝《しゅく》して乾杯！」のように、**"喜びの気持ちを表す"**という意味で用いられる。

　音読みはシュクを用いるのが大原則。シュウは、「祝言《しゅうげん》」「お祝儀《しゅうぎ》」などでしか用いられない特殊な読み方である。

しゅく　宿

11画
［音読み］シュク
［訓読み］やど、やど-る
［部首］宀（うかんむり）

一晩だけのつもりでしたが…


　部首「宀」は"建物"を表す記号。本来は、**"自分の家以外の建物に泊まる"**ことを表す漢字。「宿泊《しゅくはく》」「宿直《しゅくちょく》」「合宿《がっしゅく》」などがその例。また、「民宿《みんしゅく》」「下宿《げしゅく》」「今夜のお宿《やど》」のように、**"人を泊める建物"**を指すこともある。

　転じて、**"夜を越えてとどまる"**という意味にもなる。「宿酔《しゅくすい》」は"一晩経ってもさめない酔い"。意味を日本語に置き換えて、「ふつかよい」と当て字的に読むこともある。「宿題《しゅくだい》」は"日にちをかけて取り組む課題"。「宿願《しゅくがん》」「宿敵《しゅくてき》」などではさらに長期化、**"何年も何十年も抱き続ける"**ことをいう。さらには仏教では、「宿《しゅく》縁《えん》」「宿命《しゅくめい》」のように**〝前世から続いている〟**ことを表す。仏教ならではのこの時間感覚には、ちょっと圧倒されてしまう。

訓読み「やどる／やどす」は〝泊まる／泊める〟という意味だが、現在では比喩的に**〝どこかからやって来て一時的にとどまる〟**ことを指して使われることも多い。「松葉に宿《やど》る露」「よからぬ考えが宿《やど》る」「怒りの炎を目に宿《やど》す」などがその例。「雨宿《あまやど》り」「この世は仮の宿《やど》り」なども、この例かもしれない。

しゅく 淑 11画

［音読み］シュク
［部首］氵（さんずい）

女性に限らず人柄は大事

「水」が変形した部首「氵」が付いているので、本来は〝清らかな水〟を表すとされるが、現在ではその意味で使われることはない。転じて**〝人柄がよい〟**ことを表し、「貞淑《ていしゅく》」「淑女《しゅくじょ》」のように特に**〝女性がしとやかである〟**ことを表す。また、「私淑《ししゅく》」では、相手が女性に限らず、**〝人柄がよいと思って慕う〟**ことをいう。

しゅく 粛 11画

［音読み］シュク
［部首］聿（ふでづくり）

ビシッと決めたいのに…

「厳粛《げんしゅく》」「静粛《せいしゅく》」「粛然《しゅくぜん》」など、**〝おごそかな〟**ことを表す。転じて、「自粛《じしゅく》」「綱紀粛正《こうきしゅくせい》」のように**〝厳しくつつしむ〟**ことをも指す。「粛々《しゅくしゅく》」もこの例だが、現在では**〝いつもと変わらずに〟**という意味でも使われる。

引き締まった意味に似合わず、整った形に手書きするのが、とてもむずかしい漢字。以前の正式な書き方「肅」になると、苦労はさらに倍以上となる。

部首「聿」は〝筆〟を表す記号で、本来の意味については、〝筆のようなもの〟を持って気を引き締めているとする点ではおおかた一致しているが、そこから先は諸説ある。ただし、「粛／肅」には「聿」は完全な形では含まれていないので、部首を「彐（けいがしら）」が変形した「⺕」とする辞書もある。

しゅく 縮 17画

［音読み］シュク
［訓読み］ちぢ-む、ちぢ-れる
［部首］糸（いとへん）

小さくなるのに意味は広がる？

「収縮《しゅうしゅく》」「短縮《たんしゅく》」のように、**〝小さくなる／する〟**ことを表す。部首「糸」が付いているので、本来は〝長さが短くなる〟ことを表したのだろうが、現在では、「縮図《しゅくず》」「縮《しゅく》小《しょう》コピー」など面積のほか、「濃縮果汁《のうしゅくかじゅう》」「予算の縮減《しゅくげん》」「人前で畏縮《いしゅく》する」のように、容積・金額・気持ちなどさまざまなものに対して使われる。

訓読み「ちぢむ」も同様で、「背が縮《ちぢ》む」「洗濯物が縮《ちぢ》まる」「納期を縮《ちぢ》める」「気が縮《ちぢ》まる」などなど、さまざまに用いられる。一方、「ちぢれる」は、「縮《ちぢ》れた木の葉」「髪を縮《ちぢ》らす」など、線か面に対してしか使わないので、より本来の意味に近い。

「縮織《ちぢみお》り」とは、日本独自の〝わざと縮らせた織物〟。「絹縮《きぬちぢみ》」「越後縮《えちごちぢみ》」のように一文字で**「縮織り」の省略形**としても使われる。この場合は、送りがな「み」は付けないのが習慣。また、「縮緬《ちりめん》」も縮織りの一種だが、「ちり」は〝ちりちりしている〟ことだろうから、「縮」と書くのは意味だけを表す当て字的用法である。

じゅく 塾 14画

［音読み］ジュク
［部首］土（つち）

発祥の地は門の中

昔の中国のお屋敷では、門を入ると両側に小部屋があり、そこを「塾」と言った。やがて、この部屋が**〝家庭内で子どもたちに勉強を教える場所〟**として使われるようになった。現在、「学習塾《がくしゅうじゅく》」「そろばん塾《じゅく》」など、〝**学校以外で勉強などを教える場所**〟を指すのは、それが発展したもの。一方で、〝**私設の学校**〟という意味合いで、「慶應義塾《けいおうぎじゅく》」「津田塾《つだじゅく》」のように私立の学校名にも用いられることがある。

じゅく 熟

15画

焦ったところでどうにもならない

[音読み] ジュク
[訓読み] う-れる
[部首] 灬（れっか、れんが）

本来は、〝時間をかけて煮込む〟ことを表す漢字で、「火」が変形した部首「灬」はそのなごり。転じて、「熟柿《じゅくし》」「完熟《かんじゅく》トマト」「熟《う》れたバナナ」「びわが熟《じゅく》する」のように、主に果実が〝**時間をかけてやわらかくなる**〟ことを表す。

現在、よく使われるのは、さらに転じた〝**時間をかけて十分な状態になる／する**〟という意味。「熟読《じゅくどく》」「熟成《じゅくせい》」「熟練《じゅくれん》」「円熟《えんじゅく》」「成熟《せいじゅく》」「習熟《しゅうじゅく》」「機《き》が熟《じゅく》する」などがその例。「熟語《じゅくご》」は、〝長い間使われているうちに、いくつかのことばが結びついて一語になったもの〟。特に〝二つ以上の漢字が結びついたもの〟を指す。

基本的に〝時間をかける〟というイメージがある。見つめていると、時の偉大さがだんだんとわかってくる漢字である。

しゅつ 出

5画

どこからどこへ何をしに？

[音読み] シュツ、スイ
[訓読み] で-る、だ-す、い-でる、い-だす、い-ずる
[部首] 凵（うけばこ）

「出発《しゅっぱつ》」「出動《しゅつどう》」「流出《りゅうしゅつ》」「追《お》い出《だ》す」のように〝**外へ移動する／させる**〟こと表すのが基本。「出国《しゅっこく》」「出港《しゅっこう》」「家出《いえで》」「故郷を出《で》る」などでは〝**どこかから移動する**〟ことを指し、「出席《しゅっせき》」「出社《しゅっしゃ》」「街へ出《で》かける」などでは〝**どこかへ移動する**〟ことを表す。〝どこかへ〟を表す場合には、特に〝**何かをするために行く**〟というニュアンスがあり、「出《しゅっ》勤《きん》」「出演《しゅつえん》」「出撃《しゅつげき》」「出漁《しゅつりょう》」などといった熟語にもなる。

また、「出荷《しゅっか》」「出品《しゅっぴん》」「提出《ていしゅつ》」「届《とど》け出《で》」「願書を出《だ》す」などでは、〝**何かを移動させる**〟こと。この場合も、移動先で何かをするのがふつう。「出費《しゅっぴ》」「出資《しゅっし》」「力を出《だ》す」のように、〝**しまってあるものを何かのために使う**〟場合もある。

「出現《しゅつげん》」「出没《しゅつぼつ》」「産出《さんしゅつ》」「噴出《ふんしゅつ》」「顔に出《で》る」「世《よ》に出《で》る」「声に出《だ》す」「描《えが》き出《だ》す」などでは、〝**隠れていたものが現れる**〟〝**隠れていたものを明らかにする**〟こと。これがさらに強調されると、「傑出《けっしゅつ》」「突出《とっしゅつ》」「出《しゅっ》色《しょく》」「しゃしゃり出《で》る」のように〝**目立つ**〟という意味にもなる。

日本語としては、「出身《しゅっしん》」「出所《でどころ》」「名門校の出《で》」など〝**あるところからやって来た**〟ことを示したり、「出足《であし》が早い」「すごい人出《ひとで》」「水道の出《で》が悪い」のように〝**移動の勢い**〟を指したりもする。さまざまな意味・用法があって、一筋縄ではいかない漢字である。

音読みはシュツを用いるのが大原則。スイは、「出納《すいとう》」などでしか使われない特殊な読み方。また、訓読み「いでる／いずる」は「だす／でる」の古めかしい言い方で「出《い》でよ、勇者たち」「取《と》り出《い》だす」のように使われる。また、さらに古風に、「日出《ひい》ずるところ」のように「いずる」と訓読みすることもある。

なお、部首「凵」は形の上から便宜的に分類されたもので、意味の関係はない。

じゅつ 述

8画

先生の教えは自分の考え

[音読み] ジュツ
[訓読み] の-べる
[部首] 辶（しんにょう、しんにゅう）

「記述《きじゅつ》」「著述《ちょじゅつ》」「口述筆記《こうじゅつひっき》」「お祝いを述《の》べる」など、〝**考えをことばにする**〟ことを表す。文

法でいう「述語《じゅつご》」とは、〝主語を受けてその動作や状態などを説明することば〟。

以前は「述」と書くのが正式。本来は〝ある道筋に沿って移動する〟という意味で、〝移動〟を表す部首「辶／⻌」はそのなごり。転じて〝先例に従う〟という意味となり、さらに〝先人の教えを伝える〟ことを表すようになった。

それが変化したのが、〝自分の考えをことばにする〟の意味。〝先人の教え〟が〝自分の考え〟へ横滑りするところに、伝統の積み重ねを重んじる中国文化の特徴がよく現れている。

じゅつ 術

11画

［音読み］ジュツ
［訓読み］すべ
［部首］行（ぎょうがまえ）

頭だけでも手先だけでもダメ！

〝**何かを実行する具体的な方法**〟が、代表的な意味。「手術《しゅじゅつ》」「催眠術《さいみんじゅつ》」「護身術《ごしんじゅつ》」「水遁《すいとん》の術《じゅつ》」「節約術《せつやくじゅつ》」「なす術《すべ》がない」などなど、さまざまに用いられる。

「学術《がくじゅつ》」「科学技術《かがくぎじゅつ》」ではちょっと違って、〝**何かを実行する前提となる知識や技量**〟をも表す。「剣術《けんじゅつ》」「魔術《まじゅつ》」「航海術《こうかいじゅつ》」「モテ術《じゅつ》」なども、〝具体的な方法〟だけではなく〝知識や技量〟までを含むと考えた方がよさそう。〝**何かを実行するために必要なもの**〟全体を表す漢字である。

微妙な違いだが、以前は「術」と書くのが正式。部首「行」は〝道〟を表し、「術／術」も本来は〝道路〟の意味。転じて〝方法〟を表すようになった。路地から高速道路まで〝道路〟にもさまざまあるように、〝術〟にもさまざまなレベルがあるのである。

しゅん 俊

9画

［音読み］シュン
［部首］亻（にんべん）

とにかくめっぽう速いんだ！

部首「亻」は「人」の変形。「俊英《しゅんえい》」「俊傑《しゅんけつ》」など、〝**能力が際だってすぐれている人**〟を表す。〝**頭の回転が速い**〟ことを指す場合が多いが、「俊敏《しゅんびん》なプレー」のように〝**体の動きが速い**〟こともいう。なお、名前で「とし」と読むのは、〝速い〟を意味する古語「とし」に由来するものである。

しゅん 春

9画

［音読み］シュン
［訓読み］はる
［部首］日（ひ、にち）

あっという間に過ぎていく…

〝**動植物が活発になり始める季節**〟〝**はる**〟を表す。また、「新春《しんしゅん》」「賀春《がしゅん》」のように〝**新年**〟を指すこともある。

転じて、〝**活気や生命力**〟のたとえにもなり、「青春《せいしゅん》」がその例。ただし、「わが世《よ》の春《はる》」のように〝**すべてが思い通りになる時期**〟をいうのは、日本語独自の用法かもしれない。また、「回春《かいしゅん》」は日本語では〝若返る〟ことだが、中国語では〝生き返る〟こと。日本語での方が、〝過ぎ去るもの〟という意識が強いように思われる。ただし、「思春期《ししゅんき》」「春情《しゅんじょう》」「春画《しゅんが》」「あいつにも春《はる》が来たか」など、〝**性の対象を求める気持ち**〟を意味するのは、日中共通。

なお、「春日《かすが》」は、奈良の地名「かすが」を書き表すのにその枕詞「春日《はるひ》」を当てたところから生まれた当て字的表現。

しゅん 駿

17画

［音読み］シュン
［部首］馬（うまへん）

見るからにすぐれもの！

〝**速く走る馬**〟を指す。「駿《しゅん》馬《め》」がその例。名前で「は」や「はやお」などと読むことがあるのは、この意味から生まれたもの。

転じて、「駿才《しゅんさい》」「駿足《しゅんそく》」のように〝**能力が高い**〟という意味でも使われる。走る姿が才能に直結しているような、かっこいい漢字である。

しゅん 瞬

18画

［音読み］シュン
［訓読み］またた-く、まばた-く
［部首］目（めへん）

見上げてごらん夜の星を

「一瞬《いっしゅん》」「瞬間《しゅんかん》」「瞬時《しゅんじ》」のように、**〝とても短い時間〟**を表す。本来は**〝目を閉じたり開いたりする〟**という意味で、「瞬《また》く間に」「瞬《また》きもせず見つめる」のように用いる。「まばたく」と訓読みしても意味は同じ。「しばたたく」と訓読みすることもあるが、やや古風な表現だろう。

「星が瞬《また》く夜」のように比喩的に用いるのは、日本語独自の用法らしい。同じ星空を見上げても、胸によぎるイメージは国によって微妙に違うようである。

じゅん 巡

6画

［音読み］ジュン
［訓読み］めぐ-る
［部首］巛（まがりがわ）

しっかり見て回ってね！

「巡回《じゅんかい》」「巡礼《じゅんれい》」「巡業《じゅんぎょう》」「名所を巡《めぐ》る」のように、**〝いろいろな場所を次々と見る〟**ことを表す。「一巡《いちじゅん》」のように**〝全体が終わってもとに戻る〟**場合もあるが、ポイントは〝次々と見る〟こと。「巡査《じゅんさ》」だって、ぐるっと通過して交番に戻ってくるだけでは、職務怠慢と言われてもしかたない。

なお、現在ではあまり用いられないが、昔は「まわる」と訓読みすることもあった。「お巡《まわ》りさん」はそのなごり。

部首「巛」は「川」の変形で、漢和辞典では「川」と合わせて一つの部首とする。「辶（しんにょう）」は、以前は「辶」と書くのが正式で、〝移動〟を表す。合わせて、本来は〝水の流れがめぐる〟という意味だったと思われる。

じゅん 旬

6画

［音読み］ジュン、シュン
［部首］日（ひ、にち）

王朝のみやびな宴会から…

「上旬《じょうじゅん》」「中旬《ちゅうじゅん》」「下《げ》旬《じゅん》」「旬報《じゅんぽう》」のように**〝一〇日間〟**を表す。この意味の場合はジュンと音読みする。

奈良時代から平安時代にかけての日本では、朝廷の行事の一つとして、毎月一日、一一日、一六日、二一日に天皇が祝宴を催した。これを「旬《しゅん》」といい、ここから転じて、日本では**〝ある食材の最もおいしい時期〟**を意味するようになった。「旬《しゅん》の魚」「旬《しゅん》を過ぎる」などがその例。この意味の場合は、平安時代ごろに正式とされた音読みシュンで読むのが習慣。「旬菜《しゅんさい》」「旬魚《しゅんぎょ》」「旬食《しゅんしょく》」など、最近、新しい熟語を生んでいる漢字である。

じゅん 盾

9画

［音読み］ジュン
［訓読み］たて
［部首］目（め）

お侍には不要なもの？

〝目の上をおおって守っている形〟から生まれた漢字で、**〝手に持って体を守る武具〟**を表す。「後《うし》ろ盾《だて》」「契約書を盾《たて》に取る」のように、訓読みでは広く**〝攻撃を防ぐもの〟**を指して用いられる。

一方、音読みの例は「矛《む》盾《じゅん》」くらい。絶対に突き通せない〝たて〟と何でも突き通す〝矛《ほこ》〟を同時に売ろうとした人物の話から、〝つじつまが合わない〟ことをいう。音読みの熟語が少ないのは、日本では〝たて〟にあまりなじみがなかったからか。そういえば、武士が〝たて〟を持ち運んでいるイメージはあまりない。

じゅん 准

10画

［音読み］ジュン
［部首］冫（にすい）

お役人の習慣

〝正式なものではないが、それと似たような扱いをするもの〟を表す。本来は「準」（p279）の略字。官公庁では「准」を用いる習慣があり、現在でも「准教授《じゅんきょうじゅ》」「准看護師《じゅんかんごし》」のように使われる。また、「批准《ひじゅん》」は〝条約などを最終的に承認する〟ことで、ここでの「准」は〝**承認する**〟こと。

「批准」はともかく、「准教授」「准看護師」は「準」の方が一般にはわかりやすいと思われるが、法律には「准」と書いてある。習慣とはすごいものである。

じゅん 殉

10画

［音読み］ジュン
［部首］歹（がつへん）

尊いもののために…

部首「歹」は〝死体〟を表す。本来は〝**主人の後を追って死ぬ**〟という意味で、「殉死《じゅんし》」がその例。広く、「殉職《じゅんしょく》」「殉教《じゅんきょう》」「信念に殉《じゅん》ずる」のように〝**何かのために命や人生を捧げる**〟ことを表す。その〝何か〟の価値の高さを認めないことには、そう簡単には使えない漢字である。

じゅん 純

10画

［音読み］ジュン
［部首］糸（いとへん）

美しい糸をつむぐ

「純粋《じゅんすい》」「純金《じゅんきん》」「純度《じゅんど》が高い」など、〝**混じりけがない**〟という意味が基本。「純白《じゅんぱく》」「純愛《じゅんあい》」「清純《せいじゅん》」になると、そこに〝**清らか**〟というニュアンスが加わる。また、〝**自然のままである**〟ことをも表し、「純真《じゅんしん》」「純朴《じゅんぼく》」「純情《じゅんじょう》」などがその例。もっとも、「単純《たんじゅん》」「不純《ふじゅん》」などは、〝混じりけがない〟〝自然のまま〟のどちらの意味とも取れる場合が多い。

なお、名前で「すみ」と読むのは、〝混じりけがなく澄んでいる〟ことから。

部首「糸」が付いているように、本来は〝まゆから取り出したままの生糸〟を指していたとする説が優勢。〝自然のまま〟ではあるが、人間の手でつむぎ出された〝混じりけのなさ〟である点は、興味深い。

じゅん 淳

11画

［音読み］ジュン
［部首］氵（さんずい）

人間の本質は善である！

〝**まごころがこもっている**〟ことを表す。名前で「あつし」「あつ」と読むのは、〝人情があつい〟ことから。

「水」が変形した部首「氵」が付いているように、本来は〝純度が高く濃い液体〟を表す漢字。純粋な人間には〝まごころ〟があると考える、性善説の漢字である。

じゅん 循

12画

［音読み］ジュン
［部首］彳（ぎょうにんべん）

決まった通りに回りましょう！

部首「彳」は〝移動〟を表す記号。〝**決められたルートを回る**〟ことを表す。「循環《じゅんかん》」がその例。音読みが同じ「巡」（p277）と意味も似ているが、「循」は〝**何かから外れないようにする**〟という意味合いが強い。

現在では「循環」以外で使われることは少ないが、「因循《いんじゅん》」とは、〝古い習慣から外れないようにする〟ことをいう。

じゅん 順

12画

［音読み］ジュン
［部首］頁（おおがい）

日本語で言うとすると？

「順序《じゅんじょ》」「順番《じゅんばん》」「順路《じゅんろ》」「席順《せきじゅん》」「先着順《せんちゃくじゅん》」など、〝**決められた並べ方や方向**〟を表すのが基本。また、〝**決められた方向に進む**〟という意味でも用いられる。「順風《じゅんぷう》」は、〝進む方向に吹く風〟あるいは〝風の吹く方向に進む〟こと。「順延《じゅんえん》」は〝カレンダー通りに先延ばしにする〟こと。

転じて、〝**抵抗なく進む**〟ことをも表す。「順調《じゅんちょう》」「順当《じゅんとう》」などがその例。さらに変化して、「従順《じゅうじゅん》」「帰順《きじゅん》」「順応《じゅんのう》」などでは、〝**抵抗せず従う**〟ことを指す。

「したがう」と訓読みすることもあるが、現在では「従」（p271）を書くのがふつう。むしろ、「順繰《じゅんぐ》り」「順送《じゅんおく》り」「手順《てじゅん》」「並び順《じゅん》」「順《じゅん》を追って」「順《じゅん》を待つ」のように、音読みのままでほかの漢字の訓読みと結びついたり、単独で一つのことばとして使われたりすることが多いのが特徴。ほかの日本語には置き換えにくい、独自の地位を固めている漢字である。

成り立ちについては、「川」が〝水の流れ〟を指していることは間違いなさそうだが、〝頭部〟を表す部首「頁」が何を意味するかは、諸説あってはっきりしない。

じゅん 準

13画

[音読み] ジュン
[部首] 氵(さんずい)

何かをきちんと参考にして！

部首が「十」でなく「水」の変形「氵」なのは、本来は〝水を入れて水平を測る道具〟を指していたから。転じて、「基準《きじゅん》」「標準《ひょうじゅん》」「水準《すいじゅん》」のように、〝**判断を下すのに参考になるもの**〟を表す。

また、「準拠《じゅんきょ》」「準用《じゅんよう》」「規則に準《じゅん》ずる」「正社員に準《じゅん》じる」などでは、〝**何かを参考にしながら判断する**〟ことをいう。〝参考にして従う〟という意味で「なぞらえる」と訓読みすることもあるが、現在ではかな書きする方が一般的である。

さらに変化して、〝**正式なものを参考にして、それと似たように扱うもの**〟を指しても用いられる。「準急《じゅんきゅう》」「準決勝《じゅんけっしょう》」「準会員《じゅんかいいん》」などがその例。

全体的には、〝きちんとしたものを参考にする〟というイメージを持つ漢字。「準備《じゅんび》」だって、思いつくままにやってもしかたないのである。

じゅん 潤

15画

[音読み] ジュン
[訓読み] うるお-う、うる-む
[部首] 氵(さんずい)

お金と涙 どちらも忘れず

部首「氵」は「水」の変形。〝**水分や液体をたくさん含む／取り込む**〟ことを表す。「湿潤《しつじゅん》」がその例。「湿」(p247)も似たような意味だが、「潤」には〝**なめらかにする**〟〝**ゆたかにする**〟というニュアンスがあるのが特徴。「潤滑油《じゅんかつゆ》」が〝なめらか〟の例。

〝ゆたか〟のニュアンスでは「のどを潤《うるお》す」のように用いられるほか、比喩的に使われることが多い。特に、「利潤《りじゅん》」「潤《じゅん》沢《たく》な資金」「地元が潤《うるお》う」など、経済的な方面での使用例が目立つ。「話を潤色《じゅんしょく》する」では、〝内容を美しく大げさにする〟という意味となる。

なお、「目が潤《うる》む」のように〝**涙があふれてくる**〟ことをいうのは、日本語独特の用法。お金がらみの使い方もおもしろいが、こちらも、なんとも切ない魅力のある使い方である。

じゅん 遵

15画

[音読み] ジュン
[部首] 辶(しんにょう、しんにゅう)

消えていくのはさみしいなあ…

本来は〝ある道筋を外れないで進む〟ことを表す漢字で、転じて〝**決まりに従う**〟という意味で用いられる。「遵守《じゅんしゅ》」「遵法《じゅんぽう》」が代表的な例だが、画数が多いのが嫌われて、現在では「順守《じゅんしゅ》」「順法《じゅんぽう》」と書かれることも多い。

以前は「遵」と書くのが正式で、部首「辶／辶」は〝移動〟を表す。「尊／尊」を含むからかどこか格調の高さを感じさせる漢字だが、活躍場所がほとんどなくなっているのは、ちょっとかわいそうである。

しょ 処

5画

[音読み] ショ
[訓読み] ところ、こ、か
[部首] 几(つくえ)

冷たさと暖かさ

「処理《しょり》」「処置《しょち》」「処分《しょぶん》」「処罰《しょばつ》」「処刑《しょけい》」「罰金に処《しょ》す」のように、〝**ある問題に決着をつけるために、何かを実行する**〟ことを表す場合が多い。また、「処世《しょせい》」「処方《しょほう》」「対処《たいしょ》」「善処《ぜんしょ》」では、**〝うまく対応する〟**という意味。音読みでは、ともすれば冷たいニュアンスを伴うこともある漢字である。

　しかし、訓読みで「ところ」と読むと雰囲気は一転。もちろん**〝場所〟**を意味するが、「そば処《どころ》」「甘味処《かんみどころ》」「鮨処《すしどころ》」「酒処《さけどころ》」など**〝飲食店〟**を指すことが多く、暖かいおもてなしの気分さえ漂わせる。

　訓読み「こ」も〝場所〟の意味で、「此処《ここ》」「彼処《かしこ》」「何処《どこ》」のように用いる。また、「か」も同じ意味で、「在《あ》り処《か》」「住《す》み処《か》」「隠《かく》れ処《が》」などと使われる。ただし、どちらも現在ではかな書きが自然である。

　本来の意味は〝腰を落ち着ける〟ことで、「処女《しょじょ》」とはもともと、〝結婚せずに家に落ち着いている女性〟。〝落ち着く場所〟から〝場所〟の意味が生まれ、また〝落ち着くようにする〟ところから〝決着をつける〟〝うまく対応する〟の意味となったと考えられる。

　◆訓読み「ところ」は、現在では「所」（p280）と書くのがふつう。ただし、〝落ち着くところ〟という雰囲気を出したいときに「処」を使うのもよさそう。〝飲食店〟を指して用いるのは、その現れである。

　以前は「處」と書くのが正式で、部首も「虍（とらかんむり）」。ただし、「処」も古くから使われていた漢字。部首「几」はある種の〝台〟を表し、「処」はもともと、〝台に腰掛ける〟という意味だったという。

しょ

初

7画

［音読み］ショ
［訓読み］はじ-め、そ-める、はつ、うい
［部首］刀（かたな）

新たな気持ちでハサミを入れる

　「ネ」は「衣」の変形。部首「刀」を組み合わせて、本来は〝衣服を作るために布を刃物で裁ち切る〟ことを表す。広く**〝ものごとが動き出したばかりの段階〟**を指して用いられる。「初歩《しょほ》」「初夏《しょか》」「最初《さいしょ》」「当初《とうしょ》」「明治の初《はじ》め」「初《はじ》めてアルバイトする」「花が散《ち》り初《そ》める」などがその例。また、「初日《しょにち》」「初診《しょしん》」「初版《しょはん》」「初日《はつひ》の出《で》」「初陣《ういじん》」「書《か》き初《ぞ》め」などでは、**〝一回目〟**をも表す。スタートする際の新鮮な気持ちが根底に流れている漢字である。

　◆似たような意味を持つ漢字には「始」（p232）もある。「始」は、〝これから先も継続していく〟ことに重点があるのに対して、「初」は〝スタートしたばかり〟にポイントがある。そこで現在では、〝新鮮さ〟のニュアンスを伴う「はじめて」「はじめに」と訓読みする場合には「初」を用い、〝継続〟の意識を持って「はじまる／はじめる」と訓読みする場合には「始」を用いるのが習慣となっている。

　悩むのは、「はじめ」を漢字で書き表したい場合。「はじめは楽しかったのに」「熊本をはじめ九州の各地」など、考えれば考えるほど、どちらを使えばいいかわからなくなってしまう。「最初」で置き換えられる場合は「初」を用いると考えるのが、一つの方法。ただし、悩んでしまった場合にはかな書きするという勇気も、ときには必要である。

しょ

所

8画

［音読み］ショ
［訓読み］ところ
［部首］戸（と）

頭に来ると〝こと〟になる

　説明するまでもなく、**〝ある地点〟**を表す漢字。「場所《ばしょ》」「難所《なんしょ》」「角を曲がった所《ところ》」などがその例。転じて、「関所《せきしょ》」「交換所《こうかんじょ》」「台所《だいどころ》」のように、**〝何かを行う施設〟**を指すことも多い。また、「長所《ちょうしょ》」「見所《みどころ》」「付け入る所《ところ》がない」など、広く**〝ある部分〟**を指しても用いられる。

　ただし、「所」が最初に置かれる音読み

熟語の多くでは、具体的な〝場所〟ではなく、**続く漢字を受けて〝○○する〟ことや〝○○されたもの〟などを表す**はたらきをする。「所持《しょじ》」は〝持っている〟こと、「所属《しょぞく》」は〝属している〟こと、「所定《しょてい》」は〝定められている〟こと、「所得《しょとく》」は〝得られたもの〟。

なお、「所以《ゆえん》」は、二文字で〝理由・原因〟のこと。「ゆえん」と読むのは、意味を日本語に置き換えた当て字的な読み方。

≪◆「ところ」と訓読みする漢字には「処」（p279）もあるが、意味に大きな違いはない。現在では、「所」を書くのがふつうで、「処」は「味処《あじどころ》」「お食事処《しょくじどころ》」など〝飲食店〟を指して好んで用いられる。

なお、日本語では「今日の所《ところ》は問題ない」「さっき帰ってきた所《ところ》だ」など〝**ある時点**〟を表したり、「本当の所《ところ》はどうなんですか」のように〝**ある状態**〟をいったりもする。また、「きれい所《どころ》」では〝**ある人びと**〟を指す。ただし、これらの「ところ」は、〝場所〟の意味合いが強い漢字「所」を避けて、かな書きすることも多い。

成り立ちについては諸説があるが、本来は〝聖なる場所〟を表す漢字で、「斤」（p130）はそこを守るために置かれた〝おの〟のことだ、とする説が有力。そのため、部首を「斤（おのづくり）」とする辞書もある。

しょ 書

10画

何千万字になろうとも…

［音読み］ショ
［訓読み］か-く
［部首］曰（ひらび）

「書写《しょしゃ》」「清書《せいしょ》」「メールを書《か》く」「原稿《げんこう》書《か》きは楽しい！」など、〝**文字や文章を記す**〟ことを表す。転じて、「楷書《かいしょ》」「草書《そうしょ》」「書道《しょどう》」など〝**記された文字や文章**〟をも表す。

それが長くなってくると、「書面《しょめん》」「書類《しょるい》」「文書《ぶんしょ》」「信書《しんしょ》」など〝**文字や文章が記されたもの**〟という意味となり、さらにまとまると「書籍《しょせき》」「書評《しょひょう》」「蔵書《ぞうしょ》」「辞書《じしょ》」など〝**本**〟をも表すことになる。一文字であれ何万字であれ変わらず「書」だというのも、考えてみれば不思議である。

≪◆「かく」と訓読みする漢字には「描」（p520）もあるが、現在では「書」を使う方が一般的。「描」は、〝絵や図形をかく〟場合や、〝姿や状態を表現する〟場合に用いられることがある。

部首は「曰」だが、形の上から便宜的に分類されただけのこと。「聿（ふでづくり）」は〝筆〟を表す記号だから、部首もこちらにした方が居心地がよいと思われる。

しょ 庶

11画

雑多なものから生まれる力

［音読み］ショ
［部首］广（まだれ）

「庶民《しょみん》」「庶務課《しょむか》」が代表的な例で、〝**似たようなものがたくさんある**〟ことを表す。〝**その他大勢**〟というニュアンスを持つこともあるが、その分、逆にバイタリティを持って使われる面もある。

また、「庶子《しょし》」「庶出《しょしゅつ》」など、「嫡」（p412）に対して〝**正妻以外の女性から生まれた**〟ことを表す場合もあるが、現在では法律上は「嫡」と「庶」の区別はない。

成り立ちには議論が多く、〝建物〟を表す部首「广」が付いている理由もはっきりしない。が、〝強く願う〟〝とても近い〟といった意味で使われることもあるので、何かに向かう強い意志を秘めた漢字なのかもしれない。

しょ 暑

12画

やっぱり不快なんだねえ…

［音読み］ショ
［訓読み］あつ-い
［部首］日（ひ、にち）

「暑気《しょき》払《ばら》い」「暑中《しょちゅう》見舞《みま》い」「猛暑《もうしょ》」「暑《あつ》い毎日」のように、〝**不快に感じるほど気温が高い**〟ことを表す。

◆「あつい」と訓読みする漢字は多いが、「暑」は、部首「日」が示すように〝日差しによって気温が高い〟ことを表すのが基本。その他の〝温度が高い〟場合や、〝集中して興奮する〟場合には、「熱」(p480)を用いるのがふつう。「熱《あつ》い男」と「暑《あつ》苦《くる》しい男」を比べるとわかるように、「暑」は〝不快〟のイメージが強い。

以前は点が一つ多い「暑」と書くのが正式。「者／者」(p251)には本来、〝たきぎを燃やす〟という意味がある。

しょ

署

13画

[音読み]ショ
[部首]罒(あみめ、よこめ)

きっちり分かれたプロの集団

「警察署《けいさつしょ》」「消防署《しょうぼうしょ》」「税務署《ぜいむしょ》」など、〝**ある仕事を専門に担当する役所**〟の意味でおなじみ。ただし、「社内の各部署《ぶしょ》」という使い方もあるように、必ずしもお役所とは限らない。本来は〝**仕事を割り当てる**〟ことを表す漢字である。

また、「署名《しょめい》」「自署《じしょ》」では〝**自分の名前を書く**〟という意味。これは〝割り当てられた場所に書く〟ところからという。

以前は点が一つ多い「署」と書くのが正式。部首「罒」は〝網〟を表す記号で、ここでは、〝網目のように分ける〟こと。「者／者」(p251)には、〝たきぎを集める〟の意味がある。合わせて〝仕事を集めて分ける〟ことを表すと考えられている。

しょ

緒

14画

[音読み]ショ、チョ
[訓読み]お
[部首]糸(いとへん)

どこまで続くか知りたくなる

部首「糸」からも想像できるように、本来は〝糸の端〟を表す漢字。〝**長く続くものの最初の部分**〟を指して用いられる。「緒戦《しょせん》」「端《たん》緒《ちょ》」「由緒《ゆいしょ》」などがその例。「情緒《じょうちょ》」は、本来は〝感情の端〟という意味。その先には感情が〝糸〟のように長く続いているわけで、謎めいた魅力が人を惹きつける表現である。

日本語では、〝**細長い糸やひも**〟を指しても用いられる。「鼻緒《はなお》」「玉《たま》の緒《お》」「へその緒《お》」などがその例。なお、「一緒《いっしょ》」は、本来は〝同じ場所で〟という意味で、「一所《いっしょ》」と書くべきことば。とはいえ、〝糸で結ぶ〟というイメージも込められている。

音読みはショを用いるのが原則。昔は習慣的にチョもよく用いられたが、現在、チョと読まれるのは、すでに挙げた「情《じょう》緒《ちょ》」「端緒《たんちょ》」くらい。ただし、どちらもショと読まれることも多くなっている。

以前は点が一つ多い「緒」と書くのが正式。「者／者」(p251)が付いている理由には諸説があって、よくわからない。

しょ

諸

15画

[音読み]ショ
[訓読み]もろ
[部首]言(ごんべん)

日本はやっぱりスケールが小さい?

「諸君《しょくん》」「諸国《しょこく》」「諸《しょ》悪《あく》の根源」のように、〝**いろいろなもの全て**〟を表す。音読みが同じ「庶」(p281)と意味も似ているが、「庶」には〝その他大勢〟のニュアンスがあるのに対し、「諸」は〝全部ひっくるめて〟という意味合いが強い。

訓読みでは、「諸人《もろびと》こぞりて」「諸々《もろもろ》よろしく」のように、〝いろいろなもの全て〟の意味で「もろ」と読む。ただし、日本語「もろ」には〝**両方**〟の意味もあるので、「諸《もろ》手《て》を挙げる」「諸肌《もろはだ》脱ぎ」「諸膝《もろひざ》を立てる」「諸刃《もろは》の剣」のようにも用いられる。数はだいぶ減ってしまうわけだが、それはそれで勢いのある表現ではあろう。

以前は点が一つ多い「諸」と書くのが正式。「者／者」(p251)は〝多くのものを集める〟という意味ではないかと考えられる。

じょ 女

3画

［音読み］ジョ、ニョ、ニョウ
［訓読み］おんな、め
［部首］女（おんな）

説明するまでもなく、**〝女性〟**を表す漢字。「長女《ちょうじょ》」「子女《しじょ》」など、特に**〝娘〟**を指すこともある。

雰囲気もいろいろです

また、対になっているもののうち、**〝低い方やなだらかな方〟**をいう場合もあり、「女坂《おんなざか》」「女山《おんなやま》」「女滝《めだき》」などがその例。

音読みはジョを用いるのが原則。ニョは奈良時代以前からある古い読み方で、「女人禁制《にょにんきんせい》」「善男善女《ぜんなんぜんにょ》」「老若男女《ろうにゃくなんにょ》」「天女《てんにょ》」など、仏教の色合いが濃いことばで用いられるのが目立つ。仏教の世界では「女性《にょしょう》」「女色《にょしょく》」などもニョで読む。仏教では男性中心の立場から女性を遠ざけようとするからか、ニョと音読みすると、ナ行の響きとあいまってかえって性的なイメージが増幅される面もある。「女体《にょたい》」「女護《にょご》が島《しま》」がそのいい例である。

「女房《にょうぼう》」「女御《にょうご》」でニョウと読むのは、音読みニョが引き伸ばされたもの。同様に、「女王《じょおう》」のジョをジョウと引き伸ばして発音することもある。

訓読みは「おんな」が代表的だが、「女神《めがみ》」「乙女《おとめ》」「手弱女《たおやめ》」など「め」と読むこともある。また、「女子《おなご》」の「おな」は、「おんな」の省略形。

古代文字では「」と書かれ、〝女性が両手を前についてひざまずいている姿〟だと考えられている。そこに男性中心社会の意識を見るのが一般的だが、これを〝祈りの姿〟だと解釈する説もある。

部首としては?

「嬢」（p304）「姫」（p517）「婦」（p527）「娘」（p582）など、〝女性〟に関係する多くの漢字の部首となる。また、「姻」（p22）「婚」（p205）「姓」（p332）「婿」（p582）など、〝結婚〟や〝家族〟に関する意味を持つ漢字も多い。さらには、「嫌」（p161）「娯」（p177）「好」（p183）「嫉」（p248）のように〝心理状態〟を表す漢字も含まれる。多くの場合は漢字の左側に置かれて「おんなへん」と呼ばれるが、中には「妻」（p210）「威」（p15）のような例もあり、これらでは単に「おんな」と呼ぶ。

じょ 如

6画

［音読み］ジョ、ニョ
［訓読み］ごと-し
［部首］女（おんなへん）

「光陰矢《こういんや》の如《ごと》し」「風の如《ごと》く走る」など、**〝○○のようだ〟**という意味を表す。また、もう少し強く**〝○○の通り、そのまま〟**という意味にもなる。「如実《にょじつ》」は〝実際のまま〟、「如意《にょい》」は〝心のまま〟。さらには、別の漢字の後に付いて、**状態を表すことばを作る**はたらきもある。「突如《とつじょ》」は〝突発的な状態〟、「欠如《けつじょ》」は〝欠けた状態〟。「躍如《やくじょ》」は〝躍動する状態〟。

たいていは脇役ですが…

仏教では**〝ありのままの真実の世界〟**を表す漢字で、「如来《にょらい》」とは、その世界に到達した〝仏〟を指す。

「如何《いかん》」は状態に関する疑問を表すことばで、「内容の如何《いかん》を問わない」のように〝どんな状態か〟という意味で使われる。二字まとめて「いかん」と読む習慣だが、「調子は如何《いかが》」のように「いかが」と読むこともある。また、「如何《いか》なる困難があろうとも」「ご両親が如何《いか》に心配しているか」のように、「いか」と読んで〝どれほど〟という強調のはたらきもする。「如何《いか》にもうさんくさい」では〝どう考えても〟という意味。ただし、どの使い方にせよ、現在ではかな書きするのが自然。

音読みはジョと読むのが基本だが、すでに挙げた「如実《にょじつ》」「如意《にょい》」「如来《にょらい》」のように、奈良時代以前からある古い読み方ニョで読む熟語も少なくない。

じょ 助

7画

［音読み］ジョ
［訓読み］たす-ける、すけ
［部首］力（ちから）

飲み助と助兵衛は違うぞ

〝その上に〟という意味の「且」（p76）に部首「力」を組み合わせて、〝**力を添える**〟ことを表す。「助力《じょりょく》」「援助《えんじょ》」「補助《ほじょ》」「親を助《たす》けて働く」などがその例。「救助《きゅうじょ》」「病人を助《たす》ける」「来てくれて助《たす》かった」など、〝**困難から救い出す**〟という意味にもなる。

◆「たすける」と訓読みする漢字には「扶」（p524）もあるが、現在では「助」を使うのがふつう。ただし、〝だめになりそうなものを支える〟場合には「扶」を用いる場合もある。また、政治に関する場合は「輔」（p551）を使うこともできる。

「助手《じょしゅ》」「助演《じょえん》」「助役《じょやく》」「助《すけ》っ人《と》」などでは、〝**中心となって働く人を補佐する立場**〟を表す。名前で使われる読み方「すけ」も、この一種。

名前によく使われることから、「飲《の》み助《すけ》」「ねぼ助《すけ》」「合点承知《がってんしょうち》の助《すけ》」など、何かを人名めかして言う時にも用いられる。ただし、「助平《すけべえ》」「助兵衛《すけべえ》」は、「女好《おんなず》き」の「すき」が変化した「すけ」を人名めかしたもので、語源はちょっと異なる。

じょ 序

7画

［音読み］ジョ
［訓読み］つい-で
［部首］广（まだれ）

日本語では融通が利く？

「序盤《じょばん》」「序文《じょぶん》」「序曲《じょきょく》」「序《じょ》の口《くち》」など、〝**ものごとの始まり**〟を表すのが代表的な意味。また、「順序《じゅんじょ》」「序列《じょれつ》」のように〝**始まりから規則正しく並ぶ**〟ことをも表す。「秩序《ちつじょ》」は、〝規則正しく整っている〟こと。

基本的に〝順を追って〟というイメージがある漢字だが、日本語では、「ついで」と訓読みして、〝**ある機会に一緒に**〟という意味でも用いられる。「出かける序《つい》で」「序《つい》での際」などがその例。ある意味では順番通りだが、ある意味では順番を乱す行動なのが、おもしろい。ただし、「ついで」は現在ではかな書きするのが自然だろう。

部首「广」は〝建物〟を表す記号で、本来は〝母屋の両側に伸びる建物〟を表す漢字。それがどうして〝始まり〟や〝並び〟の意味となったかについては、すんなりした説明はなかなか見つからない。

じょ 叙

9画

［音読み］ジョ
［部首］又（また）

飛び越し厳禁！後戻りは無用？

「叙述《じょじゅつ》」「叙事詩《じょじし》」など、〝**順序立てて話を進める**〟ことを表す。「倒叙《とうじょ》」とは〝逆順で話す〟ことで、特にミステリで、犯人を先に明かして物語を進める語り口をいう。

転じて、〝**順位を付けて評価する**〟という意味でも用いられる。「叙勲《じょくん》」とは、〝順位を付けて勲章を授ける〟こと。

以前は「敍」と書くのが正式で、部首も「攴（ぼくづくり）」。「攴」は〝棒でたたく〟ことを表す記号で、「敍」も本来は〝たたいて伸ばしていく〟ことを表していたとする説が優勢である。

じょ 徐

10画

［音読み］ジョ
［訓読み］おもむ-ろ
［部首］彳（ぎょうにんべん）

国語と漢和因縁の対決？

部首「彳」は〝移動〟を表す記号。「徐行《じょこう》」「徐々《じょじょ》に」のように、〝**ゆっくり**〟という意味を表す漢字だが、現在ではこの二つの形以外で用いられるのはまれ。しいて挙げれば、クラシック音楽で、ゆっくりした楽章のことを「緩徐《かんじょ》楽章」というくらい。

〝ゆっくりと〟という意味で「おもむろに」と訓読みすることもあるが、送りがなが国語辞典では主に「徐に」、漢和辞典では主に「徐ろに」となっていて困ってしまう。ケンカしてもしかたないし、かな書きしておくのが無難であろう。

じょ
除
10画

［音読み］ジョ、ジ
［訓読み］のぞ-く
［部首］阝（こざとへん）

算数はむずかしい…

「除去《じょきょ》」「除雪《じょせつ》」「削除《さくじょ》」「排除《はいじょ》」「取《と》り除《のぞ》く」のように、〝**邪魔なものを取り去る**〟ことを表す。転じて、「除外《じょがい》」「免除《めんじょ》」「日曜を除《のぞ》く」など〝**ある範囲の外に置く**〟の意味でも用いられる。「のける」「よける」と訓読みすることもあるが、現在ではかな書きするのがふつう。

〝大みそか〟のことを「除夜《じょや》」というのは、〝古い年を取り去る〟ことから。算数で〝**割り算**〟を「除《じょ》」というのは、割り算とは、本来は、元になる数からある数を何回〝取り去る〟ことができるか、を求める計算であることに由来する。

音読みはジョを使うのが大原則。ジは、「掃除《そうじ》」以外ではほとんど用いられない特殊な読み方である。

部首「阝」は「阜」（p525）の変形で、〝盛り上げた土〟を表す記号。本来の意味については、〝邪魔な土をどける〟とか、〝神を祭った盛り土の下でおはらいをする〟などの説がある。

しょう
小
3画

［音読み］ショウ
［訓読み］ちい-さい、こ、お、さ
［部首］小（ちいさい）

細かな使い道がいっぱい！

言うまでもなく、〝**ちいさい**〟ことを表す。古代文字では「丨丨丨」と書き、小さい点を三つ書いた漢字。「小国《しょうこく》」「小腸《しょうちょう》」「小規模《しょうきぼ》」「小《ちい》さい箱」「小《ちい》さな町」「小型《こがた》」「小粒《こつぶ》」などでは〝**大きさが小さい**〟ことを表すが、「小差《しょうさ》」「小康状態《しょうこうじょうたい》」「小雨《こさめ》」「小雪《こゆき》」などでは〝**数や量などが少ない**〟こと。この場合には「少」（p286）とほぼ同じ意味で、「小食《しょうしょく》／少食《しょうしょく》」のように「小」と「少」の両方で書かれる熟語もある。

また、「小市民《しょうしみん》」「群小《ぐんしょう》」「小《ちい》さな問題」「小役人《こやくにん》」「小僧《こぞう》」「小銭《こぜに》」などでは、〝**取るに足りない**〟という意味。転じて、**自分のことをへりくだって表す**場合にも用いられ、「小生《しょうせい》」「小社《しょうしゃ》」「小誌《しょうし》」などがその例。

訓読み「こ」では、「小生意気《こなまいき》」「小綺麗《こぎれい》」「小細工《こざいく》」「小言《こごと》」「小唄《こうた》」など、〝**小さいが鋭い**〟というニュアンスを持つものが目立つ。また、「小脇《こわき》に抱える」「小耳《こみみ》に挟《はさ》む」「小首《こくび》をかしげる」などでは、**体の一部を表すことばの前に置かれて、表現が露骨にならないようにする**はたらきをしている、と考えられている。

訓読み「お」は、固有名詞以外ではあまり使われず、「春の小川《おがわ》」は珍しい例。「さ」も、「小百合《さゆり》」「小夜《さよ》」以外で使われることはまれ。この二つも特に〝小さい〟という意味があるわけではなく、単なる飾りのようなものだと考えられている。

部首としては？

漢和辞典では部首の一つだが、「小」を部首とする漢字は、ほかに「少」（p286）や「尖鋭《せんえい》」の「尖」がある程度。また、「尚」（p287）「当」（p450）の部首「⺌」は「しょうがしら」と呼ばれて、形の上から便宜的に部首「小」と合わせて扱われるが、辞書によっては部首「⺍（つ）」に含めることもある。

しょう
升
4画

［音読み］ショウ
［訓読み］ます
［部首］十（じゅう）

重なるのは落ち着かないので…

「升酒《ますざけ》」「五合升《ごごうます》」「漆塗《うるしぬ》りの升《ます》」のように、〝**液体や穀物を量る容器**〟を表す。転じて、**容積の単位**としても使われ、日本では、「一升《いっしょう》」は約一・八ℓ。

容器の「ます」を表す漢字には「桝《ます》」「枡《ます》」

もあるが、現在では「升」を使うのが一般的。ただし、〝一升を量るます〟の場合は「一升升《いっしょうます》」となってしまう。そのせいか、「桝」「枡」が用いられることも多い。

部首「十」は形の上から便宜的に分類されただけで、意味の関係はない。辞書によっては部首を「廾（にじゅうあし）」とするものもある。

少

しょう

若さだけは特別だ！

4画

［音読み］ショウ
［訓読み］すく-ない、すこ-し
［部首］小（ちいさい）

「少量《しょうりょう》」「僅少《きんしょう》」「人口が少《すく》ない」「少《すこ》し余る」など、**〝数量がわずかである〟**ことを表す。ただし、「少女《しょうじょ》」「幼少《ようしょう》」「少《しょう》年《ねん》」などでは、特に**〝年齢が少ない〟**ことをいう。

◆「すくない」と訓読みする漢字には「寡」（p56）もあるが、現在では「少」を使うのが一般的。「寡」は〝ほとんどない〟という意味合いで用いられる。

「小」（p285）に斜線を一本加えた形。だが、その線が何を表すについては、「小」と区別するための単なる記号とか、〝削って減らす〟ことを表す、小さなものをつなげる〝ひも〟を表すなど、諸説がある。

召

しょう

つべこべ言わずこっちへ来い！

5画

［音読み］ショウ
［訓読み］め-す
［部首］口（くち）

「召集令状《しょうしゅうれいじょう》」「裁判所に召喚《しょうかん》される」「外交官を召還《しょうかん》する」など、現在では**〝政府や官公庁などが命令して呼び寄せる〟**ことを表す。命令する権限がある場合だけ使える漢字で、そうでない場合にはたとえば「招集《しょうしゅう》」を用いる。

本来は、**〝地位の高い者が地位の低い者を呼び寄せる〟**という意味。「召《め》し抱《かか》える」は〝呼び寄せて部下にする〟こと、「召《め》し使《つか》い」は〝呼び寄せて用事をさせる相手〟。「殿のお召《め》しだ」といえば、〝殿様が呼び寄せている〟ということ。

そこから転じて、日本語では、**「食べる」「着る」などの敬語**として使われる。「召《め》し上《あ》がる」「お召《め》し物《もの》」がその例。ただし、実際の用途は「お風邪《かぜ》を召《め》される」「お気に召《め》す」「聞《き》こし召《め》す」など幅広い。敬語「召《め》す」に共通する意味をあえて表現するとすれば、**〝何かを自分のそばへ引き寄せて、体内や心の中に入れたり、身に付けたりする〟**こととでも言うしかない。

なお、成り立ちには諸説があるが、部首「口」は〝ことば〟を表すと考えておくのがよさそうである。

匠

しょう

細かい作業を積み重ねて…

6画

［音読み］ショウ
［訓読み］たくみ
［部首］匚（はこがまえ）

「巨匠《きょしょう》」「師匠《ししょう》」「匠《たくみ》の技」など、**〝すぐれた技術を身に付けている人〟**を表す。また、「意匠《いしょう》を凝《こ》らす」のように、**〝すぐれた技術を用いた工夫〟**を指すこともある。

〝箱〟を表す部首「匚」と、〝おの〟を表す「斤」（p130）を合わせて、本来は、箱を作ったり木材を切ったりするような〝手工業や建築の職人〟を指す。そこで、シェフや芸術家を指す場合も、〝入念に作り上げる人〟というイメージがある。

◆「たくみ」と訓読みする漢字には「巧」（p180）もある。「巧」は「巧《たく》みな販売戦略」のように〝器用な〟という意味を表すのに対して、「匠」はあくまで〝職人〟を指す。

床

しょう

生活の基本は眠りにあり

7画

［音読み］ショウ
［訓読み］とこ、ゆか
［部首］广（まだれ）

部首「广」は〝建物〟を表す。「起床《きしょう》」「病床《びょうしょう》」「床《とこ》ずれ」「寝床《ねどこ》」のように、基本的な意味は

〝**眠る場所**〟。中国では主に〝ベッド〟を表すので、「万年床《まんねんどこ》」のように〝ふとん〟を指すのは日本語オリジナルと言うべきかもしれない。転じて、「温床《おんしょう》」「苗床《なわとこ》」のように〝**何かが育つ場所**〟を表したり、「河床《かしょう》」「鉱床《こうしょう》」のように〝**何かが存在する地面や地層**〟を指すこともある。

「床下《ゆかした》」「床掃除《ゆかそうじ》」のように〝**建物内部の人が立つ面**〟をいうのは、日本語独自の用法。また、〝**座敷の一段高い部分**〟を表す「床《とこ》の間《ま》」や、〝**理髪店**〟を指す「床屋《とこや》」なども日本語だけに見られる使い方。もとが〝眠り〟に関わる漢字だけに、生活習慣によって大きな影響を受けたようである。

しょう
抄
7画
〔音読み〕ショウ
〔部首〕扌（てへん）

必要な部分だけさっと取る

「戸籍抄本《こせきしょうほん》」が代表的な例で、〝**抜き書きする**〟ことを表す。「抄録《しょうろく》」とは〝文章の一部を収録する〟こと、「抄訳《しょうやく》」とは〝文章の一部を翻訳する〟こと。

「手」が変形した部首「扌」と「少」の組み合わせで、本来は〝少しだけ取る〟という意味。紙は水に溶かした紙の成分の表面だけをすくい取るようにして作るので、〝**紙をすく**〟ことを「抄紙《しょうし》」「抄造《しょうぞう》」という。

しょう
肖
7画
〔音読み〕ショウ
〔部首〕月（にくづき）

悪いことは見習わないで！

「肖像《しょうぞう》」「不肖《ふしょう》」の二つの形以外では、ほとんど用いられない。〝**似ている**〟ことを表す漢字で、「肖像」は〝本物に似せて作った像〟。「不肖」は〝親や先生に似ず、愚かである〟ことで、転じて自分のことをへりくだって指す場合に用いられる。

「あやかる」と訓読みすることがあるが、これは〝**他人のよい点に似ようとする**〟という意味。うらやましさあふれる日本語独自の用法だが、現在ではかな書きするのがふつうである。

以前は「肖」と書くのが正式。部首「月」は「肉」の変形だが、成り立ちには諸説がある。「削」（p217）「消」（p289）「宵」（p289）などから考えると、「肖」には〝ほんの少しになる〟という意味があるかと思われる。

しょう
尚
8画
〔音読み〕ショウ
〔訓読み〕なお
〔部首〕⺌（しょうがしら）

積み重なって高くなる

「時期尚早《じきしょうそう》」がよく見かける例。〝**これまでと同じく今も**〟という意味を表す。「熱があるなら尚更《なおさら》やめた方がいい」でも同じような意味。「高級品で尚且《なおか》つ安い」では〝**ある状態に別の状態が重なる**〟こと。状態の継続や積み重なりを表す漢字である。

「尚《なお》、返品はご遠慮ください」のように、〝**付け加えると**〟という意味で用いられるのも、その一例。ただし、「尚更」「尚且つ」も含め、訓読み「なお」は、現在ではかな書きされる方が多い。

知識や好みが積み重なった場合には、「高尚《こうしょう》」のように〝**程度が高い**〟という意味となる。そこから転じて、過去を尊ぶ「尚古《しょうこ》主義」、武道を重んじる「尚武《しょうぶ》の気風」など、〝**高く評価して尊重する**〟ことを表しても用いられる。「好尚《こうしょう》」とは、〝好いたり尊重したりするもの〟。

また、時間が積み重なると〝久しい〟という意味にもなり、名前で「ひさし」「ひさ」と読むのは、ここに由来する。

なお、お寺の「和尚《おしょう》」は、古代インド語に対する当て字に由来するらしい。

以前は「尙」と書くのが正式で、部首も「小（ちいさい）」。現在では「⺌」を部首とするが、これを部首「⺍（つ）」に一緒に収める辞書もある。

しょう
承
8画
［音読み］ショウ
［訓読み］うけたまわ-る、う-ける
［部首］手（て）

落とさないよう気をつけて

形からすると、部首が「手」だというのは強引。しかし、古代文字では「」で、何かを下から三本の〝手〟で受ける形。本来は、〝手で大切に受け取る〟ことを表す。

転じて、**〝受け入れる〟**という意味で用いられる。「了承《りょうしょう》」「承知《しょうち》」「承認《しょうにん》」「注文を承《うけたまわ》る」などがその例。また、「継承《けいしょう》」「伝承《でんしょう》」のように**〝受け継ぐ〟**ことを表す場合もある。

◆訓読み「うける」は、現在では「受」（p261）を書くのがふつう。ただし、「ご提案を承《う》ける」「先祖から承《う》け継《つ》ぐ」のように、〝受け入れる〟〝受け継ぐ〟場合には「承」を用いることもある。

なお、訓読み「うけたまわる」は、「お話を承《うけたまわ》る」のように、**「聞く」のへりくだった表現**としても用いられる。

しょう
招
8画
［音読み］ショウ
［訓読み］まね-く
［部首］扌（てへん）

どうぞこちらへお通りください

「招待《しょうたい》」「招致《しょうち》」「お茶会に招《まね》く」のように、**〝呼び寄せる〟**ことを表す。

部首「扌」は「手」の変形。「召」（p286）も同じような意味だが、「召」が〝命令して呼び寄せる〟というニュアンスを含むのに対して、「招」は〝準備を整えて来てもらう〟という雰囲気がある。北風と太陽のような違いである。

しょう
昇
8画
［音読み］ショウ
［訓読み］のぼ-る
［部首］日（ひ、にち）

日の出の勢いでぐんぐんと

「上昇《じょうしょう》」「昇降口《しょうこうぐち》」のように**〝上へ移動する〟**ことを表す。〝場所が上がる〟だけではなく、**〝程度や地位などが上がる〟**ことをも指す。「昇給《しょうきゅう》」「昇段《しょうだん》」「昇格《しょうかく》」などがその例。部首「日」が示すように、本来は〝太陽がのぼる〟という意味。どこか〝勢いのよさ〟を漂わせる漢字である。

◆「のぼる」と訓読みする漢字には「上」（p298）「登」（p457）「騰」（p460）もある。その中で「昇」は、「月が昇《のぼ》る」「天に昇《のぼ》る」「理事長の地位に昇《のぼ》る」など、〝天空〟や〝高い役職〟についてだけ用いられる。〝勢いがいい〟〝心地よい〟というイメージがあるので、「煙が立ちのぼる」などは、「昇」を使うべきか、微妙なところ。判断に困る場合は、広い意味で用いられる「上」を書いておくのが無難だろう。

しょう
昌
8画
［音読み］ショウ
［部首］日（ひ、にち）

明日はさらによくなるよ！

「繁昌《はんじょう》」に代表されるように、**〝盛んになる〟**ことを表す。「昌運《しょううん》」とは、〝運勢が盛んになる〟こと。名前で「まさ」と読むのは、〝以前よりも勝《まさ》る〟ことから。

成り立ちには諸説あるが、部首「日」が重ねてあるのは、〝太陽の輝き〟と関係するからだと思われる。

しょう
松
8画
［音読み］ショウ
［訓読み］まつ
［部首］木（きへん）

実用的な使い道は？

樹木の〝まつ〟を表す。冬でも緑を保つところが尊重されて、「松竹梅《しょうちくばい》」の一番上に置かれる。しかし、さまざまな熟語になる「梅」（p490）や、部首として活躍する「竹」（p409）に比べると、漢字としての発展力では見劣りがする。食べられないし、加工もしにくいからだろうか。

とはいえ、幹に油分が多いことから灯火としては役に立つ。そこから生まれた

「松明《たいまつ》」は、漢字の熟語をそのまま、〝焚《た》き松《まつ》〟に由来する日本語で読む、当て字的表現である。

昭 しょう

9画

［音読み］ショウ
［部首］日（ひへん、にちへん）

歴史に〝もしも〟はないけれど…

部首「日」が示しているように、**〝太陽の光ではっきり見える〟**ことを表す。訓読みすれば「あきらか」で、名前で「あきら」「あき」と読むのはここに基づく。

現代の日本では、固有名詞を除けば、「昭和《しょうわ》」以外に使われることはまずない。「大正」の次の元号がもし「昭和」でなかったとしたら、この漢字はどんな運命をたどったのだろうか。不思議な気がする。

省 しょう

9画

⇩ せい（p335）

宵 しょう

10画

［音読み］ショウ
［訓読み］よい
［部首］宀（うかんむり）

日が暮れたならオレの世界！

「今宵《こよい》」「宵《よい》の口《くち》」「宵《よい》の明星《みょうじょう》」など、訓読み「よい」では**〝日が沈んでからしばらくの間〟**を表す。

しかし、音読みの熟語「徹宵《てっしょう》」「通宵《つうしょう》」「春宵《しゅんしょう》」「終宵《しゅうしょう》」はみな〝夜通し〟を意味し、「秋宵《しゅうしょう》」なども含めて**〝夜〟全体**を指すことが多い。また、中国の古典では**〝明け方〟**を意味する例もあって、実際には日暮れから夜明けまでを広く指すようである。〝五時から男〟みたいな漢字である。

以前は「宵」と書くのが正式。「肖／肖」（p287）には〝ほんの少しになる〟という意味があるらしく、〝建物〟を表す部首「宀」と合わせて、本来は〝建物にかすかに光が差す〟という意味だという。

将 しょう

10画

［音読み］ショウ
［訓読み］は-た
［部首］寸（すん）

みんな、ワシについて来い！

代表的な意味は**〝軍隊を率いる人〟**で、「将軍《しょうぐん》」「大将《たいしょう》」「武将《ぶしょう》」などがその例。以前は「將」と書くのが正式。部首「寸」は〝手で持つ〟ことを表し、「夕」は「肉」の変形。〝肉を手に持って神に捧げる人〟を指すのが本来の意味で、〝軍隊を率いる人〟はその転じたものだという。

このほか、**別の漢字の前に置かれて〝もうすぐ○○する〟ことを表す**はたらきもある。「将来《しょうらい》」とは、〝もうすぐやって来る〟こと。ただし、「危険な事態を将来《しょうらい》する」というように、〝引き起こす〟という意味でも使われる。この場合の「将」は、〝軍隊を率いる人〟から転じた**〝引っ張っていく〟**という意味。また、名前で「まさ」と読むのは、〝今にも〟という意味の日本語「まさに」に由来する。

なお、「はた」と訓読みして、「カレーか将《は》たまたラーメンか」のように**〝または〟**という意味で使うこともあるが、現在ではかな書きするのが自然である。

消 しょう

10画

［音読み］ショウ
［訓読み］け-す、き-える
［部首］氵（さんずい）

事前にしっかり考えてから

「消滅《しょうめつ》」「消費《しょうひ》」「消化《しょうか》」「解消《かいしょう》」「音を消《け》す」「姿が消《き》える」など、**〝なくなる／なくす〟**ことを表す。「消極的《しょうきょくてき》」は、〝意欲をなくしていく〟こと。「消息《しょうそく》」は、本来は〝消えることと生まれること〟で、〝移り変わり〟という意味から、移り変わりを伝える〝手紙〟や〝情報〟を指す。

「消毒《しょうどく》」「消臭《しょうしゅう》」「消音《しょうおん》」「消《け》しゴム」「あいつを消せ！」などなど、**〝邪魔なものをなくす〟**場面で用いられることも多い。ほんとうに〝なくす〟方がいいのか、考えてから使いたい漢字である。

以前は「消」と書くのが正式。部首「氵」は「水」の変形。「肖／肖」（p287）には〝ほんの少しになる〟という意味があるらしい。本来は、〝水の流れが細くなってなくなる〟ことを表していたと考えられている。

しょう 症

10画

［音読み］ショウ
［部首］疒（やまいだれ）

微妙な違いなんだけど…

「感染症《かんせんしょう》」「既往症《きおうしょう》」「敗血症《はいけつしょう》」など、〝**病気**〟を指してよく用いられる。しかし、本来は熱があるとか吐き気がするといった〝**病気の現れた状態**〟、つまり「症状《しょうじょう》」を表す漢字。「炎症《えんしょう》」「発症《はっしょう》」「後遺症《こういしょう》」「症候群《しょうこうぐん》」などがその例となる。

おそらく一二世紀ごろから使われるようになった漢字で、それ以前は〝病気の証拠〟という意味で「証」（p294）が使われていたという。部首を〝心身の不具合〟を表す「疒」に変えて意味をはっきりさせたわけだが、それが効き過ぎて〝病気〟そのものの意味でも使われるようになったという次第。「疒」のイメージの強烈さが、よく現れている漢字である。

しょう 祥

10画

［音読み］ショウ
［部首］ネ（しめすへん）

あいつが代表でいいの？

以前は「祥」と書くのが正式。部首「ネ／示」は〝神〟を表す記号。神に感謝すべき〝**めでたいこと**〟を表す漢字で、名前で「さち」と読むのはこの意味に由来する。

現在では、固有名詞以外で使われる例としては、「不祥事《ふしょうじ》」が代表的。また「発《はっ》祥《しょう》」は、本来は〝めでたいことが始まる〟という意味。現在では、後に発展したものについて〝そもそもの始まり〟を表す。

なお、「祥月《しょうつき》」とは、〝一年ごとに訪れる、亡くなったのと同じ月〟のこと。もとは〝一年後の喪《も》が明ける月〟を表すことばだったようである。

しょう 称

10画

［音読み］ショウ
［訓読み］たた-える、とな-える
［部首］禾（のぎへん）

お経はダメでもナムアミダブツは可

以前は「稱」と書くのが正式。部首「禾」は〝穀物〟を表す記号。「爯《しょう》」は〝てんびんを持ち上げている形〟。合わせて、本来は〝穀物の重さをてんびんで量る〟ことを表し、転じて〝**つり合いが取れている**〟という意味となる。「対称《たいしょう》」がその例。

ただし、最もよく使われるのは、「称《しょう》号《ごう》」「敬称《けいしょう》」「通称《つうしょう》」「一人称《いちにんしょう》」のように〝**だれかを指し示すことば**〟を指したり、「自《じ》称《しょう》、漢和辞典編集者」「詩人と称《しょう》する男」など〝**肩書きや呼び名などを付ける**〟ことを表したりする例。これは、指すものと指されるものとの〝つり合いを取る〟ところから生じた意味かと思われる。

また、「称賛《しょうさん》」「称揚《しょうよう》」「活躍を称《たた》える」のように〝**ほめる**〟という意味にもなる。これも、行動にふさわしい評価を与えるところから来たものか。

〝肩書きや呼び名などを付ける〟という意味で「となえる」と訓読みすることもあるが、現在ではあまり用いられない。「お経を称《とな》える」のように使う例も見かけるが、これは本来、〝読み上げる〟ことを表す「唱」（p291）を書くべきもの。ただし、「南無阿《なむあ》弥陀仏《みだぶつ》」「阿弥陀仏《あみだぶつ》」は〝呼び名〟なので、「南無阿弥陀仏を称《とな》える」はOKかもしれない。

しょう 笑

10画

［音読み］ショウ
［訓読み］わら-う、え-む
［部首］竹（たけかんむり）

実は無関係らしいです！

「談笑《だんしょう》」「爆笑《ばくしょう》」「笑《わら》うしかない」など、**おかしかっ**

たり楽しかったりして"わらう"ことを表す。「竹」が付いている理由には諸説あるが、古代文字では「笑」と書くので、本来は「竹」とは関係なく、"髪を結い上げた巫女《みこ》"の絵だった、とする説には説得力がある。神を楽しませるところから"わらう"という意味となったという。

◆「苦笑《にがわら》い」「照《て》れ笑《わら》い」「思い出し笑《わら》い」「ほくそ笑《え》む」など、あらゆる"わらう"を表すが、特に"バカにしてわらう"という意味を強く出したいときには、「せせら嗤《わら》う」のように「嗤《し》」を書くこともある。

また、日本語では、「笑覧《しょうらん》」「笑納《しょうのう》」のように、**"受け取ってもらう"ことをへりくだって表す**際にも用いられる。

なお、「咲」(p218)は、本来は「笑」と意味も読みも同じ漢字だったが、日本では"花が開く"という意味で用いられる。

しょう 商

11画

[音読み] ショウ
[訓読み] あきな-う
[部首] 口(くち)

ビジネスに必要な能力は?

代表的なのは、「商《しょう》売《ばい》」「外商《がいしょう》」「駄菓子を商《あきな》う店」「街へ商《あきな》いに出る」など、**"利益を得るために品物を売買する"**という意味。転じて、「豪商《ごうしょう》」「政商《せいしょう》」「士農工商《しのうこうしょう》」のように**"品物を売買する人"**をも指す。また、現在では"品物の売買"に限らず、**"ビジネス"**一般を指して広く用いられる。

また、算数では、**"割り算の答え"**を「商《しょう》」という。その理由ははっきりしないが、たしかに、ビジネスには割り算の能力が必須かもしれない。このほか、**"議論をして定める"**という意味もあり、歴史で出てくる「三国協商《さんごくきょうしょう》」が代表的な例。

"売買"の基本は"値段を定める"ことにあることを考えれば、こちらの方が本来の意味に近いとも思われる。

ただし、成り立ちの説明として優勢なのは、本来は、中国古代のある王朝を指す固有名詞だった、という説。漢字が誕生したのはこの王朝の時代だが、王朝が滅びた後、その国の人びとは中国各地を回って"品物の売買"に従事したという。

しょう 唱

11画

[音読み] ショウ
[訓読み] とな-える、うた-う
[部首] 口(くちへん)

もごもご口にしてないで…

基本的な意味は、**"はっきり声に出す"**こと。「復唱《ふくしょう》」「万歳三唱《ばんざいさんしょう》」「ご唱和《しょうわ》ください」「お祈りを唱《とな》える」などがその例。転じて、「提唱《ていしょう》」「唱導《しょうどう》」のように**"主張する"**ことを表す場合もある。

「合唱《がっしょう》」「独唱《どくしょう》」「歌唱力《かしょうりょく》」など、**"歌をうたう"**ことを指して用いるのは、"はっきり声に出す"から変化したもの。

◆訓読み「うたう」は、現在では「歌」(p57)を書くのがふつう。あえて「唱」を使う場合でも、"はっきり"のイメージがあるので、「鼻歌をうたう」などでは使わない方がよさそうである。

しょう 梢

11画

[音読み] ショウ
[訓読み] こずえ
[部首] 木(きへん)

あと少しで消えてしまう…

「梢《こずえ》に咲く花」「木々の梢《こずえ》」など、**"木の幹や枝などの先端"**を表す。「末梢《まっしょう》」もこの意味だが、転じて"ものごとの先端"をも表す。「末梢神経《まっしょうしんけい》」がその例。

以前は「梢」と書くのが正式。「肖/肖」(p287)には"ほんの少しになる"という意味があるらしく、本来は"木の先っぽのなくなりそうな部分"を表すと思われる。

しょう 渉

11画

[音読み] ショウ
[訓読み] わた-る
[部首] 氵(さんずい)

あるラインの向こう側へ

現在では、「交渉《こうしょう》」「干《かん》渉《しょう》」「渉外《しょうがい》」の三つの熟語で用いられるのが大半。〝**境界を越えて関係する**〟ことを表す。転じて、〝**広い範囲を動き回る**〟という意味にもなる。「渉猟《しょうりょう》」は、〝広い範囲を探し回る〟こと。

以前は、「少」を「少」とした「渉」と書くのが正式。「水」が変形した部首「氵」に「歩／歩」（p549）を組み合わせて、本来は〝**水を歩いて渡る**〟という意味。「徒渉《としょう》」とは、〝川や湖などを歩いて渡る〟ことをいう。

◆訓読み「わたる」は、現在では「渡」（p447）と書く方がふつう。あえて「三年に渉《わた》る」「さまざまな分野に渉《わた》る」のように書くと、〝境界を越えて〟というニュアンスが前に出ることになる。

章

しょう

いったい何を表すのか？

11画

［音読み］ショウ
［部首］立（たつ）

まず思い浮かぶのは、「文章《ぶんしょう》」「楽章《がくしょう》」「断章《だんしょう》」「憲章《けんしょう》」など、〝**ことばや音楽などのひとまとまり**〟を表す例。また、「印章《いんしょう》」「校章《こうしょう》」「紋章《もんしょう》」「腕章《わんしょう》」など〝**何かを表す印**〟を指すこともある。「勲章《くんしょう》」もその一つで、「受章《じゅしょう》」「褒章《ほうしょう》」のように**「勲章」の省略形**としても使われる。

成り立ちとしては「辛」（p310）と関係が深く、本来は〝入れ墨を入れるのに使う大きな針〟の絵だと考えられている。〝入れ墨〟から〝模様〟を表すようになり、〝何かを表す印〟は、そこから転じたもの。〝ひとまとまり〟の意味も、それが〝何かを表す〟ところから生じたものと思われる。

なお、名前で使われる読み方「あや」は、〝模様〟のこと。同じく「あきら」「あき」は、〝何かをはっきり表す〟という意味の「あきらか」に由来する。

紹

しょう

お酒は縁を取り持つか？

11画

［音読み］ショウ
［部首］糸（いとへん）

部首「糸」にも現れているように、本来は〝糸をつなぐ〟という意味。転じて〝**人と人をつなぐ**〟ことを表し、「紹介《しょうかい》」がその例。

現在では「紹介」以外の形で使われることはほとんどない。ただし、お酒飲みにとっては、「紹興酒《しょうこうしゅ》」とその産地「紹興《しょうこう》」の存在は、忘れられないことだろう。

訟

しょう

人が集まれば必ず…

11画

［音読み］ショウ
［部首］言（ごんべん）

部首「言」に「公」を組み合わせて、〝**裁判の場で争う**〟ことを表す。現在では「訴訟《そしょう》」の形で用いられるのが一般的。この熟語のためだけに一つの漢字が存在してきたようなもので、裁判が昔から、いかに重要な関心事だったかを示している。

勝

しょう

打ち負かす力耐え忍ぶ力

12画

［音読み］ショウ
［訓読み］か-つ、まさ-る、すぐ-れる
［部首］力（ちから）

「勝利《しょうり》」「優勝《ゆうしょう》」「試合に勝《か》つ」「実力で勝《まさ》る」など、〝**相手よりも力がある**〟ことを表すのが代表的な意味。「勝《すぐ》れた手腕」のように〝**ふつうよりも力がある**〟ことをもいう。

◆「かつ」と訓読みする漢字には「克」（p200）もあるが、現在では「勝」を使うのがふつう。「己に克《か》つ」のように書くと〝努力して〟という意味合いが強く出る。

転じて、〝**よい状態にある**〟ことをも表す。「ご健勝《けんしょう》をお祈りする」「殊勝《しゅしょう》な心がけ」「顔色が勝《すぐ》れない」などがその例。「名勝《めいしょう》」「景勝《けいしょう》の地」などでは、特に〝**眺めがよい**〟という意味。

また、〝力がある〟ことから、〝耐える〟という意味にもなる。「北勝海《ほくとうみ》」のように相撲の四股名《しこな》で「と」と読むのは、「たえる」の古語「たう」の縮まったもの。
◆訓読み「まさる」「すぐれる」では、「優」（p605）との使い分けが問題となる。「優」は根本に〝洗練されている〟というイメージを持つのに対して、「勝」は〝力がある〟というニュアンスが強いのが特徴。文脈に応じて、それぞれの意味合いを生かして使い分けたい。
　なお、以前は「勝」と書くのが正式。

しょう 掌

12画
［音読み］ショウ
［訓読み］てのひら、たなごころ、つかさど-る
［部首］手（て）

仕事となると簡単でもないけど

　「合掌《がっしょう》」によく現れているように、〝**手首から先の内側の部分**〟を表す。訓読みでは「てのひら」と読んだり、やや古めかしいが「たなごころ」と読んだりする。「掌《しょう》上《じょう》を転がす」「掌《てのひら》を返す」など、〝**とても簡単なこと**〟というイメージでも使われる。「掌握《しょうあく》」は、〝手のひらにつかむ〟から転じて、〝思い通りに扱う〟の意味。

　また、「職掌《しょくしょう》」「車掌《しゃしょう》」「在庫の管理を掌《つかさど》る」など、〝**仕事として担当する**〟という意味にもなる。
◆「つかさどる」と訓読みする漢字には「司」（p228）もある。「司」が〝部下を率いて担当する〟というイメージがあるのに対して、「掌」は〝その人が担当する〟というニュアンスが強い。

しょう 晶

12画
［音読み］ショウ
［部首］日（ひ、にち）

規則正しく美しい

　部首「日」は、この字では〝太陽〟ではなく、〝星〟を表すという。三つ組み合わせて、〝**星が明るく輝く**〟ことを意味する漢字。ちなみに、「星」（p334）の「日」も、大昔は「晶」と書いた。名前で「あきら」「あき」と読むのは、「あきらか」に由来する。

　「水晶《すいしょう》」は〝明るく透き通った鉱石〟。水晶が規則正しく整った形をしているところから、「結晶《けっしょう》」「液晶《えきしょう》」など、〝**規則正しい構造をもつ物質**〟を指しても用いられる。結果的に、字の形そのものが〝規則正しい〟のイメージを表すことになったのは、おもしろい現象である。

しょう 焼

12画
［音読み］ショウ
［訓読み］や-く、や-ける
［部首］火（ひへん）

昔は苦労をしたものです

　以前は「燒」と書くのが正式。「堯《ぎょう》」には〝高い〟という意味があり、「焼却《しょうきゃく》」「燃焼《ねんしょう》」「落葉を焼《や》く」「倉庫が焼《や》ける」など、〝**炎を上げて燃える／燃やす**〟ことを表す。転じて、「土器を焼《や》く」「魚が焼《や》ける」のように〝**火の熱で変質させる／する**〟ことを表したり、「夕焼《ゆうや》け」「日焼《ひや》け」「色焼《いろや》け」のように、特に〝**日光や熱によって色が変わる**〟ことを指したりもする。

　「手を焼《や》く」「世話が焼《や》ける」のように〝**手間がかかる**〟の意味で用いるのは、日本語独自の用法。火を起こすことに苦労した時代のなごりだろうか。

　また、訓読み「やく」を〝**嫉妬する**〟という意味で使うのも日本語オリジナル。ただし、この場合は「妬」（p446）を書く方が意味がはっきりするので好まれる。

　音読みは基本的にショウだけ。「焼《シュー》売《マイ》」でシューと読むのは、現代の広東語の発音に基づく。

しょう 焦

12画
［音読み］ショウ
［訓読み］こ-げる、こ-がす、あせ-る、じ-れる
［部首］灬（れっか、れんが）

焼き鳥はおいしいけれど…

　「焦《しょう》土《ど》」「焦《しょう》熱《ねつ》地《じ》獄《ごく》」「焼け焦げる」「お肉を焦《こ》がす」のように、〝**高熱で黒くなる／す**

し

章《しょう》紹訟勝／掌晶焼焦

る〟ことを表す。「焦点《しょうてん》」は、本来はレンズなどによって光が集中し、ものを置くと〝焦げる点〟。転じて、〝関心が集中するポイント〟を指す。

「焦燥《しょうそう》」「焦慮《しょうりょ》」「気が焦《あせ》る」「何もできず焦《じ》れる」などでは、胸が熱く感じられるところから、〝**心配でじっとしていられない**〟ことを表す。「胸を焦《こ》がす」「恋い焦《こ》がれる」「待《ま》ち焦《こ》がれる」のように〝**好意や期待でじっとしていられない**〟という意味でも使われるが、こちらは厳密には日本語のオリジナルかもしれない。

部首「灬」は「火」の変形で、「隹」（p322）は〝鳥〟を表す記号。成り立ちには珍しく異論がなく、本来は〝鳥を火であぶる〟という意味だったという。が、鳥のお焦げが特においしいという話も聞かないし、いまひとつ納得がいかない気もする。

しょう 硝

12画

［音読み］ショウ
［部首］石（いしへん）

技術と一緒にやって来た

鉱石の〝硝石〟を表す。火薬やガラス・肥料などの原料となる。「硝煙《しょうえん》」は〝火薬の煙〟。また、〝ガラス〟を当て字的に「硝子《ガラス》」と書き表すこともあるが、これは日本語のオリジナル。中国語では「玻璃《ボーリー》」で表す。
なお、以前は「硝」と書くのが正式。

しょう 粧

12画

［音読み］ショウ
［訓読み］よそお-う
［部首］米（こめへん）

ポーチに一つ入れておきます？

〝**顔形を美しく整える**〟ことを表す。部首「米」が付いているのは、昔はおしろいとしてお米の粉を使ったからだという。音読みは、「化粧《けしょう》」以外にはほとんど用いられない。
◆訓読み「よそおう」も、現在では「装」（p369）を書くのがふつう。あえて「粧」を使うとしても、「春のよそおい」「知らんぷりをよそおう」のような〝化粧〟以外の場面では、使いにくい。つまり、あくまで〝化粧〟専用のコンパクトのような漢字であるわけで、そういう漢字が存在すること自体、さまざまな点で興味深い。

しょう 翔

12画

［音読み］ショウ
［訓読み］と-ぶ
［部首］羽（はね）

空飛ぶヒツジ見参!?

〝**羽を広げて空中を移動する**〟ことを表す。「飛翔《ひしょう》」「大空を翔《と》ぶ」などがその例。昔は「かける」と訓読みしたが、現在では「とぶ」の方が一般的。部首が「羊」でなく「羽」なのは、〝羽〟に関する漢字だから。
◆「とぶ」と訓読みする漢字には「飛」（p511）「跳」（p421）もあるが、「翔」は「明日に向かって翔《と》べ」のように、特に〝翼を広げて自由に〟というイメージを込めて使われるのが、特徴である。
なお、以前は「翔」と書くのが正式。

しょう 証

12画

［音読み］ショウ
［訓読み］あかし
［部首］言（ごんべん）

ことばは事実になりうるか？


「証言《しょうげん》」「証明《しょうめい》」「認証《にんしょう》」「保証《ほしょう》」「論証《ろんしょう》」など、〝**確かな事実である、とはっきりさせる**〟ことを表す。「あかす」と訓読みすることもあるが、現在ではあまり用いられない。

転じて、「検証《けんしょう》」「考証《こうしょう》」のように、〝**事実であるか確認する**〟という意味ともなる。また、「証拠《しょうこ》」「証書《しょうしょ》」「証券《しょうけん》」「確証《かくしょう》」「反証《はんしょう》」「身分証《みぶんしょう》」「無実の証《あかし》」など、〝**確かな事実であると示すもの**〟をも指す。この場合の訓読み「あかし」は、送りがなを付けずに使うのが習慣である。

以前は「證」と書くのが正式。「証」はもともと別の漢字だったが、意味も発音も似ているので、古くから「證」の略字として用いられている。
部首「言」が付いているのは、〝事実〟も結局は〝ことば〟でしか確かめられないことを示しているかのよう。どこかもどかしい思いがする。

しょう
詔
12画
[音読み]ショウ
[訓読み]みことのり
[部首]言（ごんべん）

勝手に使わないように！

「国会開設の詔《みことのり》」「終戦の詔勅《しょうちょく》」「衆議院解散の詔書《しょうしょ》」など、**〝王や皇帝・天皇の命令〟**を表す。使用場面の極めて限られた漢字である。

しょう
象
12画
⇩ ぞう（p373）

しょう
傷
13画
[音読み]ショウ
[訓読み]きず、いた-む
[部首]亻（にんべん）

体も心も癒やしたい…

部首「亻」は「人」の変形。「軽傷《けいしょう》」「負傷《ふしょう》」「傷跡《きずあと》」など、**〝肉体の損なわれた部分〟**を指す。また、「傷害《しょうがい》」「殺傷《さっしょう》」のように**〝肉体を損なう〟**ことをも表す。
また、「傷心《しょうしん》」「感傷《かんしょう》」「ご愁傷《しゅうしょう》さま」「失恋の傷《きず》」のように、**〝悲しみでふつうには心がはたらかなくなる〟**ことを指す場合も多い。また、「中傷《ちゅうしょう》」では、**〝他人の名誉を損なう〟**という意味。
◆「きず」と訓読みする漢字には「創」（p368）もあるが、現在では「傷」と書く方が一般的。ただし、「創」が持つ〝鋭い〟イメージを好んで使うこともある。
◆訓読み「いたむ」では、「痛」（p429）「悼」（p455）との使い分けが問題となる。「痛」は、肉体的・精神的に〝つらさを感じる〟場合一般に用いられ、「悼」は〝人の死を悲しむ〟場合にだけ使われる。これらに対して、「傷」は〝ものがだめになる〟場合に使い、「野菜が傷《いた》む」「傷《いた》みのひどい道路」のように用いる。
なお、「柱の傷《きず》」「車に傷《きず》がつく」のように、広く**〝モノの損なわれた部分〟**をいうのは、日本語独自の用法。また、「火傷《やけど》」は、日本語「やけど」の意味を漢字二字で表した、当て字的表現である。

しょう
奨
13画
[音読み]ショウ
[訓読み]すす-める
[部首]大（だい）

やる気がある人歓迎します！

「奨学金《しょうがくきん》」「奨励賞《しょうれいしょう》」「推奨《すいしょう》」など、**〝何かが盛んになるように力添えする〟**ことを表す。
◆「すすめる」と訓読みする漢字には「勧」（p87）「進」（p314）「薦」（p356）などもあるが、中でも「勧」との使い分けがむずかしい。「勧」は、もともとはやる気がなかったことに対して〝やる気を出させる〟場合にも使われるが、「奨」にはそこまでの積極さはないのが、異なる点。ただし、まぎらわしいことも多いので、現在では「奨」は使わずすべて「勧」と書いてしまうことも多い。
以前は「奬」と書くのが正式。が、実は「奬」がおおもとの形で、部首は「大」ではなく「犬」だという。本来の意味には、〝犬をけしかける〟とか〝犬を捧げて神に何かをお願いする〟などの説がある。

しょう
照
13画
[音読み]ショウ
[訓読み]て-る、て-らす、て-れる
[部首]灬（れっか、れんが）

恥ずかしいから当てないで！

〝明るくてはっきり見える〟ことを意味する「昭」（p289）に、さらに「火」が変形した部首「灬」を付け加えて、**〝明るい光を当てる〟〝光が当たって輝く〟**ことを表す。「照明《しょうめい》」「日照時間《にっしょうじかん》」「ブリの照《て》り焼《や》き」「舞台を照《て》らす」などがその例。「照葉樹《しょうようじゅ》」は、〝広くて光沢のある葉を持つ常緑樹〟。

転じて、「照準《しょうじゅん》」「自己観照《じこかんしょう》」のように〝**はっきり見つめる**〟という意味にもなる。また、鏡にはっきり映すところから、〝**二つのものを比べる**〟ことも表す。「照合《しょうごう》」「照会《しょうかい》」「参照《さんしょう》」「対照的《たいしょうてき》」「法律に照《て》らして判断する」などが、その例となる。

「ほめられて照《て》れる」「照《て》れ笑《わら》い」のように〝**恥ずかしがる**〟の意味で用いるのは、日本語独自の用法。顔が赤くなるのを〝光が当たった〟とたとえたもの。ますます恥ずかしくなりそうな使い方である。

しょう

詳

13画

［音読み］ショウ
［訓読み］くわ-しい、つまび-らか
［部首］言（ごんべん）

そのくらいでやめておけば？

「詳細《しょうさい》」「詳説《しょうせつ》」「未詳《みしょう》」「詳《くわ》しくはWebで」「計画が詳《つまび》らかになる」など、〝**細かい点まではっきりしている**〟ことを表す。

◆「くわしい」と訓読みする漢字には「精」（p338）もある。現在では「詳」を書くのが一般的だが、〝細かい点まで行き届いた〟という意味合いを出すために、「精」を用いることもある。

◆訓読み「つまびらか」では、「審」（p316）との使い分けがむずかしい。「審」は〝疑問を明らかにする〟点にポイントがあるが、「詳」は部首「言」が付いているように、〝ことばで細かく説明する〟というニュアンスがある。極端な例を挙げれば、説明の必要がないほど単純な真相を明らかにする場合には、「詳《つまび》らかにする」と書くとくどい感じがする。「詳」は、へたをするとうんざりされてしまう、取り扱い要注意の漢字なのである。

しょう

彰

14画

［音読み］ショウ
［部首］彡（さんづくり）

ほめてやってください！

「章」（p292）には〝模様〟という意味がある。それに、さらに〝模様〟を意味する部首「彡」を加えて、〝はっきりした模様〟をいうのが本来の意味。転じて、〝**高く評価して周囲にはっきり示す**〟という意味で使われる。「表《ひょう》彰《しょう》」「顕彰《けんしょう》」などがその例。

〝はっきり〟という意味から、昔は「あきらか」と訓読みした。名前で「あきら」「あき」と読むのは、そのなごりである。

しょう

障

14画

［音読み］ショウ
［訓読み］さわ-る
［部首］阝（こざとへん）

そこにいられると困るんだ！

部首「阝」は「阜」（p525）の変形で、〝盛り上げた土〟を表す。堤防や土壁を築いて〝**敵の侵入をさえぎる**〟のが、本来の意味。「障壁《しょうへき》」「安全保障《あんぜんほしょう》」がその例で、日本家屋の「障子《しょうじ》」も近い。転じて、「支障《ししょう》」「故《こ》障《しょう》」「障害物《しょうがいぶつ》」など、広く〝**妨げになるもの**〟を指して使われる。

訓読み「さわる」は、〝**妨げになる**〟という意味。「差《さ》し障《さわ》り」「飲みすぎは健康に障《さわ》る」などがその例。「耳障《みみざわ》り」「気に障《さわ》る」のように〝**不快に感じる**〟ことをいうのは、日本語独自の用法である。

◆「さわる」と訓読みする漢字には「触」（p306）もある。「触」は〝軽く接する〟場合一般に用いられるのに対して、「障」は〝妨げになる〟場合だけ使われる。

しょう

憧

15画

［音読み］ショウ、ドウ
［訓読み］あこが-れ
［部首］忄（りっしんべん）

ぼうっとばかりしてないで！

部首「忄」は「心」の変形。本来は〝心が揺れて定まらない〟ことを表す漢字。日本では、「憧憬《しょうけい》」「憧《あこが》れ」の二つの形で、〝**理想とするものに心が強く惹かれて、落ち着きがなくなる**〟という意味で用いられる。

音読みは、ショウが本来の読み方。ドウは「童《どう》」につられて生じた慣用的な読み方で、「憧憬」は「どうけい」とも読む。音読みが定まらないところが、心の揺れを表しているよう。しっかりしなさい、と声をかけてあげたくなる漢字である。

しょう

衝

15画

［音読み］ショウ
［訓読み］つ-く
［部首］行（ぎょうがまえ）

思い切ってドンと行け！

「衝《しょう》突《とつ》」「衝《しょう》動《どう》」「衝《しょう》撃《げき》」「緩《かん》衝《しょう》材《ざい》」のように、〝**ぶつかってダメージを与える**〟ことを表す。「折《せっ》衝《しょう》」は、〝ぶつかってくるものを折る〟ところから、〝こちらに有利になるよう交渉する〟こと。

「要《よう》衝《しょう》」では〝**交通上の重要な地点**〟を指す。この意味は、さまざまな道が〝ぶつかる〟ことに由来すると思われる。ただし、部首「行」は〝道〟を表すので、こちらの方が本来の意味だと考える説もある。

◆訓読み「つく」は、現在では「突」（p467）を使うのがふつう。あえて「門を丸太で衝《つ》く」「異臭が鼻を衝《つ》く」「相手の弱点を衝《つ》く」のように書くと、〝ダメージ〟の意味合いが強く出ることになる。

しょう

賞

15画

［音読み］ショウ
［部首］貝（かい）

いいものくれるとうれしいなあ…

「賞《しょう》賛《さん》」「激《げき》賞《しょう》」のように、〝**ほめる**〟ことを表す。また、「一《いっ》等《とう》賞《しょう》」「優《ゆう》秀《しゅう》賞《しょう》」「イグノーベル賞《しょう》」など、〝**ほめて与えられるもの**〟をいうことも多い。ただし、〝お金や宝物〟を表す部首「貝」が付いているように、本来は〝ほめて金品を与える〟こと。だからやっぱり「賞《しょう》金《きん》」「賞《しょう》品《ひん》」が必要で、「賞《しょう》状《じょう》」だけでは物足りない。

転じて、〝**よいものをじっくり楽しむ**〟という意味でも用いられる。「観《かん》賞《しょう》」「賞《しょう》味《み》」「賞《しょう》玩《がん》」「名月を賞《しょう》する」などがその例。この意味の場合は金品を与える必要はないから、気楽である。

しょう

償

17画

［音読み］ショウ
［訓読み］つぐな-う
［部首］亻（にんべん）

その重みに耐えられるか？

部首「亻」は「人」の変形だが、この漢字では、「賞」（p297）と区別するために添えられたもの。「賞」が〝ほめて金品を与える〟のに対して、「償」は〝**おわびや見返りとして金品を与える**〟ことを表す。「弁《べん》償《しょう》」「賠《ばい》償《しょう》」「補《ほ》償《しょう》」などがその例。また、〝**見返り**〟や〝**何かと引き換えにする苦労**〟を指すこともあり、「無《む》償《しょう》の愛」「成功の代《だい》償《しょう》」などが、その例である。

訓読み「つぐなう」は、広く〝**埋め合わせする**〟こと全般を指し、「借金を償《つぐな》う」「罪を償《つぐな》う」「欠点を償《つぐな》う」のように用いられる。音読みでも訓読みでも、しばしば〝しなくてはならない〟という義務感を漂わせる、重たい漢字である。

しょう

礁

17画

［音読み］ショウ
［部首］石（いしへん）

美しいけど邪魔になる…

「珊《さん》瑚《ご》礁《しょう》」のイメージが強いが、本来は〝**水面下の浅いところにあって、見え隠れする岩**〟を表す漢字。「座《ざ》礁《しょう》」は、〝船が岩などに乗り上げて動けなくなる〟こと。「計画が暗《あん》礁《しょう》に乗り上げる」のように、比喩的に使われることもある。

漢和辞典では「かくれいわ」と訓読みするが、あまり耳にしないことば。漢和辞典界の特殊用語なのかもしれない。

しょう

鐘

20画

［音読み］ショウ
［訓読み］かね
［部首］金（かねへん）

今では実用的なものが主流

〝**たたいて音を鳴らす**〟かね〟を表す。もともとはつり下げて用いるものを指し、「釣《つ》り鐘《がね》」「お寺の鐘楼《しょうろう》」などが代表的な例。手で振るものや、伏せて置いてたたくものは、本来は区別して「鉦《かね》」で表す。ただし、現在ではすべてひっくるめて「鐘」と書いて差し支えない。

大昔の中国では楽器の一つだったが、「始業の鐘《かね》」「除夜の鐘《かね》」「警鐘《けいしょう》を鳴らす」など、現在では〝何かを知らせる〟ために用いられることが多い。

じょう
上
3画

［音読み］ジョウ、ショウ
［訓読み］うえ、うわ、かみ、あ-がる、あ-げる、のぼ-る、のぼ-す、のぼ-せる
［部首］一（いち）

使い方をとことん考えてみる

横棒の上側に印を付けて、**〝高いところ〟**や**〝高い方へ移動する〟**ことを表す。具体的な位置についていうのが基本だが、そこから発展して、「上級《じょうきゅう》」「上達《じょうたつ》」「上《じょう》京《きょう》」「献上《けんじょう》」「机の上《うえ》」「川上《かわかみ》」「血圧が上《あ》がる」「評価が上《あ》がる」「報告書を上《あ》げる」「利益は一億円に上《のぼ》る」のように、程度・序列・価値などなど〝上下〟の感覚でとらえられるさまざまなものについて使う。また、「上旬《じょうじゅん》」「上巻《じょうかん》」のように、**時間や順序としての〝前〟**を表すこともある。

おもしろいのは、「歴史上《れきしじょう》」「話題に上《のぼ》る」のような例。**〝ある場面に登場する〟**ことを表し、「歴史下《れきしか》」「話題に下《くだ》る」という言い方はしない。一方、「理論上《りろんじょう》」「計画の上《うえ》では」などでは**〝ある観点では〟**という意味で、こちらは似た意味で「理論の下《もと》で」「計画の下《もと》では」という言い方もする。「上」と「下」（p48）との対応関係に食い違いがある例である。

非常に広い意味で使われる漢字であるだけに、それぞれがどのような意味で〝うえ〟なのか、また「下」と対になるのかならないのか、音読みと訓読みの両方にまたがるのかそうでないのかなどを考えてみると、意外な発見があるかもしれない。

音読みはジョウを使うのが大原則。ショウは平安時代ごろに正式とされた読み方だが、日常的に使われる例は少なく、しいて挙げるならば〝徳の高い僧〟を指す「上人《しょうにん》」がある程度。ほかに「身上《しんしょう》」もあるが、これは「しんじょう」と読むこともある。

問題は訓読みで、送り仮名なしの一文字だけでも、「うえ」「うわ」「かみ」の三種類の読み方をする。この中で、基本となるのは「うえ」。「うわ」は、「うえ」が続く発音に影響されて変化したもので、「上着《うわぎ》」「上澄《うわず》み」「上《うわ》の空」のように使われる。「かみ」の例は「風上《かざかみ》」「上半期《かみはんき》」「上座《かみざ》」「お上《かみ》の言うこと」などで、「下《しも》」と対になることばに使われることが多い。

「あがる」「のぼる」については、送りがなの付け方に注意が必要。「あがる」は「あげる」の形にもなるので「が／げ」から送って「上《あ》がる／上《あ》げる」と書き、「上《のぼ》る」と送る「のぼる」と区別する。

「のぼす」は**〝ある場所に提供する〟**ことで、「食卓に上《のぼ》す」「話題に上《のぼ》す」のように用いるが、現在ではやや古めかしい言い方。「のぼせる」も、本来は同じ意味のことば。「気が上《のぼ》せる」のように**〝頭がぼうっとする〟**の意味でも使えるが、「のぼせあがる」を漢字で書こうとすると「上《のぼ》せ上《あ》がる」となってしまう。そのせいか、現在では「のぼせる」はかな書きが多い。

◆「のぼる」については、「昇」（p288）「登」（p457）との使い分けが気になるところ。「昇」は〝天空〟や〝高い地位〟についてしか用いないので区別は容易。むずかしいのは「上」と「登」の使い分け。「登」は「山に登《のぼ》る」「木登《きのぼ》り」のように〝のぼる〟という行動そのものに目的がある場合や、「演《えん》

壇《だん》に登《のぼ》る」「マウンドに登《のぼ》る」のように、"公式の場所に出る"場合に用いる。「上」は、「階段を上《のぼ》る」「都に上《のぼ》る」などそれ以外の場合を中心に広く一般的に使うことができるので、迷ったら「上」を書いておくのが無難。なお、"予想外に""不安定に"という意味合いを含む場合に、「騰」（p460）を使うこともある。

◆また、「あげる／あがる」と訓読みする漢字には「挙」（p118）「揚」（p611）もある。このうち、「上」は"高いところへ移動する"場合に最も一般的に使われる。ただし、「手を挙《あ》げる」は手が移動してはいるが、"目立たせる"のニュアンスに重点を置いて「挙」を、「空高く凧《たこ》を揚《あ》げる」も凧が移動してはいるが、"空高く"のイメージを重視して「揚」を用いるなど、まぎらわしい場合も多い。迷ったらやはりかな書きするのがおすすめ。なお、ここでも、"予想外に""不安定に"という意味合いを含む場合に、「騰」を使うことがある。

じょう 丈

3画

［音読み］ジョウ
［訓読み］たけ
［部首］一（いち）

長さが与える安心感

昔の長さの単位を表す漢字。日本では、「一丈《いちじょう》」は約三・〇三m。転じて、「背丈《せたけ》」「着物の丈《たけ》」のように"**長さ**"を指すこともある。また、背が高いところから、"**しっかりした**"という意味にもなる。「丈夫《じょうぶ》」「頑丈《がんじょう》」「気丈《きじょう》」がその例。

昔の日本語では、「尾上菊五郎丈《おのえきくごろうじょう》」のように、**俳優などの名前の下に付けて敬意を表す**使い方もあった。男性の名前でよく用いられるのは、これにアメリカ人男性の代表的な名前Joeが結びついたものだろう。ただし、根底には"しっかりした"のイメージが流れていると思われる。

じょう 冗

4画

［音読み］ジョウ
［部首］冖（わかんむり）

不必要なら気楽にいこう！

本来は「宂」と書かれた漢字で、"建物"を表す部首「宀（うかんむり）」と、「人」の変形「儿（ひとあし）」が組み合わさった形。"人が外で作業をせずに建物の中にいる"ところから、"**むだな**""**不必要な**"という意味を表すようになったという。「冗長《じょうちょう》」「冗漫《じょうまん》」などがその例。

「冗舌《じょうぜつ》」は、"あり余るほどの"という意味の「饒《じょう》」を使って「饒舌《じょうぜつ》」と書いた熟語が、日本で「冗舌」と書かれるようになったらしい。「冗談《じょうだん》」も日本語独自の熟語で、語源は「笑談《しょうだん》」だとか「常談《じょうだん》」だとかの説がある。「冗句《じょうく》」も日本語オリジナルのようで、本来は"不必要な語句"のことだが、現在では英語jokeとの掛けことばのように使われる。

字の形にしろ、熟語にしろ、気楽に変化することが多い。それだけ、意味をよく体現しているのかもしれない。

じょう 条

7画

［音読み］ジョウ
［部首］木（き）

物差しで引いたように

以前は「條」と書くのが正式で、"長い"ことを意味する「攸《ゆう》」に、部首「木」を組み合わせた漢字。本来は"細長く伸びた枝"を表す。

漢字の世界では、木の枝には"まっすぐな"イメージがあるらしい。そこで、"**筋《すじ》道を立てる**"ことをも表す。「条件《じょうけん》」「条理《じょうり》」「信条《しんじょう》」などがその例。「箇条書《かじょうが》き」「条文《じょうぶん》」のように"**短く順序立てて書き分けられた文章**"を指すのは、その変化したもの。さらには、「十七条憲法《じゅうしちじょうけんぽう》」のように**条文を数える漢字**としても用いられる。

"まっすぐな"というイメージは強く、京都や北海道の街などで見られるような

〝**東西に走るまっすぐな道**〟を表すのもその例。また、「一条《いちじょう》の光」「三条《さんじょう》の矢」のように、**細長くまっすぐなものを数える漢字**として用いられることもある。

じょう 状

7画

［音読み］ジョウ
［部首］犬（いぬ）

形式に従ってきっちりと

「状態《じょうたい》」「状況《じょうきょう》」「現状維持《げんじょういじ》」「実状《じつじょう》を調べる」など、〝**ものごとのようす**〟を表す。「白状《はくじょう》」は本来は〝ようすを述べる〟ことで、「白」（p492）は〝言う〟という意味。

「礼状《れいじょう》」「年賀状《ねんがじょう》」「あいさつ状《じょう》」のように〝**手紙**〟を指すのは、〝ものごとのようすを述べた文章〟という意味からだという。しかし、「賞状《しょうじょう》」「免状《めんじょう》」「委任状《いにんじょう》」「預《あず》かり状《じょう》」など〝**一定の形式に従った書類**〟を表す例も多く、〝手紙〟の場合も〝形式に従った手紙〟という印象が強い。

以前は「狀」と書くのが正式。「爿《しょう》」には〝ベッド〟の意味があるので、ベッドのように四角張って堅いイメージがあるのかもしれない。なお、部首「犬」が付いているので、本来は〝犬の姿〟を表したともいうが、異説もある。

じょう 乗

9画

［音読み］ジョウ
［訓読み］の-る、の-せる
［部首］ノ（の）

止まっているのは珍しい？

「表彰台に乗《の》る」「赤ちゃんをひざに乗《の》せる」など、〝**何かの上に身を置く／置かせる**〟ことを表す。ただし、車や船、飛行機や馬など〝**何かを利用してどこかへ行く**〟ことをいう場合が多い。「乗車《じょうしゃ》」「乗客《じょうきゃく》」「搭乗《とうじょう》」「自転車に乗《の》る」「助手席に乗《の》せる」などがその例。「電波に乗《の》る」のように比喩的に使う場合もある。

転じて、〝**ある勢いを利用する**〟ことをも表す。例としては、「便乗《びんじょう》」「相乗効果《そうじょうこうか》」「勝ちに乗《じょう》ずる」など。「誘いに乗《の》る」「調子に乗《の》る」のように〝**ある勢いに巻き込まれる**〟という意味合いになると、漢字本来の意味からは外れるようで、「口車《くちぐるま》に乗《の》る」のような慣用句は、完全な日本語のオリジナル。また、「リズムに乗《の》る」「乗《の》りがいいヤツ」のように〝**調子を合わせる**〟のも、日本語独自の用法である。

算数では〝**掛け算**〟を意味するのは、同じ数を〝乗せていく〟ことからか。また、「大乗仏教《だいじょうぶっきょう》」では、〝**教え**〟を〝人びとを乗せて極楽へと導くもの〟にたとえている。

◆「のる／のせる」と訓読みする漢字には「載」（p215）もあるが、「載」は人ではなくモノについて用いるので、使い分けには悩まなくても済む。また、〝馬にのる〟場合には「騎」（p104）を使うこともある。

なお、現在ではほとんど用いられないが、〝**日々の記録**〟を表すこともあり、小説家永井荷風《ながいかふう》の日記「断腸亭日乗《だんちょうていにちじょう》」はその例。これも〝掛け算〟と似て同じことを続けるイメージから来たものか。全体的に、〝移動〟や〝継続〟の意味合いが感じられる漢字である。

以前は「乘」と書くのが正式。古代文字では「」で、〝木の上に人がのぼっている形〟だという。部首「ノ」は、形の上から便宜的に分類されたものである。

じょう 城

9画

［音読み］ジョウ、セイ
［訓読み］しろ、き
［部首］土（つちへん）

日本では建物中国では壁

「城外《じょうがい》」「古城《こじょう》」「万里の長城《ちょうじょう》」「城跡《しろあと》」のように、〝**敵の侵入を防ぐための建造物**〟を表す。日本では特別な〝**とりで**〟を築いて拠点とするのに対して、中国では都市をまるごと壁で囲い込むので、〝**都市**〟そのものを指すことが多い。中国の詩人、杜甫《とほ》の「国《くに》破《やぶ》れて山河《さんが》在《あ》り、城春《しろはる》にして草木深《そうもくふか》し」という詩はその代表。ただし、『三国志』にも出てくる「石頭城《せきとうじょう》」「麦城《ばくじょう》」のように、中国でも〝とりで〟の意味で使われることもある。

訓読みはふつうは「しろ」だが、古語で〝とりで〟を表す「き」を用いることもあり、「宮《みや》城《ぎ》」「茨《いばら》城《き》」「城崎《きのさき》」などの固有名詞に見ることができる。また、沖縄では「ぐすく」と読むこともある。

音読みはジョウを用いるのが大原則。セイは平安時代ごろに正式とされた読み方だが、現在では、〝町全体を魅了するほど魅力的な女性〟をいう「傾城《けいせい》」で使われるくらいである。

じょう 浄

9画

［音読み］ジョウ
［訓読み］きよ-める
［部首］氵（さんずい）

この苦しみから遠く離れて

「浄化《じょうか》」「洗浄《せんじょう》」「浄水《じょうすい》場《じょう》」「自浄作用《じじょうさよう》」「罪を浄《きよ》める」など、〝**けがれを取り除く**〟ことを表す。また、「浄書《じょうしょ》」のように〝**きれいに整える**〟という意味にもなる。部首「氵」は「水」の変形なので、本来は〝けがれを洗い流す〟という意味だったと思われる。

◆「きよめる／きよい」と訓読みする漢字には「清」（p335）もある。「清」が〝最初からきれいである〟ことも多いのに対して、「浄」は〝けがれを取り除く〟ところに重点がある。そう考えると、「浄《きよ》しこの夜」のような書き方も、味わいが深い。

また、仏教で好んで用いられる漢字で、「浄土《じょうど》」は〝煩悩《ぼんのう》のない世界〟のこと。お寺のお賽銭箱《さいせんばこ》には「浄財《じょうざい》」と書いてあるし、閻魔《えんま》様が持っているという〝生前の罪をすべて映し出す鏡〟を「浄玻璃《じょうはり》の鏡」という。「浄瑠璃《じょうるり》」も、本来は仏教で〝清らかで透き通った宝石〟を意味することばで、ある物語の主人公「浄瑠璃姫《じょうるりひめ》」の名前から、三味線を伴奏とする語り物の一つを表すようになった。現世の〝けがれ〟が取り除かれた、宗教的な美しさを漂わせる漢字である。

なお、以前は「淨」と書くのが正式。

じょう 剰

11画

［音読み］ジョウ
［訓読み］あま-す、あまつさ-え
［部首］刂（りっとう）

残ったものも見逃さない！

「過剰《かじょう》」「余剰《よじょう》」「剰余《じょうよ》」の三つの熟語が代表的。〝**多すぎて残る**〟ことを表す。

訓読みでは「あまる」とも読むが、「剰《あま》すところ」のように「あます」と読む方が多い。ただし、どちらも、現在では「余」（p607）を書くのがふつうである。

「あまつさえ」は、「あまりさえ」の変化したことばで、〝残りまでも〟というところから〝**そればかりではなく**〟の意味。「勝手に上がり込んで、剰《あまつさ》え冷蔵庫まで開けるとは」のように用いる。送りがなは「剰つさえ」の方がよさそうだが、「え」だけを送るのが習慣。ただし、これも現在ではかな書きするのが自然で、「剰」が訓読みで使われる場面はほとんどない。

以前は「剩」と書くのが正式。部首「刂」は「刀」の変形で、〝刃物で切り取った残り〟を表すのが本来の意味だという。

じょう 常

11画

［音読み］ジョウ
［訓読み］つね、とこ
［部首］巾（はば）

何かをしてもしなくても

「常設《じょうせつ》」「常備《じょうび》」「恒常《こうじょう》的《てき》」「常《つね》に恋をしている」など、〝**いつも変わらず何かをしている**〟ことを表すのが基本。「常習《じょうしゅう》」「常連《じょうれん》」「常《じょう》勝《しょう》」などでは、〝**くり返して何かをし続ける**〟ことを意味する。

〝**特別なことはせず、ふだん通りの**〟という意味で使うこともある。「日常《にちじょう》」「平《へい》常《じょう》」「非常《ひじょう》」「常軌《じょうき》を逸《いっ》する」「常日頃《つねひごろ》」などがその例。転じて、「常識《じょうしき》」「常道《じょうどう》」「常人《じょうじん》にはできない」のように、**〝ありふれた、ふつうの〟**という意味にもなる。

◆なお、「つね」と訓読みする漢字には「恒」（p188）もあるが、現在では「常」を用いる方が一般的。

訓読み「とこ」は、〝いつも変わらない〟ことを表す古語で、「常夏《とこなつ》」がその代表。また、「ときわ」は「とこいわ」が縮まったもの。漢字では、〝いわ〟を意味する「磐《ばん》」や「盤」（p507）を用いて、「常磐《ときわ》」「常盤《ときわ》」と書く。

じょう 情

11画

［音読み］ジョウ、ゼイ
［訓読み］なさ-け
［部首］忄（りっしんべん）

成り立ちには諸説あるが、もともとは〝ある一定の長さの布きれ〟を指していたのではないかと思われる。〝布きれ〟を意味する部首「巾」は、そのなごりである。

ありのままの真実の姿

「感情《かんじょう》」「心情《しんじょう》」「情緒《じょうちょ》不安定」など、**〝心のはたらき〟〝心の動き〟**を表す。他人の考えや社会の決まりごとなどはさしおいて、〝心の底からありのままにあふれてくるもの〟を指すことが多い。「情念《じょうねん》」「情熱《じょうねつ》」「同《どう》情《じょう》」「情《じょう》にほだされる」などでは、特にそのニュアンスが強い。

そこで、「友情《ゆうじょう》」「人情《にんじょう》」「情《なさ》けをかける」など**〝まごころ〟**の意味となったり、「情趣《じょうしゅ》」「余情《よじょう》」「旅情《りょじょう》」「懐古《かいこ》の情《じょう》」のように**〝しみじみとした味わい〟**を表したりする。また、「愛情《あいじょう》」「慕情《ぼじょう》」から「情欲《じょうよく》」「情交《じょうこう》」「情死《じょうし》」に至るまで、**〝性的に求める気持ち〟**を表すことも多い。

一方、「情況《じょうきょう》」「情勢《じょうせい》」「事情《じじょう》」「内情《ないじょう》」などでは、**〝ものごとのようす〟**を表す。この場合でも、「状況《じょうきょう》」「状勢《じょうせい》」のように「状」（p300）を使う場合に比べると、〝ありのままのようす〟を指す傾向がある。心であれものごとであれ、〝ありのまま〟の姿を取りだして見せる漢字である。

音読みはジョウを使うのが大原則。ただし、平安時代ごろにはセイが正式とされたことがあり、「風情《ふぜい》」でゼイと読むのは、それが直前の発音に影響されて変化したものである。

以前は「情」と書くのが正式。部首「忄」は「心」の変形で、「青／靑」（p333）には〝澄み切ったもの〟という意味がある。

じょう 場

12画

［音読み］ジョウ
［訓読み］ば
［部首］土（つちへん）

部首「土」からも想像されるように、本来は〝平らな土地〟を表す。現在では、「工場《こうじょう》」「運動場《うんどうじょう》」「役場《やくば》」「牧場《まきば》」「遊《あそ》び場《ば》」「会議の場《ば》」など、**〝何かが行われる所〟**を指す。

日本は雰囲気を重んじる

音読みジョウでは、ある程度の広さを持つスペースをいうことが多いが、訓読み「ば」になると、「足の踏み場《ば》」「コップの置《お》き場《ば》」のように、ごく小さなスペースについても使われる。「工場《こうじょう》」を「こうば」と読むと比較的小さなイメージが、「牧場《まきば》」を「ぼくじょう」と読むとちょっと立派な雰囲気がするのも、そのせいかと思われる。

また、「場合《ばあい》」「場面《ばめん》」「場慣《ばな》れ」「場《ば》に応じて」「本場《ほんば》の味」のように、訓読みでは**〝何かが行われる所の事情や雰囲気〟**まで含めて指すことも多い。「『忠臣蔵』の討ち入りの場《ば》」「『ハムレット』の三幕一場《さんまくいちば》」など**〝お芝居のひとまとまり〟**を指すのも、その変化形。常に周りとの関係を重んじるという日本社会の特質が、こんなところにも現れているのかもしれない。

じょう 畳

12画

［音読み］ジョウ
［訓読み］たた-む、たたみ
［部首］田（た）

以前は「疊」と書くのが正式で、「畾《らい》」は〝ものが重なっている〟ことを表す。本来は〝**折り重なる**〟ことを表すが、その意味の例は少なく、しいて挙げれば「山岳重畳《さんがくちょうじょう》」という四字熟語があるくらい。

座敷とともにいつまでも…

転じて、〝**平たいものを折って小さくまとめる**〟ことをも表す。「服を畳《たた》む」「折《お》り畳《たた》む」などがその例だが、現在ではかな書きするのが自然。

日本では、「畳《たたみ》を換える」「六畳間《ろくじょうま》」のように、**座敷に敷く**〝**たたみ**〟を指して用いる。これは、大昔は敷物を〝重ねた〟ものだったことに由来すると思われる。ちなみに、現在のような〝たたみ〟が現れたのは、平安時代ごろだという。

現在では、「畳」はこの意味で用いられるのが大半。本来の意味から離れても使われ続けていく、生命力の強い漢字の一つである。

じょう 蒸

13画

［音読み］ジョウ、セイ
［訓読み］む-す、む-らす、む-れる
［部首］艹（くさかんむり）

ふっくら感とじっとり感

「蒸気《じょうき》」「蒸発《じょうはつ》」「蒸留《じょうりゅう》」「蒸し風呂（ぶろ）」など、〝**液体が気体となる**〟ことを表す。「蒸《む》し菓子《がし》」「酒蒸《さかむ》し」「ごはんを蒸《む》らす」「お団子《だんご》が蒸《む》れる」などでは、特に〝**湯気によって食べ物をふっくらさせる**／**食べ物がふっくらする**〟こと。この意味の場合に「ふかす」と訓読みすることもあるが、現在ではかな書きするのがふつうである。

と、ここまではおいしさあふれる漢字だが、〝**熱気と湿気を多く含む**〟ことを指しても用いられる。「蒸《む》し暑《あつ》い」「脇《わき》の下が蒸《む》れる」などがその例。快楽と不快は紙一重なのである。

音読みはジョウを用いるのが大原則。セイは鎌倉時代ごろ以降に生まれた比較的新しい読み方で、〝蒸し器〟の一種「蒸籠《せいろ》」以外では用いられない。

部首「艹」は〝植物〟を表す。「烝《じょう》」は〝熱気が立ちのぼる〟という意味。組み合わせて、本来は〝蒸すための燃料の草〟を表すとか、〝草が上に伸びる〟ことをいうなどの説がある。

じょう 縄

15画

［音読み］ジョウ
［訓読み］なわ
［部首］糸（いとへん）

大昔から使ってきました…

植物の繊維などをより合わせって作った〝**なわ**〟を表す。以前は「繩」と書くのが正式。「黽《よう》」は「蠅《はえ》」の省略形だとか〝とかげ〟のことだとか言われるが、形からすると、より合わされた〝なわ〟や、とぐろを巻いた〝なわ〟そのものかとも思われる。

「縄文時代《じょうもんじだい》」「自縄自縛《じじょうじばく》」のように音読みで使うこともあるが、「縄跳《なわと》び」「縄抜《なわぬ》け」「縄張《なわば》り」「荒縄《あらなわ》」「腰縄《こしなわ》」「一筋縄《ひとすじなわ》」など、訓読みで使われる方がはるかに多い。〝なわ〟の起源は文字よりははるかに古く、日本人も太古から〝なわ〟を使っていた。漢字が伝わってきたからといって、中国語に由来する音読みを用いる必要はあまりなかったのかもしれない。

じょう 壌

16画

［音読み］ジョウ
［部首］土（つちへん）

スコップを入れると立ちのぼる

現在では、「土壌《どじょう》」以外ではまず用いられない。本来は〝耕作に適したやわらかい土〟を表す漢字だが、〝**大地**〟**そのもの**をも指す。「土壌」もその例。

以前は「壤」と書くのが正式で、「襄《じょう》」には〝混ぜ返す〟とか〝ゆたか〟という意味があるらしい。土の香りが立ちのぼってくる漢字である。

じょう
嬢
16画
［音読み］ジョウ
［部首］女（おんなへん）

けんか別れじゃないけれど

以前は「孃」と書くのが正式。「襄《じょう》」には〝やわらかい〟とか〝ゆたか〟という意味があるらしい。部首「女」を加えて**〝若い女性〟**を表し、「お嬢《じょう》さん」「令嬢《れいじょう》」「ウグイス嬢《じょう》」のように使われる。

なお、「娘」（p582）は本来は「嬢」の略字。現在では、主に音読みジョウで読む場合には「嬢」を、主に訓読みで「むすめ」と読む場合には「娘」をと使い分けるのが習慣である。

じょう
錠
16画
［音読み］ジョウ
［部首］金（かねへん）

薬の方がほんものに近い

「錠前《じょうまえ》」「施錠《せじょう》」「手錠《てじょう》」「錠《じょう》を下ろす」など、**〝扉やふたなどを開かなくするために用いる金具〟**が代表的な意味。ただし、これは日本語独自の用法で、本来は〝溶かして一定の形に固めた金属〟を指す。転じて**〝一定の形に固めた薬〟**をも表し、「錠剤《じょうざい》」がその例。

「錠前」のように使われるのは、「金」は〝金具〟を指し、「定」は〝動かなくする〟ことを表すと、日本人が勝手に解釈したものかと思われる。

じょう
穣
18画
［音読み］ジョウ
［部首］禾（のぎへん）

いっぱい実った幸せ

部首「禾」は〝穀物〟を表す記号。現在では「豊穣《ほうじょう》」以外ではほとんど使われないが、名前に用いられて「みのる」「ゆたか」などと読まれることもある。

以前は「穰」と書くのが正式。「襄《じょう》」には〝ふくらむ〟とか〝ゆたか〟という意味があるらしい。

じょう
譲
20画
［音読み］ジョウ
［訓読み］ゆず-る
［部首］言（ごんべん）

昔は性格が逆？

「譲渡《じょうと》」「譲与《じょうよ》」「分譲《ぶんじょう》」「割譲《かつじょう》」「席を譲《ゆず》る」など、**〝自分の持ち物や権利などを他人に与える〟**ことを表す。転じて、「謙譲《けんじょう》」では**〝へりくだる〟**という意味で用いられる。

以前は「讓」と書くのが正式。古くは、〝ゆずる〟とは方向性が正反対の〝問いただす〟という意味で用いられた例もあり、部首「言」が付いているのはそのなごり。成り立ちについては諸説がある。

じょう
醸
20画
［音読み］ジョウ
［訓読み］かも-す
［部首］酉（とりへん）

なんとなくそんな感じで…

「醸成《じょうせい》」「醸造《じょうぞう》」「吟醸《ぎんじょう》」などでおなじみのように、**〝穀物を発酵させて、お酒やおしょうゆなどを造る〟**ことを表す。比喩的に用いられて〝じっくりと作り出す〟ことをも表すが、日本語ではこれがさらに転じて、「物議を醸《かも》す」「あやしい雰囲気を醸《かも》し出す」のように、**〝状態や気分をなんとなく作り出す〟**という意味でも用いられる。

以前は「釀」と書くのが正式で、部首「酉」は〝お酒〟を表す記号。「襄《じょう》」の意味については、〝混ぜ返す〟とか〝ふくらむ〟などの説がある。

しょく
色
6画
［音読み］ショク、シキ
［訓読み］いろ
［部首］色（いろ）

すべてが始まりすべてが終わる

言うまでもなく、「赤《あか》色《いろ》」「青色《あおいろ》」など**〝目に映る〟〝いろ〟**を表すが、本来は、「好色《こうしょく》」「色《いろ》香《か》」のように**〝性的な欲望〟**を指す漢字。「容色《ようしょく》」「顔色《かおいろ》」「お色直《いろなお》し」のように**〝人の**

外見〟を表すのは、性的な関係では外見が重要だからだとか、性的な高揚感は外見に現れるからだとかいう。

〝外見〟から転じて、「景色《けしき》」のように**〝目に見える状態〟**を指したり、「声色《こわいろ》」「音色《ねいろ》」のように**〝耳に聞こえる状態〟**を意味したりする。また、「異色《いしょく》の経歴」「この辞書の特色《とくしょく》」「敗色濃厚《はいしょくのうこう》」「旗色《はたいろ》が悪い」などなど、さまざまな**〝特徴的な状態〟**を指して用いられる。いわゆる〝いろ〟の意味は、このうちの〝目に見える状態〟の一例だということになる。

さらに仏教では、**〝感覚でとらえうるすべての存在〟**をいう。「色即是空《しきそくぜくう》」がその代表。ここまでたどり着いた上で、本来の〝性的な欲望〟を振り返ってみると、遠い所まで来たような、いや、最初に戻ったような、妙な気持ちがする。

部首としては？

漢和辞典では部首の一つだが、「色」を部首とする漢字は、ほかに「艶」(p39)がある程度。「艶」には単なる〝色つや〟の意味だけでなく、「妖艶《ようえん》」「艶《あだ》めく」などの使い方がある。なんだか、おませなクラスメートのような部首である。

しょく 拭

9画

［音読み］ショク、シキ
［訓読み］ふ-く、ぬぐ-う
［部首］扌（てへん）

まるで何もなかったように

部首「扌」は「手」の変形。「拭《ふ》き掃除」「汗を拭《ぬぐ》う」など、**〝表面をやさしくこすって汚れなどを取り除く〟**ことを表す。「払拭《ふっしょく》」「疑惑を拭《ぬぐ》い去《さ》る」のように、比喩的に用いられて**〝きれいに取り除く〟**ことを意味する場合もある。

音読みはショクを用いるのが原則。シキは奈良時代以前からある古い読み方。現在では、〝病人の体を清潔にする〟ことを表す「清拭《せいしき》」くらいでしか使われない。

しょく 食

9画

［音読み］ショク、ジキ
［訓読み］た-べる、く-う、く-らう
［部首］食（しょく）

いやなものでも我慢して

説明するまでもなく、**〝たべる〟**ことを表す。訓読みは「たべる」が基本で、「くう」はそのややぞんざいな表現。「くらう」はさらに乱暴なニュアンスがあり、特に「喰《さん》」を書いて区別することも多い。

「日食《にっしょく》」「月食《げっしょく》」では、転じて**〝天体が欠ける〟**こと。「食客《しょっきゃく》」では**〝生活の面倒を見る〟**という意味。また、日本語では独自に、「時間を食《く》う」「金食《かねく》い虫《むし》」など**〝消費する〟**ことを表したり、「小言《こごと》を食《く》らう」「一発食《く》らった」のように**〝いやな目に遭わされる〟**ことを指したりもする。

音読みはショクを用いるのが原則。ジキは奈良時代以前からある古い読み方で、現在では、「断食《だんじき》」「餌食《えじき》」などでしか使われない。

厳密には、以前は「食」と書くのが正式。ただし、「人」の下の点の向きが異なるだけである。

部首としては？

「飲」(p24)「飢」(p99)「飼」(p238)「飯」(p504)など、〝飲食〟に関係する漢字の部首となる。多くは漢字の左側に置かれて、形がやや変化して「𩙿」「飠」となり、「しょくへん」と呼ばれる。「養」(p614)や「晩餐《ばんさん》」の「餐」のように形がそのままの場合は、部首の名前としては「しょく」という。

しょく 植

12画

［音読み］ショク
［訓読み］う-える、う-わる
［部首］木（きへん）

静かで力強く育つ力

部首「木」に「直」を組み合わせて、本来は〝木を真っ直ぐに立てる〟ことを表す。転じて、「植林《しょくりん》」「稲を植《う》える」「パンジーの植《う》わった花壇《かだん》」など、〝**草木を根付かせる／草木が根付く**〟という意味となる。また、「植物《しょくぶつ》」「植生《しょくせい》」のように〝**草木**〟そのものを指しても用いられる。

さらには、「植毛《しょくもう》」「臓器移植《ぞうきいしょく》」のように、〝**肉体の一部を別のところで機能させる**〟ことをも表す。また、日本語では〝**人をある場所に移住させる**〟という意味でも使われ、「植民《しょくみん》」「入植《にゅうしょく》」がその例。どの意味にせよ、〝新たな場所で生きていく〟ことにポイントがある漢字である。

なお、活版印刷で〝**印刷する体裁に合わせて活字を並べる**〟ことを「植字《しょくじ》」というが、これは日本語独自の用法。コンピュータ時代になって「植字」は死語となりつつあるが、「誤植《ごしょく》」はいつまでも残り続けるようである。

しょく 殖

12画

［音読み］ショク
［訓読み］ふ-える、ふ-やす
［部首］歹（がつへん）

子が生まれ孫が生まれ…

「繁殖《はんしょく》」「生殖《せいしょく》」「養殖《ようしょく》」など、〝**生き物が育って数が多くなる／生き物を育てて数を多くする**〟ことが、代表的な意味。転じて、「殖産《しょくさん》」「利殖《りしょく》」のように〝**経済活動を大きくする**〟ことを表したり、「学殖《がくしょく》豊かな」のように〝**知識を増やす**〟ことを指したりもする。

基本的なイメージは、〝生み出すことで大きくなる〟こと。そこで、「植民《しょくみん》」ではなく「殖民《しょくみん》」と書くと、新しい土地で人びとの生活が〝広がっていく〟ニュアンスが出ることになる。

◆訓読み「ふえる／ふやす」は、現在では「増」（p374）を使うのがふつう。ただし、〝生き物や財産がふえる〟場合には、「子猫が殖《ふ》えて困ります」のように書く場合もある。

部首「歹」は〝死体〟を表す記号。それが〝ふえる／ふやす〟とどう関係があるのかは、諸説あってよくわからない。

しょく 触

13画

［音読み］ショク
［訓読み］ふ-れる、さわ-る
［部首］角（つのへん）

結果に責任を持てますか?

「接触《せっしょく》」「感触《かんしょく》」「手で触《ふ》れる」「足が触《さわ》る」など、〝**軽く当たる**〟ことが基本の意味。ただし、以前は「觸」と書くのが正式で、部首「角」が示しているとおり、本来は〝動物が角をぶつける〟ことを表す。当たったりぶつかったりした結果、何かを〝引き起こす〟ことに重点がある漢字である。

◆「さわる」と訓読みする漢字には「障」（p296）もある。「障」は〝妨げになる〟場合だけ使われるのに対して、「触」は〝軽く接する〟場合一般に用いられる。

「触発《しょくはつ》」「触媒《しょくばい》」などは、〝**事件や化学反応を引き起こす**〟ことを表す例。「目に触《ふ》れる」「怒りに触《ふ》れる」のように、〝**感覚や感情を引き起こす**〟ことを指す場合もある。また、「法律に触《ふ》れる」「規則に抵触《ていしょく》する」などでは、〝**処罰の対象となる**〟ことを表す。

日本語ではさらに、「核心に触《ふ》れる」のように〝**話題がそこに及ぶ**〟ことをもいう。「悪口を触《ふ》れ回る」「お役所からのお触《ふ》れ」など〝**広く知らせる**〟という意味で使うのは、そこからさらに転じたものか。どの意味にせよ、どんな結果が引き起こされるのか、心配させる漢字である。

しょく 飾

13画

［音読み］ショク
［訓読み］かざ-る
［部首］食（しょくへん）

華やかさの陰に

「装飾《そうしょく》」「服飾《ふくしょく》」「壁を花で飾《かざ》る」のように、〝**何かを付け加えて見た目を美しくする**〟ことを表す。「電飾《でんしょく》」は〝イルミネーション〟、「飾《かざ》り窓《まど》」は〝ショーウィンドウ〟など華やかな雰囲気を持つが、また、「虚《きょ》飾《しょく》に満ちたことば」「粉飾決算《ふんしょくけっさん》」「うわべを飾《かざ》る」のように、〝**真実とは違うように見せる**〟という意味でも用いられる。

以前は「飾」と書くのが正式。部首「飠／⻞」は「食」の変形だが、「飾」の本来の意味は〝布きれを使ってきれいにする〟だと考えられ、意味の上では〝布きれ〟を表す「巾」（p130）と関係が深い。部首も「巾」とする方がふさわしいと思われる。

しょく

嘱

15画

［音読み］ショク
［部首］口（くちへん）

目は口ほどに？

以前は「囑」と書くのが正式。「属／屬」（p379）は〝くっつける〟ことで、〝ことばでくっつける〟ところから、〝**仕事を頼む**〟ことを表す。「嘱託《しょくたく》」「委嘱《いしょく》」が代表的な例。

「嘱目《しょくもく》」「嘱望《しょくぼう》」では、〝**期待して見守る**〟ことを指すが、これは本来は〝目を離さない〟という意味の「矚《しょく》」を使って、「矚《しょく》目《もく》」「矚望《しょくぼう》」と書くべきもの。形が似ていることから混用された、日本語独自の用法だと思われる。

しょく

燭

17画

［音読み］ショク、ソク
［部首］火（ひへん）

明るいけれど影がある

〝**人工的な明かり**〟を表す。「燭台《しょくだい》」「華燭《かしょく》の典《てん》」などがその例。電灯も含めて指し、華やかな中にもレトロな雰囲気を漂わせるのが特徴。「ひ」「ともしび」などと訓読みすることもあるが、現在では「灯」（p451）を書くのが一般的である。

音読みはショクを用いるのが原則。ソクは奈良時代以前からある古い読み方で、現在では「蠟燭《ろうそく》」以外ではまず用いられない。

しょく

織

18画

［音読み］ショク、シキ
［訓読み］お-る、おり
［部首］糸（いとへん）

小さなものから大きなものへ

「機織《はたお》り」「紡織機《ぼうしょくき》」のように、〝**糸を縦横に組み合わせて布を作り上げる**〟ことを表す。また、「羽織《はおり》」「西陣織《にしじんおり》」など、〝**織物**〟**そのもの**をも指す。この意味の場合は、送りがななしで「おり」と読むのが習慣。

「組織《そしき》」は、比喩的に用いられて〝**さまざまなものを組み合わせてでき上がったもの**〟を表す例。音読みシキは奈良時代以前からある古い読み方で、現在ではこの熟語以外ではまず使われない。

「おる」と訓読みする漢字には「折」（p345）もあるが、「織」は〝布を作り上げる〟場合にしか用いないので、使い分けに悩む必要はない。

しょく

職

18画

［音読み］ショク
［部首］耳（みみへん）

何はともあれやらねばならぬ！

すぐに思い浮かぶのは、「職業《しょくぎょう》」「職種《しょくしゅ》」「就職《しゅうしょく》」など、〝**お金をかせぐための仕事**〟。ただし、「管理職《かんりしょく》」「理事長の職《しょく》」「住職《じゅうしょく》」のように〝**仕事上のポスト**〟を指す場合もあるし、「天職《てんしょく》」「聖職《せいしょく》」「教職《きょうしょく》」など、〝**公のための仕事**〟というニュアンスが強い場合もある。また、「手に職《しょく》を付ける」では、〝**仕事のための技術**〟の意味。

「有職故実《ゆうそくこじつ》」とは、〝公の仕事のしきたり〟をいう。なお、この熟語でソクと読むのは、ショクが変化したもの。

部首「耳」が付いている理由については、「聡」（p371）と同じく〝頭のはたらきがいい〟ことを表すという説と、「取」（p258）と似て〝戦場で討ち取った敵の耳〟に印を付けたのだという説がある。

なお、手書きでは省略されて「⿰耳厶」「耺」と書かれることがある。

じょく

辱

10画

［音読み］ジョク
［訓読み］はずかし-める、かたじけな-い
［部首］辰（たつ）

のがれられない人間関係

「屈辱《くつじょく》」「侮辱《ぶじょく》」「恥辱《ちじょく》」「人前で辱《はずかし》める」など、**〝恥をかかせる／かかせられる〟**ことを表すのが基本の意味。「汚辱《おじょく》」「雪辱《せつじょく》」「国辱《こくじょく》」「凌辱《りょうじょく》」など音読みの熟語が多い。

音読みは本来は中国語の発音だから、恥をかかせたりかかせられたりすることは、昔から中国でも人間関係の大きな要素だったようである。

また、〝他人の立派さに接して、自分を恥ずかしく思う〟ことから、**〝ありがたく恐れ多い〟**という意味ともなる。訓読み「かたじけない」がその例だが、現在ではかな書きするのが自然だろう。

部首「辰」は〝農具の一種〟を表すが、それが〝恥〟とどう関係するかは、諸説ある。

しり

尻

5画

［音読み］コウ、ケツ
［訓読み］しり
［部首］尸（しかばね）

音読み変じて訓読みとなる？

部首「尸」は〝人体〟を表す記号。**肉体の一部〝おしり〟**を表す。音読みコウが用いられることはなく、代わりにケツと読むことがある。これは、〝お尻の穴〟を意味する「穴《けつ》」に由来するらしい。「漁」（p119）をリョウと読んだり、「石」（p341）をコクと読んだりするのと似た現象なので、音読みに分類しておく。

日本語では、**〝ものごとの終わり〟**をも指す。「目尻《めじり》」「言葉尻《ことばじり》」「帳尻合わせ《ちょうじりあわせ》」「尻上《しりあ》がり」などがその例。「尻込《しりご》み」では、転じて**〝後ろの方へ〟**という意味。また、「尻尾《しっぽ》」は「しりお」の変化したことばである。

しん

心

4画

［音読み］シン
［訓読み］こころ
［部首］心（こころ）

真ん中にあるだいじなもの

説明するまでもなく**〝こころ〟**を表す。古代文字では「」で、**〝心臓〟**の絵。「心情《しんじょう》」「心理《しんり》」「決心《けっしん》」「改心《かいしん》」など、**〝考えや思い〟**という意味でも用いられる。また、「中心《ちゅうしん》」「重心《じゅうしん》」「心棒《しんぼう》」など、**〝真ん中〟**を指すこともあれば、「核心《かくしん》」「心髄《しんずい》」のように**〝最も大切な部分〟**を表す場合もある。

訓読みは「こころ」だけだが、「心地《ここち》」では「ろ」が省略されて「ここ」と読む。また、「心太《ところてん》」は当て字だが、なぜこう書くかは、よくわからない。

部首としては？

〝こころ〟に関係する漢字の部首となる。「快」（p61）「恨」（p204）「情」（p302）のように、漢字の左側に置かれた場合には変形して「忄」となり、「りっしんべん」と呼ばれる。また、「恭」（p123）「慕」（p552）のように漢字の下側に置かれた場合に「⺗」の形になることがあり、「したごころ」と呼ばれるが、この例は少ない。「愛」（p7）「悪」（p8）「思」（p233）「忘」（p562）など「心」がそのまま残っている場合は、単に「こころ」という。

しん

申

5画

［音読み］シン
［訓読み］もう-す、さる
［部首］田（た）

ピカッと光って地上へのびる！

代表的な意味は、「申請《しんせい》」「申告《しんこく》」「内申書《ないしんしょ》」など、**〝地位が上の人や公の機関などに対して、何かを伝える〟**こと。訓読み「もうす」は、**「言う」のへりくだった言い方**として用いられる。

部首は「田」だが、〝田んぼ〟とは関係がなく、本来は〝いなびかり〟を表す漢字。光が地上へと伸びていくところから〝のびる〟ことを表し、転じて〝考えを心の外にのばす〟こと、つまり〝伝える〟ことを意味するようになったという。

また、「子丑寅卯《ねうしとらう》…」と続く〝**十二支の九番目**〟としても用いられ、「申年《さるどし》」のように使われるほか、昔の時刻の表し方では、「申《さる》の刻」は現在の午後四時前後の時間帯を指す。これは、大昔の中国語で〝十二支の九番目〟を表すことばと発音が似ていたことから、当て字的に使われたもの。十二支に動物を当てはめるのは後に生まれた習慣で、それによれば〝さる〟となり、「さる」と訓読みもするが、「申」に動物の〝さる〟の意味があるわけではない。

しん
伸
7画

［音読み］シン
［訓読み］の-びる、の-ばす、の-べる
［部首］亻（にんべん）

たまには何かを伝えることも

「伸縮《しんしゅく》」「屈伸《くっしん》」「枝が伸《の》びる」「腕を伸《の》ばす」「手を差《さ》し伸《の》べる」など、〝**長くなる**／**する**〟ことを表す。転じて、「勢力が伸張《しんちょう》する」「事業の伸展《しんてん》」など〝**広がる**／**広げる**〟という意味ともなる。また、「成績が伸《の》びる」「株価が急伸《きゅうしん》する」のように〝**状態が良くなる**〟ことを指す場合もある。

◆訓読み「のびる／のばす／のべる」では、「延」（p35）との使い分けが大問題。引っ張ったりたたいたり継ぎ足したりと〝外から手を加えて長くする〟ときには「延」を、〝もともと内に持っている力で長くなる〟場合には「伸」を使う、と考えるとわかりやすいか。「道路を延《の》ばす」「試合が延《の》びる」に対して、「爪が伸《の》びる」「羽根を伸《の》ばす」といった具合。とはいえ、まぎらわしい例も多いので、迷ったらかな書きしておくのが無難である。

本来は、「申」（p308）が〝長くなる〟という意味だったが、後に〝伝える〟ことも表すようになった。そこで、〝長くなる〟ことを意味する漢字として、「人」の変形で〝動作や状態〟を表す部首「亻」を加えた「伸」が改めて作られた。そのため、まれに〝**伝える**〟という意味で使われることもあり、「追伸《ついしん》」がその例である。

しん
臣
7画

［音読み］シン、ジン
［訓読み］おみ
［部首］臣（しん）

大きな瞳の意味するものは？

「家臣《かしん》」「臣下《しんか》」「忠臣《ちゅうしん》」「大臣《だいじん》」など、〝**家来**〟を表す。〝偉い人〟のイメージがある「大臣《だいじん》」も、本来は〝偉い家来〟のこと。

音読みは、シンを用いるのが原則。ジンは奈良時代以前からある古い読み方で、現在では「大臣《だいじん》」以外ではまず用いられない。また、訓読み「おみ」は〝家来〟を意味する古語。現在ではあまり用いられないが、名前で使われることがある。

古代文字では「」と書き、「目」の〝目の玉〟の部分を強調した形だと考えられている。ただ、それが何を表すかについては、〝目を開いてひれ伏す人〟や〝目を大きく開けた賢い人〟、〝目をわざと傷つけた神官〟などの諸説がある。

なお、現在は7画に数えるが、以前は「乚」の部分を続けて書いたので、辞書によっては6画として扱うものもある。同じ理由から、「監」（p89）「堅」（p160）「賢」（p320）「姫」（p517）などなど、「臣」を含む漢字の画数は辞書によって異なることがあるので、注意が必要である。

部首としては？

「臥」（p59）「臨」（p636）など、〝下を見る〟ことに関係する漢字の部首となるが、その例はとても少ない。

しん
芯
7画

［音読み］シン
［部首］艹（くさかんむり）

静かな夜の灯り

訓読みで使われることはなく、音読み熟語にもほとんどならない、珍しい漢字。「心」（p308）と似て〝ものごとの中心〟を表すが、意味は微妙に多彩である。

「バットの芯《しん》」「体の芯《しん》まで暖まる」などでは、〝**ものの中心**〟を表す。「リンゴの芯《しん》」「芯《しん》の残ったごはん」などでは、〝**中心にある固い部分**〟。「帯に芯《しん》を入れる」もその変形。「シャーペンの芯《しん》」「ろうそくの芯《しん》」では、〝**中心にあって重要な役割を果たすもの**〟を表す。そのほか、「芯《しん》の強い性格」のように〝**根本的な気力**〟を意味する場合もある。

本来は〝ともし火の中心に使う草〟を指す漢字で、〝植物〟を表す部首「艹」はそのなごり。静かに火をともし続けるイメージがいろいろな意味へと広がっていったのだと思うと、味わいが深い。

しん 身

7画

［音読み］シン
［訓読み］み
［部首］身（み）

生まれ出る新たなる肉体

古代文字では「」と書かれ、〝女性がみごもった姿〟だと考えられている。〝みごもる〟から転じて、〝**肉体**〟を表す。「身体《しんたい》」「身長《しんちょう》」「全身《ぜんしん》」「心身《しんしん》」などがその例。また、「身辺《しんぺん》」「出身《しゅっしん》」「独身《どくしん》」「身分《みぶん》」「身《み》の上《うえ》」のように〝**境遇**〟を意味したり、「自身《じしん》」「献身《けんしん》的《てき》」「身内《みうち》」「身勝手《みがって》」「身銭《みぜに》を切る」のように〝**その人本人**〟を指したりもする。

〝肉体〟から転じて、〝**ものの本体や重要な部分**〟という意味でも用いられる。「銃《じゅう》身《しん》」「抜《ぬ》き身《み》の刀」「中身《なかみ》」などがその例。

「刺身《さしみ》」「脂身《あぶらみ》」「卵の黄身《きみ》」のように〝**食糧としての動物の肉体**〟を指すのは、日本語独自の用法。日本でだけ〝食べる〟という意識があるのは、興味深い。

部首としては？

〝肉体〟に関係する漢字の部首となるが、その例は少ない。日常的に使うものでは、〝体〟を表す「軀《く》」があるくらい。そのほかでは、「躾《しつけ》」「躻《うつけ》」や、古くは「やがて」と読んで使われた「軈」といった、日本で作られた漢字が含まれるのが目立つ。

しん 辛

7画

［音読み］シン
［訓読み］から-い、つら-い、かろ-うじて、かのと
［部首］辛（からい）

罰として針で刺します！

古代文字では「」と書かれ、〝罪人に入れ墨を入れるための針〟の形だと考えられている。〝**刺すような感覚**〟を表す漢字で、「辛辣《しんらつ》」がその例。「からい」「つらい」と訓読みするが、実際に書くとどちらも「辛い」となって区別がつかないのが泣きどころ。そこで現在では、「つらい」はかな書きして区別することが多い。

「辛勝《しんしょう》」「辛《から》くも逃げ切る」「辛《かろ》うじて踏みとどまる」などでは〝**やっとのことで**〟という意味だが、これは日本語独自の用法。また、「辛抱《しんぼう》」の語源ははっきりしないが、仏教で〝心をきたえる方法〟を表す「心法《しんぼう》」の当て字かといわれる。

このほか、「甲乙丙丁《こうおつへいてい》…」と続く**十干《じっかん》の八番目**〝**かのと**〟をも指す。これは、大昔の中国語で〝十干の八番目〟を表すことばと発音が似ていたことから、当て字的に用いられたものだと考えられている。

部首としては？

〝罪〟や〝刺すような感覚〟に関係する漢字の部首となる。その例は少ないが、「辞」（p244）「辣」（p619）のほか、〝罪〟を表す「辜《こ》」などがある。

しん 辰

7画

⇩ たつ（p396）

しん 信

9画

［音読み］シン
［部首］亻（にんべん）

真実のありか

「信頼《しんらい》」「信用《しんよう》」「信仰《しんこう》」「確《かく》信《しん》」「彼を信《しん》じる」「明るい

未来を信《しん》ずる」など、〝**確実なものだと考える**〟ことを表す。部首「亻」は「人」の変形。本来は〝人が言う内容が真実である〟ことを表すという。名前で「まこと」と読むのは、そこに由来する。

〝人が言う内容〟から転じて、「信号《しんごう》」「信書《しんしょ》」「音信《おんしん》」「通信《つうしん》」のように〝**伝える手段**〟という意味でも用いられる。名前で使われる「のぶ」は、〝伝える〟ことを意味する「のべる」の古語。

本来は〝真実〟そのものを表していたのに、現在では〝真実だと考える〟という意味で使われる。〝真実〟とはどこにあるのか、考えさせられる漢字である。

しん 侵

9画

[音読み] シン
[訓読み] おか-す
[部首] 亻（にんべん）

昔はのんびりしてたよ…

「侵入《しんにゅう》」「侵略《しんりゃく》」「侵害《しんがい》」など、〝**勝手に入り込んで被害を与える**〟ことを表す。

◆「おかす」と訓読みする漢字には「犯」（p501）「冒」（p563）もある。「犯」は「犯罪《はんざい》」という熟語があるように、〝してはいけないことをする〟場合、「冒」は「冒険《ぼうけん》」という熟語があるように、〝危険に注意を払わない〟場合に使われる。これらに対して、「侵」は〝勝手に入り込む〟場合に使われ、「他国の領土を侵《おか》す」「国民の権利を侵《おか》す」のように用いられる。

微妙な違いだが、以前は「侵」と書くのが正式。「𠬶」には〝だんだん進む〟という意味があると考えられ、それに「人」の変形で〝動作や状態〟を表す部首「亻」を付け加えた漢字。現在では〝だんだん〟のニュアンスがほとんどないのは、人類がどんどんせっかちになっていることを表しているのかもしれない。

しん 神

9画

[音読み] シン、ジン
[訓読み] かみ、かん、こう
[部首] ネ（しめすへん）

一人ひとりの心の中にも？

〝**人間を超越した存在**〟〝**かみさま**〟を表す漢字。以前は「神」と書くのが正式。「申」（p308）は本来は〝いなびかり〟を表し、部首「ネ／示」は〝かみ〟を表す。組み合わせて〝天のかみさま〟を指すのが本来の意味だという。

世界中の〝かみさま〟を指すが、日本では、特に「神式《しんしき》」「神前《しんぜん》」「神社《じんじゃ》」など〝**日本古来のかみさま**〟を指すことがある。

転じて、「神秘《しんぴ》」「神聖《しんせい》」では、〝**人間では近づきがたい**〟ことを表す。「神童《しんどう》」「神通《じんずう》力《りき》」「神業《かみわざ》」などは、〝**人間ばなれしている**〟ことを表す例。

また、目に見えないはたらきをするところから、「精神《せいしん》」「失神《しっしん》」「神経質《しんけいしつ》」のように、〝**心**〟をも指す。「神髄《しんずい》」は〝精神と骨髄〟で、〝最も大切な部分〟のこと。

音読みはシンを使うのが原則。ジンは奈良時代以前からある古い読み方で、すでに挙げた「神社《じんじゃ》」「神通力《じんずうりき》」のほか、「神宮《じんぐう》」「三種の神器《じんぎ》」「神武天皇《じんむてんのう》」「天神《てんじん》」「明神《みょうじん》」など、〝日本のかみさま〟に関係する場合によく用いられる。

訓読みは「かみ」が基本。古くはそれが「かむ」と変化することがあり、「かん」「こう」はそれがさらに変化したもの。「神無月《かんなづき》」「神主《かんぬし》」「神々《こうごう》しい」のように使われるほか、固有名詞に多く用いられる。たとえば、「神津」は「かみづ」とも「こうづ」とも読まれ、「神戸」は「こうべ」「かんべ」「ごうど」などとさまざまに読まれる。

しん 唇

10画

[音読み] シン
[訓読み] くちびる
[部首] 口（くち）

それ以外には使いづらい？

言わずと知れた〝**くちびる**〟を表すが、訓読みして単独で用いる以外には、あまり使い道がない。「朱唇《しゅしん》」「口唇《こうしん》」「唇歯《しんし》」といった音読みの熟語は日常的にはそれほど用いないし、「くちびる」も「上唇《うわくちびる》」「下唇《したくちびる》」以外でほかのことばと直接結びつくことは少ない。英語 kiss にあたる日本語も「口《くち》づけ」「接吻《せっぷん》」で、「唇」の出番はない。

それでも独特な存在感があるのは、訓読み「くちびる」の魅力か。ただし、「唇」は本来は〝震える〟という意味で、〝くちびる〟を表すのは「脣」だったという。「肉」の変形で〝肉体〟を表す部首「月(にくづき)」がより肉感を感じさせるのか、小説家などには「脣」を好んで用いる人もいる。

しん

娠

10画

[音読み] シン
[部首] 女(おんなへん)

そのためだけに存在する

「妊娠《にんしん》」以外では使われない漢字。〝**みごもる**〟ことを表す。意味も使い道も一つしかないことは、〝みごもる〟ことの貴重さをかえってよく表しているように思われる。

なお、「辰」(p396)には〝細かく動く〟という意味があり、「娠」は〝子どもが胎内で動く〟ことから生まれた漢字だという。

しん

振

10画

[音読み] シン
[訓読み] ふ-る、ふ-るう、ふ-れる
[部首] 扌(てへん)

ぶるんぶるんと勢いよく

「辰」(p396)には〝細かく動く〟という意味がある。「手」が変形した部首「扌」を組み合わせて、本来は〝ゆり動かす〟ことを表す漢字。現在では、「振動《しんどう》」「振幅《しんぷく》」「三振《さんしん》」「旗を振《ふ》る」「振《ふ》り回《まわ》す」「振《ふ》りかける」「振《ふ》り落《お》とす」のように、特に〝**ある点を中心として、弧を描くように勢いよく動かす**〟という意味で用いられる。また、日本語では、「針が振《ふ》れる」「景気の下振《したぶ》れ」など〝**ある一方向に動く**〟ことを表す場合がある。

〝勢いよく動かす〟ことから転じて、〝**盛んにする**〟という意味にもなる。「振興《しんこう》」「成績《せいせき》不《ふ》振《しん》」「地域の経済が振《ふ》るわない」などがその例。

「手振《てぶ》り」「ダンスの振《ふ》り付《つ》け」などは〝勢いよく動かす〟の延長線上で解釈できるが、「振《ふ》る舞《ま》い」「身の振《ふ》り方《かた》」になると、広く〝**行動**〟**一般**の意味となって、日本語オリジナルになる。「割《わ》り振《ふ》る」「振《ふ》り替《か》える」「振《ふ》りがな」など、〝**割り当てる**〟という意味で用いられるのも、日本語独自の用法。並べた料理に調味料を振っていくようなイメージから来たのだろうか。想像するとおもしろい。

「振《ふ》られて悲しい」のように〝**交際や申し出を断る**〟という意味で用いるのも、〝勢いよく動かす〟ところから生まれた日本語のオリジナル。日本語ではさらに、「知らない振《ふ》りをする」「一年振《ぶ》り」「大振《ぶ》りの茶碗」のようにも用いられるが、これらと漢字「振」の関係ははっきりせず、現在ではかな書きが自然だろう。

◆訓読み「ふるう」では、「奮」(p537)「揮」(p101)「震」(p316)との使い分けが問題。〝気持ちを高める〟場合には「奮」を用い、それ以外の場合は「こぶしを振《ふ》るう」「猛威《もうい》を振《ふ》るう」「熱弁《ねつべん》を振《ふ》るう」のように「振」を使うのがふつう。「揮」は「振」とほぼ同じ意味なので、「振《ふ》る」とはっきり区別するためにあえて「揮《ふる》う」と書くのも効果的。なお、「震」は〝小刻みにゆれ動く〟場合に使うが、実際にはこの意味では「震《ふる》える」の形になることが多い。

しん

晋

10画

[音読み] シン
[部首] 日(ひ、にち)

意味は消えても名前は残る?

〝**進む**〟という意味を表すが、現在ではこの意味で用いられることはない。ただし、名前で「すすむ」と読まれることがある。

以前は「晉」と書くのが正式。上半分は

「至」（p230）を二つ並べた形の省略形。部首「日」を組み合わせて、本来は〝太陽が昇る〞ことを表すとか、〝矢が的に当たる〞という意味だった、などの説がある。

しん 浸

10画

［音読み］シン
［訓読み］ひた-る、つ-かる、つ-ける
［部首］氵（さんずい）

じわじわと影響が出る…

〝水分が入り込む／水分を入り込ませる〞ことを表す漢字で、「浸水《しんすい》」「浸食《しんしょく》」「水に浸《ひた》る」「洗剤に浸《ひた》す」などがその例。「浸透《しんとう》」は〝液体が少しずつ入り込む〞ことだが、比喩的に〝考え方や影響などが少しずつ広まる〞という意味でも用いられる。

微妙な違いだが、以前は「浸」と書くのが正式。部首「氵」は「水」の変形。「㑴」には〝だんだん進む〞という意味があると考えられる。そこで「浸透」のように〝だんだん〞のニュアンスを残している例もあるが、現在では〝勢いよく入り込む〞場合に使っても問題はない。

◆「ひたる／ひたす」「つかる／つける」と訓読みする漢字には「漬」（p429）もある。意味に大きな違いはないが、「漬」には「漬《つ》け物《もの》」の印象がある。現在では、「ひたる／ひたす」の場合には「浸」を、「つかる／つける」の場合には「漬」を用いるのが一般的である。

このほか、「喜びに浸《ひた》る」では**〝ある気分を十分に味わう〞**という意味。

しん 真

10画

［音読み］シン
［訓読み］ま、まこと
［部首］目（め）

〝本当〞にもいろいろある？

基本的には**〝本当の〞**という意味を表す漢字。

ただし、何をもって〝本当〞とするかはむずかしいところ。「真実《しんじつ》」「真相《しんそう》」「真理《しんり》」などは**〝いつわりなく正しい〞**ことはもちろん、「真空《しんくう》」「真紅《しんく》」「真水《まみず》」「真っ青《まさお》」などでは**〝混ざりけがない〞**、「純真《じゅんしん》」「天真爛漫《てんしんらんまん》」などでは**〝自然のままの〞**、「真率《しんそつ》」「真摯《しんし》」「真心《まごころ》」「真に受ける」などでは**〝ひたむきで正直な〞**という意味を表す。また、「真下《ました》」「真四角《ましかく》」「真一文字《まいちもんじ》」「真の値《しんのあたい》」のように**〝正確で狂いがない〞**ことをいう場合もある。「真っ先《まっさき》」「真っ逆さま《まっさかさま》」など、**続くことばを強調する**はたらきをしていると考えるとわかりやすい例もある。

「真鯉《まごい》」「真鯛《まだい》」「真竹《まだけ》」などは、**〝同じ種類のものの中で標準的なもの〞**を指す例。〝かな〞に対して〝漢字〞を「真名《まな》」といったり、〝くずし字〞に対して漢字の〝楷書《かいしょ》〞のことを「真書《しんしょ》」というのも、その例である。

〝本当〞という意味で「まこと」と訓読みすることもできるが、「真《まこと》に」「真《まこと》の」と書くと「シンに」「シンの」とも読めるので困ってしまう。また、「誠」（p337）との使い分けも微妙で厄介。かな書きしておくのがおすすめである。

そのほか、名前で「まさ」と読むのは〝正しい〞という意味の古語に由来する。同じく「さね／ざね」と読むのは、〝根本・中心〞を意味する古語から生まれた読み方。また、「真面目《まじめ》」は、日本語「まじめ」の意味を漢字三文字で表す当て字的表現。

以前は「眞」と書くのが正式。成り立ちとしては、「鼎」（p436）に関係が深いとする説と、「県」（p157）に関係が深いとする説があるが、どちらであっても、部首「目」とは関係がなさそうである。

しん 針

10画

［音読み］シン
［訓読み］はり
［部首］金（かねへん）

小さいものの代表でしたが…

細くて先のとがった道具〝はり〞を表す。本来は金属製の「縫《ぬ》い針《ばり》」のことで、部首「金」はそのなごり。「編《あ》み針《ばり》」「釣《つ》り針《ばり》」などのほ

し
娠《しん》振晋／浸真針

か、「秒針《びょうしん》」「磁針《じしん》」「メーターの針《はり》」のように〝**何かを指し示す細い棒**〟をいう場合もある。そこから転じて、「方針《ほうしん》」「指針《ししん》」「針路《しんろ》」のように、〝**進むべき方向や取るべき方法**〟の意味でも用いられる。

◆似た意味で「はり」と訓読みする漢字には「鍼《しん》」もある。現在では、漢方医が用いるものは「鍼」、西洋医学で使うものは「針」と書くのがふつうである。

なお、「針小棒大《しんしょうぼうだい》」では、「針」は小さいものの代表だが、現在では「避雷針《ひらいしん》」のように大きなものもある。文明とは、何ごとも巨大にするもののようである。

しん 深

11画

［音読み］シン
［訓読み］ふか-い、み
［部首］氵（さんずい）

苦労の結果たどり着く場所

基本的な意味は、〝**底の方へ広がっている**〟こと。「深海《しんかい》」「水深《すいしん》」「深《ふか》い穴」などがその例。「深山《しんざん》」「深窓《しんそう》」のように〝**水平方向に遠い**〟ことを表す場合もあるが、簡単にはたどり着けない点に変わりはない。そこから転じて、「深遠《しんえん》な思想」「奥深《おくぶか》いおもむき」「深読《ふかよ》み」など〝**ふつうではたどり着けないレベルまで達する**〟ことも表す。

「深意《しんい》」「深謝《しんしゃ》」「深《ふか》い愛情」などでは、〝**心の底から**〟という意味。また、〝底の方へ〟というところから、〝**程度がひどい**〟ことをも表す。「深刻《しんこく》」「欲が深《ふか》い」「深《ふか》い損害」「深酒《ふかざけ》」などがその例。ただし、「深夜《しんや》」「秋が深《ふか》まる」「理解を深《ふか》める」「深《ふか》い緑」など、〝**十分な状態である**〟ことを表す場合も少なくない。

なお、「深山《みやま》」「深雪《みゆき》」「深吉野《みよしの》」などの訓読み「み」は、**ほかのことばの前に付いて〝美しい〟という意味を添えることば**だと説明される。それを「深」という漢字で書き表す背景には、〝簡単にはたどり着けない〟というニュアンスがあると思われる。

しん 紳

11画

［音読み］シン
［部首］糸（いとへん）

今はネクタイ昔は帯

現在では「紳士《しんし》」以外に使われることはほとんどない。〝**上流階級の教養ある男性**〟を指すが、本来は〝身分が高い人の礼服に用いられた太い帯〟のこと。部首「糸」はそのなごり。『論語』には、孔子の教えを忘れないよう、弟子がそのことばを「紳」に書き留める場面がある。現代ならばネクタイに書いておくようなもの。なんともリアルでたのしいシーンである。

しん 進

11画

［音読み］シン
［訓読み］すす-む
［部首］辶（しんにょう、しんにゅう）

もともと楽観的ですから！

「前進《ぜんしん》」「突進《とっしん》」「進路《しんろ》を南に取る」「列車が進《すす》む」「駒を進《すす》める」など、〝**前の方へ動く／動かす**〟のが基本的な意味。「進歩《しんぽ》」「進展《しんてん》」「躍進《やくしん》」「開発が進《すす》む」「仕事を進《すす》める」などでは、転じて〝**よい方向へと変化する／させる**〟ことを表す。また、「進級《しんきゅう》」「昇進《しょうしん》」「高校に進《すす》む」のように、〝**高い段階・地位へ移る／移す**〟という意味でも用いられる。「進呈《しんてい》」「進物《しんもつ》」「進言《しんげん》」などでは、〝**差し上げる**〟ことを指す。

もちろん、「病状が進《すす》む」「荒廃が進《すす》む」など、〝**程度がひどくなる**〟ことを表す例もある。しかし、全般的には明るい未来を感じさせる使い方が目立つ漢字である。

このほか、「自分から進《すす》んで掃除をする」のように〝**積極的に**〟という意味でも使われるが、これは日本語独自の用法。

◆「すすめる」と訓読みする漢字には「勧」（p87）「奨」（p295）「薦」（p356）もあって、使い分けがややこしい。が、この三つの漢字はみな〝何かをするようにはたらきかける〟という意味を持つのに対して、

「進」は基本的に〝移動させる〟〝変化させる〟ことを表すので、他の三つとの区別はそんなに難しくない。

部首「辶」は、以前は「辶」と書くのが正式で、〝移動〟を表す記号。「隹」（p322）は〝鳥〟を表すので、組み合わせて、本来は〝鳥が飛ぶように前へ動く〟ことを表すとか、〝鳥で占いながら軍隊を動かす〟ことを表す、などの説がある。

しん

森

12画

［音読み］シン
［訓読み］もり
［部首］木（き）

〝場所〟よりも〝雰囲気〟が大事

「木」を三つ組み合わせた漢字。「森番《もりばん》」「鎮守の森《もり》」「森《もり》の熊さん」のように、**〝樹木がたくさん生えている場所〟**を指すが、実はこれは日本語独自の用法。本来は〝樹木がたくさん生えているようす〟を表すという。〝樹木がたくさん生えている場所〟を表す漢字は、本来は「林」（p634）である。

転じて、「森羅万象《しんらばんしょう》」では**〝非常に多い〟**ことを意味したり、「森厳《しんげん》」では**〝落ち着いておごそかな〟**という意味で使われたりする。また、「森閑《しんかん》」のように**〝薄暗く静かな〟**ことをも表し、日本語の擬音語「しん」の当て字として使われることもある。

しん

診

12画

［音読み］シン
［訓読み］み-る
［部首］言（ごんべん）

医師免許がなくても可？

「診察《しんさつ》」「診療《しんりょう》」「検診《けんしん》」「往《おう》診《しん》」「問診《もんしん》」のように、**〝医師が患者の状態を調べる〟**ことを表す。「診《しん》断《だん》」「打診《だしん》」は比喩的にも用いられ、「企業診断」「相性診断」「相手の意向を打診する」などと使われる。

◆「みる」と訓読みする漢字は「看」（p82）「観」（p90）「見」（p156）「視」（p236）など数多いが、「診」は「専門医に診《み》てもらう」のように〝患者をみる〟場合だけ使われる。

しん

寝

13画

［音読み］シン
［訓読み］ね-る
［部首］宀（うかんむり）

眠りに見られる国民性

以前は「寢」と書くのが正式。部首「宀」は〝建物〟を表す記号で、「爿《しょう》」には〝ベッド〟の意味がある。成り立ちには諸説あるが、本来は〝建物の中でベッドに横たわる〟ことを表す漢字。「寝台《しんだい》」「寝室《しんしつ》」「就寝《しゅうしん》」「ソファに寝《ね》る」のように、広く**〝横たわる〟**ことや**〝横たわって眠る〟**ことを指す。

「寝床《ねどこ》」「寝顔《ねがお》」「寝《ね》タバコ」「寝《ね》覚《ざ》め」「寝《ね》ぼける」「ひとり寝《ね》」「ふて寝《ね》」などなど、訓読みでさまざまなことばを生むのが特徴。音読み熟語が多い「睡」（p324）「眠」（p580）と比べて、ここには日本的な〝眠りの文化〟が広がっているのかもしれない。

しん

慎

13画

［音読み］シン
［訓読み］つつし-む
［部首］忄（りっしんべん）

まずは心を正しましょう！

以前は「愼」と書くのが正式。部首「忄」は「心」の変形。「慎重《しんちょう》」「慎《つつし》み深《ぶか》い」「軽率な行動を慎《つつし》む」など、**〝失敗のないよう、心の持ちように注意する〟**ことを表す。

◆訓読み「つつしむ」では、「謹」（p133）との使い分けが悩ましい。「謹」は〝他人に対する言動に注意する〟という外面的な意味合いが強いのに対して、「慎」は〝心がけ〟なので内面的な問題について用いることもできる。ただし、実際にはまぎらわしいことも多い。迷ったらかな書きしておくのが無難である。

しん

新

13画

［音読み］シン
［訓読み］あたら-しい、あら-た、にい
［部首］斤（おのづくり）

できたばかりも仕切り直しも

「新型《しんがた》」「新製品《しんせいひん》」「新《あたら》しい理論」など、**〝今まで**

にない”ことを表すのが基本。「革新《かくしん》」「一《いっ》新《しん》」などでは、**“今までとは違うものにする”**こと。「旧」（p111）「古」（p170）の反対となる漢字だが、「新築《しんちく》」「新婚《しんこん》」「新卒《しんそつ》」「新雪《しんせつ》」「まだ新《あたら》しい学校」などでは、**“○○したばかり”**“**できたばかり**”という意味だと考えた方がわかりやすい。

訓読み「あらた」は、「新《あら》たな試練」「新《あら》たなる恋」のように、「あたらしい」とほぼ同じ意味。ただし、「思いを新《あら》たにする」のように**“もう一度やり直す”**ことに重点を置いて用いる場合もある。また、「にい」は、「新妻《にいづま》」「新仏《にいぼとけ》」など“したばかり”の意味を表すほか、「新枕《にいまくら》」「新盆《にいぼん》」のように**“初めての”**という意味でも使われる。

なお、部首「斤」は“おの”を表し、本来は“おので切り倒したばかりの木”を表す漢字だったという。

しん 審

15画

［音読み］シン
［訓読み］つまび-らか
［部首］宀（うかんむり）

白黒はっきりさせましょう！

「審査《しんさ》」「審判《しんぱん》」「審議《しんぎ》」「審問《しんもん》」「不審《ふしん》」など、**“疑問点を明らかにする”**ことを表す。また、「結審《けっしん》」「再審《さいしん》」「上告審《じょうこくしん》」など、**“裁判”**を指しても使われる。スポーツの「主審《しゅしん》」「副《ふく》審《しん》」「線審《せんしん》」などは、**「審判員《しんぱんいん》」の省略形**。

◆「つまびらか」と訓読みする漢字には「詳」（p296）もある。「詳」は“ことばで細かく説明する”のニュアンスがあるのに対し、「審」は「事故の原因を審《つまび》らかにする」のように、“疑問点を明らかにする”ことにポイントがある。ただし、この違いは微妙なので、迷ったらかな書きしておくにこしたことはない。

なお、部首「宀」は“建物”を表すが、成り立ちには諸説があり、よくわからない。

しん 震

15画

［音読み］シン
［訓読み］ふる-える
［部首］雨（あめかんむり）

天のものから地のものへ

“小刻みに揺れ動く”ことを表す。「震動《しんどう》」「寒さで体が震《ふる》える」「声を震《ふる》わせる」などがその例。「恐怖に震《ふる》える」「激震《げきしん》が走る」「世間を震撼《しんかん》させる」のように、**“怖がらせる”“驚かせる”**という意味にもなる。また、「震度《しんど》」「震災《しんさい》」「震源《しんげん》」「余震《よしん》」「耐震《たいしん》」など、**「地《じ》震《しん》」の省略形**としてもよく使われる。

「辰」（p396）にはもともと“細かく動く”という意味がある。それに“天候”を意味する部首「雨」を組み合わせて、本来は“雷鳴”を表す漢字だったらしい。とすれば、“怖がらせる”“驚かせる”の方が、実は本来の意味に近いのかもしれない。

◆「ふるう」と訓読みすることもあるが、現在では「ふるえる／ふるわす」の形で用いられるのがほとんど。「ふるえる／ふるわす」と訓読みする漢字には「慄」（p625）もある。現在では「震」を用いるのが一般的で、「慄」は、特に“恐怖でふるえる”ことを強調したい場合に使われる。

しん 薪

16画

［音読み］シン
［訓読み］たきぎ、まき
［部首］艹（くさかんむり）

使い勝手が思ったほどでは…

“燃料にする木材”を表す。音読み熟語としては「薪水《しんすい》」「薪炭《しんたん》」「採薪《さいしん》」などがあるが、どれも日常的にはあまり使われないことばだろう。

訓読みでは「薪拾《たきぎひろ》い」「薪割《まきわ》り」「薪《たきぎ》小《ご》屋《や》」のように用いられるが、「たきぎ」「まき」のどちらで読めばいいのか、ルビでも付けなければわからないのが困ったところ。意外と使いにくいところのある漢字である。

しん 親

16画

［音読み］シン
［訓読み］おや、した-しい
［部首］見（みる）

いつもそばで見ています…

〝「木」の上に「立」って子どもの帰りを「見」ている人〟を表す、というのは根拠がない説。成り立ちには諸説あるが、〝近くで見ている〟ことに由来するという点では、かろうじて一致できそう。〝じかに接している人〟の意味から、**〝父母〟**だけでなく**〝血縁関係にある人〟全体**を含めて指す。「親族《しんぞく》」「親類《しんるい》」「近親《きんしん》」などがその例。

転じて、**〝付き合いが深い〟**ことをも表す。「親密《しんみつ》」「親愛《しんあい》」「懇親会《こんしんかい》」「親《した》しい友だち」などがその例。「書物に親《した》しむ」「市民に親《した》しまれる」などでは、**〝身近に接する〟**という意味。「ちかしい」と訓読みすることもあるが、現在では「近」（p131）を書く方が一般的である。

また、〝じかに接する〟ところから、**〝本人自身で〟**という意味を表すこともある。「親書《しんしょ》」は〝本人が書いた手紙〟、「親展《しんてん》」は〝本人が開いて欲しい〟ということ。

「親会社《おやがいしゃ》」「親指《おやゆび》」「トランプの親《おや》」など、**〝中心になるもの〟**を表すこともあるが、これは日本語独自の用法。〝近くで見ている〟ことや〝じかに接する〟ことにポイントがある漢字本来の意味からは、少しずれているようである。

じん 人

2画

［音読み］ジン、ニン
［訓読み］ひと
［部首］人（ひと）

猫背が妙にリアルです

説明するまでもなく**〝ひと〟**を表す。古代文字では「」と書かれ、〝ひとが立っている姿を横から見た形〟だと考えられている。意味は基本的に〝ひと〟だけだが、読み方には変化が多い。

音読みは、頻度からいえばジンを使う方が多いが、「人間《にんげん》」「人数《にんずう》」「人気《にんき》」「善人《ぜんにん》」などなど、奈良時代以前からある古い読み方ニンが使われることも多い。特に、「五人《ごにん》」「一億人《いちおくにん》」のように**〝ひと〟を数える漢字**として使う場合は、必ずニンと読む。

訓読みは基本的に「ひと」だけ。ただし、人を数える際には「り」と読むこともあり、「一人《ひとり》」「二人《ふたり》」がその代表例。古語ではそれを「たり」といい、「三人《みたり》」「四人《よたり》」「百人《ももたり》」「幾人《いくたり》」のように用いられた。

「盗《ぬす》っ人《と》」「助《すけ》っ人《と》」は、「ぬすびと」「すけびと」の変化したもの。「若人《わこうど》」「仲人《なこうど》」「狩人《かりゅうど》」は、「わかひと」「なかひと」「かりひと」の変化したもの。「大人《おとな》」は〝漢字の熟語をそのまま、意味を日本語に置き換えて読む当て字的表現。

部首としては？

〝ひと〟に関係する漢字の部首となる。その数は非常に多く、中には「伸」（p309）「像」（p374）のように、単に〝動作や状態〟を表すと考える方がわかりやすいものもある。また、「債」（p214）「償」（p297）などでは深い意味はなく、「責」「賞」と区別する役割をしているらしい。部首としては、〝ひと〟にこだわりすぎずに考えた方がよい。

漢字の左側に置かれて「亻」の形となることが多く、その場合は「にんべん」と呼ばれる。また、「介」（p60）「傘」（p224）「倉」（p366）「令」（p638）など、漢字の上部に現れる「人」も、「ひとやね」「ひとがしら」と呼ばれて部首「人」に収められるが、成り立ちの上では「人」とは無関係のものが多い。一方、「儿（ひとあし）」も「人」の変形だが、こちらは漢和辞典では別の部首として扱われている。

じん 刃

3画

［音読み］ジン、ニン
［訓読み］は、やいば
［部首］刀（かたな）

焼きを入れる前と後

以前は「刄」と書くのが正式。「刀」の切れる部分に印を付けて、**〝刀の鋭く切れる部分〟**を表す漢字。「刃物《はもの》」「刃先《はさき》」「出刃庖丁《でばぼうちょう》」「刃向《はむ》かう」などなど、「は」と訓読みすることが多い。「やいば」は〝**焼きを入れた刃《は》**〟のことで、「鋭い刃《やいば》」のように用いる。ただし、ルビでも付けないことには「は」か「やいば」か読み方が区別できないこともあるのが、困ったところである。

音読みはジンを用いるのが原則。「凶《きょう》刃《じん》に倒れる」「白刃《はくじん》をかいくぐる」などがその例。ニンは奈良時代以前からある古い読み方で、現在では「刃傷沙汰《にんじょうざた》」くらいにしか用いられない。

なお、〝刃物を使って自殺する〟ことを表す「自刃《じじん》」では、〝**刃物で殺す**〟という意味で用いられている。

じん　仁

4画

［音読み］ジン、ニン、ニ
［部首］イ（にんべん）

人の心と果物の種

部首「イ」は「人」の変形。〝**他人を思いやる心**〟を表す漢字で、儒教で最も重んじられる心構えとして知られる。「仁義《じんぎ》」「仁愛《じんあい》」などがその例。「仁政《じんせい》」は〝庶民を大切にする政治〟。「仁術《じんじゅつ》」は〝人びとを救う術〟で、主に〝医術〟を指す。

〝**人**〟**そのもの**を指すこともあり、〝他人〟のことを遠回しにいう「御仁《ごじん》」や、〝人情を理解しない人〟を指す「朴念仁《ぼくねんじん》」などがその例。また、最も大切であるところから、〝**果物の種**〟をも表す。「杏仁豆腐《あんにんどうふ》」とは、〝あんずの種から作った豆腐〟。

音読みではジンと読むのが原則。ニンは奈良時代以前からある古い読み方で、現在では、「仁俠《にんきょう》」のほか、「仁徳天皇《にんとくてんのう》」「応仁《おうにん》の乱」など天皇の称号や元号で使われる。ただし、すでに挙げた「杏仁《あんにん》」では、「杏」をアンと読むのは鎌倉時代ごろ以降に伝わった新しい読み方なので、「仁」のニンもそのころの読み方かと思われる。

また、ニは「仁王《におう》」や固有名詞にしか使われない、特殊な読み方。名前で「ひとし」と読むのは、〝他人を自分と等しく思う〟ところから来たものかと考えられる。

じん　尽

6画

［音読み］ジン
［訓読み］つ-きる、つ-くす、つ-かす
［部首］尸（しかばね）

疲れなんかぶっ飛ばせ！

基本的な意味は、〝**すべてがなくなる**〟こと。「無尽蔵《むじんぞう》」「貯蓄が尽《つ》きる」「備品を使い尽《つ》くす」「愛想を尽《つ》かす」のように用いる。どことなく疲労感の漂う漢字である。

しかし、「尽力《じんりょく》」「言い尽《つ》くす」「手を尽《つ》くす」では、〝**可能なことをすべてやる**〟という意味。さらに、「味わい尽《つ》くす」「贅《ぜい》沢《たく》を尽《つ》くす」になると、〝**極限まで行き着く**〟というニュアンスが強烈になって、疲労感などどこかへ吹っ飛んでしまう。

以前は「盡」と書くのが正式で、部首も「皿（さら）」。「聿（ふでづくり）」は〝筆〟を表すので、「盡」は〝ブラシで皿のすみずみまで空にする〟ことだ、と考える説が有力。「尽」はその略字として昔から使われてきた。「尽」の部首を「尸」とするのは、形の上から便宜的に分類されたもの。部首を「冫（にすい）」とする辞書もある。

じん　迅

6画

［音読み］ジン
［部首］辶（しんにょう、しんにゅう）

獲物を目がけて飛ぶように

現在では、「迅速《じんそく》」「迅《じん》雷《らい》」「奮迅《ふんじん》」の三つの形で用いられるのがほとんど。〝**スピードが速くて激しい**〟ことを表す。

部首「辶」は、以前は「辶」と書くのが正式で、〝移動〟を表す。「卂《しん》」は見慣れない形だが、「飛」（p511）と関係が深いと考えられている。

じん　甚

9画

［音読み］ジン
［訓読み］はなは-だ
［部首］甘（あまい）

「甚大《じんだい》」「激甚《げきじん》」「甚《はなは》だ遺《い》憾《かん》」「非常識も甚《はなは》だしい」のように、〝**ふつうの程度をはるかに超える**〟ことを表す。悪いことに対して用いることが多いが、「ご参加いただければ幸甚《こうじん》です」のように、〝たいへんありがたい〟といういい意味で使う例もないわけではない。

男女なのか?
かまどなのか!?

成り立ちについては、従来、部首「甘」に、〝ペア〟の意味がある「匹」（p516）を組み合わせて、本来は〝食事の楽しみや男女の楽しみが程度を超える〟ことを意味する、と考えられてきた。しかし、古代文字の中には「[illegible]」のように、下半分が「匹」の形ではないものもある。そこで、〝かまど〟の上に〝水を入れた鍋〟を置いた形で、〝十分に煮炊きする〟ことを表す、とする説もある。〝程度を超える〟という意味からすると、この説の場合は、鍋はふきこぼれているのだろう。

じん

訊

10画

［音読み］ジン
［訓読み］き-く、たず-ねる
［部首］言（ごんべん）

文句を言わずに
答えなさい!

〝**問いただす**〟ことを表す。「訊問《じんもん》」は「尋問《じんもん》」とも書き、主に法律用語として〝強制的に答えを引き出す〟こと。ここでの「卂《しん》」は「迅」（p318）に近く、〝鋭く激しい〟という意味合いがあると思われる。

◆訓読み「きく」では、「聞」（p539）「聴」（p423）との違いが問題となる。「聞」は主に〝耳に入ってくる〟場合、「聴」は〝注意を傾けて耳をはたらかせる〟場合に用いられるのに対し、「訊」は、「証人に訊《き》く」のように〝質問して答えを得る〟という意味で使われる。ただし、「聞」は広く一般的に用いることもできるので、迷ったら「聞」を書いておくのが安全策である。

◆〝問いただす〟という意味の訓読み「たずねる」は、現在では「尋」（p319）を使う方が一般的。「不審な点を訊《たず》ねる」のように書くと、〝鋭く〟というニュアンスが含まれることになる。

じん

陣

10画

［音読み］ジン
［部首］阝（こざとへん）

激しさと静けさの
くり返し

成り立ちははっきりしないが、〝並べる〟ことを表す「陳」（p426）と関係が深い。〝戦いに使う車を並べる〟ところから、〝**整列した軍隊**〟や〝**軍隊**〟**そのもの**を表す。「陣《じん》形《けい》」「陣営《じんえい》」「布陣《ふじん》」「戦陣《せんじん》」などがその例。

また、「初陣《ういじん》」「出陣《しゅつじん》」のように〝**戦場**〟を表したり、「先陣《せんじん》を切る」「論陣《ろんじん》を張る」のように広く〝**争い**〟という意味で用いられたりもする。

さらに、〝軍隊〟から転じて、〝**ひとまとまりの人びと**〟をも指す。「報道陣《ほうどうじん》」「男性《だんせい》陣《じん》」などがその例。

「陣痛《じんつう》」「一陣《いちじん》の風」では、〝**急に激しく起こってはやむ**〟という意味。〝戦場〟の切迫したイメージも重なった、味わい深い使い方である。

じん

尋

12画

［音読み］ジン
［訓読み］たず-ねる、ひろ
［部首］寸（すん）

左と右が
一つになると?

「尋問《じんもん》」「尋《たず》ね人《びと》」「道を尋《たず》ねる」など、〝**答えを求めて問いかける**〟ことを表す。

◆「たずねる」と訓読みする漢字には「訪」（p559）「訊」（p319）もある。「訪」は〝ある場所を訪問する〟場合に用いるので、使い分けは比較的簡単。「訊」は〝問いかける〟という意味だが〝鋭さ〟を含むのに対して、「尋」は広く〝問いかける〟場合に用いられる。

以前は「ヨ」を「ヨ」とした「尋」と書くのが正式。「左」と「右」を組み合わせた形が変化した漢字で、「工」と「口」が含まれているのはそのなごり。本来は**長さの単位**で、手を左右に広げた長さを表す。日本では「ひろ」と訓読みし、「一尋《ひとひろ》」は約一・八m。「千尋《ちひろ》」とは〝とても長い〟ことをいう。

なお、「尋」の二倍の長さを表すのが「常」（p301）で、「尋常《じんじょう》」は〝ありふれた長さ〟というところから、〝ふつうの〟という意味で使われる。

〝問いかける〟の意味が生まれた経緯については諸説あるが、〝長さを測る〟から転じたとするのがわかりやすい。

じん

腎

13画

［音読み］ジン
［部首］月（にくづき）

今と昔のどっちが重要？

部首「月」は「肉」の変形で〝肉体〟を表す。**尿を作る臓器**〝**腎臓**〟を指す漢字。昔は精力の宿る場所だと考えられたところから、「肝腎《かんじん》」のように〝**重要な部分**〟のたとえとして使われることもある。

じん

塵

14画

［音読み］ジン
［訓読み］ちり
［部首］土（つち）

どこへ逃げても付いてきます

部首「土」にも現れているように、本来の意味は〝土ぼこり〟。広く〝**細かいごみ**〟を指して用いられる。「砂塵《さじん》」「粉塵《ふんじん》」「防塵《ぼうじん》マスク」「塵紙《ちりがみ》」「塵取《ちりと》り」などがその例。「ごみ」と訓読みすることもあるが、現在ではあまり用いられない。また、「ちり」もかな書きされることが多い。

体にまとわりついて汚れるところから、〝**世間のわずらわしさ**〟をも表す。「俗塵《ぞくじん》にまみれる」がその例。「戦塵《せんじん》」とは〝戦場に舞い上がる土ぼこり〟のことだが、〝戦争に巻き込まれて被害を受ける〟という意味でも用いられる。

なお、「微塵《みじん》もない」では、〝**とても細かいもの**〟のたとえ。「塵」が付いているのは、本来は〝鹿の群れが舞い上げる土ぼこり〟を表すからだともいう。

す

す

素

10画

⇩ そ（p360）

す

酢

12画

［音読み］サク
［訓読み］す
［部首］酉（とりへん）

原料はお酒！

調味料の〝す〟を表す。〝お酒〟を表す部首「酉」が付いているのは、お酒をさらに発酵させて作られるものだから。音読みで使われる例は少なく、「酢酸《さくさん》」があるくらい。「甘酢《あまず》」「黒酢《くろず》」「食酢《しょくず》」「三杯酢《さんばいず》」などすべて訓読み。訓読み優位の漢字である。

なお、「醋」は、「酢」と読み方も意味も同じ漢字。現代中国語ではこちらを用いるので、日本でも「黒醋《くろず》」「香醋《こうず》」のように使われることがある。

す

須

12画

［音読み］ス、シュ
［部首］頁（おおがい）

もとをたどればヒゲ三本？

「必須《ひっす》」の形で使われるのが代表的。**〝必要である〟**ことを表す。固有名詞では、「須藤《すどう》」「須磨《すま》」「須坂《すざか》」のように主にスと読んで用いられるが、仏教の世界ではシュと読んで、「須弥山《しゅみせん》」「須弥壇《しゅみだん》」のように古代インド語の当て字としても使われる。

本来は、〝頭部〟を表す部首「頁」に三本の線を加えて、〝あごひげ〟を表す漢字。大昔の中国語で〝必要である〟という意味のことばと発音が似ていたことから、当て字的に使われるようになった。その結果、後に〝髪〟を表す部首「髟（かみがしら）」を加えて、〝あごひげ〟専用の漢字として作られたのが、「鬚《しゅ》」である。

ず

図

7画

［音読み］ズ、ト
［訓読み］はか-る
［部首］囗（くにがまえ）

以前は「圖」と書くのが正式。部首「囗」は

絵に描いたモチ？

〝取り巻く〟ことを表し、「啚《ず》」は〝領地〟のことだという。本来は、〝領地の状態を描いた絵〟を表し、「図面《ずめん》」「図形《ずけい》」「地図《ちず》」「絵図《えず》」「設計図《せっけいず》」など、広く**〝何かを書き表した絵〟**の意味で用いられる。

また、図面を作って計画するところから、**〝何かをしようと考える〟**ことをも表す。「意図《いと》」「企図《きと》」「品質の向上を図《はか》る」などがその例。

◆「はかる」と訓読みする漢字には「計」（p145）「諮」（p239）「測」（p378）「謀」（p566）「量」（p631）などもあって、使い分けがややこしい。ただし、「図」は〝何かをしようと考える〟場合にしか使わないので、ほかとの区別は比較的簡単。「謀」は「図」と意味が似ているが、〝悪いことをしようと考える〟というニュアンスがある。「図」は悪いことに限らず使うので、迷ったら「図」を書いておくのが安全策である。

音読みは、〝書き表した絵〟の場合には奈良時代以前からあるズを、〝何かをしようと考える〟の場合には、平安時代ごろに正式とされたトを使うことが多い。ただし、「図書《としょ》」は本来は〝図面と書物〟の意味だが、音読みトを用いる。逆に「合《あい》図《ず》」ではトと読む方がよさそうだが、ズを用いるのが習慣となっている。

すい

水

4画

［音読み］スイ
［訓読み］みず、み、みな
［部首］水（みず）

ゆったりと流れてゆく…

言うまでもなく、**流れる〝みず〟**を表す。古代文字では「[illegible]」と書き、〝水が流れるようす〟の絵から生まれた漢字。転じて、「水運《すいうん》」「水郷《すいごう》」「水陸両用《すいりくりょうよう》」のように**〝海や川や湖など〟**を表したり、「水銀《すいぎん》」「水飴《みずあめ》」など**〝液体〟**を意味したりする。「炭水化物《たんすいかぶつ》」「水酸化《すいさんか》ナトリウム」などでは、〝水〟を構成する元素の一つ**「水素《すいそ》」の省略形**。

このほか、「水星《すいせい》」では**惑星の一つ**を指す。また、日本語では「水曜日《すいようび》」のように用いられる。**Wednesday の訳語**として「水曜日」のように用いられる。

なお、「水《みず》入《い》り」「親子水《みず》入《い》らず」「議論に水《みず》を差す」などでは、**〝何かを冷ますもの〟**を表すが、これも日本語独自の用法。

「水無月《みなづき》」「水戸《みと》」「水無瀬《みなせ》」「垂水《たるみ》」などに見られる訓読み「み」は、「みず」の古語。「水底《みなそこ》」「水面《みなも》」「水上《みなかみ》」などの「みな」は、〝水の〟という意味の古語。また、「手水《ちょうず》」は「てみず」の変化したものである。

部首としては？

〝みず〟に関係する漢字の部首となる。日常的に使われる漢字に限っても、その例は軽く一〇〇を超え、漢和辞典の中でも一、二を争う大集団をなしている。

多くの場合は、漢字の左側に置かれて変形して「氵」の形となり、「さんずい」と呼ばれる。また、漢字の下側に置かれる

場合には「氺」の形となって「したみず」と言われることがあるが、その例は「泰」（p388）ぐらいのもの。「氷」（p518）「泉」（p351）のように「水」の形が残っている場合は、単に「みず」と呼ばれている。

すい

吹

7画

［音読み］スイ
［訓読み］ふ-く
［部首］口（くちへん）

風は自然の深呼吸

部首「口」に〝大きく口を開ける〟ことを表す「欠」（p152）を組み合わせて、本来は**〝口から息を吐く〟**ことを表す漢字。「吹《ふ》き飛《と》ばす」「アツアツのラーメンを吹《ふ》く」などがその例。「吹奏楽《すいそうがく》」「らっぱを吹《ふ》く」では、特に**〝管楽器を演奏する〟**こと。「鼓《こ》吹《すい》」は〝太鼓をたたき、笛をふく〟ことから、〝応援して盛り上げる〟ことをいう。

転じて、「風が吹《ふ》く」のように**〝大気が動く〟**ことをも表す。自然も一つの大きな動物であるかのようで、おもしろい。

日本語では、「自慢話を吹《ふ》いて回る」「ほらを吹《ふ》く」など**〝大げさなことを他人に言う〟**ことを表すが、これは管楽器で大きな音を立てるところから来たもの。「吹《ふい》聴《ちょう》」は訓読み「ふく」と音読みチョウが結びついた変わった熟語で、「風聴《ふうちょう》」が変化したものとも言われるが、意味としては〝大げさに言う〟に近い。

また、「芽吹《めぶ》く」「粉を吹《ふ》く」「吹《ふ》き出《で》もの」のように**〝表面に出てくる〟**ことを表すのも、日本語独自の用法である。

◆似た意味で「ふく」と訓読みする漢字には「噴」（p537）もある。「噴」のポイントは〝勢いよく出てくる〟こと。それ以外に重点がある場合は、「吹」を用いる。

すい

垂

8画

［音読み］スイ
［訓読み］た-れる、た-らす
［部首］土（つち）

上はしっかり下はぶらぶら

「垂直《すいちょく》」「懸垂《けんすい》」「胃下垂《いかすい》」「帯が垂《た》れる」「糸を垂《た》らす」のように、**〝一部分だけが不安定に下がる〟〝一部分だけ固定して残りを下ろす〟**ことを表す。また、「しずくが垂《た》れる」のように、**〝液体が少しずつ落ちる〟**ことをもいう。

転じて、「説教を垂《た》れる」のように、**〝下位の者に教えなどを示す〟**という意味でも用いられる。「垂範《すいはん》」は〝模範を示す〟こと、「山上《さんじょう》の垂訓《すいくん》」は、『新約聖書』に出てくる〝キリストが山の上で行った説教〟。

また、「垂死《すいし》」のように**〝今にも○○しそうである〟**ことを表す用法もある。今にも落っこちそうなところから転じたのか、考えるとおもしろい。

成り立ちには諸説あるが、部首「土」は〝地面〟や〝大地〟を表すと考えられる。

すい

炊

8画

［音読み］スイ
［訓読み］た-く
［部首］火（ひへん）

お米だけが食べ物ではない！

「炊飯《すいはん》」「雑炊《ぞうすい》」「ごはんを炊《た》く」など**〝穀物を煮る〟**ことが、代表的な意味。ただし、「炊事《すいじ》」「自炊《じすい》」のように、**〝食事を作る〟こと**一般を指しても用いられる。「かしぐ」と訓読みすることもあるが、古風な表現。

◆「たく」と訓読みする漢字には「焚」（p395）もある。「焚」が〝ものを燃やす〟こと一般を指すのに対して、「炊」は〝穀物を煮る〟場合にだけ用いる。

すい

隹

8画

［音読み］スイ
［部首］隹（ふるとり）

単独では使いませんが…

古代文字では「」と書き、〝鳥〟の絵から生まれた漢字。本来は〝尾の短い鳥〟を表すというが、現在では、単独の漢字として用いられることはない。

部首としては？

ただし、〝鳥〟に関係する漢字の部首となる。

「雎」(p238)「雄」(p604)や「雛《ひな》」がその代表例。また、「雅」(p59)「難」(p474)「離」(p623)のように、現在では〝鳥〟との関係がはっきりしない漢字も含まれる。

「旧」(p111)の以前の書き方「舊」に含まれることから、部首の名前としては「ふるとり」と呼び、「鳥(とり)」(p420)「酉(ひよみのとり)」(p468)と区別する。が、「舊」の部首は「臼」で、「隹」ではない。

すい 帥 9画

[音読み] スイ
[部首] 巾(はば)

指揮官の旗の下に

「元帥《げんすい》」「総帥《そうすい》」のように、**〝指揮官〟**を表すのが代表的な意味。ただし、本来は「グループを統帥《とうすい》する」のように**〝率いる〟**ことを表す。成り立ちには諸説あるが、〝布きれ〟を表す部首「巾」は〝旗印〟の意味だ、という説が優勢である。

すい 粋 10画

[音読み] スイ
[訓読み] いき
[部首] 米(こめへん)

白いお米の美しさ

以前は「粹」と書くのが正式。「卒」の解釈には諸説があるが、部首「米」と組み合わせて、本来は〝混じりけのない米〟を表す、という点では一致している。「純粋《じゅんすい》」「精粋《せいすい》」「生粋《きっすい》」など、**〝混じりけがなく良質な〟**という意味で用いられる。「抜粋《ばっすい》」は、〝良いところだけ抜き出す〟こと。

日本語では、**〝気が利いている〟**ことや**〝世の中の事情をよく知っている〟**ことを指しても用いる。「粋人《すいじん》」「粋《いき》なはからい」「無粋《ぶすい》な質問」などがその例。やはり日本人は白いお米が好きなんだなあ、などと考えてみたくなる漢字である。

すい 衰 10画

[音読み] スイ
[訓読み] おとろ-える
[部首] 衣(ころも)

意味がはっきりしすぎていて…

「衰弱《すいじゃく》」「衰亡《すいぼう》」「減衰《げんすい》」「美貌《びぼう》が衰《おとろ》える」「意欲の衰《おとろ》え」など、**〝勢いや力がなくなる〟**ことを表す。

昔は〝喪服〟を指して使われたこともあり、部首「衣」が付いているのは、そのなごり。そう考えると、残酷なほどシャープな意味を持つ漢字である。

すい 推 11画

[音読み] スイ
[訓読み] お-す
[部首] 扌(てへん)

目の前のものを遠くまで

部首「扌」は「手」の変形。本来は〝モノを向こうに動かす〟ことを表す。「推敲《すいこう》」がその例で、ある詩人が自作の詩句を「門を推《お》す」にするか「門を敲《たた》く」にするか悩んだ話から、〝文章を練り上げる〟ことをいう故事成語。しかし、現在では、具体的に〝モノを動かす〟ことを指して「推」を用いることは、ほとんどない。

「推理《すいり》」「推測《すいそく》」「類推《るいすい》」「邪推《じゃすい》」「推《お》し量《はか》る」などでは、**〝わかっていることをもとにして、わかっていないことまで判断を広げる〟**ことを表す。「推薦《すいせん》」「推奨《すいしょう》」「彼を委員長に推《お》す」などでは、**〝自分がよいと考えるものを他人にもすすめる〟**こと。「推進《すいしん》」「推《お》し進《すす》める」では**〝自分がよいと考えることを積極的に実行する〟**こと。また、「推移《すいい》」では、**〝ある状況から変化していく〟**ことを表す。全体的に、〝目の前にあるモノや状況が、空間的・時間的に広がっていく〟というイメージを持つ漢字である。

◆訓読み「おす」では、「押」(p45)との使い分けが問題となる。基本的には、〝具体的なモノを動かす〟場合は「押」、そうでない場合は「推」を使う。ただし、具体的なモノでなくても、「反対を押《お》し切《き》る」のように〝無理強いする〟というニュアンスがある場合には「押」を使うので、注意が必要である。

すい 酔

11画

［音読み］スイ
［訓読み］よ-う
［部首］酉（とりへん）

好きな学者と嫌いな学者

本来は**"お酒を飲んでふつうとは異なる気分になる"**ことを表すが、「麻酔《ますい》」「心酔《しんすい》」「陶酔《とうすい》」など、さまざまな原因で**"体や心がふつうとは異なる状態になる"**ことを指す。ただし、「遠足でバスに酔《よ》う」「船酔《ふなよ》い」のように**"乗り物が原因で気分が悪くなる"**ことをいうのは、日本語独自の用法。

以前は「醉」と書くのが正式。部首「酉」は"お酒"を表す記号。「卒」（p380）の解釈には二系統あり、一つは"終わる"の意味で、"酒を飲み終わっても乱れない"ことを表すとする。もう一つは、「卒」は"ばらばらになる"の意味で、"酒を飲んで乱れる"ことを表すとする。それぞれの説を唱える学者の生活ぶりが反映しているかのようである。

すい 遂

12画

［音読み］スイ
［訓読み］と-げる、つい-に
［部首］辶（しんにょう、しんにゅう）

日本人は苦労が好き？

「遂行《すいこう》」「完遂《かんすい》」「未遂《みすい》に終わる」「目的を遂《と》げる」など、**"予定したことを最後まで行う"**ことを表す。日本語では「遂《つい》に完成！」のようにも用いるので、**"苦労の結果、ようやく"**という印象が強い。が、漢字としては"そのまま順調に達成する"ことをいう場合も含む。日本語でニュアンスが微妙に変化した漢字の一つである。

なお、以前は「遂」と書くのが正式。また、「つい」は訓読みなので、「遂行《すいこう》」「完遂《かんすい》」を「ついこう」「かんつい」と読むのは誤りとされている。

すい 睡

13画

［音読み］スイ
［訓読み］ねむ-る
［部首］目（めへん）

だんだんまぶたが重くなる…

言うまでもなく**"ねむる"**ことを表す。「睡眠《すいみん》」「熟睡《じゅくすい》」「昏睡《こんすい》」などがその例。

◆ただし、"ねむりこむ"ことをいう「眠」（p580）とは違って、本来は"ねむたくなる""うたた寝する"ことを表す漢字。部首「目」はここでは"まぶた"を指し、「睡」は"まぶたが垂れる"のだと解釈するとわかりやすい。現在では、訓読み「ねむる」では厳密な使い分けはされていないものの、「睡魔《すいま》」を「眠魔《みんま》」とは言わないところに、その違いが現れている。

すい 翠

14画

［音読み］スイ
［訓読み］みどり
［部首］羽（はね）

忘れられない鮮やかさ

以前は「翠」と書くのが正式。部首「羽／羽」からも想像されるように、本来は**「翡翠《ひすい》」の二文字で鳥の"かわせみ"を表す**。また、"かわせみ"の羽の色に似た青緑色の鉱石も「翡翠」という。

◆「みどり」と訓読みする漢字には「緑」（p634）「碧」（p544）もある。「緑」は一般的な"みどり色"を指し、「碧」「翠」は"あおみどり色"を指す。さらに、「碧」は本来は宝石の色で静かな透明感があるのに対して、「翠」は動物の生き生きしたイメージを持つ。それぞれの特徴を生かして使い分けると、効果的である。

すい 錘

16画

［音読み］スイ
［訓読み］つむ
［部首］金（かねへん）

重みをいろいろ利用する

本来は、てんびんにつるす"おもり"を表す漢字。広くさまざまな**"おもり"**を表し、「おもり」と訓読みすることもあるが、「おもり」は現在ではかな書きするか、「重《おも》り」と書くのがふつうである。

日本語では、**糸をつむぐときに糸を巻き取る道具**〝**つむ**〟を指して用いる。音読みの熟語では、「紡錘《ぼうすい》」がその例である。

すい

錐

16画

［音読み］スイ
［訓読み］きり
［部首］金（かねへん）

親戚にはすぐたたくヤツも

小さい穴を開けるのに用いる工具〝**きり**〟を表す。「錐《きり》を刺す」「錐《きり》もみ」などがその例。「立錐《りっすい》の余地」とは、〝きりの先を突き立てるほどの小さなスペース〟。

転じて、数学では、「円錐《えんすい》」「三角錐《さんかくすい》」のように〝**先がとがった立体**〟を指す。

「隹」（p322）はふつうは〝鳥〟を表すが、この漢字で何を意味するかには定説がない。ただ、部首を「木（きへん）」に換えた「椎」（p427）が、やはり工具の〝木づち〟を指すのは、興味深い。

ずい

随

12画

［音読み］ズイ
［訓読み］したが-う
［部首］阝（こざとへん）

お任せでお願いします！

以前は「隨」と書くのが正式。部首は「阝」だが、成り立ちとしては、〝移動〟を表す「辶（しんにょう）」と「隋《ずい》」を組み合わせたもの。「隋」に〝くずれ落ちる〟という意味があることから、〝成り行きに任せる〟ことを表すとする説が有力である。

〝**何かに任せてその通りにする**〟ことを表すのが、基本的な意味。「随意《ずいい》」は〝気持ちの通りにする〟、「随筆《ずいひつ》」は〝筆に任せる〟、「随時《ずいじ》」は〝適当な時にいつでも〟。「随所《ずいしょ》」は〝適当な場所ならどこでも〟。また、「随行《ずいこう》」「追随《ついずい》」「付随《ふずい》」など、〝**くっついていく**〟という意味となることもある。

なお、「随分《ずいぶん》」の「分」（p537）は〝範囲〟という意味で、「随分」とは本来は〝範囲をはみ出ない〟こと。現在では逆に〝たいへん〟という意味で用いられる。

◆訓読み「したがう」は、現在では「従」（p271）を使うのがふつう。あえて「部長の発言に随《したが》う」のように書くと、〝抵抗なく〟というニュアンスが出ることになる。

ずい

瑞

13画

［音読み］ズイ
［訓読み］みず
［部首］王（たまへん）

輝くつやは命の印！

部首「王」は〝宝石〟を表す「玉」（p130）の変形。本来は、〝王や皇帝が領地を与えるときに、その証拠として授ける宝石〟のことで、「圭」（p143）とほぼ同じものを指す漢字だったらしい。転じて、〝**よいことが起こる前兆**〟という意味で用いられる。「瑞兆《ずいちょう》」「瑞夢《ずいむ》」「瑞鳥《ずいちょう》」「瑞獣《ずいじゅう》」「祥瑞《しょうずい》」などがその例。

日本語では、さらに転じて〝**生命力にあふれている**〟ことをもいう。「瑞穂《みずほ》」「瑞々《みずみず》しい」などが、その例である。

ずい

髄

19画

［音読み］ズイ
［部首］骨（ほねへん）

本質はここに宿る

骨の中心にある〝**ずい**〟を表す。「骨髄《こつずい》」がその例。特に、〝**背骨の中心にあって脳までつながっている組織**〟を指し、「脊髄《せきずい》」「脳髄《のうずい》」「髄膜《ずいまく》」「髄液《ずいえき》」のように用いられる。

「神髄《しんずい》」「心髄《しんずい》」「精髄《せいずい》」などでは、転じて〝**中心となる大切なもの**〟を表す。比喩的に用いられるということは、漢字を作った人びとにとっての〝髄〟は、意外と身近な存在だったのだろうか。

なお、以前は「髓」と書くのが正式。

すう

枢

8画

［音読み］スウ
［部首］木（きへん）

そこを中心にすべてが動く

本来は〝**扉の回転軸**〟を表す漢字。ややこしいことに〝**扉の回転軸の軸受け**〟を指すこともあり、また、この両方を含めていうこともある。「とぼそ」「くるる」などとも訓読みされるが、現在では死語に近い。

転じて、**〝ものごとを動かす中心となる大切なもの〟**の意味でも用いられる。「中《ちゅう》枢《すう》」「枢要《すうよう》」が代表的な例。歴史で出てくる「枢軸国《すうじくこく》」「枢密院《すうみついん》」「枢機卿《すうきけい》」なども、みなこの意味である。

なお、以前は「樞」と書くのが正式。

すう 崇

11画

［音読み］スウ
［訓読み］あが-める
［部首］山（やま）

雄大なる山を目にして…

部首「山」からも想像されるように、本来は〝山がそびえ立つ〟ことを表す。名前で「たか」「たかし」と読むのは、ここから来たもの。

転じて、**〝すばらしく尊い〟**ことをも表し、「崇高《すうこう》」がその例。また、「崇拝《すうはい》」「尊《そん》崇《すう》」「天才だと崇《あが》める」のように、**〝尊いものだと信じて敬う〟**という意味にもなる。

なお、「祟《すい》」は形がよく似ているが、「たたる」と訓読みする漢字。間違えるとたいへんなので要注意である。

すう 数

13画

［音読み］スウ
［訓読み］かず、かぞ-える
［部首］攵（のぶん）

奥に広がる神秘の世界…

言うまでもなく、**〝かず〟**や**〝かぞえる〟**ことを表す。

以前は「數」と書くのが正式。「婁《る》」には〝連なる〟という意味があり、それに〝手に棒を持った形〟で〝動作〟を表す部首「攵」を加えて、本来は〝連なったものを数える〟ことを表す、とする説が有力である。

やや転じて、「数個《すうこ》」「数回《すうかい》」のように**〝いくつかの〟**という意味を表したり、「数珠《じゅず》」「数《かず》の子《こ》」のように**〝多い〟**ことを表したりもする。また、〝数える〟から変化して、**〝うまく行う方法〟**を表すこともあり、「権謀《けんぼう》術数《じゅっすう》」がその例。〝未来を知る方法〟をも表すところから、**〝運命〟**という意味でも用いられる。「数奇《すうき》」とは、〝運命が平坦でない〟こと。ふだんは「数学《すうがく》」の印象が強い漢字だが、ここまで来ると、何やら神秘的な匂いがする。

音読みは基本的にスウだけ。ただし、特殊な読み方が多い漢字で、すでに挙げた「数珠《じゅず》」でジュと読むのはその一つ。「人数」はふつう「にんずう」と読むが、短縮されて「にんず」と読むこともある。また、「数奇《すうき》」も「さっき」と読むことがある。さらに、「数奇」は「数奇屋《すきや》」「数奇者《すきもの》」のように「好《す》き」の当て字としても用いられることがある。ついでながら、これらは「数《す》寄《き》」と書くこともある。

なお、「数多《あまた》」は、漢字の熟語をそのまま、意味を表す日本語で読む当て字的表現。二文字で「あまた」と読むのであり、「数」に「あま」という訓読みがあるわけではない。

すえる 据

11画

［音読み］キョ
［訓読み］す-える、す-わる
［部首］扌（てへん）

テコでも動かないぞ！

部首も音読みも「拠」（p117）と同じで、本来の意味も似通った漢字。「拠」が〝どこかを足場として立つ〟ことを表すのに対して、「据」は〝どこかに座り込む〟ことだと考えると、わかりやすい。転じて、広く**〝動かないように置く〟**ことを表す。「電子レンジを据《す》え付《つ》ける」「腰を据《す》える」「目を据《す》える」などのほか、「腹を据《す》える」「度胸を据《す》える」のように比喩的にも用いられる。

「目が据《す》わる」「腹が据《す》わる」のように「すわる」と訓読みされることもあるが、同じ「すわる」でも〝腰をかける〟場合には、もちろん「座」（p209）を使う。

なお、現在では、音読みはほとんど用いられない。

すぎ

杉

7画

［音読み］サン
［訓読み］すぎ
［部首］木（きへん）

目の付けどころが違ったか?

樹木の〝すぎ〟を表す。

この漢字の「彡」は「三《さん》」の変形で、発音を表すだけだと考えられているが、一説では、〝すぎの葉が細かく並んでいるようす〟を表すとする。だとすると、中国では葉に注目して漢字を作ったことになる。一方、訓読み「すぎ」は〝まっすぐな木〟の意味だと言われているから、日本では幹に注目してことばを作った、ということになる。

なお、現在では、音読みが用いられることはほとんどない。

すし

鮨

17画

［音読み］シ
［訓読み］すし
［部首］魚（さかなへん）

どちらだっておいしければ…

言わずと知れた、**日本料理の〝おすし〟**を指す。

ただし、これはもちろん日本語独得の用法で、本来は〝魚の塩漬け〟を表す。

◆「すし」と訓読みする漢字には「鮓」もあるが、「鮓」はいわゆる〝なれずし〟のこと。それに対して、「鮨」はいわゆる〝おすし〟をいう。ただし、この使い分けは、実際にはあいまい。ちなみに、「寿司《すし》」は日本語「すし」を縁起のいい漢字で書き表した当て字である。

なお、現在では、音読みが用いられることはない。

すそ

裾

13画

［音読み］キョ
［訓読み］すそ
［部首］衤（ころもへん）

山に抱く親近感

部首「衤」は「衣」の変形。**〝衣服の下の端〟**を表す漢字。「上着の裾《すそ》」「裾《すそ》を払う」「裾上《すそあ》げ」などがその例。また、「カーテンの裾《すそ》」のように**〝垂れた布の下端〟**を意味することもある。「山裾《やますそ》」「裾野《すその》」は、着物を着て座っている人に山を見立てた、日本語独特の表現。

なお、現在では、音読みはほとんど用いられない。

すばる

昴

9画

［音読み］ボウ
［訓読み］すばる
［部首］日（ひ、にち）

業界一の変わり者

天体の〝すばる〟を表す。おうし座のプレアデスのこと。部首「日」が〝星〟を表すのは、「星」（p334）と同じである。

ある天体を表すだけでほかに意味を持たないという、珍しい漢字。しかも、それが一般にもよく知られ使われるようになったのは、谷村新司の名曲『昴』があってのこと。数ある漢字の中でも、とても特殊な経歴の持ち主だといえよう。

すん

寸

3画

［音読み］スン
［部首］寸（すん）

心の大きさはどれくらい?

本来は、**長さの単位**として使われる漢字で、「一寸《いっすん》」は約三・〇三㎝。転じて、長さに限らず**〝わずかな〟**ことをも表し、「寸評《すんぴょう》」「寸断《すんだん》」「寸前《すんぜん》」「寸劇《すんげき》」「寸暇《すんか》を惜しむ」「一寸《いっすん》の光陰《こういん》」のように用いられる。心の大きさは一寸四方だと考えられたことから、「寸志《すんし》」とは本来、〝心〟を指すが、現在では、〝お礼やおわびとして贈るちょっとした金品〟をいう。

「寸法《すんぽう》」「原寸大《げんすんだい》」「採寸《さいすん》」「寸詰《すんづ》まり」など、**〝モノのサイズ〟**を表すのは日本語独自の用法。また、「一寸《ちょっと》」は、日本語の意味を漢字で書き表した当て字的表現だが、現在ではかな書きが自然である。

古代文字では「」と書き、〝右手〟を表す「又」（p574）の下に横棒を添えた形。指一本分の幅というところから、長さの

単位として使われるようになったと考える説が、優勢である。

部首としては？ 成り立ちが〝右手〟に関係するところから、〝手で持つ〟ことに関係する漢字の部首となる。「射」（p251）「導」（p463）などが代表的な例。また、「寺」（p240）「将」（p289）「専」（p350）「対」（p386）「封」（p530）など、意外と多くの漢字が「寸」を部首とするが、現在では〝手で持つ〟に関係することがわかりにくくなっているケースも多い。

せ

瀬
せ
19画
［音読み］ライ
［訓読み］せ
［部首］氵（さんずい）

苦労が一番少ないところ

「浅瀬《あさせ》」は〝水深の浅いところ〟。「瀬戸《せと》」は〝海の幅が狭いところ〟。基本的に〝**川や海などの渡りやすい場所**〟を表し、転じて〝**手段や機会**〟をもいう。「立《た》つ瀬《せ》がない」「やる瀬《せ》ない」「ひとときの逢瀬《おうせ》」などがその例。

以上は日本語独自の用法。本来の意味は、〝川の流れが浅く速い場所〟。海と川に富んだ日本では意味が微妙に変化した。そのためもあって、中国語由来の音読みライを使うことは、ほとんどない。

なお、以前は「瀬」と書くのが正式。

是
ぜ
9画
［音読み］ゼ
［訓読み］これ、ここ
［部首］日（ひ、にち）

これに間違いありません！

基本的な意味は、〝**これで間違いないと判断する**〟こと。「是認《ぜにん》」「改革の是非《ぜひ》を問う」がその例。「是正《ぜせい》」は、〝間違いないように直す〟こと。転じて、「国是《こくぜ》」「社是《しゃぜ》」のように〝**これだ、として決めた方針**〟をも表す。

また、**近くのものを指し示す**はたらきもあり、その場合は「これ」「ここ」などと訓読みする。ただし、現在ではかな書きにするのが自然である。

古代文字では「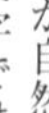」と書き、〝スプーン〟の絵だと考えられている。大昔の中国語では〝間違いない〟などの意味を表すことばと発音が似ていたことから、当て字的に使われるようになったという。

世
せい
5画
［音読み］セイ、セ
［訓読み］よ
［部首］一（いち）

生きている匂いがする…

「世界《せかい》」「世相《せそう》」「出世《しゅっせ》」「世《よ》の中《なか》」のように、〝**人びとが暮らしているところ**〟を表すのが代表的な意味。また、「世紀《せいき》」「近世《きんせい》」「隔世《かくせい》の感《かん》」「世《よ》が世《よ》ならば」などでは〝**ある時代**〟を指す。「世代《せだい》」「世襲《せしゅう》」「治世《ちせい》」「我《わ》が世《よ》の春」のように、〝**ある人が活動している期間**〟をいうこともある。

古代文字では「」と書き、三つの「十」がつながったように見えるので、本来は

〝三〇年〟を表すという。ただし、これを〝「止」に印を三つ付けた形〟だとか、〝木の芽が三つ伸び始めた形〟だと考える説もある。

成り立ちはともかく、〝人間が生きていく〟というイメージが強い漢字。そこで、「世渡《よわた》り」「世慣《よな》れる」など**〝社会のしくみや決まりごと〟**を意味したり、「前世《ぜんせ》」「あの世《よ》」のように**〝現在、生きているのとは別のところ〟**を指したりもする。また、「世《せ》帯《たい》」は「所帯《しょたい》」の変化したもの、「世話《せわ》」は「せわしい」に由来する当て字と考えられているが、どちらでも〝人間が生きていく〟というイメージは保たれている。

音読みでは、セが奈良時代以前からある読み方で、セイは平安時代ごろに正式とされた読み方。熟語の最初に置かれた場合にはセを、最後に置かれた場合にはセイを使うことが多い。

せい 正

5画

［音読み］セイ、ショウ
［訓読み］ただ-しい、まさ
［部首］止（とまる）

自分を信じてまっすぐ進め！

言うまでもなく、**〝ただしい〟**ことを表す漢字だが、細かく考えると、さまざまな意味を含む。

「正確《せいかく》」「正解《せいかい》」「正真正銘《しょうしんしょうめい》」「訂正《ていせい》」「正《まさ》夢《ゆめ》」「計算結果は正《ただ》しい」などでは、**〝事実の通りである〟**ことを表す。「正義《せいぎ》」「正当《せいとう》」「正論《せいろん》」「公正《こうせい》」「正《ただ》しい判断」「正《まさ》しく適任だ」などでは、**〝道理にかなっている〟**という意味。また、「正統《せいとう》」「正編《せいへん》と続編」「正《せい》副《ふく》二通の契約書」のように**〝本来の〟**という意味を表すこともある。

「正規《せいき》」「正式《せいしき》」「正門《せいもん》」「正装《せいそう》」「正会員《せいかいいん》」「正《ただ》しい手続き」などでは、**〝決められた通り〟〝公式の〟**。「正方形《せいほうけい》」「正面《しょうめん》」「端正《たんせい》」「正《まさ》にその時」のように**〝狂いがない〟**ことを表す場合や、「正月《しょうがつ》」「正午《しょうご》」のように**〝基準となる〟**ことをいう場合もある。

なお、数学や物理学では、「正《せい》の数」「正《せい》の電極」のように**〝プラス〟**の訳語として用いる。

音読みはセイを用いる方が一般的。とはいえ、奈良時代以前からある古い読み方ショウも、現在でも少なからず用いられる。どちらで読むかは一つ一つ覚えていくしかない。

部首「止」は〝足を使って移動する〟ことを表す記号。成り立ちとしては、その上に横棒を加えて、〝目標に向かってまっすぐ進む〟ことを表すと考えられている。そのひたむきさが根源にあるのだとすれば、「正」とは結局、自分の判断をいちずに信じることなのかもしれない。

せい 生

5画

［音読み］セイ、ショウ
［訓読み］い-きる、い-かす、い-ける、う-む、う-まれる、お-う、は-える、は-やす、ふ、なま、き
［部首］生（いきる）

命はすべての源

訓読みがとても多いことで有名な漢字。ただし、意味としては基本的に〝命〟が源になっている。

「いきる／いかす／いける」は、**〝命を保つ／保たせる〟**という意味。音読みでは、「生活《せいかつ》」「生存《せいぞん》」「野生《やせい》」などがこの意味の例。「生彩《せいさい》」「生色《せいしょく》」「生《い》き生《い》きしている」のように、**〝命を保って積極的に活動している〟**ことを表す場合もあれば、「生還《せいかん》」「生《い》け贄《にえ》」のように**〝命を保ったまま〟**という意味を表すこともある。また、「この失敗が後で生《い》きる」「才能を生《い》かす」のように、**〝役に立つ／役に立たせる〟**ことをも表す。

◆「いきる／いかす」と訓読みする漢字には「活」（p76）もあるが、現在では「生」を使うのが一般的。ただし、〝活発〟な雰囲気を出すためにあえて「活」を書くの

も、効果がある。また、「いける」は〝命を保ったまま〟という意味を表すやや古い表現で、「生《い》ける屍《しかばね》」のように用いる。「活」も「いける」と訓読みするが、〝花をいける〟場合にしか用いない。

「うむ／うまれる」は〝**命を与える**／**与えられる**〟という意味。音読み熟語では、「生誕《せいたん》」「生年《せいねん》」「出生《しゅっせい》」などがその例。「生《せい》来《らい》」「生得《せいとく》」「生《う》まれながら」のように、〝**命を与えられた最初から**〟という意味にもなる。また、ものごとに対して用いて、〝**作り出す**／**作り出される**〟〝**起こる**／**起こす**〟ことをも表す。「商品を生《う》む」「原因を生《う》む」「傑作が生《う》まれる」「可能性が生《う》まれる」などがその例。音読みでは、「生産《せいさん》」「発生《はっせい》」「派生《はせい》」「利子が生《しょう》ずる」「問題が生《しょう》じる」などが、その例である。

◆「うむ／うまれる」と訓読みする漢字には「産」（p223）もあるが、現在では、「生」を書く方が一般的。ただし、〝子どもをうむ／子どもがうまれる〟ことをはっきりさせたい場合には、「産」を用いる。

訓読み「おう」は〝**命を得て育つ**〟という意味合い。現在では「生《お》い立《た》ち」「生《お》い茂《しげ》る」以外ではあまり用いられない。ちなみに、「弥生《やよい》」は〝ますます育つ〟という意味で、「やよい」と読むのは「やおい」が変化したもの。

〝**植物が芽を出す**／**植物に芽を出させる**〟場合には「はえる／はやす」と訓読みする。「群生《ぐんせい》」「密生《みっせい》」などが音読みの例。また、比喩的に「髪が生《は》える」「ひげを生《は》やす」のようにも用いる。なお、「芝生《しばふ》」の「ふ」は、〝**植物が茂る場所**〟を表す古語。

一方、〝命を保ったまま〟から転じて、〝**まだ煮たり焼いたりしていない**〟ことを表すのが、「生《なま》もの」「生《なま》野菜」「生《なま》臭い」などの「なま」。音読み熟語では「生鮮食品《せいせんしょくひん》」がその例。さらに広く〝**手を加えていない**〟〝**本来のものそのもの**〟という意味をも表し、「生《なま》ビール」「生放送《なまほうそう》」「生演奏《なまえんそう》」「生《なま》の声」「生身《なまみ》」「生足《なまあし》」「現生《げんなま》」などなど、さまざまに用いられる。ここまで来ると日本語独自の用法のような気がするが、〝生ビール〟は現代中国語でも「生啤酒《ションピーチウ》」というようである。

また、「なま」は〝**未完成な**〟〝**中途半端な**〟という意味でも用いられる。「生半可《なまはんか》」「生意気《なまいき》」「生返事《なまへんじ》」「生煮《なまに》え」「生《なま》ぬるい」などがその例。音読みの熟語では「生硬《せいこう》」がある。また、「学生《がくせい》」「書生《しょせい》」「小生《しょうせい》」などは〝**まだ勉強している途中の**〟という意味なので、〝未完成な〟のバリエーションの一つだと考えられる。ちなみに、「先生《せんせい》」は本来は〝先に生まれた人〟のこと。

〝手を加えていない〟という意味では、訓読み「き」も使われる。「生糸《きいと》」「生地《きじ》」などがその例。転じて〝**混じりけがない**〟ことをも指し、「生《き》そば」「生醤油《きじょうゆ》」のように使われる。「生粋《きっすい》」で「きっ」と読むのは、「き」が変化したもの。

以上のように、訓読みはまことに多彩。加えて、困ったことに音読みも二種類ともよく使われる。ただ、数的に多いのはセイ。ショウは奈良時代以前からある古い読み方で、現在では使われる場面が限られる。そこで、セイを原則と考えて、「生涯《しょうがい》」「一生《いっしょう》」「往生《おうじょう》」「殺生《せっしょう》」「衆生《しゅじょう》」「生《しょう》じる」など、ショウで読むものを一つ一つ覚えていくのがおすすめである。

部首としては?

〝生きる〟ことに関係する漢字の部首となるが、その数はわずかしかない。現在でも使われるものとしては、「産」（p223）「甦」（p361）がある。

せい

成

6画

[音読み] セイ、ジョウ
[訓読み] な-る、な-す
[部首] 戈（ほこづくり、かのほこ）

何はともあれでき上がり！

「成功《せいこう》」「成立《せいりつ》」「完成《かんせい》」「達《たっ》成《せい》」など、〝**きちんとしたものに仕上がる**／**仕上げる**〟ことを表す。「賛成《さんせい》」は〝きちんと仕上がるように協力する〟こと。やや転じて、〝**組み合わせて作り上げる**〟ことをも表す。例としては、「構成《こうせい》」「編成《へんせい》」「成分《せいぶん》」など。また、「成《せい》長《ちょう》」「成熟《せいじゅく》」「養成《ようせい》」のように、動物や植物について〝**きちんと育つ**／**育てる**〟ことをいう場合もある。名前で「しげ」と読むのは〝植物がしげる〟ことから。

基本的には、〝でき上がる〟ことを表す漢字。「成績《せいせき》」「成句《せいく》」「成人《せいじん》」などは、〝**でき上がった結果**〟を意味する例である。

訓読み「なる」「なす」は、「病気になる」「お昼になる」「ためになる」「恐れをなす」「なすがまま」など、どちらも日本語としてはさまざまな使い方がある。その中で、「三つの部分から成《な》る」「一家を成《な》す」のように〝仕上げる〟〝でき上がる〟場合にだけ「成」を使うのが、本来の用法。ただし、実際にはまぎらわしい場合が多いので、現在ではすべてかな書きにしてしまうことも多い。

音読みはセイを用いるのが原則。ジョウは奈良時代以前からある古い読み方で、現在でも「成仏《じょうぶつ》」「成就《じょうじゅ》」など仏教のことばで使われることがある。

部首「戈」は〝武器の一種〟を表す記号なので、本来の意味については、〝敵を討ち平らげる〟とか〝武器を作り上げる〟などの説がある。また、かなり微妙な違いだが、以前は「丁」の部分を「丁」として「成」と書くのが正式。「城」（p300）「盛」（p336）「誠」（p337）などの「成」も、以前は「成」と書くのが正式である。

せい

西

6画

［音読み］セイ、サイ、スイ
［訓読み］にし
［部首］西（にし）

時代とともに変化する

方角の一つ〝にし〟を表す。

地理的には、昔は〝**中央アジアやインド方面**〟を指し、「西瓜《すいか》」とは、そのあたりを通って伝わってきた植物。現在では、「西洋《せいよう》」「西暦《せいれき》」のように〝**ヨーロッパ方面**〟を指すことが多い。

音読みはセイを使うのが原則。サイは奈良時代以前からある古い読み方で、「西国《さいごく》」「関西《かんさい》」「東西《とうざい》」「西遊記《さいゆうき》」「西方浄《さいほうじょう》土《ど》」など用いられる熟語が限られる。中には、「西域」のようにサイ・セイのどちらでも読まれるものもある。また、「西《すい》瓜《か》」のスイは、鎌倉時代ごろ以降に生まれた、比較的新しい音読みである。

部首としては？

漢和辞典では部首の一つだが、「西」を部首とする漢字はほかにはない。そこで漢和辞典では、「覇」（p486）「覆」（p534）「要」（p609）などの部首「覀（かなめのかしら）」と合わせて一つの部首とする。ちょっと変わったさみしい部首である。

せい

声

7画

［音読み］セイ、ショウ
［訓読み］こえ
［部首］士（さむらい）

ピストル撃ったら聞こえたぞ！

人間や動物が発する〝こえ〟を表す。以前は「聲」と書くのが正式で、部首も「耳」。本来は〝こえ〟に限らず、〝**耳で聞こえる音**〟一般を指す漢字で、「銃声《じゅうせい》」「砲声《ほうせい》」「祇園《ぎおん》精舎《しょうじゃ》の鐘《かね》の声《こえ》」などがその例。また、人間の〝こえ〟から転じて、「名声《めいせい》」「声望《せいぼう》」のように〝**評判**〟を表すこともある。

音読みはセイを用いるのが大原則。ショウは奈良時代以前からある古い読み方で、現在では、「大音声《だいおんじょう》」や、仏教音楽の一種「声明《しょうみょう》」などでしか使われない。また、訓読み「こえ」は、「声色《こわいろ》」「声《こわ》高《だか》に」のように、続く発音に影響されて「こわ」に変化することがある。

せい
制
8画

［音読み］セイ
［部首］刂（りっとう）

こちらの思惑通りにしたい…

基本的な意味は、〝**決まった枠組みを外れないように従わせる**〟こと。「制御《せいぎょ》」「制限《せいげん》」「制《せい》圧《あつ》」「牽制《けんせい》」「発言を制《せい》する」「機先を制《せい》する」などがその例。「制度《せいど》」「制服《せいふく》」のように〝**外れてはならないと決められた枠組み**〟を表すこともある。

転じて、〝**社会や組織などの決められたしくみ**〟をも指す。「民主制《みんしゅせい》」「全日制《ぜんじつせい》」「変動《へんどう》相場制《そうばせい》」「週休二日制《しゅうきゅうふつかせい》」などがその例。

また、〝従わせる〟ところから転じて、「全国制覇《ぜんこくせいは》」「大食い大会を制《せい》する」のように〝**勝つ**〟という意味にもなる。

本来は〝余分なものを切り取る〟ことを表す漢字で、「刀」が変形した部首「刂」はそのなごり。そのため、〝自分の意向通りに〟というニュアンスを持つ。たとえば「制作《せいさく》」と「製作《せいさく》」では、「制作」を使うと、〝自分の意向通りに作る〟というニュアンスが強く出ることになる。

せい
姓
8画

［音読み］セイ、ショウ
［部首］女（おんなへん）

血のつながりを強く表す

部首「女」は、ここでは〝家族〟を表す。「姓《せい》は車《くるま》、名《な》は寅次郎《とらじろう》」のように、いわゆる〝**名字**〟を指す漢字。古くは、血族関係に基づく名前は「氏」（p228）で表し、「姓」は「かばね」と訓読みされて社会的な地位を指すものだったようだが、現在では「氏」も「姓」もほぼ同じように用いる。

ただし、「旧姓《きゅうせい》」「改姓《かいせい》」とは言っても「旧氏」「改氏」とは言わないし、「車氏《くるまし》」「車寅次郎氏《くるまとらじろうし》」のように名前の後に付けてその人本人を指す用法は、「姓」にはない。現在では、「姓」の方が「氏」よりも、血縁全体と結びつく度合いが高い。

音読みはセイを用いるのが原則。ショウは奈良時代以前からある古い読み方で、現在では「百姓《ひゃくしょう》」「小姓《こしょう》」などでしか使われない。「百姓」は本来は〝多くの人びと〟を、「小姓」は〝子ども〟をいう。これらの「姓」は、単に〝**人**〟を指しているようである。

せい
征
8画

［音読み］セイ
［部首］彳（ぎょうにんべん）

ケンカ以外でも出かけますよ

「征服《せいふく》」「遠征《えんせい》」「出征《しゅっせい》」のように、〝**出かけていって戦う**〟ことを表す。ただし、「征伐《せいばつ》」という熟語があるように、ともすれば〝**刃向かう者をこらしめる**〟というニュアンスを伴いがちな漢字である。

「正」（p329）には本来、〝目標に向かって進む〟という意味がある。それが〝ただしい〟という意味で使われるようになった結果、本来の意味をはっきりさせるため、〝移動〟を表す部首「彳」を付け加えて「征」が作られたと考えられている。そのため、中国の古典では、〝目的を持って遠くへ出かける〟という意味で使われる例も多い。〝こらしめる〟のニュアンスはもとからあったのか、あったとすれば「正」にもあったのか、判断はむずかしい。

せい
性
8画

［音読み］セイ、ショウ
［訓読み］さが
［部首］忄（りっしんべん）

これを足すだけで本質に迫る！

「性格《せいかく》」「性情《せいじょう》」「個性《こせい》」「品性《ひんせい》」など、〝**生物が本質的に持っている、内面的な特徴や傾向**〟を表す。多くは生まれながらに持っているものを指すが、「習性《しゅうせい》」「慢性《まんせい》」など、後から身についたものも含まれる。

「心」が変形した部首「忄」が付いている通り、〝**心情的な傾向**〟を表すことが多い。

「性根《しょうね》」「性急《せいきゅう》な」「根性《こんじょう》」「気性《きしょう》が荒い」「凝《こ》り性《しょう》」「貧乏性《びんぼうしょう》」「脂性《あぶらしょう》」「荒《あ》れ性《しょう》」などがその例。とはいえ、**〝体質的な傾向〟**を指すこともないわけではない。また、「性別《せいべつ》」「性《せい》の目覚め」「両性具有《りょうせいぐゆう》」など、特に**〝男女・雌雄としての特徴〟**をも表すのは、もちろんである。

転じて、「性能《せいのう》」「属性《ぞくせい》」など、**〝ものごとに本質的に含まれている特徴や傾向〟**を表す場合もある。「慣性《かんせい》の法則」「油性《ゆせい》のボールペン」「安全性《あんぜんせい》が高い」「具体性《ぐたいせい》に欠ける」「植物性《しょくぶつせい》タンパク質」などなど、付け加えるだけでさまざまな**〝特徴や傾向〟**を表すことができる、とても役に立つ漢字である。

音読みはセイを使うのが原則。ショウは奈良時代以前からある古い読み方で、すでに挙げたもののほか、「性悪《しょうわる》」「性《しょう》が合う」など〝人間の心情的・体質的な傾向〟を表す場合に用いられることが多い。

訓読み「さが」は、**〝捨て去ることのできない傾向〟**のことで、「男の性《さが》」「人の性《さが》」「編集者の性《さが》」のように用いる。なお、「性」は古い中国語ではシャングのように発音されることがあり、「さが」はその変化したものだ、という説もある。だとすれば、音読みの一種ということになる。

せい 青

8画

［音読み］セイ、ショウ
［訓読み］あお
［部首］青（あお）

色の〝あお〟を表す。

以前は「靑」と書くのが正式。「円」は「丹」（p398）の変形で、〝井戸の中からわく水〟。「青」も本来は〝わき水〟を表すという。

若さゆえの未熟さ…

「青春《せいしゅん》」「青年《せいねん》」のように**〝若い〟**ことも表すが、日本語ではそれをマイナスのイメージで受け取り、「青二才《あおにさい》」「青臭《あおくさ》い」など**〝未熟な〟**の意味でも用いる。ちなみに、「青写真《あおじゃしん》」は英語 blueprint の訳語なので、この意味とは関係がない。

音読みはセイを用いるのが原則。ショウは奈良時代以前からある古い読み方で、現在では、「群青《ぐんじょう》」「紺青《こんじょう》」「緑青《ろくしょう》」などでしか用いられない。

◆「あお」と訓読みする漢字には、ほかに「蒼」（p370）「碧」（p544）もある。現在では「青」を書くのが一般的だが、「蒼《あお》い空」「蒼白《あおじろ》い」のように「蒼」を使うと、〝深みのある暗いあお〟や〝血色の良くない〟雰囲気が出るし、「碧《あお》い湖」のように「碧」を使うと、〝澄んだあおみどり〟の色合いを表現することができる。

なお、「真《ま》っ青《さお》」の「さお」は、「あお」と同じ意味の古語。

部首としては？

漢和辞典では部首の一つだが、「青」を部首とする漢字は、「静」（p339）と、〝安定させる〟ことを表す「靖」（p337）くらいしかない。この二文字からもわかるように、「青」は〝落ち着いて澄み切った〟というイメージを持つ。「情」（p302）「清」（p335）「晴」（p336）「精」（p338）などにも、それが現れている。

せい 斉

8画

［音読み］セイ
［部首］斉（せい）

なぜだかえらくややこしく…

現在では、「一斉《いっせい》」「斉唱《せいしょう》」の二つの熟語で用いられるのが代表的。**〝きちんとそろう／そろえる〟**ことを表す。この意味で「ひとしい」「ととのえる」と訓読みすることもあるが、現在ではそれぞれ「等」（p457）「整」（p339）などを使うのがふつう。また、名前で「なり」と読むのは、〝そろった状態になる〟ことから。

以前は「齊」と書くのが正式。古代文字では「亝」と書くのに、どうしてこんなに複雑な形に変化してしまったのか、不思議といえば不思議である。

部首としては?

漢和辞典では部首の一つ。「斉／齊」を部首とする漢字には、ほかに「斎／齋」（p213）や、「もたらす」と訓読みする「齎《せい》」などがある。ただし、どちらも意味の上からは「示」「貝」を部首とすべき漢字。この部首の漢字はこのような例が多い。それでも部首とされる「斉」は、漢和辞典の神さまによほど気に入られているに違いない。

せい 政

9画

［音読み］セイ、ショウ
［訓読み］まつりごと
［部首］攵（のぶん）

国家から家庭まで

「政府《せいふ》」「政党《せいとう》」「政策《せいさく》」「国政《こくせい》」「県政《けんせい》」など、現在では**「政治」の省略形**として使われることが圧倒的に多い。しかし、本来は「行政《ぎょうせい》」「財政《ざいせい》」「郵政《ゆうせい》」「農政《のうせい》」「家政《かせい》」など、広く**〝ある組織を円滑に運営していこうとする〟**ことを表す。ちなみに、部首「攵」は〝棒を手に持った形〟だという。

音読みはセイを用いるのが大原則。ショウは奈良時代以前からある古い読み方で、現在では、〝君主に代わって政治を行う〟ことを表す「摂政《せっしょう》」以外ではまず使わない。また、名前で「まさ」と読むのは、〝正しい〟という意味の古語「まさ」に由来する。政治とは世の中を正しくすることだ、と考えられたからである。

訓読み「まつりごと」は、古代社会では〝神をまつる〟ことが〝政治〟と密接に結びついていたことから来たことば。また、「政所《まんどころ》」は、〝まつりごとを行うところ〟のことで、もとは〝貴族の屋敷や寺社などで庶務を行う機関〟や、〝幕府で財務を管理する機関〟を指したが、後には〝摂政や関白といった貴人の妻〟を指すようにもなった。昔から、政治家の公私の区別は、付けにくかったようである。

せい 星

9画

［音読み］セイ、ジョウ
［訓読み］ほし
［部首］日（ひ、にち）

小さな点と大きな才能

夜空に輝く〝ほし〟を表す。古代文字では「日」の部分が「晶」（p293）となっており、たくさんの〝ほし〟を表すという。ただし実際には、一つの〝ほし〟を指すことが多い。

漢字としても〝小さな印〟を指すことがあるが、日本語では特に、「勝ち星《かぼし》」「星《ほし》取《と》り表《ひょう》」など**〝勝ち負けを表す印〟**や、「図星《ずぼし》」「目星《めぼし》」のように**〝狙いを示す印〟**を表すことがある。また、「J-POPの新星《しんせい》」「日本文学の巨星《きょせい》」など、**〝ある分野で飛び抜けて才能のある人〟**を表すのは現代中国語にも見られるが、英語 star の影響かとも思われる。

音読みはセイを使うのが大原則。ただし、奈良時代以前からある古い読み方にショウがあり、「明星《みょうじょう》」ではそれが変化してジョウと読まれる。

なお、「海星《ひとで》」は、漢字の熟語をそのまま、意味を表す日本語で読む当て字的表現。植物の「満天星《どうだん》」は、花のようすを漢字で表した、日本語オリジナルの当て字かと思われる。

せい 牲

9画

［音読み］セイ
［部首］牛（うしへん）

活躍の場は一つだけでも…

現在では「犠牲《ぎせい》」という熟語以外ではほとんど用いられない。意味としては「犠」（p107）とほぼ同じで、**〝神に捧げる動物〟**のこと。部首「牛」はその代表。

訓読みすれば「にえ」「いけにえ」だが、現在ではまず用いられない。用途が非常に限定されているにもかかわらず、これから先も使われ続けていくのは確実。おもしろい漢字である。

せい 省 9画

［音読み］セイ、ショウ
［訓読み］かえり-みる、はぶ-く
［部首］目（め）

批判的に見つめよう！

大きく分けると三つの意味を持つ。一つめは、「反省《はんせい》」「内省《ないせい》」「我が身を省《かえり》みる」のように、〝**振り返ってよく考える**〟こと。転じて、「帰省《きせい》」では〝実家のようすを見に行く〟ことを表し、「人事不省《じんじふせい》」では〝気が付く〟ことを表す。これらの意味の場合には、音読みではセイと読むのが習慣。

二つめは、〝**不要なものを捨て去る**〟こと。「省略《しょうりゃく》」「省《しょう》エネ」「無駄を省《はぶ》く」などがその例。この場合には習慣としてショウと音読みする。

三つめは、〝**役所**〟の意味。「省庁《しょうちょう》」「財務省《ざいむしょう》」「法務省《ほうむしょう》」などがその例。転じて、現在の中国では、「四川省《しせんしょう》」「山東省《さんとうしょう》」のように**国家に次ぐ行政区画の名称**として用いられる。この意味の場合も、音読みではショウと読むのが習慣である。

◆「かえりみる」と訓読みする漢字には、ほかに「顧」（p174）がある。〝他人のことや遠い過去の自分をかえりみる〟際には「顧」を用いるのがふつう。〝自分を批判的にかえりみる〟場合には「省」を用いる。「顧」が〝なつかしい〟イメージなのに対して、「省」には〝厳しい〟ニュアンスがあると考えると、わかりやすい。

せい 凄 10画

［音読み］セイ
［訓読み］すさ-まじい、すご-い
［部首］冫（にすい）

思わず震え上がるほど

部首「冫」は〝氷〟を表す記号。本来は〝寒々としている〟という意味で、転じて、「凄惨《せいさん》」「凄絶《せいぜつ》」「凄《すさ》まじい事件」など、〝**非常にむごたらしい**〟ことを表す。

「すさまじい」「すごい」と訓読みすることから、日本語では広く〝**極端に激しい**〟という意味で用いられる。「凄《すさ》まじい勉強ぶり」「凄《すご》い才能」「凄《すご》みを感じる」「凄《すご》腕《うで》」などが、その例である。

せい 逝 10画

［音読み］セイ
［訓読み］ゆ-く、い-く
［部首］辶（しんにょう、しんにゅう）

帰らぬものへの嘆き

「急逝《きゅうせい》」「逝去《せいきょ》」「巨匠《きょしょう》が逝《ゆ》く」のように、〝**死去する**〟ことを表す。部首「辶」は、以前は「辶」と書くのが正式で、〝移動〟を表す記号。本来は、〝移動する〟こと一般を指す漢字。とはいえ、『論語』で孔子が川の流れを前に発した「逝《ゆ》く者は斯《か》くのごときかな」というセリフに代表されるように、中国の古典でも、なんらかの嘆きを伴って用いられる例が印象的である。

◆訓読み「いく／ゆく」は、現在では「行」（p184）を使うのがふつう。「逝」を書くのは〝死去する〟場合だけである。

せい 清 11画

［音読み］セイ、ショウ、シン
［訓読み］きよ-い、きよ-める、すが-しい
［部首］氵（さんずい）

いつも変わらずおきれいで

以前は「淸」と書くのが正式。部首「氵」は「水」の変形で、「青／靑」（p333）には〝澄み切っている〟という意味がある。組み合わせて、本来は〝水が澄んでいる〟ことを表し、広く〝**汚れがない**〟という意味で使われる。「清流《せいりゅう》」「清潔《せいけつ》」「清純《せいじゅん》」「清《きよ》いわき水」「清《きよ》らかな笛の音」「体を清《きよ》める」などがその例。また、「清掃《せいそう》」「清書《せいしょ》」などでは〝**きれいに整える**〟ことを表す。「粛清《しゅくせい》」とは〝完全にきれいにする〟こと。

転じて、「清新《せいしん》」「清々《せいせい》する」「清《すが》しい気分」のように〝**さわやかな**〟という意味ともなる。また、〝**欲がない**〟ことをも表し、「清廉《せいれん》」「清貧《せいひん》」「清《きよ》き一票」「清《きよ》らかな愛」「心を清《きよ》める」などがその例となる。

◆「きよい」と訓読みする漢字には「潔」（p155）もある。現在では「清」を使うのが一般的だが、〝けがれがない〟ことを強調するために「潔」を書くこともある。また、「きよめる」では、やはり特に〝けがれを取り除く〟のニュアンスを強く出すために「浄」（p301）を書くこともある。

音読みはセイを使うのが大原則。ショウは奈良時代以前からある古い読み方で、現在では、仏教で〝煩悩《ぼんのう》がない〟ことをいう「清浄《しょうじょう》」などでしか用いられない。また、シンは、**中国の王朝の一つ**「清《しん》」を指す場合にだけ用いる。

なお、「清水《しみず》」は本来は〝しみ出てくる水〟のことで、その〝清らかさ〟を漢字で表した、当て字的表現である。

せい 盛

11画

［音読み］セイ、ジョウ
［訓読み］さか-ん、さか-る、も-る
［部首］皿（さら）

日本のみなさん 行き過ぎですよ！

「全盛《ぜんせい》」「隆盛《りゅうせい》」「盛《さか》んな宣伝」「燃《も》え盛《さか》る」など、〝**量が多くて勢いがよい**〟ことを表すのが代表的な意味。また、「繁盛《はんじょう》」「盛《せい》会《かい》」「盛《さか》り場《ば》」「会場の盛《も》り上《あ》がり」など、特に〝**人が多く集まって活気がある**〟ことを指しても用いられる。

◆「さかん」と訓読みする漢字には「壮」（p363）もある。現在では「盛」と書くのがふつうだが、「盛」には〝量が多い〟という意味合いがある。そこで、〝力強い〟というニュアンスをはっきりさせるために、「壮」を使うこともある。

部首「皿」が示しているように、本来は〝容器いっぱいにモノを入れる〟ことを表す漢字。だが、「山盛《やまも》り」「大盛《おおも》り」のように〝**あふれんばかりにモノを入れる**〟という意味で用いるのは、日本語独自の用法。「盛《も》り土《つち》」「地面が盛《も》り上《あ》がる」など、〝**高く積み上げる**〟ことを表すのも同じで、どうも日本人は、〝勢いがよい〟の意味につられてしまったらしい。また、「盛《さか》りが付く」のように〝**動物の発情期**〟を指すのも、日本語のオリジナルである。

音読みはセイを用いるのが大原則。ジョウは奈良時代以前からある古い読み方で、現在では、「盛者必衰《じょうしゃひっすい》」「繁盛《はんじょう》」だけで用いられると考えて差し支えない。なお、「盛者」は慣用的に「しょうじゃ」と読むこともある。

せい 晴

12画

［音読み］セイ
［訓読み］はれ、は-れる、は-らす
［部首］日（ひへん、にちへん）

見上げれば 心もすっきり

「晴天《せいてん》」「快晴《かいせい》」「晴《は》れた夜空」のように、〝**雲が少なく空が見える**〟ことを表す。単に「はれ」と読む場合は「晴《は》れ」と書くが、お天気を表す場合には、「晴《はれ》のち雨」のように送りがなを省くことが多い。

「晴《は》れの場」のように〝**公の**〟という意味を表したり、「晴《は》れ舞台《ぶたい》」のように〝**注目を浴びる**〟ことを意味するのは、〝日が当たる〟ところから転じた、日本語独自の用法。また、「気が晴《は》れる」「疑いが晴《は》れる」「恨みを晴《は》らす」など、〝**気がかりがなくなる／気がかりをなくす**〟という意味で用いるのも、日本語のオリジナルである。

以前は「晴」と書くのが正式。「青／靑」（p333）には〝澄み切った〟という意味がある。

せい 勢

13画

［音読み］セイ、ゼイ
［訓読み］いきお-い
［部首］力（ちから）

刃向かう者は 蹴散らかせ！

「勢力《せいりょく》」「威勢《いせい》」「勢《いきお》いを付ける」のように、〝**ものごとを動かす力**〟を表す。また、〝**ものごとの動きによって生じる力**〟を指すこともあり、「火勢《かせい》」「勢《いきお》いに押される」などがその例。

その〝動き〟を一瞬止めて考えると、

「形勢《けいせい》」「状勢《じょうせい》」「運勢《うんせい》」のように〝**ものごとの動く方向**〟を表すことになる。また、「姿勢《しせい》」「態勢《たいせい》」のように〝**ものごとを動かすための構え**〟ともなる。

「軍勢《ぐんぜい》」は本来、〝軍事的な勢力〟のことだが、実際には〝軍隊〟そのものを指す。ここから転じて、日本語では「大勢《おおぜい》」「勢《せい》ぞろい」「多勢《たぜい》に無勢《ぶぜい》」など、〝**人の集団**〟を指しても用いられる。この意味の場合には、習慣としてゼイと音読みされることが多い。

また、「忙しいと勢《いきお》い忘れがちだ」のように〝**なりゆきとして**〟という意味で使うのも、日本語のオリジナル。ともすれば個人には抵抗できない状況を引き起こす「勢」の特徴が、よく現れている。

せい 聖 13画

[音読み] セイ、ショウ
[訓読み] ひじり
[部首] 耳（みみ）

みんなからあがめられる！

「聖堂《せいどう》」「聖書《せいしょ》」「聖歌隊《せいかたい》」「神聖《しんせい》」など、〝**宗教的に重要である**〟ことを表すのが代表的な意味。キリスト教の印象が強いが、「聖火《せいか》」は古代ギリシャから伝わるものだし、「聖戦《せいせん》」はイスラム教についてよく使われるし、「聖地《せいち》」は世界各地に存在する。

微妙な違いだが、以前は「聖」と書くのが正式で、〝頭のはたらきがすぐれている〟ことを表す部首「耳」に、「呈／呈」（p432）を組み合わせた漢字。本来は〝**能力がずば抜けて高く、模範となる人**〟を表す。転じて、広く〝**ある分野で崇拝される人**〟を指して用いられ、「俳聖芭蕉《はいせいばしょう》」「楽聖《がくせい》ベートーベン」などがその例。

宗教について用いられるのは、〝崇拝される〟ところから変化したもの。また、訓読み「ひじり」は、〝**徳の高い僧**〟。また、賛美歌「聖《きよ》しこの夜」では特に「きよし」と訓読みしている。

なお、「聖上《せいじょう》」「聖断《せいだん》」のように、昔は**ほかの漢字の上に付けて、王や皇帝・天皇に関することを表す**漢字としても使われた。

音読みはセイを用いるのが原則。ショウは奈良時代以前からある古い読み方で、「聖徳太子《しょうとくたいし》」「聖武天皇《しょうむてんのう》」などの固有名詞や、「聖護院《しょうごいん》」「日蓮聖人《にちれんしょうにん》」など仏教関係のことばでよく用いられる。

せい 誠 13画

[音読み] セイ
[訓読み] まこと
[部首] 言（ごんべん）

すべては心の問題なのだ！

「誠意《せいい》」「誠実《せいじつ》」「忠誠《ちゅうせい》」「誠《まこと》の心」のように、〝**うそやいつわりのない心**〟を表す。部首「言」が示しているように、本来は〝ことばに心がこもっている〟の意味。

転じて、「誠《まこと》に申し訳ない」「あいつは誠《まこと》に正直者だ」のように、〝**心の底からそう思う**〟という意味で用いられる。

◆「まこと」と訓読みする漢字には「真」（p313）もあって、使い分けがややこしい。「真」は〝事実として本当である〟こと、「誠」は〝心情にいつわりがないこと〟と一応の区別はできるが、まぎらわしいことも多い。迷ったらかな書きするのが無難である。

せい 靖 13画

[音読み] セイ
[訓読み] やす-んずる
[部首] 青（あお）

簡単には転ばないよ！

現在では「靖国神社《やすくにじんじゃ》」のほかは固有名詞で用いられるくらい。〝**安定した状態にする**〟ことを表す。訓読みでは「やすんずる」と読むが、古語に近い。

以前は「靖」と書くのが正式。本来の意味は〝立ち姿が安定している〟こと。部首はふつう「青／靑」とするが、意味の上では「立」を部首とする方がふさわしい。

せい
精
14画
［音読み］セイ、ショウ
［訓読み］くわ-しい
［部首］米（こめへん）

お米から始まる物語

本来は〝**玄米をついて白米にする**〟ことを表し、部首「米」はそのなごり。「精米《せいまい》」がその例。この意味で「しらげる」と訓読みすることもあるが、現在ではあまり用いられない。転じて、「精油《せいゆ》」「精肉《せいにく》」「精《せい》製《せい》」など広く〝**質の悪い部分を取り除く**〟という意味で用いられる。

「精選《せいせん》」「精鋭《せいえい》」「精華《せいか》」「精髄《せいずい》」などでは、〝**上質のものを選び出す**〟こと。その結果として、〝**細かく行き届いた**〟という意味ともなり、「精密《せいみつ》」「精巧《せいこう》」「精通《せいつう》」「精緻《せいち》」「精査《せいさ》」のように使われる。「精算《せいさん》」は、〝厳密に計算する〟ことで、〝貸し借りを差し引きする〟という意味の「清算《せいさん》」とは異なる。

◆訓読み「くわしい」は、現在では「詳」（p296）を書くのがふつう。あえて「精《くわ》しく調べる」のように書くと、〝細かい点まで配慮が行き届いた〟というニュアンスが強調されることになる。

また、最後まで残る上質な部分というところから、〝**人間の活動の根本となるもの**〟をも表す。「精神《せいしん》」「精気《せいき》」「精彩《せいさい》を欠く」「精《せい》がつく」「丹精《たんせい》を込める」などがその例。転じて、「精霊《せいれい》」「妖精《ようせい》」「森の精《せい》」のように、〝**自然界のさまざまなものを象徴する存在**〟をいうこともある。そういう霊的な方面にではなく、生物学的な方面に変化したのが、「精子《せいし》」「受精《じゅせい》」「精巣《せいそう》」など〝**オスの生殖細胞**〟を指す例となる。

なお、「精進《しょうじん》」「精励《せいれい》」「精一杯《せいいっぱい》」「筆《ふで》無《ぶ》精《しょう》」のように〝**一生懸命行う**〟という意味にもなるが、これは、〝細かく行き届いた〟から転じたものか、〝人間活動の根本〟から発展したものか、判断はむずかしい。

以上、お米から始まって、非常に広く意味が展開しているのが特徴。「粋」（p323）と同じく、白いお米がいかにありがたいか、改めて気づかせてくれる漢字である。

音読みはセイを用いるのが大原則。ショウは奈良時代以前からある古い読み方で、すでに挙げた「精進《しょうじん》」のほか、「精《しょう》霊《りょう》送り」「祇園精舎《ぎおんしょうじゃ》」など、仏教関係のことばで用いられる。

以前は「精」と書くのが正式。「青／靑」（p333）には〝澄み切った〟という意味がある。

せい
製
14画
［音読み］セイ
［部首］衣（ころも）

どちらの方とも仲良くします！

部首「衣」が示しているように、本来は〝衣服を作る〟ことを意味する漢字。転じて、「製造《せいぞう》」「製品《せいひん》」「製法《せいほう》」「特製《とくせい》」「既製服《きせいふく》」など、広く〝**モノを作る**〟ことを表す。

「製本《せいほん》」「製薬《せいやく》」「製菓《せいか》」「製粉《せいふん》」など、熟語の最初に置かれると、さまざまな〝モノを作る〟ことを表す熟語となる。逆に最後に置かれると、「革製《かわせい》」「ゴム製《せい》」「手製《てせい》」「自家製《じかせい》」「ジャマイカ製《せい》」のように〝**作られた素材や方法・場所など**〟を示す熟語となる。どちらでも幅広い応用が利く、付き合いのよい漢字である。

なお、昔は、特に〝**詩文を作る**〟ことも表した。「御製《ぎょせい》」とは、〝天皇や皇帝の自作の詩文〟をいう。

せい
誓
14画
［音読み］セイ
［訓読み］ちか-う
［部首］言（いう、げん）

あくまで人間同士のこと？

「宣誓《せんせい》」「誓約書《せいやくしょ》」「誓《ちか》いのことば」など、〝**取り消せない形で約束をする**〟ことを表す。

「神にかけて誓《ちか》う」という表現があるが、この漢字には〝神や仏〟を直接、示す要素は含まれていない。部首「言」の表す〝ことば〟の重みについて、いろいろと考えさせられる漢字である。

せい 静

14画

［音読み］セイ、ジョウ
［訓読み］しず-か、しず-まる
［部首］青（あお）

何があっても変わらない！

〝動きや音が少なく、落ち着いている〟ことを表す。「静止《せいし》」「静寂《せいじゃく》」「安静《あんせい》」「冷静《れいせい》」「静《しず》かな湖《こ》畔《はん》」「静心《しずごころ》」「森の静《しず》けさ」「静々《しずしず》と」などがその例。ほかの意味で使われることはほとんどなく、その落ち着きぶりが頼もしい漢字である。

◆「しずか」と訓読みする漢字には「閑」（p86）もある。現在では「静」を用いるのがふつうだが、「閑」を使うと、〝心の落ち着き〟が強調される。

◆訓読み「しずまる／しずめる」では、「鎮」（p426）との使い分けがやや問題。「鎮」には〝押さえつける〟というニュアンスがあるのに対して、「静」は「風が静《しず》まる」のように、単に**〝落ち着く／落ち着かせる〟**という意味で用いる。とはいえ、まぎらわしい場合も多いので、迷ったら「しずまる」は「静」を、「しずめる」は「鎮」を書くことにするのも一つの方法である。

音読みはセイを用いるのが大原則。ジョウは奈良時代以前からある古い読み方で、現在では、「静脈《じょうみゃく》」以外ではまず使われない。

以前は「靜」と書くのが正式。成り立ちとしては、〝あらそい〟を意味する「争／爭」（p363）に、〝落ち着いた〟というイメージを持つ「青／靑」（p333）を組み合わせたものと考える説が優勢である。

せい 請

15画

［音読み］セイ、ショウ、シン
［訓読み］こ-う、う-ける
［部首］言（ごんべん）

お願いは必ず引き受ける？

「請求《せいきゅう》」「請願《せいがん》」「要請《ようせい》」「案内を請《こ》う」など、**〝お願いする〟**ことを表すのが代表的な意味。「普《ふ》請《しん》」は、本来は〝建築費の寄付を広くお願いする〟こと。転じて、〝建物を建てる〟の意味で用いられる。

◆「こう」と訓読みする漢字には「乞」（p178）もある。一般的には「請」を使うが、生命や安全に関わる場合には「乞」を書くこともある。

また、**〝来てもらって接待する〟**の意味もあり、古めかしい言い方だが、「導師を請《しょう》ずる」「請《しょう》じ入れる」などがその例。

日本語では、「請《う》け合《あ》う」「請《う》け負《お》う」のように**〝自分の方で実行する、と約束する〟**という意味でも用いられる。これは〝来てもらって接待する〟から転じたものだろうが、〝お願いする〟とは正反対の意味なのがおもしろい。

音読みはセイを使うのが大原則。ショウは奈良時代以前からある古い読み方で、現在では、すでに挙げた「請《しょう》ずる」「請《しょう》じる」など、特殊なことばでしか使われない。また、こちらもすでに挙げた「普請《ふしん》」でシンと読むのは、鎌倉時代ごろ以降に生まれた、比較的新しい音読み。

◆訓読み「うける」は、現在では「受」（p261）を書くのが一般的。「請」は〝実行を約束する〟場合にだけ用いる。

なお、以前は「請」と書くのが正式。

せい 整

16画

［音読み］セイ
［訓読み］ととの-える
［部首］攵（のぶん）

必要なのは秩序である！

「整理《せいり》」「整備《せいび》」「整列《せいれつ》」「髪を整《ととの》える」など、**〝乱れを直す〟**ことを表す。また、「端整《たんせい》な顔立ち」「整《ととの》った振る舞い」のように、**〝乱れがなく美しい〟**ことをも意味する。数学の「整《せい》数《すう》」では、〝余分な数を含まない〟こと。

部首は「攵」だが、成り立ちとしては「敕《ちょく》」に「正」を組み合わせた漢字で、〝秩序正しい〟というイメージがある。

◆同じく「ととのう／ととのえる」と訓読みする漢字には、ほかに「調」(p423)がある。「整」は〝秩序を与える〟ことを表すのに対して、「調」には〝バランスを取る〟の意味がある。そこで、〝乱雑なものを配置しなおしてととのえる〟場合は「整」を、〝足したり引いたりしてととのえる〟場合は「調」を使うことが多い。ただし、実際には「準備をととのえる」のように両方にまたがることも多い。〝乱雑なもの〟を〟という意識が強い場合には「整」を使うと考えて、あとは迷ったらかな書きするのが無難である。

せい 醒 16画

[音読み] セイ
[訓読み] さ-める、さ-ます
[部首] 酉（とりへん）

その恋は夢か迷いか興奮か？

部首「酉」は〝お酒〟を表す記号。本来は〝**お酒の酔いが収まる**〟ことを意味する漢字。また、転じて〝**迷いから解放される**〟ことをもいう。音読みの例には「覚醒《かくせい》」があるくらい。〝過ちに気づき迷いがなくなる〟ことをいう熟語だが、〝感覚が急激に活発になる〟という意味でも使われる。

◆訓読みでは「さめる／さます」と読むが、現在では、〝酔いや迷い〟に関する場合だけ用いるのが基本。〝意識を取り戻す〟場合には「覚」(p72)を、〝興奮が収まる〟場合には「冷」(p639)を書く。そこで、「恋が冷《さ》める」では恋は〝興奮〟だが、「恋から覚《さ》める」では〝夢〟、「恋から醒《さ》める」になると〝酔い・迷い〟ということになる。

ぜい 脆 10画

[音読み] ゼイ
[訓読み] もろ-い
[部首] 月（にくづき）

実は危険ではないのかも？

「脆弱《ぜいじゃく》」「脆《もろ》くなった土壁」「脆《もろ》い友情」など、〝**くずれやすい**〟ことを表す。部首「月」は「肉」の変形で、本来は〝断ち切れやすい肉〟を指すという。「危」にその意味が現れているようだが、昔は「脃」と書かれ、右側は「絶／絕」(p348)の省略形だという。

ぜい 税 12画

[音読み] ゼイ
[部首] 禾（のぎへん）

熟語が増えると困ります！

〝**政府が人びとから取り立てるもの**〟を表す漢字。本来は〝政府が人びとから取り立てる穀物〟を指し、〝穀物〟を表す部首「禾」はそのなごり。現在では、主に「**税金《ぜいきん》**」の**省略形**として用いられる。

「税率《ぜいりつ》」「税関《ぜいかん》」「税務署《ぜいむしょ》」など、熟語の最初に付く場合はしかたないとして、「所《しょ》得税《とくぜい》」「住民税《じゅうみんぜい》」「消費税《しょうひぜい》」「固定資産税《こていしさんぜい》」「酒税《しゅぜい》」「入湯税《にゅうとうぜい》」など、「税」が最後に付く熟語があんまり増えるのは、できれば避けてほしいものである。

なお、以前は「稅」と書くのが正式。

ぜい 贅 18画

[音読み] ゼイ
[部首] 貝（かい）

線引きがむずかしい…

部首「貝」は〝お金や宝物〟を表す。「贅沢《ぜいたく》」「贅《ぜい》を尽《つ》くす」など、〝**あり余っている**〟ことを意味する漢字。転じて〝**余分である**〟ことをいう場合もあり、「贅肉《ぜいにく》」がその例。「贅言《ぜいげん》」「贅語《ぜいご》」「贅弁《ぜいべん》」など、〝言わなくてもいいことば〟を指す熟語もある。〝もっと欲しい〟と〝なくしたい〟の境界線は、きちんとは引けないもののようである。

せき 夕 3画

⇩ ゆう（p600）

せき 斥 5画

[音読み] セキ
[訓読み] しりぞ-ける
[部首] 斤（おの）

どうしてなのか答えがない

熟語が代表的な例。「排斥《はいせき》」「斥候《せっこう》」の二つの熟語が代表的な例。「排斥」では〝**自分たちの領分から追放する**〟ことを表し、「斥候」では〝**他の領分のようすをこっそり見る**〟ことを表す。

◆訓読み「しりぞける」は、現在では「退」（p387）を使うのがふつう。あえて「申し出を斥《しりぞ》ける」「誘惑を斥《しりぞ》ける」のように書くと、〝**突き返す**〟という強いニュアンスが出ることになる、

〝追放する〟と〝ようすを見る〟がどういう関係にあるかは、よくわからない。また、〝おの〟を表す部首「斤」に印を付けてこれらの意味となる理由も、はっきりしない。謎めいた漢字である。

せき

石

5画

［音読み］セキ、シャク、コク
［訓読み］いし
［部首］石（いし）

読みに見られる不思議な現象

言うまでもなく**地面に転がっている**〝**いし**〟を表す漢字。「岩石《がんせき》」「宝石《ほうせき》」「庭石《にわいし》」「置《お》き石《いし》」などさまざまな〝いし〟を指すが、「定石《じょうせき》」では〝**囲碁の打ち方**〟を、「胆石《たんせき》」「尿管《にょうかん》結石《けっせき》」では〝**人体の内部にできる小さな塊**〟を表す。また、「玉石混交《ぎょくせきこんこう》」では、〝**価値のないもの**〟のたとえ。

昔は**主に穀物を量る単位**としても用いられ、日本では「一石《いっこく》」は約一八〇ℓ。中国でも容積の単位として用いるが、時代によっては「斛《こく》」を使うこともあり、日本では「斛」の音読みコクが、この場合の「石」の音読みとしても用いられるという不思議な現象が起きている。

その他の場合は、音読みはセキを使うのが大原則。シャクは特殊な読み方で、「磁石《じしゃく》」「盤石《ばんじゃく》の構え」のほか、〝防寒用に温めた石〟を表す「温石《おんじゃく》」、植物の「石楠《しゃくな》花《げ》」ぐらいでしか用いられない。

訓読みは基本的に「いし」だけだが、〝岩〟との違いははっきりしないので、昔は「いわ」とも読まれた。島根県の「石見《いわみ》銀山《ぎんざん》」や京都府の「石清水八幡宮《いわしみずはちまんぐう》」などが、そのなごりである。

部首としては？

〝石〟に関係する漢字の部首となる。ただし、〝石〟の種類を表すのは「硝」（p294）「硫」（p628）ぐらいのもの。「研」（p158）「碁」（p177）「硬」（p194）「砲」（p558）など、〝石〟の状態や〝石〟を利用して行う作業などに関係する漢字が多いのが、特徴的である。漢字の左側に置かれて「いしへん」と呼ばれることが多いが、それ以外の場合は単に「いし」という。

せき

赤

7画

［音読み］セキ、シャク
［訓読み］あか
［部首］赤（あか）

体の中を流れる色

色の〝**あか**〟を表す。

おもしろいのは、〝血の色〟の連想が働くからか、〝**もとから持っているものだけで、余分なものを含まない**〟という意味でも用いられること。「赤心《せきしん》」は〝まごころ〟、「赤手《せきしゅ》」は〝素手〟、「赤《せき》裸《ら》々《ら》」は〝ありのまま〟、「赤貧《せきひん》」は〝持ち物が何もないくらい貧しい〟こと。「赤《あか》ん坊《ぼう》」の「赤」も、この意味を含むのかもしれない。日本語で「赤《あか》の他人」のように〝**まったくの**〟という意味で用いるのは、ここから変化したものと思われる。

◆訓読み「あか／あかい」を書き表す基本的な漢字。ただし、〝鮮やかで目立つ〟というニュアンスを出すために、「紅」（p189）を用いることもある。

音読みはセキを使うのが大原則。シャクは奈良時代以前からある古い読み方だが、現在では、「赤銅色《しゃくどういろ》」以外ではほとんど用いられない。

部首としては？

漢和辞典では部首の一つだが、「赤」を部首とする漢字は少ない。〝輝く〟ことを意味す

る「赫《かく》」や、〝赤土〟を指す「赭《しゃ》」がその例。比較的よく使われるのは「赦」（p252）だが、意味の上で〝赤〟とは関係がない。

せき 昔

8画

［音読み］セキ、ジャク
［訓読み］むかし
［部首］日（ひ、にち）

音読みには格調を感じる

時間的に〝以前である〟ことを表す漢字。中国の古典では〝きのう〟を指す例もあり、本来は〝近い以前〟も指す漢字だが、現在では**〝遠い以前〟**という意味で用いられる。

「昔語《むかしがた》り」「昔《むかし》なじみ」「昔々《むかしむかし》あるところに」など訓読みで用いられることが多く、「昔日《せきじつ》の栄光」「昔時《せきじ》をしのぶ」「今昔《こんじゃく》の感が深い」など、音読み熟語を使うとやや古めかしく格調の高い表現となる。

音読みはセキを使うのが原則。ただし、奈良時代以前からある古い読み方にシャクがあり、「今昔《こんじゃく》」ではそれが直前のンに影響されてジャクと読まれる。

せき 析

8画

［音読み］セキ
［部首］木（きへん）

むやみには振り回さない！

部首「木」に〝おの〟を表す「斤」（p130）を組み合わせて、本来は〝木をおので割る〟ことを表す漢字。〝細かく分ける〟ところから、**〝細かく分けて内容をはっきりさせる〟**という意味となる。「分析《ぶんせき》」「解析《かいせき》」がその例。

また、「析出《せきしゅつ》」「透析《とうせき》」のように**〝細かく分けて目的のものを取り出す〟**ことをも表す。やみくもに分けるのではなく、目的をきちんと持った折り目正しい漢字である。

せき 咳

9画

［音読み］ガイ
［訓読み］せき
［部首］口（くちへん）

尊敬している相手なら…

のどの不快感を取り除くためにする〝せき〟を表す。「風邪《かぜ》で咳込《せきこ》む」「咳払《せきばら》い」などがその例。

「謦咳《けいがい》に接する」は〝直接、せきの音を聞く〟ことで、〝直接、話を聞く〟ことを敬意を込めて表す慣用句。また、「咳唾《がいだ》」は〝せきやつば〟から転じて、〝他人のことば〟を敬っていう。音読みで使われることは少ないが、訓読みとはちょっと印象が異なるのは、興味深い。

せき 席

10画

［音読み］セキ
［部首］巾（はば）

食事が出ることも多いようです…

代表的な意味は、「座《ざ》席《せき》」「客席《きゃくせき》」「着席《ちゃくせき》」「自由席《じゆうせき》」など**〝座る場所〟**。転じて、**〝序列や地位〟**という意味でも用いられる。「首《しゅ》席《せき》」「末席《まっせき》」「議席《ぎせき》を得る」「役員の席《せき》に連なる」などがその例。

「出席《しゅっせき》」「同席《どうせき》」「列席《れっせき》」「会議の席《せき》」などでは、**〝集まりの場〟**を表す。「即席《そくせき》」は、〝その場で〟というニュアンスが強く出ている例。また、「酒席《しゅせき》」「会席《かいせき》」「夕食の席《せき》」「一席《いっせき》を設《もう》ける」など、特に**〝食事を共にする場〟**を指して使われることも多い。

部首が「广」（まだれ）でなく〝布きれ〟を表す「巾」なのは、本来はむしろのような〝座る場所に敷く敷物〟を表す漢字だったから。「席捲《せっけん》」は、〝一方向から急速に侵略していく〟ようすを〝むしろを巻く〟ことにたとえた表現。現在では〝ある分野にかき回すような大きな影響を与える〟という意味で用いられる。

定着した訓読みはないが、意味は微妙な広がりを持つ。〝座る〟ことが社会でどういう意味を持っているのか、「座」（p209）と合わせて考えてみるのもおもしろい。

せき 脊

10画

［音読み］セキ
［部首］月（にくづき）

肉付きはあまりよくなかった？

部首「月」は「肉」の変形で、〝肉体〟を表す。「脊《せき》椎《つい》」「脊髄《せきずい》」「脊柱《せきちゅう》」のように〝背骨〟を指す漢字だが、古代文字では「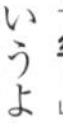」で、縦に一本通った背骨を指すというよりは、その両側に向けて張り出した肋骨《ろっこつ》まで含めて表すように見える。やせてゴツゴツした古代人の背中が想像できる気がする。

せき
隻
10画
［音読み］セキ
［部首］隹（ふるとり）

孤独の影を感じる…

部首「隹」（p322）は〝鳥〟を表す記号。本来は、〝一羽の鳥〟を表す漢字。ちなみに、〝二羽の鳥〟を表すのが「雙《そう》」で、「双」（p363）の以前の書き方である。

転じて、広く〝**ペアの片方**〟を表す。「隻眼《せきがん》」「隻腕《せきわん》」などがその例。また、「片言隻句《へんげんせきく》」のように〝**切れ端**〟という意味で使われたり、「隻影《せきえい》」のように〝**連れがいなくて孤独である**〟ことを表したりもする。

昔は動物や騎馬、車などを数える単位として用いられ、中国では現在でも動物を数える際に用いる。日本では**船を数える単位**にしか用いないのは、船に〝孤独〟のイメージでもあるのだろうか。気になるところである。

せき
惜
11画
［音読み］セキ、シャク
［訓読み］お-しい、お-しむ
［部首］忄（りっしんべん）

悲劇もやがてエゴイズム

「哀惜《あいせき》」「痛惜《つうせき》」「惜別《せきべつ》」「命が惜《お》しい」「過ぎゆく春を惜《お》しむ」など、〝**失いたくない**〟という気持ちを表す。背後には〝いずれ失うことになる〟という事情があり、本来は悲劇的な深い悲しみを含む漢字である。

転じて、〝**何かが実現しないことを残念に思う**〟という意味でも用いられる。「惜敗《せきはい》」「惜《お》しい、あと一歩」などがその例。「負《ま》け惜《お》しみ」とは、〝負けたのが残念だから認めたくない〟こと。

一方、〝失いたくない〟ところから、「寄付金を惜《お》しむ」「力の出し惜《お》しみ」のように〝**けちる**〟の意味でも用いられる。深い悲しみが自己中心的なものになってしまったのは、ちょっとさみしい。

せき
戚
11画
［音読み］セキ
［部首］戈（ほこづくり、かのほこ）

音読みはセキを用いるのが大原則。シャクは奈良時代以前からある古い読み方で、現在では、「不惜身命《ふしゃくしんみょう》」という四字熟語などでしか使われない。

血のつながりは母親から

現在では「親戚《しんせき》」「姻戚《いんせき》」以外で用いられることは少ない。〝**血縁や婚姻関係にある人**〟を表す。昔は特に〝**母方の身内**〟を指して用いられた。歴史で出てくる〝君主の母方の一族〟を指す「外戚《がいせき》」がその例。

なお、〝武器の一種〟を表す部首「戈」が付いている理由については、諸説あってよくわからない。

せき
責
11画
［音読み］セキ、シャク
［訓読み］せ-める
［部首］貝（かい）

お金では買えないものがある?

〝**何かを行うよう求める／求められる**〟という関係を表す漢字。「責任《せきにん》」「重責《じゅうせき》」「職責《しょくせき》」「責《せ》めを果たす」では〝求められる〟方を表し、「譴責処分《けんせきしょぶん》」「自責《じせき》の念」「落ち度を責《せ》める」では〝求める〟方を表す。

◆「せめる」と訓読みする漢字には「攻」（p185）もある。「攻」は〝相手に打ち勝とうとする〟ことで、〝勝敗〟の問題。対する「責」は、〝善悪〟の問題について用いる。

〝お金や宝物〟を表す部首「貝」が付いていることからもわかるように、本来は〝経済的な価値のあるものを要求する／される〟という関係を表す漢字。それが現在のような意味へと変化したのは、やはりお金では解決できない問題が多いからだろうか。ちなみに、現在では、〝お金の貸し借り〟の関係は「債」（p214）で表す。

音読みはセキを使うのが大原則。シャクは奈良時代以前からある古い読み方で、現在では、「呵責《かしゃく》」くらいでしか用いられない。

せき 跡

13画

［音読み］セキ
［訓読み］あと、と
［部首］⻊（あしへん）

一番後ろが指定席？

「足」が変形した部首「⻊」が示すように、本来は〝足が残した印〟を表す漢字。広く〝**何かが残した印**〟を指す。「遺跡《いせき》」「筆跡《ひっせき》」「形跡《けいせき》」「追跡《ついせき》」など、音読みの熟語では原則としてほかの漢字の後ろに付くのが特徴。ただし、「跡地《あとち》」「跡形《あとかた》もない」など、訓読みでは前に付くこともある。

◆「あと」と訓読みする漢字には「後」（p176）「痕」（p205）などもある。「後」は〝時間的に遅い方〟を意味する場合に用いられるので、使い分けは比較的容易。「痕」と「跡」は意味の上で大きな違いはないが、「痕」は何らかの事件性を持って使われることが多い。

なお、〝何かが残した印〟を意味する日本語には「と」もある。そこで、「跡切《とぎ》れる」「跡絶《とだ》える」など、「と」と訓読みすることもあるが、この場合には「途切《とぎ》れる」「途絶《とだ》える」と書くことも多い。また、「跡目《あとめ》争い」のように〝**相続**〟の意味で用いるのは、日本語独自の用法である。

せき 積

16画

［音読み］セキ
［訓読み］つ-む、つ-もる
［部首］禾（のぎへん）

時間が経つと増えていく…

「積雪《せきせつ》」「蓄積《ちくせき》」「山積《さんせき》」「積《つ》み上げる」など、〝**高く重なる／重ねる**〟ことを表すのが基本的な意味。「積年《せきねん》」「積《つ》もる恨《うら》み」のように、〝**時間をかけてたまる**〟という意味にもなる。

転じて、「累積《るいせき》」「積算《せきさん》」のように〝**これまでのすべてを合計する**〟ことをも表す。また、算数では〝**掛け算の答え**〟をいい、掛け算で算出するところから、「面積《めんせき》」「体積《たいせき》」「容積《ようせき》」のようにも使われる。

基本的に〝増えていく〟イメージがある漢字で、「積極的《せっきょくてき》」はそれがよく生かされた熟語。また、計算から転じて、日本語では、「来期の利益を見積《みつ》もる」「心積《こころづ》もり」のように〝**予測する**〟という意味でも用いられる。

部首「禾」は〝穀物〟を表す記号。本来は〝穀物を重ねる〟という意味だったとか、〝政府に納める穀物〟を表していたなどの説がある。

せき 績

17画

［音読み］セキ
［部首］糸（いとへん）

糸作りには手間がかかる

現在よく使われるのは、「成績《せいせき》」「実績《じっせき》」「功績《こうせき》」「戦績《せんせき》」など。ただし、本来は〝**一定期間、続けた結果**〟という意味。ただし、本来は〝**糸をつむぐ**〟ことを表す漢字で、部首「糸」はそのなごり。「紡績《ぼうせき》」がその例。こういう漢字に出会うと、糸を作ることがいかに重要であったか、人類の歴史を教えられる気がする。

せき 籍

20画

［音読み］セキ
［部首］竹（たけかんむり）

竹の札をつなぎ合わせて

紙のなかった時代には、文字は木や竹の細い札に書かれた。その札が「簡」（p90）で、「籍」はそれを綴じ合わせたもの。部首「竹」が付いているのは、昔のなごり。後に、広く〝**記録や文書**〟を指して用いられるようになった。「書籍《しょせき》」がその例。

特に〝**登録台帳**〟をいうこともあり、「戸《こ》籍《せき》」がその例。「本籍《ほんせき》」「入籍《にゅうせき》」「分籍《ぶんせき》」「籍《せき》を抜く」など、**「戸籍」の省略形**としてもよく用いられる。また、「移籍《いせき》」「在籍《ざいせき》」「学籍《がくせき》」など、戸籍に限らず広く**〝登録簿〟**をも表す。現代は管理社会だと言われるが、その源は竹の札の時代にまでさかのぼるのである。

切

せつ

4画

［音読み］セツ、サイ
［訓読み］き-る
［部首］刀（かたな）

心が深く動かされる…

「切断《せつだん》」「切除《せつじょ》」「紙を切《き》る」「縁を切《き》る」「電源を切《き》る」のように、**〝つながっているものを別々にする〟**ことを表す。ただし、それだけではない意味を持つ漢字でもある。

たとえば、「切実《せつじつ》」「切迫《せっぱく》」「切望《せつぼう》」などでは、**〝差し迫って心が動く〟**こと。「痛切《つうせつ》」「哀切《あいせつ》」「親切《しんせつ》」「懇切《こんせつ》」「大切《たいせつ》」では**〝深い感情を抱く〟**という意味となる。「適切《てきせつ》」では、**〝ぴったりしている〟**こと。

また、「一切《いっさい》」「一切合切《いっさいがっさい》」は特殊な例で、**〝すべて〟**という意味。この場合だけは音読みはサイを使う。

日本語では、訓読みがさまざまに用いられる。「切《き》れ端《はし》」「紙切《かみき》れ」などでは、**〝別々にされた一部分〟**。「区切《くぎ》る」「締《し》め切《き》る」「切《き》り上《あ》げる」「品切《しなぎ》れ」などでは、**〝ある場所や時点でおしまいにする／なる〟**こと。「乗《の》り切《き》る」「弱《よわ》り切《き》る」のように**〝最終的な段階に達する〟**という意味にもなる。このほか、「価格が一万円を切《き》る」「見得《みえ》を切《き》る」「スタートを切《き》る」「ハンドルを切《き》る」「頭が切《き》れる」などなど、実にいろいろな使い方があるが、どこまでが漢字「切」の意味と関係があるのか、判断はむずかしい。

◆似た意味で「きる」と訓読みする漢字には「斬」（p225）「伐」（p499）もある。〝豪快にきる〟場合や〝何かを暴き出す〟場合には「斬」を、〝材木をきる〟場合には「伐」を使うのに対して、「切」は広く一般的に用いられる。迷ったら「切」を書いておけば、問題はない。

折

せつ

7画

［音読み］セツ
［訓読み］お-る、お-れる、おり
［部首］扌（てへん）

最後までは行けなかった…

「屈折《くっせつ》」「曲折《きょくせつ》」「右折《うせつ》」「棒を折《お》る」「左に折《お》れる」など、**〝途中で曲げる／曲がる〟**ことを表す。「骨折《こっせつ》」のように〝途中の部分が壊れる〟というイメージもあり、「挫折《ざせつ》」では**〝途中でだめになる〟**ことを指したり、「我《が》を折《お》る」のように**〝途中であきらめる〟**という意味で用いられたりもする。「夭《よう》折《せつ》」とは〝若くして亡くなる〟こと。

対立するもの同士が〝途中であきらめる〟と、**〝妥協する〟**の意味となる。「折衷《せっちゅう》」「折半《せっぱん》」「折《お》り合《あ》う」などがその例。

「その折《おり》」「折節《おりふし》」「折《おり》を見る」のように**〝時や場合〟**を指して用いるのは、日本語独自の用法。時の流れの〝途中〟という意識があるのだろうか。なお、この場合は送りがな抜きで「おり」と訓読みするのが、習慣である。

刹

せつ

8画

［音読み］サツ、セツ
［部首］刂（りっとう）

当て字専用!?

「古刹《こさつ》」「名刹《めいさつ》」のように**〝お寺〟**を意味する。また、「刹那《せつな》」とは〝一瞬〟のこと。これらは、もともとは仏教のことばで、古代インド語に対する当て字から生まれたもの。

当て字として以外に「刹」を用いた例はなく、本来の意味は不明。「刀」が変形した部首「刂」が付いていることからすると、「殺」（p220）とほぼ同じ意味だったのではないかとも思われる。

当て字にしか使われないので、二種類

の音読みには意味の違いはない。

せつ
拙
8画

［音読み］セツ
［訓読み］つたな-い、まず-い
［部首］扌（てへん）

他人の方には向けないで！

「拙攻《せっこう》」「拙劣《せつれつ》」「稚拙《ちせつ》」「拙《つたな》い演奏」「やり方が拙《まず》い」など、**〝下手である〟**ことを表す。転じて、**別の漢字の前に付けて、自分のことをへりくだって指す**はたらきもする。「拙者《せっしゃ》」「拙《せっ》宅《たく》」「拙作《せっさく》」などがその例。自分について使うのは勝手だが、他人について使うときには注意した方がいい漢字である。

せつ
窃
9画

［音読み］セツ
［訓読み］ひそ-か
［部首］穴（あなかんむり）

虫だってビックリする！

「窃盗《せっとう》」が代表的な例で、**〝こっそり盗む〟**ことを表す。「剽窃《ひょうせつ》」は、〝他人の作品や論文などを、こっそり自分のものとして公表する〟こと。

◆転じて〝**他人には知られないように何かをする**〟という意味ともなり、「ひそか」と訓読みするが、現在では「秘」（p511）「密」（p579）を書くのがふつう。ただし、「反乱を窃《ひそ》かに計画する」のように、悪いことをする場合には「窃」を使うこともある。

以前は「竊」と書くのが正式。部首「穴」は〝穴蔵〟で、本来は〝穴蔵の米を虫が食い荒らす〟ことを表す漢字だったという。それが「窃盗団《せっとうだん》が宝石店を襲撃」というように使われるまでになったわけで、米食い虫もさぞや驚いていることだろう。

せつ
接
11画

［音読み］セツ
［訓読み］つ-ぐ
［部首］扌（てへん）

まるでコマ送りみたい？

〝すぐそばまで近づく〟ことを表すのが、基本の意味。「接近《せっきん》」がその代表。「接写《せっしゃ》」は〝レンズをすぐそばまで近づけて撮影する〟こと。

相手のすぐそばまで近づくところから、**〝対面して受け答えする〟**という意味でも用いられる。「応接《おうせつ》」「面接《めんせつ》」「接待《せったい》」「接《せっ》客《きゃく》」「友人と接《せっ》する」などがその例。「接《せっ》収《しゅう》」「接受《せつじゅ》」のように、**〝対面して受け渡しする〟**ことをいう場合もある。

また、近づいた結果、「接触《せっしょく》」「接岸《せつがん》」「隣接《りんせつ》」「公園に接《せっ》した住宅地」のように**〝くっつく〟**ことにもなる。さらに度が進んで、「接着《せっちゃく》」「接合《せつごう》」「溶接《ようせつ》」「順接《じゅんせつ》」「骨を接《つ》ぐ」「接《つ》ぎ木《き》」などでは、**〝つなげて一つにする〟**という意味。なお、「予防接種《よぼうせっしゅ》」は〝あらかじめ病原菌を植え付ける〟ことで、いわば「接ぎ木」の一種。

◆訓読み「つぐ」は、現在では「継」（p148）を用いるのが一般的。ただし、〝つなげて一つにする〟場合には、「接」を書く。

このように、近づくところからくっついて一つになるまでのいくつかの段階を、まとめて表すのが特徴。分類して並べてみると、コマ送りの映像を見ているようで、たのしい。

せつ
設
11画

［音読み］セツ
［訓読み］もう-ける
［部首］言（ごんべん）

作っただけではダメなので…

「設計《せっけい》」「設置《せっち》」「建設《けんせつ》」「休憩所を設《もう》ける」など、**〝何かを作って、それが機能を果たすようにする〟**ことを表す。「施設《しせつ》」「設備《せつび》」「設《せつ》問《もん》」のように、**〝機能を果たすように作られたもの〟**を指すこともある。「しつらえる」「こしらえる」と訓読みすることもあるが、現在ではかな書きするのがふつう。

◆なお、日本語「もうける」には〝利益を得る〟という意味もある。この意味を漢字で表したい場合には「儲」（p590）を用い、「設」は使わない。

〝ことば〟を表す部首「言」が付いている

理由は、よくわからない。大昔は字の形が違っていたものが変化したか、とも考えられている。

せつ 雪

すべてを真っ白にしてくれる

11画

［音読み］セツ
［訓読み］ゆき
［部首］雨（あめかんむり）

言うまでもなく、**空から降る〝ゆき〟**を表す漢字。ただし、**〝きれいにぬぐい去る〟**という意味もあり、「雪辱《せつじょく》」は〝屈辱をぬぐい去る〟こと。この意味で「すすぐ」「そそぐ」と訓読みすることもあるが、現在ではかな書きするのがふつう。

〝きれいにぬぐい去る〟という意味が生まれた理由については諸説あるが、すべてを真っ白におおい尽くしていく〝ゆき〟のイメージが大いに関係していることは、間違いない。美しい漢字である。

なお、以前は、「ヨ」を「彐」にした「雪」と書くのが正式。

せつ 摂

きちんと管理しましょう！

13画

［音読み］セツ
［訓読み］と-る
［部首］扌（てへん）

「栄養を摂取《せっしゅ》する」のように、**〝きちんと体内に取り込む〟**ことを表す。また、「不《ふ》摂《せつ》生《せい》」は〝健康管理ができていない〟こと。「摂政《せっしょう》」は〝君主の代理として政治を行う人〟。「神の摂理《せつり》」は、〝神さまのお取りはからい〟。基本的に、**〝きちんとコントロールする〟**という意味合いの漢字である。

◆訓読み「とる」は、現在では「取」（p258）を使うのがふつう。ただし、〝きちんと体内に取り込む〟という意味で、あえて「食事を摂《と》る」「鉄分を摂《と》る」のように書くこともある。

以前は「攝」と書くのが正式。部首「扌」は「手」の変形。本来は〝ものをきちんとそろえて持つ〟ことを表す漢字だという。**〝多くのものを内部に含む〟**ことを表す「包《ほう》摂《せつ》」に、その意味が残る。

なお、温度の単位の一つ「摂氏《せっし》」は、考案者のスウェーデンの学者セルシウスに対する当て字に由来する。

せつ 節

たかが竹だとあなどるなかれ

13画

［音読み］セツ、セチ
［訓読み］ふし
［部首］竹（たけかんむり）

部首「竹」が表しているように、**竹の幹を区切っている〝ふし〟**を指すのが本来の意味。広く**〝区切り〟〝区切り目〟**という意味で用いられる。「関節《かんせつ》」「節々《ふしぶし》が痛む」では**〝骨のつなぎ目〟**。「木の節《ふし》」「節穴《ふしあな》」では**〝樹木の幹と枝のつなぎ目〟**。「季節《きせつ》」「折節《おりふし》」「苦節《くせつ》一〇年」では**〝時の流れの一区切り〟**。「節分《せつぶん》」「端午《たんご》の節句《せっく》」「紀元節《きげんせつ》」では、**〝区切りとなる特別な日〟**。「疑問に感じる節《ふし》がある」のように、**〝できごとの中のある一区切り〟**をも指すこともある。

また、「文節《ぶんせつ》」「小節《しょうせつ》」では**〝文章や音楽の一区切り〟**。転じて、「節回《ふしまわ》し」「義太夫節《ぎだゆうぶし》」「ソーラン節《ぶし》」など、音楽の**〝リズムやメロディ〟**をも指す。さらに、**〝話の調子〟**という意味にもなり、「恨《うら》み節《ぶし》」「嘆《なげ》き節《ぶし》」のように用いたり、「長嶋節《ながしまぶし》」などと人名のあとに付けて**〝その人独得の語り口〟**を表現したりもするが、ここまで来ると日本語オリジナルの用法になるようである。

一方、**〝ある区切りの中に収めようとする〟**ことを指す場合もある。「節約《せつやく》」「節減《せつげん》」「節電《せつでん》」「調節《ちょうせつ》」などがその例。「節操《せっそう》」「礼節《れいせつ》を守る」「変節漢《へんせつかん》」などでは、**〝欲望をある範囲に収める〟**ことを表す。「節介《せっかい》」も本来はこの意味だが、他人の欲望を収めさせようとすることから、現在では「お節介《せっかい》」の形で、〝余計なお世話〟をいう。

なお、「符節《ふせつ》」とは、〝後日の証拠とするため、竹を二つに割って作った割り符〟

のこと。それを持って外国へ交渉に行く人が「使節《しせつ》」である。
　音読みはセツを用いるのが大原則。セチは奈良時代以前からある古い読み方で、現在では、「お節《せち》料《りょう》理《り》」くらいでしか使われない。
　たかが〝竹の一区切り〟なのに、さまざまな意味に展開していくのは壮観。〝ふし〟があるからこそ、竹はいろいろな形で利用されてきたのだろう。竹の力を改めて考えさせられる漢字である。
　なお、以前は「節」と書くのが正式。

せつ

説

14画

［音読み］セツ、ゼイ
［訓読み］と-く
［部首］言（ごんべん）

たとえはっきりしていなくても！

　「学説《がくせつ》」「新説《しんせつ》」「定説《ていせつ》」など、**〝意見や考え〟**を表すのが基本的な意味。「説明《せつめい》」「説得《せっとく》」「解説《かいせつ》」「教えを説《と》く」のように、**〝相手にわかるように意見や考えを述べる〟**ことを表す場合もある。
◆〝わかるように述べる〟という意味で「とく」と訓読みする漢字には、「解」（p65）「釈」（p255）もある。「釈」は現在ではあまり用いられないが、「解」は〝整理して述べる〟という意味合いで使われる。それに対して「説」は、〝伝えてわかってもらう〟というニュアンスを持つことが多い。
　以上の意味では〝はっきり伝える〟というニュアンスだが、**〝なんとなく伝えられていること〟**を意味することもある。「説《せつ》話《わ》」「伝説《でんせつ》」「風説《ふうせつ》」などがその例。ただ、これらも〝伝わる力〟を持っている。〝ことば〟を使う際に最も大切なものとは何なのか、考え込んでしまう。
　音読みはセツを用いるのが大原則。ゼイは特殊な読み方で、現在では「遊説《ゆうぜい》」以外で使われることはない。
　なお、以前は「說」と書くのが正式。

ぜつ

舌

6画

［音読み］ゼツ
［訓読み］した
［部首］舌（した）

食べるよりもおしゃべりが好き？

　言うまでもなく、**口の中にある〝した〟**を表す。ただし、音読みの熟語では**〝話すこと〟**を指す場合が多い。「弁舌《べんぜつ》」「毒舌《どくぜつ》」「饒舌《じょうぜつ》」「筆舌《ひつぜつ》に尽くしがたい」「舌戦《ぜっせん》をくり広げる」などがその例。漢字の世界では、味を感じる機能よりも、ことばを発する機能の方が優勢である。

部首としては？

　漢和辞典では部首の一つだが、「舌」を部首とする漢字は少ない。〝ことば〟に関連する意味を持つ漢字の多くは「言」を部首とするからか。現在でも使われる漢字としては、〝なめる〟ことを表す「舐《し》」がある程度。〝あまい〟を意味する「甜《てん》」は、残念ながら部首「甘（あまい）」に分類される。

ぜつ

絶

12画

［音読み］ゼツ
［訓読み］た-つ、た-える、た-やす
［部首］糸（いとへん）

ここから先には進めません！

　部首「糸」が示すように、本来は〝糸が切れる〟ことを表す漢字。広く**〝おしまいにする／なる〟**という意味で用いられる。「断絶《だんぜつ》」「中絶《ちゅうぜつ》」「絶滅《ぜつめつ》」「薬を絶《た》つ」「来客が絶《た》えない」「連絡を絶《た》やさない」などがその例。関係を〝おしまいにする〟ところから、「謝絶《しゃぜつ》」「拒絶《きょぜつ》」のように**〝ことわる〟**という意味となることもある。
　また、つながりが切れているところから、**〝遠く離れている〟**ことをも表す。例としては「絶海《ぜっかい》の孤島」「世間と隔絶《かくぜつ》する」など。なお、「絶対《ぜったい》」は、本来は〝並べて比べるものがない〟こと。
　さらに、これ以上先はないところから**〝ほかとはかけ離れてものすごい〟**という意味でも用いられる。「絶景《ぜっけい》」「絶頂《ぜっちょう》」「絶《ぜっ》壁《ぺき》」「絶《ぜっ》品《ぴん》」「絶《ぜつ》妙《みょう》なパス」「絶《ぜつ》大《だい》な人気」「壮《そう》絶《ぜつ》な戦い」「絶《ぜっ》好《こう》調《ちょう》！」「超《ちょう》絶《ぜつ》技《ぎ》巧《こう》」「空《くう》前《ぜん》絶《ぜつ》後《ご》」「絶《ぜっ》世《せい》の美女」などなど、この意味で使われるケースはたいへん多い。この本来は〝切れる〟だから縁起が悪そうな漢字だが、実はこの上なくすばらしい漢字でもあるのである。

◆似た意味で「たつ」と訓読みする漢字には「裁」（p214）「断」（p403）もある。「裁」は〝布や紙をたつ〟場合にのみ用いるので使い分けに悩むことはないが、「断」との違いは微妙。「断」は単に〝続いているものをやめる〟のに対して、「絶」は〝今後一切おしまいにする〟という意味合いが強い。そこで、「お酒を断《た》つ」ならまた飲み始める可能性があるが、「お酒を絶《た》つ」の場合は、実際にはともかく、これっきりやめてしまうという意思表明となる。

以前は「絶」と書くのが正式。右側は「色」ではなく、「刀」を含んで〝切る〟ことを表している、とする説が優勢である。

せん 千

3画

［音読み］セン
［訓読み］ち
［部首］十（じゅう）

とにかく多いのだ！

数の〝一〇〇〇〟を表す。また、「一《いち》日《じつ》千《せん》秋《しゅう》」「千《せん》客《きゃく》万《ばん》来《らい》」「価《あたい》千《せん》金《きん》」「千《せん》里《り》の道も一歩から」などでは、〝**数がたいへん多い**〟こと。訓読み「ち」は〝一〇〇〇〟を意味する日本語で、「千《ち》歳《とせ》」「千《ち》尋《ひろ》」のように使われる。

なお、部首「十」は、形の上から便宜的に分類されたもので、意味の関係はない。また、小切手や契約書などでは、後から書き換えられるのを防ぐために「仟《せん》」「阡《せん》」を用いることがある。

せん 川

3画

［音読み］セン
［訓読み］かわ
［部首］川（かわ）

日本人にとっては特別だ

水の流れる〝かわ〟を表す。音読みが使われるのは「河《か》川《せん》」くらいで、訓読みで読まれることが圧倒的に多い。それは「信《しな》濃《の》川《がわ》」「利《と》根《ね》川《がわ》」「淀《よど》川《がわ》」などの河川名でも同様で、「富《ふ》士《じ》山《さん》」「阿《あ》蘇《そ》山《さん》」「六《ろっ》甲《こう》山《さん》」などと音読みで読むことも多い「山」（p222）とは対照的。〝川〟を前にすると、日本人は中国語由来の音読みを使う気分にはならないようである。

◆同じ意味で「かわ」と訓読みする「河」（p52）に比べると、比較的〝小さな流れ〟を指す傾向がある。日本の河川名では「河」はほとんど使わないことと合わせて、日本人と〝川〟との付き合い方がほの見えるような気もする。

部首としては？

漢和辞典では部首の一つだが、「川」を部首とする漢字は、ほかに「州」（p263）くらいしかない。そこで「巛（まがりがわ）」の形も合わせて一つの部首とするが、それでも「巡」（p277）が加わるくらい。漢字を発明した人びとにとっては、〝川〟はそれほど重要ではなかったのかもしれない。

せん 仙

5画

［音読み］セン
［部首］亻（にんべん）

そのイメージはどんな風？

部首「亻」は「人」の変形。それに「山」を組み合わせて、〝**山の中で俗世間を離れて暮らす人**〟を表す。いわゆる「仙《せん》人《にん》」のことで、修行の結果、空を飛んだり不老不死になったりするという。

「仙《サ》人《ボ》掌《テン》」は、中国語名の形をそのまま、日本語名で読む当て字的表現。〝仙人〟の近づきがたい雰囲気を表しているのだろうか。一方で「水《すい》仙《せん》」のような可憐なものもある。中国人にとっても、〝仙人〟のイメージはさまざまなのだろう。

せん

占

5画

［音読み］セン
［訓読み］うらな-う、し-める
［部首］卜（ぼく）

場所取りにも神のお告げを…

「占星術《せんせいじゅつ》」「将来を占《うらな》う」「動物占《どうぶつうらな》い」など、**〝人知を超えたものに頼って行動を決める〟**ことを表す。漢字が誕生したころの中国では、かめの甲羅《こうら》などを焼いて、できた割れ目によって未来を判断した。部首「卜」は、その割れ目の形を表したもの。

一方、「独占《どくせん》」「寡占《かせん》」「占拠《せんきょ》」「占領《せんりょう》」「一等地を占《し》める」などでは、**〝あるものや場所を自分のものにする〟**ことを表す。一見、〝うらなう〟とは関係なさそうだが、これも本来は、〝うらない〟に従って行動するところから転じた意味だという。

せん

先

6画

［音読み］セン
［訓読み］さき
［部首］儿（ひとあし）

他人より一歩前へ

「先端《せんたん》」「枝先《えださき》」「軒先《のきさき》」「この先《さき》、行き止まり」など、**〝基準となるところから見て、離れた方〟**を指す漢字。転じて、「先方《せんぽう》」「送《おく》り先《さき》」「狙いの先《さき》」のように、**〝ある行動の相手や目標〟**を表すこともある。

古代文字では「」と書き、「人」が変形した部首「儿」の上に「止」を載せた形。「止」（p227）は〝足を使って進む〟ことを表し、本来は〝他人より前に進む〟ことを意味する漢字だと考えられる。

実際の使われ方を見ても、**〝より早く何かをする〟**ことを表すことが多い。「先《せん》攻《こう》」「先発《せんぱつ》」「先着《せんちゃく》」「お先《さき》に失礼」などがその例。「先導《せんどう》」「先例《せんれい》」「率先《そっせん》」「先進国《せんしんこく》」「先《せん》見《けん》の明《めい》」「先駆《さきが》ける」のように、特に**〝より早く何かをして模範や目標となる〟**という意味で用いられる例も目立つ。「先輩《せんぱい》」「先生《せんせい》」「先祖《せんぞ》」「先任《せんにん》の課長」「先代《せんだい》の主人」など、**〝ある分野でより早く何かをしている人〟**を表すこともある。

「優先《ゆうせん》」「先決問題《せんけつもんだい》」などでは、**〝より早く対応する〟**ことを表す。また、「先天的《せんてんてき》」「先入観《せんにゅうかん》」のように、〝より早く〟から転じて**〝もとから〟**を意味することもある。

「先日《せんじつ》」「先年《せんねん》」「先《さき》ごろ」などでも**〝今より時間的に早い〟**ことを表すが、「先週《せんしゅう》」「先月《せんげつ》」では**〝今より暦の上で一つ前の〟**と意味が限定される。さらに、「先《さき》の見通し」「先《さき》が楽しみ」のように、意味が逆転して**〝時間的に後である〟**ことを表す場合もあるが、これは日本語「さき」に〝以前〟と〝将来〟の両方の意味があることから生まれた、日本語独自の用法である。

せん

宣

9画

［音読み］セン
［部首］宀（うかんむり）

大事なことを言うからね

「宣言《せんげん》」「宣誓《せんせい》」「宣伝《せんでん》」「無《む》罪宣告《ざいせんこく》」「宣戦布告《せんせんふこく》」のように、**〝はっきり伝える〟**ことを表す。伝えることによって何らかの変化を引き起こす漢字である。

部首「宀」は〝建物〟を表す記号。本来は〝お社で神のお告げが下る〟ことをいう漢字で、「神さまのご託宣《たくせん》」にはその意味が残る。そのため、〝上位の者が下位の者に伝える〟という意味合いもあり、昔は「のたまう」と訓読みすることもあったが、現在ではほとんど用いられない。

なお、名前で「のぶ」「のり」と読むのは、〝伝える〟という意味の古語に基づく。

せん

専

9画

［音読み］セン
［訓読み］もっぱ-ら
［部首］寸（すん）

一回きりの人生だもの…

「専売《せんばい》」「専有《せんゆう》」など、**〝自分だけのものにする〟**ことを表す。やや転じて、「独断専行《どくだんせんこう》」「専制政《せんせいせい》治《じ》」「専横《せんおう》な振る舞い」のように、**〝自分だけの判断で勝手に行う〟**ことをも表す。

一方、「専業《せんぎょう》」「専念《せんねん》」「専門《せんもん》」「専《もっぱ》ら日本酒を飲む」などでは、〝**あることだけを行う**〟という意味。「専属《せんぞく》」「専従《せんじゅう》」などになると、これまたやや転じて〝**ほかのことをしてはいけない**〟というニュアンスを含む。何かをを行えば、何かが行えなくなるもの。一回きりの人生、これから何を行おうか。ゆっくり考えてみたい。

以前は「專」と書くのが正式。「叀《せん》」は〝糸巻き〟の形で、〝手で持つ〟ことを意味する部首「寸」(p327)を組み合わせて、〝糸を巻いて一つのかたまりにする〟ことを表すのが、本来の意味だという。

せん 染

9画

[音読み] セン
[訓読み] そ-める、そ-まる、し-みる
[部首] 木(き)

色が主役か水が主役か?

「染色《せんしょく》」「染料《せんりょう》」「髪を染《そ》める」など、〝**液体に浸して色をつける**〟ことを表すのが基本の意味。比喩的に用いられて、「顔が赤く染《そ》まる」「空があかね色に染《そ》まる」のように〝**色がつく**〟ことを指す場合もある。また、「タバコの匂いが染《し》みつく」「味が染《し》みた大根」のように、〝**匂いや味がつく**〟ことをもいう。

転じて、〝**考え方や行動などに影響を受ける**〟ことをも表し、「関西風に染《そ》まる」のように用いられる。この意味の場合はあまりいいイメージではなく、「汚染《おせん》」は〝**悪い性質をうつす**〟こと。「伝染《でんせん》」「感染《かんせん》」では〝**病気をうつす**〟という意味となる。「所帯染《じ》みる」「年寄り染《じ》みる」もこの例だが、現在ではかな書きすることも多い。

以上が〝色がつく〟のイメージから発展しているのに対して、「靴の中に水が染《し》みる」のように〝**液体に次第に浸る**〟という意味で使うのは、日本語独自の用法。また、「痛みが歯に染《し》みる」「心に染《し》みることば」のように〝**次第に深く感じる**〟ことを表すのも、日本語のオリジナル。日本語としては、〝次第に奥深くまで達する〟という印象が強いようである。

成り立ちについては諸説があって一定しない。ただ、意味から考えると、「水」が変形した「氵(さんずい)」の方が、「木」よりも部首にふさわしいように思われる。

せん 泉

9画

[音読み] セン
[訓読み] いずみ
[部首] 水(みず)

穴を掘るとわき出てくる

「温泉《おんせん》」「源泉《げんせん》」「トレビの泉《いずみ》」など、〝**わき水**〟を表す。「元気の泉《いずみ》」「トリビアの泉《いずみ》」のように、比喩的に用いられて〝**何かが豊富に出てくるところ**〟をいうこともある。

「黄泉《こうせん》」は〝地下からわく水〟のこと。大地が黄色いことからいう。転じて〝死後の世界〟を指すのは、埋葬のために穴を掘るとしみ出てくるところからか。同じく〝死後の世界〟を意味する日本語を当てて「よみ」と読むこともある。「泉下《せんか》」「泉《せん》界《かい》」のように〝**死後の世界**〟を指すのは、ここから転じたもの。

古代文字では「」で、〝岩の間から水がしたたるようす〟を描いた絵。「泉」の上半分が「白」の形なのは、偶然である。

せん 浅

9画

[音読み] セン
[訓読み] あさ-い
[部首] 氵(さんずい)

わかる人にはわかりますよ!

以前は「淺」と書くのが正式。「水」が変形した部首「氵」が示す通り、〝**水底までの距離が短い**〟ことが本来の意味。「遠浅《とおあさ》」「浅瀬《あさせ》」などがその例。「浅《あさ》いくぼみ」「傷が浅《あさ》い」のように、広く〝**底までの距離が短い**〟ことを指して用いられる。

底がすぐに見えるところから、転じて〝**考えが足りない**〟という意味となる。「浅《せん》

薄《ぱく》」「浅学《せんがく》」「読みが浅《あさ》い」「浅知恵《あさぢえ》」「浅《あさ》はかな行動」など、この意味で使われるケースはけっこう多く、「浅」にとってはちょっとかわいそうかもしれない。

「付き合いが浅《あさ》い」「浅《あさ》い愛情」「春がまだ浅《あさ》い」「浅《あさ》い眠り」などは、〝**十分ではない**〟ことを表す例。「浅緑《あさみどり》」「浅黄色《あさぎいろ》」のように〝**色が薄い**〟ことを表したり、〝**香りや味が薄い**〟ことを指したりもする。あっさり加減が好きな人には、意外と好かれる漢字である。

せん 洗 9画

[音読み] セン
[訓読み] あら-う
[部首] 氵（さんずい）

本当にきれいになるのかなあ…

部首「氵」は「水」の変形。「洗濯《せんたく》」「洗浄《せんじょう》」「水《すい》洗《せん》トイレ」「顔を洗《あら》う」など、〝**水を使って汚れを取り去る**〟ことを表す。

「洗練《せんれん》された動作」「心が洗《あら》われる」などでは、転じて〝**清らかにする**〟という意味。「洗脳《せんのう》」は一種の比喩で、〝古い考え方を取り除き、新しい考え方を信じ込ませる〟こと。朝鮮戦争のころの中国語に由来する、政治的なことばである。

なお、キリスト教の「洗礼《せんれい》」は実際に水を用いるが、〝罪を洗い流す〟という意味があるという。

せん 扇 10画

[音読み] セン
[訓読み] おうぎ、あお-ぐ
[部首] 戸（とだれ）

パタパタで結ばれました

風を起こす道具〝**おうぎ**〟を表す。「扇子《せんす》」「扇《おうぎ》の的《まと》」などがその例。また、「扇風機《せんぷうき》」「うちわで扇《あお》ぐ」のように、〝**平たいものを振り動かして風を起こす**〟ことをもいう。以前は「扇」と書くのが正式。「戸／戸」と「羽／羽」が組み合わせてあるのは、〝戸〟や〝羽〟のようにパタパタ動かすからだという。

火の勢いを強くするために用いられることから、主によくないことを〝**するようにし向ける**〟という意味でも使われる。「扇動《せんどう》」「扇情《せんじょう》」などがその例だが、部首「火」を加えて意味をはっきりさせた「煽《せん》」を使って、「煽動《せんどう》」「煽情《せんじょう》」と書くことも多い。この意味で「あおる」と訓読みすることもあるが、これまた「煽」を使う方がふつうである。

せん 栓 10画

[音読み] セン
[部首] 木（きへん）

まれに言うことを聞かないやつも…

「耳栓《みみせん》」「消火栓《しょうかせん》」「ガスの元栓《もとせん》」など、〝**容器の口や管などに差して、流れを調節する器具**〟を表す。ただし、「血栓《けっせん》」は血の流れの邪魔になるもので、人間が調節できないものに使われた珍しい例。

なお、以前は「人」を「入」にした「栓」と書くのが正式。

せん 閃 10画

[音読み] セン
[訓読み] ひらめ-く
[部首] 門（もんがまえ）

下町ではわからない？

「閃光《せんこう》」「ナイフの先が閃《ひらめ》く」など、〝**一瞬、鋭い光を放つ**〟ことを表す。また、「答えが閃《ひらめ》く」のように、比喩的に用いられて〝**瞬間的に思いつく**〟という意味にもなる。

部首「門」が付いているのは、本来は〝門からようすをちらっと見る〟ことを表すからだという。こじつけのような気もするが、お屋敷の立派な門ならば、実感できることもあるのかもしれない。

せん 旋 11画

[音読み] セン
[訓読み] めぐ-らす
[部首] 方（ほうへん）

じっとしてなんかいられない！

「旋回《せんかい》」「旋風《せんぷう》」「旋盤《せんばん》」「螺旋形《らせんけい》」など、〝**ぐるぐる回る**〟ことを表す。「周旋《しゅうせん》」「斡旋《あっせん》」は、〝関係者を回って調整する〟こと。

また、**〝もとの場所に戻る〟**という意味もあり、「凱旋《がいせん》」がその代表例。「踵《きびす》を旋《めぐ》らす」「馬を旋《めぐ》らす」など、「めぐらす」と訓読みして**〝戻ろうと向きを変える〟**ことをも表すが、現在ではあまり用いられない。

　何度も回るにせよ、一度だけ向きを変えるにせよ、**〝短い時間で変化する〟**というイメージを持つ。音楽の「旋律《せんりつ》」もそこから来たものか。落ち着きはないが生き生きとした漢字である。

　部首は「方」だが、「㫃」がひとまとまり。「旗」（p102）と関係が深く、本来の意味には〝旗がなびく〟〝旗を振って指揮する〟などの説がある。

せん 船

11画

［音読み］セン
［訓読み］ふね
［部首］舟（ふねへん）

宇宙に出られる複雑さ

　言うまでもなく、**〝水に浮かぶ〟〝ふね〟**を表す。

◆同じ訓読みをする「舟」（p264）との間にはっきりした意味の違いはないが、「船」は、比較的大きい複雑な構造のものを指す。「汽船《きせん》」「客船《きゃくせん》」「連絡船《れんらくせん》」「船長《せんちょう》」などは、みな〝大きなふね〟ならでは。「宇宙船《うちゅうせん》」と言って「宇宙舟」とは言わないのも、うなずける。ただし、中華人民共和国の有人宇宙船は「神舟《シェンチョウ》」という。

　なお、「船旅《ふなたび》」「船乗《ふなの》り」「船主《ふなぬし》」などの「ふな」は、続く音に影響されて訓読み「ふね」が変化したものである。

せん 戦

13画

［音読み］セン
［訓読み］たたか-う、いくさ、おのの-く
［部首］戈（ほこづくり、かのほこ）

勇気と恐怖は紙一重…

　以前は「戰」と書くのが正式。部首「戈」は〝武器〟を表す記号。「戦争《せんそう》」「戦乱《せんらん》」「決戦《けっせん》」「準決勝で戦《たたか》う」「勝《か》ち戦《いくさ》」など、**〝力を比べて勝敗を決める〟**ことを表す。勇ましい雰囲気のある漢字だが、一方で、「戦慄《せんりつ》」「戦々《せんせん》兢々《きょうきょう》」「罪の意識に戦《おのの》く」のように、**〝怖くて体が震える〟**こともいう。〝戦い〟とはまことにたいへんなことなのである。

◆「たたかう」と訓読みする漢字には「闘」（p460）もある。本来的には「闘」が〝素手でたたかう〟のに対して、「戦」は〝武器を持ってたたかう〟こと。そこで、「闘」は〝苦しさ〟に重点を置いて用いられることが多い。例としては「権力と闘《たたか》う」「病魔と闘《たたか》う」「誘惑と闘《たたか》う」など。逆に、「戦」は、「男と男の戦《たたか》い」「議論を戦《たたか》わせる」のように、苦楽に関係なく〝たたかい〟全般を指して使われる。

◆また、「おののく」では「慄」（p625）との使い分けが気になるところ。意味に大きな違いはないが、現在では、「戦争」のイメージを避けてか、「慄」を使う方が好まれるようである。

せん 煎

13画

［音読み］セン
［訓読み］い-る
［部首］灬（れっか、れんが）

間違えないよう気をつけて！

　「煎茶《せんちゃ》」「薬を煎《せん》じる」では**〝お湯に入れて煮出す〟**の意味。ところが、「煎餅《せんべい》」「豆を煎《い》る」ではお湯は使わず、**〝火であぶる〟**ことを表すから、ややこしい。

◆〝火であぶる〟という意味で「いる」と訓読みする漢字には「炒《しょう》」もある。「煎」との間にはっきりした意味の違いはないが、「豆を炒《い》る」のように「炒」を使うと、〝煮出す〟という意味の「煎」と区別ができて、便利である。

　なんにしても、使い方を間違えるとお口に合わないものができ上がってしまいそうな、危険な漢字である。

　なお、印刷文字では「煎」が標準とされているが、手書きの場合は、「月」を「月」として「煎」と書いても差し支えない。

せん
羨
13画
［音読み］セン
［訓読み］うらや-む
［部首］羊（ひつじ）

三つの点は気持ちの現れ

「羨望《せんぼう》」「人を羨《うらや》む」「羨《うらや》ましい」のように、**“自分もそうなりたい”**という気持ちを表す。「次《せん》」は「冫（にすい）」ではなく「氵（さんずい）」の形で、“よだれ”を表す漢字。部首「羊」と組み合わせて、本来は“おいしそうなひつじの肉を見てよだれを流す”ことを意味すると考える説が優勢。できすぎのようにも思うが、気持ちはよく伝わって捨てがたい説である。

せん
腺
13画
［音読み］セン
［部首］月（にくづき）

有名な逆輸入品

「涙腺《るいせん》」「扁桃腺《へんとうせん》」「リンパ腺《せん》」など、**“さまざまな液体を分泌する器官”**を表す。部首「月」は「肉」の変形で、“肉体”を表す。それに「泉」を組み合わせて日本で江戸時代に作られた漢字だが、現在では中国でも使われている。

せん
詮
13画
［音読み］セン
［部首］言（ごんべん）

細かいところまではっきりと

“ものごとを突き詰めて明らかにする”ことを表し、「詮索《せんさく》」が代表的な例。「所詮《しょせん》」も、**“突き詰めて考えれば”**ということ。

「詮方《せんかた》ない」「詮《せん》ない」では**“する方法”“した効果”**を表す。これは日本語独自の用法で、“しようとする”という意味の古語「せん」に対する当て字と考えられる。

なお、印刷文字では「詮」の形が標準とされているが、手書きでは「全」を「全」と書いても差し支えない。

せん
践
13画
［音読み］セン
［部首］⻊（あしへん）

現場へ行ってやってみな！

現在では「実践《じっせん》」以外ではほとんど用いられない漢字。**“実行する”**ことを表す。

以前は「踐」と書くのが正式。部首「足」に示されているとおり、本来は“足で踏む”という意味。それが「実践」の形で現在まで使われ続けているということは、実際に現場を足を運んでみることの重要性を示しているようである。

せん
箋
14画
［音読み］セン
［部首］竹（たけかんむり）

使いやすさがポイント

「付箋《ふせん》」「便箋《びんせん》」「処方箋《しょほうせん》」など、**“メモや手紙などに使う、手ごろな大きさの紙”**を表す。部首「竹」が付いているのは、紙が発明される前には竹や木の札を使っていたから。

なお、手書きでは、略字として「笺」が使われることもある。

せん
銭
14画
［音読み］セン
［訓読み］ぜに
［部首］金（かねへん）

上限はどれくらい？

以前は「錢」と書くのが正式。部首「金」に示されているように、本来は金属製の**“貨幣”**を意味する漢字。「釣り銭《せん》」「銅銭《どうせん》」「小銭《こぜに》」などがその例。

転じて、「金銭《きんせん》」のように**“お金”一般**を指すこともあるが、「銭湯《せんとう》」「お賽銭《さいせん》」「小《こ》遣《づか》い銭《せん》」など、**“比較的小額のお金”**をいうことが多い。そこで、「無銭飲食《むせんいんしょく》」「身銭《みぜに》を切る」でも、その金額はまあそれなり、ということになる。

なお、日本では**お金の単位**として用いられ、“一円の一〇〇分の一”を指すが、現在では為替レートなどで厳密なお金を表す際に用いられるだけである。

音読みはセンだけだが、奈良時代以前

にはゼンとも読まれた。訓読み「ぜに」はそれと関係があるかともいう。だとすれば「ぜに」の語源は中国語。貨幣を造るのも中国から学んだことだから、不思議はないのかもしれない。

せん 銑

14画

［音読み］セン
［部首］金（かねへん）

ここから広がる可能性！

現在では、「銑鉄《せんてつ》」以外で用いられるのはまれ。**〝鉄鉱石から取り出したままの鉄〟**をいう。それを溶かして型に流し込んだものが「鋳」（p416）、さらに手を加えて硬さや性質を改良したものが「鋼」（p197）である。

せん 潜

15画

［音読み］セン
［訓読み］もぐ-る、ひそ-む、くぐ-る
［部首］氵（さんずい）

見つかったらおしまいだ！

部首「氵」は「水」の変形。「潜水《せんすい》」「潜航《せんこう》」「潜望鏡《せんぼうきょう》」「海に潜《もぐ》る」など、**〝水面より下へ入り込む〟**ことを表す。

転じて、「地中に潜《もぐ》る」「ふとんに潜《もぐ》る」のように、**〝表面から見えないところに入り込む〟**ことをも表し、さらには広く**〝気づかれないように行動する〟**という意味でも用いられる。「潜入《せんにゅう》」「潜在意識《せんざいいしき》」「ものかげに潜《ひそ》む」「息を潜《ひそ》める」などがその例。

また、日本語では、「陸橋を潜《くぐ》る」「潜《くぐ》り戸」など**〝下を通り抜ける〟**という意味でも用いられる。

なお、以前は「潛」と書くのが正式で、「替」（p389）とは意味の関係はない。

せん 線

15画

［音読み］セン
［部首］糸（いとへん）

目には見えない世界でも…

部首「糸」に示されているように、本来は〝細長い糸〟を表す漢字。現在では、広く**〝細長く延びているもの〟**全般を指して用いられる。「線香《せんこう》」「直線《ちょくせん》」「銅線《どうせん》」「視線《しせん》」「ピアノ線《せん》」などがその例。

「単線《たんせん》」「脱線《だっせん》」「新幹線《しんかんせん》」「ローカル線《せん》」などは、鉄道の**「線路《せんろ》」の省略形**。「混線《こんせん》」「内線《ないせん》」「有線放送《ゆうせんほうそう》」のように、**「電線《でんせん》」「電話線《でんわせん》」の省略形**として使われることもある。

「幹線道路《かんせんどうろ》」は目に見える〝線〟だが、「路線《ろせん》バス」になると微妙で、「国際線《こくさいせん》」になると地図の上にしか存在しない〝線〟ともなる。これらでは、**〝離れた場所を結ぶもの〟**の意味合いが強い。一方、「寒冷前線《かんれいぜんせん》」「桜前線《さくらぜんせん》」も地図の上にしかないが、こちらは「境界線《きょうかいせん》」「一線《いっせん》を越える」などと同様、**〝境目〟**のニュアンスが強い。

そのほか、「打線《だせん》」「共同戦線《きょうどうせんせん》」などでは**〝人やもののつながり〟**。「紫外線《しがいせん》」「放射線《ほうしゃせん》」「X線《エックスせん》」「スペシウム光線《こうせん》」のように、**〝エネルギーの流れ〟**を指すこともある。

こうして見ると、実に多彩なものを表すことがわかる。文明とは、〝線〟によって成り立つものなのかもしれない。

せん 賤

15画

［音読み］セン
［訓読み］いや-しい
［部首］貝（かいへん）

安易には使わないように

部首「貝」は〝お金や宝物〟を表す。本来は〝値段が低い〟という意味の漢字で、転じて**〝身分が低い〟〝身分が低いと見下す〟**ことを表す。「下賤《げせん》」「賤民《せんみん》」「賤業《せんぎょう》」「賤《いや》しい行い」「彼の出身を賤《いや》しむ」のように用いられるが、相手に対する軽蔑の気持ちが強く出るので、使う際には気をつけたい漢字である。

◆「いやしい／いやしむ」と訓読みする漢字には「卑」（p510）もある。「賤」はもともと〝値段〟なので現実的な価値観だが、「卑」は精神的な価値観。そのため、「卑《いや》しい行い」と書くよりも「賤《いや》しい行い」と書く方が、対象への軽蔑がリアルに出る傾向がある。とはいえ、この二つの違いは明確ではなく、使い分けにはあまりこだわらなくてよいと思われる。

なお、手書きやパソコンの文字では、略字として「賎」が使われることもある。

せん 選

15画

部首がどうも落ち着かない？

［音読み］セン
［訓読み］えら-ぶ
［部首］辶（しんにょう、しんにゅう）

「選出《せんしゅつ》」「選抜《せんばつ》」「人選《じんせん》」「洋服を選《えら》ぶ」「選《せん》に漏《も》れる」のように、**〝いくつかの中から目的のものを取り出す〟**ことを表す。また、「市《し》議選《ぎせん》」「衆院選《しゅういんせん》」など、**「選挙《せんきょ》」の省略形**として使われることも多い。

◆「えらぶ」と訓読みする漢字には「択」（p393）もあるが、現在では「選」を書く方が一般的である。

以前は「己」を「巳」とした「選」と書くのが正式。部首「辶／辶」は〝移動〟を表す記号だが、この部首が付いている理由ははっきりしない。部首を「手」の変形「扌（てへん）」に代えた「撰《せん》」の方が意味に合う気もするが、この漢字は、「勅撰《ちょくせん》和歌集」のように主に〝詩歌や文章を編集して書物を作る〟という意味で用いられる。

せん 遷

15画

いろいろ変化はありますが…

［音読み］セン
［訓読み］うつ-る
［部首］辶（しんにょう、しんにゅう）

現在では「変遷《へんせん》」が代表的な例で、**〝時間とともに変化する〟**ことを表す。しかし、本来は**〝引っ越す〟**という意味で、〝移動〟を表す部首「辶」はそのなごり。例としては「遷《せん》都《と》」「左遷《させん》」などがある。〝本質は変わらず、環境や状態だけが変わる〟というニュアンスのある漢字である。

◆〝場所が変わる〟という意味の訓読み「うつる／うつす」は、現在では「移」（p16）と書くのがふつう。あえて「本社を大阪に遷《うつ》す」のように書くと、〝機能や人間はそのままで、場所や地位だけが変わる〟というニュアンスが出ることになる。

なお、以前は「遷」と書くのが正式。

せん 薦

16画

なんてったってコレが一番！

［音読み］セン
［訓読み］すす-める、こも
［部首］艹（くさかんむり）

「推薦《すいせん》」「自薦《じせん》」「他薦《たせん》」のように、**〝選んでもらうようにはたらきかける〟**ことを表す。

◆似た意味で「すすめる」と訓読みする漢字には「勧」（p87）「奨」（p295）もある。〝行動するようはたらきかける〟点では違いがないが、「薦」は〝具体的な人や物が選ばれるように〟という場合にだけ使われる。そこで、「そろそろ家を買うように勧《すす》める」「この物件を薦《すす》める」と使い分けることになるが、まぎらわしい場合にはかな書きしておくに越したことはない。

なお、部首「艹」が付いている理由には定説はない。が、〝すすめる〟とは別個に**〝草で編んだ敷物〟**という意味もあり、この場合は「こも」と訓読みする。

せん 繊

17画

あるときは強くまたあるときは…

［音読み］セン
［部首］糸（いとへん）

以前は「纖」と書くのが正式。部首「糸」に示されているように、本来は**〝細い糸〟**を表す漢字で、「繊維《せんい》」がその例。「化繊《かせん》」「合繊《ごうせん》」のように**「繊維」の省略形**として使われることもある。

転じて、広く**〝ほっそりしている〟**ことをも表す。「繊月《せんげつ》」は〝新月直後の細い月〟。「繊細《せんさい》」は、多くは感性について〝細かくて傷つきやすい〟ことをいう。「繊手《せんしゅ》」「繊《せん》腰《よう》」といった熟語もあり、これらの例では〝か弱いが美しい〟という雰囲気が漂う。「化繊」「合繊」の〝強さ〟と対比すると、おもしろい。

鮮 せん

17画

［音読み］セン
［訓読み］あざ-やか
［部首］魚（さかなへん）

時間とともに失われる

部首「魚」に示されているように、本来は〝**とれたての魚**〟を表す。「新鮮《しんせん》」「生鮮《せいせん》」「鮮魚《せんぎょ》」「鮮《せん》度《ど》」など、広く〝**食材がとれたての**〟という意味で用いられる。

転じて、〝**生き生きしていて印象が強い**〟ことも表す。「鮮烈《せんれつ》」「鮮明《せんめい》」「鮮《あざ》やかな色合い」「鮮《あざ》やかな手際」などがその例。冷蔵庫のない時代には〝とれたて〟であることがいかに印象が強かったか、うかがわせる漢字である。

なお、「羊」が付いている理由には、〝新鮮なひつじの肉〟を表すとか、〝生々しいひつじの臭い〟を表すなどの説がある。

全 ぜん

6画

［音読み］ゼン
［訓読み］まった-く、すべ-て
［部首］人（ひとやね）

細かい違いは気にしない！

「全体《ぜんたい》」「全国《ぜんこく》」「全額《ぜんがく》」「完全《かんぜん》」「万全《ばんぜん》」「全《まった》くその通りだ」「全《すべ》て半額！」などなど、〝**みんな**〟〝**欠けるところがない**〟ことを表す。「職務を全《まっと》うする」のように〝**最後までやり抜く**〟という意味で用いられることもある。

以前は「全」と書くのが正式で、部首も「入（はいる）」だった。ただし、成り立ちには諸説があり、「入」「王」が何を表すかもはっきりしない。

前 ぜん

9画

［音読み］ゼン
［訓読み］まえ
［部首］刂（りっとう）

向こうでもあり手前でもある

「前方《ぜんぽう》」「前進《ぜんしん》」「門前《もんぜん》」「前足《まえあし》」「前《まえ》へならえ」などでは、〝**意識の向いている方向**〟を表す。やや転じると、「前衛《ぜんえい》」「前線《ぜんせん》」のように〝**本体から離れた先の方**〟の意味ともなる。

しかし、これらはやや特殊な用法で、全体的に見ると、〝**順番に続くもののうち、最初の方にあるもの**〟を指すことが多い。例としては、「前文《ぜんぶん》」「前提《ぜんてい》」「前奏《ぜんそう》」「前菜《ぜんさい》」「事前《じぜん》」「直前《ちょくぜん》」「前売《まえう》り」「前置《まえお》き」「手前《てまえ》」「前例《ぜんれい》」「以前《いぜん》」「前《まえ》の町長」などなど。「前《まえ》にも言ったよね」など、〝**過去**〟を表すのも、この意味の一種。なお、「前回《ぜんかい》」「前夜《ぜんや》」「前年《ぜんねん》」など、〝**くり返すものについて、最も近い過去**〟を指す場合もある。

「お前《まえ》」「静御前《しずかごぜん》」のように〝**人を指すときに用いる**〟のは、直接になるのを避けて〝その前〟を指すところから生まれた日本語独自の用法。また、「男前《おとこまえ》」「腕前《うでまえ》」「持《も》ち前《まえ》」のように〝**その人特有のもの**〟を表したり、「一人前《いちにんまえ》」「分《わ》け前《まえ》」「落《お》とし前《まえ》」のように〝**割り当てられたもの**〟をいうのも、日本語オリジナルである。

以前は、「月」を「月」とした「前」と書くのが正式。「刀」が変形した部首「刂」が付いているのは、大昔には〝切りそろえる〟ことを表していたから。そこから〝まえ〟を表すようになった経緯ははっきりしないが、その結果、〝切りそろえる〟という意味を表す漢字として新たに作られたのが「剪《せん》」で、「剪定《せんてい》」のように使われる。

善 ぜん

12画

［音読み］ゼン
［訓読み］よ-い
［部首］口（くち）

まわりのみんなが拍手する！

古くは「譱」と書かれた漢字で、二つの「言」が含まれるのは、〝裁判〟に関係する意味を持っていたからだという。「善意《ぜんい》」「善良《ぜんりょう》」「善戦《ぜんせん》」「改善《かいぜん》」「親善《しんぜん》」「善《よ》い行い」など、〝**他人から見てすぐれている**〟ことを表す。また、「善処《ぜんしょ》」「善後策《ぜんごさく》」のように〝**うまく収める**〟ことをいう場合もある。

また、「善《よ》く映画を見る」のように〝**ある**

期間に何度も〟という意味でも用いられるが、現在ではかな書きするのが自然。

◆「よい」と訓読みする漢字には「良」（p630）「好」（p183）「佳」（p51）などもある。「善」は〝恥ずかしくない〟、「好」は〝興味や愛情を感じる〟、「佳」は〝均斉が取れて美しい〟というニュアンス。「良」が最も一般的に使われるので、迷ったら「良」を書くか、かな書きするのが無難である。

ぜん

然

12画

[音読み] ゼン、ネン
[部首] 灬（れっか、れんが）

後ろにくっつくイエスマン？

「突然《とつぜん》」「自然《しぜん》」「平然《へいぜん》」「雑然《ざつぜん》」「偶然《ぐうぜん》」「同然《どうぜん》」などなどでおなじみ。**別の漢字の後に付いて、状態を表す熟語を作る**はたらきをする。

また、〝**そうである**〟という意味もあるので、昔はその意味を表す古語「しかり」とも訓読みした。「然《しか》るべき」「然《しか》れども」「然《しか》り」のように用いるが、現在ではかな書きするのがふつうである。

音読みはゼンを使うのが大原則。ネンは奈良時代以前からある古い読み方で、「天然《てんねん》」「自然薯《じねんじょ》」のほか、「法然《ほうねん》」のようにお坊さんの法号に用いることがある。

本来は〝火がもえる〟ことを表す漢字で、「火」が変形した部首「灬」はそのなごり。大昔の中国語では、状態を表したり〝そうである〟ことを意味したりすることばと発音が似ていたことから、当て字的に使われるようになった。そのため、〝もえる〟ことを表す漢字として新たに作られたのが「燃」（p481）である。

ぜん

禅

13画

[音読み] ゼン
[部首] ネ（しめすへん）

たった一人で世界と向き合う

現在では、「禅寺《ぜんでら》」「禅宗《ぜんしゅう》」「禅問答《ぜんもんどう》」など、〝**瞑想を重んじる仏教の一派**〟を表すのが代表的な意味。「座禅《ざぜん》」では、その〝**瞑想**〟そのものを指す。

以前は「禪」と書くのが正式。部首「ネ／示」は〝神〟を表す記号。本来は、〝**天上の神から、この世界を支配する役割を与えられる**〟ことを指す漢字。歴史で出てくる「禅譲《ぜんじょう》」とは、〝世界の支配者の地位を譲る〟こと。「社長の地位を禅譲《ぜんじょう》する」のように、〝最高責任者の地位を譲る〟ことのたとえとしても用いられる。

ぜん

漸

14画

[音読み] ゼン
[訓読み] ようや-く
[部首] 氵（さんずい）

本来はスッタモンダなし！

部首「氵」は「水」の変形。本来は〝水が少しずつしみこむ〟ことを表す漢字で、広く〝**少しずつ**〟という意味で用いる。「漸進《ぜんしん》」「漸減《ぜんげん》」「漸増《ぜんぞう》」などがその例。「漸次《ぜんじ》」は〝少しずつ順を追って〟。

訓読み「ようやく」も〝少しずつ〟という意味で、「漸《よう》く《や》春めいてきた」のように用いる。ただし、日本語「ようやく」には〝**いろんなことがあった末に**〟という意味もあるので「漸《よう》く《や》たどり着く」のように使うこともあるが、これは日本語独自の用法ということになる。

ぜん

膳

16画

[音読み] ゼン
[部首] 月（にくづき）

日本料理と中華料理の違い

部首「月」は「肉」の変形で、ここでは〝食用の肉〟。本来は〝ごちそう〟を表す漢字だが、日本では特に〝**一人分の食事を載せる台**〟を指す。転じて、「食膳《しょくぜん》」「配膳《はいぜん》」など〝**一人分の食事**〟の意味でも用いられる。

「御膳《ごぜん》」は、〝食事〟のていねいな表現。ファミリー・レストランで見せられると、要するに「定食《ていしょく》」と同じなのにちょっとリッチな気分になるから不思議。また、

「一膳《いちぜん》めし」「おはし二膳《にぜん》」のように、〝**料理を盛ったおわん**〟や〝**二本一組のおはし**〟を**数える漢字**としても使われる。

このように、日本語では〝一人分〟というニュアンスが目立つ。大皿から取り分けて食べることの多い中華料理との違いが、現れているのかもしれない。

ぜん

繕 18画

とにかくなんとかしないと！

［音読み］ゼン
［訓読み］つくろ-う
［部首］糸（いとへん）

「修繕《しゅうぜん》」が代表例で、〝**壊れた部分を直す**〟ことを表す。ただし、部首「糸」に示されているように、本来は〝**衣服の破れなどを糸で縫い合わせる**〟という意味。「靴下の穴を繕《つくろ》う」「繕《つくろ》い物《もの》をする」などがその例となる。

「身なりを繕《つくろ》う」では、やや転じて〝**外見を整える**〟こと。このあたりから日本語独自の用法に入って、「取《と》り繕《つくろ》う」「言《い》い繕《つくろ》う」などでは、〝**うわべをなんとか整える**〟ことを表す。また、「見繕《みつくろ》う」では、〝**必要なものをそろえる**〟こと。どうやら日本語では、〝とりあえず整えておく〟というニュアンスがあるようである。

そ

そ

狙 8画

別に見てないんだけどなあ…

［音読み］ソ
［訓読み］ねら-う
［部首］犭（けものへん）

「狙撃《そげき》」「獲物《えもの》を狙《ねら》う」「出題の狙《ねら》い」など、〝**目標・目的として定める**〟ことを表す。「犬」の変形で〝犬に似た動物〟を表す部首「犭」が付いているのは、本来は〝てながざる〟を表す漢字だったから。〝てながざる〟はずるがしこく人間のスキをつくところから〝ねらう〟の意味が生まれたというが、それは人間さまの自意識過剰というものであろう。

そ

阻 8画

この道は通れません！

［音読み］ソ
［訓読み］はば-む
［部首］阝（こざとへん）

部首「阝」は「阜」（p525）の変形で〝盛り上がった土〟を表し、「且」（p76）には〝上に重ねる〟という意味がある。本来は、「険阻《けんそ》な山道」のように〝**地形が険しい**〟の意味。転じて、「阻止《そし》」「阻害《そがい》」「行く手を阻《はば》む」のように、〝**邪魔をする**〟ことを表す。なお、「悪阻《つわり》」は、漢字の熟語をそのまま、意味を表す日本語で読む当て字的表現。

そ

祖 9画

時を超えて受け継がれる

［音読み］ソ
［部首］ネ（しめすへん）

「祖先《そせん》」に代表されるように、〝**家系の上で何世代か前の人**〟を表すのが基本。「祖父《そふ》」「祖母《そぼ》」では特に〝**二世代前の人**〟。転じて、「教祖《きょうそ》」「開祖《かいそ》」「元祖《がんそ》」のように〝**後々まで受け継がれるものを始めた人**〟をもいう。

以前は「祖」と書くのが正式。部首「ネ／示」は〝神〟を表す記号。「且」（p76）には〝上に重ねる〟という意味があり、「祖／祖」も本来は、〝何代にもわたって祖先の霊を祭る建物〟を表すという。「祖国《そこく》」も、本来は〝何代にもわたって暮らしてきた国〟のことである。

そ

租 10画

見合った代価を払いなさい

［音読み］ソ
［部首］禾（のぎへん）

部首「禾」は〝穀物〟を表す記号。本来は、〝**政府**

が人びとから取り立てる穀物〟を表す。現在では、「租税《そぜい》」「地租《ちそ》」のように〝**税金**〟を指して用いられる。

また、〝代価を払って土地や家を借りる〟という意味もあり、転じて、〝**条約によって他国の領土の一部を借りる**〟ことをも表す。「租借《そしゃく》」「租界《そかい》」がその例。主に一九世紀後半、欧米各国や日本はこぞって中国に「租界」を設けたが、その〝代価〟とは何だったのか。考えてみれば勝手なことばである。

そ

素

10画

［音読み］ソ、ス
［訓読み］もと
［部首］糸（いと）

日本に帰化した音読み

部首「糸」に示されているように、本来は〝まゆから取り出したばかりの糸〟を表す。転じて、「素材《そざい》」「素質《そしつ》」「素朴《そぼく》」「簡素《かんそ》」など、広く〝**手を加えていない**〟〝**余分なものがない**〟という意味で用いられる。また、「酸素《さんそ》」「色素《しきそ》」「要素《ようそ》」などは、〝**何かを作り上げる基本となるもの**〟を意味する例。

〝まゆから取り出したばかりの糸〟は白いことから、〝**白い**〟ことをも表す。現在の日本語ではこの意味で「素」を使うことはあまりないが、「素人」を「しろうと」と読むのは、ここに由来する。

音読みはソを用いる方が多いが、奈良時代以前からある古い読み方スも、少なからず使われる。特にスは、「素《す》顔《がお》」「素《す》足《あし》」「素《す》直《なお》」「素《す》泊《ど》まり」「素《す》潜《もぐ》り」など、ほかの漢字の訓読みと結びついたり、「素《す》の反応」のように単独でも使われるのが特徴。中国語に由来するという性格が薄れて、完全に日本語に溶け込んでしまった音読みである。

◆「もと」と訓読みする漢字には「下」（p48）「基」（p99）「元」（p165）「本」（p569）などもある。これらの中で、「素」は、〝何かを生み出すもと〟というニュアンスを強く出したいときに用いると効果的。「あいさつは幸せの素《もと》」「スポーツは健康の素《もと》」などが、その例である。

そ

措

11画

［音読み］ソ
［訓読み］お-く
［部首］扌（てへん）

落ち着けばやがて忘れ去られる？

意味の取りにくい漢字だが、基本的には〝**安定させる**〟ことを表す。「措置《そち》」は、〝安定するように取りはからう〟こと。「挙《きょ》措《そ》」は、〝動き出すことと落ち着くこと〟から転じて〝ふるまい〟をいう。「措辞《そじ》」は〝ことばをきちんと配置する〟ことで、簡単に言えば〝言い回し〟。

◆また、それ以上動かさないことから、転じて〝**別扱いにして顧みない**〟ことをも表す。訓読み「おく」を使うのは主としてこの意味の場合で、「冗談はさて措《お》き」「彼を措《お》いてほかにはいない」などがその例。ただし、現在では「置」（p409）を使うか、かな書きするのがふつうである。

そ

曽

11画

⇩

そう（p368）

そ

粗

11画

［音読み］ソ
［訓読み］あら-い
［部首］米（こめへん）

食べ物の恨みを感じる？

本来は、〝精米しないままのお米〟を表す漢字。食べ物の質がよくないのはやはり印象が悪いようで、転じて「粗製《そせい》」「粗末《そまつ》」「粗大《そだい》ゴミ」のように〝**品質が悪い**〟ことを指したり、「粗雑《そざつ》」「粗略《そりゃく》」「粗暴《そぼう》」「粗野《そや》」「計画が粗《あら》い」「粗《あら》を探す」のように、〝**気配りが行き届かない**〟という意味で用いられたりする。

また、日本語では、「粗品《そしな》」「粗茶《そちゃ》」など、**ほかの漢字の前に付けて、差し上げるもの**

をへりくだって表すはたらきもする。

◆「あらい」と訓読みする漢字には「荒」(p189)もある。「荒」は〝秩序が乱れて暴力的〟なイメージで用いられるのに対し、「粗」は〝こまやかさが足りない〟点に重点があるのが特徴。ただし、この違いは微妙で、「粗削《あらけず》り／荒削《あらけず》り」のように両方で書かれるものもある。

そ

組

11画

［音読み］ソ
［訓読み］く-む、くみ
［部首］糸（いとへん）

もとは細かい作業でした

代表的な意味は、〝**いくつかのものをまとめて一つのものを作る**〟こと。「組成《そせい》」「組閣《そかく》」「組《く》み立《た》てる」「スケジュールを組《く》む」などがその例。また、「組織《そしき》」「組合《くみあい》」「番組《ばんぐみ》」「新選組《しんせんぐみ》」「三年《さんねん》B組《ぐみ》」など、〝**いくつかのものをまとめてでき上がったもの**〟をも表す。

「改組《かいそ》」では**「組織《そしき》」の省略形**、「信組《しんそ》」「労組《ろうそ》」などでは**「組合《くみあい》」の省略形**として用いられるが、音読みソが用いられるケースは実は意外と少ない。それよりも、訓読み「くみ」の形でさまざまなことばを生み出す方が目立つ。例としては、「組《く》み手《て》」「組《く》み茶碗《ちゃわん》」「組曲《くみきょく》」「隣組《となりぐみ》」「腕組《うでぐ》み」「縁組《えんぐ》み」「骨組《ほねぐ》み」「枠組《わくぐ》み」などなど。この場合、送りがな「み」は付けたり付けなかったりするが、どちらも間違いではないので、あまり気にする必要はない。

〝上に重ねる〟ことを意味する「且」(p76)に部首「糸」を組み合わせて、本来は〝糸をより合わせてひもを作る〟ことを表す漢字。「組《く》みひも」がその意味に最も近い。それが現在では「足場を組《く》む」のようにも用いられるわけで、ずいぶん骨太になったものである。

そ

甦

12画

［音読み］ソ、コウ
［訓読み］よみがえ-る
［部首］生（いきる）

ついついつられてしまいました…

部首「生」に〝新しくする〟という意味の「更」(p186)を組み合わせて、〝**失っていた生命力を取り戻す**〟ことを表す。「甦生《そせい》」がその例だが、「更《こう》」の音読みにつられて「こうせい」と読まれることもあり、「更生《こうせい》」はそこから生まれた熟語。

◆「甦」と読み方・意味とも同じ漢字に「蘇」(p362)がある。どちらを用いてもよいが、現在では「艹」の持つ〝植物〟のイメージに引かれてか、「蘇」の方がよく使われる。

そ

疎

12画

［音読み］ソ
［訓読み］うと-い、うと-む
［部首］⺪（ひきへん）

水のように通じ合えるか?

「疎遠《そえん》」「疎外《そがい》」「恋愛に疎《うと》い」「先生に疎《うと》んじられる」など、〝**関係が薄い**／**関係を薄くする**〟ことを表すのが、代表的な意味。基本に〝**密度が低い**〟という意味を持つ漢字で、「疎開《そかい》」は〝人口を田舎に移動させて、都市の密度を下げる〟こと。

また、「疎略《そりゃく》」「疎漏《そろう》」のように〝**ていねいさが足りない**〟ことをも表す。この場合は音読みが同じ「粗」(p360)と意味もほとんど同じなので、「粗略《そりゃく》」「粗漏《そろう》」などとも書かれる。

一方、「意志の疎通《そつう》」のように〝**なめらかに通じる**〟という意味で使われることもある。〝関係が薄い〟とは正反対で、どうしてこの二つの意味があるのかは、よくわかっていない。部首「⺪」が〝足〟を意味することからすれば、〝通じる〟の方が本来の意味に近いと考えられる。

「疎水《そすい》」は、〝通じる〟の意味からは〝用水路〟を指し、〝関係が薄い〟の意味からは〝水となじみにくい〟ことを表す。このため、〝用水路〟の場合は「疏水《そすい》」と書かれることも多い。「疏」は、「疎」と読み方・意味ともに同じ漢字として使われてきたが、この際、〝なめらかに通じる〟の場合はすべて「疏」と書くようにするのが便利かもしれない。

そ

訴

12画

［音読み］ソ
［訓読み］うった-える
［部首］言（ごんべん）

ねえねえ、聞いてくださいよ！

「訴訟《そしょう》」「告訴《こくそ》」「直訴《じきそ》」「訴《うった》えてやる」など、〝**第三者に自分の主張を認めてもらおうとする**〟ことを表す。〝裁判〟の印象が強いが、「哀訴《あいそ》」「空腹を訴《うった》える」「悲しみを訴《うった》える」など、とにかく〝**他人に聞いてもらう**〟という意味で用いられることも多い。裁判には勝ち負けが付きものだが、聞いてもらえれば、実はそれだけでも十分なのかもしれない。

そ

塑

13画

［音読み］ソ
［部首］土（つち）

美術の世界で活躍中！

一般的にはあまり使う機会がない漢字だが、〝**土をこねて何かの形を作る**〟ことを表す。「塑《そ》像《ぞう》」「彫塑《ちょうそ》」がその例。「塑性《そせい》」とは、粘土のように〝力を加えると変形してそのまま戻らない性質〟をいう。分野限定で使われ続けている漢字の一つである。

そ

鼠

13画

［音読み］ソ
［訓読み］ねずみ、ねず
［部首］鼠（ねずみ）

似てるかなあ？そうでもないか？

古代文字では「」と書き、〝ねずみ〟の絵。〝**動物の〝ねずみ〟**〟を表す。「ぬれ鼠《ねずみ》」「殺鼠剤《さっそざい》」「窮鼠《きゅうそ》猫を嚙《か》む」などがその例。日本ではその色合いから、「鼠色《ねずみいろ》」「銀《ぎん》鼠《ねず》」のように、**色の〝グレー〟**をも指す。ただし、訓読み「ねずみ／ねず」は、現在ではかな書きするのが自然だろう。

部首としては？

〝ねずみに似た動物〟に関係する漢字の部首となる。「鼬《いたち》」「鼯《むささび》」などがその例だが、現在では使われることはまれである。

そ

遡

14画

［音読み］ソ
［訓読み］さかのぼ-る
［部首］辶（しんにょう、しんにゅう）

タイムマシンに乗って…

部首「辶」は〝移動〟を表す記号。〝**川の上流に向かって進む**〟という意味で、「遡航《そこう》」「遡《そ》上《じょう》」「流れを遡《さかのぼ》る」などがその例。

転じて、「遡《さかのぼ》って考える」のように〝**時間やものごとのつながりを逆にたどる**〟ことをも表す。「遡及《そきゅう》」とは、新しい法律や解釈などが〝過去のできごとにまで適用される〟こと。

なお、印刷文字では「遡」の形が標準だとされているが、手書きでは「辶」を「辶」と書いても差し支えない。

そ

礎

18画

［音読み］ソ
［訓読み］いしずえ
［部首］石（いしへん）

縁の下の力持ち！

「基礎《きそ》」という熟語でおなじみ。〝**基本となるもの**〟を表す。部首「石」にも示されているように、本来は〝**建物の土台となる石**〟のこと。お城跡などに並ぶ「礎石《そせき》」からは、かつての姿がしのばれる。

訓読み「いしずえ」も〝石をすえる〟ところから来たことば。「会社の礎《いしずえ》を築く」「繁栄の礎《いしずえ》となる」のように用いられることも多い。

そ

蘇

19画

［音読み］ソ、ス
［訓読み］よみがえ-る
［部首］艹（くさかんむり）

水を注げば復活できる？

「蘇生《そせい》」「絶滅の危機から蘇《よみがえ》る」など、〝**失っていた生命力を取り戻す**〟ことを表す。〝植物〟を表す部首「艹」が付いてはいるが、成り立ちには諸説がある。ただ、「紫蘇《しそ》」「蘇鉄《そてつ》」「蘇芳《すおう》」など植物の名前に使われることも多い。なお、「蘇芳」でスと読むのは、この場合にしか使われない。

◆「蘇」と読み方・意味とも同じ漢字に「甦」（p361）がある。どちらを使ってもよいが、〝植物〟のイメージが好まれるのか、現在では「蘇」の方がよく用いられる。

そう 双

4画

[音読み] ソウ
[訓読み] ふた-つ
[部首] 又（また）

つがいの鳥が手にとまる

以前は「雙」と書くのが正式。部首「又」は〝手で持つ〟ことを表し、「隹」（p322）は〝鳥〟を表す。合わせて、本来は〝二羽の鳥をひとまとめにする〟ことで、広く**〝二つで一組になっているもの〟**を指す。ちなみに、〝一羽の鳥〟を表すのが「隻」（p343）である。

例としては、「双子《ふたご》」「双葉《ふたば》」「双眼鏡《そうがんきょう》」「責任が双肩《そうけん》にかかる」など。「双六《すごろく》」は、もともとは奈良時代以前に日本に伝わったゲームで、「双」はサイコロを二つ用いたことを指すという。スゴと読むのは、昔の中国語の発音が変化したもので、特殊な音読みだと考えられている。

また、「双璧《そうへき》」「天下無双《てんかむそう》」のように**〝張り合う相手〟**をいうこともある。

そう 争

6画

[音読み] ソウ
[訓読み] あらそ-う
[部首] 亅（はねぼう）

もとをたどれば綱引き？

「競争《きょうそう》」「戦争《せんそう》」「論争《ろんそう》」「争奪《そうだつ》」「一番乗りを争《あらそ》う」など、**〝勝敗を決めるために戦う〟**ことを表す。

以前は「爭」と書くのが正式で、部首も「爪」（p430）の変形で〝つかむ〟ことを表す「爫（つめかんむり）」。「爭」の本来の意味は〝つかんで引っ張り合う〟こと。現在の形では「爫」がなくなってしまったので、多くの漢和辞典では部首を便宜的に「亅」としている。また、「ク（く）」という部首を新設してそこに収める辞書もある。

そう 壮

6画

[音読み] ソウ
[訓読み] さか-ん
[部首] 士（さむらい）

行く手には苦しみも多く…

「壮年《そうねん》」「壮快《そうかい》」「少壮《しょうそう》」「勇壮《ゆうそう》」など、**〝力に満ちあふれている〟**ことを表す。名前で「たけし」「たけ」と読むのは、この意味を表す古語に由来するもの。

また、やや転じて、「壮観《そうかん》」「壮麗《そうれい》」「壮大《そうだい》」のように**〝大きくて立派である〟**ことをも表す。ただし、「壮絶《そうぜつ》」「壮烈《そうれつ》」「悲壮《ひそう》」などでは、**〝逆況の中で力を振り絞る〟**という苦しいイメージが強い。手放しでは喜んでいられない漢字である。

◆訓読み「さかん」は、現在では「盛」（p336）を使うのがふつう。「意気壮《いきさか》ん」のようにあえて書くと、〝力強い〟という意味が強調されることになる。

以前は「壯」と書くのが正式。部首「士」は、〝一人前の男性〟を表す。

そう 早

6画

[音読み] ソウ、サッ
[訓読み] はや-い、さ
[部首] 日（ひ、にち）

そうは問屋が卸さない！

何かと比べて、**〝時間的に前である〟**ことを表す。「早朝《そうちょう》」「早熟《そうじゅく》」「時期尚早《じきしょうそう》」「早番《はやばん》」「今日は早《はや》く帰るね」などがその例。

◆「はやい」と訓読みする漢字には「速」（p377）もあって、使い分けが問題となる。基本的には、「早」は〝時間的に前である〟場合、「速」は〝スピード感がある〟場合に用いる。ただし、「早業《はやわざ》」「早馬《はやうま》」「手早《てばや》い」「足早《あしばや》に」など、例外も多い。もっとも、これらも〝ふつうよりも時間的に前に作業が完了する〟ことに重点を置いた表現だと考えることもできる。
　部首「日」は〝太陽〟を表すと考えるのが昔からの説。〝時間的にはやい〟の意味を説明するのには都合がよかったが、最近は異説もあって、この説は旗色が悪い。世の中、そう単純ではないようである。
　音読みはソウを用いるのが大原則。サッは特殊な読み方で、「早急《さっきゅう》」「早速《さっそく》」など使う熟語が限られる。なお、「早乙女《さおとめ》」「早苗《さなえ》」では、〝**若々しい**〟ことを表す日本語「さ」を表すために使われている。

そう 艸

6画

［音読み］ソウ
［訓読み］くさ
［部首］艸（くさ）

大地の中からピンピンと

　〝植物の芽が二本、生えている形〟から生まれた漢字で、**大地に生える〝くさ〟**を表す。現在ではあまり用いられないが、「草」（p365）の略字として使われることがある。

部首としては？

　〝植物〟に関係する漢字の部首となる。「花」（p51）「芽」（p59）「菊」（p107）「茎」（p144）「草」（p365）「藤」（p460）などなど、その数は非常に多く、漢和辞典最大の部首の一つ。ほとんどの場合、漢字の上部に置かれて「艹」の形となり、「くさかんむり」と呼ばれる。

　なお、以前は横棒の間を離して「艹」と4画で書くのが正式だったが、現在では特別な場合を除いて、3画の「艹」で書くのがふつうである。

そう 走

7画

［音読み］ソウ
［訓読み］はし-る
［部首］走（はしる）

歩いていては逃げ切れない？

　「競走《きょうそう》」「疾走《しっそう》」「目玉商品を目指して走《はし》る」など、〝**駆け足で移動する**〟ことを表す。古代文字では「夭止」で、上半分は〝はしる人〟の形。手を振っている姿がかわいらしい。下半分は「止」（p227）で、〝足を使って移動する〟ことを表す。
　〝駆け足〟だけでなく、馬や自動車などが広く〝**地上を高速で移動する**〟場合にも用いられる。また、「テレビの走査線《そうさせん》」「筆を走《はし》らせる」などでは、〝**速く動く**〟という意味。「逃走《とうそう》」「脱走《だっそう》」「敗走《はいそう》」など、特に〝**逃げ去る**〟ことをいう場合もある。「悪に走《はし》る」「財テクに走《はし》る」のように〝**逸脱してよくないことをしてしまう**〟ことを表すのは、日本語独自の用法か。単純なようで、微妙な意味が意外と多い。

部首としては？

　漢和辞典では、「越」（p35）「起」（p98）「趣」（p261）「超」（p421）「赴」（p526）などの部首。これらに共通するのは〝何かを目がけて行動する〟という感じで、必ずしも〝はしる〟ことに関係するわけではない。ふつうは漢字の左側から下側へかけての位置に置かれ、「そうにょう」と呼ばれている。

そう 宗

9画

⇩ しゅう（p264）

そう 奏

9画

［音読み］ソウ
［訓読み］かな-でる
［部首］大（だい）

昔々の音楽とは…

　「演奏《えんそう》」「奏楽《そうがく》」「オカリナを奏《かな》でる」など、〝**楽器を鳴らす**〟ことを表すのが代表的な意味。一方、〝**君主に対して申し上げる**〟という意味もあり、「上奏文《じょうそうぶん》」がその例。本来は神や君主に〝差し上げる〟という意味だったという説も有力で、音楽の起源の一つを示しているようである。
　また、〝**成果を出す**〟という意味もあり、「効《こう》を奏《そう》す」がその例。もともとは、〝神や君主に何かをはっきり示す〟といった意味の漢字だったのかもしれない。
　なお、部首「大」は形の上から便宜的に分類されたもので、意味の関係はない。

そう

相

9画

［音読み］ソウ、ショウ
［訓読み］あい
［部首］目（め）

見つめているとそのうちに…？

「木」と「目」を組み合わせて、本来は〝木を見る〟ことを表し、転じて〝ものの状態を見る〟という意味となったと考えられている。部首が「木（きへん）」ではなく「目」なのは、そのため。転じて、「手相《てそう》」「人相《にんそう》」「真相《しんそう》」「怪人二十面相《かいじんにじゅうめんそう》」など、**〝目に映る状態〟〝現れた状態〟**を表す。

〝見る／見られる〟の関係から、「相愛《そうあい》」「相互《そうご》」「相対的《そうたいてき》」「相違点《そういてん》」など、**〝互いに〟〝一緒に〟**という意味にもなる。「相手《あいて》」「相打《あいう》ち」「相部屋《あいべや》」のように、「あい」と訓読みして用いるケースも、これに該当する。ただし、「相変《あいか》わらず」「相済《あいす》みません」などの「相《あい》」は、〝互いに〟の意味ではなく、**つづくことばの意味を強める**日本語独自の用法だと説明されている。

さらに、君主を助けて政治を行う**〝大臣〟**をも指す。「首相《しゅしょう》」「外相《がいしょう》」のように、この意味の場合だけは、平安時代ごろに正式とされた音読みショウで読む。ただし、「お相伴《しょうばん》にあずかる」では、〝大臣〟に関係ないにもかかわらず、ショウと読むのが習慣。なお、名前で「すけ」と読むのは、君主を〝助ける〟ことを意味する古語に由来するもの。

〝木の状態〟が〝大臣〟にまで発展するとは、なかなか意外。〝見る〟ことの重要さがよく現れた漢字である。

そう

草

9画

［音読み］ソウ
［訓読み］くさ
［部首］艹（くさかんむり）

ありふれたものの魅力

言うまでもなく、**大地に生える〝くさ〟**を表す。〝ぼうぼうに生えている〟というイメージから、「草屋《そうおく》」のように**〝粗末な〟**という意味で使われたり、「草書《そうしょ》」のように**〝くずし字〟**を指したりもする。手紙の最後に「草々《そうそう》」と書くのは、**〝とりあえず簡単に〟**書き記しましたという意味。

そこから、**〝下書き〟**を表すこともある。「草稿《そうこう》」「草案《そうあん》」「起草《きそう》」がその例。さらには、「草創期《そうそうき》」のように**〝始まったばかり〟**という意味でも用いられる。

「草《くさ》の根《ね》運動」のように**〝民間の〟**という意味を表すのは、中国の古典にも例がある。が、「草野球《くさやきゅう》」「草競馬《くさけいば》」のように**〝プロでない人がする競技〟**を指すのは、日本語独自の用法。

全体的に、独特のバイタリティが漂う漢字。ありふれた植物だからこそ持つ魅力があるのである。

そう

荘

9画

［音読み］ソウ、ショウ
［部首］艹（くさかんむり）

自然の生み出すおごそかさ

「別荘《べっそう》」「山荘《さんそう》」など、**〝田舎の別邸〟**を表す。日本史で出てくる「荘園《しょうえん》」も、〝貴族や寺社が持つ田舎の領地〟。旅館やホテルに「○○荘《そう》」と使うのは、その高貴なイメージを生かしたもの。アパートの名前に用いるのは、そのなれの果てである。

一方、「荘厳《そうごん》」「荘重《そうちょう》」などでは**〝おごそかな〟**という意味を表す。以前は「莊」と書くのが正式。〝植物〟を表す部首「艹」に、〝さかんな〟という意味の「壮／壯」（p363）を組み合わせて、本来は〝草がさかんに生い茂る〟ことを表す漢字。〝田舎〟の意味も〝おごそかな〟という意味もそこから変化したものだという。

音読みはソウを使うのが原則だが、「荘園《しょうえん》」の場合は平安時代ごろに正式とされた音読みショウを用いる。また、固有名詞でもショウと読むことがある。

そう

送

9画

［音読み］ソウ
［訓読み］おく-る
［部首］辶（しんにょう、しんにゅう）

ものは届く日々は過ぎ去る

以前は「送」と書くのが正式で、部首「辶／辶」は〝移動〟を表す記号。**〝何かを運んで相手のところまで届ける〟**ことを表す。「運送《うんそう》」「配送《はいそう》」「発送《はっそう》」「郵送《ゆうそう》」「護送《ごそう》」「荷物を送《おく》る」などがその例。

「送電《そうでん》」「送信《そうしん》」「放送《ほうそう》」「メールを送《おく》る」など、**〝エネルギーや情報などを届ける〟**という意味でも使われる。この場合でも、〝送りっぱなし〟ではだめで〝きちんと届ける〟ことが重要なのは、言うまでもない。

「送別《そうべつ》」「見送《みおく》る」では、**〝旅立つ人に途中まで付いていって別れを惜しむ〟**という意味。さらに、〝時〟を〝旅人〟にたとえて、「忙しい毎日を送《おく》る」のように、**〝日々が過ぎ去る〟**ことをも表す。日本語では、「回送列《かいそうれっ》車《しゃ》」「見送《みおく》り三振」のように、**〝何もしないまま通過する／通過させる〟**という意味でも用いる。

このほか、日本語では「先送《さきおく》り」「コマ送《おく》り」「早送《はやおく》り」のように**〝順番に動かす〟**という意味でも用いられる。なお、〝漢字の読み方をはっきりさせるために後に付けるかな〟をなぜ「送《おく》りがな」というのかは、よくわからない。

◆「おくる」と訓読みする漢字には「贈」（p375）もある。「送」を使うのは、〝人やモノなどの移動〟にポイントがある場合。「贈」を用いるのは、〝感謝や祝福の気持ち〟が強い場合。そこで、「お祝いを書留《かきとめ》でおくる」のようなケースには頭を悩ませることになるが、「書留で」と〝移動〟の手段がはっきりしている以上、「送」を使っておく方が無難であろう。

そう

倉

10画

［音読み］ソウ
［訓読み］くら
［部首］人（ひとやね）

必要なものを必要な場所に

「倉庫《そうこ》」が代表的な例で、**〝モノをしまっておく場所〟**を表す。音読みの例は実は少ないが、たとえば〝穀物がたくさん取れる地方〟のことをいう「穀倉地帯《こくそうちたい》」がある。

◆「くら」と訓読みする漢字には「蔵」（p374）もある。「倉」が一般的に使われるのに対して、「蔵」は〝大切なものをしまっておく場所〟という意味合いが強い。そこで、「米倉《こめぐら》」「酒倉《さかぐら》」と「米蔵《こめぐら》」「酒蔵《さかぐら》」とでは、米や酒に対する意識が異なることになる。姓や地名では「倉」を使う方が圧倒的に多いのは、「倉」の方が日常的な雰囲気がするからなのだろう。

なお、部首「人」は形の上から便宜的に分類されたもので、意味の関係はない。

そう

捜

10画

［音読み］ソウ
［訓読み］さが-す
［部首］扌（てへん）

アレを見つけたいのです！

部首「扌」は「手」の変形。**〝見つけようとする〟**ことを表す。「捜索《そうさく》」「捜査《そうさ》」「迷子の子猫を捜《さが》す」などがその例。以前は「搜」と書くのが正式だが、さらに古くは「㨨」と書かれ、本来は〝ともし火を持って暗いところをさがす〟という意味だという。

◆「さがす」と訓読みする漢字には「探」（p399）もあって、使い分けがむずかしい。「探」は「さぐる」とも訓読みして「手探《てさぐ》り」のイメージがあるので、さがすものが何か、具体的にははっきりしていない場合に用いるのがふさわしい。逆に、さがすものがはっきりわかっている場合には、「なくした鍵を捜《さが》す」「行方不明者を捜《さが》す」など、「捜」を使うのがよさそう。ただし、この違いは厳密なものではないので、迷ったらかな書きしておくに越したことはないと思われる。

そう 挿

10画

［音読み］ソウ
［訓読み］さ-す
［部首］扌（てへん）

ちょっと気分を変えましょう！

「挿入《そうにゅう》」「挿《さ》し絵《え》」「かんざしを挿《さ》す」のように、〝**ほかのものの間に入れる**〟ことを表す。「挿話《そうわ》」は、〝長い話の中にはさみ込まれた短い話〟。転じて、「一輪挿《いちりんざ》し」「挿《さ》し木《き》」など〝**茎から切り取った植物を花瓶《かびん》や土に入れる**〟ことを指すこともある。全体の中のある部分にだけ、ちょっとした変化をもたらす漢字である。

◆「さす」と訓読みする漢字には「差」（p208）「指」（p234）「刺」（p231）などもあって、使い分けが悩ましい。「挿」は〝間に入れる〟場合、「指」は〝方向を示す〟場合、「刺」は〝鋭いもので突く〟場合。これら以外はだいたい「差」を用いる。ただし、まぎらわしい場合も多いので、迷ったらかな書きしておくのが安全策だろう。

なお、「はさむ」とも訓読みするが、「はさむ」は現在では「挟」（p122）を書くのがふつうである。

以前は「插」と書くのが正式。部首「扌」は「手」の変形。「臿《そう》」は、〝臼《うす》に上から棒をさし込んだ形〟だという。

そう 巣

11画

［音読み］ソウ
［訓読み］す
［部首］⺍（つ）

人間が住むとヘンですか？

「鳥の巣《す》」「蜂《はち》の巣《す》」「帰巣《きそう》本能《ほんのう》」のように、〝**動物のねぐら**〟を表す。転じて、「卵巣《らんそう》」「精巣《せいそう》」「病巣《びょうそう》」など、〝**生殖細胞や病原菌が集まっている場所**〟を指すこともある。また、「古巣《ふるす》」「愛の巣《す》」「巣窟《そうくつ》」は、〝**人が生活する場所**〟を比喩的に表現したもの。

以前は「巢」と書くのが正式で、〝木の上にある鳥のねぐら〟の絵から生まれたことがよくわかる。部首は形の上から便宜的に「巛（まがりがわ）」とされていたが、現在では「巛」がなくなってしまった。そこで、多くの漢和辞典では部首「⺍（つ）」を新設してそこに収めるか、「木」を部首にするかのどちらかで対応している。

そう 掃

11画

［音読み］ソウ
［訓読み］は-く
［部首］扌（てへん）

ほうきを見ると平和を感じる…

以前は「彐」を「ヨ」とした「掃」と書くのが正式。部首「扌」は「手」の変形、「帚《そう》」は〝ほうき〟を指す。合わせて、本来は〝**ほうきで払い除く**〟ことを表す。「落ち葉を掃《は》く」がその例。転じて、「掃除《そうじ》」「清掃《せいそう》」「誤植を一掃《いっそう》する」など、広く〝**取り除いてきれいにする**〟という意味で用いられる。

敵をすべて滅ぼそうとする「掃滅戦《そうめつせん》」、海中の危険物を撤去する「掃海艇《そうかいてい》」、広い範囲に向けて弾丸を撃つ「機銃掃射《きじゅうそうしゃ》」など、戦争に関係してよく用いられる。落ち着いて「掃除」ができる日常のありがたさを、あらためてかみしめてみたい。

そう 曹

11画

［音読み］ソウ
［部首］曰（ひらび）

意外な分野で使われることも…

代表的な意味は、〝**軍隊の下士官**〟。「軍曹《ぐんそう》」「曹長《そうちょう》」などがその例。

本来は〝下級の役人〟を表す漢字で、人数が多いことから〝**仲間**〟という意味でも用いられる。〝法律関係者〟をいう「法曹《ほうそう》」は、そこに由来するか。また、〝駆け出しの役人が集まる部屋〟を「曹司《そうし》」といい、転じて〝若者の集まる部屋〟をも指し、そこから〝良家の息子〟をいう「御曹司《おんぞうし》」ということばが生まれた。

このほか、ナトリウム化合物の〝ソーダ〟の当て字として、「曹達《ソーダ》」と書くことがある。「重炭酸曹達《じゅうたんさんソーダ》」の省略形が「重《じゅう》曹《そう》」で、ふくらし粉として使われる。

なお、部首「曰」は形の上から便宜的に分類されたもので、意味の関係はない。

そう 曽

11画

［音読み］ソウ、ソ、ゾ
［部首］曰（ひらび）

積み重ねに意味がある！

「曽祖父《そうそふ》」「曽孫《そうそん》」などでは、**〝家系の上で三代前／後の人〟**を表す。また、「未曽有《みぞう》」では**〝以前に〟**という意味。「曽根《そね》」「曽我《そが》」「木曽《きそ》」など固有名詞で用いられることも多いが、これらは「そ」という音を表すための当て字だと思われる。音読みはソウが基本で、ソ・ゾは奈良時代以前からある古い読み方。

以前は「曾」と書くのが正式。お釜の上に積み重ねて用いる〝蒸し器〟の絵から生まれた漢字。〝三代前／後〟や〝以前に〟の意味は、〝重ねる〟ところから変化したものだと考えられている。

そう 爽

11画

［音読み］ソウ
［訓読み］さわ-やか
［部首］爻（こう）

バツの意味がわからない！

「爽快《そうかい》」「颯爽《さっそう》」「爽《さわ》やかな後味」など、**〝さっぱりしている〟**ことを表す。

「爻」はとても珍しい部首で、この部首の漢字には、ほかに「なんじ」と訓読みする「爾《じ》」があるくらい。ただし、「爽」「爾」の成り立ちには諸説があり、「爻」が何を表すかについても定説がない。

そう 窓

11画

［音読み］ソウ
［訓読み］まど
［部首］穴（あなかんむり）

降り注ぐ光のもと書物を開こう！

「窓《まど》を開《あ》ける」「天窓《てんまど》」「車窓《しゃそう》」など、**〝換気や明かり取りのために壁や屋根に開けた広い穴〟**を表す。「窓口《まどぐち》」も本来はこの意味だが、転じて〝内部と外部とでやりとりをする場所〟を指す。

電灯のなかった時代には、明るい窓辺は**〝勉強をする場所〟**でもあった。「蛍の光、窓《まど》の雪」にもそのことが現れているし、「同窓会《どうそうかい》」はそこから生まれたことば。

昔は「窗」と書かれ、やがて「窻」とも書かれるようになった。「窓」は、その略字。「心」が付け加わったのは不思議だが、「総／總」（p371）「聡／聰」（p371）につられただけかもしれない。

そう 創

12画

［音読み］ソウ
［訓読み］つく-る、はじ-める、きず
［部首］刂（りっとう）

だれも見たことのないものを！

「創造《そうぞう》」「創作《そうさく》」「創業《そうぎょう》」「独創的《どくそうてき》」など、**〝新しいものを生み出す〟**ことを表す。

◆訓読み「つくる」は、現在では「作」（p217）「造」（p373）を書くのが一般的。ただし、特に〝新しいものを〟というニュアンスを強く出したいときに「創」を用いることがある。「新商品を創《つく》り出《だ》す」「我々が歴史を創《つく》る」などがその例。

◆「はじめる」も、現在では「始」（p232）を使うのがふつう。あえて「新事業を創《はじ》める」のように書くと、〝これまでなかったものを〟という意味合いが強調される。

「刀」が変形した部首「刂」に示されているように、本来は〝刃物で付けた損傷〟を表す漢字。転じて、広く**〝肉体の損傷〟**を指し、「刀創《とうそう》」「銃創《じゅうそう》」「挫創《ざそう》」「裂創《れっそう》」など、さまざまな〝きず〟を表す熟語となる。

◆訓読み「きず」についても、現在では「傷」（p295）を使うのが一般的。ただし、〝刃物〟のイメージから、〝鋭いきず〟を表したい場合には「創」と書くこともある。

なお、〝きず〟の意味から〝つくる〟の意味が生まれた経緯については、諸説がある。ただ、新しいものを生み出す際には、常に痛みが伴うのは確かである。

そう
喪
12画
［音読み］ソウ
［訓読み］も、うしな-う
［部首］口（くち）

ショックで力が入らない…

「喪服《もふく》」「喪中《もちゅう》」「喪に服《ふく》す」など、〝**人の死を悲しむ**〟ことを表す。この意味の場合には、訓読み「も」が用いられることが多い。「喪家《そうか》」「喪礼《そうれい》」など音読みの例もないではないが、やや堅苦しい表現。

転じて、「喪失《そうしつ》」「意気沮喪《いきそそう》」のように〝**何かをなくす**〟ことをも表す。

◆訓読み「うしなう」は、現在では「失」（p246）と書くのがふつう。ただし、「親を喪《うしな》う」のように、〝親しい人が亡くなる〟場合には「喪」を使うことも多い。また、〝なくしたあとの悲しみや虚脱感〟を強く出したい場合に、「記憶を喪《うしな》う」「愛を喪《うしな》う」のように用いるのも効果的である。

なお、成り立ちとしては、〝声を上げて泣く〟ことを表す「哭《こく》」と関係が深いと考えられている。

そう
痩
12画
［音読み］ソウ
［訓読み］や-せる
［部首］疒（やまいだれ）

今では憧れられるけど

「痩身《そうしん》」「病気で痩《や》せる」「夏痩《なつや》せ」のように、〝**体が細い／細くなる**〟ことを表す。転じて、「痩《や》せた土地」のように、〝**土地が作物を育てにくい**〟ことを表したり、「痩《や》せた川」「痩《や》せた筆遣い」のように〝**ふくらみが乏しい**〟ことを指したりもする。

以前は「瘦」と書くのが正式。〝心身の不具合〟を表す部首「疒」が付いているということは、もともとは〝健康ではない〟という意識があったのだろう。過剰なダイエットで亡くなったモデルさんのことなどが、思い出される。

そう
葬
12画
［音読み］ソウ
［訓読み］ほうむ-る
［部首］艹（くさかんむり）

草葉の陰へと…

〝**死者をあの世に送る儀式を行う**〟ことを表す。「葬送《そうそう》」「埋葬《まいそう》」「なきがらを葬《ほうむ》る」などがその例。「闇《やみ》に葬《ほうむ》る」のように〝**知られないように始末する**〟ことを表すのは、比喩的に用いられたもの。

〝植物〟を表す部首「艹」が付いているのは、大昔は草むらの中に葬っていたからだという。

そう
装
12画
［音読み］ソウ、ショウ
［訓読み］よそお-う
［部首］衣（ころも）

見かけはやがて本質となる?

以前は「裝」と書くのが正式。部首「衣」に示されているように、本来の意味は〝**衣類を身に着ける**〟ことで、「服装《ふくそう》」「変装《へんそう》」「春の装《よそお》い」などがその例。転じて、広く〝**外側を整える**〟ことを表す。例としては、「装飾《そうしょく》」「装丁《そうてい》」「塗装《とそう》」「包装《ほうそう》」「新装開店《しんそうかいてん》」「負けたふりを装《よそお》う」などなど。

◆「粧」（p294）も「よそおう」と訓読みするが、現在では「装」を書くのが一般的。ただし、〝化粧する〟場合に「粧」を使うことがある。

また、さらに変化して、〝**器具などを取り付けて何かができる状態にする**〟という意味にもなる。「武装《ぶそう》」「装備《そうび》」「装置《そうち》」「装填《そうてん》」などがその例。ここまで来ると外見ではなく、実質の問題に限りなく近い。

音読みはソウを用いるのが大原則。ショウは平安時代ごろに正式とされた読み方だが、現在では「衣装《いしょう》」「装束《しょうぞく》」などでしか用いられない。

そう
僧
13画
［音読み］ソウ
［部首］亻（にんべん）

あの人たちのために作りました！

言わずと知れた〝**お坊さん**〟を表す

漢字。仏教が中国に入ってきた紀元一世紀ごろに、古代インド語で〝仏道を修める人びと〟を意味することばに対する当て字として作られたという。

以前は「僧」と書くのが正式。「曽／曾」(p368)は古代インド語の発音を表し、それに「人」が変形した部首「亻」を付け加えた漢字である。

そう 想

13画

［音読み］ソウ
［訓読み］おも-う
［部首］心（こころ）

「回想《かいそう》」「空想《くうそう》」「幻想《げんそう》」「構想《こうそう》」「想像《そうぞう》」など、**〝何かについて考えをめぐらす〟**ことを表す。

目の前に浮かぶような…

◆「おもう」と訓読みする漢字には「思」(p233)もあって、使い分けがむずかしい。「想」は本来、〝見る〟ことを意味する「相」(p365)に、部首「心」を組み合わせた漢字で、視覚的なイメージを伴っている点が「思」とは異なる。そのぶん、読み手の心に訴えるものが豊かで、「あの人を想《おも》う」「故郷を想《おも》う」などの文脈で、「思」よりも好んで用いられる。

なお、音読みはソウだけだが、「愛想《あいそ》が悪い」のように、縮まってソと読まれることがある。

そう 蒼

13画

［音読み］ソウ
［訓読み］あお
［部首］艹（くさかんむり）

部首「艹」は〝植物〟を表すので、本来は、成長した植物の**〝深いあお色〟**を指すと思われる。「鬱蒼《うっそう》と茂る」がその例。「蒼天《そうてん》」は、紫外線のきつそうな〝濃い青空〟を指すのだろう。大自然のすごみを感じさせる色である。

自然に対する畏怖の念

◆「あお」と訓読みする漢字には「青」(p333)「碧」(p544)もある。「青」が一般的な〝あお〟を、「碧」は〝澄んだあおみどり〟を表すのに対して、「蒼」は〝深みのある暗いあお〟。「蒼《あお》い波」「蒼《あお》い夜空」のように使うと、ぴったりである。

転じて、**〝血色がよくない〟**ことをも表す。「顔面蒼白《がんめんそうはく》」「蒼白《あおじろ》い肌」「その知らせに彼女は蒼《あお》くなった」などがその例。さらには、「古色蒼然《こしょくそうぜん》」のように**〝古びている〟**という意味で使われることもある。

そう 層

14画

［音読み］ソウ
［部首］尸（しかばね）

「地層《ちそう》」「階層《かいそう》」「成層圏《せいそうけん》」「高層《こうそう》ビル」など、**〝ある種のまとまりが積み重なったもの〟**を表す。「客層《きゃくそう》」「年齢層《ねんれいそう》」「オゾン層《そう》」のように、**〝積み重なったまとまりのうちの一つ〟**を指すこともある。

摩天楼の祖先？

以前は「層」と書くのが正式。部首「尸」は、この漢字では〝屋根〟を表すと考える説が有力で、「曽／曾」(p368)には〝重なる〟という意味がある。本来は**〝二階建て以上の建物〟**を指す漢字で、「高層《こうそう》ビル」はその子孫なのである。

そう 漱

14画

［音読み］ソウ
［部首］氵（さんずい）

部首「氵」は「水」の変形。**〝水洗いする〟**ことを表す。「すすぐ」「ゆすぐ」などと訓読みできるが、現在ではかな書きするのが一般的。「含漱《がんそう》」とは、〝うがい〟のこと。

文豪の力はさすがだねえ…

「漱石《そうせき》」は、〝石で口をゆすぐ〟という意味の故事成語。昔の中国で、ある男が気取って、俗世間を離れた生活をすることを「枕石漱流《ちんせきそうりゅう》」つまり〝石を枕にして眠り、起きたらせせらぎで口をゆすぐ〟と言おうとして、「漱石枕流《そうせきちんりゅう》」と言い間違えてしまった。が、これは〝石で歯を磨き、せせらぎで耳を洗うのだ〟と言い通したという話。〝間違いを認めようとしない〟ことのたとえとして使われる。小説家「夏目漱石」の号の由来だが、「漱」が現在でも使われるのは、この文豪のおかげ。漢字の運命に、一人の文豪が影響を与えることもあるのである。

そう

総

14画

［音読み］ソウ
［部首］糸（いとへん）

訓読みの仇は音読みが！

「総会《そうかい》」「総力《そうりょく》」「総決算《そうけっさん》」など〝**全部ひっくるめる**〟ことを表すのが代表的な意味。この場合に「すべて」と訓読みすることもあるが、現在では「全」（p357）を書くのがふつう。

やや転じて、〝**全体をまとめる**〟ことをも表す。「総合《そうごう》」「総括《そうかつ》」「総理《そうり》」「総裁《そうさい》」「総督《そうとく》」などがその例。この意味の場合に「すべる」と訓読みすることもあるが、現在では「統」（p458）を書く方がふつうである。

以前は「總」と書くのが正式。部首「糸」に示されているように、本来は〝糸を束ねる〟ことを表す。そのため「ふさ」と訓読みすることもあるが、これまた現在では「房」（p562）と書くのがふつうである。

このように、訓読みは現在ではあまり使われなくなってしまったが、そのぶん、音読みが単独でさまざまなことばと結びつくのが特徴。例を挙げれば、「総立《そうだ》ち」「総《そう》なめ」「総売《そうう》り尽《つ》くし」「総入《そうい》れ歯《ば》」「総《そう》ガラス張り」などなど。音読みという中国語由来の発音のまま、日本語に溶け込む力を持っている漢字である。

そう

聡

14画

［音読み］ソウ
［部首］耳（みみへん）

聴く能力の大切さ

現在では「聡明《そうめい》」以外に使われることは少ない。〝**よく知恵がはたらく**〟ことを表す。その意味で「さとい」と訓読みすることもあるが、現在では「敏」（p522）と書くのが一般的。名前で「さとし」「さと」と読むことがあるのは、ここに由来するもの。

以前は「聰」と書くのが正式。部首「耳」（p240）は〝頭がよくはたらく〟ことを表す。

そう

遭

14画

［音読み］ソウ
［訓読み］あ-う
［部首］辶（しんにょう、しんにゅう）

予期せぬところで会いましたね

部首の「⻍」は、以前は「⻎」と書くのが正式で、〝移動〟を表す記号。移動の途中に何かにでくわすことから、〝**思いがけず出会う**〟〝**災難などに襲われる**〟ことを表す。「遭遇《そうぐう》」「遭難《そうなん》」「ひどい目に遭《あ》う」などがその例。

◆「あう」と訓読みする漢字には「会」（p60）「遇」（p138）「合」（p198）「逢」（p8）もあるが、「遭」は〝思いがけず出会う〟場合にだけ用いる。「遇」も「遭」とほぼ同じ意味だが、「遇」は〝もてなす〟という意味で熟語として使われることが多く、現在では、「遭」を用いる方が一般的である。

そう

槽

15画

［音読み］ソウ
［部首］木（きへん）

お風呂で馬のいななきを聞く？

現在では、「水槽《すいそう》」「浴槽《よくそう》」「浄化槽《じょうかそう》」など、〝**液体を入れておく大きな容器**〟を表す。

ただし、本来は、馬のえさを入れておく〝かいばおけ〟を指す漢字。馬が食事をするところでお湯につかっていい気分になっているのだと思うと、なんだか妙な気分がしないでもない。

そう

踪

15画

［音読み］ソウ
［部首］⻊（あしへん）

危ういところで生き延びた！

現在では「失踪《しっそう》」以外の形ではまず用いられない。「足」が変形した部首「⻊」が付いているように〝足跡〟を表す漢字だが、「失踪」では〝**足取り**〟を指す。この微妙な意味の変化がなければ、「踪」は歴史の中にそれこそ姿を消していたかもしれない。漢字の運命とは不思議なものである。

そう
操
16画
[音読み]ソウ
[訓読み]あやつ-る、みさお
[部首]扌（てへん）

けっして無感動ではなく…

「喿《そう》」には〝しきりに動く〟という意味があるようで、「手」が変形した部首「扌」を組み合わせて、〝**うまく使いこなす**〟ことを表す。「操作《そうさ》」「操縦《そうじゅう》」「操業《そうぎょう》」「操《あやつ》り人形《にんぎょう》」「四か国語を操《あやつ》る」などがその例。転じて〝**使いこなせるように訓練する**〟という意味にもなる。「体操《たいそう》」がその代表で、「情操教育《じょうそうきょういく》」もその一つか。

さらに変化して、〝**心をコントロールする**〟ことをもいい、「貞操《ていそう》」「節操《せっそう》がない」「操《みさお》を立てる」のように用いられる。〝何ものにも心を動かされない〟ことが大切なのではなく、〝何に対して心を動かすか〟が重要なのである。

そう
燥
17画
[音読み]ソウ
[訓読み]かわ-く、はしゃ-ぐ
[部首]火（ひへん）

心に潤いがなくなると？

基本的な意味は〝**水分がなくなる**〟ことで、「乾燥《かんそう》」がその例。「かわく」と訓読みするが、現在では「乾」（p83）「渇」（p76）を用いるのがふつう。また、心に潤いがなくなることから、「焦燥《しょうそう》」のように〝**いらいらする**〟ことをも表す。

日本語では「はしゃぐ」と訓読みして、〝**陽気に浮かれ騒ぐ**〟という意味でも用いる。〝水分がなくなる〟ことからどのような気分を連想するのか、中国と日本では感覚が異なるようである。

なお、「喿《そう》」には〝しきりに動く〟という意味があるようで、部首「火」を加えて、〝火に当たってものがかさかさになる〟のが本来の意味だと考えられる。

そう
霜
17画
[音読み]ソウ
[訓読み]しも
[部首]雨（あめかんむり）

無情さが身にしみる…

気温の低下によって、空**気中の水分が凍りついてできる**〝**しも**〟を表す。「初霜《はつしも》」「霜柱《しもばしら》」「霜害《そうがい》」などがその例。

比喩的に用いられることが多く、「霜《そう》鬢《びん》」「霜髪《そうはつ》」は〝白髪〟のたとえ。「星霜《せいそう》を経る」「風霜《ふうそう》に耐える」では〝厳しい年月〟のたとえ。「秋霜烈日《しゅうそうれつじつ》」は、法律などが〝厳格である〟ことを表す四字熟語。全体として、〝人間に対して無情なもの〟というイメージを持つ漢字である。

そう
叢
18画
[音読み]ソウ
[訓読み]くさむら
[部首]又（また）

見るからにむずかしそう…

部首は「又」だが、意味の上では「取」（p258）が重要。取ってきて〝集める〟ことから、〝**多くのものが集まる**〟ことを表す。「叢生《そうせい》」とは、〝植物が群がって生える〟こと。

「くさむら」と訓読みするが、現在では「草《くさ》むら」と書くのがふつう。「叢《むら》がる」「叢雲《むらくも》」のように「むら」と訓読みして使うこともあるが、これも「群」（p142）を書くのが一般的だろう。

「叢書《そうしょ》」とは、〝シリーズものの書物〟。「論叢《ろんそう》」とは〝論文集〟。むずかしそうな場面で使われる印象があるのは、字の形が複雑だからかもしれない。

そう
騒
18画
[音読み]ソウ
[訓読み]さわ-ぐ
[部首]馬（うまへん）

かゆくって我慢できない？

現在、よく使われるのは、〝**暴れてまわりに影**

響を与える〟という意味で、「騒動《そうどう》」「騒音《そうおん》」「喧騒《けんそう》」「子どもが騒《さわ》ぐ」「騒《さわ》がしい街中」「騒々《そうぞう》しい」などがその例。特に〝**うるさい音を立てる**〟というイメージが強い。

ただし、中国の古典では、心を乱すところから〝世の風潮を嘆く文学作品〟をも指す。そこから転じて、「騒人《そうじん》」「騒客《そうきゃく》」といえば〝**詩人・風流人**〟を指す。

以前は「騷」と書くのが正式。成り立ちとしては、「蚤《そう》」は昆虫の〝のみ〟を表す漢字。〝のみに刺されてウマが暴れる〟ことを表す、とする説が優勢である。

そう 藻

19画

ゆらゆらと揺れる姿が…

［音読み］ソウ
［訓読み］も
［部首］艹（くさかんむり）

「海藻《かいそう》」「藻《も》くず」など、〝**水草**〟を表す。部首「艹」は〝植物〟を表し、「氵」は「水」の変形。「喿《そう》」には〝しきりに動く〟という意味があると思われる。

本来的には〝美しく揺れる飾り〟というイメージがあり、〝皇帝の冠から垂れ下がっている飾り〟を「玉藻《ぎょくそう》」という。また、〝**美しく飾った詩や文章**〟をも意味することがあり、文学史で出てくる日本最古の漢詩集「懐風藻《かいふうそう》」はその例。ワカメやコンブを想像すると、大違いである。

ぞう 造

10画

手工業から機械工業まで

［音読み］ゾウ
［訓読み］つく-る
［部首］辶（しんにょう、しんにゅう）

「製造《せいぞう》」「建造《けんぞう》」「造船《ぞうせん》」など、〝**何かに手を加えたり何かを組み合わせたりして、新しいものを生み出す**〟ことを表す。また、「構造《こうぞう》」「木造《もくぞう》」「レンガ造《づく》り」のように、〝**ものの成り立ち**〟を指す場合もある。

特に〝**本物でないものを生み出す**〟ことを指す場合もあり、「造花《ぞうか》」「捏造《ねつぞう》」などがその例。そこから〝**よくないことを始める**〟という意味にもなる。「造反《ぞうはん》」とは〝反乱を起こす〟こと。

部首「辶」は、以前は「辶」と書くのが正式で、〝移動〟を表す。本来は〝**どこかに行き着く**〟ことを意味する漢字で、〝深い知識にまでたどり着く〟ことを表す「造詣《ぞうけい》」にその意味が残る。〝生み出す〟という意味が生じた経緯ははっきりしないが、〝ある状態に行き着く〟から転じたと考えるのがわかりやすい。

◆訓読み「つくる」では、「作」（p217）との使い分けがむずかしい。一般的には、〝素朴で人間的な〟イメージがある場合には「作」を用い、〝大がかりで工業的な〟印象がある場合には「造」を使う傾向がある。「料理を作《つく》る」「竹細工を作《つく》る」「明るい家庭を作《つく》る」に対して、「住宅を造《つく》る」「貨幣を造《つく》る」「豊かな国を造《つく》る」。要は書き手がどちらのイメージを抱いているかによるので、自分の気持ちに素直に従って書き分けてかまわない。

なお、特に〝新しいものを作り出す〟というニュアンスを強調したい場合に、「創」（p368）を使う場合もある。

ぞう 象

12画

でっかいからすぐ目に入るよ!

［音読み］ゾウ、ショウ
［部首］豕（いのこ）

動物の一種〝**ぞう**〟を表す。古代文字では「」で、鼻の長い姿がよくわかる。

一方、「印象《いんしょう》」「気象《きしょう》」「現象《げんしょう》」「象徴《しょうちょう》」のように、〝**目に見える形や状態**〟を表すこともある。また〝**形を描き取る**〟という意味になることもあり、この「象」のように〝何かの形を描いた絵から生まれた文字〟のことを「象形文字《しょうけいもじ》」という。

音読みは、動物の〝ぞう〟の場合はもちろんゾウを、〝形や状態〟の場合は平安時代ごろに正式とされた読み方ショウをと、使い分けるのが習慣。

なお、〝いのしし〟を表す「豕」を部首とするのは、形の上から便宜的に分類されたもの。〝目に見える形や状態〟の意味がなぜ生まれたかについては、〝ぞう〟は目立つからとか、当て字的に使われたのだろうなどの説がある。

ぞう

像

14画

［音読み］ゾウ
［部首］イ（にんべん）

単独だと芸術になる！

「画像《がぞう》」「映像《えいぞう》」「銅像《どうぞう》」「仏《ぶつ》像《ぞう》」など、**〝何かの姿を平面や立体に表したもの〟**を指す。「想像《そうぞう》」「未《み》来像《らいぞう》」「人間像《にんげんぞう》」のように、**〝頭の中で思い描く姿や状態〟**をいうこともある。

「乙女の像《ぞう》」「平和の像《ぞう》」「ハチ公の像《ぞう》」のように、音読みゾウがよく単独で使われるのが特徴。この場合には、特に**〝絵画や彫刻・塑像《そぞう》〟**を指すことが多い。

「象」（p373）には〝形を描き取る〟という意味がある。それに「人」の変形で〝動作や状態〟を表す部首「イ」を組み合わせて、意味をはっきりさせた漢字である。

ぞう

増

14画

［音読み］ゾウ
［訓読み］ふ-える、ふ-やす、ま-す
［部首］土（つちへん）

泥臭さを感じて欲しい

「増加《ぞうか》」「増産《ぞうさん》」「急増《きゅうぞう》」「倍《ばい》増《ぞう》」「手取りが増《ふ》える」「休憩を増《ふ》やす」「食欲が増《ま》す」など、**〝数や量などが多くなる／する〟**ことを表す。

◆「ふえる／ふやす」と訓読みする漢字には「殖」（p306）もある。現在では「増」を書くのが一般的だが、〝生き物や財産がふえる〟ことを強調したい場合には、「殖」を使うこともある。

以前は「增」と書くのが正式。「曽／曾」（p368）には〝積み重ねる〟という意味があるので、本来は〝土を積み重ねる〟ことを表す漢字だったと想像される。だとすると、汗水垂らして働いて〝ふやす〟ことを表す、泥臭い漢字なのかもしれない。

ぞう

憎

14画

［音読み］ゾウ
［訓読み］にく-い
［部首］忄（りっしんべん）

人間の悲しい本質…

〝相手を傷つけたくなるほど嫌う〟ことを表す。音読みでは「憎悪《ぞうお》」「愛憎《あいぞう》」の二つの熟語くらいでしか用いられないが、訓読みでは「憎《にく》い」のほか、「憎《にく》む」「憎《にく》しみ」「憎《にく》らしい」「憎《にく》たらしい」などさまざまな形で用いられる。

以前は「憎」と書くのが正式。部首「忄」は「心」の変形で、「曽／曾」（p368）には〝積み重ねる〟という意味がある。感情を積み重ねると〝よろこび〟でなく〝にくしみ〟を表す漢字になるというのは、なんとも悲しい。その訓読みがたくさんあるとなっては、なおさらである。

ぞう

蔵

15画

［音読み］ゾウ
［訓読み］くら
［部首］艹（くさかんむり）

許可なく立ち入ることを禁ず

「貯蔵《ちょぞう》」「埋蔵《まいぞう》」「愛蔵《あいぞう》」「冷蔵《れいぞう》」「蔵書《ぞうしょ》」など、**〝大切にしまっておく〟**ことを表す。転じて、**〝大切にしまっておくための場所〟**をも指し、「土蔵《どぞう》」「宝蔵《ほうぞう》」「蔵造《くらづく》り」のように用いられる。

◆「くら」と訓読みする漢字には「倉」（p366）もある。「倉」が一般的に使われるのに対して、「蔵」は〝大切にしまっておく場所〟という意味合いが強い。「酒蔵《さかぐら》」「米蔵《こめぐら》」と書けば、「酒倉《さかぐら》」「米倉《こめぐら》」よりも立派な建物が思い浮かぶ。

以前は「藏」と書くのが正式。〝植物〟を表す部首「艹」が付いている理由については、〝しまっておく穀物〟を指すとか、もともとは〝草でおおい隠す〟ことを表すなどの説がある。

ぞう
贈
18画
[音読み] ゾウ、ソウ
[訓読み] おく-る
[部首] 貝（かいへん）

大切な人に大切なものを

以前は「贈」と書くのが正式。部首「貝」は〝お金や宝物〟を表し、「曽／曾」（p368）は〝積み重ねる〟という意味。〝貴重なものを積み重ねる〟ところから、**〝感謝やお礼の印として、貴重なものを渡す〟**ことを表すという。「贈与《ぞうよ》」「贈呈《ぞうてい》」「寄贈《きぞう》」「お歳暮《せいぼ》を贈《おく》る」などがその例。

◆「おくる」と訓読みする漢字には「送」（p366）もあって、使い分けがまぎらわしい。「贈」を使うのは、〝感謝や祝福の気持ち〟があって〝貴重なものをおくる〟場合。それ以外の場合は「送」を用いる。

音読みはゾウを用いるのが大原則。平安時代ごろに正式とされた読み方にソウがあり、「寄贈」を「きそう」と読むこともあるが、現在では「きぞう」と読む方が一般的である。

ぞう
臓
19画
[音読み] ゾウ
[部首] 月（にくづき）

中には何があるのだろう?

「内臓《ないぞう》」「臓器《ぞうき》」「心臓《しんぞう》」「肝臓《かんぞう》」「腎臓《じんぞう》」などなど、**〝動物の体内にあって、消化や排泄・呼吸・循環のはたらきをし、一つまたはペアでしか存在しない器官〟**を表す。

以前は「臟」と書くのが正式。「肉」が変形した部首「月」は〝肉体〟を表す記号。「蔵／藏」（p374）は〝大切にしまっておく〟ことを表すから、漢字を作った人びとは、器官としてのはたらきよりも、中に何かがしまってあるように見えることの方に興味があったに違いない。

そく
即
7画
[音読み] ソク
[訓読み] すなわ-ち
[部首] 卩（ふしづくり）

我慢できない！いただきます!!

代表的な例は、「即座《そくざ》」「即売《そくばい》」「即決《そっけつ》」「即刻《そっこく》」などで、**〝間に何もなく、そのまますぐに〟**という意味。「間違えれば即《すなわ》ち失格」「飲めば即《すなわ》ち酔っ払う」のように、訓読み「すなわち」と読んでも意味は同じ。

また、「事実に即《そく》して議論する」「実状に即《そく》した解決策」のように、**直接的な関連を持つことを表す**はたらきもある。

◆「すなわち」と訓読みする漢字には「則」（p376）もある。「則」は〝話の流れとしてそのまま〟という意味合いが強いのに対して、「即」は〝時間的にすぐに〟というニュアンスで使われることが多い。

以前は「卽」と書くのが正式。古代文字では「」と書かれ、〝盛りつけた食事の右側に人が座って、食べようとしている形〟だという。〝そのまますぐに〟の意味はそこから転じたもの。また、〝食事の席につく〟ところから**〝ある地位につく〟**ことも表し、「即位《そくい》」がその例である。

そく
束
7画
[音読み] ソク
[訓読み] たば、たば-ねる、つか
[部首] 木（き）

一本にしか見えないけれど?

「札束《さつたば》」「花束《はなたば》」「髪を束《たば》ねる」のように、**〝ひもでしばって一まとめにする〟**ことを表す。広く、**〝一まとめにする〟**ことをも意味し、「町内会の結束《けっそく》」がその例。

また、「拘束《こうそく》」「収束《しゅうそく》」「束縛《そくばく》」など、比喩的に用いられて**〝変わらないようにする〟**ことを指す場合もある。「約束《やくそく》」は、〝お互いの行動を、決めた内容から変わらないようにする〟こと。

訓読み「つか」は、**大昔の日本で用いられた長さの単位**。握りこぶしの横幅を指す。これは、人差し指から小指までを〝一まとめにする〟ところから生じたものと思われる。また、音読みして**矢の長さの**

単位として用いられ、「十二《じゅうに》束《そく》三伏《みつぶ》せ」とは、こぶし一二個と指三本分の長さの矢。

転じて、「束《つか》の間《ま》」では、「本の束《つか》」のように、〝**非常に短い**〟ことを表す。また、〝**たばねた紙全体の厚さ**〟を指すこともある。

なお、〝一まとめにする〟という意味で「つかねる」と読むこともできるが、「束ねる」と書くと「たばねる」と区別が付かない。現在では、「たばねる」の方を使うのが一般的である。

本来は、「木」に四角形を重ねて〝木をひもでしばる〟ことを表す。一本だけしばってもしかたないとも思うが、そんなことは気にしない方がいいようである。

そく

足

7画

［音読み］ソク
［訓読み］あし、た-りる、た-す
［部首］足（あし）

比較的短いものです！

言うまでもなく、**肉体の一部〝あし〟**を表す。

◆「あし」と訓読みする漢字には「脚」（p109）もある。「脚」は〝あし全体〟や〝ひざから下、くるぶしより上〟を指すのに対して、「足」は特に〝**くるぶしから先の部分**〟を指すことが多い。また、「足付《あしつ》きのお皿」「冷蔵庫の足《あし》」のように〝**支えとなる短い突起**〟をも表すが、この場合も〝細長い支え〟は「脚」と書いて区別することが多い。なお、「足《あし》を引っ張る」「足《あし》が棒になる」など慣用句では、たいていは「足」を用いる。

転じて〝**移動すること**〟をも表す。「遠《えん》足《そく》」「足取《あしど》り」「逃《に》げ足《あし》」「客足《きゃくあし》」などがその例。「発足《ほっそく》」は本来は〝旅に出る〟ことで、転じて〝組織などが設立される〟ことをいう。「俊足《しゅんそく》」は〝走るのが速い〟ことだが、〝すぐれた人材〟を指すこともある。「人《にん》足《そく》」は日本語オリジナルの熟語だが、ここから転じたものかと思われる。

また、「お足《あし》」の形で〝**お金**〟のことを表すのは日本語独自の用法。だが、本来は、中国のある古典に、お金は「足無《あしな》くして走《はし》る」と書いてあるのに由来するという。

一方、「満足《まんぞく》」「充足《じゅうそく》」「不足《ふそく》」「これで足《た》りる」「野菜が足《た》りない」など、〝**十分である**〟という意味でも使われる。転じて「補《ほ》足《そく》」「生活費の足《た》し」など〝**付け加えて十分にする**〟ことをも表すが、「足《た》し算《ざん》」のように単純に〝**加える**〟ことを意味するのは、日本語のオリジナルのようである。

「誇るに足《た》る成績」「取るに足《た》らぬ欠点」などの訓読み「たる」は、「たりる」の古語。なお、〝あし〟からどうして〝十分〟の意味が生じたかは、よくわかっていない。

部首としては？

〝あし〟に関係する漢字の部首となる。中でも、「跳」（p421）「踏」（p458）「躍」（p597）「踊」（p613）など、〝あしを使った動き〟を表す漢字が多い。また、多くの場合は漢字の左側に置かれて「⻊」の形となり、「あしへん」と呼ばれる。それ以外の場合は、単に「あし」という。

そく

促

9画

［音読み］ソク
［訓読み］うなが-す
［部首］亻（にんべん）

そろそろ冬の準備をしろよ！

「促成《そくせい》」「促進《そくしん》」「催促《さいそく》」「反省を促《うなが》す」など、〝**何かをするようにはたらきかける**〟ことを表す。日本語の小さい「っ」のことを「促《そく》音《おん》」というのは、息がつまって〝せきたてる〟ような感じを与えるところから。

中国の古典では「促織《そくしょく》」は〝コオロギ〟の別名。鳴き声が「促織」と聞こえて、〝冬服を早く織り上げなさい〟と言っているようだからだという。

部首「亻」は「人」の変形だが、成り立ちには諸説があり、よくわからない。

そく

則

9画

［音読み］ソク
［訓読み］すなわ-ち、のっと-る
［部首］刂（りっとう）

従っておけば間違いない？

代表的な意味は、〝**よりどころとなる決まったやり方**〟。「法則《ほうそく》」「原則《げんそく》」「鉄則《てっそく》」「変則《へんそく》」「経験則《けいけんそく》」などがその例。「校則《こうそく》」「罰則《ばっそく》」「就業規則《しゅうぎょうきそく》」のように、〝**違反してはならないきまり**〟を指すこともある。「法令に則《そく》する」「前例に則《のっと》る」では、〝**きまりや模範などに従う**〟こと。名前で使われる読み方「のり」は、〝きまり〟を意味する古語。

また、「美しさは則《すなわ》ち罪」「芸術とは則《すなわ》ち人生だ」など、「すなわち」と訓読みして、**前のものと後のものがイコールであることを表す**はたらきもある。

◆「すなわち」と訓読みする漢字には「即」（p375）もある。「即」は〝時間的にすぐに〟という意味合いで使われることが多いのに対して、「則」は〝話の流れとしてそのまま〟というニュアンスが強い。

部首「刂」は「刀」の変形だが、成り立ちには諸説があって、よくわからない。

そく 息

10画

［音読み］ソク
［訓読み］いき
［部首］心（こころ）

吹きかければ子どもができる？

「窒息《ちっそく》」「ため息《いき》」「息《いき》を整える」など、〝**呼吸**〟を表す。成り立ちには諸説あるが、「自」（p241）は〝鼻〟を表し、「心」はここでは〝胸〟を指すとするのがわかりやすい。

転じて、「生息《せいそく》」では〝**生き続ける**〟こと。また、「一息《ひといき》つく」は日本語の比喩表現だが、漢字の「息」にも〝**休む**〟という意味がある。「休息《きゅうそく》」「安息《あんそく》」がその例。そこから変化して、「終息《しゅうそく》」では〝**おしまいになる**〟ことを表す。「息災《そくさい》」とは、本来は〝災いをおしまいにする〟こと。

そのほか、「令息《れいそく》」「息女《そくじょ》」のように〝**その人から生まれた子ども**〟をいうこともある。「息子《むすこ》」の「むす」は特殊な読み方だが、〝生む〟ことを表す古語。「利息《りそく》」は、この意味が比喩的に用いられたもの。

また、「消息《しょうそく》」は〝消えることと生まれること〟から〝移り変わり〟を表し、現在では〝手紙や情報〟を指して使われる。吹きかける〝いき〟には、命の源のようなイメージがあるらしい。

そく 捉

10画

［音読み］ソク
［訓読み］とら-える
［部首］扌（てへん）

もう絶対に放さないぞ！

部首「扌」は「手」の変形。音読みでは「捕捉《ほそく》」以外に使われることは少ない。〝**しっかりとつかまえる**〟ことを表す。

◆訓読み「とらえる」は「捕」（p550）を使って「捕《と》らえる」と書くこともできるが、「捕」は〝動き回るものをつかまえる〟という具体的な印象が強い。そこで、〝思考・感覚や機器などのはたらきとしてつかまえる〟場合は、「捉」を書くことが多い。「要点を捉《とら》える」「カメラが捉《とら》える」「彼女の心を捉《とら》える」などが、その例である。

そく 速

10画

［音読み］ソク
［訓読み］はや-い、すみ-やか
［部首］辶（しんにょう、しんにゅう）

スピード感が心地いい！

部首「辶」は、以前は「辶」と書くのが正式で、〝移動〟を表す記号。「速達《そくたつ》」「快速列車《かいそくれっしゃ》」「駆け足が速《はや》い」など、〝**一定時間に移動する距離が長い**〟ことを表すのが本来の意味。「速《そく》度《ど》」「音速《おんそく》」「時速《じそく》」のように、〝**一定時間に移動する度合い**〟という意味ともなる。

転じて、〝**一定時間に変化する量が大きい**〟ことを表す。「速記《そっき》」「速成《そくせい》」「速効性《そっこうせい》」「急速な変化」「迅速な対応」「速《すみ》やかに処理する」などがその例。

◆「はやい」と訓読みする漢字には「早」（p363）もあり、使い分けがむずかしい。〝時間的に前である〟ことを表す「早」に対して、「速」は〝スピード感がある〟ことを表すのが基本。そこで、「決断が速《はや》い」はほめことばになるが、「決断が早《はや》い」だと非難のことばになる。また、「素早《すばや》い」「早《はや》食《ぐ》い」「早口《はやくち》」など習慣に基づく例外もあるのが、困ったところである。

そく 側

11画

［音読み］ソク
［訓読み］がわ、かわ、そば
［部首］亻（にんべん）

片方に注目！

「右側《みぎがわ》」「下側《したがわ》」「裏側《うらがわ》」のように、**〝あるものの片方の端〟**を指したり、「敵側《てきがわ》」「弁護側《べんごがわ》」「お父さん側《がわ》」のように、**〝対立するものの片方〟**を表すのが代表的な意味。この場合はふつう「がわ」と訓読みするが、「左《ひだり》っ側《かわ》」「上《うえ》っ側《かわ》」「表《おもて》っ側《かわ》」のように、場合によっては「かわ」と発音されることもある。

ただし、これは日本語独自の用法。本来は〝片方に寄せる〟ことを表す漢字。転じて、「耳を側《そば》だてる」のように**〝片方を上げる〟**という意味にもなるが、「そばだてる」は、現在ではかな書きするのが自然。

「側近《そっきん》」「八百屋の側《そば》」など**〝すぐ近く〟**の意味は、そこからさらに変化したもの。転じて、「側面《そくめん》」「側壁《そくへき》」「舷側《げんそく》」など**〝ある基準から見て横の面〟**を指したり、「側溝《そっこう》」「縁《えん》側《がわ》」のように**〝何かに沿って延びるもの〟**を表したりもする。

◆「そば」と訓読みする漢字には「傍」（p564）もあるが、現在の日本語としては意味に大きな違いはない。どちらを使ってもいいし、かな書きすることも多い。

なお、部首「亻」は「人」の変形だが、成り立ちには諸説があり、よくわからない。

そく 測

12画

［音読み］ソク
［訓読み］はか-る
［部首］氵（さんずい）

一次元と二次元が基本

「測量《そくりょう》」「計測《けいそく》」「ウェストを測《はか》る」のように、**〝長さや広さを数値として知る〟**ことを表す。また、「予測《よそく》」「憶測《おくそく》」「不測《ふそく》の事態」のように、**〝まだわかっていないことを知ろうとする〟**という意味でも用いられる。部首「氵」は「水」の変形。本来は〝水の深さをはかる〟ことを指す漢字だったと思われる。

◆「はかる」と訓読みする漢字は多いが、中でも「計」（p145）「量」（p631）との使い分けには悩まされる。「計」は、〝時間的にはかる〟場合や、温度や電圧など〝目には見えないものをはかる〟場合に用いられる。重さや分量など〝立体的にはかる〟ものは「量」を、長さや広さ・角度など〝直線的・平面的にはかる〟ものは「測」を用いるのがふつう。「推《お》しはかる」「はかり知れない」では、〝予測する〟という意味合いの場合は「測」を、〝判断する〟というニュアンスの場合には「量」を用いる。

そく 塞

13画

［音読み］ソク、サイ
［訓読み］ふさ-ぐ
［部首］土（つち）

体の中にも地図の上にも

「脳梗塞《のうこうそく》」「腸閉塞《ちょうへいそく》」「道を塞《ふさ》ぐ」「入り口が塞《ふさ》がる」のように、**〝通れなくする〟**ことを表す。本来は〝土を盛り上げて通れなくする〟ことを意味する漢字。部首が「宀（うかんむり）」でなく「土」なのはそのため。

また、敵の侵入を防ぐところから**〝とりで〟**をも表し、「要塞《ようさい》」「城塞《じょうさい》」などがその例。中国の古典では特に**〝万里の長城〟**を指すことがあり、「塞外《さいがい》」といえば〝万里の長城より北〟をいう。ただし、〝とりで〟を表す漢字としては、現在では「砦《さい》」の方がポピュラーである。

音読みには意味の上で使い分けがあり、〝通れなくする〟場合にはソクを、〝とりで〟の場合はサイと読む。とはいえ、音読みの熟語自体が少ないので、それほど気にする必要はない。

ぞく
俗
9画

［音読み］ゾク
［部首］亻（にんべん）

臭味があってもなんのその！

部首「亻」は「人」の変形で、ここでは〝世間の人びと〟。〝**世の中でふつうに行われている**〟ことを表す漢字。「習俗《しゅうぞく》」「風俗《ふうぞく》」がその例。転じて、「通俗《つうぞく》」「凡俗《ぼんぞく》」「低俗《ていぞく》」「俗事《ぞくじ》」「俗物《ぞくぶつ》」「俗説《ぞくせつ》」「俗世間《ぞくせけん》」「俗臭芬々《ぞくしゅうふんぷん》」などなど、さまざまな熟語の形で、〝**洗練されていない**〟〝**欲にまみれた**〟〝**ありふれた**〟といった意味で使われる。

仏教では〝**仏門に入っていない**〟ことを指す。「俗名《ぞくみょう》」は〝お坊さんになる前の名前〟または〝戒名を付けてもらう前、つまり生きていたころの名前〟。「還俗《げんぞく》」は、〝お坊さんを辞める〟こと。

基本的にマイナス・イメージを持っている漢字だが、その臭味が力となることも事実。「俗《ぞく》な」「俗《ぞく》っぽい」のように、中国語の発音に由来する音読みが完全に日本語の一部として使われているのを見ても、この漢字がいかによく用いられてきたかがわかる。〝ありふれている〟ことは、実はとても強いことなのである。

ぞく
族
11画

［音読み］ゾク
［部首］方（ほうへん）

単なる流行では終わらない！

部首は「方」だが「㫃」が成り立ちとしては「旗」（p102）と関係が深い。本来は〝ある旗の下に集まった人びと〟を指したらしい。転じて、「家族《かぞく》」「一族《いちぞく》」「貴族《きぞく》」「民族《みんぞく》」「種族《しゅぞく》」などなど、広く〝**遺伝的な共通点を持つ人びとの集団**〟を表す。また、「水族館《すいぞくかん》」のように〝**生物の集団**〟について用いることもある。

現代の日本では、「斜陽族《しゃようぞく》」「太陽族《たいようぞく》」「竹《たけ》の子族《こぞく》」「くれない族《ぞく》」「ホタル族《ぞく》」など、〝**ある共通点を持つ人びとの集団**〟を指す漢字として使われてきた。浮かんでは消えていくそれらの「族」の中で、一九七〇年代に登場した「暴走族《ぼうそうぞく》」だけは息が長く、一文字で**「暴走族」の省略形**として使うこともある。

ぞく
属
12画

［音読み］ゾク、ショク
［部首］尸（しかばね）

寄りかかるのもOKですよ

「付属品《ふぞくひん》」「直属《ちょくぞく》の部下」など、〝**くっついて従う**〟ことを表す。「従属《じゅうぞく》」「隷属《れいぞく》」「属国《ぞっこく》」などではちょっと卑屈な印象だが、「帰《き》属《ぞく》」「所属《しょぞく》」のように支えてもらっている安心感を感じさせることもある。

また、「小豆島《しょうどしま》は香川県に属《ぞく》する」「校長の権限に属《ぞく》する事項」のように、〝**あるものに含まれる**〟ことをも表す。「属性《ぞくせい》」とは〝あるものに含まれる性質〟。

また、何かに多くのものが従っているところから、〝**ある共通点を持つものの集まり**〟をも表す。例としては、「金属《きんぞく》」のほか、生物の分類で使われる「バラ属《ぞく》」「オオクワガタ属《ぞく》」など。「族」（p379）が主に〝人びとの集団〟を表すのに対して、「属」はモノや生物について使うことが多い。

また、〝**くっつける**〟という意味にもなり、「属託《しょくたく》」は仕事を〝ある人にくっつけて任せる〟こと。ただし、現在では「属」ではなく「嘱」（p307）と書く方がふつう。〝期待を寄せて見守る〟ことをいう「属《しょく》目《もく》」「属望《しょくぼう》」という熟語もあり、やはり「嘱目《しょくもく》」「嘱望《しょくぼう》」とも書かれるが、この二つは、本来は〝目を付ける〟という意味の「矚《しょく》」を使うのがふさわしい。なお、これらの熟語では、平安時代ごろに正式とされた音読みショクを用いる。

以前は「屬」と書くのが正式。「尾」と

「蜀《しょく》」を組み合わせた漢字で、本来は〝交尾〟を表すとする説が有力である。

続
ぞく　13画

［音読み］ゾク
［訓読み］つづ-く
［部首］糸（いとへん）

ちょっと古めかしいタイトル？

「連続《れんぞく》」「存続《そんぞく》」「続《ぞく》出《しゅつ》」「続報《ぞくほう》」「次回に続《つづ》く」「契約を続《つづ》ける」のように、〝**つながっていく**〟ことを表す。以前は「續」と書くのが正式。部首「糸」にも現れているように、本来は〝糸をつなげる〟という意味。

一文字で「**続編**《ぞくへん》」**を指す**こともあり、「続《ぞく》男はつらいよ」「続々《ぞくぞく》パイプのけむり」のように、作品のタイトルの前に付けて用いられる。が、タイトルの後に「2」「3」などを付ける方が、今風らしい。

なお、平安時代ごろにはショクと音読みするのが正式とされたが、現在では使うことはまれ。日本史で出てくる「続《しょく》日《に》本紀《ほんぎ》」は、そのなごりである。

賊
ぞく　13画

［音読み］ゾク
［部首］貝（かいへん）

武器を使って宝を目指す

「盗賊《とうぞく》」「海賊《かいぞく》」のように、〝**財産を暴力的に奪う者**〟を表す。もっと強く、「賊軍《ぞくぐん》」「国賊《こくぞく》」のように〝**国家に害を与える者**〟をも表す。

成り立ちには二説ある。一つは、〝武器の一種〟を表す「戈」に読み方を示す「則」を組み合わせたものの変形とする。もう一つは、〝お金や宝物〟を表す「貝」に、〝武器〟の意味がある「戎《じゅう》」を組み合わせたものとする。どちらにせよ〝武力〟のイメージが強い。

ちなみに、「烏賊《いか》」は、中国語名の熟語をそのまま、日本語名で読む当て字的表現。墨と吸盤の二つが〝武器〟に見立てられているようで、おもしろい。

卒
そつ　8画

［音読み］ソツ、シュツ
［部首］十（じゅう）

華やかさの陰に…

「卒業《そつぎょう》」の印象が強く、「卒論《そつろん》」「高卒《こうそつ》」「新卒《しんそつ》」のように、一文字で「**卒業**」**の省略形**となることもある。しかし、もとは〝**完了する**〟という意味で、「生卒年《せいそつねん》」のように〝**死ぬ**〟ことを指す場合もある。「卒《しゅっ》す」とは、「死ぬ」の古風でやや敬意を込めた表現。音読みシュツは、現在ではこのことばでだけ用いる特殊な読み方である。

また、〝**急に**〟という意味もあり、「卒《そっ》倒《とう》」「卒然《そつぜん》」がその例。「卒《そっ》中《ちゅう》」は、〝急にかかる中風〟。さらには、「兵卒《へいそつ》」「獄卒《ごくそつ》」のように〝**地位が低い兵士・役人**〟をも指す。「卒業」の晴れがましさとは裏腹に、あまりよくない意味の多い漢字である。

成り立ちとしては、「衣」に〝印〟としての「十」を組み合わせたものだと考えられている。しかし、それが何を表すのかについては、〝地位が低い人の衣服〟と〝死者の衣服〟の二説がある。

率
そつ　11画

⇩ りつ（p625）

袖
そで　10画

［音読み］シュウ
［訓読み］そで
［部首］衤（ころもへん）

和服の魅力を再確認

部首「衤」は「衣」の変形。「長袖《ながそで》」「振《ふ》り袖《そで》」「袖《そで》が短い」など、〝**衣服の肩から腕をおおう部分**〟を表す。現在では音読みが使われる例は少なく、しいて挙げれば「派閥の領袖《りょうしゅう》」がある程度。「領」（p632）は〝衣服のえり首〟のことで、「領袖」は〝えりとそで〟から転じて、〝全体を統率する者〟をいう。

一方、訓読み「そで」は、「建物の袖《そで》」「舞台袖《ぶたいそで》」のように、〝**両方に長く伸びた部分**〟を指して使われることもあるし、「袖《そで》をぬらす」「袖《そで》を引く」「袖《そで》の下」「袖《そで》にする」「袖《そで》振り合うも他生《たしょう》の縁《えん》」などなど慣用句でも大活躍する。改めて、袖の広い和服の魅力を感じる次第である。

そん 存

6画

［音読み］ソン、ゾン
［部首］子（こども）

時間を超えて保たれる

「存在《そんざい》」が代表的な例で、“**あり続ける**”ことを表す。「生存《せいぞん》」「残存《ざんぞん》」「存命《ぞんめい》」などもその例。転じて、「保存《ほぞん》」「温存《おんぞん》」のように、“**とっておく**”という意味にもなる。「ある」「ながらえる」と訓読みすることもあるが、現在ではほとんど用いられない。

「存外《ぞんがい》」「異存《いぞん》はない」「私の一存《いちぞん》では決めかねる」のように、“**考え**”を意味することもある。また、「存《ぞん》じる」「存《ぞん》ずる」の形で、**自分が“考える”“分かっている”ことをへりくだって言う**表現としても使われる。ただし、「ご存《ぞん》じ」は、**相手が“分かっている”ことを敬意を込めて表す**ことば。これらは日本語独自の用法だが、中国語でも“思い続ける”という意味があり、そこから変化したものか。“続く／続ける”という意識にポイントがある漢字である。

音読みはゾンを用いる方が多い。ソンは平安時代ごろに正式とされた読み方だが、現在では、すでに挙げた「存在《そんざい》」のほか、「存亡《そんぼう》」「存続《そんぞく》」「現存《げんそん》」など、使われる熟語が限られる。「依存」「共存」も昔は「いそん」「きょうそん」と読んだが、最近では「いぞん」「きょうぞん」とも読まれるようになっている。

なお、部首「子」が付いているのは、“子どもが生き続ける”ことからという。

そん 村

7画

［音読み］ソン
［訓読み］むら
［部首］木（きへん）

のんびりした時間が流れる

「農村《のうそん》」「漁村《ぎょそん》」「山村《さんそん》」「村《むら》の鍛冶屋《かじや》」など、“**比較的小規模で、自然に囲まれた集落**”を表す。部首「木」が付いているのは、“自然”のイメージが強いからだろう。

日本では、「村長《そんちょう》」「村立《そんりつ》」「町村《ちょうそん》」のように、**地方自治体の一つ**を指して用いられる。また、「選手村《せんしゅむら》」「芸術家村《げいじゅつかむら》」のように、“**似たような仕事をする人びとが集まって生活する地域**”を指して、比喩的に使われることもある。

「国民休暇村《こくみんきゅうかむら》」「明治村《めいじむら》」「スペイン村《むら》」など、大規模なレジャー施設の名前に使われるのは、あわただしい日常を忘れさせてくれるイメージがあるからだろうか。だが、それは都会の人間の勝手な思いこみかもしれない。

そん 孫

10画

［音読み］ソン
［訓読み］まご
［部首］子（こどもへん）

次から次へとつながっていく

“**子どもの子ども**”を表す。さらにその子どもは「曽孫《そうそん》」、さらにその子どもは「玄孫《げんそん》」というように、“**家系の上で二世代以上後の者**”をも表す。「子孫《しそん》」「孫子《まごこ》の代まで」では、“**血筋を引く者すべて**”を指す。

成り立ちには異説もあるが、“つながる”という意味を持つ「系」（p143）と部首「子」を組み合わせたものと考えるのが、素直だと思われる。

なお、「孫弟子《まごでし》」「孫引《まごび》き」「孫請《まごう》け」のように、“**直接的な関係はないが、間を一つおいて関係があるもの**”という意味で使うのは、日本語独自の用法である。

そん 尊

12画

［音読み］ソン
［訓読み］とうと-い、たっと-い、みこと
［部首］寸（すん）

ほかと比べるのではなく

「尊敬《そんけい》」「尊重《そんちょう》」「尊《とうと》い神さま」「彼の気持ちを尊《とうと》

ぶ」など、〝価値が高いと認めて大切にする〟ことを表す。**ほかの漢字の前に着けて敬意を示すことも多く**、「ご尊父《そんぷ》」「ご尊顔《そんがん》」「ご尊名《そんめい》」などがその例。名前で「たか」「たかし」と読むのは、〝価値が高い〟というところから。ただし、「尊大《そんだい》」のように〝**自分の価値を高いと思う**〟という意味で使われることもある。

以前は「尊」と書くのが正式。「酋《しゅう》」は〝神や祖先の霊に供えるお酒の壺《つぼ》〟を表す漢字で、部首「寸」(p327)はそれを〝手に持つ〟ことを表す。転じて、〝神としてあがめる〟という意味となる。「本尊《ほんぞん》」「不動《ふどう》尊《そん》」「日本武尊《やまとたけるのみこと》」など〝**神や仏**〟を指すのは、ここに由来する。

◆訓読みでは「とうとい／とうとぶ」「たっとい／たっとぶ」のどちらで読んでも意味は同じだが、同じ訓読みをする「貴」(p102)との使い分けはとても微妙。「貴」はもとが〝お金〟なので現実的な価値観だが、「尊」は〝神をあがめる〟という精神的な価値観。そこで、「貴《とうと》い時間」「教えを貴《とうと》ぶ」と書くと何らかの意味で〝役に立つ〟という意味合いを含むが、「尊《とうと》い命」「伝統を尊《とうと》ぶ」ならば対象そのものを〝大切にする〟気持ちが前に出ることになる。ただし、その違いは微妙なので、この使い分けには、あまりこだわらなくてよいと思われる。

そん 損

13画

期待するのもほどほどに…

［音読み］ソン
［訓読み］そこ-なう
［部首］扌（てへん）

部首「扌」は「手」の変形で、〝動作〟を表す記号。基本的には〝**よくない結果をもたらす**〟ことを意味する漢字。「損失《そんしつ》」「損害《そんがい》」「破損《はそん》」では、〝**金銭面や物質面での被害**〟。「骨折《ほねお》り損《ぞん》」「急《せ》いては事をし損《そん》じる」「最終回を見《み》損《そこ》なう」では、〝**効果がなかったり実現できなかったりする**〟こと。「名誉毀損《めいよきそん》」「ご機嫌を損《そこ》ねる」では、〝**感情を傷つける**〟という意味。

一方的に降りかかるよくない結果を表すのではなく、期待通りの結果が得られない場合に用いられることが多い。なまじっか期待するのは、精神衛生上よくないようである。

「行かなきゃ損《そん》だよ」のように、音読みが単独で用いられることも多い。反対の意味を表す「得」(p464)とともに、中国語の発音が変化した音読みが、完全に日本語の単語となりきっている例である。

そん 遜

14画

時と場合を間違えると…

［音読み］ソン
［部首］辶（しんにょう、しんにゅう）

〝移動〟を表す部首「辶」に示されているように、本来は〝退く〟ことを表す漢字。転じて、〝**自分を劣ったものだと考えてふるまう**〟ことを表す。「謙遜《けんそん》」「不遜《ふそん》」がその例。「ゆずる」「へりくだる」と訓読みすることもあるが、現在ではほとんど用いられない。

やたらな自己主張をしないのは美徳の一つだが、ともすればネガティブな印象を与える。事実、「遜色《そんしょく》ない」のように〝**劣る**〟という意味で使われることもあるので、気をつけたいところである。

なお、印刷文字では「遜」の形が標準だとされているが、手書きでは「辶」を「⻌」と書いても差し支えない。

た

た 他

5画

［音読み］タ
［訓読み］ほか
［部首］イ（にんべん）

自分ほどには活躍しない？

「他方《たほう》」「他社《たしゃ》」「他校《たこう》」「他《ほか》のズボン」「他《ほか》に当たる」など、〝**別の／別のもの**〟という意味を表す。また、「他言《たごん》するな」「他者《たしゃ》が口を出す」「他人《たにん》の関係」のように、〝**関係者以外の者**〟を指す場合もある。

特に〝**本人とは別の**〟という意味を表すこともあり、「他薦《たせん》」「他律的《たりつてき》」「他力本願《たりきほんがん》」などがその例。とはいえ、「自他《じた》」とペアになる割には、「自」（p241）に比べると熟語を作ることは少ない。

◆「ほか」と訓読みする漢字には「外」（p67）もある。一般に、「外」は範囲について用い、「他」は一個ずつ独立したモノについて用いるが、確実に〝範囲〟だといえるのは、「思いの外《ほか》」くらい。そこで、たいていの場合は「他」を書いておけばいいのだが、「他」は音読みタが単独で使われることもあるので、「その他」に代表されるように、どちらで読めばよいかわからなくなることが多い。結局、「ほか」はすべてかな書きしてしまうのも一つの作戦、ということになる。

なお、部首「イ」は「人」の変形だが、ここでは深い意味はない。

た 多

6画

［音読み］タ
［訓読み］おお-い
［部首］夕（ゆうべ）

表す意味とは裏腹に？

例を挙げるまでもなく、〝**数や量がたくさんである**〟ことを表す。成り立ちとしては、「夕」を二つ重ねて、〝二つ以上〟あることから〝たくさん〟の意味を表す、と考えられている。この「夕」は、〝月〟を表すとも〝肉〟のことだともいう。

意味は〝たくさん〟であるが、読み方も意味もシンプルな漢字である。

た 汰

7画

［音読み］タ
［部首］氵（さんずい）

よく似た三兄弟？

部首「氵」は「水」の変形。〝**水中でゆすって細かいものをより分ける**〟ことを表す。「淘《とう》」も同じ意味の漢字で、「淘汰《とうた》」は〝より分ける〟ことから転じて、〝選ばれた者だけが残る〟こと。

また、「沙」（p207）にも同じ意味がある。そこで、「沙汰《さた》」も本来は〝より分ける〟ことだが、日本語では転じて、〝処置を決める〟〝処置を必要とするような行い〟〝連絡・うわさ〟などの意味で用いられる。

だ 打

5画

［音読み］ダ
［訓読み］う-つ
［部首］扌（てへん）

お互いいろいろあるんだねえ

例を挙げるまでもなく、〝**ものをたたく**〟ことを表す漢字。だが、日本語の「打《う》つ」にも中国語の「打《ダー》」にもたいへん多くの意味があり、比較してみるとおもしろい。

「点を打《う》つ」「疑問符を打《う》つ」のように〝**印を書き込む**〟のは日中共通。「麻雀《マージャン》を打《う》つ」「博奕《ばくち》を打《う》つ」なども日中共通だが、中国語ではテニスやトランプでも「打」を用いるので、広く〝**ゲームをする**〟という意味があると考えるのがよい。

「電報を打《う》つ」「キーを打《う》つ」など〝**入力・発信する**〟ことを表すのは比喩的な表現。ただし、中国語では〝電話をかける〟や〝雷が落ちる〟など、〝電波などを発する〟場合に広く「打」を使う。

日本語では「そばを打《う》つ」というが、中国語でもたとえば〝焼餅《シャオビン》を作る〟ことを「打」で表す。「打」には〝**穀物の粉を練る**〟という意味があるのかもしれない。また、日本語「網を打《う》つ」に対しては、〝魚を獲る〟ことをいう「打魚《ダーユイ》」という表現がある。

また、中国語では**続くことばの意味を強調する**はたらきもあり、「打算《ださん》」「一網打尽《いちもうだじん》」などはそれが日本語の熟語になった例。「打《う》ち合《あ》わせ」「打《う》ち消《け》す」など、訓読みにも似た用法がある。日本語でも中国語でも、〝何かをする〟場合にさまざまな意味合いで用いられる漢字である。

◆「うつ」と訓読みする漢字には「撃」（p151）「討」（p454）「伐」（p499）もあって、使い分けが問題となる。「撃」は〝弾丸をうつ〟場合、「討」「伐」は〝攻め滅ぼす〟場合に用いるのに対して、「打」は〝たたく〟ことを中心に広く一般的に使うことができるのが、特色である。

だ 妥

7画

[音読み] ダ
[部首] 女（おんな）

男たちの思惑？

「妥協《だきょう》」「妥結《だけつ》」など〝**お互いにゆずり合って、無理のないところで争いを収める**〟ことを表す。「妥当《だとう》」は〝無理なく当てはまる〟こと。完璧を目指すのではなく、〝無理なく〟解決しようとする漢字である。

以前は「妥」と書くのが正式。部首「女」の上に、〝下向きに広げた手〟を表す「爪」（p430）の変形「爫（つめかんむり）」を加えて、本来は〝女性をなだめる〟ことを表すという。世の男性陣が喜びそうな説で、ちょっとできすぎの感もないではない。

だ 唾

11画

[音読み] ダ
[訓読み] つば、ず
[部首] 口（くちへん）

垂れると名前が変わるんだけど

「唾液《だえき》」「唾《つば》が出る」のように、**口の中に分泌される液体〝つば〟**を表す。「唾棄《だき》」は〝つばのように吐き捨てる〟ことから、〝不要なものだと考えて相手にしない〟こと。

訓読みでは「つば」のほか、「つばき」とも読むこともある。また、古語では単に「つ」ともいい、「固唾《かたず》を飲む」の「固唾」は、〝緊張したときに出るつば〟。「虫唾《むしず》が走る」の「虫唾」は〝口の中まで逆流してくる胃液〟。どちらも現在では「ず」とかな書きするが、本来は「つ」が変化したもの。

部首「口」に「垂」を組み合わせた漢字だが、〝口の外まで垂れてくる液体〟は、なぜだか「涎《よだれ》」で表す。

だ 堕

12画

[音読み] ダ
[訓読み] お-ちる、お-とす、お-ろす
[部首] 土（つち）

巻き戻しのできない現実

以前は「墮」と書くのが正式。部首「土」に示されているように、本来は〝土がくずれ落ちる〟ことを表す、と考える説が有力。転じて、〝**悪い状態になる**〟という意味で、「堕落《だらく》」「地獄に堕《お》ちる」「身を堕《お》とす」「マンネリに堕《だ》す」のように用いられる。

さらには、「堕胎《だたい》」「子どもを堕《お》ろす」など〝**生まれる前に胎児を殺して子宮から出す**〟ことをも表す。二度ともとへは戻せないという重みを伴う漢字である。

◆「おちる／おとす」と訓読みする漢字には「落」（p618）「墜」（p428）もあるが、現在では「落」を書くのが一般的。「堕」は、特に〝そう簡単にはもとに戻れないほどに境遇が悪くなる〟ことを強調したい場合に用いられる。

◆また、「おろす」と訓読みする漢字には「下」（p48）「降」（p191）「卸」（p46）もあるが、「堕」は〝胎児をおろす〟場合にだけ用

いるので、使い分けに悩むことはない。

惰 だ

12画

［音読み］ダ
［部首］忄（りっしんべん）

きっかけをつかめないと…

「怠惰《たいだ》」「惰弱《だじゃく》」「惰眠《だみん》をむさぼる」など、〝**気力に乏しく何もしない**〟ことを表す。「惰性《だせい》」は、〝今まで続いてきたというだけの理由で続く〟こと。

「心」が変形した部首「忄」に、〝くずれ落ちる〟ことを意味する「堕／墮」（p384）の省略形を組み合わせた漢字。だれでも経験があるように、心がくずれてしまうと、もとに戻すのはたいへんなのである。

駄 だ

14画

［音読み］ダ、タ
［部首］馬（うまへん）

ちゃんと仕事はしているのに…

本来は〝**馬に荷物を載せる**〟ことを表す。「駄馬《だば》」とは〝荷物運び専用の馬〟のこと。

「駄作《ださく》」「駄弁《だべん》」「駄洒落《だじゃれ》」「駄菓子《だがし》」など、〝**価値が低い**〟ことを指すのは、日本語独自の用法。「駄目《だめ》」も、本来は囲碁で〝役に立たない碁盤の目〟を指す。速く走る馬に比べると、たしかにぱっとしないだろうが、ちょっとは駄馬の気持ちにもなってもらいたいものである。

「下駄《げた》」「雪駄《せった》」のように〝**はきもの**〟をいうのも、日本語のオリジナル。由来は明らかではないが、当て字ではないかと思われる。また、「無駄《むだ》」も当て字かと考えられている。

なお、音読みはダを用いるのが原則で、「下駄《げた》」「雪駄《せった》」の場合だけタと読む習慣。

太 たい

4画

［音読み］タイ、タ
［訓読み］ふと-い
［部首］大（だい）

どっしりしたこの存在感！

「線が太《ふと》い」「食べ過ぎで太《ふと》る」「太《ふと》もも」「骨太《ほねぶと》」のように、〝**幅が広い／幅が広く厚みがある**〟ことを表すのが代表的な意味。ただし、本来は「泰」（p388）の略字だと考えられており、〝**ゆったりと落ち着いている**〟ことを表す。「太平《たいへい》の世」がその例。また、「太《たい》鼓《こ》」のように〝**大きい**〟という意味でも用いられる。固有名詞の「太田《おおた》」で「おお」と読むのは、ここに由来する。

極端に大きいことから、「太陽《たいよう》」「太古《たいこ》」では〝**根源的な**〟という意味ともなる。「太極拳《きょくけん》」の「太極」や、中国史で〝王朝を始めた人〟を「太祖《たいそ》」「太宗《たいそう》」と呼ぶのも、この意味。〝**地位が最も高い**〟ことを示すために用いられることもあり、「太子《たいし》」は〝君主の後継ぎ〟、「太后《たいこう》」は〝君主の母〟。日本史で、「太上天皇《だいじょうてんのう》」とは〝引退した天皇〟のこと。「太政大臣《だじょうだいじん》／太政大臣《だいじょうだいじん》」は〝最も地位の高い大臣〟、「太閤《たいこう》」は〝引退した関白〟をいう。

音読みはタイを使うのが大原則。タは「丸太《まるた》」のほか、「太郎《たろう》」をはじめとする名前くらいでしか使われず、中国語由来の音読みではあるが、日本語に限りなく近い。ちなみに「太刀《たち》」は、日本語「たち」の意味を漢字二文字で書き表した、当て字的表現。二文字で「たち」と読むのであり、「刀」に「ち」という訓読みがあるわけではない。また、すでに挙げた「太政大臣《だじょうだいじん》／太政大臣《だいじょうだいじん》」「太上天皇《だいじょうてんのう》」のほか、「太宰《だざい》府《ふ》」など、特殊な用語では習慣としてダやダイと読まれることもある。

体 たい

7画

［音読み］タイ、テイ
［訓読み］からだ
［部首］亻（にんべん）

〝存在〟とは何なのだろう？

言うまでもなく、〝**からだ**〟を表すのが基本的な意味。「身体《しんたい》」「肉体《にくたい》」「体温《たいおん》」「体力《たいりょく》」「心と体《からだ》」などがその例。ただし、「物体《ぶったい》」「天体《てんたい》」「半導体《はんどうたい》」「病原体《びょうげんたい》」「発光体《はっこうたい》」「御神《ごしん》体《たい》」などなど、〝**存在しているもの**〟ならば何でも指し示すことができる、とてもふところの深い漢字である。

そのふところの深さから、さまざまな意味で用いられる。「全体《ぜんたい》」「団体《だんたい》」「共同体《きょうどうたい》」「料金体系《たいけい》」などでは、〝**まとまって一つの存在として考えられるもの**〟。「本体《ほんたい》」「実体《じったい》」「正体《しょうたい》」では、〝**根本的な存在**〟。「文体《ぶんたい》」「自然体《しぜんたい》」では〝**存在のしかた・あり方**〟。数学では特に〝**三次元的に存在する図形**〟を指し、「立体《りったい》」「球体《きゅうたい》」「直方体《ちょくほうたい》」「多面体《ためんたい》」のように用いられる。

人間臭い方面では、「体験《たいけん》」「体得《たいとく》」「体現《たいげん》」「体感《たいかん》」など〝**身をもって**〟という意味を表すことがある。「社長の意を体《たい》する」では〝**しっかりと心に留める**〟ことだが、これもそのバリエーション。また、「体面《たいめん》」「体裁《ていさい》」「世間体《せけんてい》」「有《あ》り体《てい》にいうと」などでは、〝**見え方・見た感じ**〟を表す。

ここまで来ると、実際に〝存在している〟かどうかは関係ない。「体」の根本は〝存在していると思えるもの〟〝感じ取ることができるもの〟にあると考えるしかなく、哲学的な問題に発展しそうである。

音読みはタイを用いるのが大原則。テイは平安時代ごろに正式とされた読み方だが、現在では、〝見え方・見た感じ〟の意味の場合に用いられることが多い。

なお、以前は「體」と書くのが正式。部首は「骨」で、〝骨が集まったもの〟を表すのが本来の意味だと考えられている。「体」は、「人」が変形した部首「亻」に「本」を組み合わせた別の漢字だったが、古くから「體」の略字として用いられている。

たい 対

7画

［音読み］タイ、ツイ
［部首］寸（すん）

向かい合うと緊張します

代表的な意味は、〝**二つのものが向き合う**〟こと。「対決《たいけつ》」「対立《たいりつ》」「対称《たいしょう》」「反対《はんたい》」などがその例。やや変化して、「相対《そうたい》」「絶対《ぜったい》」「対照《たいしょう》」「対比《たいひ》」のように〝**二つのものを比較する**〟ことをも表す。「3対《たい》0で勝つ」「六対《たい》四で成功の確率が高い」のように**二つのものの比率を表す**のは、ここから生まれた日本語独自の用法。

向き合う二つのもののうち、片方に軸足を置くと〝**何かの方を向く**〟という意味になる。「対外的《たいがいてき》」「対《たい》フランス戦」「中年男性対象《たいしょう》」「監督に対《たい》する批判」などがその例。また、「応対《おうたい》」「対策《たいさく》」「対案《たいあん》」のように〝**相手からのはたらきかけに応える**〟ことをも表す。これらの意味で「むかう」「こたえる」などと訓読みすることもあるが、現在ではほとんど用いられない。

以上、どの場合でも、二つのものの関係をある種の緊張感とともに表すのがポイントである。

音読みはタイを用いるのが原則。ただし、「対《つい》になる」「一対《いっつい》の狛犬《こまいぬ》」など〝**二つで一組**〟を意味する場合は、奈良時代以前からある古い読み方ツイで読む習慣。

以前は「對」と書くのが正式。部首「寸」は〝手に持つ〟ことを表す記号だが、成り立ちについては諸説ある。

たい 待

9画

［音読み］タイ
［訓読み］ま-つ
［部首］彳（ぎょうにんべん）

準備することの大切さ

部首「彳」は〝移動〟を表し、「寺」（p240）には〝とどまる〟という意味がある。合わせて〝移動しない〟ことを表し、「待機《たいき》」「待《ま》ち合わせ」など、〝**動かずに何かに備える**〟という意味で用いられる。転じて、「待望《たいぼう》」「期《き》待《たい》」「チャンスを待《ま》つ」のように、広く〝**何かが起こるのに備える**〟ことをも表す。

また、やって来た人を〝**もてなす**〟という意味にもなる。「招待《しょうたい》」「接待《せったい》」「歓待《かんたい》」

などがその例。さらに変化して、「待遇《たいぐう》」「虐待《ぎゃくたい》」では**〝人の取り扱い〟**を表す。
きちんと〝もてなす〟ためには、しっかりと準備をして〝まつ〟ことが必要。「待」はその両方を表す漢字であり、単に〝じっとして動かない〟だけではないのである。

たい
怠
9画
［音読み］タイ
［訓読み］なま-ける、おこた-る
［部首］心（こころ）

やればできるはずなのに…

「怠惰《たいだ》」「怠慢《たいまん》」「勉強を怠《なま》ける」「注意を怠《おこた》る」のように、**〝気力がなく、やるべきことをきちんとやらない〟**ことを表す。部首「心」が付いているように、結果としての〝行動〟よりも、原因としての〝気持ち〟を問題とする漢字である。
訓読み「なまける」は古語では「なまく」といったので、「怠《なま》ける」のように「ける」を送りがなとする。一方、「おこたる」は「怠《おこた》る」のように「る」だけを送りがなとして、「なまける」と区別する。

たい
耐
9画
［音読み］タイ
［訓読み］た-える
［部首］而（しこうして）

受け身でいることの強さ

「耐久《たいきゅう》」「耐熱《たいねつ》」「忍耐《にんたい》」「貧乏に耐《た》える」など、**〝苦しみに負けない〟**ことを表す。
◆似た意味で「たえる」と訓読みする漢字には「堪」（p84）もある。「堪」は〝し続けることができる〟という積極的な意味合いが強いのに対して、「耐」は受け身のニュアンスが強い。そこで、〝我慢する〟ことをいう「たえる」は、「痛みに耐《た》える」「屈辱に耐《た》える」のように「耐」と書くのがふさわしい。「堪」は、〝何かをする能力がある〟〝そうするだけの価値がある〟といった意味の「たえる」の場合に用いる。
部首「而」はとても珍しい部首で、本来は〝あごひげ〟を表すという。そこで「耐」も、本来は〝刑罰としてあごひげをそり落とす〟ことを表すとか、〝あごひげのようにしなやかに対応する〟という意味を表す、などの説がある。

たい
胎
9画
［音読み］タイ
［部首］月（にくづき）

見えないところに神秘は宿る

部首「月」は「肉」の変形で、〝肉体〟を表す記号。「胎内《たいない》」「胎盤《たいばん》」「胎児《たいじ》」「胎教《たいきょう》」のように、**〝子宮〟**を表すのが基本的な意味。転じて、「懐胎《かいたい》」「受胎《じゅたい》」など**〝子宮の中に子どもがいる状態〟**をも表す。
「胎動《たいどう》」「胚胎《はいたい》」などは、比喩的に用いられて**〝まだはっきりしないが何かが始まる〟**という意味でも使われる。大仏の「胎内《たいない》くぐり」のような例もあって神秘的なイメージが強いのは、生命の神秘はもちろんのこと、それがはっきりとは見えないことにもよるのだろう。

たい
退
9画
［音読み］タイ
［訓読み］しりぞ-く
［部首］辶（しんにょう、しんにゅう）

読みが多くてかえって困る?

部首「辶」は、以前は「辶」と書くのが正式で、〝移動〟を表す記号。「後退《こうたい》」「撃退《げきたい》」「退却《たいきゃく》」「波が退《しりぞ》く」「敵を退《しりぞ》ける」のように、**〝後ろへ下がる／下がらせる〟**ことを表すのが基本。「退出《たいしゅつ》」「退席《たいせき》」「早退《そうたい》」など、**〝出て行く〟**ことをもいう。
転じて、職場や学校など**〝公の場から遠ざかる／遠ざける〟**という意味でも用いられる。例としては、「退職《たいしょく》」「退学《たいがく》」「辞退《じたい》」「敗退《はいたい》」「現役を退《しりぞ》く」「彼の意見を退《しりぞ》ける」などなど。また、「減退《げんたい》」「衰退《すいたい》」「退化《たいか》」「退屈《たいくつ》」のように、**〝勢いがなくなる〟**ことを指す場合もある。
訓読みはふつう「しりぞく」だが、「どく」「のく」「ひく」などと読むこともできる。ただし、いずれも送りがなは「く」だけとなるので、「退く」と書いてもどう読めばよいかわからない。そのため、現在では「退く」と書けば「しりぞく」と読むのが標準とされている。

◆「しりぞける」と訓読みする漢字には「斥」（p340）もあるが、現在では「退」を使うのがふつう。ただし、〝突き返す〟という意味を強く表す場合に、「斥」を用いることがある。

帯

たい　10画

[音読み] タイ
[訓読み] おび、お-びる
[部首] 巾（はば）

対等にはなりにくい？

以前は「帶」と書くのが正式。部首「巾」は〝布きれ〟を表す。**腰に巻く〝おび〟**を指す漢字で、「包帯《ほうたい》」「眼帯《がんたい》」「帯封《おびふう》」「本の帯《おび》」のように、広く**〝何かに巻き付けるもの〟**について用いられる。「声帯《せいたい》」「靱帯《じんたい》」は、形が〝おび〟に似ていることから。

〝おび〟を付けることから、「携帯《けいたい》」「禁帯出《きんたいしゅつ》」「武器を帯《お》びる」のように〝**身に付けて持ち運ぶ**〟ことをも表す。「任務を帯《お》びる」は、この意味が比喩的に用いられたもの。転じて、「帯電《たいでん》」「水を帯《お》びる」「酒気を帯《お》びる」「赤みを帯《お》びる」など、**〝ある要素や性質を含み持つ〟**ことをも表す。

また、**〝ある性質を持つ範囲〟**という意味にもなる。「熱帯《ねったい》」「緑地帯《りょくちたい》」「時間帯《じかんたい》」などがその例。「中央分離帯《ちゅうおうぶんりたい》」のように**〝長く広がった範囲〟**をいうのは、本来の〝おび〟から直接、変化したもの。

一方、「帯同《たいどう》」「付帯的《ふたいてき》」では、**〝中心となって何かを引き連れる〟**こと。算数の「帯分数《たいぶんすう》」も、整数が分数を〝引き連れている〟からか。「妻帯《さいたい》」「所帯《しょたい》」もこの意味の例だと思われる。本来の意味を考えれば当たり前のことだが、「連帯《れんたい》」のように**〝対等に結びつく〟**ことを表すのは珍しい。

泰

たい　10画

[音読み] タイ
[部首] 氺（したみず）

水は癒やしか危険なものか？

「安泰《あんたい》」「泰平《たいへい》」「泰然自若《たいぜんじじゃく》」など、**〝ゆったりとして落ち着いている〟**ことを表す。「やすらか」と訓読みすることもあるが、現在ではほとんど用いられない。ただし、名前では「やす」「やすし」などと読む。

部首「氺」は「水」の変形。「泰」の古代文字は「」で、「大」の下に〝両手〟を書き、間に「水」を置いた形。本来の意味については、〝水で体を洗う〟〝水をたっぷり流す〟〝水におぼれた人を救い上げる〟などの説がある。それぞれ〝水〟に対して抱くイメージが異なっていて、おもしろい。

堆

たい　11画

[音読み] タイ
[訓読み] うずたか-い
[部首] 土（つちへん）

短すぎるのが逆効果？

「堆積《たいせき》」「堆肥《たいひ》」の二つの熟語で使われるのが一般的。**〝積み重なる〟**ことを表す。本来は〝土が積み重なった丘〟を指す漢字で、部首「土」が付いているのはそのなごり。

訓読みは「うずたかい」だが、現在では「うず高《たか》い」と書く方が多い。「堆《うずたか》い」と二文字に圧縮されてしまっては、見上げるような高さは伝わりにくい気もする。

逮

たい　11画

[音読み] タイ
[部首] 辶（しんにょう、しんにゅう）

さんざん追いかけた末…

現在では、「逮捕《たいほ》」以外の形で用いられることはまれ。部首「辶」は、以前は「⻍」と書くのが正式で、〝移動〟を表す記号。「隶《たい》」は〝手でつかむ〟こと。合わせて、〝追いついてつかまえる〟ことを表す。この意味からすれば、自首してきた犯人をつかまえるのは、厳密に言うと「逮捕」ではない。

また、〝**ある状態になる**〟という意味ともなり、「逮夜《たいや》」とは、〝夜になる〟ことから、特に〝命日の前夜〟をいう。

たい
替
もう役には立たないから？

12画

［音読み］タイ
［訓読み］か-える、か-わる
［部首］日（ひらび）

「代替《だいたい》」「交替《こうたい》」「着《き》せ替《か》える」「建《た》て替《か》える」「入《い》れ替《か》わる」「替《か》え歌《うた》」など、〝**あるものをやめて別のものにする**〟ことを表す。成り立ちには諸説あるが、昔は〝捨て去る〟という意味もあったらしい。そこで、〝ダメになったので〟という意味合いを含むかとも思われるが、現在ではそのニュアンスはそれほど強くは感じられない。

◆「かえる／かわる」と訓読みする漢字には「換」（p85）「代」（p391）「変」（p546）などもあり、使い分けがややこしい。中でも「替」と「換」は、意味に大きな違いはなく、「言《い》い換《か》える／言《い》い替《か》える」「取《と》り換《か》える／取《と》り替《か》える」のようにどちらも用いられるケースが多い。この使い分けにはあまりこだわらなくてよいようである。

なお、「両替《りょうがえ》」の場合は送りがな「え」は付けないのが習慣。また、最近では「代替」も「だいがえ」と読むことがある。

たい
貸
貴重なものをありがとう！

12画

［音読み］タイ
［訓読み］か-す
［部首］貝（かい）

「貸与《たいよ》」「貸借《たいしゃく》」「部屋を貸《か》す」「ボールペン貸《か》して」「手を貸《か》す」のように、〝**後で返してもらうことを前提に、モノや金銭・労力などを提供する**〟ことを表す。

部首「貝」は〝お金や宝物〟を表すので、価値の高いものについて使うのが本来の意味。貸す方も借りる方も、その気持ちを忘れないようにしたいものである。

たい
隊
トップの指示に従って動く！

12画

［音読み］タイ
［部首］阝（こざとへん）

「兵隊《へいたい》」「部隊《ぶたい》」「探検隊《たんけんたい》」「音楽隊《おんがくたい》」「隊列《たいれつ》」「隊商《たいしょう》」「隊伍《たいご》を組む」など、〝**規律ある集団**〟を表す。人間の集団を指すのがふつうだが、「艦隊《かんたい》」「編隊《へんたい》」のように船や飛行機について用いることもある。

部首「阝」は「阜」（p525）の変形で、〝盛り上がった土〟を表す。以前は「隊」と書くのが正式で、本来は高い土の上から〝転がり落ちる〟ことを指す漢字。それが〝規律ある集団〟に変化した経緯については定説がないが、なんとも皮肉な意味の変化のような気もする。

たい
滞
重苦しいムードの中でも…

13画

［音読み］タイ
［訓読み］とどこお-る
［部首］氵（さんずい）

以前は「滯」と書くのが正式。部首「氵」は「水」の変形。「帯／帶」は〝巻き付く〟という意味。本来は〝水が一か所にたまって、うまく流れない〟ことを表し、広く〝**ものごとがうまく進まない**〟という意味で用いられる。「滞納《たいのう》」「渋滞《じゅうたい》」「沈滞《ちんたい》ムード」「手続きが滞《とどこお》る」などがその例。

重苦しい雰囲気のある漢字だが、「滞《たい》在《ざい》」「滞空時間《たいくうじかん》」では、〝**ある場所にいつづける**〟こと。この場合だけは〝うまくいかない〟というニュアンスはなく、ちょっとした救いとなっている。

たい
態
こんなふうに見られたい…

14画

［音読み］タイ
［部首］心（こころ）

「態度《たいど》」「態勢《たいせい》」「状態《じょうたい》」「生《せい》態《たい》」「容態《ようだい》」など、**どのようであるかという**〝**ようす**〟を表す。部首「心」が付いているように、〝**どのように見せたいか**〟**という気持ち**まで含むことがあり、「悪態《あくたい》」「姿態《したい》」「媚態《びたい》」「嬌態《きょうたい》」などからは、そのニュアンスが感じられる。

そのため、日本語では**〝意識して何かをする〟**という意味で、「態《わざ》と嫌いなふりをする」のように「わざと」と訓読みすることがある。ただし、「わざと」は現在ではかな書きするのが自然である。

たい

腿

14画

［音読み］タイ
［訓読み］もも
［部首］月（にくづき）

足をめぐって大混乱！

「大腿骨《だいたいこつ》」「腿《もも》の肉」のように、**脚のうち、ひざから胴体へと至る〝もも〟**を表す。ただし、これは日本語独自の用法で、本来は**〝脚のうち、くるぶしから上全体〟**を指す。

〝もも〟を表す漢字は、本来は「股」（p171）。ところが、「股」は日本語では〝また〟の意味でも用いるので、話がややこしい。結局のところ、「もも」はかな書きする方が、余計なことは考えずに済む。

なお、印刷文字では「腿」が標準とされているが、手書きでは「辶」を「⻌」と書いても差し支えない。

たい

戴

17画

［音読み］タイ
［訓読み］いただ-く
［部首］戈（ほこづくり、かのほこ）

感謝の気持ちを込めて…

成り立ちとしては「載」（p215）と関係が深く、**〝頭の上に載せる〟**ことを表す。「戴冠《たいかん》」がその例。「頂戴《ちょうだい》」は〝もらった物を頭の上に掲げて感謝の気持ちを示す〟こと。日本語では、〝もらう〟ことをへりくだっていう表現として用いられる。

訓読み「いただく」は、「市長をOB会長に戴《いただ》く」のように、**〝一番高いところに置く〟**こと。また、「代金を戴《いただ》く」「話して戴《いただ》く」「食事を戴《いただ》く」など、**「もらう」「食べる」「飲む」のへりくだった表現**として使うことも多い。

◆同じく「いただく」と訓読みする「頂」（p420）との間に大きな意味の違いはないが、字の形が複雑なだけに、「戴」の方が印象が強いかもしれない。

だい

大

3画

［音読み］ダイ、タイ
［訓読み］おお-きい
［部首］大（だい）

どうして両手を広げているの？

「大河《たいが》」「大量《たいりょう》」「大臣《だいじん》」「大勝《たいしょう》」「巨大《きょだい》」「莫大《ばくだい》」「偉大《いだい》」「重大《じゅうだい》」「大《おお》きな宮殿」「大《おお》きい仕事」「大《おお》いに盛り上がる」「大火事《おおかじ》」などなど、形や数量、能力や重要性などさまざまなものについて、**〝ふつうのものや比べる相手よりも程度が高い〟**という意味で用いられる。また、「大体《だいたい》」「大概《たいがい》」「大意《たいい》」「大《おお》まか」のように**〝おおよそ〟**という意味を表すこともある。

◆「おおきい」と訓読みする漢字には「巨」（p116）もあるが、現在では「大」を使うのがふつう。「巨」を書くと、特に〝並外れて〟というニュアンスになる。

音読みダイは奈良時代以前からある読み方で、タイは平安時代ごろに正式とされた読み方。ともによく用いられる。ただし、すでに挙げたもののほか「雄大《ゆうだい》」「絶大《ぜつだい》」「寛大《かんだい》」「実物大《じつぶつだい》」など、熟語の終わりに置かれる場合には、必ずダイと読む。

なお、「大人《おとな》」は漢字の熟語をそのまま、意味を表す日本語で読む当て字的表現。

成り立ちとしては、人が両手両足を広げて立っている絵から生まれた漢字。そう思って見ると、寺山修司の「海を知らぬ少女の前に麦藁帽《むぎわらぼう》のわれは両手をひろげていたり」という短歌が思い出される。

部首としては？

漢和辞典では部首の一つ。「央」（p41）「天」（p440）「夫」（p523）などでは〝人の姿〟を表しているが、「奥」（p44）「失」（p246）「奈」（p471）のように形の上から便宜的に分類されたものも多い。

代　だい　5画

［音読み］ダイ、タイ
［訓読み］か-わる、か-える、しろ、よ
［部首］イ（にんべん）

受け継がれつつ時は流れる

「代理《だいり》」「代筆《だいひつ》」「社長に代《か》わっておわびします」「発送をもって発表に代《か》える」など、**〝あるものの役割を別のものがする〟**ことを表すのが、代表的な意味。転じて、**〝あるものと引き換えになるもの〟**という意味でも用いられる。「代価《だいか》」「代償《だいしょう》」「身《み》の代《しろ》金《きん》」などがその例。

「ガス代《だい》」「電車代《だい》」「修理代《だい》」「飲《の》み代《しろ》」のように**〝料金〟**を表すのも、〝引き換えになるもの〟の例。だが、中国語では一文字で〝料金〟を指すことはないようで、日本語独自の用法かと思われる。

また、ある人の地位が別の人に受け継がれるところから、**〝ある人がある地位にいること〟**をも表す。「先代《せんだい》の主人」「第三《だいさん》代《だい》将軍」「世代交替《せだいこうたい》」「君《きみ》が代《よ》」「神代《かみよ》」などがその例。これが発展すると、「時代《じだい》」「古代《こだい》」「当代随一《とうだいずいいち》」のように、つながっていく**〝ある期間〟**を意味することになる。「四〇代《だい》の悩み」のように、**〝ある年齢以上のひとまとまり〟**を指すのもその一種。ただし、年齢以外に関していう場合は「八〇〇〇円台《だい》」「二時間台《だい》」のように「台」（p391）を用いるので、注意が必要である。

◆「かわる／かえる」と訓読みする漢字には「変」（p546）「換」（p85）「替」（p389）などもあって、使い分けがややこしい。「変」は〝あるものの状態や性質が変化する〟場合に、「換」「替」はどちらも〝あるものをやめて新しいものにする〟場合に用いる。これらに対して、「代」は「原子力に代《か》わるエネルギー」「身代《みが》わり」など、〝あるものの役割を別のものがする〟場合にだけ使う。ただし、「担当者にかわります」のように〝新しいもの〟か〝別のもの〟か判断に迷う例も多く、そういう場合はコインでも投げて決めるか、かな書きするしかないようである。

なお、日本語「しろ」は大昔は面積の単位としても用いられた。「苗代《なわしろ》」のように**〝耕作地〟**を指すのは、そこから生まれた用法。さらに転じて、「糊代《のりしろ》」のように**〝何かのためのスペース〟**をいうこともある。

音読みはダイを用いるのが大原則。タイは平安時代ごろに正式とされた読み方だが、現在では、「新陳代謝《しんちんたいしゃ》」「希代《きたい》の詐《さ》欺《ぎ》師《し》」などでしか用いられない。ただし、「希代」は「きだい」とも読む。

部首「イ」は「人」の変形。本来は〝人が入れかわる〟ことを表す、と考える説が有力である。

台　だい　5画

［音読み］ダイ、タイ
［部首］口（くち）

支えてくれてありがとう！

「寝台《しんだい》」「鏡台《きょうだい》」「台座《だいざ》」「飛び込み台《だい》」「テレビの台《だい》」など、**〝何かを上に載せてしっかり支えるもの〟**を表すのが、代表的な意味。転じて、「台紙《だいし》」「台本《だいほん》」「台帳《だいちょう》」のように、**〝もとになるもの〟〝支えとなるもの〟**をもいう。「台詞《せりふ》」もこの意味で、「せりふ」と読むのは、漢字の熟語をそのまま、意味を表す日本語で読む当て字的表現。

本来は、**〝遠くを見渡すための高い建物〟**を表す漢字。「展望台《てんぼうだい》」「見《み》晴《は》らし台《だい》」にこの意味が残る。逆に**〝遠くから見えるようにした高い建物〟**を指すのが「灯台《とうだい》」「時計《とけい》台《だい》」。さらに、「高台《たかだい》」「台地《だいち》」のように、**〝まわりより高くなった土地〟**をも表す。

「天文台《てんもんだい》」「気象台《きしょうだい》」なども〝見渡す〟から変化したものかと思われるが、「台」は昔は〝まわりを監督する役所〟の意味で用いられたこともあるので、そちらに近いのかもしれない。

そのほか、「作業台《さぎょうだい》」「実験台《じっけんだい》」「運転台《うんてんだい》」「証言台《しょうげんだい》」「台所《だいどころ》」などでは、〝上に載せる〟というよりは**〝実際に何かを行う場所〟**という意味合いが強い。いつも場所をお借りしまして、と一声かけたくなる漢字なのである。

なお、「一万円台《だい》」「一〇秒台《だい》」「三〇％台《だい》」など**〝ある数値以上のまとまった範囲〟**を指すのは、日本語独自の用法で、〝下から支える〟のイメージから生じたもの。ただし、年齢に対していうときだけは「代」（p391）を用いる。また、**機械などを数える漢字**として使うのも、日本語オリジナルである。

音読みはダイを用いるのが大原則。タイは、平安時代ごろに正式とされた読み方だが、現在では、「舞台《ぶたい》」「屋台《やたい》」など使われる熟語が限られる。「台頭《たいとう》」は、本来は「擡頭《たいとう》」と書くべきもの。「台風《たいふう》」ももとは「颱風《たいふう》」と書かれたもの。

また、訓読みでは、〝上に載せて支えるもの〟〝見渡すための建物〟という意味で「うてな」と読むことがあるが、かなり古風な表現。

以前は「臺」と書くのが正式。「高」に部首「至」を組み合わせた形が変化したものだと考えられているが、成り立ちには諸説がある。「台」はもともとは別の意味を表す漢字だったが、古くから「臺」の略字として用いられている。

第

だい

11画

［音読み］ダイ
［部首］竹（たけかんむり）

順序を決めるために行うものとは？

「第一《だいいち》」「第二《だいに》」のように、**順序を表すために数の前に添える**のが、代表的な用法。ただし、「次第《しだい》」のように〝**順序**〟**そのものを指すこともある**。また、〝順序を決める〟ことから、〝**試験**〟を指しても用いられる。「及第《きゅうだい》」「落第《らくだい》」がその例。

〝順序〟を表す「弟」（p432）に部首「竹」を組み合わせた形が省略されて生まれた漢字。本来は、〝紙が発明される以前に文字を記すために用いられた竹の札を、順序よく並べたもの〟を表すという。

なお、現在ではほとんど用いられないが、〝**邸宅**〟を意味することもある。豊臣秀吉が京都に築いた「聚楽第《じゅらくだい》」がその例。

ちなみに、略字として使われる「才」は、「第」のくずし字に由来する。

題

だい

18画

［音読み］ダイ
［部首］頁（おおがい）

タイトルとテーマの関係

代表的な意味は、「題名《だいめい》」「標題《ひょうだい》」「魅力的な題《だい》」のように、〝**文章や芸術作品などに付けられた呼び名**〟。また、〝**中心となる内容**〟を指すこともあり、「主題《しゅだい》」「話題《わだい》」「本題《ほんだい》」などがその例。目立つ〝タイトル〟と深い〝テーマ〟が一体となった漢字である。

「課題《かだい》」「問題《もんだい》」などでは、本来は〝**答えが求められていることがら**〟という意味でも用いられる。また、「例題《れいだい》」「出題《しゅつだい》」のように、〝**解決が求められている文章**〟を表し、広く**「問題」の省略形**として使われることも多い。

〝頭部〟を表す部首「頁」が付いているのは、もともとは〝ひたい〟を表す漢字だったから。〝ひたい〟は目立つことから、目立つ部分に書かれた〝タイトル〟を指すようになったと考えられている。

鷹

たか

24画

［音読み］オウ
［訓読み］たか
［部首］鳥（とり）

獲物をねらうだけではない

鳥の〝たか〟を表す。「鷹《たか》派《は》」では〝攻撃的な〟という意味だが、現在では「タカ派」と書くことが多い。

　音読みの熟語は少なく、「鷹揚《おうよう》」が珍しい例。〝たかがゆったりと舞い上がる〟ところから、〝のんびりしていて争わない〟ことをいう。世の「タカ派」の人びとも、見習ってほしいものである。

たき　滝

13画

［音読み］ロウ
［訓読み］たき
［部首］氵（さんずい）

中国と日本では角度が違う！


　部首「氵」は「水」の変形。**水が流れる〝たき〟**を表す。ただし、本来は〝川の速い流れ〟を指す漢字で、「滝《たき》となって落ちる」のように〝**垂直か垂直に近い角度の水の流れ**〟を意味するのは、日本語独自の用法。

　現在では、音読みが用いられることはほとんどない。お寺の名前に使われた場合なども、「竜」（p627）に影響されてリュウと読まれることが多いようである。

　なお、以前は「瀧」と書くのが正式。見た目の格好の良さから、現在でも「瀧」が好んで書かれることも多い。

たく　宅

6画

［音読み］タク
［部首］宀（うかんむり）

雨露さえしのげれば？


　部首「宀」は〝建物〟を表す記号。「住宅《じゅうたく》」「自宅《じたく》」「社宅《しゃたく》」「宅地《たくち》」「宅配便《たくはいびん》」など、〝**住んでいる建物**〟を表す。それが〝立派な建物〟になると、「邸」（p433）となる。

　「家」（p53）とは違い、〝住んでいる人びと〟をも指すことはまずない。しいて挙げれば、日本語で**妻が他人に向かって夫を指す**古い言い方「宅《たく》」があるくらい。

　昔は、古語で〝家〟のことを表す「やけ」と訓読みすることがあった。「三宅《みやけ》」は、そのなごりである。

たく　択

7画

［音読み］タク
［訓読み］えら-ぶ
［部首］扌（てへん）

次の中から当てはまるものを…

　テストやクイズでおなじみ。〝**たくさんの中から目的のものを決める**〟ことを表す。「選択《せんたく》」「二者択一《にしゃたくいつ》」「三択問題《さんたくもんだい》」などがその例。「決議文を採択《さいたく》する」は、〝たくさんの中から〟よりは〝目的のものを決める〟の方に重心がある表現。
　◆訓読み「えらぶ」は、現在では「選」（p356）と書くのがふつう。あえて「択」を使うと、〝意識してえらぶ〟という意味合いがやや強く出るかもしれない。
　以前は「擇」と書くのが正式。部首「扌」は「手」の変形。「睪《えき》」は〝つながれた罪人を面通しする〟ことを表すとか、〝動物の死骸〟だとかの説がある。

たく　沢

7画

［音読み］タク
［訓読み］さわ
［部首］氵（さんずい）

残念ながらスケールが違う？


　「沢登《さわのぼ》り」「沢《さわ》を渡る」など、〝**谷間を流れる小川**〟を表す印象が強いが、これは日本語独特の用法らしい。本来は、もっと大規模な〝**湿地帯**〟を表す漢字。

　植物が茂りやすいことから、〝**恵み**〟という意味でも用いられ、「恩沢《おんたく》を施す」がその例。また、「潤沢《じゅんたく》な資金」のように、〝**豊富にある**〟ことを表したり、「光沢《こうたく》」のように〝**つや**〟を指したりもする。

　全体的に〝ありあまる〟というイメージを持つ漢字。日本の谷川ではなく、中国は長江流域の広大な湿地帯のスケールで考えるべきなのだろう。

　以前は「澤」と書くのが正式。部首「氵」は「水」の変形。「睪《えき》」には〝つながる〟という意味があり、〝水がつながったところ〟を指すという。現在でもお名前では「澤」を書く方も多い。

たく
卓
8画
［音読み］タク
［部首］十（じゅう）

古いものを使い続けて…

代表的な意味は〝**机**〟で、「食卓《しょくたく》」「教卓《きょうたく》」「卓上《たくじょう》コンロ」などがその例。しかし、本来は〝**ひときわ高くすぐれている**〟ことを表す漢字で、「卓越《たくえつ》」「卓抜《たくばつ》」「卓論《たくろん》」のように用いられる。名前で「すぐる」「たかし」などと読むのは、この意味に由来する。

〝机〟を表すのは、〝高くて真っ直ぐ立っている〟ところから。中国では、後になって〝机〟を表す漢字として新たに「桌《チュオ》」が作られたが、日本では「卓」をそのまま〝机〟の意味でも使い続けている。畳の上に座るのが習慣だった日本では、〝高い机〟が日常に登場するのが遅かったからかもしれない。

部首「十」は形の上から便宜的に分類されたもの。成り立ちには諸説ある。

たく
拓
8画
［音読み］タク
［訓読み］ひら-く
［部首］扌（てへん）

じっくりと時間をかけて

「開拓《かいたく》」「干拓《かんたく》」「拓殖《たくしょく》」など、〝**自然のままの土地に手を加えて、人間が暮らせるようにする**〟ことを表す。

◆訓読み「ひらく」は、現在では「開」（p64）を使うのがふつう。「森を切《き》り拓《ひら》く」のようにあえて「拓」を書くと、〝自然との戦い〟というイメージが強調される。

また、「拓本《たくほん》」「魚拓《ぎょたく》」など、〝**何かに紙を当て、上から軽くたたいて墨を付けて、文字や模様を写し取る**〟ことをも表す。

この二つの意味が同居している理由はよくわからないが、どちらも根気のいる作業であることだけは、確かである。

たく
啄
10画
［音読み］タク
［部首］口（くちへん）

静かな森に響く音

〝**鳥がくちばしでモノをつつく**〟ことを表す。訓読みすれば「ついばむ」だが、現在ではかな書きするのがふつう。

本来は、〝きつつき〟が木をつつく音を表し、「啄木鳥《たくぼくちょう》」とは、鳥の〝きつつき〟のこと。熟語の形のままで、当て字的に「きつつき」と読むこともある。歌人「石川啄木」の号としてよく知られている。

以前は、点が一つ多い「啄」と書くのが正式。

たく
託
10画
［音読み］タク
［訓読み］かこつ-ける
［部首］言（ごんべん）

神さまと人間の微妙な関係

代表的な意味は、〝**世話や処理などを任せる**〟こと。「依託《いたく》」「寄託《きたく》」「託児所《たくじしょ》」などがその例。「結託《けったく》」は、任せた者と任された者が結びつくところから、〝ぐるになる〟ことをいう。また、「夢を託《たく》する」「希望を託《たく》す」になると、〝**自分の代わりに実現してもらう**〟という意味合いが強くなる。

転じて、〝**便乗する**〟〝**口実にする**〟ことをも表し、「出張に託《かこつ》けて遊びに行く」のように用いるが、現在では「かこつける」はかな書きの方が自然。

部首「言」が付いているように、本来の意味は、「神託《しんたく》」「ご託宣《たくせん》」など〝**神や仏が人間の口を借りて意志を伝える**〟ことだったと思われる。神さまが自分の代わりを人間にさせているのか、人間が神さまに便乗しているのか、微妙なところである。

たく
琢
11画
［音読み］タク
［部首］王（たまへん）

キラキラとした輝きを求めて…

部首「王」は〝宝石〟を表す「玉」（p130）の変形。

以前は「琢」と書くのが正式で、〝**宝石をカットする**〟ことを表す。「彫琢《ちょうたく》」がその例。「切磋琢磨《せっさたくま》」とは〝人格や技術を向上させる〟ことをいうが、本来は〝宝石の形を整えて磨き上げる〟こと。ややストイックな〝整った美しさ〟というイメージを持つ漢字である。

たく
焚
12画
［音読み］フン
［訓読み］た-く
［部首］火（ひ）

お風呂は燃えはしないけれど

「焚《た》き火《び》」「落ち葉を焚《た》く」など、〝**ものを燃やす**〟ことを表す。音読みで使われることは少ないが、「焚書《ふんしょ》」は〝書物を燃やして言論を弾圧する〟こと。「焚刑《ふんけい》」は〝火あぶりの刑〟。

◆「たく」と訓読みする漢字には「炊」（p322）もある。「炊」は〝穀物を煮る〟の意味で用いられるのに対して、「焚」は〝ものを燃やす〟ことをいうのが異なる点。ただし、「炊」が転じて〝食事を作る〟という意味にもなるように、「焚」も「風呂を焚《た》く」では〝**風呂をわかす**〟ことを指す。ともに生活の一場面をクローズ・アップしているのは、おもしろい。

たく
濯
17画
［音読み］タク
［訓読み］すす-ぐ
［部首］氵（さんずい）

実はゴシゴシしないのよ

部首「氵」は「水」の変形。「洗濯《せんたく》」「濯《すす》ぎ洗い」のように、〝**水に浸して汚れを落とす**〟ことを表す。

「すすぐ」以外に「そそぐ」「ゆすぐ」などと訓読みすることも可能。ただし、実際に書くとすべて「濯ぐ」となってしまうこともあって、現在ではかな書きするのがふつうである。

なお、以前は「濯」と書くのが正式。

だく
諾
15画
［音読み］ダク
［訓読み］うべな-う
［部首］言（ごんべん）

ちゃんと考えて返事して！

「承諾《しょうだく》」「許諾《きょだく》」「諾否《だくひ》」など、〝**受け入れる**〟ことを表す。訓読み「うべなう」は、この意味のかなり古めかしい表現。

「唯々諾々《いいだくだく》」とは、〝言うとおりに従うこと〟。「唯」（p599）は〝軽い気持ちで受け入れる〟のに対して、「諾」は〝考えてから受け入れる〟ことだという。

だく
濁
16画
［音読み］ダク
［訓読み］にご-る
［部首］氵（さんずい）

なければ美しいけれど…

部首「氵」は「水」の変形。本来は〝**水に不純物が混じっている**〟ことを表す。「濁流《だくりゅう》」「水《すい》質汚濁《しつおだく》」「濁《にご》り水《みず》」「汚水が海を濁《にご》す」などがその例。転じて、「白濁《はくだく》」「濁音《だくおん》」のように〝**色や音に余分なものが混じっている**〟ことをも表す。さらに変化して〝**世の中が個人的な欲望にあふれている**〟という意味にもなり、「濁世《だくせ》」「混濁《こんだく》した社会」のように用いられる。

〝不純なもの〟をマイナスに評価する漢字だが、「濁《にご》り酒《ざけ》」のようにそれを賞味する場合もある。濁ったこの世にも、それなりの魅力がありそうである。

たこ
凧
5画
［訓読み］たこ
［部首］几（つくえ）

風をいっぱい受けながら…

空に揚げる〝たこ〟を表す。

部首「几」は、ここでは「風」の省略形。〝布きれ〟を表す「巾」（p130）を組み合わせて、日本で独自に作られた漢字。布や紙を張って風に乗せるという、そのものズバリの気持ちいい漢字である。なお、音読みは本来、中国語の発音が変化したものなので、この漢字には存在しない。

ただ

只

5画

［音読み］シ
［訓読み］ただ
［部首］口（くち）

特別なことはありません

「只《ただ》、見ているだけ」「只《ただ》、泣いているばかり」のように、**〝それだけをする〟ことを表す**のが基本。転じて、「只今《ただいま》」「まっ只中《ただなか》」のように、**あるタイミングを強調する**はたらきをすることもある。

「只《ただ》の言い間違い」「只《ただ》の係長」「只《ただ》ごとではない」など、**〝ふつうの〟〝ありふれた〟**という意味で用いるのは、日本語独自の用法。「基本料金は只《ただ》です」「只働《ただばたら》き」のように**〝無料〟**を意味するのも、日本語のオリジナルである。

◈「ただ」と訓読みする漢字には「唯」（p599）もある。「唯」は〝それ以外には存在しない〟ことを表すのに対して、「只」は主に〝それだけをする〟ことをいう。だが、実際には「只《ただ》一人」「唯《ただ》腹が立つ」のように書かれる例も多い。漢字が続いて読みにくくなることもあるので、「ただ」はかな書きする方が自然であろう。

なお、現在では、音読みが使われることはほとんどない。

本来は、大昔の中国語で、ほかの漢字の後に付けてあるニュアンスを添える漢字。たとえれば、「私はね」の「ね」のようなはたらき。部首「口」から下に息が出ている形で、そのことばの調子を表しているのだという。

たたく

叩

5画

［音読み］コウ
［訓読み］たた-く
［部首］口（くちへん）

かみつくわけではないですから

「門を叩《たた》く」「キーを叩《たた》く」「竹刀《しない》で叩《たた》かれる」など、**手や道具などで〝打つ〟**ことを表す。また、「雨粒が窓を叩《たた》く」のように、**〝ぶつかる〟**ことを指す場合もある。

現在では音読みで使われることは少ないが、〝土下座〟をいう「叩頭《こうとう》」や、〝打ち付けてばらばらにする〟ことを表す「叩《こう》解《かい》」などの例がある。

なお、成り立ちには諸説があるが、部首「口」には意味はなく、コウという音読みを表していると考えられている。

ただし

但

7画

［音読み］タン
［訓読み］ただ-し
［部首］イ（にんべん）

ちょっと待って！条件があります

「但《ただ》し、失敗したら全額没収」「但《ただ》し、関西出身者は除く」など、**条件や例外などを後から付け加える**ときに用いる。現在ではかな書きされることも多い。

部首「イ」は「人」の変形だが、ここではあまり意味はない。本来は〝衣服を肩の部分だけ脱ぐ〟ことを表す漢字だったが、大昔の中国語で〝ただそれだけ〟を意味することばと発音が似ていたことから、当て字的に使われるようになった。「ただし」と訓読みして用いるのは、そこから転じた日本語独自の用法。

現在では、音読みを使うことはまれ。今の兵庫県北部を昔は「但馬《たじま》」と呼んだので、この周辺地域では、「全但《ぜんたん》」「北但《ほくたん》」「但南《たんなん》」など音読みが使われている。

たつ

辰

7画

［音読み］シン
［訓読み］たつ
［部首］辰（たつ）

移り変わる夜空

「子丑寅卯《ねうしとらう》…」と続く**〝十二支の五番目〟**。「辰年《たつどし》」のように用いるほか、昔の時刻の表し方では、「辰《たつ》の刻《こく》」は現在の午前八時前後の時間帯を指す。

また十二支全体をいうこともあり、そこから**〝日時〟**をも指す。〝おめでたい日〟をいう「佳辰《かしん》」「嘉辰《かしん》」「吉辰《きっしん》」がその例。日時とともに移り変わることから、**〝星〟**のことも表す。「北辰《ほくしん》」とは"北極星"のこと。

本来の意味ははっきりしないが、大昔の中国語で"十二支の五番目"を指すことばと発音が似ていたことから、当て字的に用いられるようになった、と考えられている。ただ、ほかの漢字の一部となるときには"細かく動く"という意味を持つようで、「振」(p312)「震」(p316)がその代表。「唇」(p311)も話すときに動くし、「娠」(p312)も胎児がお腹の中で動くことだと考えられる。

部首としては?

漢和辞典では部首の一つだが、「辰」を部首とする漢字は、ほかに「辱」(p308)と「農」(p484)くらいしかない。この場合の「辰」は"農具の一種"を表していて、「辱」も本来は"草を刈り取る"という意味だったとする説が有力である。

なお、「立(たつ)」「竜(たつ)」と区別するため、部首としては音読みをかぶせて「しんのたつ」と呼ばれることもある。

たつ 達

12画

[音読み] タツ

[部首] ⻌(しんにょう、しんにゅう)

そこまで行けば何かが起こる?

部首「⻌」は、以前は「⻍」と書くのが正式で、"移動"を表す記号。「到達《とうたつ》」「台風が四国沖に達《たっ》する」のように、本来は**"ある場所まで移動する"**ことを表す。転じて、「配達《はいたつ》」「調達《ちょうたつ》」「伝達《でんたつ》」「通達《つうたつ》」「うわさが彼女の耳に達《たっ》する」「政府からのお達《たっ》し」など、**"モノや情報があるところに届く"**という意味でも用いられる。

また、**"ある段階にまで行き着く"**ことをも表す。「上達《じょうたつ》」「発達《はったつ》」「達成《たっせい》」「目的を達《たっ》する」「ウェストが七〇cmに達《たっ》する」などがその例。ふつうの人とは違うレベルにまで行き着くところから、「達人《たつじん》」「達筆《たっぴつ》」「達見《たっけん》」のように、特に**"飛び抜けてすぐれている"**ことを指す場合もある。

全体として、"移動や変化がある地点・段階に行き着く"ことを表す。その結果として新しい世界が開けることを期待させる、ワクワク感のある漢字である。

音読みはふつうタツだが、奈良時代以前からある古い読み方にタチ・ダチがある。そこで、「私達《わたしたち》」「友達《ともだち》」のように、**複数を表す「たち／だち」に対する当て字**として使われることもある。

だつ 脱

11画

[音読み] ダツ

[訓読み] ぬ‐ぐ、ぬ‐ける

[部首] 月(にくづき)

体重計を前にして…?

「脱衣《だつい》」「脱帽《だつぼう》」「靴を脱《ぬ》ぐ」「靴が脱《ぬ》げる」「セミの脱《ぬ》け殻《がら》」など、**"身につけているものを取り去る"**ことを表すのが基本。転じて、「脱水《だっすい》」「脱色《だっしょく》」「脱臭《だっしゅう》」のように、**"不要なものを取り去る"**という意味にもなる。

また、逆に**"あるべきものがなくなる"**ことをも表す。「脱字《だつじ》」「脱漏《だつろう》」「虚脱状態《きょだつじょうたい》」などがその例。「脱税《だつぜい》」は"納めるべき税金を納めない"こと。

一方、**"制限を取り去って自由になる"**ことをいう場合も多い。「脱出《だっしゅつ》」「脱退《だったい》」「離脱《りだつ》」「解脱《げだつ》」「ピンチを脱《だっ》する」「組織を脱《ぬ》ける」「授業を脱《ぬ》け出《だ》す」などがその例。しかし、「脱線《だっせん》」「逸脱《いつだつ》」になると**"コントロールができなくなる"**ことになる。自由と暴走は紙一重である。

◆訓読み「ぬける」は、現在ではふつう「抜」(p499)を使う。ただし、"自由になる"という意味合いを強調したいときに、あえて「脱」を用いることがある。

以前は「脱」と書くのが正式で、部首「月」は「肉」の変形。本来は"肉が落ちてやせる"ことを表すという。体重計に乗る前に服を脱いでいる光景が、目に浮かばないでもない。

だつ 奪

14画

[音読み] ダツ
[訓読み] うば-う
[部首] 大（だい）

空の彼方へ消えていく…

「奪取《だっしゅ》」「奪回《だっかい》」「争奪《そうだつ》」「強《ごう》奪《だつ》」「権利を奪《うば》う」「おやつの奪《うば》い合い」のように、**〝力ずくで取り上げる〟**ことを表す。

「隹」（p322）は〝鳥〟を表し、「寸」（p327）は〝手に持つ〟ことを表す。「大」が何を表すかには諸説あるが、合わせて、本来は〝手に持っていた鳥が逃げる〟という意味だという。「奮」（p537）とともに部首は「大」だとされているが、本来は「寸」か「隹」を部首とすべきだと思われる。

たな 棚

12画

[音読み] ホウ
[訓読み] たな
[部首] 木（きへん）

寝泊まりしても大丈夫なの？

「本棚《ほんだな》」「神棚《かみだな》」「戸棚《とだな》」など、**〝板を水平に渡した、モノを載せるための台〟**を表す。ただし、これは日本語独自の用法で、本来は〝木や竹で作った小屋〟を指す。そのせいもあって、昔の中国語の発音に由来する音読みは、現在ではほとんど用いられない。

なお、以前は「棚」と書くのが正式。

だれ 誰

15画

[音読み] スイ
[訓読み] だれ、た-が
[部首] 言（ごんべん）

わからないからドラマチック！

人の正体に関する疑問を表したり、特定できない人を指したりするために用いる漢字。「あれは誰《だれ》だ」「どこの誰《だれ》だか知らないけれど」「誰《だれ》かが口笛吹いた」などがその例。

音読みが使われることは少なく、〝あなたはだれ？と問いただす〟ことを意味する「誰何《すいか》」がほとんど唯一の例。ただし、これもかなり堅苦しい表現である。

訓読みでは、古くは「たれ」「たが」「たそ」などとも読まれた。現在でも、「誰《た》がために鐘は鳴る」など古風で格調高い表現として「たが」を用いることがある。

たん 丹

4画

[音読み] タン
[訓読み] に
[部首] 丶（てん、ちょぼ）

いつまでも健康でいたい！

〝天然に存在する鮮やかな赤色の塗料〟を表す。色は朱色に近く、神社やお寺の「丹塗《にぬ》りの柱」がその例。また、**〝鮮やかな赤色〟**そのものをも指し、「丹頂《たんちょう》ヅル」がその例となる。「丹精《たんせい》を込める」「丹念《たんねん》に」のように**〝まごころ〟**を意味するのは、血の色を連想させるところから。

中国では昔から、天然の「丹」をさまざまに加工して、不老不死の妙薬を作ろうとしてきた。そこで、**〝練り合わせて作った薬〟**という意味でも用いられる。「仙《せん》丹《たん》」「仁丹《じんたん》」などがその例である。

古代文字では「丹」と書き、〝掘った井戸の中に塗料が見える形〟だという。

たん 旦

5画

[音読み] タン、ダン
[部首] 日（ひ、にち）

ご来光を浴びながら…

〝太陽〟を表す部首「日」の下に、〝地平線〟を示す横線を引いて、**〝夜明け〟**を意味する。「元旦《がんたん》」は、〝元日の夜明け〟。「一旦《いったん》」は、〝ある朝〟から転じて〝短い時間〟を指し、〝しばらくの間〟〝とりあえず〟という意味で用いられる。

「旦那《だんな》」は、もともとは、古代インド語で〝仏教に経済的な援助をする人〟を表すことばに対する当て字で、「檀那《だんな》」とも書く。日本では〝一家やお店の主人〟〝お店のお客さん〟を指して用いられる。

たん 担

8画

[音読み] タン
[訓読み] かつ-ぐ、にな-う
[部首] 扌（てへん）

指図するより実行を！

部首「扌」は「手」の変形。「担架《たんか》」「荷物を担《かつ》ぐ」のように〝**重いものを持ち上げて運ぶ**〟ことが基本。転じて、〝**自分の仕事として引き受ける**〟ことを表す。「担任《たんにん》」「担当《たんとう》」「分担《ぶんたん》」「負担《ふたん》」「身の安全を担保《たんぽ》する」「重責を担《にな》う」などが、その例。意味の広がり方が、〝自分の仕事〟のたいへんさをよく表している。

以前は「擔」と書くのが正式。「担」は別の意味を表す漢字だったが、古くから「擔」の略字として用いられている。

たん

単

9画

[音読み] タン
[訓読み] ひとえ
[部首] ⺍（つ）

中華屋さんのメニューにも！

「単一《たんいつ》」「単独《たんどく》」「単価《たんか》」「単数《たんすう》」「単調《たんちょう》」「単細胞《たんさいぼう》」など、〝**一つである**〟ことを表す。「単位《たんい》」「単語《たんご》」では、やや転じて〝**ひとまとまりである**〟こと。さらに転じると、「簡単《かんたん》」「単純《たんじゅん》」のように〝**入り組んでおらず扱いやすい**〟ことをも表す。

「十二単《じゅうにひとえ》」では〝**一枚の衣服**〟を指す。また、中華料理店のメニューに「菜単《さいたん》」と書いてあることがあるように、〝**文字を書いた紙**〟を意味することもある。これらからすると、本来は〝一枚の薄いもの〟を表す漢字だったのかもしれない。成り立ちには諸説あるが、〝平たいはたき〟や〝盾〟の絵から生まれたと考えるのは、〝一枚〟というイメージと重なって説得力があるように思われる。

以前は「單」と書くのが正式。

なお、「單」の部首は「口」だったが、「単」では「口」の形が失われてしまったので、多くの漢和辞典では「⺍」という部首を新設して、そこに収録している。また、中には部首を「十」とする辞書もある。

たん

炭

9画

[音読み] タン
[訓読み] すみ
[部首] 火（ひ）

木でも石でも元素でも

「木炭《もくたん》」「炭火焼《すみび》き」のように、〝**木材を蒸し焼きにして作る黒い燃料**〟を表す。また、「火事で炭《すみ》になった柱」のように、〝**木材などの燃え残り**〟をいうこともある。

「石炭《せきたん》」は〝木材が化石となってできた燃料〟。**一文字で「石炭」を指す**こともあり、「炭坑《たんこう》」「炭鉱《たんこう》」などがその例。さらに、「木炭」「石炭」の主成分となっている元素が「炭素《たんそ》」で、「炭化《たんか》」「炭酸《たんさん》」「炭水化物《たんすいかぶつ》」など、**「炭素」の省略形**としても使われる。

どれも同じようなものなのに、辞書としては分類しなくてはいけない。意外と手間のかかる漢字である。

なお、以前は「𠂆」を「𠂇」とした「炭」と書くのが正式。

たん

胆

9画

[音読み] タン
[訓読み] きも
[部首] 月（にくづき）

肝臓と一緒になって

以前は「膽」と書くのが正式。部首「月」は「肉」の変形で〝肉体〟を表す記号。**内臓の一つ**〝**胆囊《たんのう》**〟を表す。肝臓とともに精神力の宿る臓器だと考えられたところから、〝**精神力**〟という意味でも用いられる。「大胆《だいたん》」「落胆《らくたん》」「胆力《たんりょく》」などがその例。また、「魂胆《こんたん》」では〝**本当の気持ち**〟を指す。

訓読みでは「きも」と読むが、「肝」（p81）も「きも」と読む。胆囊は肝臓に付属しているような臓器で、この二つは一体として考えられていたようである。

たん

探

11画

[音読み] タン
[訓読み] さぐ-る、さが-す
[部首] 扌（てへん）

わからないからとにかく！

部首「扌」は「手」の変形。本来は〝**よく見えないところに手を伸ばして、何かをつかもうとする**〟ことを表す。「手探《てさぐ》り」がその例。

転じて、「探険《たんけん》」「探査《たんさ》」「探偵《たんてい》」「敵のようすを探《さぐ》る」など、**〝よくわからないことについて、情報を得ようとする〟**ことを意味する。また、「探求《たんきゅう》」「探索《たんさく》」「いいお店を探《さが》す」など、**〝具体的にはわかっていない目的のものを、見つけようとする〟**場合にも用いられる。

◆訓読み「さがす」では、「捜」(p366)との使い分けが問題となる。「探」には「手探り」のイメージがあるので、さがすものが何かさえはっきりしていない場合に用いるのがふさわしい。逆に、さがすものがはっきりわかっている場合には、「捜」を使う。つまり、犯人がわかっていない段階では「犯人を探《さが》す」となり、犯人が逃げてしまった場合は「犯人を捜《さが》す」となる。ただし、実際には警察や消防などが関わる場合には、「捜索《そうさく》」という熟語の印象から「捜《さが》す」と書かれることも多く、どちらで書いても間違いとはいえない。

たん 淡

11画

［音読み］タン
［訓読み］あわ-い
［部首］氵（さんずい）

深みにはまる前に切り上げる

部首「氵」は「水」の変形。本来は〝スープが薄い〟ことを表す漢字。広く、**〝味や香り・色などが薄い〟**ことを意味する。「淡《たん》泊《ぱく》」「淡彩《たんさい》」「濃淡《のうたん》の差」「淡《あわ》いお化粧」などがその例。「淡水《たんすい》」は、〝塩分をほとんど含まない水〟。

転じて、**〝情熱的ではない〟**という意味でも用いられる。例としては「冷淡《れいたん》」「淡《あわ》い恋心」など。〝見向きもしない〟ことと〝かすかにときめく〟ことの両方で使われるのが、何やらもの言いたげである。

たん 短

12画

［音読み］タン
［訓読み］みじか-い
［部首］矢（やへん）

中心は豆か矢か？

例を挙げるまでもなく、**〝距離や時間が〟みじかい〟**ことを表す。「長」(p418)と対になる漢字で、「長」が〝すぐれている〟ことを意味するのに対応して、**〝劣っている〟**ことをも表す。「短所《たんしょ》」「短慮《たんりょ》」「短才《たんさい》」などがその例。

成り立ちについては諸説あってはっきりしない。ただし、「豆」(p451)は〝まめ〟ではなく、本来は〝たかつき〟という比較的高さの低い容器を表す漢字。部首「矢」よりもこちらの方に〝みじかい〟という意味の中心があると考える説が多い。

たん 嘆

13画

［音読み］タン
［訓読み］なげ-く
［部首］口（くちへん）

悲しみも喜びも

〝ため息をつく〟ことを表すのが基本。「嘆息《たんそく》」がその例。「嘆願《たんがん》」「悲嘆《ひたん》に暮れる」「お金がないのを嘆《なげ》く」「嘆《なげ》かわしい事件」などでは**〝悲しみや苦しみを声に出す〟**ことだが、「感嘆《かんたん》」「驚嘆《きょうたん》」「賛嘆《さんたん》」「嘆賞《たんしょう》」など、**〝すばらしさに思わず声を上げる〟**ことを表す例も多い。いわばリバーシブル仕様の漢字である。

以前は、「艹」の部分を「廿」にした「嘆」と書くのが正式。部首「口」を〝口を大きく開ける〟ことを表す「欠（あくび）」に換えたのが「歎《たん》」。意味も読み方も「嘆」と同じで、「歎」が使われることも多い。

たん 端

14画

［音読み］タン
［訓読み］はし、は、はた
［部首］立（たつへん）

きちんとそろえてくださいね

「先端《せんたん》」「末端《まったん》」「崖《がけ》の突端《とったん》」「出版界の異端《いたん》児《じ》」「テーブルの端《はし》」など、**〝中央から最も離れた部分〟**を表すのが、代表的な意味。転じて、「発端《ほったん》」「端緒《たんちょ》」など**〝ものごとの始まり〟**を指すこともある。

部首「立」が付いているように、本来は〝きちんと立つ〟ことを表す漢字。転じて、「端正《たんせい》」「端麗《たんれい》」「端座《たんざ》」など、〝**整っている**〟という意味となる。〝はし〟の意味が生じたのは〝はしがそろって整っている〟ことからというが、異説もある。

「端数《はすう》」「半端《はんぱ》」「端役《はやく》」「下《した》っ端《ぱ》」のように、「は」と訓読みして〝**余り**〟や〝**価値の低いもの**〟を表すのは、日本語独自の用法。また、「川端《かわばた》」「道端《みちばた》」「井戸端《いどばた》」「端《はた》で見ている」のように、「はた」と訓読みして〝**すぐそばのあたり**〟を指すのも、日本語オリジナルらしい。

なお、「傍」（p564）も似た意味で「はた」と訓読みするが、現在では「端」を書くのが一般的である。

たん 綻

14画

［音読み］タン
［訓読み］ほころ-びる
［部首］糸（いとへん）

いいことが始まる 悪いことも始まる

部首「糸」にも現れているように、本来は〝**糸の縫い目がほどける**〟ことを表し、「袖《そで》口《ぐち》が綻《ほころ》びる」のように用いる。「綻《ほころ》び始めたつぼみ」「口元が綻《ほころ》ぶ」など、比喩的に用いられることもある。「ほころぶ」は、「ほころびる」のやや古風な表現。

転じて、〝**ものごとがうまく行かなくなる**〟ことをもいう。「企業の破綻《はたん》」「協力関係に綻《ほころ》びが見える」などがその例。同じ〝ほころびる〟なら、つぼみや口元にしたいものである。

たん 誕

15画

［音読み］タン
［部首］言（ごんべん）

日常生活に潜む謎

現在では、「誕生《たんじょう》」「生誕《せいたん》」の二つの形で使われるのがほとんど。〝**子どもが生まれる**〟ことを表す。「スター誕生《たんじょう》」「新政権が誕生《たんじょう》する」など、「誕生」は比喩的に用いられることもあるが、「生誕」にはそのような用法はない。

ただし、本来は〝おおげさに言う〟ことを表す漢字で、部首「言」が付いているのはそのなごり。それがどうして〝生まれる〟を意味するようになったかは、よくわからない。だれもが使う漢字にも、まだまだ謎が残されているのである。

なお、以前は以前は「乑」を「乑」とした「誕」と書くのが正式。

たん 鍛

17画

［音読み］タン
［訓読み］きた-える
［部首］金（かねへん）

はがねのような 肉体を！

「鍛錬《たんれん》」「体を鍛《きた》える」のように、〝**訓練して心身を強くする**〟ことを表す。本来は〝**金属を熱してたたき、強度を上げる**〟という意味で、部首「金」はそのなごり。「鍛鉄《たんてつ》」「刀を鍛《きた》える」などがその例。

「鍛冶《かじ》」は、漢字の熟語をそのまま、意味を表す日本語で読む当て字的表現。二文字まとめて「かじ」と読むのであって、「鍛」に「か」という訓読みがあるわけではない。「かじ」は本来は「かなうち（金打）」で、「かぬち→かぢ」と変化したことばだという。

だん 団

6画

［音読み］ダン、トン
［部首］口（くにがまえ）

一緒にやって いきましょう！

「集団《しゅうだん》」「劇団《げきだん》」「応援団《おうえんだん》」「団体《だんたい》」「団地《だんち》」など、〝**人びとのまとまり**〟を表すのが代表的な意味。似たような意味を持つ「組」（p361）「隊」（p389）などと比べると、〝目的を共有する〟というニュアンスが強い。そこで、〝**人びとがまとまる**〟ことをも指し、「団結《だんけつ》」は〝心を合わせて一つになる〟こと。「団欒《だんらん》」は〝集まって仲良く話す〟こと。

以前は「團」と書くのが正式。部首「口」

は〝取り巻く〟ことを表し、「専」は「専」(p350)の以前の書き方で、〝かたまりにする〟という意味がある。合わせて、本来は〝丸めてひとかたまりにする〟という意味。

転じて、〝**丸いもの**〟をも指し、「団子《だんご》」がその例。「団扇《うちわ》」は〝円形の扇〟で、漢字の熟語をそのまま、意味を表す日本語で読む当て字的表現。

音読みはダンを用いるのがふつうだが、「布団《ふとん》」「水団《すいとん》」「炭団《たどん》」などでは、鎌倉時代ごろ以降に生まれた比較的新しい読み方トン・ドンを使う。ちなみに、「団《どん》栗《ぐり》」の「団《どん》」は、「栗《くり》」が訓読みだから、音を当てはめた当て字かと思われる。

だん 男

7画

［音読み］ダン、ナン
［訓読み］おとこ、お
［部首］田（た）

広がりではかなわない…

説明するまでもなく、〝**男性**〟を表す漢字。「長男《ちょうなん》」のように特に〝**息子**〟をも指す。また、対になっているもののうち、〝**高い方や険しい方**〟を指すこともあり、「男坂《おとこざか》」「男山《おとこやま》」「男滝《おだき》」などがその例。さらに、「男爵《だんしゃく》」では**爵位の一つ**としても用いられる。

音読みはダンを用いるのが基本だが、すでに挙げた「長男《ちょうなん》」のほか、「美男《びなん》」「老《ろう》若男女《にゃくなんにょ》」など、奈良時代以前からある古い読み方でナンと読む例も多い。また、訓読みでは「みやび男《お》」「益荒男《ますらお》」のように古い表現では「お」と読むこともあり、現在でも名前でよく用いられる。

「田」と「力」が組み合わさっていることから、本来は〝田んぼで力仕事をする人〟を表す、と説明されることが多い。しかし、「力」(p633)は土を掘り起こす〝すき〟のことだ、と考える説もある。

漢和辞典では「女」(p283)は部首の一つなのに、「男」は部首とはならない。大昔の辞書には部首「男」を立てているものもあるが、含まれるのは「甥」(p40)「舅」(p273)だけ。漢字としての発展性は、「女」には遠く及ばないのである。

だん 段

9画

［音読み］ダン、タン
［部首］殳（るまた、ほこづくり）

一歩ずつ地道に進んでいくだけ！

「階段《かいだん》」「石段《いしだん》」「踏《ふ》み段《だん》」「段々畑《だんだんばたけ》」など、〝**地面や床などを細かく区切って、高さを少しずつ変えたもの**〟を表すのが、代表的な意味。やや変化して、「本棚の上段《じょうだん》」「二《に》段《だん》ベッド」「三段《さんだん》ロケット」など、〝**上下に積み重なった区切り**〟をも表す。

また、順序立ててものごとを進めていくことから、「手段《しゅだん》」「算段《さんだん》」では〝**ものごとを進める方法**〟という意味にもなる。この意味の広がり方はなかなか秀逸で、一段ずつ困難を乗り越えていった人びとの姿が、目に浮かぶようである。

ただし、以上は日本語独自の用法で、本来は〝石や金属をたたく〟ことを意味する漢字。部首「殳」は〝武器としての長い棒〟で、たたく動作を表す。たたいてばらばらにするところから〝分けられたもの〟の意味が生じ、〝**ものごとが進んでいく一区切り**〟を指すようになった。「段階《だんかい》」「段落《だんらく》」がその例。『伊勢物語』の東下《あずまくだ》りの段《だん》」「失礼の段《だん》はお許しを」などは、〝**話の一区切り**〟の例だが、このあたりになると早くも日本語独自の用法になるらしい。習いごとの「段位《だんい》」「初段《しょだん》」や、「格段《かくだん》の進歩」「別段《べつだん》の異常はない」などの表現も、日本語オリジナル。中国でより日本での方が、広く使われる漢字である。

音読みはダンを使うのが大原則。タンは平安時代ごろに正式とされた読み方だが、**土地の広さや織物の大きさの単位**としてしか使われない。ただし、現在ではこの意味はふつう「反」(p500)で表す。

だん

断

11画

［音読み］ダン
［訓読み］た-つ、ことわ-る
［部首］斤（おのづくり）

きっぱりとやめてしまえ？

部首「斤」は〝おの〟を表す。以前は「斷」と書くのが正式。〝糸〟を表す「幺（いとがしら）」を含むことからわかるように、本来は〝糸をおので切る〟という意味。広く〝**切り離す**〟ことを指し、「切断《せつだん》」「断面《だんめん》」「断髪式《だんぱつしき》」などがその例。「縦断《じゅうだん》」「横断《おうだん》」も本来はこの意味だが、現在では〝**端から端まで移動する**〟ことを指して用いる。

〝切り離す〟から転じて、〝**続かなくなる／続けるのをやめる**〟の意味でも用いられる。例としては「中断《ちゅうだん》」「断水《だんすい》」「断絶《だんぜつ》」「断食《だんじき》」「関係を断《た》つ」など。また、迷い続けるのをやめることから、「決断《けつだん》」「判断《はんだん》」「独断《どくだん》」「断言《だんげん》」「断定《だんてい》」など、〝**きっぱりと決める**〟ことを表す例も多い。さらに転じて、「断行《だんこう》」「断固反対《だんこはんたい》！」「断《だん》じて許せない！」のように〝**決めたことを変えない**〟という意味になることもある。

《◆似た意味で「たつ」と訓読みする漢字には「裁」（p214）「絶」（p348）もある。「裁」は〝布や紙を切る〟場合にだけ用いるので問題ないが、「絶」との使い分けはむずかしい。「絶」には〝おしまいにする〟というニュアンスがあるのに対して、「断」は〝また後で再開する〟場合にも使う。そこで、「連絡を断《た》つ」よりも「連絡を絶《た》つ」の方が、大事件に発展する予感が漂うことになる。

「誘いを断《ことわ》る」のように〝**受け入れない**〟ことを表すのは、〝続けるのをやめる〟から生じたものだと思われるが、日本語独自の用法。また、日本語では、「断《ことわ》っておきますが、これは全部ウソです」のように、〝**説明して了解を求める**〟ことを表す場合もある。

だん

弾

12画

［音読み］ダン
［訓読み］たま、はじ-く、はず-む、ひ-く
［部首］弓（ゆみへん）

破壊と創造は背中合わせ？

本来は、パチンコのように丸いものを飛ばす〝はじき弓〟を表す。その〝飛ばすもの〟をも指したことから、後に、〝**鉄砲や大砲などのたま**〟を表すようになった。現在では、「爆弾《ばくだん》」「焼夷弾《しょういだん》」「催涙弾《さいるいだん》」など、広く〝**人間の手を離れて相手を傷つける武器**〟を指して使われる。

また、はじき弓のように〝**モノを勢いよくはねとばす**〟という意味ともなる。「指で弾《はじ》く」「水を弾《はじ》く」などがその例。さらに、はじき弓で攻撃するところから、「弾劾《だんがい》」「糾弾《きゅうだん》」のように〝**激しく非難する**〟ことをも表す。「弾圧《だんあつ》」は、〝権力を使って厳しく押さえつける〟こと。ここまでは、何かと血なまぐさい漢字である。

《◆似た意味で「たま」と訓読みする漢字には「球」（p115）「玉」（p130）「珠」（p260）もある。「玉」は〝貴重なもの〟、「珠」は〝小さく輝くもの〟、「球」は〝スポーツのボール〟。これらに対して、「弾」は「鉄砲の弾《たま》」「弾《たま》が外れる」など、〝弾丸〟を表す場合にだけ使われる。

一方、はじき弓では、引っ張られた弦がもとの形に戻ろうとする勢いを利用する。そこで、〝**力を加えられたモノがもとの形に戻ろうとする**〟ことをも表し、「弾《だん》力《りょく》」「弾性《だんせい》」などがその例。

ここから転じて、日本語では、「ボールが弾《はず》む」のように〝**もとの形に戻ろうとする勢いによって、何かが動く**〟という意味でも使われる。「弾《はず》みをつける」「ものの弾《はず》み」などでは、さらに変化して〝**勢いづく**〟ことや〝**勢い**〟をいう。「心が弾《はず》む」もその一つで、先ほどの血なまぐささなど

忘れてしまいそうである。

また、「モーツァルトを弾《ひ》く」「ピアノの連弾《れんだん》」のように"**弦楽器やピアノなどを演奏する**"ことを表す場合もある。これは中国でも使われる用法で、もともとはギターのように弦を指で"はじく"ことに由来するのだろうが、ここまで来ると「爆弾」「弾圧」とはまったくの別世界。人間の歴史は破壊と創造に満ちていることが、ひしひしと感じられる。

◆なお、「ひく」と訓読みする漢字は「引」（p21）「牽」（p160）「惹」（p256）などたくさんあるが、「弾」は"楽器をひく"場合にだけ用いる。

以前は「彈」と書くのが正式。「単／單」（p399）の成り立ちには諸説あるが、古代文字では「[illegible]」と書くので、中にはこれがもともとは"はじき弓"の絵だったとする説もある。言われてみれば、パチンコのように見えなくもない。

だん

暖

13画

［音読み］ダン
［訓読み］あたた-かい
［部首］日（ひへん、にちへん）

太陽の光のようなぬくもり

「暖房《だんぼう》」「暖気《だんき》」「暖炉《だんろ》」「暖《あたた》かい春」のように、"**気温が心地よいくらいに高い**"ことを表す。部首「日」にも現れているように、本来は"日差しがあたたかい"という意味。ただし、「暖流《だんりゅう》」「暖色《だんしょく》」のように、"心地よい"ことに重点を置いて、例外的に空気以外について用いることもある。

◆「あたたかい」と訓読みする漢字には「温」（p47）もあるが、「暖」は主に"空気があたたかい"場合に用いる。「暖《あたた》かい部屋」「暖《あたた》かいセーター」などがその例。"空気以外のものがあたたかい"場合には「温」を使うのが一般的である。

ただ、使い分けに困るのは、「あたたかい家庭」「あたたかい友情」のように比喩的に用いられる場合。辞書的には、"空気"ではないので「温」を使うとされているが、実際には"心地よい"ことを重視して「暖」を書くことも多い。そもそも比喩的な表現なのだから、どちらかだけを正しいと決めなくてもよいのだろう。

なお、以前は「罒」を「爫」とした「暖」と書くのが正式。

だん

談

15画

［音読み］ダン
［部首］言（ごんべん）

いつも笑顔だといいけれど…

「談笑《だんしょう》」「対談《たいだん》」「歓談《かんだん》」「座談会《ざだんかい》」など、"**話をする**"ことを表す。また、「怪談《かいだん》」「冗談《じょうだん》」「講談《こうだん》」のように、"**話**"**そのもの**を指すこともある。

基本的には"**おだやかに話をする**"という印象のある漢字で、「人生相談《そうだん》」「保護者面談《めんだん》」「首相の談話《だんわ》」のような使い方は、そのイメージをよく生かしている。しかし、「首脳会談《かいだん》」「密談《みつだん》」「談合《だんごう》」のように"**何かを取り決めようと話をする**"ことも多い。さらに、「談判《だんぱん》」は"強く要求する"こと、「示談《じだん》」は"和解する"こと。話がどんな雰囲気になるかは、やはり内容に左右されるようである。

だん

壇

16画

［音読み］ダン、タン
［部首］土（つちへん）

信じる者が集まるところ

代表的な意味は、"**何かを行うために、まわりよりも高くしてある場所**"。「演壇《えんだん》」「教壇《きょうだん》」「壇《だん》上《じょう》から呼びかける」などがその例。

部首「土」が付いているように、本来は"土を盛り上げて作った、神や仏を祭る場所"のこと。「祭壇《さいだん》」「仏壇《ぶつだん》」がこの意味に近く、"**神や仏を祭る場所**"を指す。「花《か》壇《だん》」は、土でできている点では本来の意味に近い。

転じて、〝宗教的な集会を行う場所〟を指しても用いられた。「文壇《ぶんだん》」「画壇《がだん》」「楽《がく》壇《だん》」など、主に芸術家など〝**専門家たちの社会**〟を表すのは、そこから変化したものか。現在では、閉鎖的なニュアンスで用いられることも少なくない。

音読みはダンを用いるのが大原則。タンは平安時代ごろに正式とされた読み方だが、現在では「土壇場《どたんば》」でしか用いられない。ちなみに、「独壇場《どくだんじょう》」は「独擅場《どくせんじょう》」の間違いが定着したことば。「擅」は〝思い通りにする〟ことを意味する漢字である。

ち

地

ち

6画

［音読み］チ、ジ
［部首］土（つちへん）

飾りをのけると見えてくる

われわれがその上で生活している〝**土の広がり**〟を表す。「大地《だいち》」「土地《とち》」「地球《ちきゅう》」などがその例。「農地《のうち》」「宅地《たくち》」「産地《さんち》」「戦地《せんち》」「国有地《こくゆうち》」のように、さまざまな観点から〝**ある土地**〟を指しても使われる。

転じて、〝**ある立場や状態・環境など**〟をも表す。例としては、「見地《けんち》」「門地《もんち》」「窮地《きゅうち》」「境地《きょうち》」「地位《ちい》」などがある。

「素地《そじ》」という熟語は中国の古典にも出てくるが、〝**飾らない本来の姿**〟という意味で「地」を使うのは、日本で大きく発展した用法。「地声《じごえ》」「地肌《じはだ》」「地色《じいろ》」「地金《じがね》」「下地《したじ》」「興奮するとつい地《じ》が出る」のように用いる。また、「布地《ぬのじ》」「裏地《うらじ》」のように〝**材料としての布**〟を表したり、「地《じ》の文」のように〝**物語の中で、登場人物ではなく、語り手がそのまま語っている部分**〟を指したりするのは、完全な日本語のオリジナル。また、「地鶏《じどり》」「地《じ》ビール」のように〝**その土地の産物**〟を意味するのも日本語独自の用法である。

音読みはチを使う方が多いが、ジを用いることも少なくない。特に日本語独自の用法で用いられる場合はジと読むことが多いが、それ以外にも「地面《じめん》」「地震《じしん》」「地盤《じばん》」「地蔵《じぞう》」「地獄《じごく》」などの例がある。

なお、ジはチが濁ったものだと思われがちだが、実は奈良時代以前からあって、チよりも古い読み方。そのため、「地面」「地震」などに振りがなを付ける場合は、「じめん」「じしん」となる。

池

ち

6画

［音読み］チ
［訓読み］いけ
［部首］氵（さんずい）

てのひらサイズのものもある!

地面のくぼみに水がたまった〝**いけ**〟を表す。ふつうは「湖」（p173）や「沼」（p479）より小さいものを指す。また、人工的に作られたものをいうことも多い。

転じて、〝**何かをたくわえておくもの**〟を表すこともある。「電池《でんち》」がその代表だが、〝印肉を入れておくもの〟を「印池《いんち》」「肉池《にくち》」

と呼ぶこともある。

ち

治

8画

［音読み］チ、ジ
［訓読み］おさ-める、なお-す
［部首］氵（さんずい）

平和で健康が一番いい！

「治安《ちあん》」「政治《せいじ》」「自治体《じちたい》」「国を治《おさ》める」「天下が治《おさ》まる」など、〝**社会や組織を管理して安定させる**〟ことを表す。本来は〝**水の流れを管理する**〟ことを表す漢字で、「水」が変形した部首「氵」はそのなごり。「治水《ちすい》」がその例。

また、特に〝**心身を管理して健康な状態に戻す**〟ことをも指す。「治療《ちりょう》」「治癒《ちゆ》」「全治《ぜんち》」「風邪を治《なお》す」「骨折が治《なお》る」などがその例。社会にせよ健康にせよ、人びとの暮らしを基礎から安定させる、とても重要な意味を持つ漢字である。

音読みはチを使うことが多いが、熟語の終わりに使われる場合には、奈良時代以前からある古い読み方ジも、少なからず用いられる。例としては「退治《たいじ》」「不治《ふじ》の病」など。ただし「不治」は「ふち」と読むこともある。

◆「おさめる／おさまる」と訓読みする漢字には「収」（p263）「修」（p265）「納」（p483）などもある。その中で「治」は、〝世の中を安定させる〟場合に用いられる。「発作がおさまる」のように〝病気が安定する〟場合には、「治療」のイメージを優先すると「治」、「収束」の意味合いに重きを置くと「収」を使うことになる。

◆また、訓読み「なおす／なおる」では「直」（p424）との使い分けが気になるが、「治」は〝健康な状態に戻す〟場合にしか使われないので、悩む必要はあまりない。

なお、名前で「はる」と読むのは、自然が安定を取り戻す季節〝春《はる》〟に由来するものかと思われる。

ち

知

8画

［音読み］チ
［訓読み］し-る
［部首］矢（やへん）

覚えただけではダメなのよ！

さまざまな〝**頭のはたらき**〟を表す。「感知《かんち》」「察知《さっち》」「春が来たと知《し》る」などでは〝**感じ取る**〟こと、「熟知《じゅくち》」「承知《しょうち》」「知識《ちしき》」「辞書の引き方を知《し》る」などでは〝**理解して記憶する**〟こと、「知恵《ちえ》」「知略《ちりゃく》」「機知《きち》」などでは〝**判断して考え出す**〟ことを表す。実際には、「知性《ちせい》」「知能《ちのう》」「知力《ちりょく》」など、これらをすべてひっくるめたものが「知」の本質なのだ、といえる。

そのほか、「通知《つうち》」「告知《こくち》」「うれしい知《し》らせ」などでは〝**情報を伝える**〟こと。また、「知事《ちじ》」では〝**責任を持って仕事を担当する**〟こと。名前で「かず」と読むのは、〝数を取りまとめて仕事を行う〟ところからかと思われる。

「知人《ちじん》」「旧知《きゅうち》の仲」「知《し》り合《あ》い」のように、特に〝**人と付き合う**〟ことを指す場合もある。名前で「とも」と読むのは、この意味から〝友〟が連想されたもの。

◆「しる」と訓読みする漢字には「識」（p245）もあるが、現在では「知」を書くのがふつう。あえて「識」を使うと、〝ほかと区別して〟という意味合いが強くなる。

成り立ちには、大きく分けると二説ある。どちらも「口」が〝ことば〟を表すとするのは同じだが、一つは〝矢が当たるように言い当てる〟と解釈する。もう一つの説では、「矢」を神に祈る際に用いる道具と考え、〝祈って神の考えを知る〟こととなる。

ち

値

10画

［音読み］チ
［訓読み］ね、あたい
［部首］亻（にんべん）

その数がふさわしい？

「数値《すうち》」「最大値《さいだいち》」「期待値《きたいち》」「血液検査の値《あたい》」など、〝**あるものの程度を数で表したもの**〟を指す。〝**あ**

特に〝**あるものの重要度を金銭で表したも**

の〟を意味することもあり、その場合は、「値段《ねだん》」「値引《ねび》き」「売《う》り値《ね》」「半値《はんね》」のように「ね」と訓読みする。

「直」（p424）を含むことにも現れているように、本来は〝正面から行き当たる〟ことを表す漢字。「人」が変形した部首「亻」には、ここでは深い意味はない。転じて、**〝何かにふさわしい〟**という意味でも使われる。「賞賛に値《あたい》する」「非難に値《あたい》する」などがその例。

◆訓読み「あたい」では、「価」（p51）との使い分けが悩ましい。原則としては、金銭に関する場合は「価」、それ以外は「値」を用いる。だが、「値」には金銭的な〝あたい〟の意味もあるので、「安い値《あたい》で買い求める」と書いてもおかしくはない。この使い分けにはあまりこだわらなくてよいと思われる。

なお、「あたいする」の場合は、ふつう「価」は使わず「値」を用いるが、「五〇〇〇円に価《あたい》する」のように、金銭に関する場合には「価」と書くこともある。

ち 恥

10画

［音読み］チ
［訓読み］はじ、は-じる、は-ずかしい
［部首］心（こころ）

耳を見れば気持ちがわかる?

「恥辱《ちじょく》」「羞恥心《しゅうちしん》」「破廉恥《はれんち》」「末代までの恥《はじ》」「過ちを恥《は》じる」など、**〝欠点や失敗などを自覚して、他人に見られたくないと思う〟**ことを表す。「恥骨《ちこつ》」「恥毛《ちもう》」のように**〝人体の生殖器があるあたり〟**を指すのは、ドイツ語Scham《シャーム》からの直訳。

◆「はじる」と訓読みする漢字には「羞」（p266）もあるが、現在では「恥」を書く方がふつう。ただし、特に〝意欲をなくす〟という意味合いを生かして「羞」を使うことがある。

なお、「恥《は》じる」「恥《は》じらう」「恥《は》ずかしい」などは、「は」以外はすべて送りがなとするが、「生《い》き恥《はじ》」「赤《あか》っ恥《ぱじ》」など「はじ」と読む場合は、送りがなは付けない習慣である。

形から見ると「耳」を部首としてもよさそうだが、感情に関する漢字なので「心」を部首とする。「耳」が付いている理由としては、〝耳まで赤くなる〟からとか、〝耳たぶのように心がやわらかくなってしまう〟から、などの説がある。

ち 致

10画

［音読み］チ
［訓読み］いた-す
［部首］至（いたる）

やがてギリギリの状態へ…

「招致《しょうち》」「誘致《ゆうち》」がよく使われるので、〝何かを連れて来る〟という印象が強い。しかし、「送致《そうち》」「拉致《らち》」など、本来は**〝ある場所へと移動させる〟**ことを表す。

転じて、**〝ある状態に行き着く〟**ことをも表す。「思いを致《いた》す」「不徳の致《いた》すところ」などがその例。「一致《いっち》」「合致《がっち》」は〝同じ状態に行き着く〟こと。また、エスカレートして**〝突き詰めた状態にまで行き着く〟**ことも意味し、「極致《きょくち》」「致死《ちし》」「致命的《ちめいてき》」がその例である。

一方、もう少しのんびりした使い方としては、**〝ある状態を描き出す／生み出す〟**という意味がある。例としては、「筆致《ひっち》」「風致地区《ふうちちく》」など。

また、日本語では、「出発致《いた》します」「失礼致《いた》します」のように、訓読み「いたす」を**「する」のへりくだった言い方やていねいな言い方**として使うことがある。

以前は「致」と書くのが正式で、右側は「夊（のぶん）」ではなく、〝足〟を表す「夂（ちにょう）」。部首「至」（p230）は〝行き着く〟ことを表す。弱小部首の貴重なメンバーとなっている漢字である。

ち

智

12画

［音読み］チ
［部首］日（ひ、にち）

真実をズバリと把握！

〝**頭のはたらき**〟を表す漢字。部首「日」は、もとの形は〝言う〟ことを意味する「曰」（p21）で、〝よく理解して発言する〟ことと関係があると考えられている。

基本的には「知」（p406）と意味も読みも同じ漢字だが、特に〝**すぐれた頭のはたらき**〟を指す。そのため、「大智《だいち》」「上智《じょうち》」「叡智《えいち》」など、宗教的な文脈で〝**この世界の真理を知る**〟ことを指す場合が多い。

訓読みすれば「さとる」だが、現在では名前以外ではまず用いられない。また、名前で「とも」と読むことがあるのは、「知」の影響だと思われる。

ち

遅

12画

［音読み］チ
［訓読み］おく-れる、おそ-い
［部首］辶（しんにょう、しんにゅう）

二つを同時に相手にする！

「遅刻《ちこく》」「遅延《ちえん》」「遅配《ちはい》」「約束に遅《おく》れる」「夜遅《よるおそ》くまで」など、〝**時間的に後である**／**後になる**〟ことを表す。また、「動きが遅《おそ》い」「仕事が遅《おそ》い」のように〝**スピードがゆっくりである**〟ことも表す。「はやい」と訓読みする漢字には「早」（p363）「速」（p377）があるが、その両方と対になる漢字である。

◆「おくれる」と訓読みする漢字には「後」（p176）もあって、使い分けが問題となる。「遅」を使うのは、「電車に遅《おく》れる」のように〝時間的におくれる〟場合。一方、「後」は〝感覚的・場所的におくれる〟場合に用いるが、現在では「後《おく》れを取る」「後《おく》れ毛」など、「おくれ」の形になることが多い。なお、「流行におくれる」は、「遅」「後」のどちらでも書かれる。

以前は「遲」と書くのが正式。部首「辶／辶」は〝移動〟を表す記号で、「犀《さい》」は動物の〝さい〟。〝さい〟はゆっくり歩くところから生まれた漢字だという。

ち

痴

13画

［音読み］チ
［訓読み］し-れる
［部首］疒（やまいだれ）

疑問も知識も変わりない？

〝**判断力が正常にははたらかない**〟ことを表す。他人から見れば〝**おかしな行動をする**〟ことを意味し、「痴愚《ちぐ》」「痴人《ちじん》」「痴態《ちたい》」のように用いる。「愚痴《ぐち》」は、〝おろかで判断力がない〟ことから転じて、〝言ってもしかたのないこと〟。「音痴《おんち》」もこの例の一つだが、これは日本語独自の熟語。

また、特に〝**性的にのめりこんで、正常な判断力を失う**〟ことを指す場合もある。「痴情《ちじょう》」「痴話喧嘩《ちわげんか》」「痴漢《ちかん》」などがその例。

なお、「痴呆《ちほう》」「白痴《はくち》」などには差別的な響きを感じる人もいるので、使用には注意が必要である。

訓読み「しれる」は、〝判断力が正常にははたらかない〟ことをいうやや古めかしい表現。「痴《し》れごと」「痴《し》れ者《もの》」のように用いるが、現在では、「酔《よ》い痴《し》れる」の形で使われることが多い。

以前は「癡」と書くのが正式。ただし、昔から略字として「痴」も用いられてきた。部首「疒」は〝心身の不具合〟を表すが、それに組み合わせるものが「疑」でも「知」でも意味が変わらないというのは、ちょっとおもしろい。

ち

稚

13画

［音読み］チ
［部首］禾（のぎへん）

あのころはかわいかった⁉

部首「禾」は〝穀物〟を表す記号。本来は〝生えたばかりの穀物〟を指す漢字で、広く〝**生まれたばかりの生き物**〟を表す。「稚魚《ちぎょ》」は〝卵からかえったばかりの魚〟。「稚貝《ちがい》」「稚樹《ちじゅ》」といった熟語もある。〝まだ小さい子ども〟のことを「ちご」というが、この「ち」は〝乳〟のことで、「稚児《ちご》」と書くのは当て字だと思われる。

基本的には〝生まれて間もないころのみずみずしさ・かわいらしさ〟に焦点がある漢字。ただし、「幼稚《ようち》」「稚拙《ちせつ》」のように〝**子どもっぽい**〟というマイナスのイメージで用いることもある。

なお、訓読みで「おさない」「いとけない」などと読むこともあるが、現在ではあまり用いられない。

ち 置

13画

［音読み］チ
［訓読み］お-く
［部首］罒（あみめ、よこめ）

網がずれては魚が獲れない！


「設置《せっち》」「配置《はいち》」「ゴミ箱を置《お》く」「札幌に本社を置《お》く」など、〝**ある場所に存在するようにする**〟ことを表す。「位置《いち》」のように〝**存在している場所**〟を指したり、「装置《そうち》」のように〝**ある場所にすえつけられたもの**〟を意味したりする場合もある。転じて、〝**ものごとを安定させる**〟ことをも表し、「処置《しょち》」「措置《そち》」などがその例。

また、「放置《ほうち》」「おやつを取って置《お》く」「宿題をやって置《お》け！」のように、〝**ある状態にしてそのままにする**〟という意味もある。ここから変化して、日本語では「三日置《お》き」「一つ置《お》き」など〝**間隔を空ける**〟ことを指して用いる。これらの「おく／おき」は、現在ではかな書きするのが自然だが、「書《か》き置《お》き」「一年置《お》いて熟成させる」のように、漢字の方が落ち着くケースもある。
◆似た意味で「おく」と訓読みする漢字には「措」（p360）もある。現在では「置」を書くのが一般的だが、「脚本家を差《さ》し措《お》いて配役を決める」のように、〝別扱いにして取り合わない〟ことを表す場合に、特に「措」を使う場合もある。
部首「罒」は〝網〟を表す記号。成り立ちについては、本来は〝網をまっすぐ立てて動かないようにする〟ことを表すとする説が有力である。

ち 緻

16画

［音読み］チ
［部首］糸（いとへん）

熟練した職人の技

現在では、「緻密《ちみつ》」「精緻《せいち》」「巧緻《こうち》」の形で使われるのが代表的。〝**細かいところにまで注意が行き届いている**〟ことを表す。本来は〝織物の目が細かい〟という意味で、部首「糸」はそのなごり。手先の細かい作業をイメージさせる漢字である。

なお、「致」（p407）と同じく、以前は「攵（のぶん）」を「夂（ちにょう）」にした「緻」と書くのが正式。

ちく 竹

6画

［音読み］チク、シツ
［訓読み］たけ
［部首］竹（たけ）

古い音読みと新しい音読み

植物の〝たけ〟を表す。「たけ」は訓読みだが、音読みチクと似た響き。音読みとは昔の中国語の発音が変化したものなので、「たけ」はチクよりもっと古い時代の中国語に由来するという説もある。

音読みはチクを使うのが大原則。ただし、「竹篦返《しっぺがえ》し」ではシツと読む。「竹篦」とは、本来は〝禅宗の僧が用いる竹製の棒〟。シツは、鎌倉時代ごろ以降に生まれた比較的新しい音読みである。

また、「竹刀《しない》」は、日本語の意味を漢字二文字で表した当て字的表現。「しない」は「しなる」と同源のことばだという。


部首としては？

〝たけ〟に関係する多くの漢字の部首となる。「管」（p88）「箇」（p90）「笛」（p438）「答」（p457）「箱」（p496）「筆」（p517）などなどその例は非常に多く、そのこと自体が、〝たけ〟が漢字文化圏でいかによく利用されてきたかを物語る。また、「たけかんむり」と呼ばれて、必ず漢字の上側に置かれるのも特徴である。

ちく 畜

10画

［音読み］チク
［部首］田（た）

動物たちと土にまみれて

「牧畜《ぼくちく》」「畜産《ちくさん》」など、〝**食料にしたり働かせたりするために、動物を飼育する**〟ことを表すのが代表的な意味。「家畜《かちく》」では〝**食料にされたり働かされるために飼育される動物**〟を表す。転じて、「人畜無害《じんちくむがい》」「鬼畜《きちく》のような」など、広く〝**動物**〟一般を指すこともある。

成り立ちには諸説あるが、部首「田」は〝耕作地〟を表すとするのがわかりやすい。土地に密着しながら動物たちの力も借りて生活を営んできた、いかにも農耕民族らしい漢字である。

ちく 逐

10画

［音読み］チク
［訓読み］お-う
［部首］辶（しんにょう、しんにゅう）

追い立てるのか追い求めるのか？

部首「辶」は、以前は「⻌」と書くのが正式で、〝移動〟を表す。「豕」（p20）は〝ぶた〟のこと。本来は〝後ろから追ってぶたを移動させる〟ことを表すという。広く〝**追って別の場所へ行かせる**〟という意味で用いられる。「駆逐《くちく》」「放逐《ほうちく》」がその例。

転じて、〝**後に付いていく**〟ことをも表す。「逐電《ちくでん》」とは、〝雷光でも追いかけるかのように、すばやく逃げ去る〟こと。

また、〝後に付いていく〟ことから、〝**順番に従って作業する**〟ことをもいう。例としては、「逐一《ちくいち》」「逐次《ちくじ》」「逐語訳《ちくごやく》」など。

◆訓読み「おう」では、「追」（p427）との使い分けが気になるところ。「追」は〝後ろから迫る〟〝別の場所に行かせる〟の両方の意味で用いられるが、「逐」は、現在では〝別の場所に行かせる〟場合にだけ使うのが習慣。特に、「故郷を逐《お》われる」「窓際へ逐《お》いやる」のように〝強制的に〟というニュアンスを込めて用いられることが多い。また、「順を逐《お》って説明する」「日を逐《お》ってよくなる」のように、〝順番に従って〟という意味をはっきり表すために「逐」を書くこともある。

ちく 蓄

13画

［音読み］チク
［訓読み］たくわ-える
［部首］艹（くさかんむり）

長い冬に備えて…

「貯蓄《ちょちく》」「備蓄《びちく》」「蓄積《ちくせき》」「蓄財《ちくざい》」「水を蓄《たくわ》える」「力を蓄《たくわ》える」など、〝**ためておく**〟ことを表す。〝植物〟を表す部首「艹」が付いていることから、本来は〝収穫した野菜などを保存しておく〟という意味だったと考えられている。

◆「たくわえる」と訓読みする漢字には「貯」（p416）もある。「貯」は、〝お金や宝物〟を表す部首「貝」が付いているように、〝貴重なものをしまっておく〟のが本来の意味。現在では、「蓄」を書くのが一般的で、特に〝貴重な〟というイメージを強調したい場合だけ、「貯」を使う。

ちく 築

16画

［音読み］チク
［訓読み］きず-く、つ-く
［部首］竹（たけかんむり）

そう簡単にはくずれない！

「建築《けんちく》」「改築《かいちく》」「築城《ちくじょう》」「港を築《きず》く」のように、〝**建物や施設などを造る**〟ことを表すのが、代表的な意味。転じて、「新理論を構築《こうちく》する」「地位を築《きず》く」「信頼関係を築《きず》く」のように、〝**しっかりしたものを作り上げる**〟という意味でも用いられる。

本来は〝**土を突き固めて壁や堤防などを造る**〟ことを表し、庭園の「築山《つきやま》」のほか、〝突き固めて造った土壁〟や〝埋め立て地〟を表す「築地《つきじ》」がその例。この意味では「つく」と訓読みするが、現在では、「築山」「築地」以外にはあまり用いられない。

　成り立ちとしては「筑《ちく》」と「木」に分かれる漢字で、「木」は〝土を突く棒〟を表す。部首は「竹」とされているが、成り立ちからすると「木」の方がふさわしい。

ちつ 秩

10画

［音読み］チツ
［部首］禾（のぎへん）

上の重みをきちんと支える

　現在では「秩序《ちつじょ》」以外には用いられることはまれ。本来は〝収穫した穀物をきちんと積み上げる〟という意味。〝穀物〟を表す部首「禾」はそのなごり。転じて、**〝ゆるぎない上下関係〟**を表す。「秩序」とは基本的に、上下関係がきちんとしていることなのである。

ちつ 窒

11画

［音読み］チツ
［部首］穴（あなかんむり）

大気があるから安心だ

　部首「穴」にも現れているように、**〝穴のような細い通り道をふさぐ〟**ことを表す。「窒息《ちっそく》」がその例。地球の大気の八割近くを占める気体「窒素《ちっそ》」は、それだけしかないと窒息してしまうことから名付けられたもので、ドイツ語 Stickstoff《スティクシュトフ》 からの直訳。

　現在では、この二つの熟語以外で用いられることはまれ。使用場面が極端に限られた漢字だが、大気の成分が大きく変化でもしない限り、使われなくなる心配はなさそうである。

ちゃ 茶

9画

［音読み］チャ、サ
［部首］艹（くさかんむり）

日常生活に欠かせない！

　言うまでもなく**〝お茶〟**を表す。植物そのものも指すし、その葉から作った飲み物をもいう。「緑茶《りょくちゃ》」「紅茶《こうちゃ》」「茶室《ちゃしつ》」「お茶会《ちゃかい》」「茶殻《ちゃがら》」「茶《ちゃ》柱《ばしら》」「茶色《ちゃいろ》」「お茶《ちゃ》の間《ま》」などがその例。また、「茶番《ちゃばん》」「茶《ちゃ》目《め》っ気《け》」「茶々《ちゃちゃ》を入れる」「お茶《ちゃ》を濁す」などなど、音読みチャのまま慣用句的にも広く使われ、お茶が日本人の生活にいかに深く入り込んでいるかの証拠となっている。現在ではコーヒーに押され気味だが、漢字の世界では、お茶はまだまだ安泰である。
　音読みはチャを用いるのが原則だが、「喫茶《きっさ》」「茶房《さぼう》」「日常茶飯事《にちじょうさはんじ》」などサと読む場合も少なくない。また、「茶道」「茶菓」「茶話」のように、チャともサとも読まれる熟語もある。サは鎌倉時代ごろ以降に生まれた比較的新しい読み方。そのせいか、サと音読みすると、ちょっと改まった雰囲気がしないでもない。

ちゃく 着

12画

［音読み］チャク
［訓読み］つ-く、つ-ける、き-る
［部首］羊（ひつじ）

こんなにいろいろあるなんて！


　〝ぴったり接して離れない〟ことを表すのが基本。「着地《ちゃくち》」「着岸《ちゃくがん》」「密着《みっちゃく》」などがその例。「着衣《ちゃくい》」「着帽《ちゃくぼう》」「腕時計を着《つ》ける」「コートを着《き》る」のように、特に**〝衣服や装身具を身にまとう〟**ことをも指す。

　転じて、**ほかの漢字の後に付いて〝ある状態から変化しない〟ことを表す**はたらきもする。例としては、「愛着《あいちゃく》」「執着《しゅうちゃく》」「恋着《れんちゃく》」「沈着《ちんちゃく》」など。また、「決着《けっちゃく》」「落着《らくちゃく》」では、**〝ものごとを最終的に安定させる〟**という意味で使われている。

　また、**〝何かに取りかかる〟**という意味でも使われる。「着手《ちゃくしゅ》」「着工《ちゃっこう》」「着想《ちゃくそう》」などがその例。「着眼《ちゃくがん》」「着目《ちゃくもく》」では**〝手始めに注意を向ける〟**こと。「着火《ちゃっか》」「着色《ちゃくしょく》」では**〝火や色を生じさせる〟**ことをいう。

　日本語独自の用法も多い。たとえば、「到着《とうちゃく》」「漂着《ひょうちゃく》」「着信《ちゃくしん》」「目的地に着《つ》く」のような**〝あるところに至る〟**という意味。

「着実《ちゃくじつ》」「着々《ちゃくちゃく》」など〝少しずつ〟という意味。また、「肌着《はだぎ》」「晴《は》れ着《ぎ》」「薄着《うすぎ》」「重《かさ》ね着《ぎ》」など〝衣服〟や〝衣服を身に付けるやり方〟を指す場合。さらには、「罪を着《き》せる」「恩に着《き》せる」など〝押しつける〟ことを表すのも、日本語のオリジナルである。

以上のように、漢字としてさまざまな意味を持つのに加えて、訓読み「つく／つける」は日本語としてもいろいろな使い方があるので、話はさらにややこしい。

◆「つく／つける」と訓読みする漢字には「付」（p523）「就」（p267）などもある。「付」は〝ぴったりと離れない〟場合に、「就」は〝安定して行う〟場合に用いる。一方、「着」は「病院に着《つ》く」「メールが着《つ》く」のように〝あるところに至る〟場合や、「サングラスを着《つ》ける」のように〝身にまとう〟場合に使う。現在の習慣では、「着」を使う場面はかなり限られていて、「着目《ちゃくもく》」「着《ちゃっ》火《か》」という熟語があるにもかかわらず「目を付《つ》ける」「火を付《つ》ける」と書くのがふつう。イヤリングや香水もふつうは「付ける」。ただし、「落《お》ち着《つ》く」「住《す》み着《つ》く」のような例もあって、まぎらわしい場合がとても多い。迷ったらかな書きに逃げるのがおすすめである。

なお、もともとは「著」（p416）のくずし字から生まれた漢字で、「着」の意味はすべて、昔は「著」で表していた。そのため、ちょっと昔の文章では、「執《しゅう》著《ちゃく》」「愛《あい》著《ちゃく》」などといった書き表し方を見かけることがある。

というわけで、部首を「羊」とするのは形の上から便宜的に分類しただけで、意味の関係はない。辞書によっては、「目」を部首とするものもある。

ちゃく　嫡

14画

［音読み］チャク
［部首］女（おんなへん）

一人だけに決めないと…

「嫡男《ちゃくなん》」に代表されるように、現在では多くは〝**正式に認められた後継ぎ**〟という意味で用いられる。「廃嫡《はいちゃく》」は〝後を継ぐ権利を奪う〟こと。「嫡流《ちゃくりゅう》」は〝本家の血筋〟。

ただし、本来は〝**正妻から生まれる**〟ことを表す。「嫡子《ちゃくし》」「嫡出《ちゃくしゅつ》」がその例。〝正妻以外の女性から生まれる〟ことをいうのが「庶」（p281）だが、現在では「嫡」と「庶」に法律上の区別はない。

部首「女」は、ここでは〝家族〟を表す。「商《てき》」には〝気持ちが集中するある一点〟という意味があるらしい。妻や後継ぎを、〝一人に決める〟というニュアンスがあるのだろう。

ちゅう　中

3画

［音読み］チュウ、ジュウ
［訓読み］なか
［部首］丨（たてぼう）

どこから見ても片寄りがない

左右でも上下でも前後でもない〝もののまんなか〟を表すのが基本的な意味。「中央《ちゅうおう》」「中心《ちゅうしん》」「中軸《ちゅうじく》」などがその例。「中年《ちゅうねん》」「中級《ちゅうきゅう》」「中型《ちゅうがた》」などは、〝**程度のまんなか**〟を表す例。「中間《ちゅうかん》」「中継《ちゅうけい》」「中略《ちゅうりゃく》」では、〝**離れたものの間**〟。さらには、「中立《ちゅうりつ》」「中性《ちゅうせい》」「中庸《ちゅうよう》」のように、〝**どちらにも片寄らない**〟ことを指す場合もある。

また、〝**ものの内部**〟をも意味し、「海中《かいちゅう》」「中庭《なかにわ》」「財布の中《なか》」などがその例。「中断《ちゅうだん》」「夢中《むちゅう》」「授業中《じゅぎょうちゅう》」「通勤の途中《とちゅう》」「暑中《しょちゅう》見舞い」などでは、〝**ものごとが進行している間**〟を表す。これらの意味の場合に「うち」と訓読みすることもあるが、現在では「内」（p471）を書く方がふつう。

さらに、〝まんなか〟に当てることから、〝**当たる**／**当てる**〟という意味にもなる。「命中《めいちゅう》」「的中《てきちゅう》」「百発百中《ひゃっぱつひゃくちゅう》」に加えて、「中毒《ちゅうどく》」「中風《ちゅうふう》」「卒中《そっちゅう》」なども、本来はこの例。この意味の場合に「あたる／あてる」と訓読みすることもあるが、現在では「当」(p450)を書くのがふつうである。

このほか、**「中国《ちゅうごく》」の省略形**として使われることもある。

なお、「世界中《せかいじゅう》」「一日中《いちにちじゅう》」「家中《いえじゅう》」など〝**ある範囲全体**〟を指すのは、日本語独自の用法。これは音読みチュウが直前の音の影響で変化したものに思えるが、直前がどんな音でも濁って発音されるので、もともとジュウなのだと考えられる。そこで、かな書きでは「じゅう」と書く。

成り立ちには諸説あるが、四角の真ん中に縦棒を引いて〝まんなか〟を表す、と考えるのがわかりやすい。なお、部首「丨」は、形の上から便宜的に分類されたもので、まとまりのある意味はない。

ちゅう 仲

6画

[音読み] チュウ
[訓読み] なか
[部首] 亻(にんべん)

日本人は関係を重んじる

部首「亻」は「人」の変形。本来は、〝兄弟のうち、年齢が一番上でも一番下でもない者〟を表す。特に〝兄弟のうち、年齢が上から二番目の者〟を指すこともある。〝一番年上の兄〟は「伯」(p492)で、「伯仲《はくちゅう》」とは、〝長兄と次兄のように、優劣が付けがたい〟こと。

転じて、「仲秋《ちゅうしゅう》の名月」のように〝**季節の中ほど**〟という意味でも用いられる。

「仲間《なかま》」「不仲《ふなか》」「仲《なか》がよい」のように〝**人と人との関係**〟を表すのは、日本語独自の用法。「仲介《ちゅうかい》」「仲裁《ちゅうさい》」「仲買人《なかがいにん》」などでは〝**間を取り持つ**〟ことだが、これらも中国の古典には出てこないので、日本語オリジナルの可能性が高い。なお、「仲人《なこうど》」は、「なかびと」が変化したもの。

ちゅう 虫

6画

[音読み] チュウ
[訓読み] むし
[部首] 虫(むし)

ときには人間様だって…

言うまでもなく、**動物の〝むし〟**を表す漢字。狭い意味では「昆虫《こんちゅう》」を指すが、「爬虫《はちゅう》類《るい》」をはじめさまざまな動物をも表す。

日本語では、「泣き虫《なきむし》」「弱虫《よわむし》」「点取り虫《むし》」のように〝**ある性格や好みを持つ人**〟を指すこともある。また、「虫《むし》が好かない」「虫《むし》のいい話」などでは、〝**気持ちや考え**〟をいう。

以前は「蟲」と書くのが正式。「虫」はもともとはキと音読みして、へびの一種〝まむし〟を意味する漢字だったが、古くから「蟲」の略字として用いられている。なお、「虫」の古代文字は「」で、〝まむし〟の絵から生まれた漢字だという。

部首としては?

〝むし〟に関係する多くの漢字の部首となる。「蚊」(p54)「蛍」(p147)「蝶」(p423)「蜂」(p497)「蟻《あり》」「蟬《せみ》」「蠅《はえ》」など昆虫を表す漢字だけでなく、「蛇」(p253)「蛙《かえる》」などの爬虫類や、「蟹《かに》」「蜆《しじみ》」「蛤《はまぐり》」「蛸《たこ》」などさまざまな動物を表す漢字が含まれる。また、「蜘蛛《くも》」「蜻蛉《とんぼ》」「蟋蟀《こおろぎ》」「蜉蝣《かげろう》」「蝙蝠《こうもり》」「蛞蝓《なめくじ》」のように、二文字一組で特定の動物を表す漢字も多い。

多くの場合は漢字の左側に置かれて「むしへん」と呼ばれる。また、「蛍」「蟹」「蜜」(p579)「蚕」(p223)のように下側に現れる例も意外と多く、「融」(p605)や〝むしばむ〟ことを表す「蝕《しょく》」のように、まれに右側に置かれることもある。これらの場合は、単に「むし」という。

ちゅう 宙

8画

[音読み] チュウ
[部首] 宀(うかんむり)

世界は大きなプラネタリウム?

部首「宀」は〝建物〟を表す記号。「宙」も建物の一種だが、スケールが並大抵ではなく、本来は〝全世界をおおう屋根〟、つまり〝**大空**〟を表す。現在では「宇宙《うちゅう》」の形で用いられるのが基本で、「航宙《こうちゅう》」「滞《たい》宙《ちゅう》期間」のように**「宇宙」の省略形**として使われることもある。

訓読みすれば「そら」「おおぞら」などだが、現在ではあまり用いられない。ただし、お店や会社の名前などで好んで使われることがあり、その場合は〝宇宙〟のイメージを含めているようである。

なお、「宙《ちゅう》に舞う」「宙《ちゅう》に浮く」「宙《ちゅう》ぶらりん」のように〝**空中**〟や〝**不安定な状態**〟を意味するのは、日本語独自の用法。

ちゅう

忠

8画

［音読み］チュウ
［部首］心（こころ）

正しい行動とは？

「忠義《ちゅうぎ》」「忠孝《ちゅうこう》」「忠《ちゅう》誠心《せいしん》」「忠君愛国《ちゅうくんあいこく》」など、〝**国家や主君・組織などのことを第一に考える**〟ことを意味する印象が強い。しかし、「忠告《ちゅうこく》」のように〝**相手のことを第一に考える**〟ことを指すのが、本来の意味。また、「忠実《ちゅうじつ》」のように〝**いつわりがない**〟ことを意味する場合もある。

多くの場合、〝相手のことを第一に考える〟ことは人間として〝正しい〟行動でもある。名前で「ただし」「ただ」と読むのは、そこに由来する。

ちゅう

抽

8画

［音読み］チュウ
［訓読み］ひ-く、ぬき-んでる
［部首］扌（てへん）

目指すものを手に入れろ！

部首「扌」は「手」の変形。〝**全体の一部分をある一方向に動かして取り出す**〟ことを表すのが基本。「抽籤《ちゅうせん》」がその例で、〝くじを引く〟こと。「籤」は〝くじ〟。現在では、「抽選《ちゅうせん》」とも書く。

転じて、〝**何かの中からあるものを取り出す**〟ことをも表す。「抽出《ちゅうしゅつ》」がその例。「抽象《ちゅうしょう》」は、〝あるものから性質や要素などを取り出して考える〟こと。

◆訓読み「ひく」は、現在では「引」（p21）を書くのがふつう。ただし、「タンスの抽《ひ》き出《だ》し」のように「抽」を用いることがある。なお、「抽斗《ひきだし》」は、漢字の熟語をそのまま、意味を表す日本語で読む当て字的表現。

また、「ぬく」とも訓読みできるが、現在では「抜」（p499）を書くのが一般的。その代わり、「頭一つ抽《ぬき》んでる」のように〝**飛び出ている**〟という意味で「ぬきんでる」と訓読みすることがある。これは、日本語独自の用法である。

ちゅう

注

8画

［音読み］チュウ
［訓読み］そそ-ぐ
［部首］氵（さんずい）

水の流れは変化を続ける

部首「氵」は「水」の変形。「主」（p257）には〝一か所にとどまる〟という意味がある。「注入《ちゅうにゅう》」「注射《ちゅうしゃ》」「海に注《そそ》ぐ」「ビールを注《つ》ぐ」のように、〝**液体をある場所に流し入れる**〟ことが、本来の意味。ただし、訓読み「つぐ」は、「そそぐ」と送りがなが同じになることもあり、現在ではかな書きすることが多い。また、「お鍋に水を注《さ》す」のように「さす」と訓読みすることもあるが、現在では「差」（p208）を使うのが一般的。

転じて、〝**気持ちをあるところに向ける**〟ことをも意味し、「注意《ちゅうい》」「注目《ちゅうもく》」「傾《けい》注《ちゅう》」「愛情を注《そそ》ぐ」などがその例。「注《ちゅう》釈《しゃく》」「脚注《きゃくちゅう》」「注《ちゅう》を付ける」などでは、〝**ある部分を詳しく説明する**〟こと。

〝**希望や条件をきちんと相手に伝える**〟ことをいう「注文《ちゅうもん》」は、日本語独自の熟語。「発注《はっちゅう》」「受注《じゅちゅう》」「特注《とくちゅう》」のように、**「注文」の省略形**として使われることもある。

〝水の流れ〟を指した漢字が、「注釈」「注文」のように使われるのは、かなりの変化。そこで、これらの熟語の場合には、〝説明する〟という意味を持つ「註」を書くこともある。とはいえ、大胆な変化もまた、漢字の魅力の一つではあろう。

ちゅう

昼

9画

［音読み］チュウ
［訓読み］ひる
［部首］日（ひ、にち）

太陽が出てさえいれば

基本的には、〝**日の出から日の入りまでの時間**〟を表す。「昼《ちゅう》夜《や》兼行《けんこう》」「白昼堂々《はくちゅうどうどう》」「昼《ひる》間《ま》」などがその例。

一方、「昼食《ちゅうしょく》」のように、特に〝**正午ごろの時間帯**〟を指すこともある。「昼前《ひるまえ》」「昼下《ひるさ》がり」「昼休《ひるやす》み」「もうすぐお昼《ひる》だ」など、訓読み「ひる」は主にこの意味。「お昼《ひる》を食べる」のように〝**昼食**〟を意味するのは、日本語独自の用法。

以前は「晝」と書くのが正式。「聿（ふでづくり）」には〝区切る〟という意味があり、本来は〝太陽によって区切られた時間帯〟を表すという説が優勢である。

ちゅう

柱

9画

［音読み］チュウ
［訓読み］はしら
［部首］木（きへん）

地面に付かないものもある！

〝一か所にとどまる〟ことを表す「主」（p257）に部首「木」を組み合わせて、本来は〝何かを支える材木〟を指す漢字。石やコンクリートなども含め、広く〝**何かを支えるもの**〟を指して用いる。「支柱《しちゅう》」「円柱《えんちゅう》」「門《もん》柱《ちゅう》」「大黒柱《だいこくばしら》」などがその例。

転じて、〝**垂直に伸びるもの**〟をも指す。「火柱《ひばしら》」「霜柱《しもばしら》」「水柱《みずばしら》」「鼻柱《はなばしら》」などがその例。「氷柱《つらら》」は、漢字の熟語をそのまま、意味を表す日本語で読む当て字的表現だが、この場合は、上から垂れ下がるものを表すことになる。さらに、「茶柱《ちゃばしら》」は水に浮いていたり、「蚊柱《かばしら》」は空中に浮かんでいたりと、意外と多彩な使われ方をする漢字である。

また、「琴柱《ことじ》」は〝琴の弦を下から支える部品〟。この意味の場合だけ、「じ」と訓読みする。

ちゅう

衷

10画

［音読み］チュウ
［部首］衣（ころも）

衣の中にあるものは？

「衷心《ちゅうしん》からおわびします」「衷情《ちゅうじょう》を申し上げる」のように用い、〝**まごころ**〟を意味する漢字。また、「折衷《せっちゅう》」では〝**真ん中のちょうどいいところ**〟を表す。

部首「衣」に「中」を組み合わせた漢字で、本来は〝衣服に包まれた中身〟の意味。そこで、手書きでは「衣」と「中」を区別できるように書き、画数を10画とするのがふつうだが、辞書によっては、「亠」の点と「中」の縦棒とを続けて書き、9画と数えるものもある。いまだに画数が一定していない、珍しい漢字である。

ちゅう

酎

10画

［音読み］チュウ
［部首］酉（とりへん）

そんなに待ってられる？

「麦焼酎《むぎじょうちゅう》」「芋焼酎《いもじょうちゅう》」など、現在では基本的に「焼酎《しょうちゅう》」の形でしか用いられない。〝**穀物などを蒸留して作った、度数の高いお酒**〟を表す。「酎《ちゅう》ハイ」も、「焼酎」の省略形として使われたもの。

中国の古い辞書によると、本来は〝三回、醸造したお酒〟を表すという。一度できたお酒にまた原料を入れて発酵させ、さらにもう一回、同じ作業をくり返すらしい。昔のお酒は、そうでもしないと味わえないものだったともいう。

ちゅう

厨

12画

［音読み］チュウ、ズ
［部首］厂（がんだれ）

料理の基本は収納にあり？

「厨房《ちゅうぼう》」に代表されるように、〝**料理をする部屋**〟

を表す漢字。「くりや」と訓読みすることもあるが、現在では古語。〝料理人〟のことを「厨人《ちゅうじん》」ということもある。

また、「厨子《ずし》」では〝**ものをしまっておく箱**〟をいう。「書厨《しょちゅう》」とは、〝本箱〟。

音読みはチュウを使うのが原則。ズは、「厨子」でだけ用いられる特殊な読み方である。

以前は「廚」と書くのが正式で、部首も〝建物〟を表す「广（まだれ）」。〝料理をする部屋〟が基本的な意味で、食材や食器をしまっておくところから、〝ものをしまっておく箱〟の意味が生じたかと思われる。

ちゅう

鋳

15画

［音読み］チュウ
［訓読み］い-る
［部首］金（かねへん）

造るといえばこれのこと！

「鋳造《ちゅうぞう》」「鋳物《いもの》」「鋳型《いがた》」「お寺の鐘を鋳《い》る」など、〝**金属を溶かして型に流し込み、製品を造る**〟ことを表す。特に〝**貨幣を造る**〟という意味ともなり、「改鋳《かいちゅう》」「新鋳《しんちゅう》」のほか、「私鋳《しちゅう》」「盗鋳《とうちゅう》」といった熟語もある。

なお、以前は「鑄」と書くのが正式。

ちゅう

駐

15画

［音読み］チュウ
［訓読み］と-まる、とど-まる
［部首］馬（うまへん）

いつでもスタンバイOK

〝一か所にとどまる〟という意味がある「主」（p257）に部首「馬」を組み合わせて、本来は〝馬をある場所に立たせておく〟ことを表す。広く〝**乗り物をある場所に置いておく**〟という意味で用いられ、「駐車《ちゅうしゃ》」「駐輪《ちゅうりん》」「駐機場《ちゅうきじょう》」などがその例。

「駐在《ちゅうざい》」「駐留《ちゅうりゅう》」「駐屯地《ちゅうとんち》」「進駐軍《しんちゅうぐん》」「看護師が常駐《じょうちゅう》している」などでは、監視などの目的で〝**ある場所にいつもいる**〟ことを表す。いざとなったらいつでも出動できる、という雰囲気を漂わせる、いかにも仕事が好きそうな漢字である。

◆訓読み「とまる／とめる」「とどまる／とどめる」は、現在では、「止」（p227）「留」（p627）と書くのがふつう。あえて「駐」を使うと、〝乗り物をとめる〟という意味がはっきりすることになる。

ちょ

著

11画

［音読み］チョ
［訓読み］あらわ-す、いちじる-しい
［部首］艹（くさかんむり）

出て行ったやつが大活躍！

「著作《ちょさく》」「著書《ちょしょ》」「傑作を著《あらわ》す」など、〝**書物としてまとめる**〟ことが代表的な意味。また、「名著《めいちょ》」「共著《きょうちょ》」「原著《げんちょ》」のように〝**書物**〟**そのもの**を指しても用いられる。

◆「あらわす」と訓読みする漢字には「表」（p518）「現」（p168）「顕」（p164）もある。その中で、「著」は〝書物としてまとめる〟場合だけ用いられるので、ほかの三つとの使い分けは簡単である。

〝書物としてまとめる〟ことから転じて、〝**はっきりと示されている**〟ことをも表し、「著名《ちょめい》」「顕著《けんちょ》」「著《いちじる》しい成長」などがその例。

もともとは、〝ぴったりくっつく〟〝身に付ける〟〝安定させる〟などの意味も持つ漢字で、これらの意味の場合はチャクと音読みした。後に「著」のくずし字から「着」（p411）が生まれ、これらの意味と音読みを表す場合には「着」が使われるようになった。そのため、少し昔の文章では、「結著《けっちゃく》」「落《お》ち著《つ》く」などといった書き表し方を見かけることがある。

以前は、点が一つ多い「著」と書くのが正式。成り立ちには諸説あり、部首「艹」が付いている理由も、はっきりしない。

ちょ

貯

12画

［音読み］チョ
［訓読み］た-める、たくわ-える
［部首］貝（かいへん）

取っておくものによりけりで…

「貯金《ちょきん》」「貯蔵《ちょぞう》」「貯水池《ちょすいち》」「お小遣いを貯《た》め

る」など、"**将来に備えて大切に取っておく**"ことを表す。部首「貝」は"お金や宝物"を表す記号なので、"貴重なものを大切に"というニュアンスを持つ漢字である。

◆訓読み「たくわえる」は、現在では「蓄」(p410)と書くことが多い。また、「ためる」も、「水を溜《た》める」のように「溜」を書いたり、かな書きしたりするのが一般的。"たくわえるもの"も"ためるもの"も、実際には"貴重なもの"とは限らないかもしれない。

ちょう

丁

2画

⇩ てい(p431)

ちょう

弔

4画

[音読み]チョウ
[訓読み]とむら-う
[部首]弓(ゆみ)

悲しみをまわりに示す

「弔意《ちょうい》」「慶弔《けいちょう》休暇」「事故の犠牲者を弔《とむら》う」のように、"**人の死を悲しむ**"ことを表す。

「悼」(p455)も似たような意味の漢字だが、「弔辞《ちょうじ》」「弔問《ちょうもん》」「弔旗《ちょうき》」「弔電《ちょうでん》」「弔鐘《ちょうしょう》」など、「弔」は"死者を悲しむ気持ちを示す"という意味合いで使われることが多い。どこか儀礼的な雰囲気がしないでもない。

成り立ちには諸説あり、部首を「弓」とするのも形の上から便宜的に分類されたもの。なお、「弔」の形が変化したのが「吊」(p430)で、「弔」にも本来は"つる/つるす"という意味がある。ただし、日本では、"とむらう"の場合は「弔」、"つる/つるす"の場合は「吊」と使い分ける。

ちょう

庁

5画

[音読み]チョウ
[部首]广(まだれ)

きちんと聴いてくださいね!

「県庁《けんちょう》」「警視庁《けいしちょう》」「官公庁《かんこうちょう》」など、"**役所**"を表す。以前は「廳」と書くのが正式。「廳」は「聽」(p423)の以前の書き方。それに"建物"を表す部首「广」を組み合わせて、"人びとの訴えに耳を傾ける建物"を表す。この意味合いが現在ではなかなか感じられないというのが、もっぱらの評判。現代の「庁」にも、「聴」を取り戻したいところである。

ちょう

兆

6画

[音読み]チョウ
[訓読み]きざ-す
[部首]儿(ひとあし)

昔々の占いは…

「前兆《ぜんちょう》」「吉兆《きっちょう》」「嵐の兆候《ちょうこう》」「回復の兆《きざ》し」など、"**何かの前触れ**"を表す。また、「新たな希望が兆《きざ》す」のように"**前触れが現れる**"の意味でも用いられる。

◆「きざす」と訓読みする漢字には「萌」(p558)もあるが、現在では「兆」を使う方がふつう。「萌」は、特にみずみずしいイメージを持って使われることがある。

大昔の中国では、かめの甲羅《こうら》や動物の骨を火であぶり、そこにできた割れ目の形で未来を占った。「兆」は、その割れ目を表す絵から生まれた漢字。部首「儿」は、ふつうは「人」の変形だが、この漢字では形が似ているから分類されただけで、意味の上で"人"とは関係がない。

なお、"**数の位取りの一つ**"としても使われ、「一兆《いっちょう》」には0が一二個付く。これは、大昔の中国語でこの数を表すことばと発音が似ていたことから、当て字的に用いられたものと思われる。

ちょう

町

7画

[音読み]チョウ
[訓読み]まち
[部首]田(たへん)

日本の田園風景から

「町会《ちょうかい》」「町営《ちょうえい》」「町家《まちや》」「港町《みなとまち》」「城下町《じょうかまち》」など、"**人が集まって住む地域**"を表す。また、特に**地方自治体の一つ**や、**住所を表す区分の一つ**としても用いられる。

ただし、本来は〝田んぼを区切るあぜ道〟を表す漢字で、〝まち〟の意味で用いるのは日本語独自の用法。また、昔の日本では、**距離の単位**としても用いられ、「一町《いっちょう》」は約一〇九メートル。

中国では、集まった人家のまわりに防壁をめぐらし、田畑はその外にあるのが一般的だった。一方、田畑と人家が混在しているのが、日本の田園風景。〝あぜ道〟が〝まち〟になった背景には、そんな違いが影響しているのかもしれない。

◆「街」（p68）も「まち」と訓読みするが、本来は〝整えられた道〟を指すので、都会的な雰囲気がある。逆に「町」は、素朴で生活の臭いがする漢字である。

ちょう

長

8画

［音読み］チョウ
［訓読み］なが-い
［部首］長（ながい）

相方をさしおいて…

言うまでもなく〝ながい〟ことを表す。「長髪《ちょうはつ》」「万里の長城《ちょうじょう》」「脚が長《なが》い」のように、**距離的に〝ながい〟**ことも表すし、「長考《ちょうこう》」「長期《ちょうき》間《かん》」「長《なが》いお休み」など**時間的に〝ながい〟**ことも表す。また、「延長《えんちょう》」「増長《ぞうちょう》」「会議が長《なが》びく」のように、**〝ながくする／なる〟**という意味で使われることもある。

一方、「長所《ちょうしょ》」「特長《とくちょう》」「一長一短《いっちょういったん》」などでは、**〝すぐれている〟**ことを表す。

以上の意味では「短」（p400）と対になるが、その範囲を超えて、いわばピンで使われることも多い。

たとえば、「成長《せいちょう》」「年長《ねんちょう》」「長女《ちょうじょ》」「長《ちょう》老《ろう》」などでは、**〝年を取る〟**ことや**〝年上〟**を表す。また、「長官《ちょうかん》」「会長《かいちょう》」「組長《くみちょう》」のように、**〝最も地位が高い者〟**を指すこともある。さらに、「冗長《じょうちょう》」「悠長《ゆうちょう》」「長《なが》話《ばなし》」などでは**〝余分が多い〟**という意味。

◆「ながい」と訓読みする漢字には「永」（p30）もある。現在では、「長」を使う方が一般的。「永」は、主に〝はてのない時間のながさ〟を表す漢字で、「永《なが》い眠りにつく」「永《なが》の別れ」のように用いる。

部首としては?

漢和辞典では部首の一つだが、「長」を部首とする漢字はごくわずかしかない。ただ、古代文字では「」と書き、〝髪が長い人〟の絵だと考えられているので、「髪」（p498）「髭」（p516）「鬢《びん》」などの部首「髟（かみがしら）」は、分家のようなものである。

ちょう

挑

9画

［音読み］チョウ
［訓読み］いど-む
［部首］扌（てへん）

はちまきがよく似合う?

「挑発《ちょうはつ》」「挑戦《ちょうせん》を受ける」「勝負を挑《いど》む」など、**〝争いをしかける〟**ことを表すのが基本的な意味。しかし、現在では「フルマラソンへの挑戦《ちょうせん》」「大食いの新記録に挑《いど》む」など、**〝困難なことを進んでやろうとする〟**という意味で用いられることが多い。これは、日本語独自の用法のようである。

部首「扌」は「手」の変形。本来は〝担ぎ上げる〟〝はね上げる〟など、勢いよく何かを〝持ち上げる〟という意味。ヨイショというかけ声が聞こえてきそうである。

ちょう

帳

11画

［音読み］チョウ
［訓読み］とばり
［部首］巾（はばへん）

紙と布では用途が異なる?

「帳面《ちょうめん》」「帳簿《ちょうぼ》」「手帳《てちょう》」「日記帳《にっきちょう》」「落書《らくが》き帳《ちょう》」など、**紙を何枚もとじ合わせた〝ノート〟**を表すのが代表的な意味。「帳場《ちょうば》」「帳消《ちょうけ》し」「帳合《ちょうあ》いを取る」「帳尻《ちょうじり》を合わせる」など、音読みのまま、さまざまな日本語と結びつく漢字である。

しかし、〝布きれ〟を表す部首「巾」が付いているように、本来は、**布を垂らした〝カーテン〟**を表す。「緞帳《どんちょう》」「開帳《かいちょう》」などがその例。この意味を表す訓読みに「とばり」があり、「夜の帳《とばり》が下りる」のように比喩的に用いられる。

また、「蚊帳《かや》」も〝カーテン〟を表す例の一つで、漢字の熟語をそのまま、意味を表す日本語で読む当て字的表現。二字合わせて「かや」と読むのであり、「帳」に「や」という訓読みがあるわけではない。

〝ノート〟の意味が生まれた経緯ははっきりしないが、古くから〝数を記録するもの〟という意味はあったらしい。なお、「帖《ちょう》」もよく似た漢字で、やはり〝ノート〟や〝カーテン〟を指して用いられるが、現在では「帳」を書くのが一般的である。

ちょう 張

11画

［音読み］チョウ
［訓読み］は-る
［部首］弓（ゆみへん）

一次元から二次元へ…

部首「弓」にも現れているように、本来は〝弓の弦をたるまないようにする〟こと。広く〝**糸や紙・布などを、たるまないように広げて固定する**〟ことを意味し、「糸を張《は》る」「幕を張《は》る」などがその例。「緊張感《きんちょうかん》」「気を張《は》りつめる」などは、比喩的に用いられて〝**気持ちを引き締める**〟ことを表す例。

また、「膨張《ぼうちょう》」「お腹が張《は》る」「胸を張《は》る」のように、〝**ふくらんでたるみがなくなる**〟ことを表す場合もある。このあたりから〝面として広がる〟というイメージが強くなるようで、「氷が張《は》る」「祝宴を張《は》る」「お風呂に水を張《は》る」のように、〝**一面に広がる／広げる**〟の意味でも使われる。「見張《みは》る」は、本来は〝目を大きく広げて見る〟こと。

さらに、「拡張《かくちょう》」「張《は》り出《だ》す」など〝**広がって外へ出て行く**〟ことを表す場合もあり、「出張《しゅっちょう》」は〝用事があって外へ出て行く〟こと。「主張《しゅちょう》」「言《い》い張《は》る」「我《が》を張《は》る」などは、〝**自分の考えを外へと押し通そうとする**〟ことを表す例。「誇張《こちょう》」はその延長線上にあるとも取れるし、〝ふくらむ〟から直接転じたものとも考えられる。

このように、〝面〟のイメージを持って使われることが多い。もとは弓の弦という〝線〟だったことを思い出すと、ちょっとおもしろい現象である。

なお、「張本人《ちょうほんにん》」の「張本」とは〝そもそもの原因〟のことだが、本来は、文章などで〝後になって述べることの準備として、前もって述べておくこと〟を指す。いわゆる「伏線を張る」ことで、〝線〟のイメージが残っている例である。

◆似た意味で「はる」と訓読みする漢字には「貼」（p421）もある。一般的には「張」を書くが、〝平たいものを固定する〟場合だけは、「貼」を用いる。

ちょう 彫

11画

［音読み］チョウ
［訓読み］ほ-る
［部首］彡（さんづくり）

消えないことに意味がある！

部首「彡」は〝模様〟を表す記号。「彫刻《ちょうこく》」「彫《ちょう》金《きん》」「イニシャルを彫《ほ》る」のように、〝**刻みつけて模様や形を作る**〟ことを表す。また、〝消えないように模様を描く〟ことから、〝**入れ墨を入れる**〟ことをもいう。

◆「掘」（p139）も「ほる」と訓読みするが、〝土をかきだしてくぼみを作る〟ことを表す漢字なので、地面に溝を付けて壮大な地上絵でも描こうとしない限り、使い分けに悩む必要はない。

ちょう 眺

11画

［音読み］チョウ
［訓読み］なが-める
［部首］目（めへん）

距離と時間の違い

音読みで使われる例には、「眺望《ちょうぼう》」があるくらい。〝**離れたところから広い範囲を見渡す**〟ことを表す漢字。訓読みでも「景色を眺《なが》める」のように用いられるが、「絵をじっくり眺《なが》める」「画面をぼんやり眺める」などでは、"時間をかけて見る"というニュアンスが強い。音読みとは重点の置きどころが微妙に違うようである。

ちょう 頂

11画

［音読み］チョウ
［訓読み］いただき、いただ-く
［部首］頁（おおがい）

てっぺんが気になります?

「頂上《ちょうじょう》」「頂点《ちょうてん》」「得意の絶頂《ぜっちょう》」「山の頂《いただき》」のように、**"てっぺん"**を表す。部首「頁」は"頭部"を表し、本来は"頭のてっぺん"の意味。同じく"てっぺん"を表す漢字に「顛《てん》」があるが、これも部首「頁」が付いている。漢字の世界では、"てっぺん"といえば"頭"を思い出すものらしい。

転じて、**"頭の上や最も高い所にものを載せる"**ことをも指し、「荷物を頭上に頂《いただ》く」「雪を頂《いただ》く山」のように用いられる。「頂戴《ちょうだい》」もその例だが、日本では、"もらう"ことをへりくだっていう表現として使われる。

訓読み「いただく」は、「料金を頂《いただ》く」「実際に見て頂《いただ》く」「ステーキを頂《いただ》く」など、**"もらう""食べる""飲む"のへりくだった表現**として使うことも多い。

◆「いただく」と訓読みする漢字には「戴」（p390）もある。「戴」と「頂」に大きな意味の違いはないが、字の形が複雑なぶん、「戴」の方が大げさな感じになる。また、現在ではかな書きされることも多い。

ちょう 鳥

11画

［音読み］チョウ
［訓読み］とり
［部首］鳥（とり）

昔の姿も人気があります

動物の"とり"を表す。古代文字では「」と書かれ、"とり"の絵から生まれた漢字であることがよくわかる。そこが好かれるらしく、「」は焼き鳥屋さんの看板などで、今でもよく見かける。

部首としては?

「鶏」（p150）「鶴」（p431）「鳴」（p586）「鳩《はと》」「鴨《かも》」など、"とり"に関係する漢字の部首となる。漢字の右側に置かれることが多いのが特徴。「鷹」（p392）「鷲《わし》」「鶯《うぐいす》」のような例もあるが、漢字の左側、いわゆる「へん」の位置に現れることはほとんどない。そこで、部首としても「とり」とだけ呼ばれ、「とりへん」といえば「酉」（p468）を指す。

ちょう 朝

12画

［音読み］チョウ
［訓読み］あさ
［部首］月（つき）

早くからご苦労さまです!

例を挙げるまでもなく、**"夜明け"**を表す。

ただし、「一朝《いっちょう》」は"ある夜明け"から転じて、"ある日""あるとき"という意味。

「朝廷《ちょうてい》」のように**"政治を行うところ"**を指すのは、昔の君主は朝早いうちに政務を行ったことから。転じて、「王朝《おうちょう》」「南《なん》北朝《ぼくちょう》時代」「ブルボン朝《ちょう》」のように、**"君主を中心とした政治体制"**をも表す。ただし、「帰朝報告《きちょうほうこく》」のように**"自分の国"**を指すのは、日本語独自の用法。

また、**"君主にごあいさつする"**ことを表す場合もある。歴史で出てくる「朝貢《ちょうこう》」とは、"外国の君主にごあいさつして貢《みつ》ぎ物を渡す"こと。このほか、**「朝鮮《ちょうせん》」の省略形**として使われることもある。

なお、「今朝《けさ》」は、漢字の熟語をそのまま、意味を表す日本語で読む当て字的表現。また、名前で「とも」と読むのは、古くは"一同に会する"という意味があったので、「ともにする」に由来するものかと思われる。

なお、以前は「朝」と書くのが正式。部首「月／月」は、この漢字では「舟」の変形。ただし、成り立ちには諸説がある。

ちょう 脹

12画

［音読み］チョウ
［部首］月（にくづき）

部首「月」は「肉」の変形で、〝肉体〟を表す。**〝肉体の一部がふくらむ〟**ことを意味する漢字で、「膨脹《ぼうちょう》」がその例。ただし、このことばは、現在では、「張」（p419）を用いて「膨張《ぼうちょう》」と書くことが多い。

お医者さんにご縁がある

また、「ふくれる」と訓読みして「脹《ふく》れっ面《つら》」などと書くこともあるが、これも現在ではかな書きするのがふつう。現在では、「腫脹《しゅちょう》」「脹満《ちょうまん》」などの医学用語以外では、ほとんど使われることはない。

ちょう

貼

12画

［音読み］チョウ、テン
［訓読み］は-る
［部首］貝（かいへん）

仲間につられてついつい？

〝のりなどを使って、平らなものをくっつける〟ことを表す。「貼付《ちょうふ》」「ポスターを貼《は》る」「湿布を貼《は》る」などがその例。音読みは本来はチョウだが、「貼付《てんぷ》」のようにテンと読まれることもある。これは、「店《てん》」や「点《てん》」など、「占」を含むほかの漢字につられたものか、あるいは「添付《てんぷ》」に影響されたものかと考えられる。

◆似た意味で「はる」と訓読みする漢字には「張」（p419）もある。「張」は〝たるまないように固定する〟〝面として広がる〟などの意味を表すのに対して、「貼」は〝平らなものをくっつける〟ときにだけ使うのが、異なる点である。

ちょう

超

12画

［音読み］チョウ
［訓読み］こ-える、こ-す
［部首］走（そうにょう）

その先に広がる世界

部首「走」は、〝何かを目がけて行動する〟こと。「超過《ちょうか》」「超音波《ちょうおんぱ》」「超満員《ちょうまんいん》」のように、**〝ある限度の先まで行く〟**ことを表す。特に、「超人《ちょうじん》」「超能力《ちょうのうりょく》」「超特急《ちょうとっきゅう》」「超絶技巧《ちょうぜつぎこう》」など、**〝並外れてすぐれた〟**という意味で用いられることが多い。

◆訓読み「こえる／こす」では、「越」（p35）との使い分けが悩ましい。「越」は困難などを〝こえる過程〟に重点があるのに対して、「超」は〝こえた後の状態〟にポイントがある。そこで、「百万人を超《こ》える人口」「処理能力を超《こ》す仕事」のように用いる。とはいえ、実際にはまぎらわしい例がとても多い。迷ったら、あんまり気にせずどちらかを適当に書くか、かな書きしておくのが賢明である。

ちょう

腸

13画

［音読み］チョウ
［訓読み］はらわた
［部首］月（にくづき）

部首「月」は「肉」の変形で、〝肉体〟を表す記号。**消化器官の〝腸〟**を表す。

けっこうアバウトなんですね！

訓読みでは「はらわた」と読むが、「はらわた」は**〝内臓全体〟**を指すこともあるので、漢字「腸」の意味とは必ずしも一致しない。「大腸《だいちょう》」「小腸《しょうちょう》」を一緒くたにして同じ「腸」で表すのも不思議といえば不思議だが、訓読みはもっとおおざっぱだったようである。

ちょう

跳

13画

［音読み］チョウ
［訓読み］は-ねる、と-ぶ
［部首］⻊（あしへん）

躍動する筋肉！

〝勢いによって短時間、地上を離れる〟ことを表す。「跳躍《ちょうやく》」「ボールが跳《は》ねる」など。

◆「とぶ」と訓読みする漢字には「飛」（p511）もある。「飛」がふつうは〝時間をかけて空中を移動する〟ことを表すのに対して、「跳」は短時間ですぐ落ちる点が異なる。ただし、「飛《と》び起《お》きる」「飛《と》び越《こ》す」「飛《と》び箱《ばこ》」など、「跳」の方がふさわしい場合にも「飛」が使われることも多い。そこで、「跳《と》び起《お》きる」「跳《と》び越《こ》す」「跳《と》び箱《ばこ》」のように書くと、勢いのよさが強調される。また、〝翼を広げて自由に〟という意味合いで、「翔」（p294）を使うこともある。

ちょう 徴

14画
［音読み］チョウ
［部首］彳（ぎょうにんべん）

必要だけれど嫌われる…

「特徴《とくちょう》」「象徴《しょうちょう》」「徴候《ちょうこう》」などでは、**〝漠然としている何かが、はっきりとわかるように現れたもの〟**を表す。この意味で「しるし」と訓読みすることもあるが、現在では「印」（p22）を使うのがふつう。

　また、「徴税《ちょうぜい》」「徴収《ちょうしゅう》」「徴兵《ちょうへい》」「追徴《ついちょう》金《きん》」のように、**〝政府や組織などが強制的に何かを集める〟**ことをも意味する。本来は〝才能がはっきり現れた者を政府が召し出す〟ことだったともいうが、現在は〝強制的〟なイメージ。いつの時代も、政府は煙たい存在なのである。

　以前は、「山」の下に横棒が一本多い「徵」と書くのが正式。「微」（p515）と形が似ているが、成り立ちの上で関係があるとする説と、ないとする説がある。

ちょう 暢

14画
［音読み］チョウ
［部首］日（ひ、にち）

自由自在でうらやましい

「流暢《りゅうちょう》」が代表的な例で、**〝のびやかである〟**ことを表す。「のびる」と訓読みすることもあるが、現在では名前で使う読み方「のぶ」にそのなごりが見られる程度。

　また、「のんき」を「暢気《のんき》」と書くことがあるが、この「暢《のん》」は**〝のんびりしている〟**ところから来た、一種の当て字。本来は「暖気《のんき》」と書いた熟語で、「のん」は鎌倉時代ごろ以降に生まれた「暖」の比較的新しい音読みだと考えられている。

　「申」（p308）には〝のびる〟という意味があるのでこれを部首としたいが、そんな部首は存在しない。しかたないので、右上の「日」を採って部首としている。

ちょう 嘲

15画
［音読み］チョウ
［訓読み］あざけ-る、あざわら-う
［部首］口（くちへん）

雰囲気だけを生かす技

「嘲笑《ちょうしょう》」「自嘲《じちょう》」「嘲《あざけ》るような視線」など、**〝見下して笑う〟**ことを表す。「あざわらう」とも訓読みするが、文学作品などでは「嘲う」と書いて「わらう」と読ませ、〝あざわらう〟のニュアンスだけを生かすこともある。冷たい意味を持つだけに、微妙な表現がかえって効果的である。

　なお、印刷文字では「嘲」の形が標準とされているが、手書きでは「月」を「月」と書いても差し支えない。

ちょう 澄

15画
［音読み］チョウ
［訓読み］す-む、す-ます
［部首］氵（さんずい）

憎らしいほどの透明感！

「水」が変形した部首「氵」にも現れているように、本来は〝水が透き通る〟という意味。広く**〝にごりがない〟**ことを表す。「流れが澄《す》む」「澄み渡った青空」「澄《す》んだ肌」「澄《す》んだ音色」などがその例。また、「澄《す》み切った心」では**〝雑念がない〟**ことを表し、転じて「耳を澄《す》ます」「研《と》ぎ澄《す》まされた感性」では**〝精神を集中させる〟**という意味となる。

　日本語では、「澄《す》ました表情」のように**〝関係がないふりをする〟**ことを指しても使う。透明感の陰に心の揺れがあることを想像させるのが、おもしろい。

　訓読みで使われることが多い漢字。音読み熟語の例としては「澄明《ちょうめい》」「清澄《せいちょう》」などがあるが、やや堅苦しい表現となる。

ちょう 潮

15画
［音読み］チョウ
［訓読み］しお、うしお
［部首］氵（さんずい）

大海原へ乗り出して…

「満潮《まんちょう》」「高潮《こうちょう》」「潮風《しおかぜ》」「潮干狩《しおひが》り」のように、**〝海の満ち引き〟**を指すのが本来の意味。訓読み「うしお」は、「しお」のやや古めかしい言い方。

◆似た意味で「しお」と訓読みする漢字には「汐」（p244）もあるが、現在では「潮」を書くのが一般的。ただし、「潮」は特に朝に見られるものを指し、夕方の「汐」と区別することもある。

転じて、「風潮《ふうちょう》」「思潮《しちょう》」「時代の潮流《ちょうりゅう》」など、**〝世の中全体に見られる傾向〟**を表す。また、「血潮《ちしお》」「初潮《しょちょう》」「ほほを紅潮《こうちょう》させる」では、**〝血液の流れ〟**を指す。

全体的に〝満ちたり引いたりする〟ものを表すところが、特徴である。

「黒潮《くろしお》」「親潮《おやしお》」「渦潮《うずしお》」など、満ち引きしない**〝海水の流れ〟**を表すのは、日本語独自の用法。「潮路《しおじ》」「潮風《しおかぜ》」のように、広く**〝海〟**を指すこともある。「これを潮《しお》に引き上げる」のように**〝ちょうどいい機会〟**という意味で用いるのは、「潮《しお》を待って船出する」というような使い方から転じたもので、これも日本語オリジナル。海に囲まれた日本ならではの用法だろう。

なお、以前は「潮」と書くのが正式。

ちょう

蝶

15画

［音読み］チョウ
［部首］虫（むしへん）

エキゾチックな美しさ

昆虫の〝ちょう〟を指す。

「枼《よう》」は、「葉」（p611）にも含まれているように、〝ひらひらしたもの〟を表す。

「揚《あげ》羽《は》蝶《ちょう》」「紋《もん》白《しろ》蝶《ちょう》」から「お蝶《ちょう》夫《ふ》人《じん》」に至るまで、もとは中国語の発音が変化した音読みがそのまま完全に日本語となっている。とはいえ、どこか大陸的な雰囲気を残しているのも、おもしろい。

ちょう

調

15画

［音読み］チョウ
［訓読み］ととの-える、しら-べる
［部首］言（ごんべん）

変化をうまくつかまえたいね！

「調《ちょう》和《わ》」「調《ちょう》整《せい》」「協《きょう》調《ちょう》」「味を調《ととの》える」など、**〝バランスのとれた落ち着いた状態にする〟**ことを表すのが基本。「薬の調《ちょう》合《ごう》」「コートを新《しん》調《ちょう》する」「条約の調《ちょう》印《いん》」なども、その延長線上にある用法。成り立ちには諸説あるが、部首「言」が付いているように、本来は〝気配りの行き届いたことば〟のことだという。

転じて、「調《ちょう》子《し》」「順《じゅん》調《ちょう》」「格《かく》調《ちょう》」「口《く》調《ちょう》」「色《しき》調《ちょう》」「絶《ぜっ》好《こう》調《ちょう》」などなど、**〝状態の移り変わり〟**を指してさまざまに用いられる。特に**〝移り変わっていくメロディ〟**を意味する場合には、「演歌の調《しら》べ」のように、訓読みでは「しらべ」と読む。

基本的に〝状態の変化〟に興味の中心がある漢字。そこから、「調《ちょう》査《さ》」「調《ちょう》書《しょ》」「在庫があるか調《しら》べる」など、**〝どのような状態かを把握する〟**という意味にもなる。

◆「ととのう／ととのえる」と訓読みする漢字には「整」（p339）もあって、使い分けがとてもむずかしい。「調」は〝バランスを取る〟こと、「整」は〝秩序を与える〟ことを表すので、〝足したり引いたりしてととのえる〟場合は「調」を、〝乱雑なものを整理してととのえる〟場合は「整」を使うことが多い。ただし、実際には「準備をととのえる」のように両方にまたがることも多い。迷った場合は、好きな方を使って問題はない。

ちょう

聴

17画

［音読み］チョウ
［訓読み］き-く
［部首］耳（みみへん）

素直な気持ちで向き合います

〝音を耳で感じ取る〟ことを表す。「聴《ちょう》覚《かく》」「聴《ちょう》力《りょく》」では単に〝きく〟ことを表すが、このような例は少なく、主に**〝注意を傾けて耳をはたらかせる〟**という意味で用いられる。「聴《ちょう》衆《しゅう》」「傾《けい》聴《ちょう》」「拝《はい》聴《ちょう》」「盗《とう》聴《ちょう》」「下手な演奏を聴《き》く」などがその例。

また、〝**耳にした内容を受け入れる**〟ことを表す場合もあり、例として「聴許《ちょうきょ》」という熟語があるが、現在ではかなり堅苦しい表現。本来は〝下々の訴えに耳を傾ける〟というニュアンスを持つ漢字で、「事情聴取《じじょうちょうしゅ》」という例もあるように、時には〝上から目線〟ならぬ〝上から耳線〟になることもある。

◆訓読み「きく」では、「聞」（p539）「訊」（p319）との使い分けが問題。「聞」は主に〝耳に入ってくる〟場合、「訊」は〝質問して答えを得る〟場合に用いられるのに対して、「聴」は〝注意して耳を傾ける〟場合に使われる。ただし、「聞」は一般的に用いることもできるので、迷ったら「聞」を書いておくのが安全策である。

以前は「聽」と書くのが正式。「悳《とく》」は「徳」（p465）と同じで〝まっすぐな心〟という意味がある。部首「耳」を付け加えて〝片寄りのない気持ちで耳を傾ける〟ことを表す、とする説が有力である。

ちょう 懲

18画

［音読み］チョウ
［訓読み］こ-らす、こ-りる
［部首］心（こころ）

そう簡単にはやめられないけど

「懲罰《ちょうばつ》」「懲戒《ちょうかい》」「懲役《ちょうえき》」のように、〝**二度と同じことをしないよう、強く思い知らせる**〟ことを表す。訓読み「こらす」は、現在では「悪人を懲《こ》らしめる」のように「こらしめる」の形で用いることが多い。

また、〝**二度と同じことをしない、と強く思う**〟ことも表す。「連休に旅行するのは懲《こ》りた」「あいつも懲《こ》りないねえ」などがその例。どちらの意味であれ、部首「心」が付いているように〝気持ち〟の問題であって、実際に同じことをくり返さないかどうかは、また別のお話である。

なお、以前は、「山」の下に横棒が一本多い「懲」と書くのが正式。

ちょく 直

8画

［音読み］チョク、ジキ、ジカ
［訓読み］す-ぐ、ただ-ちに、なお-す
［部首］目（め）

大きな目玉が心に残る…

「直線《ちょくせん》」「直進《ちょくしん》」「垂直《すいちょく》」「真《ま》っ直《す》ぐ」など、〝**曲がりがない**〟ことを表すのが基本的な意味。転じて、「正直《しょうじき》」「実直《じっちょく》」「率直《そっちょく》」のように〝**うそや飾りがない**〟ことを指しても用いられる。

また、〝**間に何もはさまない**〟ことをも表す。「直接《ちょくせつ》」「直営《ちょくえい》」「直属《ちょくぞく》」「直通《ちょくつう》」「直送《ちょくそう》」「直感《ちょっかん》」などなど、この意味の例は多い。「直筆《じきひつ》」「直伝《じきでん》」「直訴《じきそ》」「直々《じきじき》に」などでは、特に〝**本人自身が**〟という意味。

これが時間的な意味で用いられると、「直前《ちょくぜん》」「直後《ちょくご》」「直《ただ》ちに伺《うかが》います」のように〝**すぐさま**〟という意味になる。ただし、「直《じき》に治ります」では〝**そのうち**〟という意味。また、仕事の方面で使われると、〝**現場で実務を担当する**〟ことにもなり、「日直《にっちょく》」「当直《とうちょく》」「宿直《しゅくちょく》」などがその例。

このほか、〝曲がりを正す〟ところから〝**あるべき状態に戻す／戻る**〟という意味にもなるが、これは日本語独自の用法。「壊れたラジオを直《なお》す」「誤植を直《なお》す」「ご機嫌が直《なお》った」などがその例。

◆「なおす／なおる」と訓読みする漢字には「治」（p406）もある。「治」は、特に健康状態について使うのに対して、「直」は広く〝あるべき状態に戻す／戻る〟の意味で用いる。

音読みはチョクを使うのが原則。ジキは奈良時代以前からある古い読み方で、例としてはすでに挙げた「正直《しょうじき》」「直筆《じきひつ》」「直伝《じきでん》」「直訴《じきそ》」「直々《じきじき》に」「直《じき》に」などでしか用いられない。ジカも古い音読みの一つで、「直火《じかび》」「直談判《じかだんぱん》」「肌に直《じか》に接する」など、使われる場面はさらに限られる。

「直《じき》に」「直《じか》に」など、音読みが独立して使われるのが特徴的。チョクも「直《ちょく》で話した方がいい」「直《ちょく》で帰ります」のように用いられる。

部首「目」が付いているのは、本来は“正面から見る”ことを意味していたから、とする説が有力。“曲がりがない”“間に何もはさまない”という二つの意味は、そこからそれぞれ生まれたものだろう。

ちょく

勅

9画

［音読み］チョク
［部首］力（ちから）

逆らうのはむずかしい…

“王や皇帝・天皇のことば”を表す。「勅令《ちょくれい》」「勅語《ちょくご》」「詔勅《しょうちょく》」などがその例。「勅撰《ちょくせん》」は、“王や皇帝・天皇の命令で書籍を編集する”こと。

以前は「敕」と書くのが正式で、部首も「攵（のぶん）」。「攵」は“ムチを手に持っている人の形”で、強制力を伴うことを示している。

ちょく

捗

10画

［音読み］チョク
［訓読み］はかど-る
［部首］扌（てへん）

発端は勘違い？

「進捗《しんちょく》」「捗《はかど》る」の形以外では、まず用いられない。**“仕事がうまく進む”**ことを表す。本来は“収める”“打つ”などの意味を表す漢字。“仕事がうまく進む”という意味は、“高いところへ進む”ことを表す「陟《ちょく》」に影響されて生まれた、日本語独自の用法だと考えられている。

なお、印刷文字では「捗」の形が標準とされているが、手書きでは「歩」を「歩」と書いても差し支えない。

ちん

沈

7画

［音読み］チン
［訓読み］しず-む
［部首］氵（さんずい）

暗い中にもかすかな光が…

「沈没《ちんぼつ》」「撃沈《げきちん》」「船が沈《しず》む」「石を沈《しず》める」など、**“水の底へと潜り込む／潜り込ませる”**ことを表すのが基本。「地盤沈下《じばんちんか》」のように単に**“低くなる”**ことをいう場合もある。

転じて、**“気分がふさぎ込む”**ことをも表す。「沈痛《ちんつう》」「沈黙《ちんもく》」「意気消沈《いきしょうちん》」「心が沈《しず》む」などがその例。「景気が沈滞《ちんたい》する」のように**“うまくは進んでいかない”**という意味で使われることもある。

どうしても重苦しいムードが漂う漢字だが、「沈着《ちんちゃく》」「沈思《ちんし》」のように**“落ち着いている”**ことを表す例もある。世の中、悪いことばかりではないのである。

「静」（p339）「鎮」（p426）も「しずめる」と訓読みするが、「沈」は“水の底へしずめる”こと。他の二つとの使い分けに悩む必要はない。

ちん

珍

9画

［音読み］チン
［訓読み］めずら-しい
［部首］王（たまへん）

笑ってないで価値を認めて！

“ほかに似たものがなく貴重である”ことを表す。「珍品《ちんぴん》」「珍味《ちんみ》」「珍重《ちんちょう》」「珍《めずら》しい発見」などがその例。部首「王」は“宝石”を意味する「玉」（p130）の変形。本来は“質のよい宝石”を指し、“貴重である”ことにポイントがある漢字である。

それを転じて、「珍妙《ちんみょう》」「珍答《ちんとう》」「珍説《ちんせつ》」のように**“ふつうではなくこっけいな”**という意味でも使うのは、日本語独自の用法。日本人は“貴重なもの”の価値を、時折、はき違えてしまうのかもしれない。

ちん

朕

10画

［音読み］チン
［部首］月（つきへん）

なかなかいない特別な“自分”

皇帝や天皇・王が“自分”を指すときに使ったことば。現在では、歴史的な文脈以外ではまず用いられない漢字である。

以前は「朕」と書くのが正式。成り立ちには諸説があるが、「月／⺝」は「舟」が変形したもの。そこで、部首としては「肉」が変形した「月(にくづき)」ではなく、ふつうの「月」に分類されている。

ちん
陳
11画
［音読み］チン
［部首］阝(こざとへん)

ときどき入れ換えないと！

「陳列《ちんれつ》」によく現れているように、〝**並べる**〟ことが基本的な意味。〝ことばを並べ立てる〟ところから、「陳情《ちんじょう》」「陳述《ちんじゅつ》」「陳《ちん》謝《しゃ》」「開陳《かいちん》」のように〝**まとまった内容を述べる**〟ことをも表す。

「陳腐《ちんぷ》」「新陳代謝《しんちんたいしゃ》」では〝**古い**〟という意味。これは〝並べたまま時間が経つ〟ことから転じたものと考えられている。日に焼けて色あせた商品見本をそのまま並べてあるショーウィンドウのような感じだろうか。

成り立ちには諸説あり、「阜」(p525)が変形した部首「阝」が付いている理由も、はっきりしない。

ちん
賃
13画
［音読み］チン
［部首］貝(かい)

お金こそが主人公!?

部首「貝」は〝お金や宝物〟を表す記号。「運賃《うんちん》」「家賃《やちん》」「手《て》間《ま》賃《ちん》」「賃金《ちんぎん》」「賃貸《ちんたい》」など、〝**何かに対して支払う／もらうお金**〟を意味する。〝支払う〟と〝もらう〟が同居しているのはおもしろいが、そう思うのは人間を中心に考えるから。お金を中心に考えれば、どちらでも同じことである。

似たような意味で使われる漢字に「代」(p391)「費」(p513)「料」(p630)がある。中でも「賃」は、帳簿上の分類ではなく、実際にやりとりされる〝お金そのもの〟を指す傾向が強い。

ちん
鎮
18画
［音読み］チン
［訓読み］しず-める
［部首］金(かねへん)

本来の意味は机の上に

現在では、「鎮圧《ちんあつ》」「鎮守《ちんじゅ》」「鎮魂《ちんこん》」「鎮痛剤《ちんつうざい》」「地鎮祭《じちんさい》」など〝**何らかの力によって安定させる**〟ことを表す印象が強い。ただし、本来は〝**金属製のおもし**〟を表す漢字で、部首「金」が付いているのはそのなごり。「文鎮《ぶんちん》」がその例で、「音楽業界の重鎮《じゅうちん》」のように使うのは、比喩的に用いられたもの。「鎮《ちん》座《ざ》」では〝**しっかりと安定している**〟ことを表す。

◆訓読み「しずめる／しずまる」では、「静」(p339)との使い分けが気になるところ。「静」は単に〝しずかにさせる／なる〟という意味で用いるのに対して、「鎮」には、「反乱を鎮《しず》める」「咳《せき》を鎮《しず》める」「炎が鎮《しず》まる」など、〝暴れるものを押さえつける〟というニュアンスがある。とはいえ、まぎらわしい場合も多いので、「しずめる」は「鎮」を、「しずまる」は「静」を書くことにするのも対処法の一つである。

なお、以前は「鎭」と書くのが正式。

つ

つ 津

9画

［音読み］シン
［訓読み］つ
［部首］氵（さんずい）

中には当て字も多そうだ

日本では、地名でよく使われる漢字。意味としては〝**船着き場**〟で、滋賀県の「大津《おおつ》」、富山県の「魚津《うおづ》」、千葉県の「木更津《きさらづ》」など、地名の最後に置かれる場合の多くはこの意味だと考えられる。また、「つ」と読む漢字は少ないので当て字的に使われることも多く、青森県の「津軽《つがる》」地方や岡山県の「津山《つやま》」、島根県の「津和野《つわの》」、大分県の「津久見《つくみ》」のように、最初に現れる「津」は当て字である可能性が高い。

一般的に使われることばとしては、「津々浦々《つつうらうら》」が〝船着き場〟を表す例。「津波《つなみ》」も、語源としては〝船着き場に被害を与える波〟だという。

そのほか、「興味津々《きょうみしんしん》」では〝**わき水のようにあふれるようす**〟を表す。なお、音読みシンが使われるのは、このことば以外では、「天津甘栗《てんしんあまぐり》」「天津飯《てんしんはん》」などの中国の地名「天津《てんしん》」くらいのものである。

つい 追

9画

［音読み］ツイ
［訓読み］お-う
［部首］辶（しんにょう、しんにゅう）

けっして手には入らないもの

部首「辶」は、以前は「辶」と書くのが正式で、〝移動〟を表す。「追跡《ついせき》」「追突《ついとつ》」「猛追《もうつい》」「追《お》いかける」など、〝**離れていくものに近づこうとする**〟ことを指すのが基本。転じて、さまざまな意味で用いられる。

「追放《ついほう》」「追《お》い払《はら》う」「追《お》い出《だ》す」などでは、〝**迫ってどこかへ行かせる**〟の意味。「訴追《そつい》」「追《お》い求《もと》める」では〝移動する〟という意味合いは薄くなり、〝**手に入れようとする**〟ことを表す。「追求《ついきゅう》」「追究《ついきゅう》」「追及《ついきゅう》」はどれもこの意味の例で、「追求」は〝自分の利益を手に入れようとする〟場合、「追究」は〝真実や真理を見つけようとする〟場合、「追及」は〝逃げるものをつかまえようとする〟場合に用いられる。

「追加《ついか》」「追伸《ついしん》」「追試《ついし》」「追徴金《ついちょうきん》」などでは、〝**すでに終わったものに何かを付け加える**〟ことを表す。やや転じて、「追認《ついにん》」「追《お》ってご連絡します」などでは〝**時間が経ってから**〟という意味。「追憶《ついおく》」「追悼《ついとう》」「追善供養《ついぜんくよう》」のように、〝**過去のことをしみじみと思い出す**〟ことを表す場合もある。

また、「追随《ついずい》」では〝**すでにある例に従う**〟こと。「追従」も「ついじゅう」と読んだ場合はこの意味だが、「ついしょう」と読むと、〝**相手の気持ちに従う**〟ことを表す。

「夢を追《お》う」のように未来志向の使い方もあるが、過去にこだわる使い方も目立つ。離れていくばかりだからこそ、人は過去を追いかけたくなるのだろうか。

◆訓読み「おう」では「逐」（p410）との使い分けが気になるところだが、現在では「追」を使う方がふつう。ただし、〝強制的にどこかへ行かせる〟場合や、〝順序通りに〟というニュアンスを出したい場合には、「逐」を書くこともある。

つい 椎

12画

［音読み］ツイ
［訓読み］しい
［部首］木（きへん）

不思議といえば不思議ですね…

「脊椎《せきつい》」「腰椎《ようつい》」「椎間板《ついかんばん》」「ヘルニア」など、〝**背骨の一つ一つの骨**〟を表す。部首「木」が付いているのは、本来は〝木づち〟を指す漢字だから。その頭の部分に形が似ていることから、意味が転じたのだろう。

また、「椎《しい》の実」「椎茸《しいたけ》」のように**樹木の〝しい〟**をも表すが、これは〝木づち〟とは別個に生じた意味らしい。食用としても役立つ樹木が、背骨と同じ漢字で表されるのは、ちょっと不思議な気がする。

つい
遂
12画

⇩ すい（p324）

つい
墜
15画

［音読み］ツイ
［訓読み］お-ちる、お-とす
［部首］土（つち）

もはやこれまで！支えきれない

以前は「墜」と書くのが正式。「隊／隊」（p389）には〝転がり落ちる〟という意味がある。部首「土」を加えて、「墜落《ついらく》」「ベランダから墜《お》ちる」など、広く**〝地面へと落下する〟**ことを表す。また、「権威が失墜《しっつい》する」「評判が地に墜《お》ちる」のように、比喩的に用いられて**〝評価が急激に悪くなる〟**という意味でも用いられる。

「撃墜《げきつい》」「撃《う》ち墜《お》とす」など、**〝落下させる〟**場合もあるが、例は少ない。だれかに無理に落とされるというよりは、〝自分では支えきれずに〟という意味合いが強い。

◆「おちる／おとす」と訓読みする漢字には「落」（p618）「堕」（p384）もあるが、現在では「落」を使うのがふつう。あえて「墜」と書くと、〝支えきれず真っ逆さまに〟というニュアンスが出ることになる。

つう
通
10画

［音読み］ツウ、ツ
［訓読み］とお-る、かよ-う
［部首］⻌（しんにょう、しんにゅう）

〝移動〟から世界が広がる！

部首「⻌」は、以前は「⻍」と書くのが正式で、〝移動〟を表す。「甬《よう》」は〝滞りなく抜ける〟という意味。合わせて、「通行人《つうこうにん》」「目の前を猫が通《とお》る」のように**〝滞りなく移動する〟**ことを表すのが基本だが、ここから発展してさまざまな意味で用いられるのが特徴的な漢字である。

「通過《つうか》」「貫通《かんつう》」「踏切を電車が通《とお》る」などでは、**〝ある場所の片側から反対側へ移動する〟**こと。「開通《かいつう》」「資金を融通《ゆうずう》する」「水道が通《とお》る」「針の穴を通《とお》す」などでは、**〝ある場所や向こう側まで届く／届くようにする〟**こと。また、「一方通行《いっぽうつうこう》」だけではなく**〝ある場所とある場所とを行き来する〟**場合もあり、「交通《こうつう》」「通勤《つうきん》」「職安に通《かよ》う」などがその例。ちなみに、「通帳《つうちょう》」は「通《かよ》い帳《ちょう》」から生まれた熟語だが、〝お金の出入りを記した帳簿〟という意味だろう。

さらには、「大通《おおどお》り」「海岸通《かいがんどお》り」など、人びとが行き来する**〝道〟**を指すこともあるが、これは日本語独自の用法。

◆「とおる／とおす」と訓読みする漢字には、「徹」（p440）「透」（p454）もある。現在では「通」を書くのが一般的。「徹」は〝障害を越えて向こうまで〟というニュアンスで、「透」は〝通り抜けて向こうまで〟という意味合いで使うことがある。

〝移動〟から転じて、**〝相手に情報を伝える〟**ことをも表す。「通知《つうち》」「通達《つうたつ》」「通告《つうこく》」などがその例。ここでも一方的なだけではなく、「通信《つうしん》」「気持ちが通《かよ》う」「日本語が通《つう》じる」のように**〝お互いに伝え合う〟**という意味にもなる。それが「内通《ないつう》」「敵と通《つう》じる」になると**〝ひそかに伝え合う〟**ことになり、「密通《みっつう》」「親友のダンナと通《つう》じる」では**〝不倫の関係を結ぶ〟**にまで発展して、危険な香りを漂わせる。

一方、〝片側から反対側へ〟のイメージからは、**〝最初から最後まで〟**という意味が生じた。「通算《つうさん》」「通読《つうどく》」「意地を張り通《とお》す」「一年を通《つう》じて暖かい」などがその例。ここから変化したのが、「通貨《つうか》」「通称《つうしょう》」「通説《つうせつ》」「流通《りゅうつう》」など**〝全体に行きわたる〟**という意味。「共通《きょうつう》」「似通《にかよ》う」では、**〝複数のもので同じように〟**。さらに転じると、

「普通《ふつう》」「通例《つうれい》」「通常《つうじょう》」「通俗《つうぞく》」のように〝**変わったところがない**〟ことになり、ここには平々凡々とした日常が待っている。

なお、「前例通《どお》り」「思った通《とお》り」など〝**○○と同じ**〟という意味を表すのは、日本語独自の用法。

また、〝**全体をよく理解する**〟ことを指しても使われる。「精通《せいつう》」「通暁《つうぎょう》」「女心に通《つう》じる」などがその例。「事情通《じじょうつう》」のようないわゆる「通《つう》」もこの意味で、ここでは少しあか抜けた雰囲気にもなる。

もともとは〝あちらからこちらへ移動する〟だけなのに、こんなにもいろいろな意味が生み出されているのは、お見事というしかない。〝漢字〟の可能性を満喫させてくれる一文字である。

音読みはツウを用いるのが大原則。ツは現在では「通夜《つや》」以外ではあまり用いられない、特殊な読み方である。なお、「神通力《じんずうりき》」やすでに挙げた「融通《ゆうずう》」の「ずう」は、本来は「つう」が直前の発音に影響されて変化したものだが、現在では「ずう」と書き表すのが習慣とされている。

つう 痛

12画

［音読み］ツウ
［訓読み］いた-い、いた-む
［部首］疒（やまいだれ）

いつのまにか快感に？

「頭痛《ずつう》」「激痛《げきつう》」「腰が痛《いた》い」「古傷が痛《いた》む」「肩を痛《いた》める」など、〝**体の不具合でつらく感じる**〟ことを表す。転じて、「心痛《しんつう》」「悲痛《ひつう》」「耳が痛《いた》い」「良心が痛《いた》む」のように、広く〝**精神的につらい**〟という意味でも用いられる。

「痛烈《つうれつ》」「痛恨《つうこん》」「痛感《つうかん》」などでは、〝**つらくなるほどに激しい**〟こと。しかし、「痛快《つうかい》」「痛飲《つういん》」では〝つらい〟の意味は消え、逆に〝**スカッとする**〟ことを表す。部首「疒」は〝心身の不具合〟を表すが、「甬《よう》」には〝滞りなく抜ける〟の意味がある。そのニュアンスが、このあたりにはよく出ていると思われる。

◆「いたむ」と訓読みする漢字には「傷」（p295）「悼」（p455）もある。「傷」は〝ものがだめになる〟場合にだけ用い、「悼」を使うのは〝人の死を悲しむ〟場合だけ。そこで、そのほかの一般的な〝肉体的・精神的なつらさを感じる〟場合には、「痛」を書くことになる。また、「いたましい」では、「惨」（p223）を使うとより強い表現となる。

つか 塚

12画

［音読み］チョウ
［訓読み］つか
［部首］土（つちへん）

秘められた物語に想いを馳せる…

〝**土を盛り上げて作った墓**〟を表すのが、本来の意味。漢字としては「墳」（p537）とほぼ同じ意味だが、日本語では、「将軍塚《しょうぐんづか》」「夫婦塚《めおとづか》」「無縁塚《むえんづか》」のように、〝盛り土〟のあるなしに関わらず〝**お墓**〟を指す。特に、古くからの言い伝えがあるお墓をいう場合が多い。また、「一里塚《いちりづか》」「あり塚《づか》」のように単に〝**丸く小高い盛り土**〟を指すのも日本語独自の用法。

ほとんどの場合、訓読みで用いられるのが特徴的。音読みの例としては、〝古墳のそばに一緒に作られた小さな墓〟を表す「陪塚《ばいちょう》」がある程度。

以前は「塜」と書くのが正式。もともとは「冢《ちょう》」が〝盛り土をして作った墓〟を表していて、それに部首「土」を付け加えて意味をはっきりさせた漢字である。

つける 漬

14画

［音読み］シ
［訓読み］つ-かる、つ-ける、ひた-る
［部首］氵（さんずい）

音読みは置いてけぼり

部首「氵」は「水」の変形。〝**水の中に入る／入れる**〟ことを表すのが、本来の意味。「お風呂に漬《つ》かる」がその例。転じて、「脱脂綿《だっしめん》をアルコールに漬《つ》ける」「お茶漬《ちゃづ》け」など、〝**液体を大量に含ませる**〟という意味にもなる。さらには、「浅漬《あさづ》け」「塩漬《しおづ》け」「まぐろの漬《づ》け丼《どん》」「たくあんを漬《つ》ける」などなど、〝**野菜や肉などに調味料を大量に含ませる**〟ことをも表す。

現在の日本語では、音読みが用いられることはない。特に「漬《つ》け物《もの》」と強く結びついていて、訓読みだけが日本語に溶け込んだ漢字だといえるだろう。

◆「つかる／つける」「ひたる／ひたす」と訓読みする漢字には「浸」(p313)もある。意味に大きな違いはないが、「漬」には「漬け物」の印象がある。そこで、現在では「つかる／つける」の場合には「漬」を、「ひたる／ひたす」の場合には「浸」を用いるのが一般的である。

つぼ 坪

8画

[音読み] ヘイ
[訓読み] つぼ
[部首] 土(つちへん)

広いおうちに住みたいけれど…

土地の面積の単位として使われる漢字で、「一坪《ひとつぼ》」は約三・三㎡。ただし、これは日本語独自の用法で、本来は〝**山あいの平らな土地**〟を表す漢字。〝建物に囲まれた中庭〟を指す「坪庭《つぼにわ》」に、その意味が残る。〝比較的小さい〟というイメージを含む漢字らしく、わが家の「坪数《つぼすう》」を考えると、妙に納得できるところがある。

なお、以前は「坪」と書くのが正式。

つめ 爪

4画

[音読み] ソウ
[訓読み] つめ
[部首] 爪(つめ)

指を開いたその先に?

〝下のものをつかもうと、上から指を開いている〟形の絵から生まれた漢字。転じて、**手の指の先にある〝つめ〟**を表し、足の指の先にあるものをもいう。また、「琴の爪《つめ》」のように〝**指先にはめる器具**〟を指したり、「プラスチックのキャップの爪《つめ》の部分」のように〝**何かを引っかける小さな突起**〟を表したりもする。

現在では、音読みが用いられることはほとんどない。また、「爪先《つまさき》」「爪弾《つまび》く」「爪楊枝《つまようじ》」などで「つま」と読むのは、訓読み「つめ」が続く発音に影響されて変化したもの。

部首としては?

〝つかむ〟ことに関係する漢字の部首となるが、その例はわずか。代表は「爬虫類《はちゅうるい》」の「爬」で、〝つかんで歩く〟ことを表す。「争」「爲」も部首は「爪」だが、現在ではそれぞれ「争」(p363)「為」(p15)と書かれるので、部首は「爪」ではなくなってしまった。また、「爵」(p255)も形の上から、便宜的にこの部首に分類される。

なお、「争」「爲」「爵」などでは、漢字の上部に置かれて「⺤」「爫」の形となり、「つめかんむり」と呼ばれている。

つる 吊

6画

[音読み] チョウ
[訓読み] つ-る、つる-す
[部首] 口(くち)

言われてみれば形が似てる?

「吊《つ》り革《かわ》」「吊《つ》り橋《ばし》」「おもりを吊《つる》す」など、〝**ひもなどを使って、ぶら下げたり引き上げたりする**〟ことを表す。

◆〝ぶら下げる〟ことを表す訓読み「つる」は、現在では「釣」(p431)を書く方が一般的。ただし、「釣」は〝かぎ針〟の意味も含むので、〝かぎ針〟には関係がない場合は、「包帯で腕を吊《つ》る」のように「吊」を書くのがよさそうである。

本来は「弔」(p417)の形が変化した漢字で、「吊」にも〝とむらう〟の意味があった。それを、〝とむらう〟の場合は「弔」、〝つる／つるす〟の場合は「吊」と使い分けるのは、日本語のオリジナル。というわけで、「吊」の部首を「口」とするのは、形の上から便宜的に分類されたもの。ただし、「吊」が〝つる／つるす〟専用になった背景には、〝布きれ〟を表す「巾」（p130）のイメージが影響しているものと思われる。

つる

釣

11画

［音読み］チョウ
［訓読み］つ-る
［部首］金（かねへん）

日本語では用途が広がる

部首「金」が付いているように、本来は〝魚をつかまえるためのかぎ型の針〟を指す。転じて、「魚釣《さかなつ》り」「えびで鯛《たい》を釣《つ》る」など、〝**かぎ針を使って魚をつかまえる**〟ことを表す。

日本語では、「おいしいもので釣《つ》る」のように〝**利益で誘う**〟ことを指しても使われる。また、「釣瓶《つるべ》」「天井から釣《つ》る」など、〝**かぎ針を使ってぶら下げたり引き上げたりする**〟ことを表すのも、日本語独自の用法。さらには、「釣《つ》り銭《せん》」のように〝**支払いの余りとして戻すお金**〟を意味するのも、日本語オリジナル。これは、「勺」（p254）には〝わずかな〟というイメージがあるので、部首「金」と組み合わせて〝わずかなお金〟を表すところから生まれたものか、と思われる。

◆訓読み「つる」では、「吊」（p430）との使い分けが問題となる。現在では「釣」を使う方が一般的だが、「釣」は〝かぎ針〟の意味も含むので、かぎ針を使わない場合は「吊」と書くか、かな書きするのがふさわしい。

なお、音読みチョウが用いられる機会は少なく、「釣魚《ちょうぎょ》」や、〝魚釣りの成果〟を意味する「釣果《ちょうか》」などに限られる。

つる

鶴

21画

［音読み］カク
［訓読み］つる
［部首］鳥（とり）

俗世をはるかに見下ろして…

鳥の〝つる〟を表す。現在では、「白鶴《はくつる》」「鶴《つる》の一声《ひとこえ》」「鶴亀算《つるかめざん》」のように訓読みで読まれることが圧倒的に多い。音読みでは、〝つるのような長い首〟を表す「鶴首《かくしゅ》」、〝つるのように白い髪〟を表す「鶴髪《かくはつ》」、〝千年も生きるという、つるのような長寿〟を表す「鶴寿《かくじゅ》」などがあるが、どれも日常的なことばではない。現実離れしたところのある漢字である。

て

てい

丁

2画

［音読み］テイ、チョウ
［訓読み］ひのと
［部首］一（いち）

漢字というより記号に近い？

代表的なのは、「東村山一丁目《いっちょうめ》」「三丁目《さんちょうめ》の夕日」のように、**住所区分の一つ**としての用法。また、「丁《ちょう》か半《はん》か」のように〝**偶数**〟を表すこともある。紙には必ず表裏があることから、〝**書物に使う紙**〟を指す場合もある。「落丁《らくちょう》」「乱丁《らんちょう》」がその例。

また、昔は「町」（p417）の略字として、**距離の単位**としても使われた。また、**豆腐や丼物・拳銃や三味線など、さまざまなものを数える漢字**としても使われる。以上では奈良時代以前からある古い音読みでチョウと読むが、これらはすべて、日本語独自の用法である。

一方、漢字本来の意味を表す場合には、平安時代ごろに正式とされた音読みテイで読む。代表的なのは、「甲乙丙丁《こうおつへいてい》…」と続く**十干《じっかん》の四番目〝ひのと〟**を表す例。また、「馬丁《ばてい》」「園丁《えんてい》」などでは、〝**働き手としての男性**〟。「丁寧《ていねい》」「丁重《ていちょう》」では〝**心をこめて大切にするようす**〟。全体的な意味の統一感には乏しい漢字で、形が単純なだけに、記号に近いのかもしれない。

なお、「丁稚《でっち》」は「弟子《でし》」の変化したことばかと考えられており、「丁稚」と書くのは当て字の一種である。

てい

低

7画

［音読み］テイ
［訓読み］ひく-い
［部首］亻（にんべん）

あんまり広がらないなぁ

ランク・年齢・価格・数値・人格などなど、広く〝上下〟の感覚でとらえられるものについて、〝**下の方にある**〟ことを表す。「低《てい》級《きゅう》」「低迷《ていめい》」「低年齢《ていねんれい》」「低金利《ていきんり》」「低姿勢《ていしせい》」「最低音」「低俗な番組」「期待が低い」「声を低《ひく》める」などなどがその例。「高」（p192）には発展した意味があるのとは対照的に、意味の広がりには乏しい。

なお、「氐《てい》」には〝下の方の平らなところ〟という意味がある。部首「亻」は「人」（p317）の変形だが、この漢字では深い意味はない。

てい

呈

7画

［音読み］テイ
［部首］口（くち）

命令されたからではなく…

「贈呈《ぞうてい》」「謹呈《きんてい》」「進呈《しんてい》」「苦言を呈《てい》する」のように、〝**差し上げる**〟ことを表す。また、「露《ろ》呈《てい》」「呈示《ていじ》」「活況を呈《てい》する」など〝**はっきり示す**〟という意味でも用いられる。

成り立ちには諸説があり、〝差し上げる〟〝はっきり示す〟のどちらが本来の意味なのかもよくわからない。どちらにせよ、頼まれてするのではなく〝自分から〟〝自然と〟というニュアンスを持つ、素直な漢字である。

てい

廷

7画

［音読み］テイ
［部首］廴（えんにょう）

裁判所というよりは…

「宮廷《きゅうてい》」「朝廷《ちょうてい》」のように〝**政治を行う場所**〟を表す。「法廷《ほうてい》」もその例の一つだと考えられるが、本来は「庭」（p434）に近く、〝**お役所の中庭**〟を指すと考える説もある。時代劇の〝お白洲《しらす》〟のようなものだろうか。

現在では、「開廷《かいてい》」「休廷《きゅうてい》」「閉廷《へいてい》」「出《しゅっ》廷《てい》」「公判廷《こうはんてい》」のように、**「法廷」の省略形**としてよく用いられる。そこに〝お白洲〟を想像するのも、ちょっとたのしい。

なお、部首「廴」が何を表すかについては、諸説があってよくわからない。

てい

弟

7画

［音読み］テイ、ダイ、デ
［訓読み］おとうと
［部首］弓（ゆみ）

年齢はそれほど大事ではない？

言うまでもなく、〝**親が同じ男性のうち年下の者**〟を表す。ただし、「弟子《でし》」「門弟《もんてい》」「徒《と》弟《てい》」のように、年齢にかかわらず〝**教えを受ける者**〟をいうこともある。また、「弟《おとうと》弟子《でし》」「弟分《おとうとぶん》」では、〝**後輩**〟を指す。

古代文字では「」と書き、〝棒にひもなどをらせん状に巻き付けたようす〟を表す絵だという。順序よく巻き付けるところから、〝上下の順序〟を表すのが、本来の意味。この意味は、現在では「第」（p392）に受け継がれている。

音読みはテイを用いるのが原則。ダイは奈良時代以前からある古い読み方だが、現在では「兄弟《きょうだい》」でしか使われない。また、デは、すでに挙げた「弟子《でし》」くらいでしか使われない、特殊な読み方である。

てい

定

8画

［音読み］テイ、ジョウ
［訓読み］さだ-める、さだ-か
［部首］宀（うかんむり）

嫌ったところでしかたないよ

「固定《こてい》」「安定《あんてい》」「決定《けってい》」「定着《ていちゃく》」「定住《ていじゅう》」「法律を定《さだ》める」「立ち位置が定《さだ》まる」など、**〝ものごとを決めて、変わらないようにする〟**ことを表す。また、**〝決められて変わらないもの〟**をも意味する。「定員《ていいん》」「定食《ていしょく》」「定《てい》職《しょく》」「定評《ていひょう》」「定位置《ていいち》」「定期券《ていきけん》」「法律の定《さだ》めに従う」などが、その例である。

非常に多くの熟語を生み出すのが特徴的。〝決めて変えない〟ことは、社会生活の基本だから、好き嫌いはともかく、頼りにせざるをえない漢字なのである。

転じて、**〝どうなるか予想できる〟**という意味も表す。例としては、「案《あん》の定《じょう》」「失敗するのは必定《ひつじょう》」「定《さだ》めてすばらしいでしょうね」「結果は定《さだ》かではない」など。

音読みはテイを使うのが原則だが、奈良時代以前からある古い読み方でジョウと読むことも少なくない。すでに挙げたもの以外にも、「定石《じょうせき》」「定規《じょうぎ》」「定宿《じょうやど》」「勘定《かんじょう》」などがある。

部首「宀」は〝建物〟を表し、「疋」は「正」の変形。本来の意味には、〝建物の場所を決める〟〝建物をしっかり建てる〟〝建物の中でまっすぐ立つ〟などの説がある。

てい 底

8画

［音読み］テイ
［訓読み］そこ
［部首］广（まだれ）

終わりは始まり始まりは終わり

「海底《かいてい》」「底面《ていめん》」「底《そこ》が抜ける」のように、**〝ものの最も低い部分〟**を表すのが基本。転じて、「底流《ていりゅう》」「金庫の底《そこ》を探す」「心の底《そこ》から」など**〝奥まって外からはわかりにくい部分〟**を指しても用いられる。

また、**〝ものごとが最後に行き着くところ〟**を表すこともある。「徹底的《てっていてき》」「商品が払底《ふってい》する」「到底《とうてい》、考えられない」などがその例。「根底《こんてい》」「底本《ていほん》」「底力《そこぢから》」などでは、逆に**〝ものごとの始まり〟**や**〝下支えとなるもの〟**という意味。最後と最初を一文字で表すとは、なかなか奥が深い。

部首「广」は〝建物〟を表し、「氐《てい》」には〝低く平らなところ〟という意味がある。合わせて、本来は〝建物の基礎部分〟を指す。

てい 抵

8画

［音読み］テイ
［部首］扌（てへん）

底を押したら押し戻された？

「抵抗《ていこう》」に代表されるように、**〝逆らう〟**ことを表す。「法に抵触《ていしょく》する」とは、〝違反する〟こと。また、逆らって〝押し戻す／押し戻される〟というイメージから、**〝ちょうどつり合う〟**ことをも意味する。「抵当《ていとう》」は、〝借金の額とちょうどつり合うもの〟。また、「大抵《たいてい》」は〝大部分が合っている〟こと。

部首「扌」は「手」の変形で、「氐《てい》」は〝低い部分〟という意味。本来は〝手を底にぴったり当てる〟という意味だというが、異説もある。

てい 邸

8画

［音読み］テイ
［部首］阝（おおざと）

殿がお江戸にやって来る

「邸宅《ていたく》」「豪邸《ごうてい》」「別邸《べってい》」など、**〝立派な住まい〟**を表す。「やしき」と訓読みすることもあるが、現在では「屋敷《やしき》」と書くのがふつう。「宅」（p393）よりも〝立派な〟イメージが強いので、名前の後に付けて、**その人の住まいを敬意を持って指す**こともある。

部首「阝」は「邑」（p602）の変形で、〝人の住む地域〟を表す。「氐《てい》」はここでは〝行き着く〟という意味。本来は〝地方の領主が都に行ったときに泊まる屋敷〟を指す漢字だという。そこで、時代劇に出てくる、江戸の「〇〇藩邸《はんてい》」が、本来の使い方に最も近いことになる。

てい
亭
9画
[音読み] テイ、チン
[部首] 亠（なべぶた）

ここらで一休みいたしましょう

中国風の庭園などに行くと、「〇〇亭《てい》」という名前の〝**あずまや**〟が建てられていることがあるが、これが本来の意味に最も近い。〝**旅人などが休憩するための建物**〟を表す。この意味でチンと読むこともあるが、これは鎌倉時代ごろ以降に生まれた比較的新しい音読み。

「料亭《りょうてい》」は日本語独自の熟語だが、〝休憩のための建物〟の一種。「亭主《ていしゅ》」では転じて〝**自宅**〟を表すが、これも日本語独自の用法。日本語では、「末広亭《すえひろてい》」「家族亭《かぞくてい》」「ほっかほっか亭《てい》」のように、**寄席や料理店の屋号**に用いられたり、「三遊亭《さんゆうてい》」「古《こ》今亭《こんてい》」「二葉亭《ふたばてい》」「断腸亭《だんちょうてい》」のように、**落語家や文人の号**に使われたりもする。

〝立派な建物〟を表す「高」（p192）の省略形に、発音を示す「丁」を組み合わせた漢字。部首「亠」は、形の上から便宜的に分類されたものである。

てい
帝
9画
[音読み] テイ、タイ
[訓読み] みかど
[部首] 巾（はば）

神の国から舞い降りた者

「帝王《ていおう》」「帝国《ていこく》」「皇帝《こうてい》」など、〝**この世を支配する存在**〟を表す。「帝位《ていい》」「帝政《ていせい》」「幼帝《ようてい》」など「**皇帝」の省略形**として使われたり、「帝都《ていと》」「帝大《ていだい》」のように「**帝国」の省略形**として用いられたりもする。訓読み「みかど」は〝**天皇**〟のこと。「上帝《じょうてい》」「天帝《てんてい》」のように〝**神**〟を指すこともある。

部首「巾」は、形の上から便宜的に分類されたもの。古代文字では「」と書き、もとは〝神を祭るための木製の道具〟の絵だったとする説が有力である。

音読みはテイを用いるのが大原則。タイは奈良時代以前からある古い読み方で、仏教の神さまの一つ「帝釈天《たいしゃくてん》」などでしか、使われない。

てい
訂
9画
[音読み] テイ
[部首] 言（ごんべん）

ご機嫌を見極めてから！

部首「言」にも現れているように、〝**ことばや文章の間違いを正す**〟ことを表す。「訂正《ていせい》」「改訂《かいてい》」「修訂《しゅうてい》」「校訂《こうてい》」などがその例。〝間違いを〟というニュアンスを含むので、へたに使うと相手を非難しているように受け取られることもある。ちょっと気むずかしい漢字かもしれない。

てい
貞
9画
[音読み] テイ
[部首] 貝（かい）

あの人でいいか、占ってくださいな

「貞節《ていせつ》」「貞操《ていそう》」「貞《てい》淑《しゅく》」「不貞《ふてい》」など、現在では〝**女性が、決まった男性以外とは男女の関係を持たない**〟ことを主に指す。ただし、本来は〝**家来が主君に忠実で、ほかのことを考えない**〟ことを表す漢字。いい意味の漢字ではあるが、現在の使い方は女性を〝家来〟扱いしているところがないでもない。

名前で「さだ」と読むのは、〝心を定めて動かさない〟ところから。また、音読みはテイを用いるのが大原則だが、元号では、「貞《じょう》観《がん》」「貞享《じょうきょう》」「貞永《じょうえい》」など、奈良時代以前からある古い読み方でジョウと読むことが多い。

なお、部首は「貝」だが、〝占う〟という意味を持つ「卜《ぼく》」の方が意味的には重要。もともとは〝占って未来を定める〟という意味だったようである。

てい
庭
10画
[音読み] テイ
[訓読み] にわ
[部首] 广（まだれ）

部首「广」は〝建物〟を表す記号。「庭園《ていえん》」「校庭《こうてい》」「庭《にわ》先《さき》」「庭石《にわいし》」など、〝建物の敷地内の平地〟を指す。転じて、「家庭《かてい》」のように、〝家族が生活するところ〟をも表す。「庭訓《ていきん》」は、〝親から子への教え〟。

縮まって別の漢字に！

訓読みではふつう「にわ」と読むが、「桜庭《さくらば》」「大庭《おおば》」など、固有名詞で「ば」と読むことがある。これは、「にわ」の古い発音「には」が「んは」となり、さらに縮まったものだという。この「ば」が〝何かが行われる所〟という意味になったのが、「場」（p302）の訓読み「ば」である。

てい 逓 10画

［音読み］テイ
［部首］辶（しんにょう、しんにゅう）

使い道はありませんか？

「逓信《ていしん》」が代表的な例で、〝次々にリレーして伝える〟ことを表す。本来は、〝ものをリレーして運ぶ〟ことを意味する漢字で、〝移動〟を表す部首「辶」はそのなごり。

また、「逓減《ていげん》」「逓増《ていぞう》」では〝順序を追って少しずつ〟という意味を表すが、現在ではあまり使われない熟語。「逓信」も使用頻度が高いとはいえず、現在では活躍の場に乏しい漢字である。

なお、以前は「遞」と書くのが正式。

てい 停 11画

［音読み］テイ
［訓読み］と-める、とど-める
［部首］亻（にんべん）

あとでまた、ね

「停止《ていし》」「停滞《ていたい》」など、〝しばらく中断する〟ことを表す。また、「停車《ていしゃ》」「停電《ていでん》」「停職《ていしょく》」「停《てい》学《がく》」「停戦《ていせん》」「停留所《ていりゅうじょ》」のように、〝しばらく中断させる〟という意味で使う例も多い。

部首「亻」は「人」の変形、「亭」（p434）は〝休憩のための建物〟。基本的には〝しばらくしたらまた進める〟というニュアンスを含む漢字だが、「調停《ちょうてい》」は〝そこでおしまいにしようとする〟という気持ちが強く、少し異質である。

◆なお、訓読み「とめる／とまる」「とどめる／とどまる」は、現在では「止」（p227）「留」（p627）を使うのがふつう。あえて「停」を書くと、〝一時的に〟という意味合いが強く出ることになる。

てい 偵 11画

［音読み］テイ
［部首］亻（にんべん）

ここはプロに任せなさい！

「偵察《ていさつ》」「内偵《ないてい》」のように、〝こっそりようすを調べる〟ことを表す。「探偵《たんてい》」「密偵《みってい》」では、〝こっそりようすを調べる者〟。

「貞」（p434）には本来、〝占って知る〟という意味があり、部首「亻」は「人」の変形。〝ふつうの方法ではわからないことを調べる〟という雰囲気が漂う漢字である。

てい 堤 12画

［音読み］テイ
［訓読み］つつみ
［部首］土（つちへん）

腰の重さは天下無双！

「堤防《ていぼう》」「防波堤《ぼうはてい》」「ありの穴から堤《つつみ》が崩《くず》れる」のように、〝水の流れを調整するために、土や石などを高く盛り上げたもの〟を表す。

暮らしを守る重要なものだから意味が発展してもよさそうだが、ほかの意味はほとんどなく、「突堤《とってい》」で〝船が発着するための場所〟を指すくらい。そういう意味でも、どっしり構えた漢字である。

てい 提 12画

［音読み］テイ、ダイ、チョウ
［訓読み］さ-げる
［部首］扌（てへん）

グイッとつかんでドンと置く

「提案《ていあん》」「提示《ていじ》」「提出《ていしゅつ》」「提起《ていき》」「前提《ぜんてい》」など、〝相手にもはっきりわかるように示す〟ことを表すのが、代表的な意味。ただし、部首「扌」は「手」の変形で、本来は〝手にぶら下げて持つ〟ことを表す。「一升瓶《いっしょうびん》を提《さ》げる」「手提《てさ》げのバッグ」などがその例。

〝ぶら下げる〟ことは〝引っ張り上げる〟ことでもある。そこで、「提唱《ていしょう》」「提督《ていとく》」のように〝**先頭に立って引っ張る**〟という意味でも用いられる。「提携《ていけい》」では、〝互いに引っ張る〟ところから〝**協力する**〟こと。

〝わかるように示す〟という意味は、引っ張ってきて示すところから転じたもの。実は、秘かに気合いのこもった漢字である。

訓読みでは、「ひっさげる」とも読むこともある。なかなかかっこいい読み方だが、実際に使うときには「提げる」となって「さげる」と区別がつかないこともあり、現在ではかな書きがふつう。

音読みはテイを用いるのが大原則。ただし、仏教で古代インド語に対する当て字として使うときには、奈良時代以前からある古い読み方でダイと読むことがある。「菩提《ぼだい》を弔《とむら》う」や、お釈迦《しゃか》様のライバル「提婆達多《だいばだった》」などがその例。また、「提灯《ちょうちん》」のチョウは、鎌倉時代ごろ以降に生まれた、比較的新しい音読みである。

ていている

程

12画

［音読み］テイ
［訓読み］ほど
［部首］禾（のぎへん）

「日程《にってい》」「旅程《りょてい》」「工程表《こうていひょう》」「教育課程《きょういくかてい》」など、〝**ものごとの進め方を区切って表したもの**〟を指すのが、代表的な意味。「過程《かてい》」「道程《どうてい》」のように、特に〝**ものごとを進めていく途中**〟を指すこともある。

細かく気を配りながら…

また、「一日の行程《こうてい》」「射程距離《しゃていきょり》」では、〝**どれくらい進めるかの度合い**〟を表す。進め方や進む度合いをきちんと定めるところから、「規程《きてい》」「方程式《ほうていしき》」では、〝**決まった方法**〟という意味にもなる。

一方、「程度《ていど》」「音程《おんてい》」では、〝**どれくらいであるかという度合い**〟。訓読み「ほど」はこの意味で使われることが多く、「程《ほど》よい湯加減」「身《み》の程《ほど》知らず」「苦労の程《ほど》」「これ程《ほど》お願いしているのに」などがその例。

転じて、「我慢にも程《ほど》がある」のように〝**限度**〟を表したり、「三〇〇m程《ほど》歩く」のように〝**だいたいの範囲**〟を示したり、「程《ほど》なく戻って来るはずです」のように〝**しばらくの時間**〟を指したりするのは、日本語独自の用法。ただし、訓読み「ほど」は、現在ではかな書きすることも多い。

部首「禾」は〝穀物〟を表す記号だから、本来は〝穀物の育ち具合〟を表すと考えられている。〝どのように〟〝どれくらい〟に細かく気を配りながら穀物を育てる、農業の苦労を伝える漢字である。

てい

艇

13画

［音読み］テイ
［部首］舟（ふねへん）

速さこそが命

「救命艇《きゅうめいてい》」「消防艇《しょうぼうてい》」「潜《せん》水艇《すいてい》」「飛行艇《ひこうてい》」など、〝**比較的小さくてスピードの速い船**〟を表す。小さいだけであれば「舟」（p264）と似ているが、スピードが出ることが重要。「競《きょう》艇《てい》」はそのことをよく表している。

てい

鼎

13画

［音読み］テイ
［訓読み］かなえ
［部首］鼎（かなえ）

伝説的な大スター

煮炊きするのに用いる三本足の大きな容器〝**かなえ**〟を表す。現在では影が薄いが、昔は神事に用いられる重要な道具であった。三本足であるところから、〝**三つで一組になる**〟ことをも表す。「鼎談《ていだん》」とは、〝三人で話をする〟こと。

部首としては?

漢和辞典では部首の一つだが、「鼎」を部首とする漢字はとても少ない。とはいえ、この漢字が部首となっていること自体、〝かなえ〟が昔はいかに重要なものであったかを、伝えているといえるだろう。

てい 締

だらだらするのは嫌いです！

15画

［音読み］テイ
［訓読み］し-める、し-まる
［部首］糸（いとへん）

部首「糸」にも現れているように、本来は“**ほどけないようにひもなどでしばる**”ことを表す。「結び目を固く締《し》める」がその例。転じて、「締結《ていけつ》」のように“**きちんと約束する**”という意味にもなる。

漢字本来の意味は以上だが、日本語では“**ゆるみをなくす／ゆるみがなくなる**”という意味でさまざまに用いられる。「ねじを締《し》める」「ベルトを締《し》める」はもちろん、「取《と》り締《し》まる」「心を引《ひ》き締《し》める」「出費を締《し》める」のようにも使うのは、日本人の勤勉さの現れかもしれない。

また、「お会計を締《し》める」「原稿の締《し》め切《き》り」のように“**そこまででいったんまとめる**”ことを指して使うのも、日本語独自の用法。ちなみに、この意味を表す記号「〆」は、ひもでしばる際の“結び目の形”だという。漢字「締」と成り立ちの上でも似通うところがあることになる。

◆訓読み「しめる／しまる」では、「絞」（p195）「閉」（p541）との使い分けが気になるところ。「絞」は“呼吸できないようにする”場合にだけ使うので、区別は簡単。問題は「閉」との違いで、「閉」が“出入りできないようにする”場合に使うのに対して、「締」は“ゆるみをなくす”場合や“いったんまとめる”場合に用いるのが、異なる点。また、特に“張りつめている”ことを表したい場合に、「緊」（p133）を使うこともある。

てい 諦

頭が心を説得するが…

16画

［音読み］テイ
［訓読み］あきら-める
［部首］言（ごんべん）

「留学を諦《あきら》める」のように“**思いを断ち切る**”ことを表す。「諦念《ていねん》」「諦観《ていかん》」なども“執着を断ち切った心境”を指す。

ただし、これは日本語独自の用法。部首「言」が付いているように、本来は“ことばではっきり理解する”という理性的な意味を持つ。頭ではっきり理解することは確かに“思いを断ち切る”ことにつながるが、この日本語独自の用法には、どこかさみしい気持ちにさせられる。

でい 泥

色が変わればイメージだって…

8画

［音読み］デイ
［訓読み］どろ、なず-む
［部首］氵（さんずい）

「泥水《どろみず》」「汚泥《おでい》」「泥《どろ》まみれ」など、“**土と水が混じり合ったもの**”を指す。“**低いところにある汚いもの**”のたとえとして使われることもあり、「雲泥《うんでい》の差」がその代表。

“どろ”に足を取られて進みにくいところから、“**すなおには進行しない**”という意味ともなる。「つまらぬことに拘泥《こうでい》する」がその例。訓読み「なずむ」はこの意味で、「暮《く》れ泥《なず》む」とは、“日が暮れそうで暮れない”こと。ただし、「なずむ」は現在ではかな書きするのが自然である。

「泥酔《でいすい》」「泥《どろ》のように眠る」は、“どろ”から転じて“**形が定まらなくなる**”ことを表す例。

全体的にイメージのよくない漢字だが、「朱泥《しゅでい》」「金泥《きんでい》」「銀泥《ぎんでい》」など“**粘りけのある塗料**”を表すこともある。色が美しければ、印象もガラッと変わるのである。

てき 的

英語のおかげで広がりました！

8画

［音読み］テキ
［訓読み］まと
［部首］白（しろ）

「私的《してき》」「劇的《げきてき》」「科学的《かがくてき》」「伝統的」「圧倒的」「人間的《にんげんてき》」などなど、“**○○の性質を持つ**”“**○○と関係がある**”といった意味で、非常によく用いられる。ただし、これは英語で単語の終わりに付く-ticの訳語として、日本で使われ始めた用法。ヨーロッパの影響を受けて活躍の場が広がった漢字の一つである。

一方、「目的《もくてき》」「射的《しゃてき》」「標的《ひょうてき》」「的中《てきちゅう》」「非難の的《まと》」「的外《まとはず》れ」など、〝**ねらいの先**〟を表すのは、もとから漢字が持っている意味。また、〝**はっきりしていて動かない**〟ことをも表し、「的確《てきかく》」がその例となる。

成り立ちとしては、部首「白」を「日」の変形だと考え、本来は〝明るくてはっきりしている〟ことを表すとする説が有力。ただし、「白」をそのまま、〝白くてはっきりしている〟と解釈する説もある。

てき

笛

11画

［音読み］テキ
［訓読み］ふえ
［部首］竹（たけかんむり）

東洋音楽の独特の味わい

部首「竹」にも現れているように、本来は〝**竹の筒で作った楽器**〟を表す。基本的には一本の竹でできているものを指し、何本も組み合わせた楽器は「笙《しょう》」「簫《しょう》」などという。ただし、それらも含めて「笛」で表すことも多い。竹筒から流れ出る響きは、漢字文化圏の音楽の特徴の一つであろう。

また、「草笛《くさぶえ》」「角笛《つのぶえ》」「警笛《けいてき》」「汽笛《きてき》」など、広く〝**吹き鳴らして音を出すもの**〟を指しても用いられる。ただし、トランペットやトロンボーンなど、いわゆる〝らっぱ〟の仲間は、「笛」とは呼ばない。

てき

摘

14画

［音読み］テキ
［訓読み］つ-む、つま-む
［部首］扌（てへん）

ねらった一点を器用につかむ

「指摘《してき》」「摘要《てきよう》」「花を摘《つ》む」「摘《つま》み出す」など、〝**目的の部分だけを選んで取り出す**〟ことを表す。特に〝**悪い部分を取り出す**〟ことを指す場合もあり、「摘発《てきはつ》」「摘出《てきしゅつ》」などはその例。

部首「扌」は「手」の変形。「啇《てき》」には、〝気持ちが集中するある一点〟という意味があるらしい。

てき

滴

14画

［音読み］テキ
［訓読み］しずく、したた-る
［部首］氵（さんずい）

目を凝らして見つめてみると…

「一滴《いってき》」「水滴《すいてき》」「雨の滴《しずく》」など、〝**液体の粒**〟を表す。また、〝**液体が粒となって流れ落ちる**〟という意味にもなり、「点滴《てんてき》」「汗が滴《したた》る」のように用いられる。

部首「氵」は「水」の変形。「啇《てき》」には〝気持ちが集中するある一点〟という意味があるらしい。そう考えると、小さな水の「滴《しずく》」にも全世界が映っているような気がする。

てき

適

14画

［音読み］テキ
［部首］辶（しんにょう、しんにゅう）

思わずVサインしたくなる

代表的なのは、〝**ぴったり当てはまる**〟という意味。「適切《てきせつ》」「適任《てきにん》」「適量《てきりょう》」「適応《てきおう》」「適《てき》宜《ぎ》」「快適《かいてき》」「最適《さいてき》」「事務仕事に適《てき》する」などなど、さまざまに用いられる。

ただし、本来の意味は〝目的の場所へきちんと着く〟こと。部首「辶」は、以前は「辶」と書くのが正式で、〝移動〟を表す。「啇《てき》」には〝気持ちが集中するある一点〟という意味があるらしい。遠くの目標にぴったり収まるという、ついついうれしくなってしまう漢字である。

てき

敵

15画

［音読み］テキ
［訓読み］かたき
［部首］攵（のぶん）

強い気持ちで相手と向き合う

「敵軍《てきぐん》」「敵陣《てきじん》」「強敵《きょうてき》」「宿敵《しゅくてき》」「商売敵《しょうばいがたき》」など、〝**争いの相手**〟を表す。「敵対《てきたい》」「敵意《てきい》」「敵視《てきし》」のように〝**相手として争う**〟という意味になる場合もある。また、「匹敵《ひってき》」では〝**相手として不足がない**〟ことを表す。

部首「攵」は、〝手に棒を持っている形〟。「啇《てき》」には〝気持ちが集中するある一点〟という意味があるらしい。〝相手〟に対する強い闘争心があふれる漢字だが、安易に暴力沙汰には及ばないようにしてほしいものである。

でき 溺

13画

［音読み］デキ
［訓読み］おぼ-れる
［部首］氵（さんずい）

だれか助けてください！

部首「氵」は「水」の変形。〝**水の中で体がうまくコントロールできなくなる**〟ことを表す。「溺《でき》死《し》」「プールで溺《おぼ》れる」などがその例。転じて、「溺愛《できあい》」「耽溺《たんでき》」「惑溺《わくでき》」「美に溺《おぼ》れる」のように、〝**のめり込んで理性がはたらかなくなる**〟という意味でも用いられる。

なお、印刷文字では「溺」の形が標準とされているが、手書きでは「弱」を「弱」と書いても差し支えない。弱ってしまって自分ではどうしようもない、という雰囲気がありありと漂う漢字である。

てつ 迭

8画

［音読み］テツ
［部首］辶（しんにょう、しんにゅう）

いいも悪いも相方のおかげ？

現在では「更迭《こうてつ》」以外に用いることはないと言ってもいい。部首「辶」は、以前は「辶」と書くのが正式で、〝移動〟を意味する記号。本来は〝**順番に入れ替わっていく**〟ことを表す漢字だが、「更」（p186）に〝新しいものに取り換える〟という意味があるので、「更迭」も〝ある人を辞めさせて、別の人を後にすえる〟ことをいう。

相方のせいで厳しいイメージが付いてしまって、ちょっと損をしているようだ。しかし、相方抜きでは活躍する場所がないので、致し方ない。

てつ 哲

10画

［音読み］テツ
［部首］口（くち）

深い思考をことばで表す

「哲学《てつがく》」「哲理《てつり》」「哲人《てつじん》」など、〝**ものごとの本質をはっきりと見抜く**〟ことを表す。名前で「さとし」「さとる」と読むのは、〝頭がいい〟という意味の「さとい」に由来する。

名前ではさまざまに読まれる漢字で、「あきら」「あき」と読むのは、〝はっきりしている〟ことをいう「あきらか」から。〝はっきりと正しい〟ところから、〝正しい〟という意味の古語「まさ」と読んだり、〝従うべきものごとの本質〟というところから、〝きまり〟という意味の古語「のり」と読んだりもする。

成り立ちには諸説あるが、部首「口」は〝はっきりとことばで表現する〟ことを表すと思われる。時には弁が立つことも、「哲人」の条件なのである。

てつ 鉄

13画

［音読み］テツ
［訓読み］くろがね
［部首］金（かねへん）

とにかく役に立つのです！

例を挙げるまでもなく、**金属の〝鉄〟**を表す。訓読みでは「くろがね」と読む。

ほかの金属に比べて強度が高く、加工してさまざまに用いられる。特に武器として有用なので、「寸鉄《すんてつ》」「鉄砲《てっぽう》」「鉄血《てっけつ》」などでは〝**武器**〟を指す。また、〝**丈夫で信頼できる**〟という意味ともなり、「鉄腕《てつわん》」「鉄《てつ》人《じん》」「鉄則《てっそく》」などがその例である。

なお、「私鉄《してつ》」「地下鉄《ちかてつ》」「国鉄《こくてつ》」のように、現在では**「鉄道」の省略形**としても使われる。鉄道が近代文明の象徴的存在であった時代が思われる。

以前は「鐵」と書くのが正式。「鉄」は本来は別の意味を表す漢字だったが、古くから「鐵」の略字として使われてきた。ただし、「鉄」は「金を失う」と分解できるので、企業名などでは、現在でもあえて「鐵」を使ったり、「失」を「矢」に変えた「鉄」という漢字をわざと使ったりすることも多い。ちなみに、「鐵」を「金の王なる哉《かな》」と分解して、縁起をかつぐ人もいる。

てつ 徹

15画

［音読み］テツ
［訓読み］とお-る
［部首］彳（ぎょうにんべん）

山があろうと谷があろうと…

部首「彳」は〝移動〟を表す記号。〝**通り抜けて向こう側へ届く**〟ことが、本来の意味。「透《とう》徹《てつ》」は〝澄んでいて向こうがよく見える〟こと。「徹夜《てつや》」は〝夜を抜けて朝まで〟。肉を通り抜けて「骨髄《こつずい》に徹《てっ》する」という表現もある。

転じて、〝**それだけをやり通す**〟ことを表す。「貫徹《かんてつ》」「一徹《いってつ》」「守りに徹《てっ》する」などがその例。「徹底《てってい》」は、〝一番下に行き着くまで〟から転じて、〝限界までやり抜く〟という意味で使われる。楽な道のりではなくてもとにかく進み続けるという、忍耐強さが売りである。

◆訓読み「とおる／とおす」は、現在では「通」（p428）を書くのがふつう。あえて「貫《つらぬ》き徹《とお》す」のように書くと〝障害を越えて向こうまで〟というニュアンスになる。

てつ 撤

15画

［音読み］テツ
［部首］扌（てへん）

中途半端では許しません！

部首「扌」は「手」の変形。「撤回《てっかい》」「撤去《てっきょ》」「撤廃《てっぱい》」「撤《てっ》退《たい》」など、〝**何かを取り除いて何もない状態にする**〟ことを表す。〝何もない状態にする〟ところがポイントで、形がよく似た「徹」（p440）と、その極端さが共通している。力強さは大いに頼りにしたいが、たまにはちょっと息抜きを、と声をかけてやりたくもなる。

てん 天

4画

［音読み］テン
［訓読み］あま、あめ
［部首］大（だい）

すべては頭から始まった

基本的な意味は〝**大空**〟で、「天地《てんち》」「天気《てんき》」「晴《せい》天《てん》」「天《あま》の川《かわ》」「天《あめ》の下《した》」などがその例。

転じて、「天帝《てんてい》」「天神《てんじん》」「弁財天《べんざいてん》」のように、〝**人知を超えた存在**〟をも表し、「天《てん》国《ごく》」「天《てん》に昇る」など〝**神や仏の世界**〟〝**死後の世界**〟をも指す。また「天才《てんさい》」「天職《てんしょく》」「天《てん》命《めい》」「天性《てんせい》」などでは、〝**人知を超えた存在によって定められたもの**〟を、「天然《てんねん》」「天《てん》災《さい》」「天罰《てんばつ》」「天誅《てんちゅう》」などでは、〝**人知を超えた存在が引き起こす**〟ことを表す。

「天子《てんし》」は〝天の子〟で、〝人知を超えた存在によって、この世を支配するように定められた者〟。〝王や皇帝・天皇〟を指す。「天意《てんい》」「天覧《てんらん》」「天領《てんりょう》」などは、**「天子」の省略形**として使われた例。

以上、〝人知を超えた〟ことをいろいろと表す漢字だが、古代文字では「」で、〝**頭**〟を強調した人間の絵だと考えられている。「脳天《のうてん》」にその意味が残る。どの意味も人間の頭から生まれたのだと思うと、なかなか深いものがある。

なお、「天鵞絨《ビロード》」は、ポルトガル語からの外来語に、〝天に住む鵞鳥《がちょう》の毛のような織物〟という意味の漢字を当てたもの。「コール天《てん》」では「天」が〝**ビロード**〟の意味で用いられている。また、やはりポルトガル語に由来する「てんぷら」にも「天《てん》麩《ぷ》羅《ら》」「天婦羅《てんぷら》」などと当て字するので、「天《てん》丼《どん》」「天《てん》そば」「えび天《てん》」など、「天」一文字で〝**てんぷら**〟を指すこともある。

てん 典

8画

［音読み］テン
［部首］八（はち）

地べたに放っておかないで！

出発点となるのは、「辞典《じてん》」「古典《こてん》」「経典《きょうてん》」

「法典《ほうてん》」「典籍《てんせき》」など、**〝模範や基準となることが書かれた重要な書物〟**という意味。本来は、〝台〟を表す「丌」の上に〝書物〟を意味する「冊」(p219)を載せた漢字で、部首を「八」とするのは形の上から便宜的に分類したもの。昔の人びとが書物を大切にしていたようすが伝わってくる。

転じて、広く**〝模範や基準となるもの〟**を指しても用いられる。「典型《てんけい》」「典拠《てんきょ》」などがその例。模範や基準どおりに行うところから、「祝典《しゅくてん》」「祭典《さいてん》」「華燭《かしょく》の典《てん》」のように**〝儀式〟**という意味ともなる。さらに変化したのが、「恩典《おんてん》」「栄典《えいてん》」など**〝儀式を行って与えるもの〟**を表す例。それが現在では、「特典《とくてん》」のように**〝おまけ〟**の意味で使われることがあるのは、「典」からすると痛恨かもしれない。

このほか、模範どおりで整っているところから、**〝洗練されている〟**ことをも表す。「典雅《てんが》」「典麗《てんれい》」がその例。また、〝決められた通りかどうか監督する〟ことをも意味し、昔は**〝監督する役人〟**を指して用いられた。「典獄《てんごく》」とは〝牢獄の監督官〟。

なお、名前ではさまざまに読まれるのも特徴。〝書物〟の意味から「ふみ」、〝模範や基準〟を表す古語から「のり」、〝監督する役人〟を表す古語から「すけ」などと読むのが、その例である。

てん

店

8画

[音読み] テン
[訓読み] みせ、たな
[部首] 广（まだれ）

建物がないとダメですか？

部首「广」は〝建物〟を表す記号。「商店《しょうてん》」「店舗《てんぽ》」「お店《みせ》に出る」など、**〝お客と接して商売をする建物や部屋〟**を表す。

一方、訓読み「みせ」は「見世《みせ》」と書かれることもあり、〝ものを並べて見せる〟ことに由来すると考えられている。そこで、たとえばフリーマーケットは、漢字的には「店《てん》」ではないが、訓読み的には「店《みせ》」である、ということになる。

日本語では、「たな」と訓読みして**〝商品が並べてある場所〟**をも指す。「店卸《たなおろ》し」「店《たな》ざらし」などがその例だが、現在では「棚」(p398)と書く方が一般的。また、「店《たな》子《こ》」「店賃《たなちん》」のように、やはり「たな」と訓読みして**〝貸家〟**を表すのも、日本語オリジナルである。

てん

点

9画

[音読み] テン
[訓読み] とも-る、つ-く、つ-ける、た-てる
[部首] 灬（れっか、れんが）

火をつけて水を注ぐ？

「点線《てんせん》」「斑点《はんてん》」「濁点《だくてん》」「句《く》読点《とうてん》」など、**〝小さな印〟**を表すのが基本的な意味。転じて、「地点《ちてん》」「頂点《ちょうてん》」「沸点《ふってん》」「分岐点《ぶんきてん》」「限界点《げんかいてん》」のように、**〝ある特定の位置や時間・状態〟**という意味にもなる。さらにはもっと漠然と、「欠点《けってん》」「論点《ろんてん》」「視点《してん》」など**〝ある特定のことがら〟**を指しても使われる。

「点検《てんけん》」「点呼《てんこ》」では、チェックリストに印を付けていくようなイメージで、**〝一つ一つ確認する〟**こと。転じて〝細かく批評する〟ことをも表し、日本語では**〝評価を数値で表したもの〟**の意味でも使われる。「点数《てんすう》」「満点《まんてん》」「採点《さいてん》」「合格点《ごうかくてん》」などが、その例となる。

「点火《てんか》」「点滅《てんめつ》」のように**〝火や光を発する／発するようにする〟**ことを表すのは、暗がりの中に小さな印を付けるイメージ。〝火〟とは対照的に、「点眼《てんがん》」「点滴《てんてき》」「点茶《てんちゃ》」などでは**〝少量の水を注ぎ入れる〟**こと。また、中華料理の「点心《てんしん》」では、**〝お腹をちょっと満たす〟**ことをいう。

◆訓読み「ともる／ともす」は、〝火や光を発する／発するようにする〟という意味だが、現在では「ろうそくを灯《とも》す」のように「灯」(p451)を使う方がふつう。「つ

く／つける」もこの意味だが、こちらも現在では「電気を付《つ》ける」のように、「付」(p523)を書くのがふつうである。

　また、訓読み「たてる」は〝**お茶を入れる**〟という意味で、「お茶を点《た》てる」「野点《のだて》」のように用いる。

　以前は「點」と書くのが正式で、部首も「黑／黒」。もともとは〝小さな黒い印〟を表す漢字だったようだが、現在ではもちろん、カラフルに使っても大丈夫。なお、手書きでは略字「奌」を使うこともある。

てん
展

10画

［音読み］テン
［訓読み］ひろ-がる
［部首］尸（しかばね）

意味そのものが意味を表す？

「展示《てんじ》」「展覧《てんらん》」など、〝**よく見えるように並べる**〟ことを表すのが、代表的な意味。現在では**「展覧会《てんらんかい》」の省略形**として用いられることも多く、「個展《こてん》」「日展《にってん》」「大恐竜展《だいきょうりゅうてん》」などがその例。「展望《てんぼう》」では逆に、〝**広い範囲を眺め渡す**〟ことを表す。

　また、〝**折りたたまれているものを開く**〟という意味もあり、「親展《しんてん》」がその例。「部隊を展開《てんかい》する」のように〝**まとまっていたものが開く**〟ことを指しても用いられる。

◆訓読み「ひろがる／ひろげる」は、現在では「広」(p181)を書くのが一般的。ただし、「パノラマが展《ひろ》がる」「公園でお弁当を展《ひろ》げる」のように、あえて「展」を書いて開放感を強調することもある。

　さらに、〝**金属をたたいて薄く延ばす**〟ことを表す場合もあり、「展性《てんせい》」とは〝金属が薄く延びる性質〟。この場合に「のばす／のべる」と訓読みすることもあるが、現在では「延」(p35)を使うのがふつう。

　このほか、「発展《はってん》」「進展《しんてん》」「めくるめくような物語が展開《てんかい》する」では、〝**次々に何かが起こる**〟ことを表す。

　全体的な意味を把握しにくいが、本来は〝**転がる**〟ことを表す漢字。「展転《てんてん》」とは、〝転がる〟ことや〝寝返りをうつ〟こと。そこから〝巻物を転がして見る〟という、〝見えるように並べる〟〝折りたたまれているものを開く〟〝次々に何かが起こる〟などの意味への変化が、理解しやすいように思われる。

　ただし、成り立ちには諸説があり、部首「尸」の表すものもよくわからない。実際はどうであれ、この漢字の意味そのものが次々に変化し広がっているように思えるのは、なかなかおもしろい。

てん
添

11画

［音読み］テン
［訓読み］そ-える、そ-う
［部首］氵（さんずい）

そばにいるだけではなく…

「添付《てんぷ》」「添加《てんか》」「お新香《しんこ》を添《そ》える」など、〝**付け加える**〟ことを表す。「添削《てんさく》」は本来、〝文章を書き加えたり削ったりする〟こと。「添乗員《てんじょういん》」「付《つ》き添《そ》い」「寄《よ》り添《そ》う」「添《そ》え木《ぎ》」のように、〝**すぐ近くで支える**〟というニュアンスが強い場合もあるが、これは、日本語独自の用法。

◆似た意味で「そう」と訓読みする漢字には、ほかに「沿」(p36)がある。「添」は〝支える〟という意味合いがある場合に用いるのに対して、「沿」は〝離れずに従う〟というイメージを持つことが多い。

◆また、「そえる」と訓読みする漢字には「副」(p532)もある。「添」を使う方が一般的だが、〝二次的なものをそえる〟場合には「副」を用いる場合もある。

　部首「氵」は「水」の変形。本来の意味には、〝水の量を増やす〟とか〝食事にお酒をそえる〟などの説がある。

てん
転

11画

［音読み］テン
［訓読み］ころ-ぶ、ころ-がる
［部首］車（くるまへん）

次から次へと ご苦労さま

部首「車」にも現れているように、〝**くるくる回る**／**回す**〟ことを表すのが本来の意味。「回転《かいてん》」「空転《くうてん》」「地球の自転《じてん》」などがその例。変化して、「転落《てんらく》」「転倒《てんとう》」「転覆《てんぷく》」「つまずいて転《ころ》ぶ」など、〝**ひっくり返る**〟という意味で用いられたり、「車の運転《うんてん》」「側転《そくてん》」「ボールが転《ころ》がる」「丸太を転《ころ》がす」のように、〝**回りながら移動する**／**回しながら移動させる**〟ことを表したりもする。

また、〝**場所や方向などが変わる**／**場所や方向などを変える**〟という意味にもなる。「転居《てんきょ》」「転向《てんこう》」「転職《てんしょく》」「転売《てんばい》」「逆転《ぎゃくてん》」「急転《きゅうてん》」「意味が転《てん》じる」「ほこ先を転《てん》ずる」などなど、この意味の例は多く、さまざまなものについて用いられる。

「転戦《てんせん》」「流転《るてん》」「土地転《とちころ》がし」などでは、特に〝**次々に場所を変える**〟こと。エネルギッシュだが、落ち着きがないのは痛しかゆしである。

以前は「轉」と書くのが正式。「専」は「専」（p350）の以前の書き方で、〝糸を巻き付ける〟という意味だと考えられている。

てん 貼

12画

⇩ ちょう（p421）

てん 塡

13画

［音読み］テン
［訓読み］う-める、うず-める、は-める
［部首］土（つちへん）

数はあるけど使えないなあ…

「充塡《じゅうてん》」「装塡《そうてん》」「補塡《ほてん》」など、〝**すきまをふさいで、いっぱいにする**〟ことを表す。

訓読みでは「うめる／うまる」「うずめる／うずまる」「はめる／はまる」と読むが、実際に書くとどれも「塡める／塡まる」となってしまうのが困ったところ。現在では、「うめる／うまる」「うずめる／うずまる」は「埋」（p573）を使い、「はめる／はまる」はかな書きすることが多い。

なお、印刷文字では「塡」の形が標準とされているが、手書きでは「眞」を「真」と書いても差し支えない。

でん 田

5画

［音読み］デン
［訓読み］た
［部首］田（た）

野菜も実るし油もわき出る！

「田植《たう》え」「棚田《たなだ》」「休耕《きゅうこう》田《でん》」など、〝**稲を育てるために水を張った耕作地**〟を表す。ただし、これは日本語独自の用法で、本来は、単に〝**耕作地**〟の意味。ちなみに、〝水を張らない耕作地〟を指す「畑」（p497）は、日本語オリジナルの漢字である。

また、「塩田《えんでん》」「油田《ゆでん》」のように、〝**何かを産出する土地**〟を指すこともある。

形からも明らかなように、〝整然と区画された耕作地〟の絵から生まれた漢字。大昔から、耕作地はきれいに区画されるものだったことがよくわかる。

なお、「田《た》んぼ」は「田《た》の面《も》」「田面《たおも》」が変化したことばだと考えられていて、「田圃《たんぼ》」と書くのは当て字。「田舎《いなか》」は、漢字の熟語をそのまま、意味を表す日本語で読む当て字的表現である。

部首としては？

〝耕作地〟や〝土地を区切る〟ことに関係する漢字の部首となる。例としては、「画」（p59）「男」（p402）「畜」（p410）「町」（p417）「畔」（p504）など。「甲」（p181）「申」（p308）「由」（p600）も、形の上から便宜的に部首「田」に分類される。なお、漢字の左側に置かれた場合には、「たへん」と呼ばれる。

でん 伝

6画

［音読み］デン、テン
［訓読み］つた-える、つた-う、つて
［部首］イ（にんべん）

いただきものなんですが…

本来は、〝**生み出したものや受け継いだものを、次へと受け渡す**〟ことを表す。「伝承《でんしょう》」「伝統《でんとう》」

「伝染《でんせん》」「遺伝《いでん》」「駅伝《えきでん》」「言《い》い伝《つた》える」「熱が伝《つた》わる」などがその例。また、「宣伝《せんでん》」「伝《でん》播《ぱ》」「伝道師《でんどうし》」「うわさが伝《つた》わる」のように、**〝次々に受け継いで広める〟**という意味にもなる。

転じて、**〝情報をだれかに教える〟**ことをも表す。「伝言《でんごん》」「伝達《でんたつ》」「伝授《でんじゅ》」「直伝《じきでん》」「秘《ひ》伝《でん》」「スケジュールを伝《つた》える」などがその例。また、「伝記《でんき》」「自伝《じでん》」「列伝《れつでん》」のように、**〝ある人の生涯を書き記したもの〟**を指すこともある。

「軒先《のきさき》を伝《つた》って歩く」「涙がほほを伝《つた》う」など、**〝何かに沿って移動する〟**ことを表すのは、〝受け取ったものを受け渡す〟ところから生じた日本語独自の用法。「言伝《ことづて》」「伝《つて》を頼る」のように**〝仲立ちとなるもの〟**を表すのは、そこから転じたもの。

音読みはデンを使うのが原則。テンは平安時代ごろに正式とされた読み方だが、現在では「伝馬船《てんません》」でしか使われないと考えて差し支えない。

以前は「傳」と書くのが正式。部首「亻」は「人」の変形。「専」は「專」（p350）の以前の書き方で〝糸を巻き付ける〟の意味がある。本来は〝糸巻きを転がす〟という意味だという。

殿

でん

13画

［音読み］デン、テン
［訓読み］との、どの、しんがり
［部首］殳（るまた、ほこづくり）

私のはそれほどでもないつもり…

「宮殿《きゅうでん》」「御殿《ごてん》」「神殿《しんでん》」「殿堂《でんどう》」など、**〝限られた人しか入れない立派な建物〟**を表す。「殿下《でんか》」は、そこから転じて、皇族を指す場合に敬意を表して用いる。

日本語では「殿様《とのさま》」のように**〝領主〟**を意味したり、「殿方《とのがた》」のように**〝男性〟**を表したりする。また、性別を問わず、**だれかを指す場合に敬意を表すために用いる**こともあり、その場合は「坂本龍馬殿《さかもとりょうまどの》」「総理大臣殿《そうりだいじんどの》」「おふくろ殿《どの》」のように、必ず「どの」と訓読みする。

本来は〝お尻〟を意味する漢字で、**〝隊列の一番後ろ〟**を指す訓読み「しんがり」にその意味が残る。それが〝立派な建物〟を意味するようになったのは、お尻はどっしりしているからだ、という説が有力。これに納得できるかどうかは、自分のお尻との相談だろう。また、部首「殳」は〝武器としての長い棒〟で、〝お尻をたたく〟こととと関係があるともいう。

なお、「肉」の変形で〝肉体〟を表す部首「月（にくづき）」を付け加えて、〝お尻〟の意味をはっきりさせた漢字が「臀《でん》」である。

電

でん

13画

［音読み］デン
［部首］雨（あめかんむり）

スキさえあれば短くなる？

「電池《でんち》」「電灯《でんとう》」「電力《でんりょく》」「電流《でんりゅう》」「発電《はつでん》」「感電《かんでん》」「電磁波《でんじは》」などなど、現在では**「電気《でんき》」の省略形**として使われることが多い。ただし、本来は**〝いなびかり〟**を表す漢字で、〝天候〟を表す部首「雨」が付いているのはそのなごり。「電撃《でんげき》作戦」「雷鳴と電光《でんこう》」などは、その例である。

ちなみに、〝いなびかり〟が〝電気〟であることは、一七五二年にアメリカのフランクリンが証明したこと。「電気」は、その知識を受けて作られたことば。

なお、「祝電《しゅくでん》」「外電《がいでん》」「打電《だでん》」などでは**「電報《でんぽう》」の省略形**、「市電《しでん》」「終電《しゅうでん》」では**「電車《でんしゃ》」の省略形**。「留守電《るすでん》」では**「電話《でんわ》」の省略形**、「家電《かでん》」では**「電化製品《でんかせいひん》」の省略形**。なぜか省略が好きな漢字のようである。

と

と 戸

4画

［音読み］コ
［訓読み］と
［部首］戸（と）

家族みんなが出入りする

古代文字では「」と書き、〝左側に軸を取り付けた板〟の絵。本来は〝片開きのドア〟を表す漢字だが、現在ではスライド式のものなども含めて、広く〝**ドア**〟を指す。「雨戸《あまど》」「引き戸《ひどど》」「戸締《とじ》まり」などがその例。ちなみに、〝両開きのドア〟を表す漢字は「門」（p592）。「扉」（p467）は特に〝ドアの板〟を指すが、現在では「戸」も「扉」も似たような意味で用いられる。

建物や部屋などへの出入り口であるところから、転じて〝**建物**〟を指しても用いられる。「戸外《こがい》」がその例。「戸数《こすう》」「戸主《こしゅ》」「戸籍《こせき》」のように、特に〝**一つの家族が暮らす住宅**〟を指すことも多い。これらの意味では主に音読みが用いられるのも特徴的。〝お酒をたくさん飲む人〟〝あまり飲まない人〟をいう「上戸《じょうご》」「下戸《げこ》」も、本来は〝裕福な家〟〝貧しい家〟を指す熟語。

なお、「八戸《はちのへ》」のような地名で見られる「へ」は、〝**民家**〟を意味する古語。また、「戸惑《とま》う」の「戸」は、当て字である。

部首としては?

〝建物の入り口〟に関係する漢字の部首となる。「扉」（p467）「房」（p562）がその代表。「扇」（p352）「戻」（p592）も、もとをたどれば意味の上で「戸」と関係がある。漢字の上から左にかけての位置に置かれることが多く、この場合は、部首の名前としては「とだれ」「とかんむり」という。

微妙な違いだが、以前は「戶」と書くのが正式。「扉」「房」「扇」「戻」のほか、さまざまな漢字に含まれる「戸」も、以前は「戶」と書くのが正式である。

と 斗

4画

［音読み］ト
［部首］斗（と、とます）

夜空に浮かぶはそれそのもの!

古代文字では「」と書き、本来は、**液体や穀物をすくい取る**〝**ひしゃく**〟を表す。転じて、**容積の単位**としても使われ、日本では、「一斗《いっと》」は約一八ℓ。

「北斗七星《ほくとしちせい》」は、その形が〝ひしゃく〟に似ていることから。「泰斗《たいと》」は、「泰山《たいざん》」という名山と「北斗七星」を組み合わせて、〝その道の権威〟をいう熟語。ここでは、「斗」は**「北斗七星」の省略形**。

なお、「決斗《けっとう》」「斗争《とうそう》」のように、「闘」（p460）の略字として使われることもある。

部首としては?

数は少ないが、〝ひしゃく〟に関係する漢字の部首となる。「料」（p630）も「斜」（p252）も、もとをたどると〝ひしゃくですくい取る〟ことに関係する。なお、部首の名前としては、単に「と」と言ったり、「一斗升《いっとます》」から「とます」と呼ばれたりする。

と 吐

6画

［音読み］ト
［訓読み］は-く、つ-く
［部首］口（くちへん）

部首の力が強すぎたかな?

「吐息《といき》」「嘔吐《おうと》」「食べ物を吐《は》く」のように、〝**体内にあるものを口から外へ出す**〟ことを表す。転じて、〝**考えをことばにする**〟という意味にもなり、「吐露《とろ》」がその例。「ため息を吐《つ》く」「ウソを吐《つ》く」のように、「つく」と訓読みすることもあるが、現在ではかな書きする方がふつうである。

中国の古典では、〝花が咲く〟ことを「花を吐《は》く」と言ったり、〝月が輝き始める〟

ことを「月が吐《は》く」と表現したりもする。が、日本では部首「口」が効き過ぎたか、イメージがあまりよくないようである。

と 妬

8画

［音読み］ト
［訓読み］ねた-む、そね-む、や-く
［部首］女（おんなへん）

よく似た姉妹がいますよ！

熟語としては、現在では「嫉妬《しっと》」以外で用いられることはまれ。〝**他人を強くうらやんで、憎らしく感じる**〟ことを表す。訓読みでは「ねたむ」「そねむ」と読むが、特に〝**恋愛関係について腹を立てる**〟ことを指して「やく」と読む場合もある。

というわけで、意味の面でも使い方の面でも、「嫉」（p248）とほとんど同じと考えて差し支えない。

と 徒

10画

［音読み］ト
［訓読み］あだ、いたず-ら
［部首］彳（ぎょうにんべん）

あれがあれば楽なのに…

部首「彳」は〝移動〟を表す記号。「徒歩《とほ》」「徒競走《ときょうそう》」のように〝**乗り物を使わないで移動する**〟ことが、本来の意味。転じて、「徒手空拳《としゅくうけん》」のように〝**道具を使わない**〟ことをも表す。

昔は特別な人以外は乗り物は使えなかったことから、〝指導者〟と対比して、一般の〝**導きを受ける人びと**〟をも指す。「徒弟《とてい》」「生徒《せいと》」「学徒《がくと》」「信徒《しんと》」「門徒《もんと》」「キリスト教徒《きょうと》」など、現在ではこの意味で使われることが最も多い。それが「徒党《ととう》」「暴徒《ぼうと》」「博徒《ばくと》」になると、〝**特別な指導者がいない集団**〟という意味となる。全体的には、〝特別な何かを持たない〟というイメージを持つ漢字である。

転じて、〝**きちんとした目的や成果がない**〟ことをもいう。「徒労《とろう》」「無為徒食《むいとしょく》」「徒花《あだばな》」「徒《いたず》らに批判してもしかたない」などがその例。「徒然《つれづれ》」もこの意味で、漢字の熟語をそのまま、意味を表す日本語で読む当て字的表現。

なお、訓読み「いたずら」については、「ら」を送りがなとする書き方と、送りがなを付けない書き方の両方がある。

と 途

10画

［音読み］ト、ズ
［訓読み］みち
［部首］辶（しんにょう、しんにゅう）

この道はどこへ行く道？

部首「辶」は、以前は「辶」と書くのが正式で、〝移動〟を表す記号。「途中《とちゅう》」「途上《とじょう》」「帰途《きと》」のように、〝**どこかへ向かう道**〟を表すのが本来の意味。転じて、「用途《ようと》」「別途《べっと》」「使途《しと》」など〝**何かをするやり方・目的**〟を意味することもある。

「途轍《とてつ》」は〝道にできた車の轍《わだち》〟のことで、〝もとからある決まったやり方〟をいう。「途轍もない」は〝決まったやり方には収まらない〟こと。

「途方《とほう》」も〝決まったやり方〟のことだが、これは日本語独自の熟語。「途端《とたん》」も日本語オリジナルで、〝その道のその場所〟から転じて、〝まさにその時〟を指すようになったものか。また、「途切《とぎ》れる」「途絶える」は、「跡切《とぎ》れる」「跡絶《とだ》える」と書くこともあるので、〝何かが存在した印〟をいう日本語「と」に対する当て字だと考えられる。

音読みはトを用いるのが大原則。ズは奈良時代以前からある古い読み方で、現在では、「三途《さんず》の川」「一途《いちず》な思い」などでしか使われない。

◆訓読み「みち」は、現在では「道」（p462）を使うのがふつう。ただし、「途」は、単なる〝道〟ではなく〝行き先〟の意識を持つので、それを生かして「途」と書いてみるのも、おもしろい。

と 都

11画

［音読み］ト、ツ
［訓読み］みやこ
［部首］阝（おおざと）

人びとがあこがれる場所

「首都《しゅと》」「遷都《せんと》」「千年の都《みやこ》」など、**〝ある国の中心となる町〟**を指すのが、基本的な意味。以前は、点が一つ多い「都」と書くのが正式。部首「阝」は「邑」（p602）の変形で、〝人の住む地域〟を表す。「者／者」（p251）には〝集める〟という意味がある。本来は〝人が大勢集まって住む地域〟をいう。

転じて、「都会《とかい》」「都市《とし》」など**〝大きな町〟**を意味したり、「商都《しょうと》大阪」「俳都《はいと》松山」「映画の都《みやこ》ハリウッド」のように**〝ある分野で中心となる町〟**を表したりする。また、現代の日本では特に**「東京都《とうきょうと》」の省略形**としても使われる。

人や物が多く集まるところから、**〝すべて〟**という意味でも使われる。「都合《つごう》」は〝すべてがうまく合う〟こと、「都度《つど》」は〝何かをする時にいつも〟。音読みはトを用いるのが大原則だが、この二つの熟語の場合は、奈良時代以前からある古い読み方でツと読む。

と 渡

12画

［音読み］ト
［訓読み］わた-る
［部首］氵（さんずい）

いろんなことがありまして…

「水」が変形した部首「氵」が付いていているように、本来は**〝川や海などの向こうに行く〟**ことを表す。「渡海《とかい》」「渡米《とべい》」「渡来《とらい》」「湖を渡《わた》る」「渡《わた》し舟」などがその例。転じて、「渡《わた》り廊下」「野原を風が渡《わた》る」のように、広く**〝向こうに行く〟**ことをもいう。

「譲渡《じょうと》」「手渡《てわた》す」になると、**〝向こうに何かを届ける〟**という意味となり、「過渡《かと》期」では**〝ものごとが変化する〟**ことをいう。全体的には、位置や状態の変化を、その経過を踏まえて表す漢字である。

そこから、**〝いろいろありながらも生き抜いていく〟**という、日本語独自の味わい深い用法が生まれた。「世渡《よわた》り」「いくつもの会社を渡《わた》り歩く」などがその例。「渡《と》世人《せいにん》」とは、〝賭けごとなどをしながら生き抜いていく人〟をいう。

◆「渉」（p291）も「わたる」と訓読みするが、現在では「渡」を使うのが一般的。ただし、〝境界を越えて〟という意味合いを出したいときに「渉」を書くこともある。

なお、日本語「わたる」には「五時間にわたる会議」「被害は三つの県にわたる」「公私にわたる努力」のように〝広い範囲に及ぶ〟という意味もある。この場合に「渡」を用いる例も見かけるが、意味からすれば、かな書きにするか、〝端から端まで連なる〟ことを表す「亘《こう》」を書く方がふさわしい。

と 塗

13画

［音読み］ト
［訓読み］ぬ-る、まみ-れる
［部首］土（つち）

汚いことにも耐えていれば…

「塗装《とそう》」「塗料《とりょう》」「パンにバターを塗《ぬ》る」のように、**〝液体ややわらかいものを、表面にすりつける〟**ことを表す。また、「ピンクに塗《ぬ》る」「塗《ぬ》り絵《え》」など、特に**〝色を付ける〟**ことをも意味する。

ただし、部首「土」に現れているように、本来は**〝泥〟**を意味する漢字。「塗炭《とたん》の苦しみ」は、〝泥や炭の中を転げ回るような苦しみ〟。転じて、「土に塗《まみ》れる」のように、「まみれる」と訓読みして**〝泥などが付いて汚れる〟**ことをも表す。

本来は汚いイメージだった漢字が、華やかな色合いにも使われるようになったわけで、その変身ぶりは華麗。辛抱していれば、報われることもあるのである。

と 賭

16画

［音読み］ト
［訓読み］か-ける
［部首］貝（かいへん）

ほどほどにしておきなさい！

部首「貝」は〝お金や宝物〟を表す記号。

「賭博《とばく》」「賭《か》けごと」など、〝**勝負の結果によって金品を取り合う**〟ことを表す。「命を賭《か》ける」「職を賭《と》す」などはもちろん比喩的な表現だが、命や職業を安売りしているような気がしないでもない。

◈「かける」と訓読みする漢字はたくさんあるが、「賭」は〝賭けごと〟についてしか用いないので、使い分けに悩む必要はない。なお、現在では「賭」を「かかる」と訓読みして用いることはなく、「賞金のかかる勝負」のような〝賭けごと〟の場合でも、「かかる」は「懸」（p164）を書くのがふつうである。

印刷文字では「賭」の形が標準とされているが、手書きでは「者」を「者」と書いても差し支えない。「者／者」（p251）には〝集める〟という意味があるので、財産をかき集めて〝賭けごと〟をしているような印象さえある、危うい漢字である。

ど 土

3画

［音読み］ド、ト
［訓読み］つち
［部首］土（つち）

その場所で暮らしていく…

大地を構成する〝つち〟を表す。「土壌《どじょう》」「土砂《どしゃ》」「土器《どき》」「粘土《ねんど》」「赤土《あかつち》」などがその例。

古代文字では「」と書き、〝土地の守り神を祭った盛り土〟の絵だと考えられている。本来は、人びとの精神生活と強く結びついた漢字である。

そこで、「国土《こくど》」「本土《ほんど》」「浄土《じょうど》」のように〝**ある人びとが生活する場所**〟という意味合いを込めても使われる。さらに「郷土《きょうど》」「風土《ふうど》」「土着《どちゃく》」などでは、生活の匂いが漂ってくるようである。

このほか、「土星《どせい》」では**惑星の一つ**を指す。また、日本語では、**Saturday の訳語**として「土曜日《どようび》」のようにも使われる。

音読みはドを用いるのが大原則。トは平安時代ごろに正式とされた読み方だが、現在では、「土地《とち》」のほか、「土佐《とさ》」「土岐《とき》」などの固有名詞で使われるくらい。また、特に姓では、「圡」「土」など点を付けた形で書かれることもある。

部首としては？

「地」（p405）「堤」（p435）「坂」（p502）「壁」（p544）「埋」（p573）などなど、〝つち〟に関係する非常に多くの漢字の部首となる。「壊」（p66）「増」（p374）なども、もとをたどれば〝つち〟に関係する意味がある。なお、漢字の左側に置かれた場合には、「つちへん」と呼ばれる。

ど 奴

5画

［音読み］ド、ヌ
［訓読み］やっこ、やつ
［部首］女（おんなへん）

いつのまにか男性に？

「奴隷《どれい》」に代表されるように、〝**他人のために働かされる者**〟を表す。転じて、「守銭奴《しゅせんど》」「売国奴《ばいこくど》」など、〝**見下されるような行動をする者**〟をもいう。

訓読み「やっこ」は、〝**召し使い**〟のこと。「やつ」は、**他人を見下して呼ぶことば**。発音が変化して「此奴《こいつ》」「彼奴《あいつ》」のように用いることもある。どの意味・読み方の場合でも、相手を見下すニュアンスが強いので、注意して使いたい漢字である。

なお、音読みはドを用いるのが原則。ヌは奈良時代以前からある古い読み方で、「奴婢《ぬひ》」くらいでしか使われない。「婢」は〝他人のために働かされる女性〟。そこで、この場合の「奴」は、〝**他人のために働かされる男性**〟を指していると考えられる。ただ、部首「女」が付いていることから、「奴」は本来は女性を指していたと思われる。なんだかややこしいお話である。

ど 努

7画

［音読み］ド
［訓読み］つと-める
［部首］力（ちから）

〝**一生懸命に力を尽くす**〟ことを表す。よく見かける漢字だが、実は「努力《どりょく》」「努《つと》める」以外には使い道がほとんどない。だが、それだけに集中力の高さを感じさせる、と言えなくもない。

集中力はあるが融通が利かない？

◆「つとめる」と訓読みする漢字には「勤」（p132）「勉」（p549）「務」（p581）もある。「勤」「務」が〝仕事や役割を果たす〟場合に使われるのに対して、「努」は〝一生懸命がんばる〟というニュアンスが強い。そこで「間に合うよう努《つと》めます」「犯罪撲滅《はんざいぼくめつ》に努《つと》める」のように用いられるが、〝無理してがんばる〟という意味合いを強調するために、あえて「勉」を使うこともある。

ど 度

9画

［音読み］ド、ト、タク
［訓読み］たび
［部首］广（まだれ）

何だって測ってやるぜ！

「速度《そくど》」「温度《おんど》」「鮮度《せんど》」「角度《かくど》」「経度《けいど》」「程度《ていど》」「度合《どあ》い」などなど、とてもよく使われる漢字。本来は〝物差し〟を表し、転じて〝**長さ**〟の意味ともなる。「度量衡《どりょうこう》」とは、〝長さ・容積・重さ〟。さらに、〝物差しの目盛り〟から、〝**ものごとがどれくらいか**〟を示す漢字として用いられる。

「一度《いちど》」「お百度参《ひゃくどまい》り」「幾度《いくたび》も」のように特に〝**回数**〟を指すこともあり、ここから転じて、「今度《こんど》」「この度《たび》」など〝**機会**〟という意味でも使われる。「年度《ねんど》」は、一年を一つの〝機会〟としてとらえたことば。

また、〝物差しで測る〟ところから〝**範囲**〟の意味ともなる。「度外視《どがいし》」がその例。「調度品《ちょうどひん》」とは、〝必要な範囲でそろえられた品物〟。特に〝**越えてはいけない範囲**〟をいうことが多く、「節度《せつど》」「限度《げんど》」「度《ど》を超《こ》す」などがその例。「制度《せいど》」「法度《はっと》」では、もっと強く〝**従うべききまり**〟を表す。

さらには、〝**心の持ちよう**〟を指すこともあり、「度胸《どきょう》」「態度《たいど》」「度量《どりょう》が狭い」などがその例。心に物差しを当てているようで、想像すると奇抜なイメージである。

このほか、仏教では、「得度《とくど》」「済度《さいど》」のように〝**仏門に入る**〟〝**人びとを救う**〟という意味でも用いられる。これは「渡」（p447）と同じ意味で使われたもので、本来は〝彼岸へ渡る／渡す〟こと。「度《ど》し難《がた》い」とは、〝救いようがない〟ことをいう。

音読みはドを用いるのが原則。トは平安時代ごろに正式とされた読み方だが、現在では、すでに挙げた「法度《はっと》」くらいでしか使われない。

また、〝物差しで測る〟ところから、〝**推測する**〟という意味にもなる。「彼女の心を忖度《そんたく》する」がその例で、この場合にはタクを使う。「支度《したく》」も、本来は〝何が必要か推測する〟こと。ちなみに、「支度」から変化して、「〇〇したい」を書き表す場合に「〇〇し度《た》い」と書く当て字もあったが、現在ではかな書きするのがふつうである。

なお、部首「广」は〝建物〟を表すが、意味の上からは〝手の動作〟を表す「又」を部首とする方がふさわしい。

ど 怒

9画

［音読み］ド、ヌ
［訓読み］おこ-る、いか-る
［部首］心（こころ）

心の底から勢いを込めて！

「激怒《げきど》」「怒号《どごう》」「お兄ちゃんに怒《おこ》られる」「怒《いか》りを鎮《しず》める」など、〝**腹を立てる**〟ことを表す。

ただし、「努」（p448）との関係から、本来は〝心に力を込める〟ことを指すと考えられる。「怒濤《どとう》」「怒張《どちょう》」では〝**勢いが激しい**〟ことを表すが、この方が本来の意味には近いのかもしれない。

音読みはドを用いるのが原則。ヌは、奈良時代以前からある古い読み方で、現在では「憤怒《ふんぬ》」くらいでしか使われない。

とう 刀

2画

［音読み］トウ
［訓読み］かたな
［部首］刀（かたな）

〝片方だけ刃が付いた刃物〟を表す。「刀剣《とうけん》」「伝家の宝刀《ほうとう》」「刀《かたな》を抜く」などがその例。特に〝**武器としての刃物**〟をいうが、「手術の執刀《しっとう》」では〝医療用のメス〟を、「剃刀《かみそり》」は〝ひげや髪などをそるための刃物〟を指す。

武器以外にも使えますよ

「剃刀」は、漢字の熟語をそのまま、意味を表す日本語で読む当て字的表現。「竹刀《しない》」も同様だが、「太刀《たち》」は逆に、日本語「たち」の意味を漢字で表したもの。二文字で「たち」と読むのであり、「刀」に「ち」という訓読みがあるわけではない。

部首としては?

〝刃物〟に関係する漢字の部首となる。「初」（p280）「刃」（p317）「分」（p537）などがその例。これらのように「刀」の形がそのまま残る例は少ない。多くは「刻」（p200）「削」（p217）「刺」（p231）「剖」（p563）のように漢字の右側に置かれて「刂」の形となり、部首の名前としては「りっとう（立刀）」と呼ばれる。

とう 冬

5画

［音読み］トウ
［訓読み］ふゆ
［部首］夂（ふゆかしら）

四季の〝ふゆ〟を表す。以前は「冬」と書くのが正式で、部首も〝氷〟を表す「冫（にすい）」。現在でも部首を「冫」とする辞書もある。

やっぱり氷と縁がある

「冬期休業《とうききゅうぎょう》」「越冬隊《えっとうたい》」「冬休《ふゆやす》み」「冬《ふゆ》を越す」のように、音読み・訓読みともによく用いられる。ただし、「今冬」「来冬」「昨冬」などは、辞書的には「こんとう」「らいとう」「さくとう」と読むが、実際には「こんふゆ」「らいふゆ」「さくふゆ」と読まれることも多い。この点は「夏」（p53）も同じで、「春」（p276）「秋」（p265）とはちょっと異なる特色となっている。

とう 当

6画

［音読み］トウ
［訓読み］あ-たる、あ-てる
［部首］⺌（しょうがしら）

基本的には、〝**あるものに何かがぴったり対応する**〟ことを表す漢字で、「相当《そうとう》」「該当《がいとう》」「当選《とうせん》」「一ドルは約八〇円に当《あ》たる」「条件に当《あ》てはまる」などがその例。

仕事から競馬まで

転じて、〝**ぴったりしていて間違いない**〟という意味ともなり、「正当《せいとう》」「順当《じゅんとう》」「妥《だ》当《とう》」「適当《てきとう》」「当否《とうひ》」のように使われる。

また、「担当《たんとう》」「当直《とうちょく》」「危険物の処理に当《あ》たる」などでは、〝**受け持って対応する**〟こと。自分がそれに対応しているところから、「当家《とうけ》」「当地《とうち》」「当社《とうしゃ》」などでは〝**この**〟という意味になり、話題になっている何かがそれに対応しているところから、「当人《とうにん》」「当時《とうじ》」では〝**その**〟という意味になる。「当代《とうだい》」「当世《とうせい》」「閉会に当《あ》たって」などは、〝**現在の**〟という意味を表す例。

このほか、〝対応すると考える〟ところから、〝**みなす**〟〝**予想する**〟ことをも表す。「見当《けんとう》」「当《あ》て推量」「当《あ》たりを付ける」などがその例。転じて、「予想が当《あ》たる」「万馬券を当《あ》てる」などでは、〝**予想が的中する**〟こと。ただし、「新しい辞書が大当《おおあ》たりする」のように〝**幸運を手に入れる**〟というニュアンスが強いものは、日本語独自の用法のようである。

なお、「ボールを当《あ》てる」「犬も歩けば棒に当《あ》たる」のような〝**モノをぶつける／モノがぶつかる**〟の意味は、〝ぴったり〟から転じたものだと考えられるが、これも日本語のオリジナルだと思われる。

◆訓読み「あてる」では、「充」（p269）との使い分けが問題となる。一般的には「当」を書いておけば問題ないが、特に〝足りていないものに振り向ける〟ことを表す場合には、「充」を用いる。また、〝送り先〟を示す場合に、「宛」（p10）を使うこともある。

以前は「當」と書くのが正式で、部首も「田」。成り立ちには諸説があり、「田」が付いている理由もはっきりしない。現在の形には「田」は含まれないので、形の上から便宜的に部首を「⺌」とすることが多い。中には、「⺌（つ）」という部首を新設して、そこに分類する辞書もある。

とう 灯

6画

［音読み］トウ、ドン、チン
［訓読み］ひ、あか-り、ともしび、とも-る
［部首］火（ひへん）

新入りもいつの間にか…

「灯台《とうだい》」「街灯《がいとう》」「アーク灯《とう》」「パリの灯《ひ》が見える」「灯《あか》りが消える」「教会の灯《ともしび》」など、**〟まわりを照らす光の源〟**を表す。転じて、「イルミネーションが灯《とも》る」「ろうそくを灯《とも》す」のように**〟光を発する／発するようにする〟**の意味でも使われる。

音読みはトウを用いるのが原則。ドンは「行灯《あんどん》」の場合に、チンは「提灯《ちょうちん》」の場合に使う。どちらも、鎌倉時代ごろ以降に生まれた比較的新しい音読み。そこで、「行灯」「提灯」の歴史は実はそれほど古くはないと思われるが、現在ではすっかり日本的な情緒を感じさせる風物詩となっている。

◆訓読み「あかり」では、「明」（p584）との違いが気になるところ。「明」はどんな光に対しても使うことができるが、「灯」は人工的な光だけを指すという違いがある。つまり、迷ったら「明」を書いておけば問題はない。

◆また、「ともす／ともる」と訓読みする漢字には「点」（p441）もあるが、現在では「灯」を書く方が一般的である。

なお、以前は「燈」と書くのが正式。「灯」はもともと意味も発音も「燈」とは微妙に違う漢字だったらしいが、古くから「燈」の略字として使われている。

とう 投

7画

［音読み］トウ
［訓読み］な-げる
［部首］扌（てへん）

ほんとに実現したいの？

部首「扌」は「手」の変形。例を挙げるまでもなく、**〟離れたところまでものを飛ばす〟**ことを表すのが基本。だが、意外と意味の範囲が広い、おもしろい漢字である。

「投棄《とうき》」「投降《とうこう》」「投げ捨《す》てる」「投《な》げ出《だ》す」「投《な》げやり」などでは、目的の達成をあきらめて**〟途中でやめる〟〟ぞんざいに扱う〟**という意味。ところが、「投函《とうかん》」「投稿《とうこう》」「投薬《とうやく》」「新製品を投入《とうにゅう》する」「賛成票を投《とう》じる」などでは、ある目的のために**〟ある場所に何かをきちんと届ける〟**ことをいう。また、「投機《とうき》」「時流に投《とう》じる」のように、目的のために**〟何かをうまく利用しようとする〟**ことを表す場合もある。目的への執着の程度によって、意味合いが変化する漢字だといえる。

ただし、全体的には〟きちんと〟というニュアンスの方が強い。「投影《とうえい》」では**〟あるところにきちんと映る／映す〟**こと。「意《い》気《き》投《とう》合《ごう》」では**〟ぴったり合う〟**こと。「投宿《とうしゅく》」「政治活動に身を投《とう》じる」では、**〟ある場所や目的に身を置く〟**ことを表す。

なお、「投網《とあみ》」でトと読むのは、音読みトウが縮まったもの。ただし、このことばは「唐網《とあみ》」とも書くので、「投」は当て字かもしれない。

とう 豆

7画

［音読み］トウ、ズ
［訓読み］まめ
［部首］豆（まめ）

かわいいとは限りませんよ…

まず思い出すのは、**穀物の〟まめ〟**。だが、本来は**〟たかつき〟という食器の一種**を表す漢字。ふた付きのお鍋に長い脚を付けた食

器で、「豆」はその絵から生まれたもの。大昔の中国語では〝まめ〟を表すことばと発音が似ていたため、当て字的に用いられて〝まめ〟の意味が生じたという。

日本語では、「豆人形《まめにんぎょう》」「豆電球《まめでんきゅう》」「豆《まめ》知識《ちしき》」など〝**ふつうのものより小さいもの**〟を指して用いることがある。『枕草子』の「小さきものはみなうつくし」という一節を思い出させるが、「豆戦車《まめせんしゃ》」などは、だいぶ雰囲気が違うようである。

音読みはトウを使うのが原則。ズは、奈良時代以前からある古い読み方で、現在では、「大豆《だいず》」や固有名詞の「伊豆《いず》」くらいでしか用いられない。

部首としては?

漢和辞典では部首の一つだが、「豆」を部首とする漢字は少なく、日常的に使うものとしては、本来は〝たかつきにものがたくさん入れてある〟ことを表す「豊」（p559）があるくらい。ほかに「豌豆《えんどう》」の「豌」や、「豆豉《トウチ》」の「豉」などがある。

とう 到

8画

［音読み］トウ
［訓読み］いた-る
［部首］刂（りっとう）

刀を持ってる意味はない?

「到着《とうちゃく》」「到達《とうたつ》」「殺到《さっとう》」など、〝**目的地に行き着く**〟ことを表すのが基本。また、「チャンス到来《とうらい》！」のように〝**決定的な時期・状態になる**〟ことをも意味する。

「到底《とうてい》」は〝底まで行き着く〟ことで、現在では、「到底できない」の形で〝どうしてもできない〟という意味で使われる。また、「周到《しゅうとう》な計画」とは、〝最終的な状態にまで練り上げられた計画〟。

◆訓読み「いたる」は、現在では「至」（p230）を書く方がふつう。ただし、「到」には〝決定的な〟というニュアンスがあるので、「その可能性に思《おも》い到《いた》らなかった」のように「到」を用いるのも、おもしろい。

成り立ちには諸説があり、「刀」が変形した部首「刂」が付いている理由もはっきりしない。ただ、意味からすれば、「致」（p407）にならって部首を「至」とした方がよいように思われる。

とう 東

8画

［音読み］トウ
［訓読み］ひがし、あずま
［部首］木（き）

二つには分けられません!

方角の〝**ひがし**〟を表す。現在では、ヨーロッパ方面のことを「西」（p331）で表すのに対して、〝**中国や日本を中心とした地域**〟を指しても用いられる。

訓読み「あずま」は、昔の日本で〝**都から見て東の地方**〟を指したことば。また、現在の日本では、「東名高速《とうめいこうそく》」のように「**東京《とうきょう》」の省略形**としても用いられる。

成り立ちとしては、〝「木」の向こうから「日」が昇る方向〟を表すとする説が有名。だが、古代文字では「」と書き、「木」と「日」に分けるのは無理がある。現在では、これは〝上下をしばった袋〟の絵で、〝ひがし〟の意味で用いるのは、大昔の中国語では〝ひがし〟を表すことばと発音が似ていたから当て字的に用いられたものだ、と考えられている。

とう 逃

9画

［音読み］トウ
［訓読み］に-げる、に-がす、のが-れる、のが-す
［部首］辶（しんにょう、しんにゅう）

ほかのことはできません!

部首「辶」は、以前は「辶」と書くのが正式で、〝移動〟を表す記号。「逃亡《とうぼう》」「逃走《とうそう》」「鬼から逃《に》げる」「戦場から逃《のが》れる」など、〝**危険を避けて移動する**〟ことを表す。転じて、「現《げん》実逃避《じっとうひ》」「批判から逃《に》げる」「追及を逃《のが》れる」のように、広く〝**危険や嫌なことを避ける**〟という意味でも用いられる。

また、「犯人を逃《に》がす」「チャンスを逃《のが》

す」のように〝**つかまえ損なう**〟という意味もあるが、これは日本語独自の用法。漢字本来の世界では、〝逃げの一手〟でも立派に一文字になれるわけで、うらやましい限りである。

なお、「にげる／にがす」の送りがなは「げる／がす」となり、「のがれる／のがす」は「れる／す」を送りがなとする。そこで、「にがす」「のがす」は「逃《に》がす」「逃《のが》す」と区別されることになる。

とう 倒

10画

［音読み］トウ
［訓読み］たお-す
［部首］亻（にんべん）

激しいけれど例外もある

基本的な意味は、〝**バランスを失って立っていられなくなる／する**〟こと。「倒壊《とうかい》」「転倒《てんとう》」「卒倒《そっとう》」「木を切り倒《たお》す」「柱が倒《たお》れる」などがその例。

やや転じて、「打倒《だとう》」「倒閣《とうかく》」「倒幕《とうばく》」「敵を倒《たお》す」などでは、〝**打ち負かす**〟ことを表す。また、「ナポレオンに傾倒《けいとう》する」「倒錯《とうさく》した趣味」のように、〝**精神的にバランスを失う**〟ことを指す場合もある。

このほか、**別の漢字のあとに添えて程度が激しいことを表す**はたらきもある。「圧倒《あっとう》」は〝激しく押しつぶす〟こと、「罵倒《ばとう》」は〝激しく罵《ののし》る〟こと。訓読みでも、「拝《おが》み倒《たお》す」「一万円を借《か》り倒《たお》す」のように〝**無理を通す**〟というニュアンスで使われる。

基本的には〝バランスを失わせるほどの激しさ〟を表す漢字。その点からすると、「倒立《とうりつ》」「倒置法《とうちほう》」のように〝**逆さまになる／する**〟の意味で用いられるのは、ちょっと冷静すぎる例外のようである。

なお、部首「亻」は「人」の変形だが、成り立ちには諸説がある。

とう 党

10画

［音読み］トウ
［部首］儿（ひとあし）

暗い部分がつきまとう？

「党首《とうしゅ》」「党員《とういん》」「政権与党《せいけんよとう》」のように、現在では「**政《せい》党《とう》」の省略形**として使われる印象が強い。ただし、本来は政治に限らず〝**同じ意見や好みを持つ人びとの集まり**〟を指す。「党《とう》派《は》」「甘党《あまとう》」「ビール党《とう》」などがその例。

「悪党《あくとう》」「残党《ざんとう》」「徒党《ととう》を組む」「不偏不党《ふへんふとう》」など、ともすれば〝**自分たちの利益を優先する集団**〟という悪い印象を持たれてしまいがち。以前は「黨」と書くのが正式で、部首も「黑／黒」だったが、この「黒」は〝仲間内の秘密〟を表すとする説は、当否はともかくとして、そのイメージをよく表している。

とう 凍

10画

［音読み］トウ
［訓読み］こお-る、こご-える、い-てる、し-みる
［部首］冫（にすい）

体の芯までガチガチに…

部首「冫」は〝氷〟を表す記号。「凍結《とうけつ》」「冷凍《れいとう》」「池の水が凍《こお》る」のように、〝**温度が下がって液体が固体になる**〟ことを表す。また、〝**気温が低いために体の調子がおかしくなる**〟という意味にもなり、「凍傷《とうしょう》」「凍死《とうし》」「寒さに凍《こご》える」などがその例。

訓読み「いてる」は「こおる」と同じ意味だが、現在では「凍《い》てつく」の形で用いられることが多い。また、「しみる」も、現在では「凍《し》み豆腐《どうふ》」「凍《し》み大根《だいこん》」など以外ではあまり見かけない。

◆訓読みでは「氷」（p518）との使い分けも問題。「氷」が一般的に〝こおる〟ことを指すのに対して、「凍」には〝全体ががっちりこおる〟というニュアンスがある。ただし、その違いは微妙なので、現在では固まった結果の「こおり」を指す場合だけ「氷」を使い、「こおる」は「凍」を書くのが一般的である。

とう 唐

10画

［音読み］トウ
［訓読み］から
［部首］口（くち）

壮大な王朝の本来の姿とは？

七世紀の初めから一〇世紀の初めまで、約三〇〇年間にわたって中国全土を支配した〝**唐王朝**〟を表す。転じて、**ほかの地域から見て中国を指す**漢字としても使われる。日本語では、〝**中国から渡来したもの**〟や〝**中国風の**〟という意味で使われることもある。「唐辛子《とうがらし》」「唐《とう》なす」「唐様《からよう》」「唐草《からくさ》模様《もよう》」などがその例。

本来は〝**でたらめなことば**〟を意味する漢字で、部首が「广（まだれ）」でなく「口」なのはそのため。「荒唐無稽《こうとうむけい》」「唐突《とうとつ》」などにその意味が現れている。王朝名の「唐」はその発祥の地の地名に基づいたもの。中国の人びとは、実は漢字の意味をあまり気にしないようである。

とう 島

10画

［音読み］トウ
［訓読み］しま
［部首］山（やま）

今日も鳥たちが飛んでいくねえ…

〝**海や川・湖などの中の陸地**〟を表す。本来は「鳥」に部首「山」を組み合わせた漢字で、姓で見かける「嶋」「嶌」も、組み合わせ方が異なるだけで意味・読み方は同じ。

〝鳥が羽を休める場所〟だから「鳥」が付いているというのだが、〝しま〟をそういう観点からとらえるというのは、なかなかユニーク。そこで暮らしている人ではなく、遠くから眺めている人が作った漢字なのかもしれない。

とう 桃

10画

［音読み］トウ
［訓読み］もも
［部首］木（きへん）

どんなイメージを持ちますか？

果樹の〝もも〟を表す。

〝理想郷〟のことを「桃《とう》源郷《げんきょう》」というように、中国では長寿や豊かさの象徴。一方、日本では昔は「桃色《ももいろ》事件」「桃色醜聞《ももいろしゅうぶん》」のように使われ、性的なイメージが強かった。後にこのイメージは「ピンク」で表されるようになったが、英語 pink にはこういった意味合いはなく、代わりに政治的に〝左翼がかった〟の意味がある。ことばと意味・イメージとの関係は、なかなかおもしろい。

なお、「胡桃《くるみ》」は、漢字の熟語をそのまま、意味を表す日本語で読む当て字的表現。

とう 討

10画

［音読み］トウ
［訓読み］う-つ
［部首］言（ごんべん）

できれば穏便に済ませてね

部首「言」が付いていることから、基本の意味は「討論《とうろん》」「討議《とうぎ》」「検討《けんとう》」のように〝**議論して何かを突き詰める**〟ことだ、と思われる。それが、「討伐《とうばつ》」「追討《ついとう》」「掃討作戦《そうとうさくせん》」「反乱軍を討《う》つ」のように〝**武力を使って攻め滅ぼす**〟という意味に転じたのは、議論が煮詰まった結果、実力行使に出たということか。

◆「うつ」と訓読みする漢字には「打」（p383）「撃」（p151）「伐」（p499）などもある。中でも「伐」は〝攻め滅ぼす〟場合に用いるので、「討」との使い分けがはっきりしない。どちらを使っても間違いではないが、あえて言えば、「討」の方が〝議論〟の意味がある分、やや理性的かもしれない。

とう 透

10画

［音読み］トウ
［訓読み］す-く、す-ける、す-かす、とお-る
［部首］辶（しんにょう、しんにゅう）

光でなくても可能らしい

代表的な意味は、「透明《とうめい》」「透《す》けて見える」「透《す》かして見る」など、〝**あるものを通して向こう側まで光が届く**〟こと。「透視《とうし》」「透《す》き通《とお》る」

部首「辶」は、以前は「辶」と書くのが正式で、〝移動〟を表す。本来は〝あるもの

の間を抜けて移動する〟ことを表す漢字で、「浸透《しんとう》」では、液体などが**〝ものの間を通り抜ける〟**ことを表す。

◆訓読み「すく」では、「空」（p137）との使い分けが気になるところ。「空」は〝内部に空間がある〟ことを表すのに対して、「透」は〝向こう側が見える〟ことをいう。

◆また、「とおる／とおす」は、現在では「通」（p428）を書くのがふつう。「しみ透《とお》る」「よく透《とお》る声」「光を透《とお》さない」のように「透」を用いると、〝通り抜けて向こうまで〟という意味合いが出ることになる。

とう 悼

心の底から突き上げてくる…

11画

［音読み］トウ
［訓読み］いた-む
［部首］忄（りっしんべん）

「哀悼《あいとう》」「追悼《ついとう》」「友人の死を悼《いた》む」など、**〝死者を思って悲しむ〟**ことを表す。「心」が変形した部首「忄」が示すとおり、〝気持ち〟に直結した漢字で、似た意味を表す「弔」（p417）よりも感情的なニュアンスが強い。

そう考えると、〝つらさ〟を直接的に表す日本語「いたむ」を訓読みとした昔の人のセンスは、すばらしい。ちなみに、「弔」の訓読み「とむらう」は、〝遺族を訪ねる〟ことを意味する古語に由来する。

◆「いたむ」と訓読みする漢字には「痛」（p429）「傷」（p295）もある。このうち、一般的に〝肉体的・精神的なつらさを感じる〟ことを表すのは「痛」で、「傷」は〝ものがだめになる〟場合。「悼」は〝人の死を悲しむ〟場合にだけ使うので、ほかの二つと使い分けに悩むことは、ほとんどない。

とう 盗

お前に出す料理じゃないよ！

11画

［音読み］トウ
［訓読み］ぬす-む
［部首］皿（さら）

「盗賊《とうぞく》」「窃盗《せっとう》」「宝物を盗《ぬす》む」など、**〝他人のものを勝手に奪う〟**ことを表す。「強盗《ごうとう》」「怪盗《かいとう》」では、**〝他人のものを勝手に奪う者〟**を指す。

以前は「盜」と書くのが正式。上の部分は「次」ではなく「㳄《せん》」で、〝よだれを流す〟ことを表す漢字。「皿」と組み合わせて、〝器に入ったごちそうを見てよだれを流す〟という意味だという。なんともいじらしい話だが、基本的には、**〝正当な権利がないものを手に入れたり、正当な権利がないことを行ったりする〟**ことを表す漢字。「盗撮《とうさつ》」「盗用《とうよう》」「盗《ぬす》み聴《ぎ》き」「教師の目を盗《ぬす》む」「暇を盗《ぬす》んで内職する」などなど、例を挙げるとため息が出る。

訓読みは「ぬすむ」だけだが、日本語「とる」に〝盗む〟というニュアンスを込めたい場合に、「盗る」と書いて「とる」と読ませることがある。

とう 陶

ぬくもりを感じながら…

11画

［音読み］トウ
［部首］阝（こざとへん）

「陶器《とうき》」に代表されるように、**〝焼き物〟**を表す漢字。〝焼き物〟を意味する古語「すえ」と訓読みすることもあるが、現在ではまれ。「陶芸《とうげい》」「陶工《とうこう》」などでは、**〝焼き物を作る〟**ことを表す。

土をこねて形を整えるところから、転じて**〝人の成長によい影響を与える〟**という意味ともなる。「人格を陶冶《とうや》する」「恩師の薫陶《くんとう》を受ける」などがその例。手のひらのぬくもりが人間的なぬくもりと重なって見える、印象的な漢字である。

このほか、「陶酔《とうすい》」のように**〝心がぼうっとする〟**ことを指しても用いられる。「鬱《うっ》陶《とう》しい」も、その例の一つ。

成り立ちには諸説あるが、部首「阝」は「阜」（p525）の変形で〝盛り上がった土〟を表し、その土で焼き物を作るのだ、と考えておくのがわかりやすい。

とう

塔

12画

［音読み］トウ
［部首］土（つちへん）

やっぱりお寺が本家です！

「管制塔《かんせいとう》」「テレビ塔《とう》」「ピサの斜塔《しゃとう》」など、〝**ひときわ高くそびえる建物**〟を表す。部首「土」にも現れているように、本来は、インドで土を盛り上げて造る〝ストゥーパ〟という宗教施設のこと。日本のお寺に立つ「五重《ごじゅう》の塔《とう》」は、その変化したもの。

古代インド語の「ストゥーパ」は、紀元一世紀ごろに仏教が中国に伝わった後、「卒塔婆《そとば》」と当て字されたが、「塔」はこのために作られた漢字だという。なお、「卒塔婆」は、現在の日本では、主に〝死者を供養するために立てる木の札〟を指す。

とう

搭

12画

［音読み］トウ
［部首］扌（てへん）

機械が生まれて漢字も変わる

現在では、「搭乗《とうじょう》」「搭《とう》載《さい》」以外の形ではまず用いられない。〝**人や機材を乗り物に積み込む**〟ことを表す。大きな船や飛行機に関して用いられるのがふつう。なお、最近では、「搭載」は〝製品に機能を持たせる〟という意味でも用いられる。

部首「扌」は「手」の変形。本来は〝たたく〟〝引っかける〟などの意味だったが、近現代になってから〝積み込む〟という意味でよく使われるようになった。その背景には、荷物を〝引っ張り上げて〟積み込む、大きなクレーンの登場があるのかもしれない。

とう

棟

12画

［音読み］トウ
［訓読み］むね
［部首］木（きへん）

こう呼んでもいいのかなあ…

〝**山型になった屋根の一番高い部分**〟を表す。「棟木《むなぎ》」「棟瓦《むながわら》」「棟《むね》上《あ》げ式《しき》」など、訓読み「むね」か、それが続く発音によって変化した「むな」で使われることが多い。音読みで使われる例には「棟梁《とうりょう》」があるが、これは比喩的に用いられて〝指導的な地位にある人〟を指すことが多い。

転じて、「一棟《ひとむね》」「二棟《ふたむね》」のように**建物を数えることば**としても用いられる。ただし、「病棟《びょうとう》」「実験棟《じっけんとう》」「一号棟《いちごうとう》」「別棟《べつむね》」など〝**ある特定の建物**〟を指すのは、日本語独自の用法。この場合には音読みもよく使われる。てっぺんが平らなビルには本来の〝棟〟はなさそうだが、それでも「棟」を付けて呼んでいることになる。

とう

湯

12画

［音読み］トウ
［訓読み］ゆ
［部首］氵（さんずい）

入ってもよし飲んでもよし

部首「氵」は「水」の変形。言うまでもなく、〝**比較的温度の高い水**〟を表す漢字。転じて〝**温泉**〟を表す例は中国語にもあるが、〝**お風呂**〟一般を指すのは日本語独自の用法ではないかと思われる。

その代わり、中国語で「湯《タン》」といえば、「湯麺《タンメン》」「白湯《パイタン》スープ」など〝**スープ**〟のこと。両国民の興味のありどころが反映しているのかもしれない。

また、「葛根湯《かっこんとう》」のように〝**薬を溶かした温かい水**〟を表すこともある。どの意味でも、体によさそうなことは間違いない。

とう

痘

12画

［音読み］トウ
［部首］疒（やまいだれ）

人類が克服した病気

伝染病の「天然痘《てんねんとう》」を表す。部首「疒」は〝心身の不具合〟を意味し、「豆」は皮膚に豆粒のような水ぶくれができることを表す。感染力が強く死亡率も高く、恐れられた病気だったが、一八世紀末、ワクチンを接種する「種痘《しゅとう》」が開発されたことによって予防が可能となり、一九八〇年には世界保健機関から根絶宣言が出されている。

とう 登

12画

［音読み］トウ、ト
［訓読み］のぼ-る
［部首］癶（はつがしら）

一段高い公式の場へ！

部首「癶」は、〝足を使った動作〟を意味する記号。「登頂《とうちょう》」「山に登《のぼ》る」「はしごを登《のぼ》る」のように、〝**高い所へ上がる**〟ことを表す。

転じて、〝**公の場に出る**〟ことをも表す。例としては、「登校《とうこう》」「登場《とうじょう》」「ピッチャーが登板《とうばん》する」「演壇に登《のぼ》る」など。「登録《とうろく》」「登記《とうき》」のように〝**公式の記録に載せる**〟ことを意味する場合もある。

音読みは基本的にトウだけだが、「登山《とざん》」「登城《とじょう》」のように、縮まってトと読むこともある。

◆「のぼる」と訓読みする漢字には「昇」（p288）「上」（p298）もある。このうち、「昇」は〝空高くのぼる〟〝天にのぼる〟場合にだけ用いるので、区別は簡単。悩ましいのは「上」と「登」の使い分け。「登」を使うのは、一つは「木登《きのぼ》り」「山登《やまのぼ》り」のように、〝のぼる〟という行動そのものに重点がある場合。もう一つは、〝公の場に出る〟というニュアンスがある場合。ただし、「話題に上《のぼ》る」「日程に上《のぼ》る」のように、〝公の場〟であっても「上」を使うことも多い。「上」は広く一般的に使うことができるので、迷ったら「上」を書いておくのが無難。

なお、〝予想外に〟〝不安定に〟という意味合いを含む場合に、「騰」（p460）を使うこともある。

とう 等

12画

［音読み］トウ
［訓読み］ひと-しい、など、ら
［部首］竹（たけかんむり）

似たもの同士が集まると…

「等分《とうぶん》」「均等《きんとう》」「平等《びょうどう》」「妹とお小遣いが等《ひと》しい」「負けに等《ひと》しい引き分け」など、〝**ある尺度で測って同じである**〟ことを表す。転じて、「等級《とうきゅう》」のように〝**同じような程度のもののまとまり**〟〝**ランク**〟をも表す。さらに変化すると、「優等生《ゆうとうせい》」「初等教育《しょとうきょういく》」「高等戦術《こうとうせんじゅつ》」など〝**程度**〟〝**レベル**〟の意味となり、また「一等賞《いっとうしょう》」のように〝**順位**〟を指すこともある。

◆「均」（p131）「斉」（p333）も「ひとしい」と訓読みすることがあるが、現在では「等」を使うのが一般的。あえて「均」「斉」を使うと、〝整えられてひとしい〟という意味合いとなる。

訓読み「など」は、〝**ほかにも存在する同じようなもの**〟を表し、「チーズやピーナツ等《など》があるとよい」のように用いる。ただし、音読みトウも同じ意味で使われることがあるので、「など」と読んで欲しい場合にはルビを振るか、かな書きしておく方が確実。また、「ら」と訓読みして**複数を表す**用法もあるが、「僕等《ぼくら》」「彼等《かれら》」「少女等《しょうじょら》」のように書くと漢字が続いてしまう。堅苦しさを避けたい場合には、この「ら」はかな書きするのがおすすめである。

部首「竹」が付いているのは、紙が発明される以前に文字を記すために使われた竹の札には、長さに一定の規格があったからだ、とする説が優勢。ただ、竹の節の長さはだいたい同じだから、とする説も捨てがたい。

とう 答

12画

［音読み］トウ
［訓読み］こた-える
［部首］竹（たけかんむり）

的はずれなのは許しません

「応答《おうとう》」「回答《かいとう》」「問答《もんどう》」「問い合わせに答《こた》える」のように、〝**問いかけに返事をする**〟ことを表す。「解答《かいとう》」「正答《せいとう》」「設問に答《こた》える」など、特に〝**与えられた問題に対して自分の考えを示す**〟ことを指す場合もある。

◆「こたえる」と訓読みする漢字には「応」(p41)もある。「応」はさまざまな〝こたえる〟場合に用いられるのに対して、「答」を使うのは〝問いかけにこたえる〟場合に限られるのが、異なる点である。

成り立ちには諸説があるが、部首「竹」が付いていることから、〝竹の器のふたがぴったり合う〟ことを表す、とする説がやや優勢。昔から、ぴったりでないと〝答え〟にはならないようである。

とう 筒 12画

［音読み］トウ
［訓読み］つつ
［部首］竹（たけかんむり）

昔はまるくて今はぺしゃんこ

「同」(p460)には〝中が空になった円柱〟という意味があるらしい。部首「竹」を組み合わせて、本来は〝節をくりぬいた竹〟を表す漢字で、広く〝**中が空洞になっている円柱**〟を指す。「円筒《えんとう》」「水筒《すいとう》」「筒抜《つつぬ》け」などがその例。「封筒《ふうとう》」はふつう円柱ではないが、昔は「竹筒《たけづつ》」を使ったことに由来する。

とう 統 12画

［音読み］トウ
［訓読み］す-べる
［部首］糸（いとへん）

根気よく途切れずに…

「統一《とういつ》」「統合《とうごう》」「統計《とうけい》」など、〝**一つにまとめる**〟ことを表すのが代表的な意味。「統率《とうそつ》」「統治《とうち》」のように、〝**人びとをまとめて導く**〟という意味になることもある。名前で「おさむ」と読むのは、〝人びとをうまく治める〟ところから。

訓読み「すべる」は、「会社の経理部門を統《す》べる」のように用いるが、やや古風な表現。また、「統帥《とうすい》」「総統《そうとう》」「大統領《だいとうりょう》」などでは〝**指導者**〟を指す。

部首「糸」にも現れているように、本来は〝巻き取られた長い一本の糸〟を表す。そこで、「系統《けいとう》」「血統《けっとう》」「伝統《でんとう》」などでは、〝**一続きの長いつながり**〟を表す。〝まとめる〟という仕事は、根気がなくてはできないもののようである。

とう 稲 14画

［音読み］トウ
［訓読み］いね
［部首］禾（のぎへん）

さあ、いよいよ脱穀だ！

穀物の〝**いね**〟を表す。「水稲《すいとう》」「陸稲《りくとう》」のように音読みで読むこともあるが、圧倒的になじみがあるのは、訓読み「いね」。ただし、「稲田《いなだ》」「稲穂《いなほ》」「稲作《いなさく》」「稲妻《いなづま》」など、続く発音によって変化して「いな」と読むことも多い。なお、「早稲《わせ》」は〝早く実る稲〟のことで、漢字の熟語をそのまま、意味を表す日本語で読む当て字的表現。

以前は「稻」と書くのが正式。「舀《よう》」は、〝下向きの手〟を表す「爪」(p430)に「臼《うす》」を組み合わせたもの。実を臼に入れて脱穀するようすが、よく現れている。

とう 踏 15画

［音読み］トウ
［訓読み］ふ-む、ふ-まえる
［部首］⻊（あしへん）

その場を歩いてわかること

「ペダルを踏《ふ》む」「踏《ふ》み付《つ》ける」など、〝**足で上から押さえる**〟ことを表すのが、代表的な意味。ただし、「足踏《あしぶ》み」「舞踏《ぶとう》」などの例もあるように、〝**足を上下させる**〟という動作の意味合いが強い。

そこから変化して、「踏破《とうは》」「雑踏《ざっとう》」「前《ぜん》人未踏《じんみとう》」などでは、〝**実際にその場所を動き回る**〟ことを表す。「高踏的《こうとうてき》」とは、〝高いところに行く〟ところから、〝俗世間を離れている〟こと。また、「踏襲《とうしゅう》」「実験結果を踏《ふ》まえる」「段階を踏《ふ》む」などでは、〝**そのものを拠りどころとして行う**〟という意味。

「場数を踏《ふ》む」のように〝**経験する**〟という意味で用いるのは日本語独自の用法とされるが、〝その場所を動き回る〟ところから発展したもの。また、「値踏《ねぶ》み」のように**“推測する”**ことを表すのも日本語オリジナルだが、“拠りどころ”から変化したものだろう。単なる足の動きでは済まない、深い内容を持つ漢字である。

とう 糖

16画

［音読み］トウ
［部首］米（こめへん）

甘さはどこから来るのか？

部首「米」にも現れているように、本来は“米などの穀物から作る甘い食べ物”を表す漢字。現在では、広く**“甘い味のする炭水化物”**を指して用いる。「砂糖《さとう》」「果糖《かとう》」「糖《とう》分《ぶん》」「糖衣《とうい》」などがその例。また、「ブドウ糖《とう》」「麦芽糖《ばくがとう》」「オリゴ糖《とう》」など、広く**“炭水化物”**一般をも表す。

見ているだけで甘さを感じさせるほどなのに、「甘」（p80）とは漢字としては何のつながりもないのは不思議である。

とう 頭

16画

［音読み］トウ、ズ、ジュウ
［訓読み］あたま、かしら
［部首］頁（おおがい）

トップでもあり端っこでもある

“動物の肉体のうち、脳や顔のある部分”を表す。部首「頁」は、“頭部”を表す記号。転じて、「先頭《せんとう》」「釘の頭《あたま》」など**“ものの一番前や一番上”**を指したり、「年頭《ねんとう》」「巻頭《かんとう》」「冒頭《ぼうとう》」「頭《あたま》からやり直す」のように**“ものごとの最初の部分”**を意味したりもする。

また、**“一番重要な地位に立つ者”**をも表す。「教頭《きょうとう》」「番頭《ばんとう》」「船頭《せんどう》」「火消しの頭《かしら》」などがその例。また、「一頭《いっとう》の馬」「キリン三頭《さんとう》」のように、**大きな動物を数える漢字**として用いることもある。

一方、「街頭《がいとう》」「店頭《てんとう》」「路頭《ろとう》に迷う」など、**別の漢字のあとに付いて“そこで”“そこに”の意味を表す**こともある。「口頭《こうとう》」は“口伝えに”、「念頭《ねんとう》」は“考えの中に”。この意味の場合には“端っこに”というニュアンスがあり、“一番前や一番先”とやや似通う部分がある。

音読みはトウを用いるのが原則。ただし、「頭脳《ずのう》」「頭痛《ずつう》」「頭蓋骨《ずがいこつ》」「頭巾《ずきん》」など、主に人間の“あたま”を指す場合には、奈良時代以前からある古い読み方でズと読むことも多い。「頭《ず》が高い！」のように単独でも用いられるのも、この音読みの特徴。また、「音頭《おんど》」のドは、トウが縮まった上に、直前のンに影響されて変化したもの。「饅頭《まんじゅう》」のジュウは、鎌倉時代ごろ以降に生まれた、比較的新しい音読みである。

とう 濤

17画

［音読み］トウ
［部首］氵（さんずい）

あらゆるものを呑み込んで…

「波濤《はとう》にもまれる」「怒《ど》濤《とう》の快進撃」など、**“大きな波”**を表す。「波」（p485）よりも力強く、重大な影響を与えるイメージを持って使われる。現在では、それをさらに強調して「疾風《しっぷう》怒濤」「狂瀾《きょうらん》怒濤」のように四字熟語で使われることも多い。

部首「氵」は「水」の変形。「壽」は、「寿」（p261）の以前の書き方なので、手書きやパソコンでは略字として「涛」が使われることがある。

とう 謄

17画

［音読み］トウ
［部首］言（いう、げん）

一字一句たがえずに！

“全体をそのまま書き写す”ことを表す。「戸籍謄本《こせきとうほん》」がその代表例。現在ではあまり使われなくなったが、「謄写版《とうしゃばん》」は印刷方式の一つで、原稿がコピーのようにそのまま印刷されることからいう。

以前は「謄」と書くのが正式。部首が「月（つきへん）」ではなく「言」なのは、ことばに関係する意味を持つからである。

とう
藤
18画

［音読み］トウ
［訓読み］ふじ
［部首］艹（くさかんむり）

美しさと複雑さ

植物の〝ふじ〟を表す。薄紫や白の花房を垂れる姿が好まれ、「藤原《ふじわら》」「藤田《ふじた》」「藤井《ふじい》」「加藤《かとう》」「佐藤《さとう》」などなど、地名や姓に非常によく用いられる。だが、同時につるをからませる印象も強い。似たような植物〝くず〟を表す「葛」（p77）と組み合わせた「葛藤《かっとう》」は、〝いろいろな事情がからまって、簡単には解決できない問題〟。美とは複雑なものでもあるらしい。

なお、以前は「藤」と書くのが正式。

とう
闘
18画

［音読み］トウ
［訓読み］たたか-う
［部首］門（もんがまえ）

生身の体が悲鳴を上げる…

「格闘《かくとう》」「奮闘《ふんとう》」「闘志《とうし》」など、**〝争う〟**ことを表す。また、「闘牛《とうぎゅう》」「闘鶏《とうけい》」のように**〝争わせる〟**という意味でも用いられる。

以前は「鬪」と書くのが正式で、部首も「鬥（たたかいがまえ）」。現在、「門」を部首とするのは、形の上から便宜的に分類されたもの。「鬥」は〝二人が向かい合って争うようす〟を表す部首なので、本来は〝取っ組み合って争う〟ことをいう。

◆「たたかう」と訓読みする漢字には「戦」（p353）もあって、使い分けがむずかしい。本来は、「戦」は〝武器を持ってたたかう〟ことで、「闘」は〝素手でたたかう〟こと。そこで、「巨悪と闘《たたか》う」「中毒と闘《たたか》う」「恐怖と闘《たたか》う」など、「闘」は〝苦しさ〟に重点を置いて使われる傾向がある。一方、「戦」は苦楽に関係なく〝たたかい〟全般を指す。

とう
騰
20画

［音読み］トウ
［訓読み］あ-がる、のぼ-る
［部首］馬（うま）

暴れだすと手に負えない！

以前は「騰」と書くのが正式。部首が「月（つきへん）」ではなく「馬」なのは、本来は〝馬がはねる〟ことを表すから。転じて、**〝勢いよくはねる〟**という意味になる。「沸騰《ふっとう》」では、〝水のしぶきがはねる〟こと。

現在では、比喩的に用いられて**〝物価や株価などが急上昇する〟**ことを指す場合が多い。「急騰《きゅうとう》」「暴騰《ぼうとう》」「高騰《こうとう》」「騰貴《とうき》」などがその例。結果として〝手が付けられない状態になる〟というニュアンスまで含む漢字である。

◆訓読み「あがる」「のぼる」は、現在では「上」（p298）を書くのがふつう。あえて「騰」を書くと、〝予想外に〟〝落ち着かない〟という意味合いが出ることになる。

どう
同
6画

［音読み］ドウ
［訓読み］おな-じ
［部首］口（くち）

単純に見えても実際は…

「同一《どういつ》」「同等《どうとう》」「同様《どうよう》」「以下同《おな》じ」など、**〝違いがない〟**ことを表すのが、基本的な意味。転じて、「同郷《どうきょう》」「同情《どうじょう》」「同席《どうせき》」のように**〝何かを共有する〟**ことをも表す。また、「共同《きょうどう》」「合同《ごうどう》」「賛同《さんどう》」など、**〝一緒になって何かをする〟**という意味でも用いられる。「一同《いちどう》」「同志《どうし》」などでは、**〝仲間〟**を表すと考えるのがわかりやすい。

訓読みすれば「おなじ」なので単純な漢字のように思えるが、何と何がどのように〝おなじ〟なのかを考え出すと、頭がどんどんこんがらがること請け合い。甘く見てかかってはいけないのである。

なお、「筒」（p458）「洞」（p461）「胴」（p461）などから考えると、「同」には〝中が空になった円柱〟という意味があると考えられる。部首「口」はその穴を表し、本来は〝穴の大きさが同じ円柱〟を表すともいうが、異説も多い。

どう 洞

9画

［音読み］ドウ、トウ
［訓読み］ほら
［部首］氵（さんずい）

薄暗がりからほの明るさへ

「洞窟《どうくつ》」に代表されるように、**〝地中にできた穴〟**を表すのが本来の意味。〝水〟を表す部首「氵」が付いているのは、中を水が流れている穴を指したからだろう。「同」（p460）には〝中が空になった円柱〟という意味があるらしい。

「空洞《くうどう》」のように**〝何かの内部にある空間〟**を指すこともある。転じて、「洞察《どうさつ》」のように**〝内部まで見通す〟**の意味ともなる。

「洞穴」は、訓読みでは「ほらあな」、音読みで「どうけつ」の両方で読めてしまうのが困ったところ。そこで、「ほらあな」と読んでもらいたい場合には、「ほら穴」と書くことも多い。

なお、「雪洞《せつどう》」は、本来は〝雪の中にできた穴〟のこと。それを〝茶の湯で用いる照明器具〟を表すために使うのは、ほの明るいイメージを転化させた日本語一流の美しい用法。ただし、この意味の場合には、平安時代ごろに正式とされた音読みトウを使って、「せっとう」と読む。「雪洞」は、さらに転じて〝行灯《あんどん》の一種〟をも指し、その場合は当て字的に「ぼんぼり」と読まれる。「ぼんぼり」は、〝ぼんやり〟という意味だという。

どう 胴

10画

［音読み］ドウ
［部首］月（にくづき）

もとの意味はちょっと意外？

〝頭や手足を除いた、肉体の本体部分〟を指す。転じて、「船の胴《どう》」「ヴァイオリンの胴《どう》」のように、広く**〝ものの本体部分〟**を表す。

部首「月」は「肉」の変形で、〝肉体〟を表す記号。「同」（p460）には〝中が空になった円柱〟という意味があるらしい。本来は〝大腸〟を表す漢字。〝肉体の本体部分〟を指すのは、日本で生まれた用法である。

日本語では幅広い使い方がされる漢字で、「胴元《どうもと》」は〝かけごとの元締め〟、「胴《どう》乱《らん》」は〝筒状の容れ物〟、「胴鳴《どうな》り」は〝山や海が震えて音を立てる〟こと。「胴欲《どうよく》」は「貪欲《どんよく》」の変化したことばに対する当て字だという。

どう 動

11画

［音読み］ドウ
［訓読み］うご-く
［部首］力（ちから）

持てる力をどう使うか？

本来は〝力を使って何かをする〟ことを表し、広く**〝位置や方向などに変化が生じる／変化を生じさせる〟**ことを表す。「移動《いどう》」「躍動《やくどう》」「動向《どうこう》」「天体の運動《うんどう》」「手足が動《うご》く」などがその例。また、「行動《こうどう》」「活動《かつどう》」「動作《どうさ》」「工場を動《うご》かす」のように、**〝何かをしている状態になる／する〟**ことをも表す。

「感動《かんどう》」「犯行の動機《どうき》」「気持ちが動《うご》く」「動《どう》じない性格」などは、**〝精神状態が変化する〟**ことを指す例。また、「動乱《どうらん》」「騒《そう》動《どう》」のように**〝状態が悪い方向へ変化する〟**という意味合いにもなる。

なお、〝力〟の使い方には、気をつけた方がいいようである。**〝ある方向に変化しやすい〟**という意味で、昔は「動《やや》もすれば休みがちだ」のように「ややもすれば」と訓読みしたが、現在ではかな書きの方が自然である。

どう 堂

11画

［音読み］ドウ
［部首］土（つち）

みんなが集まってくる場所

「講堂《こうどう》」「議事堂《ぎじどう》」「公《こう》会堂《かいどう》」など、**〝多くの人が集まる立派な建物〟**を表す。「本堂《ほんどう》」「聖《せい》堂《どう》」「礼拝堂《れいはいどう》」のように、特に**〝宗教的な建物〟**を指す場合も多い。また、「風月堂《ふうげつどう》」「博報堂《はくほうどう》」「ジュンク堂《どう》」など、**お店や企業の名前を表す**こともあったり、「食堂《しょくどう》」「道端のお堂《どう》」のように、必ずしも立派ではないものにも使われたりと、守備範囲が意外と広い漢字である。

中国の昔の住居では、みんなが集まる表座敷を「堂」と呼んだ。その北側にある小さな部屋を「北堂《ほくどう》」といい、母親の部屋だったことから、「ご母《ぼ》堂《どう》」「ご令堂《れいどう》」のように、**〝他人の母〟を敬っていう**ことばとして使われることもある。

このほか、「堂々《どうどう》」では**〝立派なようす〟**を表す。

なお、部首「土」が付いてるのは、本来は〝土で土台をしっかり築いた建物〟を表していたことから。

どう 童 12画

本来は男の子だけ

［音読み］ドウ
［訓読み］わらべ
［部首］立（たつ）

「児童《じどう》」「神童《しんどう》」「童顔《どうがん》」「童心《どうしん》」「童唄《わらべうた》」のように、**〝子ども〟**を表す。ただし、もとは**〝下働きの少年〟**を指す漢字で、「牧童《ぼくどう》」にその意味が残る。

部首「立」は、ここでは「辛」（p310）の省略形で、〝罪人に入れ墨を入れるための針〟を表す。「童」の本来の意味は、〝罪によって強制的に働かされる男性〟。その女性版が、「立」と「女」を組み合わせた「妾《しょう》」である。

どう 道 12画

どこまでも進んでいくと…

［音読み］ドウ、トウ
［訓読み］みち
［部首］辶（しんにょう、しんにゅう）

言うまでもなく、**人びとが行ったり来たりする〝みち〟**を表す。転じて、「人道《じんどう》」「道徳《どうとく》」「道義《どうぎ》」のように、**〝社会で正しいとされている行動の指針〟**という意味でも用いられる。また、広く**〝ものごとのやり方〟**をも表し、「常道《じょうどう》」「邪道《じゃどう》」がその例。

〝たどっていくとある世界にたどり着く〟というイメージのある漢字で、「華《か》道《どう》」「茶道《さどう》」「武道《ぶどう》」などでは、**〝あるものごとについての体系だったやり方〟**をいう。ここからやや転じて、「仏道《ぶつどう》に入る」「剣の道《みち》」「ラーメン道《どう》を究《きわ》める」のように、**〝あるものごとをよりよく行う方法を追究すること〟**をも表す。ちなみに、「道具《どうぐ》」は本来、〝仏道修行に必要な器具〟。

このほか、「道士《どうし》」「道術《どうじゅつ》」のように、**中国の宗教の一つ「道教《どうきょう》」の省略形**として用いられることもある。また、「報道《ほうどう》」のように**〝話して聞かせる〟**という意味もあるが、これと〝みち〟とのつながりは、はっきりしない。

音読みはドウを用いるのが大原則。トウは平安時代ごろに正式とされた読み方だが、現在では、「神道《しんとう》」以外ではほとんど用いられない。

◆「みち」と訓読みする漢字には「路」（p646）もあるが、現在では「道」を使うのがふつう。ただし、「路」は単に〝ルート〟を指すのに対して、「道」はその上を進むことまで含めて表す傾向がある。〝指針〟や〝やり方〟の意味で使われるのも、その現れ。また、〝どこかへ向かう〟ことを強調したい場合には、「途」（p446）を用いることもある。

部首「辶」は、以前は「⻍」と書くのが正式で、〝移動〟を表す記号。「首」が付いているのは、いけにえの首を埋めて〝みち〟を清めたからだとか、昔は発音を表す記号だったが後に発音の方が変化したのだ、とする説などがある。

どう 働 13画

すっかりその気になってます！

［音読み］ドウ
［訓読み］はたら-く
［部首］亻（にんべん）

「人」が変形した部首「亻」に「動」を組み合わせて、**〝人間が仕事をする〟**ことを表す。

「労働《ろうどう》」「朝から晩まで働《はたら》く」などがその例。転じて、「工場が稼働《かどう》する」「薬の働《はたら》き」「ことばの働《はたら》き」のように、人間に限らず**〝ものごとが機能する〟**という意味でも用いられる。

　日本で作られた漢字だが、中国でも使われたことがあるという。昔の中国語の発音が変化した音読みは存在しないが、「動《どう》」の音読みを借りてきて、ドウと音読みする。日本生まれなのにすっかり中国風になりきっている漢字である。

どう 銅 14画

［音読み］ドウ
［訓読み］あかがね
［部首］金（かねへん）

額面は相方次第

金属の〝銅〟を表す。「銅《どう》像《ぞう》」「銅線《どうせん》」「銅《どう》メダル」などがその例。訓読みでは、「あかがね」と読む。一般には、純粋な〝銅〟ではなく、**錫《すず》を混ぜた「青銅《せいどう》」つまり〝ブロンズ〟**を指すことが多い。昔から貨幣に使われたので、比喩的に**〝お金〟**を指すこともある。「銅《どう》臭《しゅう》」とは、〝金持ち臭い〟こと。

　ちなみに、一〇円玉も青銅製。「黄銅《おうどう》」は銅と亜鉛《あえん》の合金で、五円玉に使われている〝真鍮《しんちゅう》〟のこと。「白銅《はくどう》」は銅とニッケルの合金で、一〇〇円玉の原料。「金」（ｐ131）や「銀」（ｐ134）よりも、はるかに身近な金属である。

どう 導 15画

［音読み］ドウ
［訓読み］みちび-く
［部首］寸（すん）

道はつけたよ、あとは任せた…

「導入《どうにゅう》」「指導《しどう》」「誘導《ゆうどう》」「導火線《どうかせん》」「避難場所へ導《みちび》く」「あやしい世界に導《みちび》く」など、**〝ある方向へ進んでいくように筋道をつける〟**ことを表す。強制するわけではないが大きな影響を与えるという、なかなか微妙なところのある漢字である。「熱伝導《ねつでんどう》」「半《はん》導体《どうたい》」などでは、特に**〝エネルギーを通す〟**ことをいう。

　以前は「辶」を「辶」と書くのが正式。部首「寸」は〝手で持つ〟ことを表す記号。「道」（ｐ462）の成り立ちの解釈によって、もともとは〝いけにえの首を手に持って進む〟ことを表すとか、〝手で引っ張って道を進む〟ことを表すなどの説がある。

どう 憧 15画

⇩　しょう（ｐ296）

どう 瞳 17画

［音読み］ドウ
［訓読み］ひとみ
［部首］目（めへん）

本当はみんな真っ黒でしょ？

〝目の中央にあって、光を取り入れる穴〟を表す。「瞳孔《どうこう》」「青い瞳《ひとみ》」「瞳《ひとみ》が輝く」などがその例。ただし、厳密に言えば〝ひとみ〟は穴だから青いはずはなく、輝くこともない。実際には、〝ひとみ〟のまわりの「虹彩《こうさい》」と呼ばれる部分も含めて、**〝目の白くない部分〟**を指すことが多い。

とうげ 峠 9画

［訓読み］とうげ
［部首］山（やまへん）

上下に並べるのが好みなんです

「峠道《とうげみち》」「峠《とうげ》の茶屋」「野麦峠《のむぎとうげ》」など、**〝山道が上りきって下りに変わるところ〟**を指す。転じて、**〝そこを越えると楽になる、最も大変なところ〟**をも表し、「この仕事も峠《とうげ》を越えた」のように用いられる。

　部首「山」に「上」「下」を組み合わせて、日本で独自に作られた漢字。音読みは、本来は中国語の発音が変化したものなので、「峠」には存在しない。

　ちなみに、日本人は「上」「下」を上下に並べるのが好きなようで、「裃《かみしも》」や、〝足袋《たび》や脚絆《きゃはん》などが外れないように留める革のひも〟を表す「鞐《こはぜ》」も、日本語オリジナルの漢字である。

とが 咎

8画

［音読み］キュウ
［訓読み］とが、とが-める
［部首］口（くち）

見過ごすわけにはいかないな

「スピード違反の咎《とが》」「彼にはなんの咎《とが》もない」など、〝**罪や過ち・責任**〟を表す。また、「お咎《とが》めなし」「咎《とが》め立《だ》て」「良心が咎《とが》める」のように〝**非難する**〟〝**責任を追及する**〟ことをいう場合もある。ただし、「聞《き》き咎《とが》める」「見《み》咎《とが》める」など、〝**怪しいと感じて問いただす**〟という意味で用いるのは、日本語独自の用法。

◈「とが」と訓読みする漢字には「科」（p53）もある。「科」は〝法律上の罪〟にだけ用いるのに対して、「咎」が〝責められるべき点〟を広く指すのが違いである。

訓読みで用いられることが多く、現在では、音読みはほとんど用いられない。

部首は「口」だが、本来は「各」と「人」を組み合わせた漢字。ただし、成り立ちには諸説があって、よくわからない。

とく 匿

10画

［音読み］トク
［訓読み］かく-す
［部首］匸（はこがまえ）

バレてしまったら大変だ！

「匿名《とくめい》」「隠匿《いんとく》」「秘匿《ひとく》」など、〝**外部からは見えないようにする**〟ことを表す。

◈訓読み「かくす／かくれる」は、現在では「隠」（p24）を書くのがふつう。「へそくりを匿《かく》す」「木陰に匿《かく》れる」のようにあえて「匿」を使うと、〝見つかるのを避ける〟気持ちが強く出ることになる。

また、「逃げてきた恋人を匿《かくま》う」のように「かくまう」と訓読みすることもあるが、現在ではかな書きの方がふつう。

部首「匸」は、この漢字では、左下の隅を丸くした「乚」が本来の形。これは「かくしがまえ」と呼ばれて、〝かくす〟ことを意味する部首。ただし、「匸」「匚」の区別は古くから厳密ではなく、現在では「匸」で統一してしまうことが多い。

とく 特

10画

［音読み］トク
［部首］牛（うしへん）

モーと鳴いてゆったり歩く

言うまでもなく、〝**ほかとはまったく異なっている**〟ことを表す。「特別《とくべつ》」「特例《とくれい》」「特訓《とっくん》」「特異《とくい》」「特設《とくせつ》」「独特《どくとく》」「奇特《きとく》」「あの流し目が特《とく》に好き」「特《とく》に意見はありません」などなど、例を挙げればきりがない。プラスの意味で用いる印象が強いが、そうでない場合も少なくない。

ただし、部首「牛」にも現れているように、本来は〝神に捧げる立派な雄牛〟を指したと考えられている。「特等席《とくとうせき》」「特注品《とくちゅうひん》」「特急列車《とっきゅうれっしゃ》」などに牛の姿を重ねると、なんともいえずユーモラスである。

とく 得

11画

［音読み］トク
［訓読み］え-る、う-る
［部首］彳（ぎょうにんべん）

欲しければ自分から行け！

「得点《とくてん》」「拾得《しゅうとく》」「獲得《かくとく》」「チャンスを得《え》る」「もうけを得《う》る」のように、〝**自分のものにする**〟ことを表すのが基本的な意味。機会を手に入れるところから、〝**可能である**〟ことをも表し、「あり得《え》る話」「なし得《う》ること」のように用いられる。

転じて、「体得《たいとく》」「納得《なっとく》」「心得《こころえ》る」などでは、〝**はっきりと理解する**〟ことをも表す。「説得《せっとく》」は〝理解するまで説明する〟こと。また、〝**満足する**〟という意味ともなり、「得意《とくい》」「得心《とくしん》」などがその例。

部首「彳」は〝移動〟を表す記号なので、本来は〝出かけていって手に入れる〟という意味だと考えられている。もとは積極性が光る漢字だが、「役得《やくとく》」「余得《よとく》」「得失《とくしつ》」のように〝**利益**〟を指す例になると、その積極性はやや薄れる。露骨な利益は、人を怠け者にするのかもしれない。

「やってみて得《とく》をした」のように、音読みが独立して用いられることも多い。反対の意味を表す「損」（p382）ともども、本来は中国語の発音だった音読みがすっかり日本語に溶け込んでいる例である。

訓読みでは、「える」「うる」の両方を同じように使うのが、ちょっとややこしいところ。「得る」と書いただけでは、どちらで読むか困ってしまう。「うる」は「える」の古語にあたるので、現在では「える」を優先しておくのが無難であろう。

◆なお、「える」と訓読みする漢字には、「獲」（p73）もある。「獲」は基本的に〝動物をつかまえる〟場合にしか用いないので、使い分けに悩むことは少ない。

とく
督

13画

［音読み］トク
［部首］目（め）

大きな目でしっかり見つめる

代表的な意味は〝**指揮官**〟で、「野球の監《かん》督《とく》」「植民地の総督《そうとく》」「海軍の提督《ていとく》」などがその例。「家督《かとく》」とは〝一家を指揮する役割〟。「監督《かんとく》する」になると、〝**見張って指揮する**〟ことを表す。「督促《とくそく》」では、〝**何かをするように求める**〟という意味。

本来は〝よく見張ってうまくいくよう導く〟ことを表す漢字。そのことが、部首「目」によく現れている。

とく
徳

14画

［音読み］トク
［部首］彳（ぎょうにんべん）

気持ちだけではまだ足りない！

〝**人格的な高さ**〟を表す。「徳義《とくぎ》」「美徳《びとく》」「高徳《こうとく》の僧」「不徳《ふとく》の致すところ」などがその例。転じて、「恩徳《おんとく》を与える」「徳《とく》を施《ほどこ》す」のように〝**高い立場にある者からのおめぐみ**〟をも指す。「お徳用《とくよう》」「お買《か》い徳《どく》」では〝**利益になる**〟ことを表すが、これは「得」（p464）に対する当て字だと考えるべきか。

また、「道徳《どうとく》」のように、〝**人間として従うべききまり**〟を意味することもある。名前で使われる読み方「のり」は、〝きまり〟を意味する古語。

以前は、横棒が一本多い「德」と書くのが正式。「悳《とく》」は「惪《とく》」が変形したもので、〝心が真っ直ぐである〟ことを表す。〝移動〟を表す部首「彳」は、ここでは〝行動〟を意味していると思われる。

とく
篤

16画

［音読み］トク
［訓読み］あつ-い
［部首］竹（たけかんむり）

ぎゅっと凝縮したような…

現在、よく使われるのは、「危篤《きとく》」「篤《あつ》い病《やまい》」など〝**病気が重くて苦しむ**〟という意味。また、〝**熱心で一途な**〟ことをも表し、「篤学《とくがく》」「篤志《とくし》」「篤実《とくじつ》」「篤《あつ》い信仰」「友情が篤《あつ》い」などがその例。ひたむきで濃密な時の流れを感じさせる漢字である。

音読みトクが「竹《ちく》」と似ているので、部首「竹」は実は発音を表す記号だと考えられている。ただ、本来の意味については、〝馬がゆっくり歩く〟〝欠点のない馬〟〝馬が毒で苦しむ〟などの諸説がある。

◆「あつい」と訓読みする漢字には「熱」（p480）「暑」（p281）「厚」（p187）などもある。このうち、「篤」との使い分けが問題となるのは、〝心がこもっている〟ことを表す場合の「厚」。意味に大きな違いはないが、〝一途な〟という前のめりなニュアンスを生かしたければ「篤」を、落ち着いた雰囲気を出したければ「厚」を用いるのが、おすすめである。

どく
毒

8画

［音読み］ドク
［部首］毋（なかれ）

なかった時代があったのか？

〝**生命や健康・安全などに害を及ぼすもの**〟を表

す。例としては、「消毒《しょうどく》」「猛毒《もうどく》」「毒薬《どくやく》」「毒舌《どくぜつ》」「毒《どく》へび」「毒《どく》ガス」などなど。「毒《どく》を飲ませる」「夜風は体に毒《どく》だよ」のように、昔の中国語の発音に由来する音読みが、そのまま日本語の単語として使われることも多い。漢字が伝わってきたころの日本語には、〝毒〟を表すことばはなかったのかもしれない。

成り立ちについては諸説があり、はっきりしない。部首「毋」は〝ない〟の意味だが、これについても「母」と書くのが本来は正しい、という説もある。

どく
独
9画

［音読み］ドク
［訓読み］ひと-り
［部首］犭（けものへん）

自立してるの？嫌われてるの？

「独立《どくりつ》」「独学《どくがく》」「孤独《こどく》」など、**〝助けてくれる相手や仲間がいない〟**ことを表すのが基本。転じて、「独自《どくじ》」「独創《どくそう》」のように〝**ほかではまねができない**〟という意味になることもあれば、「独裁《どくさい》」「独断《どくだん》」「独善的《どくぜんてき》」のように**〝自分勝手である〟**ことを表す場合もある。

また、「独走《どくそう》」「独占《どくせん》」「単独《たんどく》」などは、このどちらの意味にもなる。文脈によってイメージが左右される漢字である。

◆訓読み「ひとり」では、「一人」との使い分けが悩ましい。意味に大きな違いはないが、「独《ひと》り暮《ぐ》らし」「独《ひと》り言《ごと》」「独《ひと》り相撲《ずもう》」など、〝本来ならば相手や仲間がいるべきなのに〟という場合には、「独り」と書くのが効果的である。

以前は「獨」と書くのが正式。部首「犭」は「犬」の変形で、本来は〝一匹だけの犬〟を表す漢字だという。ただし、なぜ一匹だけなのかについては、〝嫌われているから〟と〝群れないから〟の両方の説がある。この漢字の二面性は、成り立ちから始まっているようである。

なお、日本では「ドイツ」に「独逸《どいつ》」と当て字したので、「独文学《どくぶんがく》」「日独伊《にちどくい》三国同盟」のように**〝ドイツ〟を表す**漢字としても用いられる。ちなみに現代中国語では、〝ドイツ〟は「徳」で表す。

どく
読
14画

［音読み］ドク、トク、トウ
［訓読み］よ-む
［部首］言（ごんべん）

発声するのが第一歩

「音読《おんどく》」「お経《きょう》を読《よ》む」のように、**〝文章を声に出す〟**ことを表すのが、本来の意味。現在では、「読書《どくしょ》」「読解《どっかい》」「愛読《あいどく》」「手紙を読《よ》む」など、**〝文章を見て内容を理解する〟**ことを指す場合が多い。転じて、「解読《かいどく》」「譜面を読《よ》む」「芝目を読《よ》む」など**〝何かを見てじっくり考え、表されているものを理解する〟**という意味でも用いられる。

さらに深まって、「流れを読《よ》む」「読《よ》みが深い」「票読《ひょうよ》み」のように、**〝じっくり考えて推測する〟**ことを表すのは、日本語独自の用法。「音読《おんよ》み」「訓読《くんよ》み」「難読漢字《なんどくかんじ》」のように**〝漢字の発音〟**を指すのも、日本語のオリジナルである。

音読みはドクを用いるのが原則。トクは平安時代ごろに正式とされた読み方だが、現在では、「読本《とくほん》」以外ではまず用いられない。「読経《どきょう》」のドは、ドクが直後の発音に影響されて縮まったもの。

また、「読点《とうてん》」とは、**〝文章の区切りに打つ点〟**で、「、」のこと。トウはこの場合にだけ用いる特殊な読み方である。

◆「よむ」と訓読みする漢字には「詠」（p32）もあるが、「詠」は詩歌に関する場合にしか用いないので、使い分けに悩むことはほとんどない。

以前は「讀」と書くのが正式。現在でも「讀賣新聞《よみうりしんぶん》」などで見かけるが、右側の「賣《いく》」は、よく見ると「売」（p490）の以前の書き方「賣」とは形が違う。この「賣」の意味については、定説がない。

とち

栃

9画

［音読み］レイ
［訓読み］とち
［部首］木（きへん）

掛け算して生まれた漢字？

樹木の〝とち〟を表す。「と」を「十」に、「ち」を「千」に置き換えて、掛け合わせると「万」になることから「杤」という漢字が生まれ、それが変化して「栃」になったという。日本で作られた漢字だが、「励《れい》」（p639）に倣って、レイと音読みすることがある。特に地名の〝栃木《とちぎ》〟を指して、「来栃《らいれい》」「帰《き》栃《れい》」のように用いられる。

とつ

凸

5画

［音読み］トツ
［訓読み］でこ
［部首］凵（うけばこ）

相方ほどは人気がない？

「凹凸《おうとつ》」「凸凹《でこぼこ》」「凸《とつ》レンズ」など、**〝真ん中が盛り上がっている〟**ことを表す。反対の意味を表す「凹」（p41）とともに、図で示しているようなわかりやすさが特徴。ただし、「くぼむ」「へこむ」と訓読みされてまで使われる「凹」に比べると、人気は今ひとつかもしれない。

とつ

突

8画

［音読み］トツ
［訓読み］つ-く
［部首］穴（あなかんむり）

犬も飛び出れば何かにぶつかる？

「突起《とっき》」「突端《とったん》」「煙突《えんとつ》」「突《つ》き出《で》る」のように、**〝ある部分だけが飛び出ている〟**ことを表すのが、基本的な意味。転じて、**〝細長いものが勢いよく当たる／細長いものを勢いよく当てる〟**ことをもいう。「追突《ついとつ》」「衝突《しょうとつ》」「指で彼女のほっぺたを突《つ》く」などがその例。「突撃《とつげき》」「突進《とっしん》」では、**〝ぶつかるような勢いで〟**という意味。

転じて、**〝予想外のことが急に起こる〟**ことをも表す。「突然《とつぜん》」「唐突《とうとつ》」「突発的《とっぱつてき》」などがその例。「突飛《とっぴ》な」「突拍子《とっぴょうし》もない」もこの意味の例だと思われるが、これらは日本語独自の熟語である。

◆似た意味で「つく」と訓読みする漢字には「衝」（p297）もある。「鐘を突《つ》く」「印鑑を突《つ》く」「おはしを突《つ》き刺す」など、現在では「突」を使うのが一般的。「衝」は、〝ダメージを与える〟という意味合いを出したいときに用いられることがある。

以前は、「大」を「犬」とした「突」と書くのが正式。本来は〝犬が穴から飛び出してくる〟ことを表す、と考えられてきたが、最近では、〝いけにえの犬をお供えしたかまどの煙突〟だとする説もある。

とどく

届

8画

［音読み］カイ
［訓読み］とど-く、とどけ
［部首］尸（しかばね）

音読みは置いてきました…

「速達が届《とど》く」「贈り物を届《とど》ける」「手が届《とど》く」など、**〝目的の場所に達する〟**ことを表す。転じて、「うわさが耳に届《とど》く」「積年の思いが届《とど》く」「注意が行《い》き届《とど》く」のように、**〝影響が到達する〟**という意味でも用いられる。また、「交番へ届《とど》け出《で》る」では**〝正式に知らせる〟**ことを、「欠席届《けっせきとどけ》」では**〝正式に知らせる書類〟**を指す。

ただし、これらは日本語独自の用法で、本来は〝ある場所や時期に達する〟ことを表す。音読みカイが用いられることはなく、訓読みだけが日常的に使われるようになった、珍しい漢字である。

以前は「屆」と書くのが正式。部首「尸」は〝死体〟や〝人体〟を表すが、成り立ちには諸説があって、よくわからない。

とびら

扉

12画

［音読み］ヒ
［訓読み］とびら
［部首］戸（とだれ）

中国語には勝ったけど？

「非」（p510）には〝二つに分かれる〟という意味がある。本来は〝二枚開きのドアの板の部分〟

を表す漢字。「鉄の扉《とびら》」「扉《とびら》を押す」のように、広く〝**ドア板**〟を指して用いられる。ちなみに、〝二枚開きのドア〟全体を表すのは「門」（p592）である。

「門扉《もんぴ》」という熟語もあるものの、音読みが用いられるのはまれ。中国語の発音に由来する音読みよりも、訓読みがよく使われる漢字だが、その訓読み「とびら」も、最近は英語由来の「ドア」に押され気味かもしれない。

とら 寅

11画

［音読み］イン
［訓読み］とら
［部首］宀（うかんむり）

夏なら空も白んでくるころ

「子《ね》丑《うし》寅《とら》卯《う》…」と続く〝**十二支の三番目**〟。「寅《とら》年《どし》」のように用いるほか、昔の時刻の表し方では、「寅《とら》の刻」は現在の午前四時前後の時間帯を指す。

本来は〝まっすぐ伸ばす〟〝つつしむ〟といった意味を表していたらしい。しかし、大昔の中国語では〝十二支の三番目〟を表すことばと発音が似ていたことから、当て字的に使われるようになった。十二支に動物を当てはめるのは後に生まれた習慣で、それによれば〝とら〟となり、「とら」と訓読みもするが、「寅」に動物の〝とら〟の意味があるわけではない。

なお、現在では音読みを用いることはほとんどない。

とり 酉

7画

［音読み］ユウ
［訓読み］とり
［部首］酉（ひよみのとり）

実は私、飛べないんです

「子《ね》丑《うし》寅《とら》卯《う》…」と続く〝**十二支の一〇番目**〟。「酉年《とりどし》」のように用いるほか、昔の時刻の表し方では、「酉《とり》の刻《こく》」は現在の午後六時前後の時間帯を指す。

古代文字では「酉」と書き、〝酒つぼ〟を表す漢字。大昔の中国語では〝十二支の一〇番目〟を表すことばと発音が似ていたことから、当て字的に使われるようになった。十二支に動物を当てはめるのは後から生まれた習慣で、それによれば〝とり〟となり、「とり」と訓読みもするが、「酉」に動物の〝とり〟の意味があるわけではない。

なお、現在では音読みを用いることはほとんどない。

部首としては？

本来は〝酒つぼ〟の絵だったことから、〝お酒〟に関係する漢字の部首となる。例としては「酒」（p260）「酔」（p324）の両巨頭をはじめ、「酌」（p254）「酬」（p268）「醸」（p304）などがある。また、「酵」（p196）「酸」（p225）「酢」（p320）のように〝発酵〟に関係する漢字も含まれる。例を挙げていくだけで、きつい匂いにやられてしまいそうである。

部首の名前としては、「鳥（とり）」（p420）や「隹（ふるとり）」（p322）と区別するため、「ひよみのとり」という。「ひよみ」とは〝こよみ〟で、こよみに出てくる〝とり〟ということ。また、漢字の左側に置かれた場合には、「とりへん」と呼ばれる。

とん 屯

4画

［音読み］トン
［訓読み］たむろ
［部首］屮（てつ、めばえ）

何かが起こるのに備えよ！

「駐屯《ちゅうとん》」が代表的な例で、〝**主に軍隊がある場所に集まって滞在して警戒にあたる**〟ことを表す。例としては、ほかに「屯田兵《とんでんへい》」「屯所《とんしょ》」など。

本来は、〝**仲間がある場所に集まる**〟ことを表す漢字。「学生が屯《たむろ》する喫茶店」のように、「たむろ」と訓読みして使われる。

なお、「屮」は〝草の芽が出る〟ことを表す非常に珍しい部首。ただし、「屯」が成り立ちとして〝草の芽〟と関係があるかどうかは、はっきりしない。

とん

豚

11画

［音読み］トン
［訓読み］ぶた
［部首］豕（いのこ）

人間さん、見え見えですよ…

動物の〝ぶた〟を表す。

いのししを改良して家畜としたもので、〝いのしし〟を表す「豕」を部首とするのはそのため。「肉」が変形した「月」をそれに組み合わせたところには、食用とすることがはっきり現れているようで、非常に現実的。ブタの目から農学校を描いた、宮沢賢治の『フランドン農学校の豚』という作品を思い出させる。

とん

敦

12画

［音読み］トン
［訓読み］あつ-い
［部首］攵（のぶん）

一発ずつ思いを込めて？

〝人情があつくまごころがこもっている〟ことを表す。訓読みすれば「あつい」だが、現在ではほとんど用いられない。ただし、名前で「あつし」「あつ」と読むことがある。

部首「攵」は〝手に棒を持った形〟。「敦」も本来は〝打つ〟ことを表す漢字だったようだが、大昔の中国語で〝まごころがこもっている〟ことを表すことばと発音が似ていたことから、当て字的に用いられるようになったと思われる。意味の上では、「淳」（p278）と関係が深い漢字である。

とん

頓

13画

［音読み］トン
［訓読み］とみ-に
［部首］頁（おおがい）

動かなくても変化はします

部首「頁」は〝頭部〟を表す記号。本来は**〝頭を地面に付けておじぎをする〟**ことを表す。「頓首《とんしゅ》」がその例で、手紙の最後などに記してお礼の気持ちを示す、古風なことば。

転じて、〝ある場所から動かなくなる〟ことをも表す。それが変化して、**〝動かないようにきちんと固定する〟**ことを表すのが「整頓《せいとん》」、**〝ものごとがうまく進まない〟**という意味になったのが「頓挫《とんざ》」。「頓着《とんちゃく》する」では**〝気持ちがそこから離れない〟**ことをいう。

「頓知《とんち》」「頓服薬《とんぷくやく》」など、**〝その場ですぐに〟**という意味ともなるのは、動かないまま状態が変わるところからか。「頓死《とんし》」「素《す》っ頓狂《とんきょう》」「近ごろ頓《とみ》に評判が下がった」「頓《とみ》には気づかなかった」などでは、**〝不意に〟〝急に〟**という意味を表す。

なお、「頓馬《とんま》」「頓珍漢《とんちんかん》」などは日本語独自の熟語で、当て字だと思われるが、〝その場で意外なことをする〟という意味合いが感じられないでもない。

どん

丼

5画

［音読み］セイ、タン
［訓読み］どんぶり、どん
［部首］丶（てん、ちょぼ）

水の響きがなつかしい…

食事を盛る大きな器〝どんぶり〟を表す。「牛丼《ぎゅうどん》」「カツ丼《どん》」「うな丼《どん》」「天津丼《てんしんどん》」などなど、**〝どんぶりに盛った御飯〟**を指すことも多い。

本来は「井」（p12）と発音も意味も同じ漢字だとか、〝井戸の中に物を投げ入れたときの音〟を表す漢字だ、などと言われる。「どんぶり」は、その音を表すことばに由来する日本語独自の用法。昔話『桃太郎』の最初に出てくる「どんぶらこ」に似た、どこかなつかしい響きである。

なお、現代の日本語では、音読みが用いられることはない。

どん

呑

7画

［音読み］ドン
［訓読み］の-む
［部首］口（くち）

ちびちびやるのは対象外!?

〝飲食物をまるごと、口から腹の中に入れる〟ことを表す。「呑舟《どんしゅう》の魚《うお》」とは、〝船をまるのみする魚〟のことで、〝大人物〟のたとえ。転じて、**〝全体を取り込む〟**という意味ともなり、「併呑《へいどん》」がその例。

◆訓読み「のむ」は、現在では「飲」(p24)を用いるのがふつう。ただし、〝お酒をのむ〟場合に〝まるごと〟のニュアンスを生かして、「もう呑《の》み過《す》ぎだよ」「呑《の》み代《だい》」のように「呑」を書くこともある。また、「呑《の》み込《こ》みが早い」「雰囲気に呑《の》まれる」のように、〝全体を取り込む〟ことを強調するために「呑」を使うこともある。

なお、印刷文字では「呑」の形が標準とされているが、手書きなどでは「天」を「夭」と書くことも多い。

どん 貪

11画

［音読み］ドン
［訓読み］むさぼ-る
［部首］貝（かい）

どうしても満足できない…

部首「貝」は〝お金や宝物〟を表す記号。本来は〝お金や宝物を限度を超えて欲しがる〟という意味で、広く〝**どこまでも追い求める**〟ことを指して用いられる。「利益を貪《むさぼ》る」「貪《むさぼ》り食う」「貪《むさぼ》り読む」「愛を貪《むさぼ》る」などがその例。けっして満たされることのない人間の欲望を、あまりよくないものとして表現する漢字である。

現在では、音読みで用いられるのは「貪欲《どんよく》」「貪婪《どんらん》」くらい。タンという音読みもあるが、ほとんど使われる機会がない。

どん 鈍

12画

［音読み］ドン
［訓読み］にぶ-い、のろ-い、にび
［部首］金（かねへん）

機敏なものにはない魅力

部首「金」にも現れているように、本来は〝**金属製の刃物の切れ味がよくない**〟ことを表す。「鈍器《どんき》」「鈍《にぶ》いナイフ」がその例。転じて、〝**とがっていない**〟ことをも指し、数学では、〝直角より大きい角〟を「鈍角《どんかく》」という。

さらには、〝**反応や効果がはっきりしない**〟ことや〝**動作がゆっくりである**〟ことも表す。「鈍感《どんかん》」「鈍痛《どんつう》」「愚鈍《ぐどん》」「観客の出足が鈍《にぶ》い」「薬で頭が鈍《にぶ》る」「牛の鈍《のろ》い歩み」などがその例。また、〝はっきりしない〟ところから、「鈍色《にびいろ》」は〝**濃い灰色**〟を指すが、これは日本語独自の用法である。

〝切れ味が悪い〟から始まって、イメージ的にはとても残念な漢字だが、部首を換えるだけで「純」(p278)になる。けっしてあなどってはいけないのである。

どん 曇

16画

［音読み］ドン
［訓読み］くも-る
［部首］日（ひ、にち）

さっきまでの輝きは？

〝太陽〟を表す部首「日」に「雲」を組み合わせて、〝**雲で日がかげる**〟〝**空が雲でおおわれる**〟ことを表す。「曇天《どんてん》」「夜は曇《くも》るでしょう」「曇《くも》り空」などがその例。「曇《くも》のち晴《はれ》」のように、天気の「くもり」の場合には送りがな「り」は付けないことも多い。

「鏡が曇《くも》る」「眼鏡の曇《くも》り」「曇《くも》りガラス」「表情が曇《くも》る」など、〝**輝きや透明さがなくなる**〟ことを表すのは、日本語独自の用法。さっきまでそこに青空や太陽が映っていたような、みごとな比喩である。

な

な 那

7画

［音読み］ナ

［部首］阝（おおざと）

はっきりとした意味はなく…

昔は「その理由は那辺《なへん》にあるか」というふうに使われて、〝**どの**〟という疑問を表した漢字だが、現在では、古代インド語に対する当て字として使われることの方が多い。「旦那《だんな》」「檀那《だんな》」は、もとは〝仏教に経済的な援助をする人〟を表すことばに対する当て字。「刹那《せつな》」は〝とても短い時間〟。「那由他《なゆた》」は数の位取りの一つで、0が七二個も付く途方もなく大きな数。

また、沖縄県の「那覇《なは》」、栃木県の「那須《なす》」、長野県の「伊那《いな》」など、日本の地名でも当て字的に用いられる。

部首「阝」は「邑」（p602）の変形で〝人が住む地域〟を意味するので、本来は地名を表す漢字だったと考えられている。が、現在では取り立ててはっきりとした意味は持たない、不思議な存在である。

な 奈

8画

［音読み］ナ

［部首］大（だい）

端正で無色透明

中国の古典では、多くは「奈何」の形で使われ、〝**どのように**〟〝**なぜ**〟などの疑問を表す。日本語では習慣的に、二字まとめて「いかん」と読む。

「柰」が変形した漢字で、本来は〝からなし〟や〝かりん〟という果樹を表すらしい。現在では、「な」という音を表す当て字として使われるのがほとんどで、「奈《な》良《ら》」もその例。〝劇場の舞台の下に広がる空間〟を指す「奈落《ならく》」は、古代インド語で〝地獄〟を意味することばに対する当て字。「奈翁《なおう》」とは、〝ナポレオン〟のナに「奈」を当て字したもの。

このほか、女性の名前でよく使われる。ほぼ左右対称という形の端正さに加えて、身近ではあまり使われないことが無色のイメージを生んで、魅力となっているのかもしれない。

ない 内

4画

［音読み］ナイ、ダイ

［訓読み］うち

［部首］冂（まきがまえ、けいがまえ）

壁のこちらは別世界！

「国内《こくない》」「社内《しゃない》」「体内《たいない》」「内《ない》部《ぶ》」「内陸《ないりく》」「福は内《うち》」「内輪《うちわ》」のように、〝**ある範囲の中側**〟を表す。また、「内野《ないや》」「内堀《うちぼり》」のように、「外」（p67）とペアになって〝**中側にある方**〟を指すこともある。

〝**外側には見えない**〟ことに重点を置いて使われることも多く、「内密《ないみつ》」「内情《ないじょう》」「内心《ないしん》」「内幕《うちまく》」「内々《うちうち》に済ませる」などがその例。また、「内職《ないしょく》」「内助《ないじょ》の功」「内湯《うちゆ》」「内弟子《うちでし》」のように、特に〝**家の中**〟を指すこともある。ある種の仲間意識を漂わせる漢字である。

音読みはナイを用いるのが原則。ダイは奈良時代以前からある古い読み方で、「内裏《だいり》」「境内《けいだい》」のほか、「海内《かいだい》」「宇内《うだい》」などやや古めかしいことばに残っている。

以前は、「人」が「入」になった「内」と書くのが正式。部首も「入」で、〝囲い〟を表す「冂」と合わせて、本来は〝囲いの中に入る〟ことを表すという。

なえ 苗

8画

［音読み］ビョウ、ミョウ

［訓読み］なえ

［部首］艹（くさかんむり）

先立つ世代に感謝しつつ

部首「艹」は〝植物〟を表す記号。本来は〝田畑に生えたばかりの植物〟を表し、広く**〝育ち始めたばかりの植物〟**を指す。「苗木《なえぎ》」「桜の苗《なえ》」などがその例。「苗代《なわしろ》」は〝なえを育てる場所〟で、「なわ」は、訓読み「なえ」が続く発音の影響で変化したもの。

転じて、**〝子孫〟**をも表す。「苗裔《びょうえい》」とは〝遠い子孫〟。また、「名字《みょうじ》」のことを「苗字《みょうじ》」と書くことがあるのも、〝子孫に受け継がれる〟ことから。なお、ミョウは奈良時代以前からある古い音読み。

〝育つ〟とは、先立つ多くの世代が残してくれたものを受け継ぐこと。そんな意味合いを帯びた漢字である。

なぎ

凪

6画

［訓読み］なぎ
［部首］几（つくえ）

日本独特の作り方

部首「几」は、この漢字では「風」の省略形。「止」を組み合わせて、**〝風が止まった状態〟**を表す。「朝凪《あさなぎ》」「夕凪《ゆうなぎ》」などがその例。〝風がやむ〟ことを「なぐ」といい、「凪《な》ぐ」と書くこともあるが、現在ではかな書きする方がふつうである。

部首「几」で〝風〟を表すのは、日本独得の漢字の作り方。似たような漢字に、ほかに「凧」（ｐ395）や「凩《こがらし》」がある。ちなみに、中国で作られた「風」（ｐ531）や「鳳《おおとり》」では、〝風〟を表すために、「凡」（ｐ570）の以前の書き方「凡」が使われている。

なお、日本で作られた漢字なので、昔の中国語の発音に由来する音読みは存在しない。

なぎさ

渚

11画

［音読み］ショ
［訓読み］なぎさ
［部首］氵（さんずい）

波が集めてくれたもの…

「渚《なぎさ》を歩く」「想い出の渚《なぎさ》」など、**〝波打ち際〟**を表す。

以前は、点が一つ多い「渚」と書くのが正式。部首「氵」は「水」の変形。「者／者」（ｐ251）には〝集める〟という意味がある。本来は、水の流れによって土砂が集まった〝中州〟を指す漢字で、〝波打ち際〟をいうのはそこから変化したもの。

現在の日本語では、音読みが使われることはほとんどない。音読みとは本来は中国語の発音が変化したものだが、「渚」は中国の古典でもよく使われる。八世紀の詩人、杜甫《とほ》が、長江のほとりで「渚清《なぎさきよ》く沙白《すなしろ》くして鳥《とり》飛《と》び回《めぐ》る」とうたった一節などは、特に美しい。〝波打ち際〟にロマンを感じるのは、日本人だけではないのである。

なぞ

謎

17画

［音読み］メイ
［訓読み］なぞ
［部首］言（ごんべん）

音読みはなぜ使われないのか？

「迷」の以前の書き方「迷」に部首「言」を組み合わせて、**〝人を迷わせる、隠された意味を持つことば〟**を表す。「謎《なぞ》かけ」「謎々《なぞなぞ》」がその例。やや転じて、「ピラミッドの謎《なぞ》」「謎《なぞ》めいた微笑」など、**〝真実がはっきりしないこと〟**を指しても用いられる。

中国語でもよく使われる漢字だが、現在の日本語では、中国語由来の音読みが使われることはほとんどない。その理由自体が一つの「謎」のようで、興味深い。

なお、印刷文字では「謎」の形が標準とされているが、手書きの場合は「辶」を「辶」と書いても差し支えない。

なだ

灘

22画

［音読み］タン
［訓読み］なだ
［部首］氵（さんずい）

川と海の違い

〝陸地から離れていて、風が強くて波の荒い海域〟を指す。「玄界灘《げんかいなだ》」「熊野灘《くまのなだ》」「鹿島灘《かしまなだ》」など、地名に用いられることが多い。部首「氵」は「水」の変形。本来は、〝川の急流〟などを指す漢字で、海について用いるのは、日本語独自の用法。船で進むのが難しい点は同じだが、海に囲まれた日本らしい転用である。

　音読みでは「急灘《きゅうたん》」のように用いることがあるが、現在では基本的には訓読みだけで使われる。

　なお、印刷文字では「灘」の形が標準とされているが、手書きでは「廿」を「艹」と書いても差し支えない。

なべ
鍋
17画
［音読み］カ
［訓読み］なべ
［部首］金（かねへん）

イチャモンは付けないでね

食べ物を煮炊きする〝なべ〟を表す。部首「金」が付いているから本来は金属製のものを指すのだろうが、「鉄鍋《てつなべ》」はいいけど「土鍋《どなべ》」はおかしい、などと難癖をつける人はいないだろう。

　音読みが用いられることはまずないが、中華料理の「回鍋肉《ホイコーロー》」では、現代中国語の発音からコーと読まれる。

なり
也
3画
［音読み］ヤ
［訓読み］なり
［部首］乚（つりばり）

中国が先か日本が先か?


「一万円也《なり》」「貧しき者は幸い也《なり》」のように、**〝である〟という断定を表す**古語「なり」と訓読みして使うのが、代表的な用法。また、漢文では**〝だろうか〟という疑問を表す**こともあるので、この意味の古語「や」と訓読みすることもある。ただし、音読みもヤなので、昔の中国語の発音が変化した音読みヤが先なのか、日本語としての「や」が先なのか。どうでもいいと言えばどうでもいいが、おもしろい問題である。

　なお、部首「乚」は形の上から便宜的に分類されたもの。

なん
南
9画
［音読み］ナン、ナ
［訓読み］みなみ
［部首］十（じゅう）

大昔は楽器でした…


方角の一つ〝みなみ〟を表す。また、古代インド語に対する当て字として使われることがある。「南無阿弥陀仏《なむあみだぶつ》」の「南無」がその例で、〝仏を信じる〟ことを表すことば。

　音読みはナンを用いるのが大原則。ナは、いま挙げた「南無《なむ》」のほか、「南雲《なぐも》」「南木曾《なぎそ》」などの固有名詞でしか使われない、特殊な読み方である。

　古代文字では「」と書き、〝小屋〟の絵だとも言われるが、現在では、ある種の〝鐘〟の絵だと考える説が有力。大昔の中国語では、この〝鐘〟を表すことばと〝みなみ〟を意味することばの発音が似ていたことから、当て字的に〝みなみ〟を意味するようになったという。

なん
軟
11画
［音読み］ナン
［訓読み］やわ-らかい
［部首］車（くるまへん）

よくも悪くも平和が好き

「軟骨《なんこつ》」「軟体動物《なんたいどうぶつ》」「軟《やわ》らかい粘土」のように、**〝形が変わりやすい〟**ことを表す。また、**〝気持ちや態度が変わりやすい〟**ことをも表し、「軟弱《なんじゃく》な心構え」「態度を軟化《なんか》させる」「軟派《なんぱ》」のように用いられる。

　転じて、**〝衝撃や圧力が少ない〟**という意味にもなる。「軟球《なんきゅう》」「軟禁《なんきん》」「軟着陸《なんちゃくりく》」などがその例。平和主義者のよい面と悪い面を、両方見せてくれる漢字である。

　このほか、写真や絵画などで**〝色調の差がぼんやりしている〟**ことを「軟調《なんちょう》」といったり、水質について**〝カルシウムイオンやマグネシウムイオンが少ない〟**ことを「軟水《なんすい》」といったりすることもある。
　◆訓読み「やわらかい」では、「柔」（p270）との使い分けがむずかしい。〝弾力がある〟場合には「柔」を使い、〝手応えがない〟〝抵抗が少ない〟場合は、「地盤が軟《やわ》らかい」「軟《やわ》らかい言い方」のように「軟」を用いる。とはいえ、「やわらかい表情」などはどちらとも取れる場合もあり、迷ったらかな書きしておくのが無難である。

なお、部首「車」が付いていることから、本来は〝車がやわらかく動く〟ことを表すともいうが、説得力はいまひとつ。成り立ちの面でもやや「軟弱」なようである。

なん 難 18画

苦しめられたり苦しめたり…

［音読み］ナン
［訓読み］むずか-しい、かた-い
［部首］隹（ふるとり）

「難解《なんかい》」「難題《なんだい》」「困難《こんなん》」「難《むずか》しいプレー」「判断し難《がた》い」など、〝**障害があってうまくいかない**〟ことを表す。「有《あ》り難《がた》い」は、本来は〝ありにくい〟つまり〝めったにない〟こと。

転じて、〝**苦しみ**〟をも指し、「苦難《くなん》」「遭難《そうなん》」「水難《すいなん》」「難民《なんみん》」「難《なん》を避ける」などがその例。「難点《なんてん》」「彼女の側にも難《なん》がある」では〝**問題点**〟のこと。また、〝**責めたりとがめたりする**〟という意味にもなり、「批《ひ》難《なん》」「難詰《なんきつ》」「難癖《なんくせ》」「彼の態度を難《なん》じる」のように用いられる。

以前は、「廾」の部分を「廿」とした「難」と書くのが正式。部首「隹」（p322）は〝鳥〟を表す記号だが、「難」と〝鳥〟との関係については、諸説あってはっきりしない。

なお、くだけた表現として、最近では「むずかしい」が縮まった「むずい」ということばがあり、「難《むず》い」「激難《げきむず》」のように使われることもある。

なんじ 汝 6画

結婚式でよく耳にする

［音読み］ジョ
［訓読み］なんじ
［部首］氵（さんずい）

部首「氵」は「水」の変形。本来は川の名前を表す漢字だったが、大昔の中国語では、**対等の相手や目下の相手を指すことば**と発音が似ていたので、当て字的に用いられるようになった。

日本語では、「汝《なんじ》は病めるときも健やかなるときも…」のように「なんじ」と訓読みして用い、音読みで使うことは、ほとんどない。

に

に 二 2画

基本的にはシンプルだけど…

［音読み］ニ
［訓読み］ふた-つ
［部首］二（に）

横棒二本で〝**数の2**〟を表す、単純な漢字。「無二《むに》」では〝**同じくらいすばらしいもの**〟という意味にもなる。

訓読みは基本的に「ふたつ」だが、「二《ふつ》日《か》」ではやや変化して「ふつ」と読む。また、古語で〝20〟のことを「はた」というので、「二十」の二文字一組で「はた」と読むこともある。「二十歳《はたち》」「十重二十重《とえはたえ》」などがその例。

なお、小切手や契約書などでは、後から書き換えられるのを防ぐために「弐」（p475）や「貳」を用いる。

部首としては？

漢和辞典では部首の一つ。「亜」（p7）「井」（p12）「五」（p175）「互」（p175）などがその例だが、「二」が何かまとまった意味を表しているわけではなく、形の上から便宜的に分類された部首である。

に　尼　5画

インドから来た訓読み

［音読み］ニ
［訓読み］あま
［部首］尸（しかばね）

「尼《あま》さん」「尼寺《あまでら》」「尼僧《にそう》」のように、**〝女性の僧〟**を表す。**〝キリスト教の修道女〟**を指しても用いられる。

部首「尸」も「匕」も〝人〟を表していて、〝人と人とが親しくなる〟ことが本来の意味。仏教が中国に伝来した紀元一世紀ごろ、〝女性の僧〟を表す古代インド語に「比丘尼《びくに》」と当て字したところから、それが省略されて〝女性の僧〟を意味するようになった。ちなみに、訓読み「あま」も、もとをたどれば〝母〟を意味する古代インド語に由来するという。

に　弐　6画

そうなればいいんだけれど…

［音読み］ニ
［訓読み］ふた-つ
［部首］弋（しきがまえ、よく）

小切手や契約書などで後から書き換えられるのを防ぐため、「二」（p474）の代わりに用いられる漢字。また、ある種の雰囲気を出すために、「二」の代わりに好んで用いられることもある。

以前は「貳」と書くのが正式で、部首も「貝」。「貝」は〝お金や宝物〟を表す記号なので、本来は〝財宝を二倍にする〟という意味だった、という威勢のいい説もあるが、ほかにもいろいろな説があって、成り立ちについてははっきりしない。

におう　匂　4画

こんなところにカタカナが？

［訓読み］にお-う
［部首］勹（つつみがまえ）

〝鼻で感じ取る〟ことを表す漢字。

◆「におう／におい」と訓読みする漢字には「臭」（p265）もある。「臭」が〝いやなにおい〟を指して用いられるのに対して、「匂」は、「バラが匂《にお》う」「甘い匂《にお》い」など、**〝よいにおい〟**を指して用いる。

また、「匂《にお》い立つ」では**〝色合いが美しい〟**ことを表すが、現在では、**〝女性のセクシュアルな魅力〟**を指すことが多い。

日本で作られた漢字で、中国語の発音に由来する音読みは存在しない。成り立ちとしては〝整っていて美しい〟という意味の漢字「匀《いん》」が変化したもの。「匕」の部分は「におい」の古語「にほひ」の「ひ」を表す、という説もある。

にく　肉　6画

食べることから始まります！

［音読み］ニク
［部首］肉（にく）

言うまでもなく、**身体を構成する〝にく〟**を表す漢字。古代文字では「」と書き、〝切り取った肉のかたまり〟の絵で、中の二本の線は〝筋〟を表すという。そこで、**〝食用とする動物の肉〟**を表すことが多い。「肉食《にくしょく》」「牛肉《ぎゅうにく》」「ぶた肉《にく》」「もも肉《にく》」「ヒレ肉《にく》」などがその例。転じて、「果肉《かにく》」「梅肉《ばいにく》」のように**〝食用となる果実のやわらかい部分〟**を指すこともある。

「肉体《にくたい》」のように、主に人間の**〝身体〟**を表すのは、本来の意味から転じたもの。さらには、「肉声《にくせい》」「肉眼《にくがん》」のように**〝道具を使わない生身の〟**という意味にもなる。「肉薄《にくはく》」は、本来は〝手が届くくらいまで近づいて戦う〟ことで、現在では〝非常に接近する〟ことを表す。「皮肉《ひにく》」は、骨ではない〝うわべ〟というところから、日本語では〝遠回しに批判する〟ことをいう。「肉筆《にくひつ》」も日本語独自の熟語で、〝印刷技術を使わないで書く〟こと。

また、「肉親《にくしん》」「骨肉《こつにく》の争い」では**〝血のつながり〟**を表し、「肉欲《にくよく》」「肉感的《にくかんてき》」「肉《にく》の喜び」など、特に**〝性的な〟**という意味となることもある。

「肉太《にくぶと》のペン」「肉厚《にくあつ》の用紙」のように**〝太さや厚み〟**を表すのは、日本語独自の用法。また、「肉付《にくづ》け」のように**〝内容を充実させるために付け加えるもの〟**を意味するのも、日本語オリジナルである。

音読みはニクだけだが、中華料理の名前では、現代中国語の発音が日本語風に変化して、ローと読むことがある。例としては、「青椒肉糸《チンジャオロース》」「回鍋肉《ホイコーロー》」「東坡肉《トンポーロー》」など。また、〝肉〟を意味する古語「しし」と訓読みすることもあるが、音読みニクがあまりにも日本語に溶け込んでいるため、現在ではほとんど使われない。

部首としては?

〝肉体〟に関係するさまざまな漢字の部首となる。ただし、「肉」の形がそのまま残っているのは、日常的に使う漢字では「腐」(p528)くらい。「肝」(p81)「腸」(p421)「肥」(p510)「腹」(p533)「腕」(p654)などなど、多くの漢字では、左側に置かれて「月」の形となる。この場合は、天体の〝月〟を表す部首「月」(p155)と同じ形となるので、区別するために「にくづき」と呼ぶ。

なお、「脆」(p340)「膳」(p358)「豚」(p469)などでは、〝肉体〟というよりは〝食用の肉〟を表していると思われる。

にじ

虹

9画

[音読み] コウ
[訓読み] にじ
[部首] 虫(むしへん)

内側は赤? それとも紫?

光の屈折率の違いによって現れる、**七色の〝にじ〟**を表す。現在では音読みコウを使うことはまれで、〝目の中にある色つきの部分〟を指す「虹彩《こうさい》」があるくらい。上海の「虹《ホン》橋《チャオ》空港」さえ、日本では「にじばしくうこう」と読まれることがある。

部首「虫」が付いているのは、大昔の中国では〝にじ〟を竜の一種だと考えたことから。厳密には、赤を内側として大きくはっきりと見えるものが雄の竜で「虹《こう》」、その外側に紫を内側としてうっすらと見えるものは雌で「蜺《げい》」と呼ぶ。

にち

日

4画

[音読み] ニチ、ジツ
[訓読み] ひ、か
[部首] 日(ひ、にち)

一つしかないのに役割はいっぱい!

古代文字では「⊖」と書き、〝太陽〟の絵から生まれた漢字。「日光《にっこう》」「落日《らくじつ》」「日《ひ》の出《で》」のように**〝太陽〟**を表すほか、「日中《にっちゅう》」「日《にち》夜《や》」「日《ひ》が長い」など、太陽が出ている**〝昼間〟**を指しても用いられる。

転じて、「一日《いちにち》」のように、太陽が一巡りする**〝一昼夜〟**をも表し、そこから暦の上での**〝ある零時から次の零時まで〟**という意味にもなる。「先日《せんじつ》」「日付《ひづけ》」「日割《ひわ》り」「誕生日《たんじょうび》」「日程《にってい》」などがその例。この意味の場合に、「三月三日《さんがつみっか》」のように「か」と訓読みすることがある。英語ならばtheSunとdayの両方の役割をしているわけで、若干、こき使われている感じがしないでもない。

さらには、**〝一昼夜ごとに〟**という意味をも表し、「日記《にっき》」「日直《にっちょく》」「日刊《にっかん》」「日進月歩《にっしんげっぽ》」などがその例。加えて、「来日《らいにち》」「訪日《ほうにち》」「日系企業《にっけいきぎょう》」のように、**「日本《にほん》」の省略形**として用いられるのはもちろんのこと。日本語ではさらに、**Sundayの訳語**として「日曜日《にちようび》」のようにも用いられる。

音読みではニチが奈良時代以前からある古い読み方。ジツもニチもよく用いられるが、〝日本〟〝日曜日〟を指す場合は必ずニチと読む。それ以外では、熟語の最初に置かれる場合にはニチと読み、最後に置かれる場合にはジツと読むことが多い。とはいえ、「今日《こんにち》」「明日《みょうにち》」のような例外もある。

なお、「今日《きょう》」「昨日《きのう》」「明日《あす》」「明日《あした》」「一昨日《おととい》」「一昨日《おとつい》」「明後日《あさって》」などは、漢字の熟語をそのまま、意味を表す日本語で読む当て字的表現。

部首としては?

"太陽"や"時の流れ"に関係する漢字の部首となる。「春」(p276)「早」(p363)「暮」(p552)などでは「ひ」「にち」と呼ばれるが、「晴」(p336)「暖」(p404)「晩」(p507)のように漢字の左側に置かれる場合は、「ひへん」「にちへん」という。

「曲」(p129)「最」(p213)「書」(p281)なども、部首として似た形を含んでいるが、これらは意味の上で"太陽"や"時の流れ"には関係がない。そこで、これらの部首「曰」(p21)は、"平べったい日"というところから「ひらび」と呼んで区別する。

にゅう 入

2画

［音読み］ニュウ、ジュ
［訓読み］はい-る、い-れる、い-る
［部首］入（はいる）

ときどき古風に読まれます

場所・時期・段階などについて、**"ある範囲の内側へと進む／進める"**ことを表す。例としては、「入荷《にゅうか》」「入学《にゅうがく》」「入選《にゅうせん》」「入梅《にゅうばい》」「入力《にゅうりょく》」「入手《にゅうしゅ》」「転入《てんにゅう》」「没入《ぼつにゅう》」「収入《しゅうにゅう》」「部屋に入《はい》る」「試合は後半に入《はい》った」「男子校に入《い》れる」などなど。

音読みはニュウを用いるのが大原則。ジュは奈良時代以前からある古い読み方で、現在でも、"都に入る"ことをいう「入洛《じゅらく》」、"天皇の妻となる"ことを表す「入内《じゅだい》」など、古風なことばで使われることがある。また、歴史で、中国の王朝の一つ"唐へ行く"ことを「入唐《にっとう》」というが、このニッは、ニュウが続く発音に影響されて変化したもの。

訓読み「いる」は、基本的には「はいる」の古語。現在でも、「出入《でい》り口」「プロ入《い》り」「お客の入《い》り」のように、「いり」の形でよく用いられる。

◆「いれる」と訓読みする漢字には「容」(p610)もある。現在では「入」を使う方が一般的だが、"余地がある""きちんと収まる""きちんと認める"というニュアンスのときには、「容」を用いることがある。

部首としては?

漢和辞典では部首の一つだが、「入」を部首とする漢字はとても少ない。以前は「全」「内」がそうだったが、現在では微妙に変化して「全」(p357)「内」(p471)と書かれるので、それぞれ「人（ひとやね）」「冂（まきがまえ、けいがまえ）」を部首とするのがふつう。また、「両」もメンバーの一つだったが、これまた現在では「両」(p630)と書かれるので、部首を「一」とすることが多い。というわけで、部首「入」はとてもさみしい思いをしているはずである。

にゅう 乳

8画

［音読み］ニュウ
［訓読み］ちち、ち
［部首］乚（つりばり）

そこに見えるは母の姿?

「牛乳《ぎゅうにゅう》」「母乳《ぼにゅう》」「お乳《ちち》」「乳《ち》飲《の》み子《ご》」などをあげるまでもなく、**"母親が子どもに飲ませるために分泌する液体"**を表す。転じて、「乳頭《にゅうとう》」「乳《ち》首《くび》」のように**"乳房"**の意味で用いられたり、「乳児《にゅうじ》」「乳歯《にゅうし》」など**"乳を飲んで育つ時期"**を指したりもする。

以上はすべて子育てに関係する意味だが、それとは別に、**"乳に似た液体"**をも表し、「乳液《にゅうえき》」「乳化《にゅうか》」「豆乳《とうにゅう》」のように使われることもある。

なお、「乳母《うば》」は、漢字の熟語をそのまま、意味を表す日本語で読む当て字的表現。

以前は「乳」と書くのが正式。古代文字では「」というなかなかリアルな形をしていて、"母親が子どもを抱えて授乳している姿"を表す。そこで、部首「乚」は"母親の体"の変形だと考えられる。

にょう
尿
7画

［音読み］ニョウ
［部首］尸（しかばね）

きれいではないが作りはうまい！

言わずと知れた〝**おしっこ**〟を表す漢字。部首「尸」は、ここでは〝おしり〟を表す。「水」と組み合わせて〝おしりの方から出る水〟を指す漢字。訓読みでは「いばり」「ゆばり」「しと」などと読むが、現在ではいずれも古語だろう。

にん
人
2画

⇩ じん（p317）

にん
任
6画

［音読み］ニン
［訓読み］まか-せる、まか-す
［部首］イ（にんべん）

義務を果たせば自由になれる！

〝**ある仕事を受け持つ／受け持たせる**〟ことを表す。「任命《にんめい》」「担任《たんにん》」「委任《いにん》」「来客の案内を任《まか》せる」「特命課に任《にん》ずる」などがその例。

また、「就任《しゅうにん》」「退任《たいにん》」のように、〝**受け持った仕事**〟を指すこともある。「責任《せきにん》」は、〝受け持ってやらねばならない〟こと。

〝受け持たせる〟とは〝自由に判断して行わせる〟ことでもある。そこから転じて、〝**自由にさせる**〟という意味にもなる。「任意《にんい》」「一任《いちにん》」「放任《ほうにん》」「草が伸びるに任《まか》せる」などが、その例である。

なお、訓読み「まかす」は、「まかせる」のやや古い、あるいはややぞんざいな言い方。また、〝ある仕事に耐えられる〟ところから、昔は「たえる」の古語「たふ」と訓読みすることもあった。「松任《まっとう》」「時任《ときとう》」のように固有名詞で「とう」と読むことがあるのは、「たふ」の変化したもの。

なお、部首「イ」は「人」の変形。成り立ちには諸説があって、はっきりしない。

にん
妊
7画

［音読み］ニン
［部首］女（おんなへん）

真ん中あたりがふっくらと…

「妊娠《にんしん》」「妊婦《にんぷ》」「懐妊《かいにん》」など、〝**女性が子どもを宿す**〟ことを表す。訓読みすれば「みごもる」だが、現在ではかな書きするか、「身籠《みご》もる」と書くことが多い。

「壬《じん》」は、真ん中の横線が一番長いように、〝真ん中がふくれる〟という意味だという。だとすれば、子どもを宿した母親の姿をとてもよく表した漢字である。

にん
忍
7画

［音読み］ニン
［訓読み］しの-ぶ
［部首］心（こころ）

人としての心を捨てて…

「忍耐《にんたい》」「忍従《にんじゅう》」「堪忍《かんにん》」「恥を忍《しの》んでお願いする」「見るに忍《しの》びない」など、〝**じっと我慢する**〟ことを表すのが、代表的な意味。

以前は「忍」と書くのが正式。「刃／刄」は〝強くてしなやかな刃物〟を表し、部首「心」と組み合わせて〝強くてしなやかな心〟の意味となるという。本来は、〝怒りや憐れみに動かされない〟ことを表すので、「残忍《ざんにん》」のように〝**ひどいことを平気で行う**〟という意味にもなる。

「忍者《にんじゃ》」「忍び足《あし》」「人目を忍《しの》ぶ」など、〝**こっそり行動する**〟ことを表すのは、日本語独自の用法。また、「ポケットに辞表を忍《しの》ばせる」のように〝**隠し持つ**〟ことを意味するのも、日本語のオリジナルである。

◆なお、日本語「しのぶ」には、「亡《な》き人をしのぶ」「在《あ》りし日《ひ》をしのぶ」のように、〝昔のことをなつかしく思い出す〟という意味もある。この場合には、漢字では「忍」は使わず、「偲」を書くのがふつう。ただし、「偲《し》」は本来は〝努力する〟ことを表す漢字で、〝思い出す〟という意味で用いるのは日本語独自の用法である。

にん

認

14画

［音読み］ニン
［訓読み］みと-める、したた-める
［部首］言（ごんべん）

どうしてお腹が関係するのか？

「認識《にんしき》」「認知《にんち》」「確認《かくにん》」「上空に飛行機が飛んでいるのを認《みと》めた」のように、〝**はっきりと見分ける**〟ことを表すのが、基本的な意味。転じて、〝**それでよいと判断する**〟〝**その通りだと受け入れる**〟ことをも表す。「認定《にんてい》」「認可《にんか》」「承認《しょうにん》」「容認《ようにん》」「外泊を認《みと》める」「罪を認《みと》める」などがその例。

日本語では、〝はっきりさせる〟ところから、「手紙を認《したた》める」のように〝**文章を書く**〟という意味でも用いる。さらには、「夕食を認《したた》める」では〝**食事をする**〟ことを表すが、どうしてこのような意味が生じたのかは、よくわからない。

以前は「認」と書くのが正式。部首「言」が付いているからには、本来は〝はっきりと断言できる〟という意味合いがあったかと思われる。

ぬ

ぬま

沼

8画

［音読み］ショウ
［訓読み］ぬま
［部首］氵（さんずい）

な行の訓読みサ行の音読み

大地のくぼみに水がたまった〝ぬま〟を表す。ふつう、「湖」（p173）より浅いものを指す。

「沼地《ぬまち》」「泥沼《どろぬま》」を始め、訓読み「ぬま」は固有名詞でもよく使われておなじみだが、音読みの熟語で日常的に使われるのは、しいて挙げれば「湖沼《こしょう》」「沼沢《しょうたく》」があるくらい。我々が抱く〝ぬま〟のイメージと、ショウという音読みの響きは、うまくマッチしないようである。

ね

ねい

寧

14画

［音読み］ネイ
［部首］宀（うかんむり）

愛や憂いの仲間なのです

現在では用いられる場面がかなり限られる漢字。

「安寧《あんねい》」「寧日《ねいじつ》」では〝**落ち着いている**〟という意味を表し、「丁寧《ていねい》」では〝**心がこもっているようす**〟を表す。訓読みするとすれば「やすらか」だが、実際には訓読みで使われることはほとんどない。

中国の古典では〝**○○する方がよい**〟**という選択を表す**はたらきもする。そこで、「寧《むし》ろ会わない方がいい」のように「むしろ」と訓読みすることがあるが、現在では、「むしろ」はかな書きするのが自然。

以前は、「罒」が「皿」になった「寧」と書くのが正式。成り立ちには諸説があるが、意味の中心は「心」にあるので、部首も「心」とする方がふさわしい。「心」を真ん中に持つ点では、「愛」（p7）「憂」（p604）などの仲間である。

ねこ 猫

11画

［音読み］ビョウ
［訓読み］ねこ
［部首］犭（けものへん）

いつもひとりで行動する？

動物の〝ねこ〟を表す。

音読みが使われることはほとんどなく、「愛猫《あいびょう》」や、〝ねこの額〟のことをいう「猫額《びょうがく》」という熟語があるくらい。熟語にはなりにくいところが、あまり群れない〝ねこ〟の性格によく合っているような気もする。

部首「犭」は、「犬」の変形で〝犬に似た動物〟を表す。「苗」（p471）が付いている理由には諸説あるが、鳴き声を表すとする説が説得力がある。「苗」の古い音読みはミョウで、たしかにネコの鳴き声に近い。

ねつ 捏

10画

［音読み］ネツ
［訓読み］こ-ねる
［部首］扌（てへん）

心を込めて作ったのですが…

現在では「捏造《ねつぞう》」が代表的な例。〝**存在しないものを造り上げる**〟ことを表す。ただし、「手」が変形した部首「扌」が付いているように、本来は〝**練りながら形を整える**〟ことを表す。「粘土を捏《こ》ねる」「手捏《てご》ねのお団子」などがその例。

訓読み「こねる」は、現在ではかな書きが一般的。また日本語「つくねる」も同じ意味なので、「鶏肉の捏《つく》ね」のように使うこともできるが、現在ではかな書きする方が自然だろう。

本来の意味の素朴な味わいからすると、イメージの悪い「捏造」ばかりが目立つのは、ちょっとさびしい気がする。

ねつ 熱

15画

［音読み］ネツ
［訓読み］あつ-い
［部首］灬（れっか、れんが）

興奮することがたくさんある！

部首「灬」は「火」の変形なので、本来は〝火が原因で温度が高い〟ことを表すのだろうが、現在では広く〝**温度が高い**〟ことを指して用いられる。「熱帯《ねったい》」「加熱《かねつ》」「余熱《よねつ》」「熱《あつ》いお風呂」「フライパンを熱《ねっ》する」などがその例。また、「平熱《へいねつ》」「高熱《こうねつ》でうなされる」「熱《ねつ》があるので休みます」のように、特に〝**体温**〟をいう場合も多い。

転じて、〝**集中したり興奮したりする**〟ことをも表す。「熱情《ねつじょう》」「熱意《ねつい》」「熱中《ねっちゅう》」「熱望《ねつぼう》」「白熱《はくねつ》した試合」「お熱《あつ》い二人《ふたり》」などなど、この意味で用いられる例は多い。

◆「あつい」と訓読みする漢字には「厚」（p187）「暑」（p281）「篤」（p465）もある。この中で「熱」との使い分けが問題となるのは「暑」。「暑」は〝気温が高い〟場合にだけ用いられるのに対して、「熱」は使われる場面が幅広いのが異なるところ。「熱《あつ》い風が吹く」のように、空気であっても「熱」を書くことがあるほどなので、〝気温・室温〟以外はすべて「熱」を書く、と考えておく方がいいだろう。

ねん 年

6画

［音読み］ネン
［訓読み］とし
［部首］干（かん）

穀物に支えられながら…

言うまでもなく、**暦の上での〝年〟**を表す。

古代文字では「」と書き、〝穀物〟を表す「禾（のぎ）」の下に、「人」を組み合わせた形。本来は〝穀物を植えて育てて刈り取る周期〟を表す。

現在の「年」という形は、それが一つになって変化したもの。〝穀物〟と〝人〟とが切り離せないほど結びついたところに、農業の大切さが感じられる。部首は「干」だが、もちろん形の上から便宜的に分類されたもので、意味の関係はない。

暦の上の〝年〟からやや転じて、〝**生まれてからの年数**〟を表すこともある。「年齢《ねんれい》」「年配《ねんぱい》」「年頃《としごろ》」「年の功《としのこう》」などがその例。

◆訓読み「とし」では「歳」(p214)との使い分けが気になるところ。現在では「年」を用いる方が一般的で、「歳」は「歳《とし》を重ねる」のように〝年齢〟について使うほか、「歳《とし》が暮れる」のようにちょっと特別な雰囲気を出したいときに用いられる。

ねん 念

8画

[音読み] ネン
[部首] 心（こころ）

離れない 離れられない…

「念願《ねんがん》」「信念《しんねん》」「理《り》念《ねん》」「記《き》念《ねん》」「念《ねん》のため」「強く念《ねん》じる」など、〝**心にしっかり留めておく**〟ことを表す。「おもう」と訓読みすることもあるが、現在ではまず用いられない。

また、「雑念《ざつねん》」「俗念《ぞくねん》」「望郷の念《ねん》」のように〝**つきまとって離れない思い**〟を指すこともある。「残念《ざんねん》」は、本来は〝思いが残って離れない〟こと。

その思いを〝**声に出して唱える**〟のが「念《ねん》仏《ぶつ》」「呪文を念《ねん》じる」。心から離れない強い思いを表す漢字である。

ねん 捻

11画

[音読み] ネン
[訓読み] ねじ-る、ひね-る
[部首] 扌（てへん）

オリジナルをひねり出せ！

「捻《ねん》挫《ざ》」「腸《ちょう》捻《ねん》転《てん》」「ゴムひもを捻《ねじ》る」「つまみを捻《ひね》る」のように、〝**細長いものに、らせん状になるように力を加える／力が加わる**〟ことを表す。「捻《ね》子《じ》」は、日本語「ねじ」の意味を漢字で表した、当て字的表現。

「捻《ひね》り出《だ》す」では、比喩的に用いられて〝**無理して作り出す**〟ことを表す。「捻《ねん》出《しゅつ》」はここから生まれた日本語独自の熟語。また、「俳句を捻《ひね》る」「一《ひと》捻《ひね》りしてやろう」のように〝**簡単に作る**〟〝**簡単に打ち負かす**〟という意味で用いるのも、日本語オリジナル。むずかしいのか簡単なのか、よくわからないところがおもしろい。

このほか、「捻《ひね》た性格」「捻《ひね》くれ者」のように性格について使うこともあるが、現在ではかな書きするのが自然だろう。

ねん 粘

11画

[音読み] ネン
[訓読み] ねば-る
[部首] 米（こめへん）

日本人の特徴を表す？

「粘《ねん》土《ど》」「粘《ねん》液《えき》」「粘《ねば》り着《つ》く」「粘《ねば》りけ」のように、〝**くっついてなかなか離れない**〟ことを表すのが、代表的な意味。部首「米」が付いていることから、本来は、〝米などの穀物を煮つぶして作ったのり〟を指すと思われる。

転じて、〝**根気強くなかなかあきらめない**〟という意味にもなる。「粘《ねば》り強《づよ》い」「粘《ねば》り腰《ごし》」「粘《ねば》って最後に逆転する」などがその例。ただし、これは日本語独得の比喩的な表現のようで、我慢強いと評判の日本国民の特性が、こんなところにも表れているのかもしれない。

ねん 稔

13画

[音読み] ネン
[訓読み] みの-る
[部首] 禾（のぎへん）

中身のつまったものになる！

部首「禾」は〝穀物〟を表す。〝**穀物の実が熟する**〟ことを意味する漢字。〝植物がきちんと種を付ける性質〟を「稔《ねん》性《せい》」という。また、穀物の実が熟する周期から、〝年〟を意味することもある。

◆訓読み「みのる」は、現在では「実」(p249)を書くのがふつう。あえて「文化の豊かな稔《みの》り」のように書くと〝成熟する〟というニュアンスが強く出ることになる。

ねん 燃

16画

[音読み] ネン
[訓読み] も-える、も-やす、も-す
[部首] 火（ひへん）

ネンの入ったお話です

「燃《ねん》焼《しょう》」「可《か》燃《ねん》性《せい》」「森が燃《も》える」「たきぎを燃《も》やす」のように、〝**高温になって炎を出す**〟ことを表す。訓読み「もす」は、「もやす」のやや古い言い方。また、日本語では、「恋に燃《も》える」「復讐に燃《も》える」のように、**〝何かに対する意欲が非常に高まる〟**という意味でも用いられる。

◆「もえる」と訓読みする漢字には、「萌」（p558）もある。「萌」が〝植物の芽が出る〟ことをいうのに対して、「燃」は〝炎が出る〟ことを表す。また、〝感情が高ぶる〟ことをいう「燃」に対して、最近では、「萌」を〝胸がキュンとする〟といった意味合いで使う。「燃」の激しさが、時代には合わないのかもしれない。

なお、本来、〝炎を出す〟ことを意味する漢字は「然」（p358）で、「火」が変形した部首「灬」はそのなごり。「然」が別の意味で用いられることが多くなったため、〝もえる〟ことを表す漢字として、部首「火」を改めて付け加えて「燃」が作られた。その結果、〝火〟が二つ含まれるという、親切な漢字が誕生したという次第である。

の

の 乃

2画

［音読み］ナイ
［訓読み］の
［部首］ノ（の）

ひらがな「の」のもとの形

もともとは中国語の接続詞の一つ。**〝そして〟という順接を表す**はたらきをする、「乃《ない》至《し》」は、本来は〝○○から始まり、そして○○まで至る〟という意味だが、現在では、「エビフライ乃至コロッケが付きます」のように〝または〟という意味で用いられる。

日本語では、「の」に対する当て字として使われることが多い。「貴乃花《たかのはな》」「越乃《こしの》寒梅《かんばい》」「養老乃瀧《ようろうのたき》」などがその例。これは、漢字が日本に伝わったころの中国語ではノに似た発音がされていたからかと思われる。とすれば音読みの一種だが、「の」はふつう、訓読みに分類されている。

なお、部首「ノ」は形の上から便宜的に分類されたもの。

の 之

3画

［音読み］シ
［訓読み］の、これ
［部首］丶（てん、ちょぼ）

お名前でよく見かけますが…

代表的なのは、「中之《なかの》島《しま》」「蔵之介《くらのすけ》」「音楽之友《おんがくのとも》社《しゃ》」のように、「の」と訓読みする用法。また、中国の古典では、「之《これ》を知る」のように「これ」と訓読みすることもある。

ただし、本来は「ゆく」と訓読みして**〝ある方向へ移動する〟**ことを意味する漢字。名前で「ゆき」と読むのはそのため。大昔の中国語では日本語の「の」にあたることばや〝これ〟を表すことばと発音が似ていたことから、当て字的に用いられるようになった、と考えられている。

なお、部首「丶」は形の上から便宜的に分類されたもの。まとまった意味を表す部首ではない。

のう 悩

10画

［音読み］ノウ
［訓読み］なや-む
［部首］忄（りっしんべん）

感情的にも理性的にも…

以前は「惱」と書くのが正式。「㐫」はもとは〝髪の毛の付いた頭部〟の絵で、「心」が変形した部首「忄」を組み合わせて、**〝いろいろ考えたり思ったりして、気分がすっきりしな**

い〟ことを表す。

「苦悩《くのう》」「煩悩《ぼんのう》」「悩乱《のうらん》」「将来のことで悩《なや》む」「あの表情が悩《なや》ましい」などがその例。頭でも心でも決着をつけられないところに、〝なやみ〟の深さがよく表れている。

のう

納

10画

［音読み］ノウ、ナ、ナン、ナッ、トウ
［訓読み］おさ-める
［部首］糸（いとへん）

やるべきことをきちんとやる!

「納入《のうにゅう》」「納品《のうひん》」「収納《しゅうのう》」「奉納《ほうのう》」「税金を納《おさ》める」「荷物が押し入れに納《おさ》まる」など、〝**しかるべきところにきちんと入れる**〟ことを表す。〝しかるべきところ〟が自分のところである場合もあり、「受納《じゅのう》」がその例。「納得《なっとく》」も〝自分の心の中に迎え入れる〟こと。「納涼《のうりょう》」は、本来は窓を開けて〝涼しい風を迎え入れる〟こと。

以前は「納」と書くのが正式で、「内／內」（p471）は〝入れる〟ことを表す。部首「糸」が付いていることから、本来は〝糸や織物を倉庫に入れる〟ことを表していたと思われる。

〝しかるべきところにきちんと入れる〟ところから、日本語では〝**終わりにする**〟という意味でも用いる。「納会《のうかい》」「見納《みおさ》め」「仕事納《しごとおさ》め」などがその例である。

音読みはノウを用いるのが原則。ただし、ノウは昔はナフと発音されており、それが続く音に影響されて変化した熟語も多い。「納屋《なや》」でナ、「納戸《なんど》」でナン、すでに挙げた「納得《なっとく》」や「納豆《なっとう》」でナッと読むのは、すべてその例。これら以外に、「出納《すいとう》」の場合だけはトウと音読みする。

◆「おさめる／おさまる」と訓読みする漢字には「収」（p263）「修」（p265）「治」（p406）などもあって、使い分けが悩ましい。その中で、「納」を用いるケースは、大きく分ければ二つある。

一つは、「家賃を納《おさ》める」「神社に納《おさ》める」「社長の椅子に納《おさ》まる」「胸の内に納《おさ》める」など、〝しかるべきところへきちんと入れる〟場合。もう一つは、「歌い納《おさ》める」のように〝終わりにする〟場合。どちらも〝自分との関係がいったん終わる〟というニュアンスがあるのが特徴である。

ただし、〝終わる〟というニュアンスがあっても、〝学業などを身に付ける〟場合には「修」を、〝病気がなおる〟場合には「治」を、〝自分のものにする〟〝管理できるようになる〟場合には「収」を用いる。なかなか一筋縄ではいかない使い分けなので、迷った場合はかな書きする勇気が必要である。

のう

能

10画

［音読み］ノウ
［部首］月（にくづき）

わからないけどできるんです!

「可能《かのう》」「万能《ばんのう》」「不能《ふのう》」など、〝**何かができる**〟ことを表す。また、「能力《のうりょく》」「効能《こうのう》」「才能《さいのう》」のように、〝**何かができる力**〟をも指す。〝できる〟という意味の古語「あたう」と訓読みすることもあり、「能《あた》う限り」がその例だが、現在では「あたう」はかな書きするのが自然である。

舞台芸術の一つ〝**能**〟を指すのは、もちろん日本語独得の用法。これは、〝芸能〟の意味から転じたものと思われる。

古代文字では「」と書くが、これが何を表しているかは、ちょっとした謎。〝くま〟〝かめ〟〝やどかり〟などさまざまな説があるが、はっきりとはわからないからこそ、かえって何でも〝できる〟ような雰囲気があると、言えなくもない。

のう

脳

11画

［音読み］ノウ
［部首］月（にくづき）

脳みそに香りはあるか?

以前は「腦」と書くのが正式。部首「月」は「肉」

の変形で〝肉体〟を表す記号。「囟」はもとは〝髪の毛の付いた頭部〟の絵。組み合わせて、**頭の中にある〝脳〟**を表す。

「首脳《しゅのう》」では、転じて〝**まわりに指示を出す重要な人びと**〟を表す。また、〝**植物から取り出したエキス**〟を指すこともあり、「樟脳《しょうのう》」「竜脳《りゅうのう》」「薄荷脳《はっかのう》」がその例。この三つはいずれも独得の香りがあるが、それが〝脳みそ〟と関係あるのか。ちょっと不思議な香りである。

のう
農
13画
［音読み］ノウ
［部首］辰（たつ）

大地の恵みに感謝！

「農業《のうぎょう》」「農作《のうさく》」「農地《のうち》」など、〝**土地を耕して食料を作る**〟ことを表すのが、代表的な意味。ただし、「酪農《らくのう》」では〝**牧場で牛や羊を育てる**〟ことをいう。大地から生える植物によって生活していくことを、広く表す漢字である。

また、「豪農《ごうのう》」「自作農《じさくのう》」のように、〝**農業にたずさわる人**〟を指すこともある。

部首「辰」（p396）は、〝農具の一種〟を表す記号。「曲」は〝林や田んぼ〟を表す形が変形したものだろうと考えられているが、異説もある。

のう
濃
16画
［音読み］ノウ
［訓読み］こ-い、こま-やか
［部首］氵（さんずい）

感覚の奥深くまで

「水」が変形した部首「氵」にも現れているように、本来は〝多くのものが水に溶け込んでいる〟という意味。広く〝**多くのものが液体や気体にまじっている**〟ことを表す。「濃霧《のうむ》」「濃縮果汁《のうしゅくかじゅう》」「濃《こ》い塩酸」などがその例。

転じて、〝**色や味・匂いなど、感覚に訴えるものが強い**〟ことをも表す。例としては、「濃紺《のうこん》」「濃厚《のうこう》なスープ」「顔立ちが濃《こ》い」「胸毛が濃《こ》い」「疲労の色が濃い」など。さらには〝**感覚をどっぷりとはまりこませる**〟という意味にもなり、「濃密《のうみつ》な時間」「濃厚《のうこう》なラブ・シーン」「あの人の趣味はちょっと濃《こ》いねえ」のように使われる。

また、「濃《こま》やかな心配り」のように、〝**人情や注意力が細かくて深い**〟ことを表す場合もある。良きにつけ悪しきにつけ、感覚を深く刺激して、一度はまるとなかなか抜けられない漢字なのである。

のう
嚢
22画
［音読み］ノウ
［部首］口（くち）

とにかくいろいろつめ込んで

〝**モノを入れる〝ふくろ**〟を表す。「土嚢《どのう》」「氷嚢《ひょうのう》」などがその例。「背嚢《はいのう》」は〝リュックサック〟の一種。訓読みすれば「ふくろ」だが、「ふくろ」は現在では「袋」（p534）と書くのがふつうである。

えらくややこしい形をしているが、古代文字でも「」という形。成り立ちには諸説あるものの、とにかく、中に何かを入れて口をしばってあるらしい。部首「口」は、形の上から便宜的に分類しただけで、意味の関係はない。

なお、手書きやパソコンでは略字として「嚢」を使うことがある。

は

は 把

7画

［音読み］ハ
［訓読み］と-る
［部首］扌（てへん）

数が変わると読みも変わる！

「手」が変形した部首「扌」にも現れているように、本来は〝**手でしっかりつかむ**〟ことを表し、「剣を手に把《と》る」のように用いる。現在、よく使われる「把握《はあく》」では、転じて〝**しっかり理解する**〟こと。

◆〝手にとる〟という場合の訓読み「とる」は、現在では「取」（p258）を書くのがふつう。あえて、「把」を用いると、〝つかむ〟という意味が強調されることになる。

また、「把手《はしゅ》」「把《と》っ手《て》」は〝手でつかむ部分〟のこと。ここから自動車などの〝**ハンドル**〟を指すことがあり、〝ハンドルを切る〟ことを「転把《てんぱ》」という。

このほか、「一把《いちわ》」「三把《さんば》」「十《じっ》把《ぱ》一《ひと》からげ」など、**束ねたものを数えることば**としても用いられる。この場合、「わ」「ば」「ぱ」などとも読むが、どれも直前の音の影響で音読みハが変化したものである。

は 波

8画

［音読み］ハ
［訓読み］なみ
［部首］氵（さんずい）

次から次へと浮き足立つ

部首「氵」は「水」の変形。言うまでもなく、**水面の上下の動き**〝**なみ**〟を表す。「音波《おんぱ》」「電波《でんぱ》」「波長《はちょう》」「波状攻撃《はじょうこうげき》」など、〝**高さや密度などが上下しながら、遠くまで伝わっていくもの**〟を広く指して用いられる。

また、「波及《はきゅう》」では〝**ある場所から順番に影響を与えていく**〟こと。「寒波《かんぱ》」「熱波《ねっぱ》」などもこの意味の例。「波紋《はもん》を広げる」「寄る年波《としなみ》には勝てない」「工業化の波《なみ》が押し寄せる」など、〝**順番に影響を与えて落ち着かない状態にさせる**〟ことを意味する場合も多い。さらに、「波乱《はらん》ぶくみ」「そんな言い方をしては波風《なみかぜ》が立つ」では〝**落ち着かない状態**〟そのものを指す。「秋波《しゅうは》を送る」とは、〝異性の気を惹こうとする〟ことのたとえ。

単なる上下の動きではなく、それが順番にまわりにまで伝わっていくところにポイントがある。放っておくと多くの人びとの心を迷わせる、罪作りな漢字なのである。

◆なお、「浪」（p648）も〝なみ〟を意味する漢字だが、現在では、「放浪《ほうろう》」「浮浪《ふろう》」のように、〝安定せず移動をしていく〟というイメージで使われることが多い。

は 派

9画

［音読み］ハ
［部首］氵（さんずい）

本体あってのものなのに…

現在では、「派閥《はばつ》」「一派《いっぱ》」「流派《りゅうは》」「戦中派《せんちゅうは》」のように、〝**考え方や立場などを同じくする人びとのグループ**〟を指す印象が強い。が、本来は〝川の支流〟を表す。部首「氵」は「水」の変形。「𠂢《はい》」は古代文字では「[illegible]」で、〝流れが枝分かれする〟ようすの絵。

「派生《はせい》」では、〝**本体から分かれる**〟ことを表す。転じて、「派遣《はけん》」「派出所《はしゅつじょ》」「特派員《とくはいん》」のように、〝**本体から分かれてどこかへ行かせる**〟という意味でも用いられる。

「派」とは基本的に本体の一部分であり、「派」同士の争いが本体にも影響を与えてしまっては、本末転倒なのである。

ちなみに、「派手《はで》」は漢字には特に意味のない当て字。「立派《りっぱ》」は〝一派を立てるほどすぐれている〟と解釈できるが、これも当て字だという説もある。

は 破

10画

［音読み］ハ
［訓読み］やぶ-る
［部首］石（いしへん）

簡単にはできないこと

「破壊《はかい》」「破棄《はき》」「破滅《はめつ》」「破局《はきょく》」「爆破《ばくは》」など、**〝こわす／こわれる〟**ことを表す。「紙を破《やぶ》る」「布を破《やぶ》く」のように、訓読みでは**〝薄いものを引き裂く〟**という意味で用いられるが、本来は部首「石」にも現れているように、〝硬い石を砕く〟という意味。転じて、「撃破《げきは》」「論破《ろんぱ》」「宿敵を破《やぶ》る」のように**〝相手を打ち負かす〟**という意味にもなる。

◆訓読み「やぶる」では、「敗」（p489）との使い分けが気になるところ。現在では、〝打ち負かす〟という意味の「やぶる」は「破」を、〝打ち負かされる〟場合の「やぶれる」は「敗」を書くのが習慣。迷わずに済むのはありがたい。

「破格《はかく》の待遇」「契約を破《やぶ》る」などでは、**〝決まりごとに従わない〟**こと。また、「走破《そうは》」「読破《どくは》」「看破《かんぱ》」のように、**ほかの漢字のあとに付けて〝完全に○○する〟〝はっきりと○○する〟ことを表す**場合もある。

本来は〝硬い石を砕く〟という意味だったことから、〝簡単にはできないことをする〟というニュアンスがある。「約束を破《やぶ》る」なんて、本当は簡単にしてはいけないことなのである。

は 覇

19画

［音読み］ハ
［部首］襾（かなめのかしら）

ぼんやりしてても勝者になれる？

「制覇《せいは》」「覇権《はけん》を争う」「覇者《はしゃ》」「覇業《はぎょう》」のように、**〝実力でまわりを従える〟**ことを表す。以前は「襾」を「覀」とした「覇」と書くのが正式だが、さらに昔は「霸」と書いた。「月」が含まれていることにも示されているように、もともとは〝新月前後の月のぼんやりした輝き〟を表す漢字。大昔の中国語では〝実力でまわりを従えた者〟を指すことばと発音が似ていたので、当て字的に用いられるようになったという。

ば 馬

10画

［音読み］バ、マ、メ
［訓読み］うま
［部首］馬（うま）

音読みと訓読みの境界線

動物の〝うま〟を表す。音読みではバと読むのが大原則。マは奈良時代以前からある古い読み方で、「絵馬《えま》」「桂馬《けいま》」「馬子《まご》にも衣装」などで用いられる。ただし、マを鎌倉時代ごろ以降に生まれた音読みだとする説や、音読みではなく訓読みに分類する考え方もある。逆に、訓読み「うま」はこのマが変化したものだという説もある。中国語由来の音読みともとからの日本語である訓読みの境界線がはっきりしないところに、日本語に対する漢字の影響の深さを見るべきだろう。

なお、「駿馬《しゅんめ》」や、仏教で〝地獄の番兵〟をいう「牛頭馬頭《ごずめず》」などのメは、奈良時代以前からある古い音読みである。

部首としては？

〝うま〟に関係する漢字の部首となる。「駆」（p136）「駐」（p416）などがその代表。ただし、「駅」（p34）「験」（p164）「騒」（p372）など、現在では〝うま〟からは離れた意味で使われる漢字が多い。人間と〝うま〟との関わりが、昔ほど濃密ではなくなったことの反映なのかもしれない。

なお、多くの場合は漢字の左側に置かれて「うまへん」と呼ばれるが、「驚」（p127）のようにそれ以外の場所に現れた場合は、単に「うま」という。

ば 婆

11画

［音読み］バ、ポ
［訓読み］ばあ、ばば
［部首］女（おんな）

たまたま似てるだけかな？

〝年を取った女性〟を表す。「老婆《ろうば》」「お婆《ばあ》さん」

「トランプの婆《ばば》」などがその例。また、仏教では古代インド語に対する当て字として使われることも多く、「娑婆《しゃば》」「卒塔婆《そとば》」「婆羅門《ばらもん》」などがその例。

訓読み「ばあ／ばば」は音読みバと関係がありそうだが、「爺」（p595）の訓読み「じい／じじ」は音読みヤとは関係がなさそうであることを考えると、単なる偶然か。

「湯湯婆《ゆたんぽ》」ではポと読むが、これは鎌倉時代ごろ以降に伝わった、比較的新しい音読み。ただし、現在では「湯たんぽ」と書かれることが多い。また、「麻婆豆腐《マーボーどうふ》」でボーと読むのは、現代中国語の発音に基づく読み方である。

ば 罵

15画

［音読み］バ
［訓読み］ののし-る
［部首］罒（あみめ、よこめ）

勢い余って傷つけないで

「罵声《ばせい》」「罵倒《ばとう》」「痛罵《つうば》」「人前で罵《ののし》る」など、〝**口汚いことばで非難する**〟ことを表す。〝網〟を表す部首「罒」が付いているのは、悪口を相手におおいかぶせるからだという。

「馬」は、この漢字では発音を表す記号だが、〝勢いよく進む〟というイメージもある。単に〝非難する〟のではなく一方的な雰囲気があるのは、そのせいだろう。

はい 灰

6画

［音読み］カイ
［訓読み］はい
［部首］火（ひ）

実は読み方がおもしろい！

「灰色《はいいろ》」「灰皿《はいざら》」「火山灰《かざんばい》」など、「はい」と読まれることが多いので、これが音読みだと思われがちだが、実は訓読み。音読みはカイで、「灰白色《かいはくしょく》」「灰燼《かいじん》に帰《き》す」などで使われる。

〝**燃え残り**〟を表す漢字である。

「石灰《せっかい》」はふつうセッカイと音読みするが、鎌倉時代ごろ以降に伝わった中国語の発音に基づいてシックイと読まれたことがあり、それに当て字したのが「漆喰《しっくい》」だという。また、「灰汁《あく》」は、漢字の熟語をそのまま、意味を表す日本語で読む当て字的表現。

なお、以前は「灰」と書くのが正式。

はい 拝

8画

［音読み］ハイ
［訓読み］おが-む
［部首］扌（てへん）

手は口ほどにものを言う？

「参拝《さんぱい》」「礼拝《れいはい》」「仏さまを拝《おが》む」のように、〝**祈りや願い・お礼などの気持ちを込めて、両手を合わせたり頭を下げたりする**〟ことを表す。「崇拝《すうはい》」「拝金《はいきん》」のように、〝**あがめる**〟ことを意味する場合もある。

転じて、**ほかの漢字の上に添えて〝へりくだって○○する〟ことを表す**ためにも使われる。「拝見《はいけん》」「拝借《はいしゃく》」「拝読《はいどく》」「拝観《はいかん》」などのほか、手紙のあいさつとして使われる「拝啓《はいけい》」「拝復《はいふく》」もその例。また、「ご尊《そん》顔《がん》を拝《はい》する」「後塵《こうじん》を拝《はい》する」のように、**「見る」のへりくだった表現**として慣用句的に用いられることもある。

以前は「拜」と書くのが正式。左半分は「手」、右半分は〝玉串のような捧げもの〟を表すと考えられている。一般に、漢字の左側に置かれた「手」は「扌」に変形してしまうが、「拜」は、最近まで「手」の形が残っていた珍しい例。願いやお礼の気持ちは、〝手〟そのものにもこもっているのかもしれない。

はい 杯

8画

［音読み］ハイ
［訓読み］さかずき
［部首］木（きへん）

お酒じゃなくてもよかったのに…

現在では〝**お酒を飲むための器**〟を指すことが多く、「乾杯《かんぱい》」「祝杯《しゅくはい》」「杯《さかずき》を傾ける」のように使われる。ただし、本来はお茶や水なども含めて〝**飲むための器**〟を表す漢字。現在でも「コップ一杯《いっぱい》の水」のように、**器に入ったモノを数えることば**として用いられる。

また、「優勝杯《ゆうしょうはい》」「天皇杯《てんのうはい》」のように、英語 cup の訳語として〝**トロフィー**〟を指すこともある。

部首「木」が付いているからには、本来は木製のものを指したはず。〝容器〟を表す部首「皿」を使った「盃《はい》」という漢字もあるが、現在では、ガラスだろうが銀だろうが「杯」を使うのが一般的である。

はい 背

9画

［音読み］ハイ
［訓読み］せ、そむ-く
［部首］月（にくづき）

たまには上も向きましょう

「背中《せなか》」「猫背《ねこぜ》」「背面《はいめん》」など、〝**胴体のうち、自分の目で直接には見ることができない方の面**〟を表す。転じて、「背景《はいけい》」「背後《はいご》」のように〝**後ろの方向**〟を指すこともある。「背走《はいそう》」では〝**後ろを向きながら**〟。「目を背《そむ》ける」「顔を背《そむ》ける」のように〝**ある方向を見ないようにする**〟という意味でも使われる。

転じて、〝**期待とは逆のよくないことをする**〟ことをも表す。「背任《はいにん》」「背信《はいしん》」「背《はい》徳《とく》」「誓いに背《そむ》く」などがその例。

基本的には後ろ方向・逆方向を指すが、日本語では上方向の意味もある。「背丈《せたけ》」「背《せ》が高い」のように〝**身長**〟を表すのがその例。この場合には、「上背《うわぜい》」のように「せ」が引き伸ばされて「せい」と訓読みされることもある。

本来、〝背中〟を意味する漢字は「北」（p566）だったが、方角の〝きた〟の意味でよく使われるようになったため、「肉」の変形で〝肉体〟を表す部首「月」を付け加えて、意味をはっきりさせた漢字だと考えられている。

はい 肺

9画

［音読み］ハイ
［部首］月（にくづき）

呼吸にだって心はこもるさ！

呼吸器官の〝肺〟を表す。ほかの意味で使われることはあまりないが、やや古めかしい表現では、「肺腑《はいふ》をえぐる」「肺肝《はいかん》に刻む」のように〝**心の奥底**〟をも指す。〝肺〟が〝心〟と結びつくというのは、現代人にとっては、ちょっと変わったおもしろいイメージかもしれない。

部首「月」は「肉」の変形で、〝肉体〟を表す記号。古代文字では「」と書くので、右側は「亠」と「巾」の組み合わせではなく、縦棒が上から貫くのが本来の形。そのため、以前はそのように書き、全体を8画で数えるのが正式であった。

はい 俳

10画

［音読み］ハイ
［部首］イ（にんべん）

芸人さんが役者に転身！

現在では文芸の一つ「俳《はい》句《く》」のイメージが強い。「俳人《はいじん》」「俳号《はいごう》」「俳壇《はいだん》」のように、**「俳句」の省略形**としてよく用いられる。

ただし、本来の意味に近いのは「俳優《はいゆう》」で、もともとは〝**エンターテイナー**〟を意味する漢字。「俳句」も本来は、大勢での〝楽しさ〟を大切にする文芸である。

部首「イ」は「人」の変形。「非」（p510）を〝二つ並んだもの〟を表すと考え、本来は〝ユーモラスな二人組の役者〟を表すとする説が有力。つまりは、今で言う〝コンビの芸人〟がぴったりの漢字なのである。

はい 配

10画

［音読み］ハイ
［訓読み］くば-る
［部首］酉（とりへん）

幹事さんもたいへんだ！

「配給《はいきゅう》」「配線《はいせん》」「分配《ぶんぱい》」「答案用紙を配《くば》る」のように、〝**それぞれに割り当てて、行き渡るようにする**〟ことを表す。「支配《しはい》」とは、〝細かく割り当てて管理する〟こと。「配達《はいたつ》」では、〝**必要なところに届ける**〟こと。また、「配偶《はいぐう》者《しゃ》」「白いスーツに赤いスカーフを配《はい》する」のように、〝**よいように取り合わせる**〟という意味でも用いられる。

基本的には〝**問題がないようにいろいろと対処する**〟という意味合い。そこから、「手配《てはい》」「心配《しんぱい》」「気配《きくば》り」のようにも使われるが、これらは日本語独自の表現らしい。ちなみに、「気配《けはい》」は、〝雰囲気〟を意味する古語「けはひ」に対する当て字である。

そのほか、しかるべき場所へ送るところから、〝**罪人を島流しにする**〟ことをも表す。「配所《はいしょ》」「配流《はいりゅう》」がその例。

部首「酉」は〝お酒〟を意味する記号。成り立ちには諸説あるが、本来は〝お酒が行き届くようにする〟ことを表すと考えるのが、親しみが持てる。宴会の幹事さんが「気を配《くば》る」のは、昔から変わらないのだろう。

はい 排

11画

［音読み］ハイ
［部首］扌（てへん）

悪い人ではないんですよ！

部首「扌」は「手」の変形。「排除《はいじょ》」「排他的《はいたてき》」「万難《ばんなん》を排《はい》する」のように、〝**押しのける**〟ことを表す。〝**不要なものを外部に送り出す**〟という意味にもなり、「排水《はいすい》」「排便《はいべん》」「排気《はいき》ガス」などがその例。

一方、〝**並べる**〟ことをも意味し、「排《はい》列《れつ》」がその例。ただし、現在では〝押しのける〟というイメージが強いので、「排列」も「配列《はいれつ》」と書く方がなじむようである。

「非」（p510）には〝二つに割れる〟〝二つが並ぶ〟の二種類の意味があり、「排」の〝押しのける〟と〝並べる〟の意味も、そのそれぞれから生じたもの。〝押しのける〟という自分勝手なイメージばかりが強くて、「排」は悲しんでいるかもしれない。

はい 敗

11画

［音読み］ハイ
［訓読み］やぶ-れる
［部首］攵（のぶん）

日本に来てから苦しみばかり

「敗戦《はいせん》」「敗北《はいぼく》」「惨敗《ざんぱい》」「初戦で敗《やぶ》れる」のように、〝**勝負に負ける**〟ことを表すのが、代表的な意味。また、広く〝**だめになる**〟ことを指しても用いられ、「失敗《しっぱい》」「腐敗《ふはい》」などがその例。

◆訓読み「やぶれる」では、「破」（p486）との使い分けが問題となる。現在では、〝勝負に負ける〟場合だけは「敗」を用い、そのほかの「やぶれる」は「破」と書いて区別する。

中国の古典では、「敵軍を大いに敗《やぶ》る」のように〝勝負に勝つ〟の意味で使われた例もある。しかし、現在の日本語ではこの意味では用いられず、「やぶる」は「破」で書き表すのが習慣。日本では負け戦ばかりを引き受けている「敗」の姿を見ると、いじらしくて涙が出そうである。

なお、部首「攵」は〝手に棒を持った形〟。部首を「貝」としないのは、「攵」の方が〝だめになる〟という意味に関係が深いからである。

はい 廃

12画

［音読み］ハイ
［訓読み］すた-れる、すた-る
［部首］广（まだれ）

あのころはよかったなあ…

基本的な意味は、〝**活動を停止する／させる**〟こと。「廃止《はいし》」「廃業《はいぎょう》」「荒廃《こうはい》」「廃《すた》れていたお祭り」などが、その例。転じて、「廃《はい》油《ゆ》」「廃水《はいすい》」「廃棄《はいき》」のように、〝**使用済みで不要である**〟ことを表す場合もある。

訓読み「すたる」は「すたれる」の古風な言い方。「男が廃《すた》る」のように、決まり文句的に用いられることが多い。

以前は「癈」と書くのが正式。部首「广」は〝建物〟を表す記号なので、本来は〝使われなくなった建物〟を指していたと考えられている。にぎやかだった昔を思い出させる漢字である。

はい 輩 15画

［音読み］ハイ
［訓読み］ともがら、やから
［部首］車（くるま）

悪いやつらと偉大な人びと

「先輩《せんぱい》」「後輩《こうはい》」「若輩者《じゃくはいもの》」のように、〝**年齢や経験による人の分類**〟を表す。

部首「車」は〝戦争に使う車〟のことで、「非」（p510）は〝並ぶ〟ことを表す。〝ずらりと並んだたくさんの戦車〟を指すのが、そもそもの意味。転じて〝同じようなレベルのグループ〟を表すようになった。

似たようなものがたくさんあるところから、〝その他大勢〟的な意味合いがある。そこで、「吾輩《わがはい》」のように、**自分をへりくだって指す**表現としても用いられる。

さらに、訓読み「ともがら」「やから」では〝**レベルの低い人びと**〟という見下げたニュアンスが含まれる。「不逞《ふてい》の輩《ともがら》」「あんな輩《やから》」などがその例である。

このほか、「輩出《はいしゅつ》」では〝**同じようなレベルの人が続く**〟ことを表す。この場合は、〝レベルの高い人びと〟について言うことが多く、「輩」も鼻高々である。

ばい 売 7画

［音読み］バイ、マイ
［訓読み］う-る
［部首］士（さむらい）

利益はもちろん大事だけれど…

例を挙げるまでもなく、〝**代金と引き換えに品物やサービスなどを提供する**〟ことを表す。転じて、「売名行為《ばいめいこうい》」「顔を売《う》る」などと、〝**自分の利益となるよう宣伝する**〟ことを指したり、「売国奴《ばいこくど》」「仲間を売《う》る」のように、〝**自分の利益のために仲間を裏切る**〟という意味で用いられたりする。〝自分優先〟という印象が強い。

音読みはバイを用いるのが大原則。マイは鎌倉時代以降に生まれた比較的新しい読み方で、〝仏教を商売道具にする僧〟を指す「売僧《まいす》」くらいでしか使われない。ちなみに、「焼売《シューマイ》」は現代の広東語。

以前は「賣」と書くのが正式で、部首も「貝」。「出」と「買」を組み合わせた形が変化した漢字で、〝買う〟とは反対の意味を表す。現在の「売」には「貝」が含まれないため、多くの辞書では便宜的に部首を「士」としているが、中には「儿（ひとあし）」を部首とするものもある。

ばい 倍 10画

［音読み］バイ
［部首］亻（にんべん）

何もなくても〝2〟を表す

「三倍《さんばい》」「倍数《ばいすう》」「倍率《ばいりつ》」など、〝**もとになるものと同じ分量ずつ増やす**〟／〝**増える**〟ことを表す。

本来は〝一つのものが二つに分かれる〟ことを意味する漢字。そのため、「倍増《ばいぞう》」「倍返《ばいがえ》し」「倍《ばい》になる」「以前に倍《ばい》する男っぷり」のように、「倍」だけで〝**二倍**〟の意味を表すことも多い。

「人一倍《ひといちばい》努力する」の「一倍」もその系列で、〝一度倍にする〟ことだから〝二倍〟の意味。明治の初めごろまではこの意味で「一倍」を使うことが多く、わかりにくいので〝二倍〟の場合は「二倍」と表すよう、政府からお達しが出たこともある。

部首「亻」は「人」（p317）の変形だが、ここでは深い意味はない。「咅《ほう》」には〝分ける〟〝数を増やす〟という意味があるようである。

ばい 梅 10画

［音読み］バイ
［訓読み］うめ
［部首］木（きへん）

もとはといえば中国語?

果樹の〝**うめ**〟を表す。

「梅雨《つゆ》」は、〝うめの実が熟すころに降る雨〟を表す漢字の熟語を、同じものを指す日本語でそのまま読む当て字的表現。「入梅《にゅうばい》」では、**「梅雨」の省略形**として用いられている。

音読みはバイだけだが、漢字が日本に

伝わったころにはメという音読みがあったらしい。これがムメ→ウメと変化して、訓読み「うめ」となったという。

以前は「梅」と書くのが正式。また、お名前などで見かける「楳《うめ》」は、読み方も意味も「梅」と同じ漢字である。

ばい 培

11画
［音読み］バイ
［訓読み］つちか-う
［部首］土（つちへん）

栄養ともなり土台ともなる

「栽培《さいばい》」「培養《ばいよう》」のように、〝**植物や細菌などを育てる**〟ことを表す。訓読み「つちかう」もこの意味だが、現在では「練習で実力を培《つちか》う」「厳しい自然に培《つちか》われた粘り強さ」のように、〝**技術や才能・人格などを育て上げる**〟という意味でよく使われる。

「咅《ほう》」には〝分ける〟〝数を増やす〟という意味があるらしい。部首「土」を付け加えて、肥料を与えて豊かに育てていくことを表す漢字である。

ばい 陪

11画
［音読み］バイ
［部首］阝（こざとへん）

土の香りはどこへやら？


地位が上の人に〝**そばで付き従う**〟ことを表す。

「陪席《ばいせき》」は〝地位が上の人と同席する〟こと、「陪食《ばいしょく》」は〝食事をご一緒する〟こと。「陪審員《ばいしんいん》」は、〝裁判官に付き従って判断を下す人びと〟。

部首「阝」は「阜」（p525）の変形で、〝盛り上がった土〟を表す記号。ただし、成り立ちには諸説があって、よくわからない。

ばい 媒

12画
［音読み］バイ
［訓読み］なかだち
［部首］女（おんなへん）

新たな世界の扉が開く！


部首「女」は〝家族〟を表す記号。本来は、〝**結婚の仲介をする**〟ことを意味する漢字で、「媒酌《ばいしゃく》」がその例。

転じて、「媒介《ばいかい》」に代表されるように、広く〝**何かと何かの間を取り持つ**〟という意味で用いられる。「媒体《ばいたい》」は〝どこかからどこかへ情報を伝える手段〟、「触媒《しょくばい》」は〝物質同士の化学反応を引き起こすきっかけとなるもの〟、「霊媒《れいばい》」は〝霊界と人間界を結びつけるもの〟。また、〝花粉が風に運ばれて実を付ける花〟を「風媒花《ふうばいか》」という。単に〝取り持つ〟だけでなく、何か新しい結果を期待させる漢字である。

なお、訓読み「なかだち」は、「二人が会う媒《なかだち》をする」のように用いるが、現在では「仲立《なかだ》ち」と書くことが多い。

ばい 買

12画
［音読み］バイ
［訓読み］か-う
［部首］貝（かい）

追い求めるのもほどほどに！


例を挙げるまでもなく、〝**代金と引き換えに品物やサービスなどを手に入れる**〟ことを表す。転じて、〝手段を尽くして追い求める〟という意味にもなるが、現代の日本語ではその例は少ない。むしろ、そこからさらに変化したと思われる、〝**相手を刺激してよくない感情を引き起こす**〟という意味でよく使われる。「恨みを買《か》う」「怒りを買《か》う」「反発を買《か》う」などがその例。

また、〝追い求める〟が変化すると、「彼女の才能を買《か》う」のように〝**高く評価する**〟という意味にもなる。ただし、これは日本語独自の用法。

部首「貝」は〝お金や宝物〟を表し、「罒」は〝網〟を表す。本来の意味には、〝価値のあるものを集める〟〝網を使って貝を採る〟という二つの説がある。

ばい 賠

15画
［音読み］バイ
［部首］貝（かいへん）

埋め合わせるのは楽ではない

〝**与えた損害に対する埋め合わせとして、**

金銭を支払う〟ことを表す。「賠償《ばいしょう》」の形で使われるのがほとんどだが、「賠償責任《ばいしょうせきにん》」を省略した「賠責《ばいせき》」という熟語もある。
　部首「貝」は〝お金や宝物〟を表す記号。「咅《ほう》」には〝分ける〟〝数を増やす〟という意味があると思われる。昔から「賠償」とは加害者の予想より〝増える〟ことが多かったのかも。くれぐれも他人に損害を与えないように気をつけたいものである。

はく
白
5画
［音読み］ハク、ビャク
［訓読み］しろ-い、しら
［部首］白（しろ）

何の形か？意見はさまざま

　色の〝しろ〟を表すのが基本だが、転じてさまざまな意味で使われる。

「白昼《はくちゅう》」「白日《はくじつ》の下《もと》」「白刃《はくじん》」などでは、〝**明るく輝く**〟こと。「空白《くうはく》」「余白《よはく》」「白票《はくひょう》」などでは、〝**何もない**〟こと。「潔白《けっぱく》」「白《しろ》装束《しょうぞく》」「白黒《しろくろ》を付ける」では、〝**清らかで罪がない**〟こと。また、「漂白剤《ひょうはくざい》」のように〝**しろくする**〟ことをいう場合もある。

「明白《めいはく》」では〝**はっきりしている**〟ことを表し、そこから変化して、「告白《こくはく》」「独白《どくはく》」「白状《はくじょう》」のように〝**はっきりと言う**〟という意味でも使われる。この場合に「もうす」と訓読みすることもあるが、現在ではほとんど用いられない。

　なお、「面白《おもしろ》い」は、本来は〝目の前が明るくなる〟という意味だという。

　音読みはハクを使うのが大原則。ビャクは奈良時代以前からある古い読み方だが、現在では、「白夜《びゃくや》」「黒白《こくびゃく》」などで用いられるくらいである。

「白雪《しらゆき》」「白和《しらあ》え」「白髪《しらが》」などの「しら」は、訓読み「しろ」が続くことばと結びついて変化したもの。ただし、「しら」は、「白《しら》を切る」のように〝**知らないふり**〟を指したり、「座が白《しら》ける」のように〝**興味が失われる**〟ことを表したりもする。

　古代文字では「」と書くが、これが何を表しているかには諸説がある。〝中身の白いどんぐり〟〝日光のようす〟〝月光のようす〟〝親指のつめ〟〝しゃれこうべ〟など、比べてみるとちょっとたのしい。


部首としては？

　〝明るくてはっきりしている〟ことに関係する漢字の部首となる。代表的な例として「的」（p437）があるほか、「明眸皓歯《めいぼうこうし》」という四字熟語で〝輝くように白い〟という意味を表す「皓」、「白晳《はくせき》の美少年」のように〝肌の白さ〟を意味する「晳」なども、「白」を部首とする漢字である。

はく
伯
7画
［音読み］ハク
［部首］亻（にんべん）

三位だけれど大人気！


　部首「亻」は「人」の変形。「伯父《おじ》」「伯母《おば》」のように、〝**親の兄や姉**〟を指すのが最も一般的。同じ「おじ」「おば」でも〝親の弟や妹〟の場合は、「叔」（p273）を使って「叔父《おじ》」「叔母《おば》」と書いて区別する。これらはどれも、漢字の熟語をそのまま、意味を表す日本語で読む当て字的表現。

　また、〝**最も年上の兄**〟を指す場合もある。〝二番目に年上の兄〟は「仲」（p413）で、「伯仲《はくちゅう》」とは、〝長兄と次兄のように、優劣が付けがたい〟こと。

　本来は、〝最も地位の高い者〟を表す漢字で、転じて〝**ある分野の師匠**〟をも指す。「画伯《がはく》」がその代表で、「医伯《いはく》」「詩伯《しはく》」「茶《ちゃ》伯《はく》」といった熟語もある。また、〝**才能を引き出すのがうまい人**〟を指す「伯楽《はくらく》」は、本来は馬の才能を見分ける名人の名前だったというが、ここにも〝師匠〟の意味合いが生きていると思われる。

　なお、「伯爵《はくしゃく》」は、五つに分かれた**貴族の位の一つ**で、「公爵《こうしゃく》」「侯爵《こうしゃく》」に次いで上から三番目。にもかかわらず、「モンテ・クリスト伯《はく》」「ドラキュラ伯爵《はくしゃく》」「裸足の伯爵夫人《はくしゃくふじん》」などなど、いかにも〝貴族〟という印象が強い。

はく 拍

8画

［音読み］ハク、ヒョウ
［部首］扌（てへん）

リズムが体を駆けめぐる

部首「扌」は「手」の変形。「拍手《はくしゅ》」が代表的な例で、〝**手で打ち鳴らす**〟こと。音楽を演奏するときに手を打ってリズムを取ることから、**リズムの基本となる単位**〝**ビート**〟の意味でも用いられる。「二拍子《にびょうし》」「強拍《きょうはく》」「一拍休み《いっぱくやす》」などがその例。転じて、「脈拍《みゃくはく》」「心拍数《しんぱくすう》」のように〝**血液が規則正しく流れる**〟ことをも指す。

「拍車《はくしゃ》」は、〝乗馬靴のかかとに付いていて、馬をつついて刺激し、走らせるための金具〟で、「拍車をかける」とは〝勢いづける〟こと。〝足でつつく〟のに〝手で打つ〟漢字を使うのも妙な話だが、どうやら日本語独自の熟語のようである。

音読みはハクを使うのが大原則。ヒョウは奈良時代以前からある古い音読みヒャクが変化したもの。現在では、「拍子《ひょうし》」以外ではまず用いられない。

はく 泊

8画

［音読み］ハク
［訓読み］と-まる、と-める
［部首］氵（さんずい）

楽しいけれどさみしくもある…

代表的な意味は、〝**自宅でないところで一夜を過ごす**〟こと。「宿泊《しゅくはく》」「三泊四日《さんぱくよっか》」「外泊《がいはく》OK」「素泊《すど》まり」「友人を泊《と》める」などがその例。

ただし、「停泊《ていはく》」という熟語があるように、本来は〝**船が停止する**〟ことを表す。「水」が変形した部首「氵」は、そのなごり。昔は「とまり」と読んで〝**港**〟を指したので、新潟県の「寺泊《てらどまり》」をはじめ、古い地名の中には「泊」が付く港は多い。

また、船旅から転じて、広く〝**あちらこちらへ旅をする**〟という意味ともなる。「漂泊《ひょうはく》」がその例。波に揺られながら見知らぬ土地で夜を迎えるという、ロマンチックだが心細い漢字である。

◆「とまる／とめる」と訓読みする漢字には「止」（p227）「駐」（p416）「留」（p627）もあるが、その中で「泊」は、〝一夜を過ごす〟場合にだけ用いられる。

はく 迫

8画

［音読み］ハク
［訓読み］せま-る、せ-る
［部首］辶（しんにょう、しんにゅう）

思わず一歩後ずさりする

部首「辶」は、以前は「辶」と書くのが正式で、〝移動〟を表す記号。「肉迫《にくはく》」「急迫《きゅうはく》」「迫撃《はくげき》」など、〝**距離が近づく**〟ことが本来の意味。また、「締め切りが迫《せま》る」のように〝**ある瞬間が近づく**〟ことをも表す。

転じて、〝**何かをするように強くはたらきかける**〟という意味ともなる。「脅迫《きょうはく》」「緊迫《きんぱく》」「切迫《せっぱく》」「結婚を迫《せま》る」などがその例。さらには、「迫力《はくりょく》」「真《しん》に迫《せま》る」など〝**ある感覚を強く引き起こす**〟ことも指す。思わず逃げ出したくなるような勢いを持つ漢字である。

訓読み「せる」は〝近づく〟という意味で、「迫《せ》り上《あ》がる」「迫《せ》り合《あ》い」のように用いる。また、山が両側から近づいている〝谷〟のことを西日本では「さこ」と呼ぶことから、固有名詞では、「大迫《おおさこ》」「迫田《さこた》」など「さこ」と読むこともある。

はく 剝

10画

［音読み］ハク
［訓読み］は-ぐ、は-がす、は-げる、む-く
［部首］刂（りっとう）

中身と同じく表面も大事！

部首「刂」は「刀」の変形。

本来は〝**動物の体から毛皮を切り離す**〟ことを表す漢字で、「剝製《はくせい》」が

その代表。転じて、広く〝**表面だけを離す／表面だけが離れる**〟という意味で用いられる。「剝離《はくり》」「剝落《はくらく》」「身ぐるみを剝《は》ぎ取《と》る」「絆創膏《ばんそうこう》を剝《は》がす」「メッキが剝《は》げる」「塗装が剝《は》がれる」などがその例。また、同じ意味で、「リンゴの皮を剝《む》く」「膝小《ひざこ》僧《ぞう》が擦《す》り剝《む》ける」など、「むく／むける」と訓読みすることもある。

「剝奪《はくだつ》」では比喩的に用いられて、〝**資格や権利を取り上げる**〟ことを表す。資格や権利を〝表面〟として捉えていることになるのは、おもしろい。

なお、手書きやパソコンでは、「剥」という形が使われることもある。

はく
舶
11画
[音読み] ハク
[部首] 舟（ふねへん）

青く大きな海を越えて…

「船舶《せんぱく》」「舶載《はくさい》」のように、〝**大海原を渡っていく大きな船**〟を表す。「舶来《はくらい》」は、〝外国から貿易船によってもたらされる〟こと。航空機ではなかなか味わえない、異国へのあこがれをかき立てる漢字である。

はく
博
12画
[音読み] ハク、バク
[部首] 十（じゅう）

あちらのことも こちらのことも！

「博学《はくがく》」「博愛《はくあい》」「博物《はくぶつ》館《かん》」「該博《がいはく》な知識」など、知識や感情などが〝**さまざまな方面にまで行き渡っている**〟ことを表す。「博士《はかせ》」は、〝さまざまな知識を身に付けた人〟。「はかせ」と読むのは、大昔の朝鮮半島での発音に由来するという説がある。ただし、「工学博士《こうがくはくし》」「博士論文《はくしろんぶん》」のように、正式な手続きによって認められる学位の一つを指す場合には、「はくし」と読む。

「好評を博《はく》する」「巨利を博《はく》する」では、〝**さまざまな方面から得る**〟こと。また、現在では、「科学博《かがくはく》」「花博《はなはく》」「恐竜博《きょうりゅうはく》」のように「**博覧会《はくらんかい》」の省略形**としても使われる。

訓読みすれば「ひろい」だが、単に〝広い〟のではなく、〝広くさまざまな方面とやりとりがある〟という意味合い。名前で「ひろし」「ひろ」と読むのは、ここに由来する。

また、あちこちから賭《か》け金を得るところから〝**賭けごと**〟をも表し、「賭博《とばく》」「博《ばく》打《ち》」「博徒《ばくと》」などがその例。これらの熟語では、奈良時代以前からある古い音読みでバクと読むのが習慣である。

以前は、「尃」が「甫」になった「博」と書くのが正式。「専」には〝広い〟という意味がある。部首「十」が何を表すかについては、〝四方〟〝中央に集める〟〝ある種の武器〟など諸説がある。

はく
薄
16画
[音読み] ハク
[訓読み] うす-い
[部首] 艹（くさかんむり）

音読みだと さみしく悲しい？

基本的な意味は、「薄《うす》いノート」「薄皮《うすかわ》」「薄《うす》手《で》のセーター」「極薄《ごくうす》」など、〝**厚さが少ない**〟こと。転じて、〝**味・臭い・色などが少ない**〟ことを指しても用いられる。例としては、「薄味《うすあじ》」「香りが薄《うす》い」「薄《うす》緑《みどり》」「薄雪《うすゆき》」「薄化粧《うすげしょう》」など。これらの意味の場合、音読みを用いるのは「薄氷《はくひょう》を踏む」くらいで、多くの場合は訓読みで読まれる。

さらには、〝**内容が乏しい**〟という意味にもなる。「薄給《はっきゅう》」「薄情《はくじょう》」「軽薄《けいはく》」「浅薄《せんぱく》」「意志《いし》薄弱《はくじゃく》」「美人《びじん》薄命《はくめい》」「薄利《はくり》多売《たばい》」「品《しな》薄《うす》」「薄《うす》っぺらい知識」などがその例。この意味では音読みを用いることも多い。

また、〝厚さがない〟ところから、〝**すぐそばまで近づく**〟ことをも表す。「肉薄《にくはく》」「薄暮《はくぼ》」などがその例。この場合は「迫」（p493）とほぼ同じ意味で、「肉薄」は「肉迫《にくはく》」と書くこともある。

以前は、「甾」が「甫」になった「薄」と書くのが正式。「尃」には〝広い〟という意味がある。〝植物〟を表す部首「艹」が付いているので、本来は〝草が広く生えた土地〟を表すというが、〝厚さがない〟とのつながりは、よくわからない。

ばく

麦

7画

［音読み］バク
［訓読み］むぎ
［部首］麦（むぎ）

春の畑にしっかり根付く

「麦芽《ばくが》」「小麦《こむぎ》」「ライ麦《むぎ》畑《ばたけ》」など、**穀物の〝むぎ〟**を表す。以前は「麥」と書くのが正式。「來」は「来」（p617）の以前の書き方で、もともとは「來」だけで〝むぎ〟を表した。それが〝くる〟という意味で用いられるようになった結果、「夊（すいにょう）」を付け加えて改めて「麥」が作られたと考えられている。〝足〟を表す「夊」を加えた理由には諸説あるが、春先に〝むぎ〟を足で踏み、根の張り方をよくすることから、と考える説がわかりやすい。

なお、小麦から作った〝ビール〟を「麦酒」と書き表すのは、日本語独自の当て字。中国語では「啤酒《ビージウ》」という。

部首としては?

「麺」（p588）のほか、「麸《ふ》」「麹《こうじ》」など、〝むぎ〟に関係する漢字の部首となる。これらのように漢字の左側から下部にかけての「にょう」の位置に現れた場合は、「ばくにょう」と呼ばれる。なお、「麩」「麴」などの「麥」は、「麸」「麹」のように「麦」と書いても差し支えない。

ばく

莫

10画

［音読み］バク
［部首］艹（くさかんむり）

否定はするけど子だくさん

現在では「莫大《ばくだい》」の形で用いるのがほとんど。**ほかの漢字の前に付いて〝○○がない〟という意味を表す**はたらきをする。〝○○しない〟という意味を表すはたらきをする。「莫大」とは〝大きさがない〟ことから、〝ものすごく大きい〟こと。

ほかの漢字の構成要素となることが多い。昔はマクやボ・モという音読みもあり、「漠《ばく》」（p495）「墓《ぼ》」（p552）「慕《ぼ》」（p552）「暮《ぼ》」（p552）「幕《まく》」（p573）「膜《まく》」（p574）「模《も》」（p588）などで、発音を表す役割をしている。

ばく

漠

13画

［音読み］バク
［部首］氵（さんずい）

草も木もなくただただ広い…

部首「氵」は「水」の変形。「莫」（p495）は〝ない〟ことを表す。組み合わせて、**〝水がなく、砂や小石ばかりが広がる平原〟**を指し、「砂《さ》漠《ばく》」がその例。転じて、「広漠《こうばく》とした原野」のように、**〝なにもなくて広々としている〟**ことをも表す。さらには、「漠然《ばくぜん》とした不安」「彼女の話は茫漠《ぼうばく》としている」「別れた後の索漠《さくばく》とした思い」など、**〝つかみどころがない〟**という意味でも用いられる。

ばく

縛

16画

［音読み］バク
［訓読み］しば-る
［部首］糸（いとへん）

好き嫌いは人によります

「荷物を縛《しば》る」「犯人を捕《ほ》縛《ばく》する」など、**〝縄やひもなどを使って固定する〟**ことを表す。転じて、広く**〝動けないようにする〟**という意味でも用いられる。例としては、「束縛《そくばく》」「呪縛《じゅばく》」「自縛《じばく》」「生徒の行動を縛《しば》る」など。〝自由〟とは逆のイメージで使われることが多い漢字である。

なお、以前は「甾」が「甫」になった「縛」と書くのが正式。

ばく

爆

19画

［音読み］バク
［部首］火（ひへん）

戦争の道具としてではなく…

「爆発《ばくはつ》」「爆破《ばくは》」「起爆《きばく》装置《そうち》」など、**〝勢いよく破裂する〟**ことを表す。現在では、「原《げん》爆《ばく》」「水爆《すいばく》」など**「爆弾《ばくだん》」の省略形**として用いられたり、「空爆《くうばく》」「誤爆《ごばく》」のように**「爆撃《ばくげき》」の省略形**として使われたりもする。

「爆笑《ばくしょう》」では、転じて**〝瞬間的に勢いよく〟**という意味を表す。最近ではさらに転じて、「爆走《ばくそう》」「爆睡《ばくすい》」など**〝ものすごい勢いで〟**という意味でも用いられる。

訓読みすれば「はぜる」だが、現在ではあまり用いられない。ただし、近ごろでは「爆ける」と書いて「はじける」と読ませることもある。現代になって活躍の場をいろいろと広げているのは、「爆弾《ばくだん》」という熟語の影響が大きい。今後はますますの平和利用を望みたい。

はこ 箱

15画

［音読み］ソウ
［訓読み］はこ
［部首］竹（たけかんむり）

しっかりしていて安心です！

「筆箱《ふでばこ》」「千両箱《せんりょうばこ》」「段《だん》ボール箱《ばこ》」など、**〝何かを入れておく容器〟**を表す。本来は〝馬車の荷台〟を指す漢字で、部首「竹」が示すように竹でできていたらしい。そのためか、〝比較的大きくてがっしりした四角い容器〟を指すことが多い。

◆「はこ」と訓読みする漢字には「函」（p81）もある。「函」は、「漆塗《うるしぬ》りの函《はこ》」「函入《はこい》りの専門書」のように工芸品的なイメージがある。さらに、〝小さなはこ〟というニュアンスを出したいときに「匣《はこ》」と書いたり、ちょっと特殊な雰囲気を漂わせるために「筐《はこ》」を使ったりすることもある。とはいえ、現在ではどんな場合でも「箱」を書いておけば間違いではない。

なお、現在では、音読みが日常的に使われることはほとんどない。

はし 箸

15画

［音読み］チョ
［訓読み］はし
［部首］竹（たけかんむり）

もっと単純な形だったら…？

物をはさみ取るのに用いる二本の棒〟はし〟を表す。音読みを用いることはほとんどなく、訓読み「はし」も実際にはかな書きされることが多い。また、現代中国語でも〝はし〟のことは「筷子《クワイツ》」と表すので、日本でも中国でも、漢字としてはちょっと使用場面に恵まれない感がある。身近なモノを表す割には形が複雑なのが、あだになっているのかもしれない。

部首「竹」が付いているのは、竹製のものが多かったからだろう。「者」は「者」（p251）の以前の書き方で、〝取って集める〟という意味がある。印刷文字では「箸」が標準とされているが、手書きでは「者」を点がない「者」と書いても差し支えない。

はだ 肌

6画

［音読み］キ
［訓読み］はだ
［部首］月（にくづき）

日本人独特の感覚を宿す

部首「月」は「肉」の変形で〝肉体〟を表す。**〝肉体の表面をおおう薄い膜〟**を指す漢字。「素肌《すはだ》」「柔肌《やわはだ》」「肌着《はだぎ》」「肌触《はだざわ》り」など、訓読みが用いられることが多く、現在では、音読みを用いることはほとんどない。日本語としての訓読みが、中国語由来の音読みを締め出してしまった感じである。

「親分肌《おやぶんはだ》」「学者肌《がくしゃはだ》」「肌《はだ》が合わない」のように**〝気質〟**を指して用いるのは、日本語のオリジナル。〝はだ〟に対しては日本人独特の感覚がありそう。また、「山肌《やまはだ》」「木の肌《はだ》」のように**〝ものの表面〟**をいうのも日本語独自の用法である。

◆「はだ」と訓読みする漢字には「膚」（p528）もあるが、現在では「肌」を使うのがふつう。ただし、ちょっと違った雰囲気を出すために「膚」を使うこともある。

なお、「肌理《きめ》」は、漢字の熟語をそのまま、意味を表す日本語で読む当て字的表現。「きめ」の語源は「木目《きめ》」である。

畑

はたけ

9画

［訓読み］はたけ、はた
［部首］田（た）

春になると野焼きをして…

水を張って稲を育てる〝田んぼ〟に対して、**〝水を張らない耕作地〟**を表す。「花畑《はなばたけ》」「キャベツ畑《ばたけ》」「畑作《はたさく》」「田畑《たはた》」などがその例。本来は**〝草木を焼き払って作った耕作地〟**を指し、「焼《や》き畑《はた》」がその意味。

部首「田」に「火」を組み合わせて、日本で作られた漢字。音読みは昔の中国語が変化したものなので、「畑」には存在しない。なお、中国語では、水を張ろうが張るまいが〝耕作地〟は「田《ティエン》」で表す。

◆「はたけ／はた」と訓読みする漢字には「畠」（p497）もあるが、現在では「畑」を使う方が一般的である。

畠

はたけ

10画

［音読み］バク
［訓読み］はたけ、はた
［部首］田（た）

白く乾いた大地が広がる

〝水を張らない耕作地〟を表す。水を張って稲を育てる〝田んぼ〟が黒っぽく見えるのに対し、水を張らないので白っぽく見えるところから、「田」と「白」を組み合わせて日本で独自に作られた漢字。

音読みは昔の中国語が変化したものなので、日本で作られた漢字には、ふつうは存在しない。ただし、「畠」の場合は、「白」の音読みを借りてハクと音読みすることがある。「田畠《でんぱく》」のバクは、それが直前のンに影響されて変化したもの。

◆訓読み「はたけ／はた」は、現在では「畑」（p497）を用いるのがふつう。「畠」は姓や地名などで使われることが多い。

八

はち

2画

［音読み］ハチ
［訓読み］やっ-つ、や-つ、よう
［部首］八（はち）

きれいに三回も割れますよ！

〝数の8〟を表す。もともと〝二つに分かれるようす〟を絵にした漢字で、8割る2は4、4割る2は2、2割る2は1といった具合に、二つに分けやすい数であるから〝8〟を表すという。

訓読みは「やっつ」と読むのが基本だが、「八《や》つ橋《はし》」「八《や》つ当《あ》たり」のように「やつ」と読んだり、「八百屋《やおや》」「八木《やぎ》」「八千代《やちよ》」など「や」と読むこともある。また、「八日《ようか》」では、変化して「よう」と読む。

なお、小切手や契約書などでは、後から書き換えられるのを防ぐために「捌」を用いることがある。

部首としては？

漢和辞典では部首の一つだが、部首としてまとまった意味を持つわけではなく、形の上から便宜的に分類されたもの。例としては「共」（p120）「具」（p136）「典」（p440）「兵」（p540）「六」（p650）など。部首の名前としては「はち」だが、まれに「公」（p179）のように漢字の上部に置かれることがあり、その場合には「はちがしら」と呼ぶ。

蜂

はち

13画

［音読み］ホウ
［訓読み］はち
［部首］虫（むしへん）

ちょっとつつくと大量に！

昆虫の〝はち〟を表す。また、〝はち〟は集団で生活するところから、**〝群がる〟**ことを意味する場合もある。「民衆が蜂起《ほうき》する」がその例。「夆《ほう》」には〝とがった先〟というイメージがあるので、「蜂」の「夆」も、〝針〟を指していると思われる。

鉢

はち

13画

［音読み］ハチ、ハツ
［部首］金（かねへん）

ヒマラヤのふもとから…

〝やや深めの容器〟を表す。「すり鉢《ばち》」「植木鉢《うえきばち》」「ガラス鉢《ばち》」のようにさまざまなことばと結びつくので、ハチは訓読みのようにも感じられるが、音読みである。

　形が似ていることから、〝**頭蓋骨の上半分**〟をも指す。「鉢合《はちあ》わせ」「鉢巻《はちま》き」などがその例。また、「富士山のお鉢巡《はちめぐ》り」のように〝**噴火口**〟の意味でも用いられる。

　ただし、以上はすべて日本語独自の用法。本来は古代インド語に対する当て字から生まれた漢字で、〝**お坊さんが食べ物を入れる容器**〟をいう。「托鉢《たくはつ》」は、〝人家の前でお経を唱え、手にした鉢に食べ物を入れてもらう修行〟。「衣鉢《いはつ》を継ぐ」とは、〝お坊さんが衣と鉢を受け取る〟ことから、〝学問や芸術の奥義を受け継ぐ〟ことをいう。この場合には、平安時代ごろに正式とされた音読みハツで読む。

　大昔のインドでお坊さんが手にしていたものが、現在の「金魚鉢《きんぎょばち》」にまでつながっているのだと思うと、なんだか不思議な気分になる。

はつ 発

9画

［音読み］ハツ、ホツ
［訓読み］た-つ、あば-く
［部首］癶（はつがしら）

勢いをつけて空の彼方へ！


　以前は「發」と書くのが正式。部首「癶」は〝足を使った動作〟を表す。「弓」が含まれているように、本来は、踏ん張って〝**矢や鉄砲などを放つ**〟ことを表す。「発射《はっしゃ》」「発砲《はっぽう》」がその例。〝遠くへ勢いよく〟というイメージは一貫しつつも、変化してさまざまな意味で使われる。

　まず、〝遠くへ〟というイメージから、〝**離れたところまで伝わるものを生む**〟ことを表す。「発熱《はつねつ》」「発光《はっこう》」「発火《はっか》」「発音《はつおん》」「発電《はつでん》」「悪臭を発《はっ》する」などがその例。「発信《はっしん》」「発送《はっそう》」「警告を発《はっ》する」のように〝**離れた相手に伝えたり届けたりする**〟という意味になることもある。「発進《はっしん》」「出発《しゅっぱつ》」「九時にロンドンを発《た》つ」では、〝**離れたところに向かって動き出す**〟こと。
◆なお、「たつ」と訓読みする漢字は数多いが、「発」は〝出発する〟場合にしか用いないので、使い分けに悩むことはない。
「発行《はっこう》」「発売《はつばい》」などでは、ある特定の〝離れた相手に〟ではなく、〝**広い範囲に届ける**〟という意味。ここから変化すると、「発散《はっさん》」「蒸発《じょうはつ》」「爆発《ばくはつ》」など〝**外部に広がる**〟ことを指したり、「発達《はったつ》」「発育《はついく》」「発展《はってん》」「自己啓発《じこけいはつ》」のように〝**新しい領域・段階へと広がる**〟ことを表したりもする。

　一方、〝勢いよく〟のイメージがはっきり出ると、「活発《かっぱつ》」「利発《りはつ》」「奮発《ふんぱつ》」のように〝**勢いよく活動する**〟という意味になる。

「瞬発力《しゅんぱつりょく》」は〝勢いよく動く〟ことを表す例。転じて、広く〝**ものごとが生じる**〟ことをも表す。「発芽《はつが》」「発生《はっせい》」「突発《とっぱつ》」「再発《さいはつ》」などがその例。「発奮《はっぷん》」「怒りを発《はっ》する」では、〝**感情を勢いよく表す**〟こと。

　さらには、〝**外部に見えるようにする／なる**〟という意味でも用いられる。「発見《はっけん》」「発表《はっぴょう》」「発覚《はっかく》」「告発《こくはつ》」「摘発《てきはつ》」「秘密を発《あば》く」などがその例。ただし、「あばく」は現在では「暴」（p565）と書く方がふつう。また、「発明《はつめい》」「開発《かいはつ》」「発想《はっそう》」などでは、〝**新しいものを作り出す**〟ことを表す。

　音読みはハツを用いるのが原則。ホツは奈良時代以前からある古い読み方で、現在では、「発起人《ほっきにん》」「発作《ほっさ》」「発端《ほったん》」「発心《ほっしん》」などの限られた熟語でしか使われない。

はつ 髪

14画

［音読み］ハツ
［訓読み］かみ、くし
［部首］髟（かみがしら）

長い友だちではないけれど…


「白髪《はくはつ》」「散髪《さんぱつ》」「髪《かみ》を洗う」など、〝**人間の頭部に生える毛**〟を表す。訓読み「くし」は、「かみ」のていねいな表現。「お髪《ぐし》」「御髪《みぐし》」のように用いられる。

　以前は「髪」と書くのが正式。部首「髟」は〝かみの毛〟を表す記号で、「長」と「彡

（さんづくり）」を組み合わせたもの。「長」（p418）に本来は〝髪の毛が長い〟という意味があったらしい。「犮《はつ》」についてはさまざまな解釈があるが、発音を表す記号だと考えておくのがよさそうである。

ばつ

伐

6画

［音読み］バツ
［訓読み］う-つ、き-る
［部首］イ（にんべん）

大きな刃物を振りかざし

「征伐《せいばつ》」「討伐《とうばつ》」「反乱軍を伐《う》つ」のように、**〝敵を攻め滅ぼす〟**のが代表的な意味。本来は、「人」が変形した部首「イ」に、〝大きな刃物〟を表す「戈」（p49）を組み合わせて、〝人を刃物で殺す〟ことを表すという。「殺《さつ》伐《ばつ》」は、〝荒々しく殺す〟ことから、〝人間らしさが感じられない〟ことをいう。

転じて、「伐採《ばっさい》」「乱伐《らんばつ》」「大木を伐《き》り倒す」のように、**〝生えている樹木を切断する〟**ことをも表す。

◆「うつ」と訓読みする漢字には「撃」（p151）「打」（p383）「討」（p454）などもあるが、気になるのは「討」との使い分け。意味に大きな違いはないので、〝攻め滅ぼす〟場合ならば「討」「伐」どちらも使える。ただし、〝大きな刃物〟を意味する「戈」が付いているように、「伐」の方が暴力的な感じがより強いかもしれない。

◆また、訓読み「きる」でも「切」（p345）「斬」（p225）との使い分けが気になるが、「伐」は〝木を切断する〟場合にしか使わないので、悩みは少なくて済みそうである。

ばつ

抜

7画

［音読み］バツ
［訓読み］ぬ-く、ぬ-ける、ぬ-かす、ぬ-かる
［部首］扌（てへん）

日本人は向こうを目指す

「抜歯《ばっし》」「ボルトを抜《ぬ》く」「髪が抜《ぬ》ける」のように、**〝細長いものを引っ張り出す／細長いものがはずれて出る〟**ことを表すのが、基本的な意味。転じて、「抜粋《ばっすい》」「抜擢《ばってき》」「選抜《せんばつ》」「カードを抜《ぬ》き出《だ》す」「抜《ぬ》き書《が》き」のように、**〝あるものだけを選び出す〟**という意味ともなる。「抜《ぬ》け駆《が》け」では、**〝全体からあるものだけが飛び出る〟**こと。転じて「抜《ばつ》群《ぐん》」「卓抜《たくばつ》」「奇抜《きばつ》」など、**〝ほかよりも際だつ〟**ことをもいう。

転じて、「的《まと》を射《い》抜《ぬ》く」のように**〝目標をずばりと貫く〟**という意味ともなる。「トンネルを抜《ぬ》ける」のように**〝通過して向こうへ出る〟**ことを指すのは、ここから変化したものかと思われるが、日本語独自の用法らしい。さらには、「切《き》り抜《ぬ》ける」「がんばり抜《ぬ》く」のように**〝乗り越える〟〝やり遂げる〟**という意味で使われるのも、日本語オリジナルである。

なお、「お風呂の水を抜《ぬ》く」「風船の空気が抜《ぬ》ける」など、**〝たまった中身を出す／中身が出る〟**ことをも表すが、これも日本語独自の用法のようである。

日本語では広い意味で使われる漢字で、ほかにも、「順番を抜《ぬ》かす」「抜《ぬ》かりはないな」のように**〝あるものだけを取り落とす〟**ことを指す場合もある。〝あるものだけを選び出す〟とは逆といえば逆だが、同じといえば同じ。「気を抜《ぬ》く」「手を抜《ぬ》く」は、これを比喩的に用いたもの。

◆「ぬける」と訓読みする漢字には「脱」（p397）もあるが、現在では「抜」を使うのがふつう。ただし、〝自由になる〟という意味合いで「脱」を用いることもある。

以前は「拔」と書くのが正式。部首「扌」は「手」の変形。「犮《はつ》」の意味については、諸説あってよくわからない。

ばつ

罰

14画

［音読み］バツ、バチ
［部首］罒（あみめ、よこめ）

本来は外国の考え方？

「罰則《ばっそく》」「罰金《ばっきん》」「刑罰《けいばつ》」「違反者を罰《ばっ》する」のよ

うに、〝**罪をこらしめる**〟ことを表す。成り立ちとしては、〝ののしる〟という意味を持つ「罒《り》」に、「刀」が変形した「刂(りっとう)」を組み合わせたもの。ことばでも責められ刀でも傷つけられるという、いかにも苦しい漢字である。

音読みはバツを用いるのが原則だが、「罰《ばち》が当たる」のように、奈良時代以前からある古い読み方でバチと読むこともある。「罪」(p216)には訓読みがあるのに、「罰」では昔の中国語に基づく音読みがそのまま日本語となっているのは、ちょっと不思議。日本人にとって〝罰〟とは何か、考えてみたいものである。

ばつ 閥

14画

［音読み］バツ
［部首］門（もんがまえ）

近づきがたい りっぱなお屋敷

「財閥《ざいばつ》」「学閥《がくばつ》」「派閥《はばつ》」「軍閥《ぐんばつ》」のように、血縁関係や師弟関係・親分子分の関係など〝**共通の人間関係でまとまった集団**〟を表す。ただし、これは日本語独自の用法で、本来は〝強い勢力を持つ家柄〟をいう。部首「門」は、ここでは〝家柄〟。豪邸のりっぱな門構えが目に浮かんで、一般人には近づきがたい重々しさを感じさせる。

はるか 遥

12画

［音読み］ヨウ
［訓読み］はる-か
［部首］辶（しんにょう、しんにゅう）

行きたいけれど 行けないところ

部首「辶」は〝移動〟を表す記号。〝**距離がとても遠い**〟ことを表すのが基本だが、〝**時間がとても隔たっている**〟という意味でも使われる。「遥《はる》か彼方《かなた》」「遥《はる》か昔」「遥《はる》かな想い」などがその例。音読みの例は少ないが、〝遠く離れたところから拝む〟という意味の「遥拝《ようはい》」がその一つ。「逍遥《しょうよう》」では、〝**ぶらぶら歩く**〟ことを表す。

なお、以前は「遙」と書くのが正式。

はん 反

4画

［音読み］ハン、ホン、タン
［訓読み］そ-る、そ-らす
［部首］又（また）

〝逆〟といっても 単純ではない！

〝**向きを逆にする**〟ことを表すのが、基本的な意味。例としては、「反対《はんたい》」「反転《はんてん》」「反面《はんめん》」「反映《はんえい》」「反響《はんきょう》」「反作用《はんさよう》」など。転じて、〝**逆らう**〟ことをも表し、「反抗《はんこう》」「反逆《はんぎゃく》」「反則《はんそく》」「反乱《はんらん》」「反論《はんろん》」などがその例。

ただし、〝逆向き〟にもいろいろあるようで、「反省《はんせい》」では〝**自分自身の方を向く**〟ことを表す。「反目《はんもく》」は〝にらみ合う〟という意味だから、この「反」は〝**互いに相手の方を向く**〟こと。「反復《はんぷく》」では、〝**最初に戻る**〟という意味になる。

「かえる／かえす」と訓読みすることもあるが、現在ではあまり用いられない。「そる／そらす」は〝**通常とは逆方向に曲がる／曲げる**〟ことで、「体を反《そ》らす」のように使う。また、「ベニヤ板が反《そ》り上がる」のように〝**真っ直ぐなものが弓なりになる**〟という意味でも用いられる。

音読みはハンを用いるのが大原則。ホンは奈良時代以前からある古い読み方だが、現在では「謀反《むほん》」ぐらいでしか使われない。また、タンは、**土地の広さや織物の大きさの単位**として使われる場合だけの音読みで、「反物《たんもの》」がその例。本来ならば「段」(p402)と書くべきものが、くずし字が変化して「反」になったという。

なお、部首「又」は〝手〟を表す記号だが、「反」の成り立ちについては、諸説あってよくわからない。

はん 半

5画

［音読み］ハン
［訓読み］なか-ば
［部首］十（じゅう）

きれいに分けるのは むずかしい？

基本的な意味は、〝**二等分したものの片方**〟で、「半分《はんぶん》」「半時間《はんじかん》」「前半《ぜんはん》」などがその例。「折半《せっぱん》」では〝二等分する〟こと、「夜半《やはん》」「四〇代半《なか》ば」などでは、〝二等分した真ん中あたり〟を指す。

　転じて、〝二等分〟ではなく、〝完全ではない〟〝どっちつかずの〟という意味でよく用いられる。例としては、「半熟《はんじゅく》」「半端《ぱ》」「半島《はんとう》」「半裸《はんら》」「半信半疑《はんしんはんぎ》」など。

　以前は「半」と書くのが正式。古代文字では「八+牛」と書き、「牛」の上に〝二つに分ける〟ことを意味する「八」（p497）を組み合わせたもの。〝神様にささげるいけにえの牛を二つに分ける〟ことを表すと思われるが、「物」（p535）も「牛」が付いていることから、単に〝モノを二つに分ける〟と考える説もある。

はん 氾 5画

［音読み］ハン
［部首］氵（さんずい）

あふれるけれど ほかには行かない

　現在では、「氾濫《はんらん》」以外にはまず用いられない。〝**川や湖の水があふれ出す**〟ことを表す。「濫」（p620）も同じ意味だが〝乱れる〟ことをも表すのに対して、「氾」は意味の広がりに乏しい。表す内容とは裏腹に、一本気な漢字である。

　部首「氵」は「水」の変形。「㔾《はん》」には〝枠〟や〝枠を越えて広がる〟という意味があると思われる。

はん 犯 5画

［音読み］ハン、ボン
［訓読み］おか-す
［部首］犭（けものへん）

人間ではなくなるくらい大変なこと

　「犯罪《はんざい》」「犯行《はんこう》」「過《あやま》ちを犯《おか》す」のように、〝**してはならないことをする**〟ことを表す。「主犯《しゅはん》」「戦犯《せんぱん》」「万引《まんび》き犯《はん》」など、〝**してはならないことをした人**〟を指して使われることも多い。
◆「おかす」と訓読みする漢字には「侵」（p311）「冒」（p563）もある。「侵」は「侵入《しんにゅう》」という熟語があるように〝勝手に入り込む〟という意味で用い、「冒」は「冒険《ぼうけん》」という熟語があるように〝危険に注意を払わない〟場合に使う。対する「犯」は、〝してはならないことをする〟という意味なので、「規則を犯《おか》す」「ミスを犯《おか》す」のように用いられる。また、特に〝**肉体関係を強要する**〟場合にも「犯」と書く。
　音読みはハンを用いるのが大原則。ボンは奈良時代以前からある古い読み方で、仏教で〝肉体関係を持たない〟ことを意味する「不犯《ふぼん》」などに残っている。

　「㔾《はん》」には〝枠〟や〝枠を越えて広がる〟の意味があるらしい。「犬」の変形で〝犬に似た動物〟を表す部首「犭」を組み合わせて、〝人道に外れた行いをする〟ことを表すが、成り立ちには異説もある。

はん 帆 6画

［音読み］ハン
［訓読み］ほ
［部首］巾（はばへん）

風になって走れ！


　部首「巾」は〝布きれ〟の意味。「帆船《はんせん》」「帆《はん》走《そう》」「帆柱《ほばしら》」「帆《ほ》を高く上げる」のように、〝**風を受けて推進力を得るための布**〟を表す。「出帆《しゅっぱん》」「帰帆《きはん》」「帆影《ほかげ》」などでは、〝**風を受けて走る船**〟そのもの。〝ほ〟は目立つからだろうが、自然と一体となった快さが印象的だからでもあろう。

　もともと〝ほ〟を表す漢字は「凡」（p570）だったが、それが〝あらゆる〟という意味でも使われるようになった結果、部首「巾」を付け加えて意味をはっきりさせたのが「帆」だ、と考えられている。

はん 汎 6画

［音読み］ハン
［部首］氵（さんずい）

イメージを生かしたいのに…

　「汎用性《はんようせい》が高い」「広《こう》汎《はん》な影響」など、〝**さまざまなものに共通する**〟ことを表す。また、英語などで**〝全体〟**を意味するpanを翻訳するときにも使われ、「汎《はん》アメリカ会議」「汎《はん》アジア主義」などがその例。

部首「氵」は「水」の変形。本来は〝水が遠くまで広がる〟ことを表すという。大きな〝広がり〟をイメージさせる漢字なのに、こむずかしい専門用語的に使われることが多いのは、残念な気がする。

はん
伴
7画
[音読み] ハン、バン
[訓読み] とも、ともな-う
[部首] イ（にんべん）

仲間なのか子分なのか？

「伴侶《はんりょ》」「お伴《とも》」のように、**〝だれかと一緒にいる人〟**を表す。「同伴《どうはん》」「伴奏《ばんそう》」「ご相伴《しょうばん》にあずかる」など、**〝だれかと一緒に何かをする〟**ことを意味する場合もある。転じて、「危険を伴《ともな》う仕事」「実現性が伴《ともな》わない」のように、**〝何かが一緒にある／生じる〟**という意味でも用いられるが、これは日本語独自の用法ではないかと思われる。

以前は「伴」と書くのが正式。「人」が変形した部首「イ」に、「半／半」を組み合わせて、本来は〝二人組の片方〟を表すという。現在では〝だれかに付き従う〟という印象が強いが、もともとは、単に〝一緒にいる〟ことを表すようである。

◆似た意味で「とも」と訓読みする漢字には、「朋」（p556）「友」（p600）「供」（p121）もある。「朋」「友」は〝仲の良い相手〟を指すのに対して、「伴」「供」は〝だれかに付き従う人〟を表す。ただし、「伴侶《はんりょ》」のイメージがあるので、「伴」は「供」よりも、異性を指すことが多いかもしれない。

なお、二種類の音読みは、どちらも同じように使われる。バンはハンよりも古く、奈良時代以前からある読み方である。

はん
判
7画
[音読み] ハン、バン
[訓読み] わか-る
[部首] 刂（りっとう）

分けたり決めたり押してみたり…

以前は「判」と書くのが正式。「刀」が変形した部首「刂」に「半／半」を組み合わせて、もともとは〝刀で半分に分ける〟ことを表す。転じて、**〝ものごとをはっきり区別する〟**という意味となる。「判別《はんべつ》」「判《はん》断《だん》」がその例。「判明《はんめい》」「判然《はんぜん》としない」では、**〝はっきりする〟**ことを表す。

さらに、**〝よしあしをはっきり定める〟**ことをも指し、「審判《しんぱん》」「談判《だんぱん》」「評判《ひょうばん》」「批《ひ》判《はん》」などがその例。「裁判《さいばん》」は〝公の場で法に照らしてよしあしをはっきり定める〟こと。「判決《はんけつ》」「判例《はんれい》」「公判《こうはん》」など、**「裁判」の省略形**として使われることも多い。

何かをはっきり定める際には、それを文書にして確認の印を押す。そこから日本語では、**〝印鑑〟**を指す。「判子《はんこ》」「血判《けっぱん》」「連判状《れんぱんじょう》」「太鼓判《たいこばん》」などがその例。「大《おお》判《ばん》」「小判《こばん》」のように**〝金貨の大きさ〟**を指すのは、印鑑の大きさから転じたものだという。ここからさらに変化したのが、「B5判《はん》」「キャビネ判《ばん》」「本の判型《はんけい》」のように、**〝定められた紙のサイズ〟**を指す用法。このあたりの展開はなかなか大胆で、時代とともに意味が広がっていく漢字のおもしろさを、存分に味わわせてくれる。

◆訓読み「わかる」は、現在では「分」（p537）を用いて「分かる」と書くのがふつう。ただし、〝判断できる〟という意味合いを出したいときには、「あの人の年齢が判《わか》る？」のように「判」を使うのも効果的。また、「解」（p65）を使って〝理解できる〟というニュアンスを出すこともできる。

はん
坂
7画
[音読み] ハン、バン
[訓読み] さか
[部首] 土（つちへん）

身近すぎるのも考えもの？

「坂道《さかみち》」「上《のぼ》り坂《ざか》」「だらだら坂《ざか》」のように、**〝傾斜している道〟**を表す。音読みで使われることは少ないが、「急坂《きゅうはん》」「登坂車線《とうはんしゃせん》」などがその例。「坂東《ばんどう》」はもともと〝箱根の坂より東〟という意味で、この場合は習慣的にバンと音読みする。

そこらじゅうにあるものを表す漢字なのに、熟語にもあまりならず、意味の広がりもないのは不思議。身近すぎてありがたみに欠けるのかもしれない。

はん 阪

7画

［音読み］ハン
［訓読み］さか
［部首］阝（こざとへん）

意味は忘れてしまったかも？

部首「阝」は「阜」（p525）の変形で、〝盛り上がった土〟を表す。「坂」（p502）と読み方も意味も同じで、**〝傾斜している道〟**を表す。ただし、現在では「大阪《おおさか》」「松阪《まつさか》」「阪本《さかもと》」などの固有名詞で使うのがメイン。音読みは、特に地名の**「大阪」の省略形**として、「阪神《はんしん》」「京阪《けいはん》」「来阪《らいはん》」のように用いられることがある。

はん 板

8画

［音読み］ハン、バン
［訓読み］いた
［部首］木（きへん）

いろいろ役に立ってるのに！

部首「木」にも現れているように、**〝薄く平らに加工した木材〟**が本来の意味。「石板《せきばん》」「鉄板《てっぱん》」「船の甲板《かんぱん》」「ガラスの板《いた》」「板《いた》チョコ」など、広く**〝素材を薄く平らに加工したもの〟**を指す。

転じて、**〝変化に乏しい〟**ことをも表し、「平板《へいばん》」がその例。「板」は実際にはさまざまな用途に役立つから、この使われ方はちょっと不満かもしれない。

日本語では、「板前《いたまえ》」「板場《いたば》」のように特に料理用の**〝まな板〟**をも指す。また、野球で投手の投げる位置を示す**〝ピッチャーズ・プレート〟**を指すところから、「登板《とうばん》」「降板《こうばん》」では**〝ある重要な役目〟**をも表す。「板書《ばんしょ》」では、**「黒板《こくばん》」の省略形**。

音読みは、バンを用いるのが原則。ハンは、平安時代ごろに正式とされた読み方で、現在では、すでに挙げた「鉄板《てっぱん》」「甲板《かんぱん》」のように、直前の発音の影響で変化してパンになるのが目立つ。

はん 版

8画

［音読み］ハン
［部首］片（かたへん）

たとえ電子の時代でも…？

代表的な意味は、「出版《しゅっぱん》」「初版《しょはん》」「版権《はんけん》」など**〝印刷物を発行する〟**こと。「豪華版《ごうかばん》」「地方版《ちほうばん》」「カラー版《ばん》」のように**〝印刷物の形態〟**を指す場合もあり、転じて、「実写版《じっしゃばん》鉄腕アトム」「シンデレラの男性版《だんせいばん》」「人生ゲームのアフリカ版《ばん》」のように、**〝あるものの別の形態〟**をいうこともある。

部首「片」は〝木の板〟を表し、「版」は本来は〝文字を記すための木の札〟のこと。古くは**〝戸籍簿〟**を指しても使われ、歴史で出てくる「版籍奉還《はんせきほうかん》」はその例。「版図《はんと》」とは、〝戸籍と地図〟という意味から、ある国の〝支配している地域〟を表す。

やがて印刷技術が発達してくると、〝木の札〟から転じて、**〝文字や絵を彫り、墨を付けて印刷する木の板〟**を指すようになり、**〝印刷する〟**こと全般をいうようにもなった。「版画《はんが》」「版木《はんぎ》」「活版印刷《かっぱんいんさつ》」「ガリ版《ばん》刷り」などがその例。技術の発展とともに漢字の意味も変化していくことが、よくわかる。電子出版の時代には「版」はどうなるのか、興味津々である。

はん 班

10画

［音読み］ハン
［部首］王（たまへん）

昔の輝きを取り戻したい？

「班長《はんちょう》」「班分《はんわ》け」「取材班《しゅざいはん》」「科学捜査班《かがくそうさはん》」など、**〝人びとのグループ〟**を表す。

部首「王」は〝宝石〟を意味する「玉」（p130）の変形。「刀」が変形した「刂」を、二つの「玉」の間に差し込んだ形で、本来は〝数珠《じゅず》のようにつながった宝石を切り離す〟という意味だという。

〝あるグループの中の小さなグループ〟を表すことが多いのは、もとは〝つながった宝石を切り離す〟という意識があったからか。現在では〝宝石〟のイメージが完全に失われてしまったのは、返す返すも残念である。

なお、分けた結果として**〝順序を付ける〟**ことを表す場合もある。国会の「首班指名《しゅはんしめい》」とは、〝第一位の人〟つまり総理大臣を指名することをいう。

はん 畔

10画

［音読み］ハン
［訓読み］あぜ、ほとり
［部首］田（たへん）

田んぼなのに波の音が…？

以前は「畔」と書くのが正式。部首「田」に、〝分ける〟という意味のある「半／半」（p500）を組み合わせて、**〝田んぼや畑を分ける境界〟**を表す。「畔道《あぜみち》」がその例。

〝境界〟から転じて**〝何かの周辺〟**をも指すが、現在では「湖畔《こはん》」「河畔《かはん》」「川の畔《ほとり》」など、湖や川についていうのが一般的。また、訓読み「ほとり」は、かな書きされることが多い。

はん 般

10画

［音読み］ハン
［部首］舟（ふねへん）

よく使うのにはっきりしない

「全般的《ぜんぱんてき》」「一般庶民《いっぱんしょみん》」「諸般《しょはん》の事情」「先般《せんぱん》は ありがとうございました」のように日常的に用いるが、意味となるとはっきりしない。**〝さまざまなものごと〟**というくらいしか、説明しようがない。変わった例として「般若《はんにゃ》」があるが、これは古代インド語に対する当て字。

「殳（るまた）」は〝長い棒を手に持った形〟だというから、本来は〝さおをさして舟を動かす〟ことを意味すると思われる。が、成り立ちには諸説があってよくわからない。まったく不思議な漢字である。

はん 絆

11画

⇩

ばん（p506）

はん 販

11画

［音読み］ハン
［部首］貝（かいへん）

一時しのぎの方策ではなく

部首「貝」は〝お金や宝物〟を表す記号。不要なものを売り払うのではなく、**〝商売としてものを売る〟**ことを表す。「販売《はんばい》」「販路《はんろ》」がその例。現在では**「販売」の省略形**として使われることが多く、「販促《はんそく》」「直販《ちょくはん》」「通販《つうはん》」「拡販《かくはん》」「信販《しんぱん》」「市販《しはん》」「量販店《りょうはんてん》」など、すべてその例である。

はん 斑

12画

［音読み］ハン
［訓読み］まだら、ふ
［部首］文（ぶん）

動物の毛皮がよく似合う？

「斑点《はんてん》」が代表的で、**〝ある色の中に別の色が散らばっている〟**ことを表す。訓読みでは「雪が斑《まだら》に残る」「斑《ふ》が入った葉っぱ」のように用いる。「むら」「ぶち」と訓読みすることもあるが、現在では一般的ではない。

「雀斑《そばかす》」は、漢字の熟語をそのまま、意味を表す日本語で読む当て字的表現。「斑鳩《いかるが》」は奈良県の地名として有名だが、本来は鳥の一種。まだら模様があるわけでもないので、どうしてこのように書き表すのか、よくわからない。このほか、「鹿の子斑《かのこまだら》」「虎斑《とらふ》」など、動物と相性のいい漢字である。

部首「文」は〝模様〟を表す。二つの「王」は〝分かれる〟ことを表すという。

はん 飯

12画

［音読み］ハン
［訓読み］めし、いい
［部首］食（しょくへん）

われわれの食文化の特徴

〝穀物を炊いた食べもの〟を表す。特に**〝お米の食事〟**を指すことも多く、「赤飯《せきはん》」「炒飯《チャーハン》」「飯《めし》粒《つぶ》」「どんぶり飯《めし》」などがその例。また、「夕飯《ゆうはん》」「昼飯《ひるめし》」のように、**一般的な〝食事〟**の意味でも用いられる。〝穀物を炊いた食べもの〟と一般的な〝食事〟が同じ漢字で表されるところに、漢字文化圏の食文化のありようがよく現れている。

訓読み「いい」は、〝穀物を炊いた食べもの〟を表す古語。現在では「飯田《いいだ》」「飯《いい》島《じま》」「飯倉《いいくら》」など固有名詞で使われることが多い。また、「飯《まま》ごと」「ねこ飯《まんま》」のように「まま」「まんま」と訓読みすることもできないではないが、現在ではかな書きするのがふつうである。

なお、以前は「飯」と書くのが正式。

はん　搬

13画
［音読み］ハン
［部首］扌（てへん）

まず腕まくりをしてから！

現在では、「運搬《うんぱん》」「搬《はん》入《にゅう》」「搬出《はんしゅつ》」「搬送《はんそう》」という四つの熟語の形で用いられるのがほとんど。**〝ものを移動させる〟**ことを表す。比較的〝大きな荷物を運ぶ〟場合に使うことが多く、気をつけないと腰を痛めてしまいそうである。

部首「扌」は「手」の変形。「般」（p504）にはもともと〝船を動かす〟という意味があったかと思われる。

はん　煩

13画
［音読み］ハン、ボン
［訓読み］わずら-う
［部首］火（ひへん）

恋とは悩み？それとも病気？

「煩悶《はんもん》」「思《おも》い煩《わずら》う」「心を煩《わずら》わせる」のように、**〝悩む／悩ませる〟**ことを表す。転じて**〝こまごまとして面倒な〟**という意味ともなり、「煩雑《はんざつ》」「煩瑣《はんさ》」「煩《わずら》わしい手続き」のように用いられる。

音読みはハンを用いるのが大原則。ボンは奈良時代以前からある古い読み方で、現在では、「煩悩《ぼんのう》」くらいでしか用いられない。

◆「わずらう」と訓読みする漢字には、「患」（p83）もある。現在では「患」は〝病気にかかる〟ことを表し、「煩」は〝悩む〟ことを意味するので、使い分けで悩む必要はあまりない。とはいえ、たとえば「恋《こい》煩《わずら》い」は、場合によっては「恋患《こいわずら》い」と書いてもおかしくはない。

「頁」は〝頭部〟を表す記号で、部首「火」を組み合わせて〝頭が燃えるように痛い〟ことを意味するというが、異説もある。たしかに、〝悩み〟を表すにしてはちょっと大げさな気もする。

はん　頒

13画
［音読み］ハン
［訓読み］わか-つ、わけ-る
［部首］頁（おおがい）

ちょっとずつ差し上げます

現在では、「頒布《はんぷ》」「頒価《はんか》」くらいでしか使われない。**〝広い範囲に配る〟**ことを表す。

◆訓読み「わかつ／わける」は、現在では、「分」（p537）を使って「分《わ》かつ」「分《わ》ける」と書くのがふつう。「苦労を頒《わか》ち合う」「一杯のかけそばをみなで頒《わけ》る」などあえて「頒」を使うと、〝一部分ずつを分け合う〟という意味合いが強くなる。

〝頭部〟を表す部首「頁」が付いている理由は、よくわからない。〝白髪混じりの頭〟を指す「頒白《はんぱく》」という熟語があるものの、そこから〝配る〟〝分ける〟に至るには、かなりのジャンプが必要であろう。

はん　範

15画
［音読み］ハン
［部首］竹（たけかんむり）

ここから外れないように！

「模範《もはん》」「規範《きはん》」「範《はん》を示す」など、**〝従うべき例や決まりごと〟**を表すのが、基本の意味。名前で使われる読み方「のり」は、〝決まり〟という意味の古語。

転じて、**〝何かがその中に収まるべき広がり〟**をも意味する。「範囲《はんい》」「範疇《はんちゅう》」などがその例。基本的に、外側とは区別された〝閉じた世界〟を表す漢字である。

「㔾《はん》」には〝枠〟〝枠を越える〟の意味があるらしく、それに部首「竹」が付いていることから、本来は〝竹の枠〟や〝竹で作った模型〟を表すという。また、「車」を含むところから、大昔には〝旅立ちの際に道中の安全を祈る儀式〟を表していたと考える説もある。

はん 繁

どんどん増えてにぎやかになる

16画

［音読み］ハン
［訓読み］しげ-る
［部首］糸（いと）

基本となるのは、「繁《はん》茂《も》」「草木が繁《しげ》る」のように、**〝植物がよく育って枝葉や株が増える〟**という意味。転じて、「繁殖《はんしょく》」では**〝動物がよく育って数が増える〟**ことをも表す。さらには**〝人の数が増えてにぎやかになる〟**ことをも言い、「繁盛《はんじょう》」「繁栄《はんえい》」「繁華街《はんかがい》」などがその例である。

また、**〝回数が多い〟**という意味ともなり、「頻繁《ひんぱん》」「足繁《あししげ》く通う」などがその例。「繁雑《はんざつ》」「繁多《はんた》」「繁忙期《はんぼうき》」になると**〝やるべきことが多い〟**ことをも表し、ともすれば〝わずらわしい〟というニュアンスが含まれることになる。

◆訓読み「しげる」は、現在では「茂」（p588）を書くのがふつう。ただし、〝にぎやかさ〟のイメージを好んで、あえて「繁」を使ってもよい。

以前は、「毋」が「母」になった「繁」と書くのが正式。部首「糸」が付いているのは、本来は〝髪に付ける糸飾り〟を表していたからだ、という説が有力である。

はん 藩

人間扱いして欲しいなあ…

18画

［音読み］ハン
［部首］艹（くさかんむり）

「藩主《はんしゅ》」「土佐藩《とさはん》」「長岡藩《ながおかはん》」など、江戸時代の**〝大名の領地〟**を表すのが、代表的な例。ただし、〝植物〟を表す部首「艹」にも現れているように、本来は〝植物で作った垣根〟のこと。屋敷を囲んで守るところから、〝王や皇帝・天皇を取り巻いて守る有力な貴族〟を指すようになった。身分に厳しい昔のこととはいえ、大名も垣根にすぎないとは、びっくりである。

ばん 絆

日本人と漢字の結びつき

11画

［音読み］バン、ハン
［訓読み］きずな、ほだ-される
［部首］糸（いとへん）

「家族の絆《きずな》」「絆《きずな》を深める」など、訓読み「きずな」が**〝人と人とのつながり〟**という意味で用いられて、人気の高い漢字。

部首「糸」にも現れているように、本来は**〝つなぎ止めたりしばったりするもの〟**を表し、「絆創膏《ばんそうこう》」が代表的な例。「脚絆《きゃはん》」は、〝動きやすくするため、すねに巻き付けて使う装身具〟。

「羈絆《きはん》」とは、〝馬をつなぐ縄〟から転じて〝自由を束縛するもの〟。また、「人情に絆《ほだ》される」のように「ほだされる」と訓読みして**〝自分の考えとは違う行動を取らされる〟**という意味で使うこともある。ただし、現在では「ほだされる」はかな書きするのがふつうである。

このように、漢字「絆」は〝行動の妨げになる〟というニュアンスを持つことがあり、日本語「きずな」とは意味合いが異なる。それでも漢字「絆」が好んで使われるところに、日本人がいかに漢字が好きかが現れているのだろう。

なお、印刷文字では「絆」の形が標準と

されているが、手書きでは「半」を「半」と書いても差し支えない。

ばん

晩

12画

［音読み］バン
［部首］日（ひへん、にちへん）

やるべきことを終えて

「今晩《こんばん》」「毎晩《まいばん》」「晩《ばん》ごはん」のように、〝**日暮れから夜にかけて**〟を指すのが本来の意味。

転じて、〝**ある時期の終わりごろ**〟という意味でも用いられる。「晩春《ばんしゅん》」「晩期《ばんき》」「晩《ばん》年《ねん》」などがその例。活動を終えたあとのやすらぎと、やがて終わりへと向かう切なさが漂う漢字である。また、「晩婚《ばんこん》」「晩学《ばんがく》」「大器晩成《たいきばんせい》」などでは、〝**人生の段階として他人と比べて遅い**〟ことを表し、遅まきながらの充実感を感じさせる。

なお、以前は「儿」の左払いが上までつながった「晩」と書くのが正式。

ばん

番

12画

［音読み］バン
［訓読み］つが-う
［部首］田（た）

日本語では〝内容〟がある！

〝**次々と交替で何かをする**〟ことが、基本の意味。現在では、「順番《じゅんばん》」「番号《ばんごう》」「番地《ばんち》」など、〝**順序**〟**を表す**際に用いられる。何かの意味を表すというよりは、「一番乗《いちばんの》り」「三《さん》番館《ばんかん》」「五番《ごばん》ゲート」など、**数のあとに添えて順序を示す**面が強い。

ただし、日本語ではきちんとした意味内容を持つことも多い。まず、交替で見張りをするところから、〝**見張り**〟を表す。「番台《ばんだい》」「交番《こうばん》」「お店の番《ばん》をする」などがその例。また、順番にあてはめるところから、「番付《ばんづけ》」「番組《ばんぐみ》」などでは〝**組み合わせる**〟という意味。この意味で、昔は「つがう／つがえる」と訓読みすることがあり、ドアの「蝶番」はそのなごり。「大一番《おおいちばん》」のように〝**勝負**〟の意味で使われるのも、ここから転じたものだろう。

なお、「番茶《ばんちゃ》」「番傘《ばんがさ》」「お番菜《ばんざい》」などでは〝日常的でつつましい〟ことを表すともいうが、これらの語源には異説もある。

古代文字では「番」で、〝動物の足跡〟の絵から生まれたとか、本来は〝田んぼに種をまく〟という意味だったなどの説がある。どの説にせよ、〝交替で何かをする〟とのつながりは、はっきりしない。

ばん

蛮

12画

［音読み］バン
［部首］虫（むし）

見下しもするが恐れもする

「野蛮《やばん》」「蛮行《ばんこう》」「蛮勇《ばんゆう》」など、〝**乱暴で洗練されておらず、深い知恵に欠ける**〟ことを表す。

本来は、昔の中国人から見て〝**異民族**〟を指す漢字。「南蛮《なんばん》」とは、〝南からやってきた異民族〟で、主に海を渡ってやってきたヨーロッパ人をいう。

以前は「蠻」と書くのが正式。部首「虫」には、異民族を人間扱いしていなかったことが示されている。ただ、竜も「虫」の一種だと考えられたことからすると、恐れの気持ちも含まれているのだろう。

ばん

盤

15画

［音読み］バン
［部首］皿（さら）

演奏も試合もこの上でどうぞ

部首「皿」にも現れているように、本来は〝**円くてあまり深くない大型の容器**〟を表す。現在では、この意味は「骨盤《こつばん》」にわずかに残るくらい。

転じて、「円盤《えんばん》」「吸盤《きゅうばん》」など、広く〝**円くて平たいもの**〟を表す。「レコード盤《ばん》」のように特に〝**音楽が収録されたディスク**〟を指すことがあり、「名盤《めいばん》」「サントラ盤《ばん》」「LP盤《ばん》」などさまざまなことばを生む。

また、「碁盤《ごばん》」「将棋盤《しょうぎばん》」「野球盤《やきゅうばん》」のように、〝**その上で勝負ごとを行う台**〟をも指す。〝スケート・リンク〟のことを「銀盤《ぎんばん》」

というのも、この例の一つ。「序盤《じょばん》」「中盤《ちゅうばん》」「終盤《しゅうばん》」では〝**ものごとが進んでいく段階**〟を指すが、これは「碁盤」から生まれた日本語オリジナルの用法。

一方、「基盤《きばん》」「地盤《じばん》」「岩盤《がんばん》」「胎盤《たいばん》」などでは、〝**よりどころとなるしっかりとしたもの**〟を表す。「盤石《ばんじゃく》の構え」は、〝しっかりとして動かないもの〟を表す例。転じて〝**根をしっかり張る**〟という意味になる場合もあり、〝居座る〟ことをいう「盤踞《ばんきょ》」がその例である。

全体的に見ると、単に〝平たくて大きなもの〟を表すというよりは、〝その上で何かを行うよりどころ〟というニュアンスが強い。「鍵盤《けんばん》」「算盤《そろばん》」「羅針盤《らしんばん》」「配電盤《はいでんばん》」など〝**結果や現状を示したり、指示を出したりする器具**〟を指して使われるのも、その現れ。いつも下から支えてくれる、頼りになる存在なのである。

ひ

比

ひ

4画

［音読み］ヒ
［訓読み］くら-べる
［部首］比（くらべる）

〝違う〟を探せば〝同じ〟も見つかる

「比較《ひかく》」「対比《たいひ》」「体重を比《くら》べる」のように、〝**違いを調べる**〟ことを表す。どれくらい違っているかということから、「比率《ひりつ》」「比例《ひれい》」「比重《ひじゅう》」など、〝**何かに対する割合**〟を指すこともある。「比喩《ひゆ》」では、逆に〝**共通点を見つける**〟という意味。

古代文字では「[illegible]」と書き、〝右を向いた人が二人並んだ形〟。本来は〝**並ぶ**〟ことを表す。「比肩《ひけん》する」は〝肩を並べる〟こと、「比類《ひるい》がない」は〝並べられるものがない〟ことだが、どちらも〝くらべる〟と解釈しても、意味は同じである。

◆「くらべる」と訓読みする漢字には「較」（p72）もある。現在では「比」を使う方が一般的だが、あえて「較」を使うと〝直接くらべる〟という意味合いになる。また、〝優劣をくらべる〟場合には、「競」（p127）を用いるのも効果的である。

なお、画数は5画にも見えるが、左半分も「ヒ」の形だと見て4画に数える。

部首としては？

漢和辞典では弱小部首の代表格。「比」を部首とする漢字としては、「比」のほか、仏教の「毘沙門《びしゃもん》」に使われる「毘」があるくらい。ただし、「琵琶《びわ》」の「琵」（p515）の部首が「玉」であることを考えると、「毘」の部首も「田」とした方が合理的だろう。

皮

ひ

5画

［音読み］ヒ
［訓読み］かわ
［部首］皮（けがわ）

まだ生きている感じがする…

「皮膚《ひふ》」「脱皮《だっぴ》」「ミカンの皮《かわ》」「餃子《ぎょうざ》の皮《かわ》」など、〝**表面をおおう膜**〟を表す。転じて、「皮相《ひそう》」のように〝**ものごとのうわべの部分**〟を指すこともある。「皮肉《ひにく》」ももともとは〝うわべ〟のことだが、現在では〝遠回しに批判する〟という意味で用いられる。

◆本来は〝毛の付いたままの動物のかわ〟を指す漢字。毛を取り去って加工したものは「革」（p70）と書いて区別する。とはいえ、〝へび〟や〝わに〟は毛がないし、人間がむだ毛をお手入れしても「革」にはならない。現在では、毛が付いたままのものや生に近いものは「皮」を、加工の度合いが高いものには「革」を使う、と考えるのがよさそうである。

部首としては?

〝生の皮〟に関係する漢字の部首となる。現在では日常的に使われるものは少ないが、「皺《しわ》」「皹《あかぎれ》」「皰《にきび》」などがその例。なお、「革（つくりがわ）」と区別するために、部首の名前としては「けがわ」と呼ぶ。

ひ

妃

6画

［音読み］ヒ
［訓読み］きさき
［部首］女（おんなへん）

華やかな女性たち

「王妃《おうひ》」「皇太子妃《こうたいしひ》」「妃殿下《ひでんか》」「お妃様《きさきさま》」のように、**〝王族・皇族の妻〟**を表す。

◈「きさき」と訓読みする漢字には「后」（p183）もある。「后」は〝王や皇帝・天皇の正妻〟で、原則として一人しか存在しないが、「妃」は〝王や皇帝・天皇の家族の妻〟をも指すのが違うところ。とはいえ、部首「女」のイメージがあるからか、「后」よりもかえって華やかさを感じさせる。

ひ

否

7画

［音読み］ヒ
［訓読み］いな、いや
［部首］口（くち）

後ろに付くと疑問符となる

「否定《ひてい》」「否決《ひけつ》」「拒否《きょひ》」のように、**〝そうではない〟という打ち消し**の意味を表す。また、**ほかの漢字のあとに置かれて、〝そうであるかないか〟という疑問を表す**こともある。「賛否《さんぴ》」は〝賛成かどうか〟、「安否《あんぴ》」は〝安全でいるかどうか〟、「適否《てきひ》」は〝適切かどうか〟。この場合は「?」と同じだと考えるとわかりやすい。

訓読み「いな」は、「いいえ」のやや古風な言い方。同じ意味で昔は「いや」とも訓読みしたが、現在では「否応《いやおう》なく」の場合に用いられるだけである。

ひ

批

7画

［音読み］ヒ
［部首］扌（てへん）

よい点も見てほしいけど…

「批判《ひはん》」「批評《ひひょう》」「批難《ひなん》」など、**〝よい点や悪い点を指摘する〟**ことを表す。とはいえ、たいていの場合は〝悪い点〟ばかりが問題になるのは、「手」が変形した部首「扌」に現れているように、本来は〝強く打つ〟ことを表す漢字だからか。

「批准《ひじゅん》」は、〝国の代表者が他国と結んだ条約を、王や議会などが議論した上で承認する〟こと。この場合は、最終的には〝よい〟という判断が下ることになる。

ひ

彼

8画

［音読み］ヒ
［訓読み］かれ、かの、か
［部首］彳（ぎょうにんべん）

使い方はいろいろありますが…

話し手と聞き手以外の〝あの人〟を指すのが、代表的な意味。それが男性の場合は「彼《かれ》」、女性の場合は「彼女《かのじょ》」という形で用いる。「彼我《ひが》の違い」とは、〝あの人たちと私たちの違い〟。

ただし、本来は**〝あそこ〟〝あちら〟**という離れた場所を指し示す漢字。「彼岸《ひがん》」「彼の地《かのち》」などがその例。

訓読みの使い方は、少し複雑。「彼方《かなた》」「彼処《かしこ》」では、「か」と読んでいると考えられる。また、「彼方《あっち》」「彼方《あちら》」「彼処《あそこ》」「彼奴《あいつ》」のように「あ」と読んでいると思われる例も、昔はよく用いられた。ただし、これらはすべて、漢字の熟語をそのまま、意味を表す日本語で読む当て字的表現だと考えた方がわかりやすい。読みやすさを考えるならば、かな書きしておく方がベターだろう。

なお、〝移動〟を表す部首「彳」が付いているのは、本来は〝あちらへ行く〟ことを表していたからだと考えられている。

ひ

披

8画

［音読み］ヒ
［部首］扌（てへん）

軽い気持ちでは見ないでね！

基本的な意味は、**〝手紙や文書を広げて中を見る〟**こと。「披見《ひけん》」「披読《ひどく》」などがその例。この意味で「ひらく」と訓読みすることもあるが、現在では「開」（p64）を使うのがふつう。

転じて、**〝大切なものを他人に初めて見せる〟**ことをも表す。「披露《ひろう》」がその例。また、「長年の思いを披瀝《ひれき》する」では〝**心の中を打ち明ける**〟という意味。

「手」が変形した部首「扌」に「皮」を組み合わせて、本来は〝皮を取り除く〟ことを表す。〝見る〟場合にせよ〝見せる〟場合にせよ、中身に対する深い気持ちが込められた漢字である。

ひ

泌

8画

⇩ ひつ（p517）

ひ

肥

8画

［音読み］ヒ
［訓読み］こ-える、こえ、こ-やす
［部首］月（にくづき）

限度と方法が適切であれば！

部首「月」は「肉」の変形。「肥満《ひまん》」「肥《こ》えた牛」のように、**〝肉付きがよい〟**ことを表す。また、**〝土地に養分が多く、植物がよく育つ〟**ことをも表し、「肥沃《ひよく》」がその例。「肥《ひ》料《りょう》」「堆肥《たいひ》」「下肥《しもごえ》」「肥《こ》やし」など、**〝土地に養分を与えるもの〟**を指すことも多い。

〝豊かである〟というイメージから、「目が肥《こ》えている」「舌が肥《こ》えている」などでは、**〝価値を判断する力がある〟**ことを表す。ただし、これは日本語独自の用法。

一方、あまりよくない意味で使われることもある。「肥大《ひだい》」では**〝必要以上に大きくなる〟**こと。「私腹を肥《こ》やす」「懐《ふところ》を肥《こ》やす」では、**〝不正な手段で利益を得る〟**こと。なにごとも、適切な限度と方法が大切なようである。

ひ

非

8画

［音読み］ヒ
［訓読み］あら-ず
［部首］非（あらず）

ないない尽くし

〝正しくない〟ことを表すのが、基本的な意味。「非行《ひこう》」「非道《ひどう》」「非礼《ひれい》」「是非《ぜひ》をわきまえる」「非《ひ》を認める」などがその例。「非難《ひなん》」は〝正しくないとして攻撃する〟こと。

転じて、**ほかの漢字の上に付けて〝○○でない〟という意味を表す**はたらきをする。「非常《ひじょう》」「非番《ひばん》」「非凡《ひぼん》」「非公式《ひこうしき》」「非国民《ひこくみん》」「非合法《ひごうほう》」などなど、その例は多い。「善人に非《あら》ず」のように訓読みでも用いるが、かなり古めかしい表現。

また、**〝○○がない〟という意味を表す**と考えた方がわかりやすい場合もある。「非情《ひじょう》」「非力《ひりき》」「非運《ひうん》」などがその例。

なお、「扉」（p467）「俳」（p488）「排」（p489）などから考えて、「非」には本来、〝二つが並ぶ〟〝二つに分かれる〟という意味があるとする説が有力である。

部首としては？

漢和辞典では部首の一つだが、「非」以外で「非」を部首とする漢字には、現在でも使われるものとしては「風靡《ふうび》」の「靡」があるくらい。これは部首「麻」へ移籍することも可能だが、「非」そのものは似た形の部首がなく、移籍先を探すのは困難。一人でオリジナリティを発揮している、がんばり屋さんである。

ひ

卑

9画

［音読み］ヒ
［訓読み］いや-しい
［部首］十（じゅう）

比べたってしかたない…

「卑怯《ひきょう》」「卑劣《ひれつ》」「卑屈《ひくつ》」「野《や》卑《ひ》」「卑《いや》しい行動」など、**〝人格的に見劣りがする〟**ことを表す。

本来は**〝身分や地位が低い〟**ことを表す

漢字。転じて、「卑下《ひげ》」のように〝**へりくだる**〟という意味にもなり、**別の漢字の前に付けて自分のことをへりくだって表す**はたらきもある。「卑見《ひけん》」とは、〝自分のつまらない意見〟。また、「卑近《ひきん》」「卑小《ひしょう》」では〝**取るに足りない**〟〝**身近な**〟という意味。

◆「いやしい／いやしむ」と訓読みする漢字には「賤」（p355）もある。「賤」はもともとが〝値段〟なので現実的な価値観だが、「卑《いや》」は精神的な価値観。そのため、「卑《いや》しい顔つき」と書くよりも「賤《いや》しい顔つき」と書く方が、対象への軽蔑がリアルに出る傾向がある。とはいえ、この二つの違いは明確ではなく、使い分けにはあまりこだわらなくてよいと思われる。

以前は、「田」の真ん中の縦棒が下までつながった「卑」と書くのが正式。部首「十」は、この漢字では〝手〟を意味する「又」の変形。「卑」は、本来は〝食器を手に持っている形〟だという。それが〝身分が低い〟の意味になった経緯については諸説あるが、『伊勢物語』に登場する、自分でごはんをよそった結果、下品だと思われて貴族の愛を失った女性のことが思い出される。

ひ

飛

9画

［音読み］ヒ
［訓読み］と-ぶ
［部首］飛（とぶ）

見れば見るほど独得な！

「飛行《ひこう》」「飛散《ひさん》」「空高く飛《と》ぶ」など、〝**空中を移動する**〟ことを表す。転じて、「飛脚《ひきゃく》」では〝**非常に速く移動する**〟ことを、「雄飛《ゆうひ》」では〝**大きく成長する**〟ことをいう。また、「流言飛語《りゅうげんひご》」では〝**根拠がない**〟こと。

このほか、日本語では〝**間を抜かす**〟という意味にもなる。「順序を飛《と》ばす」「一つ飛《と》ばし」「音飛《おと》び」などがその例。

◆「とぶ」と訓読みする漢字には「跳」（p421）もある。「跳」が〝短い時間、地上を離れる〟のに対して、「飛」は〝時間をかけて空中を移動する〟こと。英語の jump と fly の違いだと考えると、わかりやすい。また、特に〝翼を広げて自由に〟というニュアンスを出したいときに、「翔」（p294）を用いることもある。

古代文字では「」と書き、〝鳥が飛ぶ姿〟の絵だと考えられている。数多い漢字の中でも、群を抜いて独得な形をした、魅力的な漢字である。

部首としては？

漢和辞典では部首の一つだが、「飛」を部首とする漢字は非常に少ない。とはいえ、形が独得なので他の部首に吸収させるのもむずかしい。見た目のオリジナルさは、かけがえのない価値を生むのである。

ひ

疲

10画

［音読み］ヒ
［訓読み］つか-れる
［部首］疒（やまいだれ）

考えるのもたいへんだ…

部首「疒」は〝心身の不具合〟を表す記号。現在では、〝**元気がなくなる**〟ことを表す。「疲《ひ》労《ろう》」「疲弊《ひへい》」以外には使われる熟語はないといってもいい。訓読み「つかれる」はだれもが感じ、口にすることばなのに、音読みの例に広がりがないのは、ちょっと不思議。〝つかれ〟をどんなことばで表現するか、そんなことを考えるのもたいへんだから、ありきたりの熟語で済ませてしまうのかもしれない。

ひ

秘

10画

［音読み］ヒ
［訓読み］ひ-める、ひそ-か
［部首］禾（のぎへん）

いい雰囲気だったのになあ…

「秘密《ひみつ》」「極秘《ごくひ》」「マル秘《ひ》」「秘《ひ》めた想い」「秘《ひそ》かな願い」「真実を秘《ひ》して教えない」など、〝**他人には知られないようにする**〟ことを表す。以前は「祕」と書くのが正式で、部首

「禾」は、〝神〟を表す「示」が変形したもの。「神秘《しんぴ》」のように〝**人間には測り知ることができない**〟ことを表すのが、本来の意味。そのため、「秘術《ひじゅつ》」「秘伝《ひでん》」「秘技《ひぎ》」などでは、〝**ふつうの人にはできない**〟というニュアンスも含まれる。

転じて、〝**簡単にはたどりつけない**〟という意味ともなる。「秘境《ひきょう》」「秘湯《ひとう》」などがその例。それが〝**ふさがって通れない**〟へと変化したのが「便秘《べんぴ》」の例。ミステリアスな雰囲気の漂う中で、この熟語だけ野暮だが、しかたない。

◆「ひそか」と訓読みする漢字には「密」（p579）もある。大きな意味の違いはないが、〝外に出られない〟という意味合いがある「密」に比べると、「秘」は〝知られないように隠す〟というイメージが強い。そこで、「秘《ひそ》かなたのしみ」のように〝積極的に隠す〟場合には「秘」の方がぴったりくる。また、〝知られないように悪いことをする〟場合には、「窃」（p346）を使ってその雰囲気を出すこともある。

ひ

被

10画

［音読み］ヒ
［訓読み］かぶ-る、かぶ-せる、かむ-る、こうむ-る
［部首］ネ（ころもへん）

悪いことも良いことも…

部首「ネ」は「衣」の変形。本来は、〝**衣服で体をおおう**〟ことを表す。「被服《ひふく》」がその例。「法被《はっぴ》」とは、〝体をおおうもの〟。転じて、「ふとんを被《かぶ》る」「帽子を被《かぶ》せる」「ほお被《かむ》り」のように、広く〝**体を上の方からおおう**〟ことを指す。また、さらに変化して、「ふたを被《かぶ》せる」「土を被《かぶ》せる」のように、単に〝**上からおおう**〟という意味ともなる。

日本語では、「水を被《かぶ》る」「ほこりを被《かぶ》る」のように〝**好ましくないものを上の方から浴びる**〟ことをも表す。さらに、〝**好ましくない影響を受ける／与える**〟という意味ともなり、「大暴落の影響を被《かぶ》る」「罪を被《かぶ》せる」などがその例。また、「せりふが被《かぶ》る」「現在の映像に回想シーンを被《かぶ》せる」のように、〝**あるものの上に同種のものが加わる**〟ことを意味するのも、日本語独自の用法である。

一方、「被害《ひがい》」「被告《ひこく》」「被写体《ひしゃたい》」「被後見《ひこうけん》人《にん》」など、**別の漢字の前に置かれて〝○○される〟ことを表す**はたらきもある。これは、大昔の中国語では、〝○○される〟という意味を表すことばと発音が似ていたことから、当て字的に使われたもの。訓読み「こうむる」は、もともと〝○○される〟の意味。現在では、「損害を被《こうむ》る」「おかげを被《こうむ》る」など、よしあしにかかわらず〝**影響を受ける**〟という意味で使われる。

ひ

悲

12画

［音読み］ヒ
［訓読み］かな-しい
［部首］心（こころ）

もらい泣きも多くて…

「悲痛《ひつう》な思い」「悲観的《ひかんてき》」「悲《かな》しい思い出」など、〝**心が痛くなる**〟ことを表す。自分の心底からの気持ちをいうのはもちろんだが、「悲恋《ひれん》」「悲運《ひうん》」「悲壮《ひそう》」「悲報《ひほう》」「悲劇《ひげき》」などでは、〝**他人の心を痛ませるような**〟という意味合いになることも多い。

他人を思いやるところから、仏教の世界では〝**人びとを苦しみから救う**〟ことを表し、「慈悲《じひ》」がその例。「悲願《ひがん》」も、本来は〝人びとを救いたいと強く願う〟こと表す仏教のことば。現在では、広く〝強く願う〟という意味で用いられる。

◆「かなしい」と訓読みする漢字には「哀」（p7）もあるが、現在では「悲」を書くのが一般的。「哀」は、〝かなしさ〟を特に強調したいときや、特別な雰囲気を出したいときに使われる。

本来、「非」（p510）には〝二つに分かれる〟という意味があり、それに「心」を組み合

わせて〝心が張り裂ける〟ことを表す、とする説が有力である。

ひ 費

12画

［音読み］ヒ
［訓読み］つい-やす、つい-える
［部首］貝（かい）

しょせんすべてはムダ遣い？

部首「貝」は〝お金や宝物〟を表す記号。**〝お金を使う〟**ことが基本の意味で、「巨額の予算を費《つい》やす」のように用いられる。ただし、音読みでは**〝何かの目的に使うお金〟**を指すことが多く、「費用《ひよう》」「出費《しゅっぴ》」「実費《じっぴ》」「必要経費《ひつようけいひ》」などがその例。「食費《しょくひ》」「光熱費《こうねつひ》」「交際費《こうさいひ》」のように、帳簿上の「費用」の分類としてよく使われる。

転じて、「エネルギーを消費《しょうひ》する」「労力を費《つい》やす」など、**〝貴重なものを使って減らす〟**ことをも表す。「燃費《ねんぴ》」は、「燃料消費率《ねんりょうしょうひりつ》」の省略形。さらには、「空費《くうひ》」「浪費《ろうひ》」「時がどんどん費《つい》えていく」のように、**〝むだに使ってしまう〟**という意味合いでも用いられる。これを本来の意味だと考える説もあり、だとすればなかなか皮肉な漢字である。

◆「ついえる」と訓読みする漢字には「潰」（p66）もある。「潰」が〝支えきれなくなってつぶれる〟場合に用いるのに対して、「費」は〝むだに使う〟ことを表すので、使い分けに悩むことはあまりない。

ひ 碑

14画

［音読み］ヒ
［部首］石（いしへん）

時間の壁を乗り越えろ！

「石碑《せきひ》」「墓碑《ぼひ》」「碑文《ひぶん》」「記念碑《きねんひ》」など、**〝文字を刻んだ石〟**を表す。「いしぶみ」と訓読みすることもあるが、現在では古語の部類。時を超えて文字を残そうとする、強い気持ちが込められた漢字である。

なお、以前は、「田」の真ん中の縦棒を下までつなげて「碑」と書くのが正式。

ひ 罷

15画

［音読み］ヒ
［訓読み］まか-る
［部首］罒（あみめ、よこめ）

よくもまあそんなことが！

〝仕事を中止する／させる〟ことを表す。「罷業《ひぎょう》」「罷工《ひこう》」とは、〝ストライキ〟のこと。また、「罷免《ひめん》」は〝役職をやめさせる〟こと。〝仕事をやめる〟という意味で「やめる」と訓読みすることもあるが、現在では「辞」（p244）を使う方がふつうである。

転じて〝出て行く〟ことをも意味するので、昔の日本語では、**「行く」「来る」「出る」をへりくだったり丁寧にしたりして表すことば**として使われた。「罷《まか》り出《で》る」は本来はその例だが、現在では〝ずうずうしくも出てくる〟という意味で使われる。

そこから変化したと思われるのが、「罷《まか》り間違っても」「罷《まか》り成《な》らぬ」「こんなことが罷《まか》り通《とお》るとは」など、慣用句的に用いられて、**驚きや拒絶のニュアンスを表す**用法。ただし、「まかる」は現在ではかな書きするのが自然である。

部首「罒」は〝網〟を表す記号。「罷」は、本来は〝網に掛かって動けなくなる〟ことを表すという。

ひ 避

16画

［音読み］ヒ
［訓読み］さ-ける
［部首］辶（しんにょう、しんにゅう）

いいか悪いかは相手次第？

部首「辶」は、以前は「辶」と書くのが正式で、〝移動〟を表す。「避難《ひなん》」「避暑《ひしょ》」「退避《たいひ》」「煙を避《さ》ける」など、**〝何かの影響を受けないように別の場所に移動する〟**ことを表す。

転じて、広く**〝影響を受けないように行動を変化させる〟**という意味で用いられる。「事故を回避《かいひ》する」ならばほめられる行動だが、「現実から逃避《とうひ》する」ならば非難される。相手によってかなり印象が変わる漢字である。

び
尾
7画
［音読み］ビ
［訓読み］お
［部首］尸（しかばね）

毛がなくてもかまいません！

部首「尸」は、ここでは〝おしり〟の意味。「毛」を組み合わせて、**〝犬や馬などのおしりに付いている毛の房〟**を表す。転じて、「とかげの尾《お》」「魚の尾《お》びれ」など、広く**〝動物の一番後ろの部分〟**をも指す。そこから、「三尾《さんび》のいわし」のように**魚を数えることば**としても使われる。

また、**〝モノの一番後ろの部分〟**をもいう。「船尾《せんび》」「尾翼《びよく》」「最後尾《さいこうび》」などがその例。「語尾《ごび》」「首尾一貫《しゅびいっかん》」などでは、さらに変化して**〝ものごとの終わりの部分〟**。「尾行《びこう》」では、**〝後ろに付く〟**こと。

「尾籠《びろう》」は、もともとは〝ばかげている〟という意味の古語「おこ」に対して、「尾」「籠」の訓読みを当てた当て字が、音読みで読まれるようになったもの。現在では〝下品な〟という意味で用いられる。

び
眉
9画
［音読み］ビ、ミ
［訓読み］まゆ
［部首］目（め）

昔から使ってきたので…

目の上、額の下に生えている毛〝まゆ〟を表す。古代文字の中には「」と書くものもあり、やけにリアルである。

音読みはビを用いるのが原則。ただし、ビと読む例には、〝目鼻立ちが整っている〟ことを表す「眉目秀麗《びもくしゅうれい》」、〝悩みが解ける〟ことを意味する「愁眉《しゅうび》を開く」、〝まゆに火の粉が降りかかるような、せっぱつまった状態〟をいう「焦眉《しょうび》の急」など、慣用句的でやや古風なものが多い。一方、ミは奈良時代以前からある古い音読みで、「眉間《みけん》」くらいでしか使われないが、この熟語は日常的にも用いられる。古いものは実は意外と身近に残っていることを、教えてくれる漢字である。

び
美
9画
［音読み］ビ、ミ
［訓読み］うつく-しい
［部首］羊（ひつじ）

目も耳も舌も喜ぶ！

「美男《びなん》」「美少年《びしょうねん》」「美《うつく》しいバラ」など、**〝見た目にきれいである〟**ことを表すのが、代表的な意味。また、「美声《びせい》」「音色が美《うつく》しい」のように**〝耳で聞いてきれいである〟**ことを意味する場合もあれば、「美食《びしょく》」「美酒《びしゅ》」など**〝おいしい〟**ことをいう場合もある。「美味《おい》しい」は、日本語「おいしい」の意味を漢字で表現した当て字的表現。

匂いや肌触りについて使う例は見かけないが、全般的に**〝感覚的に心地よい〟**ことを表す。名前で「よし」と読むのは、「よい」の古語。転じて、「美談《びだん》」「美徳《びとく》」「美《うつく》しい生き方」のように、**〝人びとからほめられるような〟**という意味にもなる。「賞美《しょうび》」「賛美《さんび》」「褒美《ほうび》」では、**〝ほめる〟**こと。

なお、「美容《びよう》」「美顔《びがん》」「美脚《びきゃく》」「美肌《びはだ》」などでは、〝きれいである〟というよりは**〝きれいにする〟**という意味合いが強い。

成り立ちについては、部首「羊」に「大」を組み合わせて、〝神さまに捧げる大きなひつじ〟を表すとする説が優勢。ただし、「羊」と「大」を合わせて〝ひつじの全体像〟を指すと考える説にも、説得力があると思われる。

なお、音読みミは奈良時代以前からある古い読み方。現在では、固有名詞で使われるのがほとんどである。

び
備
12画
［音読み］ビ
［訓読み］そな-える
［部首］イ（にんべん）

先のことを見通して…

「備品《びひん》」「準備《じゅんび》」「予備《よび》」「備忘録《びぼうろく》」「万一に備《そな》える」など、**〝用意しておく〟**ことを表す。また、「完備《かんび》」「具備《ぐび》」「冷暖房が備《そな》わっている」のように〝**用意されている**〟という意味でも用いられる。「設備《せつび》」「軍備《ぐんび》」などは、〝**用意されたもの**〟を指す例。常に先を見通している、クレバーな漢字である。

◆訓読み「そなえる／そなわる」では、「供」（p121）「具」（p136）との使い分けが問題となる。「供」は〝差し出す〟ことなので、「備」「具」との違いは比較的明確。だが、「具」は〝持ち合わせている〟ことだから、〝用意をする〟の「備」との区別はむずかしい。現在では、「備」を書く方が一般的なので、迷ったらこちらを書くか、かな書きしておくのが無難である。

部首「亻」は「人」の変形で〝動作や状態〟を表し、「𤰇《び》」は〝矢を入れるもの〟を表す。合わせて、本来は〝矢を用意しておく〟という意味だったと考えられている。

び 琵

12画　［音読み］ビ　［部首］玉（たま）

ベンベンと弦をかき鳴らす

「琵琶《びわ》」の形でしか使われない漢字。紀元前後の時代にインドやイランから伝わってきたという、**弦楽器の一種**。「玨」は〝弦を張ってある形〟で、「比」は、ここでは〝びわ〟の音を表す。本来は、「琵琶」の二文字で〝びわ〟の音を表す擬音語だったと考えられている。

なお、部首を「王」とするのは形の上から便宜的に分類されたもので、意味の関係はない。似た造りの漢字としては、「琴」（p132）が挙げられる。

び 微

13画　［音読み］ビ、ミ　［訓読み］かす-か　［部首］彳（ぎょうにんべん）

気づかないかもしれないけれど…

「微妙《びみょう》」「微風《びふう》」「軽微《けいび》」など、「微《かす》かな望み」など、〝**あるかないかわからない程度の**〟という意味を表す。また、「微生物《びせいぶつ》」「顕微鏡《けんびきょう》」のように、〝**肉眼ではわからないほど小さい**〟ことを指す場合もある。気づかないかもしれないがきちんと存在しているという、片想いのような漢字である。

転じて〝地位が低い〟ことをも表し、さらに変化して、**ほかの漢字の前に付けて自分のことをへりくだっていう**はたらきもする。「微力《びりょく》を尽くす」「微志《びし》を示す」などがその例。

音読みはビを用いるのが大原則。ミは奈良時代以前からある古い読み方で、現在では「微塵《みじん》」くらいでしか使われない。また、「微笑《びしょう》」を「ほほえみ」と読むのは、漢字の熟語をそのまま、意味を表す日本語で読む当て字的表現。

部首「彳」は〝移動〟を表す記号。本来は〝他人にはわからないようにこっそり出かける〟ことを表していた、と考える説が有力である。

び 鼻

14画　［音読み］ビ　［訓読み］はな　［部首］鼻（はな）

呼吸をするから臭いもかげる

顔の一部〝はな〟を表す。

〝はな〟の絵から生まれた「自」（p241）に、「畀《ひ》」を付け加えて作られた漢字で、以前は「廾」を「丌」にした「鼻」と書くのが正式。「畀」については、〝空気が通る穴〟を表すとか、〝はな息の音〟を表すなどの説がある。〝におい〟よりは〝呼吸〟の方に重点を置いて、〝はな〟を捉えた漢字のようである。

部首としては？

〝はな〟に関係する漢字の部首となるが、その例は少ない。現在でも使われるものとしては、「鼾《いびき》」があるくらい。部首「自」に合併してしまってもよいくらいだが、それでも一つの部首となっているところが、顔のど真ん中にひかえる〝はな〟の存在感というものなのだろう。

ひき

匹

4画

［音読み］ヒツ
［訓読み］ひき
［部首］匚（はこがまえ）

なんだかはっきりしないなぁ

「羊が一匹《いっぴき》」「三匹《さんびき》の子ぶた」のように、**動物を数えることば**として使われるのが、代表的な例。大昔は、馬を数えることばだったという。

また、「匹敵《ひってき》」では〝**二つが並ぶ**〟という意味。「匹夫《ひっぷ》」では〝**身分が低く平凡である**〟ことを表す。そのほか、**織物の長さの単位**としても用いられる。

全体的に見て、意味の焦点がはっきりしない漢字。成り立ちについても諸説がある。部首「匚」も、形の上から便宜的に分類されたもの。

なお、訓読み「ひき」については、音読みの一種だと考える説もある。どこまでも、はっきりとしない漢字である。

ひげ

髭

16画

［音読み］シ
［訓読み］ひげ
［部首］髟（かみがしら）

厳密になると窮屈かも？

部首「髟」は〝かみの毛〟を表す。「口髭《くちひげ》」「ちょび髭《ひげ》」「カイゼル髭《ひげ》」など、**口のまわりに生える毛**〝**ひげ**〟を指す。現在では音読みが用いられることはほとんどない。

現在は〝ひげ〟全般について使うが、本来は一〇〇〇円札の夏目漱石のような、〝口の上に生えたひげ〟を指す漢字。厳密にいえば、〝ほおひげ〟を表すのは「髯《ぜん》」、〝あごひげ〟を指すのは「鬚《しゅ》」である。

ひこ

彦

9画

［音読み］ゲン
［訓読み］ひこ
［部首］彡（さんづくり）

見るからにステキだわ！

現在では、名前以外で使われるのはまれ。本来は、〝**立派な男性**〟を表す。

以前は「彥」と書くのが正式。部首「彡」も「文」もともに〝模様〟を表すので、〝外見が整っている〟という意味合いが強い。パッと見からも内面の豊かさがうかがえるようなイケメンを指すらしく、ちょっと嫉妬したくなる漢字である。

ひざ

膝

15画

［音読み］シツ
［訓読み］ひざ
［部首］月（にくづき）

音読みはむずかしい…

部首「月」は「肉」の変形で、〝肉体〟を表す記号。**脚の関節の前側の部分**〝**ひざ**〟を表す。ほとんどの場合、訓読みで用いられ、音読みは「膝蓋骨《しつがいこつ》」など専門的な用語でしか使われない。「膝関節《しつかんせつ》」でも、実際には「ひざ」と読まれる方が多いと思われる。

ひじ

肘

7画

［音読み］チュウ
［訓読み］ひじ
［部首］月（にくづき）

もっと大事に扱って！

部首「月」は「肉」の変形で、〝肉体〟を表す記号。「肘《ひじ》かけ」「肘《ひじ》あて」「テニス肘《ひじ》」などがその例。**腕の関節の外側の部分**〝**ひじ**〟を表す。

◆「ひじ」と訓読みする漢字には、ほかに「肱《こう》」「臂《ひ》」があるが、現在は「肘」を使うのが一般的。本来は「肱」は〝上腕〟を、「臂」は〝腕全体〟を指す漢字だが、すべて「ひじ」と訓読みしてしまうのは、日本語のちょっとぞんざいな習慣である。

音読みで用いられることは少なく、しいて挙げれば「掣肘《せいちゅう》」があるくらい。〝ひじを引っ張る〟ことから、〝自由に行動させない〟という意味で用いられる。

ひつ

必

5画

［音読み］ヒツ
［訓読み］かなら-ず
［部首］心（こころ）

未来をしばって動かさない！

「必勝《ひっしょう》」「必着《ひっちゃく》」「必要《ひつよう》」「必《かなら》ず来てね」「必《かなら》ずしもおしまいとは限らない」など、〝**絶対に**〟という意味を表す。

部首「心」は、未来に対する強い気持ちを表すこの漢字の意味と深い関係がありそう。しかし、古代文字では「〓」と書かれ、「心」の古代文字「〓」とは似ても似つかない。「〓」は〝棒に何かをくくりつけてある形〟で、大昔の中国語で〝絶対に〟を意味することばと発音が似ていたことから、当て字的に使われるようになった、と考えられている。

とはいえ、〝くくりつけて動かさない〟ことと〝絶対に〟の間にイメージのつながりがあるのは、偶然ではないだろう。「必」の表す〝絶対に〟は、気持ちよりももっと具体的な問題だったのかもしれない。

ひつ 泌

8画

［音読み］ヒツ、ヒ
［部首］氵（さんずい）

どちらだって大丈夫

〝**体内の器官から液体がにじみ出る**〟ことを表す。「泌《ひ》尿器《にょうき》」「分泌《ぶんぴつ》」がその例。二種類の音読みはどちらで読んでもよく、「泌尿器《ひつにょうき》」「分《ぶん》泌《ぴ》」も間違いではない。

なお、「しみる」と訓読みして〝じんわりと強く感じる〟という意味で使われている例も見かけるが、これは形のよく似た「沁《しん》」と勘違いしたものと思われる。

ひつ 筆

12画

［音読み］ヒツ
［訓読み］ふで
［部首］竹（たけかんむり）

道具はやっぱり大切だ！

文字や絵を書くための道具〝**ふで**〟を表す。「聿（ふでづくり）」だけで〝ふで〟を表すが、柄に竹を用いることが多いので、部首「竹」を加えて「筆」が作られた。

転じて、「鉛筆《えんぴつ》」「硬筆《こうひつ》」「万年筆《まんねんひつ》」など、広く〝**文字や絵を書くための道具**〟を指す。また、「筆記《ひっき》」「筆算《ひっさん》」「代筆《だいひつ》」「筆無精《ふでぶしょう》」など、〝**文字や絵画を書く**〟という意味にもなる。さらに、「達筆《たっぴつ》」「絶筆《ぜっぴつ》」「末筆《まっぴつ》」になりますが」では、〝**書かれた文字や絵画**〟を表す。「筆頭《ひっとう》」とは、〝連名の中で最初に書かれている〟こと。

道具を表す漢字が、それを使ってする作業や、そこから生み出されるものまで表すのは、ちょっとおもしろい現象。「弘法《こうぼう》は筆《ふで》を選ばず」とはいうものの、〝ふで〟の力はやはり偉大なのである。

ひめ 姫

10画

［音読み］キ
［訓読み］ひめ
［部首］女（おんなへん）

時が経つにつれ若くなる!?

〝**高貴な女性**〟を表す。本来は〝身分が高い成人女性〟一般を指す漢字で、いわゆる〝**奥方さま**〟をも表した。しかし現在では、〝**女の子**〟や〝**結婚前の女性**〟に対して、その愛らしさ、華やかさを強調して用いる。時の流れに逆行して若返ったという、夢のような漢字である。

「お姫《ひめ》さま」「あんみつ姫《ひめ》」のように、訓読みで読むことが多く、音読みは現在ではほとんど使われない。また、以前は「姫」と書くのが正式。「𦣝」は、この漢字では〝乳房〟を表すとする説が有力である。

ひゃく 百

6画

［音読み］ヒャク、ハク
［訓読み］もも
［部首］白（しろ）

きちんと数えたわけではないが…

〝**数の一〇〇**〟を表す。「百獣《ひゃくじゅう》の王」「百戦《ひゃくせん》錬磨《れんま》」「百聞《ひゃくぶん》は一見に如《し》かず」「凡百《ぼんぴゃく》の職人では及ばない」など、〝**数や回数がとても多い**〟ことを指す場合も多い。

音読みはヒャクを用いるのが大原則。ハクは平安時代ごろに正式とされた読み方だが、現在では習慣的に使われるだけ。『おくのほそ道』の冒頭「月日は百代《はくたい》の過《か》客《かく》にして…」は、その例である。

訓読み「もも」は、〝一〇〇〟を意味する古語。現在では、「百瀬《ももせ》」「百恵《ももえ》」などの固有名詞で見かけることがある。「八百屋《やおや》」「八百万《やおよろず》」の「やお」は、〝とても数が多い〟ことを表す古語で、「八百」の二文字を合わせて「やお」と読むと考えるのがよさそう。「百」を「お」と読んでいるわけではない。また、「百合《ゆり》」「百日紅《さるすべり》」は、植物名の漢字の熟語をそのまま、日本語名で読む当て字的表現。

成り立ちとしては、数の代表「一」に、発音を表す「白」を組み合わせたもの。部首は「白」だが、〝しろい〟という意味とは関係がない。

ひょう 氷

5画

［音読み］ヒョウ
［訓読み］こおり、ひ
［部首］水（みず）

ちょっとだけ省略しました！

〝温度が低くなって固まった水〟を表す。「氷河《ひょうが》」「製氷器《せいひょうき》」「氷枕《こおりまくら》」などがその例。

◆訓読みでは「凍」（p453）との使い分けが問題となる。「凍」には〝全体ががっちりこおる〟というニュアンスがあるのに対して、「氷」は一般的に〝こおる〟ことを指す。ただ、その違いは微妙なので、現在では、「氷」は「こおり」と読んで〝温度が低くなって固まった水〟を指す場合だけ使い、「こおる」は「凍」を書くのが一般的である。

なお、「氷雨《ひさめ》」「氷室《ひむろ》」などで用いられる訓読み「ひ」は、〝こおり〟を表す古語。

本来は「冰」と書かれた漢字で、〝こおる〟ことを表す部首「冫（にすい）」に「水」を組み合わせたもの。「氷」はその省略形で、中国では今でも「冰」を用いる。この漢字に関しては、日本人は中国人よりもちょっとだけめんどくさがりだったようである。

ひょう 表

8画

［音読み］ヒョウ
［訓読み］おもて、あらわ-す
［部首］衣（ころも）

毛皮のコートの変わりっぷり

大昔には「裘」と書かれ、部首「衣」と「毛」を組み合わせた漢字。〝毛皮の上着〟から変化して、**〝ものごとの一番外側や、ふつうに見えている面〟**をいう。「表紙《ひょうし》」「地表《ちひょう》」「Tシャツの表《おもて》」などがその例。

転じて、**〝わかるように示す〟**ことをも意味する。「表示《ひょうじ》」「表明《ひょうめい》」「発表《はっぴょう》」「感謝の気持ちを表《あらわ》す」「結果が数値に表《あらわ》れる」などがその例。ここから変化して、「年表《ねんぴょう》」「一覧表《いちらんひょう》」「時刻表《じこくひょう》」のように、**〝ものごとの全体像や変化などを、わかりやすく示したもの〟**を指しても用いられる。

昔は**〝主君に対して自分の気持ちを示した文書〟**をいうこともあり、「辞表《じひょう》」はそのなごり。毛皮のコートがここまで変化したかと思うと、感慨深いものがある。

「表玄関《おもてげんかん》」「表沙汰《おもてざた》」「表街道《おもてかいどう》を歩む」「表《おもて》の顔と裏の顔」などでは、**〝公式な〟〝世間向きの〟**という意味。ただし、これは日本語独自の用法である。

◆訓読み「あらわす／あらわれる」では、「現」（p168）との使い分けがむずかしい。「表」は、「意欲を行動に表《あらわ》す」「失意の表《あらわ》れ」のように、〝ある人の考えや気持ちなどが他人にもわかるようになる〟場合に用いられることが多い。対する「現」は、〝考えや気持ち〟以外について使う、と考えるのがよさそう。ただし、〝出版物としてまとめる〟場合だけは「著」（p416）を使う。また、〝世の中に示してほめたたえる〟という意味で「顕」（p164）を書くこともある。

なお、「あらわす」は「あらわさない、あらわします…」と活用するので、「す」だけを送りがなとするのが標準。ただし、「敬意を表《ひょう》す」のように読む場合との区別が付きにくいので、「わす」を送りがなとする方を好む人も多い。

ひょう
俵
10画
[音読み]ヒョウ
[訓読み]たわら
[部首]イ（にんべん）

"人"との関係はどこに？

お米や炭などを包むために**わらなどで編んだ"たわら"**を表す。この意味からすると、「人」が変形した部首「イ」が付いているのは、ちょっと不思議。実は、これは日本語独自の用法で、本来は"人びとに分け与える"ことを表す漢字。"たわら"を表すのは、お米や炭を"分け与える"ために使うからかと思われる。

ひょう
票
11画
[音読み]ヒョウ
[部首]示（しめす）

軽いけれども重いもの

「投票《とうひょう》」「伝票《でんぴょう》」「票決《ひょうけつ》」「受験票《じゅけんひょう》」「認識票《にんしきひょう》」など、**"一つしかない重要な内容を記した札"**を表す。「票読《ひょうよ》み」のように、特に**"投票の結果"**を指すこともある。

古代文字では「〓」と書き、部首「示」は「火」の変形。本来は、"火の粉が舞う"ことを表し、転じて"薄くて軽い札"を指すようになった。ただし、現在では"書いた人が内容に責任を持つ札"というニュアンスが強く、重い意味合いを持つ。「一票《いっぴょう》」を軽んじてはいけないのである。

ひょう
評
12画
[音読み]ヒョウ
[部首]言（ごんべん）

他人の意見も聞きましょう！

「評価《ひょうか》」「評判《ひょうばん》」「論評《ろんぴょう》」「品評《ひんぴょう》」「批評《ひひょう》」のように、**"ものごとの善し悪しや価値を判断する"**ことを表す。「戦評《せんぴょう》」「劇評《げきひょう》」「寸評《すんぴょう》」「合評《がっぴょう》」「総評《そうひょう》」などなど、ほかの漢字のあとに付いて多くの熟語となるほか、「彼の評《ひょう》は厳しい」のように、音読みが単独で用いられることもある。

以前は「評」と書くのが正式。部首「言」と「平／平」を組み合わせてあるところから、本来は"話し合って公平に判断する"ことだと考えられている。何をどう「評《ひょう》する」にせよ、よく考えて公平に行いたいものである。

ひょう
雹
13画
[音読み]ハク
[訓読み]ひょう
[部首]雨（あめかんむり）

どこから来たのかはっきりしないが…

"空から降ってくる氷のかたまり"を表す。現在では、直径五㎜以上で、主に雷に伴って降るものをいう。

訓読み「ひょう」は、音読みハクが変化したものとか、「包」の古い音読みヒョウに基づくものとか、「氷《ひょう》」に由来するもの、「氷雨《ひょうう》」から転じたものなど、語源に諸説がある。どの説であれ、限りなく音読みに近い訓読みである。

ひょう
漂
14画
[音読み]ヒョウ
[訓読み]ただよ-う
[部首]氵（さんずい）

しっかりしないはっきりもしない

部首「氵」は「水」の変形。「票」（p519）には"火の粉が舞う"という不安定なイメージがある。合わせて**"不安定な状態で水に浮かぶ"**という意味となり、「漂流《ひょうりゅう》」「漂着《ひょうちゃく》」「波間に漂《ただよ》う」などがその例。「漂泊《ひょうはく》」のように、比喩的に用いられて**"さすらう"**ことをも表す。

転じて、「風船が漂《ただよ》う」「香りが漂《ただよ》う」など**"不安定な状態で空気中に浮かぶ"**という意味にもなる。また、「怖ろしい雰囲気が漂《ただよ》う」のように、**"なんとなくある気配が感じられる"**ことを指す場合もある。

一方、水に浮かべることから、**"布などを流れに浸して色を取り除く"**ことをもいう。「漂白《ひょうはく》」がその例で、現在では**"薬品を使って色を取り除く"**ことをも表す。そこはかとなく意味が変化していく不安定さが、かえって魅力的である。

ひょう 標 15画

［音読み］ヒョウ
［訓読み］しるべ、しめ
［部首］木（きへん）

みんなによく見えるように！

「標識《ひょうしき》」「目標《もくひょう》」「商標《しょうひょう》」「座標《ざひょう》」「道標《みちしるべ》」など、**〝目印〟**を表すのが基本的な意味。やや転じて、「標本《ひょうほん》」「標準《ひょうじゅん》」のように、**〝判断の基準を示すもの〟**を指すこともある。

訓読み「しめ」は、**〝入ってはいけない場所を示す印〟**を意味する古語。現在でも「標縄《しめなわ》」で用いられている。

「票」（p519）には〝高く舞い上がる〟という意味があり、部首「木」を加えて、本来は〝樹木の高い枝先〟を表す。転じて〝目印となる高い柱〟を指すようになった。自分のための目印というよりは、みんなのための目印という意味合いが強い。

びょう 秒 9画

［音読み］ビョウ
［部首］禾（のぎへん）

追われているのは現代人だけ？

「三〇秒《びょう》」「秒速《びょうそく》」「秒針《びょうしん》」など、**時間の単位**の一つ、〝一分の六〇分の一〟を表すのが、代表的な意味。また、**角度の単位**の一つとしても〝一分の六〇分の一〟を指すこともある。

部首「禾」は〝穀物〟を表す記号で、「少」は〝小さい〟という意味。組み合わせて、本来は〝穀物のとても小さな穂先〟を表す。古くから非常に小さな数を指す漢字として使われていたが、時間の単位となったのは、一六世紀ごろ、ヨーロッパの影響を受けて以降のことである。

びょう 病 10画

［音読み］ビョウ、ヘイ
［訓読み］やまい、や-む
［部首］疒（やまいだれ）

重くなりませんように…

「病気《びょうき》」「熱病《ねつびょう》」「五月病《ごがつびょう》」「いもち病《びょう》」など、**〝心身の状態がおかしくなる〟**ことを表す。

音読みで読まれるのが一般的。「恋の病《やまい》」「胸を病《や》む」「病《や》んだ体」のように訓読みを用いると、やや古めかしく雰囲気のある表現となる。

音読みはビョウを用いるのが大原則。ヘイは平安時代ごろに正式とされた読み方だが、現在では、「疾病《しっぺい》」以外で使われることはほとんどない。

部首「疒」は〝心身の不具合〟を表す記号。本来は〝病気が重くなる〟ことを意味していたらしい。どんなに軽くても、「病気」に油断は禁物なのである。

びょう 描 11画

［音読み］ビョウ
［訓読み］えが-く、か-く
［部首］扌（てへん）

どんなふうかを伝えるために

「描写《びょうしゃ》」「点描《てんびょう》」「風景を描《えが》く」「絵描《えか》きさん」のように、**〝何かの姿や状態を絵や文章などで表現する〟**ことを表す。

◆訓読み「かく」では、「書」（p281）との使い分けが気になるところ。「書」が一般的に〝絵や文章などをかく〟場合に用いられるのに対して、「描」を用いると〝何かの姿や状態を表現する〟というニュアンスが強くなる。また、「五線譜に描《か》く」「絵コンテを描《か》く」「眉を描《か》く」のように、文字でないものに重点がある場合にも「描」を使うことが多い。

部首「扌」は「手」の変形。「苗」が何を表すかは諸説がある。

ひん 品 9画

［音読み］ヒン
［訓読み］しな
［部首］口（くち）

コレクターならだれだって…

部首「口」は、ここでは〝くち〟ではなく、〝モノ〟を表す。〝モノ〟を三つ組み合わせて**〝さまざまなモノ〟**を指すのが基本的な意味で、「金品《きんぴん》」「商品《しょうひん》」「品物《しなもの》」「お礼の品《しな》」

などがその例。

転じて、**〝さまざまなものを性質によって分類する〟**という意味でも用いられる。「品質《ひんしつ》」「上品《じょうひん》」「品種《ひんしゅ》」「品目《ひんもく》」などがその例。「新品《しんぴん》」「品定《しなさだ》め」のように**〝ものの性質〟**を指すこともあり、「品格《ひんかく》」「品行《ひんこう》」「気品《きひん》」「品《ひん》がある」などは、それが**〝人間のよい性質〟**へと変化したもの。

さらには、**〝さまざまなものをランク付けする〟**という意味ともなる。「品評《ひんぴょう》」がその例。たくさんの〝もの〟を前にすると、分類したりランクを付けたりしたくなるのは、人間の習性なのかもしれない。

ひん 浜

10画

［音読み］ヒン
［訓読み］はま
［部首］氵（さんずい）

訓読みでは活躍するけど

部首「氵」は「水」の変形。**〝波打ち際の平地〟**を表す。

「浜辺《はまべ》」「砂浜《すなはま》」「浜《はま》で寝ころぶ」のように訓読みで使われることが多く、音読みの熟語には「海浜《かいひん》」がある程度。ただし、「京浜《けいひん》」のように地名の**「横浜」の省略形**として用いられることがある。

以前は「濱」と書くのが正式。「浜」は本来は〝小さな水路〟という意味で、「濱」とは別の漢字だったが、後に「濱」の略字としても用いられるようになった。また、省略された固有名詞では、「濱」がやや使われることも多い。

ひん 貧

11画

［音読み］ヒン、ビン
［訓読み］まず-しい
［部首］貝（かい）

一文字でも表現力は十分！

部首「貝」は〝お金や宝物〟のこと。「貧困《ひんこん》」「貧民《ひんみん》」「清貧《せいひん》」「貧《まず》しい生活」のように、**〝財産が少ない〟**ことを表す。転じて、**〝才能や体格・内容などが乏しい〟**という意味でも用いられる。「貧血《ひんけつ》」「貧弱《ひんじゃく》な戦力」「貧相《ひんそう》な格好」「発想が貧《まず》しい」などがその例。

あると力になるものについて、それが少ないことを表す漢字。一文字でその意味合いを十分に感じさせるらしく、「じり貧《ひん》」のような使い方がされるのも、特徴的である。

音読みはヒンを用いるのが原則。ビンは、奈良時代以前からある古い読み方で、現在では「貧乏《びんぼう》」に残っている。

ひん 賓

15画

［音読み］ヒン
［部首］貝（かい）

お金をかけたおもてなし

「賓客《ひんきゃく》」「主賓《しゅひん》」「来賓《らいひん》」「貴《き》賓席《ひんせき》」など、**〝大切な客〟**を表す。以前は、「少」が「少」になった「賓」と書くのが正式。〝お金や宝物〟を表す部首「貝」と、〝建物〟を表す「宀（うかんむり）」が付いていることから、本来は〝立派な建物の中で豪華なもてなしをする相手〟を表していたと考えられる。

なお、「まろうど」と訓読みすることもあるが、現在では古語の部類だろう。

ひん 頻

17画

［音読み］ヒン
［訓読み］しき-りに
［部首］頁（おおがい）

くり返す理由がよくわからない！

「頻発《ひんぱつ》」「頻出《ひんしゅつ》」「頻度《ひんど》」「頻《しき》りにねだる」など、**〝何度もくり返す〟**ことを表す。ただし、本来の意味ははっきりしない。部首「頁」は〝頭部〟を表す記号なので、もとは「顰《ひん》蹙《しゅく》」の「顰」と同じで〝顔をしかめる〟ことを表すとか、もとは「瀕《ひん》死《し》」の「瀕」と同じで〝波が打ち寄せる〟ことを表すとか、〝波打ち際での儀式〟をいうなどの説がある。どれもそれぞれの根拠があるが、〝何度も〟という意味とのつながりはよくわからない。

なお、以前は「歩」を「步」とした「頻」と書くのが正式。

びん 敏 10画

［音読み］ビン
［訓読み］さと-い
［部首］攵（のぶん）

天才はたいてい落ち着きが…

「敏速《びんそく》な行動」「俊敏《しゅんびん》なプレー」のように、〝**瞬間的に素速く動く**〟ことを表す。名前で「とし」と読むのは、〝素速い〟ことを表す古語「とし」に由来するもの。

転じて、「機敏《きびん》」「敏腕《びんわん》」「利益に敏《さと》い」のように〝**頭の回転が速い**〟ことをも表す。名前で「さとし」と読むのは、訓読み「さとい」の古語。

また、瞬間的に反応するところから、〝**反応が鋭い**〟という意味でも用いられる。「敏感《びんかん》」「鋭敏《えいびん》」「過敏《かびん》」などがその例。時には落ち着きがなく、行き過ぎにもなりかねないが、瞬発力が身の上の漢字である。

以前は「敏」と書くのが正式。成り立ちには諸説があって、よくわからない。

びん 瓶 11画

［音読み］ビン、ヘイ
［訓読み］かめ
［部首］瓦（かわら）

音読みって伝染するの!?

〝**口が細くて胴がふくれた、主に液体を入れる容器**〟を表すのが、代表的な意味。「花瓶《かびん》」「ガラス瓶《びん》」などがその例。「土瓶《どびん》」「鉄瓶《てつびん》」では、特に〝**お湯をわかすための容器**〟をいう。「魔法瓶《まほうびん》」はそのバリエーション。

以前は「瓶」と書くのが正式。部首「瓦」は〝陶器〟を表すので、「瓶」も本来は陶器を指したのだろうが、現在ではさまざまな素材のものについて使われる。

音読みビンは、鎌倉時代ごろ以降に生まれた比較的新しい音読み。昔はヘイと読み、〝とっくり〟を意味する「瓶子《へいじ》」のように用いられた。また、〝井戸から水をくみ上げるときに使う道具〟を表す「釣瓶《つるべ》」では、ヘイが変化してべと読む。

なお、ガラス製の〝びん〟は、「罎《びん》」と書かれることもある。ただし、「罎」の本来の音読みはドンで、「瓶」の音読みが転用されてビンと読まれるようになったもの。また、「牛乳《ぎゅうにゅう》びん」「哺乳《ほにゅう》びん」のように、かな書きされることも多い。

訓読み「かめ」は、主に〝**大型のつぼ**〟を指す。現在ではあまり用いられないが、「瓶《かめ》にさす藤の花ぶさみじかければ…」という正岡子規の短歌は、有名である。

ふ

ふ 不 4画

［音読み］フ、ブ
［訓読み］ず
［部首］一（いち）

いろいろな〝ない〟がある

「不足《ふそく》」「不調《ふちょう》」「不変《ふへん》」「不《ふ》可能《かのう》」「不言実行《ふげんじっこう》」など、**ほかのことばの前に付いて〝○○しない〟〝○○でない〟という意味を表す**はたらきをする。「不心得《ふこころえ》」「不渡《ふわた》り」「不行《ふゆ》き届《とど》き」のように、ほかの漢字の訓読みと結びつくこともある。また、「不機嫌《ふきげん》」「不始末《ふしまつ》」「不都合《ふつごう》」など、〝○○**が悪い**〟という意味だと考えるとわかりやすい場合も少なくない。

漢文では、「不足」を「足《た》らず」、「不調」を「調《ととの》わず」と読むので、「不」の訓読みは「ず」ということになる。ただし、現在ではこの「ず」を漢字で書き表すのは、東京の「不忍池《しのばずのいけ》」や新潟県の「親不知《おやしらず》」のような固有名詞くらいのものである。

音読みはフを用いるのが原則。ただし、

「不精《ぶしょう》」「不器用《ぶきよう》」「不格好《ぶかっこう》」などでは、慣用的にブと読む。

◆似たはたらきをする漢字に「無」（p581）があり、違いがよく問題とされる。「無」が〝○○がない〟という意味なのに対して、「不」は〝○○しない〟〝○○でない〟ことを表すのが基本。ただし、「不徳《ふとく》」「不規則《ふきそく》」「不義理《ふぎり》」のように、「不」にも〝○○**がない**〟という意味だと考える方が自然な場合がある。そのため、特にブと音読みする場合には、「不精《ぶしょう》／無精《ぶしょう》」「不《ぶ》粋《すい》／無粋《ぶすい》」「不気味《ぶきみ》／無気味《ぶきみ》」のように、どちらも使われるものが多い。

古代文字では「」と書き、花の〝めしべ〟や〝がく〟の絵だとする説が有力。大昔の中国語では〝○○しない〟〝○○がない〟ことを表すことばと発音が似ていたことから、当て字的に用いられたものと考えられている。

ふ

夫

4画

［音読み］フ
［訓読み］おっと
［部首］大（だい）

とにもかくにも男なのだ！

部首「大」は、〝人が両手両足を広げて立っている形〟。それに横棒を一本付け加えて、〝頭にかんざしを付けた人〟を表す。この〝かんざし〟は冠を留める道具で、成人男性の正装。そこから、**〝成人男性〟**を指す漢字となる。名前で「お」と読むことが多いのは、〝男性〟を表す日本語「お」に基づくもの。

「夫婦《ふうふ》」「夫妻《ふさい》」「彼女の夫《おっと》」では、女性と対比して**〝結婚相手としての男性〟**を指す。また、「農夫《のうふ》」「水夫《すいふ》」「郵便配達夫《ゆうびんはいたつふ》」のように、**〝仕事をする男性〟**をいうこともある。全体として、男性の役割や男性らしさに力点を置いて〝男性〟を表す漢字で、「美丈夫《びじょうぶ》」「情夫《じょうふ》」なども、そういう観点から理解したい熟語である。

なお、「夫婦《ふうふ》」でフウと読むのは、音読みフが引き伸ばされたもの。また、「工《く》夫《ふう》」は中国でも古くからあることばだが、「夫」の意味についてはよくわからない。

ふ

父

4画

［音読み］フ
［訓読み］ちち
［部首］父（ちち）

昔のしつけは厳しかった！

言うまでもなく**〝男親〟**を表す。訓読み「ちち」は、昔は「てて」「とと」などとも言った。「父《とう》さん」は、「ととさん」の変化したもの。

古代文字では「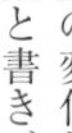」と書き、〝斧《おの》や鞭《むち》を手に持った形〟。そこから家族をリードする〝男親〟を表すようになった、と考えられている。

部首としては？

漢和辞典では部首の一つだが、「父」を部首とする漢字には、日常的に使われるものとしては「爺」（p595）がある程度。「母」（p551）を部首とする漢字も少なく、「子」（p226）が多くの漢字の部首となっているのとは対照的である。

ふ

付

5画

［音読み］フ
［訓読み］つ-く、つ-ける
［部首］亻（にんべん）

渡したあとはお願いね！

「付加《ふか》」「付録《ふろく》」「添付《てんぷ》」「手《て》垢《あか》が付《つ》く」「飾りを付《つ》ける」「条件を付《ふ》す」のように、**〝離れないように一緒にする〟**ことを表すのが、代表的な意味。ただし、本来は「人」が変形した部首「亻」に〝手〟を表す「寸」（p327）を組み合わせた漢字で、**〝相手にきちんと渡す〟**ことを意味する。「付与《ふよ》」「交付《こうふ》」「送付《そうふ》」「納付《のうふ》」などが、その例となる。

転じて、**〝渡して相手に任せる〟**という意味ともなり、「付託《ふたく》」「会議に付《ふ》す」がその例。「一笑に付《ふ》す」「不問に付《ふ》す」などでは、**〝ある状態のままで放っておく〟**こと。

一方、日本語では、「肉付《にくづ》き」「枝付《えだつ》き」

「インクの付《つ》きが悪い」など〝**離れないでいる状態**〟をも表す。ここから、「手《て》付《つ》き」「顔《かお》付《つ》き」「ことば付《つ》き」など、**主に人に関する〝状態〟**を指すこともある。

◆「つく／つける」と訓読みする漢字には「着」（p411）「就」（p267）などもあって、使い分けがむずかしい。その中で「付」は、「名前を付《つ》ける」「点数を付《つ》ける」「送《おく》り付《つ》ける」のように〝きちんと与える〟場合や、「ランチには飲み物が付《つ》く」「残業なら付《つ》き合《あ》いますよ」「デートに母親が付《つ》いてくる」「泣《な》き付《つ》く」など、〝ぴったりと離れない〟場合に用いられる。それに対して、「着」は、「つく」と読んで〝ある地点に至る〟場合に、「つける」と読んで〝身につける〟場合に用いる。また、「仕事に就《つ》く」のように〝安定して行い始める〟場合には「就」を書くことが多い。ただし、まぎらわしい場合がとても多いので、迷ったらかな書きするのがおすすめ。なお、〝明かりを灯す〟場合に「点」（p441）を使うこともある。

このほか、日本語「つく／つける」は、「決心が付《つ》く」「クレームが付《つ》く」「勝負を付《つ》ける」「記録を付《つ》ける」「決《き》め付《つ》ける」「義務付《づ》ける」など、〝**あるはっきりした状態になる／する**〟という意味合いで使われることがある。これらの場合も漢字なら「付」を使うが、かな書きされることも多い。

◆「附」（p525）との意味の違いについてもいろいろな説明があるが、現在では、「付」「附」は同じように使われている。ただし、「附属《ふぞく》高校」のようにオフィシャルな雰囲気を出したいときに、「附」を用いる傾向があるようである。

ふ

布

5画

〔音読み〕フ、ホ
〔訓読み〕ぬの、し-く
〔部首〕巾（はば）

呉服屋さんの店先で…

「布団《ふとん》」「布巾《ふきん》」「毛布《もうふ》」「湿布《しっぷ》」「布《ぬの》地《じ》」「ぼろ布《ぬの》」など、〝**織物**〟を表すのが本来の意味。部首「巾」は〝ぬのきれ〟を表す記号。

織物を広げるところから、〝**広げる／広がる**〟ことをも表し、「分布《ぶんぷ》」がその例。やや転じて、「布陣《ふじん》」では、〝**配置する**〟こと。「配布《はいふ》」「散布《さんぷ》」などでは、〝**広い範囲に行き渡らせる**〟という意味ともなる。「布施《ふせ》」は、本来は仏教で〝人びとに施しものをする〟こと。「公布《こうふ》」「布教《ふきょう》」「布告《ふこく》」では、特に〝**情報を広く知らせる**〟ことをいう。

◆訓読み「しく」は、現在では「敷」（p528）を使うのがふつう。ただし、「戒厳令を布《し》く」のように〝**法律や命令などを発する**〟場合に、「布」を書くことがある。

音読みはフを用いるのが大原則。ホは、平安時代ごろに正式とされた読み方だが、現在では、七福神の一つ「布袋《ほてい》」くらいでしか用いられない。

ふ

扶

7画

〔音読み〕フ
〔訓読み〕たす-ける
〔部首〕扌（てへん）

苦しむ人に手をさしのべる

現在では「扶養《ふよう》」「扶助《ふじょ》」の形で用いられることが多い。〝**生活や行動を支援する**〟ことを表す。「手」が変形した部首「扌」にも現れているように、〝手を添えて支える〟という意味合いを持つ漢字である。

◆訓読み「たすける」は、現在では「助」（p284）を使うのが一般的。あえて「扶」と書くと、〝だめになりそうなものを支える〟というニュアンスが強くなる。「倒れた人を扶《たす》け起《お》こす」「車の乗り降りを扶《たす》ける」などがその例である。

ふ

府

8画

〔音読み〕フ
〔部首〕广（まだれ）

重要な指令を発信！

部首「广」は〝建物〟を表す記号。本来

は、〝宝物や重要文書などを保存する倉庫〟を表す漢字で、転じて〝**中心となる役所**〟という意味で用いられる。「政府《せいふ》」「幕府《ばくふ》」「大統領府《だいとうりょうふ》」などがその例。

また、「言論の府《ふ》」「良識の府《ふ》」「学問の府《ふ》」などでは、〝**その道の権威が集まっている場所**〟という意味合い。そこから重要な命令などが発信される、というイメージを持つ漢字である。

昔は、〝**その地方を治める役所のある町**〟を指して用いられた。全国にある「国府《こくふ》」「府中《ふちゅう》」、山梨県の「甲府《こうふ》」や山口県の「防府《ほうふ》」といった地名の多くは、そこから生まれたもの。また、現在では「大阪府《おおさかふ》」「京都府《きょうとふ》」という**行政区画の一つ**としても用いられている。

ふ 怖

8画

［音読み］フ
［訓読み］こわ-い、おそ-れる、おそ-ろしい、お-じる
［部首］忄（りっしんべん）

感謝もおわびも尊敬もない！

部首「忄」は「心」の変形。「恐怖《きょうふ》」「夜道が怖《こわ》い」「ゴキブリを怖《こわ》がる」「天罰を怖《おそ》れる」「怖《おそ》ろしい事件」「怖《お》じけづく」など、〝**不安になる**〟ことを表す。

◆「こわい」「おそろしい／おそれる」と訓読みする漢字には「恐」（p123）もあって、使い分けがむずかしい。「恐」は〝不安〟だけでなく、「恐《おそ》れ入《い》ります」のように〝感謝やおわび〟をも表すが、「怖」は〝不安〟しか表さないのが異なる点。そこで、「怖」の訓読みは〝不安〟を表す「こわい」だけとし、「恐」の訓読みは〝感謝やおわび〟も表せる「おそれる／おそろしい」だけとして使い分けるのが、現在では標準とされている。合理的な考え方ではあるが、実際にはこの使い分けは守られない場合の方が多い。

また、「おそれる」と訓読みする漢字には「畏」（p15）もあって、こちらは〝尊敬〟の気持ちが混じる場合に用いられる。

以上のように、「怖」は純粋な〝不安〟を表し、ほかの感情を含まないのが特徴。「こわい」であれ「おそれる／おそろしい」であれ、〝不安〟を強調したいときに使うのが効果的である。

ふ 阜

8画

［音読み］フ
［部首］阜（おか）

盛り土の上にはしごで上る…

〝盛り上がった土〟を表す漢字。現在では、地名の「岐阜《ぎふ》」以外ではまず用いられない。

部首としては？

ただし、〝盛り上がった土〟に関係する多くの漢字の部首となる。「陰」（p23）「降」（p191）「陸」（p624）「陵」（p631）などがその代表。必ず漢字の左側に置かれ、変形して「阝」の形となるのが特徴。右側に置かれる「阝」が、〝人が住む地域〟を表す「邑」（p602）の変形で「おおざと」と呼ばれるのに対して、「こざとへん」と呼ばれる。

なお、古代文字では「[illegible]」と書く。漢字学の権威、白川静は、これを〝神が降りてくるはしご〟だと考え、「こざとへん」の漢字に独自の解釈を展開している。

ふ 附

8画

［音読み］フ
［訓読み］つ-く、つ-ける
［部首］阝（こざとへん）

区別がないようなあるような…

〝**離れないように一緒にする**〟ことを表す。「付」（p523）も同じ意味だが、本来は「附」の方がこの意味を表す漢字。また、「寄附《きふ》」のように〝**きちんと相手に渡す**〟という意味で用いられることもある。こちらの意味は本来、「付」が表していたもの。

◆「附」「付」の違いについてはいろいろ説明があるが、現在では同じように使われると考えてよい。ただ、「附」は、「附《ふ》

属《ぞく》病院」のようにオフィシャルな雰囲気を重視して使われることが多い。また、「つく／つける」と訓読みする場合は「付」を書くことが多い。

部首「阝」は「阜」（p525）の変形で、〝盛り上がった土〟を表す記号。「附」も本来は〝小山〟を表したらしいが、〝一緒にする〟という意味が生まれた経緯については、よくわからない。

ふ 訃

9画

［音読み］フ
［部首］言（ごんべん）

いくら覚悟をしていても…

現在では「訃報《ふほう》」の形で使われるのが一般的で、〝**死んだことを知らせる**〟という意味。「卜《ぼく》」は〝占う〟ことを表す漢字だが、〝突然〟〝急に〟という意味合いも持つ。昔も今も、〝死〟の知らせとは、急いでもたらされるもののようである。

ふ 負

9画

［音読み］フ
［訓読み］お-う、ま-ける、ま-かす
［部首］貝（かい）

他人様のものだから…?

部首「貝」は〝お金や宝物〟を表す。その上の「ク」のような形は、「人」の変形。成り立ちとしては、〝人がお金や宝物を背中に載せて運ぶ〟ことを表すとする説が優勢。〝**背中に載せる**〟ことが基本の意味で、「背負《せお》う」がその例。

転じて、〝**しなければならないことを引き受ける**〟ことをも表す。例としては、「負担《ふたん》」「抱負《ほうふ》」「請《う》け負《お》う」など。「負傷《ふしょう》」「痛手を負《お》う」のように、〝**苦しみを受ける**〟という意味になることもある。

また、〝**しなければいけないことを与えられる**〟ことをも表す。「負債《ふさい》」「義務を負《お》う」「負《お》い目《め》を感じる」などがその例。そこから変化すると、「勝負《しょうぶ》」「試合に負《ま》ける」「打《う》ち負《ま》かす」のように、〝**戦いに敗れる**〟という意味になる。

このほか、「自負《じふ》」では、〝背中に載せる〟ことから転じて〝**信頼して任せる**〟という意味。また、数学や物理学では〝**マイナス**〟を指す漢字としても使われる。

全体的に見ると、苦しい状態を表す印象が強い。自分の〝お金や宝物〟を運ぶのであれば、苦しさもなんのその。本来は〝他人のお金や宝物を運ばせられる〟ことを表す漢字だったのかもしれない。

ふ 赴

9画

［音読み］フ
［訓読み］おもむ-く
［部首］走（そうにょう）

やるべきことが待っているから!

「赴任《ふにん》」「敵地へ赴《おもむ》く」など、〝**目的があってある場所へ行く**〟ことを表す。また、「義《ぎ》に赴《おもむ》く」「利《り》に赴《おもむ》く」のように〝**気持ちがある目的に向かう**〟の意味ともなる。

「卜《ぼく》」は〝占う〟ことを表す漢字だが、〝突然〟〝急に〟という意味合いも持つ。部首「走」と合わせて、本来は〝急いで行く〟というニュアンスがある漢字である。

ただし、「足の赴《おもむ》くまま」「病気が快方に赴《おもむ》く」のように、〝**なんとなくよさそうな方向へと向かう**〟ことを意味する場合もあり、この場合には〝目的〟もなければ〝急いで〟というニュアンスもない。これは、日本語独自の用法かと思われる。

ふ 浮

10画

［音読み］フ
［訓読み］う-く、う-かぶ、う-かれる
［部首］氵（さんずい）

よくも悪くも不安定

部首「氵」は「水」の変形。〝**水面や水中に漂って沈まない**〟ことが、基本的な意味。また、〝**空中に漂って落ちない**〟ことや、〝**液体や気体の中を上に向かって移動する**〟ことをも表す。「浮遊《ふゆう》」「浮力《ふりょく》」「体が浮《う》く」「気球が浮《う》かぶ」「ボートを浮《う》かべる」などがその例。

重力を忘れさせる漢字である。

転じて、〝**安定しないで変わりやすい**〟という意味ともなる。例としては、「浮《う》き世《よ》」「浮気《うわき》」「浮動票《ふどうひょう》」など。また、「浮薄《ふはく》」「休みが近づいて浮《うわ》つく」「試験に合格して浮《う》かれる」のように、〝**落ち着きがない**〟ことをも表す。

さらに、日本語ではさまざまな場面で用いられる。「思《おも》い浮《う》かべる」「情景が目に浮《う》かぶ」では〝**具体的に考えたり思ったりする**〟こと。「このままでは浮《う》かばれない」では〝**成仏する**〟こと。「涙を浮《う》かべる」「浮《う》いたお金でおやつを買おう」では〝**こぼれそうになる**〟ことを、「会社の中で浮《う》いた存在」では〝**予定外に余る**〟ことを、「会社の中で」… では〝**まわりと傾向が合わない**〟ことを表す。どの使い方でも、〝不安定に上の方へ向かう〟というイメージは共通している。

なお、「浮《う》き草《くさ》」「浮《う》き橋《はし》」「浮《う》き雲《ぐも》」など、「うき」と訓読みする場合には「き」を送りがなとするのがふつうだが、「浮草《うきくさ》」「浮橋《うきはし》」「浮雲《うきぐも》」のように送りがなを付けなくても差し支えはない。

ふ 婦

11画

［音読み］フ
［部首］女（おんなへん）

女性の役割を問いかける

〝**成人女性**〟を表す漢字。「夫婦《ふうふ》」「主婦《しゅふ》」のように、男性と対比して〝**結婚相手としての女性**〟を意味したり、「妊婦《にんぷ》」のように〝**子どもを生む存在としての女性**〟を指したりする。また、「農婦《のうふ》」「看護婦《かんごふ》」「婦人警官《ふじんけいかん》」のように〝**仕事をする女性**〟を表すこともある。

以前は、「ヨ」が「⺕」になった「婦」と書くのが正式。部首「女」に〝ほうき〟を表す「帚《そう》」を組み合わせた漢字で、〝掃除をする女性〟だと解釈できる。そこで、男女同権の観点から批判を受けることがあるが、最近では、この〝ほうき〟は掃除道具ではなく、祖先の霊に仕えるための重要な道具だったと考える説もある。成り立ちがどうであれ、「夫」（p523）とは対照的に、女性の役割にポイントがある漢字である。

ふ 符

11画

［音読み］フ
［部首］竹（たけかんむり）

東西の文化がここに融合？

「符号《ふごう》」「音符《おんぷ》」「疑問符《ぎもんふ》」「終止符《しゅうしふ》」のように、〝**記号**〟を意味するのが代表的。ただし、本来は〝**証拠となる竹の札**〟を表す。竹の札を二つに割り、約束などを交わした当事者それぞれが持っておいて、後日、割れ目が合うかどうかを証拠としたもので、「割《わ》り符《ふ》」がその例。「符合《ふごう》する」とは〝割り符が合うようにぴったりと合う〟ことをいう。

転じて、「切符《きっぷ》」「免罪符《めんざいふ》」のように、〝**何かをきちんと実行した／実行することを表す札**〟を指しても用いられる。〝記号〟の意味は、何かを表すところから転じたもの。「!」「♪」「÷」「%」「@」などなど、現在よく使われる「符号」はヨーロッパ由来のものが多いが、それがいかにも東洋的な「竹」を部首とする漢字で書き表されるのは、なかなかおもしろい。

ふ 富

12画

［音読み］フ
［訓読み］とみ、と-む
［部首］宀（うかんむり）

幸せのためにはお金は不要？

「富豪《ふごう》」「富裕《ふゆう》」「貧富《ひんぷ》の差」「富《とみ》と名声」のように、〝**経済的に豊かである**〟ことを表す。

部首「宀」は〝建物〟を表す記号で、「畐《ふく》」は〝胴のふくれたつぼ〟の絵。組み合わせて、〝家に財産がたくさんある〟ことを表すのが、本来の意味。

転じて、広く〝**豊かである**〟という意味でも用いられる。「栄養に富《と》む」「経験に富《と》む」「慈愛に富《と》んだ性格」などがその例。財産と幸福の関係について、いろいろ考えさせてくれる漢字である。

なお、「富貴《ふうき》」でフウと読むのは音読みフが引き伸ばされたもの。また、固有名詞では「宀」を「冖（わかんむり）」とした「冨」が使われることがある。

ふ 普 12画

［音読み］フ
［訓読み］あまね-く
［部首］日（ひ、にち）

仏さまのありがたさ…

「普通《ふつう》」「普遍《ふへん》」「普及《ふきゅう》」のように、**〝広い範囲のすみずみにまで〟**という意味を表す。訓読み「あまねく」は「普《あまね》く知れ渡る」のように用いるが、現在ではかな書きする方がふつう。

仏教の世界で使われることが多く、「普請《ふしん》」は本来、〝広い範囲から寄付を募ってお寺を建てる〟こと。「普茶《ふちゃ》」は〝お寺で広い範囲の人びとにお茶を出す〟こと。知恵によって生きとし生けるものを救う「普賢菩薩《ふげんぼさつ》」という仏さまもいる。

普は「暜」と書かれたが、成り立ちについてははっきりしない。部首も〝太陽〟を表す「日」ではなく、「曰（ひらび）」（p21）だとする説もある。

ふ 腐 14画

［音読み］フ
［訓読み］くさ-る
［部首］肉（にく）

いい意味だってあるんだぞ！

「腐臭《ふしゅう》」「腐乱《ふらん》」「防腐剤《ぼうふざい》」「たまねぎが腐《くさ》る」など、**〝生物の細胞が死んで、形がくずれる〟**ことを表す。部首「肉」が付いているように、本来は動物の肉について言ったのだろうが、植物についても使われる。また、「陳腐《ちんぷ》」では、転じて**〝時代遅れで役に立たない〟**という意味。

「腐《くさ》れ縁《えん》」では**〝始末が付けられない〟**こと。「腐《くさ》れ金《がね》」では**〝けがらわしい〟**こと。さらに、「気を腐《くさ》らす」「気が腐《くさ》る」「ふて腐《くさ》れる」のように**〝気分が落ち込む〟**ことをも意味するが、このあたりは日本語独自の用法である。

とてもイメージの悪い漢字だが、救いとなるのは「腐心《ふしん》」の存在。**〝目的を達成するために悩み抜く〟**こと。前向きな意味だってあるのである。

ふ 敷 15画

［音読み］フ
［訓読み］し-く
［部首］攵（のぶん）

狭い土地には似合わないかも？

「敷設《ふせつ》」は〝広い範囲に設置する〟こと、「敷衍《ふえん》」は〝あるものの意味や内容などを、広い範囲に当てはめて説明する〟こと。基本的には**〝広い範囲に行き渡らせる〟**ことを表す漢字で、「外出禁止令を敷《し》く」のように**〝広い範囲に命令する〟**という意味となることもある。

「敷石《しきいし》」「座敷《ざしき》」「下敷《したじ》き」「座布団を敷《し》く」のように**〝上に何かを載せるために広げる〟**ことを表すのは、日本語独自の用法。「敷地《しきち》」「屋敷《やしき》」も、本来は**〝上に家を建てるための広がった土地〟**。小さなわが家には似合わない漢字のようである。

◆訓読み「しく」では、「布」（p524）との使い分けがやや問題。現在では「敷」を使うのが一般的だが、〝法律や命令を発する〟場合には「布」を書く場合もある。

以前は、「尃」を「甫」とした「敷」と書くのが正式。部首「攵」は〝手に棒を持った形〟。成り立ちには諸説があるが、基本的には〝苗を広い範囲に植える〟ことを表す漢字だったようである。

ふ 膚 15画

［音読み］フ
［訓読み］はだ
［部首］月（にくづき）

希少価値を生かしたい…

〝肉体の表面をおおう薄い膜〟を表す。現在では「皮《ひ》膚《ふ》」以外の形で使われることはまれだが、数少ない例の一つが「完膚《かんぷ》なきまでに」。本来は〝完全な皮膚が残っていないくらいに〟という意味で、〝徹底的にやっつける〟ことを表す。

◆訓読み「はだ」は、現在では「肌」（p496）と書くのがふつう。「膚」は形が複雑であまり使われないことから、あえて使うとちょっと特別な雰囲気が出る。その雰囲気を生かすため、「はだ」の古語「はだえ」と訓読みして用いることもある。

なお、「虍（とらかんむり）」と「胃」に分けられるように見えるが、〝ぐるりと包み込む〟ことを表す「盧《りょ》」に、「肉」の変形で〝肉体〟を意味する部首「月」を組み合わせた漢字である。

ふ 賦

15画

［音読み］フ
［部首］貝（かいへん）

これがおまえの分だぞよ！

税や労働などの〝**義務を割り当てて行わせる**〟ことを表す漢字で、「税金を賦課《ふか》する」のように用いられる。転じて、広く〝**割り当てる**〟という意味ともなる。「天賦《てんぷ》の才能」は〝天がその人に割り当てた才能〟。「月賦《げっぷ》で支払う」は〝支払いを月ごとに割り当てる〟こと。

部首「貝」は〝お金や宝物〟を表す記号。「武」と組み合わさっているところから、〝強制的に割り当てる〟というニュアンスが感じられる。ただし、中国では古くから、**リズムを重視した文学作品の一ジャンル**を指しても用いる。「春は名のみの風の寒さや」で始まる日本の唱歌「早春賦《そうしゅんふ》」は、その流れをくむ例である。

ふ 譜

19画

［音読み］フ
［部首］言（ごんべん）

時の流れを紙に留める…

「譜面《ふめん》」「楽譜《がくふ》」「暗譜《あんぷ》」「譜《ふ》を読む」のように、〝**音楽のメロディを記号などを使って書き記したもの**〟を指すのが代表的な意味。ただし、本来は〝**ものごとを順序立てて系統的に書き記したもの**〟を表し、「系譜《けいふ》」「年譜《ねんぷ》」「棋譜《きふ》」などがその例。歴史で出てくる「譜代大名《ふだいだいみょう》」は、〝昔から徳川家に仕えてきた大名〟のこと。

部首「言」は、ここでは〝ことば〟というよりは〝書き記す〟ことを表す。時間の流れを紙の上に表そうとする漢字で、音楽とは本来、時間の中に消えていくものであることが、今さらながら思われる。

ぶ 侮

8画

［音読み］ブ
［訓読み］あなど-る
［部首］亻（にんべん）

〝見ない〟と〝見えない〟の違い

「侮辱《ぶじょく》」「侮蔑《ぶべつ》」「軽侮《けいぶ》」「敵を侮《あなど》る」など、〝**見下す**〟ことを表す。

以前は「侮」と書くのが正式。部首「亻」は「人」の変形。「毎／每」（p572）には〝暗い〟の意味がある。合わせて、本来は〝暗くて相手が見えない〟ことを表すとする説が優勢。だが、〝見下す〟とは〝見ない〟ことではあっても〝見えない〟ことではないので、この説にはちょっと疑問も残る。とはいえ、〝見下す〟ことは大事なものが〝見えない〟ことだ、と考えると、なかなか深みのある漢字であろう。

ぶ 武

8画

［音読み］ブ、ム
［部首］止（とまる）

戦いをやめるか戦いに行くか？

「武将《ぶしょう》」「武力《ぶりょく》」「武装《ぶそう》」「武道《ぶどう》」など、〝**戦い**〟を表すのが代表的な意味。また、「武勇《ぶゆう》」「織田信長の威武《いぶ》」のように〝**勇ましい**〟ことを表す場合もある。人名で「たけし」「たけ」と読むのは、この意味を表す古語に由来する。

古代文字では「」と書き、〝大きな刃物〟を表す「戈」（p49）と「止」（p227）に分解できるので、本来の意味は〝武器の使用を止める〟ことだと考えられてきた。しかし、部首「止」は〝歩く〟ことを意味する場合が多いので、「武」も〝武器を持って歩く〟ことだと考える説が、最近では有力である。

音読みはブを用いるのが原則。ムは奈良時代以前からある古い読み方で、現在でも、「武者《むしゃ》」のほか、「武藤《むとう》」「武蔵《むさし》」「武《む》庫川《こがわ》」「神武《じんむ》天皇」などの固有名詞で使われる。

ぶ 部 11画

［音読み］ブ
［訓読み］べ、へ
［部首］阝（おおざと）

一つ一つ目的が異なる！

「部分《ぶぶん》」「部門《ぶもん》」「部品《ぶひん》」「上部《じょうぶ》」「腹部《ふくぶ》」「南部《なんぶ》」「一部《いちぶ》」などなど、〝**全体を構成する一つ一つ**〟を指す漢字。また、**書籍や雑誌などを数えることば**としても用いられる。

「総務部《そうむぶ》」「司令部《しれいぶ》」「薬学部《やくがくぶ》」では〝**組織を区分けした一つ一つ**〟。また、英語clubに「倶楽部《くらぶ》」と当て字したことから、現在では「サッカー部《ぶ》」「地歴部《ちれきぶ》」「帰宅部《きたくぶ》」のように〝**クラブ**〟を指してよく用いられる。

漠然と区分けするのではなく、〝目的に応じて区分けする〟というニュアンスが強い漢字である。

訓読みでは「べ」と読み、〝**目的に応じて分かれた集団**〟を表す。「語《かた》り部《べ》」がその例。「安部《あべ》」「山部《やまべ》」「日下部《くさかべ》」など姓に使われる「部」も、多くはこの系統のもの。また、「部屋《へや》」は〝家を区切った一つ一つ〟という意味だが、「へ」と読むのは訓読み「べ」の一種だろうと思われる。

部首「阝」は「邑」（p602）の変形で、〝人が住む地域〟を表す。「咅《ほう》」には〝分ける〟〝数を増やす〟という意味があるらしい。組み合わせて、本来は〝分けられた地域〟を指したと考えられる。

なお、「部首《ぶしゅ》」とは、本来は〝漢字全体を意味によって区分けしたとき、その一つ一つを代表する漢字〟のこと。現在では、〝漢和辞典で漢字を分類するために用いられる、漢字の構成要素〟をいう。

ぶ 舞 15画

［音読み］ブ
［訓読み］まい、ま-う
［部首］舛（ます、まいあし）

上下に動いて足腰に効く！

基本的な意味は、〝**踊る**〟こと。「舞踏《ぶとう》」「舞踊《ぶよう》」「乱舞《らんぶ》」「剣《つるぎ》の舞《まい》」などがその例。「鼓舞《こぶ》」は、〝太鼓をたたいたり踊ったりして応援する〟ことから、転じて、〝励ます〟こと。

踊りは上下動を伴うことから、〝**空中を軽やかに移動する**〟ことをも表す。「舞《ま》い降《お》りる」「宙を舞《ま》う」などがその例。「吉報が舞《ま》い込《こ》む」のように使うのは、この意味を比喩的に用いたもの。

成り立ちとしては、「無」（p581）の省略形に部首「舛」を組み合わせたもの。本来は、「無」が〝踊る〟ことを表す漢字だったが、〝ない〟の意味で使われるようになったので、〝両足〟を表す「舛」を付け加えて新たに「舞」が作られた。踊りでは下半身の動きが大切なのである。

ふう 封 9画

［音読み］フウ、ホウ
［部首］寸（すん）

領地の外には出て行くな！

「封鎖《ふうさ》」「封印《ふういん》」「密封《みっぷう》」「口《くち》封《ふう》じ」「封《ふう》をする」など、〝**閉じこめる**〟ことを表すのが代表的な意味。「封筒《ふうとう》」「開封《かいふう》」「同封《どうふう》」のように、〝**手紙を入れてその口を閉じる**〟ことを指して使われるケースも多い。

部首「寸」は〝手で持つ〟ことを表す記号。成り立ちには諸説あるが、本来は〝手で土を集めて盛り土をする〟ことだと考える説が優勢。盛り土をしてふさぐことから、〝閉じこめる〟という意味となった。

また、堤防を築いて土地を区分するところから、〝**領地**〟をも表す。「封建制《ほうけんせい》」とは、〝君主が家臣に領地を分け与えて支配させる制度〟。「素封家《そほうか》」は〝領地はないが財産は持っている人〟のことで、主に〝商売で財産を築いた人〟をいう。

二種類の音読みは、意味に応じて使い分けるのが習慣。〝閉じこめる〟場合にはフウを、〝領地〟の場合にはホウと読む。「封じる／封ずる」は、ふつうはフウと読んで〝閉じこめる〟という意味だが、ホウと読んで〝**領地を与える**〟ことを表す場合もある。

ふう 風 9画

［音読み］フウ、フ
［訓読み］かぜ
［部首］風（かぜ）

見えないけれど感じられる！

空気の流れ〝**かぜ**〟を表す。「風力《ふうりょく》」「偏西風《へんせいふう》」「北風《きたかぜ》」などがその例。「風化《ふうか》」は、本来は〝空気にさらされてモノが変化する〟こと。「凡」（p570）の以前の書き方「凡」と「虫」を組み合わせた漢字で、「凡」は〝かぜをはらむ帆〟を、「虫」（p413）は〝かぜに乗って舞い上がる竜〟を表すと考えられている。

〝かぜ〟が渡っていくところから、〝**広々とした自然**〟をも表す。「風景《ふうけい》」「風光《ふうこう》」がその例。また、見えないけれど感じられるところから、〝**それとない雰囲気や習慣**〟という意味でも用いられる。例として「風格《ふうかく》」「風采《ふうさい》」「風習《ふうしゅう》」「風潮《ふうちょう》」「悪風《あくふう》に染まる」「威風堂々《いふうどうどう》」などがあるほか、「校風《こうふう》」「画風《がふう》」「和風《わふう》ハンバーグ」「ミラノ風《ふう》カツレツ」などなど、さまざまなことばの後に付けて使われる。また、「高倉健風《ふう》」「ジョン・レノン風《ふう》」のように〝**なんとなく似ている**〟ことを表すこともある。

転じて、〝**それとなく伝える／伝わる**〟ことをも表す。「風聞《ふうぶん》」「風評《ふうひょう》」「風刺《ふうし》」などがその例。また、「風疹《ふうしん》」「痛風《つうふう》」「中風《ちゅうふう》」のようにさまざまな〝**病気**〟を指すことがあるのは、空気の流れや気候の変化などが原因だと考えられたからだろう。

なお、病気の一つ「風邪」は、漢字の熟語をそのまま、意味を表す日本語で読む当て字的表現。この場合の「かぜ」は、病気の一つを表す日本語である。

音読みはフウを用いるのが大原則。フは奈良時代以前からある古い読み方で、現在では、「風情《ふぜい》」「風呂《ふろ》」「風土記《ふどき》」などでだけ使われる。また、「風車《かざぐるま》」「風上《かざかみ》」「風向《かざむ》き」などの「かざ」は、訓読み「かぜ」が続く発音によって変化したもの。

部首としては？

〝かぜ〟に関係する漢字の部首となる。例としては、「颯爽《さっそう》」の「颯」は〝かぜが急に吹く〟ことを表し、「飄々《ひょうひょう》」の「飄」は〝かぜが舞う〟という意味。〝激しいかぜ〟を指す「颱《たい》」「颶《ぐ》」などもある。漢字の右側や、左側から下側にかけて置かれることが多いが、部首の名前としてはシンプルに「かぜ」と呼ぶのが習慣である。

ふく 伏 6画

［音読み］フク
［訓読み］ふ-せる、ふ-す
［部首］イ（にんべん）

あきらめる？後でまたやる？

「顔を伏《ふ》せる」「おわんを伏せる」のように、〝**下向きにする**／**なる**〟ことを表すのが、基本的な意味。転じて、「うつ伏《ぶ》せ」「伏《ふ》し拝《おが》む」など、〝**腹ばいになる**〟という意味にもなる。「起伏《きふく》」は本来、〝立ち上がることと腹ばいになること〟。

◆似た意味で「ふす／ふせる」と訓読みする漢字には「臥」（p59）もある。現在では「伏」を使うのが一般的だが、〝体力がなくて横になる〟場合には、「臥」を使う方がふさわしい。
〝腹ばいになる〟ところから、「降伏《こうふく》」「平伏《へいふく》」など〝**服従する**〟ことをも表す。また、〝下向きになる〟ところから〝**隠しておく／隠れて待つ**〟という意味にもなり、「潜伏《せんぷく》」「雌伏《しふく》」「伏兵《ふくへい》」「伏線《ふくせん》」「伏流水《ふくりゅうすい》」「伏《ふく》魔殿《までん》」などがその例。〝服従する〟の場合は戦意喪失という雰囲気だが、〝隠れる〟の場合は〝後で現れて何かする〟という意味合いがあるのは、おもしろい。
部首「イ」は「人」の変形。成り立ちについては、〝人のそばに犬が腹ばいになっている〟ことを表すとする説が優勢。ただし、〝埋葬の際に人のそばに犬を添える〟と考える説もある。

ふく

服

8画

［音読み］フク
［部首］月（つきへん）

たった一つで押し通す！

すぐに思い浮かぶのは、「衣服《いふく》」「洋服《ようふく》」「いい服《ふく》を買う」のような、〝**着るもの**〟の意味。ただし、実際にはさまざまな意味を表す漢字である。
「服従《ふくじゅう》」「服属《ふくぞく》」「屈服《くっぷく》」「心服《しんぷく》」「罪に服《ふく》する」では、〝**命令に従う**〟こと。「服務規程《ふくむきてい》」「喪に服《ふく》する」などでは、〝決められたやり方に従う〟ことを表す。〝命令に従わせる〟ところから、「征服《せいふく》」「克服《こくふく》」では〝**打ち勝つ**〟という意味になる。
一方、「着服《ちゃくふく》」では〝**自分のものにする**〟こと。また、「服用《ふくよう》」「服毒《ふくどく》」「内服薬《ないふくやく》」「たばこを一服《いっぷく》する」など、〝**口から体内に入れる**〟という意味でも用いられる。いろいろな意味がありながら、定着した訓読みはなくすべて音読みフクで読まれるという、なかなか強引な漢字である。
なお、「服部《はっとり》」は本来、〝衣服を作る人びとの集団〟のことで、漢字の熟語をそのまま、意味を表す日本語で読む当て字的表現。「はっとり」は、「機織《はたお》り」が変化したことば。
以前は「服」と書くのが正式。部首「月／月」は、「舟」の変形。成り立ちについては諸説があり、いろいろな意味が生じた経緯についてもよくわからない、謎の漢字である。

ふく

副

11画

［音読み］フク
［訓読み］そ-う
［部首］刂（りっとう）

どうして二番目なんだろう…

「副業《ふくぎょう》」「副題《ふくだい》」「副作《ふくさ》用《よう》」「副産物《ふくさんぶつ》」のように、「主」（p257）や「正」（p329）に対して、〝**二次的な**〟という意味を表す。また、「副将《ふくしょう》」「副官《ふくかん》」「副委員長《ふくいいんちょう》」などでは〝**補佐役**〟のこと。「正副《せいふく》二通の書類」では、〝**控えとしてとっておくもの**〟を指す。
◆訓読み「そう／そえる」は、現在では「添」（p442）を書くのがふつう。あえて「副《そ》えもの」のように書くと、〝二次的なもの〟という意味合いが強くなる。
部首「刂」は「刀」の変形。「畐《ふく》」は〝胴のふくれたつぼ〟の絵だと考えられるので、本来は〝ふくらんだものを刀で二つに分けた片方〟を表すと思われる。それが〝もう片方〟よりも一段階低いものを表すようになった経緯は、よくわからない。

ふく

幅

12画

［音読み］フク
［訓読み］はば
［部首］巾（はばへん）

昔は余裕はなかったなあ…

部首「巾」（p130）は〝布きれ〟を表し、「畐《ふく》」は〝胴のふくれたつぼ〟の絵。本来は〝布の横方向の長さ〟を指し、「横幅《よこはば》」「肩幅《かたはば》」「振幅《しんぷく》」など、広く〝**ものの横方向の長さ**〟を表す。転じて〝**ものごとの広がり**〟という意味にもなり、「増幅《ぞうふく》」「全幅《ぜんぷく》の信頼」「利幅《りはば》」「大幅《おおはば》に」などがその例。また、「画幅《がふく》」では、特に広がった〝**掛け軸**〟を指す。

「紙幅《しふく》が尽きる」「予算に幅《はば》を持たせる」など、〝**余裕**〟を表すこともあるが、これは日本で生まれた用法。「幅《はば》を利かせる」のも、〝**威勢**〟という意味で使うのも、日本語のオリジナル。日本語ではなぜか元気のいい漢字である。

なお、日本語では「巾」を「幅」の略字として用いることがある。

ふく 復

12画

［音読み］フク
［部首］彳（ぎょうにんべん）

簡単には終わらないぞ！

部首「彳」は〝移動〟を表す記号。「复《ふく》」には〝ひっくり返す〟という意味があると考えられる。「往復《おうふく》」「復路《ふくろ》」のように〝**行った道を戻る**〟ことを表すのが、基本的な意味。転じて、「復元《ふくげん》」「復活《ふっかつ》」「回復《かいふく》」「昔の状態に復《ふく》する」など、〝**もとに戻る**／**戻す**〟という意味でも使われる。また、「拝復《はいふく》」「復命《ふくめい》」では〝**返事をする**〟こと。「報復《ほうふく》」「復讐《ふくしゅう》」では〝**仕返しする**〟ことを表す。

一方、「復習《ふくしゅう》」「復唱《ふくしょう》」のように〝**もう一度行う**〟という意味になることもあり、それが高じると「反復《はんぷく》」のように〝**何度もくり返す**〟ことになる。〝もとに戻る〟だけでは済まず、もう一回、さらにもう一回と発展してきたわけで、このねちっこさは見習うべきかもしれない。

訓読みすれば「かえる／かえす」だが、現在では「返」（p546）を書くのがふつう。「また」とも読めるが、こちらも現在では「又」（p574）を使うのが一般的である。

ふく 福

13画

［音読み］フク
［部首］ネ（しめすへん）

神さまはどこにいるのか？

以前は「福」と書くのが正式。部首「ネ／示」は、〝神〟を表す記号。「畐《ふく》」は〝胴のふくれたつぼ〟の絵で、〝豊かさ〟のイメージを持つ。組み合わせて、本来は〝**神が与える幸せ**〟を表す。「福耳《ふくみみ》」「福袋《ふくぶくろ》」「福《ふく》の神」「福《ふく》音《いん》」などが、この意味に近い。

転じて、広く〝**幸せ**〟を指して用いられる。「幸福《こうふく》」「裕福《ゆうふく》」「祝福《しゅくふく》」「禍《わざわい》を転じて福《ふく》となす」などがその例。「福祉《ふくし》」「福利《ふくり》厚《こう》生《せい》」のように〝**みんなでだれかを幸せにする**〟という意味をも持つあたりには、東洋的な〝神〟と人間の関係が現れているようにも思われる。

ふく 腹

13画

［音読み］フク
［訓読み］はら、なか
［部首］月（にくづき）

思っても外には出さない

部首「月」は「肉」の変形で、〝肉体〟を表す記号。「腹筋《ふっきん》」「満腹《まんぷく》」「腹《はら》を痛める」など、**肉体の一部**〝**はら**〟を表す。

食べ物を収めるところから、転じて〝**心に収めてある考えや気持ち**〟をも表す。「腹《ふく》案《あん》」「腹蔵《ふくぞう》なく」「腹《はら》の探り合い」「腹《はら》に据《す》えかねる」などがその例。「腹《はら》を立てる」もこの意味だが、「立腹《りっぷく》」はそれを音読みの熟語にした、日本語独自の表現。

「船腹《せんぷく》」「山の中腹《ちゅうふく》」「瓶《びん》の腹《はら》」のように、〝**ものの側面の広々とした部分**〟をいうこともある。また、「腹背《ふくはい》」では、「背」（p488）と対比されて〝**前面**〟を表す。

なお、訓読み「なか」は、「お腹《なか》」の場合にだけ使われる特殊な読み方。また、「复《ふく》」には〝ひっくり返す〟という意味があるので、本来は〝動物の体のうち、ひっくり返ったときに見える部分〟を指したのかもしれない。

ふく 複

14画

［音読み］フク
［部首］ネ（ころもへん）

二つ以上はみんな同じ！

代表的な意味は、〝**数が多い**〟こと。「複数《ふくすう》」「複《ふく》眼《がん》」などがその例。「複合《ふくごう》」「複雑《ふくざつ》」「重複《ちょうふく》」

などでは、〝**多くのものが同じところにある**〟ことを、「複写《ふくしゃ》」「複製《ふくせい》」「複利《ふくり》」などでは〝**同じことを何度もくり返す**〟ことを表す。「複線《ふくせん》」「複葉機《ふくようき》」「複式簿記《ふくしきぼき》」などでは、特に〝**二重の**〟という意味。

「复《ふく》」には〝ひっくり返す〟という意味があるが、この漢字では「復」（p533）に近く、〝何度も〟という意味。「衣」が変形した部首「ネ」を組み合わせて、もともとは〝重ね着〟を表す。本来の意味が似ている漢字に「襲」（p268）があるが、どちらも現在では〝衣服〟とは関係のない意味で使われるのは、ちょっとおもしろい現象である。

ふく 覆

18画

［音読み］フク
［訓読み］おお-う、くつがえ-す
［部首］覀（かなめのかしら）

違っていても一緒に過ごす

以前は、「襾」を「覀」とした「覆」と書くのが正式。

部首「襾／覀」には〝ふたをかぶせる〟という意味がある。「覆面《ふくめん》」「緑が大地を覆《おお》う」のように、〝**上からかぶせて見えなくする**〟ことを表す。

◆「おおう」と訓読みする漢字には「蔽」（p543）もあるが、現在では「覆」を書くのがふつう。ただし、〝見えないように〟というニュアンスを強調するために「蔽」を使うこともある。

一方、「复《ふく》」には〝ひっくり返す〟という意味があり、「覆」も〝**ひっくり返す／ひっくり返る**〟という意味でも用いられる。「転覆《てんぷく》」「覆水《ふくすい》盆に返らず」などがその例。「政権を覆《くつがえ》す」「定説が覆《くつがえ》る」のように、訓読み「くつがえす／くつがえる」では、比喩的に〝**それまで支持されていたものを否定する**〟ことを表す場合が多い。

さらに、「復」（p533）には〝もう一度〟という意味もあり、「覆」は〝もう一度行う〟という意味にもなる。「覆刻版《ふっこくばん》」がその例。

三つの異なる意味が、それぞれ漢字の一部分と結びついているのが特徴的。性格の違う兄弟が暮らす家のようである。

ふくろ 袋

11画

［音読み］タイ、テイ
［訓読み］ふくろ
［部首］衣（ころも）

生活感があふれ出す！

ものを入れる〝**ふくろ**〟を表す。部首「衣」は、ここでは〝布〟のこと。本来は〝布で作ったふくろ〟を指す漢字だが、現在では「紙袋《かみぶくろ》」「革袋《かわぶくろ》」「ポリ袋《ぶくろ》」「ビニール袋《ぶくろ》」など、あらゆる素材のものに対して用いる。

「ゴミ袋《ぶくろ》」「胃袋《いぶくろ》」「救命袋《きゅうめいぶくろ》」「祝儀袋《しゅうぎぶくろ》」から「袋小路《ふくろこうじ》」「袋《ふくろ》だたき」まで、さまざまな〝**ふくろ状のもの**〟を表すが、訓読みで読むことが圧倒的に多い。音読みを用いるのは、郵便物を入れる「郵袋《ゆうたい》」や、あるものの重さを量るときに〝それが入っているもの〟を指す「風袋《ふうたい》」、七福神の一つ「布袋《ほてい》」くらい。なお、テイは、「布袋」のときだけ用いられる特殊な音読みである。

〝ふくろ〟を意味する漢字には「嚢《のう》」（p484）もある。こちらは「土嚢《どのう》」「氷嚢《ひょうのう》」「背嚢《はいのう》」のように音読みで読まれることが多く、なんとなくよそよそしい。「袋」からは、生活の匂いがする気がする。

ふつ 払

5画

［音読み］フツ
［訓読み］はら-う
［部首］扌（てへん）

どうぞ持っていってください！

以前は「拂」と書くのが正式。「手」が変形した部首「扌」が付いているように、本来は〝**手を左右に動かして何かを取り除く**〟ことを表す。「ほこりを払《はら》う」がその例。転じて、「疑惑を払拭《ふっしょく》する」「厄払《やくばら》い」「取《と》り払《はら》う」「売《う》り払《はら》う」「出払《ではら》う」など、広く〝**取り除く**〟〝**なくなる**〟という意味で用いられる。

転じて〝何かの表面をなでる〟という意

味ともなり、そこから〝**すぐそばまで近づく**〟ことをも表す。「払底《ふってい》」は〝底に近づく〟ことから〝ほとんどなくなる〟こと。「払暁《ふつぎょう》」とは、〝夜明け間近の時間帯〟。

一方、日本語では「相手の足を払《はら》う」のように〝**勢いよく横へ動かす**〟という意味でも用いられる。ここから、〝ある方向へと動かす〟というイメージが生まれたらしい。「敬意を払《はら》う」「注意を払《はら》う」「努力を払《はら》う」など、〝**何かに気持ちを向ける**〟ことを表すのがその例。「代金を払《はら》う」「支払《しはら》いを済ませる」のように、〝**何かと引き換えに金銭を渡す**〟ことを表すのも、お金を〝向こうに動かす〟ことから。「犠牲を払《はら》う」では、これが比喩的に用いられて〝**何かのために大切なものを失う**〟という意味になる。音読みよりも訓読みで使われる方が多く、日本語オリジナルの世界を展開している漢字である。

ふつ
沸
8画

［音読み］フツ
［訓読み］わ-く、わ-かす
［部首］氵（さんずい）

たとえが世界を広げていく

部首「氵」は「水」の変形。「沸騰《ふっとう》」「煮沸《しゃふつ》」「お湯が沸《わ》く」「お茶を沸《わ》かす」など、〝**水が煮え立つ**〟ことを表すのが基本の意味。「会場は歓声に沸《わ》いた」「観光客で沸《わ》き返《かえ》る」のように、比喩的に〝**活気づく**〟という意味で用いられることもある。熟語は少なく意味の広がりにも乏しいが、比喩が活躍の範囲を広げている漢字である。

◆「わく」と訓読みする漢字には「湧」（p603）もある。〝煮え立つ〟場合や〝活気づく〟場合には「沸」を使うのに対して、〝液体が地面から出てくる〟場合や〝生じる〟場合には「湧」を用いる。ただし、まぎらわしいケースも多いので、かな書きされることも少なくない。

ぶつ
仏
4画

［音読み］ブツ、フツ
［訓読み］ほとけ
［部首］亻（にんべん）

当て字出身の二刀流！

言うまでもなく、仏教の〝**ほとけ**〟を表す。本来は、「仿仏《ほうふつ》」の形で〝なんとなく似ているようす〟を表したが、紀元一世紀ごろに仏教が中国に伝わって以後、「仏陀《ぶっだ》」の形で古代インド語に対する当て字として使われるようになった。以前は「佛」と書くのが正式。「仿仏」は、現在では「彷彿《ほうふつ》」「髣髴《ほうふつ》」と書かれる。

また、時代が下ってヨーロッパとの交流が盛んになると、日本では「フランス」に「仏蘭西《ふらんす》」と当て字したことから、〝**フランス**〟を指す漢字としても用いられる。「仏和辞典《ふつわじてん》」「渡仏《とふつ》」「英仏海峡《えいふつかいきょう》」などがその例。ちなみに、中国では〝フランス〟のことを「法」で表す。

音読みは二種類あるが、〝ほとけ〟を指す場合にはブツを、〝フランス〟を表す場合にはフツと使い分ける。外国語に対する当て字が二種類同居していて、それぞれで音読みを使い分けるという、実はなかなか器用な漢字である。

ぶつ
物
8画

［音読み］ブツ、モツ
［訓読み］もの
［部首］牛（うしへん）

世界を代表する牛

とてもよく使う漢字だが、意味となるととらえどころがない。「物体《ぶったい》」「物理《ぶつり》」「静物《せいぶつ》」「食《た》べ物《もの》」のように〝**形のある存在**〟を指すことが多いが、「事物《じぶつ》」「見物《けんぶつ》」「物語《ものがたり》」「物《もの》のたとえ」など〝**形のないことがら**〟を表すこともある。また、「生物《せいぶつ》」「植物《しょくぶつ》」のように〝**生きている存在**〟という意味で使うこともあれば、「化《ば》け物《もの》」「物《もの》の怪《け》」のように〝**人知の及ばない存在**〟をいうこともある。「人物《じんぶつ》」「俗物《ぞくぶつ》」「大物《おおもの》」などでは〝**人間やその人柄**〟を指し、「年代物《ねんだいもの》」「夏物《なつもの》」の洋服」「学園物《がくえんもの》のドラマ」などでは〝**ジャンル**〟をいう。また、「物情《ぶつじょう》」「物議《ぶつぎ》」では〝**世間**〟のこと。「物故《ぶっこ》」「物色《ぶっしょく》」のように、「物」自体の意味はよくわからないままに使われている熟語さえある。

さらに日本語では、「物静《ものしず》か」「物悲《ものがな》しい」「物怖《ものお》じする」「物騒《ぶっそう》な」のように〝**なんとなく**〟という意味合いを表すことがある。「物《もの》を言う」「物書《ものか》き」のように〝**ことばや文章**〟を指したり、「物申《ものもう》す」のように特に〝**苦情**〟を意味するのも、日本語独自の用法。また、「アラビア語を物《もの》にする」「このテーマは物《もの》になる」のように、〝**きちんとした成果**〟をいうこともある。

日本語「もの」には、このほかにも「あのお店にはよく通ったものだ」「誕生日には電話くらいするものだ」「どうしたものかねえ」「たいしたものだ」などさまざまな使い方もあるが、これらの「もの」は、かな書きするのが自然。全体的に、訓読み「もの」を漢字で書くと意味が強くなりすぎる傾向があり、かな書きが雰囲気に合う場合も多い。

◆「もの」と訓読みする漢字には「者」（p251）もある。現在では、〝人〟を指す場合には「者」を使い、そのほかは「物」と書くのが習慣。

音読みはブツを用いるのが基本。モツは奈良時代以前からある古い読み方で、「貨物《かもつ》」「禁物《きんもつ》」「書物《しょもつ》」「作物《さくもつ》」「穀物《こくもつ》」「宝物《ほうもつ》殿《でん》」といった特定の熟語でだけ使われる。熟語の最初に置かれてモッと読むことは少なく、「物怪《もっけ》の幸い」くらいである。

成り立ちには諸説あるが、この世界のすべてを指すことができる漢字の部首が「牛」であるのは、大昔の中国で〝牛〟がいかに重要な動物であったかを示しているのだろう。

ふん 粉

10画

［音読み］フン
［訓読み］こな、こ
［部首］米（こめへん）

粒よりもさらに細かく…

部首「米」と「分」を組み合わせて、本来は〝米粒を細かくしたもの〟を指す。転じて、広く〝**とても細かい粒**〟を意味し、「花粉《かふん》」「金粉《きんぷん》」「粉末《ふんまつ》」「粉《こな》ミルク」「小麦粉《こむぎこ》」などがその例。また、「粉砕《ふんさい》」では〝**細かい粒にする**〟ことを表す。

昔はお米を細かく砕いてお化粧に使っていたことから、〝**おしろい**〟を指しても用いられる。「粉飾《ふんしょく》」がその例で、本来は〝おしろいで飾る〟こと。また、「白粉《おしろい》」は、漢字の熟語をそのまま、意味を表す日本語で読む当て字的表現。

お米というと粒のまま食べる印象が強いが、「米粉《こめこ》」や「白玉粉《しらたまこ》」のように細かく砕いて食べることも多い。まことにありがたい食材である。

ふん 紛

10画

［音読み］フン
［訓読み］まぎ-れる、まぎ-らわしい、まが-う
［部首］糸（いとへん）

頭がどんどんこんがらがる…

「紛糾《ふんきゅう》」「紛争《ふんそう》」「人込みに紛《まぎ》れる」のように、〝**入り乱れてはっきりしない**〟ことを表す。「紛失《ふんしつ》」は、〝入り乱れてどこにあるかわからなくなる〟こと。

転じて、〝**ほかのものと間違えそうになる**〟という意味ともなる。「言い方が紛《まぎ》らわしい」「スターと見紛《みまが》うほどのオーラ」「ブランド品の紛《まが》い物《もの》」などがその例。

なお、「気が紛《まぎ》れる」「不安を紛《まぎ》らわす」など、〝**ほかのことに気が向く／気を向ける**〟ことを表すのは、日本語独自の用法。

部首「糸」にも現れているように、本来は〝糸が入り乱れる〟という意味だとする説が有力。「分」は、〝細かくてはっきりしない〟ことを表す。

ふん 雰

12画

［音読み］フン
［部首］雨（あめかんむり）

訳者さん ありがとう！

本来は〝細かい霧が大気中にたちこめる〟ことを表す漢字だが、現在、用いられるのは「雰囲気《ふんいき》」という熟語でだけ。この熟語は、英語 atmosphere の訳語として日本で作られたことばらしい。たった一語の翻訳のおかげで使い続けられているなんて、一つ一つの漢字がたどる運命とは、つくづくおもしろいものである。

ふん 噴

15画

［音読み］フン
［訓読み］ふ-く
［部首］口（くちへん）

たまった力を 一気に外へ！

「噴射《ふんしゃ》」「噴出《ふんしゅつ》」「噴火《ふんか》」「水が噴《ふ》き出《だ》す」など、〝**穴から勢いよく飛び出る**／**飛び出させる**〟ことを表す。〝勢いのよさ〟にポイントがある漢字で、「賁《ふん》」には〝勢いよくふくらむ〟という意味があると思われる。

◆似た意味で「ふく」と訓読みする漢字には「吹」（p 322）もある。「吹」は単に〝空気が動く〟場合や〝表面に出てくる〟場合に用いるのに対して、「噴」には〝勢いのよさ〟がある。「ろうそくをふき消す」ような場合でも、〝勢い〟を強調したければ「噴」を書いてもおかしくはない。

ふん 墳

15画

［音読み］フン
［部首］土（つちへん）

今では場所が ないもので…

「古墳《こふん》」「墳墓《ふんぼ》」「墳丘《ふんきゅう》」など、〝**土を盛り上げて造ったお墓**〟を表す。「賁《ふん》」には〝勢いよくふくらむ〟という意味があるらしく、本来は〝ふくらんだような形に盛り上げた土〟をいう。現在では、そんな立派なお墓を建てられる人は少ないせいか、〝**古いお墓**〟を指すことが多い。

ふん 憤

15画

［音読み］フン
［訓読み］いきどお-る
［部首］忄（りっしんべん）

キレると結局は 損ですよ…

「憤慨《ふんがい》」「憤激《ふんげき》」「鬱憤《うっぷん》」「義憤《ぎふん》に駆《か》られる」「手際の悪さに憤《いきどお》る」など、〝**激しい怒りを外に表す**〟ことが、代表的な意味。部首「忄」は「心」の変形。「賁《ふん》」には〝勢いよくふくらむ〟という意味があるらしく、本来は〝感情を勢いよく表現する〟ことを表す漢字である。

そこで、〝怒り〟に限らず〝**やる気を出す**〟ことをも表す。「憤起《ふんき》」「憤発《ふんぱつ》」などがその例だが、「憤」は〝怒り〟の印象が強いせいか、現在では「奮起《ふんき》」「奮発《ふんぱつ》」のように「奮」（p 537）を書くことが多い。いろいろな意味で、〝怒り〟は損なものなのである。

ふん 奮

16画

［音読み］フン
［訓読み］ふる-う
［部首］大（だい）

空を目指して 気合いをこめる

「奮闘《ふんとう》」「奮戦《ふんせん》」「興奮《こうふん》」「発奮《はっぷん》」など、〝**気持ちを高める**〟ことを表す。「隹」（p 322）は〝鳥〟を表す記号。「大」「田」が何を表すかには諸説あるが、組み合わせて、本来は〝鳥が飛び立とうと羽ばたく〟ことを意味するという。部首はふつう「大」とするが、「隹」の方がふさわしいと思われる。

◆「ふるう」と訓読みする漢字には「揮」（p 101）「振」（p 312）などもある。ただし、「奮」は〝気持ちを高める〟場合にしか用いない。「勇気を奮《ふる》う」「奮《ふる》ってご応募ください」などがその例。使い分けにはあまり迷わずに済みそうである。

ぶん 分

4画

［音読み］ブン、フン、ブ
［訓読み］わ-ける、わ-かつ、わ-かる
［部首］刀（かたな）

考えるほどに 細かくなる…

部首「刀」に〝離れる〟ことを表す「八」（p 497）を組み

合わせた漢字。本来は〝刀で切り離す〟ことを表し、広く〝**別々にする／なる**〟という意味で用いられる。「分割《ぶんかつ》」「分裂《ぶんれつ》」「細《さい》分《ぶん》」「区分《くぶん》」「お肉を分《わ》ける」「道が分《わ》かれる」などがその例。「運命を分《わ》かつ」のように「わかつ」と訓読みすることもあるが、現在ではやや古めかしい表現。

ここから出発して、実にさまざまな意味を表すのが、この漢字の特徴である。「部分《ぶぶん》」「成分《せいぶん》」「取《と》り分《ぶん》」などでは、〝**別々にされたその一つ**〟。「分家《ぶんけ》」「分校《ぶんこう》」「分身《ぶんしん》」のように、〝**本体から別になったもの**〟をいうこともある。

また、「領分《りょうぶん》」「本分《ほんぶん》」「職分《しょくぶん》」「身分《みぶん》」「夜分《やぶん》」「分際《ぶんざい》」など、〝**ほかとは区別された範囲**〟を指しても用いられる。「親分《おやぶん》」「弟分《おとうとぶん》」などでは、「身分」から転じて〝**役割**〟の意味。「自分《じぶん》」「天分《てんぶん》」では、〝**ほかの人とは異なって、生まれながらに持っているもの**〟。ここから転じて、「性分《しょうぶん》」「気《き》分《ぶん》」のように〝**人の性質や状態**〟という意味ともなる。

「分類《ぶんるい》」「分別《ぶんべつ》」では、〝**区別して整理する**〟という意味。「分析《ぶんせき》」「検分《けんぶん》」のように〝**区別して整理しながら全体を理解する**〟ことを表す場合もある。〝**理解する**〟ことをいう訓読み「わかる」も、本来はこの意味。また、「処分《しょぶん》」のように〝**最終的な区別を付ける**〟ことを指しても用いられる。

細かく〝別々にする〟ところから、「八《はち》分《ぶん》の五《ご》」のように〝**分数**〟を表す漢字としても用いられる。また、「利率は一《いち》割《わり》五《ご》分《ぶ》」のように、**割合の〝一〇〇分の一〟**を指すこともある。ただし、「可能性は五《ご》分《ぶ》五《ご》分《ぶ》だ」「九《く》分《ぶ》九《く》厘《りん》間違いない」など慣用句的な表現では〝**一〇分の一**〟をいうのでややこしい。「多分《たぶん》」「幾分《いくぶん》」などで〝**可能性や変化の程度**〟を指すのは、ここから転じたもの。

また、さまざまな単位にもなる。**時間の単位**では〝一時間の六〇分の一〟。**角度の単位**でも〝一度の六〇分の一〟だが、**温度の単位**では〝一度の一〇分の一〟となる。昔は、**長さや重さ・お金などの単位**としても用いられた。「一寸の虫にも五《ご》分《ぶ》の魂」は、長さの単位の例。

このように、考え出すと意味がどんどん細かく「分《わ》かれる」漢字。ものを〝区別する〟ということは、複雑な世界に迷い込んでいくことでもあるらしい。

音読みはブンを用いるのが基本。フンは平安時代ごろに正式とされた読み方で、現在では、「分別《ふんべつ》がない」で使われるほか、時間・角度・重さの単位の場合にも用いられる。〝おもり〟をいう「分銅《ふんどう》」は、重さの単位に由来する。また、割合や、温度・長さの単位として用いられるときには、習慣としてブと読む。

◆「わかれる」と訓読みする漢字には「別」（p545）もある。「別」は基本的には〝人がわかれる〟場合にだけ用いるのに対して、「分」は広く〝わかれる〟ことを指して使われる。

◆また、「わかる」と訓読みする漢字には「解」（p65）「判」（p502）もあるが、現在では「分」を使うのが一般的。「解」を書くと〝理解〟の意味合いが、「判」を用いると〝判断〟というニュアンスが出ることになる。

◆さらに、「わかつ」と訓読みする漢字には「頒」（p505）もあるが、これまた現在では「分」を書くのが一般的。ただし、〝一部分ずつを分け合う〟ことを強調したい場合に、「頒」を使うこともある。

ぶん

文

4画

［音読み］ブン、モン
［訓読み］ふみ
［部首］文（ぶん）

模様もやがて意味を持つ！

「文章《ぶんしょう》」「文字《もじ》」「序文《じょぶん》」「英《えい》文学《ぶんがく》」など、〝**ことばを書**

き記したもの〟を表すのが、代表的な意味。訓読み「ふみ」は〝**書籍や手紙**〟を指すが、やや古めかしい表現。

　また、学問や芸術などの〝**知的活動**〟を指すこともあり、「文化《ぶんか》」「文明《ぶんめい》」がその例。「文民《ぶんみん》」「文弱《ぶんじゃく》」「文治主義《ぶんちしゅぎ》」「文武両道《ぶんぶりょうどう》」など、〝肉体的な勇ましさ〟を表す「武」（p529）と対比的に用いられることも多い。

　成り立ちとしては、もともとは〝胸に彫ったいれずみ〟を表した、とする説が有力。転じて〝**図形や図柄など**〟を表し、「文様《もんよう》」がその例。「天文《てんもん》」は〝天に星々が描く図形〟。「縄文式土器《じょうもんしきどき》」は〝縄で図柄をつけた土器〟。この意味の場合に、〝図柄〟を表す古語「あや」と訓読みすることがあり、現在でも名前で用いられる。〝ことばを書き記したもの〟を表すのは、〝図柄〟から変化したもの。

　音読みはブンを用いるのが原則。モンは奈良時代以前からある古い読み方で、すでに挙げた「文様《もんよう》」「天文《てんもん》」のほか、「文《もん》句《く》」「大文字焼き《だいもんじやき》」「文部科学省《もんぶかがくしょう》」「注文《ちゅうもん》」などで用いられる。なお、「文字《もじ》」でモと読むのは、モンの縮まったもの。

　また、昔は**お金の単位**や、**足のサイズの単位**としても用いられた。この場合は、「六文銭《ろくもんせん》」「十六文《じゅうろくもん》キック」のようにモンと読む。ちなみに、足のサイズとしての「一文《いちもん》」は、約二・四cm。

部首としては？

　〝模様〟を表す漢字の部首となる。ただし、その数は少なく、日常的に使われるものとしては「斑」（p504）があるくらい。漢字が誕生してしばらくは、「文」には〝文字〟や〝知的活動〟といった意味はなかったのだろう。そうでなければ、部首「文」をもとにしてもっと多くの漢字が生まれたことと思われる。

ぶん

聞

14画

［音読み］ブン、モン
［訓読み］き-く、き-こえる
［部首］耳（みみ）

向こうの方から入ってくる？

　部首を「門（もんがまえ）」でなく「耳」とするのは、〝耳〟に関係する意味を持つから。〝**音を耳で感じ取る**〟ことを表す。「門《もん》」は発音を示すはたらきをしているだけだと考えられる。

◆訓読み「きく」では、「聴」（p423）「訊」（p319）との違いが問題となる。「聴」は〝注意を傾けて耳をはたらかせる〟場合に、「訊」は〝質問して答えを得る〟際に用いる。それに対して、「聞」は〝音を耳で感じ取る〟場合であればいつでも使えるが、「聴」「訊」と区別するため、主に〝**耳に入ってくる**〟ことを指して使われる。そこで、「きこえる」と訓読みするのは「聞」だけ、ということになる。ただし、「聞《き》きただす」などと書いても、もちろん間違いではない。使い分けに迷ったら、「聞」を書いておくのが無難である。

　〝耳で感じ取る〟ところから、〝**うわさ・情報**〟をも表す。「風聞《ふうぶん》」「醜聞《しゅうぶん》」「外聞《がいぶん》が悪い」などがその例。「新聞《しんぶん》」も本来は〝新しい情報〟のことで、マスメディアの一つを指すのは日本語独得の用法。現代中国語では〝ニュース〟のことをいう。

　なお、「聞香《ぶんこう》」「香りを聞《き》く」のように〝**匂いをかぎ分ける**〟ことをいう用法は、中国の古典にも見られる。が、〝耳〟から〝鼻〟に転じた理由は、よくわからない。

　音読みはブンを用いるのが大原則。モンは奈良時代以前からある古い読み方だが、現在では「前代未聞《ぜんだいみもん》」「如是我聞《にょぜがもん》」「多聞天《たもんてん》」などの決まった熟語でしか使われない。

へ

丙

へい

特に意味はないんですよ

5画

[音読み] ヘイ
[訓読み] ひのえ
[部首] 一（いち）

「甲乙丙丁《こうおつへいてい》…」と続く**十干《じっかん》の〝三番目〟〝ひのえ〟**を表す。本来の意味はよくわかっていないが、大昔の中国語では〝ひのえ〟を意味することばの発音と似ていたことから、当て字的に用いられるようになったものと考えられている。

現在では、**分類の〝三番目〟**を表す漢字として用いられる。「丙種免許《へいしゅめんきょ》」がその例である。

平

へい

良くも悪くも金太郎あめ！

5画

[音読み] ヘイ、ビョウ
[訓読み] たい-ら、ひら
[部首] 干（かん）

「平野《へいや》」「平面《へいめん》」「水平《すいへい》」「平《たい》らな机」「平《ひら》たい屋根」など、傾きや起伏がなく〝**一定の高さで伸びたり広がったりしている**〟ことを表すのが、基本的な意味。また、「平伏《へいふく》」「平《ひら》たいまんじゅう」「平《ひら》べったい箱」のように、特に〝**低い状態のまま伸びたり広がったりしている**〟ことを表す場合もある。

転じて、広く〝**一定である**〟という意味ともなる。「平等《びょうどう》」「平均《へいきん》」「公平《こうへい》」などがその例。基本的に〝変化がない〟というイメージを持つ漢字である。

傾きや起伏がないところから、「平易《へいい》」「平明《へいめい》」「平《ひら》たく言い直す」「平《ひら》がな」のように〝**簡単でわかりやすい**〟という意味ともなる。また、〝**安定している**〟ことをも表し、例としては「平穏《へいおん》」「平和《へいわ》」「泰平《たいへい》」など。「平定《へいてい》」「反乱軍を平《たい》らげる」は、〝**安定を取り戻す**〟ことをいう例。

さらには〝**いつもどおりの**〟という意味にもなり、「平常《へいじょう》」「平熱《へいねつ》」「平年並《へいねんな》み」のように使われる。「平凡《へいぼん》」「平民《へいみん》」「平社員《ひらしゃいん》」では〝**ふつうでありふれている**〟こと。「平《へい》板《ばん》な展開」のように〝**変化に乏しくつまらない**〟ことを表す場合もある。

「ごちそうを平《たい》らげる」のように〝**食べ尽くす**〟という意味で用いるのは、日本語独得の比喩表現。また、「平《ひら》にお許し下さい」「平謝《ひらあやま》り」「真《ま》っ平《ぴら》ごめん」のように、「ひら」と訓読みして**強い願いを表す**のも、日本語オリジナルである。

音読みはヘイを用いるのが大原則。ビョウは奈良時代以前からある古い読み方だが、現在では、すでに挙げた「平《びょう》等《どう》」で使われるくらい。なお、漢詩では「平仄《ひょうそく》」や元号の「天平《てんぴょう》」など、専門用語ではヒョウと音読みされることがある。

以前は「平」と書くのが正式。部首「干」は形の上から便宜的に分類されたもので、特に意味はない。

兵

へい

やがてみんなで争い始める

7画

[音読み] ヘイ、ヒョウ
[訓読み] つわもの
[部首] 八（はち）

「兵士《へいし》」「歩兵《ほへい》」「伏兵《ふくへい》」など〝**武器を持って戦う人**〟を表す。転じて、「兵法《へいほう》」「兵火《へいか》」のように〝**戦争**〟を表したり、「兵制《へいせい》」のように〝**軍隊**〟を意味したりもする。個人戦が集団戦に変化していくという、〝戦い〟の本質がよく表れている。

訓読み「つわもの」は〝**戦いに強い者**〟のこと。ただし、現在では「強者《つわもの》」と書いたり、かな書きしたりすることが多い。

音読みはヘイを用いるのが原則。ヒョウは奈良時代以前からある古い読み方で、「兵糧《ひょうろう》」「小兵《こひょう》」「生兵法《なまびょうほう》は大怪我《おおけが》のもと」などの決まった形で用いられる。

古代文字では「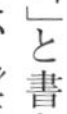」と書き、〃おの〃を表す「斤」（p130）の下に、〃左右の手〃を添えた形。部首「八」は〃左右の手〃の形が変化した「丌」の一部分で、〃8〃の意味はない。同じ成り立ちの「八」は、「共」（p120）「具」（p136）などにも見ることができる。

へい 並

日本に来たら ふつうになった!?

8画

［音読み］ヘイ
［訓読み］なら-ぶ、なみ
［部首］一（いち）

以前は「竝」と書くのが正式。「立」（p624）二つで、〃人が隣り合って立つ〃ことから、**〃二つ以上のものが線のように連なる〃**という意味を表す。「並列《へいれつ》」「並記《へいき》」「お客さんが並《なら》ぶ」などがその例。

また、**〃二つ以上のものが同時に何かをする〃**ことを指す場合もある。「愛と憎しみが並存《へいぞん》する」「森鷗外《もりおうがい》は夏目漱石《なつめそうせき》と並《へい》称《しょう》される文豪だ」などがその例。この場合には「併」（p541）と似ているので、「併《へい》存《ぞん》」「併称《へいしょう》」と書かれることもある。

「並木道《なみきみち》」「並みいる強豪」「軒並《のきな》み」などの訓読み「なみ」は、本来は〃ならぶ〃という意味の古語「なむ」の活用形。また、同じようなものが〃ならぶ〃ところから、「牛丼の並《なみ》」「世間並《せけんな》み」「月並《つきな》み」「並外《なみはず》れた」など**〃ありふれた、ふつうの〃**という意味でも使うが、これは日本語独自の用法。これらの「なみ」は、本来は「み」を送りがなとすべきだが、習慣的に省くことも多い。

部首「一」は形の上から便宜的に分類したもの。辞書によっては、「丷（そいち）」や「ソ（そ）」という部首を新設して、そこに収めるものもある。

へい 併

同じ時間に 起こるできごと

8画

［音読み］ヘイ
［訓読み］あわ-せる
［部首］亻（にんべん）

「合併《がっぺい》」「併合《へいごう》」のように、**〃二つ以上のものを一つにまとめる〃**ことを表すのが、基本的な意味。ただし、実際には「併願《へいがん》」「併記《へいき》」「併殺《へいさつ》」「例の件も併《あわ》せてよろしく」など、**〃二つ以上のことを同時に行う〃**ことや、「併発《へいはつ》」のように**〃二つ以上のことが同時に起こる〃**ことを表す場合が多い。

◆訓読み「あわせる」では、「合」（p198）との使い分けがむずかしい。「合」が広く使われるのに対して、「併」は〃一つにまとまる／まとめる〃や〃同時に行う〃場合専門。しかし、「所持金を合《あ》わせても足りない」「調味料を合《あ》わせる」のように、〃一つにまとまる／まとめる〃の意味でも「合」を使うことも多い。迷ったら「合」を書いておくのが無難なようである。

以前は「併」と書くのが正式。部首「亻」は「人」の変形で、「幷《へい》」には〃並べる〃という意味がある。

へい 陛

直接だと おそれ多いので

10画

［音読み］ヘイ
［部首］阝（こざとへん）

現在では、「陛下《へいか》」以外ではまず用いられない。部首「阝」は「阜」（p525）の変形で、〃盛り上がった土〃を表す記号。〃土台の上に建つ宮殿へと昇る階段〃を指す漢字で、「陛下」とは〃宮殿に昇る階段の下〃。宮殿を直接には指さず遠回しに表現することで、王や皇帝・天皇を敬意を込めて指すことばとして用いられる。

へい 閉

ここから先は ご遠慮ください

11画

［音読み］ヘイ
［訓読み］と-じる、と-ざす、し-める、し-まる
［部首］門（もんがまえ）

「閉鎖《へいさ》」「閉門《へいもん》」「密閉《みっぺい》」「通用口を閉《と》じる」「門戸を閉《と》ざす」「シャッターを閉《し》める」「改札口が閉《し》まる」のように、**〃出入りできない**

ようにする"ことを表す。転じて、「閉会《へいかい》」「お店を閉《し》める」「売り場が閉《し》まる」など、"**業務や活動を終了する**"という意味でも用いられる。

◆「しめる／しまる」と訓読みする漢字には「絞」（p195）「締」（p437）もある。「絞」は"呼吸ができないようにする"場合にしか用いないが、「締」「閉」の使い分けは少しむずかしい。「締」は「ネジを締《し》める」のように"ゆるみをなくす"場合や、「帳簿を締《し》める」のように"いったんまとめる"場合に用いる。それに対して、「閉」は"出入りできないようにする""活動を終了する"場合に使うのが特徴。なお、"緊張感"や"張りつめている"ことを表すために、「緊」（p133）を用いることもある。

へい 塀
12画
［音読み］ヘイ
［部首］土（つちへん）

生まれは日本なんですが…

以前は「塀」と書くのが正式。「屛《へい》」は"さえぎるもの"を表し、部首「土」を組み合わせて、本来は"土地の境界などに作る土の壁"を表す。現在では、「土《ど》塀《べい》」「板《いた》塀《べい》」「コンクリートの塀《へい》」のように、広く"**境界に作る壁**"を指して用いられる。

ヘイと音読みしてはいるが、実は日本で作られた漢字。音読みとは中国語の発音が変化したものだから、日本で作られた漢字には基本的には存在しないはず。そこを「塀」では、「屛《へい》」の音読みに基づいてヘイと読む。さりとて、もともとの日本語としての訓読みがあるわけでもないという、風変わりな漢字である。

へい 幣
15画
［音読み］ヘイ
［訓読み］ぬさ
［部首］巾（はば）

通帳の残高は含まれません！

代表的なのは、"**モノとしてのお金**"の意味。「紙幣《しへい》」「貨幣《かへい》」「造幣局《ぞうへいきょく》」などがその例。預金や証券になっているものではなく、触って存在を確認できるお金をいう。

ただし、本来は"**神様に捧げる織物**"を指し、"布きれ"を表す部首「巾」は、そのなごり。以前は、「㡀」を「㡀」とした「幣」と書くのが正式。「敝《へい》」には"破る"という意味があるから、細かく引き裂いた織物を指したのだろう。訓読み「ぬさ」は神主さんがおはらいに使う道具で、この意味に近い。また、"縁起を担ぐ"ことを表す「御幣《ごへい》を担《かつ》ぐ」の「御幣」は、「ぬさ」のこと。

転じて、"宝物"を表すようになり、さらに"モノとしてのお金"を指すようになった。ずっと"形のあるもの"を指し続けて来たわけで、宗教からスタートしたにしては、なかなか即物的である。

へい 弊
15画
［音読み］ヘイ
［部首］廾（にじゅうあし）

手間をかけてぼろぼろにする

"**疲れて倒れる**"ことを表すのが、本来の意味。「疲弊《ひへい》」がその例。転じて、"**ぼろぼろになる**"ことをも表す。「弊衣破帽《へいいはぼう》」とは、"ぼろぼろの服と破れた帽子"のことで、"きたない身なり"をいう四字熟語。また、「弊社《へいしゃ》」「弊店《へいてん》」「弊誌《へいし》」のように、**ほかの漢字の前に付けて、自分たちのものをへりくだって表す**場合にも用いられる。

"ぼろぼろになる"ところから、「弊害《へいがい》」「悪弊《あくへい》」「旧弊《きゅうへい》」など、"**悪影響を及ぼすもの**"という意味となる。「語弊《ごへい》がある」とは、"言い方がまずくて誤解を与える"こと。

以前は、「㡀」を「㡀」とした「弊」と書くのが正式。もともと「㡀《へい》」に"破れる"という意味があり、それに「攵（のぶん）」を付けて"破る"ことを表す「敝」という漢字が生まれ、そこにさらに"両手"を表す部首「廾」が加わったという、手の込んだ成り立ちの漢字である。

へい 蔽 15画

［音読み］ヘイ
［訓読み］おお-う
［部首］艹（くさかんむり）

伸び放題で中が見えない

現在では、「遮蔽《しゃへい》」「隠蔽《いんぺい》」の二つの熟語で用いられるのが一般的。**〝外からは見えないようにする〟**ことを表す。「敝《へい》」には〝ぼろぼろに破る〟という意味があり、本来は〝植物〟を表す部首「艹」を合わせて、〝植物がぼうぼうに茂って何かをおおい隠す〟ことを表す。

《◆訓読み「おおう」は、現在では「覆」（p534）を書くのがふつう。あえて「蔽《おお》い隠《かく》す」「濃い霧に蔽《おお》われる」のように書くと、〝見えないようにする〟という意味合いが強調されることになる。

なお、印刷文字では「蔽」の形が標準とされているが、手書きの場合は、「倂」を「敝」と書いても差し支えない。

べい 米 6画

［音読み］ベイ、マイ
［訓読み］こめ、よね、メートル
［部首］米（こめ）

頭とお尻で読みが異なる！

植物の**〝稲の実〟**を表すのが、もちろん代表的な意味。この意味の場合、「米穀《べいこく》」「米価《べいか》」「米塩《べいえん》」など熟語の最初に置かれる場合は音読みベイを用いるが、「新米《しんまい》」「うるち米《まい》」「無洗米《むせんまい》」「タイ米《まい》」のように、最後に置かれて稲の実の種類を表す場合には必ずと言っていいほどマイと音読みする、という不思議な性質を持つ。

訓読み「よね」は、「こめ」と同じ意味。現在では、主に「米山《よねやま》」「米沢《よねざわ》」「米田《よねだ》」などの固有名詞で用いられる。

一方、〝メートル〟に中国で「米突《ミートゥ》」と当て字したことから**〝メートル〟**をも表し、「一〇〇米《メートル》走」「広さは約三〇平米《へいべい》」などと用いられる。また、〝アメリカ〟に「亜《ア》米利加《メリカ》」と当て字したことから、「米国《べいこく》」「中南米《ちゅうなんべい》」「日米関係《にちべいかんけい》」のように**〝アメリカ〟**を指す漢字としても用いられるが、これは日本語独自の用法。中国語では〝アメリカ〟のことは「美《メイ》」で表す。

部首としては？

〝お米〟に関係する漢字の部首となる。代表的な例としては、「粉」（p536）「粒」（p628）「糧」（p633）など。「粧」（p294）「粋」（p323）「精」（p338）なども、成り立ちをたどれば〝お米〟と関係がある。

多くは漢字の左側に置かれて「こめへん」と呼ばれるが、中には「粥《かゆ》」「粟《あわ》」「糞《くそ》」のような例もある。これらの場合は、部首の名前としても単に「こめ」という。

ページ 頁 9画

［音読み］ケツ、ヨウ
［訓読み］ページ
［部首］頁（おおがい）

無関係な二つの音読み

本来は、ケツと音読みして〝人の頭部〟を表す漢字。現在ではこの意味で用いられることはない。

ただし、それとは別個にヨウと音読みされ、〝薄っぺらいもの〟を表すことがあった。そこから転じて、現在では**〝書物の紙の片面〟**を指して使われる。日本で英語pageに当てて「ページ」と読むのは、ここから生まれたものである。

部首としては？

「額」（p75）「顔」（p93）「項」（p420）「頭」（p459）など、〝頭部〟に関係する漢字の部首となる。「項」（p195）「題」（p392）「領」（p632）も、もとをたどれば〝頭部〟に関係する意味を持つ。ほとんどの場合、漢字の右側に置かれるのが特徴。「貝」に似ているところから「おおがい」と呼ぶのが一般的だが、「一ノ貝」と分解できるところから「いちのかい」ともいう。

へき 碧

14画

［音読み］ヘキ
［訓読み］みどり、あお
［部首］石（いし）

冷たく澄んだ宝石の色

色の〝あおみどり〟を表す。部首「石」にも現れているように、本来は**〝あおみどり色の宝石〟**を指す漢字で、「碧玉《へきぎょく》」がその例。「碧眼《へきがん》」「紺碧《こんぺき》の海」など、透明感を持って使われることが多い。

◆「みどり」と訓読みする漢字には「緑」（p634）「翠」（p324）もある。「緑」はごく一般的な〝みどり〟を指し、「翠」「碧」は〝あおみどり〟を指す。ただし、「翠」には動物の生き生きしたイメージがあるのに対して、「碧」は静かな透明感を持つ。

◆また、「あお」と訓読みする漢字には「青」（p333）「蒼」（p370）もある。「青」が一般的な〝あお〟を、「蒼」は〝深みのある暗いあお〟を表すのに対して、「碧」は〝澄んだあおみどり〟をいう。それぞれの特徴を生かして使い分けたい。

へき 壁

16画

［音読み］ヘキ
［訓読み］かべ
［部首］土（つち）

大昔、洞窟の中で？

「外壁《がいへき》」「部屋の壁《かべ》」「壁紙《かべがみ》」など、**〝家屋の外側を囲ったり、内部を分けたりする仕切り〟**を表す。また、「城壁《じょうへき》」「防火壁《ぼうかへき》」「ベルリンの壁《かべ》」のように、**〝何かを防いだり移動できなくしたりするための仕切り〟**をも意味する。

部首が「土」であり、「絶壁《ぜっぺき》」「岩壁《いわかべ》」など**〝切り立ったがけ〟**を指す場合もあることを考えると、本来は〝垂直方向に伸びた大地の面〟を表す漢字だと思われる。先史時代の人類が残した「洞窟の壁画《へきが》」などが、実はもともとの意味に近いのかもしれない。ちなみに、漢字のふるさと、中国の黄河中流域では、現在でも「窰洞《ヤオトン》」と呼ばれる洞窟のような住居で、多くの人びとが暮らしている。

へき 璧

18画

［音読み］ヘキ
［部首］玉（たま）

まばゆいばかりの美しさ

〝宝石〟を表す部首「玉」が付いているように、本来は**ある種の〝宝玉〟**を表す漢字で、**〝美しいもの〟〝すぐれたもの〟のたとえ**として用いられる。「完璧《かんぺき》」は、〝美しい宝玉を傷一つ付けないで保つ〟ことから、〝欠点が一つもない〟こと。「双璧《そうへき》」も本来は〝二つ並んだ美しい宝玉〟で、〝同じぐらいすぐれた二つのもの〟をいう。

なお、訓読みすれば「たま」だが、現在ではほとんど用いられない。

へき 癖

18画

［音読み］ヘキ
［訓読み］くせ
［部首］疒（やまいだれ）

直さないとダメですか？

〝心身の不具合〟を意味する部首「疒」が付いているように、昔はある種の病気をも表したようだが、現在では**〝ある人特有の好みや習慣〟**を指して用いられる。「性癖《せいへき》」「潔癖《けっぺき》」「怠《なま》け癖《ぐせ》」などがその例。ただし、漢字本来の意味としては〝好み〟の方に重点があるようで、「酒癖《しゅへき》」といえばもともとは〝お酒を好むこと〟。これを「酒癖《さけぐせ》が悪い」のように訓読みすると、〝お酒を飲むと出る習慣〟を表すことになる。中国語由来の音読みと、日本語としての訓読みとでは、微妙に意味合いが異なる。

日本語では悪いイメージで使われることが多い。「難癖《なんくせ》」は〝言いがかり〟、「一《ひと》癖《くせ》ある」は〝扱いにくいところがある〟こと。また、「癖毛《くせげ》」「洋服の癖《くせ》をアイロンで直す」のように**〝変形してもとに戻しにくいこと〟**を表すのも、日本語独得の用法である。

べつ 別

7画

［音読み］ベツ
［訓読み］わか-れる
［部首］刂（りっとう）

そこから始まる物語

部首「刂」は「刀」の変形。本来は〝刀で切り離す〟ことを表す漢字で、広く〝**分離する／させる**〟という意味で用いられる。「区《く》別《べつ》」「差《さ》別《べつ》」「識《しき》別《べつ》」「別《べつ》にする」などが、その例。また、「個《こ》別《べつ》」「性《せい》別《べつ》」「種《しゅ》別《べつ》」などでは、〝**分け方**〟をも表す。

また、「別冊《べっさつ》」「別館《べっかん》」「別表《べっぴょう》」のように〝**本体から分かれ出た**〟という意味にもなる。「別名《べつめい》」「別荘《べっそう》」「別会社《べつがいしゃ》」などでは、〝**もう一つの**〟という意味合いが強い。

ここから変化すると、〝異なる〟という意味が生じる。「別人《べつじん》」「別種《べっしゅ》」「別個《べっこ》」「それは別《べつ》のお話」などは、〝**まったく異なる**〟ことを指す例。「特別《とくべつ》」「別状《べつじょう》」「別段《べつだん》」「別《べつ》になんでもありません」などでは、〝**ふつうとは異なる**〟ことを表す。「格別《かくべつ》」「別格《べっかく》」「別天地《べってんち》」のように〝**すばらしい**〟ことをいう場合もある。

一方、特に〝**人がある人やある土地などから離れる**〟という意味で使われることも多い。「別離《べつり》」「送別《そうべつ》」「告別《こくべつ》」「訣別《けつべつ》」「恋人と別《わか》れる」「故郷との別《わか》れ」などがその例。

◆「わかれる」と訓読みする漢字には「分」（p 537）もあるが、「別」は〝人がわかれる〟場合にしか用いないので、使い分けに悩む場面はあまりない。

〝切り離す〟ことから始まって、さまざまな意味合いになる漢字。この世界では、〝切り離す〟ことからいろいろなドラマが生じるのである。

べつ 蔑

14画

［音読み］ベツ
［訓読み］さげす-む、ないがし-ろ
［部首］艹（くさかんむり）

〝上から目線〟をさらに超え…

「蔑視《べっし》」「軽蔑《けいべつ》」「侮蔑《ぶべつ》」「未経験者を蔑《さげす》む」など、〝**劣ったものだと見なす**〟ことを表す。さらに、「課長の存在を蔑《ないがし》ろにする」のように、〝**無視する**〟という意味にもなる。

部首「艹」は〝植物〟を表すが、「蔑」は意味の上では〝植物〟と関係はなく、本来は〝目がよく見えない〟ことを表す漢字だった、と考えられている。「目」が横倒しになった「罒」は、そのなごりである。

へん 片

4画

［音読み］ヘン
［訓読み］かた、ひら
［部首］片（かた）

部分だったり半分だったり

「破片《はへん》」「断片《だんぺん》」「肉片《にくへん》」「ガラス片《へん》」「片鱗《へんりん》を見せる」などなど、〝**全体のほんの一部分**〟〝**かけら**〟を表すのが代表的な意味。「片時《かたとき》も休まない」では、〝**ごくわずかなもの**〟という意味合い。「片言《かたこと》」は〝不完全なことば〟、「片《かた》かな」は〝漢字の一部分から生まれたかな〟。「一片《いっぺん》の雲もない」「石器が数片《すうへん》」「一片《ひとひら》の雪」のように、**かけらを数えることば**としても用いられる。

日本語では、転じて〝**端の方の一部分**〟をも指す。「片端《かたはし》」「片田舎《かたいなか》」などがその例。「片付《かたづ》け」は本来は〝端に寄せる〟ことで、「片《かた》を付ける」は、ここから生まれた表現。また、「片方《かたほう》」「片腕《かたうで》」「片思《かたおも》い」など〝**二つあるものの一方**〟をいうのも、日本語独自の用法だという。

成り立ちについては、昔から〝木を縦に割った右半分〟の形だと考えられてきたが、最近では〝建築に使う薄い板〟を表すとする説もある。

部首としては？

〝木の板〟に関係する漢字の部首となる。例としては、「版」（p 503）のほか、〝ふだ〟を表す「牌《はい》」などがあるが、その数は少ない。なお、漢字の左側に置かれた場合は、「かたへん」という。

へん 辺

5画

［音読み］ヘン
［訓読み］あた-り、べ
［部首］⻌（しんにょう、しんにゅう）

遠くても近いものとは？

部首「⻌」は〝移動〟を表す記号。本来は〝移動していった先〟を意味する漢字だという。〝**中心地から遠く離れたところ**〟を表し、「辺境《へんきょう》」「辺地《へんち》」「辺鄙《へんぴ》」などがその例。それが「周辺《しゅうへん》」「近辺《きんぺん》」になると〝**ある場所のまわり**〟となり、「身辺《しんぺん》」「駅の辺《あた》り」「海《うみ》辺《べ》」では〝**すぐ近く**〟を指す。遠いか近いかは、見方によって変わるのである。

〝ある場所のまわり〟から転じて、数学では、「二等辺三角形《にとうへんさんかっけい》」のように〝**図形を囲む直線**〟を指して用いる。また、「右辺《うへん》と左辺《さへん》は等しい」のように、〝**等号や不等号でつながれた数式のそれぞれの部分**〟をいうこともある。

以前は「邊」と書くのが正式。ほかにも「邊」「邉」「邉」「邉」「邉」などなど、虫眼鏡がないとわからないような、微妙に異なるいろいろな書き方があることで有名な漢字である。

へん 返

7画

［音読み］ヘン
［訓読み］かえ-る
［部首］⻌（しんにょう、しんにゅう）

くるっと向きを逆にして…

部首「⻌」は、以前は「辶」と書くのが正式で、〝移動〟を意味する記号。「反」を組み合わせて、〝**向きを反対にしてもとの場所へ戻る**〟ことを表す。「跳《は》ね返《かえ》る」「折《お》り返《かえ》し点《てん》」「引《ひ》き返《かえ》す」などがその例。また、「投《な》げ返《かえ》す」のように、〝**もとのところへ戻す**〟ことをも表す。「返還《へんかん》」「返却《へんきゃく》」「返品《へんぴん》」「送《おく》り返《かえ》す」「返答《へんとう》」「返信《へんしん》」「返礼《へんれい》」などでは、〝**呼びかけに応える**〟という意味。

「裏返《うらがえ》す」「刀を返《かえ》す」「返《かえ》り討《う》ち」など、移動しないで単に〝**向きを反対にする**〟ことを表すのは、日本語独自の用法。また、「我《われ》に返《かえ》る」「返《かえ》り咲《ざ》き」のように向きとは関係なく〝**もとの状態に戻る**〟ことをいうのも、日本語のオリジナル。そこから、「くり返《かえ》す」「読《よ》み返《かえ》す」など〝**もう一度行う**〟という意味にもなる。

◆訓読み「かえす／かえる」では、「帰」（p97）との使い分けが悩ましい。「返」が広く〝もとの場所・状態に戻る／戻す〟ことを表すのに対して、「帰」の場合は〝落ち着く場所・状態に戻る／戻す〟というニュアンスが強い。そこで、「故郷に帰《かえ》る」「親元に帰《かえ》す」などでは、「帰」を書くことになる。また、「還」（p89）を使って、〝いろいろな場所をぐるっと回って〟という意味合いを出すこともある。

へん 変

9画

［音読み］ヘン
［訓読み］か-わる、か-える
［部首］夊（すいにょう、なつあし）

状態が違うだけで本質は同じ！

「変化《へんか》」「変形《へんけい》」「変質《へんしつ》」「激変《げきへん》」など、〝**あるものの状態が違う状態になる**〟ことを表す。「変更《へんこう》」「変換《へんかん》」「変装《へんそう》」のように、〝**あるものの状態を違う状態にする**〟ことをいう場合もある。

転じて、〝**ふつうとは違う**〟ことをも意味する。「変調《へんちょう》」「変種《へんしゅ》」「異変《いへん》」などがその例。「本能寺の変《へん》」のように、特に〝**大事件**〟をいうこともある。

◆「かわる／かえる」と訓読みする漢字には「換」（p85）「替」（p389）「代」（p391）などもあって、使い分けがややこしい。「換」「替」は、どちらも〝あるものをやめて新しいものにする〟場合に用いる。「代」は〝あるものの役割を別のものがする〟場合。一方、「変」は、「景色が変《か》わる」「温度が変《か》わる」「性格を変《か》える」「色調を変《か》える」のように、〝あるものの状態や性質などが違うものになる／状態や性質などを違うものにする〟場合に用いられる。

以前は「變」と書くのが正式で、部首は

「言(げん、いう)」。成り立ちには諸説があり、現在の形で部首を「夂」とするのも、形の上から便宜的に分類されたもの。「變」の下の部分は「夂」ではなく「攵(のぶん)」なので、「攵」を部首とする辞書もある。

へん 偏

11画

［音読み］ヘン
［訓読み］かたよ-る
［部首］亻(にんべん)

そこを非難されてもなあ…

「偏西風《へんせいふう》」「偏頭痛《へんずつう》」「医療施設は町の南部に偏《かたよ》っている」のように、**〝ある方向・部分に寄っている〟**ことを表す。よく似た漢字に「遍」(p547)があるが、「遍」は〝全体に同じように〟という意味を表すので、全く逆。「遍在《へんざい》」は〝全体に同じように存在する〟ことだが、「偏在《へんざい》」は〝ある部分だけに存在する〟ことをいう。

転じて、**〝あるものだけに重点を置き過ぎる〟**という意味にもなる。「偏食《へんしょく》」「偏見《けん》」「家柄を偏重《へんちょう》する」「末っ子を偏愛《へんあい》する」「好みに偏《かたよ》りがある」などがその例。さらに変化して、「偏屈《へんくつ》」「偏狭《へんきょう》な考え」「偏執狂《へんしゅうきょう》」のように、**〝自分の考えや気持ちにこだわり過ぎる〟**ことをもいう。本来は単なる状態を示す漢字なのに、非難の意味合いで使われることが多いのは、ちょっとかわいそうである。

また、片方に寄っているところから、**〝漢字の部首のうち、左側に現れるもの〟**を指す。「木偏《きへん》」「手偏《てへん》」「示偏《しめすへん》」などがその例だが、この「偏」は、現在では習慣的にかな書きされることが多い。

部首「亻」は「人」の変形だが、ここでは深い意味はない。「扁《へん》」には本来、〝片方に寄る〟という意味があるという。

へん 遍

12画

［音読み］ヘン
［訓読み］あまね-く
［部首］辶(しんにょう、しんにゅう)

一通りやってみること!

部首「⻌」は、以前は「辶」と書くのが正式で、〝移動〟を意味する記号。本来は、**〝広い範囲を一通りめぐる〟**ことを表し、「遍《へん》路《ろ》」がその例。「遍歴《へんれき》」では、**〝いろいろな経験をする〟**こと。

転じて、**〝いろいろなところで同じように〟**という意味になり、「普遍的《ふへんてき》」がその代表。訓読みでは「男女・年齢を問わず遍《あまね》く」のように用いるが、「あまねく」は現在ではかな書きすることも多い。

よく似た漢字に「偏」(p547)があるが、「偏」は〝ある部分だけに集中する〟ことを表すので、意味は全く逆。「偏在《へんざい》」は〝ある部分だけに存在する〟ことだが、「遍在《へんざい》」は〝全体に同じように存在する〟こと。

なお、「三遍《さんべん》くり返す」のように、**回数を数えることば**としても使われる。これは〝最初から最後まで一通り行う〟ところから転じたもの。途中でやめてしまっては「一遍《いっぺん》」のうちには入らないことは、言うまでもない。

へん 編

15画

［音読み］ヘン
［訓読み］あ-む
［部首］糸(いとへん)

手間をかけて素材を生かす!

部首「糸」にも現れているように、本来は〝細長い板などを糸でつづり合わせる〟ことを表す。転じて、**〝順序よく組み合わせる〟**という意味になる。「編成《へんせい》」「編入《へんにゅう》」「編《あ》み物《もの》」「竹ひごでかごを編《あ》む」などがその例。

また、**〝いろいろな素材を組み合わせて、書物や音楽・映像などを作り上げる〟**ことを指しても用いられる。「編集《へんしゅう》」「編曲《へんきょく》」「文学全集を編《あ》む」などがその例。転じて、「長編小説《ちょうへんしょうせつ》」「人気ドラマの続編《ぞくへん》」「全編《ぜんぺん》スリルの連続」のように、**〝書物や音楽・映像などの作品〟**を指すこともある。

全体的に**〝いろいろ手をかけて作り出す〟**というニュアンスを持つ。「必殺技を編《あ》み出《だ》す」もその例だが、これは日本語独自の表現かもしれない。

べん
弁
5画

［音読み］ベン
［部首］廾（にじゅうあし）

いい加減も愛情のうち？

部首「廾」は〝両手〟を表す。本来は、両手でかぶる〝かんむり〟を表すが、現在ではその意味で使われることはほとんどない。その一方で、日本では平安時代のころから、「辯《べん》」「辨《べん》」「瓣《べん》」などの略字として使われてきたという、ちょっと変わった経歴を持つ漢字である。

「弁護士《べんごし》」「弁舌《べんぜつ》」「能弁《のうべん》」「弁《べん》が立つ」などでは、以前は「辯」と書くのが正式で、〝**よく分かるように説明する**〟という意味。現在でも「辯護士《べんごし》」と書くのを好む人もいる。転じて、「関西弁《かんさいべん》」のように〝**方言**〟をも指すが、これは日本語独特の用法。

「弁理士《べんりし》」「弁別《べんべつ》」などでは、以前は「辨」と書くのが正式で、〝**はっきりと区別する**〟ことを表す。転じて、「弁償《べんしょう》」「弁済《べんさい》」「勘《かん》弁《べん》」のように〝**はっきりと決着を付ける**〟という意味でも用いるが、これも日本語独自の用法。また、「弁当《べんとう》」ではここから変化して〝**前もって用意しておく**〟こと。現在では「のり弁《べん》」「しゃけ弁《べん》」「どか弁《べん》」のように**「弁当」の省略形**としても用いられる。

以前は「瓣」と書くのが正式だったのは、「花弁《かべん》」のように〝**花びら**〟を表す場合。転じて、「安全弁《あんぜんべん》」「空気弁《くうきべん》」など〝**気体や液体の流れを調節する装置**〟をも指すが、これまた日本語独自の用法である。

また、〝**処理する**〟という意味を持つ「辦《べん》」も「弁」で代用されたり、中国の東北部に住んでいた満州民族の髪形「辮髪《べんぱつ》」も、「弁髪《べんぱつ》」と書かれることがある。

このように、日本人は「辯」「辨」「瓣」「辦」「辮」を「弁」で代用したり、それぞれに独自の意味を持たせたりと、かなり自由に使ってきた。一面、いい加減ではあるが、それも日本人がこれらの漢字をよく使ってきたことの現れなのだろう。

なお、「辯」「辨」「辦」「辮」の部首は「辛」だが、「瓣」だけは「瓜（うり）」を部首とするのが、中国の辞書から受け継ぐ習慣。「辯」は「言」、「辨」は「刂（りっとう）」、「辦」は「力」、「辮」は「糸」を部首とした方が、意味にはよく合う。やはりと言うべきか、中国人にもいい加減なところがあるようである。

べん
便
9画

［音読み］ベン、ビン
［訓読み］たよ-り
［部首］亻（にんべん）

貴重なチャンスを逃さないで！

部首「亻」は「人」の変形で、〝動作や状態〟を表す。「便利《べんり》」「便宜《べんぎ》」「簡便《かんべん》」「方便《ほうべん》」など、〝**その場ですぐに役に立つ**〟ことが、基本的な意味。また、〝**ちょうど都合のいい機会**〟を指すこともあり、「便乗《びんじょう》」がその例。ただし、これは「乗便」という中国の古典に出てくる表現を、日本語では「便《びん》に乗《じょう》ず」と読んだところから生まれた熟語かと思われる。

「郵便《ゆうびん》」「船便《ふなびん》」「宅配便《たくはいびん》」「午後の便《びん》で出発する」など〝**輸送や移動の手段**〟を表すのは、〝ちょうど都合のいい機会〟から転じたもの。大昔は手紙一つ送る手だてさえそう多くはなかったことが、よくわかる。さらに変化して、「便箋《びんせん》」「お便《たよ》り」のように〝**手紙**〟を指しても用いられる。

◆「たより」と訓読みする漢字には「頼」（p618）もある。一般に〝支えとなるもの〟を表す場合は「頼」を書き、〝手紙〟を指すときだけ「便」を用いる。

一方、汚い話になるが、「便所《べんじょ》」「便通《べんつう》」「小便《しょうべん》」など〝**排泄物**〟の意味もあるのは、ご存じの通り。この意味が生まれた経緯は明らかではないが、排泄物とは〝機会〟をとらえて出てくるものではある。

音読みはベンを使うのが原則。ビンは、〝輸送や移動の手段〟や〝手紙〟を表す場合に使われることが多い。すでに挙げた「便乗《びんじょう》」でもビンと読むので、この熟語は〝ちょうどいい移動手段に相乗りする〟という意味だ、と考える説もある。ただし、〝手ごろで役に立つ本〟をいう「便覧《べんらん》」を「びんらん」と読むこともあるように、この使い分けは厳密なものではない。

べん 勉 10画

[音読み] ベン
[訓読み] つと-める
[部首] 力（ちから）

学生時代は無理してたなぁ…

「勉強《べんきょう》」「勉学《べんがく》」「勤《きん》勉」などでおなじみ。

もともとは〝**力を無理に入れてがんばる**〟ことを表すと知ると、自分を顧みて大きくうなずく方も多いことだろう。「勉励《べんれい》」は、〝気を抜かないようにがんばらせる〟こと。現在では、「ガリ勉《べん》」「猛勉《もうべん》」など、**「勉強《べんきょう》」の省略形**としても用いられる。

◆〝がんばる〟という意味の訓読み「つとめる」は、現在では「努」（p448）を書くのがふつう。ただし、「勉《つと》めて無関心を装う」のように、〝無理して〟というニュアンスを出すために「勉」を使うこともある。

なお、以前は「免」の「儿」の左払いが上までつながった「勉」と書くのが正式。

べん 鞭 18画

⇩ むち（p583）

ほ 弁《べん》 便／勉 鞭 歩《ほ》

ほ

ほ 歩 8画

[音読み] ホ、ブ、フ
[訓読み] ある-く、あゆ-む
[部首] 止（とまる）

右、左、右、左…

以前は「少」が「少」になった「歩」と書くのが正式。古代文字では「」と書き、〝足跡〟を表す部首「止」（p227）と、それを左右逆にした形とを組み合わせた漢字。**左右の足を交互に踏み出して〝あるく〟**ことを表す。訓読み「あゆむ」も意味は同じ。

また、「三歩《さんぽ》進んで二歩《にほ》下がる」のように、**足を踏み出した回数を数えることば**としても用いる。

転じて、〝**ものごとの進み具合**〟という意味にもなる。「初歩《しょほ》」「進歩《しんぽ》」などがその例。また、〝足もと〟から転じて〝**よって立つところ**〟を表すこともあり、「譲歩《じょうほ》」「地歩《ちほ》を固める」などがその例となる。

音読みはホを用いるのが大原則。ただし、奈良時代以前からある古い読み方ではブと読むので、日本では「分」（p537）の音読みブに対して当て字的に使って、〝**割合**〟を指すことがある。「歩合《ぶあい》」「歩留《ぶど》まり」などがその例。また、**将棋の駒の一つ**をいうときには、習慣的にフと音読みする。

ほ
保
9画
［音読み］ホ、ホウ
［訓読み］たも-つ
［部首］亻（にんべん）

ねんねんころりよ…

古代文字では「」と書き、〝子どもを背負っている人〟の形だと考えられている。本来の意味は〝**大切に守る**〟ことで、「保育《ほいく》」「保護《ほご》」「保養《ほよう》」などがその例。昔は「やすんずる」と訓読みされた。名前で「やす」「やすし」と読むのは、そこに由来する。

やや転じて、〝**危険や障害を引き受ける**〟ことをも表す。「保険《ほけん》」「保障《ほしょう》」「担保《たんぽ》」などがその例。「保証《ほしょう》」は〝危険がないと請け合う〟こと。「保釈《ほしゃく》」とは〝保証金を納めて釈放してもらう〟こと。

また、〝大切に守る〟ことから、〝**変化が起こらないようにする**〟という意味にもなる。例としては、「保存《ほぞん》」「保留《ほりゅう》」「確保《かくほ》」「温度を保《たも》つ」など。

音読みは基本的にホだけだが、平安時代ごろに正式とされた読み方にホウがあり、「保元《ほうげん》の乱」「天保《てんぽう》の改革」など、年号ではこちらを用いる。

ほ
哺
10画
［音読み］ホ
［部首］口（くちへん）

何はともあれ満足だ…

現在では「哺《ほ》乳《にゅう》類《るい》」「哺《ほ》乳《にゅう》びん」の形で使われるのがほとんど。〝**生まれたばかりの子どもに飲ませたり食べさせたりする**〟ことを表す。「甫《ほ》」には〝平たいもので包む〟という意味があり、部首「口」を組み合わせて、本来は〝口で食べ物を包み込む〟ことを意味する漢字。食欲が満たされつつある、のどかなムードが漂う漢字である。

ほ
捕
10画
［音読み］ホ
［訓読み］つか-まえる、と-る、と-らえる
［部首］扌（てへん）

もう絶対に逃がさない！

「甫《ほ》」には〝平たいもので包む〟という意味がある。「手」が変形した部首「扌」を合わせて、〝**動き回るものを動けないようにする**〟ことを表す。「逮捕《たいほ》」「捕虜《ほりょ》」「捕獲《ほかく》」「虫を捕《つか》まえる」「警察に捕《つか》まる」「球を捕《と》る」など、人間や動物・モノについて広く使われる。

◆「とる」と訓読みする漢字は、ほかにも「獲」（p73）「採」（p212）「撮」（p221）「執」（p247）「取」（p258）など数多い。これらの中で、「捕」は〝動き回るものを〟というニュアンスが強い場合に用いられる。〝動物をつかまえる〟場合に使う「獲」とまぎらわしいこともあるが、相手が動物であれば、どちらを書いても間違いではない。

◆一方、訓読み「とらえる／とられる」では、「捉」（p377）との違いが問題となる。実際に〝動き回るものをつかまえる〟場合には、「誘拐犯を捕《と》らえる」「ネコがネズミを捕《と》らえる」のように「捕」を使う。一方、「話の筋を捉《とら》える」「彼の心を捉《とら》える」「レーダーが捉《とら》える」など〝思考・感覚や機器などのはたらきとしてつかまえる〟場合は、「捉」を使うことが多い。また、「とらわれる」の場合には、「囚」（p263）を使って〝自由を奪われている〟というニュアンスを強く出すこともある。

・ほ
補
12画
［音読み］ホ
［訓読み］おぎな-う
［部首］衤（ころもへん）

やぶけた服ではみっともない！

部首「衤」は「衣」の変形。本来は〝衣服の傷んだ部分を直す〟ことを表す漢字。「甫《ほ》」には〝平たいもの〟という意味があるの

で、〝当て布をする〝ことかと思われる。

転じて、〝**足りないものを足す**〝という意味で用いられる。「補給《ほきゅう》」「補充《ほじゅう》」「補《ほ》習《しゅう》」「増補《ぞうほ》」「鉄分を補《おぎな》う」などがその例。「候補《こうほ》」は、本来は〝足りないところを足すために準備しているもの〝のこと。

さらに転じて、「補佐《ほさ》」「補助《ほじょ》」のように〝**支えとなって助ける**〝ことを表す場合もある。「警部補《けいぶほ》」「判事補《はんじほ》」「会計士補《かいけいしほ》」なども、本来は〝**上官の仕事を助ける役職**〝。このように意味が広がっていくところからすると、服装がきちんとしていることは、やはり重要なことのようである。

ほ　輔

14画

［音読み］ホ
［訓読み］たす-ける
［部首］車（くるまへん）

お殿様の右腕として…

男性の名前でよく用いられるのでおなじみ。部首「車」が付いているように、本来は、大昔の中国で〝車を補強するための棒〝を表した漢字。また、「甫《ほ》」には〝平たいもの〝という意味があるので、〝車体を補強する板〝を指すという説もある。

転じて、〝支えとなる〝という意味になる。特に〝**君主や主人の支えとなる**〝ことを指す場合が多い。「輔弼《ほひつ》」「輔翼《ほよく》」がその例で、ともに〝君主を助けて政治を行う〝こと。名前で「すけ」と読むのは、〝補佐官〝を意味する古語に由来する。

◆訓読み「たすける」は、現在では「助」（p284）を書くのがふつう。とはいえ、〝君主〝や〝政治〝といった文脈では、あえて「輔」を使うこともできるだろう。

ほ　舗

15画

［音読み］ホ
［部首］人（ひとやね）

意味が変われば部首も変わる？

「店舗《てんぽ》」「本舗《ほんぽ》」など、〝**お店**〝を表す。「老舗《しにせ》」は、日本語「しにせ」の意味を漢字で表した当て字的表現。一方、「舗道《ほどう》」「舗装《ほそう》」では〝**一面に敷きつめる**〝ことを表す。

「甫《ほ》」には〝平たいもの〝という意味がある。「舗」は本来は「鋪」と書かれ、〝門の表面に取り付ける薄い金具〝を指し、転じて〝敷きつめる〝ことも意味したと考えられている。〝商品を敷きつめる〝ところから〝お店〝を表すようになり、その結果、部首「金」の代わりに、〝建物〝を表す「舎」（p250）を書くようになったという。

以前は、その「舎」を以前の書き方「舍」の形にした「舖」と書くのが正式で、部首は「舌（した）」。現在の「舗」には「舌」の形が含まれないため、便宜的に部首を「人」とすることが多いが、中には「口」を部首とする辞書もある。ただし、本来の部首「舌」も形の上から便宜的に分類されたもので、意味の関係はない。

ほ　穂

15画

［音読み］スイ
［訓読み］ほ
［部首］禾（のぎへん）

昔はとんがってました…

部首「禾」は〝穀物〝を表す。本来は〝**茎の先に細長く密集して付いた穀物の実**〝を意味する漢字。すすきなどの花についてもいうほか、「筆の穂《ほ》」「槍の穂先《ほさき》」のように、〝**棒の先に付いているとがったもの**〝を指しても用いられる。

訓読みで読まれるのが一般的で、音読みが使われる例は、〝穂が出る〝ことを表す「出穂《しゅっすい》」がある程度。音読みのややとがった響きが、日本人の抱く〝ほ〝のイメージには合わないのかもしれない。

なお、以前は「穗」と書くのが正式。

ぼ　母

5画

［音読み］ボ
［訓読み］はは、おも
［部首］母（はは）

生み出すだけではなく…

古代文字では「」と書き、〝乳房のある女性〝の

絵から生まれた漢字。**〝子どもを生み、育てる女性〟**を表す。訓読み「はは」は、昔は「かか」と発音されることもあり、「母《かあ》さん」の「かあ」は、その変化したもの。また、「乳母《うば》」は、漢字の熟語をそのまま、意味を表す日本語で読む当て字的表現。

転じて、「母国《ぼこく》」「母校《ぼこう》」のように、**〝生まれたり育ったりしたところ〟**を指しても用いる。また、「母港《ぼこう》」「母船《ぼせん》」「空母《くうぼ》」では、船や飛行機などが**〝帰るべきところ〟**を表す。「母屋《おもや》」では**〝中心となるところ〟**。この場合の訓読み「おも」は、〝はは〟を表す古語である。

「母音《ぼいん》」「母型《ぼけい》」「酵母《こうぼ》」など、**〝何かを生み出すもとになるもの〟**を指すこともある。統計学でいう「母集団《ぼしゅうだん》」や、算数の「分母《ぶんぼ》」なども、その例の一つだと思われる。

部首としては？

漢和辞典では部首の一つだが、「母」を部首とする漢字には、ほかに「毎」があるくらい。その「毎」も現在では「毎」（p572）と書くので、部首は「毋（なかれ）」とされる。

その「毋」は、〝○○するな〟という意味を表す漢字だが、古代文字では「母」と同じ形をしていたという。そこで、漢和辞典では、昔から「母」も「毋」に含めて一つの部首としている。「母」を部首とする漢字には、ほかに「毒」（p465）がある。

ぼ

募

12画

［音読み］ボ
［訓読み］つの-る
［部首］力（ちから）

集まり過ぎるのも困るかも…

「募集《ぼしゅう》」「応募《おうぼ》」「公募《こうぼ》」「義援金を募《つの》る」のように、**〝広い範囲に呼びかけて集める〟**ことを表す。「募金《ぼきん》」も本来は〝お金を集める〟ことだが、現在では〝呼びかけに応えてお金を差し出す〟という、ある点では正反対の意味でも使われる。

日本語では、**〝勢いがさらに激しくなる〟**という意味ともなる。「思いが募《つの》る」「北風が吹《ふ》き募《つの》る」などがその例。〝集まって増える〟ところから転じた意味だと思われるが、日本語ではどうやら増え過ぎるようである。

部首「力」は〝力を入れる〟ことを表す。「墓」（p552）「慕」（p552）などと同じく、「莫《ぼ》」（p495）は発音を表す。

ぼ

墓

13画

［音読み］ボ
［訓読み］はか
［部首］土（つち）

今では形はいろいろだけど…

「墓地《ぼち》」「墓標《ぼひょう》」「墓石《はかいし》」など、**〝死者を埋葬する場所〟**を表す。本来は、土を盛り上げて造った「墳」（p537）に対して、地面に穴を掘って造ったものを表す。現在では、造り方に関係なく用いられる。

部首「土」に「莫」（p495）を組み合わせた漢字。「募」（p552）「慕」（p552）などと同じく、「莫《ぼ》」は発音を表す。

ぼ

慕

14画

［音読み］ボ
［訓読み］した-う
［部首］⺗（したごころ）

意外と現実的だったりして？

「慕情《ぼじょう》」「思慕《しぼ》」「恋慕《れんぼ》」「部下に慕《した》われる」のように、**〝心が惹かれる〟**ことを表す。日本語では〝だれかの近くにいたい〟という気持ちが託される切ない漢字だが、中国の古典では、〝地位や利益を手に入れたい〟という欲望を表すこともある。

「心」が変形した部首「⺗」に「莫」（p495）を組み合わせた漢字。「募」（p552）「墓」（p552）などと同じく、「莫《ぼ》」は発音を表す。

ぼ

暮

14画

［音読み］ボ
［訓読み］く-れる、く-らす
［部首］日（ひ、にち）

暗くなって見えなくなる…

「日が暮《く》れる」「夕暮《ゆうぐ》れ」「薄暮《はくぼ》」「暮色《ぼしょく》」のように、**〝太陽が沈む〟**ことを表す。また、一日が終わっていくところから、〝**年や季節が終わりに近づく**〟ことをも表す。「年が暮《く》れる」「暮春《ぼしゅん》」などがその例。

一日一日が終わっていくことから転じて、「のんきに暮《く》らす」「楽しい暮《く》らし」のように〝**毎日を過ごす**〟という意味にもなるが、これは日本語独自の用法。また、「途方に暮《く》れる」「悲しみに暮《く》れる」など〝**どうすればいいか、わからなくなる**〟ことを表すのも、日本語のオリジナル。太陽が沈んでまわりが見えなくなるところから生まれた、印象深い表現である。

部首「日」に「莫」（p495）を組み合わせた漢字。本来は「莫」だけで〝太陽が沈む〟という意味を表していたが、後に「莫」は〝ない〟という否定の意味で使われるようになったので、改めて「日」を加えて「暮」が作られた、と考えられている。

ぼ 簿

19画

［音読み］ボ
［部首］竹（たけかんむり）

時間とともに更新される

「名簿《めいぼ》」「帳簿《ちょうぼ》」「出席簿《しゅっせきぼ》」「簿記《ぼき》」など、〝**何かを順序立てて記録する紙やノート**〟を表す。ただし、部首「竹」にも現れているように、本来は〝竹の札をつづり合わせたもの〟を指す漢字。紙が発明される以前には、これに文字を書き記した。

似た意味を持つ漢字に「籍」（p344）がある。「籍」は〝登録台帳〟を指すことが多いのに対して、「簿」は次々に書き足されていく〝記録〟や〝一覧〟の意味合いで用いられることが多い。

なお、以前は「亩」が「甫」になった「簿」と書くのが正式。

ほう 方

4画

［音読み］ホウ
［訓読み］かた
［部首］方（ほう）

日本人はなんとなく…

「方向《ほうこう》」「方角《ほうがく》」「方面《ほうめん》」「方位《ほうい》」「左の方《ほう》に曲がる」など、〝**向き**〟を表すのが代表的な意味。ただし、細かく見ていくと、非常に幅広い意味で用いられる漢字である。

〝向き〟には必ず〝逆向き〟が存在するところから、〝**対になっているもののうちの一つ**〟を表す。「先方《せんぽう》」「片方《かたほう》」「相方《あいかた》」「徳川《とくがわ》方《がた》に寝返る」などがその例。また、「遠《えん》方《ぼう》」「地方《ちほう》」「方言《ほうげん》」など、〝向き〟が指す先の〝**ある地域**〟をいうこともある。

東西南北や前後左右など、〝向き〟は大きく四つに分けて考えられるところから、〝**四角形**〟をも表す。「正方形《せいほうけい》」「長方形《ちょうほうけい》」「方眼紙《ほうがんし》」などがその例。「立方体《りっぽうたい》」「直方体《ちょくほうたい》」のように〝**四角い立体**〟を指すこともある。「方舟《はこぶね》」とは〝四角い舟〟で、「はこ」と読むのは形が〝箱〟に似ていることによる特殊な訓読み。また、四角いものの面積や体積を計算するところから、「平方根《へいほうこん》」「立方《りっぽう》メートル」など〝**同じ数を掛け合わせる**〟ことをもいう。なお、「品行《ひんこう》方正《ほうせい》」は、四角形のように〝**きちんとしている**〟という意味で用いられた例。

このほか、「方法《ほうほう》」「方策《ほうさく》」「やり方《かた》」などでは、〝**手段**〟を表す。これは、〝ある向きに進める〟というイメージから生まれたものか。

「後ろの方《ほう》に置く」「上の方《ほう》に報告する」など、漠然と〝**そのあたり**〟を表すのは、おそらく日本語独自の用法。「鉄砲方《てっぽうがた》」「料理方《りょうりがた》」のように、〝**それに関係する仕事をする者**〟を指して使うのも日本語オリジナルで、「裏方《うらかた》」「土方《どかた》」もその例である。

日本語では、**何かをなんとなく指す**場合に使われることが多く、「暮《く》れ方《がた》」「今朝《けさ》方《がた》」のように〝**ある時間帯**〟を表すのもその例。「三割方《さんわりがた》高くつく」では〝**だいたいの数値**〟。また、「あの方《かた》」「奥方《おくがた》」「お三方《さんかた》」

のように、**失礼にならないようにやわらかく他人を指すことば**としても用いられる。さらには、「〇〇様方《さまがた》」のように、**他人の家に住まわせてもらっている場合にその家を指すことば**として使うこともある。

古代文字では「」と書き、〝舟をつなぐ形〟〝農具の形〟〝死体を吊した形〟などと考えられている。なお、「妨」（p562）「防」（p562）「房」（p562）「肪」（p562）などから考えると、これらの「方」には〝張り出す〟という意味があるかと思われる。

部首としては?

漢和辞典では部首の一つ。「方」を部首とする漢字には「旗」（p102）「旋」（p352）「族」（p379）「旅」（p629）などがあるが、どれも意味の上では〝はた〟に関係があり、「方」とのつながりはない。これらは、〝はた〟を意味する古代文字「」が変化して「㫃」になった結果、「方」の部首に収められるようになったもの。「方」からすると、濡れ手に粟でほかの部首を乗っ取ってしまった感じである。なお、多くは漢字の左側に置かれ、「ほうへん」と呼ばれる。

ほう

包

5画

[音読み] ホウ
[訓読み] つつ-む
[部首] 勹（つつみがまえ）

お腹の中で大切に

「包装《ほうそう》」「梱包《こんぽう》」「プチプチで包《つつ》む」のように、〝**傷が付かないようにまわりをくるむ**〟ことを表すのが、代表的な意味。また、「包囲《ほうい》」では〝**まわりから取り巻く**〟こと。「包括《ほうかつ》」「包含《ほうがん》」「包容力《ほうようりょく》」のように、〝**内部に取り込む**〟という意味で用いられることもある。

以前は、「己」を「巳」とした「包」と書くのが正式。古代文字では「」で、〝子宮の中に胎児がいる形〟だという。

ほう

芳

7画

[音読み] ホウ
[訓読み] かんば-しい
[部首] 艹（くさかんむり）

匂い立つような魅力がいっぱい!

〝植物〟を表す部首「艹」が付いているように、本来は〝香りのよい草〟を表し、広く〝**よい香りがする**〟という意味で用いられる。「芳香《ほうこう》」「芳《かんば》しい梅の香り」などがその例。名前で「よし」と読むことがあるのは、〝よい香り〟に由来する。

ただし、音読みの熟語では、〝よい香り〟そのままの意味で使われることは意外と少ない。「芳年《ほうねん》」「芳紀《ほうき》」は〝女ざかりの年ごろ〟をいう熟語で、ここでは〝**女性が魅力にあふれている**〟という意味。また、「ご芳名《ほうめい》」「ご芳恩《ほうおん》」「ご芳志《ほうし》」などでは、**ほかの漢字の前に付けて、相手のことを敬意を込めて指すはたらき**をしている。

ほう

邦

7画

[音読み] ホウ
[訓読み] くに
[部首] 阝（おおざと）

あまり融通がきかないかも…

代表的なのは、「邦人《ほうじん》」「邦楽《ほうがく》」「本邦初公開《ほんぽうはつこうかい》」など〝**日本**〟を指す例。「邦訳《ほうやく》」では〝**日本語**〟のこと。ただし、これらは日本語独自の用法で、本来は〝**国家**〟を表す。「異邦人《いほうじん》」がその代表。「友邦《ゆうほう》」とは、〝友好関係にある国家〟。

◆訓読み「くに」は、現在では「国」（p201）と書くのがふつう。「邦」は名前でよく用いられる。漢字としての「邦」は〝国家〟だけを指し、〝地方〟や〝出身地〟をも表す「国」とはその点が異なる。

部首「阝」は「邑」（p602）の変形で、〝人の住む地域〟を表す。本来は〝与えられた領地〟を指し、いくつかの「邦」が集まって、さらに大きな政治組織となる。現在では、「連邦国家《れんぽうこっか》」にそのイメージが残る。

ほう

奉

8画

[音読み] ホウ、ブ
[訓読み] たてまつ-る
[部首] 大（だい）

偉いお方のためならば!?

神や仏、地位が上の者などに〝**差し上げる**〟ことを表すのが基本。「奉納《ほうのう》」「奉祝《ほうしゅく》」「お手紙を奉《たてまつ》る」などがその例。転じて、「奉仕《ほうし》」「奉公《ほうこう》」のように〝**相手のために尽くす**〟ことをも表す。「奉職《ほうしょく》」は、公務員や教師など〝社会に尽くす職業に就く〟こと。

また、地位が上の者から〝**ありがたくいただく**〟ことをも表す。「信奉《しんぽう》」とは、〝信じてありがたくいただく〟こと。

このほか、「ＯＢを名誉会長として奉《たてまつ》る」のように、〝**名目的な高い地位に付ける**〟ことを意味する場合もあるが、これは日本語独自の用法である。

音読みはホウを用いるのが原則。ブは奈良時代以前からある古い読み方で、「奉行《ぶぎょう》」のような歴史的な熟語でしか用いられない。ちなみに、「奉行」も、本来は〝主君のために仕事をする〟こと。

なお、部首「大」は形の上から便宜的に分類されたもので、意味の関係はない。

宝

ほう

8画

［音読み］ホウ
［訓読み］たから
［部首］宀（うかんむり）

貴重なものの詰め合わせ!?

「宝石《ほうせき》」「財宝《ざいほう》」「宝島《たからじま》」「お宝《たから》が眠る」など、〝**珍しくて価値の高いもの**〟を表す。また、「寛《かん》永通宝《えいつうほう》」「永楽通宝《えいらくつうほう》」など、昔は〝**貨幣**〟を指して用いられた。額面はけっして高価ではないが、ちりも積もれば、といったところだろうか。

以前は「寶」と書くのが正式。部首「宀」は〝建物〟を表す。「王」（ｐ40）は「玉」の変形で〝宝石〟、「缶」（ｐ81）は〝お酒の入った素焼きのつぼ〟、「貝」（ｐ62）は〝お金〟のこと。合わせて、〝貴重品が建物の中に収めてある〟ことを表すという。大昔の中国の人びとにとって「宝《たから》もの」とはどんなものだったか、目に浮かぶようである。

抱

ほう

8画

［音読み］ホウ
［訓読み］だ-く、かか-える、いだ-く
［部首］扌（てへん）

〝い〟のあるなしで雰囲気が変わる

以前は、「己」を「巳」にした「抱」と書くのが正式。部首「扌」は「手」の変形で、「包」（ｐ554）は〝包み込む〟こと。合わせて、〝**腕で包み込む**〟という意味になる。「抱擁《ほうよう》」「抱《だ》きしめる」「両手に花束を抱《かか》える」「母の胸に抱《いだ》かれる」などがその例だが、比喩的に使われることが多い。

「抱負《ほうふ》」「恨みを抱《いだ》く」では、〝**頭でしっかり考えたり心に強く思ったりする**〟こと。「山裾に抱《いだ》かれた温泉」では〝**まわりを自然が囲む**〟ことをいう。

◆「いだく」と訓読みする漢字には「懐」（ｐ66）もある。現在では「抱」を使うのがふつうだが、特に〝強く思い続ける〟という意味の場合には、「心」が変形した部首「忄」の意味合いを重視して、「懐」を用いることも多い。

さらに、「仕事を抱《かか》える」のように〝**やるべきことがある**〟ことを表したり、「家族四人を抱《かか》える」のように〝**面倒を見るべき相手がいる**〟ことをも意味するが、これは日本語独自の用法。「介抱《かいほう》」では〝面倒を見る〟こと。また、「だく」と訓読みして〝**肉体関係を持つ**〟ことを指すのも、日本語のオリジナルである。

なお、「辛抱《しんぼう》」の語源には諸説があるが、当て字だと考えられている。

放

ほう

8画

［音読み］ホウ
［訓読み］はな-つ、ほう-る、はな-す
［部首］攵（のぶん）

思い切ってやってみるか?

部首「攵」は〝手に棒を持った形〟で、強制的な意味合いを持つ。本来は、「追放《ついほう》」「放《ほう》校処分《こうしょぶん》」のように〝**追い払う**〟ことを表す。

転じて、〝**勢いよく外へ出す**〟ことをも表す。「放送《ほうそう》」「放電《ほうでん》」「光を放《はな》つ」のように〝**周りに向けて何かを発する**〟場合もあるし、「放水《ほうすい》」「X線を放射《ほうしゃ》する」「弾丸を放《はな》つ」「球を放《ほう》る」など、〝**ある場所に向けて何かを発する**〟場合もある。

一方、〝追い払う〟から転じて、〝**どこかへやってしまう**〟という意味になることもある。「放棄《ほうき》」「放置《ほうち》」「放《ほう》り出《だ》す」などがその例。「放心状態《ほうしんじょうたい》」とは〝心がどこかへ行ってしまった状態〟。そこから変化したのが、「解放《かいほう》」「釈放《しゃくほう》」「放任《ほうにん》」「放牧《ほうぼく》」「鳥かごから放《はな》す」「娘も手が放《はな》れまして」のような〝**自由にさせる／なる**〟という意味。さらに転じて〝**やりたいようにする**〟ことをも表し、「放言《ほうげん》」「放浪《ほうろう》」「放漫経営《ほうまんけいえい》」「奔《ほん》放《ぽう》な性格」のように使われる。

「放火《ほうか》」「火を放《はな》つ」はやや特殊だが、〝何かを発する〟と〝自由にさせる〟の両方の意味合いで用いられたもの。

◆訓読み「はなす／はなれる」では、「離」（p623）との使い分けが気になるところ。「離」は〝遠ざかる／遠ざける〟ことを表すのに対して、「放」は〝自由にさせる／する〟場合に用いるので、あまり悩まずに済みそうである。

以上のようにいろいろな意味を持つが、根底には何らかの〝勢い〟がある。自分勝手な「放蕩生活《ほうとうせいかつ》」だって、何らかの〝勢い〟がなくてはできないのである。

ほう

朋

8画

［音読み］ホウ
［訓読み］とも
［部首］月（つきへん）

友情もお金から？

「朋友《ほうゆう》」「朋党《ほうとう》」「同朋《どうほう》」など、〝**親しい仲間**〟を表す。『論語』に「朋有《ともあ》り、遠方《えんぽう》より来《き》たる」という有名な一節があるように、〝**考え方や生き方を同じくする仲間**〟というニュアンスがある。

◆訓読み「とも」は、現在では「友」（p600）を書くのがふつうで、「朋」は、固有名詞などでしか使われない。また、「供」（p121）「伴」（p502）も「とも」と訓読みするが、この二つは〝だれかに付き従う人〟を指すので、「友」「朋」とは意味合いが異なる。

以前は「朋」と書くのが正式。部首「月」／「月」は形の上から便宜的に分類されたもの。古代文字では「丰丰」と書き、〝数珠《じゅず》つなぎにした貨幣を二つぶら下げた形〟だと考えられている。似たものが二つ並ぶところから〝仲間〟の意味となったというが、ちょっと現金なお話である。

ほう

法

8画

［音読み］ホウ、ハッ
［部首］氵（さんずい）

大昔は書くのもたいへん！

〝**ものごとを進める上での決まり**〟を表す。「法《ほう》律《りつ》」「法則《ほうそく》」「憲法《けんぽう》」「違法《いほう》」のように〝**外れてはならない決まり**〟を表すこともあるし、「方法《ほうほう》」「手法《しゅほう》」「戦法《せんぽう》」「論法《ろんぽう》」など〝**ものごとの進め方**〟を指す場合もある。また、〝生き方〟というところから、「法王《ほうおう》」「法事《ほうじ》」「法話《ほうわ》」「仏法《ぶっぽう》」のように〝**宗教的な教え**〟を指しても用いられる。

なお、名前で使われる読み方「のり」は、〝決まり〟や〝教え〟を意味する古語。

音読みはホウを使うのが原則。ただし、「法主《ほっす》」では変化してホッと発音される。また、ホウは昔はハフと発音されており、「法度《はっと》」「法被《はっぴ》」でハッと読むのは、これが変化したもの。

部首「氵」は「水」の変形。大昔は「灋」と書かれ、「廌《たい》」は、鹿に似た伝説的な動物を表す漢字だという。成り立ちには大きく二説あり、一つは、その動物を流れの中の島に閉じこめたことから〝外れてはならない決まり〟を意味する、とする。もう一つは、その動物は裁判で勝ち負けを決めるために使われ、後で水に流されたとする。どちらにせよ、よく使うわりには成り立ちが謎めいた漢字である。

ほう

泡

8画

［音読み］ホウ
［訓読み］あわ
［部首］氵（さんずい）

大切なものほど消えやすい…

言うまでもなく、**水の〃あわ〃**を表す。すぐに消えてしまうので、**〃はかないもの〃のたとえ**としても用いられる。「泡沫夢幻《ほうまつむげん》」とは、〃はかない〃ことを表す四字熟語。「泡沫」は〃あわ〃のことだが、熟語の形はそのままに、〃あわ〃を意味する古語「うたかた」を当てて読むこともある。

以前は、「己」を「巳」にした「泡」と書くのが正式。部首「氵」は「水」の変形。「包／包」（p554）には〃大切に包み込む〃というイメージがあるが、「泡／泡」がすぐにはじけてしまうのは、ちょっと悲しい。

ほう

胞

9画

［音読み］ホウ
［部首］月（にくづき）

生命はここから動き出す

以前は、「己」を「巳」にした「胞」と書くのが正式。部首「月」は「肉」の変形で〃肉体〃を表す。「包／包」（p554）は、〃子宮の中に胎児がいる形〃。組み合わせて、**〃胎児を包む膜〃**を表す。「えな」と訓読みできるが、現在では「えな」はかな書きするのが一般的。

転じて、**〃血筋〃**を指すこともある。「同胞《どうほう》」は、〃同じ血筋の者〃から転じて〃同じ民族の者〃。また、「細胞《さいぼう》」「胞子《ほうし》」など**〃生物を形づくる際に基本となるもの〃**という意味でも用いられる。生命の根源に迫るような漢字である。

ほう

倣

10画

［音読み］ホウ
［訓読み］なら-う
［部首］イ（にんべん）

人間と鳥の違いについて

現在では、「模倣《もほう》」「倣《なら》う」の二つの形で使われるのがほとんど。**〃まねる〃**ことを表す。

◆訓読み「ならう」では、「習」（p266）との使い分けが問題となる。「習」は〃くり返して身に付ける〃場合に用いるのに対して、「倣」は単に〃まねをする〃ときに使う。「右へ倣《なら》え」「他社のやり方に倣《なら》う」などが、その例である。

部首「イ」は「人」の変形。「習」の部首が鳥の「羽」であることを思うと、人間にとって独創性とはどういう意味を持つのか、考えさせられる。

ほう

俸

10画

［音読み］ホウ
［部首］イ（にんべん）

ご主人様がくださるもの

「俸給《ほうきゅう》」「年俸《ねんぽう》」「減俸《げんぽう》」など、**〃賃金〃**を表す。部首「イ」は「人」の変形。「奉」（p554）には〃ありがたくいただく〃という意味がある。本来は〃主人からありがたくいただくお給料〃を指す漢字。いくら「年俸」が増えたところで、〃家来〃の地位からは抜け出せないのである。

ほう

峰

10画

［音読み］ホウ
［訓読み］みね
［部首］山（やまへん）

天に向かって鋭く伸びる

「最高峰《さいこうほう》」「霧島連峰《きりしまれんぽう》」「霊《れい》峰富士《ほうふじ》」「あの峰《みね》の向こう」など、**〃山の最も高い部分〃**を指す。部首「山」に「夆《ほう》」を組み合わせた漢字。「夆」には〃とがった先〃というイメージがあるらしい。

◆「みね」と訓読みする漢字には「嶺《れい》」もある。「峰」が〃とがった先〃という〃点〃のイメージなのに対して、「嶺」は〃山脈〃や〃峠道〃など〃線〃のイメージで使われることが多いようである。

なお、固有名詞では「峯」と書かれるこ

とも多い。

砲
ほう
10画
［音読み］ホウ
［部首］石（いしへん）

昔は石を飛ばしていました

「大砲《たいほう》」「機関砲《きかんほう》」「砲撃《ほうげき》」「砲台《ほうだい》」など、〝**火薬の力で弾丸を発射する大がかりな武器**〟を表す。ただし、部首「石」にも現れているように、昔は〝ばねじかけで石を発射する大がかりな武器〟を指した。また、この意味を表す「礮《ほう》」という漢字があり、「砲」はその略字だともいう。

以前は、「己」を「巳」にした「砲」と書くのが正式。「包／包」（p554）は〝子宮の中の胎児〟の形なので、「砲」は本来は〝弾丸を込める〟ことを表すとする説もある。ちなみに、「砲」と名の付く火薬兵器が中国で使われるようになったのは、一二～一三世紀ごろのことらしい。

崩
ほう
11画
［音読み］ホウ
［訓読み］くず-れる
［部首］山（やま）

そんなはずはなかったのに！

以前は「崩」と書くのが正式。部首「山」が付いているように、本来は〝山の一部がはがれ落ちる〟ことを表す。広く〝**大きくしっかりしていたものが、支えきれなくなって壊れる**〟という意味で使われる。「崩落《ほうらく》」「崩壊《ほうかい》」「荷崩《にくず》れ」「ビルが崩《くず》れる」などがその例。「雪崩《なだれ》」は、漢字の熟語をそのまま意味を表す日本語で読む当て字的表現。

転じて、「崩御《ほうぎょ》」「崩《ほう》ずる」の形で、〝**王や皇帝・天皇が死ぬ**〟ことをも表す。

根底には〝壊れそうにないものや壊れては困るものが壊れる〟という意味合いを含む。「夢が崩《くず》れる」「平和が崩《くず》れる」などは、そのニュアンスを踏まえた比喩的表現である。

捧
ほう
11画
［音読み］ホウ
［訓読み］ささ-げる
［部首］扌（てへん）

あなたが大切だからこそ…

「母に捧《ささ》げるバラード」「この勝利を被災地に捧《ささ》げたい」のように、〝**心を込めて差し上げる**〟ことを表す。また、「研究に一生を捧《ささ》げる」「猫の世話に身も心も捧《ささ》げる」など、〝**何かのために犠牲にする**〟という意味でも用いられる。「妻に捧《ささ》ぐ」のように、「ささげる」の古語「ささぐ」と訓読みして、雰囲気を出すこともある。

部首「扌」は「手」の変形。本来の意味は〝**両手で持つ**〟こと。「捧腹絶倒《ほうふくぜっとう》」がその例で、〝お腹を両手でかかえて笑う〟ことをいう。「抱腹絶倒《ほうふくぜっとう》」と書くのはもともとは間違いだとされるが、明治時代から使われている。「捧」は〝大切なもの〟について使うことが多いので、お腹に対して用いるのは、かえって違和感があるのかもしれない。

萌
ほう
11画
［音読み］ホウ
［訓読み］も-える、きざ-す
［部首］艹（くさかんむり）

みずみずしい気持ちから…

部首「艹」は〝植物〟を表す記号。本来は〝**植物が新芽を出す**〟ことを表す漢字で、転じて〝**ものごとが生じ始める**〟という意味でも用いられる。「萌芽《ほうが》」「草が萌《も》え出《で》る」「恋心が萌《きざ》す」などがその例。「めぐむ」と訓読みすることもあるが、現在では「芽《め》ぐむ」と書くことが多い。

◆訓読み「きざす」は、現在では「兆」（p417）を使うのが一般的。ただし、「萌」には新芽のようなみずみずしい感覚が伴うので、それが生きる場面で「萌」を使うのは効果的である。

◆また、「もえる」と訓読みする漢字には「燃」（p481）もある。「燃」が〝炎が出る〟ことをいうのに対して、「萌」は〝芽が出る〟ことを表す。また、〝感情が高ぶる〟ことをいう「燃」に対して、最近では、「萌」は〝**胸がキュンとする**〟というような意味合いでも用いられる。

ほう 訪

11画
[音読み]ホウ
[訓読み]たず-ねる、おとず-れる
[部首]言（ごんべん）

ごきげんを伺いに参りました…？

「訪問《ほうもん》」「探訪《たんぼう》」「来訪《らいほう》」「取引先を訪《たず》ねる」「新居を訪《おとず》れる」「珍客が訪《おとず》れる」のように、〝**ようすを見に行く／来る**〟ことを表す。

部首「言」が付いていることから、本来は〝だれかのところへ話をしに行く〟ことを表していたのではないかと思われる。

◆「たずねる」と訓読みする漢字には「尋」（p319）もある。「尋」は移動には関係なく〝問いかける〟ことを表すのに対して、「訪」には必ず移動が伴い、〝ある場所を訪問する〟という意味で用いられる。また、〝問いただす〟場合には「訊」（p319）を書くこともある。

訓読み「おとずれる」は〝行く／来る〟両方の場合に使うが、「たずねる」は〝行く〟場合にしか用いない。また、「白鳥が訪《おとず》れる湖」のように、「おとずれる」は比喩的に用いられるのも印象的。さらには、「春の訪《おとず》れ」「チャンスが訪《おとず》れる」など〝**あるタイミングがやって来る**〟という意味でも使われるが、これは日本語独自の用法かもしれない。

ほう 報

12画
[音読み]ホウ
[訓読み]むく-いる、しら-せる
[部首]土（つち）

華麗なる転身！

〝手かせ〟を表す「幸」（p186）と〝従う〟ことを表す「𠬝《ふく》」を組み合わせて、本来は、〝**罪に応じた罰に従わせる**〟ことを表す。「報《ほう》復《ふく》」「悪事の報《むく》い」などがその例。

そこから、「報恩《ほうおん》」「報償金《ほうしょうきん》」「労力に報《むく》いる」のように〝**仕事に応じたお礼をする**〟という意味に転じたのは、思い切った方向転換。結果として、善悪にかかわらず〝**やったことに応じて結果を与える／受ける**〟という意味で用いられる。「因果応《いんがおう》報《ほう》」「努力が報《むく》われる」などがその例。

◆「むくいる」と訓読みする漢字には「酬」（p268）もある。現在では「報」を使う方が一般的だが、特に〝お礼をする〟という意味を強調したい場合には、「酬」を書くこともできる。

さらに、問いかけに応じて答えるところから、〝**求められている情報を伝える**〟という意味ともなる。「報告《ほうこく》」「報道《ほうどう》」「広報《こうほう》」「日報《にっぽう》」「予報《よほう》」「会報《かいほう》」「社内報《しゃないほう》」などがその例。「警報《けいほう》」「時報《じほう》」などなど、特に〝**必要な情報を伝えるもの**〟を指して用いられることも多い。

◆訓読み「しらせる」は、現在では「知」（p406）を使って「知らせる」と書くのがふつう。ただし、「飲み会の場所を報《しら》せる」のように〝必要な情報〟の場合は、「報」を用いるのもいいかもしれない。

なお、部首「土」は形の上から便宜的に分類されたもの。意味の関係はない。

ほう 豊

13画
[音読み]ホウ
[訓読み]ゆた-か
[部首]豆（まめ）

ごちそうがたっぷりある！

以前は「豐」と書くのが正式。部首「豆」（p451）は〝たかつき〟という食器の一種。「豐」はその上に食べ物を山盛りにしてある形。〝食べ物がたくさんある〟ことから、〝**量が十分で満ち足りている**〟という意味で用いられる。「豊作《ほうさく》」「栄養豊富《えいようほうふ》」「豊満《ほうまん》な体つき」「才能が豊《ゆた》か」などがその例。

固有名詞で見られる訓読み「とよ」は、〝ゆたかである〟ことを意味する古語。また、奈良時代以前からある古い音読みにブがあり、九州北部の「豊前《ぶぜん》」「豊後《ぶんご》」などの地名にそのなごりが見られる。
なお、「豊」はもともとは「豐」とは別の漢字で、音読みはレイ、「礼」（p638）と同じ意味を表していた。が、後に「豐」の略字として用いられるようになった。

ほう 飽

13画

［音読み］ホウ
［訓読み］あ-きる、あ-かす
［部首］食（しょくへん）

そう簡単には満足できない？

「食」が変形した部首「⻞」にも現れているように、〝**お腹いっぱい食べる**〟ことが、本来の意味。「飽食《ほうしょく》」がその例。転じて、「飽和《ほうわ》」のように〝**いっぱいになる**〟ことをも表す。また、〝**満足する**〟という意味ともなるが、日本語ではこの場合、「飽《あ》き足《た》りない」「飽《あ》くなき探求」「飽《あ》かずに眺める」など、〝満足しない〟という文脈で用いられることが多い。

十分だと感じて〝**続けるのがいやになる**〟ことを表すのは、日本語独自の用法。「見飽《みあ》きる」「飽《あ》きっぽい」「飽《あ》き飽《あ》きする」などがその例。「暇に飽《あ》かせて」のように〝**十分にあるものをぜいたくに使う**〟ことをいうのも、日本語のオリジナルである。

以前は「飽」と書くのが正式。「包／包」（p554）は〝子宮の中の胎児〟の形なので、本来は〝お腹がふくれるまで食べる〟という意味だった、と考えられている。

ほう 褒

15画

［音読み］ホウ
［訓読み］ほ-める
［部首］衣（ころも）

口先だけじゃありませんよ！

「日ごろの努力を褒《ほ》められた」「人助けをして褒《ほ》められた」のように、〝**高い評価を与える**〟ことを表す。音読みの例としては、「ご褒《ほう》美《び》」のほか、国家が与える「褒章《ほうしょう》」、〝高い評価と低い評価〟を意味する「毀《き》誉《よ》褒《ほう》貶《へん》」などがある。

◆「ほめる」と訓読みする漢字には「誉」（p607）もあるが、意味には大きな違いはない。ただし、「誉」は〝ことばでほめる〟というニュアンスが強いので、〝ほめてモノを与える〟場合には「褒」を使う方がふさわしい。

以前は「褒」と書くのが正式。部首「衣」にも現れているように、本来は〝ゆったりした衣服〟を意味する漢字。大昔の中国語では〝高い評価を与える〟ことを表すことばと発音が似ていたことから、当て字的に用いられるようになったと考えられている。

ほう 鋒

15画

［音読み］ホウ
［訓読み］きっさき
［部首］金（かねへん）

一つ間違えれば血が流れる

部首「金」が付いているように、〝**金属製の武器のとがった先端**〟を表すのが本来の意味。「剣の鋒《きっさき》」がその例。「夆《ほう》」には〝とがった先〟という意味があるらしい。

転じて、「反対派の急先鋒《きゅうせんぽう》」のように、〝**鋭く攻撃するもの**〟をも表す。「舌鋒《ぜっぽう》が鋭い」とは、〝非難のことばが激しい〟ことをいう。

ほう 縫

16画

［音読み］ホウ
［訓読み］ぬ-う
［部首］糸（いとへん）

後ろ向きのたとえ 前向きのたとえ

「裁縫《さいほう》」「縫合《ほうごう》」「靴下の破れを縫《ぬ》う」など、〝**針と糸を使ってとじ合わせる**〟ことを表す。転じて〝**失敗や欠陥を取りつくろう**〟という意味ともなる。「使い込みを弥縫《びほう》する」がその例。

「人込みを縫《ぬ》って行く」のように、〝**通れそうなところを探しながら進む**〟ことを指すのは、日本語独得の比喩的用法。こちらは、少し前向きな表現である。

なお、以前は「⻍」を「⻌」と書くのが正式。

ぼう 亡

3画

［音読み］ボウ、モウ
［訓読み］な-し
［部首］亠（なべぶた）

もう決して取り戻せない…

〝死んでしまう〟ことを表すのが、代表的な意味。「死亡《しぼう》」「亡霊《ぼうれい》」「亡魂《ぼうこん》」などがその例。訓読み「なし」は、「亡《な》き友」「愛弟子《まなでし》が亡《な》くなる」「夫を亡《な》くす」など、主に「なき」「なくなる／なくす」の形で用いられる。

転じて、**〝大切なものを失う〟**ことをも表す。「金《かね》の亡者《もうじゃ》」とは、〝お金に目がくらんで人間らしい心を失った者〟のこと。

また、「滅亡《めつぼう》」「興亡《こうぼう》」「存亡《そんぼう》」など、**〝滅びる〟**という意味にもなる。「逃亡《とうぼう》」では**〝姿を消す〟**こと。「亡命《ぼうめい》」とは〝戸籍のある国から姿を消す〟ことで、この場合の「命」（p583）は〝戸籍〟を表す。

音読みはボウを用いるのが大原則。モウは奈良時代以前からある古い読み方で、現在では、すでに挙げた「亡者《もうじゃ》」以外では用いられない。

以前は、「亠」の左端が突き出ない「亡」と書くのが正式。「荒」（p189）「慌」（p194）「忙」（p561）「忘」（p562）「望」（p564）「妄」（p589）などに含まれる「亡」も、以前は正式には「亡」と書いた。また、部首「亠」は形の上から便宜的に分類されたもの。本来の意味については、〝死体〟を表すとする説と、〝ものを隠す〟という意味だとする説の二つがある。

ぼう 乏

4画

［音読み］ボウ
［訓読み］とぼ-しい
［部首］ノ（の）

つくづく困りましたなあ

「貧乏《びんぼう》」「欠乏《けつぼう》」「予算が乏《とぼ》しい」「経験が乏《とぼ》しい」のように、**〝量が十分でない〟**ことを表す。その結果として〝困った状態にある〟ことまで含めて表す漢字である。

古代文字では「」と書き、「正」を左右逆にした形だとする説が優勢。ただし、その解釈には諸説がある。また、〝あお向けの死体〟を表すと考える説もある。

ぼう 忙

6画

［音読み］ボウ
［訓読み］いそが-しい
［部首］忄（りっしんべん）

いくら時間がなくっても…

「多忙《たぼう》」「繁忙《はんぼう》」「忙殺《ぼうさつ》」「子どもの相手で忙《いそが》しい」のように、**〝するべきことが多くてゆとりがない〟**ことを表す。

「忙しい」とは時間ではなく心の問題であることを、教えてくれる。

ちなみに、「心」と「亡」の位置関係が変わると、「忘」（p562）となる。「忘」はもちろん、〝関心や記憶がない〟ことを表す。

ぼう 坊

7画

［音読み］ボウ
［部首］土（つちへん）

頭は円いがもとは四角い？

「お坊《ぼう》さん」「坊主《ぼうず》めくり」「武蔵坊弁慶《むさしぼうべんけい》」のように、**〝仏教の僧〟**を指すのが代表的な意味。また、「けちん坊《ぼう》」「風来坊《ふうらいぼう》」「寝坊《ねぼう》」のように、**ほかのことばの後に付けて、人の性格や特徴的な行動を表す**こともある。

昔の男の子は僧のように髪の毛を剃ったところから、**〝男の子〟**をも指す。「坊《ぼっ》ちゃん」がその例で、ボッと読むのは、音読みボウが変化したもの。

ただし、以上は日本語独自の用法で、本来は〝区切られた部屋〟を表す。〝僧〟を指すのは、「宿坊《しゅくぼう》」「僧坊《そうぼう》」など**〝お寺の寝泊まりする部屋〟**を表すところから転じたもの。〝寝泊まりする部屋〟から転じて、日本では、「花《はな》の坊《ぼう》」「奥《おく》の坊《ぼう》」のように温泉旅館の名前に使われることもある。

一方、京都のような碁盤の目のように道が走る都市で、〝道によって区切られた、一つ一つの区画〟を指すこともあった。そこで、成り立ちとしては、「方」

（p553）を〝四角形〟の意味だと考え、〝場所を四角く区切る〟ことを表す、とする説が有力である。

ぼう 妨

7画
［音読み］ボウ
［訓読み］さまた-げる
［部首］女（おんなへん）

私はそんなに邪魔かしら?

現在では、「妨害《ぼうがい》」「妨《さまた》げる」の二つの形で使うのがほとんど。〝**邪魔をする**〟ことを表す。

「方」（p553）には〝張り出す〟という意味があるらしい。部首「女」が付いているので、本来の意味には〝女性が仕事の邪魔をする〟〝女性に近づけないようにする〟〝呪いがかからないようにする巫女《みこ》〟などの説がある。それぞれの学者の女性観が現れているようで、おもしろい。

ぼう 忘

7画
［音読み］ボウ
［訓読み］わす-れる
［部首］心（こころ）

大事な〝心〟とは何か?

「忘却《ぼうきゃく》」「備忘録《びぼうろく》」「宿題を忘《わす》れる」「我《われ》を忘《わす》れる」など、〝**記憶や関心を失う**〟ことを表す。

「亡」（p561）には〝大事なものを失う〟という意味があり、部首「心」と組み合わせて、本来は〝心が失われる〟ことを表す。

ただし、部首「心」が変形して「忄（りっしんべん）」になると、「忙」（p561）という別の漢字になる。〝記憶や関心〟を失うか〝心のゆとり〟を失うかの違いである。

ぼう 防

7画
［音読み］ボウ
［訓読み］ふせ-ぐ
［部首］阝（こざとへん）

張り出して食い止めろ!

「防衛《ぼうえい》」「防寒《ぼうかん》」「予防《よぼう》」「被害を防《ふせ》ぐ」など、〝**悪い状態にならないように対策を行う**〟ことが、代表的な意味。「防人《さきもり》」は、〝国土の先端を守る人〟という日本語の意味を、漢字二文字で書き表した当て字的表現。

部首「阝」は「阜」（p525）の変形で、〝盛り上がった土〟を表す記号。「方」（p553）には〝張り出す〟という意味があるらしい。本来は〝**水や敵の侵入を止めるために築く盛り土**〟を表し、「堤防《ていぼう》」にその意味が残る。

ぼう 房

8画
［音読み］ボウ
［訓読み］ふさ
［部首］戸（とだれ）

こぢんまりと落ち着いて

「厨房《ちゅうぼう》」「独房《どくぼう》」「暖房《だんぼう》」など、〝**あまり広くない**〟〝**部屋**〟を指す。「文房具《ぶんぼうぐ》」は〝文章を書く部屋で用いる道具〟。「女房《にょうぼう》」は本来は〝女性の部屋〟で、現在では〝妻〟を指して使われる。また、「房中《ぼうちゅう》」「房事《ぼうじ》」など、〝**男女が一緒に寝る部屋**〟を指すこともある。

転じて、〝**仕事場・お店**〟の意味でも用いられる。例としては、「工房《こうぼう》」「書房《しょぼう》」「茶房《さぼう》」「酒房《しゅぼう》」など。また、「乳房《ちぶさ》」や〝雌しべの根元あたり〟をいう「子房《しぼう》」など、〝**ふくらんだ部分**〟をいうこともある。

小部屋がたくさん並んでいるところから、「ぶどうの房《ふさ》」「藤の花房《はなぶさ》」のように〝**密集した果実や花**〟をも指すが、これは日本語独自の用法。転じて、「房飾《ふさかざ》り」「リボンの房《ふさ》」など、〝**密集して垂れ下がった糸やひもなど**〟をも表す。ぶどうや藤のはなやかさと垂れ下がり具合をともに引き継いだ、なかなかうまい使い方である。

本来は〝大きな部屋の左右に張り出した小部屋〟を表す漢字で、部首「戸」は、〝部屋を区切るとびら〟。「方」（p553）には〝張り出す〟という意味があるらしい。

ぼう 肪

8画
［音読み］ボウ
［部首］月（にくづき）

この世に食欲がある限り!

現在では「脂肪《しぼう》」の形以外では、まず用いられない。〝**動物の体内に蓄えられている油分**〟を表す熟語で、「肪」一文字でも意味は同じ。たった一つの熟語のおかげで現在まで使われ続けている漢字だが、人類の食欲が衰えない限り、まだまだ生き延びていくことと思われる。

部首「月」は「肉」の変形で〝肉体〟を表す。「方」（p553）には〝張り出す〟という意味があるらしい。

ぼう

某

9画

［音読み］ボウ
［訓読み］なにがし、それがし
［部首］木（き）

はっきりは言いにくいので…

名前や月日・場所などについて、なんとなくそれを指すために用いられる漢字。「某月某日《ぼうげつぼうにち》、某所《ぼうしょ》の 某《なにがし》 のお店で某氏《ぼうし》と某嬢《ぼうじょう》が食事をした」のように用いる。

「某《なにがし》 かのお礼」のように、**数量があまり多くないときに、なんとなくそれを指す**ために使われることもある。また、「それがし」は本来、「なにがし」と同じ意味でも用いられたが、現在では、**自分自身をへりくだって指す**やや時代がかった表現として使うことが多い。

部首「木」が示すように、本来は〝樹木〟に関係する意味を持つ漢字。大昔の中国語では、人などをなんとなく指すはたらきをすることばと発音が似ていたため、当て字的に用いられるようになったと考えられている。

ぼう

冒

9画

［音読み］ボウ
［訓読み］おか-す
［部首］目（め）

メットをかぶってさあ出発！

「冒険《ぼうけん》」「高熱を冒《おか》して現場へ赴《おもむ》く」のように、〝**危険に注意を払わない**〟ことが代表的な意味。「冒瀆《ぼうとく》」は〝神聖なものを顧みない〟こと。「感冒《かんぼう》」では、〝危険にさらされる〟ことから、〝**病気にかかる**〟こと。

◆「おかす」と訓読みする漢字には「侵」（p311）「犯」（p501）もある。「侵」は「侵入《しんにゅう》」という熟語があるように〝勝手に入り込む〟という意味で用い、「犯」は「犯罪《はんざい》」という熟語があるように、〝してはならないことをする〟場合に使う。これらに対して、「冒」は〝危険を顧みない〟ことを表すという違いがある。

ただし、「目」を含むことにも現れているように、本来は、目のところまで〝**何かをかぶる**〟ことを表す漢字。「冒頭《ぼうとう》」は、〝頭にかぶせる〟ことから転じて、〝最初〟という意味で用いられる。

〝目のところまでかぶる〟ことが〝危険を顧みない〟ことを表すようになった経緯には諸説あるが、頭を保護して突き進むのだ、と考える説には、捨てがたい魅力がある。

なお、以前は「日」を「曰」にした「冐」と書くのが正式で、部首も「冂（けいがまえ）」であった。現在の「冒」には「冂」の形は含まれないので「目」を部首とする辞書が多いが、中には「曰（ひらび）」を部首とするものもある。

ぼう

剖

10画

［音読み］ボウ
［部首］刂（りっとう）

研究室でだけお使いください

部首「刂」は「刀」の変形。「咅《ほう》」には〝分ける〟〝数を増やす〟という意味があるらしい。

〝**刃物で切り開く**〟ことを表す漢字。現在では「解剖《かいぼう》」以外の形で日常的に用いられることはまれで、一つの熟語に存在意義がかかっている漢字の一つである。

ぼう

紡

10画

［音読み］ボウ
［訓読み］つむ-ぐ
［部首］糸（いとへん）

手作業しながら長話？

〝**繊維をより合わせて糸を作る**〟ことを表す。「紡織《ぼうしょく》」「紡績《ぼうせき》」「混紡《こんぼう》」「糸を紡《つむ》ぐ」などが、その例。「物語を紡《つむ》ぐ」のように〝**長い話を語る**〟ことをいうのは、中国の古典には見られない用法。英語spinにもその意味があるので、ひょっとすると影響を受けているのかもしれない。

ぼう 望 11画

遠いからこそあこがれるなあ

［音読み］ボウ、モウ
［訓読み］のぞ-む、もち
［部首］月（つき）

「望遠鏡《ぼうえんきょう》」「展望台《てんぼうだい》」「眺《ちょう》望《ぼう》」「はるかに富士山を望《のぞ》む」のように、**“遠くのものを眺める”**ことを表す。また、そこへ行きたい、それを手に入れたいと思うことから、**“実現を願う”**という意味にもなる。「希《き》望《ぼう》」「熱《ねつ》望《ぼう》」「欲望《よくぼう》」「成功するよう望《のぞ》む」「最後の望《のぞ》み」などがその例。

一方、人びとが熱意を持って眺めるところから、「人望《じんぼう》」「信望《しんぼう》」など**“他人から高く評価される”**ことをもいう熟語。ただし、「怨望《えんぼう》」は“うらむ”ことをも表す。

以前は「亡」「月」「王」それぞれが微妙に形が異なり、「望」と書くのが正式。「月」を部首とするのは、**“満月”**の意味もあるから。「望月《もちづき》」とは“満月”のこと。

音読みはボウを用いるのが大原則。モウは奈良時代以前からある古い読み方だが、現在では「本望《ほんもう》」「所望《しょもう》する」など特定の熟語でしか用いられない。

◆訓読み「のぞむ」では、「臨」（p636）との使い分けが問題となる。「臨」の基本には“近づく”というイメージがあり、“これから経験しようとする”場合や“近くに見える”場合に用いられる。対する「望」には“遠くを”という意味合いがあり、「教師になりたいと望《のぞ》む」のように“願う”場合や、「窓からスカイツリーを望《のぞ》む」のように“遠くを見る”場合に使われる。ただし、“近く”と“遠く”の違いは文脈によるところも大きいので、フレキシブルに考えて使いたい。

◆なお、“願う”という意味の「のぞむ」は、まれに「希」（p95）を書くことがある。「希」を使うと、“欲望”とは無関係な雰囲気が漂うようである。

ぼう 傍 12画

読み方はいろいろ変わっても…

［音読み］ボウ
［訓読み］かたわ-ら、そば、はた
［部首］亻（にんべん）

「傍観《ぼうかん》」「傍線《ぼうせん》」「路傍《ろぼう》」のように、**“何かのすぐ近く”**を表す。本来は「旁《ぼう》」だけでこの意味を表し、後に「人」（p317）が変形した部首「亻」が付け加わった。ただし、この「亻」には深い意味はない。「傍証《ぼうしょう》」「傍《ぼう》系《けい》」「傍受《ぼうじゅ》」などでは、やや転じて**“本来のものではない”**という意味合いが強い。

「役所の傍《かたわ》らのおそば屋さん」「線路の傍《そば》のツツジの木」「傍目《はため》ばかり気にする」のように、いろいろに訓読みして用いられるが、意味はすべて“すぐ近く”。「傍目」は“近くで見ている”ことを意味する場合には「おかめ」と読むこともあるが、この「おか」も、“すぐ近く”を意味する日本語。同じ意味を表すのにさまざまな訓読みを持つのが特徴的である。

なお、「かたわら」には、「子育ての傍《かたわ》ら仕事もする」のように**“同時に”**という意味もあるが、これは日本語独自の用法。

◆「そば」と訓読みする漢字には「側」（p378）もある。意味に大きな違いはないのでどちらを使ってもよいし、かな書きすることも多い。また、「はた」は現在では「端」（p400）を使う方が一般的である。

ぼう 帽 12画

深くきちんとかぶるもの

［音読み］ボウ
［部首］巾（はばへん）

部首「巾」は“布きれ”を表す。「帽子《ぼうし》」「制帽《せいぼう》」「脱帽《だつぼう》」「麦《むぎ》わら帽《ぼう》」「パナマ帽《ぼう》」など、主に布などで作った**“頭にかぶるもの”**を表す。以前は、「日」をを「冃」にした「帽」と書くのが正式。「冐／冒」（p563）には〝目のところまでかぶる〟という意味がある。

ぼう
棒
12画
［音読み］ボウ
［部首］木（きへん）

単純だけれど役には立ちます！

部首「木」にも現れているように、本来は〝細長い木材〟を表す漢字。「鉄棒《てつぼう》」「指揮《しき》棒《ぼう》」「ガラス棒《ぼう》」など、広く**〝細長くて太さがあまり変わらないもの〟**を指す。何らかの道具をいうことが多いが、「棒《ぼう》グラフ」「棒《ぼう》アイス」のような使い方もある。

〝太さが変わらない〟ところから、日本語では転じて**〝変化に乏しい〟**ことをも表す。「棒読《ぼうよ》み」がその例。

いろいろな役に立つ道具だが、それ自身はつまらないほどにシンプル。「ミンナニデクノボートヨバレ」たいと書き残した宮沢賢治が思い出されるが、念のため書いておくと、「デクノボー」の「ボー」は漢字では「坊」（p561）である。

ぼう
貿
12画
［音読み］ボウ
［部首］貝（かい）

なぜか異国の風が吹く…

部首「貝」は〝お金や宝物〟を意味する記号。**〝利益を求めて売り買いする〟**ことを表す漢字だが、現在では「貿易《ぼうえき》」の形以外で用いられることはまれ。「貿易」は現在では〝外国との商取引〟を指して用いられるが、漢字自体に〝外国〟に関わる要素はないのも、おもしろい。

ぼう
貌
14画
［音読み］ボウ
［部首］豸（むじなへん）

人間が動物に変身する？

「容貌《ようぼう》」「美貌《びぼう》」「風貌《ふうぼう》」など、**〝人の外見〟**を表す。特に〝顔〟を指すことも多く、昔は「かお」や古語「かんばせ」と訓読みしたこともあるが、現在ではまず用いられない。また、「全貌《ぜんぼう》」「変貌《へんぼう》」のように**〝ものごとの状態〟**を意味することもある。

「皃《ぼう》」は、〝顔を強調して書いた人の絵〟から生まれた漢字。もとはこれだけで〝人の外見〟を表した。後に〝胴が長い動物〟を表す部首「豸」が付け加えられたが、その理由には諸説があり、よくわからない。

ぼう
暴
15画
［音読み］ボウ、バク
［訓読み］あば-れる、あば-く
［部首］日（ひ、にち）

力を込めてナイフを振るう

「暴力《ぼうりょく》」「暴風《ぼうふう》」「暴走《ぼうそう》」「乱暴《らんぼう》」「暴利《ぼうり》を貪《むさぼ》る」「馬が暴《あば》れる」などなど、**〝荒々しくてコントロールできない〟**ことを表す。この意味の場合は、音読みはボウを用いる。

本来は〝動物の毛皮を切り開いて日光を当てる〟ことを意味する漢字で、部首「日」が付いているのはそのなごり。転じて、**〝隠されていたものをみんなに見えるようにする〟**という意味ともなり、「暴露《ばくろ》」「秘密を暴《あば》く」などがその例。この意味の場合は、バクと音読みする。〝荒々しい〟の意味は、動物の毛皮を強引に切り開くところから生まれた、と考えられている。

◆〝日光を当てる〟という意味で「さらす」と訓読みできるが、現在ではほとんど用いられない。「さらす」は、もう一つ「日」を付け加えた「曝」という漢字を書くのがふつうだが、「被曝《ひばく》」のイメージを嫌って、「晒《さい》」を使うこともある。

ぼう
膨
16画
［音読み］ボウ
［訓読み］ふく-らむ
［部首］月（にくづき）

大きく息を吸い込んで！

部首「月」は「肉」の変形で、〝肉体〟を表す。本来は〝胸やお腹などが大きくなる〟ことを意味する漢字で、「膨大《ぼうだい》」「膨張《ぼうちょう》」「風船が膨《ふく》らむ」「予算が膨《ふく》れ上《あ》がる」など、広く〝**ふ**

つうの状態よりも大きくなる〟という意味で用いられる。放っておくと破裂しかねない危険性を感じさせるが、「期待に胸が膨《ふく》らむ」「夢が膨《ふく》らむ」のような使い方もある。本来的には、悪い意味はないようである。

謀

ぼう

16画

［音読み］ボウ、ム
［訓読み］はか-る
［部首］言（ごんべん）

隠すつもりはなかったんだが…

部首「言」が付いているように、本来は〝話し合って計画する〟という意味。現在では、〝**こっそり計画する**〟ことを指して使われる。「謀略《ぼうりゃく》」「謀議《ぼうぎ》」「陰謀《いんぼう》」「首謀者《しゅぼうしゃ》」「深謀遠慮《しんぼうえんりょ》」「クーデターを謀《はか》る」などがその例。いかにも悪そうな雰囲気だが、「参謀《さんぼう》」とは単に〝計画の立案に参加する者〟。また、〝**計画**〟そのものを指して「はかりごと」と読むこともある。

◆「はかる」と訓読みする漢字は、ほかにも「計」（p145）「諮」（p239）「図」（p321）「測」（p378）「量」（p631）など数多い。中でも「図」は、「謀」と意味が似ていて、使い分けがむずかしい。「謀」には〝悪いことをしようと考える〟というニュアンスがあるが、「図」は悪いことに限らず使うので、迷ったら「図」を書いておく方が、波風が立たず無難である。

音読みはボウを用いるのが大原則。ムは奈良時代以前からある古い読み方。現在では、「謀反《むほん》」以外ではまず使われない。

頬

ほお

16画

［音読み］キョウ
［訓読み］ほお、ほほ
［部首］頁（おおがい）

あのやわらかな感触を…

部首「頁」は〝頭部〟を表す記号。「夾《きょう》」は〝両側から迫る〟という意味。合わせて、**頭部を両側からはさむ部分**〝**ほお**〟を表す。

「頬杖《ほおづえ》」「頬《ほお》ずり」「頬張《ほおば》る」「頬被《ほおかぶ》り」「頬《ほほ》笑《え》み」など、訓読みはさまざまなことばを生むが、音読みは例が少なく、しいて挙げれば「頬骨《きょうこつ》」「豊頬《ほうきょう》」がある程度。また、訓読み「ほほ／ほお」もやわらかみを出すためか、かな書きされることも多い。

なお、印刷文字では「頬」の形が標準とされているが、手書きやパソコンでは「頬」を使っても差し支えない。

北

ほく

5画

［音読み］ホク
［訓読み］きた
［部首］匕（さじのひ）

王さまの背中はどちら向き？

方角の〝**きた**〟を表す。古代文字では「」と書き、〝人が背中を向け合っている形〟。本来は〝背中〟を表したが、昔は王や君主は南を向いて座ったので、背中が向く方角〝きた〟の意味になった、と考えられている。また、背中を向けて〝**逃げる**〟ことをも表す。「敗北《はいぼく》」がその例。

なお、「北」が〝きた〟〝逃げる〟の意味で使われるようになったので、〝背中〟を意味する漢字として、〝肉体〟を表す部首「月」を加えて改めて作られたのが、「背」（p488）である。

木

ぼく

4画

［音読み］ボク、モク
［訓読み］き、こ
［部首］木（き）

生きていても死んだ後でも…

言うまでもなく、**幹のしっかりした植物**〝**木**〟を表す。「巨木《きょぼく》」「老木《ろうぼく》」「植木《うえき》」「並木《なみき》」などでは、「樹」（p262）と同じく〝**生えている木**〟を指すが、「材」（p216）と同じく〝**切り出された木**〟をいうこともある。「木造《もくぞう》」「木《もっ》工《こう》」「土木《どぼく》」「枕木《まくらぎ》」などがその例。

また、「木星《もくせい》」では**惑星の一つ**を指す。**Thursday の訳語**として「木曜日《もくようび》」のように用いられることもあるが、これは日本語独自の用法。

なお、「木訥《ぼくとつ》」では〝**飾り気がない**〟という意味だが、この意味は、現在では「朴」(p567)で表すのがふつうである。

音読みモクは奈良時代以前からある古い読み方で、ボクは平安時代ごろに正式とされた読み方。現在でもどちらもよく使われるので、一つ一つ、読み方を確認していくしかない。なお、「木《こ》の葉《は》」「木《こ》立《だち》」「木枯《こが》らし」などで「こ」と読むのは、訓読み「き」が続く発音に影響されて変化したもの。

部首としては?

〃樹木・材木〃に関する漢字の部首となる。その例は非常に多く、漢和辞典を代表する部首の一つ。多くは、「桜」(p42)「机」(p95)「橋」(p126)のように漢字の左側に置かれて、「きへん」と呼ばれる。が、「本」(p569)「査」(p208)「桑」(p140)などそれ以外の場所に置かれた場合には、単に「き」と呼ぶ。

ぼく 朴

6画

［音読み］ボク
［訓読み］ほお
［部首］木（きへん）

手触りが悪いのがかえって魅力!

「素朴《そぼく》」「純朴《じゅんぼく》」「朴訥《ぼくとつ》」など、**〃飾り気がなくありのままである〃**ことを表す。部首「木」が付いているように、本来は〃木の皮〃という意味だったという。ごつごつした感じが、〃飾り気がない〃と結びついたのだろう。

また、**樹木の〃ほおのき〃**をも指す。「朴《ほお》歯《ば》の下駄」がその例。

ぼく 牧

8画

［音読み］ボク
［訓読み］まき
［部首］牛（うしへん）

オレたちの身にもなってごらん

「牧《ぼく》場《じょう》」「牧《ぼく》舎《しゃ》」「牧《ぼく》草《そう》」「牧《ぼっ》歌《か》」「放《ほう》牧《ぼく》」など、**〃牛や馬などを家畜として育てる〃**ことを表す。訓読み「まき」は、**〃牛や馬などを放し飼いにする場所〃**のこと。

のんびりしたイメージの漂う漢字だが、「攵（のぶん）」は〃手に棒を持った人〃の形。牛や馬の身になると、そんなにのんびりもしていられないようである。

ぼく 睦

13画

［音読み］ボク
［訓読み］むつ-まじい、むつ-む
［部首］目（めへん）

目がハート型になってるよ!

「親《しん》睦《ぼく》」「仲《なか》睦《むつ》まじい」「睦《むつ》言《ごと》」「睦《むつ》み合《あ》う」など、**〃仲よくする〃**ことを表す。「和《わ》睦《ぼく》」とは、〃争っていた者が仲直りする〃こと。部首「目」が付いているので、本来は〃まなざし〃に関係すると考えられるが、成り立ちには諸説あってよくわからない。

ぼく 僕

14画

［音読み］ボク
［訓読み］しもべ
［部首］亻（にんべん）

二〇〇〇年以上も前から…

部首「亻」は「人」の変形。現在では、**主に男性が自分を指すことば**として用いられる。

ただし、本来は「下《げ》僕《ぼく》」「従《じゅう》僕《ぼく》」「あなたの僕《しもべ》となります」など、**〃だれかの命令でその人のために働く者〃**を指す。「公《こう》僕《ぼく》」とは、〃社会全体の命令で社会全体のために働く者〃のこと。

転じて、古くから**男性が自分をへりくだって指すことば**として用いられた。紀元前一世紀の中国の歴史家、司《し》馬《ば》遷《せん》も、自分のことを「僕」と呼んでいる。現在の日本では、へりくだりの気持ちも薄まって、広く用いられている。

ぼく 墨

14画

［音読み］ボク
［訓読み］すみ
［部首］土（つち）

黒一色ではありません!

書道に用いる〃すみ〃を表す。「墨《ぼく》跡《せき》」「遺《い》墨《ぼく》」「名《めい》墨《ぼく》」のように、**〃すみで書かれた書画〃**を表したり、「靴《くつ》墨《ずみ》」「眉《まゆ》墨《ずみ》」「イカの墨《すみ》」のように、**〃すみに似たもの〃**指したりすることもある。

〃ある考えにしがみついて離れない〃こと

を意味する「墨守《ぼくしゅ》」は、大昔の中国で、「墨子《ぼくし》」という人物が城を守るのがうまかったことから生まれた故事成語。

以前は「墨」と書くのが正式。部首「土」は〝土のかたまり〟のように見えることを表すのだろう。「黒／黑」（p201）が付いている通り〝黒い〟印象が強いが、「朱墨《しゅぼく》」「白墨《はくぼく》」のような例もあるし、「入《い》れ墨《ずみ》」はもっとカラフル。**〝塗料〟一般**を表すと考えてもよさそうである。

ぼく
撲
15画
［音読み］ボク
［訓読み］なぐ-る
［部首］扌（てへん）

昔はやさしかったのに…

部首「扌」は「手」の変形。「打撲《だぼく》」「撲殺《ぼくさつ》」のように、**〝手や棒などでたたく〟**ことを表す。「撲滅《ぼくめつ》」は比喩的に用いられた例で、〝徹底的にやっつける〟こと。

暴力的なイメージのある漢字だが、中国の古典では〝花びらが落ちて来る〟〝香りが鼻をくすぐる〟などの意味で使われることも多い。本来は、〝軽くたたく〟というやさしい意味も持つ漢字である。

訓読み「なぐる」は、現在では「殴」（p42）を書く方がふつう。「撲」は「ぶつ」「うつ」などと訓読みすることもあるが、振りがなしでは「ぶつ」「うつ」のどちらで読めばいいのかわからないので、かな書きするのがベターだろう。

なお、「相撲《すもう》」は、漢字の熟語をそのまま、意味を表す日本語で読む当て字的表現。「すもう」は、〝争う〟という意味の古語「すまふ」が変化したことばである。

ぼつ
没
7画
［音読み］ボツ
［部首］氵（さんずい）

やがて姿を消していく…

部首「氵」は「水」の変形。**〝水の中に見えなくなる〟**ことが本来の意味で、「水没《すいぼつ》」「船が沈没《ちんぼつ》する」などがその例。転じて、「埋没《まいぼつ》」「日没《にちぼつ》」「出没《しゅつぼつ》」のように、広く**〝隠れて見えなくなる〟**ことを表す。さらには、「没後《ぼつご》」「病没《びょうぼつ》」「生没年《せいぼつねん》」「旅先で没《ぼっ》する」など、**〝死ぬ〟**という意味にもなる。

また、「陥没《かんぼつ》」では**〝低く沈む〟**こと。ここから転じて**〝落ちぶれる〟**ことをも表し、「没落《ぼつらく》」がその例である。

一方、〝見えなくなる〟から変化して、**〝なくす／なくなる／ない〟**という意味でも用いられる。「没交渉《ぼっこうしょう》」がその例。また、「没頭《ぼっとう》」「没我《ぼつが》の境地」などでは**〝何かに集中してほかへの意識をなくす〟**こと。「没収《ぼっしゅう》」「企画が没《ぼつ》になる」のように、**〝ダメだと判断する〟**という意味になることもある。

基本的に、〝あったもの〟や〝あるべきもの〟が存在しなくなることを表す。その喪失感を感じ取りたい。

なお、微妙な違いだが、以前は「沒」と書くのが正式。

ぼつ
勃
9画
［音読み］ボツ
［部首］力（ちから）

たまっていた力がとうとう！

「勃発《ぼっぱつ》」「勃興《ぼっこう》」「勃起《ぼっき》」など、**〝何かが急に、勢いよく始まる〟**ことを表す。「孛《ぼつ》」には〝植物が芽を出す〟という意味があり、蓄積されていた力がついに動き出す、というニュアンスを含む漢字である。

ほり
堀
11画
［音読み］クツ
［訓読み］ほり
［部首］土（つちへん）

水面に揺れる水草の影

「堀川《ほりかわ》」「堀割《ほりわり》」「お城の外《そと》堀《ぼり》」「釣《つ》り堀《ぼり》」のように、**〝土を掘って作った水路〟**を表す。が、これは日本語独自の用法。本来は「掘」（p139）とほぼ同じで、〝土をかき出してくぼみを作る〟ことを表すが、現在の日本語ではこの意味で用いることはない。

◆「ほり」と訓読みする漢字には、「濠」（p569）もある。現在では「堀」を使う方が一般的だが、特に〝水をたたえたお城のほり〟を指す場合には、「濠」を書くことも多い。

ほり 濠

17画

[音読み] ゴウ
[訓読み] ほり
[部首] 氵（さんずい）

水がまわりを守ってくれる

部首「氵」は「水」の変形。**〝敵の侵入を防ぐために造られた水路〟**を表す。「外濠《そとぼり》」「環濠集落《かんごうしゅうらく》」などがその例。

◆訓読み「ほり」は、現在では「堀」（p568）を書くのがふつう。ただし、「堀」は一般的に〝人工の水路〟を指す漢字なので、〝水をたたえたお城のほり〟をいう場合には、「濠」が好んで使われることもある。

なお、日本では、「オーストラリア」に「濠太剌利亜《オーストラリア》」と当て字したので、**〝オーストラリア〟**を指す漢字としても用いられる。「濠州《ごうしゅう》」「日濠《にちごう》関係」などがその例。ただし、現在は、この場合には「豪」（p199）を使うことが多い。

ほん 本

5画

[音読み] ホン
[訓読み] もと
[部首] 木（き）

すべてはここから生まれていく

「木」の下の方に目印の横棒を引いて、**〝木の付け根〟**を表すのが出発点。転じて、「根本《こんぽん》」「基本《きほん》」「資本《しほん》」のように**〝土台となるもの〟**という意味でも用いられる。また、**〝中心となるもの〟**をも表し、「本体《ほんたい》」「本《ほん》質《しつ》」「本業《ほんぎょう》」「本部《ほんぶ》」「本名《ほんみょう》」「本式《ほんしき》」「本心《ほんしん》」「本格的《ほんかくてき》」などでは、**〝実際の通りでいつわりや仮ではない〟**という意味。また、「本官《ほんかん》」「本職《ほんしょく》」「本校《ほんこう》の教育方針」のように、**ほかの漢字の前に付けて、自分に関することを改まって指す**こともあれば、「本日《ほんじつ》」「本人《ほんにん》」「本件《ほんけん》」のように、**〝今、話題になっているそのもの〟**を指すこともある。

また、「手本《てほん》」「見本《みほん》」「標本《ひょうほん》」など**〝参考にするもの〟**をも表す。「原本《げんぽん》」「稿本《こうほん》」「脚《きゃく》本《ほん》」では**〝基本にする原稿〟**。「版本《はんぽん》」では**〝印刷された原稿〟**という意味となる。ここまで来れば、「単行本《たんこうぼん》」「本屋《ほんや》さん」のような**〝書物〟**の意味は、すぐそこである。

もとに戻ると、〝木の付け根〟の意味から、「鉛筆一本《いっぽん》」「毛が三本《さんぼん》」など**細長いものを数えることば**としても使われる。ただし、「一本勝負《いっぽんしょうぶ》」のように**勝負を数えることば**として用いるのは、日本語独自の用法。

◆訓読み「もと」では、「下」（p48）「基」（p99）「許」（p118）「元」（p165）「素」（p360）といった多くの漢字との使い分けに、頭を悩ませられる。手っ取り早く言えば、「本」は〝土台〟〝中心〟という意味合いを持つ「もと」を表すことが多い。そこで、「組織を本《もと》から変える」のように「根本《こんぽん》」「本《ほん》質《しつ》」などに置き換えられる場合には、「本」と書くのがふさわしい。ただし、「元」や「基」を使ってもおかしくないケースも多いので、迷ったらかな書きしておくのがおすすめである。

ほん 奔

8画

[音読み] ホン
[訓読み] はし-る
[部首] 大（だい）

目を離したらたいへんだ！

「奔走《ほんそう》」「奔流《ほんりゅう》」「奔《はし》り回《まわ》る」など、**〝勢いよく進む〟**ことを表す。「出奔《しゅっぽん》」「彼のもとに奔《はし》る」「故国へと奔《はし》る」のように**〝逃げ出す〟**という意味になることもある。また、〝勢いよく〟から転じて、**〝手に追えないほど勝手に振る舞う〟**ことをも表す。「奔放《ほんぽう》」「狂《きょう》奔《ほん》」「淫奔《いんぽん》」などがその例。

部首「大」は、形の上から便宜的に分類されたもの。古代文字では「[illegible]」と書き、

「大」の部分は「走」（p364）の「土」の部分と同じく、〝人が走る姿〟を絵にしたものである。

翻

ほん　18画

［音読み］ホン
［訓読み］ひるがえ-る
［部首］羽（はね）

日本人は移り気か？

部首「羽」にも現れているように、本来は〝羽を広げて飛ぶ〟ことを表す。転じて、「旗が大空に翻《ひるがえ》る」「ドレスの裾《すそ》を翻《ひるがえ》して歩く」のように、〝**空気の動きでひらひら揺れる**〟ことを指して使われる。

さらに変化すると、〝**ひっくり返す**〟という意味となる。日本語では特に気持ちについていうことが多く、「翻意《ほんい》」「決心を翻《ひるがえ》す」がその例。「翻弄《ほんろう》」は、〝そう思わせたり逆に思わせたりして、他人をもてあそぶ〟こと。

また、「翻訳《ほんやく》」「翻案《ほんあん》」では、〝**ことばを別の言語やスタイルなどに置き換える**〟こと。

なお、以前は「飜」と書くのが正式で、部首「飛」（p511）の数少ないメンバーの一つであった。

凡

ぼん　3画

［音読み］ボン、ハン
［訓読み］およ-そ
［部首］几（つくえ）

みんな同じですものね…

「平凡《へいぼん》」「凡人《ぼんじん》」「凡庸《ぼんよう》」「凡作《ぼんさく》」など、〝**ありふれている**〟ことが代表的な意味。ただし、もともとは〝**すべての**〟という意味を表す漢字で、「凡《およ》そ三万冊」とは、漢字本来の意味からすれば〝全部で三万冊〟のこと。日本語では変化して、〝**だいたい**〟という意味で用いられる。ただし、その場合の「およそ」はかな書きする方が自然。

転じて、〝**すべてに共通する**〟ことをも表す。「凡例《はんれい》」とは、〝辞書などの全体に共通する説明〟。〝ありふれている〟という意味は、〝すべてに共通する〟ところから変化したもの。

音読みはボンを使うのが大原則。ハンは平安時代ごろに正式とされた読み方だが、現在では、すでに挙げた「凡例《はんれい》」以外では用いられない。

以前は、「、」を「一」にした「凡」と書くのが正式。成り立ちとしては、本来は舟の〝帆〟を表していたと考える説が優勢。大きく広がるところから〝すべての〟という意味で用いられるようになった。その結果、〝布きれ〟を意味する部首「巾」を付け加えて改めて作られたのが、「帆」（p501）だという。

なお、「帆」や「汎」（p501）などの「凡」も、以前は「凡」と書くのが正式であった。

盆

ぼん　9画

［音読み］ボン
［部首］皿（さら）

洗面器をイメージしてね！

「塗《ぬ》り盆《ぼん》」「お盆《ぼん》を下げる」など、〝**物を載せて運ぶ平らな器**〟をいうが、これは日本語独自の用法。本来は、〝**主に液体を入れるのに使う、円くてそれほど深くない容器**〟を表す。「盆栽《ぼんさい》」「盆地《ぼんち》」「覆水盆《ふくすいぼん》に返らず」などは、この意味が残っている例。

また、仏教の行事の一つを表す古代インド語に「盂蘭盆《うらぼん》」と当て字したことから、〝**「盂蘭盆」の省略形**〟としても用いられる。「お盆休《ぼんやす》み」「盆《ぼん》と正月が一緒に来た！」などがその例である。

ま

麻

ま
11画
［音読み］マ
［訓読み］あさ
［部首］麻（あさ）

身近で長く付き合ってきました

植物の〝あさ〟を指す。昔から、糸や布の材料としてその繊維を利用してきた。「亜麻《あま》」「胡麻《ごま》」のほか、「蕁麻疹《じんましん》」の「蕁麻」も〝いらくさ〟を表すなど、さまざまな植物の名前にも使われることから、〝あさ〟が身近で代表的な植物であったことがうかがえる。

また、〝あさ〟を乾燥させた「大麻《たいま》」には感覚器官を感じなくさせる作用があるところから、〝**感覚がなくなる**〟ことをも表す。「麻酔《ますい》」「麻薬《まやく》」「麻痺《まひ》」などがその例。

なお、以前は「麻」と書くのが正式で、「广」の中は「林」ではない。

部首としては？

漢和辞典では部首の一つ。ただし、「麻」を部首とする漢字で現在でも日常的に使われているものは、ほとんどない。「摩」（p571）「磨」（p571）「魔」（p572）の部首は、それぞれ「手」「石」「鬼」。部首「广」を「まだれ」と呼ぶのは「麻《ま》」に由来していることでもあるし、部首「麻」は「广」に統合した方がすっきりするように思われる。

摩

ま
15画
［音読み］マ
［部首］手（て）

当て字として大活躍！

本来は〝手でこする〟ことを表す漢字。「按摩《あんま》」とは、体を〝手で押したりさすったりする〟こと。転じて、「摩擦《まさつ》」「摩滅《まめつ》」「摩耗《まもう》」など〝**ものが触れ合う**〟ことを意味する。「摩天楼《まてんろう》」は、〝天に触れるくらいに高い建物〟。訓読みすれば「する」「さする」「なでる」などとなるが、現在ではどれもあまり用いられない。

「摩滅」「摩耗」は「磨滅《まめつ》」「磨耗《まもう》」とも書くが、現在では「磨」（p571）は〝なめらかにする〟というニュアンスが強い。〝触れ合ってすり減る〟ことを表す場合には、「摩」を使う方がよさそうである。

また、古代インド語に対する当て字として使われることも多い。代表的なものとしては、「摩訶不思議《まかふしぎ》」の形で用いられて〝たいへんな〟という意味を表す「摩訶」、お釈迦《しゃか》様のお母さんの名前「摩耶《まや》」、密教の秘法「護摩《ごま》」など。その影響か、「薩摩《さつま》」「志摩《しま》」「筑摩《ちくま》」「多摩《たま》」など、日本の古くからある地名でも、「ま」という読み方を表す文字として用いられる。

なお、以前は「摩」と書くのが正式。

磨

ま
16画
［音読み］マ
［訓読み］みが-く
［部首］石（いし）

つるつるもよしあしでして…

部首「石」にも現れているように、本来は〝石をこすって表面をなめらかにする〟ことを表す。広く〝**表面をなめらかにする**〟という意味で用いられる。「研磨《けんま》」「やすりで磨《みが》く」などがその例。「歯を磨《みが》く」「車をぴかぴかに磨《みが》く」などでは、やや変化して〝**表面の汚れを落とす**〟こと。さらに転じて、〝**訓練して能力を上げる**〟という意味をも表す。例としては「百戦錬磨《ひゃくせんれんま》」「腕を磨《みが》く」などがある。

プラスのイメージが強いが、〝**すり減る**〟というマイナスの意味もあり、「磨滅《まめつ》」「磨耗《まもう》」がその例。ただし、現在では「摩」（p571）を使って「摩滅《まめつ》」「摩耗《まもう》」書くことも多い。「不磨《ふま》の大典」とは〝いつまでも価値の変わらない基本的な法律〟。

◆「みがく」と訓読みする漢字には「研」（p158）もある。現在では「磨」を使うのが一般的だが、〝鋭くする〟という意味合いを強調するために、あえて「研」を書くこともある。

「摩」ほどではないが、古代インド語に対する当て字として使われることもあり、「達磨《だるま》」がその代表例。また、「須磨《すま》」「播磨《はりま》」「飾磨《しかま》」など、兵庫県南部の地名で「ま」に対する当て字として使われているのが目立つ。

なお、以前は「磨」と書くのが正式。

魔

ま

21画

［音読み］マ
［部首］鬼（おに）

怖ろしいけど魅力もある

「悪魔《あくま》」「病魔《びょうま》」「魔王《まおう》」「魔界《まかい》」など、〝**人間の理解を超えて、人間に害を与えるもの**〟を表す。「魔《ま》が差す」「魔《ま》の手」「魔《ま》の三角地帯」など、単独で使用されることも多い。

「通《とお》り魔《ま》」「触《さわ》り魔《ま》」「誘拐魔《ゆうかいま》」などでは〝**常識を超えた異常な犯罪者**〟のこと。それほどでなくても、「電話魔《でんわま》」「メモ魔《ま》」のように、〝**何かにひどく執着する者**〟を軽く批判していう場合もある。

「魔術《まじゅつ》」「魔法《まほう》」などでは、やや転じて〝**人間の理解を超えた不思議なこと**〟を指す。この場合には、マイナスのイメージに限らず、〝**どこか人を夢中にさせるような不思議なもの**〟まで含まれる。

以前は「魔」と書くのが正式。もともとは、〝仏教の修行を妨げる神〟を表す古代インド語に「魔羅《まら》」と当て字するために生まれた漢字だという。なお、「邪魔《じゃま》」も、本来は〝仏教の修行を妨げる神〟を指す。

毎

まい

6画

［音読み］マイ
［訓読み］ごと
［部首］毋（なかれ）

一つ一つもれがない！

代表的なのは、〝**そのときは常に**〟という意味。「毎《まい》朝《あさ》」「毎度《まいど》」「実家に行く毎《ごと》に」などがその例。「毎時《まいじ》五〇km」「毎秒《まいびょう》一五ℓ」のように、〝**ある一定の時間の作業量**〟を表す場合にも用いられる。また、「交差点毎《ごと》に案内板を置く」のように、〝**あるものには必ず**〟という意味で使われることもある。

ただし、訓読み「ごと」を「毎」と書くと漢字が続いてしまう場合もあるので、「一時間ごとに」「日曜日ごとに」のように、かな書きが好まれることも多い。

以前は「毎」と書くのが正式。部首も「毋」（p551）で、本来は〝髪飾りを付けた女性〟を表していたと考えられている。〝常に／必ず〟という意味になったのは、大昔の中国語では発音が似ていたからだとか、〝女性が子どもを産むごとに〟というところから、などの説がある。なお、「悔」（p63）「晦《かい》」（p63）などから考えると、「毎」には〝暗い〟という意味があると思われる。

米

まい

6画

⇩ べい（p543）

妹

まい

8画

［音読み］マイ
［訓読み］いもうと
［部首］女（おんなへん）

心おきなく付き合える？

〝**親が同じ女性のうち年下の者**〟を表す。日本の古語では、「いも」と読んで〝**愛しい女性**〟という意味で用いることもある。中国語でも、〝妻や年下の女性〟を親しみを込めて指すときに使うことがある。敬愛の気持ちが込められる「姉」（p232）に比べると、親密なニュアンスが強い。

枚

まい

8画

［音読み］マイ
［部首］木（きへん）

念入りに数えましょう

本来は〝短い木の棒〟を表す漢字。転じて、小さなものを数えることばとして用いられるが、日本語では、特に**薄いものを数えることば**として使われる。「一枚《いちまい》の写真」「お皿が九枚《きゅうまい》」などがその例。〝大量のお金〟を意味する「大枚《たいまい》」は、本来は〝大きな銀貨〟を指すことばだったという。

転じて、〝**小さなものを数える**〟という意味になることもある。「枚挙《まいきょ》」とは、〝一つ一つ数え上げる〟こと。

なお、〝薄く小さなもの〟という意味で「ひら」と訓読みすることもあるが、現在ではあまり用いられない。

まい 味

9画

［音読み］マイ
［部首］日（ひへん、にちへん）

楽しみも度が過ぎると…

部首「日」にも現れているように、夕暮れや明け方など〝**薄暗くてはっきり見えない**〟ことを表すのが、本来の意味。「味爽《まいそう》」とは〝明け方〟のこと。

転じて〝**よくわからないようす**〟をも表し、「曖昧《あいまい》」がその例。また、〝**理解力が低い**〟という意味にもなり、「愚昧《ぐまい》」「無知蒙昧《むちもうまい》」などが、その例となる。

「三昧《さんまい》」は、古代インド語に対する当て字から生まれたことばで、本来は〝精神を集中する〟という意味。現在では、「ぜいたく三昧《ざんまい》」「野球三昧《ざんまい》」「中華三昧《ざんまい》」など、〝**楽しみ尽くす**〟ことを指して使われることが多い。時には批判的な意味合いになることもあるのは、「昧」が持つイメージが響いているのだろう。

まい 埋

10画

［音読み］マイ
［訓読み］う-める、う-まる、う-もれる、うず-める
［部首］土（つちへん）

日本人の積極性

「埋葬《まいそう》」「埋設《まいせつ》」「思い出の品を埋《う》める」「入り口が土砂で埋《う》まる」など、〝**土をかぶせて見えなくする／土がかぶって見えなくなる**〟ことを表すのが、基本的な意味。転じて、「埋没《まいぼつ》」「人込みに埋《う》もれる」「枕に顔を埋《うず》める」「埋《うず》もれていた才能」のように、〝**何かの中に入り込ませて見えなくする／入り込んで見えなくなる**〟ことをも表す。「埋蔵《まいぞう》」は、〝何かの中に隠してしまう〟こと。

「けが人の穴を埋《う》める」「赤字を埋《う》める」など、〝**欠けているところを補う**〟ことを表すのは、日本語独自の用法。「空席が埋《う》まる」「通りが人で埋《うず》まる」「スケジュールが埋《う》まる」など〝**空いているところがなくなる**〟という意味で使われるのも、日本語のオリジナル。日本語では積極的なニュアンスを強めて用いられるのが、特色である。

まく 幕

13画

［音読み］マク、バク
［部首］巾（はば）

将軍の居場所は読み方が違う

「暗幕《あんまく》」「開幕《かいまく》」「除幕式《じょまくしき》」のように、〝**何かをおおったり仕切ったりするための布**〟を表す。

〝布きれ〟を表す部首「巾」に、発音を表す「莫《まく》」（p495）を組み合わせた漢字。

「幕間《まくあい》」「幕下《まくした》」「黒幕《くろまく》」「垂《た》れ幕《まく》」など、音読みがほかの漢字の訓読みと直接結びつくこともあるし、「幕《まく》の内《うち》」「幕《まく》が上がる」のように、音読みのまま単独で用いられるケースも多い。もともとは中国語の発音だった音読みが、日本語の中に完全に溶け込んでいる例の一つである。

また、昔の戦いの場では指揮をとる場所のまわりを布で囲ったことから、〝**作戦本部**〟をも表す。この意味の場合は、平安時代ごろに正式とされた音読みでバクと読む。「幕府《ばくふ》」「幕閣《ばっかく》」「幕僚《ばくりょう》」などがその例。日本語では、「倒幕《とうばく》」「佐幕《さばく》」など

「幕府」の省略形としても使われる。

まく
膜
14画
［音読み］マク
［部首］月（にくづき）

ぴったりと包み込みます

「角膜《かくまく》」「鼓膜《こまく》」「粘膜《ねんまく》」「横《おう》隔膜《かくまく》」「髄膜炎《ずいまくえん》」などなど、**〝肉体の一部で、薄く広がった形をしているもの〟**を表す。「肉」の変形で〝肉体〟を表す部首「月」に、発音を表す「莫《まく》」（p495）を組み合わせた漢字。

転じて、**〝何かの表面に薄く広がったもの〟**を指しても用いられる。「油膜《ゆまく》」「太鼓の膜《まく》」「牛乳を温めると薄い膜《まく》ができる」などがその例。「幕」（p573）と意味が似ているが、「膜」は、〝表面をぴっちりとおおうもの〟をいうことが多い。

まくら
枕
8画
［音読み］チン
［訓読み］まくら
［部首］木（きへん）

訓読みの情緒を味わいたい

〝眠るときに頭を支える寝具〟を表す。音読みでは「枕頭《ちんとう》」「枕辺《ちんぺん》」のように用いるが、かなり堅苦しい表現。訓読みの方が圧倒的に親しまれていて、「旅枕《たびまくら》」「草枕《くさまくら》」「夢《ゆめ》枕《まくら》」「枕《まくら》を高くする」「枕《まくら》を並べる」「枕《まくら》をぬらす」などなど、数多くの独特の雰囲気を持つ表現を生んでいる。

なお、「枕詞《まくらことば》」「話の枕《まくら》」など**〝前置き〟**を表したり、「枕木《まくらぎ》」「歌枕《うたまくら》」など**〝下敷きとなるもの〟**という意味で用いたりするのは、日本語独自の用法。

部首「木」が付いていることから、昔の〝まくら〟は木製だったことがわかる。硬くて眠りにくそうで、現代に生まれてよかったと思わせる。

また
又
2画
［音読み］ユウ
［訓読み］また
［部首］又（また）

音読みは使わないけど…

古代文字では「」と書き、〝右手〟の形。本来は〝右〟を意味する漢字。「又《また》、問題が生じる」「又貸《またが》し」「又《また》の機会」など、**〝その上に〟〝もう一つ〟**という意味を表すのは、大昔の中国語で〝その上に〟〝もう一つ〟という意味を表すことばと発音が似ていたことから、当て字的に用いられるようになったもの、と考えられている。

「右」（p25）はもともと、「又」に「口」を付け加えた形で、〝みぎ〟を表すために「又」の代わりに新たに作られた漢字。「又」と「右」の音読みがどちらもユウなのはその証拠だが、現在では、「又」が音読みで用いられることはほとんどない。

部首としては？

〝手で持つ〟ことに関連する漢字の部首となる。「取」（p258）「受」（p261）「収」（p263）がその代表。「友」（p600）も本来は、「又」を二つ重ねた漢字である。

まつ
末
5画
［音読み］マツ、バツ
［訓読み］すえ
［部首］木（き）

ここから先は〝無〟となります

「木」の上の方に目印の横線を加えて、根元や幹から見て**〝端っこの方〟**を表す。転じて**〝本体や中央などから離れた部分〟**を指し、「末端《まったん》」「末梢神経《まっしょうしんけい》」「場末《ばすえ》」「末広《すえひろ》がり」などがその例。また、「末期《まっき》」「末尾《まつび》」「文末《ぶんまつ》」「結末《けつまつ》」「週末《しゅうまつ》」「去年の末《すえ》」のように、時間や文章など**〝ひと続きのものの終わりの部分〟**をいうことも多い。

さらに変化して、**〝重要でない部分〟**をも表す。「末席《まっせき》」「粗末《そまつ》」「枝葉末節《しようまっせつ》」がその例で、すでに挙げた「末端《まったん》」「場末《ばすえ》」なども、この意味合いを帯びて使われる。さらに、「末路《まつろ》」「終末《しゅうまつ》」「世も末《すえ》だ」のような例では、**〝衰えた結果として行き着くところ〟**。ただし、「末《すえ》は博士か大臣か」のように、単純に**〝将来〟**を指して使う例もある。

このほか、「粉末《ふんまつ》」のように〝**細かく砕いたもの**〟を表すこともある。根本的には〝消滅する寸前〟という、どことないはかなさを漂わせる漢字である。

音読みはマツを用いるのが大原則。バツは平安時代ごろに正式とされた読み方で、「末子《ばっし》」「末弟《ばってい》」「末席《ばっせき》」のように使われるが、現在ではこれらもマツと読むことが多い。

まつ 抹

8画

［音読み］マツ
［部首］扌（てへん）

消しゴムを使って欲しいな…

部首「扌」は「手」の変形。「抹香《まっこう》」「抹茶《まっちゃ》」など、〝**こすって細かくつぶす**〟ことが、基本的な意味。転じて、文字や絵などを〝**上からこすって見えなくする**〟ことをも表す。「抹消《まっしょう》」がその例。「抹殺《まっさつ》」も本来はこの例だが、現在では〝存在を完全に否定する／消し去る〟という意味で用いられる。「一抹《いちまつ》の不安」は、〝ちょっとこすりつけた程度のかすかな不安〟のこと。

こすって消すのは、ある意味ではかえって乱暴。現代風に言えば、間違えたところを鉛筆でぐしゃぐしゃっと塗りつぶす、あのイメージなのかもしれない。

まで 迄

7画

［音読み］キツ
［訓読み］まで
［部首］辶（しんにょう、しんにゅう）

状態を示すのは日本流

部首「辶」は〝移動〟を表す記号。本来は、**場所や時間などが〝行き着くところ〟を示す**はたらきをする。「きのう迄《まで》」「あそこ迄《まで》」などがその例。日本語ではやや拡大されて、「赤くなる迄《まで》」「酔っ払う迄《まで》」「ここ迄《まで》言ってもだめですか」のように**状態が〝行き着くところ〟を示す**ためにも使われる。

現在の日本語では、音読みが使われることはない。また、「明日迄《あしたまで》」「名古屋迄《なごやまで》」のように漢字が続くと読みにくくなる場合があるので、訓読み「まで」も現在ではかな書きすることが多い。

なお、印刷文字では「迄」の形が標準とされているが、手書きでは、「⻍」を「⻌」と書いても差し支えない。

まゆ 繭

18画

［音読み］ケン
［訓読み］まゆ
［部首］糸（いと）

産業の衰退とともに…

昆虫の〝かいこ〟の幼虫が一本の糸をえんえんと吐き出して作る〝**まゆ**〟を表す。この〝まゆ〟をお湯に入れてほぐし、糸に戻したのが「生糸《きいと》」である。

部首は「糸」だが、「虫」と考えることも可能。見た目がなかなかおもしろい漢字ではあるが、現在ではかな書きされることが多く、活躍の場は少ない。

まん 万

3画

［音読み］マン、バン
［訓読み］よろず
［部首］一（いち）

昔は毒を持っていたのよ…

数の位取りの一つ。「一万《いちまん》」には0が四つ付く。また、「万雷《ばんらい》の拍手」「万里《ばんり》の長城」「波瀾万丈《はらんばんじょう》」「巨万《きょまん》の富」「億万長者《おくまんちょうじゃ》」のように、〝**たいへん数量が多い**〟という意味でも用いられる。「千変万化《せんぺんばんか》」「千客万来《せんきゃくばんらい》」「千差万別《せんさばんべつ》」など、「千」（p349）とペアになって〝たくさんの〟という意味を表す四字熟語となることも多い。

「千」にも〝たくさんの〟という意味があるが、「万」はさらに転じて、〝**すべての**〟という意味ともなる。「万能《ばんのう》」「万事休《ばんじきゅう》す」「準備万端《じゅんびばんたん》」「森羅万象《しんらばんしょう》」「万有引力《ばんゆういんりょく》」「万難《ばんなん》を排して」「風は万病《まんびょう》のもと」などなど、慣用句的にこの意味で使われる例は多い。「万《ばん》やむを得ない」では、ほかのすべてがだめで〝**どうしても**〟という意味。

音読みでは、マンが奈良時代以前から

ある古い読み方で、バンは平安時代ごろに正式とされた読み方。数そのものを指す場合は必ずマンと読まれるが、〝多い〟〝すべての〟を意味する場合には、バンが用いられることが多い。

訓読み「よろず」は、〝一〇、〇〇〇〟を意味する古語。また、「万屋《よろずや》」「家具の修理、万《よろず》請け負います」のように、**〝何でも〟**という意味でも用いられる。

以前は「萬」と書くのが正式で、部首も「艹（くさかんむり）」。ただし、古代文字では「」で、〝さそり〟の絵。「艹」は、そのはさみの部分が変形したもの。大昔の中国語では、〝さそり〟を表すことばと〝一〇、〇〇〇〟を表すことばの発音が似ていたことから、当て字的に使われるようになった、と考えられている。

なお、「万」はもともとはまったく別の意味の漢字だったらしいが、古くから「萬」の略字として使われてきた。現在でも、小切手や契約書などでは、後から書き換えられるのを防ぐために「萬」を用いることがある。

まん 満

12画

［音読み］マン
［訓読み］み-ちる、み-たす
［部首］氵（さんずい）

変化の前の幸福

部首「氵」は「水」の変形。以前は「滿」と書くのが正式で、本来は**〝水がいっぱいになる〟**ことを表す。「満水《まんすい》」がその例。「満載《まんさい》」「満開《まんかい》」「充満《じゅうまん》」「喜びに満《み》ちた表情」「食欲を満《み》たす」のように、広く**〝いっぱいになる／する〟**という意味で用いられる。「満《まん》タン」は、英語由来の外来語タンクの省略形と結びついた、珍しい熟語。

「満場一致《まんじょういっち》」「満天《まんてん》の星空」「満面《まんめん》の笑み」などでは、やや変化して**〝隅から隅まで全体の〟**という意味。「満足《まんぞく》」「満月《まんげつ》」「満《まん》点《てん》」「円満《えんまん》」「豊満《ほうまん》」などでは、**〝欠けたところがない〟**というニュアンスが強い。

「保険が満期《まんき》になる」「任期満了《にんきまんりょう》」では、**〝定められた期間が終わる〟**ことを表す。〝いっぱい〟になるともう〝終わり〟というわけだが、そこへ登場するのが「満《まん》を持《じ》す」。本来は〝弓を引き絞って発射する寸前の状態〟のこと。かくして、〝終わり〟は転じて〝始まり〟となるのである。

◆「みちる／みたす」と訓読みする漢字には「充」（p269）もあるが、現在では「満」を書くのが一般的。あえて、「充」と書くと、〝空いた部分や足りないものを埋める〟という意味合いが出ると思われる。

まん 慢

14画

［音読み］マン
［部首］忄（りっしんべん）

何ものも生み出さない…

部首「忄」は「心」の変形。「曼《まん》」には〝長く伸びる〟という意味がある。組み合わせて、「慢心《まんしん》」「怠慢《たいまん》」など**〝気を緩める〟**ことを表す。また、「高慢《こうまん》」「傲慢《ごうまん》」「自慢《じまん》」など、**〝思い上がる〟**ことをも表す。「我慢《がまん》」も本来は〝思い上がる〟ことだが、現在では逆に〝耐え忍ぶ〟という意味で使われる。

一方、〝長く伸びる〟ところから、**〝時間がかかる〟**という意味ともなる。「慢性《まんせい》の病気」「緩慢《かんまん》な動作」などがその例。どの意味の場合も、〝伸びきってかえって成果が上がらない〟という点が共通しているように思われる。

まん 漫

14画

［音読み］マン
［訓読み］すず-ろ、みだ-りに
［部首］氵（さんずい）

なくても多すぎてもダメ

部首「氵」は「水」の変形。「曼《まん》」には〝長く伸びる〟という意味がある。組み合わせて、本来は〝水がどこまでも広がる〟ことを表し、**〝広がる〟**という意味で用いられる。「爛漫《らんまん》」は〝光が広がるようす〟、「弥漫《びまん》」は

〝風潮などが広がる〟こと。

広がって集中しないところから、〝**目的がはっきりしない**〟ことをも表す。「散漫《さんまん》」「冗漫《じょうまん》」がその例。「漫画《まんが》」も、本来は〝大ざっぱに描いた絵〟という意味合い。

やや転じて、「漫然《まんぜん》」「漫談《まんだん》」「漫遊《まんゆう》」「放漫《ほうまん》経営《けいえい》」「漫《すず》ろ歩き」「漫《みだ》りに手を出すな」のように、目的もなく〝**なんとなく**〟という意味を表す場合もある。

◆訓読み「みだりに」では「妄」(p589)「濫」(p620)「猥」(p652)との使い分けが悩ましい。「妄」には〝判断力が低い〟という意味合いが、「濫」には〝むやみやたらに〟というニュアンスが、「猥」には〝人間的ではない〟というイメージがある。これらに対して、「漫」は〝目的がはっきりしない〟という印象が強い。とはいえ、特に「濫」と「漫」の違いは微妙なので、迷ったらかな書きしておくのが無難だろう。

また、「すずろ」は、現在ではかな書きする方が自然である。

み

み 巳

3画

[音読み] シ
[訓読み] み、へび
[部首] 己（おのれ）

長い間誤解してたよ…

〝**十二支の六番目**〟。「子丑寅卯《ねうしとらう》…」と続く「巳年《へびどし》」のように用いるほか、昔の時刻の表し方では、「巳《み》の刻」は現在の午前一〇時前後の時間帯を指す。

十二支に動物を当てる習慣では、〝へび〟に当たる。古代文字では「」と書き、昔から〝へび〟の絵だと考えられてきた。しかし、現在では、「包／包」(p554)と考え合わせて〝胎児〟の絵だとする説も有力。大昔の中国語では発音が似ていたので、当て字的に〝十二支の六番目〟を表すようになった、という。

なお、部首「己」は、形の上から便宜的に分類されたもの。意味の関係はない。

訓読み「み」の語源ははっきりしないが、「へび」の古語「へみ」に由来するともいう。音読みが用いられることは少なく、現在ではかろうじて、〝三月三日〟を指す「上巳《じょうし》の節句」があるくらいである。

み 未

5画

[音読み] ミ
[訓読み] いま-だ、ひつじ
[部首] 木（き）

当て字×当て字＝ひつじ？

〝**まだ○○ではない**〟〝**まだ○○していない**〟という意味を表す。「未来《みらい》」「未定《みてい》」「未決《みけつ》」「未成年《せいねん》」「未勝利《みしょうり》」「未解決《みかいけつ》」などなど、さまざまな漢字・熟語の前にくっつけて用いられる。訓読み「いまだ」は「未《いま》だ見込みが立たない」「未《いま》だに払わない」のように、あとに「ない」を伴って使われるのが基本。転じて、「未《いま》だに彼のことを思い出す」のように、〝**まだ○○し続けている**〟という意味でも用いられる。

古代文字では「」で、〝木の芽が伸びていく形〟だと考えられている。〝まだ○○ではない〟という意味になったのは、〝まだ若い〟からとする説や、当て字的に使われた結果とする説などがある。

また、「子丑寅卯《ねうしとらう》…」と続く〝**十二支の八番目**〟をも表す。「未年《ひつじどし》」のように用いるほか、昔の時刻の表し方では、「未《ひつじ》の刻《こく》」は現在の午後二時前後の時間帯を指す。これは、大昔の中国語で“十二支の八番目”を表すことばと発音が似ていたことから、これまた当て字的に使われたものだと考えられている。十二支に動物を当てはめる習慣は後から生まれたもので、それによれば“ひつじ”となり、「ひつじ」と訓読みもするが、「未」に動物の“ひつじ”の意味があるわけではない。

み 味

8画

［音読み］ミ
［訓読み］あじ
［部首］口（くちへん）

舌は心に通じる?

五感のうちの“**舌で感じる感覚**”が、基本的な意味。「味覚《みかく》」「美味《びみ》」「調味料《ちょうみりょう》」「塩《しお》味《あじ》」「バーベキュー味《あじ》」などがその例。また、“**舌で感じ取る**”ことをも表し、「甘さを味《あじ》わう」のように用いられる。

転じて、広く“**心や頭で感じ取るもの**”をも指し、「意味《いみ》」「人間味《にんげんみ》」「気味《きみ》が悪い」「切《き》れ味《あじ》」のように用いられる。さらに、「趣味《しゅみ》」「興味《きょうみ》」「新味《しんみ》」「醍醐味《だいごみ》」などでは“**ものごとのおもしろさ**”を表す。ここから、「味《あじ》なまね」のように“**気が利いている**”ことをも指すが、これは日本語独自の用法。

「味読《みどく》」「俳句を味《あじ》わう」などは、“**おもしろさを感じ取る**”ことを表す例。さらには“**身にしみて感じる**”という意味にもなるが、いいことばかりではなく、「屈辱を味《あじ》わう」のような例もある。

そのほか、「おもしろみ」「暖かみ」「丸み」「弱み」などの「み」も「味」と書くことがあるが、これは、“状態”を表すはたらきをする日本語「み」に対する当て字かと思われる。「中味《なかみ》」「正味《しょうみ》」も、本来は「中《なか》身《み》」「正身《しょうみ》」と書くべきものかと考えられる。また、「味方《みかた》」は、本来は「御方《みかた》」と書かれたことばに対する当て字。「味噌《みそ》」「味醂《みりん》」の語源ははっきりしないが、これらの「味」は、意味を生かした当て字だと考えられている。

み 眉

9画

⇩ び（p514）

⇩ び（p514）

み 魅

15画

［音読み］ミ
［部首］鬼（きにょう）

きちんと説明はできないけれど…

「魅力《みりょく》」「魅惑《みわく》」「観客を魅了《みりょう》する」のように、“**人の心を惹きつける**”ことを表す。ただし、部首「鬼」にも現れているように、本来は“人間には理解できない化け物”を表す漢字。根底には“論理的な判断力が役に立たない”というニュアンスのある、ミステリアスな漢字である。

みお 澪

16画

［音読み］レイ
［訓読み］みお
［部首］氵（さんずい）

どうぞこちらをお通りください

本来の意味ははっきりしないが、「零」（p640）には“水がしたたる”という意味があるので、「水」が変形した部首「氵」を付け加えてその意味をはっきりさせた漢字ではないかと思われる。日本では「澪《みお》つくし」の形で、“昔、水深の浅いところで、船が安全に通行できる道筋を示した杭”を指す。いつも水にぬれているところから、転用されたものだろうか。

「みお」は“**船が通れる道筋**”“**水が流れる道筋**”を表す古語なので、「澪」はこの意味でも使われる。また、「フェリーが澪《みお》を引いて走る」のように、“**船が通った跡に残る水の泡**”を指すこともある。なんともいえないはかなさが魅力である。

みさき 岬

8画

［音読み］コウ
［訓読み］みさき
［部首］山（やまへん）

神さまが住んでいそうな…

“**陸地が海や湖の中に突き出ているところ**”

を表す。訓読み「みさき」は、自然を崇拝する気持ちを表す日本語「み」が、「さき」の前に付いたもの。つまり、「岬」は意味としては「崎」(p217)とほぼ同じ。

なお、「岬」をこの意味で用いるのは本来は日本語独自の用法で、中国ではそれを逆輸入して使っているという。

みぞれ

霙

16画

[音読み] エイ
[訓読み] みぞれ
[部首] 雨 (あめかんむり)

水分はほどほどに

"**雨の混じった雪**"を表す。「英」(p31)は"花"のこと。中国の古い本には「雪華《せっか》を霙《みぞれ》と曰《い》う」とある。これらからすると、本来は"花のように舞う"というイメージがあるらしい。日本語「みぞれ」は、「みぞれ鍋《なべ》」「みぞれ和《あ》え」のように"大根おろし"を指すことがあり、どちらかというと水っぽい印象があるが、漢字「霙」はもっと軽やかに降ってくるものを指すようである。

なお、現在では音読みが用いられることはない。

みつ

密

11画

[音読み] ミツ
[訓読み] ひそ-か
[部首] 宀 (うかんむり)

通り抜けはできません!

「密接《みっせつ》」「密着《みっちゃく》」「密度《みつど》」「密《みっ》室《しつ》」「密集《みっしゅう》」など、"**すきまがない**"ことを表すのが基本的な意味。転じて、「親密《しんみつ》な仲」「緊密《きんみつ》に連絡を取る」のように"**関係がとても深い**"ことをも表す。さらに転じると、「密告《みっこく》」「密売《みつばい》」「密約《みつやく》」「秘密《ひみつ》」「内密《ないみつ》」など、"**ほかの人には知られない**"という意味ともなる。

一方、"すきまがない"から変化して、"**細かくて手抜かりがない**"ことをも表す。「綿密《めんみつ》」「厳密《げんみつ》」「精密《せいみつ》」などがその例。

◆訓読み「ひそか」では、「秘」(p511)との使い分けが気になるところ。「秘」には"知られないように隠す"というイメージがあるのに対して、「密」は"外に出られない"というニュアンスを含む。そこで、「秘《ひそ》かに会う」だと"隠したい"という積極的な気持ちがあるが、「密《ひそ》かに会う」と書くと"本当はおおっぴらに会いたいのに"という気持ちが出てくるかもしれない。また、"人に知られないように悪いことをする"場合には「窃」(p346)を使ってその雰囲気を出すこともある。

成り立ちには諸説があるが、字の形からすると、本来は"木がびっしり生えて、奥まではたどりつけない山"を表していた、と考えられる。そこで、部首を「宀」ではなく「山」として、「蜜」(p579)との整合性を取ろうとする辞書もある。

みつ

蜜

14画

[音読み] ミツ
[部首] 虫 (むし)

海の向こうでもやっぱり甘い

部首「虫」にも現れているように、"**はちが花から集めて来た甘い液体**"をいう。「蜂蜜《はちみつ》」がその例。また、そのもとになる"**花などに含まれる甘い液体**"も指す。

転じて、"**とても甘い**"という意味にもなる。「蜜柑《みかん》」がその例で、ミと読むのはミツが縮まったもの。また、「蜜語《みつご》」は"甘い愛のことば"。「蜜月《みつげつ》」は英語 honey moon の翻訳語。洋の東西を問わず、「蜂蜜」は甘いものの象徴なのである。

みゃく

脈

10画

[音読み] ミャク
[部首] 月 (にくづき)

つながりを絶やさないで!

部首「月」は「肉」の変形で"肉体"を表す。「𠂢《はい》」は「派」(p485)にも含まれているように"枝分かれする"という意味。合わせて、体の中で細かく枝分かれしている"**血管**"を表す。「動脈《どうみゃく》」「静脈《じょうみゃく》」などがその例。

転じて、「脈拍《みゃくはく》」「脈《みゃく》が速い」「不整脈《ふせいみゃく》」のように〝血流の鼓動〟を指して用いられることもある。

血管はすべてつながっていることから、「山脈《さんみゃく》」「人脈《じんみゃく》」「金脈《きんみゃく》」など、〝ひとつながりになっているもの〟という意味にもなる。また、「文脈《ぶんみゃく》」「脈絡《みゃくらく》」では〝前後のつながり具合〟。「彼女の反応には脈《みゃく》がある」のように、よいことにつながりそうな〝見込み〟を指すのは、「鉱脈《こうみゃく》」から転じたもの。ただし、これは日本語独自の用法である。

みょう 名 6画

⇩ めい（p583）

みょう 妙 7画

［音読み］ミョウ
［訓読み］たえ
［部首］女（おんなへん）

作り込まれたすばらしさ！

「奇妙《きみょう》」「珍妙《ちんみょう》」「妙《みょう》な事件」のように、現在では〝**ふつうとは異なった**〟という意味でよく用いられる。しかし、本来は〝**細かい部分までとてもよくできている**〟ことを表す漢字で、「妙案《みょうあん》」「妙技《みょうぎ》」「絶妙《ぜつみょう》」「巧妙《こうみょう》」「妙《たえ》なる笛の調べ」などがその例。ただし、「微妙《びみょう》」のように〝**非常に細かくて判断しにくい**〟ことを表す場合もある。

転じて、「妙薬《みょうやく》」「妙法《みょうほう》」「造化の妙《みょう》」など、〝**人間の知恵が及ばない不思議なもの**〟をも指す。〝ふつうとは異なった〟という意味は、ここから転じたもの。「神妙《しんみょう》」は、本来は〝人間の知恵が及ばない〟こと。〝ふつうの人にはできない〟ことから、現在では〝感心な〟〝おとなしい〟という意味で用いられる。

なお、部首「女」が付いていることから、本来は〝若い女性の美しさ〟を表していたとも考えられる。「妙齢《みょうれい》の女性」がその例。ただし、古い文献にこの意味の確実な例は見られないので、疑問も残る。

みょう 明 8画

⇩ めい（p584）

みん 民 5画

［音読み］ミン
［訓読み］たみ
［部首］氏（うじ）

たまには仲間に入れてやるか！

「庶民《しょみん》」「市民《しみん》」「民間《みんかん》」「民話《みんわ》」「民主主義《みんしゅしゅぎ》」「民《たみ》の声」など、〝**一般の人びと**〟を指す。「官」（p82）と対比されて〝**権力を持たない人びと**〟を意味することが多いが、「民族《みんぞく》」のように、権力者まで含めた〝**人びとの集団**〟をいうこともある。

古代文字では「」と書き、本来は〝目を針で刺されて盲目にされた奴隷〟を表していた、とする説が有力。また、部首を「氏」とするのは形の上から便宜的に分類されたものだが、「氏」（p228）の成り立ちも〝目を針で刺される〟ことに関係する、と考える説もある。

みん 眠 10画

［音読み］ミン
［訓読み］ねむ-る
［部首］目（めへん）

しっかりと休んでいます！

〝**目を閉じて活動を休止する**〟ことを表す。「安眠《あんみん》」「冬眠《とうみん》」「ぐっすり眠《ねむ》る」などがその例。また、「休眠状態《きゅうみんじょうたい》」のように広く〝**活動を休止する**〟ことを表したり、「永眠《えいみん》」「安らかに眠《ねむ》れ」のように〝**死ぬ**〟という意味で使われたりもする。

◆「夜ふかしして眠《ねむ》い」「会議の途中で眠《ねむ》たくなる」のように、「ねむい」「ねむたい」とも訓読みするが、本来は〝ねむりこむ〟ことを表す漢字。〝ねむりたくなる〟場合には「睡」（p324）を書くのがふさわしいが、現在ではむしろ「眠」を使う方が一般的になっている。

む

む　矛

5画

［音読み］ム
［訓読み］ほこ
［部首］矛（ほこ、むのほこ）

あの商人のおかげです！

〝**長い棒の先に両刃の剣を付けた武器**〟を表す。基本的には〝やり〟のことだと考えて差し支えないようである。「矛先《ほこさき》」がその例。

◆「ほこ」と訓読みする漢字には「戈」（p49）もある。「戈」は柄の先端に刃がカギ型に付いているが、「矛」は刃が真っ直ぐ付いている点が異なる。

「矛盾《むじゅん》」とは、〝何でも突き刺せるほこ〟と〝何でもはね返すたて〟を同時に売っていた武器商人の話から生まれた故事成語。〝話のつじつまが合わない〟ことをいう。音読みで使われる例はほかにはほとんどなく、訓読み「ほこ」は「鉾」と書くことも多いので、この熟語がなければ、「矛」は現在では使われなくなっていたかもしれない。故事成語の力も、侮れない。

部首としては？

漢和辞典では部首の一つだが、「矛」を部首とする漢字で現在でも使われるものは、「矛」のほか、〝誇り〟を意味する「矜《きょう》」くらいしかない。そのため、「予」（p606）などと合わせて「マ（ま）」という部首を新設する漢和辞典もある。

部首の名前としては、「ほこ」「ほこへん」と呼ばれるが、「戈」（p49）と区別するために、「矛」の音読みムを付けて「むのほこ」ということもある。

む　務

11画

［音読み］ム
［訓読み］つと-める
［部首］力（ちから）

これ、やっといてくださいね！

「任務《にんむ》」「職務《しょくむ》」「義務《ぎむ》」など、〝**やらなくてはならないこと**〟を表す。やや意味が薄まって、「事務《じむ》」「実務《じつむ》」「財務《ざいむ》」「総務《そうむ》」のように、仕事全体の中の〝**割り当てられた役割**〟を指す場合もある。

◆「つとめる」と訓読みする漢字には「努」（p448）「勉」（p549）「勤」（p132）もある。「努」「勉」は〝力を尽くす〟ことを表すが、「勤」との使い分けは微妙。「勤」は〝毎日の仕事をする〟場合に用いるのに対して、「務」は「座長を務《つと》める」「仲人を務《つと》める」など、〝ある役割を果たす〟場合に用いる。ただし、「勤務《きんむ》」という熟語もあるように、「勤」と「務」はどちらでも意味が通ることも多い。

なお、「矛（ほこ）」ではなく「力」を部首とするのは、〝力を出す〟ことに関係する意味を持つから。

む　無

12画

［音読み］ム、ブ
［訓読み］な-い
［部首］灬（れっか、れんが）

大昔は飛んだり跳ねたり

「無人《むじん》」「無敵《むてき》」「無色《むしょく》」「無条件《むじょうけん》」「無反応《むはんのう》」「皆無《かいむ》」「時間が無《な》い」などなど、〝**○○がない**〟**ことを表す**はたらきをする。ほかの漢字の前に置かれて音読みの熟語となることが多いが、「無口《むくち》」「無傷《むきず》」「無様《ぶざま》」のように、ほかの漢字の訓読みと結びつく例もある。

音読みはムを用いるのが原則。ブは平安時代ごろに正式とされた読み方だが、現在では、「無礼《ぶれい》」「無事《ぶじ》」「無愛想《ぶあいそう》」など特定の熟語でしか用いられない。

◆似たはたらきをする漢字に「不」（p522）があるが、「不」は〝○○しない〟〝○○でない〟ことを、「無」は〝○○がない〟ことを表すのが基本。ただし、「不」にも〝○

○がない〃という意味だと考える方が自然な場合もあるため、特にブと音読みする場合には、「無精《ぶしょう》／不精《ぶしょう》」「無粋《ぶすい》／不粋《ぶすい》」「無気味《ぶきみ》／不気味《ぶきみ》」のように、どちらも使われるものが多い。

訓読みでは「ない」と読むが、日本語「ない」には「食べない」「できない」「間に合わない」のように、〃○○しない〃〃○○でない〃といった意味もある。この場合には、「無」は使わずかな書きするのがふさわしい。また、「無」を書くとやや印象が強くなるため、「ない」はすべてかな書きするのを好む人もいる。

古代文字では「𣎆」と書き、〃両袖に飾りを付けて踊る人〃の絵だと考えられている。部首「灬」は、その脚や飾りの部分が変形したもの。本来は〃踊る〃ことを表す漢字で、大昔の中国語では〃○○がない〃という意味のことばと発音が似ていたことから、当て字的に使われるようになった。その結果、〃踊る〃ことを表す漢字として改めて作られたのが、「舞」（p530）である。

夢

む

13画

［音読み］ム
［訓読み］ゆめ
［部首］夕（ゆうべ）

ヨーロッパ人は前向きだ！

部首「夕」は〃夜〃を表す。「夢占《ゆめうらな》い」「正夢《まさゆめ》」「悪夢《あくむ》」など、本来は**〃眠っているあいだに見たり体験したりする現象〃**を指す。転じて、「夢想《むそう》」「夢《ゆめ》のまた夢《ゆめ》」のように、**〃はかないこと〃〃非現実的なこと〃**のたとえとして用いられる。

それが、「将来の夢《ゆめ》」「夢《ゆめ》と希望」のように**〃実現させたいこと〃**という積極的な意味で使われるのは、日本語独自の用法。この意味は明治時代ごろから現れるようで、英語の dream やフランス語の rêve《レーヴ》は同じような使われ方をするので、ヨーロッパからの影響かとも思われる。

霧

む

19画

［音読み］ム
［訓読み］きり
［部首］雨（あめかんむり）

立ちこめたかと思うと晴れ渡る

細かい水滴が空気中を漂う〃きり〃を表す。「濃《のう》霧《む》」「五里《ごり》霧《む》中《ちゅう》」「川霧《かわぎり》」「夜霧《よぎり》」などがその例。「五里霧中」のように**〃見通しを悪くするもの〃**のたとえにもなるが、「雲散《うんさん》霧《む》消《しょう》」のように**〃はかなく消えてしまうもの〃**の比喩ともなる。そのとりとめのなさこそが、本性なのかもしれない。

婿

むこ

12画

［音読み］セイ
［訓読み］むこ
［部首］女（おんなへん）

確認しますが男性ですよね？

「花婿《はなむこ》」「妹婿《いもうとむこ》」など、**〃結婚相手としての男性〃**を表す。また、「婿養子《むこようし》」「婿《むこ》を取る」のように、特に**〃娘の結婚相手〃**をいうこともある。「女婿《じょせい》」とは〃娘の結婚相手〃のことで、音読みセイが用いられるのは、現在ではこの熟語くらいのもの。

男性を指す漢字なのに部首「女」（p283）が付いているのは、部首「女」は〃家族〃を表すこともあるから。ただし、以前は「壻」と書くのが正式で、部首も〃男性〃を表す「士」（p226）であった。

娘

むすめ

10画

［音読み］ジョウ
［訓読み］むすめ
［部首］女（おんなへん）

略奪愛の行方？

「箱入《はこい》り娘《むすめ》」「娘盛《むすめざか》り」など、**〃若い女性〃**を表す。「娘《むすめ》も四○になりまして」のように**〃自分の子どもの女性〃**を指すのは、日本語独自の用法のようである。

本来は「嬢」（p304）の略字だが、日本語ではほとんどの場合、「嬢」は音読みでジョウと、「娘」は訓読みで「むすめ」と読むのが習慣。略字が訓読みを奪って独立したという、珍しい漢字となっている。

むち

鞭

18画

［音読み］ベン
［訓読み］むち
［部首］革（つくりがわ）

〝たとえ〟の方がありがたい

人や動物などをたたく道具〝むち〟を表す。転じて、**〝むちでたたく〟**という意味にもなる。「乗馬用の鞭《むち》」「愛の鞭《むち》」「疲れた体に鞭《むち》打《う》って働く」などがその例。

部首「革」が付いているのは、本来は革製のものを指したから。竹でできたものは「策」（p218）や「笞《ち》」で表したが、現在では、素材は何であっても「鞭」を使うのが一般的である。

「教鞭《きょうべん》を執《と》る」とは、〝教師になる〟こと。「先鞭《せんべん》をつける」とは、本来は〝先に馬を鞭《むち》うって、戦場に一番乗りする〟こと。「鞭撻《べんたつ》」とは、〝怠けないように励ます〟こと。訓読みで用いることが多いが、音読みの比喩的な使い方も印象的な漢字である。

め

めい

名

6画

［音読み］メイ、ミョウ
［訓読み］な
［部首］口（くち）

外から見ればそう見える

言うまでもなく、あるものをどう呼ぶかという**〝なまえ〟**を表す。**〝なまえを付ける〟**という意味になることもあり、「名状《めいじょう》しがたい」とは、〝その状態をなんと呼んでいいかわからない〟ということ。

転じて、〝本質〟を意味する「実」（p249）と対比されて、**〝うわべや形式〟**をも指す。「名実《めいじつ》が伴わない」「課長とは名《な》ばかり」などがその例。また、**〝評判〟〝評判が高い〟**という意味ともなり、「名声《めいせい》」「名曲《めいきょく》」「有《ゆう》名《めい》」「汚名《おめい》をそそぐ」「名《な》のある画家の作品」のように使われる。あくまで外向きの漢字である。

「仮名《かな》」では、〝なまえ〟から転じて**〝文字〟**を指す。「定員一〇名《めい》」「四名様《よんめいさま》ご来店」のように、**人間を数えることば**として用いるのは、〝なまえ〟を呼んで数えるところから来たものだろう。このほか、「東《とう》名高速《めいこうそく》」「名阪国道《めいはんこくどう》」のように、**「名古屋《なごや》」の省略形**としても使われる。

音読みはメイを用いるのが原則。ミョウは奈良時代以前からある古い読み方で、現在では「名字《みょうじ》」「名利《みょうり》」「戒名《かいみょう》」「功《こう》名《みょう》」「本名《ほんみょう》」「大名《だいみょう》」など、限られた熟語でしか使われない。

なお、本来の意味については、〝生まれた子どもに名を付ける〟のほか、「夕」を含むところから〝夕暮れどきに自分の名を告げる〟、「明」と音読みが同じところから〝夜明けに鳥が時を告げる〟など諸説がある。

めい

命

8画

［音読み］メイ、ミョウ
［訓読み］いのち、みこと
［部首］口（くち）

人間の知恵では及ばない…

最も印象が強いのは、「生命《せいめい》」「命《いのち》を救う」のような**〝生物が活動を続ける源〟**という意味。また、「寿命《じゅみょう》」「命《いのち》が尽きる」など**〝生物の活動が続く期間〟**をも表す。

成り立ちとしては〝言いつける〟ことを意味する「令」（p638）に部首「口」を組み合わせた形。上に立つ者が**〝何かをするよう**

言いつける〟ことを表すのが本来の意味で、「命令《めいれい》」「任命《にんめい》」「使命《しめい》」「支払いを命《めい》じる」などがその例。「命中《めいちゅう》」「本命《ほんめい》」では、〝**目標とする**〟ことをいう。

人知を超えた存在が〝言いつける〟ことから、「運命《うんめい》」「宿命《しゅくめい》」「命運《めいうん》」など〝**めぐり合わせ**〟という意味ともなる。「革命《かくめい》」とは、〝人知を超えた存在がある者に与えた権力が、ほかの者へと移る〟こと。〝いのち〟を意味するのも、人知を超えた存在から与えられたものだから。

また、昔の日本では、「大国主命《おおくにぬしのみこと》」のように、**神や貴人の名前のあとに添えることば**として用いられた。

基本的に、〝人間の知恵が及ばない存在〟の影が色濃い漢字。その点、現代の日本語で見られる「〇〇ちゃん命《いのち》」「バームクーヘン命《いのち》」など〝**熱烈に好む**〟ことを表す用法や、「芸能人は歯が命《いのち》」のように〝**とても重要である**〟という意味は、人間臭くてほっとする。

また、「命名《めいめい》」では〝**名前を付ける**〟こと。「亡命《ぼうめい》」は〝戸籍がある国から逃げる〟ことで、この「命」は、国家によって名前が記載されている〝**戸籍**〟を指す。

音読みはメイを使うのが大原則。ミョウは奈良時代以前からある古い読み方で、現在では、すでに挙げた「寿命《じゅみょう》」のほか、「不惜身命《ふしゃくしんみょう》」などの限られた熟語でしか用いられない。

めい

明

8画

［音読み］メイ、ミョウ、ミン
［訓読み］あか-るい、あ-かり、あ-ける、あ-かす、あ-くる、あき-らか、あ-く
［部首］日（ひへん、にちへん）

暗い夜空に浮かぶ月

「明月《めいげつ》」「明《あか》るい部屋」「明《あか》るさが足りない」「明《あか》るみに出す」など、〝**光の量が多い**〟ことを表すのが基本。「照明《しょうめい》」「明《あ》かりを付ける」では〝**光を発するもの**〟。また、〝**光の量が増える**〟という意味で、「雨がやんで外が明《あか》るんできた」のように「あかるむ」と訓読みすることもある。「明《あか》るい表情」「性格が明《あか》るい」「明《あか》るい未来」のように、比喩的に用いられて〝**元気や希望に満ちている**〟ことをいう場合もある。

転じて、〝**太陽が昇る**〟という意味にもなる。「夜が明《あ》ける」がその例。「飲《の》み明《あ》かす」では、〝**何かをしているうちに朝になる**〟こと。さらには、「年が明《あ》ける」「梅雨が明《あ》ける」のように、〝**ある期間が終わって新しい期間が始まる**〟ことをも意味する。「明朝《みょうちょう》」「明《あ》くる日」では、〝**ある期間の次の新しい期間**〟を指す。

光が多ければはっきりものが見えることから、〝**はっきりしている**〟という意味にもなる。「明白《めいはく》」「明快《めいかい》」「鮮明《せんめい》」「簡明《かんめい》」「原因は明《あき》らかだ」などがその例。「解明《かいめい》」「判明《はんめい》」「説明《せつめい》」「表明《ひょうめい》」「発明《はつめい》」「種を明《あ》かす」などなど、〝**はっきりさせる**〟ことを指す場合も多い。

転じて、「聡明《そうめい》」「明敏《めいびん》」「地理に明《あか》るい」などでは〝**よく知っている**〟こと。「失明《しつめい》」「目が明《あ》く」では〝**目が見える／目が見えるようになる**〟ことをいう。

◆「あく／あける」と訓読みする漢字には「開」（p64）「空」（p137）もある。「開」は〝閉じたり開いたりする〟ものに対して、「空」は〝中身がなくなる〟場合に、「明」は〝新しい期間が始まる〟〝目が見えるようになる〟ことを指して用いるので、使い分けは比較的わかりやすい。なお、「あくる」の場合には、「翌《あく》る朝」のように「翌」（p616）を使うこともある。

◆また、訓読み「あかり」では、「灯」（p451）との違いがちょっと問題。「灯」は人工的なものにしか用いないが、「明」は「月明《つきあ》かり」「薄明《うすあ》かり」「お店の明《あ》かり」な

ど何に対しても使うことができるのが、異なる点である。

音読みはメイを用いるのが原則。ミョウは奈良時代以前からある古い読み方だが、現在では、すでに挙げた「明朝《みょうちょう》」の ほか、「明日《みょうにち》」「明後日《みょうごにち》」「明星《みょうじょう》」「灯明《とうみょう》」「不動明王《ふどうみょうおう》」などの限られた熟語でしか用いられない。また、「明朝体《みんちょうたい》」「日明貿易《にちみんぼうえき》」のように、**中国の王朝の一つ**を指す場合には、ミンと音読みする。

なお、「明日《あす》」「明後日《あさって》」は、漢字の熟語をそのまま、意味を表す日本語で読む当て字的表現。

成り立ちとしては、部首「日」に「月」を組み合わせて〝光の量が多い〟ことを表す。ただし、昔は「朙」と書かれたこともあり、〝窓〟を表す「囧《けい》」に「月」を組み合わせたものだとも考えられている。とすれば、成り立ちとしては「月」に重点がある。暗ければこそ光が求められることを、よく表しているといえるだろう。

めい

姪

9画

［音読み］テツ
［訓読み］めい
［部首］女（おんなへん）

誤解されてもしかたない？

〝**兄弟姉妹の娘**〟を表す。ただし、これは日本語独自の用法で、本来は〝兄弟の息子〟を指す漢字。女性は関係ないのに部首「女」が付いているので、日本人が誤解して〝めい〟の意味で使うのももっとも。この部首「女」（p283）は、〝家族〟を表す。

「甥」（p40）も、本来は〝姉妹の息子〟のこと。中国語では一文字で〝兄弟の娘〟〝姉妹の娘〟を意味する漢字はない。「姪」と同じ意味の「侄《チー》」を使った「侄女《チーニー》」や、「甥女《ションニー》」のように、「女」を付けて表す。

めい

迷

9画

［音読み］メイ
［訓読み］まよ-う
［部首］辶（しんにょう、しんにゅう）

もじっても使われます！

部首「辶」は、以前は「⻌」と書くのが正式で、〝移動〟を表す記号。〝**進むべき方向がわからなくなる**〟ことが本来の意味で、「迷走《めいそう》」「迷路《めいろ》」「道に迷《まよ》う」のように用いられる。なお、「迷子《まいご》」で「まい」と読むのは、「まよい」が縮まったもの。

転じて、〝**するべきことがわからなくなる**〟という意味ともなる。「混迷《こんめい》」「低迷《ていめい》」「迷惑《めいわく》」「どのケーキにしようか迷《まよ》う」「迷信《めいしん》」「迷彩《めいさい》」などがその例。「迷《まよ》いがない」などがその例。「君の心を迷《まよ》わせる」など〝**判断を誤らせる**〟ことを表す場合もある。

このほか、〝評判が高い〟という意味の「名」（p583）をもじって、「迷探偵《めいたんてい》」「迷作《めいさく》」のように〝**あまり信頼できない**〟〝**評価できない**〟という意味で使われることもあるが、これは日本語独自の用法である。

めい

冥

10画

［音読み］メイ、ミョウ
［部首］冖（わかんむり）

暗くて見えない遠い星

〝**死後の世界**〟を指す。ただし、本来は〝よく見えない〟ことを表す漢字で、〝かぶせるもの〟を表す部首「冖」はそのなごり。

「冥途《めいど》」「冥界《めいかい》」「冥府《めいふ》」「ご冥福《めいふく》」など、

転じて、〝**人間の知恵が及ばない**〟という意味となる。〝死後の世界〟を表すのもその一例。〝**神や仏の助け**〟を意味する「冥利《みょうり》」「冥加《みょうが》」もその例。「頑冥《がんめい》」では逆に、〝**知恵が足りない**〟ことを表す。

なお、「冥王星《めいおうせい》」は英語 Pluto の訳語。Pluto とは、ギリシャ神話に出てくる〝死後の世界の王〟の名前。星に関する民俗を研究した野尻抱影《のじりほうえい》による名訳である。

音読みはメイを用いるのが原則。ミョウは奈良時代以前からある古い読み方で、現在では、すでに挙げた「冥利《みょうり》」「冥加《みょうが》」などでしか使われない。

めい
盟
13画
［音読み］メイ
［部首］皿（さら）

誓いの印にこれを飲め！

「同盟《どうめい》」「連盟《れんめい》」「盟約《めいやく》」「盟《めい》友《ゆう》」など、**〝仲間だと認め合って、固い約束を交わす〟**ことを表す。訓読みすれば「ちかう／ちかい」だが、現在ではあまり用いられない。

部首「皿」は〝血が入った容器〟を表す。大昔の中国では、固い約束を交わす際、いけにえの血をすすり合う儀式が行われた。そのなごりである。

めい
銘
14画
［音読み］メイ
［部首］金（かねへん）

信頼しても大丈夫！

〝金属や石などに彫りつけられた文字〟を表すのが、基本的な意味。「銘《めい》文《ぶん》」「墓《ぼ》碑《ひ》銘《めい》」などがその例。「銘《めい》のある刀」のように、特に**〝その製品の製作者を示す文字〟**をいうことも多い。

転じて、「銘《めい》打《う》つ」のように**〝記憶に残るようにはっきりと記した文字〟**を指しても用いられる。「座《ざ》右《ゆう》の銘《めい》」とは、本来は〝忘れないように座席の右側に書き記しておく文句〟。さらには、**〝はっきりと記憶する〟**ことをも表し、「感銘《かんめい》」「肝に銘《めい》じる」などがその例。

〝銘〟の入った製品は製作者がはっきりしていることから、日本語では**〝由緒正しく間違いがない〟**という意味でも使われる。「正《しょう》真《しん》正《しょう》銘《めい》」がその例。また、「銘《めい》茶《ちゃ》」「銘《めい》酒《しゅ》」「銘《めい》菓《か》」など**〝名の通った商品〟**を指したり、「銘《めい》柄《がら》」のように**〝商品のブランド〟**を表したりする場合もある。どの意味であれ、そう簡単には消えることのない、頼もしさ満点の漢字である。

めい
鳴
14画
［音読み］メイ
［訓読み］な-く、な-る
［部首］鳥（とり）

人間に対して用いると…？

部首「鳥」に「口」を組み合わせて、〝鳥が声を出す〟ことを表すのが、本来の意味。広く**〝動物が声を出す〟**ことを指す。「うぐいすが鳴《な》く」「せみの鳴《な》き声《ごえ》」などがその例。また、「鳴《めい》動《どう》」「共《きょう》鳴《めい》」「雷《らい》鳴《めい》」「鐘が鳴《な》るなり法隆寺」のように、動物に限らず**〝音を立てる〟**ことをもいう。

◆「なく」と訓読みする漢字には「泣」（p113）もあるが、「泣」は〝人間が涙を流す〟こと。〝動物が声を出す〟ことを指す「鳴」との使い分けに悩む必要はない。

もっとも、「鳴」が人間に対して比喩的に用いられることもある。「悲《ひ》鳴《めい》」「彼の主張に共《きょう》鳴《めい》する」などがその例。また、「神童の名が鳴《な》り響《ひび》く」「けん玉の名手として鳴《な》らす」などでは、**〝広く知れ渡る〟**という意味で使われている。

めつ
滅
13画
［音読み］メツ
［訓読み］ほろ-びる
［部首］氵（さんずい）

強調するのは日本流

「消《しょう》滅《めつ》」「絶《ぜつ》滅《めつ》」「滅《めっ》菌《きん》」など、**〝完全になくなる／なくす〟**ことを表す。また、**〝活動を完全に停止する／させる〟**ことをも表し、「滅《めつ》亡《ぼう》」「破《は》滅《めつ》」「壊《かい》滅《めつ》」「銀河帝国が滅《ほろ》びる」「敵を滅《ほろ》ぼす」のように用いられる。

「滅《めっ》相《そう》」は本来は仏教のことばで、〝目に見える肉体がなくなる〟こと。現在では「滅相もない」の形で〝とんでもない〟という意味で使われる。「滅《めっ》法《ぽう》」も本来は仏教のことばで、〝この世の苦しみをすべてなくす〟こと。現在では「滅法強い」のように〝並外れている〟ことを表す。また、「滅《めっ》多《た》にない」の「滅多」や、「滅《め》茶《ちゃ》苦《く》茶《ちゃ》」の「滅茶」は、当て字。「滅」は、日本語では意味を強めたいときに使われることが多いようである。

部首「氵」は「水」の変形。「威《めつ》」は、「火」が含まれていることに現れているように、〝火が消える〟という意味。合わせて、本来は〝水をかけて火を消す〟ことを表すという。「点滅《てんめつ》」「明滅《めいめつ》」のように〝光が消える〟という意味で用いられるのは、そのなごりである。

めん 免

8画

［音読み］メン
［訓読み］まぬか-れる
［部首］儿（ひとあし）

感じ方は人それぞれ?

「免除《めんじょ》」「免疫《めんえき》」「無罪放免《むざいほうめん》」「被害を免《まぬか》れる」「刑罰を免《めん》じる」など、**〝義務や危険などから自由になる〟**ことを表すのが、代表的な意味。訓読みでは「まぬがれる」と読むこともある。「免許《めんきょ》」「免状《めんじょう》」「ご免《めん》なさい」「あの人の顔に免《めん》じて」などでは**〝許可する〟〝特別に取りはからう〟**という意味だが、これも訓練や追及から自由になること。基本的には〝何かから自由になる〟というニュアンスがある漢字である。

また、「免職《めんしょく》」「罷免《ひめん》」「大臣の職を免《めん》ずる」のように**〝ある役職から退かせる〟**ことをも表す。この場合に〝自由〟を感じるかどうかは、本人次第だろう。

以前は「兎」と書くのが正式。部首「儿」は「人」の変形だが、成り立ちには諸説がある。本来の意味にも、〝うさぎが走る〟〝子どもを産む〟〝かぶとを脱ぐ〟など、さまざまな説がある。

めん 面

9画

［音読み］メン
［訓読み］つら、おもて、おも、も
［部首］面（めん）

東洋人の顔の特徴

字の形から、成り立ちとしては「首」（p259）や「目」（p590）と関係が深いと考えられている。本来は**〝顔〟**を意味する漢字で、「顔面《がんめん》」「満面《まんめん》」「泣《な》きっ面《つら》」「細面《ほそおもて》」「面長《おもなが》」などがその例。転じて、「仮面《かめん》」「能面《のうめん》」「お面《めん》」のように**〝顔に着けるかぶりもの〟**を指したり、「面会《めんかい》」「面接《めんせつ》」「面識《めんしき》」「対面《たいめん》」「直面《ちょくめん》」など**〝顔を向けて見る〟**という意味になったりする。また、「お集まりの面々《めんめん》」では**〝それぞれの人〟**を指す。

また、「表面《ひょうめん》」「球面《きゅうめん》」「地面《じめん》」「川面《かわも》」のように、**〝外から見える部分〟**を指すこともある。「文面《ぶんめん》」「体面《たいめん》」「額面《がくめん》」「面子《めんつ》が立たない」「上《うわ》っ面《つら》」などは、**〝外から見てわかること〟**を意味する例。「正面《しょうめん》」「方面《ほうめん》」「全面的《ぜんめんてき》に賛成」「衛生面《えいせいめん》での注意」のように、**〝ものを見る／考える方向〟**を表す場合もある。

「平面《へいめん》」「紙面《しめん》」「一面《いちめん》の雪景色」「面積《めんせき》」など**〝広がったもの〟**をいうのは、〝顔〟を〝広がり〟と捉えたものか。鼻の高い人が多いヨーロッパで漢字が生まれていたら、この意味は生じなかったかもしれない。

ここから転じて、「新聞の一面《いちめん》」「テニスコートが三面《さんめん》ある」のように、**広がったものを数えることば**としても使われる。

なお、「面倒《めんどう》」「面妖《めんよう》」の語源には諸説あるが、当て字だと考えられている。

部首としては?

〝顔〟に関係する漢字の部首となるが、その例は少ない。現在でも多少とも使われるものとしては、「靨《えくぼ》」がある程度。とはいえ、独得の形なのでほかの部首に吸収するのはむずかしい。独立独歩の部首である。

めん 綿

14画

［音読み］メン
［訓読み］わた
［部首］糸（いとへん）

虫でも木でも羊でも!

かいこのまゆから取れる細かい繊維を集めた、ふわふわしたもの〝わた〟を表すのが、本来の意味。転じて、似たような繊維が取れる**植物の〝わた〟**を指しても用いられる。さらに現在では、「綿羊《めんよう》」のようにヒツジから取れるものも含めて、広く**〝わた〟**をいう。

例としては、「綿棒《めんぼう》」「綿毛《わたげ》」「綿雪《わたゆき》」など。「木綿《もめん》」は、植物の〝わた〟の実から取れる繊維で作った織物。「綿織物《めんおりもの》」「綿布《めんぷ》」「綿《めん》一〇〇％」のように〝木綿〟そのものを意味することもある。

転じて、〝**とても細かい**〟ことをも表し、「綿密《めんみつ》」「連綿《れんめん》と続く」のように用いられる。

なお、似た漢字に「棉」がある。「棉《わた》の木」「棉花《めんか》」「木棉《もめん》」など、植物の〝わた〟に関係する場合には、こちらもよく用いられる。

めん 麺

16画

［音読み］メン
［部首］麦（ばくにょう）

日本人の生活の一部に

穀物の粉をこねて伸ばし、細長く切った食べ物〝めん〟を指す。訓読みはなく、「うどんの麺《めん》」「麺《めん》を食べる」のように音読みのまま単独で用いられる。昔の中国語が変化した音読みが完全に日本語の単語となっているところに、中国の食文化の影響の大きさが感じられる。

以前は「麵」と書くのが正式。「麵」の部首「麥」は、「麦」（p495）の以前の書き方である。

も

も 茂

8画

［音読み］モ
［訓読み］しげ-る
［部首］艹（くさかんむり）

植物以外はお引き取りを…

「繁茂《はんも》」「枝葉が茂《しげ》る」のように、〝**植物がよく育って枝葉や株が増える**〟ことを表す。転じて〝立派である〟〝才能がある〟などといった意味ともなるが、現在の日本語では、その意味の例にはまずお目にかからない。

◆「しげる」と訓読みする漢字には、「繁」（p506）もある。「繁」には〝動物や人間が多い〟という意味もあるが、日本語「しげる」は基本的に植物に関することばであり、漢字「茂」も植物についてしか使わない。そこで、現在では「しげる」は「茂」で書き表すのが一般的。ただし、「繁」が持つ〝にぎやかさ〟のイメージを好んで、あえて「繁」を使うこともある。

も 模

14画

［音読み］モ、ボ
［部首］木（きへん）

まねしたりまねされたり…

「模写《もしゃ》」「模倣《もほう》」「模擬店《もぎてん》」「実戦を模《も》した練習」など、〝**何かをまねる**〟ことが代表的な意味。

本来は、部首「木」が示すように〝ある形のものを作るための木の型〟を表す漢字で、「模範《もはん》」のように〝**手本**〟を表すのは、そのなごり。「模型《もけい》」もその例だが、現在では〝あるものの形を写し取ったひながた〟という意味でも用いられる。「模様《もよう》」とは〝様子を写し取る〟ことから、転じて〝状態〟をいう。

「規模《きぼ》」とは、本来は〝コンパスと木型〟のことで、形のあるものを作るもとになることから、〝構造が同じものの大小〟を指す。なお、ボは平安時代ごろに正式とされた音読みだが、現在では「規模《きぼ》」以外で用いられることはない。

「模索《もさく》」は、本来は「摸索《もさく》」と書かれるべき熟語で、「摸」は〝手探りする〟という意味。この漢字にも〝何かをまねる〟という意味があるので、「摸写《もしゃ》」「摸倣《もほう》」「摸擬《もぎ》」のようにも用いられる。

なお、「模糊《もこ》」は〝はっきりしないよう

す〟を表すことば。本来は中国語の擬態語で、漢字には深い意味はない。

もう 毛

4画

［音読み］モウ
［訓読み］け
［部首］毛（け）

一本なのかたくさんなのか

「髪《かみ》の毛《け》」「毛皮《けがわ》」「植物の根毛《こんもう》」「歯ブラシの毛《け》」など、広く**〝細長い繊維〟**を表す漢字。**〝細く小さなもの〟のたとえ**として、「毛細血管《もうさいけっかん》」「そんな考えは毛頭《もうとう》ない」のように使われることもある。

ここから転じて、日本語では**割合の〝一万分の一〟**をも表す。さらに、**長さや重さ・お金などの単位**としても使われるが、どの場合も〝とても小さい〟ことを表していることには変わりはない。これらの使い方からすれば、基本的には〝集まった毛〟ではなく〝一本の毛〟というイメージが強いようである。

ただし、「二毛作《にもうさく》」「不毛《ふもう》の大地」のように、**〝植物が生え育つ〟**ことを表す場合もある。こちらはたくさん生えているイメージである。

部首としては？

〝毛〟に関係する漢字の部首となる。例としては、「毬《まり》」や、「絨毯《じゅうたん》」の「毯」のほか、「疑う余地は寸毫《すんごう》もない」のように〝とても小さい〟ことを表す「毫」などがある。

もう 妄

6画

［音読み］モウ、ボウ
［訓読み］みだ-りに
［部首］女（おんな）

あたしのせいにされてもねえ…

「妄想《もうそう》」「妄言《もうげん》」「軽挙妄動《けいきょもうどう》」「妄《みだ》りに愛想をふりまくな！」など、**〝きちんとした判断には基づかない〟**ことを表す。部首「女」が付いているのは、〝女性に判断力を惑わされる〟からだという説もあるが、部首「女」には〝心理状態〟を表すはたらきがある、と考える説もある。

◆「みだりに」と訓読みする漢字には、ほかに「漫」（p576）「濫」（p620）「猥」（p652）がある。「漫」では〝目的がはっきりしない〟という意味合いが強く、「濫」では〝むやみやたらに〟という印象が濃い。また、「猥」には〝人間的でない〟というイメージがある。これらに対して、「妄」は〝判断力が低い〟というニュアンスが強い。そこで、「妄《みだ》りに窓を開けるな！」のように、何かを禁止する文脈では「妄」を使うことが多い。

音読みはモウを用いるのが大原則。ボウは平安時代ごろに正式とされた読み方。「妄言」を「ぼうげん」と読むこともあるが、現在では「もうげん」の方が一般的である。

もう 盲

8画

［音読み］モウ
［部首］目（め）

使う際には気をつけて！

〝目が見えない〟ことを表す。また、何かを**〝認識できない〟**という意味ともなる。「盲点《もうてん》」では、**〝目に入らない〟〝認識していない〟**こと。「盲従《もうじゅう》」「盲信《もうしん》」では、**〝きちんと考えないで〟**という意味。

訓読みすれば「めくら」だが、差別的なニュアンスが強い日本語なので、現在では「視覚障害《しかくしょうがい》」などと言い換えることが多い。また、「文盲《もんもう》」「色盲《しきもう》」も同様で、「非識字《ひしきじ》」「色覚障害《しきかくしょうがい》」などと言い換えることが多い。

もう 耗

10画

［音読み］モウ、コウ
［部首］耒（すきへん）

なぜだか変化するんだよねえ…

「消耗《しょうもう》」「磨耗《まもう》」など、**〝すり減らす〟**ことを表す。成り立ちははっきりしないが、昔は「秏」と書いたものが変形した漢字だという。

本来の音読みはコウだが、「毛」の音読みに影響されてモウと読まれるようになった。現在ではモウの方がよく使われ、コウは「心神耗弱《しんしんこうじゃく》」など限られた熟語でしか用いられない。形にせよ音読みにせよ、移ろいやすい漢字のようである。

もう 猛

11画
［音読み］モウ
［部首］犭（けものへん）

たまには反省もしております

「猛虎《もうこ》」「猛烈《もうれつ》」「勇猛《ゆうもう》」など、**〝力強くて勢いがある〟**ことを表す。名前で「たけし」「たけ」と読むのは、〝力が強い〟という意味の古語に由来するもの。

また、「猛毒《もうどく》」「猛火《もうか》」「猛威《もうい》を振るう」のように、攻撃的になって**〝激しく危害を及ぼす〟**という意味になることもある。ただし、「猛省《もうせい》」のように勢いが内面に向けられる例もないではない。

部首「犭」は「犬」の変形で、〝犬に似た動物〟を表す。そこで、「猛」にも動物的なニュアンスがあり、「猪突猛進《ちょとつもうしん》」のように**〝人間的な判断力なしに〟**という意味合いで用いられることもある。良くも悪くも、野性的な漢字である。

もう 網

14画
［音読み］モウ
［訓読み］あみ
［部首］糸（いとへん）

引っかかったな！

糸やロープなどを縦横に組み合わせて作った〝あみ〟を表す。「虫取《むしと》り網《あみ》」「網棚《あみだな》」「鉄条網《てつじょうもう》」などがその例。「法の網《あみ》」のように、**〝何かをつかまえるもの〟**を意味することもある。「網羅《もうら》」は、〝すべてをつかまえる〟こと。

また、**〝縦横に張りめぐらされたもの〟**を指しても用いられる。「交通網《こうつうもう》」「通信網《つうしんもう》」などがその例。「情報網《じょうほうもう》」「監視網《かんしもう》」「捜査網《そうさもう》」のように、〝張りめぐらされた〟と〝つかまえる〟の両方のイメージが同居している例も多い。

もうける 儲

18画
［音読み］チョ
［訓読み］もう-ける
［部首］亻（にんべん）

きちんと取っておかなくちゃ！

現在では訓読みで使うのが基本。「お金を儲《もう》ける」「大儲《おおもう》け」「辞書作りは儲《もう》かりますか？」など、**〝利益を得る〟**ことを表す。

本来は〝君主の後継ぎ〟をいう漢字で、「人」が変形した部首「亻」はそのなごり。君主に何かあった時のために用意をしておくところから〝用意する〟ことをも表す。〝利益〟の意味は、支出に備えて用意しておくところから生じた、日本語独自の用法。「儲け」を遊びに使うのは、いけないらしい。

◆「もうける」と訓読みする漢字には「設」（p346）もある。とはいえ、「設」は〝何かを作って、それが機能を果たすようにする〟という意味。「儲」とはかなり意味が異なる漢字であり、使い分けには悩む必要はない。

現在では音読みを使うことはきわめてまれ。また、印刷文字では「儲」の形が標準とされているが、手書きでは「者」を点のない「者」と書いても差し支えない。

もく 目

5画
［音読み］モク、ボク
［訓読み］め、ま
［部首］目（め）

いつも頼りにしてしまう…

言うまでもなく、**視覚器官の〝め〟**を表すが、詳しく見ていくととても広い意味で使われる漢字である。

「注目《ちゅうもく》」「衆目《しゅうもく》」「上目《うわめ》づかい」などでは、**〝まなざし〟**を指す。「目撃《もくげき》」では、**〝目で見る〟**こと。「目算《もくさん》」「目測《もくそく》」「目分量《めぶんりょう》」「私の目《もく》するところでは」のように、**〝見積も**

る〟という意味になることもある。「目《め》が高い」「目利《めき》き」など〝**評価する力**〟を表すのは日本語独自の用法だとされるが、〝見積もる〟から転じたものと考えられる。

「目的《もくてき》」「目標《もくひょう》」「目当《めあ》て」などは、〝**考えや動きの向かうところ**〟。「目下《もっか》」「目前《もくぜん》」「目《め》先《さき》のこと」のように、比喩的に用いられて〝**ある瞬間や現場**〟を指すこともある。

また、〝すぐに目につくもの〟という意味ともなり、「題目《だいもく》」「目次《もくじ》」など〝**見出し**〟を表すのはその一例。「頭目《とうもく》」のように〝**最も上に立つ者**〟を指したり、「眼目《がんもく》」のように〝**最も大切なところ**〟をいうのも、その変化形である。

「項目《こうもく》」も〝見出し〟の一種だが、「科目《かもく》」「細目《さいもく》」「種目《しゅもく》」「品目《ひんもく》」などになると、〝**全体を小分けにした一つ一つ**〟という意味合いが強くなる。ここから、〝**規則正しく並んだもの**〟という意味が生まれたようで、「網《あみ》の目《め》」「格子《こうし》の目《め》」がその例。「碁盤《ごばん》の目《め》」「のこぎりの目《め》」「目盛《めも》り」のように使うのは日本語のオリジナルだとされているが、この意味の一種だろう。ただし、「網の目」には、〝**小さく空いた穴**〟という意味合いがあるとも考えられる。

日本語では、「変《か》わり目《め》」「効《き》き目《め》」「木《もく》目《め》」「つらい目《め》に合う」「七番目《ななばんめ》」「サイコロの目《め》」などなど、さまざまに用いられる。

これらの意味をきちんと説明するのはむずかしいが、基本的には、**全体の中である部分やある状態だけを特別に取り出して指す**際に用いられる。

このようにさまざまな意味になるのは、〝目〟の実際のはたらきを反映してのことだろう。人間の活動がいかに〝目〟に頼っているか、実感させられる。

音読みはモクを用いるのが大原則。ボクは平安時代ごろに正式とされた読み方だが、現在では「面目《めんぼく》」以外ではまず用いられない。「面目」は本来は〝顔と目〟の意味から〝外見〟を表すことば。転じて、〝世間体〟を指す。

◆「め」と訓読みする漢字には「眼」（p93）もあるが、現在では「目」を使うのがふつう。ただし、〝視覚器官〟や〝見るというはたらき〟という意味を強調するために、あえて「眼」を用いることもある。

訓読み「ま」は、「め」が変化したもの。「目深《まぶか》」「目《ま》の当たり」などで用いられる。なお、「まなざし」を「目差《まなざ》し」と書くこともあるが、「眼差《まなざ》し」と書くかかな書きするのが一般的だろう。

部首としては？

〝目〟に関係する漢字の部首となる。例としては、「瞬」（p277）「睡」（p324）「瞳」（p463）「眉」（p514）などが代表的で、〝目〟の状態・動きや〝目〟の一部分を表すものが多い。漢字の左側に置かれた場合には「めへん」と呼ばれる。

もく 黙

15画

［音読み］モク
［訓読み］だま-る
［部首］黒（くろ）

ほえない犬は役に立つか？

「黙読《もくどく》」「黙禱《もくとう》」「寡黙《かもく》」「しかられて黙《だま》る」など、〝**声を出さない**〟ことを表す。この意味で「もだす」と訓読みすることもあるが、現在ではかなり古風な表現。

転じて、「黙認《もくにん》」「黙殺《もくさつ》」「暗黙《あんもく》」のように、〝**特別な反応を示さない**〟という意味でも用いられる。

以前は「默」と書くのが正式で、「黒／黑」と「犬」を組み合わせた漢字。「犬」が付いているのは〝犬が静かに人に付いていく〟からだともいうが、〝犬をいけにえとして埋めた〟からだと考える説もある。部首はふつう「黒／黑」とするが、「犬」の方がふさわしいようにも思われる。

もち　餅

15画

［音読み］ヘイ
［訓読み］もち
［部首］飠（しょくへん）

原材料にはこだわらない

〝**穀物の粉をこねて、蒸したり焼いたりした食べ物**〟を表す。中国では主に小麦を、日本では主にもち米を使うが、どちらでもおいしければ問題ないと思われる。

以前は、「餅」と書くのが正式。現在では、印刷文字では「餅」の形を使うのが標準とされているが、手書きの場合は「飠」を「食」と書いても差し支えない。

もどる　戻

7画

［音読み］レイ
［訓読み］もど-る
［部首］戸（とだれ）

間違ったわけじゃないのです

「スタート地点に戻《もど》る」「失った時間は戻《もど》らない」「貧乏に逆戻《ぎゃくもど》り」「料金の払《はら》い戻《もど》し」など、〝**もとの場所・状態に返る**〟という意味でよく用いられる。また、「食べたものを戻《もど》す」では〝**吐く**〟こと。ただし、これらは日本語独自の用法。

本来は、〝**人道に逆らうような行いをする**〟ことを表し、「暴戻《ぼうれい》」「戻虐《れいぎゃく》」といった熟語があるが、現在の日本語ではあまり使われない。この意味の場合に、昔は「人の道に戻《もと》る」のように「もとる」と訓読みすることがあり、〝もどる〟の意味はそこから生じたもの。間違ってテンテンをつけてしまったようにも思えるが、〝ふつうのものに逆らう〟という意味合いはきちんと受け継いでいる。

以前は「戾」と書くのが正式で、「戸」と「犬」を組み合わせた形。〝戸の下から犬が身をよじって抜け出る〟〝戸口を守る番犬〟〝戸の内側に閉じこめられた犬〟〝おはらいのために犬を殺して戸口に埋める〟など、さまざまな成り立ちの説があって、まるでとんち比べのようである。

もん　門

8画

［音読み］モン
［訓読み］かど
［部首］門（もん）

例外が多いなぁ

本来は〝**両開きのドア**〟を指す漢字。建築物そのものに取り付けられたものではなく、塀や垣根など〝**外囲いに取り付けられたドア**〟をいうことが多い。「校門《こうもん》」「開門《かいもん》」などがその例だが、「門限《もんげん》」では、外囲いに取り付けられたものとは限らない。また、片開きの「通用門《つうようもん》」もあるし、「凱旋門《がいせんもん》」にはドア板はない。なお、本来、〝片開きのドア〟を表すのは「戸」（p445）である。

転じて、「水門《すいもん》」「肛門《こうもん》」「関門《かんもん》」など、〝**ものが通り抜ける場所**〟という意味にもなる。この場合、開いたり閉じたりできるものを指すのがふつうだが、中には〝ほら穴の入り口〟をいう「洞門《どうもん》」のような例外もある。

屋敷には〝門〟が備わっているところから、〝**家柄**〟を表すこともある。「名門《めいもん》」「門閥《もんばつ》」などがその例。また、習いごとの世界を先生の家にたとえて、〝**ある先生から教えを受ける**〟ことをも指す。例としては、「入門《にゅうもん》」「同門《どうもん》」「破門《はもん》」「門人《もんじん》」「門下《もんか》生《せい》」など。先生ごとに分かれて教わるところから、「部門《ぶもん》」「専門《せんもん》」のように〝**ある分野**〟という意味にもなる。

訓読み「かど」は、現在では、「門出《かどで》」「門飾《かどかざ》り」「お門違《かどちが》い」「笑《わら》う門《かど》には福来たる」などの決まりきった表現でしか用いられない。中国語由来の音読みモンが日本語としてすっかり定着してしまったので、もとから日本語だった訓読み「かど」は、ちょっと肩身が狭いようである。

部首としては？

〝出入り口〟に関係する漢字の部首となる。例としては「開」（p64）「間」（p86）「関」（p88）「閉」（p541）など。漢字全体を取り巻くような形をしているので、部首の名前としては「もんがまえ」と呼ばれる。

もん 紋

10画

［音読み］モン
［部首］糸（いとへん）

基本的には意味はない！

"図形や図柄などのパターン"を表す。「紋様《もんよう》」「波紋《はもん》」「指紋《しもん》」などがその例。もともとは"織物の図柄"を意味する漢字で、部首「糸」はそのなごり。

本来は特に意味のない"パターン"を指す漢字だが、現在では、「紋章《もんしょう》」のように表す内容がきちんとあるものをいうこともある。特に日本語では、「家紋《かもん》」「紋《もん》付《つ》きの羽織《はおり》」「この紋所《もんどころ》が目に入らぬか」のように、**"ある血族に属することを表す図柄"**をも指す。日本の伝統の一つなのに、中国語由来の音読みで表されるのは、漢字が日本文化によく溶け込んでいる証拠の一つなのだろう。

もん 問

11画

［音読み］モン
［訓読み］と-う
［部首］口（くち）

知りたい気持ちの行く末は…？

「問答《もんどう》」「問題《もんだい》」「質問《しつもん》」「学問《がくもん》」「実現性を問《と》う」「無責任な問《と》い」など、**"答えを得るためにことばを発する"**ことを表す。「顧問《こもん》」では、"相談して答えをもらう"こと。部首が「門（もんがまえ）」でなく「口」なのは、"ことば"に関係のある意味を持っているから。

"「問題」の省略形"として使われることも多く、「難問《なんもん》」「設問《せつもん》」「良問《りょうもん》」などがその例。また、「訪問《ほうもん》」「慰問《いもん》」「弔問《ちょうもん》」などでは、**"直接会ってようすをたずねる"**こと。「問《もん》責決議《せきけつぎ》」「罪に問《と》う」のように**"非難する"**という意味にもなる。"知りたい"という好奇心が"非難"へとつながるというのも、なかなかつらい。

「問屋《とんや》」で「とん」と読むのは、「とい」が変化したもの。ここでは、**"仲介する"**という日本語独自の用法で使われている。

もん 悶

12画

［音読み］モン
［訓読み］もだ-える
［部首］心（こころ）

思い切って外へ出たけど…

「悶絶《もんぜつ》」「苦悶《くもん》」「煩悶《はんもん》」「悩み悶《もだ》える」など、**"いろいろ思い悩んで苦しむ"**ことを表す。部首が「門（もんがまえ）」ではなく「心」なのは、"感情"に関する意味を持っているから。

「悶着《もんちゃく》」は日本語独自の熟語で、ここではやや転じて、**"他人と争う"**という意味。一人で悩むのも苦しいが、他人と争うのも、これまたたいへんなことなのである。

もんめ 匁

4画

［訓読み］もんめ
［部首］勹（つつみがまえ）

訓読みから生まれた漢字

昔の重さの単位。また、江戸時代には**お金の単位**としても使われた。訓読み「もんめ」は、お金の単位の「文《もん》」に「目《め》」を付け加えたことば。「匁」は、その読み方を表すために「文」と「メ」を組み合わせて変形させて日本で作られたという、珍しい漢字。そのため、中国語の発音に基づく音読みは存在しない。

や

や 矢

5画

［音読み］シ
［訓読み］や
［部首］矢（や）

弓でつがえて飛ばす武器

音読みはたとえで使う

〝や〟を表す。「弓矢《ゆみや》」「毒矢《どくや》」「流れ矢《ながれや》」「破魔矢《はまや》」などがその例。また、「吹き矢《ふきや》」「ダーツの矢《や》」「矢印《やじるし》」など、**〝や〟に似たもの**を指すこともある。

音読みの例は少なく、〝わずかながらの反撃を加える〟という意味の「一矢《いっし》を報いる」、〝後に勢いを持つことになるものごとの最初〟をいう「嚆矢《こうし》」といった、比喩的な表現くらいのものである。

部首としては?

〝まっすぐ〟や〝短い〟に関係する漢字の部首となる。「矯」（p126）のほか、〝L字型の定規〟を表す「矩《く》」などが、〝まっすぐ〟に関係する例。「知」（p406）も、本来は〝まっすぐ言い当てる〟という意味だとする説もある。一方、〝短い〟の例としては、「短」（p400）「矮」（p652）などがある。ただし、〝矢〟を〝短い〟ものととらえるのは、ちょっと意外である。

なお、漢字の左側に置かれた場合には、「やへん」と呼ばれる。

や 冶

7画

［音読み］ヤ
［部首］冫（にすい）

あなたの心も溶かしますよ!

部首「冫」は〝氷〟を表す記号。〝氷を溶かす〟ことから、転じて**〝金属を溶かす〟**という意味で用いられる。「冶金《やきん》」がその代表。「陶冶《とうや》」は比喩的に用いられた例で、よい陶器や金属器を作り上げるように〝人格や才能によい影響を与える〟こと。

また、人の心をとろけさせるところから、**〝異性に対して魅力的である〟**ことをもいう。「艶冶《えんや》な身のこなし」がその例。

なお、「鍛冶《かじ》」は〝金属を加工する〟ことで、漢字の熟語をそのまま、意味を表す日本語で読む当て字的表現。「かじ」は本来は「かなうち（金打）」で、「かぬち→かぢ」と変化したことばだという。

や 夜

8画

［音読み］ヤ
［訓読み］よる、よ
［部首］夕（ゆうべ）

〝日の入りから日の出まで〟を表す。「深夜《しんや》」「夜食《やしょく》」「運命の夜《よる》」「夜中《よなか》」などがその例。

暗いとなぜか強引になる?

字の形だけから見ると、「夕」（p600）を部首とするのはやや強引。ただし、意味からすれば「夕」と関連は深い。古代文字では「」で、〝人〟のわきに〝月〟を書いた形。〝昼の両わきにある時間帯〟〝月がわきより下に沈む〟〝月がわきの下から現れる〟などと説明されるが、どれもちょっと強引で、成り立ちはよくわからない。

や 弥

8画

［音読み］ミ、ビ
［訓読み］や、いや
［部首］弓（ゆみへん）

無意味ではない広がり

現在では、当て字として使われる例が目立つ。仏教で使われる「弥勒《みろく》」「阿弥陀《あみだ》」「須弥山《しゅみせん》」などは、古代インド語に対する当て字。その宗教的なイメージを受け継いでか、キリスト教の「ミサ」を「弥撒《ミサ》」と書くこともある。

また、日本の固有名詞で使われることも多い。「弥次さん《やじさん》」「風車の弥七《やしち》」や新潟県の「弥彦《やひこ》」などがその例。

とはいえ無意味な漢字ではなく、「しらけた気分が弥漫《びまん》する」では**〝広がる〟**、

「失敗を弥縫《びほう》する」では〝**裂け目をつなげる**〟という意味。「弥久《びきゅう》」とは〝**長期にわたる**〟こと。以前は「彌」と書くのが正式で、成り立ちには諸説があるが、基本的には〝広がっていく〟というイメージを持つ漢字である。

転じて、〝**程度が高くなる**〟という意味で「いや」と訓読みすることがあり、「貴家の弥栄《いやさか》をお祈りいたします」のように用いる。〝植物がさらに成長する〟ことを「弥生《いやお》い」といい、〝三月〟の古い言い方「弥生《やよい》」はその変化したもの。訓読み「や」は「いや」が縮まったものである。

や　哉　9画

ああ気持ちいい！

［音読み］サイ
［訓読み］かな、や
［部首］口（くち）

「直哉《なおや》」「拓哉《たくや》」「友哉《ともや》」などなど、男性の名前でよく見かけるが、もともとは〝○○**だなあ**〟**という感動を表す**漢字。訓読み「かな」「や」は、それを日本の古語で置き換えたもの。「すばらしき哉《かな》」のように用いるが、現在ではかな書きするのが自然である。「快哉《かいさい》を叫ぶ」は、〝気持ちいいなあ、と叫ぶ〟こと。

なお、「𢦏《さい》」は発音を表す記号で、同じ作りの漢字に「栽」（p211）「裁」（p214）「載」（p215）などがある。

や　野　11画

似てないけれど双子の兄弟

［音読み］ヤ
［訓読み］の
［部首］里（さと）

部首「里」は〝人が住んでいるところ〟を表す。

本来は〝**郊外に広がる土地**〟を意味する漢字で、「平野《へいや》」「原野《げんや》」「野外《やがい》」「野原《のはら》」「荒れ野《あ　の》」など、一般的に〝**広々とした土地**〟を指して使われる。転じて、「視野《しや》」「分野《ぶんや》」のように、**ある広がりを持つ**〝**範囲**〟を意味することもある。

〝郊外〟を表すところから、〝人間の社会の中心から離れている〟というイメージを持つ。文化的に離れている場合は、「野蛮《やばん》」「野卑《やひ》」「粗野《そや》」のように〝**洗練されず荒々しい**〟という意味となる。政治的に離れている場合は、「野党《やとう》」「下野《げや》する」のように〝**政権の座にはいない**〟ことを表したり、「在野《ざいや》の研究者」のように〝**公的な機関にはいない**〟ことを意味したりする。

さらに、「野草《やそう》」「野獣《やじゅう》」「野鳥《やちょう》」などでは、人工的ではなく〝**自然のままの**〟という意味。「野心《やしん》」「野望《やぼう》」では、理性的ではなく〝**闘争心が強い**〟ことを指す。

なお、日本人の姓などで使われる「埜《の》」は、形はまったく違うが、「野」と読み方も意味も同じ漢字。「埜」の方が古くからある漢字だが、紀元前三世紀ごろから、「野」がよく使われるようになった。

や　爺　13画

やせた腕で支えています

［音読み］ヤ
［訓読み］じい、じじ、じじい
［部首］父（ちち）

〝**年を取った男性**〟を表す。「好々爺《こうこうや》」「こぶ取り爺《じい》さん」「爺《じじ》むさい」「花咲爺《はなさかじじい》」などがその例。「父」を部首とする数少ない漢字の一つである。

やく　厄　4画

中国人は現実的？

［音読み］ヤク
［部首］厂（がんだれ）

「災厄《さいやく》」「厄神《やくじん》」「厄年《やくどし》」「厄払《やくばら》い」など、〝**災難**〟を表す。日本語では〝めぐり合わせによる災難〟を指すことが多いが、中国の古典では、政敵に襲われるなど、〝他人によって意図的に引き起こされた苦難〟をも含む。日本人と中国人の考え方の違いが現れているのかもしれない。

成り立ちには諸説があり、〝がけ〟を表す部首「厂」が付いている理由も、よくわからない。

やく 役

7画

［音読み］ヤク、エキ
［部首］彳（ぎょうにんべん）

するのか？ させられるのか？

現在では、「役目《やくめ》」「役割《やくわり》」「役職《やくしょく》」など、〝**受け持ちの仕事**〟を表す印象が強い。「役《やく》に立つ」とは、〝受け持ちの仕事をきちんとできる〟こと。また、「下役《したやく》」「取締役《とりしまりやく》」のように、〝**ある仕事を受け持つ者**〟を指すこともある。「配役《はいやく》」「役者《やくしゃ》」「ヒロイン役《やく》」「ぼくの役《やく》は通行人Ｄ」など、特に〝**俳優として受け持つ仕事**〟をいうことも多い。

部首「彳」は〝移動〟を表し、「殳（るまた）」は〝長い棒を手に持った形〟。武器を持って遠くへ出かけることから、本来は〝国境の防備につく〟ことを意味する。転じて〝**兵士としての仕事**〟を指し、「兵役《へいえき》」がその代表例。「現役《げんえき》」も、もともとは〝現在、兵士である〟こと。「戦役《せんえき》」「西南の役《えき》」などでは、やや転じて〝**戦争**〟をいう。

兵士の仕事は国家から命じられるものであることから、〝**仕事を命じる**〟〝**命令された仕事**〟という意味にもなる。「使役《しえき》」「労役《ろうえき》」「苦役《くえき》」「懲役《ちょうえき》」などがその例。

二種類の音読みは、意味に応じて使い分けるので、注意が必要。エキは〝命じる〟という意味合いが強い場合に、ヤクは、単に〝受け持ちの仕事〟をいう場合に用いられる。ただし、この使い分けは日本語独自の習慣。日本人は〝働かされ方〟に敏感だったのかもしれない。

なお、すでに挙げた「役目《やくめ》」「役割《やくわり》」「下役《したやく》」などのように、音読みヤクがほかの漢字の訓読みと結びつくことが多いのも、特徴的である。

やく 約

9画

［音読み］ヤク
［部首］糸（いとへん）

動けないけど アバウトなのさ！

「約束《やくそく》」「確約《かくやく》」「条約《じょうやく》」「公約《こうやく》」「制約《せいやく》」「再会を約《やく》する」など、〝**将来の行動を取り決める**〟ことが、代表的な意味。本来は〝ひもなどでしばる〟ことを表す漢字で、部首「糸」が付いているのはそのなごり。自由には動けないところから、「節約《せつやく》」「倹約《けんやく》」のように〝**使うものを切り詰める**〟という意味でも用いられる。

また、〝しばる〟から転じて、〝**全体をコンパクトにまとめる**〟ことをも表す。「要約《ようやく》」「集約《しゅうやく》」「約《やく》して言うと」などがその例。「大約《たいやく》」は〝おおまかにまとめる〟こと。ここから変化して、「約《やく》一万人」「徒歩約《やく》三〇分」のように〝**だいたい**〟という意味でも用いられる。〝きつくしばって動かさない〟というイメージから、一転してアバウトになるというのも、なかなかのアクロバットかもしれない。

なお、数学で「約数《やくすう》」「約分《やくぶん》」のように用いるのは、〝割り算して単純化する〟というような意味合いからだろう。

やく 訳

11画

［音読み］ヤク
［訓読み］わけ
［部首］言（ごんべん）

その意味は どこから来たか？

「翻訳《ほんやく》」「名訳《めいやく》」「訳者《やくしゃ》」「訳本《やくほん》」「次の日本語を英語に訳《やく》せ」など、〝**あることばや文章の意味を、別の言語のことばや文章で表現する**〟ことを表す。

訓読みでは「わけ」と読み、〝**理由や経緯**〟という意味で用いられる。「言《い》い訳《わけ》」「訳《わけ》がわからない」などがその例。「訳《わけ》ありげ」「訳《わけ》もなく」のように〝**こみ入った事情**〟というニュアンスで使われることもある。「内訳《うちわけ》」は本来は「内分《うちわ》け」と書くべきことばではないかと思われる。

以前は「譯」と書くのが正式。「訳」はその略字だが、古くから使われている。なお、日本語で〝理由〟という意味を表す漢字としては、本来は「訣《けつ》」（p154）が使われていた。現在、代わりに「譯／訳」が使われるのは、「訳」の形が「訣」と似ていることからかと思われる。

やく
薬
16画

［音読み］ヤク
［訓読み］くすり
［部首］艹（くさかんむり）

ちょっと加えてあら不思議！

「薬局《やっきょく》」「内服薬《ないふくやく》」「塗《ぬ》り薬《ぐすり》」「胃腸のお薬《くすり》」など、**〝心身によい効果を与える物質〟**を表す。「薬味《やくみ》」は、〝食欲を引き起こすために加える具材〟。

以前は「藥」と書くのが正式。〝植物〟を表す部首「艹」が付いているように、本来は漢方の「薬草《やくそう》」を指す。

いかにも体によさそうだが、中には「毒薬《どくやく》」「劇薬《げきやく》」「麻薬《まやく》」「薬物《やくぶつ》」のように〝**心身を害する物質**〟もある。また、「薬品《やくひん》」「火薬《かやく》」「爆薬《ばくやく》」など、〝**化学的な作用を引き起こす物質**〟を指すこともある。要するに、〝少量で大きな効果をもたらす物質〟を表すらしい。そう考えると「鼻薬《はなぐすり》をかがせる」という慣用句は、なかなか味わいが深い。

やく
躍
21画

［音読み］ヤク
［訓読み］おど-る
［部首］⻊（あしへん）

リズム音痴でも大丈夫！

「跳躍《ちょうやく》」「飛躍《ひやく》」「躍《おど》り上《あ》がって喜ぶ」など、〝**とびはねる**〟ことを表す。転じて、「躍進《やくしん》」「活躍《かつやく》」「躍動感《やくどうかん》」「躍起《やっき》になる」「一躍《いちやく》、スターになる」のように、〝**勢いよく**〟という意味で用いられることも多い。

◆「おどる」と訓読みする漢字には「踊」（p613）もある。「踊」は〝ダンスをする〟という意味で使われるのに対して、「躍」は単に〝とびはねる〟ことを表すので、使い分けに悩むことはあまりない。

なお、以前は「躍」と書くのが正式。

やみ
闇
17画

［音読み］アン
［訓読み］やみ
［部首］門（もんがまえ）

門の向こうには恐ろしい世界が

「暗」（p12）の部首「日」が「門」に置き換わっただけ。意味も同じで、〝**光が少ない**〟ことを表す。「暗闇《くらやみ》」「闇夜《やみよ》」などがその例。音読みでは「闇黒《あんこく》」「闇夜《あんや》」のように使われるが、現在では「暗黒《あんこく》」「暗夜《あんや》」と書かれることが多い。

部首が「門」なのは、〝門を閉じると光が少なくなる〟からだという。閉所恐怖症の身にはそら恐ろしい漢字である。

なお、「音」には〝中に含み持つ〟という意味がある、という説もあるが、単に発音を表す記号だとする説もある。

現在では、〝**一般には見えない恐ろしい世界**〟を指すことも多い。「闇社会《やみしゃかい》」「闇《やみ》将軍《しょうぐん》」「闇《やみ》ルート」などが、その例である。

やり
槍
14画

［音読み］ソウ
［訓読み］やり
［部首］木（きへん）

火薬を使っても漢字は同じ

長い棒の先に細長い刃を付けた武器〝やり〟を表す。「竹槍《たけやり》」「槍術《そうじゅつ》」などがその例。「槍玉《やりだま》に挙げる」「槍《やり》が降っても…」「横槍《よこやり》を入れる」「一本槍《いっぽんやり》の主張」など、訓読みで慣用句として使われることが多い。

部首「木」が付いているからには、本来は主に木でできたものをいうのだろうが、現代の陸上競技の一つ「槍《やり》投げ」の「槍」は、木製ではないようである。

中国語では、〝鉄砲〟をも指す。鉄砲が使われ始めたころには、別の漢字が必要になるほど革命的な威力はなかったのかもしれない。

ゆ

ゆ 油

8画

［音読み］ユ
［訓読み］あぶら
［部首］氵（さんずい）

炎よりも香りが大切？

部首「氵」は「水」の変形。**火を付けると燃える液体〝あぶら〟**を表す。本来は、「ごま油《あぶら》」「菜《な》種油《たねあぶら》」など植物から取れるものを指したようだが、「石油《せきゆ》」のように地中から湧き出るものや、「鯨油《げいゆ》」などの動物から取れるものも含めて用いられる。

◆「あぶら」と訓読みする漢字には「脂」（p235）もある。ふつうは常温で固体のものを「脂」、液体のものを「油」と書き分ける。ただし、「脂」は本来は〝動物の油分〟を表すので、「脂《あぶら》ぎる」「脂《あぶら》っこい」のように、動物的なイメージが強い場合には、「脂」と書くこともある。

「醤油《しょうゆ》」は日本独自の調味料だが、燃えるわけでもないのに「油」が付いているのは、ちょっとした謎。「辣油《ラーゆ》」「オリーブ油《ゆ》」「ごま油《あぶら》」などを考えると、「油」には、〝香りが特徴的な調味料〟という意味合いがあるのかもしれない。

なお、「油断《ゆだん》」は、インドのある王さまが〝つぼに一杯に入れた油をこぼすと殺す〟と家臣を脅したという話から、〝注意を怠る〟ことを表すようになった、と言われている。ただし、これには異説もあって、本当のところはよくわからない。

ゆ 喩

12画

［音読み］ユ
［訓読み］たと-える
［部首］口（くちへん）

わかりやすく言いたいなあ…

部首「口」にも現れているように、本来は〝話してわからせる〟ことを表す。「さとす」と訓読みすることもあるが、現在ではこの意味・訓読みの場合には「諭」（p599）を使うことが多い。

転じて、わかりやすいように〝**ほかのものに置き換えて説明する**〟という意味ともなり、「比喩《ひゆ》」がその代表。あくまで相手に伝わりやすいようにするためのものだから、わかりにくい「比喩」は避けたいものである。

◆訓読みは「喩《たと》えて言う」「ものの喩《たと》え」のように用いられる。ただし、「たとえば」はアメリカでは」のように〝例を挙げると〟という意味の「たとえば」は、漢字で書くとすれば「例」（p640）。また、「たとえ槍《やり》が降ろうとも」のように〝もし仮に〟という意味を表す「たとえ」は、かな書きするのが自然。実際には、「たとえる」「たとえば」「たとえ」のどれも、かな書きされることも多い。

成り立ちとしては、〝中身を抜き取る〟ことを表す「兪《ゆ》」に部首「口」を組み合わせて、〝ことばで疑問を取り除く〟ことを表す。印刷文字の場合は「喩」の形が標準とされているが、手書きの場合は、「兪」を「俞」と書いても差し支えない。

ゆ 愉

12画

［音読み］ユ
［訓読み］たの-しい
［部首］忄（りっしんべん）

苦悩からの解放！

以前は「愉」と書くのが正式。部首「忄」は「心」の変形で、「兪《ゆ》」は〝中身を抜き取る〟ことを表す。組み合わせて〝悩みを抜き取る〟こと、つまり〝**心が晴れる**〟ことを表す。「愉快《ゆかい》」「愉悦《ゆえつ》」「愉楽《ゆらく》」などがその例。

◆訓読み「たのしい／たのしむ」は、現在では「楽」（p74）を使うのが一般的。ただし、「楽」は外からの〝にぎやかさ〟というニュアンスを含むのに対して、「愉」は内面的な〝心〟に直結する。あえて「愉」を書くと、〝心からたのしい〟という意味合いが強く出る。「散歩の愉《たの》しみ」『秘かな愉《たの》しみ』などが、その例である。

ゆ
諭
16画
〔音読み〕ユ
〔訓読み〕さと-す
〔部首〕言（ごんべん）

〝上から目線〟には注意したい

以前は「諭」と書くのが正式。〝中身を抜き取る〟ことを表す「兪《ゆ》」に部首「言」を組み合わせて、本来は〝ことばで疑問を取り除く〟ことをいう。「教諭《きょうゆ》」「諭《ゆ》旨《し》免《めん》職《しょく》」「無理するな、と諭《さと》す」など、**〝話してわからせる〟**という意味で用いられる。「告諭《こくゆ》」「説諭《せつゆ》」「勅諭《ちょくゆ》」などの熟語もあるが、どれも〝上に立つ者が下の者に言い聞かせる〟という意味合い。うまく使わないと、相手がカチンと来ることもある漢字である。

ゆ
輸
16画
〔音読み〕ユ
〔部首〕車（くるまへん）

海を行くのも空を飛ぶのも！

部首「車」にも現れているように、本来は〝荷物を車で運ぶ〟ことを表し、広く**〝荷物を運ぶ〟**という意味で用いられる。「輸《ゆ》送《そう》」「輸《ゆ》出《しゅつ》」「運《うん》輸《ゆ》」「空《くう》輸《ゆ》」などがその例。

以前は「輸」と書くのが正式で、「兪《ゆ》」は〝中身を抜き取る〟ことを表す。この〝中身〟とは〝荷物〟のこと。そうと知ると、「輸《ゆ》血《けつ》」はまさに〝中身〟だけを運ぶなかなかよくできた熟語だ、と感心させられる。

ゆ
癒
18画
〔音読み〕ユ
〔訓読み〕い-える、い-やす
〔部首〕疒（やまいだれ）

そんな使い方はやめてほしいね！

「治《ち》癒《ゆ》」「傷が癒《い》える」のように、**〝健康な状態に戻る〟**ことを表すのが、本来の意味。「心を癒《い》やす」のように**〝健康な状態に戻す〟**ことをいう場合もあるが、これは日本語独自の用法かもしれない。

「癒《ゆ》着《ちゃく》」とは、〝傷口が治ってふさがる〟ことだが、それがまた別の病気を引き起こすこともある。さらには、「政治家と業界の癒着」のように、〝利益を求めて互いに強く結びつく〟ことをも指す。「癒」としては不本意な使われ方で、さぞかし憤慨していることだろう。

なお、「いやす」は「癒《いや》す」のように「す」だけを送りがなとすることも多いが、「いえる」との関係からすると、送りがなは「やす」とする方が適切である。

以前は「癒」と書くのが正式。部首「疒」は〝心身の不具合〟を表し、「兪《ゆ》」は〝中身が抜ける〟ことを表す。〝病気が体から抜け出る〟のが、本来のイメージである。

ゆい
唯
11画
〔音読み〕ユイ、イ
〔訓読み〕ただ
〔部首〕口（くちへん）

偶然とはいえちょっと似てる？

「唯《ゆい》一《いつ》」「唯《ゆい》我《が》独《どく》尊《そん》」「唯《ただ》あの子だけが得をする」など、ほかのことばの前に付いて、**〝それ以外にはない〟**ことを表す。

◆「ただ」と訓読みする漢字には「只」（p396）もある。「只」は、主として行動について〝それだけをする〟ことをいうのに対して、「唯」はものごとについて〝それ以外には存在しない〟ことを表す。ただし、実際には「唯《ただ》感激している」「只《ただ》一つ」のように書かれることも多い。漢字が続いて読みにくくなることもあるので、「ただ」はかな書きするのが無難だろう。

一方、**〝提案などを素直に受け入れる〟**という意味もあり、「唯《い》々《い》諾《だく》々《だく》」「唯《い》々《い》として従う」がその例。音読みイは平安時代ごろに正式とされた読み方だが、現在ではこの場合にしか用いられない。

ゆ
油《ゆ》喩愉／諭輸癒唯《ゆい》

本来の意味には諸説があるが、大昔の中国語では受け入れる際の返事のことばと発音が似ていたことから、〝受け入れる〟という意味になり、それがさらに当て字的に使われて〝ただ〟という意味になった、と考えられている。そう言われれば、昔の中国語の発音が変化した音読みユイ／イと、英語 Yes の響きが似通っている気がして、おもしろい。

ゆう
夕
3画
［音読み］セキ
［訓読み］ゆう、ゆう-べ
［部首］夕（ゆうべ）

やわらかな響きに包まれて…

〝三日月〟の絵から生まれた漢字で、月が輝き始めることから**〝日が沈む前後の時間帯〟**を表す。「夕空《ゆうぞら》」「夕闇《ゆうやみ》」「夕《ゆう》ご飯《はん》」などの訓読みで読むことが多く、「夕陽《ゆうひ》」も「せきよう」と音読みするとやや堅苦しい。ヤ行音のやわらかさが、「夕方《ゆうがた》」の雰囲気とよく合うからだろう。

訓読み「ゆうべ」は、「ほたるの夕《ゆう》べ」「音楽の夕《ゆう》べ」「夕《ゆう》べの祈り」など、催しごとが行われる時間帯について言うことが多く、〝夕方〟よりは広く〝**夜**〟を指す。これとは別に、日本語「ゆうべ」には〝**昨夜**〟を表す用法があり、「夕《ゆう》べは忙しかった」のように用いることがある。

なお、「七夕《たなばた》」は、〝七月七日の夜〟を指す漢字の熟語を、そのまま、その夜を表す日本語で読む当て字的表現。

部首としては?

〝ゆうべ〟に関係する漢字の部首となる。例は「夜」（ｐ594）「夢」（ｐ582）と少ないが、どちらも捨てがたい趣がある。なお、「多」（ｐ383）の部首を「夕」とするのは、形の上からの便宜的な分類。「外」（ｐ67）については、本来は〝月〟と関係があるとする説とそうでないとする説の両方がある。

ゆう
友
4画
［音読み］ユウ
［訓読み］とも
［部首］又（また）

手を重ねて誓うものは?

〝仲の良い相手〟を表す。「友人《ゆうじん》」「友邦《ゆうほう》」「悪友《あくゆう》」「友《とも》だち」などがその例。転じて、「友好《ゆうこう》」「友《ゆう》愛《あい》」「友誼《ゆうぎ》」のように、**〝仲良くする〟**ことをも表す。

古代文字では「𠬪」と書き、〝手を二つ並べた形〟。本来は〝手を取って助け合う〟という意味だったという。

◆似た意味で「とも」と訓読みする漢字に「朋」（ｐ556）がある。「朋」には〝生き方を同じくする仲間〟というニュアンスがあるのに対して、「友」は〝仲の良い相手〟を指すので、現在では「友」を使う方が一般的。「供」（ｐ121）「伴」（ｐ502）も「とも」と訓読みするが、この二つは〝だれかに付き従う人〟という意味。「友」「朋」とはニュアンスが異なる。

ゆう
右
5画
⇩ う（ｐ25）

ゆう
由
5画
［音読み］ユウ、ユ、ユイ
［訓読み］よし、よ-る
［部首］田（た）

変化の織りなす魅力

〝根拠とする〟ことを表すのが基本。「理由《りゆう》」は〝根拠となるもの〟。「自由《じゆう》」とは〝自分で自分を根拠とする〟ことで、〝何ものにも頼らない〟こと。「由《よし》なしごと」とは、本来は〝根拠のない話〟。

転じて、**〝あるところから発生する〟**という意味ともなる。「由来《ゆらい》」「由縁《ゆえん》」「由緒《ゆいしょ》」「由《よ》って来たるところ」などがその例。また、「経由《けいゆ》」では〝**あるところを通って来る**〟ことを表す。

「事由《じゆう》」は、本来は〝事件の起こった理由〟だが、〝事件の内容〟という意味でも使われる。「ご希望の由《よし》、承りました」のように**〝話の内容〟**を表す使い方は、ここから生まれたものだろう。

なお、日本語では、〝根拠〟から転じて**〝手段・方法〟**をも表す。「知る由《よし》もない」がその例。形も単純でふだんからよく使う漢字だが、使われ方によって意味が微妙に変化する、不思議な漢字である。

音読みは三つあるが、熟語の最初に置かれたときは奈良時代以前からある古い読み方ユで、最後に置かれたときは平安時代ごろに正式とされた読み方ユウで読むことが多い。ユイは、すでに挙げた「由緒《ゆいしょ》」の場合だけ使われる特殊な読み方である。

◆似た意味で「よる」と訓読みする漢字には「依」(p14)「因」(p22)「拠」(p117)などもある。〝依存〟を表す場合は「依」、〝原因〟を表す場合は「因」、〝根拠〟を表す場合は「拠」、〝由来・経由〟を表す場合は「由」と、一応の区別はできるが、厳密な使い分けはむずかしい。かな書きしておくのがおすすめである。

部首「田」は、形の上から便宜的に分類されたもの。本来はある種の〝丸い容器〟を表す漢字だったが、大昔の中国語で〝根拠とする〟ことを意味することばと発音が似ていたことから、当て字的に用いられるようになった、と考えられている。

ゆう 有

6画

［音読み］ユウ、ウ
［訓読み］あ-る
［部首］月（つき）

〝がに注目してください！

〝存在する〟ことを表すのが、基本的な意味。「有無《うむ》」「お金が有《あ》る」「やりがいが有《あ》る」などがその例。「有益《ゆうえき》」「有意義《ゆういぎ》」「有給休《ゆうきゅうきゅう》暇《か》」のように、**ほかの漢字や熟語の前に置かれて〝○○がある〟ことを表す**場合が多い。また、何かに付属して〝存在する〟ことから、何かが**〝持っている〟**という意味にもなる。例としては、「所有《しょゆう》」「保有《ほゆう》」「私有地《しゆうち》」「万有引力《ばんゆういんりょく》」「普通免許を有《ゆう》する」「能力が有《あ》る」など。

◆訓読み「ある」では、「在」(p215)との違いが問題。「有」は〝○○がある〟場合、「在」は〝○○にある〟場合に使うと考えるのがわかりやすい。また、「或《ある》いは」「或《あ》る少年」などでは「或」(p11)を書くことがある。ただし、「明日は給料日である」「お金は振り込んである」「財布を落としたことがある」など、日本語「ある」にはさまざまな用法があるので、実際はすべてかな書きしておくのがおすすめである。

このほか、昔は**〝その上にまた存在する〟**という意味でも用いられた。「十有五《じゅうゆうご》歳《さい》」とは〝10＋5〟で〝一五歳〟のこと。

音読みはユウを用いるのが大原則。ウは奈良時代以前からある古い読み方で、すでに挙げた「有無《うむ》」や「稀有《けう》」「未曾有《みぞう》」など、現在では使われる熟語が限られる。これらのほか、「有頂天《うちょうてん》」「有象無象《うぞうむぞう》」「有《う》為転変《いてんぺん》」のように、仏教のことばではウが使われることが多い。

なお、昔から月食と関連して成り立ちが考えられてきたため、部首は「月」とされる。が、現在では、「肉」が変形した「月」と、〝手〟を表す「又」とを組み合わせて、本来は〝肉を手に持つ〟ことを表すとする説が有力。そのため、部首を「月（にくづき）」とする辞書もある。

ゆう 佑

7画

［音読み］ユウ
［部首］イ（にんべん）

きっとだれかの役に立つ！

〝助ける〟ことを表す。「天佑《てんゆう》」「神佑《しんゆう》」とは〝天や神の助け〟。名前で「すけ」と読むのは、〝助ける〟という意味の古語に由来する。

部首「イ」は「人」の変形で、〝動作や状態〟を表す。「右」(p25)にはもともと〝助ける〟という意味があるが、〝みぎ〟とまぎらわしいので、「イ」を付け加えて動作であることををはっきりさせた漢字。「左」(p207)と「佐」(p207)にも同様の関係があるのも、おもしろい。

ゆう

邑

7画

［音読み］ユウ
［訓読み］むら
［部首］邑（むら）

小さな集落から大都会まで

〝人が集まって住んでいる地域〟を表す。訓読みでは「むら」と読むが、「村」(p381)とは違ってかなり大きなものまで指す。とはいえ、音読みでも訓読みでも、今ではほとんど使われない漢字である。

ただし、〝人が住む地域〟に関係する多くの漢字の部首となる。「郡」(p142)「郊」(p189)「都」(p446)「邦」(p554)などがその例で、ほとんどの場合、漢字の右側に置かれて変形して「阝」の形になる。「阜」(p525)の変形で漢字の左側に現れる「阝(こざと)」と見た目は同じなので、区別するため、部首の名前としては「おおざと」と呼ぶ。

部首としては？

ゆう

勇

9画

［音読み］ユウ
［訓読み］いさ-む
［部首］力（ちから）

男女の区別はありませぬ！

「勇気《ゆうき》」「勇敢《ゆうかん》」「武勇伝《ぶゆうでん》」「喜び勇《いさ》んで出かける」「勇《いさ》み肌《はだ》」など、**〝気力に満ちていて、ためらいがない〟**ことを表す。

以前は「田」を「用」にした「勇」と書くのが正式。つまり、成り立ちの上では「男」(p402)とは無関係。「勇《いさ》ましい」のは男性に限った話ではないのである。

ゆう

幽

9画

［音読み］ユウ
［部首］幺（いとがしら）

光の差さない別世界…

すぐに「幽霊《ゆうれい》」が思い出されるように、**〝死後の世界〟**が代表的な意味。「幽界《ゆうかい》」「幽鬼《ゆうき》」など、見るだけで背筋が凍る漢字である。

本来は**〝薄暗くてはっきりとは見えない〟**ことを表し、「深山幽谷《しんざんゆうこく》」がその例。「幽《ゆう》閉《へい》」は、〝外からは見えない奥深いところに閉じこめる〟こと。転じて、「幽玄《ゆうげん》の美」のように**〝奥深くてはっきりとはわからない〟**という意味にもなる。

部首「幺」は〝小さくかすかなもの〟を表す。成り立ちには諸説があるが、古代文字では「𢆶」。「山」はもとは「火」が変形したもので、〝火がかすかで薄暗い〟ことを表す、と考える説が有力である。

ゆう

祐

9画

［音読み］ユウ
［部首］ネ（しめすへん）

天に向かって大感謝！

〝助ける〟ことを表す。名前で「すけ」と読むのは、この意味を表す古語に由来する。

以前は「祐」と書くのが正式。部首「ネ／示」は〝神や仏〟を表す記号。「右」(p25)には〝助ける〟の意味がある。「佑」(p601)と意味も読み方も同じだが、〝神の助け〟という意味合いが強い。「天祐《てんゆう》」「神祐《しんゆう》」のように用いられるが、現在では「天佑《てんゆう》」「神佑《しんゆう》」と書くことが多い。

ゆう

悠

11画

［音読み］ユウ
［部首］心（こころ）

けた外れの長さなのだ！

「悠然《ゆうぜん》」「悠々自適《ゆうゆうじてき》」のように、**〝心が落ち着いている〟**ことを表すのが代表的な意味。ただし、「悠久《ゆうきゅう》」「悠長《ゆうちょう》」「悠遠《ゆうえん》」といった熟語もあるように、本来は**〝時間や距離がとても長い〟**ことを表す。名前で「ひさし」「はるか」などと読むのは、この意味に由来する。

単に〝長い〟のではなく、〝とても〟にポイントのある漢字である。

ゆう 郵

11画

［音読み］ユウ
［部首］阝（おおざと）

たとえるならサービスエリア？

本来は〝**宿場町**〟を意味する漢字。部首「阝」は「邑」（p602）の変形で、〝人が住む地域〟を表す。

荷物や手紙などを運ぶ人が休憩する場所であったことから、〝**荷物や手紙などを定期的に運ぶ**〟という意味が生まれた。現在では、「郵便《ゆうびん》」「郵船《ゆうせん》」がその例。「郵送《ゆうそう》」「郵政《ゆうせい》」「郵袋《ゆうたい》」「郵趣《ゆうしゅ》」など**「郵便」の省略形**として使われる。

ゆう 湧

12画

［音読み］ユウ
［訓読み］わ-く
［部首］氵（さんずい）

何もなかったのにどどっと！

部首「氵」は「水」の変形。「湧出《ゆうしゅつ》」「湧《わ》き水《みず》」「石油が湧《わ》き出《で》る」など、〝**液体が地面から勢いよく出てくる**〟ことを表す。転じて、「興味が湧《わ》く」「虫が湧《わ》く」のように、〝**それまでなかったものが生じる**〟という意味で用いられることもある。

◆「わく」と訓読みする漢字には「沸」（p535）もある。〝液体が地面から出てくる〟場合や〝何かが生じる〟場合には「湧」を用いるのに対して、〝煮え立つ〟場合や〝活気づく〟場合には「沸」を使う。ただし、まぎらわしいケースも多いので、迷ったらかな書きしておくのが無難である。

以前は「田」を「用」にした「湧」と書くのが正式。「涌」も「わく」と訓読みする漢字で、固有名詞で見かけられる。「力」が付け加えられたのは、〝勢いよく〟というイメージがあるからかもしれない。

ゆう 猶

12画

［音読み］ユウ
［部首］犭（けものへん）

わからないから先延ばし？

現在では「猶予《ゆうよ》」の形で使われるのがほとんど。この場合は〝**実行を延期する**〟という意味。一方、**ほかの漢字の前に付いて**〝**ちょうど○○のようなものである**〟**という意味を表す**こともあり、「猶子《ゆうし》」とは〝養子〟のこと。この意味の場合、漢文では「なお○○のごとし」と読む。そこで、「猶」を「なお」と訓読みすることもあるが、現在ではあまり用いられない。

以前は「猶」と書くのが正式。部首「犭」は「犬」の変形で、〝犬に似た動物〟を表す。本来は〝さる〟の一種を指す漢字だともいうが、成り立ちには諸説があり、よくわからない。

ゆう 裕

12画

［音読み］ユウ
［部首］衤（ころもへん）

クローゼットがあふれそう？

「裕福《ゆうふく》」「富裕《ふゆう》」など、〝**ものが十分にある**〟ことを表す。転じて、〝**心にゆとりがある**〟という意味ともなり、「余裕《よゆう》」がその例。名前で「ゆたか」と読むのは、〝十分にある〟ことから。また、「ひろし」「ひろ」と読むのも、そこから変化したもの。

部首「衤」は「衣」の変形。本来の意味については、〝衣服がたくさんある〟〝衣服がゆったりしている〟などの説がある。

ゆう 遊

12画

［音読み］ユウ、ユ
［訓読み］あそ-ぶ
［部首］辶（しんにょう、しんにゅう）

異性相手も勉強に行くのも…

すぐに思い浮かぶのは、〝**気ままに楽しむ**〟という意味。「お遊戯《ゆうぎ》」「遊興費《ゆうきょうひ》」「公園で遊《あそ》ぶ」などがその例。「遊郭《ゆうかく》」「男遊《おとこあそ》び」のように、特に〝**異性を相手に気ままに楽しむ**〟ことを表す場合もある。

部首「辶」は、以前は「辶」と書くのが正式で、〝移動〟を表す。本来は〝**自由に動き回る**〟ことを意味する漢字で、「遊牧《ゆうぼく》」「遊《ゆう》離《り》」「周遊券《しゅうゆうけん》」などがその例。「遊学《ゆうがく》」「遊《ゆう》説《ぜい》」「外遊《がいゆう》」のように〝**ふだん住んでいる土地を離れて動き回る**〟という意味合いになることもある。野球の「遊撃手《ゆうげきしゅ》」は、〝守るべき塁がなく自由に動き回る内野手〟。

「交遊《こうゆう》」では〝**行ったり来たりする**〟こと。また、「遊民《ゆうみん》」「遊《あそ》んでいる土地を活用する」では〝**決まった仕事や役割がない**〟という意味。基本的には、〝目的や役割・場所などが決まっていない〟ことを表す漢字である。

音読みはユウを用いるのが大原則。ユは奈良時代以前からある古い読み方だが、現在では「遊山《ゆさん》」くらいでしか使われない。ただし、この場合もユウが縮まったものと考える方が適切かもしれない。

なお、部首「辶」の代わりに「氵(さんずい)」を書く「游《ゆう》」は、読み方も意味も「遊」と同じ。現在では「遊」を書くのがふつうだが、「氵」は「水」の変形なので、「游泳《ゆうえい》」のように用いられることがある。

ゆう

雄

12画

[音読み] ユウ
[訓読み] おす、お
[部首] 隹 (ふるとり)

漢字としては勝っている?

部首「隹」(p322)は〝鳥〟を表す記号。本来は〝おすの鳥〟を表す漢字で、広く〝**動物では卵や子どもを生まない方、植物では種をつけない方**〟を指す。「雄猫《おすねこ》」「雄牛《おうし》」「雄株《おかぶ》」「雄《お》花《ばな》」などがその例。「雄鳥《おんどり》」で「おん」と読むのは、「お」が続く発音に影響されて変化したもの。

転じて、「英雄《えいゆう》」「辞書出版社の雄《ゆう》」のように〝**すぐれた人物や組織**〟を指したり、「雄大《ゆうだい》」「雄姿《ゆうし》」「雄弁《ゆうべん》」など〝**立派で力強い**〟ことを表したりもする。また、「雌雄《しゆう》を決する」とは、〝勝ち負けをはっきりさせる〟こと。実際はともかくとして、漢字としては「雌」(p238)に対して〝強いもの〟というイメージを持つ。熟語になることも「雌」よりもはるかに多い。

なお、名前で「たけし」「たけ」と読むのは、〝力強い〟という意味の古語に基づく。

ゆう

誘

14画

[音読み] ユウ
[訓読み] さそ-う、いざな-う
[部首] 言 (ごんべん)

その魔力は両刃の剣

部首「言」にも現れているように、〝**一緒に何かをしようと声をかける**〟ことが、本来の意味。「誘惑《ゆうわく》」「勧誘《かんゆう》」「飲みに誘《さそ》う」「テニスへの誘《いざな》い」などがその例。訓読み「いざなう」は、「さそう」のやや古風な表現。ただし、「さそう」は「悪の道に誘《さそ》う」のようにも用いられるが、「いざなう」を〝悪い方向へ〟というニュアンスで使うことは、あまりない。

転じて、〝**ある場所へ来るよう導く**〟ことをも表す。「車を誘導《ゆうどう》する」「企業を誘致《ゆうち》する」「敵の守備陣を誘《さそ》い出《だ》す」などがその例。「誘拐《ゆうかい》」では、やや転じて〝**どこかへ連れて行く**〟こと。また、「誘発《ゆうはつ》」「誘因《ゆういん》」「笑いを誘《さそ》う」のように〝**何かを引き起こす**〟という意味で使われることもある。

〝声をかける〟から始まって実際の行動を〝引き起こす〟に至る変化には、〝ことば〟の魔力が感じられる。

ゆう

憂

15画

[音読み] ユウ
[訓読み] うれ-える、うれ-い、う-い
[部首] 心 (こころ)

真ん中からあふれ出る…

「愛」(p7)「慶」(p149)と同じく、部首「心」が真ん中に収まっているのが特徴的な漢字。〝**心配する**〟ことを表す。「憂慮《ゆうりょ》」「憂鬱《ゆううつ》」「将来を憂《うれ》える」「後顧《こうこ》の憂《うれ》いをなくす」などがその例。

また、もっと程度が激しくなると、「内憂外患《ないゆうがいかん》」のように〝**苦しみ**〟を指したり、「憂国《ゆうこく》の士《し》」のように〝**嘆き悲しむ**〟

という意味になったりする。

◆訓読み「うれい」では、「愁」（p268）との使い分けが問題。一般的には「憂」は〝心配〟、「愁」は〝さみしさ〟を表すが、実際には、その区別は文脈に左右される面が大きい。「憂」を使うのを基本と考えて、〝さみしさ〟を強く出したいときには「愁」を書くのがおすすめ。なお、日本語「うれえる」には〝さみしがる〟のニュアンスは乏しいらしく、「愁」を「うれえる」の形で用いることはめったにない。

訓読み「うい」は、現在では「物憂《ものう》い」の形か、「憂《う》き世《よ》」のように古語「うし」の形で使われるのがほとんどである。

ゆう　融

16画

［音読み］ユウ
［訓読み］と-ける、と-かす
［部首］虫（むし）

もとの形はなくなって…

〝温度が上がって固体が液体になる〟ことを表すのが、基本的な意味。「融解《ゆうかい》」「融点《ゆうてん》」などがその例。いくつかの金属を熱して液体にし、混ぜ合わせて合金を作るところから、転じて、**〝もとは別々だったものが、完全に一つになる〟**ことをも表す。「融合《ゆうごう》」「融《ゆう》和《わ》」などがその例。さらには、〝一つになる〟ところから、**〝とどこおりなく通じる〟**という意味ともなる。「融通《ゆうずう》」「融資《ゆうし》」「金《きん》融《ゆう》」などがその例。

◆「とける／とかす」と訓読みする漢字には「解」（p65）「溶」（p612）もある。「解」は〝ばらばらになる〟〝なくなる〟の意味で使うので別として、「溶」「融」は意味が似通っていて、使い分けはむずかしい。「溶」は〝固体や気体が液体にとけ込む〟こと、「融」は〝固体そのものが液体になる〟ことを表すのが、本来の違い。ただし、現在では「溶」を〝固体そのものが液体になる〟という意味で用いることも多い。そこで、原則的には「溶」を使うが、「高温で鉄が融《と》ける」「鍋でチーズを融《と》かす」のように、特に〝加熱の結果、固体が液体になる〟場合には「融」と書くこともある。また、〝完全に一つになる〟という意味合いを強調するために、「気持ちが融《と》け合《あ》う」などと書く例も見受けられる。

成り立ちには諸説あり、ふつうは部首を「虫」とするが、その理由もあいまい。「鬲《れき》」は、モノを煮炊きする器〝かなえ〟を表す漢字。この器は金属を溶かすのにも用いるので、部首を「鬲（かなえ）」とする辞書もある。

ゆう　優

17画

［音読み］ユウ
［訓読み］すぐ-れる、まさ-る、やさ-しい
［部首］イ（にんべん）

努力を外には見せないで…

「優秀《ゆうしゅう》」「優勝《ゆうしょう》」「優等生《ゆうとうせい》」「優《すぐ》れた才能」「以前にも優《まさ》る活躍」など、**〝ほかよりも程度が高い〟**ことを表すのが代表的な意味。転じて、「優先《ゆうせん》」「優遇《ゆうぐう》」「ご優待《ゆうたい》」のように**〝ほかとは違って特別に取り扱う〟**という意味になることもある。

ただし、「人」が変形した部首「イ」にも現れているように、「俳優《はいゆう》」「声優《せいゆう》」など**〝役者〟**を指すのが本来の意味。その動作が磨き上げられていることから、**〝洗練されている〟**という意味にもなる。「優美《ゆうび》」「優雅《ゆうが》」などがその例。〝程度が高い〟という意味は、そこから転じたもの。基本的には〝ドタバタしない〟というイメージがあって、いつも余裕を見せているところがちょっとニクイ漢字である。

「優《やさ》しい気遣い」「優《やさ》しく洗う」「優柔《ゆうじゅう》不《ふ》断《だん》」などでは、**〝親切でていねいな〟**という意味。これは〝洗練された〟〝特別に取り扱う〟から転じたものと思われる、日本語独自の用法。

◆「やさしい」と訓読みする漢字には「易」(p33)もあるが、「易」は〝簡単な〟こと、「優」は〝親切でていねいな〟ことを表すので、使い分けはわかりやすい。

◆訓読み「すぐれる」「まさる」では、「勝」(p292)との使い分けが気になるところ。「勝」は部首「力」が示すように〝力で相手より上にいく〟というニュアンスが強いのに対して、「優」は〝ドタバタしないでも相手より上である〟のが特徴。文脈に応じて、それぞれの意味合いを生かして使い分けたい。

よ

よ 与

3画

［音読み］ヨ
［訓読み］あた-える、あずか-る、くみ-する
［部首］一（いち）

あちこちから手が伸びてきて！

まどろっこしくなるが、**〝相手が自分のものとしたり、自由に取り扱ったりできるものを提供する〟**ことを表すのが、代表的な意味。「メダルの授与《じゅよ》」「土地の貸与《たいよ》」「えさを与《あた》える」「チャンスを与《あた》える」などがその例。また、「感動を与《あた》える」「被害を与《あた》える」のように、**〝相手に影響を及ぼす〟**という意味で用いられることもあるが、これは日本語独自の用法。

以前は「與」と書くのが正式で、部首も「臼(うす)」。古代文字では「」と書き、〝四方から伸びた手が何かを持ち上げている〟ようすだと考えられている。本来は**〝一緒に何かを行う〟**という意味で、「関与《かんよ》」「寄与《きよ》」がその例。「与党《よとう》」とは、〝内閣と一緒になって政治を行う政党〟。「ごちそうに与《あずか》る」「反対派に与《くみ》する」なども この意味の例だが、この場合の訓読み「あずかる」「くみする」は、現在ではかな書きする方がふつうである。

なお、〝あたえる〟という意味は、〝持ち上げて運ぶ〟ところから転じたものとも、大昔の中国語で〝あたえる〟を意味することばと発音が似ていたことから当て字的に用いられたものともいう。

よ 予

4画

［音読み］ヨ
［訓読み］あらかじ-め、かね-て
［部首］亅（はねぼう）

ゾウの姿を思い出して…？

「予言《よげん》」「予告《よこく》」「予報《よほう》」「予算《よさん》」「予習《よしゅう》」「予測《よそく》」などなど、**〝前もって何かをする〟**という意味でおなじみ。訓読みは、「予《あらかじ》め用意しておく」「予《かね》てお知らせした通り」のように用いるが、現在ではかな書きされる方が多い。

以前は「豫」と書くのが正式で、部首は「豕(いのこ)」。成り立ちには大きく分けて二説あり、本来は〝象のようにゆったりしている〟という意味で、余裕があるところから〝前もって〟を表す、というのが一つ。もう一つの説では、もともと〝象

を使って将来を占う〟ことを表していたとする。「予定《よてい》」に追いまくられているときに、ふと、のんびりした象さんの姿を思い起こすのも、いいかもしれない。

このほか、「猶予《ゆうよ》」では〝**実行を延期する**〟ことを表す。

「予」は本来は「豫」とは別の漢字だったが、現在では「豫」の略字として使われている。部首を「亅」とするのは、形の上から便宜的に分類したもの。「矛」（p581）などと合わせて「マ」という部首を新設する辞書もある。

よ 世

5画

⇩せい（p328）

よ 余

7画

［音読み］ヨ
［訓読み］あま-る、あま-す
［部首］人（ひとやね）

残さず食べてくださいね！

「お金が余《あま》る」「時間が余《あま》る」「若さを持て余《あま》す」のように、〝**使わなかったり不要だったりして残る**〟ことを表す。また、〝**残った部分**〟を指しても用いられ、「余白《よはく》」「余剰人員《よじょうじんいん》」「夕食の余《あま》り」などがその例。やや転じて、「余熱《よねつ》」「余波《よは》」「余韻《よいん》」「余勢《よせい》」「余《よ》情《じょう》」などなど、〝**何かが終わったあとにまだ続いているもの**〟を指すこともある。

「喜びの余《あま》り卒倒する」では、〝**激しく何かをしたついでに**〟という意味。「一万《いちまん》余人《よにん》」「五分余《あま》り」のように、数について〝**少し多い**〟**ことを表す**場合もある。

〝不要〟から変化すると、〝**本筋とは関係がない**〟という意味となる。「余興《よきょう》」「余談《よだん》」などがその例。「余暇《よか》」は、〝仕事や勉強とは関係のない空き時間〟。また、「余罪《よざい》を追及する」「余人《よじん》には代えがたい」「試合の準備に余念《よねん》がない」など、〝**いま話題になっているものとは別の**〟という意味で用いられることもある。

以前は「餘」と書くのが正式。部首「飠（しょくへん）」は「食」の変形だから、本来は〝食べ物がたくさんある〟という意味だったらしい。「余」は、本来は「餘」とは別の漢字で、「余の辞書に不可能ということばはない」のように、**地位の高い者が自分を指すときに**用いられていたが、古くから「餘」の略字としても使われている。

よ 誉

13画

［音読み］ヨ
［訓読み］ほ-める、ほま-れ
［部首］言（いう、げん）

みんなが口をそろえて…

以前は「譽」と書くのが正式。「與」は「与」（p606）の昔の書き方で、〝一緒に何かをする〟という意味がある。部首「言」と組み合わせて、「名誉《めいよ》」「栄誉《えいよ》」「誉《ほま》れ高き武将」など、〝**まわりから与えられる高い評価**〟を表す。

また、広く〝**高い評価を与える**〟という意味ともなり、「口々に誉《ほ》めそやす」「誉《ほ》めことば」などと用いられる。「郷土の誉《ほま》れ」のように〝**高い評価を与えられたもの**〟を指すのは、そこから変化したもの。なお、訓読み「ほまれ」は、送りがななしで「誉《ほまれ》」と書いてもよい。

◆「ほめる」と訓読みする漢字には「褒」（p560）もある。意味に大きな違いはないが、部首「言」が付いていることから、「誉」の方が〝ことばでほめる〟というニュアンスが強い。〝ほめてモノを与える〟場合には、「誉」は使わない方がよさそうである。

よ 預

13画

［音読み］ヨ
［訓読み］あず-かる
［部首］頁（おおがい）

引き取るつもりはなかったんだけど…

「預金《よきん》」「荷物を預《あず》かる」「ペットを預《あず》ける」のように、〝**何かを保管する／保管してもらう**〟ことを表す。ただし、これは日本語独自の用法。本来は、「予」（p606）と発音が似ていることから〝前もって〟という意味を表したり、「与」（p606）と発音が似ていることから〝一緒に何かをする〟ことを意味したりする漢字。とはいえ、現在の日本語では、これらの意味で使う例を見かけることはまずない。

日本語「あずかる」には、「お招きにあずかる」のように〝一緒に何かをする〟という意味がある。そこで、「預」の訓読みとして用いられたが、「あずかる」には〝保管する〟という意味もあることから、「預」も〝保管する〟ことを表すようになった。訓読みをきっかけに意味を乗っ取られてしまった、おもしろい漢字である。

よう 幼

5画

［音読み］ヨウ
［訓読み］おさな-い
［部首］幺（いとがしら）

時間の微妙な経ち具合

「幼児《ようじ》」「幼年時代《ようねんじだい》」「幼《おさな》い子ども」など、**〝成長しはじめたばかり〟**という意味を表す。似た意味の「稚」（p408）は〝生まれたばかり〟という意味で、「幼」はそれよりもう少し時間が経った段階。転じて、「幼稚《ようち》な人生論」のように、**〝未熟な〟**という意味でも用いられる。

やや古風に「いとけない」と訓読みすることもあるが、実際に書くと「幼い」となって「おさない」と区別がつかない。現在では、かな書きするのがふつうである。

部首「幺」は〝小さくかすかなもの〟を表す。「力」と組み合わせて、本来は〝まだ力が弱い〟という意味。なお、辞書によっては「力」を部首とすることもある。

よう 用

5画

［音読み］ヨウ
［訓読み］もち-いる
［部首］用（もちいる）

いつも目的を考えてる？

「使用《しよう》」「採用《さいよう》」「活用《かつよう》」「用兵《ようへい》」「用心《ようじん》する」「定規を用《もち》いる」「交渉役として用いる」など、**〝何かをある目的に役立てる〟**ことを表す。「信用《しんよう》」は、本来は〝信じて役立てる〟ことだが、現在では〝信じる〟ことを指す。

また、「作用《さよう》」「効用《こうよう》」「有用《ゆうよう》」のように、**〝役に立つはたらき〟**をいう場合もある。そこから転じて、**〝ある目的のために必要なもの〟**をも表す。「費用《ひよう》」「用具《ようぐ》」「用紙《ようし》」「用水路《ようすいろ》」などがその例。

また、「公用《こうよう》」「雑用《ざつよう》」「商用《しょうよう》」「用事《ようじ》」「用件《ようけん》」「用があるので帰ります」などでは、**〝ある目的のためにしなければならないこと〟**だが、これは日本語独自の使い方。

「用便《ようべん》」「小用《しょうよう》」のように**〝排泄する〟**ことを意味するのも、日本語のオリジナル。中国語では逆に〝飲食する〟という意味で使うことがあって、何が〝目的〟なのかを考えると、ちょっとおもしろい。

部首としては？

漢和辞典では部首の一つだが、「用」を部首とする漢字はごくわずか。日常的に目にするものとしては、ほかに名前で「はじめ」と読んで使われる「甫《ほ》」がある程度。この漢字も「用」と意味の関係があるわけではなく、形の上から便宜的に分類された部首である。

よう 羊

6画

［音読み］ヨウ
［訓読み］ひつじ
［部首］羊（ひつじ）

女性のお腹の中にもいる？

動物の〝ひつじ〟を表す。「羊毛《ようもう》」「メリーさんの羊《ひつじ》」などがその例。古代文字では「」と書き、〝ひつじの顔を正面から見た絵〟から生まれた漢字である。

また、「羊水《ようすい》」「羊膜《ようまく》」のように、**〝胎児を包むもの〟**を指すこともある。この意味が生じた理由はよくわからないが、「洋」（p609）や〝漂う〟ことを表す「漾《よう》」などから考えると、「羊」は〝なんとなく揺れ動く〟というイメージもあるらしい。

「羊羹《ようかん》」は本来は〝ひつじのスープ〟のこ

とで、和菓子の一種を指すのは日本語独自の用法。また、「山羊《やぎ》」「羊歯《しだ》」は、漢字の熟語をそのまま、日本語名で読む当て字的表現。「羊歯」は葉がひつじの歯に似ていることから生まれた熟語ともいうが、異説もある。

部首としては？

"ひつじ"に関係する漢字の部首となる。代表は「群」（p142）で、「義」（p105）「羞」（p266）「羨」（p354）「美」（p514）も、もとをたどると"ひつじ"と関係がある。

「羊」が部首の一つとなっているのは、中国では古くから"ひつじ"が身近な存在だったから。一方、日本で"ひつじ"が飼育されるようになったのは明治以降のこと。文化の違いを感じさせる。

よう 妖

7画

［音読み］ヨウ
［訓読み］あや-しい
［部首］女（おんなへん）

ときにはセクシー ときにはピュア

成り立ちとしては「笑」（p290）と関係が深く、本来は"巫女《みこ》"を表す漢字だったと考えられている。転じて、「妖艶《ようえん》」「妖《あや》しい美しさ」のように"**女性として人を惑わせるほどの魅力がある**"ことをもいう。

また、「妖怪《ようかい》」「妖術《ようじゅつ》」「妖気《ようき》」「妖魔《ようま》」など、"**不思議な力で人の心を惑わせる**"という意味ともなる。「妖精《ようせい》」も本来はこの意味だが、現在では、ヨーロッパのおとぎ話などに出てくる"森に住む小さな精霊"を指す。同じく"不思議な存在"であっても、イメージはだいぶ異なる。

◆訓読み「あやしい」は、現在では「怪」（p62）を書くのがふつう。とはいえ、特に"人を惑わせるような不思議さ"を強調したい場合には、あえて「妖《あや》しい魅力」のように書くと効果的である。

よう 洋

9画

［音読み］ヨウ
［部首］氵（さんずい）

どこまでも続く広がり

「海洋《かいよう》」「遠洋《えんよう》」「太平洋《たいへいよう》」「インド洋《よう》」など、"**大きな海**"を表す。「海」（p63）はさまざまな大きさのものを指すのに対して、「洋」は大きなものだけをいう。「羊」（p608）には"なんとなく揺れ動く"というイメージがあるらしく、「水」が変形した部首「氵」を組み合わせて、とりとめのない広さを思わせる漢字である。

転じて、「前途洋々《ぜんとようよう》」のように"**広々としている**"ことを表す場合もある。名前で「ひろし」「ひろ」と読むのは、ここから生まれたもの。

また、昔は海上交通が大動脈だったことから、欧米を「西洋《せいよう》」、アジアを「東洋《とうよう》」と呼ぶこともある。そこから、特に**「西洋」の省略形**として用いられることも多い。「洋式《ようしき》」「洋食《ようしょく》」「洋楽《ようがく》」「洋裁《ようさい》」「洋菓子《ようがし》」などなど、熟語の最初に置かれた場合のほとんどは、この用法である。

よう 要

9画

［音読み］ヨウ
［訓読み］かなめ、い-る
［部首］襾（かなめのかしら）

回転の中心！

"**中心となる大切なところ**"を表す。「要点《ようてん》」「要所《ようしょ》」「重要《じゅうよう》」「肝要《かんよう》」「扇の要《かなめ》」「組織の要《かなめ》」などがその例。「要塞《ようさい》」「要衝《ようしょう》」「要害《ようがい》」では、特に"**軍事や交通の上で大切な場所**"を指す。「法要《ほうよう》」とは、本来は"仏教の教えの中心"のことで、現在では"仏教の行事"をいう。

転じて、「要素《ようそ》」「要件《ようけん》」「必要《ひつよう》」のように、"**なくてはならない**"ことをも表す。さらに変化して"**なくてはならないものを求める**"という意味ともなり、「要求」「要望」「強要《きょうよう》」「お金が要る」などがその例。「要《よう》注意《ちゅうい》」「要普通免許《ようふつうめんきょ》」のように**「必要」の省略形**として使われることもある。

以前は、「覀」を「襾」とした「要」と書くのが正式。古代文字では「」と書き、〝人が腰に手を当てて立っている形〟だと考えられている。部首「覀／襾」は形の上から便宜的に分類されたもの。

本来は〝こし〟を表す漢字だったが、〝こし〟は体の中心であるところから、〝中心となる大切なところ〟という意味で用いられるようになった。その結果、〝こし〟を表す漢字として、「肉」の変形で〝肉体〟を意味する部首「月」を加えて新たに作られたのが、「腰」（p612）である。

よう 容

収納がうまいと見た目もきれい！

10画

［音読み］ヨウ
［訓読み］い-れる
［部首］宀（うかんむり）

「収容《しゅうよう》」「容器《ようき》」など、**〝モノを内部にきちんと収める〟**ことを表す。それが精神的な方面に用いられて、「受容《じゅよう》」「寛容《かんよう》」「包容《ほうよう》力《りょく》」「容赦《ようしゃ》ない」のように、**〝他人の行動や考えなどを認める〟**という意味にもなる。そこからやや転じて、**〝ある考えを抱く余地がある〟**ことをも表す。「容疑《ようぎ》」「容認《ようにん》」がその例。

また、〝きちんと収める〟から変化して、**〝中身〟**をも指す。「内容《ないよう》」「容量《ようりょう》」「容積《ようせき》」などがその例だが、一方で、「容姿《ようし》」「容貌《ようぼう》」「形容《けいよう》」「美容《びよう》」「全容《ぜんよう》」のように、**〝外見〟**の意味でも使われる。この意味が生じた経緯については諸説があるが、〝中身〟と〝外見〟は実は同じことなのだ、と教えてくれているかのようである。

◆訓読み「いれる」は、現在では「入」（p477）を使うのが一般的。ただし、〝きちんと収まる〟〝きちんと認める〟〝余地がある〟というニュアンスを出したいときには、「容」と書くことも多い。「受け容《う》れる」「聞《き》き容《い》れる」「願《ねが》いを容《い》れる」「五〇〇人を容《い》れるホール」などが、その例である。

成り立ちには諸説があって、はっきりしない。ただし、「宀」は〝建物〟を表す記号なので、根本には〝建物内にきちんと収める〟という意味があると思われる。

なお、「容易《ようい》」では**〝簡単であるようす〟**を表すが、このことばは本来は中国語の擬態語かと思われる。

よう 庸

だれにでもできる仕事？

11画

［音読み］ヨウ
［部首］广（まだれ）

現在では、「中庸《ちゅうよう》」「凡庸《ぼんよう》」の二つの熟語以外ではあまりお見かけしない漢字。本来は**〝片寄りがない〟**ことを意味し、「中庸」はその例。転じて**〝特徴がない〟**ことをも表し、「凡庸」がその例である。

以前は、「人材登庸《じんざいとうよう》」のように**〝仕事をさせる〟**という意味でも使われたが、現在では「登用《とうよう》」のように「用」（p608）を書くのがふつう。また、歴史で出てくる「租《そ》庸調《ようちょう》」の「庸」は、**〝国家のために働く代わりとして納める織物〟**を指す。

部首は「广」だが、〝両手で杵《きね》を持つ〟ことを表す「庚《こう》」と「用」を組み合わせた漢字。本来は〝脱穀する〟という意味だった、とする説が優勢。もともと〝仕事〟に関係する漢字だったようだが、〝片寄りがない〟という意味が生じた理由は、はっきりしない。

よう 痒

どう説明すればいいのやら！

11画

［音読み］ヨウ
［訓読み］かゆ-い
［部首］疒（やまいだれ）

部首「疒」は〝心身の不具合〟を表す記号。あの**むずむずした感覚〝かゆい〟**を表す。音読みの例としては、「隔靴掻痒《かっかそうよう》」「何の痛痒《つうよう》も感じない」など。

「羊」（p608）には〝なんとなく揺れ動く〟というイメージがあるらしい。「痒」でも、あのなんとも説明しにくい感覚をよく表していると思われる。

よう 揚

12画

［音読み］ヨウ
［訓読み］あ-げる、あ-がる
［部首］扌（てへん）

腕の力と空気の力

部首「扌」は「手」の変形。本来は〝**引っ張って高く目立つところに移動させる**〟ことを表す。「国旗掲揚《こっきけいよう》」がその例。転じて、「荷揚《にあ》げ」「揚水発電《ようすいはつでん》」のように〝**高いところに移動させる**〟ことをも表す。

また、〝目立たせる〟ところから〝**ほめる**〟という意味ともなり、「称揚《しょうよう》」がその例。ここから変化して、〝**声を高く大きくする**〟という意味にもなる。例としては、「抑揚《よくよう》」「声を張《は》り揚《あ》げる」などがある。

さらには、「旗を揚《あ》げる」というイメージからか、〝**空気の力で上昇する**〟ことをもいう。「浮揚《ふよう》」「揚力《ようりょく》」「空高く凧《たこ》が揚《あ》がる」がその例だが、この意味では〝引っ張る〟という力強さは乏しい。「高揚《こうよう》」「意気《いき》揚々《ようよう》」のように〝**気分が高まる**〟ことを表す場合も、どこかふわふわした雰囲気が漂う。「エビフライを揚《あ》げる」のように〝**高温の油で調理する**〟ことを指すのは日本語独自の用法だが、これもふわふわ感と関係がありそうである。

◆「あげる／あがる」と訓読みする漢字には「上」（p298）「挙」（p118）もあって、使い分けが悩ましい。特に「揚」は、「上」と書いても意味が通じる場合が多い。「荷物の陸揚《りくあ》げ」「凧《たこ》を揚《あ》げる」「天ぷらが揚《あ》がる」など、「揚」を使うのは習慣的なものだと考えておくのがよさそうである。

よう 揺

12画

［音読み］ヨウ
［訓読み］ゆ-れる、ゆ-らす、ゆ-る、ゆ-らぐ、ゆ-るぐ、ゆ-する、ゆ-さぶる、ゆ-すぶる
［部首］扌（てへん）

複雑であり単純でもある

モノや気持ちについて〝**不安定に動く**／**動かす**〟ことを表す。「動揺《どうよう》」がその代表例。「揺籃《ようらん》」とは、〝ゆりかご〟のこと。

音読みで使われる例は現在ではこの二つくらいだが、訓読みが豊富なのが特徴。大きく分けると三つの系列がある。

一つめは、「風で揺《ゆ》れる」「ブランコを揺《ゆ》らす」「揺《ゆ》り動《うご》かす」などの「ゆれる／ゆらす／ゆる」の系列で、〝不安定に動く／動かす〟ことを表す。二つめは、「地盤が揺《ゆ》らぐ」「揺《ゆ》るぎない信頼」などの「ゆらぐ／ゆるぐ」の系列で、〝**しっかりしていたものが不安定になる**〟こと。三つめは、「貧乏揺《ゆ》すり」「揺《ゆ》さぶりをかける」「心を揺《ゆ》すぶる」などの「ゆする／ゆさぶる／ゆすぶる」の系列で、〝不安定に動かす〟という意味。どの場合も、基本的な意味はいつも〝不安定〟で変わらないという、複雑なような単純なような、奇妙な漢字である。

なお、以前は「搖」と書くのが正式。部首「扌」は「手」の変形である。

よう 葉

12画

［音読み］ヨウ
［訓読み］は
［部首］艹（くさかんむり）

散るたびに詩が生まれる…

部首「艹」は〝植物〟を表す記号。「枼《よう》」は「蝶」（p423）にも含まれているように、〝平たいもの〟を指す。組み合わせて、**植物の器官の一つ**〝**は**〟を表す。転じて、「写真一葉《いちよう》」のように**ごく薄いものを数えることば**として用いられることもある。

また、「二一世紀中葉《ちゅうよう》」「平安時代末《まつ》葉《よう》」など、〝**時代**〟を意味することもある。もとは〝世代〟を指していたようで、同じ時期に茂り散っていくことから、比喩的に用いられたものか。そう考えると、O・ヘンリーの『最後の一葉』を思わせる、ちょっと詩的な表現である。

よう

陽

12画

［音読み］ヨウ
［訓読み］ひ
［部首］阝（こざとへん）

はっきりと目に見える！

まず思い浮かぶのは、「陽光《ようこう》」「斜陽《しゃよう》」「陽当《ひあ》たり」など〝**太陽**〟という意味。ただし、部首「阝」は「阜」（p525）の変形で、〝盛り上がった土〟を表す記号で、「陽」は本来は、盛り上がった土の〝**光が当たる部分**〟を表す。基本的に「陰」（p23）と対になる漢字で、「山陽《さんよう》」「山陰《さんいん》」とは〝山の南側〟と〝山の北側〟をいう。

転じて、〝**明るくて暖かい**〟ことを表す。「陽気《ようき》」「陽春《ようしゅん》」などがその例。「太陽」とは、本来は〝明るさや暖かさの根源〟。

「陰」と対になって、マイナスに対する〝**プラス**〟、へこんだり色のなかったりする部分に対する〝**突き出したり色が付いたりした部分**〟を表すこともある。「電池の陽極《ようきょく》」「陽画《ようが》」「陽刻《ようこく》」などがその例。「陽《よう》性《せい》の反応」では、〝**疑われているものである**〟こと。また、女性の生殖器に対する〝**男性の生殖器**〟を指すこともある。

このほか、明るく見せるところから、〝**見せかけてだます**〟という意味となることもあり、「陽動作戦《ようどうさくせん》」がその例。

音読みは基本的にはヨウだけ。「陰陽《おんみょう》道《どう》」でミョウと読むのは、「陰」のオンが昔はオムと発音されていたため、そのムと結びついて変化したものである。

よう

溶

13画

［音読み］ヨウ
［訓読み］と-く、と-ける、と-かす
［部首］氵（さんずい）

とにかくすべてを液体に！

部首「氵」は「水」の変形。本来は、〝**固体や気体が液体の中に完全に混じり込む**〟ことを表す。「水溶液《すいようえき》」「片栗粉《かたくりこ》を水で溶《と》く」「二酸化炭素は水に溶《と》ける」「塗料をアルコールに溶《と》かす」などがその例。

また、「溶接《ようせつ》」「溶岩《ようがん》」「ガラスが溶《と》ける」のように、〝**高温のため固体が液体になる**〟ことをも表す。ただし、これは本来は「熔《よう》」「鎔《よう》」という漢字の表す意味なので、現在でも「熔接《ようせつ》」「熔岩《ようがん》」や「熔鉱炉《ようこうろ》」「鎔鉱《ようこう》炉《ろ》」のように書くこともある。

◆「とける／とかす」と訓読みする漢字には「解」（p65）「融」（p605）もある。「解」は〝ばらばらになる〟〝なくなる〟の意味で使うので別として、「溶」「融」は意味が似通っていて、使い分けはむずかしい。本来的には、「融」は〝加熱されて固体そのものが液体になる〟場合に用い、「溶」は〝固体や気体が液体にとけ込む〟ときに使う。ただし、現在では「溶」は、「融」の表す〝加熱されて固体そのものが液体になる〟の意味でも使われる。そこで、原則的には「溶」を使うが、〝加熱されて〟という意味合いを強く出したい場合には、「融」と書くこともある。また、〝完全にとけ合う〟という意味で「融」を使うこともある。

よう

腰

13画

［音読み］ヨウ
［訓読み］こし
［部首］月（にくづき）

肉体的にも精神的にも…

肉体の一部〝**こし**〟を表す。以前は、「覀」を「襾」とした「腰」と書くのが正式。本来、「要／要」（p609）が〝こし〟を意味していたが、後に〝大切なところ〟という意味で使われるようになったため、「肉」の変形で〝肉体〟を表す部首「月」を付け加えて、改めて作られた漢字である。

「腰《こし》が低い」「腰《こし》が軽い」「腰砕《こしくだ》け」「本腰《ほんごし》を入れる」「穏やかな物腰《ものごし》」など、〝**何かに対する態度**〟を表すのは、日本語独自の用法。中国の古典で「折腰《せつよう》＝腰《こし》を折《お》る」といえば、〝プライドを捨てて他人に頭を下げる〟こと。意味合いは異なるものの、

「腰」には〝人間として大切なもの〟というイメージがあるようである。

よう 様

14画

［音読み］ヨウ
［訓読み］さま
［部首］木（きへん）

「様相《ようそう》」「様態《ようたい》」「様子《ようす》」「以下同様《いかどうよう》」「様変《さまが》わり」など、〝**状態**〟を意味する漢字。「鳥の様《よう》に飛ぶ」「喜ぶ様《さま》が目に浮かぶ」「役者としての生《い》き様《ざま》」のように用いるのもこの意味。ただし、漢字で書くと印象が強くなりすぎることがあるため、これらの「よう」「さま」は、熟語以外ではかな書きすることも多い。

ときにはかなで書いた方が？

転じて、ある決まった〝**形式**〟をも表す。「様式《ようしき》」「仕様《しよう》」「今様《いまよう》に仕立てる」などが、その例。「模様《もよう》」は、「雨模様《あめもよう》」「模様替《もようが》え」などでは〝状態〟を表すが、「縞模様《しまもよう》」「唐草模様《からくさもよう》」などでは〝形式〟の意味となる。

また、「許し様《よう》がない」「ものは言い様《よう》」など、〝**手段や方法**〟という意味となることもあるが、これは日本語独自の用法か。この意味の場合にも、漢字で書くと印象が強くなりすぎるのを避けるため、「よう」とかな書きにする場合が多い。

日本語「よう」には、「花のような笑顔」のように似ていることを表したり、「風邪をひいたようだ」のように推測や不確かな断定を表したり、「早く寝るように」のように命令や依頼を表したりなど、さまざまな使い方がある。これらも「様」を書くことがあるが、漢字の意味とは関係が薄いので、かな書きの方がふさわしい。

なお、「勝海舟様《かつかいしゅうさま》」のように、**人の名前のあとに付けてその人をていねいに指す**のは、日本語のオリジナル。「殿様《とのさま》」「課長《かちょう》様《さま》」「四名様《よんめいさま》」なども同じような用法で、さらには「ご苦労様《さま》」「おあいにく様《さま》」のように、**さまざまなことばのあとに付けてていねいな気持ちを表す**こともある。

以前は「樣」と書くのが正式。部首「木」が付いていることから、本来は樹木の一種を表していたと考える説が有力。〝状態〟を表すようになったのは、大昔の中国語で〝状態〟を意味することばと発音が似ていたので当て字的に用いられたから、という説が有力だが、異説もある。

よう 瘍

14画

［音読み］ヨウ
［部首］疒（やまいだれ）

部首「疒」は〝心身の不具合〟を表す記号。〝**できもの**〟を意味する漢字で、現在では「腫《しゅ》瘍《よう》」「潰瘍《かいよう》」以外の形ではまず用いられない。が、それだけに目にしたときのインパクトは強い。医学が発達してこの漢字で苦しむ人がいなくなることを、心から祈りたい。

いつかなくなりますように！

よう 踊

14画

［音読み］ヨウ
［訓読み］おど-る
［部首］⻊（あしへん）

「舞踊《ぶよう》」「踊《おど》り子《こ》」「盆踊《ぼんおど》り」など、〝**リズムに合わせて体を動かす**〟ことを表す。

ストレス発散になるかなあ…

◈訓読み「おどる」では、「躍」（p597）との使い分けが気になるところ。「躍」は単に〝とびはねる〟のに対して、「踊」は〝リズムに合わせて動く〟ことなので、悩む必要はあまりない。ただし、この使い分けは日本語独自のものらしく、本来は「踊」も〝とびはねる〟という意味だったようである。

また、日本語では〝**何かに合わせて動かされる**〟というニュアンスで使われることがある。「マスコミに踊《おど》らされる」がその例。合わせるのか、合わせさせられるのか、そこが大問題なのである。

よう 窯

15画

［音読み］ヨウ
［訓読み］かま
［部首］穴（あなかんむり）

料理のときには気をつけて！

〝**主に陶器や食べ物を焼くのに使う穴ぐら**〟を表す。「炭焼き窯《がま》」「窯元《かまもと》」などがその例。「窯業《ようぎょう》」では、〝**陶器を焼く**〟こと。

◆「釜」（p78）も「かま」と訓読みするが、〝煮炊きするための容器〟のこと。お米は「釜」で炊くものだが、ピザやパンは「窯」でないと焼くことはできないので、注意が必要である。

よう 養

15画

［音読み］ヨウ
［訓読み］やしな-う
［部首］食（しょく）

食事だけでは十分ではない…

部首「食」と「羊」を組み合わせた漢字。本来は、〝ひつじに食糧を与えて成長させる〟ことを表したと考える説が有力。転じて、広く〝**世話をして成長させる**〟という意味で用いられる。「養殖《ようしょく》」「養豚《ようとん》」「養鶏《ようけい》」「培養《ばいよう》」などがその例。「栄養《えいよう》」「養分《ようぶん》」では、〝**活動し成長するエネルギーのもとになるもの**〟を指す。

「養育《よういく》」「養成《ようせい》」など、人間に対して用いられても、基本的には同じ意味。ただし、「養護《ようご》」「親を養《やしな》う」になると、〝成長〟のニュアンスは薄まって〝**生活の世話をする**〟という意味となり、「供養《くよう》」のように〝**死後の世話をする**〟ことを表す場合もある。また、「養子《ようし》」「養母《ようぼ》」のように、特に〝**血縁関係はないが、法律上で家族の関係がある**〟という意味でも用いられる。

一方、「養生《ようじょう》」「静養《せいよう》」「鋭気を養《やしな》う」などでは、〝**心身を健康な状態にする**〟ことをいう。さらには、「教養《きょうよう》」「素養《そよう》」「修養《しゅうよう》」など、肉体を離れて〝**精神的に豊かにする**〟ことを表す場合もある。〝食べさせる〟だけでは終わらない意味の深みを、肝に銘じたいものである。

よう 擁

16画

［音読み］ヨウ
［部首］扌（てへん）

私のものに手を出すな！

部首「扌」は「手」の変形。〝**まわりに腕をまわすようにして大切に持つ**〟ことを表す。「抱擁《ほうよう》」がその例。訓読みすれば「かかえる」だが、現在では「抱」（p555）を書くのが一般的。

転じて、「擁護《ようご》」「擁立《ようりつ》」など、〝**大切に守り支える**〟という意味でも使われる。

また、「豪腕投手を擁《よう》するチーム」のように〝**代表的な仲間として持つ**〟ことを表す場合もあれば、「数万人の社員を擁《よう》する企業」「人口百万を擁《よう》する大都会」のように〝**構成員として持つ**〟ことをいう場合もある。どの意味であれ、〝自分のものにする〟という意識の強い漢字である。

よう 謡

16画

［音読み］ヨウ
［訓読み］うた-う、うたい
［部首］言（ごんべん）

今宵もあちこちで…

本来は、「民謡《みんよう》」「童謡《どうよう》」など〝**人びとの間で自然発生的にうたわれる歌**〟を表す。多くは伴奏なしにうたわれるもので、もともとは儀式などで伴奏に合わせてうたわれるものだった「歌」（p57）とは、そこが異なる。

「歌謡《かよう》」は、その両方を併せていう熟語だが、人びとがカラオケで「歌謡曲《かようきょく》」を熱唱している姿には、「謡」の本来のイメージが残っているようにも思われる。

日本語では、「謡曲《ようきょく》」「能《のう》を謡《うた》う」「謡《うたい》の稽古《けいこ》」のように、特に〝**能の楽曲**〟を指して使われることも多い。

◆訓読み「うたう」は、現在では「歌」（p57）を用いるのが一般的。ただし、〝**能の楽曲をうたう**〟場合だけは、「謡」を書く。

なお、「うたう」と訓読みする場合には「う」を送りがなとするが、「うたい」の場合は送りがなを付けないのが習慣。
以前は「謠」と書くのが正式。部首「言」からは、メロディよりも歌詞に重点があったことがうかがえる。

よう 曜 18画

宝石のようなきらめき

［音読み］ヨウ
［部首］日（ひへん、にちへん）

現在では「曜日《ようび》」の印象が強く、そのほかで使われることは少ない。ただし、部首「日」にも現れているように、本来は〝**光り輝く**〟ことを表す漢字。「七曜《しちよう》」とは、〝太陽・月・火星・水星・木星・金星・土星〟という、明るく輝く七つの天体。それを〝**一週間のそれぞれの日**〟に当てはめて用いるのは、ヨーロッパのカレンダーを翻訳する際に生まれた、日本語独自の用法。中国語では、〝日曜〟は「星期天《シンチーティエン》」、〝月曜〟以下は「星期一《シンチーイー》」「星期二《シンチーアル》」のように呼ぶ。

なお、「日旺《にちよう》休診」のように、略字として「旺」を用いることがある。「玉」は〝宝石〟を表すので、その〝光り輝く〟イメージを借りたものだろう。

よく 抑 7画

あの勢いを止めろ！

［音読み］ヨク
［訓読み］おさ-える
［部首］扌（てへん）

部首「扌」は「手」の変形。本来は〝**高まるものを低くとどめる**〟ことを表す。「抑《よく》揚《よう》」は〝音や調子などを低くしたり高くしたりする〟こと。転じて、「抑圧《よくあつ》」「抑制《よくせい》」「抑止《よくし》」「抑留《よくりゅう》」のように、〝**動こうとするものを無理にとどめる**〟ことをもいう。

◆「おさえる」と訓読みする漢字には、ほかに「押」（p 45）がある。使い分けは微妙だが、「押」は実際のモノについて用いるのに対して、「抑」は、「価格を抑《おさ》える」「相手の攻撃を抑《おさ》える」「はやる気持ちを抑《おさ》える」など〝勢い〟について使うのが、異なる点。とはいえ、まぎらわしい場合も多いので、迷ったらかな書きしておくのが無難である。

よく 沃 7画

農業の根本は水路にあり

［音読み］ヨク、ヨウ
［部首］氵（さんずい）

〝**作物がよく育つ**〟ことを表す。「沃野《よくや》」「肥沃《ひよく》」などがその例。本来は〝土地に水を十分に引く〟という意味で、「水」が変形した部首「氵」は、そのなごり。養分が多いだけでなく、人の手が十分に加わっている土地を表す漢字である。

昔は「沃度《ようど》」「沃素《ようそ》」のように、元素の一つ〝ヨード〟に対する当て字として使われたこともあるが、現在ではあまり用いられない。

よく 浴 10画

いい気分だけどそのうち…!?

［音読み］ヨク
［訓読み］あ-びる
［部首］氵（さんずい）

〝**水やお湯を体にかけたり、水やお湯に体を浸したりする**〟ことを表す。「シャワーを浴《あ》びる」などがその例。「海水浴《かいすいよく》」「水浴《みずあ》び」「浴《よく》室《しつ》」「浴槽《よくそう》」「入浴《にゅうよく》」「一風呂浴《あ》びる」のように、特に〝**お風呂**〟を指す場合が多い。

転じて、〝**体全体で感じ取る**〟という意味ともなる。「森林浴《しんりんよく》」「日光を浴《あ》びる」「満場の拍手を浴《あ》びる」などがその例。「恩恵に浴《よく》する」「賞賛を浴《あ》びる」のように、比喩的に用いられて〝**心地よいものを十分に受け取る**〟ことを表す場合もある。

基本的には〝どっぷりつかる〟という心地よさを表す漢字。ただし、「冷笑を浴《あ》びせる」「攻撃を浴《あ》びせる」「批判を浴《あ》びる」のように、〝**厳しく当たる／当たられる**〟ことを指す場合もある。これは、日本語独自の用法のようである。

よく 欲

11画

［音読み］ヨク
［訓読み］ほ-しい、ほっ-する
［部首］欠（あくび）

お腹いっぱいになりたい！

「欲求《よっきゅう》」「貪欲《どんよく》」「車が欲《ほ》しい」「恋人が欲《ほ》しい」「動物がえさを欲《ほっ》する」など、〝**手に入れたい／実現したいと望む**〟ことを表す。また、「物欲《ぶつよく》」「金銭欲《きんせんよく》」「知識欲《ちしきよく》」のように、〝**手に入れたい／実現したいと望む気持ち**〟を指しても使われる。

部首「欠」（p152）は、〝口を大きく開ける〟ことを表す。「谷」の意味には諸説があるが、組み合わせて、本来は〝食べ物を口に入れたいと願う〟という意味だとする説が優勢。やはり「食欲《しょくよく》」は、人間の最大の「欲望《よくぼう》」のようである。

よく 翌

11画

［音読み］ヨク
［訓読み］あく-る
［部首］羽（はね）

大空高く昇っていく…

「翌日《よくじつ》」「翌週《よくしゅう》」「翌月《よくげつ》」「翌《よく》年《ねん》」「翌《あく》る朝」「翌《あく》る日」など、〝**暦の上で次の**〟という意味を表す。訓読み「あくる」は、現在では「明」（p584）を使って「明《あ》くる」と書くことも多い。

部首「羽」が付いていることから、本来は〝はね〟に関係する意味を持っていたと思われるが、成り立ちに関しては諸説があって、よくわからない。ただし、もともとは〝次の日〟だけを指していたらしく、〝鳥が飛ぶ〟から〝太陽が昇る〟へと変化したのかもしれない。

なお、以前は「翌」と書くのが正式。

よく 翼

17画

［音読み］ヨク
［訓読み］つばさ
［部首］羽（はね）

バランスをくずさないで

鳥や昆虫・飛行機などが**飛ぶために用いる**〝**つばさ**〟を表す。「両翼《りょうよく》」「尾翼《びよく》」「回転翼《かいてんよく》」「翼《つばさ》を広げる」などがその例。

転じて、建物や陣形などの〝**左右に伸びた部分**〟を指すこともある。「左翼《さよく》」「右《う》翼《よく》」をこの意味で使うこともあるし、「一《いち》翼《よく》を担う」もこの例。

左右から支えるところから、〝**助ける**〟という意味にもなる。「大政翼賛会《たいせいよくさんかい》」がその例。また、〝**左右のバランスが取れている**〟ことをいう場合もある。「小心翼々《しょうしんよくよく》」は、本来は〝細かいところまでバランスよく気を配るようす〟を表すが、現在では〝びくびくする〟という意味で用いられる。

なお、以前は「翼」と書くのが正式。

よどむ 淀

11画

［音読み］デン
［訓読み］よど-む
［部首］氵（さんずい）

中国風に言ってみると…

部首「氵」は〝水〟の変形。「定」は〝動かない〟こと。本来は〝**水がたまって流れないところ**〟を表し、転じて広く〝**うまく流れない**〟ことをいう。「どぶ川の淀《よど》み」「空気が淀《よど》む」「言《い》い淀《よど》む」などがその例。

現在では音読みを用いることはまずないが、京都府から大阪府にかけて流れる「淀川《よどがわ》」を、古くは、中国風に「淀江《でんこう》」と呼んだことがある。

ら

ら

拉

8画

［音読み］ラ
［部首］扌（てへん）

日本料理の一つ?

〝**無理に引っ張る**〟ことを表す。「拉致《らち》」がその例だが、現在ではこの熟語以外に用いられることはあまりない。「ラーメン」を漢字で「拉麺《ラーメン》」と書くことはあるが、語源には諸説がある。どうであれ、「ラーメン」は今や中国語ではなく、カタカナで書く日本語であろう。

ら

裸

13画

［音読み］ラ
［訓読み］はだか
［部首］衤（ころもへん）

衣はあるけど服はない?

部首「衤」は「衣」の変形。「裸体《らたい》」「全裸《ぜんら》」「裸《はだか》になる」など、〝**衣服を着けていない**〟ことを表す。転じて、〝**何ものにもおおわれていない**〟という意味ともなり、「裸眼《らがん》」「裸電球《はだかでんきゅう》」「裸《はだか》のままのナイフ」「真相を丸裸《まるはだか》にする」「赤裸々《せきらら》な話」のようにも使われる。

「裸足《はだし》」は、漢字の熟語をそのまま、意味を表す日本語で読む当て字的表現。「はだし」は、「はだあし」が縮まったことばである。

ら

羅

19画

［音読み］ラ
［部首］罒（あみめ、よこめ）

網タイツとは大違い?

部首「罒」は〝網〟を表し、「維」（p17）には〝つなぐ〟という意味がある。合わせて、〝**網でつかまえる**〟ことを表し、「網羅《もうら》」がその例。

転じて、「羅列《られつ》」では網目のように〝**隣り合って並べる**〟ことを指す。並べて見せるところから〝**表示する**〟という意味にもなり、「羅針盤《らしんばん》」がその例。

また、**細かい網のような薄い布で織られた**〝**上質の衣服**〟をも表す。〝一枚だけの特別な服〟をいう「一張羅《いっちょうら》」は、その意味が残る例。「綺羅星《きらほし》のごとく」も、本来は〝きれいな衣服が星のように輝く〟こと。

このほか、当て字として用いられることも多い。「阿修羅《あしゅら》」「曼荼羅《まんだら》」「沙羅双樹《さらそうじゅ》」は古代インド語に対する当て字。「羅紗《らしゃ》」「天麩羅《てんぷら》」「羅馬《ローマ》」はヨーロッパのことばに対する当て字である。

らい

来

7画

［音読み］ライ
［訓読み］く-る、きた-る、きた-す
［部首］木（き）

日本では明日はない?

〝**向こうからこちらへ移動する**〟ことを表す。「来《らい》客《きゃく》」「外来《がいらい》」「集金に来《く》る」「手紙が来《こ》ない」「警察が来《き》ます」などがその例。

転じて、〝**ある時間になる**〟ことをも表す。例としては、「将来《しょうらい》」「その日が来《く》る」「来《きた》る土曜日」など。また、「来週《らいしゅう》」「来《らい》月《げつ》」「来年《らいねん》」のように〝**暦の上で次の**〟という意味も表す。中国の古典では「来日」と書いて〝次の日〟を指すことがあるが、日本語の「来日《らいにち》」は〝日本に来る〟こと。〝次の日〟という意味はない。

さらに、〝**ある時点より後ずっと**〟という意味ともなる。「以来《いらい》」「古来《こらい》」「元来《がんらい》」「先《せん》年来《ねんらい》の課題」などがその例。

また、〝ある時間になる〟ことから、〝**ある状態になる**〟ことをも表す。「由来《ゆらい》」「来《らい》歴《れき》」などがその例。この場合には「きたす」と訓読みし、「支障を来《きた》す」「矛盾を来《きた》す」など〝**よくない状態になる**〟場合が多い。「大事件が出来《しゅったい》する」もこの意味の例だが、タイと読むのは、音読みライが直前のツと結びついて変化したもの。また、可能を表す「出来る《でき》」は、語源としては「出《で》て来《く》る」ことで、本来は〝何かが生じる〟こと。当て字のようなそうではないような、微妙な書き方である。

以前は「來」と書くのが正式で、部首も「人」。ただし、古代文字では「」と書き、本来は〝むぎの穂〟の絵だと考えられている。大昔の中国語では〝くる〟ことを意味することばと発音が似ていたため、当て字的に用いられるようになった。その結果、〝むぎ〟を表す漢字として改めて作られたのが、「麦／麥」（p495）である。

らい 雷

13画

［音読み］ライ
［訓読み］かみなり、いかずち
［部首］雨（あめかんむり）

ピカッに続いて襲ってくる！

お天気の〝かみなり〟を表す。「雷鳴《らいめい》」「雷雨《らいう》」「落雷《らくらい》」「雷《かみなり》が聞こえる」などがその例。

やや古風に「いかずち」と訓読みすることもある。「雷同《らいどう》」は、〝かみなりの大きな音に影響されるように、すぐに権威に従う〟こと。

転じて、〝**大きな音を立てて爆発するもの**〟をも表す。「魚雷《ぎょらい》」「地雷《じらい》」「雷管《らいかん》」などがその例。また、「迅雷《じんらい》」のように〝**とてもすばやく勢いが激しいもの**〟のたとえとして用いられることもある。

本来は〝かみなりの音〟を指し、〝かみなりの光〟を表すのは「電」（p444）。「雷」は、基本的には〝大きな音〟にイメージの中心がある漢字である。

らい 頼

16画

［音読み］ライ
［訓読み］たよ-る、たの-む
［部首］頁（おおがい）

当てにできるのはやっぱり…？

助けてくれる、利用できるなどと考えて〝**当てにする**〟ことを表す。「信頼《しんらい》」「先輩を頼《たよ》る」などがその例。「無頼《ぶらい》」は〝当てにはできない〟こと。

日本語ではやや変化して、〝**お願いする**〟という意味で使われる。「依頼《いらい》」「修理を頼《たの》む」などがその例。名前で「より」と読むのは、〝たよる〟という意味の古語に由来するもの。また、「頼《たの》もしい」では〝**当てになる**〟ことをいう。

◆「たより」と訓読みする漢字には「便」（p548）もあるが、「便」は〝手紙・知らせ〟を指すので、意味がかなり異なる。

以前は「賴」と書くのが正式で、部首は〝お金や宝物〟を表す「貝」。本来は〝利益〟を指し、〝当てにする〟という意味はそこから転じたものだという。

らく 絡

12画

［音読み］ラク
［訓読み］から-む
［部首］糸（いとへん）

ほどほどがむずかしい！

「連絡《れんらく》」「脈絡《みゃくらく》」が代表的な熟語。部首「糸」にも現れているように、本来は〝糸でつなぐ〟ことを表す漢字で、広く〝**つなぐ／つながる／つながり**〟という意味で用いられる。

糸がひっかかることから、〝**ひっかかって離れない**〟という意味にもなる。「ひもが絡《から》む」「たんが絡《から》む」「酔っ払いに絡《から》まれる」などがその例。「籠絡《ろうらく》」もこの例で、〝うまく丸め込んで味方に引き入れる〟ことをいう。

〝つながる〟とうれしいが、〝ひっかかる〟とわずらわしい。なかなかむずかしい問題を含む漢字である。

らく 落

12画

［音読み］ラク
［訓読み］お-ちる、お-とす
［部首］艹（くさかんむり）

幸せの探し方

部首「艹」は〝植物〟を表す記号。本来は〝植物の葉が散る〟ことをいう漢字で、広く〝**重力に任せて上から下へと移動する／させる**〟という意味で用いられる。「落下《らっか》」「転落《てんらく》」「棚から落《お》ちる」「ボールを落《お》とす」などがそのの例。

転じて、〝**悪い状態となる**〟ことをも表す。例としては、「没落《ぼつらく》」「堕落《だらく》」「落《お》ちぶれる」「気分が落《お》ち込《こ》む」など。「落《お》ち武者《むしゃ》」「都落《みやこお》ち」「追《お》い落《お》とす」のように〝**逃げる**〟〝**追い払う**〟という意味ともなるし、「陥落《かんらく》」「落城《らくじょう》」など〝**敵のものとなる**〟ことをも表す。

また、「欠落《けつらく》」「色が落《お》ちる」「手《て》落《お》ち」などでは、〝**あったもの／あるべきものがなくなる**〟こと。「落選《らくせん》」「落伍《らくご》」「脱落《だつらく》」「試験に落《お》ちる」のように、〝**望ましいグループから外れる**〟という意味でも使われる。

なんだか印象のよくない漢字だが、いい意味もある。たとえば、下へ移動した結果、ある場所にとどまるところから、〝**安定した状態になる**〟ことをも表す。「建物が落成《らくせい》する」「一段落《いちだんらく》する」「落《お》ち着《つ》く」「話の落《お》ち」などがその例。「集落《しゅうらく》」「村落《そんらく》」のように、〝**人びとが安定して住む場所**〟を指すこともある。また、「落手《らくしゅ》」とは〝**手に入れる**〟こと。ここから日本語では、「競《せ》り落《お》とす」「落札《らくさつ》」のようにも使われる。上を見ているばかりでは幸せは見つからないよ、とささやいているような漢字である。

◆「おちる／おとす」と訓読みする漢字には「堕」(p384)「墜」(p428)もあるが、「落」が最も一般的に使われるので、迷ったときは「落」を書いておけば問題ない。ただし、〝境遇が悪くなる〟ことを強調したい場合には「堕」を、〝支えきれず真っ逆さまに〟というニュアンスを出したい場合には「墜」を書くのも、効果的である。

らく 楽

13画

⇩ がく (p74)

らく 酪

13画

[音読み] ラク
[部首] 酉 (とりへん)

遊牧民族の暮らしから…

〝**乳製品**〟を表す。「酪農《らくのう》」は〝乳製品を作る〟こと。「乾酪《かんらく》」は〝チーズ〟、「牛酪《ぎゅうらく》」は〝バター〟。それぞれ、漢字の熟語のまま、当て字的に「チーズ」「バター」と読むこともある。

部首「酉」はふつうは〝お酒〟を表すが、この漢字では〝発酵させる〟こと。もっとも、モンゴルの「馬乳酒《ばにゅうしゅ》」のように、乳が発酵したお酒もある。

らつ 辣

14画

[音読み] ラツ
[部首] 辛 (からい)

舌を刺す！鼻にも衝く!!

部首「辛」から想像できるように、〝**鋭くからい**〟ことを表す漢字。「辣油《ラーユ》」がその代表だが、ラーは、現代中国語の発音による読み方。転じて、「辛辣《しんらつ》」「悪辣《あくらつ》」「辣腕《らつわん》」のように、〝**他人を傷つけかねないほど鋭く厳しい**〟ことを表す。

植物の「辣韮《らっきょう》」は、独得の香りとからさを持つ食材の一つ。ここから考えると、味覚だけでなく嗅覚に強い刺激を与えることをも指す漢字であるらしい。

らん 乱

7画

[音読み] ラン
[訓読み] みだ-れる
[部首] 乚 (つりばり)

あらゆるレベルに対応します

〝**秩序がない／秩序をなくす**〟ことを表す。「乱雑《らんざつ》」「乱調《らんちょう》」「乱暴《らんぼう》」「混乱《こんらん》」「戦乱《せんらん》」「呼吸が乱《みだ》れる」「隊列を乱《みだ》す」などがその例。身の回りのことから世界全体の問題まで、さまざまなものに対して用いられるのは、あちこちでとかく〝秩序〟が失われがちだからだろうか。

以前は「亂」と書くのが正式。部首「乚」は形の上から便宜的に分類されたもの。「𤔔」は〝もつれた糸〟を表すと考えられている。「𤔔」を含む漢字には、ほかに「辞

／辞」（p244）がある。

らん 卵

7画

［音読み］ラン
［訓読み］たまご
［部首］卩（ふしづくり）

殻はなくてもかまわない？

動物が生まれてくる〝たまご〟を表す。「鶏卵《けいらん》」「卵黄《らんおう》」「卵《たまご》の殻」などがその例。また、「卵子《らんし》」「卵巣《らんそう》」「排卵《はいらん》」のように、広く**〝雌の生殖細胞〟**を指しても用いられる。

〝雄の生殖細胞〟を表す「精」（p338）がさまざまな意味を持つのに対して、「卵」の意味はシンプル。目にはっきり見えるものを指すからだろうか。とはいえ、「小説家の卵《たまご》」「アイデアの卵《たまご》」のように比喩的に使われることはある。

古代文字では「」と書き、本来は〝昆虫や魚のたまご〟を表していたと考える説が有力。現在では〝鳥のたまご〟のイメージが強いので、ちょっと意外である。

なお、食材としての〝たまご〟は「玉子《たまご》」と書いて区別することがある。

らん 覧

17画

［音読み］ラン
［部首］見（みる）

高いところからうっとりと…

「一覧《いちらん》」「観覧《かんらん》」「便覧《びんらん》」「展覧会《てんらんかい》」「博覧会《はくらんかい》」のように、**〝全体を見せる〟**ことや**〝全体を見渡す〟**ことを表す。

以前は「覽」と書くのが正式。〝水に映った自分の姿を見下ろす〟ことを意味する「監」（p89）に、部首「見」を組み合わせた漢字。「〼」の部分は「監」の「皿」のなごり。〝調べる・見張る〟というニュアンスが強い「監」に対して、「覧」は〝上から眺める〟というイメージが強い。

らん 濫

18画

［音読み］ラン
［訓読み］みだ-りに
［部首］氵（さんずい）

どうにも止まらない…

「水」が変形した部首「氵」にも現れているように、本来は**〝水があふれる〟**ことを表す漢字。「氾濫《はんらん》」がその例で、「類似品が氾濫する」のように、**〝あちらにもこちらにも存在する〟**ことを指しても用いられる。

転じて、**〝むやみやたらに〟**という意味にもなる。「濫獲《らんかく》」「濫造《らんぞう》」「濫用《らんよう》」「権力を濫《みだ》りに振りかざす」などがその例。ただし、この意味の熟語では、「乱獲」「乱造」「乱用」のように、現在では「乱」（p619）を用いることもある。

◆「みだりに」と訓読みする漢字には「漫」（p576）「妄」（p589）もある。「漫」は〝目的がはっきりしない〟というニュアンスが、「妄」だと〝判断力が低い〟というイメージが強くなるのに対して、「濫」は〝むやみやたらに〟という意味合いで用いることが多い。また、〝人間的でない〟という側面を強調したいときに「猥」（p652）を書くこともある。ただし、この使い分けは微妙なので、迷ったらかな書きするのがおすすめである。

また、あふれるほどの水が何かを浮かべるところから、**〝水に浮かべる〟**という意味ともなる。「濫觴《らんしょう》」とは、本来は〝杯がやっと浮かぶほどの小さな流れ〟のことで、〝ものごとの起源〟のたとえ。「觴」は〝杯〟を指す。

らん 蘭

19画

［音読み］ラン
［部首］艹（くさかんむり）

花の中から漢字が生まれた？

部首「艹」は〝植物〟を表す。本来は〝ふじばかま〟を指したらしいが、現在では、**美しい花と香りが特徴的な〝らん〟**をいう。

日本では「オランダ」に「和蘭《オランダ》」「阿蘭《オラン》陀《ダ》」などと当て字したところから、**〝オランダ〟を指す漢字**としても使われる。「蘭《らん》学《がく》」とは、江戸時代にオランダ語を通じて西洋の知識を学んだ学問。その際に用いた書物が「蘭書《らんしょ》」。日本語オリジナルの漢字「腺」(p354)も、蘭学の中から生まれてきたものである。

らん 欄

20画

[音読み]ラン
[部首]木(きへん)

はみ出さないようお願いします

「解答欄《かいとうらん》」「空欄《くうらん》を埋めよ」など、"**文字を書き記すための枠**"を表すのが、代表的な意味。また、「求人欄《きゅうじんらん》」「投書欄《とうしょらん》」のように"**ある情報が書き記されたスペース**"を指すこともある。

ただし、本来は"**手すり**"を表す漢字で、「欄干《らんかん》」がその例。部首「木」が付いているのは、もとは木製の"手すり"を指していたから。"枠"の意味は、落ちないように囲ってあるところから生じたもの。書類の「欄外《らんがい》」にまではみ出して書くのは、よした方がいいのである。

なお、以前は「欄」と書くのが正式。

り

り 吏

6画

[音読み]リ
[部首]口(くち)

朝から晩まで書類仕事を…

「官吏《かんり》」「能吏《のうり》」「吏員《りいん》」など、"**役人**"を表す。"地位の高い役人"を「官」(p82)というのに対して、"地位の高くない事務方の役人"を指すことが多い。そうと知ると、ちょっと悲哀の漂う漢字である。

部首「口」は、形の上から便宜的に分類されたもの。成り立ちとしては「史」(p229)「事」(p242)と関係が深く、宗教や政治に関して"仕事をする人"を表す漢字だったと考えられている。

り 利

7画

[音読み]リ
[訓読み]き-く
[部首]刂(りっとう)

切れ味はもうけの始まり!

部首が「禾(のぎへん)」ではなく、「刀」が変形した「刂」なのは、本来の意味は"**刃物がよく切れる**"ことだから。「鋭利《えいり》」がその例。名前で使われる「とし」は、"刃物が鋭い"という意味の古語。

転じて、"**頭のはたらきがいい**"ことをも表す。「利口《りこう》」「利発《りはつ》」がその例。また、「利用《りよう》」「便利《べんり》」「水利《すいり》」「文明の利器《りき》」のように"**うまくはたらく/はたらかせる**"という意味でも用いられる。「利尿《りにょう》」は"尿をうまく機能させる"こと。

さらに変化すると、"**ためになる**"という意味にもなる。「利己的《りこてき》」「健康に利する」などがその例。「有利《ゆうり》」「勝利《しょうり》」「地の利《り》」では"**ためになること**"、「利益《りえき》」「利潤《りじゅん》」「利権《りけん》」「営利《えいり》を貪《むさぼ》る」ではずばり"**もうけ**"を指す。

◆訓読み「きく」では、「効」(p186)との使い分けが悩ましい。"はたらいた結果が出る"ことを表す「効」に対して、「利」は"うまくはたらく"場合に用いられる。「利《き》き腕《うで》」「ブレーキが利《き》く」「鼻が利《き》く」「顔が利《き》く」などがその例。まぎらわしい場合には、「効果」「利用」のどちらに意味が近いかを考えて使い分けるのも、一つの方法である。

なお、日本語では、「口を利《き》く」のように"**話す**"ことを指して使う場合もある。

り 里

7画

［音読み］リ
［訓読み］さと
［部首］里（さと）

自然と人間が調和する場所

「里山《さとやま》」「人里《ひとざと》」「村里《むらざと》」など、**〝人が集まって住んでいる土地〟**を表す。特に、自然に囲まれた小規模な地域をいうことが多い。

また、**〝昔、住んでいた土地〟**や**〝親が住んでいる家〟**を指すこともある。「郷里《きょうり》」「里《さと》に帰る」などがその例。ただし、「里親《さとおや》」「里子《さとご》」のように**〝他人の子どもを預かって育てる家〟**を意味するのは、日本語独自の用法。

このほか、昔は**距離の単位**としても使われた。日本では約四㎞だが、中国では四〇〇m前後。日本流だと、「万里《ばんり》の長城」は地球を一周することになる。

部首としては？

漢和辞典では部首の一つ。「里」を部首とする漢字のうち、「野」（p595）は〝人が集まって住んでいる土地〟に関係する意味を持つが、「重」（p270）「量」（p631）は形の上から便宜的に分類されたもの。日常的に使われるものはこれくらいしかないが、どれもよく用いられる漢字。少数精鋭の部首である。

り 梨

11画

［音読み］リ
［訓読み］なし
［部首］木（き）

花より果実？

樹木の〝なし〟を表す。日本では果実のイメージが強いが、中国では花が愛される。九世紀の詩人、白楽天《はくらくてん》が『長恨歌《ちょうごんか》』で、楊貴妃《ようきひ》の泣く姿を「梨花一枝《りかいっし》、春、雨を帯びたり」とうたったのは印象的。また、楊貴妃の夫、玄宗《げんそう》皇帝が、宮中の〝なし〟を植えた庭で音楽やお芝居の練習をさせたことから、〝役者の世界〟を「梨園《りえん》」という。

り 理

11画

［音読み］リ
［部首］王（たまへん）

観察するとパターンが見える！

「理由《りゆう》」「理路整然《りろせいぜん》」「原理《げんり》」「真理《しんり》」「義理《ぎり》」「盗人にも三分の理《り》」など、**〝ものごとの筋道〟**を表す。この意味で「ことわり」と訓読みすることもあるが、現在ではあまり用いられない。また、「理解《りかい》」「理性《りせい》」「理想《りそう》」「理念《りねん》」などでは、**〝筋道を立てて考える〟**ことをいう。

転じて、**〝きちんと筋道が立った状態にする〟**ことをも表す。「修理《しゅうり》」「管理《かんり》」「代理《だいり》」「理財《りざい》」「理髪《りはつ》」などがその例。「料理《りょうり》」は〝食べられるものをきちんと作る〟こと。〝きちんとした状態にする〟という意味で「おさめる」と訓読みすることもあるが、現在では「治」（p406）と書くのがふつうで、これまたあまり用いられない。

部首「王」は「玉」（p130）の変形で、〝宝石〟のこと。本来は〝石の表面に浮き出た美しい模様〟を表す漢字。「里」は発音を表しているだけだが、人里の〝整えられた道〟のイメージがあるのかもしれない。

転じて、**〝美しい模様〟**を指す。「肌理《きめ》」は本来は〝肌の表面の模様〟のことで、漢字の熟語をそのまま、意味を表す日本語で読む当て字的表現。

〝筋道〟の意味は、〝美しい模様〟から転じたもの。科学者が「理論《りろん》」を美しいと感じるのも、よくわかる話である。

り 痢

12画

［音読み］リ
［部首］疒（やまいだれ）

とにかく早く解放されたい！

「下痢《げり》」に代表されるように、**〝腹が下る〟**ことを表す。「赤痢《せきり》」「疫痢《えきり》」は、それぞれ感染症の一つ。

部首「疒」は〝心身の不具合〟を意味する記号。「利」（p621）には〝鋭い〟という意味があるが、あのつらさを思い出すと、大いに納得できるところである。

り 裏

13画

［音読み］リ
［訓読み］うら
［部首］衣（ころも）

ちょっと異なる双子がいます

部首「衣」にも現れているように、本来は〝衣服の内側の面〟を表す漢字。広く〝**もののふつうには見えていない方の面**〟を指して使われる。「裏面《りめん》」「表裏《ひょうり》」「裏地《うらじ》」「裏《うら》口《ぐち》」などがその例。「裏話《うらばなし》」「裏《うら》を読む」「裏付《うらづ》け」など、〝ふつうには見えていない〟ことに重心を置いて比喩的に用いられることも多い。

また、〝**内側**〟という意味でも用いられる。「脳裏《のうり》」「胸裏《きょうり》にしまっておく」などがその例。転じて、「秘密裏《ひみつり》にことを運ぶ」「成功裏《せいこうり》に終わる」のように〝**ある状態のままで**〟という意味で使うこともある。これらの意味の場合に「うち」と訓読みすることもあるが、「うち」は現在では「内」（p471）と書くのがふつうである。

なお、部首「衣」を「衤（ころもへん）」に変形させたのが「裡《り》」で、「裏」と意味も読み方も同じ漢字。ただし、「脳裡《のうり》」「胸裡《きょうり》」「秘密裡《ひみつり》」のように〝うち〟の意味の場合だけ「裡」を書いて、〝うら〟の意味と区別することもある。

り 履

15画

［音読み］リ
［訓読み］は-く
［部首］尸（しかばね）

足に対する意識が違う？

部首「尸」は〝人の体〟のことで、この漢字では〝足〟を指す。「草履《ぞうり》」「木履《ぼくり》」「上履《うわば》き」など、〝**足を保護するために着けるもの**〟を表す漢字。「くつ」と訓読みすることもあるが、「くつ」は現在では「靴」（p139）と書くのがふつう。また、「スリッパを履《は》く」「サンダル履《ば》き」のように〝**足に着ける**〟という意味でも用いられる。

転じて〝踏む〟という意味となり、さらには、「履修《りしゅう》」「履行《りこう》」「履歴書《りれきしょ》」など〝**経験する**〟ことをも表す。「践」（p354）「踏」（p458）も含めて、〝踏む〟ことに関係する漢字は〝実際に行う〟という意味にもなる場合が多い。英語の practice や experience は、語源的には〝足で踏む〟こととは関係ないらしい。漢字の世界では、〝足〟に独得の意識があるようである。

り 璃

15画

［音読み］リ
［部首］王（たまへん）

美しいけれど意味はない

部首「王」は「玉」（p130）の変形で、〝宝石〟を表す。「瑠璃《るり》」「玻璃《はり》」は、古代インド語に対する当て字で、透き通った宝石の一種。また〝ガラス〟の古い言い方。「瑠璃」は「琉璃《るり》」と書くこともある。この三つ以外で使われることはなく、つまり一文字としての意味はないという、不思議な漢字である。

なお、「离《り》」の「厶」の部分は3画で数えるので、画数には注意が必要である。

り 離

19画

［音読み］リ
［訓読み］はな-す
［部首］隹（ふるとり）

お互いの心片方の気持ち

「別離《べつり》」「分離《ぶんり》」「離散《りさん》」「支《し》離《り》滅裂《めつれつ》」「二人の間を引《ひき》き離《はな》す」「しばらく離《はな》れて暮らす」など、〝**二つのものが遠ざかる**／**遠ざける**〟ことを表すのが、代表的な意味。「距離《きょり》」では〝**二つのものの間の長さ**〟を指す。

また、〝**何かから遠ざかる**／**遠ざける**〟という意味にもなる。「離脱《りだつ》」「離陸《りりく》」「離島《りとう》」「隔離《かくり》」「親元を離《はな》れる」「道路が川沿いから離《はな》れる」などがその例。お互いが遠ざかるのか、片方が遠ざかるのか。ドラマを秘めた漢字である。

◆似た意味で「はなす／はなれる」と訓

読みする漢字には「放」（p555）もある。「放」は〝自由になる／する〟という意味で使うのに対して、「離」は〝遠ざかる／遠ざける〟ことを表すのが、異なる点である。

部首「隹」（p322）は〝鳥〟を表す記号。「離」も本来は鳥の一種を指す漢字だったが、大昔の中国語で〝遠ざかる／遠ざける〟ことを表すことばと発音が似ていたことから、当て字的に用いられるようになった、という説が有力である。

なお、「离《り》」の「ム」の部分は3画で数えるので、画数には注意が必要である。

りく 陸

11画

［音読み］リク

［部首］阝（こざとへん）

ほかに意味はないんです…

部首「阝」は「阜」（p525）の変形で、〝盛り上がった土〟を表す記号。「陸地《りくち》」「陸路《りくろ》」「大陸《たいりく》」「上陸《じょうりく》」など、〝**水面より上にある大地**〟を指す。「陸《りく》の上」「陸《りく》が見える」のように、音読みを単独で用いることも多い。

ほかの使い方としては、「陸続《りくぞく》」は〝ひっきりなしに続くようす〟、「陸離《りくり》」は〝光がきらめくようす〟。どちらももとは中国語の擬態語で、「陸」に深い意味はない。

音読みはリクだけだが、奈良時代以前からある古い読み方にロクがある。そこで、小切手や契約書などでは、後から書き換えられるのを防ぐために「六」（p650）の代わりに用いられることがある。

りつ 立

5画

［音読み］リツ、リュウ

［訓読み］た-つ、た-てる

［部首］立（たつ）

揺らがないし動かない！

古代文字では「」と書き、〝地面〟を表す横線の上に〝人〟を描いた形。「起立《きりつ》」「立食《りっしょく》」「大地に立《た》つ」など、〝**人や動物などが腰を上げる**〟ことが、本来の意味。広く〝**モノが垂直になる／する**〟ことを表す。「直立《ちょくりつ》」「立体《りったい》」「棒を立《た》てる」などがその例。

転じて、〝**安定する／させる**〟ことや〝**安定したものを作る**〟ことをも表す。例としては、「確立《かくりつ》」「成立《せいりつ》」「立案《りつあん》」「立証《りっしょう》」「立法《りっぽう》」「見通しが立《た》つ」「志を立《た》てる」「計画を立《た》てる」などなど。「立地《りっち》」「立場《たちば》」では、〝**位置を決める**〟という意味。また、「独立《どくりつ》」「中立《ちゅうりつ》」「対立《たいりつ》」のように、〝**位置を決めて存在する**〟ことを指す場合もある。

さらには、〝**事業などを興す**〟という意味ともなり、「設立《せつりつ》」「創立《そうりつ》」「国立《こくりつ》」「私立《しりつ》」などがその例。また、「立候補《りっこうほ》」「擁立《ようりつ》」「皇太子に立《た》てる」などでは、〝**ある地位に就く／就かせる**〟ことを表す。「立春《りっしゅん》」「立夏《りっか》」「立秋《りっしゅう》」「立冬《りっとう》」はやや特殊な例で、〝**暦の上である季節が始まる**〟ことをいう。

全体的に、〝安定する〟〝しっかりと始まる〟というニュアンスを持つ。転じて、日本語では〝**はっきりする／している**〟というイメージでも用いられる。「目立《めだ》つ」「泡立《あわだ》つ」「顔立《かおだ》ち」などがその例。「気が立《た》つ」「勇《いさ》み立《た》つ」など、特に〝**感情が激しくなる**〟ことを指す場合もある。「腹《はら》を立《た》てる」もその一つで、「立腹《りっぷく》」は、そこから生まれた熟語。また、「夕立《ゆうだち》」は〝夕方に降る激しい雨〟。

音読みはリツを使うのが大原則。リュウは、現在では、〝お寺を建てる〟ことをいう「建立《こんりゅう》」以外で用いられるのはまれ。ただし、昔の発音はリフで、リュウはそれが時代とともに変化したもの。リフは続く漢字の読み方によってはリッと変化することがあり、リツはそれが広く使われるようになったものである。

◆訓読み「たつ／たてる」では、「建」（p157）との使い分けがむずかしい。基本的には、「建」は〝家やビルなどを造る〟場合にだけ用いるので、「たてる」と読む場合には、使い分けは比較的簡単。しかし、「たつ」の場合は、「石碑が建《た》つ」と書くと〝造り上げられる〟の意味となるし、「石碑が立《た》つ」と書くと〝ある場所にしっかり存在している〟ことを表す。文脈によっては使い分けは微妙になるので、かな書きに逃げるしかないこともある。このほか、〝決意して始める〟場合に「起」（p98）を用いることもある。

また、「旅立《たびだ》つ」では〝**出発する**〟ことを表すが、この意味の訓読み「たつ」は、「九時にテヘランを発《た》つ」のように「発」（p498）を書くことも多い。

部首としては？

〝立つ〟ことに関する漢字の部首となるが、日常的に用いられる例には、「端」（p400）のほか、「すくむ」と訓読みする「竦《しょう》」や、〝建物ができあがる〟ことを表す「竣《しゅん》」があるくらい。「競」（p127）「章」（p292）「童」（p462）などは、形の上から便宜的に分類されたもの。なお、漢字の左側に置かれた場合には「たつへん」と呼ばれる。

りつ 律

9画

［音読み］リツ、リチ
［部首］彳（ぎょうにんべん）

従っておけば間違いない！

「規律《きりつ》」「法律《ほうりつ》」「戒律《かいりつ》」「不文律《ふぶんりつ》」など、〝**守るべき決まり**〟を表すのが、本来の意味。転じて、〝**決まりや命令に従わせる**〟という意味でも用いられる。「一律《いちりつ》に値引きする」「自律《じりつ》神経《しんけい》」「他律的《たりつてき》」などがその例。

また、音楽の分野では〝**理論的に割り出される**〟〝**美しく響く音の高さ**〟を指して使われる。「旋律《せんりつ》」「調律《ちょうりつ》」がその例。

音読みはリツを使うのが大原則。リチは奈良時代以前からある古い読み方で、現在では「律儀《りちぎ》」以外ではまず用いられない。また、「呂律《ろれつ》」のレツは、リツが変化した特殊な読み方。「呂」（p645）も「律」も、もともとは中国音楽の音名で、「呂律」は〝きちんとした音程〟から転じて、〝ことばのきちんとした発音〟をいう。

なお、成り立ちには諸説あり、部首「彳」が付いている理由もはっきりしない。

りつ 率

11画

［音読み］リツ、ソツ
［訓読み］ひき-いる
［部首］玄（げん）

いつも全体を見ています

音読みによって意味が異なるので、注意が必要な漢字。リツと読む場合は、あるものに対してどれくらいであるかという〝**割合**〟をいう。「比率《ひりつ》」「確率《かくりつ》」「効率《こうりつ》」「打率《だりつ》」「円周《えんしゅう》率《りつ》」「視聴率《しちょうりつ》」「値下げ率《りつ》」「アップ率《りつ》」などなど、さまざまなことばのあとにくっついて大活躍する。

一方、ソツと読む場合は、〝全体をまとめる〟ことを表すのが基本。転じて、「率先《そっせん》」「引率《いんそつ》」「部下を率《ひき》いる」など〝**先頭に立って導く**〟ことを表す場合と、「率直《そっちょく》に言う」「真率《しんそつ》な対応」のように〝**隠しごとをしない**〟という意味になることがある。

このほか、「軽率《けいそつ》な行動」「率爾《そつじ》ながら申し上げます」では〝**突然**〟という意味だが、この場合もソツと音読みする。

以前は「率」と書くのが正式。部首「玄」（p166）は〝糸巻き〟と関係があると考えられており、「率／率」は本来は〝巻かれた糸を引き絞る〟ことを表す、とする説が優勢。そこから〝まとめる〟の意味が生まれ、全体をまとめてその中でどれくらいかという〝割合〟を指すようになった。その視野の広さを見習いたいものである。

りつ 慄

13画

［音読み］リツ
［訓読み］おのの-く、ふる-える
［部首］忄（りっしんべん）

恐怖心を体で表す

「戦慄《せんりつ》」「慄然《りつぜん》」の二つの熟語が代表的。〝**恐怖で体が小刻みに揺れ動く**〟ことを表す。また、〝**寒さで体が小刻みに揺れ動く**〟ことをいう場合もある。部首「忄」は「心」の変形。いがのある「栗《くり》」が、ピリピリした雰囲気をよく表している。

《◆「おののく」と訓読みする漢字には「戦」(p353)もある。意味に大きな違いはないが、「戦争」のイメージを避けてか、最近では「慄」の方がよく使われる。

《◆訓読み「ふるえる／ふるわす」は、現在では「震」(p316)と書くのがふつう。「声が慄《ふる》える」「身を慄《ふる》わす」のようにあえて「慄」を使うと、〝恐怖で〟というニュアンスが強く出ることになる。

りゃく

略

11画

［音読み］リャク
［部首］田（たへん）

線の向こうとどう付き合うか?

すぐ思い浮かぶ意味は、「省略《しょうりゃく》」「簡略《かんりゃく》」「略式《りゃくしき》」「略語《りゃくご》」「略《りゃく》して言うと」など〝**必要でない部分を省く**〟こと。転じて、〝**だいたい**〟という意味をも表す。「大略《たいりゃく》」「概《がい》略《りゃく》」がその例。この意味の場合に「ほぼ」と訓読みすることがあるが、現在ではあまり用いられない。

一方、「略奪《りゃくだつ》」「略取《りゃくしゅ》」「攻略《こうりゃく》」「侵略《しんりゃく》」などでは〝**奪い取る**〟という意味。また、「計略《けいりゃく》」「策略《さくりゃく》」「戦略《せんりゃく》」のように〝**たくらみごと**〟を指すこともあり、何やらよからぬことを考える印象がある。

部首「田」にも現れているように、本来は〝耕作地の境界線を定める〟ことを表す漢字。境界線の外側を切り捨てれば〝省く〟ことになるし、境界線の外側まで手に入れようとすれば〝奪い取る〟という意味になる。現代の国境問題を引き合いに出すまでもなく、境界線と付き合うのはむずかしいものなのである。

りゅう

柳

9画

［音読み］リュウ
［訓読み］やなぎ
［部首］木（きへん）

読み方までも柔軟な?

樹木の〝やなぎ〟を表す。柔らかい枝が特徴的で、〝**柔らかい曲線を描くもの**〟のたとえとしても用いられる。「柳《りゅう》眉《び》」「柳腰《やなぎごし》」など。

「柳井《やない》」「柳川《やながわ》」「青柳《あおやぎ》」など、固有名詞では「やな」「やぎ」と読まれることも多い。その省略のされ方も、いかにも柔軟な印象である。

りゅう

流

10画

［音読み］リュウ、ル
［訓読み］なが-れる
［部首］氵（さんずい）

よいも悪いも取り混ぜて

部首「氵」は「水」の変形。「流水《りゅうすい》」「流氷《りゅうひょう》」「川が合《ごう》流《りゅう》する」「汗が流《なが》れる」「流《なが》しそうめん」など、〝**液体が移動する**／**液体によって移動させられる**〟ことを表すのが基本だが、転じて多彩な意味で使われる。

液体はスムーズに移動することから、〝**滞りなく移動したり変化したりする**〟ことを表す。「流暢《りゅうちょう》」「流麗《りゅうれい》」「文化《ぶんか》交流《こうりゅう》」「流《なが》し目」などがその例。また、〝**とどまることができない**〟というマイナスのイメージで使われることもある。例としては、「流浪《るろう》」「流転《るてん》」「漂流《ひょうりゅう》」「体が後ろに流《なが》れる」「感情に流《なが》される」など。

「流行《りゅうこう》」「流通《りゅうつう》」「流布《るふ》」「情報が流《なが》れる」などでは、液体が広がるように〝**あちこちに広まる**〟ことを表す。ただし、これにもよくないニュアンスがあって、「流《りゅう》言《げん》」では〝**根拠がないまま広まる**〟という意味。やや変化すると、「流用《りゅうよう》」「流《なが》れ弾《だま》」「小手先の技巧に流《なが》れる」のように〝**本来の目的から外れる**〟ことになる。

よくない方面にさらに進むと、「流《りゅう》産《ざん》」「流会《りゅうかい》」「計画が流《なが》れる」などでは、〝**うまくいかず途中で終わる**〟こと。また、「流《る》罪《ざい》」「流刑《るけい》」「島流《しまなが》し」のように、〝**罰として遠方で生活させる**〟という意味もある。

気を取り直して本来の意味に戻って考

えると、〝**液体が移動すること**〟そのものを指しても用いられる。「海流《かいりゅう》」「川の上流《じょうりゅう》」「流《なが》れが速い」などがその例。「気《き》流《りゅう》」「電流《でんりゅう》」など、〝**気体やエネルギーが移動すること**〟を指しても用いられる。

〝液体が移動する〟道筋から、〝**学問や武術・芸術などの系統**〟という意味ともなる。「流派《りゅうは》」「二刀流《にとうりゅう》」「小笠原流《おがさわらりゅう》」などがその例。「流儀《りゅうぎ》」「我流《がりゅう》」「トヨタ流《りゅう》」のように、〝**特有のやり方**〟を指す場合もある。「風流《ふうりゅう》」は、本来は〝**昔から伝わってきている洗練された習慣**〟。また、「源氏の嫡流《ちゃくりゅう》」のように〝**親族の系統**〟をいうこともある。このあたりでは、〝ほかにはない〟という前向きのニュアンスが強い。

「上流《じょうりゅう》社会」「中流《ちゅうりゅう》意識」のように〝**社会の階級**〟を表すのは、〝川の流れ〟が比喩的に使われたもの。「一流《いちりゅう》ホテル」「三《さん》流《りゅう》文士」のように〝**ある分野での等級**〟をいうのは、〝系統〟と〝階級〟の両方から生まれたものだろう。

音読みはリュウを用いるのが大原則。ルは奈良時代以前からある古い読み方で、現在では、すでに挙げた「流浪《るろう》」「流《る》転《てん》」「流布《るふ》」「流罪《るざい》」「流刑《るけい》」など、特定の熟語でしか使われない。

りゅう

留

10画

［音読み］リュウ、ル
［訓読み］と-まる、と-める、とど-まる、とど-める
［部首］田（た）

オラの田んぼからどかねえぞ！

部首「田」が付いているように、本来は〝土地〟に関係する漢字で、〝**ある場所から動かない／動かさない**〟ことを表すのが、基本的な意味。「留置《りゅうち》」「停留所《ていりゅうじょ》」などがその例。また、〝**ある状態から変化しない／させない**〟ことをも表す。例としては、「保留《ほりゅう》」「留意《りゅうい》」「留年《りゅうねん》」「留任《りゅうにん》」など。

◆訓読み「とまる／とめる」では、「止」（p227）との使い分けが悩ましい。基本的には、〝動きがとまる〟場合には「止」を用い、「蝶《ちょう》が花に留《と》まる」「ピンで留《と》める」「心が留《と》まる」「目に留《と》める」など〝ある場所や状態から動かない〟場合には「留」を使う。ただし、実際には「蝶が花に止《と》まる」と書いても意味は通じる。また、〝一時的にとまる〟場合は「停」（p435）を、〝一夜を過ごす〟場合は「泊」（p493）を、〝乗り物をとめる〟場合は「駐」（p416）を使うこともある。たいへんなので、迷ったらかな書きしておくのがおすすめである。

また、「とどまる／とどめる」でも「止」との使い分けに苦しめられる。日本語「とどまる／とどめる」は〝ある場所や状態から動かない〟というニュアンスが強いので、「留」を使う方がぴったりするケースが多い。「台風で自宅に留《とど》まる」「思い留《とど》まる」「記録に留《とど》める」などがその例。ただし、漢字を使うと「とまる／とめる」と区別が付かなくなるので、「とどまる／とどめる」はかな書きしておく方が無難かとも思われる。

音読みはリュウを用いるのが大原則。ルは奈良時代以前からある古い読み方で、現在では「留守《るす》」以外ではほとんどお目にかかることはない。

りゅう

竜

10画

［音読み］リュウ、リョウ
［訓読み］たつ
［部首］竜（りゅう、たつ）

骨や頭があちこちに？

伝説上の動物〝**りゅう**〟を表す。大蛇のような姿だが四本の足があり、水中に潜み、時が来ると雨風を巻き起こしながら天に昇るという。「竜王《りゅうおう》」「竜神《りゅうじん》」「竜宮城《りゅうぐうじょう》」などがその例。訓読み「たつ」は、〝りゅう〟を指す日本語。「竜巻《たつまき》」は、〝りゅう〟が巻き起こすと考えられたことから来たことば。「竜虎《りゅうこ》の争い」「独眼竜《どくがんりゅう》」のように〝**英雄**〟

をたとえていうこともある。

そのほか、〝船首から船尾まで貫く太い棒〟を「竜骨《りゅうこつ》」、〝腕時計のつまみ〟を「竜頭《りゅうず》」というなど、ちょっと特殊な印象深い使い方がされる漢字である。

音読みでは、リュウが奈良時代以前からある古い読み方で、リョウは平安時代ごろに正式とされた読み方。漢和辞典ではほとんどの熟語について両方で読むように書かれているが、実際にはリュウと読まれることが圧倒的に多い。どうしてもリョウと読まなくてはならないのは、「坂本竜馬《さかもとりょうま》」くらいのものである。

また、「烏竜茶《ウーロンちゃ》」でロンと読むのは、現代中国語の発音が変化したもの。

以前は「龍」と書くのが正式。「竜」はそのくずし字から生まれたもので、略字として古くから使われてきた。現在でも、形がかもしだす雰囲気が好まれて、「龍」と書かれることが多い。なお、「竜」の部首を「立(たつ)」とする辞書もある。

部首としては?

〝りゅう〟に関係する漢字の部首となるが、現在でも使われる例は「竜／龍」以外にはほとんどない。ただし、「龍」を四つ組み合わせた「𪚥《てつ》」は画数が64もあって、伝統的な漢和辞典に載っている漢字では最も多いことで有名。古い辞書によれば〝口数が多い〟という意味だが、実際の使用例は見当たらないようである。

りゅう 粒

11画

［音読み］リュウ
［訓読み］つぶ
［部首］米（こめへん）

あらゆるものの基本となる

部首「米」にも現れているように、本来は〝お米の実の一つ一つ〟を指す漢字。広く〝**丸くて非常に小さいもの**〟を表す。「粒子《りゅうし》」「顆粒《かりゅう》」「豆粒《まめつぶ》」「大粒《おおつぶ》の涙」「粒《つぶ》ぞろい」などがその例。また、「一粒《ひとつぶ》の麦」のように、**丸くて非常に小さいものを数えることば**としても用いられる。

現代の科学では、物質はすべて電子や陽子といった「素粒子《そりゅうし》」から成り立つとする。それが文字の上では〝お米のつぶ〟と関係していると思うと、小さな〝お米のつぶ〟には世界のすべてが詰まっているような気がする。

りゅう 隆

11画

［音読み］リュウ
［部首］阝（こざとへん）

高くなるのはみんなの願い?

部首「阝」は「阜」(p525)の変形で、〝盛り上がった土〟を表す記号。「隆起《りゅうき》」に代表されるように、地面などが〝**盛り上がる**〟ことを表す。「隆鼻術《りゅうびじゅつ》」とは、〝鼻を高くする整形手術〟のこと。名前で「たかし」「たか」と読むのは、この意味に由来する。単に〝高い〟のではなく、〝上がってくる〟というニュアンスを持つ漢字である。

転じて、〝**勢いがよくなる**〟という意味ともなる。「隆盛《りゅうせい》」「興隆《こうりゅう》」がその例。

以前は、「生」の上に横棒が付いた「隆」と書くのが正式。「降」と「生」を組み合わせた漢字で、横棒は「屮」のなごり。ただし、本来の意味には諸説がある。

りゅう 硫

12画

［音読み］リュウ
［部首］石（いしへん）

温泉から立ちのぼる匂い

鉱石の〝硫黄《いおう》〟を表す。「硫酸《りゅうさん》」とは、〝硫黄と水素や酸素が化学反応を起こしたもの〟。

「いおう」は、大昔の日本語では「ゆおう」。温泉に含まれていることから、「湯泡《ゆあわ》」の変化したものと考えられている。だとすれば、「硫黄《いおう》」は、漢字の熟語をそのまま、意味を表す日本語で読む当て字的表現である。

りょ

侶

9画

［音読み］リョ
［部首］亻（にんべん）

長い旅路を一緒に歩もう…

部首「亻」は「人」の変形。「伴侶《はんりょ》」に代表されるように、**〝連れ合い〟**を表す漢字。また、「僧侶《そうりょ》」では**〝何かを一緒に行う仲間〟**のこと。現在ではこの二つの熟語以外で使われることはほとんどない。夫婦であれ宗教者であれ、〝人生の旅路を同道する〟というイメージのある漢字となっている。

りょ

旅

10画

［音読み］リョ
［訓読み］たび
［部首］方（ほうへん）

みなさんあちらへ参ります！

〝遠くへ出かけてさまざまな場所をめぐる〟ことを表す。「旅行《りょこう》」「旅費《りょひ》」「旅路《たびじ》」「船旅《ふなたび》」「旅《たび》に生きる」などがその例。

部首は「方」（p553）だが、実際には「㫃」がひとまとまりで〝旗が風になびくようす〟を表す。「旅」はそれに「人」を二つ加えたもので、〝旗を掲げて集団で移動する〟こと。現代の団体旅行みたいだが、もともとは**〝軍隊〟**を表す。軍隊の組織の単位の一つ「旅団《りょだん》」に、その意味が残る。

「旅情《りょじょう》」「旅愁《りょしゅう》」「一人旅《ひとりたび》」といったことばには〝心細い〟イメージがあるが、漢字「旅」には、本来の意味からするとそのニュアンスは乏しい。むしろ、〝本来いるべき場所から離れている人〟を表す「客」（p108）の方が、漢字としては〝心細い〟気持ちが強かったようである。

りょ

虜

13画

［音読み］リョ
［訓読み］とりこ
［部首］虍（とらかんむり）

男性とは限りません！

「捕虜《ほりょ》」「虜囚《りょしゅう》」など、**〝敵につかまえられた者〟**を表す。転じて、「恋の虜《とりこ》」のように**〝何かに夢中になって離れられない者〟**をもいう。

部首「虍」に「男」を組み合わせたように見えるが、〝ぐるりと囲む〟ことを意味する「𢆉《りょ》」に、〝強制する〟ことを表す「力」を組み合わせた漢字。そこで、部首も「力」とする方がふさわしいと思われる。

なお、以前は「田」が「毌」になった「虜」と書くのが正式。ただし、同じく「𢆉」を構成要素とする「膚」（p528）「慮」（p629）などでは以前から「田」の形であり、なぜこの漢字だけ「毌」なのか、よくわからない。

りょ

慮

15画

［音読み］リョ
［訓読み］おもんぱか-る
［部首］心（こころ）

人間は考える葦である

「𢆉《りょ》」には〝ぐるりと囲む〟という意味がある。部首「心」を組み合わせて、**〝じっくりと深く考える〟**ことを表す。「考慮《こうりょ》」「熟慮《じゅくりょ》」「配慮《はいりょ》」「遠慮《えんりょ》」「苦慮《くりょ》」「思慮深《しりょぶか》い」「不慮《ふりょ》の災い」などなど、音読みの熟語の例が多く、〝深く考える〟にもいろいろあることをよく表している。なお、訓読みは、「彼の気持ちを慮《おもんぱか》る」「財布の中身を慮《おもんぱか》る」のように用いる。

りょう

了

2画

［音読み］リョウ
［訓読み］お-わる、お-える、しま-う
［部首］亅（はねぼう）

あまりに単純なものですから…

「完了《かんりょう》」「終了《しゅうりょう》」「満了《まんりょう》」「魅了《みりょう》」など、**ほかの漢字のあとに付いて〝完全に○○する〟ことを表す**はたらきをする。昔は「食べ了《お》わる」「読み了《お》える」「帰って了《しま》う」のように訓読みしたが、現在では、「おわる／おえる」は「終」（p266）を書く方が、「しまう」はかな書きする方が自然。

一方、「了解《りょうかい》」「了承《りょうしょう》」のように**〝はっきりと理解する〟**という意味もある。

形がシンプルすぎるのか、成り立ちははっきりしない。諸説ある中では、本来はものを〝ねじる〟形で〝ねじっておしまいにする〟ことを表したとする説が有力。また、〝はっきりと〟の意味は、「瞭」（p633）と発音が似ていることから当て字的に用いられたものだという。

りょう 両

6画

［音読み］リョウ
［訓読み］もろ
［部首］一（いち）

ペアでなくても使えます！

「両方《りょうほう》」「両面《りょうめん》」「両輪《りょうりん》」「両極端《りょうきょくたん》」「両《りょう》にらみ」のように、**〝ペアになっているものの二つとも〟**を指す。この意味の場合に、「両手《もろて》を挙げる」「両刃《もろば》の剣」「両差《もろざ》し」のように「もろ」と訓読みすることもある。

また、「二」（p474）と同じく、単に**〝数の2〟**を表すこともあり、「一両日《いちりょうじつ》」がその例。さらには、「千両箱《せんりょうばこ》」のように、**昔のお金や重さの単位**として用いられたり、「車両《しゃりょう》」「前から三両目《さんりょうめ》」など、**人やモノを運搬するための〝車〟**や、**車を数えることば**として使われたりもする。

部首「一」は形の上から便宜的に分類されたもの。以前は「兩」と書くのが正式で、部首は「入」だったが、これも形の上から便宜的に分類されただけの部首。成り立ちには、〝左右におもりの付いたはかり〟を表す、〝二頭立て馬車の馬をつなぐ部分〟を指す、などの説がある。

りょう 良

7画

［音読み］リョウ
［訓読み］よ-い
［部首］艮（うしとら）

別にふつうのことですよ…

〝すぐれている〟という意味を表す。「改良《かいりょう》」「優良《ゆうりょう》」「良質《りょうしつ》」「良縁《りょうえん》」「良《よ》いものを安く」などがその例。「良心《りょうしん》」「良識《りょうしき》」「善良《ぜんりょう》」「健康状態は良好《りょうこう》です」などになると、**〝ふつうにあるべき状態の〟**というニュアンスが強くなる。

◆「よい」と訓読みする漢字には「佳」（p51）「好」（p183）「善」（p357）などもある。「佳」は〝均斉が取れて美しい〟、「好」は〝興味や愛情を感じる〟、「善」は〝恥ずかしくない〟という意味合いで用いる。これらに対して、「良」が最も一般的に使われるので、迷ったら「良」を書いておくのが無難である。

なお、部首「艮」（p27）は非常に珍しい部首だが、形の上で便宜的に分類されただけ。意味の関係はない。

りょう 亮

9画

［音読み］リョウ
［部首］亠（なべぶた）

日本ではなぜかナンバー2

現在では、名前以外で見かけることはほとんどないが、〝明らかである〟ことを表す漢字。また、日本では「すけ」と呼ばれる〝ある役所の補佐官〟を指す漢字としても用いられた。部首「亠」は形の上から便宜的に分類されたもので、成り立ちとしては、むしろ「高」（p192）に関係が深い。

りょう 料

10画

［音読み］リョウ
［部首］斗（と、とます）

きちんと量って作りましょう

部首「斗」（p445）は、ものの量をはかる〝ひしゃく〟。「米」を組み合わせて、本来は〝穀物の量を調べる〟ことを表す。転じて、**〝量を調節して何かをうまく作る〟**という意味で用いられ、「料理《りょうり》」がその例。また、「料簡《りょうけん》」では**〝うまくいくよう先のことを考える〟**こと。この意味で「はかる」と訓読みすることもあるが、現在では「図」（p321）を書く方がふつうである。

現在、よく使われるのは、〝何かをうまく作る〟から変化した**〝何かを生み出すもとになるもの〟**という意味。「材料《ざいりょう》」「食料《しょくりょう》」「資料《しりょう》」「燃料《ねんりょう》」「調味料《ちょうみりょう》」「合成着色料《ごうせいちゃくしょくりょう》」などなど、多くの熟語となる。

現在では〝賃金〟をいう「給料《きゅうりょう》」は、本来は〝昔の中国で官僚に支給された食料〟のこと。ここから転じて、「料金《りょうきん》」「送《そう》料《りょう》」「口止め料《りょう》」「サービス料《りょう》」のように**〝何かに対して支払われるお金〟**をも表すが、これは日本語独自の用法。似たような意味で使われる漢字に「費」（p513）「代」（p391）「賃」（p426）などがあるが、「費」は〝帳簿上の分類〟というイメージが強く、「賃」は〝お金そのもの〟のニュアンスが濃い。「代」「料」はその中間ぐらいの意味合いだが、「料」の方がやや改まった雰囲気で用いられる。

りょう
涼
11画
［音読み］リョウ
［訓読み］すず-しい
［部首］氵（さんずい）

体がひんやり 心はゾゾッ…

〝ひんやりしていて気持ちがいい〟ことを表す。「涼気《りょうき》」「清涼《せいりょう》」「涼《すず》しい風」「木陰で涼《すず》む」などがその例。転じて、「荒涼《こうりょう》たる風景」のように、**〝背筋が寒くなるほどさびしい〟**という意味となることもある。

部首「氵」は「水」の変形。成り立ちについては、本来は〝澄んだ水〟を表すとか、〝お酒を水で割る〟ことを表すなどの説があるが、どちらも、いかにも気持ちよさそうである。

りょう
猟
11画
［音読み］リョウ
［訓読み］あさ-る
［部首］犭（けものへん）

ほどほどで 済ませましょう！

「猟師《りょうし》」「猟銃《りょうじゅう》」「狩《しゅ》猟《りょう》」など、**〝狩りをする〟**ことを表すのが基本。転じて、「古書を渉猟《しょうりょう》する」「猟奇的《りょうきてき》」「アイドルのグッズを買《か》い猟《あさ》る」のように、**〝しつこく追い求める〟**という意味で用いられる。なお、〝魚をつかまえる〟ことを意味する「漁」（p119）も、同じく「あさる」と訓読みすることがある。

以前は「獵」と書くのが正式。「鬣《りょう》」は〝毛の長い動物〟で、部首「犭」は「犬」の変形。合わせて、本来は〝犬を使って鳥獣を追い立てる〟ことを表す。

りょう
陵
11画
［音読み］リョウ
［訓読み］みささぎ
［部首］阝（こざとへん）

この世を 離れてもなお…

部首「阝」は「阜」（p525）の変形で、〝盛り上がった土〟を表す。「丘陵《きゅうりょう》」に代表されるように、**〝高くなった土地〟**を表すのが基本。この意味で「おか」と訓読みすることもあるが、現在では「おか」は「丘」（p111）「岡」（p43）と書くのがふつう。

転じて、「陵墓《りょうぼ》」「御陵《ごりょう》」「天皇陵《てんのうりょう》」など、**〝王・皇帝・天皇やその后の墓〟**をも表す。訓読み「みささぎ」は、〝天皇や皇后のお墓〟。死してなお威厳を示す漢字である。

りょう
量
12画
［音読み］リョウ
［訓読み］はか-る
［部首］里（さと）

活躍の場は三次元

「重量《じゅうりょう》」「容量《ようりょう》」「大《たい》量《りょう》」「適量《てきりょう》」「酒量《しゅりょう》」などなど、**〝重さや容積〟**を表すのが基本的な意味。「熱量《ねつりょう》」「光量《こうりょう》」「音量《おんりょう》」「電力《でんりょく》量《りょう》」「通貨《つうか》量《りょう》」などなど、広く**〝モノやエネルギーなどがどれくらいあるか〟**ということを表す。また、「量産体制《りょうさんたいせい》」「量販店《りょうはんてん》」のように、**「大量」の省略形**として使われることもある。

転じて、「度《ど》量《りょう》」「力量《りきりょう》」「技《ぎ》量《りょう》」など、**〝能力がどれくらいあるか〟ということ**をも表す。「器《き》量《りょう》」もこの例だが、転じて〝女性の外見の美しさ〟を指すこともある。

また、**〝重さや容積などを数値として知る〟**という意味ともなり、「体重を量《はか》る」のように用いられる。「裁《さい》量《りょう》」「推《すい》量《りょう》」「情状酌量《じょうじょうしゃくりょう》」では、**〝価値や重要性などを判断する〟**ことをいう。

んあるが、中でも「計」（p145）「測」（p378）との使い分けがむずかしい。「計」は〝時間をはかる〟場合に使われ、「測」は〝長さや広さ・角度・温度などをはかる〟というように直線的・平面的なイメージ。それに対して、「量」は〝重さや容積などをはかる〟という立体的なイメージで用いられる。なお、「推《お》しはかる」「はかり知れない」では、〝判断する〟という意味合いの場合は「量」を、〝予測する〟というニュアンスの場合には「測」を用いる。

部首「里」は、形の上から便宜的に分類されたもの。成り立ちには諸説あるが、「重」（p270）や、本来は〝ものを入れた袋〟を表していたと思われる「東」（p452）と関係が深いと考えられている。基本的なイメージは〝重さ〟にある漢字である。

りょう

僚

14画

［音読み］リョウ
［部首］イ（にんべん）

ピラミッド社会に生きる人びと

代表的なのは、「同《どう》僚《りょう》」「僚友《りょうゆう》」など〝**同じ仕事をしている仲間**〟という意味。戦場で〝**味方の船や飛行機**〟をいう「僚船《りょうせん》」「僚《りょう》艦《かん》」「僚機《りょうき》」のような使い方もあって、〝仲間〟という雰囲気があふれる漢字である。

ただし、本来の意味は〝**役人**〟で、「官《かん》僚《りょう》」「閣僚《かくりょう》」がその例。転じて、〝**あるリーダーの下で働く者**〟をもいう。「属僚《ぞくりょう》」「幕《ばく》僚《りょう》」「下僚《かりょう》」などがその例だが、現在ではあまり身近なことばではない。

本来は、上下関係が厳格な世界の漢字。そうと知ると、「同僚を飲みに誘う」のも、ちょっとためらわれるかもしれない。

部首「イ」は「人」の変形。「寮《りょう》」の意味は、この漢字でははっきりしない。

りょう

漁

14画

⇩ ぎょ（p119）

りょう

領

14画

［音読み］リョウ
［部首］頁（おおがい）

フックにかけて大切に収納！

すぐに思い浮かぶ意味は、「領《りょう》有《ゆう》」「領《りょう》地《ち》」「領土《りょうど》」「領域《りょういき》」「領分《りょうぶん》」「占領《せんりょう》」など、〝**自分のものとして管理する**〟こと。「本領《ほんりょう》」は〝もとから自分のものとして管理している土地〟を指すが、〝自分が最も得意とするところ〟という意味でも用いられる。

転じて、〝**自分のものとする**〟という意味にもなる。「領収《りょうしゅう》」「受領《じゅりょう》」「横領《おうりょう》」などがその例。

〝頭部〟を表す部首「頁」が付いているのは、本来は〝うなじ〟という意味だったから。転じて〝衣服の襟首〟を指すようになり、さらに変化して、「要領《ようりょう》」「綱領《こうりょう》」のように〝**全体のまとめとなる部分**〟をいうようになった。コートを襟首のところでフックに引っかける、あのイメージか。

〝まとめ〟がさらに転じると、「首領《しゅりょう》」「総領《そうりょう》」「大統領《だいとうりょう》」のような〝**リーダー**〟という意味になる。〝管理する〟は、ここから生まれた意味。ふだんから見慣れた漢字だが、ずいぶんと手の込んだ意味の移り変わりを背負っているのである。

りょう

寮

15画

［音読み］リョウ
［部首］宀（うかんむり）

バンカラな学生風流な御隠居

「学生寮《がくせいりょう》」「社員寮《しゃいんりょう》」「寮生活《りょうせいかつ》」など、現在では大勢が一緒に生活する〝**寄宿舎**〟を指すのが、代表的な意味。ただし、これは日本語独自の用法。本来は〝**大勢で一緒に仕事をする役所**〟を指す漢字で、部首「宀」は〝建物〟を表す。また、「寮《りょう》」に〝かがり火〟という意味があるところから、〝明かりとりの小さな窓〟を表すともいう。

〝茶室〟のことを「茶寮《さりょう》」と言うのは、〝小さな窓〟から〝**小さな建物**〟へと転じたもの。ここから、日本語では〝**風流な別荘や隠居場所**〟をも指す。江戸を舞台にした小説を読んでいると、「根岸の寮《りょう》」「向島の寮《りょう》」などと出てくることがある。

りょう 遼

15画

闇を見つめてものを思う…

［音読み］リョウ
［部首］辶（しんにょう、しんにゅう）

部首「辶」は、以前は「辶」と書くのが正式で、〝移動〟を表す記号。代表的な例は「前途遼遠《ぜんとりょうえん》」で、〝**はるかに遠い**〟ことを意味する。基本的には距離についていうが、時間的なニュアンスも含まれる。

「尞《りょう》」には〝かがり火〟という意味があるので、本来は〝野原に続くかがり火のように遠くまで続く〟とか〝かがり火をたいて祖先をまつる〟といった意味だったと考えられている。どちらにせよ、はるかなもの思いに誘う漢字である。

りょう 療

17画

積極的に病と向き合う！

［音読み］リョウ
［部首］疒（やまいだれ）

「医療《いりょう》」「診療《しんりょう》」「療養《りょうよう》」「理学療法《りがくりょうほう》」など、〝**病気を治す**〟ことを表す。〝病気が治る〟ことをいうのは「癒」（p599）で、「治療《ちりょう》」と「治癒《ちゆ》」にその違いがよく現れている。

部首「疒」は〝心身の不具合〟を表す記号。「尞《りょう》」はこの漢字では、単に発音を表すはたらきをしていると考えられる。

りょう 瞭

17画

オレの瞳は燃えている？

［音読み］リョウ
［部首］目（めへん）

現在では、「明瞭《めいりょう》」「一目瞭然《いちもくりょうぜん》」の二つの形で用いられるのがほとんど。〝**はっきりしている**〟ことを表す。成り立ちとしては、〝かがり火〟を表す「尞《りょう》」に部首「目」を加えて、〝明るく見える〟ことを表すという。

りょう 糧

18画

あとで食べようっと！

［音読み］リョウ、ロウ
［訓読み］かて
［部首］米（こめへん）

「食糧《しょくりょう》」「兵糧《ひょうろう》」「糧道《りょうどう》」「糧食《りょうしょく》」など、〝**蓄えてある食べ物**〟を表す。「毎日の糧《かて》にもこと欠く暮らし」のように、特に〝**生きていくために必要な食べ物**〟をいう場合もある。

部首「米」が付いているので、本来は穀物を指したと思われるが、現在では、あらゆる食べ物・飲み物が含まれる。

なお、「心の糧《かて》」のように〝**精神の安定や向上のためになるもの**〟を表すのは、日本語独自の比喩的な用法。

音読みはリョウを用いるのが原則。ロウはリョウが変化したもので、「兵糧《ひょうろう》」の場合にしか用いられない。また、「兵糧」は、読み方も意味も同じ「粮」を使って「兵粮《ひょうろう》」と書かれることもある。

りょく 力

2画

エネルギーの源は？

［音読み］リョク、リキ
［訓読み］ちから
［部首］力（ちから）

「体力《たいりょく》」「火力《かりょく》」「権力《けんりょく》」「武力《ぶりょく》」「経済力《けいざいりょく》」「精神力《せいしんりょく》」「生命力《せいめいりょく》」「団結力《だんけつりょく》」「腕の力《ちから》」「お金の力《ちから》」「恋の力《ちから》」などなど、〝**何かが持っているエネルギー**〟を表すのが、代表的な意味。古代文字では「」と書かれ、〝力こぶが盛り上がった腕〟の絵だとか農具の〝すき〟を表すなどの説がある。広くさまざまな〝エネルギー〟を指して用いられる。

「戦力《せんりょく》」「魅力《みりょく》」「突破力《とっぱりょく》」「動員力《どういんりょく》」などでは、〝**何かを行うために必要なエネルギー**〟。また、「能力《のうりょく》」「表現力《ひょうげんりょく》」「理解力《りかいりょく》」のように、〝**何かを行うのに必要な技能**〟を表す場合もある。最近では、「老人《ろうじん》力《りょく》」「女子力《じょしりょく》」のように、**〝何かであることによって生み出されるエネルギー〟**をいうことも多い。

転じて、**〝特別にエネルギーを使う〟**という意味でも用いられる。「力走《りきそう》」「力説《りきせつ》」「力点《りきてん》」「本番なので力《りき》んでしまう」「力《りき》が入る」などがその例。この意味で「つとめる」と訓読みすることもあるが、現在ではあまり用いられない。

音読みはリョクを使うのが基本。リキは奈良時代以前からある古い読み方で、〝特別にエネルギーを使う〟という意味の場合に用いられる。ほかにも「力士《りきし》」「力学《りきがく》」「怪力《かいりき》」「非力《ひりき》」「念力《ねんりき》」など、〝特別〟というニュアンスがある場合にはリキを使うことが多い。

部首としては?

「効」（p186）「勢」（p336）「努」（p448）「動」（p461）「勉」（p549）などなど、〝エネルギーや技能〟に関する多くの漢字の部首となる。漢字の右側に置かれることが多いが、なぜか「ちからづくり」とは呼ばれず、部首の名前としては常に「ちから」と言う。

りょく 緑

14画

［音読み］リョク、ロク
［訓読み］みどり
［部首］糸（いとへん）

もともとは人工のもの!?

色の〝みどり〟を表す。また、みどり色をしているのが特徴的なことから、**〝植物〟全般**をも指す。「新緑《しんりょく》」「緑化《りょっか》」「緑《みどり》の多い町」などがその例。

音読みはリョクを用いるのが原則。ロクは奈良時代以前からある古い読み方で、現在では、〝銅のさび〟を表す「緑青《ろくしょう》」以外ではほとんど用いられない。

◆「みどり」と訓読みする漢字には「翠」（p324）「碧」（p544）もある。「緑」は一般的に〝みどり色〟を指し、「翠」「碧」は〝あおみどり色〟を指す。さらに、「翠」は動物の生き生きしたイメージを持つのに対して、「碧」は本来は宝石の色で、静かな透明感がある。それぞれの特徴を生かして使い分けると、効果的である。

以前は「綠」と書くのが正式。部首「糸」が付いているのは、本来は〝みどり色に染めた糸〟を意味していたからだと考えられている。植物ではなく、人間が作り出したものが起源だというのは、ちょっとおもしろい。

りん 林

8画

［音読み］リン
［訓読み］はやし
［部首］木（きへん）

二本以上ならみな同じ!

「木」を二つ並べて、**〝樹木がたくさん生えている場所〟**を表す。「松林《まつばやし》」「裏の林《はやし》」「防風林《ぼうふうりん》」などがその例。日本語「はやし」は、「もり」より小規模でまばらなイメージを持つ。しかし、「密林《みつりん》」「原生林《げんせいりん》」「熱帯樹林《ねったいじゅりん》」などの例もあるように、漢字「林」には「もり」のように大規模で込み入ったものも含まれる。ちなみに、「もり」と訓読みする「森」（p315）は、漢字としては本来は〝場所〟ではなく、〝樹木がたくさん生えているようす〟を表すという。

転じて、**〝何かがたくさん集まっている場所〟**を指すこともある。〝禅宗のお寺〟を「禅林《ぜんりん》」といったり、〝芸術家の社会〟を「芸林《げいりん》」と呼んだりするのがその例。辞書の名前で「〇〇林《りん》」と名付けることがあるのも、この例の一つである。

りん 厘

9画

［音読み］リン
［部首］厂（がんだれ）

そんなに細かくはくずせないよ

割合の〝一〇〇〇分の一〟を表す。「一割七分五厘《いちわりしちぶごりん》」といえば〝一七・五％〟のこと。ただし、「九分九厘《くぶくりん》間違いない」のような慣用句的な表現では、**〝一〇〇分の一〟**を表すことも多い。

また、昔は**長さや重さの単位**としても用いられた。日本では**お金の単位**としても用いられたことがあり、「一厘《いちりん》」は〝一円の一〇〇〇分の一〟。

なお、成り立ちははっきりしないが、本来は「釐」と書くべき漢字だという。

りん
倫
10画
[音読み] リン
[部首] イ（にんべん）

結びついて生きていく…

「倫理《りんり》」「不倫《ふりん》」「人倫《じんりん》」にもとる」など、〝**人として守るべき道徳**〟を表すのが、代表的な意味。ただし、本来は〝人と人のつながり〟を表す漢字。部首「イ」は「人」の変形、「侖《りん》」には〝つながったもの〟という意味がある。〝道徳〟の意味は、〝人と人とのつながりを維持していく決まり〟というところから生まれたもの。

転じて、〝**仲間**〟をも意味する。「絶倫《ぜつりん》」とは、〝同じような仲間がいない〟ことから、〝飛び抜けてすぐれている〟こと。

名前で「とも」と読まれるのは、〝仲間〟の意味に基づく。また、名前では、〝道徳〟の意味から「みち」と読まれたり、〝決まり〟を意味する古語「のり」と読まれたりすることもある。

りん
淋
11画
[音読み] リン
[訓読み] さび-しい、さみ-しい
[部首] 氵（さんずい）

絶世の美女の孤独

部首「氵」は「水」の変形。〝**液体がしたたる**〟ことが、本来の意味。「淋漓《りんり》」とは、血や汗が〝盛んにしたたるようす〟。「淋病《りんびょう》」は性病の一つで、膿《うみ》が〝したたる〟ことからこう呼ぶらしい。また、「淋巴腺《りんぱせん》」は当て字だが、〝液体がしみ出る〟というイメージが生かされていると思われる。

「彼女がいなくて淋《さび》しい」「独り暮らしの淋《さみ》しさ」のように〝**心細くて悲しい**〟という意味で用いるのは、日本語独自の用法。どうしてこの意味が生じたのかははっきりしないが、〝しとしと降る長雨〟を「淋《りん》雨《う》」というのと関係するか。『百人一首』にも出てくる小野小町《おののこまち》の歌「花の色はうつりにけりないたづらにわが身世《みよ》にふるながめせしまに」で、「長雨《ながあめ》」とぼんやり「眺《なが》め」ることが掛けられているのが思い出される。

◆「さびしい／さみしい」と訓読みする漢字には、「寂」（p256）もある。「寂」は〝ひっそりとした静けさ〟に重点があり、ときには宗教的な雰囲気が漂うのに対して、「淋」を使うと、孤独な〝心細さ〟が強調されることになる。

りん
凜
15画
[音読み] リン
[部首] 冫（にすい）

体の芯まで寒さがしみる！

部首「冫」は〝氷〟を表す記号。本来は〝底冷えする〟ことをいう漢字で、転じて〝**身が引き締まる**〟という意味となる。「凜《りん》として」「凜々《りんりん》と」「凜然《りんぜん》」などがその例。

「稟《りん》」はここでは発音を表しているだけだが、本来は〝穀物倉庫〟を指す漢字で、〝穀物〟を表す「禾（のぎへん）」が付いているのはそのため。「凜」を「凛」と書くこともあるが、成り立ちからいえば、「示」ではなく「禾」を書く方が正式である。

りん
輪
15画
[音読み] リン
[訓読み] わ
[部首] 車（くるまへん）

自動車よりも自転車を見よ

「年輪《ねんりん》」「輪《わ》ゴム」「指輪《ゆびわ》」「浮《う》き輪《わ》」「天使の輪《わ》」など、〝**円周状のもの**〟を指すのが代表的な意味。「輪舞《りんぶ》」は〝円周状になって踊る〟こと。「輪郭《りんかく》」ではやや転じて、〝**最初と最後がつながったもの**〟を表している。

〝つながったもの〟を意味する「侖《りん》」に、部首「車」を組み合わせて、本来は**〝同じ長さの棒を放射状に組み合わせ、その先端をつなげて作った車〟**を表す漢字。自転車の「車輪《しゃりん》」がその形に近い。転じて、広く**自動車や機関車などに使われる〝車輪〟**を表す。〝太陽〟を意味する「日輪《にちりん》」は、〝大空を渡る車輪〟という意味から。

「競輪《けいりん》」「駐輪場《ちゅうりんじょう》」などでは、特に**〝自転車〟**を指す。さすがもとの形を伝えているからか、とも思うが、「輪禍《りんか》」のように**〝自動車〟**を指す例もある。

また、「輪番《りんばん》」「輪読《りんどく》」「輪唱《りんしょう》」など、**〝順番に何度もくり返す〟**という意味になることもある。仏教でいう「輪廻《りんね》」とは、〝生まれ変わりを何度もくり返す〟こと。

「梅一輪《うめいちりん》」のように**花を数えることば**として用いるのは、日本語独自の用法。花びらが放射状に広がっているようすが「輪」本来の形を思い出させる、なかなかしゃれた使い方である。

◆似た意味で「わ」と訓読みする漢字には「環」（p90）もある。現在では、「輪」を書くのが一般的だが、特に〝ドーナツ型の装飾品〟を指す場合には「環」を使うこともある。

りん 隣

右か左か、それが大問題？

16画

［音読み］リン
［訓読み］となり
［部首］阝（こざとへん）

「隣人《りんじん》」「隣国《りんごく》」「近隣《きんりん》」「隣《となり》の席」など、ある場所から見て**〝境を接している場所〟**を指す。「隣接《りんせつ》」「隣《とな》り合《あ》う」では**〝境を接する〟**こと。なお、ふつうは送りがななしで「となり」と読むが、「隣り合う」の「となり」は、〝境を接する〟ことをいう古語「となる」の活用形なので、「り」を送りがなとする。

部首「阝」は「阜」（p525）の変形で〝盛り上がった土〟を表す。ただし、昔は「鄰」と書かれていて、この部首「阝（おおざと）」は「邑」（p602）の変形で〝人が住む地域〟を表す。とすれば、〝町や村の中で境を接している場所〟をいうのが本来の意味。ただし、もっと昔までさかのぼると、やはり「隣」と書かれていた、とする説もある。

りん 臨

その時、その場で体験する！

18画

［音読み］リン
［訓読み］のぞ-む
［部首］臣（しん）

「臨席《りんせき》」「臨場感《りんじょうかん》」「臨床実験《りんしょうじっけん》」「臨戦態勢《りんせんたいせい》」など、**〝実際にその場に身を置く〟**ことを表す。また、「臨時《りんじ》」「臨機応変《りんきおうへん》」のように、**〝その場に合わせた行動をとる〟**という意味になることもある。

「臨月《りんげつ》」「臨終《りんじゅう》」「入学試験に臨《のぞ》む」では**〝これから実際に経験しようとする〟**ことを指す。また、**〝実際にすぐそばで見る／すぐそばに見える〟**という意味にもなり、書道でいう「臨書《りんしょ》」や、「海を臨《のぞ》む高台」などがその例。「臨海工業地帯《りんかいこうぎょうちたい》」「臨界点《りんかいてん》」では、**〝すぐそばに接する〟**こと。

部首「臣」（p309）は、〝下を見る〟ことを表す。「臨」は、本来は**〝近づいて見下ろす〟**ことを意味する漢字で、「君臨《くんりん》」「降臨《こうりん》」などがその例。〝現場〟のピリピリした緊張感が伝わってくる漢字である。

◆訓読み「のぞむ」では、「望」（p564）との使い分けが気になるところ。「望」を用いるのは、〝願う〟場合と〝遠くを見る〟場合。それに対して、「臨」を書くのは、〝これから経験しようとする〟場合と〝すぐ近くに見える〟場合。ただし、実際の違いは微妙なので、文脈に応じて柔軟に使い分けたい。

る

る 瑠 14画

［音読み］ル
［部首］王（たまへん）

魅力の源はラ行の響き？

部首「王」は「玉」（p130）の変形で〝宝石〟を表す。「瑠《る》璃《り》」は、紫がかった紺色で、透き通った宝石の一種。また、同じような色をしたガラスをも指す。本来は、古代インド語に対する当て字。「瑠」はこの熟語のために作られた字なので、一文字としての意味はない。

文学作品や歌謡曲などで好んで「瑠璃」が用いられるのは、その神秘的な美しさに加えて、「るり」というラ行音の響きも関係していることと思われる。

るい 涙 10画

［音読み］ルイ
［訓読み］なみだ
［部首］氵（さんずい）

号泣しないのが日本的？

部首「氵」は「水」の変形。**目から流れる水分**〝**なみだ**〟を表す。「涙腺《るいせん》」「落涙《らくるい》」「涙《なみだ》を流す」「涙《なみだ》ぐむ」などがその例。

「涙雨《なみだあめ》」「涙金《なみだがね》」のように、比喩的に用いられて〝**ごく少量のもの**〟を指すのは、日本語独自の用法。

以前は「涙」と書くのが正式。また、「泪《なみだ》」は、「涙」と読み方も意味も同じ漢字。字の形から意味がイメージしやすいためか、好んで「泪」が使われることもある。ただし、現代の日本語では、「泪」を音読みで用いることは、ほとんどない。

るい 累 11画

［音読み］ルイ
［訓読み］かさ-なる
［部首］糸（いと）

多くのものが一か所に！

「累積《るいせき》」「累計《るいけい》」「累進課税《るいしんかぜい》」など、〝**次々に上に載せる**〟ことを表す。

◆訓読み「かさなる／かさねる」は、現在では「重」（p270）を書くのがふつう。あえて「山々が累《かさ》なる」「月日を累《かさ》ねる」のように書くと、〝次々に〟というニュアンスが強く出ることになる。

また、〝**次々につながる**〟という意味もある。「累《るい》を及ぼす」とは、〝巻き添えにする〟こと。転じて、〝**束縛になってわずらわしい**〟ことをも表す。「係累《けいるい》」とは、〝身にまとわりつくわずらわしいもの〟のことで、特に〝面倒を見なくてはならない家族〟をいう。

部首「糸」が付いているからには、〝つながる〟の方が本来の意味に近いか。ただし、大昔の書き方は「纍」で、「畾《るい》」には〝積み重なる〟という意味がある。

るい 塁 12画

［音読み］ルイ
［部首］土（つち）

平和な時代の使い道

〝**防備を固めた陣地**〟を表す。「城塁《じょうるい》」は〝とりで〟、「孤塁《こるい》」は〝たった一つで援護のない陣地〟のこと。

以前は「壘」と書くのが正式。「畾《るい》」には〝積み重なる〟という意味があり、部首「土」と組み合わせて、本来は〝土を積み重ねて築いた防壁〟を表す。「土塁《どるい》」にその意味がよく残っている。

現在では、「一塁《いちるい》」「盗塁《とうるい》」「走塁《そうるい》」「塁審《るいしん》」「進塁打《しんるいだ》」「塁上《るいじょう》のランナー」「満塁《まんるい》ホームラン」のように、野球で**英語 base の訳語**として使われるのが目立つ。いつか軍事用語としての「塁」が使われなくなる時が来ても、野球用語として平和に生き残っていけそうである。

るい 類

18画

［音読み］ルイ
［訓読み］たぐ-い
［部首］頁（おおがい）

むむむ どうかなあ…

「種類《しゅるい》」「人類《じんるい》」「親類《しんるい》」「柑《かん》橘類《きつるい》」など、**〝似ているものの集まり〟**を表すのが、代表的な意味。「類《たぐ》いまれな」「刃物の類《たぐ》いは持ち込み禁止」では、**〝似ているもの〟**。「類似《るいじ》」「類語《るいご》」「類型《るいけい》」「詐欺に類《るい》する行為」などでは、**〝似ている〟**ことをも表す。

また、「類別《るいべつ》」「比類《ひるい》がない」のように、**〝似ているかどうか比べる〟**という意味になることもある。このほか、「類焼《るいしょう》」では**〝巻き込まれる〟**ことだが、これは日本語独自の用法。

以前は、「大」が「犬」となった「類」と書くのが正式。部首「頁」は〝頭部〟を表す記号。米粒・犬・頭は種類がたくさんあることから、「米」「犬」「頁」の三つを組み合わせた、と考える説が有力だが、むむむ、という感がないでもない。

れい 令

5画

［音読み］レイ、リョウ
［部首］人（ひとやね）

ひざまずいて よくお聞き！

「命令《めいれい》」によく現れているように、**〝言いつける〟**ことが、基本的な意味。転じて、「法令《ほうれい》」「辞令《じれい》」「指令《しれい》」「生類憐《しょうるい》れみの令《れい》」のように**〝言いつけた内容〟**を指すことが多い。また、**〝言いつける人〟**をいうこともあり、「司令《しれい》」がその例。ただし、現在では「司《し》令官《れいかん》」「司令塔《しれいとう》」などの形で使われる。

古代文字では「亼卩」と書き、〝ひざまずいて神のお告げを聞く人〟の形だと考えられている。〝言いつける〟の意味は、そこから生まれたもの。ちなみに、「命」（p583）は「令」に「口」を加えた漢字である。

また、神のお告げは尊ばれるところから、**〝立派な〟**という意味ともなる。「令《れい》名《めい》」がその例。さらに変化して、「令嬢《れいじょう》」「令息《れいそく》」「令夫人《れいふじん》」のように、**他人の家族を指すことばの前に付けて敬意を表す**はたらきもする。

このほか、「年令」のように「齢」（p641）の略字として使われることもある。特に小学生に向けた場合など、「齢」ではむずかしいと感じられる場合に用いられる。

音読みはレイを用いるのが大原則。リョウは奈良時代以前からある古い読み方。現在では、歴史で出てくる「律令《りつりょう》」などの特殊な用語でしか用いられない。

なお、印刷文字ではふつう「令」の形を用いるが、手書きでは「令」と書かれることもある。この二つの違いは、単なる書き方の差。「領」（p632）「冷」（p639）「零」（p640）などなどに含まれる「令」についても、同じである。

れい 礼

5画

［音読み］レイ、ライ
［部首］ネ（しめすへん）

神さまから 人間さまへ…

「礼儀《れいぎ》」「無礼《ぶれい》」「失礼《しつれい》」など、**〝人と人とが付き合っていく上で、守るべき決まり〟**を表すのが、代表的な意味。名前で使われる読み方「のり」は、〝決まり〟という意味の古語。

また、やや転じて、「お礼《れい》」「敬礼《けいれい》」「謝《しゃ》礼《れい》」のように、**〝相手に対して感謝や敬意を**

れ

表すこと〟をもいう。

以前は「禮」と書くのが正式。ただし、「礼」も略字として古くから使われてきた。部首「ネ／示」は、〝神さま〟を表す記号。本来は〝神にささげるお酒〟を表し、転じて〝**神や仏に対して行う儀式**〟を指す。「祭礼《さいれい》」「巡礼《じゅんれい》」「洗礼《せんれい》」「婚礼《こんれい》」などがその例。現在では〝神や仏〟の意味合いが薄れて、単なる〝**儀式**〟という意味でも使われる。例としては、「朝礼《ちょうれい》」「礼服《れいふく》」など。

音読みはレイを用いるのが大原則。ライは奈良時代以前からある古い読み方で、現在では使われる場面が限られる。特に仏教の世界で使われ、「礼拝」はレイハイと読めば〝キリスト教の祈り〟だが、ライハイならば〝仏教の祈り〟。また、「礼賛《らいさん》」も、本来は〝仏に感謝してその力を賞賛する〟ことである。

れい 伶

7画

［音読み］レイ

［部首］イ（にんべん）

王宮に音色が冴えわたる

部首「イ」は「人」の変形。**昔、宮廷に仕えた**〝**音楽家**〟を表す漢字。現在では、固有名詞を除けば、〝頭のはたらきが鋭い〟ことをいう「伶俐《れいり》」で使われるくらい。これは、本来は中国語の擬態語で、「怜悧《れいり》」と書く場合もある。「冷」（p639）や「鈴」（p640）のイメージも重なって、全体的に〝すずやか〟な雰囲気を漂わせる漢字である。

れい 冷

7画

［音読み］レイ

［訓読み］つめ-たい、ひ-ややか、ひ-える、ひ-やす、さ-める、さ-ます、ひ-やかす

［部首］冫（にすい）

多彩な訓読みに惑わされるな！

部首「冫」は〝氷〟を表す記号。「冷水《れいすい》」「冷酒《れいしゅ》」「寒冷前線《かんれいぜんせん》」「冷《つめ》たい風」など、〝**温度が低い**〟ことを表す。転じて、「冷酷《れいこく》」「冷淡《れいたん》」「冷笑《れいしょう》」「冷《つめ》たい仕打ち」「冷《ひ》ややかな態度」のように、〝**思いやりがない**〟という意味でも用いられる。「冷静《れいせい》」「冷徹《れいてつ》」などでは、〝**感情に動かされない**〟こと。

また、〝**温度が下がる**／**温度を下げる**〟という意味にもなる。「冷房《れいぼう》」「体が冷《ひ》える」「患部を冷《ひ》やす」「料理が冷《さ》める」「お湯を冷《さ》ます」などがその例。訓読み「ひえる／ひやす」は〝**通常の温度から低くなる**／**する**〟ことも含めていうのに対して、「さめる／さます」は〝**高い温度から通常の温度になる**／**する**〟ことだけを表す。

比喩的に用いられて、〝**活気がなくなる**〟〝**興奮状態が静まる**〟という意味ともなる。「両国の冷《ひ》えきった関係」「愛が冷《さ》める」などが、その例である。

一方、〝思いやりがない〟から転じると、「冷笑《れいしょう》」「カップルを冷《ひ》やかす」のように〝**からかう**〟という意味になる。日本語ではさらに転じて、「八百屋さんを冷《ひ》やかす」のように〝**買うつもりもないのに商品を見る**〟ことをもいう。

◆「さめる／さます」と訓読みする漢字には、ほかに「覚」（p72）「醒」（p340）がある。「覚」は〝感じ取れるようになる〟こと、「醒」は〝酔いが抜ける〟ことに関して用いるのに対して、「冷」は〝温度が下がる〟〝興奮状態から落ち着く〟の意味で使うのが、異なる点である。

なお、「お冷《ひ》や」「冷《ひ》や酒《ざけ》」のように「ひや」と訓読みして〝**冷たい液体**〟を指すのも、日本語独自の用法。訓読みの数は多いが、〝温度〟と〝感情〟の二つの世界からはみ出ない漢字である。

れい 励

7画

［音読み］レイ

［訓読み］はげ-む

［部首］力（ちから）

自分がするのも他人がするのも！

〝**熱心に行う**〟ことを表す。「励行《れいこう》」「奮励《ふんれい》」

「毎日の仕事に励《はげ》む」などがその例。また、「激励《げきれい》」「奨励《しょうれい》」「がんばれと励《はげ》ます」のように、**〝熱心に行うように活気づける〟**という意味にもなる。

以前は「勵」と書くのが正式。「厲《れい》」には〝磨く〟という意味があるので、部首「力」と合わせて、本来は〝力を込めて磨く〟ことを表す、と考える説が有力である。

れい 例

8画

［音読み］レイ
［訓読み］たと-えば
［部首］亻（にんべん）

並んだものから一つ二つ

すぐに思い浮かぶ意味は、「例示《れいじ》」「例証《れいしょう》」「用《よう》例《れい》」「実例《じつれい》」「例《れい》を挙げる」のように、**〝あることをわかりやすく示す具体的なもの〟**。また、「慣例《かんれい》」「恒例《こうれい》」「定例《ていれい》」「前例《ぜんれい》」「例年《れいねん》通り」「例《れい》によって」など、**〝参考になる似たようなもの〟**をも表す。ここからやや変化して、「条例《じょうれい》」「凡例《はんれい》」のように、**全体に共通する〝きまり〟**を意味することもある。

基本的には、多くの〝似たようなもの〟の中から、何かを取り上げて指す場合に用いる。部首「亻」は「人」の変形で〝動作や状態〟を表し、「列」は〝並べる〟という意味。組み合わせて、本来は〝同類として並ぶ〟ことを表す漢字である。

◆訓読みでは「たとえる」「たとえ」とも読むが、もともとの意味合いからすると、「彼氏を動物に喩《たと》えると」「喩《たと》え話」のように〝ほかのものに置き換えて説明する〟場合は、「喩」（p598）を書くのがふさわしい。逆に、「例《たと》えば神戸では」のように**〝具体的に示すと〟**という意味の「たとえば」は、「例」を使う方がぴったりくる。なお、「たとえば雨が降った場合」「たとえ離ればなれになっても」のように〝もし仮に〟という意味を表す「たとえば」「たとえ」は、かな書きするのがふつうである。

れい 玲

9画

［音読み］レイ
［部首］王（たまへん）

目にも耳にも気持ちいい！

部首「王」は〝宝石〟を表す「玉」（p130）の変形。本来は**〝宝石や貴金属が触れ合って、涼しい音をたてるようす〟**を表す漢字。現在では、固有名詞を除けば、〝明るく透き通っている〟ことをいう「玲瓏《れいろう》」という熟語で使われるくらい。高貴な清潔感にあふれる漢字である。

れい 鈴

13画

［音読み］レイ、リン
［訓読み］すず
［部首］金（かねへん）

ときには野太い音もする

〝合図の音などを鳴らす道具〟を表す。本来は金属製のものを指し、部首「金」が付いているのはそのなごり。「鈴《すず》が鳴る」「猫に鈴《すず》を付ける」のように小さくかわいらしい音がするものを指すことが多いが、「始業前の予鈴《よれい》」は、大きく重々しい音がする。なお、「亜鈴《あれい》」は昔は「啞鈴《あれい》」と書き、英語 dumbbell の翻訳語。

音読みはレイを用いるのが原則。リンは鎌倉時代ごろ以降に生まれた比較的新しい読み方で、「風鈴《ふうりん》」「呼《よ》び鈴《りん》」など特定のことばでしか使われない。

れい 零

13画

［音読み］レイ
［訓読み］ゼロ
［部首］雨（あめかんむり）

日本語ではない訓読み？

部首「雨」が付いているのは、本来は〝雨だれがしたたる〟という意味だったから。転じて**〝落ちる〟**という意味ともなり、「零《れい》落《らく》」とは〝落ちぶれる〟こと。「こぼれる」と訓読みすることもあるが、現在ではあまり用いられない。

それが**〝数の0〟**を表すようになったのは、昔の中国語で〝何もない〟ことを意味することばと発音が似ていたからと考えられている。また、記号「0」の形が〝雨だれ〟に似ているからという説もある。

なお、「零細《れいさい》」では〝**とても小さい**〟ことを表すが、これは日本語独自の熟語。また、「ゼロ」は本来は英語zero。外来語が訓読みになった例である。

れい 霊

15画

［音読み］レイ、リョウ
［訓読み］たま
［部首］雨（あめかんむり）

恵みの雨がすべてを救う…

「幽霊《ゆうれい》」「亡霊《ぼうれい》」「霊魂《れいこん》」「霊迎《たまむか》え」のように、〝**死者の魂**〟を表すのが、代表的な意味。ただし、「精霊《せいれい》」は生物以外についても用いられるし、「人類は万物の霊長《れいちょう》」という言い方などを考えると、〝**物質的なものを離れて、万物の活動の本体となるもの**〟という意味もあると考えられる。また、「心霊《しんれい》」「霊感《れいかん》」「霊験《れいげん》あらたか」など、〝**人間には理解できない不思議な現象**〟を言うこともある。

以前は「靈」と書くのが正式。部首「雨」と、〝神に仕える女性〟を表す「巫」が含まれていることから、本来は〝雨乞いの儀式〟を指していたと考える説が有力。昔から人びとが日照りにいかに苦しんできたかが、よく現れている。

音読みはレイを用いるのが原則。リョウは奈良時代以前からある古い読み方で、現在では「怨霊《おんりょう》」「悪霊《あくりょう》」「死霊《しりょう》」「生《い》き霊《りょう》」など、限られたことばでしか用いられない。

れい 隷

16画

［音読み］レイ
［部首］隶（れいのつくり）

上下関係はなくならない！

〝**だれかの命令どおりに行動する**〟ことを表す。「奴隷《どれい》」が完全に過去のものとなる時代が来たとしても、「隷属《れいぞく》」「隷従《れいじゅう》」といった熟語までなくなるとは思えない。人間の集団の本質に突き刺さっている漢字なのかもしれない。

以前は「隸」と書くのが正式。部首「隶」は〝つかまえる〟という意味を持つが、これを部首とする漢字は「隸／隷」以外にはないと言ってもいい。そのため、部首の名前としては「れいづくり」「れいのつくり」と呼ばれる。

れい 齢

17画

［音読み］レイ
［訓読み］よわい
［部首］歯（はへん）

お月さまの年の取り方

「年齢《ねんれい》」「樹齢《じゅれい》」「適齢期《てきれいき》」など、〝**生物が生き続けてきた年の数**〟を表す。また、「艦齢《かんれい》」のように機械などについて使われることもある。訓読み「よわい」は、〝年齢〟を意味するやや古めかしい表現。

以前は「齡」と書くのが正式。部首「歯」が付いているのは、動物の〝歯〟は成長するに従って生え替わるからだという。そう考えると、〝月の満ち欠け〟を「月齢《げつれい》」という背後には、〝歯〟が生えそろってやがて抜けていくイメージがあるのかもしれない。

なお、「年令」のように、略字として「令」（p638）を用いることがある。

れい 麗

19画

［音読み］レイ
［訓読み］うるわ-しい、うら-らか
［部首］鹿（しか）

どこから見ても立派ですよ！

古代文字では「」と書き、〝二本の角が生えそろった鹿〟の絵だという。〝**整っていて目立ち、すばらしい**〟という意味を表す。「美麗《びれい》」「綺麗《きれい》」「華麗《かれい》」「美辞麗句《びじれいく》」「麗《うるわ》しい友情」などがその例。また、「麗《うら》らかな春の日」のように〝**明るくて穏やかである**〟ことをもいう。

基本的には〝整っていて目立つ〟ところにポイントがあり、やや大げさにほめたたえる気持ちが含まれる。「見目麗《みめうるわ》しい」「ご機嫌麗《うるわ》しゅう」といった使い方には、それがよく現れている。

れき 暦

14画

［音読み］レキ、リャク
［訓読み］こよみ
［部首］日（ひ、にち）

音読みはスケールがでかい！

「暦《こよみ》をめくる」「暦《こよみ》の上では」「花暦《はなごよみ》」のように、訓読みでは一年ごとの〝**カレンダー**〟を指すことが多い。ところが、音読みの熟語では時間のスパンが長くなり、「西暦《せいれき》」「旧暦《きゅうれき》」「還暦《かんれき》」「太陽暦《たいようれき》」「グレゴリオ暦《れき》」など、〝**天体の運行を観測して、年月日などを定めたもの**〟を表す。

以前は「曆」と書くのが正式。成り立ちには諸説あるが、「厤《れき》」は〝穀物を順序よく収穫する〟ことを表し、部首「日」と組み合わせて、本来は〝日にちが順序よく経過していく〟ことを指す、とする説が優勢である。

音読みはレキを使うのが原則。リャクは奈良時代以前からある古い読み方で、現在では比叡山《ひえいざん》の「延暦寺《えんりゃくじ》」のようなお寺の名前や、「永暦《えいりゃく》」「正暦《しょうりゃく》」「文暦《ぶんりゃく》」といった元号などでしか見かけない。

れき 歴

14画

［音読み］レキ
［部首］止（とまる）

次はこれ、そのまた次は…

「歴史《れきし》」「経歴《けいれき》」「来歴《らいれき》」「履歴書《りれきしょ》」「歴代《れきだい》の大統領」など、〝**これまでにたどってきた経過**〟を表すのが代表的な意味。転じて、「歴《れき》戦《せん》の勇者」「要職を歴任《れきにん》する」のように、〝**次々と経験を積み重ねる**〟ことをも表す。

この意味の場合に「へる」と訓読みすることもあるが、現在では「経」（p146）を書くのがふつう。

以前は「歷」と書くのが正式。部首「止」（p227）は〝歩く〟ことを表す。〝穀物を順序よく収穫する〟ことを意味する「厤《れき》」と組み合わせて、〝**次から次へと経由して進んでいく**〟ことが本来の意味だ、とする説が優勢。「歴訪《れきほう》」がその意味の例。

また、「歴然《れきぜん》」は〝**はっきりとしているようす**〟をいう。読み方が変化した「歴《れっ》と《き》した証拠」もこの意味だが、現在では「れっきとした」とかな書きするのがふつうである。

れつ 列

6画

［音読み］レツ
［訓読み］つら-ねる
［部首］刂（りっとう）

横並びでも縦が混じる？

「行列《ぎょうれつ》」「隊列《たいれつ》」「列車《れっしゃ》」「列《れっ》島《とう》」など、〝**線のように並んだもの**〟を表すのが、代表的な意味。また、「列挙《れっきょ》」「配列《はいれつ》」「並列《へいれつ》」などでは、〝**並べる**〟ことを表す。

◆訓読み「つらねる／つらなる」は、現在では「連」（p643）を書くのがふつう。あえて「書《か》き列《つら》ねる」「名前を列《つら》ねる」のように書くと、〝線のように並ぶ〟というイメージが強く出ることになる。

並んでいるところから転じて、「参列《さんれつ》」「列席《れっせき》」のように〝**会合などに参加する**〟という意味ともなる。「列国《れっこく》」「列伝《れつでん》」「列《れっ》強《きょう》」などでは、〝**何かに参加したり並べ挙げられたりする多くのもの**〟。また、「序《じょ》列《れつ》」「同列《どうれつ》に扱う」のように、〝**上下関係の中での地位**〟を指す場合もある。横並びの中にも縦方向の意味合いが混じってくるのは、いわゆるタテ社会の現れだろうか。

部首「刂」は「刀」の変形。成り立ちには諸説あるが、「歹（がつへん）」には〝死体〟の意味があるので、本来は〝死体を切り分ける〟ことを表すと考える説が有力。切り分けた骨を並べたり、切り落とした首を並べて埋めたりしたという。

れつ 劣

6画

［音読み］レツ
［訓読み］おと-る
［部首］力（ちから）

全否定はしない方が…

部首「力」に「少」を組み合わせた、わかりやすい漢字。〝力が少ない〟ことから、広く〝**ほかよりも程度が低い**〟ことを表す。「劣勢《れっせい》」「劣悪《れつあく》」「愚劣《ぐれつ》」「スピードでは劣《おと》る」などがその例。「下劣《げれつ》」「卑劣《ひれつ》」「劣情《れつじょう》」のように、特に〝**人間として軽蔑すべき**〟という強い意味になることもある。他人に向けて使うときには、注意したい漢字である。

れつ 烈

10画

［音読み］レツ
［訓読み］はげ-しい
［部首］灬（れっか、れんが）

あらゆるものを焼き尽くせ！

「烈風《れっぷう》」「猛烈《もうれつ》」「痛烈《つうれつ》」「強烈《きょうれつ》」「烈《はげ》しい炎」など、〝**勢いがとても強い**〟ことを表す。特に〝**気持ちがとても強い**〟という意味になることもあり、「熱烈《ねつれつ》」がその代表例。「烈士《れっし》」「烈女《れつじょ》」といったことばもあるが、やや時代がかった表現。部首「灬」は「火」の変形で、本来は〝火力がとても強い〟ことを表す。

◆訓読み「はげしい」は、現在ではふつうは「激」（p152）を書く。あえて「烈《はげ》しい苦痛」「烈《はげ》しい嫉妬」のように書くと、燃え上がる炎のようなエネルギーが強調されることになる。

れつ 裂

12画

［音読み］レツ
［訓読み］さ-く
［部首］衣（ころも）

力任せにエイヤッと！

部首「衣」にも現れているように、本来は〝衣服を引きちぎる〟ことを表す漢字。「破裂《はれつ》」「分裂《ぶんれつ》」「裂傷《れっしょう》」など、広く〝**無理にばらばらにする**〟〝**こらえきれずにばらばらになる**〟という意味で用いられる。

◆訓読み「さく」では、「割」（p77）との使い分けが問題となる。「割」は、「刀」が変形した部首「刂」が付いているように、比較的〝きれいに〟ばらばらにするイメージがある。それに対して、「裂」は〝無理に〟〝こらえきれずに〟という意味合いが強い。「ズボンのお尻が裂《さ》ける」「大地の裂《さ》け目」「二人の仲を引《ひ》き裂《さ》く」などが、その例である。

れん 恋

10画

［音読み］レン
［訓読み］こい
［部首］心（こころ）

離れたくない離れられない…

「恋愛《れんあい》」「恋慕《れんぼ》」「恋人《こいびと》」「初恋《はつこい》」「あの人が恋《こい》しい」など、多くは異性に対して、〝**特定の相手から離れたくないと強く願う**〟ことを表すのが、代表的な意味。

本来は、人間に限らず〝**特定のものに強く心が惹かれて離れられない**〟ことを表し、「地位や財産に恋着《れんちゃく》する」などにその意味が残る。また、「ふるさとが恋《こい》しい」「あの味が恋《こい》しい」といった使い方も、その延長線上にあるもの。いい意味でも悪い意味でも〝断ち切れない思い〟にあふれた漢字である。

以前は「戀」と書くのが正式。昔は「いと（糸）し、いと（糸）しと言う心」などと覚えたものである。

なお、「母を恋《こ》うる歌」のように「こう」と訓読みすることもあるが、現在ではかなり古めかしい表現。「恋《こい》する」の形で使う方が一般的である。

れん 連

10画

［音読み］レン
［訓読み］つら-なる、つ-れる
［部首］辶（しんにょう、しんにゅう）

つながりも集まりも一緒？

「連続《れんぞく》」「連載《れんさい》」「連日《れんじつ》」「山が連《つら》なる」「軒《のき》を連《つら》ねる」など、〝**二つ以上のものが続く**〟ことを表すのが、基本的な意味。「連結《れんけつ》」「連《れん》絡《らく》」「関連《かんれん》」のように、〝**二つ以上のものを**

つなげる〟ことを指す場合もある。

◆「つらなる／つらねる」と訓読みする漢字には「列」（p642）もあるが、現在では「連」を使うのがふつう。ただし、〝線のように〟というニュアンスを強調したい場合に、「列」を書くこともある。

転じて、〝**二つ以上のものが同列に並ぶ**〟という意味にもなる。「連名《れんめい》」「連弾《れんだん》」などがその例。さらに〝**二つ以上のものの集まり**〟をも表す。この場合、「国連《こくれん》」に代表されるように「**連盟**《れんめい》」「**連合**《れんごう》」**の省略形**として使われることも多いが、「奥さま連《れん》」「取り巻き連《れん》」など「**連中**《れんちゅう》」**の省略形**として使われることもある。

また、「連行《れんこう》」「引《ひ》き連《つ》れる」「道連《みちづ》れ」などでは、〝**あるものにくっついて移動する**〟ことを表す。

部首「⻌」は、以前は「⻍」と書くのが正式で、〝移動〟を表す。本来の意味には、〝車が何台もくっついて進む〟とか〝人が何人か並んで引く車〟などの説がある。

れん 廉 13画

部屋のすみまでキッチリと！

［音読み］レン
［訓読み］かど
［部首］广（まだれ）

代表的なのは、「清廉《せいれん》」「廉潔《れんけつ》」など〝**欲望が少ない**〟という意味。転じて、「廉価《れんか》」「低廉《ていれん》」では〝**値段が低い**〟ことを表す。

部首「广」は〝建物〟を表す記号なので、本来は〝建物の角の部分〟を指す漢字だとする説が有力。角がきちんと整っているところから〝けじめ〟の意味となり、さらに〝けじめがしっかりしていて欲望が少ない〟という意味になったという。

訓読みでは「かど」と読み、「疑問に感じる廉《かど》がある」「一廉《ひとかど》の人物」のように〝**判断の根拠となる理由や、目立った特徴**〟を指して使われる。これは、〝取り調べてけじめをつける〟ところから変化した、日本語独自の用法である。

なお、以前は「廉」と書くのが正式。

れん 蓮 13画

死んだ後もあこがれる？

［音読み］レン
［訓読み］はす、はちす
［部首］艹（くさかんむり）

部首「艹」は〝植物〟を表す記号。「蓮根《れんこん》」「蓮《はす》の花」など、**植物の〝はす**〟を指す。訓読み「はちす」は、「はす」のやや古い言い方。

仏教では、極楽に〝はす〟の花が咲いているとされる。〝仏像を載せる台〟を「蓮台《れんだい》」「蓮華座《れんげざ》」「蓮《はちす》の台《うてな》」などというのは、そのため。また、昔のお坊さんの「日蓮《にちれん》」「蓮如《れんにょ》」など、仏教の世界では好んで用いられる漢字である。

なお、「睡蓮《すいれん》」「木蓮《もくれん》」「蓮華草《れんげそう》」は、〝はす〟とは別種の植物。また、以前は「⻌」を「⻍」と書くのが正式であった。

れん 練 14画

手間を惜しむと身に付かない！

［音読み］レン
［訓読み］ね-る
［部首］糸（いとへん）

代表的な意味は、「練習《れんしゅう》」「訓練《くんれん》」「熟練《じゅくれん》」など、〝**何度もくり返した結果、何かができるようになる**〟こと。

以前は「練」と書くのが正式で、部首「糸」が付いているように、本来は〝糸を煮てやわらかくする〟ことを表す。転じて、「薬を練《ね》る」「粘土を練《ね》る」「練《ね》りようかん」のように〝**手などでこねて何かを作る**〟という意味ともなる。〝何度もくり返してできるようになる〟の意味は、ここから転じたもの。

さらには「企画を練《ね》る」「構想を練《ね》り直《なお》す」など、〝**時間をかけていいものを作り上げる**〟ことを指しても用いられる。「未《み》練《れん》」は、本来は〝まだきちんとできていない〟ことで、日本語では〝まだ吹っ切れていない〟ことをいう。時だけが可能にするやわらかみにあふれた漢字である。

れん 憐

16画

［音読み］レン
［訓読み］あわ-れむ
［部首］忄（りっしんべん）

お前もつくづく不幸だなあ…

部首「忄」は「心」の変形。本来は〝深く感じ入る〟ことを表すが、現在では特に**〝かわいそうに思って同情する〟**場合に用いられる。「彼の境遇を憐《あわ》れむ」「憐《あわ》れみの眼差し」「憐憫《れんびん》の情《じょう》」などがその例。

◆「あわれむ／あわれ」と訓読みする漢字には「哀」（p7）もある。「哀」は〝胸をつかれる〟というニュアンスなのに対して、「憐」はやや理性的に〝同情する〟という意味合いが強い。そこで、「憐」は場合によっては相手を見下しているような雰囲気になることもあるので、注意が必要である。

れん 錬

16画

［音読み］レン
［部首］金（かねへん）

純粋なものを目指して…

部首「金」が付いているように、本来は**〝金属を熱して溶かし、不純物を取り除く〟**ことを表す。「精錬《せいれん》」「製錬《せいれん》」がその例。「錬金術《れんきんじゅつ》」とは、〝金《きん》以外の金属に手を加えて、金《きん》を作り出す方法〟。

転じて、**〝精神や肉体などを鍛え上げる〟**という意味でも用いられる。「修錬《しゅうれん》」「鍛錬《たんれん》」「百戦錬磨《ひゃくせんれんま》」などがその例。また、〝良質のものを作り上げる〟という意味で「ねる」と訓読みすることもあるが、現在では「練」（p644）を書くのがふつうである。

以前は「錬」と書くのが正式。「練／錬」も似た作りの漢字で、「修錬」「錬磨」などは「修練《しゅうれん》」「練磨《れんま》」と書くこともある。ただし、「練」が〝手間をかける〟というイメージを持つのに対して、「錬」は、〝純粋なものを作る〟という意味合いが強い。

ろ

ろ 呂

7画

［音読み］ロ、リョ
［部首］口（くち）

はっきりした意味がない…

現在では「風呂《ふろ》」「語呂《ごろ》」の形で用いられるのが一般的。ただし、どちらも「ふろ」「ごろ」という日本語に対する当て字で、「呂」にとりたてて意味はない。

部首「口」は形の上から便宜的に分類されたもの。本来は〝背骨〟を表すが、この意味で使われることはほとんどない。また、**〝中国音楽の音名の一つ〟**をも指し、「呂律《ろれつ》」は〝きちんとした音程〟から転じて、〝ことばのきちんとした発音〟をいう。

なお、中国では姓の一つとしても使われる。その場合、日本語では、平安時代ごろに正式とされた音読みでリョと読むのが伝統。「太公望《たいこうぼう》」とも呼ばれる伝説の名宰相「呂尚《りょしょう》」や、『三国志』の英雄の一人「呂布《りょふ》」が、その例である。

ろ

炉

8画

［音読み］ロ
［部首］火（ひへん）

あたたかく心地よい暮らし

〝**火を燃やし続けておく装置**〟を表す。「暖炉《だんろ》」「焜炉《こんろ》」「香炉《こうろ》」「溶鉱炉《ようこうろ》」「原子炉《げんしろ》」などがその例。「炉辺《ろへん》」「炉端《ろばた》」などでは、〝暮らしのぬくもり〟の象徴。そういう漢字に、もとからの日本語である訓読みがないのは、ちょっと不思議である。

以前は「爐」と書くのが正式だったが、「炉」も古くから略字として使われてきた。ちなみに、「炉」の「戸」は、「爐」の「虍（とらかんむり）」の省略形である。

ろ

賂

13画

［音読み］ロ
［部首］貝（かいへん）

目的があまりにも…

部首「貝」は〝お金や宝物〟を表す記号。現在では「賄賂《わいろ》」以外の形で使われることはほとんどない。〝**金品をこっそり贈って、不正な取りはからいを頼む**〟ことを表す。

訓読みでは「まいなう／まいない」と読むが、かなり古風な表現。「賄賂」のためだけにこの漢字が使われ続けていると思うと、ため息の一つも出るというものだ。

ろ

路

13画

［音読み］ロ
［訓読み］じ、みち
［部首］⻊（あしへん）

そこにロマンを感じませんか？

「道路《どうろ》」「航路《こうろ》」「進路《しんろ》」「順路《じゅんろ》」「路上《ろじょう》」「路面《ろめん》」「路線《ろせん》」など、〝**進んでいくルート**〟を表す。転じて、〝**ものごとの筋道**〟という意味ともなり、「理路整然《りろせいぜん》」がその例。

基本的には〝きちんと整備されたルート〟というイメージが強いが、「じ」と訓読みした場合には、淡くやわらかい雰囲気が漂う。「家路《いえじ》」「山路《やまじ》」「恋路《こいじ》」「大和路《やまとじ》」「三十路《みそじ》」などが、その例である。

◆訓読み「みち」は、現在では「道」（p462）を書く方がふつう。ただし、〝ルート〟そのものに何らかの思い入れを感じて「路」を使うことがあるかもしれない。また、〝どこかへ向かう〟ことを強調したい場合には、「途」（p446）を用いることもある。

ろ

露

21画

［音読み］ロ
［訓読み］つゆ、あらわ
［部首］雨（あめかんむり）

気候が変われば意味合いも…？

「朝露《あさつゆ》」に代表されるように、〝**草や木などに付いた水滴**〟が、基本的な意味。「甘露《かんろ》」「玉露《ぎょくろ》」などでは、転じて〝**天の恵み**〟をいう。

〝つゆ〟にさらされるところから、〝**屋外**〟をも表す。「露営《ろえい》」「露天風呂《ろてんぶろ》」がその例。さらに転じて、「露出《ろしゅつ》」「露見《ろけん》」「暴露《ばくろ》」「悪事が露《あらわ》になる」のように、〝**むき出しになる／する**〟という意味でも使われる。「披露《ひろう》」もこの例で、ロウと読むのは、音読みロが引き伸ばされたもの。

一方、すぐに蒸発してしまうことから〝**はかないもの**〟のたとえとしても使われ、「露命《ろめい》」がその例。ただし、これは日本語独自の熟語らしい。また、日本語「つゆ」には〝**少しも**〟という意味があるので、「そんなこととは露知《つゆし》らず」のようにも使われる。このあたりの意味は、〝天の恵み〟とはニュアンスがかなり異なる。雨の少ない中国の黄河流域と、温暖湿潤な日本列島との差が、こんなところに現れているのかもしれない。

このほか、日本では「ロシア」に「露西亜《ろしあ》」と当て字したので、「日露戦争《にちろせんそう》」「露語《ろご》」のように、〝**ロシア**〟を示す漢字としても使われる。ちなみに、現代中国語で〝ロシア〟を表すのは、「俄《アー》」である。

ろう

老

6画

［音読み］ロウ
［訓読み］お-いる、ふ-ける
［部首］老（おい）

〝**年を取る**〟ことを表す。「老人《ろうじん》」「老齢《ろうれい》」「年老《としお》いる」などがその例。

亀の甲より年の功

訓読み「ふける」は、「ちょっと老《ふ》けたね」のように〝**年を取ったように感じられる**〟という意味合いで使われることが多い。また、「老朽化《ろうきゅうか》」「老廃物《ろうはいぶつ》」のように、モノが〝**古くなって役に立たなくなる**〟ことをもいう。

基本的にはあまりうれしくない漢字だが、いい意味もある。「老練《ろうれん》」「老成《ろうせい》」「長老《ちょうろう》」などがその例で、〝**経験を積んでいる**〟ことを表す。「老兵《ろうへい》」「老大家《ろうたいか》」なども本来はこの意味なのに、現在では否定的な意味合いで使われることが多いのは、困ったことである。

「老舗《しにせ》」は、日本語の意味を漢字で表した当て字的表現。また、「海老《えび》」は、腰が曲がっていることに由来する、日本語独自の当て字的表現である。

部首としては？

〝年を取る〟ことに関係する漢字の部首になる。「老」以外に日常的に使われる漢字は少ないが、「耄碌《もうろく》」の「耄」がわかりやすい例。また、省略されて「耂」の形になることがあり、「考」（p184）ももとをたどれば〝年を取る〟ことに関係する。ただし、「者」（p251）は成り立ちとしては「老」とは関係がなく、形の上から便宜的に分類されたもの。「孝」（p185）にも「耂」が含まれるが、部首は「子」とするのがふつうである。

なお、多くは漢字の上部に置かれ、「おいかんむり」「おいがしら」と呼ばれる。

ろう 労

7画

［音読み］ロウ
［訓読み］ねぎら-う、いたわ-る
［部首］力（ちから）

以前は「勞」と書くのが正式。部首「力」にも現れているように、本来は〝**力を出して仕事をする**〟ことを表す。「労力《ろうりょく》」「労働《ろうどう》」「功労者《こうろうしゃ》」「仲介の労《ろう》をとる」などがその例。「労災《ろうさい》」「労使関係《ろうしかんけい》」のように、**「労働《ろうどう》」「労働者《ろうどうしゃ》」の省略形**としても使われる。

栄養ドリンクを差し入れる？

転じて、〝**何かをして疲れる**〟ことをも表し、「疲労《ひろう》」「苦労《くろう》」「心労《しんろう》」「労《ろう》せずして手に入れる」のように用いられる。

さらに変化して〝**疲れを気遣ってやさしく接する**〟という意味ともなるのが、おもしろいところ。「慰労《いろう》」がその例。この意味の場合には「ねぎらう」「いたわる」と訓読みするが、現在ではかな書きするのがふつう。〝疲れている〟のを放ってはおかない、やさしい心を持った漢字である。

ろう 弄

7画

［音読み］ロウ
［訓読み］もてあそ-ぶ
［部首］廾（にじゅうあし）

「王」は〝宝石〟を意味する「玉」（p130）の変形。部首「廾」は〝両手で何かを持つ〟ことを表す。組み合わせて、本来は〝てのひらで宝石を転がす〟ことを意味する。転じて、「翻弄《ほんろう》」「策を弄《ろう》する」など、〝**思い通りにあやつる**〟という意味で使われる。

目的は快楽にあり

「嘲弄《ちょうろう》」「愚弄《ぐろう》」では、〝**相手の気持ちを考えず自分勝手にふるまう**〟こと。

◆「もてあそぶ」と訓読みする漢字には、ほかに「玩」（p92）がある。「玩」「弄」はよく似た成り立ちの漢字だが、「玩」が〝心を奪われる〟という意味合いなのに対して、「弄」は〝あやつる〟というニュアンスが強い。そこで、「権力を弄《もてあそ》ぶ」「女心を弄《もてあそ》ぶ」などは、「弄」を使う方がふさわしいということになる。

ろう 郎

9画

［音読み］ロウ
［部首］阝（おおざと）

男らしさはどこへやら…

〝**立派な男性**〟を表すのが基本的な意味で、「新郎《しんろう》」がその例。「太郎《たろう》」「三郎《さぶろう》」のように日本人の男性の名前に用いられるのは、ここから転じたもの。また、「郎等《ろうどう》」は〝男性の家来〟だが、このあたりから〝立派な〟という意味は薄れ、「野郎《やろう》」「下郎《げろう》」では**単なる〝男性〟**を指すようになる。さらに「女郎《じょろう》」になると〝男性〟の意味すらなくなってしまい、ほとんど意味のない漢字となっている。

以前は、点が一つ多い「郎」と書くのが正式。部首「阝」は「邑」(p602)の変形で〝人が住む地域〟を表す記号。「郎／郎」も本来はある町の名前を表す漢字だったが、大昔の中国語で〝立派な男性〟を意味することばと発音が似ていたことから、当て字的に用いられるようになった、と考える説が優勢である。

ろう 朗

10画

［音読み］ロウ
［訓読み］ほが-らか
［部首］月（つき）

胸の底までスッキリと！

「明朗《めいろう》」「晴朗《せいろう》」「朗読《ろうどく》」「朗《ほが》らかな声」など、**〝明るくてはっきりしている〟**ことを表すのが基本。転じて、「朗報《ろうほう》」のように**〝明るい気分にさせる〟**という意味にもなる。

以前は、点が一つ多い「朗」と書くのが正式。部首「月」にも現れているように、本来は〝月が明るく澄んでいる〟ことを指すが、現在では広くさまざまなものについて用いられる。単に〝明るい〟のではなく、清涼感や透明感にあふれているのが魅力である。

ろう 浪

10画

［音読み］ロウ
［訓読み］なみ
［部首］氵（さんずい）

行くえも知らぬ根なし草

〝水面の上下の動き〟を表す。「波浪《はろう》」がその代表。「波」(p485)が〝次々と影響を与える〟という意味でも使われるのに対して、「浪」は**〝安定せず移動し続ける〟**ことを指して用いられることが多い。「放浪《ほうろう》」「浮浪《ふろう》」「流浪《るろう》」「浪人《ろうにん》」などがその例。「浪費《ろうひ》」では、**〝目的が定まらない〟**という意味。

◈訓読み「なみ」は、現在では「波」を書く方がふつう。あえて「浪」を使うとすれば、〝安定せずはかないもの〟という雰囲気が出ることになる。徳冨蘆花《とくとみろか》の名作『不如帰《ほととぎす》』に出てくる薄幸のヒロイン「浪子《なみこ》」と、長谷川町子『サザエさん』の「波平《なみへい》」の違いである。

なお、「浪漫《ろうまん》」は、英語 roman に対する当て字。「漫」(p576)にも〝目的がはっきりしない〟という意味があり、絶えず変化していくところに物語性を感じさせる当て字である。

ろう 廊

12画

［音読み］ロウ
［部首］广（まだれ）

素通りも大歓迎？

部首「广」は〝建物〟を表す記号。本来は、〝屋根の付いた通り道〟を指したが、現在では**〝部屋と部屋とを結ぶ、屋根が付いた通り道〟**を表す。「廊下《ろうか》」「回廊《かいろう》」がその例。

「画廊《がろう》」は、〝絵で飾った通り道〟から転じて、〝美術品などを展示・販売するお店〟をいう。この熟語は英語 gallery に対する当て字から生まれた、という説もあるが、はっきりしない。それはともかく、漢字本来の意味からすれば、見るだけでもOKのお店らしい。

なお、以前は点が一つ多い「廊」と書くのが正式。

ろう 楼

13画

［音読み］ロウ
［部首］木（きへん）

二階建てでも十分高い！

「楼閣《ろうかく》」「摩天楼《まてんろう》」「春、高楼《こうろう》の花の宴《えん》」など、**〝高い建物〟**を表す。以前は「樓」と書くのが正式。「婁《ろう》」には〝つながる〟という意味があり、部首「木」を組み合わせて、本来は〝二階建て以上の木造の建物〟を指す。昔は「たかどの」と訓読みしたがそれほど〝高い〟わけではなく、**〝二階建ての建物〟**を指すことも多い。平屋がふつうだった時代のお話である。

ろう

漏

14画

〔音読み〕ロウ
〔訓読み〕も-る、も-れる、も-らす
〔部首〕氵（さんずい）

ぽたぽたという音もわびしく…

「漏水《ろうすい》」「漏斗《ろうと》」「雨漏《あまも》り」など、**〝すきまや穴から水が流れ落ちる〟**ことを表すのが、基本的な意味。「屚《ろう》」は、〝屋根〟を表す「尸（しかばね）」に「雨」を組み合わせて、〝屋根のすきまから雨水がしたたる〟ことを表す。それに「水」が変形した部首「氵」を組み合わせて意味をはっきりさせた、なかなかわびしい漢字である。

転じて、「漏電《ろうでん》」「歯槽膿漏《しそうのうろう》」「情報の漏《ろう》洩《えい》」「笑いが漏《も》れる」「ため息を漏《も》らす」など、広く**〝閉じこめられたものが少しずつ外に出る〟**ことを指しても用いられる。また、「遺漏《いろう》がないようチェックする」「捜査の網から漏《も》れる」「敵を討《う》ち漏《も》らす」のように、**〝取りこぼす〟〝抜け落ちる〟**という意味になることもある。

なお、〝すきまから水が少しずつ流れ出る〟ところから、**〝水時計〟**をも指す。「漏刻《ろうこく》」とは〝水時計〟をいう。

ろう

蠟

21画

〔音読み〕ロウ
〔部首〕虫（むしへん）

大陸風の灯り

油脂の一種〝ろう〟を表す。

火を付けると溶け出して燃えるので「蠟燭《ろうそく》」として用いられたり、つるつるしていて、やわらかくて加工しやすいので、「蠟細工《ろうざいく》」「蠟人形《ろうにんぎょう》」などに使われる。部首「虫」が付いているのは、みつばちの巣から取れる「蜜蠟《みつろう》」が代表的なものだから。

この漢字にもとからの日本語としての訓読みがないのは、〝ろう〟は中国渡来のもので、日本人の生活に根付いたのはそんなに昔ではないからだろう。「蠟燭《ろうそく》」が日本で使われるようになったのは室町時代ごろ、一般に普及したのは江戸時代だという。

なお、手書きやパソコンでは、略字「蝋」が使われることがある。

ろう

籠

22画

〔音読み〕ロウ
〔訓読み〕かご、こ-める、こ-もる
〔部首〕竹（たけかんむり）

出さないのか出ないのか？

部首「竹」にも現れているように、本来は〝何かを入れておく竹製の道具〟を表す漢字。現在では、「印籠《いんろう》」「灯籠《とうろう》」「鳥籠《とりかご》」「くず籠《かご》」など、広くさまざまな**〝入れもの〟**を指して用いられる。「魚籠《びく》」は、漢字の熟語をそのまま、意味を表す日本語で読む当て字的表現。また、「駕籠《かご》」は、乗り物としての日本語「かご」の意味を、漢字二文字で表した当て字的表現。「駕」は、〝乗り物〟を表す。

〝入れもの〟から転じて、**〝何かを入れて外に出さない〟**ことをも表す。この場合には「こめる」と訓読みするが、現在では「こめる」は「込」（p203）を書くのがふつう。また、〝うまく丸め込んで味方にする〟ことを意味する「籠絡《ろうらく》」も、この意味の例だと考えられる。

現在、よく使われるのは、「籠城《ろうじょう》」「立《た》て籠《こ》もる」「自分の部屋に籠《こ》もる」など、**〝ある場所から出てこない〟**という意味。ただし、これは〝外に出さない〟から変化した日本語独自の用法である。

なお、音読みはロウだけだが、「蒸籠《せいろ》」「蒸《む》し」では縮まってロと発音される。また、手書きやパソコンなどでは略字「篭」

が使われることもある。

ろく 六

4画

［音読み］ロク、リク
［訓読み］むっ-つ、む-つ
［部首］八（はち）

読み方が意外と複雑？

〝**数の6**〟を表す。音読みはロクを使うのが大原則。リクは平安時代ごろに正式とされた読み方だが、現在では、「六国史《りっこくし》」「六朝《りくちょう》文化《ぶんか》」などの特殊な用語でしか用いられない。

訓読みでは「むっつ」と読むのが基本で、「むつ」はそのやや古い言い方。「む」を用いるのは、現在では〝六か月〟を意味する「六月《むつき》」くらい。「六日《むいか》」では、「む」が変化して「むい」と読む。

なお、小切手や契約書などでは、後から書き換えられるのを防ぐために「陸」（p624）を用いることがある。また、部首は「八」だが、形の上から便宜的に分類されたもので、意味の関係はない。

ろく 録

16画

［音読み］ロク
［訓読み］と-る
［部首］金（かねへん）

遠い未来に伝えるために…

「記録《きろく》」「登録《とうろく》」「実録《じつろく》」「備忘録《びぼうろく》」など、〝**文字として書き残す**〟ことを表すのが、基本的な意味。転じて、現在では「録音《ろくおん》」「録画《ろくが》」のように、〝**音声や映像を残しておく**〟ことをも表す。科学技術の進歩とともに、使い方が広がった漢字の一つである。

◆訓読み「とる」では、「撮」（p221）との使い分けが問題となる。カメラを使う場合は「撮」を書くのに対して、「録」は、「好きな番組を録《と》っておく」のように〝放送された番組などを保存する〟場合に用いる。

以前は「錄」と書くのが正式。部首「金」にも現れているように、本来は〝金属に文字を刻みつける〟ことをいう。後々まで消えないようにするところがポイントで、いわばタイム・カプセルのような漢字なのである。

ろく 麓

19画

［音読み］ロク
［訓読み］ふもと
［部首］鹿（しか）

鹿が住んでいなくても！

「山麓《さんろく》」「富士の南麓《なんろく》」「六甲山の麓《ふもと》」のように、〝**山のすそのあたり**〟を表す。「林」が付いているように、特に〝山すその木が生い茂っているところ〟をいう場合が多い。

部首は「鹿」だが、この漢字では単に読み方を表す記号。意味からすれば、「木」を部首とする方がふさわしい。

ろん 論

15画

［音読み］ロン
［部首］言（ごんべん）

胸を張って申しましょう！

〝つながったもの〟を表す「侖《ろん》」に、部首「言」を組み合わせて、〝**筋道を立てて説明したり、意見を述べたりする**〟ことを表す。「議論《ぎろん》」「弁論《べんろん》」「論述《ろんじゅつ》」「論文《ろんぶん》」「詳しく論《ろん》じる」などがその例。また、「理論《りろん》」「正論《せいろん》」「本論《ほんろん》」「結論《けつろん》」のように、〝**筋道立った説明や意見**〟をいうこともある。

「あげつらう」と訓読みすることもあるが、現在ではあまり用いられない。日本語「あげつらう」は、現在では〝たいして重要ではない欠点などを細かく言い立てる〟という意味で使われることが多い。「議論」に夢中になるのは、やはり敬遠されるもとのようである。

わ

和

8画

[音読み] ワ、オ
[訓読み] なご-やか、やわ-らぐ、あ-える
[部首] 口（くち）

一緒にいるけど ぶつからない！

「温和《おんわ》」「柔和《にゅうわ》」「調和《ちょうわ》」「平和《へいわ》」「チームの和《わ》を大切にする」「和《なご》やかな会話」など、〝**穏やかでちょうどいい状態**〟を表すのが、基本の意味。「日和《ひより》」もこの例だが、「より」の語源は、よくわからない。

「和解《わかい》」「表情が和《やわ》らぐ」「怒りを和《やわ》らげる」「雰囲気が和《なご》む」のように、〝**穏やかでちょうどいい状態になる**／**する**〟ことをいう場合もある。音楽の「和音《わおん》」「和声《わせい》」も、〝複数の音がちょうどいいハーモニーを作る〟こと。「野菜をみそで和《あ》える」「ごま和《あ》え」などでは、「あえる」と訓読みして〝**複数の材料を混ぜてちょうどいい状態にする**〟ことを指す。

また、「三つの数の和《わ》」「総和《そうわ》」など〝**合計**〟を表すのは、複数のものを一緒にするところから転じたもの。ちなみに、名前で「かず」と読むのは、〝合計〟とは〝数〟だからだという。

このほか、大昔、中国から見て日本を「倭《わ》」と呼んでいたのに対して、日本側が同音で意味のよい「和」を当てたことから、〝**日本**〟を指しても用いられる。「和《わ》食《しょく》」「和服《わふく》」「和牛《わぎゅう》」「和傘《わがさ》」「和洋《わよう》」「英文和《えいぶんわ》訳《やく》」「漢和辞典《かんわじてん》」などなど、現在では、この意味で多くの熟語が使われている。

音読みはワを用いるのが大原則。オは鎌倉時代ごろ以降に生まれた比較的新しい読み方。お寺の「和尚《おしょう》」以外では使わないと考えて差し支えない。ちなみに、「和尚」は古代インド語に対する当て字に由来することば。このほかにカという音読みもあるが、日常的には、まず使われることはない。

なお、本来は〝人の声が呼応し合う〟という意味だと考えられることから、部首は「口」とするのがふつう。「禾（のぎへん）」ではないので、注意が必要である。

琶

12画

[音読み] ワ
[部首] 玉（たま）

昔の音を 聴いてみたい…

「琵琶《びわ》」の形でしか使われない漢字。紀元前後の時代にインドやイランから伝わってきたという、**弦楽器の一種**。「玨」は〝弦を張ってある形〟で、「巴《は》」は、ここでは〝びわ〟の鳴る音を表す。昔の音読みはハで、ワはその変化したもの。本来は、「琵琶」の二文字で〝びわ〟の鳴る音を表す擬音語だったと考えられている。

なお、部首を「玉」とするのは形の上から便宜的に分類されたもので、意味の関係はない。似た造りの漢字としては、「琴」（p132）が挙げられる。

話

13画

[音読み] ワ
[訓読み] はな-す、はなし
[部首] 言（ごんべん）

ごくふつうに 言いましょう

「会話《かいわ》」「対話《たいわ》」「話術《わじゅつ》」「恋人と話《はな》す」「警察に話《はな》す」など、〝**ことばで伝える**〟ことを表す。また、〝**ことばで伝える内容**〟を指すこともあり、「神話《しんわ》」「実話《じつわ》」「秘話《ひわ》」「話題《わだい》」などがその例。「世間話《せけんばなし》」「おもしろい話《はなし》」のように、この意味での訓読み「はなし」は、送りがなは付けないのが習慣。

◆「はなす／はなし」と訓読みする漢字には「噺」「咄」などもある。「噺」は〝口で

伝えられる耳新しいこと〟という意味から日本でオリジナルに作られた漢字。「咄《とつ》」は中国にもある漢字だが、日本では独自に〝口から出まかせ〟の意味合いを含んで用いられる。現在では、ごくふつうには「話」を用いるが、「うわさ嘶《ばなし》」「作り咄《ばなし》」のように、それぞれのニュアンスを生かして使うこともある。

わい 歪

9画

［音読み］ワイ
［訓読み］ゆが-む
［部首］止（とまる）

上下がちょっと窮屈かなあ…

「事実を歪曲《わいきょく》する」「窓枠が歪《ゆが》む」「苦痛で顔を歪《ゆが》める」など、**〝あるべき姿でなくなる／なくす〟**ことを表す。〝〇〇でない〟という意味を表す「不」に、「正」を組み合わせた漢字で、「不正」の二文字が縦に縮まったというおもしろい成り立ち。部首「止」は、「正」の部首「止」をそのまま拝借したものである。

わい 猥

12画

［音読み］ワイ
［訓読み］みだ-ら、みだ-りに
［部首］犭（けものへん）

動物の言い分も聞いてみたい？

成り立ちには諸説があるが、「犬」が変形した部首「犭」が付いているからには、〝人間らしくない〟ことを表すのだろう。**〝秩序立っていない〟**ことを意味する漢字で、「猥雑《わいざつ》」がその例。「猥褻《わいせつ》」「猥談《わいだん》」では、特に**〝性的な関係で秩序がない〟**こと。

◆訓読み「みだら」は、現在では「淫」（p23）を書くのがふつう。あえて「猥」を使うと、〝人間的でない〟という意味合いが出ることになる。

◆また、「みだりに」と訓読みする漢字には「漫」（p576）「妄」（p589）「濫」（p620）もあって、使い分けがむずかしい。「漫」は〝目的がはっきりしない〟場合に、「妄」は〝判断力が低い〟場合に、「濫」は〝むやみやたらに〟という場合に用いる。この三つで十分な気もするが、〝人間的でない〟というニュアンスを出したい場合には、あえて「猥」を使うこともある。

非難の色合いが濃い漢字であることはもちろんだが、下品なイメージも含むので、気をつけて使いたい漢字である。

わい 矮

13画

［音読み］ワイ
［部首］矢（やへん）

遠くまでは飛びそうにない

現在では、「矮小《わいしょう》」の形で用いられるのがほとんど。**〝高さが低い〟**ことを表す。本来は〝背が低い〟ことをいう漢字で、相手を見下すニュアンスを含んでいる。

なお、「短」（p400）と考え合わせると、部首「矢」は〝みじかい〟ことを表すかと思われる。〝矢〟をそういうふうに捉えるのは、ちょっと不思議な気がする。

わい 賄

13画

［音読み］ワイ
［訓読み］まかな-う
［部首］貝（かいへん）

根っからのワルではないのだ！

部首「貝」は〝お金や宝物〟を表す記号。「賄賂《わいろ》」「贈賄《ぞうわい》」「収賄《しゅうわい》」など、**〝金品をこっそり贈って、不正な取りはからいを頼む〟**ことを表す。この意味の場合、訓読みでは「まいなう」と読むが、かなり古風な表現。

現在では腹黒さ満開といったイメージだが、本来は悪い意味ではなく、単に〝金品を贈る〟ことをいう漢字である。

日本では、転じて〝お金を調達する〟ことをも指し、「収入の範囲内で支出を賄《まかな》う」のように**〝やりくりする〟**という意味でも用いられる。「賄《まかな》い付き」のように**〝食事の世話をする〟**ことを指すのは、ここからさらに転じたものである。

わい 穢 18画

［音読み］ワイ、エ
［訓読み］けが-れる
［部首］禾（のぎへん）

田んぼの手入れは怠らない！

部首「禾」は〝穀物〟を表す。本来は、〝耕作地に雑草がたくさん生える〟ことを意味する漢字で、現在では**〝大切なものが損なわれてよごれた状態になる〟**ことを指して用いられる。「宝ものが穢《けが》れる」「聖域を穢《けが》す」「穢《けが》れを払う」などがその例。

訓読み「けがれる」は、現在では「汚」（p40）を書くのがふつう。ただし、「汚れる」は「よごれる」とも読めるので、あえて「穢」を使うことも多い。

「汚穢《おわい》」は、〝たいへんなよごれ〟。「厭《おん》離《り》穢《え》土《ど》」とは、仏教で〝煩悩《ぼんのう》にまみれたこの世を離れる〟ことをいう。ワイは平安時代ごろに正式とされた音読みで、エは奈良時代以前からある音読みである。

わき 脇 10画

［音読み］キョウ
［訓読み］わき
［部首］月（にくづき）

正面からはずれていく…

部首「月」は「肉」の変形で、〝肉体〟を表す。**腕の付け根のすぐ下側〝わき〟**を意味する漢字。「脇腹《わきばら》」「脇《わき》の下」などがその例。肉体の側面であることから、「線路の脇《わき》」「監督の脇《わき》に控える」のように**〝側面のすぐ近く〟**を指すこともある。「脇道《わきみち》」「脇見《わきみ》」などでは、**〝目標からずれた方向〟**をいう。

音読みで使う例は少なく、〝本尊の両側に立つ仏像〟をいう「脇士《きょうじ》」「脇侍《きょうじ》」と、和室で用いる〝ひじ掛け〟を表す「脇息《きょうそく》」がある程度。

本来は、「脅」（p124）と意味も読み方も同じ漢字で、〝不安がらせる〟という意味もあった。現在の日本語では、その意味では「脅」、〝わき〟の意味では「脇」と使い分けるのが習慣である。

わく 枠 8画

［訓読み］わく
［部首］木（きへん）

この中でお願いします！

「窓枠《まどわく》」「枠《わく》の外」「枠《わく》で囲う」など、**〝ある範囲を示す囲い〟**を表す。日本で独自に作られた漢字で、部首「木」が示すように本来は木製のものを指していたのだろうが、現在では幅広く用いられる。

転じて、**〝制限〟**という意味ともなる。「行動に枠《わく》をはめる」「予算の枠内《わくない》」などが、その例である。

なお、音読みはもともと中国語の発音が変化したものなので、この漢字には存在しない。

わく 惑 12画

［音読み］ワク
［訓読み］まど-う
［部首］心（こころ）

心が頭を押しのける…

「疑惑《ぎわく》」「困惑《こんわく》」「当惑《とうわく》」「惑乱《わくらん》」「恋に惑《まど》う」「子を思う親の惑《まど》い」など、**〝筋道の通った判断ができない〟**ことを表す。「誘惑《ゆうわく》」「魅惑《みわく》」「道を惑《まど》わせる」のように、**〝筋道の通った判断ができないようにする〟**という意味になることもある。

「惑星《わくせい》」は〝太陽のまわりを回る星〟のことで、地球上からは不規則な動きをしているように見えることからこう呼ぶ。

「不惑《ふわく》」とは、『論語』の「四十にして惑《まど》わず」という一節から、〝四〇歳〟のこと。また、「思惑《おもわく》」は、〝思うこと〟という意味の古語「思《おも》わく」の「わく」に「惑」を当てたもの。まさしく人の判断を狂わせるような、当て字的用法である。

わな 罠 10画

［音読み］ビン
［訓読み］わな
［部首］罒（あみめ、よこめ）

日本人は好きなのかな？

部首「罒」は〝網〟を表す記号。本来は〝鳥やけものをつかまえる網〟を指す漢字。日本ではやや意味が広がって、〝網〟だけでなく〝**鳥やけものをつかまえるための仕掛け**〟という意味で使われる。「いのししを罠《わな》にかける」「さるが罠《わな》から逃げる」などがその例。また、「敵の罠《わな》に落ちる」のように比喩的に用いられて、〝**人を陥れる策略**〟をもいう。

現在では、音読みが用いられることはない。中国の古典でも現代中国語でも使われることが少ない漢字で、日本でよく使われるのとは対照的である。

わら
藁
17画

[音読み] コウ
[訓読み] わら
[部首] 艹（くさかんむり）

一本なくても気にならない!

「藁《わら》くず」「藁屋根《わらやね》」「藁《わら》しべ長者」「麦藁帽子《むぎわらぼうし》」など、〝**稲や麦などの茎を乾燥させたもの**〟を指す。現在では訓読みしか使われない。

本来、〝わら〟を表す漢字は「稿」（p196）で、それに〝植物〟を表す部首「艹」を付け加えて、意味をはっきりさせたものと考えられる。そこで、「木」の部分は「禾」と書くのが本来の形だろうが、「木」の形が定着している。

わん
湾
12画

[音読み] ワン
[部首] 氵（さんずい）

美しい曲線を描いて

「湾岸《わんがん》」「港湾《こうわん》」「伊勢湾《いせわん》」「博多湾《はかたわん》」など、〝**入り江**〟を表すのが代表的な意味。以前は「灣」と書くのが正式。部首「氵」は「水」の変形、「彎《わん》」は〝弓なりに曲がる〟という意味。合わせて、〝弓なりに曲がった水際〟を指す。

転じて、〝**弓なりに曲がる**〟という意味でも用いられる。「湾曲《わんきょく》」がその例である。

わん
腕
12画

[音読み] ワン
[訓読み] うで、かいな
[部首] 月（にくづき）

相撲をするのは昔のなごり?

部首「月」は「肉」の変形で、〝肉体〟を表す。本来は〝手首〟を指すが、日本では、〝**肩から手首まで**〟を表す。「腕力《わんりょく》」「腕章《わんしょう》」「腕《うで》まくり」「利《き》き腕《うで》」などがその例。昔は特に〝**ひじから手首まで**〟をいい、「腕相撲《うでずもう》」にその意味が残る。

訓読み「かいな」は、「うで」の古い言い方。「腕《かいな》を返す」のように用いられるが、現在ではかな書きするのがふつう。

いろいろな作業を行うのによく〝うで〟を用いるところから、転じて〝**技量**〟の意味ともなる。「手腕《しゅわん》」「敏腕《びんわん》」「腕前《うでまえ》」「凄腕《すごうで》」「料理の腕《うで》」などがその例。また、日本語では、「椅子の腕《うで》」のように、〝**本体から突き出たもの**〟を指す場合もある。

なお、「わんぱく」は「関白《かんぱく》」が変化したものとも言われ、「腕白《わんぱく》」と書くのは当て字だと考えられている。「亭主関白」と「腕白小僧」が実は一緒なのだとしたら、痛快である。

漢字についてさらに知りたい方のために

本書では、専門用語は使わないという方針のもと、一般の読者の方々にもわかりやすい記述を心がけてきました。ただ、それだけではちょっとものたりないという方のために、漢字を専門的に理解するために基本的なことがらを、簡単にまとめておきます。

漢字の誕生と古代文字

漢字は、今から三〇〇〇年以上前に、中国大陸北部、黄河の中流域で生まれたと考えられています。現在、発見されている最も古い漢字は紀元前一三〇〇年ごろに使われたもので、「殷《いん》」という王朝の遺跡から出土した**甲骨文字**《こうこつもじ》と呼ばれるものです。この王朝の時代には、亀の甲羅《こうら》や動物の骨を火であぶり、そこにできた割れ目の形で将来を決める占いが盛んに行われていました。甲骨文字は、その際のメモとして、亀の甲羅や動物の骨に刻まれたものです。

それからやや後れて、紀元前一一〇〇年ごろ以降に使われた漢字が、主に青銅器に鋳込《いこ》まれて残っています。この文字を**金文**《きんぶん》あるいは**金石文**《きんせきぶん》といいます。甲骨文字がメモなのに対して、金文は後世に伝えるための記録として遺されたものなので、甲骨文字よりも荘重に書かれているのが特徴です。

さらに時代を下って、紀元前三世紀の終わりごろ、「秦《しん》」という王朝が中国全土を初めて統一した際に整備された文字を**篆書**《てんしょ》といいます。篆書は、現在でも印鑑に彫られる文字として使われていますが、その形を見てもわかるように、曲線が基本となっていてかなり装飾的です。ちょうどこのころ、筆が使われるようになったこともあり、お役所の事務官など日常的に文書を扱う人びとの間では、筆で書きやすい実務的な漢字が工夫されることになりました。それが**隷書**《れいしょ》で、現在、私たちが使っている漢字の直接の祖先は、この隷書です。甲骨文字・金文・篆書は、私たちがふつうに使っている漢字とは、形がかなり異なります。本書で「古代文字」として紹介したのは、篆書以前の漢字です。

漢字の成り立ち

漢字が日常的に盛んに使われるようになると、漢字についての研究も行われるようになりました。紀元後一世紀の終わりごろに許慎《きょしん》という人が著した辞書『説文解字《せつもんかいじ》』は、その画期的な成果です。その序文で、許慎は、漢字の成り立ちを分類して説明しました。それを現代風に言い換えると、次のようになります。

最も基本的な漢字は、「日」や「山」、そして「鳥」や「魚」のように、モノの絵からそのまま生まれたものです。このような成り立ち方を**象形**《しょうけい》といいます。「象」とは、〝何かに似せる〟という意味です。

ただし、形がないものは、この方法では表すことができません。そこで、線を一本引いて「一」、線の上に印を付けて「上」という具合に、記号や印を用いて漢字を作ることもありました。このような成り立ち方は、〝事物を指し示す〟という意味で**指事**《しじ》と呼ばれています。

象形と指事という二つの方法によって、基本となる漢字が次々に生み出されました。しかし、私たちが現在、実際に使っている漢字の大半は、そうやってできあがった漢字を二つ以上、組み合わせたものです。その組み合わせ方にも、二つの方法があります。

一つは、もとになる漢字の意味の掛け合わせによって新しい漢字を作り出す方法です。「木」を二本書いて「林」を、「力」と「少」を合わせて「劣」を、「目」の上に「手」をかざして「看」を作るなどがその例で、これは、〝意味を一緒にする〟ことから**会意**《かいい》と呼ばれています。

もう一つの**形声**《けいせい》と呼ばれる方法で生み出された漢字では、二つの部分の役割が異なります。一方は、その漢字の発音を表し、もう一方はその漢字がどんなジャンルの意味を持っているかを示します。たとえば「板」であれば、「反《はん》」は発音を表し、「木」はそれが〝木でできている〟ことを示しています。また、「謝」であれば、「射《しゃ》」が発音を示し、「言」は〝ことば〟に関係する意味を持つことを示しています。形声の「形」の解釈には諸説ありますが、「声」とは〝発音〟のことです。

会意と形声の違いは、形声では、もとになる漢字の意味は、会意ほど大きな役割を果たしてはいないところにあります。しかし、実際にはこの二つの区別はあいまいで、形声の方法で生み出されたように思われた漢字であっても、研究の結果、その発音を表す部分にも何らかの意味が含まれていることが明らかになったケースも少なくありません。現在では、会意と形声を厳密に区別する必要はないでしょう。

なお、象形・指事・会意・形声の四つのほかに、**仮借**《かしゃ》と呼ばれる、漢字の意味を転用していく方法もあります。これは、あることばを書き表すのに、発音が似た別のことばを意味する漢字で代用してしまうことを指します。たとえば、「原」はもともとは〝泉〟という意味の漢字で、そこから転じて〝本来の〟という意味でも使われていましたが、やがて、発音がよく似た〝広く平らな土地〟を指すことばを書き表すために代用されるようになりました。この方法については、本書では「大昔の中国語では発音が似ていたことから当て字的に用いられたもの」というふうに説明しています。

許慎は『説文解字』で、以上のような考え方に基づいて一つ一つの漢字についてその成り立ちを解き明かしています。ただし、その後も研究は進み、漢字の成り立ちについてはさまざまな説が出されています。特に最近では、白川《しらかわ》静《しずか》氏による独自性の高い漢字研究が、とても有名です。ただし、三〇〇〇年以上も前の中国の人びとがどのようなことを考えて一つ一つの漢字を生み出していったのかについては、いまだに正確にはわからないことがたくさんあります。本書では、以上を踏まえて、議論がむずかしくなりすぎない範囲で、それぞれの漢字の成り立ちを紹介しています。

部首とは何か?

『説文解字』は、漢字の成り立ちに関する基本的な考え方を打ち出したと同時に、部首という漢字の分類方法を初めて考え出した点でも、後世に大きな影響を与えた辞書でした。

部首とは、単に漢字の一部分であるだけではありません。たとえば、「氵（さんずい）」を部首とする漢字を集めてみると、「河」「海」「波」「潮」「浮」「流」「洗」「渡」などなど、多くが〝水〟に関係する意味を持っていることがわかります。実際、これらの漢字は、「可」「毎」「皮」

「朝」などなどに「水」を組み合わせて生まれたもので、「氵」はその「水」が変形したものです。この場合の「氵」は、先ほど説明した形声の方法で、その漢字がどんなジャンルの意味を持っているかを表す部分となっています。

このように、部首とは、その漢字がどんな分野に関係する意味を持っているのかを示すものです。逆に言えば、「決」「沿」「治」「激」といった漢字も、もとをたどると〝水〟に関係する意味を持っていたと考えられるわけです。もっとも、中にはなぜその部首が付いているのかわからないものや、形の上から便宜的に分類されただけの部首も存在します。とはいえ、部首について考えることは、その漢字の意味や成り立ちを理解する上で、とても重要な手がかりになります。

多くの漢和辞典が現在でも部首によって分類して漢字を並べているのは、そこに理由があります。本書では、引きやすさを重視して代表的な読み方の五十音順に漢字を並べてありますが、それぞれの漢字について、部首がどういう意味を持っているかにもできるだけ触れるように努めました。また、「木」「竹」「糸」「革」「馬」といった部首になる漢字については、特別に「部首としては？」という小見出しを立てて、さらに説明を加えておきました。

なお、本書の見出し字の配列は、読み方が同じ場合は総画数順で、総画数も同じ場合には、従来の漢和辞典の部首の並べ順に従っています。

楷書とくずし字

『説文解字』が書かれた紀元後一世紀ごろという時代は、紙が普及し始めた時代でもありました。それまでは、木や竹の札・絹などに書かれていた漢字は、以後、紙に書かれるのが主流となります。この変化が、隷書をさらに書きやすく変化させ、私たちが現在、ふつうに使っている**楷書**《かいしょ》が誕生することになった、と考えられています。ただし、隷書と楷書の間には、字のおおまかな形としてはそれほど大きな違いはありません。

楷書は突然、生まれたものではなく、だいたい紀元後四〜五世紀ごろを通じて、徐々に発生してきたものです。ほぼ同じころには、**草書**《そうしょ》・**行書**《ぎょうしょ》と呼ばれるくずし字も生み出されています。草書・行書は隷書の形をくずしたもので、楷書を直接、くずしたものではありません。楷書と草書・行書は、隷書をすばやく書く必要性から生まれたものですが、その流麗さから、やがて芸術としても愛好されていくようになります。

日本への伝来と音読み

中国で誕生した漢字が日本へと伝わったのは、四世紀ごろだと考えられています。ちょうど、楷書がその形を整えつつあったころのことで、日本では古墳時代にあたります。中国大陸や朝鮮半島からの渡来人が漢字が書かれた文物をもたらし、それに伴って、日本列島でも徐々に漢字が使われるようになったのでしょう。

漢字とは、本来、中国語を書き表すために中国の人びとが創りだしたものですから、中国語としての発音以外には読み方はありません。大昔の日本の人びとは、それをまねしながら漢字を覚えていったはずです。その結果、日本での漢字は、当時の中国語の発音をもとにしつつも、それが日本語風に変化した発音で読まれるようになりました。これが**音読み**です。

当時の中国は「南北朝《なんぼくちょう》時代」といって、大きく北と南に分裂していました。日本列島と主に接触があったのは、現在の南京《ナンキン》を中心とした南朝《なんちょう》です。そこで、まずはこの地域の中国語の発音をもとにして音読みが生まれました。それを**呉音**《ごおん》といいます。たとえば、「明」をミョウと読むのがその例です。

ところが、六世紀の終わりごろ、北朝《ほくちょう》の「隋《ずい》」という王朝が南朝を滅ぼして中国を統一します。同じころ、日本では聖徳太子が登場して、遣隋使《けんずいし》を隋の都があった現在の西安《せいあん》に派遣します。やがて、隋の後を継いだ王朝「唐《とう》」は華麗な文化の華を咲かせ、奈良時代の日本からは遣唐使《けんとうし》がたびたび、西安を目指して海を越えるようになります。その結果、彼らによって西安付近の中国語の発音が伝えられ、新しく**漢音**《かんおん》と呼ばれる音読みが生まれることになりました。漢音では、「明」はメイと発音されます。

漢音は呉音よりも新しい読み方なので、より正式なものと考えられました。平安遷都の直前、七九二年には漢音を奨励する天皇直々の命令も出ています。しかし、実際には、日本語では、漢音と呉音が入り交じって使われることになりました。さらに、中国語の発音はそれ以降も採り入れられ続け、数は多くはありませんが新しい音読みも生まれていきました。それらのことを、**唐音**《とうおん》あるいは**唐宋音**《とうそうおん》などと呼んでいます。「明」をミンと読むことがあるのは、唐音の例です。

理論的には、すべての漢字に呉音と漢音が存在しますが、もとは同じ中国語ですから、両者に違いがない漢字もたくさんあります。また、現在では呉音でしか読まれない漢字や、漢音しか使われない漢字も存在します。そこで本書では、現在、日常的に使われる音読みだけを紹介し、必要に応じて、呉音は「奈良時代以前からある古い読み方」、漢音は「平安時代ごろに正式とされた読み方」、唐音は「鎌倉時代ごろ以降に生まれた比較的新しい読み方」というふうに説明しておきました。

訓読みと熟字訓・国字

ここまで説明したように、音読みとは、漢字の中国語としての発音が、日本語風に変化したものです。それに対して、漢字の意味を日本語に翻訳して、それを読み方として用いるのが、**訓読み**です。「明」を「あかるい」と読んだり「あきらか」と読んだりするのが、その例になります。

訓読みはいわば〝翻訳読み〟ですから、意味さえ間違っていなければ、どんな読み方をしてもかまいません。平安時代から江戸時代にかけて作られた辞書を見ると、「明」にも「ひかる」「てらす」「きよし」といった訓読みが載せられています。ただし、それらの多くは、現在ではまず用いられることはありません。数多く存在した読み方が淘汰されて、ごく一部だけが現在まで生き残っているというのが、訓読みの歴史です。そこで本書では、現在でも一般的に使われるものを［訓読み］欄に示し、少し以前には使われることがあったものについては解説の中で紹介するようにしてあります。もちろん、本書で紹介したもの以外にも、昔は数多くの訓読みが存在したことは言うまでもありません。

また、たとえば日本語「しずか」は、「しずかな」「しずかさ」「しずけさ」「しずまる」「しずめる」「しず」など、さまざまな形に変化して使われます。このように、同じことばから生まれながら多くの形を持つのも訓読みの特色です。本書では、そのうち基本となるものだけを［訓読み］欄に掲げ、解説文の中で、できる限り多くの変化形を挙げるようにしてあります。

このほか、漢字は何文字かまとまって特殊な読まれ方をすることがあります。たとえば「海苔」は本来は中国語の熟語ですが、日本語に翻訳すると「のり」となります。そこで、「海苔」と書いてそのまま「のり」と読んでしまうことがあります。また、「海老」は、日本人が日本語「えび」を書き表すために、〝老人みたいに腰の曲がった海の生き物〟という意味から編み出した書き表し方です。これらは、原理的には漢字二文字以上をまとめて訓読みしてしまうのと同じことなので、**熟字訓**《じゅくじくん》と呼ばれています。本書では、適宜、こういった熟語も取り上げ、どちらも「当て字の一種」として説明してあります。

また、漢字は中国で生まれたものですが、日本人もときどき漢字のまねをして文字を作り出すことがありました。たとえば、「働」「畑」「匂」などがその例です。これらの文字は、**国字**《こくじ》と呼ばれています。国字は日本で作られたものですから、中国語の発音に由来する音読みは存在せず、訓読みだけで使われるのが基本です。

現代日本の漢字

ところで、漢字は全部でいくつあるのか、という疑問をお持ちになったことはないでしょうか。

一八世紀の初め、「清《しん》」という王朝の皇帝、康熙帝《こうきてい》が命令して作らせた、中国を代表する漢字の辞書『康熙《こうき》字典《じてん》』には、約四万九〇〇〇の漢字が収録されています。また、日本で二〇世紀に出版された諸橋轍次《もろはしてつじ》氏の『大漢和辞典』には約五万字が掲載されています。ところが、これらに収められていない漢字はまだまだあり、全体でいくつになるかはよくわからないのが現状です。

ただし、現在の日本でふつうに用いられている漢字は、固有名詞に使われる特殊なものを除けば、だいたい三〇〇〇字くらいだろうと言われています。文部科学省では、「一般の社会生活において、現代の国語を書き表す場合の漢字使用の目安」として『常用漢字表』を定めています。この表に収録されたいわゆる**常用漢字**は、二一三六あります。

本書では、常用漢字はすべて見出し字として収録しました。また、日常的な使用頻度が比較的高いものや、漢字として説明すべきことがあるものをページ数の許す限りできるだけ加えて、全体で二三二〇の漢字を取り上げています。どの漢字が常用漢字ではないかについては、音訓索引をお調べいただければ、わかるようにしてあります。

なお、常用漢字の中には、主に『康熙字典』に載せられている漢字を中心とする伝統的な形ではなく、簡略化された形が採用されているものがあります。たとえば、『康熙字典』では「繪」だったものを「絵」としたとか、「團」だったものを「団」とした、といった具合です。これらの新しい漢字の形を**新字体**と呼び、以前からの漢字の形を**旧字体**と呼んでいます。本書では、見出し文字は新字体で示しました。解説の中で、「以前は『〇』と書くのが正式」というふうに紹介してあるのが、旧字体です。ただし、新字体と旧字体との違いがごくわずかなものについては、分量の関係上、旧字体の説明を省いていることもあります。

漢和辞典への道

本書では、漢和辞典はちょっと敷居が高いと感じる方々のために、漢字の世界のエッセンスをできるだけわかりやすく紹介してきました。とはいえ、さらに深く漢字の世界を知りたい方には、ぜひとも、勇気を出して漢和辞典を手に取ってみられることをお勧めいたします。

幸いなことに、現在、さまざまな出版社から、それぞれ工夫を凝らした漢和辞典が刊行されています。そのうちの一冊を手元に置かれて、折に触れてひもといていただければ、漢字の世界がさらに身近になっていくことでしょう。

漢和辞典にはどんなことが書いてあるのか。また、漢和辞典で目的の漢字を探す方法や、代表的な漢和辞典の特色などについては、小著『漢和辞典に訊け！』（ちくま新書）にまとめてあります。宣伝になって恐縮ですが、本書と併せてご参照いただけましたら、幸いです。

18 藍 8
濫 620
19 *蘭 620
20 欄 621

り

リ 6 吏 621
7 利 621
里 622
11 梨 622
理 622
12 痢 622
13 裏 623
15 履 623
璃 623
19 離 623
リキ 力 633
リク 4 六 650
11 陸 624
リチ 律 625
リツ 5 立 624
9 律 625
11 率 625
13 慄 625
リャク 11 略 626
14 暦 642
リュウ 5 立 624
9 柳 626
10 流 626
留 627
竜 627
11 粒 628
隆 628
12 硫 628
リョ 7 呂 645
9 侶 629
10 旅 629
13 虜 629
15 慮 629
リョウ 2 了 629
5 令 638
6 両 630
7 良 630
9 *亮 630
10 竜 627
料 630
11 涼 631
猟 631
陵 631
12 量 631
14 *綾 10
漁 119
僚 632
領 632
15 寮 632
*遼 633
霊 641
17 療 633
瞭 633
18 糧 633
リョク 2 力 633
14 緑 634
リン 8 林 634
9 厘 634
10 倫 635
11 *淋 635
13 鈴 640
15 *凜 635
輪 635
16 隣 636
18 臨 636

る

ル 10 流 626
留 627
14 瑠 637
ルイ 10 涙 637
11 累 637
12 塁 637
18 類 638

れ

レイ 5 令 638
礼 638
7 戻 592
*伶 639
冷 639
励 639
8 例 640
9 栃 467
*玲 640
13 鈴 640
零 640
15 霊 641
16 *澪 578
隷 641
17 齢 641
19 麗 641
レキ 14 暦 642
歴 642
レツ 6 列 642
劣 643
10 烈 643
12 裂 643
レン 10 恋 643
連 643
13 廉 644
*蓮 644
14 練 644
16 *憐 645
錬 645
18 鎌 79

ろ

ロ 7 呂 645
8 炉 646
13 賂 646
路 646
21 露 646
ロウ 6 老 646
7 労 647
弄 647
9 郎 647
10 朗 648
浪 648
12 廊 648
13 滝 393
楼 648
14 漏 649
18 糧 633
21 *蠟 649
22 籠 649
ロク 4 六 650
11 鹿 245
14 緑 634
16 録 650
19 麓 650
ロン 論 650

わ

わ 6 羽 26
15 輪 635
17 環 90
ワ 8 和 651
12 *琶 651
13 話 651
ワイ 9 *歪 652
12 *猥 652
13 *矮 652
賄 652
18 *穢 653
わ-が 我 58
わが *吾 176
わか-い 若 255
わ-かす 沸 535
わ-かつ 分 537
わか-つ 頒 505
わ-かる 分 537
わか-る 7 判 502
13 解 65
わか-れる 別 545
わき 脇 653
わ-く 8 沸 535
12 湧 603
わく 枠 653
ワク 8 *或 11
12 惑 653
わけ 訳 596
わ-ける 分 537
わけ-る 頒 505
わざ 7 技 104
13 業 128
わざわ-い 災 210
わざわい 禍 56
わず-か 僅 133
わずら-う
11 患 83
13 煩 505
わす-れる 忘 562
わた 綿 587
わたくし 私 231
わたし 私 231
わた-る 11 渉 291
12 渡 447
わな *罠 653
わめ-く 喚 84
わら *藁 654
わら-う 笑 290
わらべ 童 462
わり 割 77
わ-る 割 77
わる-い 悪 8
われ 7 我 58
*吾 176
ワン 12 湾 654
腕 654

ヤク 4 厄 595
7 役 596
9 疫 33
約 596
10 益 33
11 訳 596
16 薬 597
21 躍 597
や-ける 焼 293
やさ-しい
8 易 33
17 優 605
やしな-う 養 614
やしろ 社 250
やす-い 安 11
やす-む 休 112
やす-らか 安 11
やす-んずる
*靖 337
や-せる 痩 369
や-つ 八 497
やつ 5 奴 448
7 谷 200
やっこ 奴 448
やっ-つ 八 497
やど 宿 273
やと-う 雇 173
やど-る 宿 273
やなぎ 柳 626
やに 脂 235
やぶ-る 破 486
やぶ-れる 敗 489
やま 山 222
やまい 病 520
やみ 闇 597
や-む 病 520
や-める 辞 244
やり *槍 597
や-る 遣 162
やわ-らかい
9 柔 270
11 軟 473
やわ-らぐ 和 651

ゆ

ゆ 湯 456
ユ 5 由 600
8 油 598
12 喩 598
愉 598
遊 603
16 諭 599
輸 599
18 癒 599
ユイ 5 由 600
11 唯 599
15 遺 18
ゆ-う 結 154
ゆう 夕 600
ユウ 2 又 574
4 友 600
5 右 25
由 600
6 有 601
7 *酉 468
*佑 601
*邑 602
9 勇 602
幽 602
*祐 602
11 悠 602
郵 603
12 湧 603
猶 603
裕 603
遊 603
雄 604
14 熊 140
誘 604
15 憂 604
16 融 605
17 優 605
ゆう-べ 夕 600
ゆえ 故 172
ゆか 床 286
ゆが-む *歪 652
ゆかり 縁 39
ゆき 雪 347
ゆ-く 6 行 184
8 往 41
10 逝 335
ゆ-さぶる 揺 611
ゆ-すぶる 揺 611
ゆ-する 揺 611
ゆず-る 譲 304
ゆた-か 豊 559
ゆだ-ねる 委 14
ゆび 指 234
ゆみ 弓 111
ゆめ 夢 582
ゆ-らぐ 揺 611
ゆ-らす 揺 611
ゆ-る 揺 611
ゆる-い 緩 89
ゆ-るぐ 揺 611
ゆる-す 11 許 118
赦 252
ゆる-やか 寛 87
ゆ-れる 揺 611

よ

よ 5 世 328
代 391
8 夜 594
ヨ 3 与 606
4 予 606
7 余 607
13 誉 607
預 607
よ-い 6 好 183
7 良 630
8 佳 51
12 善 357
よい 宵 289
よ-う 酔 324
よう 八 497
ヨウ 5 幼 608
用 608
6 羊 608
7 妖 609
沃 615
9 *頁 543
洋 609
要 609
10 容 610
11 庸 610
*痒 610
12 *遥 500
揚 611
揺 611
葉 611
陽 612
13 溶 612
腰 612
14 様 613
瘍 613
踊 613
15 影 32
窯 614
養 614
16 擁 614
謡 614
18 曜 615
ようや-く 漸 358
ヨク 7 抑 615
沃 615
10 浴 615
11 欲 616
翌 616
17 翼 616
よこ 横 43
よこしま 邪 253
よご-れる 汚 40
よし 由 600
よ-せる 寄 99
よそお-う
12 粧 294
装 369
よ-つ 四 229
よっ-つ 四 229
よど-む *淀 616
よね 米 543
よ-ぶ 呼 170
よみがえ-る
12 *甦 361
19 *蘇 362
よ-む 12 詠 32
14 読 466
よめ 嫁 56
よ-る 5 由 600
6 因 22
8 依 14
拠 117
11 寄 99
よる 夜 594
よろこ-ぶ
10 悦 34
12 喜 100
15 歓 88
慶 149
よろ-しい 宜 104
よろず 万 575
よわ-い 弱 256
よわい 齢 641
よん 四 229

ら

ら 等 457
ラ 8 拉 617
13 裸 617
19 羅 617
ライ 5 礼 638
7 来 617
13 雷 618
16 頼 618
19 瀬 328
ラク 12 絡 618
落 618
13 楽 74
酪 619
ラツ 辣 619
ラン 7 乱 619
卵 620
12 嵐 10
17 覧 620

みつ-ぐ 貢 191
みっ-つ 三 222
みと-める 認 479
みどり 14 *翠 324
*碧 544
緑 634
みな 4 水 321
9 皆 63
みなと 港 194
みなみ 南 473
みなもと 源 168
みにく-い 醜 268
みね 峰 557
みの-る 8 実 249
13 *稔 481
みみ 耳 240
みや 宮 114
ミャク 脈 579
みやこ 都 446
みやび 雅 59
ミョウ 6 名 583
7 妙 580
8 苗 471
命 583
明 584
10 冥 585
み-る 7 見 156
9 看 82
11 視 236
12 診 315
18 観 90
ミン 5 民 580
8 明 584
10 眠 580

む

ム 5 矛 581
8 武 529
11 務 581
12 無 581
13 夢 582
16 謀 566
19 霧 582
む-かう 向 183
むか-える 迎 150
むかし 昔 342
むぎ 麦 495
む-く 6 向 183
10 剝 493
むく-いる
12 報 559
13 酬 268
むくろ 骸 69
む-ける 向 183
むこ 婿 582
むご-い 11 惨 223
14 酷 202
む-こう 向 183
むさぼ-る 貪 470
むし 虫 413
む-す 蒸 303
むずか-しい
難 474
むす-ぶ 結 154
むすめ 娘 582
むせ-ぶ 咽 22
むち *鞭 583
む-つ 六 650
むっ-つ 六 650
むつ-まじい
睦 567
むつ-む 睦 567
むな-しい
8 空 137
11 虚 118
むね 6 旨 229
8 宗 264
10 胸 124
12 棟 456
むら 7 村 381
*邑 602
むら-がる 群 142
むらさき 紫 236
む-らす 蒸 303
む-れ 群 142
む-れる 蒸 303
むろ 室 246

め

め 3 女 283
5 目 590
8 芽 59
11 眼 93
14 雌 238
メ 馬 486
めい *姪 585
メイ 6 名 583
8 命 583
明 584
9 迷 585
10 冥 585
13 盟 586
14 銘 586
鳴 586
17 謎 472
メートル 米 543
めぐ-む 恵 145
めぐ-らす 旋 352
めぐ-る 巡 277
めし 飯 504
め-す 召 286
めす 雌 238
めずら-しい
珍 425
メツ 滅 586
メン 8 免 587
9 面 587
14 綿 587
16 麺 588

も

も 9 面 587
12 最 213
喪 369
19 藻 373
モ 8 茂 588
14 模 588
モウ 3 亡 561
4 毛 589
6 妄 589
8 盲 589
10 耗 589
11 望 564
猛 590
14 網 590
もう-ける
11 設 346
18 *儲 590
もう-す 申 308
もう-でる 詣 149
も-える 11 *萌 558
16 燃 481
モク 4 木 566
5 目 590
15 黙 591
もぐ-る 潜 355
も-しくは 若 255
も-す 燃 481
もだ-える *悶 593
もち 11 望 564
15 餅 592
もち-いる 用 608
も-つ 持 243
モツ 物 535
もっ-て 以 12
もっと-も 最 213
もっぱ-ら 専 350
もてあそ-ぶ
7 弄 647
8 玩 92
もと 3 下 48
4 元 165
5 本 569
10 素 360
11 基 99
許 118
もとい 基 99
もどき 擬 106
もと-づく 基 99
もと-める 求 113
もど-る 戻 592
もの 8 者 251
物 535
もも 6 百 517
8 股 171
10 桃 454
14 *腿 390
も-やす 燃 481
もよお-す 催 214
も-らす 漏 649
もり 6 守 258
12 森 315
も-る 11 盛 336
14 漏 649
も-れる 漏 649
もろ 6 両 630
15 諸 282
もろ-い *脆 340
モン 4 文 538
8 門 592
10 紋 593
11 問 593
12 *悶 593
14 聞 539
もんめ *匁 593

や

や 5 矢 594
7 谷 200
8 舎 250
弥 594
9 屋 44
*哉 595
10 家 53
ヤ 3 *也 473
7 冶 594
8 夜 594
11 野 595
13 *爺 595
やいば 刃 317
やかた 館 90
やから 輩 490
や-く 8 妬 446
12 焼 293
13 嫉 248

ほが-らか 朗 648
ホク 北 566
ボク 4 木 566
5 目 590
6 朴 567
8 牧 567
13 睦 567
14 僕 567
墨 567
15 撲 568
ほこ 4 *戈 49
5 矛 581
ぼこ 凹 41
ほこ-る 誇 173
ほころ-びる
綻 401
ほし 星 334
ほ-しい 欲 616
ほしいまま
恣 235
ほ-す 干 80
ほそ-い 細 213
ほだ-される
*絆 506
ほたる 蛍 147
ホツ 発 498
ボツ 7 没 568
9 勃 568
ほっ-する 欲 616
ほど 程 436
ほとけ 仏 535
ほどこ-す 施 234
ほとり 畔 504
ほね 骨 202
ほのお 炎 36
ほほ 頬 566
ほま-れ 誉 607
ほ-める 13 誉 607
15 褒 560
ほら 洞 461
ほり 11 堀 568
17 *濠 569
ほ-る 11 掘 139
彫 419
ほろ-びる 滅 586
ホン 4 反 500
5 本 569
8 奔 569
18 翻 570
ボン 3 凡 570
5 犯 501
9 盆 570
13 煩 505

ま

ま 5 目 590
10 真 313
12 間 86
マ 10 馬 486
11 麻 571
15 摩 571
16 磨 571
21 魔 572
まい 舞 530
マイ 6 米 543
毎 572
7 売 490
8 妹 572
枚 572
9 昧 573
10 埋 573
まい-る 参 222
ま-う 舞 530
まえ 前 357
まが 勾 180
まが-う 紛 536
ま-かす 負 526
まか-す 任 478
まか-せる 任 478
まかな-う 賄 652
まか-る 罷 513
ま-がる 曲 129
まき 8 牧 567
9 巻 82
16 薪 316
まぎ-らわしい
紛 536
まぎ-れる 紛 536
ま-く 巻 82
マク 13 幕 573
14 膜 574
まくら 枕 574
ま-ける 負 526
ま-げる 曲 129
まご 孫 381
まこと 10 真 313
13 誠 337
まさ 正 329
まさ-る 12 勝 292
17 優 605
ま-ざる 6 交 182
11 混 205
ま-じる 6 交 182
11 混 205
まじ-わる 交 182
ま-す 増 374
ます 4 升 285
10 益 33
まず-い 拙 346
まず-しい 貧 521
ま-ぜる 6 交 182
11 混 205
また 2 又 574
8 股 171
また-ぐ *跨 174
またた-く 瞬 277
まだら 斑 504
まち 7 町 417
12 街 68
ま-つ 待 386
まつ 松 288
マツ 5 末 574
8 抹 575
まった-く 全 357
まつ-り 祭 212
まつりごと
政 334
まつ-る 8 *祀 233
11 祭 212
まで *迄 575
まと 的 437
まど 窓 368
まど-う 惑 653
まな 愛 7
まなこ 眼 93
まな-ぶ 学 73
まぬか-れる
免 587
まね-く 招 288
まばた-く 瞬 277
まぼろし 幻 166
まみ-れる 塗 447
まめ 豆 451
まも-る 6 守 258
16 衛 33
20 護 178
まゆ 9 眉 514
18 繭 575
まよ-う 迷 585
まる 丸 91
まる-い 円 35
まれ 希 95
まわ-り 周 264
まわ-る 回 60
マン 3 万 575
12 満 576
14 慢 576
漫 576

み

み 3 *巳 577
4 水 321
7 身 310
8 実 249
11 深 314
12 御 119
ミ 5 未 577
8 味 578
弥 594
9 眉 514
美 514
13 微 515
15 魅 578
み-える 見 156
みお *澪 578
みが-く 9 研 158
16 磨 571
みかど 帝 434
みき 幹 87
みぎ 右 25
みこと 8 命 583
12 尊 381
みことのり
詔 295
みさお 操 372
みさき 岬 578
みささぎ 陵 631
みじか-い 短 400
みじ-め 惨 223
みず 4 水 321
13 *瑞 325
みずうみ 湖 173
みずか-ら 自 241
みせ 店 441
みぞ 溝 195
みぞれ *霙 579
み-たす 6 充 269
12 満 576
みだ-ら 11 淫 23
12 *猥 652
みだ-りに
6 妄 589
12 *猥 652
14 漫 576
18 濫 620
みだ-れる 乱 619
みち 10 途 446
12 道 462
13 路 646
みちび-く 導 463
み-ちる 6 充 269
12 満 576
み-つ 三 222
ミツ 11 密 579
14 蜜 579

ふ-く 7 吹 322
9 拭 305
15 噴 537
フク 6 伏 531
8 服 532
11 副 532
12 幅 532
復 533
13 福 533
腹 533
14 複 533
18 覆 534
ふく-む 含 92
ふく-らむ 膨 565
ふくろ 袋 534
ふ-ける 6 老 646
7 更 186
ふさ 房 562
ふさ-ぐ 塞 378
ふし 節 347
ふじ 藤 460
ふ-す 6 伏 531
9 *臥 59
ふせ-ぐ 防 562
ふ-せる 6 伏 531
9 *臥 59
ふた 蓋 68
ふだ 札 219
ぶた 豚 469
ふたた-び 再 210
ふた-つ 2 二 474
4 双 363
6 弐 475
ふち 縁 39
フツ 4 仏 535
5 払 534
8 沸 535
ブツ 4 仏 535
8 物 535
ふで 筆 517
ふと-い 太 385
ふところ 懐 66
ふね 6 舟 264
11 船 353
ふ-まえる 踏 458
ふみ 文 538
ふ-む 踏 458
ふもと 麓 650
ふ-やす 12 殖 306
14 増 374
ふゆ 冬 450
ふ-る 10 降 191
振 312
ふる-い 古 170
ふ-るう 振 312
ふる-う 12 揮 101
16 奮 537
ふる-える
13 慄 625
15 震 316
ふるとり *隹 322
ふ-れる 10 振 312
13 触 306
フン 4 分 537
10 粉 536
紛 536
12 *焚 395
雰 537
15 噴 537
墳 537
憤 537
16 奮 537
ブン 4 分 537
文 538
10 蚊 54
14 聞 539

へ

へ 部 530
べ 5 辺 546
11 部 530
ヘイ 5 丙 540
平 540
7 兵 540
8 坪 430
並 541
併 541
9 柄 79
10 病 520
陛 541
11 瓶 522
閉 541
12 塀 542
15 幣 542
弊 542
蔽 543
餅 592
ベイ 5 皿 221
6 米 543
ページ *頁 543
ヘキ 14 *碧 544
16 壁 544
18 璧 544
癖 544
へこ-む 凹 41
へだ-たる 距 119
へだ-てる 隔 72
ベツ 7 別 545
14 蔑 545
べに 紅 189
へび 3 *巳 577
11 蛇 253
へ-らす 減 168
へり 縁 39
へりくだ-る
謙 163
へ-る 11 経 146
12 減 168
ヘン 4 片 545
5 辺 546
7 返 546
9 変 546
11 偏 547
12 遍 547
15 編 547
ベン 5 弁 548
9 便 548
10 勉 549
18 *鞭 583

ほ

ほ 4 火 49
6 帆 501
15 穂 551
ホ 5 布 524
8 歩 549
9 保 550
10 畝 28
浦 28
哺 550
捕 550
12 補 550
14 *輔 551
15 舗 551
ボ 5 母 551
12 募 552
13 墓 552
14 慕 552
暮 552
模 588
19 簿 553
ポ 婆 486
ホウ 4 方 553
5 包 554
7 芳 554
邦 554
8 奉 554
宝 555
抱 555
放 555
*朋 556
法 556
泡 557
9 封 530
保 550
胞 557
10 倣 557
俸 557
峰 557
砲 558
11 *逢 8
崩 558
*捧 558
*萌 558
訪 559
12 棚 398
報 559
13 蜂 497
豊 559
飽 560
14 *鞄 78
15 褒 560
*鋒 560
16 縫 560
ボウ 3 亡 561
4 乏 561
5 *卯 25
6 忙 561
妄 589
7 坊 561
妨 562
忘 562
防 562
8 房 562
肪 562
9 *昴 327
某 563
冒 563
10 剖 563
紡 563
11 望 564
12 傍 564
帽 564
棒 565
貿 565
14 貌 565
15 暴 565
16 膨 565
謀 566
ほうむ-る 葬 369
ほう-る 放 555
ほお 6 朴 567
16 頬 566
ほか 5 外 67
他 383

汎 501
7 伴 502
判 502
坂 502
阪 503
8 板 503
版 503
10 班 503
畔 504
般 504
11 販 504
*絆 506
12 斑 504
飯 504
13 搬 505
煩 505
頒 505
15 範 505
16 繁 506
18 藩 506
バン 3 万 575
7 伴 502
判 502
坂 502
8 板 503
11 *絆 506
12 晩 507
番 507
蛮 507
15 盤 507

ひ

ひ 4 火 49
日 476
5 氷 518
6 灯 451
12 陽 612
ヒ 4 比 508
5 皮 508
6 妃 509
7 否 509
批 509
8 彼 509
披 510
肥 510
非 510
泌 517
9 卑 510
飛 511
10 疲 511
秘 511
被 512
12 扉 467
悲 512
費 513
14 碑 513
15 罷 513
16 避 513
ビ 7 尾 514
8 弥 594
9 眉 514
美 514
12 備 514
*琵 515
13 微 515
14 鼻 515
ひい-でる 秀 264
ひ-える 冷 639
ひか-える 控 193
ひがし 東 452
ひかり 光 182
ひか-る 光 182
ひき 匹 516
ひき-いる 率 625
ひ-く 4 引 21
6 *曳 30
8 抽 414
11 *牽 160
12 *惹 256
弾 403
ひく-い 低 432
ひげ *髭 516
ひこ *彦 516
ひざ 膝 516
ひさ-しい 久 110
ひじ 肘 516
ひじり 聖 337
ひそ-か 9 窃 346
10 秘 511
11 密 579
ひそ-む 潜 355
ひたい 額 75
ひだり 左 207
ひた-る 10 浸 313
14 漬 429
ヒツ 4 匹 516
5 必 516
8 泌 517
12 筆 517
ひつぎ 棺 85
ひつじ 5 未 577
6 羊 608
ひと 人 317
ひど-い 酷 202
ひとえ 単 399
ひと-しい
7 均 131
12 等 457
ひと-つ 一 19
ひとみ 瞳 463
ひと-り 独 466
ひね-る 捻 481
ひのえ 丙 540
ひのと 丁 431
ひび-く 響 127
ひま 12 閑 86
13 暇 56
ひめ 姫 517
ひ-める 秘 511
ひ-やかす 冷 639
ヒャク 百 517
ビャク 白 492
ひ-やす 冷 639
ひ-ややか 冷 639
ひょう *雹 519
ヒョウ 5 氷 518
7 兵 540
8 拍 493
表 518
10 俵 519
11 票 519
12 評 519
14 漂 519
15 標 520
ビョウ 5 平 540
8 苗 471
9 秒 520
10 病 520
11 猫 480
描 520
ひら 4 片 545
5 平 540
ひら-く 8 拓 394
11 啓 145
12 開 64
ひらめ-く *閃 352
ひ-る 干 80
ひる 昼 415
ひるがえ-る
翻 570
ひる-む *怯 122
ひろ 尋 319
ひろ-い 広 181
ひろ-う 拾 265
ひろ-がる
5 広 181
8 拡 70
10 展 442
ひろ-める *弘 181
ヒン 9 品 520
10 浜 521
11 貧 521
15 賓 521
17 頻 521
ビン 9 便 548
10 敏 522
*罠 653
11 貧 521
瓶 522

ふ

ふ 5 生 329
12 斑 504
フ 4 不 522
夫 523
父 523
5 付 523
布 524
7 扶 524
8 府 524
怖 525
阜 525
附 525
歩 549
9 訃 526
負 526
赴 526
10 釜 78
浮 526
11 婦 527
符 527
12 富 527
普 528
14 腐 528
15 敷 528
膚 528
賦 529
19 譜 529
ブ 4 不 522
分 537
8 侮 529
武 529
歩 549
奉 554
11 部 530
12 無 581
15 舞 530
フウ 9 封 530
風 531
13 *楓 69
ふえ 笛 438
ふ-える 12 殖 306
14 増 374
ふか-い 深 314
ふ-かす 更 186

11 望 564
18 臨 636
のち 後 176
のっと-る 則 376
のど 9 咽 22
12 喉 194
ののし-る 罵 487
の-ばす 7 伸 309
8 延 35
の-びる 7 伸 309
8 延 35
の-べ 延 35
の-べる 7 伸 309
8 述 275
のぼ-す 上 298
のぼ-せる 上 298
のぼ-る 3 上 298
8 昇 288
12 登 457
20 騰 460
の-む 7 *呑 469
12 飲 24
のり *糊 174
の-る 9 乗 300
13 載 215
18 騎 104
のろ-い 鈍 470
のろ-う 呪 262

は

は 3 刃 317
6 羽 26
12 歯 236
葉 611
14 端 400
ハ 7 把 485
8 波 485
9 派 485
10 破 486
19 覇 486
ば 場 302
バ 10 馬 486
11 婆 486
15 罵 487
ばあ 婆 486
はい 灰 487
ハイ 8 拝 487
杯 487
9 背 488
肺 488
10 俳 488
配 488
11 排 489
敗 489
12 廃 489
15 輩 490
バイ 7 貝 62
売 490
8 *苺 19
10 唄 28
倍 490
梅 490
11 培 491
陪 491
12 媒 491
買 491
15 賠 491
はい-る 入 477
は-える 5 生 329
9 映 31
栄 31
はか 墓 552
は-がす 剥 493
ば-かす 化 49
はかど-る 捗 425
はがね 鋼 197
はか-る 7 図 321
9 計 145
12 測 378
量 631
16 諮 239
謀 566
は-く 6 吐 445
11 掃 367
15 履 623
ハク 5 白 492
6 百 517
7 伯 492
8 拍 493
泊 493
迫 493
10 剥 493
11 舶 494
12 博 494
13 *雹 519
16 薄 494
は-ぐ 剥 493
バク 7 麦 495
10 *莫 495
*畠 497
12 博 494
13 漠 495
幕 573
15 暴 565
16 縛 495
19 爆 495
はぐく-む 育 18
はげ-しい
10 烈 643
16 激 152
はげ-む 励 639
は-げる 剥 493
ば-ける 化 49
はこ 8 *函 81
15 箱 496
はこ-ぶ 運 29
はさ-む 挟 122
はし 14 端 400
15 箸 496
16 橋 126
はじ 恥 407
はじ-く 弾 403
はじ-まる 始 232
はじ-め 初 280
はじ-める 創 368
はしゃ-ぐ 燥 372
はしら 柱 415
はし-る 7 走 364
8 奔 569
は-じる 10 恥 407
11 羞 266
はす *蓮 644
は-ずかしい
恥 407
はずかし-める
辱 308
はず-す 外 67
はず-む 弾 403
は-た 将 289
はた 9 畑 497
10 *畠 497
12 傍 564
14 旗 102
端 400
16 機 104
はだ 6 肌 496
15 膚 528
はだか 裸 617
はたけ 9 畑 497
10 *畠 497
は-たす 果 52
はたら-く 働 462
はち 蜂 497
ハチ 2 八 497
13 鉢 497
バチ 罰 499
はちす *蓮 644
ハッ 法 556
はつ 初 280
ハツ 9 発 498
13 鉢 497
14 髪 498
バツ 5 末 574
6 伐 499
7 抜 499
14 罰 499
閥 500
はて 涯 68
は-てる 果 52
はな 7 花 51
10 華 54
14 鼻 515
はなし 話 651
はな-す 8 放 555
13 話 651
19 離 623
はな-つ 放 555
はなは-だ 甚 318
はな-やか 華 54
はね 羽 26
は-ねる 跳 421
はは 母 551
はば 3 巾 130
12 幅 532
ばば 婆 486
はば-む 阻 359
はぶ-く 省 335
はべ-る 侍 242
はま 浜 521
は-める 填 443
はや-い 6 早 363
10 速 377
はやし 林 634
は-やす 生 329
はや-る 逸 19
はら 10 原 167
13 腹 533
はら-う 払 534
は-らす 12 晴 336
13 腫 260
はらわた 腸 421
はり 針 313
は-る 11 張 419
12 貼 421
はる 春 276
はる-か *遥 500
はれ 晴 336
は-れる 12 晴 336
13 腫 260
ハン 3 凡 570
4 反 500
5 半 500
氾 501
犯 501
6 帆 501

16 曇 470
どんぶり 丼 469

な

な 6 名 583
11 菜 213
ナ 7 那 471
8 奈 471
9 南 473
10 納 483
な-い 無 581
ナイ 2 *乃 482
4 内 471
ないがし-ろ
蔑 545
なえ 苗 471
な-える 萎 16
なお 尚 287
なお-す 8 治 406
直 424
なか 4 中 412
6 仲 413
13 腹 533
なが-い 5 永 30
8 長 418
なかだち 媒 491
なか-ば 半 500
なが-める 眺 419
なが-れる 流 626
なぎ *凪 472
なぎさ *渚 472
な-く 8 泣 113
14 鳴 586
なぐさ-める
慰 18
なぐ-る 8 殴 42
15 撲 568
なげ-く 嘆 400
な-げる 投 451
なご-やか 和 651
なさ-け 情 302
な-し 亡 561
なし 梨 622
なじ-る 詰 108
な-す 成 330
なず-む 泥 437
なす-る 擦 221
なぞ 謎 472
なぞら-える
擬 106
なだ *灘 472
ナッ 納 483
なつ 夏 53
なつ-かしい
懐 66
なつ-く 懐 66
など 等 457
なな-つ 七 246
なな-め 斜 252
なに 何 50
なにがし 某 563
なべ 鍋 473
なま 生 329
なま-ける 怠 387
なまめ-く 艶 39
なまり 鉛 39
なみ 8 波 485
並 541
10 浪 648
なみだ 涙 637
なめ-らか 滑 77
なや-む 悩 482
なら-う 10 倣 557
11 習 266
な-らす 慣 88
なら-ぶ 並 541
なら-わし 慣 88
なり *也 473
な-る 6 成 330
14 鳴 586
な-れる 慣 88
なわ 縄 303
なん 何 50
ナン 7 男 402
9 南 473
10 納 483
11 軟 473
18 難 474
なんじ *汝 474

に

に 4 丹 398
10 荷 54
ニ 2 二 474
4 仁 318
5 尼 475
6 弐 475
7 児 242
にい 新 315
に-える 煮 252
にお-う 4 匂 475
9 臭 265
にが-い 苦 135
に-がす 逃 452
にぎ-る 握 9
ニク 肉 475
にく-い 憎 374
に-げる 逃 452
にご-る 濁 395
にし 西 331
にじ 虹 476
にしき 錦 133
にせ 偽 105
ニチ 日 476
にな-う 担 398
にび 鈍 470
にぶ-い 鈍 470
ニャ 若 255
ニャク 若 255
に-やす 煮 252
ニュウ 2 入 477
8 乳 477
9 柔 270
ニョ 3 女 283
6 如 283
ニョウ 3 女 283
7 尿 478
に-る 似 241
12 煮 252
にわ 庭 434
にわとり 鶏 150
ニン 2 人 317
3 刃 317
4 仁 318
6 任 478
7 妊 478
忍 478
14 認 479

ぬ

ヌ 5 奴 448
9 怒 449
ぬ-う 縫 560
ぬか 額 75
ぬ-かす 抜 499
ぬ-かる 抜 499
ぬき-んでる
抽 414
ぬ-く 抜 499
ぬ-ぐ 脱 397
ぬく-い 温 47
ぬぐ-う 拭 305
ぬ-ける 7 抜 499
11 脱 397
ぬさ 幣 542
ぬし 主 257
ぬす-む 盗 455
ぬの 布 524
ぬま 沼 479
ぬ-る 塗 447
ぬる-い 温 47

ね

ね 3 子 226
9 音 46
10 根 204
値 406
ネイ 寧 479
ねえ 姉 232
ねが-う 7 希 95
19 願 93
ねぎら-う 労 647
ねこ 猫 480
ねじ-る 捻 481
ねず *鼠 362
ねずみ *鼠 362
ねた-む 8 妬 446
13 嫉 248
ネツ 10 *捏 480
15 熱 480
ねば-る 粘 481
ねむ-る 10 眠 580
13 睡 324
ねら-う 狙 359
ね-る 13 寝 315
14 練 644
ネン 6 年 480
8 念 481
11 捻 481
粘 481
12 然 358
13 *稔 481
16 燃 481
ねんご-ろ 懇 206

の

の 2 *乃 482
3 *之 482
11 野 595
ノウ 10 悩 482
納 483
能 483
11 脳 483
13 農 484
16 濃 484
22 *嚢 484
のが-す 逃 452
のが-れる 逃 452
のき 軒 159
のこ-す 遺 18
のこ-る 残 225
の-せる 9 乗 300
13 載 215
のぞ-く 除 285
のぞ-む 7 希 95

13 塡 443
殿 444
デン 5 田 443
6 伝 443
11 *淀 616
13 殿 444
電 444

と

と 4 戸 445
13 跡 344
ト 3 土 448
4 斗 445
6 吐 445
7 *兎 27
図 321
8 妬 446
9 度 449
10 徒 446
途 446
11 都 446
12 渡 447
登 457
13 塗 447
16 賭 447
ド 3 土 448
5 奴 448
7 努 448
9 度 449
怒 449
と-う 問 593
トウ 2 刀 450
5 冬 450
6 当 450
灯 451
7 投 451
豆 451
8 到 452
東 452
9 逃 452
洞 461
10 *桐 130
倒 453
党 453
凍 453
唐 454
島 454
桃 454
討 454
透 454
納 483
11 悼 455
盗 455
陶 455
12 塔 456
搭 456
棟 456
湯 456
痘 456
登 457
等 457
答 457
筒 458
統 458
道 462
14 稲 458
読 466
15 踏 458
16 糖 459
頭 459
17 *濤 459
謄 459
18 藤 460
闘 460
20 騰 460
ドウ 6 同 460
9 洞 461
10 胴 461
11 動 461
堂 461
12 童 462
道 462
13 働 462
14 銅 463
15 憧 296
導 463
17 瞳 463
とうげ 峠 463
とうと-い
12 貴 102
尊 381
とお 十 269
とお-い 遠 38
とお-る 10 通 428
透 454
15 徹 440
とが 8 *咎 464
9 科 53
と-かす 13 解 65
溶 612
16 融 605
とが-める *咎 464
とき 時 243
と-く 11 釈 255
13 解 65
溶 612
14 説 348
トク 10 匿 464
特 464
11 得 464
13 督 465
14 徳 465
読 466
16 篤 465
と-ぐ 研 158
ドク 8 毒 465
9 独 466
14 読 466
とげ 刺 231
と-ける 13 解 65
溶 612
16 融 605
と-げる 遂 324
とこ 7 床 286
11 常 301
ところ 5 処 279
8 所 280
と-ざす 閉 541
とし 6 年 480
13 歳 214
と-じる 閉 541
とち 栃 467
トツ 5 凸 467
8 突 467
とつ-ぐ 嫁 56
とど-く 届 467
とどけ 届 467
とどこお-る
滞 389
ととの-える
15 調 423
16 整 339
とど-まる
10 留 627
15 駐 416
とど-める
10 留 627
11 停 435
とどろ-く *轟 199
とな-える
10 称 290
11 唱 291
となり 隣 636
との 殿 444
どの 殿 444
とばり 帳 418
とびら 扉 467
と-ぶ 9 飛 511
12 *翔 294
13 跳 421
どぶ 溝 195
とぼ-しい 乏 561
と-まる 4 止 227
8 泊 493
10 留 627
15 駐 416
とみ 富 527
とみ-に 頓 469
と-む 富 527
とむら-う 弔 417
と-める 4 止 227
8 泊 493
10 留 627
11 停 435
とも 4 友 600
6 共 120
7 伴 502
8 供 121
*朋 556
ども 共 120
ともがら 輩 490
ともしび 灯 451
ともな-う 伴 502
とも-る 6 灯 451
9 点 441
とら 8 虎 171
11 *寅 468
と-らえる 捕 550
とら-える 捉 377
とら-われる
囚 263
とり 7 *酉 468
11 鳥 420
19 鶏 150
とりこ 虜 629
と-る 7 把 485
8 取 258
10 捕 550
11 採 212
執 247
13 摂 347
15 撮 221
16 獲 73
録 650
どろ 泥 437
トン 4 屯 468
6 団 401
11 豚 469
12 *敦 469
13 頓 469
どん 丼 469
ドン 6 灯 451
7 *呑 469
11 貪 470
12 鈍 470

17 聴 423
18 懲 424
チョク 8 直 424
9 勅 425
10 捗 425
ち-らす 散 224
ちり *塵 320
ち-る 散 224
チン 6 灯 451
7 沈 425
8 枕 574
9 珍 425
亭 434
10 朕 425
11 陳 426
13 賃 426
18 鎮 426

つ

つ 津 427
ツ 10 通 428
11 都 446
つい 終 266
ツイ 7 対 386
9 追 427
12 椎 427
15 墜 428
つい-える
12 費 513
15 潰 66
つい-で 序 284
つい-に 遂 324
ついや-す 費 513
ツウ 10 通 428
12 痛 429
つか 7 束 375
9 柄 79
12 塚 429
つか-う 8 使 231
13 遣 162
つが-う 番 507
つか-える
4 支 227
5 仕 228
8 事 242
つかさ 司 228
つかさど-る
5 司 228
12 掌 293
つ-かす 尽 318
つか-まえる
捕 550
つ-かる 10 浸 313
14 漬 429
つか-れる 疲 511
つか-わす 遣 162
つき 月 155
つぎ 次 240
つ-きる 尽 318
つ-く 5 付 523
6 吐 445
8 突 467
附 525
9 点 441
12 就 267
着 411
15 衝 297
16 築 410
つ-ぐ 6 次 240
11 接 346
13 継 148
嗣 237
つくえ 机 95
つ-くす 尽 318
つぐな-う 償 297
つく-る 7 作 217
10 造 373
12 創 368
つくろ-う 繕 359
つ-ける 5 付 523
8 附 525
9 点 441
10 浸 313
12 就 267
着 411
14 漬 429
つ-げる 告 200
つた-う 伝 443
つた-える 伝 443
つたな-い 拙 346
つち 土 448
つちか-う 培 491
つちのと 己 169
つつ 筒 458
つづ-く 続 380
つつし-む
13 慎 315
17 謹 133
つつま-しい
倹 158
つつみ 堤 435
つづみ 鼓 174
つつ-む 包 554
つて 伝 443
つど-う 集 267
つと-める
7 努 448
10 勉 549
11 務 581
12 勤 132
つな 綱 196
つね 9 恒 188
11 常 301
つの 角 70
つの-る 募 552
つば 唾 384
つばさ 翼 616
つぶ 粒 628
つぶ-れる 潰 66
つぼ 坪 430
つぼね 局 129
つま 妻 210
つま-しい 倹 158
つまび-らか
13 詳 296
15 審 316
つま-む 摘 438
つ-まる 詰 108
つみ 罪 216
つ-む 13 詰 108
14 摘 438
16 積 344
つむ *錘 324
つむ-ぐ 紡 563
つめ 爪 430
つめ-たい 冷 639
つ-める 詰 108
つ-もる 積 344
つや 艶 39
つゆ 露 646
つよ-い 強 124
つら 面 587
つら-い 辛 310
つら-なる 連 643
つらぬ-く 貫 84
つら-ねる 列 642
つ-る 6 *吊 430
11 釣 431
つる 8 弦 167
21 鶴 431
つるぎ 剣 159
つる-す *吊 430
つ-れる 連 643
つわもの 兵 540

て

て 手 257
デ 弟 432
テイ 2 丁 431
7 体 385
低 432
呈 432
廷 432
弟 432
8 定 432
底 433
抵 433
邸 433
9 亭 434
帝 434
訂 434
貞 434
10 *釘 138
庭 434
逓 435
11 停 435
偵 435
袋 534
12 堤 435
提 435
程 436
13 艇 436
*鼎 436
15 締 437
16 諦 437
デイ 泥 437
テキ 8 的 437
11 笛 438
14 摘 438
滴 438
適 438
15 敵 438
デキ 溺 439
でこ 凸 467
テツ 8 迭 439
9 *姪 585
10 哲 439
13 鉄 439
15 徹 440
撤 440
てのひら 掌 293
てら 寺 240
て-らす 照 295
て-る 照 295
で-る 出 275
て-れる 照 295
テン 4 天 440
6 伝 443
8 典 440
店 441
9 点 441
10 展 442
11 添 442
転 442
12 貼 421

12 尋 319
ただ 5 *只 396
11 唯 599
たた-える 称 290
たたか-う
13 戦 353
18 闘 460
たた-く *叩 396
ただ-し 但 396
ただ-しい 正 329
ただ-す 9 糾 114
15 質 248
ただ-ちに 直 424
たたみ 畳 302
たた-む 畳 302
ただよ-う 漂 519
た-つ 5 立 624
9 建 157
発 498
10 起 98
11 経 146
断 403
12 裁 214
絶 348
たつ 7 *辰 396
10 竜 627
タツ 達 397
ダツ 11 脱 397
14 奪 398
たっと-い
12 貴 102
尊 381
たて 9 盾 277
16 縦 272
たてまつ-る
8 奉 554
13 献 161
た-てる 5 立 624
9 建 157
点 441
たと-えば 例 640
たと-える 喩 598
たな 8 店 441
12 棚 398
たなごころ
掌 293
たに 谷 200
たね 種 260
たの-しい
10 娯 177
12 愉 598
13 楽 74
たの-む 頼 618
たば 束 375
たば-ねる 束 375
たび 9 度 449
10 旅 629
た-べる 食 305
たま 5 玉 130
10 珠 260
11 球 115
12 弾 403
14 魂 206
15 霊 641
たま-う 12 給 115
15 賜 239
たまき 環 90
たまご 卵 620
たましい 魂 206
だま-す 欺 105
たま-らない
堪 84
だま-る 黙 591
たまわ-る 賜 239
たみ 民 580
たむろ 屯 468
ため 為 15
ため-す 試 237
た-める 12 貯 416
17 矯 126
たも-つ 保 550
た-やす 絶 348
たよ-り 便 548
たよ-る 頼 618
た-らす 垂 322
た-りる 足 376
だれ 誰 398
た-れる 垂 322
たわむ-れる
戯 106
たわら 俵 519
たん 谷 200
タン 4 丹 398
反 500
5 旦 398
丼 469
7 但 396
8 担 398
9 単 399
炭 399
胆 399
段 402
11 探 399
淡 400
12 堪 84
短 400
13 嘆 400
14 端 400
綻 401
15 誕 401
16 壇 404
17 鍛 401
22 *灘 472
ダン 5 旦 398
6 団 401
7 男 402
9 段 402
11 断 403
12 弾 403
13 暖 404
15 談 404
16 壇 404

ち

ち 3 千 349
6 血 153
8 乳 477
チ 6 地 405
池 405
8 治 406
知 406
10 値 406
恥 407
致 407
12 *智 408
遅 408
13 痴 408
稚 408
置 409
15 質 248
16 緻 409
ちい-さい 小 285
ちか-い 近 131
ちか-う 誓 338
ちが-う 違 17
ちから 力 633
ちぎ-る 契 144
チク 6 竹 409
10 畜 410
逐 410
13 蓄 410
16 築 410
ちち 4 父 523
8 乳 477
ちぢ-む 縮 274
ちぢ-れる 縮 274
チツ 10 秩 411
11 窒 411
ちな-む 因 22
チャ 茶 411
チャク 12 着 411
14 嫡 412
チュウ 4 *丑 27
中 412
6 仲 413
虫 413
7 沖 43
肘 516
8 宙 413
忠 414
抽 414
注 414
9 昼 415
柱 415
10 衷 415
酎 415
12 *厨 415
15 鋳 416
駐 416
チョ 11 著 416
12 貯 416
14 緒 282
15 箸 496
18 *儲 590
チョウ 2 丁 431
4 弔 417
5 庁 417
6 兆 417
*吊 430
7 町 417
8 長 418
9 重 270
挑 418
11 帳 418
張 419
彫 419
眺 419
頂 420
鳥 420
釣 431
12 朝 420
*脹 420
貼 421
超 421
塚 429
提 435
13 腸 421
跳 421
14 徴 422
*暢 422
15 嘲 422
澄 422
潮 422
*蝶 423
調 423

早 363
*艸 364
7 走 364
8 宗 264
9 奏 364
相 365
草 365
荘 365
送 366
10 桑 140
倉 366
捜 366
挿 367
11 巣 367
掃 367
曹 367
曽 368
爽 368
窓 368
12 創 368
喪 369
痩 369
葬 369
装 369
13 僧 369
想 370
*蒼 370
14 層 370
*漱 370
総 371
*聡 371
遭 371
*槍 597
15 槽 371
踪 371
箱 496
16 操 372
17 燥 372
霜 372
18 *叢 372
騒 372
贈 375
19 繰 140
藻 373
ゾウ 10 造 373
12 象 373
14 雑 221
像 374
増 374
憎 374
15 蔵 374
18 贈 375
19 臓 375
そうろう 候 190
そ-える 添 442
ソク 7 即 375
束 375
足 376
9 促 376
則 376
10 息 377
捉 377
速 377
11 側 378
12 測 378
13 塞 378
17 *燭 307
そ-ぐ 9 削 217
10 殺 220
ゾク 9 俗 379
11 族 379
12 属 379
13 続 380
賊 380
そこ 底 433
そこ-なう 損 382
そそ-ぐ 注 414
そそのか-す
唆 208
そだ-つ 育 18
ソツ 8 卒 380
11 率 625
そで 袖 380
そと 外 67
そな-える
8 供 121
具 136
12 備 514
そね-む 8 妬 446
13 嫉 248
その 8 *苑 36
13 園 37
そば 11 側 378
12 傍 564
そ-まる 染 351
そむ-く 背 488
そ-める 7 初 280
9 染 351
そら 空 137
そ-らす 4 反 500
11 逸 19
そ-る 反 500
それがし 某 563
そ-れる 逸 19
ソン 6 存 381
7 村 381
10 孫 381
12 尊 381
13 損 382
14 遜 382
15 *噂 29
ゾン 存 381

た

た 4 手 257
5 田 443
タ 4 太 385
5 他 383
6 多 383
7 汰 383
14 駄 385
ダ 5 打 383
7 妥 384
11 蛇 253
唾 384
12 堕 384
惰 385
14 駄 385
タイ 3 大 390
4 太 385
5 代 391
台 391
7 体 385
対 386
9 待 386
怠 387
耐 387
胎 387
退 387
帝 434
10 帯 388
泰 388
11 堆 388
逮 388
袋 534
12 替 389
貸 389
隊 389
13 滞 389
14 態 389
*腿 390
17 戴 390
ダイ 3 大 390
4 内 471
5 代 391
台 391
7 弟 432
11 第 392
12 提 435
18 題 392
たい-ら 平 540
たえ 妙 580
た-える 9 耐 387
12 堪 84
絶 348
たお-す 倒 453
たか *鷹 392
た-が 誰 398
たか-い 高 192
たが-い 互 175
たがや-す 耕 191
たから 宝 555
たき 滝 393
たきぎ 薪 316
た-く 8 炊 322
12 *焚 395
タク 6 宅 393
7 択 393
沢 393
8 卓 394
拓 394
9 度 449
10 *啄 394
託 394
11 *琢 394
17 濯 395
だ-く 抱 555
ダク 15 諾 395
16 濁 395
たぐ-い 類 638
たく-み 巧 180
たくみ 3 工 179
6 匠 286
たくら-む 企 94
たくわ-える
12 貯 416
13 蓄 410
たけ 3 丈 299
6 竹 409
8 岳 74
たこ *凧 395
たし-か 確 73
た-す 足 376
だ-す 出 275
たす-ける
7 助 284
扶 524
14 *輔 551
たずさ-える
携 148
たずさ-わる
携 148
たず-ねる
10 *訊 319
11 訪 559

すす-ぐ 濯 395
すず-しい 涼 631
すす-む 進 314
すす-める
13 勧 87
奨 295
16 薦 356
すず-ろ 漫 576
すそ 裾 327
すた-る 廃 489
すた-れる 廃 489
ずつ 宛 10
す-っぱい 酸 225
すで-に 既 98
す-てる 11 捨 251
13 棄 102
すな 7 沙 207
9 砂 208
すなわ-ち
7 即 375
9 則 376
すばる *昴 327
すべ 術 276
すべ-て 全 357
す-べる 統 458
すべ-る 滑 77
す-まう 住 270
す-ます 11 済 212
15 澄 422
すみ 7 角 70
9 炭 399
12 隅 138
14 墨 567
すみ-やか 速 377
す-む 7 住 270
11 済 212
15 澄 422
す-る 8 刷 219
17 擦 221
するど-い 鋭 32
す-わる 据 326
すわ-る 座 209
スン 寸 327

せ

せ 9 背 488
10 畝 28
19 瀬 328
セ 5 世 328
9 施 234
ぜ 是 328
セイ 4 井 12
5 世 328
正 329
生 329
丼 469
6 成 330
西 331
7 声 331
8 制 332
姓 332
征 332
性 332
青 333
斉 333
9 城 300
政 334
星 334
牲 334
省 335
10 凄 335
逝 335
11 済 212
清 335
盛 336
12 *甥 40
晴 336
婿 582
13 歳 214
蒸 303
勢 336
聖 337
誠 337
*靖 337
14 精 338
製 338
誓 338
静 339
15 請 339
16 整 339
醒 340
ゼイ 10 *脆 340
11 情 302
12 税 340
13 勢 336
14 説 348
18 *贅 340
せ-かす 急 113
せき 9 *咳 342
14 関 88
セキ 3 夕 600
5 斥 340
石 341
6 *汐 244
7 赤 341
8 昔 342
析 342
10 席 342
脊 342
隻 343
11 寂 256
惜 343
戚 343
責 343
13 跡 344
15 潟 75
16 積 344
17 績 344
20 籍 344
せ-く 急 113
セチ 節 347
セツ 4 切 345
7 折 345
8 刹 345
拙 346
9 窃 346
10 殺 220
11 接 346
設 346
雪 347
13 摂 347
節 347
14 説 348
ゼツ 6 舌 348
12 絶 348
ぜに 銭 354
せば-まる 狭 123
せま-い 狭 123
せま-る 迫 493
せ-める 7 攻 185
11 責 343
せ-る 8 迫 493
20 競 127
ゼロ 零 640
セン 3 山 222
千 349
川 349
5 仙 349
占 350
6 先 350
9 *茜 8
宣 350
専 350
染 351
泉 351
浅 351
洗 352
10 扇 352
栓 352
*閃 352
11 旋 352
船 353
13 戦 353
煎 353
羨 354
腺 354
詮 354
践 354
14 箋 354
銭 354
*銑 355
15 潜 355
線 355
*賤 355
選 356
遷 356
16 薦 356
17 繊 356
鮮 357
ゼン 6 全 357
9 前 357
12 善 357
然 358
13 禅 358
14 漸 358
16 膳 358
18 繕 359

そ

ソ 8 狙 359
阻 359
9 祖 359
10 租 359
素 360
11 措 360
粗 360
組 361
曽 368
12 *甦 361
疎 361
訴 362
13 塑 362
*鼠 362
14 遡 362
18 礎 362
19 *蘇 362
ゾ 曽 368
そ-う 8 沿 36
11 添 442
副 532
ソウ 4 双 363
爪 430
6 扱 10
争 363
壮 363

訟 292
清 335
12 勝 292
掌 293
晶 293
焼 293
焦 293
硝 294
粧 294
*翔 294
証 294
詔 295
装 369
象 373
13 傷 295
奨 295
照 295
詳 296
聖 337
14 彰 296
障 296
精 338
15 憧 296
衝 297
賞 297
請 339
16 縦 272
17 償 297
礁 297
20 鐘 297
ジョウ 3 上 298
丈 299
4 井 12
冗 299
6 成 330
7 条 299
状 300
8 定 432
9 乗 300
城 300
浄 301
星 334
10 娘 582
11 剰 301
常 301
情 302
盛 336
12 場 302
畳 302
13 蒸 303
14 静 339
15 縄 303
16 壌 303
嬢 304
錠 304
18 *穣 304
20 譲 304
醸 304
ショク 6 色 304
9 拭 305
食 305
12 植 305
殖 306
属 379
13 触 306
飾 306
15 嘱 307
17 *燭 307
18 織 307
職 307
ジョク 辱 308
しら 白 492
しら-せる 報 559
しら-べる 調 423
しり 尻 308
しりぞ-く 退 387
しりぞ-ける
斥 340
し-る 8 知 406
19 識 245
しる 汁 269
しるし 印 22
しる-す 記 98
しるべ 標 520
し-れる 痴 408
じ-れる 焦 293
しろ 5 代 391
9 城 300
しろ-い 白 492
しろがね 銀 134
シン 4 心 308
5 申 308
7 伸 309
臣 309
芯 309
身 310
辛 310
*辰 396
9 信 310
侵 311
神 311
津 427
10 唇 311
娠 312
振 312
*晋 312
浸 313
真 313
針 313
11 深 314
紳 314
進 314
清 335
12 森 315
診 315
13 寝 315
慎 315
新 315
15 審 316
震 316
請 339
16 薪 316
親 316
ジン 2 人 317
3 刃 317
4 仁 318
6 尽 318
迅 318
7 臣 309
9 神 311
甚 318
10 *訊 319
陣 319
12 尋 319
13 腎 320
14 *塵 320
しんがり 殿 444

す

す 6 州 263
11 巣 367
12 酢 320
ス 3 子 226
5 主 257
6 守 258
10 素 360
12 須 320
19 *蘇 362
ず 4 不 522
11 唾 384
ズ 7 図 321
豆 451
8 事 242
10 途 446
12 *厨 415
16 頭 459
す-い 酸 225
スイ 4 水 321
5 出 275
6 西 331
7 吹 322
8 垂 322
炊 322
*隹 322
9 帥 323
10 粋 323
衰 323
11 推 323
酔 324
12 遂 324
13 睡 324
14 *翠 324
15 誰 398
穂 551
16 *錘 324
*錐 325
ズイ 12 随 325
13 *瑞 325
19 髄 325
す-う 吸 112
スウ 8 枢 325
11 崇 326
13 数 326
すえ 末 574
す-える 据 326
すが-しい 清 335
す-かす 透 454
すがた 姿 233
すき 隙 151
すぎ 杉 327
す-ぎる 過 55
す-く 6 好 183
8 空 137
10 透 454
す-ぐ 直 424
すく-う 救 114
すく-ない
4 少 286
14 寡 56
すぐ-れる
12 勝 292
17 優 605
すけ 助 284
す-ける 透 454
すご-い 凄 335
すこ-し 少 286
す-ごす 過 55
すこ-やか 健 159
すさ-ぶ 荒 189
すさ-まじい
凄 335
すさ-む 荒 189
すし *鮨 327
すじ 筋 132
すず 鈴 640

12 絞 195
15 緊 133
締 437
し-みる 9 染 351
10 凍 453
しめ 標 520
しめ-す 5 示 239
12 湿 247
し-める 5 占 350
11 閉 541
12 絞 195
15 緊 133
締 437
しめ-る 湿 247
しも 3 下 48
17 霜 372
しもべ 僕 567
シャ 5 写 249
7 沙 207
社 250
車 250
8 舎 250
者 251
9 卸 46
砂 208
10 射 251
借 254
11 捨 251
斜 252
赦 252
12 *奢 252
煮 252
14 遮 253
17 謝 253
ジャ 8 邪 253
11 蛇 253
シャク 3 *勺 254
4 尺 254
5 石 341
7 赤 341
10 借 254
酌 254
11 釈 255
惜 343
責 343
16 錯 219
17 爵 255
ジャク 8 若 255
昔 342
10 弱 256
11 寂 256
12 *惹 256
シュ 4 手 257
5 主 257
6 守 258
朱 258
8 取 258
9 狩 259
首 259
10 株 78
殊 259
珠 260
酒 260
修 265
12 衆 267
須 320
13 腫 260
14 種 260
15 趣 261
ジュ 2 入 477
7 寿 261
8 受 261
呪 262
10 従 271
11 授 262
12 就 267
14 需 262
16 儒 262
樹 262
シュウ 4 収 263
5 囚 263
6 州 263
舟 264
7 秀 264
8 周 264
宗 264
9 拾 265
秋 265
臭 265
祝 273
10 修 265
袖 380
11 執 247
終 266
羞 266
習 266
週 267
12 就 267
衆 267
集 267
13 愁 268
酬 268
17 醜 268
19 蹴 268
22 襲 268
23 *讐 269
ジュウ 2 十 269
4 中 412
5 汁 269
6 充 269
7 住 270
9 拾 265
柔 270
重 270
10 従 271
11 渋 272
14 銃 272
16 獣 272
縦 272
頭 459
しゅうと *舅 273
しゅうとめ
*姑 171
シュク 8 叔 273
9 祝 273
11 宿 273
淑 274
粛 274
17 縮 274
ジュク 14 塾 274
15 熟 275
シュツ 5 出 275
8 卒 380
ジュツ 6 *戌 20
8 述 275
11 術 276
シュン 6 旬 277
9 俊 276
春 276
17 *駿 276
18 瞬 277
ジュン 6 巡 277
旬 277
9 盾 277
10 准 277
殉 278
純 278
11 *淳 278
12 *閏 29
循 278
順 278
13 準 279
15 潤 279
遵 279
ショ 5 且 76
処 279
7 初 280
8 所 280
10 書 281
11 庶 281
*渚 472
12 暑 281
13 署 282
14 緒 282
15 諸 282
ジョ 3 女 283
6 如 283
*汝 474
7 助 284
序 284
9 叙 284
10 徐 284
除 285
ショウ 3 小 285
上 298
4 升 285
少 286
5 召 286
正 329
生 329
6 匠 286
7 床 286
抄 287
肖 287
声 331
8 尚 287
承 288
招 288
昇 288
*昌 288
松 288
姓 332
性 332
青 333
沼 479
9 咲 218
昭 289
政 334
省 335
相 365
荘 365
10 従 271
宵 289
将 289
消 289
症 290
祥 290
称 290
笑 290
11 商 291
唱 291
*梢 291
渉 291
章 292
紹 292

さと-い 敏 522
さと-す 諭 599
さと-る 10 悟 177
12 覚 72
さば-く 裁 214
さび 寂 256
さび-しい
11 寂 256
*淋 635
さま 様 613
さ-ます 7 冷 639
12 覚 72
16 醒 340
さまた-げる
妨 562
さみ-しい
11 寂 256
*淋 635
さむ-い 寒 84
さむらい 3 士 226
8 侍 242
さ-める 7 冷 639
12 覚 72
16 醒 340
さら 5 皿 221
7 更 186
さ-る 去 116
さる 5 申 308
13 猿 38
さわ 沢 393
さわ-ぐ 騒 372
さわ-やか 爽 368
さわ-る 13 触 306
14 障 296
サン 3 三 222
山 222
7 杉 327
8 参 222
10 桟 223
蚕 223
11 惨 223
産 223
12 傘 224
散 224
14 算 224
酸 225
15 賛 225
20 *霰 11
ザン 10 残 225
11 惨 223
斬 225
15 暫 226

し

シ 3 士 226
子 226
*之 482
*巳 577
4 支 227
止 227
氏 228
5 仕 228
司 228
史 229
四 229
市 229
示 239
*只 396
矢 594
6 *此 203
旨 229
死 229
糸 230
至 230
次 240
自 241
芝 249
7 *豕 20
伺 230
志 230
私 231
8 使 231
刺 231
始 232
姉 232
枝 232
祉 233
*祀 233
肢 233
9 茨 21
柿 69
姿 233
思 233
指 234
施 234
10 師 235
恣 235
紙 235
脂 235
11 *梓 9
視 236
12 紫 236
詞 236
歯 236
13 嗣 237
*肆 237
詩 237
試 237
資 238
飼 238
14 誌 238
雌 238
漬 429
15 摯 238
賜 239
16 諮 239
*髭 516
17 *鮨 327
じ 路 646
ジ 5 示 239
6 字 239
寺 240
次 240
耳 240
自 241
地 405
7 似 241
児 242
8 事 242
侍 242
治 406
9 持 243
10 時 243
除 285
12 滋 243
13 慈 244
辞 244
14 磁 244
15 餌 34
19 璽 244
しあわ-せ 幸 186
しい 椎 427
じい *爺 595
しいた-げる
虐 109
し-いる 強 124
しお 6 *汐 244
13 塩 38
15 潮 422
しお-れる 萎 16
しか 鹿 245
ジカ 直 424
しか-る 叱 246
シキ 6 式 245
色 304
9 拭 305
18 織 307
19 識 245
ジキ 8 直 424
9 食 305
しき-りに 頻 521
し-く 5 布 524
15 敷 528
ジク 軸 245
しげ-る 8 茂 588
16 繁 506
しし 鹿 245
じじ *爺 595
じじい *爺 595
しず-か 12 閑 86
14 静 339
しずく 滴 438
しず-まる 静 339
しず-む 沈 425
しず-める 鎮 426
した 3 下 48
6 舌 348
した-う 慕 552
したが-う
10 従 271
12 随 325
した-しい 親 316
したた-か 強 124
したた-める
認 479
したた-る 滴 438
シチ 2 七 246
15 質 248
シツ 5 叱 246
失 246
6 竹 409
9 室 246
10 疾 247
11 執 247
12 湿 247
13 嫉 248
14 漆 248
15 質 248
膝 516
ジッ 十 269
ジツ 4 日 476
8 実 249
しな 9 科 53
品 520
し-ぬ 死 229
しの-ぶ 忍 478
しば 芝 249
しばら-く 暫 226
しば-る 縛 495
しぶ-い 渋 272
しぼ-る 12 絞 195
13 搾 219
しま 島 454
しま-う 了 629
し-まる 11 閉 541

ここの-つ 九 110
こころ 心 308
こころざし
志 230
こころざ-す
志 230
こころ-みる
試 237
こころよ-い
快 61
こし 腰 612
こ-す 12 越 35
超 421
こずえ *梢 291
こす-る 擦 221
こぞ-って 挙 118
こた-える
7 応 41
12 答 457
こだわ-る 拘 187
コツ 3 乞 178
10 骨 202
13 滑 77
こと 7 言 166
8 事 242
12 琴 132
ごと 毎 572
ごと-し 如 283
こと-なる 異 16
こと-に 殊 259
ことば 詞 236
ことぶき 寿 261
ことわ-る 断 403
こな 粉 536
こ-ねる *捏 480
こ-の *此 203
この-む 好 183
こば-む 拒 117
こぶし 拳 159
こま 駒 203
こま-かい 細 213
こま-やか 濃 484
こま-る 困 204
こみち 径 143
こ-む 5 込 203
11 混 205
こめ 米 543
こ-める 5 込 203
22 籠 649
こも 薦 356
こ-もる 籠 649
こ-やす 肥 510
こよみ 暦 642
こら-える 堪 84
こ-らす 16 凝 128
18 懲 424
こ-りる 懲 424
こ-る 凝 128
これ 3 *之 482
6 *此 203
9 是 328
ころ 頃 203
ころ-がる 転 442
ころ-す 殺 220
ころ-ぶ 転 442
ころも 衣 13
こわ 強 124
こわ-い 8 怖 525
10 恐 123
こわ-す 13 毀 102
16 壊 66
コン 4 今 204
7 近 131
困 204
8 金 131
昆 204
9 建 157
恨 204
10 根 204
11 婚 205
混 205
痕 205
紺 206
13 献 161
14 魂 206
16 墾 206
17 懇 206
ゴン 6 *艮 27
7 言 166
12 勤 132
15 権 162
17 厳 169

さ

さ 3 小 285
6 早 363
サ 5 左 207
7 佐 207
沙 207
作 217
9 査 208
砂 208
茶 411
10 唆 208
差 208
12 詐 209
18 鎖 209
ザ 10 座 209
挫 209
さい 埼 216
サイ 3 才 209
4 切 345
6 再 210
西 331
7 災 210
8 妻 210
采 210
9 砕 211
*哉 595
10 宰 211
栽 211
財 216
殺 220
11 彩 211
採 212
済 212
祭 212
細 213
菜 213
斎 213
12 最 213
裁 214
13 債 214
催 214
歳 214
載 215
塞 378
14 際 215
ザイ 6 在 215
7 材 216
10 剤 216
財 216
13 罪 216
さいな-む 虐 109
さいわ-い 幸 186
さえぎ-る 遮 253
さか 7 坂 502
阪 503
9 逆 110
さが 性 332
さかい 境 125
さか-える 栄 31
さが-す 10 捜 366
11 探 399
さかずき 杯 487
さかな 魚 119
さかのぼ-る
遡 362
さか-らう 逆 110
さか-る 盛 336
さ-がる 下 48
さか-ん 6 壮 363
11 盛 336
さき 6 先 350
11 埼 216
崎 217
さ-く 9 咲 218
12 割 77
裂 643
サク 5 冊 219
7 作 217
9 削 217
昨 218
柵 218
10 索 218
12 策 218
酢 320
13 搾 219
16 錯 219
さくら 桜 42
さぐ-る 探 399
さけ 酒 260
さげす-む 蔑 545
さけ-ぶ 叫 120
さ-ける 避 513
さ-げる 3 下 48
12 提 435
ささ-える 支 227
ささ-げる
11 *捧 558
13 献 161
さ-す 8 刺 231
9 指 234
10 差 208
射 251
挿 367
さず-ける 授 262
さす-る 擦 221
さそ-う 誘 604
さだ-か 定 432
さだ-める 定 432
さち 幸 186
サッ 早 363
サツ 5 冊 219
札 219
8 刷 219
刹 345
9 拶 220
10 殺 220
14 察 220
15 撮 221
17 擦 221
ザツ 雑 221
さと 7 里 622
11 郷 125

拳 159
軒 159
11 乾 83
健 159
*牽 160
険 160
12 間 86
圏 160
堅 160
検 161
*絢 161
13 嫌 161
献 161
絹 162
遣 162
15 権 162
16 憲 163
賢 163
17 謙 163
鍵 164
18 顕 164
験 164
繭 575
20 懸 164
24 *鹸 165
ゲン 4 元 165
幻 166
5 玄 166
7 言 166
8 弦 167
9 限 167
*彦 516
10 拳 159
原 167
11 眼 93
現 168
舷 168
12 減 168
13 嫌 161
源 168
16 還 89
17 厳 169
18 験 164

こ

こ 3 子 226
小 285
4 木 566
5 処 279
10 粉 536
コ 3 己 169
4 戸 445
5 去 116
古 170
8 居 117
拠 117
呼 170
固 170
*姑 171
孤 171
弧 171
股 171
虎 171
9 故 172
枯 172
10 個 172
庫 172
11 虚 118
*涸 173
12 湖 173
雇 173
13 誇 173
*跨 174
鼓 174
15 *糊 174
16 錮 174
21 顧 174
ゴ 4 牛 116
五 175
互 175
午 175
6 *伍 176
后 183
7 呉 176
*吾 176
9 後 176
10 娯 177
悟 177
12 期 101
御 119
13 碁 177
14 語 177
誤 178
20 護 178
こ-い 濃 484
こい 恋 643
こ-う 3 乞 178
15 請 339
こう 神 311
コウ 3 口 178
工 179
4 公 179
勾 180
孔 180
5 功 180
巧 180
広 181
*弘 181
甲 181
尻 308
*叩 396
6 仰 127
交 182
光 182
向 183
后 183
好 183
江 183
考 184
行 184
7 坑 185
孝 185
*宏 185
抗 185
攻 185
更 186
8 岡 43
効 186
幸 186
拘 187
肯 187
岬 578
9 *垢 135
後 176
侯 187
厚 187
恒 188
洪 188
皇 188
紅 189
荒 189
郊 189
香 189
虹 476
10 格 71
桁 152
候 190
校 190
*浩 191
耕 191
航 191
貢 191
降 191
高 192
耗 589
11 康 192
控 193
梗 193
黄 193
12 喉 194
慌 194
港 194
硬 194
絞 195
項 195
*甦 361
13 溝 195
鉱 196
14 構 196
綱 196
酵 196
15 稿 196
16 興 126
衡 197
鋼 197
17 講 197
購 197
*藁 654
ゴウ 5 号 197
6 仰 127
合 198
7 迎 150
9 拷 198
10 剛 199
11 強 124
郷 125
13 業 128
傲 199
14 豪 199
17 *濠 569
21 *轟 199
こうむ-る 被 512
こえ 7 声 331
8 肥 510
こ-える 肥 510
12 越 35
超 421
こおり 5 氷 518
10 郡 142
こお-る 凍 453
こ-がす 焦 293
コク 5 石 341
7 克 200
告 200
谷 200
8 刻 200
国 201
11 黒 201
14 穀 201
酷 202
ゴク 12 極 129
14 獄 202
こ-げる 焦 293
ここ 是 328
こご-える 凍 453

8 供 121
苦 135
9 *垢 135
紅 189
10 宮 114
庫 172
14 駆 136
15 駒 203
グ 7 求 113
8 具 136
9 紅 189
10 貢 191
11 惧 136
13 愚 137
虞 137
く-いる 悔 63
く-う 食 305
クウ 空 137
グウ 10 宮 114
11 偶 138
12 遇 138
隅 138
くき 茎 144
くぎ *釘 138
くく-る 括 76
くぐ-る 潜 355
くさ 6 *艸 364
9 草 365
くさ-い 臭 265
くさむら *叢 372
くさり 鎖 209
くさ-る 腐 528
く-し 奇 96
くし 7 串 138
14 髪 498
くじ-く 挫 209
くじら 鯨 151
くず 葛 77
くす-べる *燻 141
くすり 薬 597
くず-れる 崩 558
くせ 6 曲 129
18 癖 544
くだ 管 88
くだ-く 砕 211
くだ-す 3 下 48
10 降 191
くだり 件 156
くだ-る 3 下 48
10 降 191
くだん 件 156
くち 口 178
くちびる 唇 311
く-ちる 朽 112
くつ 靴 139
クツ 8 屈 139
11 掘 139
堀 568
13 窟 139
くつがえ-す
覆 534
くつろ-ぐ 寛 87
くに 7 邦 554
8 国 201
くば-る 配 488
くび 首 259
くび-れる 括 76
くぼ-む 凹 41
くま 熊 140
くみ 組 361
くみ-する 与 606
く-む 10 酌 254
11 組 361
くも 雲 30
くも-る 曇 470
くや-しい 悔 63
く-やむ 悔 63
くゆ-らす *燻 141
くら 10 倉 366
15 蔵 374
くら-い 暗 12
くらい 位 13
く-らう 食 305
く-らす 暮 552
くら-べる
4 比 508
13 較 72
20 競 127
く-る 7 来 617
19 繰 140
くる-う 狂 120
くる-おしい
狂 120
くる-しい 苦 135
くるま 車 250
くるわ 郭 71
くれ 呉 176
くれない 紅 189
く-れる 暮 552
くろ 黒 201
くろがね 鉄 439
くわ 桑 140
くわ-える 加 50
くわ-しい
13 詳 296
14 精 338
くわだ-てる
企 94
クン 7 君 140
10 訓 140
15 勲 141
16 薫 141
18 *燻 141
グン 9 軍 141
10 郡 142
13 群 142

け

け 毛 589
ケ 4 化 49
6 仮 50
気 95
7 花 51
快 61
希 95
8 怪 62
10 家 53
華 54
ゲ 3 下 48
4 牙 58
5 外 67
9 悔 63
10 夏 53
13 解 65
15 戯 106
ケイ 5 兄 142
6 刑 143
*圭 143
7 形 143
系 143
8 京 121
径 143
茎 144
9 係 144
型 144
契 144
計 145
10 恵 145
11 啓 145
掲 146
渓 146
経 146
蛍 147
頃 203
12 敬 147
景 147
軽 147
13 傾 148
携 148
継 148
詣 149
14 境 125
15 慶 149
憬 149
稽 149
16 憩 149
19 警 150
鶏 150
20 競 127
ゲイ 7 芸 150
迎 150
19 鯨 151
けが-れる
6 汚 40
18 *穢 653
ゲキ 9 逆 110
13 隙 151
15 劇 151
撃 151
16 激 152
け-す 消 289
けず-る 削 217
けた 桁 152
けだ-し 蓋 68
けだもの 獣 272
ケツ 4 欠 152
5 穴 153
尻 308
6 血 153
7 決 153
9 *頁 543
11 *訣 154
12 結 154
13 傑 154
15 潔 155
ゲツ 月 155
けみ-する 閲 35
けむ 煙 38
けむり 煙 38
けむ-る 煙 38
けもの 獣 272
け-る 蹴 268
けわ-しい 険 160
ケン 4 犬 155
6 件 156
7 見 156
8 券 156
肩 157
9 巻 82
建 157
県 157
研 158
10 倹 158
兼 158
剣 159

幾 100
揮 101
期 101
棋 101
貴 102
13 棄 102
毀 102
14 旗 102
15 器 103
*嬉 103
*毅 103
畿 103
輝 103
16 *窺 27
機 104
18 騎 104
ギ 6 伎 94
7 技 104
8 宜 104
11 偽 105
12 欺 105
13 義 105
14 疑 106
15 儀 106
戯 106
17 擬 106
犠 107
20 議 107
き-える 消 289
き-く 7 利 621
8 効 186
10 *訊 319
14 聞 539
17 聴 423
キク 菊 107
き-こえる 聞 539
きさき 6 后 183
妃 509
きざ-す 兆 417
11 *萌 558
きざ-む 刻 200
きし 岸 92
きし-む *軋 9
きし-る *軋 9
きず 12 創 368
13 傷 295
きず-く 築 410
きずな *絆 506
きそ-う 競 127
きた 北 566
きた-える 鍛 401
きた-す 来 617
きたな-い 汚 40
きた-る 来 617
キチ 吉 107
キツ 6 吉 107
7 *迄 575
12 喫 108
13 詰 108
きっさき *鋒 560
きぬ 6 衣 13
13 絹 162
きのえ 甲 181
きのと 乙 45
きば 牙 58
きび-しい 厳 169
き-まる 決 153
きみ 君 140
き-める 7 決 153
12 極 129
きも 7 肝 81
9 胆 399
キャ 脚 109
キャク 7 却 108
9 客 108
11 脚 109
ギャク 9 虐 109
逆 110
キュウ 2 九 110
3 久 110
及 110
弓 111
4 *仇 111
5 丘 111
旧 111
6 休 112
吸 112
朽 112
臼 112
7 求 113
究 113
8 泣 113
*咎 464
9 急 113
級 114
糾 114
10 宮 114
11 救 114
球 115
12 給 115
13 嗅 115
*舅 273
15 窮 116
ギュウ 牛 116
キョ 5 巨 116
去 116
8 居 117
拒 117
拠 117
10 挙 118
11 虚 118
許 118
据 326
12 距 119
13 裾 327
15 *嘘 28
ギョ 11 魚 119
12 御 119
14 漁 119
きよ-い 11 清 335
15 潔 155
キョウ 4 凶 120
5 兄 142
6 共 120
叫 120
7 *杏 11
狂 120
8 享 121
京 121
供 121
協 122
*怯 122
況 122
9 峡 122
挟 122
狭 123
香 189
10 恐 123
恭 123
胸 124
脅 124
脇 653
11 強 124
教 125
郷 125
経 146
梗 193
12 敬 147
14 境 125
16 橋 126
興 126
頬 566
17 矯 126
19 鏡 126
20 競 127
響 127
22 驚 127
ギョウ 6 仰 127
行 184
7 形 143
12 暁 128
13 業 128
16 凝 128
キョク 6 曲 129
7 局 129
12 極 129
ギョク 玉 130
きよ-める
9 浄 301
11 清 335
きら-う 嫌 161
きり 10 *桐 130
16 *錐 325
19 霧 582
き-る 4 切 345
6 伐 499
11 斬 225
12 着 411
きわ 際 215
きわ-まる
12 極 129
15 窮 116
きわ-み 極 129
きわ-める 究 113
キン 3 巾 130
4 斤 130
今 204
7 均 131
近 131
8 金 131
11 菌 132
経 146
12 勤 132
琴 132
筋 132
軽 147
13 僅 133
禁 133
15 緊 133
16 錦 133
17 謹 133
18 襟 134
ギン 7 吟 134
14 銀 134

く

ク 2 九 110
3 久 110
口 178
工 179
4 区 135
公 179
孔 180
5 句 135
功 180

硬 194
18 難 474
かたき 4 *仇 111
15 敵 438
かたく-な 頑 93
かたじけな-い
辱 308
かたち 形 143
かたな 刀 450
かたまり 塊 65
かたむ-く 傾 148
かたよ-る 偏 547
かた-る 語 177
かたわ-ら 傍 564
カチ 褐 78
カッ 5 甲 181
6 合 198
か-つ 5 且 76
7 克 200
12 勝 292
カツ 9 括 76
活 76
11 喝 76
渇 76
12 割 77
葛 77
13 滑 77
褐 78
17 轄 78
ガッ 合 198
ガツ 月 155
かつ-ぐ 担 398
かて 糧 633
かど 7 角 70
8 門 592
13 廉 644
かな *哉 595
かなえ *鼎 436
かな-しい
9 哀 7
12 悲 512
かな-でる 奏 364
かなめ 要 609
かなら-ず 必 516
かね 8 金 131
20 鐘 297
かね-て 予 606
か-ねる 兼 158
かの 彼 509
かのと 辛 310
かばん *鞄 78
かぶ 株 78
かぶ-せる 被 512
かぶと 甲 181
かぶ-る 被 512
かべ 壁 544
かま 10 釜 78
15 窯 614
18 鎌 79
かま-える 構 196
かみ 3 上 298
9 神 311
10 紙 235
14 髪 498
かみなり 雷 618
かむ-る 被 512
かめ 11 亀 100
瓶 522
かも-す 醸 304
かもめ *鷗 79
かゆ-い *痒 610
かよ-う 通 428
から 8 空 137
10 唐 454
11 殻 71
18 韓 91
がら 柄 79
から-い 辛 310
か-らす 9 枯 172
11 *涸 173
からす *烏 26
からだ 体 385
から-む 絡 618
かり 6 仮 50
9 狩 259
か-りる 借 254
か-る 4 刈 79
9 狩 259
14 駆 136
かる-い 軽 147
かれ 彼 509
か-れる 9 枯 172
11 *涸 173
かろ-うじて
辛 310
かろ-やか 軽 147
かわ 3 川 349
5 皮 508
8 河 52
9 革 70
11 側 378
がわ 側 378
かわ-く 11 渇 76
乾 83
17 燥 372
か-わす 交 182
かわら 瓦 58
か-わる 5 代 391
9 変 546
12 換 85
替 389
かん 神 311
カン 3 干 80
5 刊 80
甘 80
甲 181
6 汗 80
缶 81
7 完 81
肝 81
串 138
8 *函 81
官 82
9 冠 82
巻 82
看 82
10 陥 83
11 乾 83
勘 83
患 83
貫 84
12 喚 84
堪 84
寒 84
換 85
敢 85
棺 85
款 85
間 86
閑 86
13 勧 87
寛 87
幹 87
感 87
漢 87
14 慣 88
管 88
関 88
15 歓 88
監 89
緩 89
16 憾 89
還 89
館 90
17 環 90
18 簡 90
観 90
韓 91
21 艦 91
23 鑑 91
ガン 3 丸 91
4 元 165
7 含 92
8 岸 92
岩 92
玩 92
11 眼 93
13 頑 93
18 顔 93
19 願 93
20 *巌 94
かんが-える
考 184
かんが-みる
鑑 91
かんば-しい
芳 554
かんむり 冠 82

き

き 4 木 566
5 生 329
9 城 300
11 黄 193
16 樹 262
キ 3 己 169
6 企 94
伎 94
危 94
机 95
気 95
肌 496
7 岐 95
希 95
忌 96
汽 96
8 奇 96
季 96
祈 97
9 紀 97
軌 97
10 帰 97
既 98
記 98
起 98
飢 99
鬼 99
姫 517
11 基 99
寄 99
規 100
亀 100
埼 216
崎 217
12 喜 100

12 温 47
13 園 37
遠 38
14 隠 24
*厭 39
16 穏 47
おんな 女 283

か

か 4 日 476
5 処 279
8 彼 509
9 香 189
10 蚊 54
11 鹿 245
カ 3 下 48
4 化 49
*戈 49
火 49
5 *瓜 29
加 50
可 50
6 仮 50
7 何 50
花 51
8 価 51
佳 51
果 52
河 52
苛 52
9 架 52
科 53
10 夏 53
家 53
荷 54
華 54
11 菓 55
貨 55
12 渦 55
過 55
13 嫁 56
暇 56
禍 56
靴 139
14 寡 56
歌 57
箇 57
15 稼 57
課 58
17 鍋 473
ガ 4 牙 58
5 瓦 58
7 我 58
8 画 59
芽 59
9 *臥 59
12 賀 59
13 雅 59
15 餓 60
かい 貝 62
カイ 4 介 60
6 会 60
回 60
灰 487
7 快 61
戒 61
改 62
8 怪 62
拐 62
届 467
9 悔 63
海 63
界 63
皆 63
11 *晦 63
械 64
掛 75
12 絵 30
開 64
階 64
街 68
13 塊 65
楷 65
解 65
15 潰 66
16 壊 66
懐 66
諧 67
ガイ 4 刈 79
5 外 67
6 *亥 13
8 劾 67
9 *咳 342
10 害 67
11 崖 68
涯 68
12 街 68
13 慨 68
蓋 68
該 69
14 概 69
16 骸 69
かいこ 蚕 223
かいな 腕 654
か-う 6 交 182
12 買 491
13 飼 238
かえ-って 却 108
かえで *楓 69
かえり-みる
9 省 335
21 顧 174
か-える 5 代 391
7 更 186
9 変 546
12 換 85
替 389
かえ-る 7 返 546
10 帰 97
16 還 89
がえん-ずる
肯 187
かお 顔 93
かお-る 9 香 189
16 薫 141
かか-える 抱 555
かか-げる 掲 146
かがみ 19 鏡 126
23 鑑 91
かが-む 屈 139
かがや-く 輝 103
かかり 係 144
か-かる 9 架 52
11 掛 75
20 懸 164
かか-る 係 144
かか-わる
8 拘 187
14 関 88
かき 9 垣 69
柿 69
かぎ 鍵 164
かぎ-る 限 167
か-く 4 欠 152
6 *此 203
10 書 281
11 描 520
カク 6 各 70
7 角 70
8 画 59
拡 70
9 革 70
客 108
10 格 71
核 71
11 殻 71
郭 71
12 覚 72
13 較 72
隔 72
14 閣 72
15 確 73
16 獲 73
17 嚇 73
18 穫 73
21 鶴 431
か-ぐ 嗅 115
ガク 8 学 73
岳 74
12 *愕 74
13 楽 74
18 顎 9
額 75
かく-す 10 匿 464
14 隠 24
かげ 11 陰 23
15 影 32
がけ 崖 68
か-ける 4 欠 152
9 架 52
11 掛 75
14 駆 136
16 賭 447
20 懸 164
かご 籠 649
かこ-う 囲 14
かこつ-ける
託 394
かこ-む 囲 14
かさ 傘 224
かさ-なる
9 重 270
11 累 637
かさね 襲 268
かざ-る 飾 306
かしこ-い 賢 163
かしこ-まる
畏 15
かしら 頭 459
か-す 貸 389
かず 数 326
かす-か 微 515
かずら 葛 77
かす-る 擦 221
かぜ 風 531
かせ-ぐ 稼 57
かぞ-える 数 326
かた 4 片 545
方 553
7 形 143
8 肩 157
9 型 144
15 潟 75
かた-い 8 固 170
12 堅 160

10 宴 37
俺 46
12 媛 37
援 37
13 園 37
塩 38
煙 38
猿 38
遠 38
鉛 39
14 *厭 39
演 39
15 縁 39
19 艶 39

お

お 3 小 285
7 男 402
尾 514
12 御 119
雄 604
14 緒 282
オ 6 汚 40
8 和 651
11 悪 8
おい *甥 40
お-いる 老 646
お-う 5 生 329
9 追 427
負 526
10 逐 410
オウ 4 王 40
5 凹 41
央 41
7 応 41
8 往 41
旺 42
欧 42
殴 42
押 45
9 皇 188
10 桜 42
翁 43
11 黄 193
12 奥 44
15 横 43
18 *謳 43
22 *鷗 79
24 *鷹 392
おうぎ 扇 352
お-える 2 了 629
11 終 266
おお-い 多 383
おお-う 15 蔽 543
18 覆 534
おお-きい
3 大 390
5 巨 116
おお-せ 仰 127
おおむ-ね 概 69
おおやけ 公 179
おか 5 丘 111
8 岡 43
おか-す 5 犯 501
9 侵 311
冒 563
おが-む 拝 487
おき 沖 43
おきな 翁 43
おぎな-う 補 550
お-きる 起 98
お-く 11 措 360
13 置 409
おく 奥 44
オク 9 屋 44
15 億 44
16 憶 44
17 臆 45
おく-る 9 送 366
18 贈 375
おく-れる
9 後 176
12 遅 408
お-こす 起 98
おこ-す 興 126
おごそ-か 厳 169
おこた-る 怠 387
おこな-う 行 184
お-こる 起 98
おこ-る 9 怒 449
16 興 126
おご-る 12 *奢 252
13 傲 199
お-さえる 押 45
おさ-える 抑 615
おさな-い 幼 608
おさ-める
4 収 263
8 治 406
10 修 265
納 483
お-しい 惜 343
おし-える 教 125
お-しむ 惜 343
お-じる 怖 525
お-す 8 押 45
11 推 323
おす 雄 604
おそ-い 遅 408
おそ-う 襲 268
おそれ 虞 137
おそ-れる
8 怖 525
9 畏 15
10 恐 123
11 惧 136
おそ-ろしい
8 怖 525
10 恐 123
おそ-わる 教 125
おだ-やか 穏 47
おちい-る 陥 83
お-ちる 12 堕 384
落 618
15 墜 428
オツ 乙 45
おっしゃ-る
仰 127
おっと 夫 523
おと 1 乙 45
9 音 46
おとうと 弟 432
おど-かす
10 脅 124
17 嚇 73
おとこ 男 402
おとしい-れる
陥 83
お-とす 12 堕 384
落 618
15 墜 428
おど-す 10 脅 124
17 嚇 73
おとず-れる
訪 559
おと-る 劣 643
おど-る 14 踊 613
21 躍 597
おとろ-える
衰 323
おどろ-く
12 *愕 74
22 驚 127
おな-じ 同 460
おに 鬼 99
おの 4 斤 130
6 各 70
おのおの 各 70
おの-ずから
自 241
おのの-く
13 戦 353
慄 625
おのれ 己 169
おび 帯 388
おび-える *怯 122
おびや-かす
脅 124
お-びる 帯 388
おぼ-える
12 覚 72
16 憶 44
おぼ-しい 覚 72
おぼ-れる 溺 439
おみ 臣 309
おも 5 主 257
母 551
9 面 587
おも-い 重 270
おも-う 9 思 233
13 想 370
16 憶 44
おもて 8 表 518
9 面 587
おもむき 趣 261
おもむ-く 赴 526
おもむ-ろ 徐 284
おもんぱか-る
慮 629
おや 親 316
およ-ぐ 泳 31
およ-そ 凡 570
およ-ぶ 及 110
おり 7 折 345
18 織 307
お-りる 3 下 48
10 降 191
お-る 7 折 345
8 居 117
18 織 307
おれ 俺 46
お-れる 折 345
おろ-か 愚 137
おろし 卸 46
お-ろす 3 下 48
10 降 191
12 堕 384
おろ-す 卸 46
お-わる 2 了 629
11 終 266
おん 御 119
オン 9 怨 36
音 46
10 恩 46
11 陰 23

い-わく *曰 21
いわ-んや 況 122
イン 4 引 21
6 印 22
因 22
9 咽 22
姻 22
音 46
10 員 23
院 23
11 淫 23
陰 23
*寅 468
12 飲 24
14 隠 24
19 韻 25

う

う *卯 25
ウ 5 右 25
6 芋 21
宇 26
羽 26
有 601
8 雨 26
10 *烏 26
う-い 憂 604
うい 初 280
うえ 上 298
う-える 10 飢 99
12 植 305
15 餓 60
うお 魚 119
うかが-う
7 伺 230
16 *窺 27
う-かぶ 浮 526
う-かる 受 261
う-かれる 浮 526
う-く 浮 526
うけが-う 肯 187
うけたまわ-る
承 288
う-ける 8 享 121
受 261
承 288
15 請 339
うご-く 動 461
うさぎ 5 *卯 25
7 *兎 27
うし 4 *丑 27
牛 116
うじ 氏 228
うしお 潮 422
うしとら *艮 27
うしな-う
5 失 246
12 喪 369
うし-ろ 後 176
うす 臼 112
うず 渦 55
うす-い 薄 494
うずたか-い
堆 388
うず-める
10 埋 573
13 塡 443
うそ *嘘 28
うた 10 唄 28
13 詩 237
14 歌 57
うたい 謡 614
うた-う 11 唱 291
12 詠 32
14 歌 57
16 謡 614
18 *謳 43
うたが-う 疑 106
うたげ 宴 37
うち 4 内 471
10 家 53
う-つ 5 打 383
6 伐 499
10 討 454
15 撃 151
ウツ 鬱 28
うつく-しい
美 514
うつ-す 写 249
うった-える
訴 362
うつつ 現 168
うつ-る 9 映 31
11 移 16
15 遷 356
うつわ 器 103
うで 腕 654
うと-い 疎 361
うと-む 疎 361
うなが-す 促 376
うなじ 項 195
うなず-く 肯 187
うね 畝 28
うば-う 奪 398
うぶ 産 223
うべな-う
8 肯 187
15 諾 395
うま 4 午 175
10 馬 486
うま-い 旨 229
う-まる 埋 573
う-まれる
5 生 329
11 産 223
うみ 9 海 63
12 湖 173
う-む 5 生 329
11 産 223
うめ 梅 490
う-める 10 埋 573
13 塡 443
う-もれる 埋 573
うやうや-しい
恭 123
うやま-う 敬 147
うら 10 浦 28
13 裏 623
うらな-う 占 350
うら-む 9 怨 36
恨 204
16 憾 89
うらや-む 羨 354
うら-らか 麗 641
うり *瓜 29
う-る 7 売 490
11 得 464
うるう *閏 29
うるお-う 潤 279
うるし 漆 248
うる-む 潤 279
うるわ-しい
麗 641
うれ-い 13 愁 268
15 憂 604
うれ-える
13 愁 268
15 憂 604
うれ-しい *嬉 103
う-れる 熟 275
うわ 上 298
うわさ *噂 29
うわ-つく 浮 526
う-わる 植 305
ウン 12 運 29
雲 30

え

え 6 江 183
8 枝 232
9 柄 79
重 270
15 餌 34
エ 6 衣 13
会 60
回 60
8 依 14
10 恵 145
12 絵 30
16 壊 66
18 *穢 653
エイ 5 永 30
6 *曳 30
8 泳 31
英 31
9 映 31
栄 31
12 営 32
詠 32
15 影 32
鋭 32
16 衛 33
*霙 579
えが-く 描 520
エキ 7 役 596
8 易 33
9 疫 33
10 益 33
11 液 34
14 駅 34
えさ 餌 34
えだ 枝 232
エツ 4 *曰 21
9 咽 22
10 悦 34
12 越 35
15 謁 35
閲 35
えにし 縁 39
え-む 笑 290
えら-い 12 偉 16
14 豪 199
えら-ぶ 7 択 393
15 選 356
えり 襟 134
え-る 11 得 464
16 獲 73
エン 4 円 35
8 宛 10
延 35
沿 36
炎 36
*苑 36
9 怨 36
垣 69

あみ 網 590
あ-む 編 547
あめ 4 天 440
8 雨 26
あや 11 彩 211
12 *絢 161
14 *綾 10
あや-うい 危 94
あや-しい
7 妖 609
8 怪 62
奇 96
あやつ-る 操 372
あや-ぶむ 危 94
あやま-ち 過 55
あやま-る
14 誤 178
17 謝 253
あゆ-む 歩 549
あら-い 9 荒 189
11 粗 360
あら-う 洗 352
あらが-う 抗 185
あらかじ-め
予 606
あらし 嵐 10
あ-らす 荒 189
あら-ず 非 510
あらそ-う 争 363
あら-た 新 315
あらた-める
改 62
あられ *霰 11
あらわ 露 646
あらわ-す
8 表 518
11 現 168
著 416
18 顕 164
あ-る 6 在 215
有 601
8 *或 11
ある-いは *或 11
ある-く 歩 549
あるじ 主 257
あ-れる 荒 189
あわ 泡 557
あわ-い 淡 400
あ-わせる 合 198
あわ-せる 併 541
あわ-ただしい
慌 194
あわ-てる 慌 194
あわ-れ 哀 7
あわ-れむ *憐 645
アン 6 安 11
行 184
7 *杏 11
10 案 12
13 暗 12
17 闇 597
あんず *杏 11

い

い 4 井 12
6 *亥 13
イ 5 以 12
6 衣 13
7 位 13
医 14
囲 14
8 依 14
委 14
易 33
9 威 15
為 15
畏 15
胃 15
11 尉 16
異 16
移 16
萎 16
唯 599
12 偉 16
椅 17
13 彙 17
意 17
違 17
14 維 17
15 慰 18
遺 18
16 緯 18
いい 飯 504
い-う 言 166
いえ 家 53
い-える 癒 599
い-かす 5 生 329
9 活 76
いかずち 雷 618
いか-る 怒 449
いき 10 粋 323
息 377
イキ 域 18
いきお-い 勢 336
いきどお-る
憤 537
い-きる 5 生 329
9 活 76
い-く 6 行 184
8 往 41
10 逝 335
いく 幾 100
イク 育 18
いくさ 戦 353
いけ 池 405
い-ける 5 生 329
9 活 76
いこ-う 憩 149
いさお 勲 141
いさぎよ-い
潔 155
いざな-う 誘 604
いさ-む 勇 602
いし 石 341
いしずえ 礎 362
いじ-める
8 苛 52
9 虐 109
いずみ 泉 351
い-ずる 出 275
いそが-しい
忙 561
いそ-ぐ 急 113
いた 板 503
いた-い 痛 429
いだ-く 8 抱 555
16 懐 66
いた-す 致 407
い-だす 出 275
いたず-ら 徒 446
いただき 頂 420
いただ-く
11 頂 420
17 戴 390
いた-ましい
惨 223
いた-む 11 悼 455
12 痛 429
13 傷 295
いた-る 6 至 230
8 到 452
いたわ-る 労 647
いち 市 229
イチ 1 一 19
7 壱 19
いちご *苺 19
いちじる-しい
著 416
イツ 1 一 19
11 逸 19
13 *溢 20
いつく-しむ
慈 244
いつ-つ 五 175
いつわ-る
11 偽 105
12 詐 209
い-てる 凍 453
い-でる 出 275
いと 糸 230
いと-う *厭 39
いとな-む 営 32
いとま 暇 56
いど-む 挑 418
いな 否 509
いにしえ 古 170
いぬ 4 犬 155
6 *戌 20
いぬい 乾 83
いね 稲 458
いのこ *豕 20
いのち 命 583
いの-る 祈 97
いばら 茨 21
いぶ-す *燻 141
いま 今 204
いまし-める
戒 61
いま-だ 未 577
い-まわしい
忌 96
い-む 忌 96
いも 芋 21
いもうと 妹 572
いや 7 否 509
8 弥 594
13 嫌 161
いや-しい
9 卑 510
15 *賤 355
い-やす 癒 599
いら 苛 52
い-る 2 入 477
8 居 117
9 要 609
10 射 251
13 煎 353
15 鋳 416
い-れる 2 入 477
10 容 610
いろ 色 304
いろど-る 彩 211
いわ 岩 92
いわ-う 祝 273
いわお *巌 94

音　訓　索　引

(1)本書に見出し字として収録した漢字 2320 字を、音読み・訓読みの 50 音順に並べ、ページを示した。同じ読み方の漢字は画数順に配列し、適宜、画数を付した。
(2)原則として音読みはカタカナ、訓読みはひらがなで記した。また、「-」はそれ以後が送りがなであることを表す。
(3)繁雑になるのを避けるため、「あつめる／あつまる」のように語源が同じ訓読みは、代表的なもの以外は、場合に応じて省いてある。
(4)＊は、『常用漢字表』に含まれない漢字であることを示す。

あ

あ　*吾 176
ア　亜 7
あい　9 相 365
18 藍 8
アイ　9 哀 7
10 挨 7
13 愛 7
17 曖 8
あいだ　間 86
あ-う　6 会 60
合 198
11 *逢 8
12 遇 138
14 遭 371
あ-えて　敢 85
あ-える　和 651
あお　8 青 333
13 *蒼 370
14 *碧 544
あお-ぐ　6 仰 127
10 扇 352
あか　7 赤 341
9 *垢 135
紅 189
あが　*吾 176
あかがね　銅 463
あかし　証 294
あ-かす　8 明 584
13 飽 560
あがた　県 157
あかつき　暁 128
あがな-う　購 197
あかね　*茜 8
あが-める　崇 326
あ-かり　明 584
あか-り　灯 451
あ-がる　3 上 298
10 挙 118
12 揚 611
20 騰 460
あか-るい　明 584
あき　秋 265
あきな-う　商 291
あき-らか　明 584
あきら-める
諦 437
あ-きる　飽 560
あ-く　8 空 137
明 584
12 開 64
アク　11 悪 8
12 握 9
あ-くる　明 584
あく-る　翌 616
あけ　朱 258
あ-ける　8 空 137
明 584
12 開 64
あ-げる　3 上 298
10 挙 118
12 揚 611
あご　顎 9
あこが-れ　憧 296
あさ　11 麻 571
12 朝 420
あざ　字 239
あさ-い　浅 351
あざけ-る　嘲 422
あざな　字 239
あざな-う　糾 114
あざむ-く　欺 105
あざ-やか　鮮 357
あさ-る　猟 631
あざわら-う
嘲 422
あ-し　悪 8
あし　7 足 376
11 脚 109
あじ　味 578
あず-かる　預 607
あずか-る　与 606
あずさ　*梓 9
あずま　東 452
あせ　汗 80
あぜ　10 校 190
畔 504
あせ-る　焦 293
あそ-ぶ　遊 603
あだ　4 *仇 111
10 徒 446
あたい　8 価 51
10 値 406
あた-える　与 606
あたた-かい
12 温 47
13 暖 404
あたま　頭 459
あたら-しい
新 315
あた-り　辺 546
あ-たる　当 450
アツ　5 圧 9
8 *軋 9
あつ-い　9 厚 187
12 暑 281
*敦 469
15 熱 480
16 篤 465
あつか-う　扱 10
あつ-まる　集 267
あて　宛 10
あで-やか　艶 39
あ-てる　6 充 269
当 450
8 宛 10
あと　9 後 176
11 痕 205
13 跡 344
あな　4 孔 180
5 穴 153
あなが-ち　強 124
あなど-る　侮 529
あに　兄 142
あね　姉 232
あば-く　9 発 498
15 暴 565
あば-れる　暴 565
あ-びる　浴 615
あぶ-ない　危 94
あぶら　8 油 598
10 脂 235
あふ-れる　*溢 20
あま　4 天 440
5 尼 475
あま-い　甘 80
あま-す　7 余 607
11 剰 301
あまつさ-え
剰 301
あまね-く
12 普 528
遍 547
あま-る　余 607

《著者紹介》

円満字 二郎（えんまんじ じろう）

1967年、兵庫県西宮市生まれ。大学卒業後、出版社で国語教科書や漢和辞典などの担当編集者として働く。2008年、退職してフリーに。

著書に、『部首ときあかし辞典』『漢字の使い分けときあかし辞典』『四字熟語ときあかし辞典』（以上、研究社）、『漢和辞典的に申しますと。』（文春文庫）、『漢字の植物苑 花の名前をたずねてみれば』（岩波書店）、『雨かんむり漢字読本』（草思社文庫）などがある。

漢字《かんじ》ときあかし辞典《じてん》

2012年3月30日　初版発行
2021年2月19日　6刷発行

著　者　**円満字《えんまんじ》 二郎《じろう》**

発行者　吉田尚志

発行所　株式会社 研究社
〒102-8152 東京都千代田区富士見2-11-3
電話　営業（03）3288-7777㈹　編集（03）3288-7711㈹
振替　00150-9-26710
http://www.kenkyusha.co.jp/

印刷所　研究社印刷株式会社

組版　円満字 二郎

装丁　金子泰明

KENKYUSHA
〈検印省略〉

ISBN 978-4-7674-3471-1 C0581
Printed in Japan